Tobias Hanschke
Die Entstehung und Entwicklung von Jugendstrafverfahren und Jugendgerichtsverfassung in Deutschland

Juristische Zeitgeschichte
Abteilung 3, Band 55

Juristische Zeitgeschichte
Hrsg. von Prof. Dr. Dr. Dr. h.c. Thomas Vormbaum
(FernUniversität in Hagen, Institut für Juristische Zeitgeschichte)

Abteilung 3:
Beiträge zur modernen deutschen Strafgesetzgebung
Materialien zu einem historischen Kommentar
Hrsg. von Prof. Dr. Dr. Dr. h.c. Thomas Vormbaum
Mithrsg. von Prof. Dr. Andreas Haratsch
(FernUniversität in Hagen)

Band 55

Redaktion: Natalie Brandes

De Gruyter

Tobias Hanschke

Die Entstehung und Entwicklung von Jugendstrafverfahren und Jugendgerichtsverfassung in Deutschland

Juristische Zeitgeschichte
Abteilung 3, Band 55

De Gruyter

Die Arbeit wurde von der Rechtswissenschaftlichen Fakultät der Universität Passau als Dissertation angenommen.

ISBN 978-3-11-172540-6
e-ISBN (PDF) 978-3-11-172602-1
e-ISBN (EPUB) 978-3-11-172620-5

Library of Congress Control Number: 2025943778

Bibliografische Information der Deutschen Nationalbibliothek

Die Deutsche Nationalbibliothek verzeichnet diese Publikation in der Deutschen Nationalbibliografie; detaillierte bibliografische Daten sind im Internet über http://dnb.dnb.de abrufbar.

Druck und Bindung: CPI books GmbH, Leck

MIX Papier | Fördert gute Waldnutzung FSC® C083411

www.degruyter.com

Fragen zur allgemeinen Produktsicherheit:
productsafety@degruyterbrill.com

Vorwort

Die vorliegende Arbeit wurde von der Juristischen Fakultät der Universität Passau im Wintersemester 2024/2025 als Dissertation angenommen.

An erster Stelle möchte ich meinem Doktorvater, Herrn Prof. Dr. Martin Asholt, für die hervorragende Betreuung danken. Er ließ mir während meiner Zeit am Lehrstuhl stets größtmögliche Freiheit für meine wissenschaftliche Arbeit und hat durch seine konstruktiven Anmerkungen – auch nach seinem Wechsel an die Universität Bielefeld – maßgeblich zum Gelingen dieser Arbeit beigetragen. Bedanken möchte ich mich insbesondere auch für die schöne und lehrreiche Zeit an seinem Lehrstuhl, zunächst als studentische Hilfskraft und dann als wissenschaftlicher Mitarbeiter.

Darüber hinaus gebührt Herrn Professor Dr. Dr. Werner Beulke für die äußerst zügige Erstellung des Zweitgutachtens und Herrn Prof. Dr. Valerius für die Übernahme des Vorsitzes in der Prüfungskommission mein ganz besonderer Dank.

Mein Dank gilt zudem auch der Hanns-Seidel-Stiftung e.V. für die großzügige Förderung während meines Studiums. Diese hat maßgeblich dazu beigetragen, dass ich mich während meiner Zeit an der Universität Passau voll und ganz auf die juristische Ausbildung fokussieren konnte.

Von ganzem Herzen möchte ich mich schließlich bei meiner Ehefrau Lena, meinen Eltern Wolfgang und Ursula und allen anderen Personen bedanken, die mich immer unterstützt und mir den nötigen Rückhalt für dieses Projekt gegeben haben. Ihnen möchte ich diese Arbeit widmen.

Freising, im Juni 2025 Tobias Hanschke

https://doi.org/10.1515/9783111726021-202

Inhaltsverzeichnis

Vorwort V

Abkürzungsverzeichnis XXI

A) Einleitung 1

I. Hinführung und Fragestellung 2

1. Das deutsche Jugendstrafrecht als Erziehungsstrafrecht 2
2. Erziehung im Jugendstrafverfahren? 3
3. Fragestellung und Erkenntnisinteresse 5

II. Arbeitsmethode 6

III. Forschungsstand 8

IV. Gang der Darstellung 9

V. Begriffserklärung 11

B) Die Entstehung von Jugendstrafverfahren und -gerichtsverfassung in Deutschland 13

I. Die Ausgangssituation vor der Jugendgerichtsbewegung 13

1. Die Sonderbehandlung der jungen Menschen bis zum 17. Jahrhundert 13
   a) Altersgrenzen und Strafmilderungen 13
   b) Besonderheiten im Verfahren gegen junge Delinquenten 16
   c) Zusammenfassung 21
2. Die Entwicklung bis Ende des 19. Jahrhunderts 22
   a) 17. und 18. Jahrhundert 23
   b) 19. Jahrhundert 26
   c) Zusammenfassung 32
3. Die strafprozessuale Entwicklung in den Partikularstaaten im 19. Jahrhundert 34

a) Bayern ... 34

aa) Der Entwurf von Kleinschrod ... 35

bb) Feuerbachs Strafgesetzbuch von 1813 ... 36

cc) Weitere Reformbemühungen unter Ludwig I. ... 38

dd) 1848: Das Jahr der Wende ... 40

ee) Weitere Entwürfe bis zur Reichsgründung ... 41

ff) Zusammenfassung ... 44

b) Preußen ... 45

aa) Die preußische Kriminalordnung von 1805 ... 46

bb) Behördliche Verfügungen ... 47

cc) Vorschläge für eine Reform des Strafverfahrens bis 1848 ... 51

1. Der Entwurf von 1828 ... 51
2. Der Entwurf von 1829 ... 53
3. Der Entwurf von 1841 ... 54
4. Weitere Entwicklungen bis 1848 ... 55

dd) Die Entwicklung ab 1848 bis zu den Reichsjustizgesetzen ... 57

1. Der Entwurf von 1851 und die Gesetze vom Mai 1852 ... 58
2. Weitere Entwicklungen bis 1865 ... 60
3. Die Entwicklungen ab 1865 ... 63

ee) Zusammenfassung ... 64

c) Baden ... 65

aa) Reformbestrebungen bis 1845 ... 66

1. Der Entwurf von 1835 ... 67
2. Die Strafprozessordnung vom 6. März 1845 ... 68

bb) Entwicklungen nach 1845 ... 69

1. Der Entwurf einer revidierten Strafprozessordnung von 1849 ... 70

2. Das Gesetz von 1851 ... 71
3. Der Entwurf von 1863 und das Gesetz von 1864 ... 72

cc) Zusammenfassung ... 72

d) Die prozessuale Stellung junger Straftäter in weiteren Partikularstaaten ... 73

e) Fazit ... 76

4. Die Entstehung der RStPO und des GVG von 1877 ... 77

a) Der Norddeutsche Bund als Ausgangspunkt ... 78

b) Gesetzgebungsaktivitäten betreffend das Strafverfahren ... 78

aa) Der Entwurf einer Strafprozessordnung vom November 1870 ... 78

bb) Der Entwurf einer Strafprozessordnung vom Januar 1873 ... 80

cc) Der Entwurf vom Juli 1873 und die Beratungen im Justizausschuss ... 82

c) Weitere Entwicklungen bis zur Annahme der Reichsjustizgesetze ... 82

d) Die Behandlung junger Delinquenten durch die Reichsjustizgesetze ... 84

aa) Vorschriften betreffend junge Delinquenten in der RStPO ... 84

bb) Vorschriften betreffend junge Straftäter im GVG ... 87

cc) Das „Gesetz betreffend Änderungen des Gerichtsverfassungsgesetzes“ ... 89

5. Zusammenfassung ... 91

II. Die Entstehung der Jugendgerichtsbewegung ... 93

1. Der Zweckgedanke im Strafrecht ... 94

2. Die Folgen der Veröffentlichung der Reichskriminalstatistik ... 97

a) Aschrott: Behandlung der verwahrlosten und verbrecherischen Jugend ... 99

b) Appelius: Behandlung jugendlicher Verbrecher und verwahrloster Kinder ... 102

c) Schmölder: Die verwahrlosten Kinder und jugendlichen Verbrecher ... 106

d) Die Bedeutung der Beiträge für die Jugendgerichtsbewegung ... 108

3. Einflüsse aus den USA und England ... 110

4. Weitere Entwicklungen bis 1908 ... 113

a) 26. Deutscher Juristentag ... 114

b) 27. Deutscher Juristentag ... 115

c) Einflüsse durch Nicht-Juristen ... 117

d) Der Einfluss von Köhne auf die Jugendgerichtsbewegung ... 118

5. Die Entstehung der ersten Jugendgerichte ... 121

6. Zusammenfassung ... 127

III. Die weitere Entwicklung bis zum JGG 1923 ... 129

1. Deutsche Jugendgerichtstage ... 130

2. Die Jugendgerichtshilfe ... 134

3. Gesetzesentwürfe und Reformvorschläge bis zum JGG 1923 ... 137

a) Die Beratungen der Kommission des Reichsjustizamtes ... 137

aa) Die Beschlüsse der Reformkommission ... 138

1. Zur Gerichtsverfassung ... 138

2. Zum Legalitätsprinzip ... 139

3. Zur Untersuchungshaft ... 141

4. Zur Beteiligung des gesetzlichen Vertreters ... 141

5. Zur Verteidigung ... 141

6. Zur Zulässigkeit des Kontumazialverfahrens ... 143

7. Zur Zulässigkeit von Strafbefehlen ... 143

bb) Reaktionen auf die Beschlüsse der Reformkommission ... 145

b) Die Beschlüsse der IKV (Landesgruppe Deutsches Reich) ... 146

c) Der Entwurf einer StPO und Novelle zum GVG von 1908 ... 149

aa) Inhalt des Entwurfs ... 149

bb) Reaktionen auf den Entwurf ... 153

d) Die Reichstagsvorlage aus dem Jahr 1909 ... 155

e) Die Beschlüsse der Kommission zur Strafprozessrechtsreform ... 156

f) Der Entwurf eines Gesetzes über das Verfahren gegen Jugendliche (1912) ... 158

aa) Inhalt des Entwurfs ... 159

bb) Reaktionen auf den Entwurf ... 160

cc) Umfrage der Deutschen Zentrale für Jugendfürsorge ... 161

g) Der Kommissionsentwurf von 1913 ... 162

h) Verzögerung der Reformbemühungen: Der erste Weltkrieg ... 164

aa) Entlastungen der Strafgerichte ... 165

bb) Die Denkschrift des Ausschusses für Jugendgerichte und Jugendgerichtshilfen ... 167

i) Nach dem ersten Weltkrieg ... 167

j) Der Entwurf eines Jugendgerichtsgesetzes von 1920 ... 169

k) Das Reichsjugendwohlfahrtsgesetz ... 174

aa) Die Fürsorgeerziehung bis zum RJWG 1922 ... 174

bb) Die Entscheidung gegen ein einheitliches Jugendrecht ... 174

l) Das Jugendgerichtsgesetz von 1923 ... 176

aa) Der Entwurf eines Jugendgerichtsgesetzes von 1922 ... 177

bb) Die Verabschiedung des ersten Jugendgerichtsgesetzes ... 180

cc) Reaktionen auf das Jugendgerichtsgesetz von 1923 ... 183

IV. Zusammenfassung ... 186

C) Die Entwicklung von Jugendgerichtsverfassung und Jugendstrafverfahren von 1923 bis zur Gegenwart ... 189

I. Das Jugendstrafrecht in der Weimarer Republik nach Einführung des JGG ... 189

II. Das Jugendstrafprozessrecht nach der Machtergreifung der Nationalsozialisten – Jugendstrafrecht und Erziehung im Zeichen des Nationalsozialismus ... 197

1. Reformbestrebungen im (formellen) Jugendstrafrecht ... 199

a) Diskussionen und Reformansätze nach der Machtübernahme ... 201

aa) Zu den Jugendrichtern, -staatsanwälten und -schöffen ... 201

bb) Zum Verteidiger in Jugendstrafsachen ... 202

cc) Zur Einbeziehung der Personen unter 21 Jahren in das Jugendstrafrecht ... 203

b) Die Hitler-Jugend ... 203

c) Die Polizei ... 207

d) Die Arbeitsgemeinschaft für Jugendstrafrecht ... 208

2. Der Weg zum Reichsjugendgerichtsgesetz 1943 ... 212

a) Die „Verordnung zum Schutz gegen jugendliche Schwerverbrecher“ ... 214

b) Die „Verordnung zur Ergänzung des Jugendstrafrechts“ ... 216

c) Die „Verordnung über die unbestimmte Verurteilung Jugendlicher“ ... 218

d) Weitere Maßnahmen bis zum RJGG 1943 ... 219

e) Der Erlass des RJGG 1943 ... 222

aa) Jugendstrafverfahren und -gerichtsverfassung im RJGG 1943 ... 225

bb) Reaktionen und Umsetzung des Gesetzes bis Kriegsende ... 235

3. Zusammenfassung ... 240

III. Das Ende des Zweiten Weltkrieges ... 243

1. Der Versuch der Entnazifizierung des deutschen Jugendstrafrechts ... 244

a) Erste Planungen und Maßnahmen in den Besatzungszonen ... 245

b) Initiativen im Alliierten Kontrollrat ... 250

c) Die Reformarbeit im Unterausschuss JUDE ... 251

d) Das weitere Schicksal des Entwurfs ... 254

2. Das Jugendstrafprozessrecht in der Reformarbeit des Kontrollrats ... 254

a) Zur Jugendgerichtsverfassung ... 255

b) Zum Jugendstrafverfahren ... 256

3. Zusammenfassung und Fazit ... 261

IV. Reformbestrebungen nach Gründung der BRD und das JGG 1953 ... 263

1. Der Weg zum JGG 1953 ... 264

2. Jugendstrafverfahren und -gerichtsverfassung im JGG 1953 ... 271

a) Zur Jugendgerichtsverfassung ... 272

b) Zum Jugendstrafverfahren ... 275

3. Die Reaktionen auf das neue Gesetz ... 281

4. Zusammenfassung ... 284

5. Exkurs: Das Jugendgerichtsgesetz der DDR ... 285

V. Reformbemühungen von 1953 bis zum 1. JGGÄndG 1990 ... 289

1. Die Umsetzung des JGG 1953 in der Praxis ... 291

2. Reformarbeiten und -diskussionen bis 1980 ... 292

a) Die Entwicklung bis 1980 ... 293

b) Gesetzesänderungen mit Auswirkungen auf das formelle Jugendstrafrecht ... 301

c) Die Diskussionen zum formellen Jugendstrafrecht von 1960 bis 1980 ... 305

aa) Zur Spezialisierung von Jugendrichtern und -staatsanwälten ... 306

bb) Zu den Jugendschöffen ... 308

cc) Zur Jugendgerichtshilfe ... 309

dd) Zur Aufgabe der Polizei im Jugendstrafverfahren ... 312

ee) Zur Stellung der Erziehungsberechtigten ... 313

ff) Zu den Heranwachsenden ... 314

gg) Zum „Jugendverteidiger“ ... 315

hh) Zur Untersuchungshaft ... 316

ii) Zur Verfahrensbeschleunigung und dem vereinfachten Verfahren ... 319

jj) Zur erzieherischen Wirksamkeit der Hauptverhandlung ... 321

3. Die Entwicklung in den 1980er Jahren ... 324

a) Der Jugendgerichtstag 1980 ... 325

b) Die Diversion ... 327

c) Jugendgerichtsverhandlungen am „Runden Tisch“ ... 333

d) Der Erziehungsgedanke im Jugendstrafrecht ... 334

aa) Auffassungen zur Bedeutung des Erziehungsgedankens ... 336

1. Der Erziehungsgedanke als „Trojanisches Pferd“ ... 336

2. Der Erziehungsbegriff als „Eckpfeiler“ des Jugendstrafrechts ... 338

3. Das Erziehungsziel des JGG ... 341

4. Verfassungsrechtliche Aspekte ... 342

bb) Die Bedeutung des Erziehungsgedankens im Jugendstrafverfahren ... 344

1. Verfassungsrechtliche Bedenken am Jugendstrafverfahren ... 344

2. Die „Ideologie und Teleologie des Jugendstrafverfahrens“ ... 349

cc) Ursachen für die „Krise des Erziehungsgedankens“ ... 350

e) Die Diskussion zum formellen Jugendstrafrecht in den 1980er Jahren ... 353

aa) Zur Aus- und Fortbildung der Jugendrichter und -staatsanwälte ... 353

bb) Zur Untersuchungshaft ... 354

cc) Zur Verteidigung in Jugendstrafsachen ... 357

f) Die Entstehung des 1. JGGÄndG ... 361

aa) Der Referentenentwurf 1983 ... 364

bb) Weitere Entwicklungen ... 368

1. Die Mindestgrundsätze für die Jugendgerichtsbarkeit ... 368

2. Die Grundsätze der Ad-hoc-Kommission „Diversion“ ... 369

3. Der Jugendgerichtstag 1986 ... 369

cc) Der Referentenentwurf 1987 ... 370

1. Inhalt des Entwurfs ... 371

2. Reaktionen auf den Entwurf ... 373

dd) Der Regierungsentwurf 1989 ... 376

ee) Das 1. JGGÄndG ... 381

ff) Reaktionen und Fazit ... 383

4. Zusammenfassung ... 386

VI. Die Entwicklung vom 1. JGGÄndG bis zum 2. JGGÄndG ... 391

1. Reformdiskussionen und -bemühungen bis 2003 ... 391

a) Die „Jugendstrafrechtsreformkommissionen“ ... 391

b) Forderungen in Gesellschaft und Politik nach einer Verschärfung des JGG ... 396

c) Die Reaktion der Fachwelt auf die Verschärfungstendenzen ... 399

d) Die Priorisierung des Opferschutzes ... 406

2. Die Auffassung des BVerfG vom Erziehungsgedanken ... 407

3. Weitere Entwicklungen bis zum 2. JGGÄndG ... 409

a) Gesetzgeberische Aktivitäten bis zum 2. JGGÄndG ... 409

aa) Der Referentenentwurf eines 2. JGGÄndG ... 411

bb) Das Zweite Gesetz zur Modernisierung der Justiz ... 415

b) Das 2. JGGÄndG – Normierung des Erziehungsgedankens im JGG ... 418

aa) Inhalt des 2. JGGÄndG ... 419

bb) Reaktionen auf das Änderungsgesetz ... 420

c) Die Diskussion zum formellen Jugendstrafrecht bis zum 2. JGGÄndG ... 422

aa) Zur Qualifikation von Jugendrichtern und -staatsanwälten ... 423

bb) Zur Diversion ... 423

cc) Zur Verfahrensbeschleunigung und Kooperation der Beteiligten ... 427

dd) Zur Verteidigung in Jugendstrafsachen ... 428

4. Zusammenfassung ... 429

VII. Die Entwicklungen vom 2. JGGÄndG bis zur Gegenwart ... 431

1. Weitere Entwicklungen bis zur Gegenwart ... 432

a) Das FGG-Reformgesetz ... 432

b) Das „Gesetz zur Änderung des Untersuchungshaftrechts“ ... 433

c) Der 28. Jugendgerichtstag ... 433

d) Das „Gesetz zur Erweiterung der jugendgerichtlichen Handlungsmöglichkeiten“ ... 435

e) Das „Gesetz zur Stärkung der Rechte von Opfern sexuellen Missbrauchs“ ... 436

f) Der 29. Jugendgerichtstag ... 438

g) Die Ansicht der Expertenkommission zum Reformbedarf im Jugendstrafverfahren ... 440

h) Die Stärkung der Verfahrensrechte von Beschuldigten im Strafverfahren ... 441

i) Der 30. Jugendgerichtstag ... 441

j) Die Gesetze „zur Stärkung der Verfahrensrechte von Beschuldigten im Jugendstrafverfahren“ und „zur Neuregelung der notwendigen Verteidigung“ ... 442

aa) Die Änderungen im JGG durch die Gesetze ... 443

bb) Die Reaktionen auf die Änderungen im JGG ... 450

k) Das Jugendstrafverfahren während der Corona-Pandemie ... 452

l) Das Kinder- und Jugendstärkungsgesetz ... 454

m) Das Gesetz zur Bekämpfung sexualisierter Gewalt gegen Kinder ... 455

n) Der 31. Jugendgerichtstag ... 458

o) Der 32. Jugendgerichtstag ... 459

2. Die Diskussion zum formellen Jugendstrafrecht von 2007 bis 2023 ... 460

a) Zur Untersuchungshaft ... 460

b) Zur Diversion ... 461

c) Zur Kommunikation im Jugendstrafverfahren ... 463

d) Zur Kooperation der Verfahrensbeteiligten ... 464

e) Zur Verfahrensbeschleunigung ... 466

f) Zur Bedeutung des Erziehungsbegriffs in der Konzeption des JGG ... 468

3. Zusammenfassung ... 468

D) Zusammenfassung und Würdigung 471
I. Die Geschichte des formellen Jugendstrafrechts 471
II. Die Entwicklung der Besonderheiten des formellen Jugendstrafrechts 476
1. Die Verfahrensbeteiligten 476
a) Jugendrichter 476
b) Jugendstaatsanwalt 478
c) Jugendgerichtshilfe 479
d) Jugendschöffen 480
e) Heranwachsende 481
f) Erziehungsberechtigte und gesetzliche Vertreter 483
g) Verteidiger in Jugendstrafsachen 484
h) Polizei 486
2. Die Abweichungen gegenüber dem allgemeinen Strafverfahren 488
a) Legalitätsprinzip und Diversion 488
b) Untersuchungshaft 490
c) Nichtöffentlichkeit 491
d) Beschleunigungsgrundsatz und vereinfachtes Verfahren 492
e) Strafbefehlsverfahren 493
f) Privat- und Nebenklage 494
g) Rechtsmittelverfahren 495
III. Würdigung 496
1. Analyse der historischen Entwicklung des Jugendstrafverfahrens 498
a) Grad der Formalisierung/Entformalisierung 498
b) Fokus auf den Schutz der jungen Beschuldigten 502
c) Punitivität 504
d) Schlussfolgerungen 507
2. Die Entwicklung im allgemeinen Strafrecht 509

3. Die Kontinuitätsthese ... 511
4. Der Erziehungsgedanke im formellen Jugendstrafrecht ... 513
5. Fazit: Stand des formellen Jugendstrafrechts ... 518

ANHANG

Literaturverzeichnis ... 525

Quellenverzeichnis ... 587

Abkürzungsverzeichnis

1. JGGÄndG	Erstes Gesetz zur Änderung des Jugendgerichtsgesetzes
1. JuMoG	Erstes Gesetz zur Modernisierung der Justiz
2. JGGÄndG	Zweites Gesetz zur Änderung des Jugendgerichtsgesetzes und anderer Gesetze
2. JuMoG	Zweites Gesetz zur Modernisierung der Justiz
a.A.	andere Ansicht
a.F.	alte Fassung
ABl. L	Amtsblatt der Europäischen Union
ABl.-KR	Amtsblatt des Kontrollrats in Deutschland
Abs.	Absatz/Absätze
Abt.	Abteilung
ADR	Akademie für Deutsches Recht
Amtl.	Amtliche(r)
Anm.	Anmerkung
Arch. f. Preuß. StrafR	Archiv für Preußisches Strafrecht
ArchCrimR	Archiv des Criminalrechts
ArchCrimR NF	Archiv des Criminalrechts (Neue Folge)
Art.	Artikel(s)
Aufl.	Auflage
AV	Allgemeine Verfügung
AWO	Arbeiterwohlfahrt Bundesverband e. V.
Az.	Aktenzeichen
BArch	Bundesarchiv
BayHStA	Bayerisches Hauptstaatsarchiv
BayObLGSt	Entscheidungen des Bayerischen Obersten Landesgerichts in Strafsachen

https://doi.org/10.1515/9783111726021-204

BayStMJ	Bayerisches Staatsministerium der Justiz
Bd.	Band
BDM	Bund Deutscher Mädel
BeckOK	Beck'scher Online-Kommentar
Bem.	Bemerkung
BewHi	Bewährungshilfe
BGB	Bürgerliches Gesetzbuch
BGBl.	Bundesgesetzblatt
BGH	Bundesgerichtshof
BGHSt	Entscheidungen des Bundesgerichtshofes in Strafsachen
BKA	Bundeskriminalamt
BMJ	Bundesministerium der Justiz
BR	Bundesrat
BRD	Bundesrepublik Deutschland
BritJDelinq	The British Journal of Delinquency
BT	Bundestag
BVerfG	Bundesverfassungsgericht
BVerfGE	Entscheidungen des Bundesverfassungsgerichts
bzw.	beziehungsweise
CCB	Constitutio Criminalis Bambergensia
CCC	Constitutio Criminalis Carolina
CDU	Christlich Demokratische Union Deutschlands
CORC	Coordination Committee
CSU	Christlich-Soziale Union in Bayern
d.	des
DDP	Deutsche Demokratische Partei
DDR	Deutsche Demokratische Republik
ders.	derselbe

dies.	dieselben
DJ	Deutsche Justiz
DJD	Das Junge Deutschland
DJH	Deutsche Jugendhilfe
DJR	Deutsches Jugendrecht
DJT	Deutscher Juristentag
DJZ	Deutsche Juristenzeitung
DLEG	Legal Directorate
DNVP	Deutschnationale Volkspartei
DR	Deutsches Recht
DRiZ	Deutsche Richterzeitung
Drs.	Drucksache
DVJJ	Deutsche Vereinigung für Jugendgerichte und Jugendgerichtshilfen e. V.
DZfJ	Deutsche Zentrale für Jugendfürsorge e. V.
E-	Entwurf
EAC	European Advisory Commission
EGBGB	Einführungsgesetz zum Bürgerlichen Gesetzbuch
EGOwiG	Einführungsgesetz zum Gesetz über Ordnungswid rigkeiten
EGStGB	Einführungsgesetz zum Strafgesetzbuch
EMRK	Europäische Menschenrechtskonvention
etc.	et cetera
EU	Europäische Union
f.	folgende
FamRZ	Zeitschrift für das gesamte Familienrecht
ff.	fortfolgende
FGG	Gesetz über die freiwillige Gerichtsbarkeit

FGG-RG	Gesetz zur Reform des Verfahrens in Familiensachen und in den Angelegenheiten der freiwilligen Gerichtsbarkeit
Fn.	Fußnote
FS	Festschrift
FuR	Familie und Recht
GA	Goltdammers's Archiv für Strafrecht
GBl. DDR	Gesetzblatt der Deutschen Demokratischen Republik
Gestapo	Geheime Staatspolizei
GG	Grundgesetz
ggf.	gegebenenfalls
Grdl. z.	Grundlagen zu
GrünhutsZ	Zeitschrift für das Privat- und Öffentliche Recht der Gegenwart, begründet von C. S. Grünhut
GS	Gedächtnisschrift
GStA PK	Geheimes Staatsarchiv Preußischer Kulturbesitz
GVG	Gerichtsverfassungsgesetz
HESt	Höchstrichterliche Entscheidungen in Strafsachen
HJ	Hitler-Jugend
HRG	Handwörterbuch zur deutschen Rechtsgeschichte
Hrsg.	Herausgeber
hrsg. v.	herausgegeben von
IfZArch	Archiv des Instituts für Zeitgeschichte
IKV	Internationale Kriminalistische Vereinigung
JGG	Jugendgerichtsgesetz
JGH	Jugendgerichtshilfe
JGT	Jugendgerichtstag
Jhdt.	Jahrhundert
JMBl.	Justizministerialblatt

JR	Juristische Rundschau
JUDE	Juvenile Delinquents Committee
JuS	Juristische Schulung
JWG	Jugendwohlfahrtsgesetz
JZ	Juristenzeitung
KindRG	Kindschaftsrechtsreformgesetz
KJ	Kritische Justiz
KJHG	Kinder- und Jugendhilfegesetz
KJSG	Kinder- und Jugendstärkungsgesetz
Königl.	Königlichen
KPD	Kommunistische Partei Deutschlands
KrimJ	Kriminologisches Journal
KZfSS	Kölner Zeitschrift für Soziologie und Sozialpsychologie
LG	Landgericht
lit.	littera
LJV	Landesjustizverwaltung(en)
m.w.N.	mit weiteren Nachweisen
MDR	Monatsschrift für Deutsches Recht
MS	Mitgliedsstaat(en)
MschrKrim	Monatsschrift für Kriminologie und Strafrechtsreform
n.F.	Neue Fassung
NDV	Nachrichtendienst des Deutschen Vereins für Öffentliche und Private Fürsorge
NJ	Neue Justiz
NJW	Neue Juristische Wochenschrift
NK	Neue Kriminalpolitik
np	neue praxis, Zeitschrift für Sozialarbeit, Sozialpädagogik und Sozialpolitik

Nr.	Nummer
NS	Nationalsozialismus
NSDAP	Nationalsozialistische Deutsche Arbeiterpartei
NStZ	Neue Zeitschrift für Strafrecht
NSV	Nationalsozialistische Volkswohlfahrt
OLG	Oberlandesgericht
OMGUS	Office of Military Government for Germany
ÖTV	Gewerkschaft Öffentliche Dienste, Transport und Verkehr
PDV	Polizeidienstvorschrift
PKS	Polizeiliche Kriminalstatistik
RdJ	Recht der Jugend
RdJB	Recht der Jugend und des Bildungswesens
RefE	Referentenentwurf
RGBl.	Reichsgesetzblatt
RiJGG	Richtlinien zum Jugendgerichtsgesetz
RJGG	Reichsjugendgerichtsgesetz
RJM	Reichs-Justizministerium
RJWG	Reichsjugendwohlfahrtsgesetz
RL	Richtlinie
Rn.	Randnummer
RStGB	Reichsstrafgesetzbuch
RStPO	Reichsstrafprozessordnung
S.	Seite(n)
SchlHA	Schleswig-Holsteinische Anzeigen
SD	Sicherheitsdienst
SGB	Sozialgesetzbuch
SJZ	Süddeutsche Juristen-Zeitung
SLUGA	Special Legal Unit, Germany and Austria

sog.	sogenannte(s, n)
Sp.	Spalte(n)
SPD	Sozialdemokratische Partei Deutschlands
StAM	Staatsarchiv München
Stat. Beil.	Statistische Beilage
StGB	Strafgesetzbuch
StORMG	Gesetz zur Stärkung der Rechte von Opfern sexuellen Missbrauchs
StPÄG	Strafprozessänderungsgesetz
StPO	Strafprozessordnung
StrRG	Gesetz zur Reform des Strafrechts
StV	Strafverteidiger
StVÄG	Strafverfahrensänderungsgesetz
Tit.	Titel
TOA	Täter-Opfer-Ausgleich
u.	und
u.a.	unter anderem
UA	Unterabsatz
UdSSR	Union der Sozialistischen Sowjetrepubliken
UJ	Unsere Jugend
US-Abl.	Amtsblatt der Militärregierung Deutschland (USA)
USA	Vereinigte Staaten von Amerika
v.	von
v.a.	vor allem
Verf.	Verfasser
VfZ	Vierteljahreshefte für Zeitgeschichte
vgl.	vergleiche
z.B.	zum Beispiel

ZAkDR	Zeitschrift der Akademie für Deutsches Recht
Zbl.	Zentralblatt für Jugendrecht und Vormundschaftswesen
ZdS	Zeitschrift für deutsches Strafverfahren einschließlich des Gefängniswesens
ZfJ	Zentralblatt für Jugendrecht
ZfK	Zeitschrift für Kinderforschung
ZfRSoz	Zeitschrift für Rechtssoziologie
ZfStrVo	Zeitschrift für Strafvollzug und Straffälligenhilfe
ZIS	Zeitschrift für Internationale Strafrechtsdogmatik
ZJA	Zentraljustizamt
ZJJ	Zeitschrift für Jugendkriminalrecht und Jugendhilfe
ZKJ	Zeitschrift für Kindschaftsrecht und Jugendhilfe
ZKJP	Zeitschrift für Kinder- und Jugendpsychiatrie
ZNR	Zeitschrift für Neuere Rechtsgeschichte
ZRP	Zeitschrift für Rechtspolitik
ZStW	Zeitschrift für die gesamte Strafrechtswissenschaft

A) Einleitung

„Wenn Milde stärker ist als Vergeltung“. So lautet der Titel eines Artikels von *Steinke* aus der Süddeutschen Zeitung vom 3. Februar 2023[1]. Der Autor setzt sich darin aus Anlass der „Silvesterkrawalle“ in Berlin mit der nach Medienberichten über schwerere Straftaten junger Menschen regelmäßig lautwerdenden Kritik, das Jugendstrafrecht sei nicht (mehr) hart genug, auseinander. Im Gegensatz zu den kritischen Stimmen berichtet er 100 Jahre nach Einführung des Jugendgerichtsgesetzes (JGG) im Februar 1923 von einer „beeindruckenden Erfolgsgeschichte“ des Jugendstrafrechts und schildert dabei unter anderem folgenden Fall aus der Zeit *Fritz Bauers* als Richter:

> „Stuttgart, Ende der 1920er-Jahre. Der Junge, der an diesem Tag vor seinen Richter treten muss, macht ein langes Gesicht. ‘Mit mir will sich sowieso kein anständiger Mensch mehr abgeben’, sagt er. Worauf der Richter ihm antwortet: ‘Halten Sie mich für einen anständigen Menschen?’
> Leise sagt er: ‘Ja.’
> Daraufhin verabredet sich der Richter mit dem Jungen im feinsten Café Stuttgarts.“

In seinem Artikel führt der Autor dazu aus:

> „Wenn Fritz Bauer (…) solche Geschichten später in seinem Freundeskreis erzählte, dann sprach Stolz daraus – der Stolz darauf, dass mit dem Jugendstrafrecht der Glaube an das Gute im Menschen in die deutsche Strafjustiz eingezogen war. Das heißt, auch der Glaube daran, dass es, um künftige Rückfälle in die Kriminalität zu verhindern, etwas Besseres geben müsse, als Jugendliche bloß immer hinter Gitter zu schicken, in Gefängnisse, die Brutstätten des Lasters waren, Hochschulen des Verbrechens. Dieser neue Ansatz hat ein gründliches Umdenken bedeutet in der Weimarer Zeit. Es brauchte dafür erst einen Philosophen auf dem Stuhl des Reichsjustizministers – den unkonventionellen, antiautoritären Professor Gustav Radbruch, der die Idee des Erziehungsgedankens für junge Straftäter, ein Herzensanliegen der SPD, im Jahre 1923 politisch durchsetzte. Genau hundert Jahre ist dieser Aufbruch jetzt her. Die Idee des Jugendgerichtsgesetzes, das am 16. Februar 1923 im Reichstag angenommen wurde, war bestechend simpel: Der Jugendrichter tritt nicht als zorniger Vergelter auf, sondern er erstellt eine Diagnose wie ein Arzt und entscheidet danach in großer Freiheit, was die beste Medizin ist. (…) Seine Aufgabe, so erinnerte sich Fritz Bauer, ‘war weniger, sich mit den Schwierigkeiten zu befassen, die die jungen Menschen machten, als die Schwierigkeiten zu sehen und zu behandeln, die sie haben’.“

---

1 Der Artikel findet sich unter https://www.sueddeutsche.de/leben/jugendstrafrecht-gustav-radbruch-fritz-bauer-silvesterkrawalle-strafen-karl-holzschuh-schokoladen-richter-1.5743417, zuletzt aufgerufen am 9. September 2024.

https://doi.org/10.1515/9783111726021-001

I. Hinführung und Fragestellung

Dieser Artikel und insbesondere der geschilderte Fall werfen aus strafprozessualer Perspektive Fragen auf. So erscheint bereits fraglich, inwiefern im Rahmen eines einfachen Strafprozesses tatsächlich die Schwierigkeiten junger Menschen aufgedeckt, vor allem aber „behandelt" werden können. Es erscheint zweifelhaft, ob das Strafverfahren oder die regelmäßig in der gebotenen Kürze abgehaltene Hauptverhandlung für eine eingehendere Auseinandersetzung mit dem jungen Delinquenten den richtigen Rahmen bietet. Darüber hinaus erweckt jedenfalls ein Richter, der sich mit dem Angeklagten zum Kaffeetrinken verabredet, den Eindruck der Befangenheit. Es erscheint fragwürdig, ob ein solches Vorgehen strafprozessual überhaupt zulässig sein kann. Die Schilderungen von *Steinke* enthalten jedoch keinerlei dahingehende Bemerkungen, sondern preisen das Vorgehen des Richters *Bauer* vielmehr geradezu als Beispiel der „beeindruckenden Erfolgsgeschichte" des Jugendstrafrechts an. Es stellt sich daher die Frage, inwiefern ein solches Vorgehen im Rahmen eines Strafverfahrens zulässig oder gar wünschenswert sein kann. Möglich gemacht haben soll das laut dem Autor „die Idee des Erziehungsgedankens für junge Straftäter", welche 1923 politisch durchgesetzt worden sei.

1. Das deutsche Jugendstrafrecht als Erziehungsstrafrecht

Tatsächlich wurde vor etwas mehr als 100 Jahren, am 16. Februar 1923, mit dem JGG erstmals die strafrechtliche Behandlung Jugendlicher inklusive des zugehörigen Strafverfahrens und der Gerichtsverfassung in einem eigenständigen Gesetz außerhalb des allgemeinen Strafrechts geregelt[2]. Am 1. Juli 1923 trat das Gesetz in Kraft, das nach den Schilderungen von *Steinke* mit dem sog. Erziehungsgedanken den neuen Ansatz enthielt, dass „Milde stärker ist als Vergeltung" und so zu einem Umdenken in der Weimarer Zeit geführt haben soll.

Bei einem Blick in den heutigen Gesetzestext und die zugehörige Literatur und Rechtsprechung zeigt sich in der Tat schnell: Das gesamte deutsche Jugendstrafrecht steht im Zeichen der Erziehung.

Schon seit den Anfängen des Jugendstrafrechts wird dieses laut *Ostendorf* „als Erziehungsstrafrecht apostrophiert"[3]. Der sog. Erziehungsgedanke wird als „Leitprinzip des Jugendstrafrechts" bezeichnet und für unverzichtbar erachtet[4].

---

2 *Schady*, Praxis des Jugendstrafrechts, S. 1.

3 *Ostendorf/Drenkhahn*, Jugendstrafrecht, S. 58; vgl. auch *Streng*, Jugendstrafrecht, S. 10.

4 *Laubenthal/Baier/Nestler*, Jugendstrafrecht, S. 2; *Putzke*, in: BeckOK-JGG, § 2, Rn. 1a; *Streng*, Jugendstrafrecht, S. 9.

Das JGG als sog. Täterstrafrecht sei dem Erziehungsgedanken und den damit verbundenen Schutzmaßnahmen verpflichtet[5]. So betont auch der BGH in ständiger Rechtsprechung das „Primat der Erziehung“ bzw. den Erziehungsgedanken als „Basis aller Regelungen des Jugendstrafrechts“[6]. Der Begriff der „Erziehung“ oder „erzieherischen“ Einwirkung bzw. Beeinflussung ist auch in zahlreichen Normen des JGG enthalten, im materiellen Teil z.B. in den §§ 3 S. 2, 5 Abs. 1, 9 f., 12, 16 Abs. 3, 16a Abs. 1 Nr. 3, 17 Abs. 2, 18 Abs. 2, 21 Abs. 1 S. 1, 23 Abs. 1 S. 1 und 24 Abs. 1 S. 2, Abs. 3 S. 3 JGG. Und auch der Erziehungsgedanke selbst ist im Gesetz verankert, wenn es in § 2 Abs. 1 S. 2 JGG heißt, dass zur Erreichung des Ziels der Legalbewährung „die Rechtsfolgen und unter Beachtung des elterlichen Erziehungsrechts auch das Verfahren vorrangig am Erziehungsgedanken auszurichten“ sind.

2. Erziehung im Jugendstrafverfahren?

Für das Jugendstrafverfahren drängt sich damit die Frage auf, wie genau ein solches Verfahren am Erziehungsgedanken ausgerichtet sein soll und darf, inwiefern Erziehung in einem Strafverfahren also überhaupt möglich und zulässig ist. In Bezug auf die verschiedenen Verfahrensstadien fragt sich zudem, wie Erziehung im Ermittlungs-, Zwischen-, Haupt- und Rechtsmittelverfahren eigentlich aussehen soll. Wenn vor der rechtskräftigen Feststellung der Schuld als Reaktion auf eine Straftat erzogen werden soll, stellt sich darüber hinaus natürlich die Frage nach einem Verstoß gegen die Unschuldsvermutung. Daneben erscheint das Verhältnis der Erziehung im Strafverfahren zu den Grundrechten der Jugendlichen (im Alter von 14 bis 18 Jahren) und von deren Erziehungsberechtigten klärungsbedürftig. Erst recht problematisch ist schließlich die Erziehung der nach Zivilrecht volljährigen Heranwachsenden (zwischen 18 und 21 Jahren), welche ebenfalls Beschuldigte im Rahmen eines Jugendstrafverfahrens sein können.

Bei den aufgeworfenen Fragen handelt es sich um besondere jugendstrafrechtliche Problemstellungen. Um sie klären zu können, müssen zuerst Inhalt und Bedeutung des Erziehungsbegriffs des JGG erläutert werden. Nur wenn feststeht, welchen Bedeutungsgehalt der Erziehungsgedanke im formellen Jugendstrafrecht hat, kann dieser z.B. in das Verhältnis zu den strafrechtlichen Verfahrensgarantien oder Grundrechten der Verfahrensbeteiligten gesetzt werden[7].

---

5 *Plewig*, in: FS-Ostendorf, 669.

6 *Laubenthal/Baier/Nestler*, Jugendstrafrecht, S. 3, mit Verweis auf BGHSt 36, 37 (42) und BGH NStZ 2002, 204 (207); vgl. auch *Streng*, Jugendstrafrecht, S. 9, m.w.N.

7 So auch schon *Zapf*, Opferschutz, S. 13 f.

Eine Legaldefinition des Erziehungsbegriffs sucht man im Gesetzestext allerdings vergebens. Tatsächlich zeigt ein kurzer Blick in die Literatur:

> „Was sich mit dem Gesetz (dem JGG, Anm. d. Verf.) und seiner Rezeption u.a. bis heute verbindet, ist die Wahrnehmung von Ambivalenzen wie etwa des Verhältnisses von Strafe und Erziehung, von Eingriffen in die Persönlichkeit junger Menschen versus rechtsstaatlicher Begrenzungen derartigen Handelns und nicht zuletzt die oftmals kontrovers diskutierte Frage, was Erziehung im Umgang mit Delinquenz bedeuten kann.“[8]

Auch über 100 Jahre nach Einführung des JGG fehlt es an einer gesamtheitlich anerkannten Definition oder inhaltlichen Bestimmung des Erziehungsbegriffs für das Jugendstrafrecht. Vielmehr existiert – wie noch zu zeigen sein wird – eine unübersichtliche Vielzahl an verschiedenen Ansichten und Schlussfolgerungen zu der Thematik[9].

Dies gilt nicht nur in Bezug auf das materielle Jugendstrafrecht und die Problematik des Verhältnisses von Erziehung und Strafe im Rahmen der zu verhängenden Rechtsfolgen, sondern auch für das Jugendstrafverfahren und die Jugendgerichtsverfassung. Eines der Spannungsfelder, welche das Jugendstrafrecht bis heute prägen, ist dasjenige zwischen „rechtsstaatlichen Verfahrensgarantien und jugendgerechter Reaktion im Einzelfall“[10]. So taucht der Erziehungsbegriff im JGG auch in zahlreichen Bestimmungen zum formellen Jugendstrafrecht auf. Gemäß § 37 Abs. 1 JGG sollen etwa die Jugendrichter und Jugendstaatsanwälte „erzieherisch befähigt und in der Jugenderziehung erfahren“ sein oder nach § 38 Abs. 2 JGG von der Jugendgerichtshilfe „die erzieherischen, sozialen und sonstigen im Hinblick auf die Ziele und Aufgaben der Jugendhilfe bedeutsamen Gesichtspunkte im Verfahren vor den Jugendgerichten zur Geltung“ gebracht werden. Wenn im Verfahren auch Heranwachsende und Erwachsene angeklagt sind, kann die Öffentlichkeit nach § 48 Abs. 3 S. 2 JGG ausgeschlossen werden, „wenn dies im Interesse der Erziehung jugendlicher Angeklagter geboten ist“. Daneben können z.B. nach § 51 Abs. 1, 2 JGG der Angeklagte, dessen Erziehungsberechtigte oder gesetzliche Vertreter von der Verhandlung zeitweilig ausgeschlossen werden, wenn „Nachteile für die Erziehung entstehen können“. Die Anrechnung von Untersuchungshaft kann laut § 52a Abs. 1 JGG bei Jugendstrafe unter anderem dann unterbleiben, wenn dies „aus erzieherischen Gründen nicht gerechtfertigt ist“. Und auch sonst hat der Gesetzgeber, um den spezifischen Bedürfnissen junger Menschen

---

8 *Dollinger/Keßler/Rocher*, ZJJ 2023, 4.

9 „Anything goes, so scheint es und vollbesetzt ist auch noch die Bühne mit den Jongleuren des Erziehungsgedankens“, vgl. *Pieplow*, ZJJ 2022, 146.

10 *Fritsch*, Reformbewegung, S. 5 f.

besser gerecht werden zu können, ein besonderes Strafverfahrensrecht mit vom allgemeinen Verfahrensrecht abweichenden Regelungen geschaffen[11]. So existieren z.B. besondere Jugendgerichte und die Kompetenz der Jugendstaatsanwälte, bereits im Vorverfahren die Strafverfolgung zu beenden, ist gegenüber den Strafsachen gegen Erwachsene erweitert. Darüber hinaus ist die Jugendgerichtshilfe ein weiteres Prozessorgan mit verschiedenen Funktionen und Beteiligungsrechten. Neben der Unterstützung durch seinen Erziehungsberechtigten bzw. gesetzlichen Vertreter kann sich der Jugendliche zudem im Verfahren auch eines Beistands bedienen. Schließlich kann der Jugendliche wie jeder andere Beschuldigte einen Verteidiger wählen, wobei der Bereich der Pflichtverteidigung im Jugendstrafverfahren erweitert ist.

3. Fragestellung und Erkenntnisinteresse

Mit Blick auf die aufgezählten Bestimmungen und zahlreichen Besonderheiten des Jugendstrafverfahrens und der Jugendgerichtsverfassung stellt sich die Frage, wo diese ihren genauen Ursprung haben, also wann, wo, wie und aus welchem Grund sie eigentlich entstanden sind und wie sie sich im Laufe der Zeit bis in die Gegenwart entwickelt haben. Die vorliegende Arbeit wählt den Ansatz einer historischen Analyse und versucht, diese Fragen zu beantworten, deren Klärung wohl als notwendige Vorbedingung für ein tiefergehendes Verständnis von Inhalt und Bedeutung des Erziehungsgedankens für das formelle Jugendstrafrecht angesehen werden kann.

Denn die historisch-kritische Analyse ermöglicht durch die Schilderung des Zeitgeistes und der Zusammenhänge und Hintergründe der Entstehung und Entwicklung der einzelnen Vorschriften die Einordnung der jeweiligen Diskussionen in einen Gesamtkontext, sodass am Ende ein deutlicheres Bild von Sichtweise und Intention des (historischen) Gesetzgebers im Hinblick auf Jugendstrafverfahren und Jugendgerichtsverfassung gezeichnet werden kann[12]. Die Bedeutung historischer Forschung im Strafrecht fasste bereits *Schmidt* anschaulich zusammen: „So haben wir Anlaß, uns immer wieder der Geschichte zuzuwenden, um zur Erkenntnis unserer selbst zu gelangen. Die Geschichte der Strafrechtspflege aber vermittelt besondere Erkenntnisse und Erfahrungen. Sie führt uns in das ungeheure Spannungsfeld zwischen Macht und Recht, zwischen Zweckmäßigkeit und Gerechtigkeit und lehrt uns, wie mühsam gerade die deutsche Menschheit um die beiden Grundwerte aller echten Straf-

---

11 Vgl. zum Folgenden auch *Laubenthal/Baier/Nestler*, Jugendstrafrecht, S. 65.

12 Zur dogmatischen Bedeutung historisch-kritischer Analyse im Jugendstrafrecht vgl. *Pieplow*, in: GS-Walter, 341 ff.

rechtspflege, um Wahrheit und Gerechtigkeit hat ringen müssen“[13]. Dies gilt nicht nur für das allgemeine Strafrecht, sondern natürlich auch für das Jugendstrafrecht und im Speziellen das Jugendstrafverfahren bzw. die Jugendgerichtsverfassung. Die historische Entwicklung der verfahrensrechtlichen Behandlung junger Straftäter spiegelt die Stellung junger Menschen in der Gesellschaft im Laufe der Zeit allgemein wider und kann so zur Klärung der Bedeutung des Erziehungsverständnisses des JGG beitragen. Dafür ist es jedoch zunächst notwendig, sich „Vorgeschichte(n) anzusehen, ohne die sich Sinnzusammenhänge nicht erschließen“[14].

Für eine nähere Auseinandersetzung mit der „Vorgeschichte“ und der Entwicklung des Jugendstrafverfahrens und der Jugendgerichtsverfassung bis in die Gegenwart bietet der 100. Geburtstag des JGG im Jahr 2023 einen entsprechenden Anlass und ermöglicht zugleich eine „Bestandsaufnahme“ nach 100 Jahren JGG. Der Titel der Abhandlung „100 Jahre Erziehung durch Verfahren?“ spielt so zum einen auf das Jubiläum des JGG an und ist zum anderen angelehnt an die bereits angedeutete und seit Anbeginn des Jugendstrafrechts geführte Diskussion um das Verhältnis von Erziehung und Strafe, in der sich für die verschiedenen vertretenen Positionen die Schlagwörter „Erziehung statt Strafe“, „Erziehung neben Strafe“ und „Erziehung durch Strafe“ eingebürgert haben. Die Formulierung „Erziehung durch Verfahren?“ grenzt die Arbeit von der Diskussion im materiellen Recht ab und verdeutlicht dabei zugleich bereits das Spannungsverhältnis zwischen einem rechtsstaatlichen Strafverfahren und einer jugendadäquaten Reaktion auf eine Straftat im Einzelfall.

II. Arbeitsmethode

Mit der vorstehenden Erläuterung steht auch die Methode der vorliegenden Darstellung fest. Im Rahmen einer Untersuchung der historischen Entwicklung der strafverfahrensrechtlichen Sonderbehandlung junger Delinquenten mit Fokus auf den entsprechenden Vorschriften sollen die Entstehung und Entwicklung von Jugendstrafverfahren und Jugendgerichtsverfassung von deren Anfängen bis in die Gegenwart nachvollzogen werden.

Von Interesse ist dabei auch, ob und wenn ja welche Bestimmungen zum Strafverfahren gegen junge Menschen bereits vor dem JGG 1923 existierten. Für das Gesamtverständnis erscheint darüber hinaus relevant, welche Reformdiskussionen es im formellen Jugendstrafrecht im Laufe der Zeit gab und nach

13 *Schmidt*, Geschichte, S. 19.

14 *Pieplow*, ZJJ 2022, 149 (151).

wie vor gibt und welche Motive hinter den gesetzgeberischen Aktivitäten im Jugendstrafprozessrecht steck(t)en. Zur Abbildung des jeweils vorherrschenden Zeitgeistes soll daher auch auf allgemeine gesellschaftliche und politische Hintergründe der jeweiligen Entwicklungsabschnitte eingegangen werden. Bei der Analyse selbst soll der Fokus auf den Regelungen und Diskussionen zu Jugendgerichtsverfassung und Jugendstrafverfahren liegen, wobei nur auf das Ermittlungs-, Zwischen-, Haupt- und Rechtsmittelverfahren näher eingegangen werden soll. Die Strafvollstreckung und der Strafvollzug sollen dagegen nicht Thema der Abhandlung sein, sodass etwa auch die Aussetzung der (Verhängung der) Strafe zur Bewährung und das zugehörige Verfahren nicht thematisiert werden.

In Rahmen der Untersuchung soll insbesondere eine umfassende Darstellung der Gesetzgebungsprozesse zum formellen Jugendstrafrecht erfolgen. Hinsichtlich der Diskussion zum Jugendstrafverfahren und der Jugendgerichtsverfassung im Übrigen soll der Fokus vor allem auf den relevantesten Besonderheiten, also unter anderem der Qualifikation von Jugendrichtern und -staatsanwälten, der Verteidigung im Jugendstrafverfahren, den Jugendschöffen, der Untersuchungshaft, der Beteiligung der gesetzlichen Vertreter am Strafverfahren, dem Beschleunigungsgrundsatz oder auch dem Legalitätsprinzip und dessen Einschränkung liegen. So kann zum einen ein umfassender Überblick über die Entwicklung der Vorschriften des formellen Jugendstrafrechts ermöglicht werden und zum anderen eine Beschränkung auf die für das Verständnis der Zusammenhänge und Hintergründe der Entwicklung wesentlichen Diskussionen und Reformvorhaben erfolgen.

Eine Darstellung der historischen Entwicklung des formellen Rechts vollständig von der des materiellen Rechts zu trennen, erscheint dabei jedoch angesichts der Zusammenhänge und Parallelen in der Evolution der im Laufe der Zeit entstandenen und gewachsenen Rechtsmaterie Jugendstrafrecht nicht möglich, sodass vereinzelte Überschneidungen und Darstellungen der Entwicklungen des materiellen Jugendstrafrechts, etwa sofern dies Grundlage für relevante Diskussionen oder weitere Reformbestrebungen auch im Hinblick auf das formelle Jugendstrafrecht war oder dessen Entwicklung anderweitig beeinflusst hat, nicht vollständig vermieden werden können. Eingegangen werden soll daher etwa auch auf die Diskussion zur Einbeziehung der Personen im Alter zwischen 18 und 21 Jahren in das Jugendstrafrecht, welche für das diesbezüglich vorgesehene Verfahren von Bedeutung ist.

In die Betrachtung miteinbezogen werden soll dabei in der ganzen Arbeit auch die „transgenerationell spezifische Verarbeitung der Gesetzesgeschichte“[15]. Denn der historische Kontext ist von der Wirkungsgeschichte zu trennen, „die mit den Vorstellungen und dem Begriffsverständnis der jeweils eigenen Zeit einen solchen Kontext deutet und so mit einem Sediment von Rezeptionsschichten überlagert“[16]. *Tucholsky* prägte den treffenden Ausspruch: „Jeder historische Roman vermittelt ein ausgezeichnetes Bild von der Epoche des Verfassers“[17]. Für eine historische Analyse führt diese Feststellung zu der Erkenntnis, dass das zur Verfügung stehende Quellenmaterial immer auch in den jeweiligen Kontext von dessen Entstehungszeit eingeordnet werden muss, was im Laufe der Darstellung an mehreren Stellen von Relevanz sein wird.

III. Forschungsstand

Es existieren bereits Darstellungen zur historischen Entwicklung des Jugendstrafrechts, die auch prozessuale Gesichtspunkte beinhalten. Zuletzt hat 2015 *Stolp* „die geschichtliche Entwicklung des Jugendstrafrechts ab 1923“ analysiert. Zuvor hat sich 2004 bereits *Kraft* mit den „Tendenzen in der Entwicklung des Jugendstrafrechts seit der Jugendgerichtsbewegung“ auseinandergesetzt. *Günzel* thematisierte 2001 „die geschichtliche Entwicklung des Jugendstrafrechts und des Erziehungsgedankens“ und *Fritsch* hat bereits 1999 „die jugendstrafrechtliche Reformbewegung (1871–1923)“ dargestellt.

Die aufgezählten Monografien geben jedoch allesamt einen Gesamtüberblick über die geschichtliche Entwicklung des Jugendstrafrechts, also des formellen und des materiellen Rechts. Der Fokus liegt dabei in der Regel auf der Darstellung der Diskussion zu Strafmündigkeitsgrenzen und Rechtsfolgeproblematiken und auch dem Verhältnis von Erziehung und Strafe im JGG. Prozessuale Gesichtspunkte werden darin – bis auf wenige Ausnahmen – größtenteils nur in der gebotenen Kürze und überblicksartig erläutert. Eine Arbeit, die ausschließlich die historische Entwicklung des Jugendstrafverfahrens und der Jugendgerichtsverfassung in den Blick nimmt und deren Hintergründe und Zusammenhänge aufzeigt, existiert dagegen bisher nicht. „Die Entwicklung des deutschen Jugendgerichts“ von *Ruscheweyh* enthält zwar eine solche thematische Eingrenzung, stammt jedoch aus dem Jahr 1918 und bricht somit sogar noch vor der Einführung des JGG ab, sodass es sich dabei weniger um

15 *Pieplow*, ZJJ 2022, 146.

16 *Pieplow*, in: GS-Walter, 341 (342).

17 *Tucholsky*, Gesamtausgabe, Bd. 15, S. 224.

eine das vorliegende Forschungsthema bereits erfassende Abhandlung als vielmehr um eine aufschlussreiche historische Quelle für die Darstellung selbst handelt.

Die vorliegende Untersuchung ermöglicht im Vergleich zur bestehenden Literatur damit einen Perspektivwechsel, indem die Geschichte des Jugendstrafrechts aus prozessualer Sicht dargestellt wird. Über diese thematische Eingrenzung hinaus beleuchtet die Arbeit zudem zum Teil auch noch nicht eingehend erforschte Zeitspannen. So umfasst die gegenständliche Darstellung auch die bisher nicht erfolgte eingehende Untersuchung der verfahrensrechtlichen Behandlung junger Straftäter in den deutschen Partikularstaaten des 19. Jahrhunderts und den Zeitraum von 2015 bis in die Gegenwart, welcher angesichts zahlreicher Änderungen im JGG in der jüngeren Vergangenheit und den Folgen der Corona-Pandemie für die Analyse der Entwicklung des Jugendstrafrechts ebenfalls von besonderem Interesse ist.

IV. Gang der Darstellung

Die Arbeit folgt einem chronologischen Aufbau, wobei bei der Einteilung der Entwicklungsabschnitte zu beachten ist, dass dies vor allem der Struktur, Übersichtlichkeit und Nachvollziehbarkeit dienen soll. Da gesellschaftliche, politische und rechtsgeschichtliche Entwicklungen nie abschnittsweise ablaufen, sondern sich im Laufe der Zeit langsam, in Abhängigkeit und Zusammenhang voneinander ergeben, entstehen neue Strömungen, wo alte noch nachwirken und zukünftige sich bereits ankündigen[18]. Auch wenn eine zeitliche Aufteilung notwendige Zusammenhänge damit trennt, ist aber allgemein anerkannt, dass sie für ein besseres Verständnis erforderlich ist[19].

---

18 Vgl. hierzu auch *Schmidt*, Geschichte, S. 18: „Geistig-kulturelle Strömungen verlaufen nicht so, daß die spätere die vorhergehende in jähem Bruch ablöst, die eine scharf an die andere ansetzt. Die Kontinuität im Geistig-Kulturellen ist größer, als man gemeinhin glaubt, und gerade im Bereiche des Rechtlichen löst sich der Mensch nur schwer vom Herkömmlich-Gewohnten, da ihm das Normale nur zu leicht als das Normative erscheint. So darf es nicht wundernehmen, wenn die Epochen, die wir scheiden wollen, im Strome des Lebens langsam ineinander übergehen. Mittelalterliches Rechtsdenken bereitet sich in der germanischen Epoche vor und führt schon hier zu mittelalterlich anmutenden Erscheinungen. Germanisches Lebensgefühl spüren wir noch in bedeutsamen Erscheinungen des 12. bis 16. Jahrhunderts. Die Epoche moderner Kriminalpolitik wirft ihre Schatten in die Zeit um 1600 voraus, während andererseits mittelalterliche Einrichtungen und Rechtsgepflogenheiten, wie etwa die Folter und gewisse qualifizierte Todesstrafen (Verbrennen, Rädern), noch im 19. Jahrhundert beibehalten sind".

19 So auch *Holzschuh*, Geschichte des Jugendstrafrechts, S. 2 und *Köbler*, Rechtsgeschichte, S. 6.

Ausgangspunkt einer historischen Analyse der Sonderbehandlung junger Delinquenten im deutschen Strafprozessrecht muss eine Untersuchung der Verfahrensweisen bei Regelverstößen durch Kinder und junge Menschen seit der gesicherten Existenz solcher Regeln für das Zusammenleben von Menschen sein. Will man die historische Entwicklung von Jugendstrafverfahren und Jugendgerichtsverfassung untersuchen, muss man sich zunächst mit den vor Einführung des JGG praktizierten Verfahrensweisen bezüglich junger Straftäter oder Regelbrecher beschäftigen und deren Ursprünge und Beweggründe so weit zurückverfolgen, als es tatsächlich Sondervorschriften oder spezielle Vorgehensweisen für junge Straftäter gab[20]. Nur so lassen sich Entwicklungszusammenhänge und -motive verstehen und sich die einzelnen Phasen der Entstehung eines eigenen Jugendstrafverfahrens in einen Gesamtkontext einordnen.

Daher soll im ersten großen Abschnitt der Arbeit zunächst die Entstehungsgeschichte der Vorschriften zu Jugendstrafverfahren und Jugendgerichtsverfassung und die prozessuale Stellung junger Beschuldigter bzw. Angeklagter vor Einführung des JGG 1923 (B) analysiert werden. Für die Darstellung der Entstehung und Entwicklung von Jugendstrafverfahren und Jugendgerichtsverfassung erscheint es dabei am geeignetsten, zunächst überblicksartig den Umgang mit jungen Delinquenten unter anderem im Mittelalter und der frühen Neuzeit bis zum 17. Jahrhundert darzustellen und auf einzelne für das Strafverfahren und die Gerichtsverfassung besonders relevante abweichende Umgangsformen gegenüber jungen Menschen einzugehen, um anschließend ausführlicher die Entwicklung von Recht und Gesellschaft ab dem 17. bzw. 18. Jahrhundert bis zum Jahr 1923 darzustellen.

Denn die wesentlichen Impulse der gegenwärtigen Rechtsepoche und der modernen Strafrechtsgeschichte gehen, wenn man in der historischen Entwicklung zurückblickt, vor allem ab dem 18. Jahrhundert von sozialen, wirtschaftlichen, kulturellen und geistesgeschichtlichen Umwälzungen aus[21]. Der politische Aufstieg des Bürgertums, die industrielle Revolution und die Philosophie der Aufklärung sollen daher in der vorliegenden Darstellung den eigentlichen Ausgangspunkt einer detaillierten Nachzeichnung der Entstehung von Jugendstrafverfahren und Jugendgerichtsverfassung bilden. Dabei soll insbesondere auch die Behandlung junger Delinquenten in den Partikularstaaten des 19. Jahrhunderts und die Entwicklung bis zu den Reichsjustizgesetzen 1877

---

20 So z.B. auch *Cornel*, in: Handbuch Jugendkriminalität, 533 (534) oder *Fritsch*, Reformbewegung, S. 11 ff.

21 Vgl. hierzu *Vormbaum*, Strafrechtsgeschichte, S. 10, 19.

analysiert werden, bevor auf die Jugendgerichtsbewegung eingegangen werden soll, die schließlich zur Einführung des JGG geführt hat.

Im zweiten großen Abschnitt der Arbeit soll dann die Entwicklung der prozessualen Sonderstellung junger Menschen vom JGG 1923 bis in die Gegenwart (C) erörtert werden. Im Fokus stehen dabei insbesondere der Einfluss der Nationalsozialisten auf das deutsche Jugendstrafrecht, die Entnazifizierungsprozesse nach dem Zweiten Weltkrieg und die Reformbestrebungen bis zum 1. JGGÄndG 1990 bzw. dem 2. JGGÄndG 2007. Die Änderungen des JGG in der jüngeren Vergangenheit, der verstärkte Einfluss des europäischen Gesetzgebers und die Corona-Pandemie sollen den Abschluss der historischen Darstellung bilden.

In der Zusammenfassung (D) soll schließlich die Geschichte des Jugendstrafverfahrens und die Entwicklung und Diskussion zu den wichtigsten verfahrensrechtlichen Besonderheiten noch einmal überblicksartig dargestellt werden, bevor eine abschließende Würdigung erfolgen soll.

V. Begriffsklärung

Da es an einer einheitlichen zeitlichen Eingrenzung der Jugendphase in Gegenwart und Vergangenheit mangelt und sich im Laufe der Zeit die gesetzlichen Strafmündigkeitsgrenzen immer wieder verschoben haben und auch territorial stark divergierten, muss zunächst geklärt werden, was damit gemeint ist, wenn im Rahmen der Darstellung von „Jugendlichen" oder von „Jugendkriminalität" gesprochen wird. Problematisch ist dabei für eine historische Betrachtung, dass die Begriffe zu keinem Zeitpunkt einheitlich verwendet wurden, sodass es naheliegt, für den Zeitraum der Darstellung einen gemeinsamen Oberbegriff für alle in den einzelnen Zeitspannen behandelten Altersgruppen zu verwenden. Die „Jugend" im umgangssprachlichen Sinne lediglich als frühe Altersphase des Menschen zwischen Kindheit und Erwachsenenalter einzuordnen, erscheint für eine Darstellung der historischen Entwicklung der prozessualen Sonderbehandlung junger Menschen jedoch zu unscharf, da im Rahmen der Entwicklung der Vorschriften und der Diskussion im Jugendstrafrecht die genauen Altersgrenzen sehr wohl relevant werden.

Sofern vorliegend von „Jugendlichen" oder „Heranwachsenden" die Rede ist, sind daher solche im Sinne der Altersgrenzen des geltenden JGG, also zwischen 14 und 18 (Jugendliche) bzw. zwischen 18 und 21 (Heranwachsende) Jahren gemeint (§ 1 Abs. 2 JGG). Sollen dagegen alle im jeweiligen behandelten Zeitabschnitt strafmündigen, aber noch nicht körperlich und geistig voll entwickelten Menschen erfasst werden, wird von „jungen Menschen" bzw.

„jungen Straftätern", „jungen Delinquenten", „jungen Beschuldigten" etc. gesprochen. In der jeweiligen Zeitspanne bzw. dem behandelten Gebiet noch nicht strafmündige Personen werden als „Kinder" bezeichnet. Unter den Begriff „Jugendkriminalität" wird dabei die Summe der Straftaten von im jeweiligen Zeitabschnitt strafmündigen, noch nicht erwachsenen Personen gefasst. So wird eine möglichst genaue Einordnung der jeweils thematisierten Personengruppe ermöglicht.

Dennoch führt die Ausgangssituation einer historischen Darstellung angesichts der uneinheitlichen Verwendung der Begriffe in der Literatur und im Sprachgebrauch im Laufe der Zeit zu Ungenauigkeiten und Abgrenzungsschwierigkeiten, sodass versucht wird, im Rahmen der Schilderung und Wiedergabe historischer Beiträge auch immer auf die jeweiligen Strafmündigkeits- und sonstigen Altersgrenzen einzugehen, um so Verständnisschwierigkeiten vorzubeugen.

B) Die Entstehung von Jugendstrafverfahren und -gerichtsverfassung in Deutschland

Schon lange vor der Einführung des JGG wurde mit den Verfehlungen junger Menschen bereits anders umgegangen als mit solchen Erwachsener[1]. Konkret wurden die Bestrebungen hin zu einer umfassenden gesetzlichen Sonderregelung für noch in der Entwicklung befindliche Delinquenten in Abweichung vom allgemeinen Strafrecht jedoch erst ab den 1880er Jahren mit der Entstehung der sog. Jugendgerichtsbewegung.

I. Die Ausgangssituation vor der Jugendgerichtsbewegung

Bis dahin kam es im Strafverfahren gegen junge Menschen nur vereinzelt zu Abweichungen gegenüber dem Verfahren gegen Erwachsene.

1. Die Sonderbehandlung der jungen Menschen bis zum 17. Jahrhundert

Vielmehr erfolgte die Sonderbehandlung typischerweise durch – ungeschriebene und geschriebene – Grundsätze, dass die Strafen junger Regelbrecher im Vergleich zu Erwachsenen abzumildern oder diese je nach Alter von Strafe zu verschonen waren[2].

a) Altersgrenzen und Strafmilderungen

Doch auch die uns heute geläufigen Strafmündigkeitsgrenzen „haben sich in den letzten 500 Jahren in Mitteleuropa nicht nur mehrfach verschoben, sie waren in ihrer Klarheit lange Zeit nicht vorhanden und wurden noch weniger eingehalten“[3]. Während etwa im römischen Recht Kindern unter sieben Jahren die Verantwortlichkeit fehlte, wurde im germanischen Recht[4] teilweise zwischen der

---

1 Vgl. hierzu eingehend *Holzschuh*, Geschichte des Jugendstrafrechts, S. 1 ff.

2 Vgl. auch *Herz*, Jugendstrafrecht, S. 4 f.

3 *Cornel*, in: Handbuch Jugendkriminalität, 533 (534); vgl. auch *Dollinger/Keßler/Rocher*, ZJJ 2023, 4; *Meier/Bannenberg/Höffler*, Jugendstrafrecht, S. 34.

4 Genauer zu den einzelnen Rechtsordnungen angesichts der Tatsache, dass der Begriff nur einen Sammelbegriff für die einzelnen germanischen Stammesrechte darstellt *His*, Geschichte, S. 5 f.

https://doi.org/10.1515/9783111726021-002

Straflosigkeit des noch Unmündigen und der sog. Halbbüßigkeit mit der Folge einer reduzierten Bußzahlungspflicht differenziert[5]. Im Mittelalter war die Vollendung des 12. Lebensjahres in vielen strafrechtlichen Kodifizierungen[6] die maßgebliche Grenze, bis zu der die Kinder bei ihrer Mutter bleiben und nicht streng bestraft werden sollten, sowie nach dem Kirchenrecht „einer Hauptsünde nicht fähig" waren[7]. Im gemeinen Recht begann die Strafmündigkeit in der Regel ab einem Alter von sieben Jahren, wobei bei den sog. Impuberes unter 14 Jahren nach dem Entwicklungsstand und der Einsicht in die Tatfolgen differenziert wurde[8]. Diese waren wiederum von den sog. Minores zwischen 14 und 25 Jahren zu unterscheiden, bei denen in aller Regel nach dem allgemeinen Strafrecht verfahren wurde und nur etwa bei geringer Überschreitung des 14. Lebensjahres eine Strafmilderung erfolgte[9]. Vor der von *Kaiser Karl V.* und den Reichsständen mit Wirkung für das gesamte Reich eingeführten Peinlichen[10] Halsgerichtsordnung (Constitutio Criminalis Carolina = CCC)[11] von 1532 gab es in einigen Kodifikationen aber auch überhaupt keine Strafmündigkeitsgrenzen[12]. Selbst die Carolina bestimmte keine exakten Altersgrenzen, sondern berücksichtigte lediglich in Art. 179[13] das geringe Alter als besonderen Umstand. Zudem waren solche Al-

5 *Laubenthal/Baier/Nestler*, Jugendstrafrecht, S. 11; *Streng*, Jugendstrafrecht, S. 15.

6 So auch in dem zwischen 1220 und 1235 entstandenen „Sachsenspiegel", vgl. *Holzschuh*, Geschichte des Jugendstrafrechts, S. 39; der „Schwabenspiegel" (1235) kannte mit dem siebten und dem 14. Lebensjahr zwei Altersstufen, wobei zwischen dem siebten und 14. Lebensjahr zwar die Strafe entfiel, der Schadensersatz aber geleistet werden musste, vgl. *His*, Mittelalter, S. 61 f., 64.

7 *Cornel*, in: Handbuch Jugendkriminalität, 533 (534) m.w.N.; vgl. dazu auch *Holzschuh*, Geschichte des Jugendstrafrechts, S. 38; *Streng*, Jugendstrafrecht, S. 16.

8 *Herz*, Jugendstrafrecht, S. 5; *Laubenthal/Baier/Nestler*, Jugendstrafrecht, S. 11; *Roth*, ZNR 1991, 17; *Streng*, Jugendstrafrecht, S. 16.

9 Diese Möglichkeit wurde vor allem bei der Todesstrafe betont, vgl. *Beulke/Swoboda*, Jugendstrafrecht, S. 39.

10 „Peinliche Gerichtsordnungen" erfassten schwere Straftaten, die mit „Pein" verursachenden körperlichen Strafen geahndet wurden, vgl. *Ignor*, Geschichte, S. 43.

11 Die sog. Carolina war bis in das 19. Jahrhundert eines der wenigen größeren Gesetzeswerke und das erste allgemeine deutsche Strafgesetzbuch, verglichen mit der heutigen Rechtsordnung stellt sie aber eine eher fragmentarische Regelung formellen und materiellen Strafrechts dar, vgl. *Rosenfeld*, Reichs-Strafprozeß, S. 17; *Schmidt*, Geschichte, S. 109, 131; *Schwerhoff*, Kriminalitätsforschung, S. 75.

12 *Cornel*, in: Handbuch Jugendkriminalität, 533 (534).

13 Dieser lautete: „Ward von jemand, der Jugend oder an der Gebrechlichkeit halben wissentlich seine Sinn nicht hätte, ein Übelthat begangen, das soll mit allen Umständen an den Orten und Enden, wie zu Ende dieser unser Ordnung angezeigt, gelangen und nach Rath derselben und anderer Verständigen darin gehandelt und gestraft werden", vgl. *Welker*, RdJB 1969, 306 (307); hierzu auch *Beulke/Swoboda*, Jugendstrafrecht, S. 38 f.; *Cornel*, in: Handbuch Jugendkriminalität, 533 (535).

tersangaben, die sich finden lassen, regelmäßig keine festen Grenzen der Unmündigkeit aus Altersgründen, sondern standen bis zum Ende des 17. Jahrhunderts typischerweise unter dem aus dem römischen Recht herrührenden Vorbehalt, dass eine Berücksichtigung des Alters dann nicht mehr stattfindet, „wenn die Bosheit das Alter erfüllt“[14]. Diese Grundregel fand sich wörtlich noch 1507 in Art. 190 der Bambergischen Halsgerichtsordnung (Constitutio Criminalis Bambergensia = CCB), welche Vorläufer und Vorbild für die CCC war und 1516 in der Brandenburgischen Halsgerichtsordnung, sowie in Art. 164 CCC[15], wieder[16]. Vor der Fällung eines Urteils waren sachverständige Gutachter zu der Frage zu hören[17].

Bei Kindern unter sieben Jahren unterblieb eine strafrechtliche Verfolgung also zumeist[18]. Diese wurden in der Regel nicht oder zumindest milder bestraft als Erwachsene und das geringe Alter als Strafmilderungsgrund angesehen. In der konkreten Umsetzung bedeutete dies, dass diese zum Beispiel weniger (starke) Schläge erhielten[19]. Todes- und Verstümmelungsstrafen wurden gegenüber „Unmündigen“ in den meisten Gesetzestexten, wie z.B. dem Sachsenspiegel (1220–1235) und dem Kölner Gottesfrieden (1083), sogar ganz untersagt[20]. In der Praxis wurden diese Grundsätze bei schwereren Taten aber auch häufig missachtet[21]. Auch die CCB und die CCC waren durch harte und strenge Strafen vom Vergeltungsgedanken beherrscht und ermöglichten es, in schweren Fällen die Todesstrafe gegenüber Kindern und jungen Straftätern zu verhängen[22].

---

14 *Cornel*, in: Handbuch Jugendkriminalität, 533 (534 f.); *Streng*, Jugendstrafrecht, S. 16.

15 Die Sondervorschrift bestimmte für den Diebstahl, dass die volle Strafmündigkeit grundsätzlich erst mit dem 14. Lebensjahr eintrat: „Wo der Dieb oder die Diebin ihres alters unter 14 Jahren wären, die sollen um Diebstahl ohne sonder Ursach auch nicht vom Leben zum Tod gerichtet, sondern der obgemelten Leibstraf gemäß mit samt ewiger Urphede gestraft werden. Wo aber der Dieb nahe bei 14 Jahren alt wäre und der Diebstahl groß, oder ob bestimmte beschwerliche Umstände so gefährlich dabei gefunden würden, also daß die Bosheit das Alter erfüllen möchte, so sollen Richter und Urteiler deshalben auch Rats pflegen, wie ein solcher junger Dieb an Gut, Leib oder Leben zu strafen sei“, zitiert nach *Welker*, RdJB 1969, 306 (307).

16 *Cornel*, in: Handbuch Jugendkriminalität, 533 (535); vgl. auch *Welker*, RdJB 1969, 306 (307).

17 *Dillinger*, Hexenprozess, S. 26; *Streng*, Jugendstrafrecht, S. 16.

18 Allerdings regelte z.B. der Schwabenspiegel, dass auch Kinder unter sieben Jahren, die einen Menschenraub begingen, mit dem Tode bestraft werden mussten, vgl. *Cornel*, in: Handbuch Jugendkriminalität, 533 (535).

19 *Cornel*, in: Handbuch Jugendkriminalität, 533 (535).

20 *His*, Geschichte, S. 7; *Schmidt*, Geschichte, S. 71; *Welker*, RdJB 1969, 306 f.

21 Vgl. z.B. *Knapp*, Kriminalrecht, S. 7; *Frauenstädt*, ZStW 10 (1890), 1 (31 f.) verweist auf die Hinrichtung eines Knabens wegen Raubmordes.

22 Mit der CCB und CCC wurde im 16. Jahrhundert das Verschuldensprinzip erstmalig anerkannt und so ein Bruch mit der reinen Erfolgshaftung der Vergangenheit vollzogen,

Zudem erfuhren auch die „Unmündigen“ von den Eltern und auch von den Geschädigten trotzdem häufig harte körperliche Züchtigung[23].

Die Strafmündigkeit trat damit typischerweise in einem Alter ein, welches heute noch der Kindheit zugeordnet wird[24]. Gründe, weshalb man junge Menschen ab einem Alter von sieben und erst recht jenseits von 12 bzw. 14 Jahren anders als Erwachsene behandeln sollte, also eine strafrechtliche Sonderbehandlung im engeren Sinne, gab es schon deshalb nicht, weil es eine solche auch im Alltagsleben nicht gab[25]. Bereits in jungem Alter mussten sich die Kinder in das Arbeits- und Erwachsenenleben eingliedern[26].

b) Besonderheiten im Verfahren gegen junge Delinquenten

In prozessualer Hinsicht herrschte bis zum 13. Jahrhundert noch ein vollständiger Gleichlauf zwischen Straf- und Zivilprozess[27]. Beide waren für Jedermann öffentlich zugänglich und vom Gericht durfte nur berücksichtigt werden, was mündlich von den Parteien vorgetragen wurde[28]. Weiterhin galt das Dispositionsprinzip, wonach es den Parteien freigestellt war, eine Strafklage zu erheben und durchzuführen oder dies zu unterlassen[29]. In diesem sog. Akkusationsverfahren war es Sache des Betroffenen, die Tat zu verfolgen und zu beweisen[30]. Die Gerichte hielten sich zurück und überließen das Vorgehen der Initiative der Parteien[31]. Sondervorschriften für junge Straftäter existierten nicht. Sofern eine Person nach den Grundsätzen des geltenden Rechts strafmündig war, konnte gegen sie auch ein Strafverfahren durchgeführt werden.

Die Einführung der Carolina bedeutete jedoch nicht nur für das materielle Strafrecht, sondern auch für das Strafprozessrecht eine neue Entwicklungs-

---

wodurch die Zurechnungsfähigkeit erstmals größere Bedeutung erlangte, vgl. *Holzschuh*, Geschichte des Jugendstrafrechts, S. 69 ff.

23 *Cornel*, in: Handbuch Jugendkriminalität, 533 (535).

24 So auch *Herz*, Jugendstrafrecht, S. 5.

25 *Cornel*, in: Handbuch Jugendkriminalität, 533 (535); *ders.*, Jugendstrafvollzug, S. 21 f.

26 *Herz*, Jugendstrafrecht, S. 5.

27 *Köbler*, Rechtsgeschichte, S. 134; *Rosenfeld*, Reichs-Strafprozeß, S. 7; *Ruscheweyh*, Jugendgericht, S. 10; *Schwerhoff*, Kriminalitätsforschung, S. 73.

28 *Ruscheweyh*, Jugendgericht, S. 10; zum öffentlichen Verfahren als „Theater des Rechts“ vgl. *Schild*, Folter, S. 53 ff.

29 *Rosenfeld*, Reichs-Strafprozeß, S. 4, 8; *Ruscheweyh*, Jugendgericht, S. 10.

30 *Frank*, Wiederaufnahme, S. 11; *Rosenfeld*, Reichs-Strafprozeß, S. 4.

31 *Schmidt*, Geschichte, S. 76.

phase[32]. Sie normierte in ihren Art. 6–10 erstmals Vorschriften zum Inquisitionsverfahren, wobei daneben auch noch das ältere Gegenstück des Akkusationsverfahrens enthalten war, welches aber nach der Gesetzessystematik nur noch eine untergeordnete Rolle spielen sollte[33]. Damit wurde das Strafprozessrecht formalisiert[34]. Strafverfahren wurden nun von Amts wegen durchgeführt, wenn von einer Privatperson oder dem öffentlichen Ankläger Klage erhoben worden war[35]. Der Strafprozess war kein Rechtsstreit zwischen zwei Parteien mehr, da ein etwaiger Privatkläger an der Durchführung des Verfahrens nicht mehr teilnahm, sondern der Staat die Strafverfolgung betrieb und somit selbst für den strafrechtlichen Schutz der Bürger sorgte, womit die Offizialmaxime eingeführt war[36]. Darüber hinaus wurde das Verfahren nicht mehr mündlich und öffentlich, sondern schriftlich und geheim geführt[37]. Das Gericht urteilte nunmehr lediglich auf Grundlage der Akten, sofern es nicht selbst zunächst die geheime Untersuchung[38] geführt hatte[39]. Es bestand die Pflicht der amtlichen Organe, die objektive Wahrheit zu ermitteln, also die Instruktionsmaxime[40].

---

32 *Ignor*, Geschichte, S. 41; vgl. auch *Schmidt*, Geschichte, S. 109.

33 Vgl. *Rosenfeld*, Reichs-Strafprozeß, S. 17; *Schmidt*, Geschichte, S. 125 ff.; für *Ignor*, Geschichte, S. 129, war die CCC „die Mutter des Inquisitionsprozesses in Deutschland".

34 Auch vorher existierten bereits prozessuale Normen, die sich aber nur auf den äußeren Ablauf der Verhandlung bezogen und keine echten prozessualen Gewährleistungen zur Wahrheitsfindung und Schaffung von Gerechtigkeit enthielten, während die CCB und CCC den Richter erstmals zu „einem vorsichtigen und gewissenhaften Vorgehen zwingen", *Schmidt*, Geschichte, S. 133 f.

35 *Ruscheweyh*, Jugendgericht, S. 10; zum Strafverfahren der Carolina vgl. *Ignor*, Geschichte, S. 60 ff.

36 *Ruscheweyh*, Jugendgericht, S. 10; *Schmidt*, Geschichte, S. 86.

37 *Frank*, Wiederaufnahme, S. 12; *Rosenfeld*, Reichs-Strafprozeß, S. 17; *Schwerhoff*, Kriminalitätsforschung, S. 90.

38 Bereits im 13. Jahrhundert war gab es das Bemühen, das Inquisitionsverfahren zu formalisieren und zwischen der Generalinquisition, bei der zunächst die Tat erforscht und Hinweise auf den Täter gesammelt wurden und der Spezialinquisition, in der der Verdächtigte mit dem Tatvorwurf konfrontiert wurde, was regelmäßig mit Verhaftungen, Verhören und Folter verbunden war, zu unterscheiden, vgl. *Ignor*, Geschichte, S. 94.

39 *Ruscheweyh*, Jugendgericht, S. 10; trotz der teilweise grausamen Praktiken des Inquisitionsverfahrens hat sich erstaunlicherweise gerade in dieser Zeit das Rechtsinstitut der Verteidigung herausgebildet, sodass die verbreitete Ansicht, der Beschuldigte hätte dem Staat als Objekt der Untersuchung ohne Einfluss auf das Verfahren wehrlos gegenübergestanden, nicht ganz richtig ist, vgl. *Ignor*, Geschichte, S. 110 ff.

40 Vgl. zu Offizial- und Instruktionsmaxime *Schmidt*, Geschichte, S. 86: „Wo diese beiden Elemente sich vereinen, steht der Inquisitionsprozess vor uns".

Sondervorschriften für die Verfahren der jungen Straftäter existierten auch in der Carolina noch nicht. Mangels einer Bestimmung in der CCC über die Beteiligung der Eltern am Strafverfahren gegen ihr Kind wurden die Grundsätze des römischen Rechts angewandt, wonach Eltern in Strafsachen ihrer Kinder zeugnisunfähig waren und in der Regel auch nicht zu einer Gegenüberstellung gegen ihr Kind gezwungen werden konnten. Diese konnten – zumindest bei Todesstrafen – Rechtsmittel im gleichen Umfang wie ihr Kind, allerdings auch wie jeder andere, einlegen[41].

Auch zur Folter – diese hatte sich im Verlauf des späten Mittelalters in Deutschland als Folge der Veränderung der Prozessstruktur von der Konfliktlösung zur Wahrheitsfindung durchgesetzt und galt im Inquisitionsprozess als legitimes Mittel zur Wahrheitserforschung[42] – von Kindern und jungen Menschen enthielt die Carolina keine besonderen Regelungen. Allerdings wurden diese trotzdem zumeist milder behandelt als Erwachsene und weniger (stark) gefoltert[43]. In der Regel erfolgte nur eine Androhung der Folter oder eine Züchtigung mit der Rute, was eine Zwischenstufe zwischen der Drohung durch das Zeigen der Folterwerkzeuge (sog. Territion[44]) und der tatsächlichen Anwendung dieser darstellte[45]. Dies galt auch im Rahmen der seit der frühen Neuzeit ab ca. 1450 in Europa stattfindenden Hexenprozesse[46]. Kinder und junge Menschen, die mit dem Vorwurf der Hexerei belastet waren, wurden in der Regel nicht gefoltert, obwohl die als besonders schweres Delikt angesehene Hexerei für sich genommen schon dafür ausreichte, dass „die Bosheit das Alter erfüllte“[47]. In einigen Fällen übergab man diese sogar stattdessen Privatleuten oder den (christlichen) Obrigkeiten zur Aufsicht und Erziehung[48].

Später existierten dann auch konkrete Vorschriften, in denen die Sonderbehandlung junger Beschuldigter im Hinblick auf die Folter ausdrücklich festge-

41 Vgl. *Schulz-Knappe*, RdJ 1967, 5.

42 Ausführlich hierzu *Schild*, Folter, S. 73 ff.

43 *Cornel*, in: Handbuch Jugendkriminalität, 533 (535).

44 *Niehaus*, Verhör, S. 216.

45 *Heydenreuter*, Kriminalgeschichte, S. 155, 172 f.

46 Zur Entstehung und dem Phänomen der Hexenprozesse vgl. *Schubert*, Verbrechen und Strafe, S. 229 ff.

47 In anderen Fällen wurden diese Besserstellungen für die Anwendung von Folter und die Verhängung der Strafen aber auch immer wieder nicht beachtet oder sogar explizit von der Obrigkeit außer Kraft gesetzt, vgl. *Rau*, Kinderhexenprozesse, S. 56, 77; *Dillinger*, Hexenprozess, S. 26 f., 102, 238.

48 *Heydenreuter*, Kriminalgeschichte, S. 155, berichtet, dass 1618 in Ingolstadt drei Kinder von zu Hause in ein Spital fortgebracht worden seien, nachdem eines die anderen beiden der Zauberei beschuldigt hatte.

legt war. In Titel 3 Art. 9 der Bayerischen Malefiz-Prozeßordnung von 1616 war bestimmt, dass Kinder unter 14 Jahren nur mittels Rutenzüchtigung befragt werden durften[49]. Der Codex Juris Bavarici Criminalis von 1751[50] normierte im achten Kapitel des zweiten Teils in § 5, welcher die Folter von Zeugen, aber auch Delinquenten[51], behandelte, ein Folterverbot für Kinder und grundsätzlich auch für sog. Unvogtbare[52]. Darüber hinaus sollten bei Unvogtbaren, bei denen „der Verstand durch die Maliz ersetzt ist, höchstens nur die Territion oder Ruthen mit Bescheidenheit gebraucht werden“[53]. Wie bei den Todesstrafen war allerdings auch das Verbot der Folter nicht absolut und stand beispielsweise in der Peinlichen Landgerichtsordnung *Ferdinands III.* unter dem schon erwähnten Vorbehalt, dass die Bosheit nicht das Alter übertreffe[54].

Neben der Folter war eine Besonderheit des Mittelalters, welche die Stellung junger Menschen im Strafprozess betraf und sich sogar bis zu den Reichsjustizgesetzen im 19. Jahrhundert in einzelnen deutschen Gesetzestexten hielt, die bei den Universitäten bestehende akademische Sondergerichtsbarkeit[55]. Die aus Italien (Bologna) und Frankreich (Paris) rezipierten Regelungen schufen in Deutschland vor allem im 15. Jahrhundert eine sowohl die Zivil- als auch die Strafgerichtsbarkeit umfassende und autonome akademische Sondergerichtsbarkeit, welche zunächst alle Mitglieder der Universitäten, also Lehrende, Studenten, aber auch Mitarbeiter und sonstige Angestellte erfasste[56]. Bis zur

---

49 *Heydenreuter*, Kriminalgeschichte, S. 173.

50 Strafgesetzbuch von Wiguläus von *Kreittmayr* für das Kurfürstentum Bayern.

51 In § 1 desselben Kapitels heißt es: „Die Tortur ist ein Rechtliches Mittel, um den in Negativis verharrenden Uebelthäter, aus Mangel einer genugsamen Ueberweisung, zur wahren Bekanntnuß zu bringen, oder von dem wieder ihn vorkommenden Verdacht zu reinigen“.

52 Der Begriff der Vogtbarkeit war insbesondere im Mittelalter eine Richtschnur für die privatrechtliche Mündigkeit und damit auch für die Strafmündigkeit, vgl. *Willoweit*, in: HRG, Sp. 942.

53 Auch die für die Länder Österreichs und Böhmens erlassene Constitutio Criminalis Theresiana von 1768 bestimmte in Art. 38, § 11, dass Kindern unter 14 Jahren die Folter im Rahmen ihrer Vernehmung (= peinliche Befragung) nur angedroht, höchstens einige „Rutenstreiche“ verpasst werden durften, es sei denn, „dass die Bosheit das Alter übertreffe“.

54 *Cornel*, Jugendstrafvollzug, S. 25 f.

55 Zum Ganzen vgl. *Stein*, Akademische Gerichtsbarkeit, S. 1 ff.; *Bubach*, Richten, S. 24 ff.

56 *Alenfelder*, Akademische Gerichtsbarkeit, S. 53 ff.; ob der Grund für die universitäre Gerichtsbarkeit der „klerikale Charakter“ der in Abhängigkeit von den Kirchen entstandenen Körperschaften, das Naturrecht der Kooperation und die Gerechtigkeit gegen Fremde oder die Funktionsfähigkeit des Zusammenschlusses von Personen aus unterschiedlichen sozialen Schichten war, ist in der Wissenschaft umstritten, vgl. *Bubach*, Richten, S. 30 ff.

Reformation[57] haben die deutschen Universitäten dadurch „fast ausnahmslos die volle Exemtion von der weltlichen Gewalt genossen und bei der weiten Auffassung der iurisdictio daraus das Recht einer fast absoluten Unabhängigkeit vom Staate hergeleitet“[58]. Die Strafgerichtsbarkeit stand den Universitäten in unterschiedlichem Ausmaß zu. Bei einem Teil der Universitäten blieb die Ahndung der Leibes- und Lebensstrafen einer geistlichen Instanz überlassen, wogegen einige Universitäten auch die volle Kriminalgerichtsbarkeit ausübten[59].

Nachdem die Studierenden zunächst in der Regel Männer mittleren Alters waren[60], sank das Durchschnittsalter der Studierenden im Zeitalter der Reformation, da die Universität von da an primär der Vorbereitung auf den künftigen Beruf nach beendeter Schulzeit diente[61]. Die Aufgabe der Professoren sah man nun darin, die der Universität anvertrauten jungen Menschen „an Stelle der abwesenden Eltern weiter zu erziehen, sie ermahnend und väterlich strafen zum Guten anzuleiten und womöglich vorbeugend den Folgen ihres unüberlegten und leichtsinnigen Handelns zu entziehen“, sodass die akademischen Gerichte zu Disziplinarbehörden für die Studierenden wurden[62]. Mögliche Strafen für die Studierenden waren unter anderem die kirchlichen wie z.B. die Exkommunizierung, aber auch der Karzer, wobei jedoch die Geldstrafe das mit Abstand am häufigsten verhängte Sanktionsmittel war[63]. Das Strafverfahren glich dabei einem summarischen Verfahren und verzichtete weitgehend auf juristische Formen[64].

---

57 Als im Rahmen der Reformation die Universitäten mehr und mehr zu staatlichen Körperschaften wurden, wurde die umfassende autonome Gerichtsbarkeit eingeschränkt, sodass den Landesherren die Hoheit über die schwereren Strafsachen oder die Entscheidung über Appellationen gegen die Entscheidungen des Universitätsgerichts zustand, vgl. *Stein*, Akademische Gerichtsbarkeit, S. 85 ff., 95.

58 *Stein*, Akademische Gerichtsbarkeit, S. 58.

59 *Brüdermann*, Akademische Gerichtsbarkeit, S. 37; *Stein*, Akademische Gerichtsbarkeit, S. 60 ff.

60 *Alenfelder*, Akademische Gerichtsbarkeit, S. 34; im Spätmittelalter befanden sich nur wenige Adlige unter den Studierenden, sondern zumeist Kleriker und „Bürgersöhne“, was sich erst ab dem 16. Jahrhundert langsam zu ändern begann, vgl. *Brüdermann*, Akademische Gerichtsbarkeit, S. 37, 40.

61 *Stein*, Akademische Gerichtsbarkeit, S. 100 ff.

62 *Stein*, Akademische Gerichtsbarkeit, S. 106.

63 Während der Karzer vor allem Untersuchungsgefängnis war, spielten die Strafgelder als Einnahmequelle für die Universitäten keine unerhebliche Rolle, vgl. *Stein*, Akademische Gerichtsbarkeit, S. 76 ff.

64 *Brüdermann*, Akademische Gerichtsbarkeit, S. 88 f.

c) Zusammenfassung

Nach dem bisher Aufgezeigten steht fest, dass es bereits seit vielen Jahrhunderten eine Sonderbehandlung junger Delinquenten und damit eine Wahrnehmung dafür, dass junge Menschen in ihrer Entwicklung und der Verantwortung für ihre Handlungen einem Erwachsenen nicht vergleichbar sind, gibt[65]. Die gegenüber Erwachsenen abweichende Vorgehensweise beschränkte sich bis zum 17. Jahrhundert jedoch weitgehend auf Strafmündigkeitsgrenzen und Strafmilderungsvorschriften. Wer alt genug war, um bestraft zu werden, gegen den konnte auch ein Strafverfahren nach den allgemeinen Grundsätzen durchgeführt werden.

In prozessualer Hinsicht erfolgte jedoch auch im Mittelalter schon teilweise eine Sonderbehandlung, wie das Verfahren mit jungen Delinquenten im Rahmen der Folter im Inquisitionsprozess und der akademischen Sondergerichtsbarkeit zeigt. Letztere war schließlich zu einer Disziplinargerichtsbarkeit für die jungen Studierenden geworden, deren Eltern abwesend waren und daher nicht erzieherisch auf diese einwirken konnten. Sogar im Rahmen der Hexereidelikte, welche als schwerste Verbrechen angesehen wurden, wurde nicht selten auf Folter und Hinrichtungen von jungen Menschen verzichtet oder die Maßnahmen wurden zumindest abgemildert, was angesichts der hohen Eigendynamik der Zeit der Hexenverfolgungen durchaus bemerkenswert erscheint. Zu dieser Zeit wurden mit dem Vorwurf der Hexerei belastete Kinder und junge Menschen teilweise auch bereits zur Aufsicht und Erziehung an Privatleute und obrigkeitliche Stellen übergeben.

Insgesamt ist jedoch zu berücksichtigen, dass die milderen Verfahrensweisen in den meisten Fällen maximal nur bis zur Vollendung des 14. Lebensjahrs Anwendung gefunden haben dürften, während Jugendliche entsprechend des gegenwärtigen Begriffsverständnisses wohl wesentlich seltener in den Genuss einer echten Sonderbehandlung gekommen sein dürften. Dass die Sondersituation der Übergangsphase von der Kindheit zum Erwachsenenalter auch in der beginnenden Neuzeit aber durchaus schon bekannt war, zeigen etwa die Strafmilderungsvorschriften für „Halbbüßige“ in germanischen Rechtsordnungen oder für „Impuberes“ und „Minores“ im gemeinen Recht.

---

65 So auch *Günzel*, Entwicklung des Jugendstrafrechts, S. 9; *Holzschuh*, Geschichte des Jugendstrafrechts, S. 1 ff.; *Roth*, ZNR 1991, 17 (18).

2. Die Entwicklung bis Ende des 19. Jahrhunderts

Ein darüber hinausgehendes, gesamtgesellschaftliches und schichtenübergreifendes[66] Verständnis dafür, dass die Kindheit und als eigener Entwicklungsabschnitt die Jugend ein Übergangsstadium zum Erwachsensein mit einem eigenen sozialen Wert ist, hatte sich vor dem 17. Jahrhundert aber noch nicht entwickelt[67]. Wirklich begriffen wurden junge Menschen im Kindesalter in ihrer Andersartigkeit noch nicht[68]. Kinder – insbesondere des Proletariats – wurden im vorindustriellen Europa vielmehr in aller Regel schon ab dem sechsten Lebensjahr als „kleine Erwachsene" angesehen, waren wie Erwachsene gekleidet, sprachen und verhielten sich auch so und nahmen viel am Leben der Erwachsenen Teil[69]. Sie übernahmen die Geschlechterrollen der Erwachsenen in einem frühen Alter und arbeiteten auf dem Feld mit oder erlernten den Beruf des Vaters, weil es einen allgemeinen Schulbesuch nicht gab[70]. Je nach Geschlecht und Alter arbeiteten sie auch in der Hauswirtschaft der Eltern mit, sammelten Holz oder Beeren, führten einfache Reinigungsarbeiten aus oder hüteten das Vieh[71]. Es war auch nicht ungewöhnlich, wenn Kinder mit sieben oder acht Jahren das Haus verließen und sich eine Stelle außerhalb des Elternhauses suchten[72]. Besondere Aufmerksamkeit wurde der Erziehung der Kinder nicht geschenkt[73]. Die Kindheit war auf das zarteste Kindesalter beschränkt, eine allgemeine Phase der Jugendlichkeit gab es schon mangels einer spezifischen Ausbildungsphase nicht[74]. Dieser „frühe und übergangslose Wechsel von Kindheit zum Erwachsenen entsprach zum einen dem allgemeinen Ausbildungsstand der Bevölkerung und zum anderen dem Fehlen von Institutionen der Erziehung und Bildung"[75].

---

66 Zur Abhängigkeit der Erziehung von der Klassenzugehörigkeit vgl. *Cornel*, Jugendstrafvollzug, S. 115 ff.

67 *Cornel*, Jugendstrafvollzug, S. 106 ff.; *Dörner*, Erziehung durch Strafe, S. 22; *Nothacker*, „Erziehungsvorrang", S. 33; *Toprak*, Erzieherische Mission, S. 21.

68 *Cornel*, np 1/2003, 31 (32).

69 *Cornel*, Jugendstrafvollzug, S. 105; *Meier/Bannenberg/Höffler*, Jugendstrafrecht, S. 32; *Toprak*, Erzieherische Mission, S. 21.

70 *Dillinger*, Hexenprozess, S. 33 ff.; *Toprak*, Erzieherische Mission, S. 21 f.

71 *Dillinger*, Hexenprozess, S. 33.

72 *Dillinger*, Hexenprozess, S. 33; *Toprak*, Erzieherische Mission, S. 22.

73 *Cornel*, Jugendstrafvollzug, S. 105 f., erklärt dieses Phänomen neben dem Verhältnis von Produktion und Qualifikation künftiger Arbeitskräfte mit den fehlenden Strukturen der Kleinfamilie und der hohen Kindersterblichkeit zur damaligen Zeit.

74 *Ariès*, Geschichte der Kindheit, S. 46; *Cornel*, ZJJ 2008, 232 (233).

75 *Cornel*, in: Handbuch Jugendkriminalität, 533 (544).

a) 17. und 18. Jahrhundert

Ab dem 17. Jahrhundert begann sich in Europa jedoch langsam schichtenübergreifend die Auffassung durchzusetzen, dass zwischen der Phase der Kindheit und des Erwachsenseins zu unterscheiden sei und der Kindheit ein eigenständiger sozialer Wert beiwohne[76].

Nach dem sehr repressiven Strafrecht des Mittelalters und der Verarmung großer Teile der Bevölkerung entstand im 17. Jahrhundert durch die Entdeckung neuer Märkte und Völker und die Entwicklung von Zunftbetrieben zu Manufakturen ein nie dagewesener Arbeitskräftebedarf, der zum Entstehen einer kapitalistischen Produktion und zum Aufstieg des Bürgertums führte[77]. So kam es auch zu ersten Entwicklungen hin zu einer erzieherischen Sonderbehandlung junger Menschen im Strafrecht. Ausgehend von den Niederlanden wurden bereits Anfang des 17. Jahrhunderts europaweit sog. Zucht- und Arbeitshäuser geschaffen, welche keine reinen Strafanstalten, sondern „multifunktionale Einrichtungen" darstellten und in denen z.B. Bettler und Arbeitsscheue durch Arbeit und strenge Regeln gebessert werden sollten[78]. Daneben wurden darin aber insbesondere auch Freiheitsstrafen durch harte Arbeit vollstreckt, was Arbeitsdisziplin lehren sollte und zugleich sehr rentabel war[79]. In Deutschland vollzog sich diese Entwicklung – verzögert durch die Auswirkungen des 30-jährigen Krieges – vor allem im 18. Jahrhundert[80]. Die Zucht- und Arbeitshäuser hatten also sowohl die Bekämpfung des Armen- und Bettelproblems als auch die Strafvollstreckung zum Ziel, sodass fürsorgerische und erzieherische Ziele zusammen mit strafrechtlichen verfolgt wurden[81]. Dies führte dazu, dass nun auch Strafen vermehrt mit dem Besserungszweck und dem Präventionsgedanken begründet wurden und die Anzahl der Lebens- und Leibesstrafen abnahm[82]. Die Zucht- und Arbeitshäuser waren vor allem auch für die Aufnahme junger Straftäter bestimmt und diese machten einen hohen Prozentsatz der Eingewiesenen aus, wobei auch der erzieherische Charakter

---

76 *Dillinger*, Hexenprozess, S. 35; *Toprak*, Erzieherische Mission, S. 22.

77 *Cornel*, in: Handbuch Jugendkriminalität, 533 (536); *ders.*, Jugendstrafvollzug, S. 30 f.

78 *Dollinger/Keßler/Rocher*, ZJJ 2023, 4; *Vormbaum*, Strafrechtsgeschichte, S. 104.

79 *Cornel*, in: Handbuch Jugendkriminalität, 533 (536).

80 1786 existierten in Deutschland mindestens 60 Zucht- und Arbeitshäuser, vgl. *Cornel*, in: Handbuch Jugendkriminalität, 533 (536).

81 *Roth*, ZNR 1991, 17 (18 f.).

82 *Cornel*, in: Handbuch Jugendkriminalität, 533 (536); *Schmidt*, Geschichte, S. 251 ff.

des Strafvollzugs betont wurde[83]. Es waren somit nicht primär strafrechtliche Beweggründe, welche die sozialen und psychischen Probleme von jungen Menschen langsam in den Fokus rückten, sondern die Jugendfürsorge wurde zunächst als Teil des Ausbaus des Armenwesens auf Grundlage der Arbeitserziehung in den Städten eingeführt und weiterentwickelt[84].

Das 18. Jahrhundert wird auch als „das pädagogische Jahrhundert" bezeichnet[85]. Die Aufklärung, welche im 17. Jahrhundert in England und den Niederlanden eingesetzt hatte, griff auf Deutschland über[86]. Das Konzept der Übergangszeit vom Kindheits- in das Erwachsenenalter gewann an Bedeutung, erlangte durch den zunehmenden pädagogischen Diskurs verstärkte Geltung und führte zum Beispiel zur Verkündung der Schulpflicht in Preußen zu Beginn des 18. Jahrhunderts, wo den Kindern unter staatlicher Aufsicht und Kontrolle Arbeitsdisziplin und Anpassung an die Neuordnung beigebracht werden sollte[87]. Vollumfänglich durchgesetzt wurde die Schulpflicht im 18. Jahrhundert noch nicht[88]. In der Gesellschaft bildete sich die Kleinfamilie als Schonraum mit einer Sonderbehandlung für kleine Kinder aber immer deutlicher heraus[89]. An der Universität Halle entstand 1779 sogar die erste Professur für Pädagogik[90]. Auch in der Literatur beschäftigte man sich verstärkt mit dem Nutzen von Erziehung. So betonten etwa *Rousseau*[91] und *Pestalozzi*[92] die Bedeutung aktiver Erziehung für die kindliche Entwicklung[93].

---

83 *Cornel*, np 1/2003, 31 (33); *Roth*, ZNR 1991, 17 (19); für *Holzschuh*, Geschichte des Jugendstrafrechts, S. 110, war das Aufkommen der Zuchthäuser das bedeutsamste Ereignis für die Entwicklung des Jugendstrafrechts.

84 *Roth*, ZNR 1991, 17 (18); vgl. auch *v. Trotha*, KZfSS 1982, 254 (258).

85 *Herrmann* (Hrsg.), Pädagogisches Jahrhundert; *Tenorth*, Geschichte der Erziehung, S. 78 ff.

86 *Tenorth*, Geschichte der Erziehung, S. 79.

87 Diese Zielsetzung und Erziehungsmethoden werden kritisch auch als „schwarze Pädagogik" bezeichnet, vgl. *Cornel*, in: Handbuch Jugendkriminalität, 533 (540); *Toprak*, Erzieherische Mission, S. 23 ff.

88 In Mainz ging 1785 etwa die Hälfte der schulpflichtigen Kinder in die Schule, vgl. *Schlumbohm*, in: Pädagogisches Jahrhundert, 127 (130 f.); vgl. hierzu auch *Tenorth*, Geschichte der Erziehung, S. 86, 89 f.

89 Vgl. dazu *Cornel*, Jugendstrafvollzug, S. 108 ff.

90 *Cornel*, in: Handbuch Jugendkriminalität, 533 (540).

91 *Rousseau*, Émile oder Über die Erziehung (1762).

92 *Pestalozzi*, Lienhard und Gertrud (1781–1787); ausführlich dazu *Tenorth*, Geschichte der Erziehung, S. 94 ff.

93 Vgl. auch schon 1693 *Locke*, Gedanken über Erziehung; 1803 folgte noch *Kant*, Über Pädagogik, S. 71: „Der Mensch kann nur Mensch werden durch Erziehung. Er ist nichts, als was die Erziehung aus ihm macht.".

Erstmals wurde außerhalb von höfischen Kreisen die Erziehung zum Erwachsenenleben als gesamtgesellschaftliches Ziel sichtbar[94].

Vor allem ab den 60er Jahren des 18. Jahrhunderts griff der Funke der Aufklärung auch auf die deutsche Strafrechtswissenschaft über[95]. Delinquenz wurde nun als ein staatlich zu bearbeitendes Problem verstanden, „das nicht nur rational begründete und zielorientierte Maßnahmen erforderte, sondern auch Schutzrechte für Angeschuldigte bzw. Angeklagte einzuhalten nötig machte, die den Status eines 'Rechtssubjekts' erhielten“[96]. Die großen Denker der Zeit der Aufklärung wie unter anderem *Montesquieu*, *Voltaire* und *Beccaria* kritisierten die schädlichen Wirkungen durch Folter, ungerechte und grausame Strafen und die Strafrechtsordnung geriet in eine Reformdebatte, in der der Gedanke der Verbrechensprophylaxe und der Besserung des Straftäters immer mehr in den Vordergrund trat[97]. *Montesquieu* etwa zeigte in seinem Werk „Vom Geist der Gesetze“ die Wechselwirkungen zwischen den verschiedenen Staatsformen und den Härten der Strafen auf[98]. Nach ihm sollte sich ein guter Gesetzgeber mehr für die Erhaltung der Sitten als für die Verhängung strenger Strafen einsetzen und von einer guten Erziehung mehr erwarten als von der Anwendung von Gewalt[99]. *Beccaria*, der mit seinem epochalen Werk „Über Verbrechen und Strafe“ von 1764 die Aufklärung prägte, war einer der Hauptverfechter der Humanitätsidee, welche die Besserung des Verbrechers zum Kerngedanken hatte[100]. Er war der Überzeugung, Prävention müsse der Hauptzweck jeder guten Gesetzgebung sein und hielt die Erziehung für das sicherste, aber zugleich auch schwierigste Mittel der Prävention[101].

Im Gegensatz zu Frankreich jedoch, wo die Aufklärung 1789 in der Revolution gipfelte, welche zur Verkündung der Menschenrechte am 26. August 1789 und zum Code Pénal von 1791 führte, war das 18. Jahrhundert in Deutschland eher eine Zeit des Übergangs, in der die notwendigen Reformen aufgrund der

---

94 *Meier/Bannenberg/Höffler*, Jugendstrafrecht, S. 32.

95 *Schmidt*, Geschichte, S. 219.

96 *Dollinger/Keßler/Rocher*, ZJJ 2023, 4 (5); vgl. auch *Holzschuh*, Geschichte des Jugendstrafrechts, S. 124, 136.

97 *Holzschuh*, Geschichte des Jugendstrafrechts, S. 126 f.; *Ignor*, Geschichte, S. 66; *Schwerhoff*, Kriminalitätsforschung, S. 75.

98 *Deimling*, Erziehung und Recht, S. 15.

99 *Montesquieu*, Vom Geist der Gesetze, VI. Buch, 9. Kapitel, S. 172.

100 Für *Herz*, Jugendstrafrecht, S. 6, gilt er daher heute als „Vorkämpfer des modernen Jugendstrafrechts“.

101 *Beccaria*, Verbrechen und Strafen, S. 167, 174; vgl. auch *Deimling*, Erziehung und Recht, S. 16 ff.

territorialen Spaltung in höchst unterschiedlichem Tempo vonstatten gingen[102]. Die partikularen Gesetzestexte aus Anfang und Mitte des Jahrhunderts standen daher noch im Zeichen voraufklärerischer Anschauungen und Verfahrensweisen[103]. Allerdings war mit den Entwicklungen im 17. und 18. Jahrhundert die Grundlage für die weitere Konstituierung des Jugendkonzepts im 19. Jahrhundert geschaffen[104].

b) 19. Jahrhundert

Die Wende vom 18. in das 19. Jahrhundert kann gesamteuropäisch als „Sattelzeit" interpretiert werden, in der ein Übergang von der frühen Neuzeit zur Moderne erfolgte und in verschiedener nationaler Ausformung der Grundstein für die bis in die Gegenwart vorherrschende politisch-soziale Ordnung gelegt wurde[105]. In Deutschland entstanden aus dem Zerfall des Heiligen Römischen Reiches Deutscher Nation (1806) und den napoleonischen Kriegen die Staaten des Deutschen Bundes[106]. Die Aufklärung setzte ihren Siegeszug auch im neuen Jahrhundert weiter fort. Im ersten Drittel des 19. Jahrhunderts war die Folter überall in Deutschland abgeschafft[107].

Die Änderung des Strafensystems durch die Zucht- und Arbeitshäuser hielt dagegen zunächst nicht an, da schon Anfang des 19. Jahrhunderts der Arbeitskräftemangel behoben war und diese unrentabel geworden waren[108]. Die Zuchthäuser waren überfüllt und unproduktiv geworden und tausende Menschen kamen in Ihnen zu Tode[109]. Vor der Industrialisierung kam es zu einer Verarmung der Arbeiterschicht und Verelendung großer Bevölkerungsteile (sog. Pauperismus), da es keine Arbeit gab[110]. Ab etwa 1810 wurden z.B. in Preußen hunderttausende Bauern von der Leibeigenschaft befreit oder vom

---

102 *Schmidt*, Geschichte, S. 247, 267.

103 *Ignor*, Geschichte, S. 129 ff.; *Roth*, ZNR 1991, 17 (20); vgl. auch *Beulke/Swoboda*, Jugendstrafrecht, S. 39.

104 *v. Trotha*, KZfSS 1982, 254 (257, 265 f.); *Voß*, Jugend ohne Rechte, S. 21 ff.

105 *Tenorth*, Geschichte der Erziehung, S. 122; *Dollinger/Keßler/Rocher*, ZJJ 2023, 4.

106 *Tenorth*, Geschichte der Erziehung, S. 122.

107 *Vormbaum*, Strafrechtsgeschichte, S. 84.

108 *Cornel*, in: Handbuch Jugendkriminalität, 533 (536); *Vormbaum*, Strafrechtsgeschichte, S. 106.

109 *Cornel*, np 1/2003, 31 (33).

110 *Dross*, in: Enzyklopädie Medizingeschichte, 1116 f.

Lande vertrieben (sog. Bauernbefreiung)[111]. Da die Bevölkerung wieder ärmer wurde, stieg auch die allgemeine Kriminalitätsrate wieder an[112].

Eine echte Unterstützung von staatlicher Seite für Eltern und junge Menschen gab es zu Beginn des 19. Jahrhunderts noch nicht. Die Jugendfürsorge und Erziehung wurde zu dieser Zeit primär als Aufgabe der Eltern gesehen und unterstützend von den Anfang des Jahrhunderts nach christlichen Idealen gegründeten sog. Rettungshäusern als privaten Gesellschaften wahrgenommen, die sich allerdings nur um verwahrloste und in der Regel nicht auch um straffällige junge Menschen kümmerten[113]. Erziehung war nur sehr begrenzt Aufgabe des Staates, da der sich durchsetzende Liberalismus einem staatlichen Eingreifen wenig Raum ließ[114]. Der Bürger – auch der junge Mensch – als selbstbestimmtes Wesen konnte selbst über seine Handlungen bestimmen[115]. Die Beweggründe, welche einen jungen Delinquenten zur Tat veranlasst haben könnten, spielten zunächst noch keine Rolle im liberalen Denken[116].

Diese liberale Einstellung hatte auch konkrete Auswirkungen auf das Strafprozessrecht, wo die restriktiven Grundsätze, die sich seit dem Spätmittelalter gehalten hatten, plötzlich großer Kritik ausgesetzt waren[117]. Auftakt der Reformbewegung im Strafprozess war das Jahr 1848, welches von Revolutionen und Aufständen geprägt war, die starke Auswirkungen auf das Strafverfahrensrecht hatten[118]. Die Bevölkerung litt unter der großen Verarmung und die Rufe nach einer Veränderung der gesellschaftlichen, politischen und wirtschaftlichen Verhältnisse wurden in der sich neu formierenden industriellen Gesellschaft immer lauter[119]. Die liberale Bewegung, die ab Mitte des 19. Jahrhunderts dringend Reformen des Strafprozessrechts forderte, verlangte wieder

111 *Cornel*, in: Handbuch Jugendkriminalität, 533 (536).

112 *Cornel*, in: Handbuch Jugendkriminalität, 533 (536).

113 Ausführlich hierzu *Roth*, ZNR 1991, 17 (19 f.); *Voß*, Jugend ohne Rechte, S. 42 f.; damit endete die gemeinsame Unterbringung von Verurteilten, Waisen und Armen, vgl. *Cornel*, Jugendstrafvollzug, S. 80.

114 *Toprak*, Erzieherische Mission, S. 15, 19; *Roth*, ZNR 1991, 17 (19).

115 *Toprak*, Erzieherische Mission, S. 20; *Wolff*, in: FS-Schüler-Springorum, 279 (284).

116 *Wolff*, in: FS-Schüler-Springorum, 279 (284).

117 *Ruscheweyh*, Jugendgericht, S. 10; *Schmidt*, Geschichte, S. 324 f.; in Frankreich war es durch die Revolution bereits Ende des 18. Jahrhunderts zu einer Liberalisierung des Strafverfahrensrechts gekommen, indem 1789 durch ein Dekret über den Strafprozess das Inquisitionsverfahren und eine öffentliche Verhandlung in Anwesenheit des Angeklagten eingeführt worden waren. Das Strafverfahrensgesetz von 1791 sah Geschworenengerichte und einen öffentlichen Ankläger vor, vgl. *Ignor*, Geschichte, S. 210.

118 Vgl. dazu auch *Frank*, Wiederaufnahme, S. 19.

119 *Götschmann*, Parlamentarismus, S. 786; *Tenorth*, Geschichte der Erziehung, S. 172.

öffentliche und mündliche Verhandlungen, den Anklageprozess und Geschworenengerichte, da der bis dahin praktizierte Strafprozess als ungerecht empfunden wurde[120]. So wurde das Strafprozessrecht nach dem Vorbild des französischen und mittelbar auch des englischen Strafprozesses nach und nach reformiert[121]. Die Strafverfolgung oblag nun nicht mehr dem Richter, sondern dem Staatsanwalt, der tätig werden musste, wenn offenbar wurde, dass ein Strafgesetz verletzt worden war[122]. Damit kam das Legalitätsprinzip im Strafprozessrecht zur Geltung[123]. Darüber hinaus wurden der Öffentlichkeits- und Mündlichkeitsgrundsatz und die Geschworenengerichte eingeführt[124]. Mitte des 19. Jahrhunderts war damit der Großteil der Entwicklung des Strafverfahrens zu dem Strafprozess, wie er weitestgehend auch heute noch praktiziert wird, vollzogen[125].

Die Industrialisierung brachte sodann erhebliche Veränderungen mit sich und war Auslöser für weitreichende sozial-politische und wirtschaftliche Entwicklungen[126]. Vor allem ab der zweiten Hälfte des 19. Jahrhunderts begann sich ausgehend von den oberen Klassen eine selbständige Ausbildungs- und Kindheitsphase herauszubilden, wie sie auch gegenwärtig noch existiert, indem bäuerliche und proletarische Kinder bzw. junge Menschen in Folge der zunehmenden Mechanisierung der Produktion weniger arbeiten mussten und zur Schule gingen[127]. So wurde in der zweiten Hälfte des 19. Jahrhunderts die allgemeine Schulpflicht in Preußen auch für die Kinder des Proletariats und der Landbevölkerung endlich umgesetzt[128]. Hintergrund war auch die Fortent-

---

120 *Rosenfeld*, Reichs-Strafprozeß, S. 22; *Schmidt*, Geschichte, S. 327; *Vormbaum*, Strafrechtsgeschichte, S. 95 ff.

121 Im englischen Strafprozess existierte seit dem 14. Jahrhundert ein Ankläger (prosecutor), der sich seit dem 15. Jahrhundert mit einer Anklageschrift (bill of indictment) im Namen der Krone an die Strafjury wendete. Auch in Frankreich gab es seit dem 14. Jahrhundert einen Mandator (procuror du roi), der zur Wahrung der fiskalischen Interessen bei Geldstrafen und Konfiskationen im Strafprozess auftrat, vgl. *Rosenfeld*, Reichs-Strafprozeß, S. 22 f., 25 f.; vgl. zum Ganzen auch *Vormbaum*, Strafrechtsgeschichte, S. 84.

122 *Ruscheweyh*, Jugendgericht, S. 11.

123 *Vormbaum*, Strafrechtsgeschichte, S. 102.

124 *Schwerhoff*, Kriminalitätsforschung, S. 94; *Vormbaum*, Strafrechtsgeschichte, S. 101 f.

125 *Ruscheweyh*, Jugendgericht, S. 11: „Auf diesem Wege ist erreicht, daß der Staat vor dem Verbrecher ebenso geschützt wird, wie der Angeklagte vor dem Staat. Damit erst ist ein wirkliches Strafprozeßrecht entstanden".

126 *Toprak*, Erzieherische Mission, S. 22 f.; vgl. zum Ganzen auch *Voß*, Jugend ohne Rechte, S. 32 ff.

127 *Cornel*, in: Handbuch Jugendkriminalität, 533 (544); *Dörner*, Erziehung durch Strafe, S. 22 f.

128 *Cornel*, in: Handbuch Jugendkriminalität, 533 (540).

wicklung der Produktionstechnologien, welche die Anforderungen an die Arbeitskräfte wachsen ließen, sodass die Bedeutung von Schule und beruflicher Bildung und des Besuchs weiterführender Schulen zunahm[129]. So verlängerte sich die Kindheitsphase bis zum Ende des 19. Jahrhunderts und es kristallisierte sich eine spezifische Jugendphase als Zwischenstufe zwischen der Kindheit und dem Erwachsensein heraus[130]. In dieser Phase der Formbarkeit sah man die Möglichkeit, die Menschheit zu höheren Entwicklungsstufen zu führen, sodass die Jugend zur entscheidenden Lebensphase für den Fortbestand und die Weiterentwicklung der Gesellschaft wurde, was sich auch in den Wissenschaften, der Kunst und Literatur widerspiegelte[131]. Die Psychologie, die sich als Wissenschaft in der zweiten Hälfte des 19. Jahrhunderts festigte, sah den erwachsenen Menschen nicht mehr als fertiges Produkt, zu welchem die Kindheit und Jugend die Vorstufen waren, sondern als ein Produkt des Werdens, bei dem die Jugendphase eine besonders prägende Bedeutung hat[132]. Die frühe Kindheitsphase wurde von der Psychologie als Schlüssel für die Persönlichkeitsbildung erkannt, was zum Entstehen der empirischen Entwicklungspsychologie führte[133]. Ende des 19. Jahrhunderts wurde darüber hinaus in der Medizin die Pädiatrie als Spezialgebiet ausgegliedert[134]. In der Kunst wurden mit dem Jugendstil Kindheit und Jugend idealisiert und versucht, Verständnis für die Situation von Kindern zu wecken. In der Literatur wurde mit Blick auf das 20. Jahrhundert vom anbrechenden „Jahrhundert des Kindes“[135] gesprochen[136].

Im Zusammenhang mit dieser „Entdeckung der Jugend“[137] geriet vor allem im letzten Drittel des Jahrhunderts auch die Jugendkriminalität in den Blickpunkt. Die Industrialisierung hatte zu „tief greifenden gesellschaftlichen Umwälzungen“ geführt und alte soziale, nachbarschaftliche und gemeindliche Bindungen in überschaubaren Lebensräumen aufgelöst[138]. Die Ausbildung eines mo-

---

129 *Voß*, Jugend ohne Rechte, S. 33.

130 *Cornel*, in: Handbuch Jugendkriminalität, 533 (544); *Dörner*, Erziehung durch Strafe, S. 23.

131 *Dörner*, Erziehung durch Strafe, S. 23; *Voß*, Jugend ohne Rechte, S. 19 f.

132 *Bohnert*, JZ 1983, 517.

133 *Dörner*, Erziehung durch Strafe, S. 23.

134 *Toprak*, Erzieherische Mission, S. 25 f.

135 Vgl. *Key*, Jahrhundert des Kindes; hierzu *Roth*, ZNR 1991, 17.

136 *Beulke/Swoboda*, Jugendstrafrecht, S. 40; *Günzel*, Entwicklung des Jugendstrafrechts, S. 30.

137 Die Formulierung findet sich unter anderem bei *Dörner*, Erziehung durch Strafe, S. 22; *Günzel*, Entwicklung des Jugendstrafrechts, S. 29; *Nothacker*, „Erziehungsvorrang“, S. 7 und *Roth*, ZNR 1991, 17 (22); dazu, dass dieses Schlagwort richtig und missverständlich zugleich ist *v. Trotha*, KZfSS 1982, 254 (257 f.).

138 *Goerdeler*, ZJJ 2008, 120; *Wolff*, ZfRSoz 1986, 123 (125).

dernen kapitalistischen Wirtschaftssystems gegenüber dem zuvor verbreiteten Agrarstaat hatte die Abwanderung in die schnell wachsenden Großstädte zur Folge, wobei vor allem auch junge Menschen in den Städten nach Arbeit suchten[139]. Den jungen Menschen, die in der Regel ab dem 14. Lebensjahr die Schule verließen, um eine Ausbildungsstelle anzutreten oder zu arbeiten, standen große individuelle Entfaltungsmöglichkeiten zu, sie hatten aber auch Probleme mit der Anpassung an das Leben in der Stadt[140]. Zugleich wurden die Lebensverhältnisse in den Industriegebieten und Städten immer schwieriger und komplizierter, wobei den jungen Menschen, die nicht an die (finanzielle) Unabhängigkeit gewohnt waren, vielerlei Verlockungen offenstanden, ohne dass sie in Familien- oder Lehrlingsverhältnissen einen festen Halt gehabt hätten[141]. Denn „die persönliche Bindung junger Menschen an Elternhaus, Lehr- und Dienstherren oder Handwerksmeister", also die informelle Sozialkontrolle in den vorkapitalistischen Handwerksbetrieben und der Agrarwirtschaft, war „in den anonymen Arbeitsverhältnissen in Fabriken und Großbetrieben" nicht mehr vorhanden[142]. Es kam zu einem Anstieg der Jugendkriminalität, der später auf die „Verwahrlosung der schulentlassenen Jugendlichen"[143] zurückgeführt werden sollte. In der Folge begann man sich verstärkt mit den Ursachen und der Bekämpfung dieses Problems auseinanderzusetzen[144]. Man beklagte einen Verlust an ethischen Werten und betonte die Notwendigkeit einer sittlichen Erziehung, wobei die jungen Menschen „nicht mehr Objekte der erziehenden Erwachsenen, sondern selbsttätige Subjekte" sein sollten[145].

Diese Entwicklungen spiegelten sich auch im staatlichen Verhalten gegenüber jungen Menschen wider. Im Laufe des 19. Jahrhunderts setzte auch von dieser Seite her ein immer stärker werdendes Problembewusstsein für den Umgang mit jungen Delinquenten ein und die staatlichen Bemühungen, die besondere Situation von Kindern bzw. jungen Menschen auf dem Weg zum Erwachsen-

---

139 *Wolff*, ZfRSoz 1986, 123 (125); vgl. auch *Nothacker*, „Erziehungsvorrang", S. 33; *Toprak*, Erzieherische Mission, S. 23, weist darauf hin, dass 1870 noch fast zwei Drittel der Bevölkerung auf dem Land lebten, während schon 1910 zwei Drittel der Bevölkerung in Städten gelebt hätten.

140 *Dörner*, Erziehung durch Strafe, S. 25; vgl. auch *Fritsch*, Reformbewegung, S. 14; *Wolff*, ZfRSoz 1986, 123 (125).

141 *Fritsch*, Reformbewegung, S. 14.

142 *Wolff*, ZfRSoz 1986, 123 (125); vgl. auch *Dörner*, Erziehung durch Strafe, S. 25.

143 *v. Liszt*, Aufsätze und Vorträge, Bd. 2, S. 345.

144 *Dörner*, Erziehung durch Strafe, S. 25.

145 *Dörner*, Erziehung durch Strafe, S. 24.

werden besser zu erfassen, verstärkten sich zunehmend[146]. Es wurde zum ersten Mal eine systematische Kriminalpolitik gegenüber Minderjährigen betrieben[147]. Nach dem Feuerbach'schen Strafgesetzbuch für Bayern von 1813 und dem Oldenburgischen Strafgesetzbuch von 1814 waren noch Kinder bis zur Vollendung des achten Lebensjahres straffrei und sollten der häuslichen Züchtigung unter staatlicher Aufsicht überantwortet werden[148]. Im Laufe des Jahrhunderts stiegen die Altersgrenzen für die Strafmündigkeit dann immer weiter an und in den meisten späteren Partikularrechten war das vollendete zwölfte Lebensjahr die entscheidende Altersgrenze[149]. In Sachsen, Hamburg und Württemberg entstanden eigene Strafabteilungen nur für junge Straftäter[150]. Mit den „gesellschaftlichen Umwälzungen" und den Änderungen der Gesellschafts- und Wirtschaftsordnung kam es zu einer Verlagerung vom liberalistischen Denken hin zu einem stärker aktiv eingreifenden, regulierenden Handeln des Staates, insbesondere ab der Mitte des Jahrhunderts[151]. Mehr und mehr übernahm der Staat Aufgaben der Sozialisation, Gesundheitsfürsorge und Ausbildung[152]. Im letzten Drittel des 19. Jahrhunderts wurden verstärkt Schutzvorschriften für Jugendliche erlassen und etwa Arbeitsschutzgesetze verabschiedet, „die Schulpflicht erweitert, Erziehungs- und Fürsorgeeinrichtungen staatlicher Kontrolle unterstellt und staatliche Eingriffsmöglichkeiten in das zivilrechtliche Verhältnis zwischen Eltern und Kindern erweitert"[153]. Im RStGB von 1871 fanden sich in §§ 55–57 Regelungen zur Behandlung junger Straftäter. § 55 RStGB normierte die Strafunmündigkeitsgrenze von zwölf Jahren. 1876 wurde die Vorschrift um einen zweiten Absatz ergänzt, laut dem gegen Kinder unter zwölf Jahren zudem „die zur Besserung und Beaufsichtigung geeigneten Maßregeln getroffen werden" konnten. So konnte nach gerichtlicher Entscheidung etwa eine Unterbringung in einer sog. Erziehungs- oder Besserungsanstalt angeordnet werden[154]. Nach § 56 Abs. 1 RStGB waren Täter zwischen 12 und 18 Jahren auf ihre Einsichtsfähigkeit zu untersuchen,

---

146 *Meier/Bannenberg/Höffler*, Jugendstrafrecht, S. 32; *Roth*, ZNR 1991, 17 (20).

147 *Wolff*, ZfRSoz 1986, 123.

148 Vgl. *Roth*, ZNR 1991, 17 (21).

149 In Braunschweig (1840) galt sogar das 14. Lebensjahr als Altersgrenze, vgl. *Günzel*, Entwicklung des Jugendstrafrechts, S. 21.

150 *Roth*, ZNR 1991, 17 (20).

151 *Dörner*, Erziehung durch Strafe, S. 27; *Voß*, Jugend ohne Rechte, S. 35.

152 *Dörner*, Erziehung durch Strafe, S. 27.

153 *Dörner*, Erziehung durch Strafe, S. 27 f.; *Voß*, Jugend ohne Rechte, S. 35.

154 Vgl. *Fritsch*, Reformbewegung, S. 16; dazu und zur Umsetzung der Norm in Preußen *Aschrott*, Verwahrloste und verbrecherische Jugend, S. 8 ff.

wobei die Strafe bei deren Vorliegen nach § 57 RStGB zu mildern war. Gemäß § 56 Abs. 2 RStGB musste der Richter bei jungen Delinquenten, die über die erforderliche Einsichtsfähigkeit bei Begehung der Tat nicht verfügten, entscheiden, ob diese der Familie zur Erziehung überwiesen oder in eine Erziehungs- oder Besserungsanstalt eingewiesen wurden. In den Anstalten konnte ein junger Mensch bis zur Vollendung des 20. Lebensjahres behalten werden[155].

Auch der Staat wollte nun also Kinder und junge Menschen in seine Obhut nehmen und auf diese erzieherisch einwirken. Seine Zurückhaltung gegenüber der sog. Zwangserziehung[156] und Eingriffen in das elterliche Erziehungsprivileg wurde zunehmend schwächer. Der Gesetzgeber machte Probleme in der Erziehung für die Verwahrlosung und Kriminalität der Kinder und jungen Menschen verantwortlich[157]. *Dörner* fasst prägnant zusammen:

> „Das 'Versagen der Familienerziehung' sollte durch Effektivierung und Ausweitung der staatlichen Interventionsmacht aufgefangen werden."[158]

c) Zusammenfassung

Nachdem Kinder zuvor in der Regel als „kleine Erwachsene" angesehen und auch so behandelt wurden, begann sich ab dem 17. Jahrhundert in Deutschland langsam ein schichtenübergreifendes Verständnis für den eigenständigen sozialen Wert der Kindheit zu entwickeln. Im „pädagogischen Jahrhundert" führte der Siegeszug der Aufklärung dazu, dass die Erziehung zum Erwachsenensein erstmals als gesamtgesellschaftliches Ziel auch außerhalb der höfischen Kreise sichtbar wurde, wobei die Erziehung vor allem Arbeitsdisziplin zum Ziel hatte. Getragen durch den Geist der Aufklärung und die Erkenntnisse

155 *Toprak*, Erzieherische Mission, S. 17.

156 So wurde die staatlich überwachte Erziehung in den Landesgesetzen, welche die Durchführung der Maßregeln gemäß § 55 Abs. 2 RStGB regelten, genannt, vgl. etwa das „bayerische Gesetz betreffend die Zwangserziehung" vom 10. Mai 1902; ausführlich hierzu *Dörner*, RdJB 1992, 144 (145 f.).

157 *Toprak*, Erzieherische Mission, S. 17, zitiert die Begründung des Regierungsentwurfs zur RStGB-Novelle 1876: „Wo die Ursache des Übels in einer fehlerhaften Willensrichtung des jugendlichen Übeltäters liegt, ist fast immer ein Zusammenhang mit verwahrloster Erziehung, Mangel an der erforderlichen Zucht und Aufsicht nachweisbar. Es erhellt sich von selbst, dass eine Repression durch eigentliche Strafmittel nicht die erforderliche Abhilfe gewährend kann, sondern dass die Anwendung von Korrektivmitteln erfolgen, dass auf die Erziehung selbst eingewirkt werden muss."; vgl. auch *Dörner*, RdJB 1992, 144 (145).

158 *Dörner*, RdJB 1992, 144 (146).

des pädagogischen Jahrhunderts wurde das 19. Jahrhundert sodann zu einer Epoche des liberalen Umbruchs, in der die Folter abgeschafft und das Strafprozessrecht in Deutschland nach französischem Vorbild reformiert wurden. Im Rahmen der Industrialisierung kam es zu größeren gesellschaftlichen und wirtschaftlichen Umwälzungen, wobei die Bevölkerung insbesondere in den Städten schnell wuchs. Unter anderem durch neue Produktionstechniken und die vollständige Umsetzung der Schulpflicht bildete sich schließlich eine eigenständige Ausbildungs- und Kindheitsphase im weiteren Verlauf des 19. Jahrhunderts heraus, welche sich schließlich verlängerte und in eine spezifische Jugendphase als Zwischenstufe zwischen der Kindheit und dem Erwachsensein mündete. Da es vor allem in den Industriestädten mangels informeller Sozialkontrolle zu einer verstärkten Wahrnehmung von Jugendkriminalität kam, begann man sich dann insbesondere im letzten Drittel des 19. Jahrhunderts verstärkt mit den Ursachen und der Bekämpfung dieses Phänomens auseinanderzusetzen.

Diese Entwicklungen spiegelten sich auch im staatlichen Umgang mit jungen Straftätern wider. Eingeführt wurde die Jugendfürsorge als Teil des Ausbaus des Armenwesens, wobei vor allem im 18. Jahrhundert aufgrund des großen Bedarfs an Arbeitskräften Zucht- und Arbeitshäuser in Deutschland geschaffen wurden, die unter anderem auch der Strafvollstreckung dienten und in denen insbesondere auch jungen Delinquenten Arbeitsdisziplin gelehrt wurde. Der sich durchsetzende Liberalismus ließ einem staatlichen Eingreifen in die Erziehung dann nur begrenzt Raum, sodass zu Beginn des 19. Jahrhunderts die Jugendfürsorge und Erziehung primär Aufgabe der Eltern war und unterstützend von privaten Gesellschaften wahrgenommen wurde. Erst die Revolutionen und Aufstände und zunehmende Verarmung der Bevölkerung zur Mitte des Jahrhunderts ließen den Staat aktiver eingreifen und regulierend tätig werden, wobei sich die Zurückhaltung auch bei der erzieherischen Einwirkung des Staates auf Kinder und junge Menschen abschwächte und beispielsweise Erziehungs- und Fürsorgeeinrichtungen staatlicher Kontrolle unterstellt und staatliche Eingriffsmöglichkeiten in das zivilrechtliche Verhältnis zwischen Eltern und Kindern erweitert wurden. Es kam zu einer „Kontrollverlagerung“ infolge der Industrialisierung und der damit verbundenen „Auflösung überkommener Strukturen und traditioneller Autoritäts- und Gewaltverhältnisse“, sodass der staatliche Zugriff auf Kinder und junge Menschen ausgeweitet wurde[159]. Der Staat machte mangelnde Erziehung für die Verwahrlosung und Kriminalität der Kinder und jungen Menschen verantwortlich.

---

159 *Dörner*, RdJB 1992, 144 (147).

Da die Jugendphase als eigene Entwicklungsstufe zwischen der Kindheit und dem Erwachsenenalter erstmals gesamtgesellschaftlich „entdeckt“ wurde, stellt das 19. Jahrhundert für die Entstehung des Jugendstrafrechts und damit auch des Jugendstrafprozessrechts somit eine entscheidende Entwicklungsphase dar.

3. Die strafprozessuale Entwicklung in den Partikularstaaten im 19. Jahrhundert

Um diese entscheidende Zeitspanne eingehend zu untersuchen, soll nachfolgend auf die jeweiligen Entwicklungen in der Reformgesetzgebung einzelner Partikularstaaten im 19. Jahrhundert eingegangen und deren Gesetzestexte und Entwürfe, sowie sonstige Vorschriften und Regelungen, auf Vorgaben bezüglich der Behandlung junger Straftäter im Strafverfahren untersucht werden. Eine vollumfängliche Darstellung aller Partikularstaaten ist dabei allerdings nicht möglich, da sie den Rahmen dieser Arbeit übersteigen würde. Aufgrund deren politischer Bedeutung sowie der Tatsache, dass in diesen Ländern im 19. Jahrhundert zahlreiche Reformbemühungen stattfanden, wird im Folgenden daher nur die Entwicklung in Bayern, Preußen und Baden nachvollzogen und dabei auch auf die jeweilige gesellschaftspolitische Entwicklung in diesen Ländern eingegangen. Anschließend soll jedoch auch auf vergleichbare oder andere relevante Vorschriften aus den Gesetzestexten weiterer Partikularstaaten aufmerksam gemacht werden, um einen gesamtdeutschen Überblick über den Stand und Entwicklungsfortschritt im Umgang mit jungen Delinquenten im Strafverfahren und der Gerichtsverfassung im 19. Jahrhundert bis zur Reichsgründung zu ermöglichen.

a) Bayern

In Bayern leitete Kurfürst *Max Joseph*, welcher ab 1806 mit dem Titel „*König Maximilian I. von Bayern*“ erster bayerischer König wurde, mit einer Verordnung über die Verbesserung von Recht und Justiz vom 24. Januar 1800 die Reform des Strafrechts ein, welche er für dringend erforderlich erachtete[160]. Das bis dahin praktizierte Straf- und Strafprozessrecht hatte sich schon seit geraumer Zeit als überholt erwiesen und galt als nicht mehr zeitgemäß[161]. Die neue Regierung unter Minister *Montgelas*, welcher zeitweise in Personalunion

160 *Heydenreuter*, Kriminalgeschichte, S. 270.

161 So wurden etwa die Vorschriften aus dem Codex Juris Bavarici Criminalis über Hexerei und Aberglauben seit geraumer Zeit bereits nicht mehr angewandt, vgl. *Heydenreuter*, Kriminalgeschichte, S. 270.

die Ministerien des Auswärtigen, des Innern und der Finanzen leitete[162], befasste sich daher als eines der ersten Projekte neuer Reformbemühung mit der Modernisierung des Strafrechts[163].

aa) Der Entwurf von Kleinschrod

Der fürstlich Würzburgische Hofrat und Professor *Kleinschrod*, dem schon im Januar 1800 aufgetragen worden war, ein neues Strafgesetzbuch für das Königreich Bayern zu entwickeln, legte daraufhin bereits im Juni 1801 einen „Entwurf eines peinlichen Gesetzbuches für die kurpfalzbaierischen Staaten" vor, der neben einem ersten Teil auch einen zweiten Teil mit rund 1.409 Paragrafen enthielt, welche das Strafverfahrensrecht regeln sollten[164]. Eine Begründung enthielt der Entwurf nicht.

Bezüglich des Verfahrens gegen junge Menschen – Kinder bis zum Alter von sieben Jahren waren nach dem Entwurf strafunmündig, sofern nicht „die Bosheit (…) das Alter übertrifft", gegen Personen unter vierzehn Jahren war die Strafe dagegen in der Regel zu mildern (§§ 214 ff.) – waren aber nur wenige Bestimmungen im Entwurf enthalten, die sich zudem auch nicht explizit an junge Menschen richteten. So konnten gemäß § 2740 gegen peinliche Urteile nicht nur der Beschuldigte selbst, sondern auch dessen nächste Verwandte, Ehegatte oder Vormünder Rechtsmittel einlegen. Dieselben Personen konnten nach § 2742 auch Akteneinsicht und Mitteilung der Entscheidungsgründe verlangen und ihnen standen laut § 2743 die gleichen Rechte zu, wie sie das Gesetz auch einem Verteidiger gewährte, also etwa das Recht zur Unterredung mit dem Beschuldigten aus § 2636 ff. oder gemäß § 2640 ff. Beweise zur Entlastung des Beschuldigten vorzulegen, die Vernehmung von Zeugen und die Erholung von Gutachten zu beantragen oder eine Verteidigungsschrift einzureichen (§ 2652 ff.). § 2757 ermöglichte es den in § 2740 genannten Personen, Nichtigkeitsbeschwerde einzulegen, wenn eine andere oder härtere Strafe verhängt wurde, als nach dem Gesetz möglich war. Zudem ermächtigte § 2759 die in § 2740 aufgeführten Personen, im Falle eines Rechtsmittels gegen ein verkündetes Strafurteil eine neue Verteidigungsschrift für den Angeklagten einzureichen, auch wenn vor dem Urteil bereits eine solche eingereicht worden war. In § 2126 fand sich schließlich ein Verweis auf die akademische Gerichtsbarkeit der Rektoren und Universitäten für „solche Studierende, welche dem Kataloge der Universität

162 *Huber*, Verfassungsgeschichte, Bd. 1, S. 320.

163 *Heydenreuter*, Kriminalgeschichte, S. 270.

164 Anmerkungen zum StGB für das Königreich Baiern von 1813, Bd. 1, S. 10.

einverleibt sind, und sich auf der Universität wirklich des Studierens wegen befinden". Grund für diese etwas seltsam anmutende Regelung war die Tatsache, dass sich, als noch keine besonderen Bedingungen für die Einschreibung an den Universitäten existierten, wegen der damit verbundenen Steuerfreiheit und der Unterstellung unter das Gericht der Universität auch durchreisende Kaufleute und „vor Allem das lichtscheue Gesindel der Vaganten, welche sich unter dem Schutze der akademischen Privilegien vor dem weltlichen Arm geborgen fühlten", immatrikuliert hatten[165]. Die Akademiker hatten danach weiterhin einen eigenen Gerichtsstand und waren vom „ordentlichen peinlichen Gerichtstande" ausgenommen (vgl. § 2124).

Die wenigen Bestimmungen mit Auswirkungen auf das Verfahren gegen junge Menschen im Entwurf regelten somit – mit Ausnahme der akademischen Gerichtsbarkeit – primär die Beteiligung von Vormündern und anderen Verwandten am Verfahren. Über die Auswirkungen des Verfahrens auf die jungen Menschen selbst machte man sich noch keine besonderen Gedanken[166]. So spielte auch in den Bemerkungen zum Entwurf von *Schieber* und *Socher* die Rechtsstellung junger Menschen im Strafverfahren und dessen möglicherweise schädliche Auswirkung auf diese keine Rolle[167].

bb) Feuerbachs Strafgesetzbuch von 1813

Nachdem der Entwurf unter anderem von *Feuerbach*[168] wegen seiner Unverständlichkeit, Widersprüchlichkeit und der großen Anzahl an Paragrafen kritisiert wurde[169] und man sich einig war, dass der Entwurf von *Kleinschrod* einer Überarbeitung bedurfte, bevor er zum Gesetz werden konnte, wurde *Feuerbach* 1804 beauftragt, selbst einen Entwurf für ein Strafgesetzbuch zu erarbeiten[170]. Dieser legte sodann 1807 einen Entwurf eines ersten Teils über Verbrechen und Strafe vor, wohingegen er für den zweiten Teil mit den Bestimmungen zum

165 *Stein*, Akademische Gerichtsbarkeit, S. 66.

166 In einem umfangreichen Aufsatz aus dem Jahr 1799 „Über die Rechte, Pflichten und Klugheitsregeln des Richters bey peinlichen Verhören" setzte sich *Kleinschrod* z.B. mit dem Verfahren gegen taube und stumme Personen oder solchen, die die Sprache des Gerichts nicht verstehen, auseinander, nicht aber mit jungen Beschuldigten, vgl. *Kleinschrod*, ArchCrimR 1799, 67 (95 ff.).

167 Vgl. hierzu *Schieber*, in: Materialien zur peinlichen Gesetzgebung, 1 ff.; *Socher*, in: Materialien zur peinlichen Gesetzgebung, 99 ff.

168 Eine Kurzbiografie zu *Feuerbach* findet sich bei *Schmidt*, Geschichte, S. 232 ff.

169 Vgl. hierzu *Feuerbach*, Kritik, S. 13 f., 20 ff.

170 Anmerkungen zum StGB für das Königreich Baiern von 1813, Bd. 1, S. 12.

Strafprozess deutlich länger brauchte, sodass zwischenzeitlich schon einzelne, für besonders dringlich gehaltene Mängel des Prozessrechts auf dem Verordnungsweg beseitigt werden mussten[171]. So war die Folter zwischenzeitlich durch Verordnung vom 7. Juli 1806 abgeschafft worden[172]. Nachdem er schließlich auch den zweiten Teil des Entwurfs, zu dem keine Anmerkungen existieren, vorgelegt hatte, wurde dieser von einer Kommission geprüft und überarbeitet und schließlich das neue Strafgesetzbuch am 16. Mai 1813 der Öffentlichkeit bekannt gemacht[173]. Als erstes modernes Strafgesetzbuch war es Auslöser der rechtsstaatlich-liberalen Epoche der Strafrechtsentwicklung und hat die Gesetzgebungsarbeit im 19. Jahrhundert maßgeblich geprägt[174]. In verfahrensrechtlicher Hinsicht sah der Gesetzestext den schriftlichen und nicht öffentlichen Inquisitionsprozess vor[175].

Nach Art. 98 Abs. 2 des ersten Teils des Strafgesetzbuchs waren „junge Leute, welche das achte aber noch nicht das zwölfte Jahr zurückgelegt haben", wegen vorsätzlicher Verbrechen „nicht anders als mit körperlicher Züchtigung oder Gefängnisstrafe von zwei Tagen bis zu sechs Monaten" zu bestrafen, „wenn sie der Zurechnung fähig erkannt worden" sind. Personen, welche zur Tatzeit das zwölfte, nicht aber das sechzehnte Lebensjahr zurückgelegt hatten, sollten dagegen, wenn sie für zurechnungsfähig erachtet wurden, nach Art. 99 eine Strafmilderung erhalten[176].

Hinsichtlich des Strafverfahrens gegen junge Menschen kann das zum Entwurf von *Kleinschrod* festgestellte auf den zweiten Teil des Strafgesetzbuches von 1813 übertragen werden. Während man z.B. auch Regelungen zu tauben oder stummen Beschuldigten bzw. Angeklagten aufgenommen hatte (vgl. etwa Art. 197), betrafen lediglich vereinzelte Bestimmungen die Altersgruppe der jungen Menschen und dies auch nur indirekt, indem die Beteiligung von nahen Verwandten an deren Verfahren vorgesehen war. So waren gemäß Art. 361 des zweiten Teils des Strafgesetzbuches der Vater, Vormund oder Ehegatte des Angeklagten über den Verkündungstermin des Urteils zu informieren, um gegebe-

171 Anmerkungen zum StGB für das Königreich Baiern von 1813, Bd. 1, S. 13, 16.

172 *Heydenreuter*, Kriminalgeschichte, S. 270.

173 *Heydenreuter*, Kriminalgeschichte, S. 274.

174 *Ignor*, Geschichte, S. 151; *Schmidt*, Geschichte, S. 263.

175 Vgl. dazu auch *Dollmann*, Gesetzgebung Bayerns, S. 3 ff.

176 Nach Art. 99 sollte die Strafe folgendermaßen abgemildert werden: „I. die Todesstrafe in zwölf- bis sechzehnjähriges Zuchthaus; Kettenstrafe oder Zuchthaus auf unbestimmte Zeit in acht- bis zwölfjähriges Zuchthaus; III. eine zeitlich bestimmte Zuchthausstrafe in einjähriges bis achtjähriges Arbeitshaus; IV. das Arbeitshaus in Gefängnis von drei bis zwölf Monaten; V. die Gefängnisstrafe in körperliche Züchtigung".

nenfalls erscheinen zu können. In Art. 370 des zweiten Teils des Strafgesetzbuches war die Befugnis dieser Personen vorgesehen, an Stelle des Angeklagten das Rechtsmittel der Revision einzulegen. Da Art. 371 des zweiten Teils des Strafgesetzbuches eine Entscheidung über die Einlegung von Rechtsmitteln grundsätzlich „sogleich nach Verlesung des Urtheils" verlangte, bestand diese Befugnis jedoch nur für die Personen, die „in dem ordentlichen Termine anwesend" waren „oder sich wenigstens vor Ablauf desselben gemeldet haben"[177]. Das Gesetz erachtete die Befugnis der stellvertretenden Personen also zwar grundsätzlich für zulässig, „keineswegs aber zum Schutz des Angeklagten für nothwendig, weil es denselben durch das Recht der Verteidigung im Wesentlichen für hinreichend vertreten" erachtete[178]. Für die Verurteilung eines abwesenden Angeklagten (sog. Kontumazialverfahren) gestattete aber Art. 425 Abs. 2 des zweiten Teils des Strafgesetzbuches unter anderem dem Vater, Ehegatten oder Vormund des Verurteilten, innerhalb von 30 Tagen nach der Bekanntmachung des Urteils Revision einzulegen. Da das bayerische Strafgesetzbuch von 1813 in Art. 375 seines zweiten Teils ein Verbot der reformatio in peius ausdrücklich nicht vorsah, konnte jedoch das Rechtsmittel einer dieser Personen auch zur Strafschärfung führen[179]. Eine Vorschrift zur akademischen Gerichtsbarkeit fehlte nunmehr, weil diese in Bayern Anfang des 19. Jahrhunderts aufgehoben worden war[180].

cc) Weitere Reformbemühungen unter Ludwig I.

Da sich das Strafgesetzbuch von 1813 als nur beschränkt praxistauglich erwies, wurde bald erneut der Wunsch nach einer Reform laut[181]. Problematisch war insbesondere, dass in der Rheinpfalz, welche nach dem Wiener Kongress 1815 Teil von Bayern geworden war, das französische Recht angewandt wurde, welches öffentliche und mündliche Verfahren unter Beteiligung von Geschworenengerichten vorsah und somit in vielen Punkten bereits den libera-

177 Vgl. die Verordnung vom 22. Mai 1814, „Die Verkündung der Urtheile, und Einwendungen der Rechtsmittel wider solche", abgedruckt in: Sammlung der nachträglichen Verordnungen zum Strafgesetzbuche für das Königreich Baiern, S. 63 ff.

178 Vgl. die Verordnung vom 22. Mai 1814, „Die Verkündung der Urtheile, und Einwendungen der Rechtsmittel wider solche", abgedruckt in: Sammlung der nachträglichen Verordnungen zum Strafgesetzbuche für das Königreich Baiern, S. 63 ff.

179 Vgl. die Verordnung vom 22. Mai 1814, „Die Verkündung der Urtheile, und Einwendungen der Rechtsmittel wider solche", abgedruckt in: Sammlung der nachträglichen Verordnungen zum Strafgesetzbuche für das Königreich Baiern, S. 63 ff.

180 *Stein*, Akademische Gerichtsbarkeit, S. 126.

181 *Heydenreuter*, Kriminalgeschichte, S. 283.

len Forderungen des Bürgertums entsprach[182]. In den Folgejahren wurde die Kritik am heimlichen und schriftlichen Inquisitionsverfahren daher immer stärker, sodass schließlich Entwürfe eines Gesetzbuches über das Verfahren in Strafsachen erarbeitet wurden[183].

Die vom König nach der ersten Ständeversammlung 1819 mit der Revision befasste besondere Kommission legte 1822 einen Entwurf eines Strafgesetzbuches vor, der jedoch nur materielles Recht behandelte und die Regelung des Strafverfahrens einem eigenen Gesetzbuch überlassen wollte[184]. Von diesem Moment an wurde getrennt an der Reform des materiellen und des formellen Strafrechts gearbeitet. Ministerialrat *v. Schmidtlein* veröffentliche schließlich 1828 einen Entwurf zu einem neuen Gesetz über das Strafverfahren, welcher jedoch noch auf den Prinzipien des Inquisitionsverfahrens beruhte und keine unbeschränkte Öffentlichkeit des Verfahrens vorsah[185]. Nachdem der Entwurf ab 1830 in der vom König dazu eingesetzten Kommission geprüft worden war, ließ man jedoch von diesem ab, woraufhin *v. Grandauer* einen neuen Entwurf erstellte, welchen er 1831 vorlegte[186].

Der „Entwurf eines Gesetzbuches über das Verfahren in Strafsachen“ von 1831 sah die Öffentlichkeit des Verfahrens, die Anklage durch einen Staatsanwalt und den Mündlichkeitsgrundsatz vor[187]. Für das Verfahren gegen junge Menschen enthielt er wiederum nur sehr rudimentäre Bestimmungen.

So waren nach Art. 270 „Vormünder, der Gatte, rechte Eltern der volljährigen Kinder“, volljährige leibliche Geschwister oder „in deren Ermangelung die Kinder u.s.w.“ aufzufordern, bei Verfahren gegen einen Abwesenden einen Verteidiger für diesen zu benennen. Gemäß Art. 303 konnte, wer eine Verbrechens- oder Vergehensstrafe erlitten hatte, seine Ehrenvorzüge bzw. staatsbürgerlichen Rechte nur auf Gesuch beim Monarchen, nach vorheriger Vernehmung des Staatsanwaltes des Kreisobergerichtes und Beratung im Staatsrat, zurückerlangen. Für Verbrechen, die in der Minderjährigkeit begangen wurden, bestimmte lit. a, dass ein solches Gesuch statt nach zwanzig, bereits nach

---

182 *Heydenreuter*, Kriminalgeschichte, S. 284.

183 *Feuerbach* selbst trug seinen Teil dazu bei, indem er mit seinem Werk „Betrachtungen über die Öffentlichkeit und Mündlichkeit“ sein Strafgesetzbuch von 1813 auf den Prüfstand stellte, vgl. *Dollmann*, Gesetzgebung Bayerns, S. 8.

184 Vgl. den E-StGB 1822, S. III, XXIII f. (Einleitung).

185 *Rudhart*, Entwurf, S. 16.

186 *Rudhart*, Entwurf, S. 16 f.

187 Hierzu sowie zum gesellschaftspolitischen Hintergrund des Entwurfs vgl. *Frank*, Wiederaufnahme, S. 33 f.

zehn Jahren gestellt werden konnte, wenn die Strafe vollstreckt oder verjährt war. Sonstige Vorschriften in Bezug auf junge Menschen gab es nicht, wohingegen etwa in Art. 70 wiederum mit einer eigenen Vorschrift zum Verfahren gegen Taubstumme normiert wurde, dass ein Verwandter oder Verteidiger anwesend sein müsse, um deren Rechte zu wahren.

Auch in den Motiven zum Gesetzesentwurf spielten Überlegungen zu jungen Straftätern keine besondere Rolle. Im Vordergrund der Regelungen, die junge Menschen zumindest indirekt betrafen, stand weiterhin die Einbeziehung der Familie und nicht der junge Mensch selbst. So wurde im Hinblick auf die fehlende Zeugnisfähigkeit unter anderem von Eltern, Kindern und Ehegatten in Art. 50 lit. a angemerkt:

> „Der Staat hat die wichtigsten Gründe, das Familienband immer unverletzt zu erhalten; es gewährt den heiligsten Schutz für das allgemeine Beste. Daher dürfen von Eltern, Kindern, Gatten u.s.w. gar keine Zeugnisse angenommen werden, weder für, noch gegen.“[188]

Da 1837 der streng antiliberale und katholisch-konservative *v. Abel* leitender bayerischer Minister wurde, welcher den Ende des 18. Jahrhunderts in Gang gesetzten Modernisierungsprozess rückgängig zu machen suchte, kam es bis 1848, ein Jahr nach dem *v. Abel* aus dem Amt geschieden war, nicht zu einer weiteren Liberalisierung des Strafverfahrensrechts und zu einer Umsetzung der Entwürfe[189].

dd) 1848: Das Jahr der Wende

Dies änderte sich erst, nachdem sich die Nachricht vom Sturz des französischen Königs Ende Februar 1848 verbreitete. Denn in Bayern, wo es wegen der Erhebung der Tänzerin *Lola Montez* zur Mätresse durch *Ludwig I.* 1846 schon zuvor zu Protesten gegen den König gekommen war, kam es zur Revolution[190]. König *Ludwig I.* musste den Bürgern Zugeständnisse machen und sagte unter anderem zu, Geschworenengerichte, sowie den Öffentlichkeits- und Mündlichkeitsgrundsatz in den Gerichtsverfahren einzuführen[191]. Als der König nach weiteren Protesten schließlich am 20. März abdankte und sein Sohn, *Maximilian II.*, sein Nachfolger wurde, lag es an diesem, die Reformfor-

---

188 Vgl. die Motive zu E-1831, S. 145.

189 *Frank*, Wiederaufnahme, S. 38 f.

190 Ausführlich hierzu *Götschmann*, Parlamentarismus, S. 785 ff.

191 *Götschmann*, Parlamentarismus, S. 787.

derungen umzusetzen[192]. Im Laufe des Jahres wurden – unter anderem am 12. Mai und am 4. Juni – mehrere Gesetze erlassen, die das Strafgesetzbuch von 1813 an die modernen Forderungen anpassen sollten[193]. Insbesondere war vorgesehen, dass das Strafverfahren nach dem Vorbild der Gesetzgebung auf der linken Seite des Rheinufers gestaltet werden sollte[194]. Am 10. November wurde sodann das 375 Artikel umfassende „Gesetz, die Abänderung einiger Bestimmungen des zweiten Theiles des Strafgesetzbuches vom Jahre 1813 betreffend"[195] erlassen, welches Geschworenengerichte, den Öffentlichkeits- und Mündlichkeitsgrundsatz und Staatsanwaltschaften bei den Kollegialgerichten einführte. Besondere Bestimmungen für das Strafverfahren gegen junge Menschen enthielten diese Gesetze jedoch nicht.

ee) Weitere Entwürfe bis zur Reichsgründung

Da in Art. 1 des Gesetzes vom 12. Mai 1848 bestimmt war, dass die neuen Regelungen nur bis zur Einführung einer neuen allgemeinen Strafgesetzgebung bestehen sollten und die Staatsregierung zwischenzeitlich beschlossen hatte, dass ein vollständiges, für das gesamte Königreich geltendes Strafprozessgesetz eingeführt werden sollte, wurden in den Folgejahren weitere Entwürfe für ein bayerisches Strafprozessrecht erarbeitet[196].

Am 13. April 1850 wurde dem Landtag der „Entwurf eines Gesetzes, die Revision des Strafprozess-Gesetzes vom 10. November 1848 betreffend"[197] samt Motiven übergeben[198]. Auch dieser Entwurf fokussierte sich vor allem auf die Vorschriften zu den Geschworenengerichten und beschäftigte sich nicht wirklich mit dem Verfahren gegen junge Straftäter. Lediglich Art. 278 bestimmte

---

192 *Heydenreuter*, Kriminalgeschichte, S. 287.

193 Die Gesetze sollten zunächst die aufgebrachte Bürgerschaft beruhigen, sodass zuerst nur die wichtigsten Grundsätze wie der Anklagezwang, Mündlichkeits- und Öffentlichkeitsgrundsatz, sowie die Entscheidung von Geschworenen über die Schuldfrage vorgeschrieben wurde, bevor anschließend die bestehenden Gesetze selbst überarbeitet werden sollten, vgl. *Frank*, Wiederaufnahme, S. 40 f.

194 Hierzu und zur Entwicklung des Strafprozessrechts in Frankreich vgl. *Frank*, Wiederaufnahme, S. 40 ff.

195 Abgedruckt in: Gesetzblatt für das Königreich Bayern 1848, Nr. 25 vom 23. November 1848, Sp. 233 ff.

196 *Frank*, Wiederaufnahme, S. 52.

197 Abgedruckt als Beilage LXXXVII in: Verhandlungen der Kammer der Reichsräthe des Königreichs Bayern vom Jahre 1850, 4. Beilagen-Band, S. 131 ff.

198 *Dollmann*, Gesetzgebung Bayerns, S. 22.

im Rahmen des sog. Ungehorsamsverfahrens, dass die Ladung (und nach Art. 286 Abs. 2 auch das Urteil) bei Abwesenheit oder Flucht des Angeklagten unter anderem dessen Vormund oder nahen Verwandten zugestellt werden sollte. Diese und „selbst andere dem Angeklagten befreundete Personen" konnten dann die Abwesenheit des Angeklagten begründen und die Unterbrechung des Verfahrens beantragen. Da im Fokus die Revision des Gesetzes vom 10. November 1848 stand, spielte das Verfahren gegen junge Menschen in den Motiven zum Entwurf keine Rolle.

Letztendlich wurde der Entwurf vom 13. April 1850 jedoch ebenso wie der Entwurf des Staatsministers der Justiz *Kleinschrod* von 1851, welcher nur die ersten sechs Abteilungen eines neuen Gesetzes enthielt und weitere Entwürfe der Folgejahre nicht umgesetzt[199].

1867 erteilte die Staatsregierung dann ihr Einverständnis dazu, eine allgemeine Revision des Strafverfahrens in Angriff zu nehmen[200]. In der Folge wurde der „Entwurf eines Strafprozeßgesetzbuches für das Königreich Bayern" erarbeitet, welcher samt Motiven 1870 vorgelegt wurde.

Dieser enthielt deutlich mehr Regelungen zum Verfahren gegen junge Menschen – nach Art. 76 BayStGB 1861 war eine Person, welche zur Zeit der Tat das 16. Lebensjahr noch nicht vollendet hatte, straflos, „wenn ihr die zur Unterscheidung der Strafbarkeit ihrer That erforderliche Ausbildung gefehlt hat"[201] – als noch die Vorgängergesetze und -entwürfe. Nach Art. 238 des Entwurfs konnte im vorbereitenden Verfahren das einstellende Gericht nach Anhörung der Staatsanwaltschaft, wenn das Verfahren gegen einen Beschuldigten, der zur Zeit der Tat das 16. Lebensjahr noch nicht vollendet hatte, deshalb eingestellt wurde, weil diesem „die zur Unterscheidung der Strafbarkeit der That erforderliche Ausbildung gefehlt hat", unter den Voraussetzungen des Art. 76 BayStGB 1861 die Unterbringung in einer Erziehungsanstalt für verwahrloste junge Personen anordnen. Man war zu der Einsicht gekommen, dass bei „den allermeisten Fällen der Verübung strafbarer Handlungen durch Kinder der eigentliche Grund in vernachlässigter oder gar positiv schlechter Erziehung liegt" und sah eine Pflicht des Staates, „die Erziehung der Kinder selbst in die Hand zu nehmen", wenn „diejenigen, welchen das

199 *Dollmann*, Gesetzgebung Bayerns, S. 23 ff.

200 Vgl. die Motive zu E-1870, S. 135.

201 Während man teilweise der Ansicht war, es sei eine absolute Unzurechnungsfähigkeit von Kindern unter sieben bzw. zwölf Jahren anzunehmen, war man andererseits auch der Auffassung, dass die Prüfung zur „Unterscheidbarkeit der Strafbarkeit" nur bei ganz kleinen Kindern, „etwa vor genossenem Schulunterrichte" unterbleiben konnte, vgl. *Stenglein*, Strafgesetzbuch, S. 97.

Recht und damit auch die Pflicht der Erziehung von Kindern zusteht, diese Pflicht gröblich vernachlässigen oder gar ihr Recht zum sittlichen Verderben der Kinder mißbrauchen"[202]. Gemäß Art. 239 des Entwurfs stand dem Beschuldigten und der Person, welche das Recht zur Erziehung desselben hatte, gegen einen solchen Unterbringungsbeschluss das Rechtsmittel der Berufung zu. Auch der Fall der notwendigen Verteidigung wurde nun geregelt. Laut Art. 263 Abs. 2 sollte einem Minderjährigen unter 16 Jahren, der wegen eines Vergehens angeklagt war, für das Hauptverfahren immer ein Verteidiger bestellt werden. Dies konnte durch die gesetzlichen Vertreter oder von Amts wegen geschehen. Laut den Motiven zum Gesetzentwurf war diese Regelung, die in Bayern zum ersten Mal eine notwendige Verteidigung junger Menschen im Strafverfahren vorschrieb, „(...) neu, jedoch wohl von selbst gerechtfertigt"[203]. Art. 323 Nr. 1 schrieb wie schon zuvor Art. 23 des Einführungsgesetzes vom 10. November 1848 vor, dass bei Verfahren vor dem Schwurgericht die Geschworenen, wenn sämtliche Hauptfragen[204] verneint wurden, danach zu fragen waren, ob dies lediglich aus dem Grund erfolgt war, weil dem Minderjährigen die „zur Unterscheidung der Strafbarkeit der That erforderliche Ausbildung gefehlt hat". Wurde dies bejaht, ermöglichte Art. 340 Abs. 3 – ebenfalls wie schon das Einführungsgesetz aus dem November 1848 – wiederum die Anordnung der Unterbringung in einer Erziehungsanstalt nach Art. 76 BayStGB 1861. Art. 383 normierte für Verfahren vor den Strafgerichten wegen Ehrenkränkungen, dass Kinder unter zwölf Jahren nicht selbstständig vor Gericht handeln konnten und bei einer Klage gegen ein Kind diese auch dem gesetzlichen Vertreter zuzustellen war, welchem im Verfahren sodann die gleichen Rechte wie einem Beklagten zustanden. Man sah es als geboten an, Personen, welchen es an der erforderlichen Willensfähigkeit mangelte, vom selbstständigen Handeln vor Gericht auszuschließen, da sich über deren Fähigkeit, ohne Vertretung im Strafprozess vor Gericht zu handeln, Zweifel ergeben hatten[205]. Schließlich regelte Art. 413, dass die Bestimmungen über Berufung und Nichtigkeitsbeschwerde auch auf Erziehungsberechtigte anzuwenden seien. Art. 414 ermöglichte es diesen, Berufung einzulegen, wenn der Angeklagte freigesprochen, aber die Unterbringung in einer Erziehungsanstalt angeordnet worden war.

---

202 *Weis*, StGB für das Königreich Bayern 1861, S. 220.

203 Vgl. die Motive zu E-1870, S. 182.

204 Die Hauptfrage war im Geschworenenprozess gemäß Art. 318 die Frage, ob sich der Angeklagte derjenigen strafbaren Handlung, welche den Gegenstand der Anklage bildete, schuldig gemacht hatte.

205 Vgl. die Motive zu E-1870, S. 196.

Zum Gesetz wurde allerdings auch der Entwurf von 1870 nicht mehr, da schon kurz darauf die Reichsgründung erfolgte und damit die Erarbeitung der Reichsstrafprozessordnung angegangen werden sollte[206].

ff) Zusammenfassung

Zu Beginn des 19. Jahrhunderts entsprach die Behandlung junger Delinquenten im Strafprozess in Bayern im Wesentlichen der Behandlung Erwachsener. Sowohl der Entwurf von *Kleinschrod* als auch das spätere Strafgesetzbuch von *Feuerbach* enthielten ebenfalls keine besonderen Bestimmungen, die ausdrückliche Gewährleistungen für die jungen Straftäter selbst normierten. Vorgesehen war vielmehr vor allem die Beteiligung der Erziehungsberechtigten und anderer Familienmitglieder am Verfahren, welche z.B. eigenständig Rechtsmittel zu Gunsten des Schützlings einlegen konnten. Auch im Entwurf von 1831 war die Einbeziehung der Familie in das Verfahren vorgesehen, welche im Kontumazialverfahren aufgefordert werden sollte, einen Verteidiger für den abwesenden Angeklagten zu benennen. Der Staat hatte vor allem die Absicht, die familiären Beziehungen zu schützen, während Überlegungen zur besonderen Situation der jungen Menschen im Strafverfahren selbst noch nicht vorkamen.

Dies änderte sich auch in der Mitte des Jahrhunderts zunächst nicht, in der vor allem die Reform des allgemeinen Strafprozesses im Vordergrund stand. Möglich wurde nun jedoch bereits die Unterbringung junger Delinquenten, deren Verfahren mangels der „zur Unterscheidung der Strafbarkeit der That erforderlichen Ausbildung" eingestellt werden musste, in einer Erziehungsanstalt. Das elterliche Erziehungsrecht war damit nicht mehr so uneingeschränkt wie noch zu Beginn des Jahrhunderts vor einem staatlichen Eingriff geschützt.
Im Entwurf von 1870 wurde dann deutlich, dass man sich auch von staatlicher Seite her vermehrt Gedanken über die Rechtsstellung und Handlungsfähigkeit junger Menschen vor dem Strafgericht machte. Zwar machte die Einbeziehung der Erziehungsberechtigten in das Verfahren weiterhin einen großen Teil der besonderen Bestimmungen zum Verfahren gegen junge Delinquenten aus. Allerdings war nun auch erstmals die notwendige Verteidigung von Personen unter 16 Jahren vorgeschrieben. Zudem wollte man Personen, welchen es an der erforderlichen Willensfähigkeit mangelte, vom selbstständigen Handeln vor Gericht ausschließen, weil man deren Fähigkeit, ohne Vertretung im Strafprozeß zu handeln, anzweifelte. Die Sondersituation der jungen Menschen

206 *Frank*, Wiederaufnahme, S. 54.

selbst war damit langsam in das Blickfeld gerückt. Vorschriften wie die Möglichkeit der Erziehungsberechtigten, Rechtsmittel einzulegen, wenn der Angeklagte zwar freigesprochen, aber die Unterbringung in einer Erziehungsanstalt angeordnet worden war, zeugen von der Absicht des Staates, einen angemessenen Ausgleich zwischen der Einbeziehung der Erziehungsberechtigten und der Sicherstellung des Wohls des jungen Menschen zu schaffen.

b) Preußen

In Preußen galt mit der Kriminalordnung aus dem Jahr 1717 bereits ein für den größten Teil des Staatsgebiets gültiges Straf- und Strafverfahrensrecht[207]. Diese sah das Inquisitionsverfahren samt Folter und Reinigungseid[208] vor[209]. Sondervorschriften zu Gunsten junger Delinquenten enthielt sie zu dieser Zeit noch keine. § 15 des 9. Kapitels bestimmte im Gegenteil, dass bei gleich schwerem Tatverdacht gegen mehrere Personen die schwächste und furchtsamste zuerst zu foltern war, Frauen also vor den Männern und Kinder vor den Eltern zu foltern waren. Die Folter wurde in Preußen im Strafverfahren erst ab 1740 durch eine Reihe von Kabinettsordres von *Friedrich dem Großen* abgeschafft[210].

Auch im Allgemeinen Landrecht von 1794 fanden sich keine Bestimmungen betreffend das Strafverfahren gegen junge Menschen[211]. Ein preußisches Reskript vom 25. April 1796[212] bestimmte jedoch, dass gegen Unmündige kein richtiges Kriminalverfahren, wohl aber eine Untersuchung stattfinden müsse, um zu ermitteln, ob „die Bosheit das Alter übertrifft" und gegebenenfalls die Züchtigung anzuordnen. In der Praxis fanden gegen Personen unter 14 Jahren jedoch allenfalls summarische Verfahren statt, um eine etwaige Züchtigung anzuordnen, welche in der Regel aber den Eltern überlassen wurde[213].

---

207 *Frank*, Wiederaufnahme, S. 90.

208 Im mittelalterlichen Strafverfahren war dies der Unschuldseid des Beklagten, mit dem dieser sich grundsätzlich von den Klagevorwürfen befreien konnte, vgl. dazu *Heydenreuter*, Kriminalgeschichte, S. 182 f.

209 *Fels*, Criminal-Ordnung, S. 1.

210 Ausführlicher hierzu *Schmidt*, Geschichte, S. 269 ff.

211 Es enthielt nur eine Vorschrift, nach der unmündige Personen zur Verhütung weiterer Vergehen gezüchtigt, niemals jedoch nach der Strenge des Gesetzes bestraft werden konnten, vgl. *Günzel*, Entwicklung des Jugendstrafrechts, S. 20.

212 Abgedruckt in: *Hafemann*, Handbuch d. Preuß. Criminal-Processes, S. 179.

213 *Roth*, ZNR 1991, 17 (21); *Welker*, RdJB 1969, 306 (308); zum Vorgehen in der Praxis vgl. *Temme*, Preußisches Strafrecht, S. 171.

aa) Die preußische Kriminalordnung von 1805

Nachdem das materielle Strafrecht im Allgemeinen Landrecht von 1794 zeitgemäß ausgestaltet worden war, beauftragte die Regierung um *Friedrich Wilhelm II.* die Herren *Svarez* und *Gossler* mit der Erstellung eines Entwurfs zur Überarbeitung der Kriminalordnung[214]. Nach dem Tod *Friedrich Wilhelms II.* wurden unter *Friedrich Wilhelm III.* sodann mehrere Entwürfe vorgelegt[215]. Die Reform des Strafverfahrensrechts wurde bald darauf jedoch mit dem Vorhaben ausgesetzt, zunächst ein neues Strafgesetzbuch zu erarbeiten[216]. Nachdem dies aber zu viel Zeit in Anspruch nahm, wurde mit der Kriminalordnung vom 11. Dezember 1805 schließlich doch zuerst das Prozessrecht normiert, um dem dringenden Bedürfnis einer einheitlichen Regelung des Strafverfahrensrechts abzuhelfen[217].

Die neue Kriminalordnung stellte eine Revision der alten Kriminalordnung vom 1. März 1717 dar[218]. Sie sah weiterhin das Inquisitionsverfahren, sowie ein schriftliches, nicht öffentliches Verfahren und strenge Beweisregeln vor, nur der Reinigungseid war abgeschafft[219]. Damit trug sie vor allem dem durch die Abschaffung der Folter entstandenen Bedürfnis einer Neuregelung des Strafverfahrens Rechnung[220]. Die Kriminalordnung von 1805 bahnt

> „nicht eine neue Entwicklung des Strafprozeßrechts an, sondern schließt die Epoche des gemeinen schriftlichen Inquisitionsprozesses für Preußen ab, steht ganz auf dem Boden des Vergangenen und zeigt in geschlossener Einheitlichkeit den Inquisitionsprozeß in der aufgelockerten, formentbundenen Art, zu der die Entwicklung im Geiste des Polizeistaates gedrängt hatte.“[221]

Hinsichtlich des Verfahrens gegen junge Delinquenten – gemäß § 17 des zwanzigsten Titels des zweiten Teils des Allgemeinen Landrechts für die

---

214 Sowohl *Svarez* als auch *Friedrich Wilhelm II.* verstarben jedoch kurz darauf, vgl. *Fels*, Criminal-Ordnung, S. 1 ff.

215 *Fels*, Criminal-Ordnung, S. 3 f.; vgl. hierzu auch die Vorerinnerung der Motive zu dem von dem Revisor vorgelegten Ersten Entwurfe der Strafprozeßordnung von 1828, S. 1–4, abgedruckt in: *Schubert/Regge*, Gesetzesrevision, Abt. 1, Bd. 2, S. 697–700.

216 *Fels*, Criminal-Ordnung, S. 6 f.

217 *Fels*, Criminal-Ordnung, S. 7; *Schmidt*, Geschichte, S. 271.

218 *Ignor*, Geschichte, S. 263; *Temme*, ZdS 1844, 307 (312).

219 *Fels*, Criminal-Ordnung, S. 7 f.; *Frank*, Wiederaufnahme, S. 90 f.; vgl. auch *Peters*, Strafverfahren, S. 77 ff.

220 *Peters*, Strafverfahren, S. 77; *Schmidt*, Geschichte, S. 270 f.

221 *Schmidt*, Geschichte, S. 271.

preußischen Staaten konnten Unmündige[222] „zu Verhütung fernerer Vergehungen gezüchtigt", jedoch nicht „nach der Strenge der Gesetze bestraft werden" – bestimmte § 421, dass im Rahmen des Schlussverhörs durch den Richter am Ende der Untersuchung „bei jungen unerfahrenen Personen" das sog. artikulierte Verhör jederzeit vorzuziehen sei. Beim artikulierten Verhör waren nach § 423 die einzelnen Fragen über den Tathergang möglichst genau aufzugliedern und zu protokollieren, um Missverständnissen und Irrtümern bei Geständnissen des Angeschuldigten vorzubeugen und „den Inquisiten vor Übereilung zu bewahren". Gemäß § 424 sollten die Fragen durch den Richter dabei so einfach wie möglich und weder suggestiv noch anderweitig verfänglich gestellt werden, sodass der Angeschuldigte selbst zur Aussage über die einzelnen Fragen zur Tat veranlasst würde. § 435 gestattete es den Eltern, Kindern, Ehegatten und Geschwistern eines Angeschuldigten, auch gegen dessen Willen die Bestellung eines Verteidigers zu fordern. § 614 normierte schließlich, dass die Eltern eines verurteilten Kindes nur dann für die Kosten des Verfahrens, welche dem Kind zur Last fielen, haftbar gemacht werden konnten, wenn diese die Tat veranlasst, gebilligt oder nicht verhütet hatten oder wenn sie den Unterricht, die Erziehung und die Aufsicht über die Kinder grob vernachlässigt hatten.

Wie in Bayern stand in Preußen somit primär die Beteiligung der Familie des Delinquenten im Vordergrund der Regelungen.

bb) Behördliche Verfügungen

Allerdings zeigte sich in Preußen bereits zu Beginn des 19. Jahrhunderts durch eine Vielzahl von Maßnahmen, Edikten und Erlassen zum Umgang mit straffälligen und verwahrlosten Kindern ein erwachendes Problembewusstsein[223].

Mit Reskript vom 14. März 1815[224] legte man fest, dass in Fällen, in denen nach § 17 des zwanzigsten Titels des zweiten Teils des Allgemeinen Landrechts gegen unmündige Personen (unter 14 Jahren) keine Strafe, sondern nur Züchtigung stattfinden konnte, das Verfahren nicht das gleiche sein konnte,

222 Das waren nach § 25 des ersten Titels des ersten Teils des allgemeinen Landrechts Personen unter 14 Jahren, wogegen Personen unter 7 Jahren als Kinder bezeichnet wurden. Minderjährig war man nach § 26 des ersten Titels des ersten Teils bis zum vollendeten 24. Lebensjahr.

223 *Roth*, ZNR 1991, 17 (20); *Wolff*, ZfRSoz 1986, 123 f.

224 Abgedruckt in: Jahrbücher für die preußische Gesetzgebung 1815, Bd. 5 = Heft 9/10, S. 30 f.

wie das von der Kriminalordnung für Erwachsene vorgesehene. Vielmehr bestimmte man, dass es in Fällen, wo eine körperliche Züchtigung oder Gefängnisstrafe von nicht mehr als 14 Tagen festzusetzen sei, keines förmlichen Erkenntnisses bedürfe, da der Richter insoweit nur an die Stelle desjenigen treten würde, „dem die Hauszucht über das Kind oder den Schwachsinnigen zustehe“[225]. Bei Verhängung einer Gefängnisstrafe von mehr als 14 Tagen sollte dagegen ein förmliches Urteil erfolgen, wogegen dem Vater oder Vormund das Rechtsmittel der weiteren Verteidigung zustehen sollte[226]. Darüber hinaus war man der Ansicht, auf die Abgabe von notwendigen Erklärungen – etwa über die Einwendung des Rechtsmittels der weiteren Verteidigung – könne es nicht ankommen, da die dazu erforderliche Einsicht bei Minderjährigen in der Regel nicht vorliege:

> „(...) es würde mit den Formen der Criminal-Rechtspflege ein Spiel getrieben werden, wenn man eine solche Erklärung von einem Kinde, dem alle zum Verstehen der vorgelegten Frage erforderlichen Begriffe fehlen, oder von einem Schwachsinnigen erfordern wollte.“[227]

Ein Reskript des Justizministers *v. Kircheisen* vom 27. April 1816[228], welches sich auf § 435 der Kriminalordnung von 1805 bezog, sah sodann eine Zuziehung der Väter oder Vormünder bei der Urteilsverkündung im Strafverfahren gegen Minderjährige vor. So hielt man es für noch wichtiger als die Möglichkeit des § 435, die Bestellung eines Verteidigers für den Minderjährigen zu beantragen, dass das Rechtsmittel der weiteren Verteidigung ergriffen werden könne, weswegen den Eltern oder Vormündern, welche aufgrund der Familienverhältnisse ein natürliches Interesse an der Urteilsverkündung hätten, diese Möglichkeit – auch gegen den Willen des Angeklagten – eröffnet werden sollte[229]. Man war der Ansicht, dem

> „Vater soll nur Gelegenheit gegeben werden, sein Kind bei einer Erklärung zu vertreten, welche die wichtigste seines Lebens sein kann, und die Familien-Verhältnisse selbst unmittelbar berührt.“[230]

---

225 Vgl. auch *v. Tippelskirch*, Arch. f. preuß. StrafR 1856, 4 (26).

226 Vgl. auch *Wilde*, Arch. f. preuß. StrafR 1858, 433 (437).

227 Vgl. die Begründung des Reskripts, in: Jahrbücher für die preußische Gesetzgebung 1815, Bd. 5 = Heft 9/10, S. 31; die Unterlagen zum Reskript finden sich in GStA PK, I. HA Rep. 84a, Nr. 8119.

228 Abgedruckt in: Jahrbücher für die preußische Gesetzgebung 1816, Bd. 7 = Heft 13/14, S. 201 f.

229 Begründung des Reskripts in: Jahrbücher für die Preußische Gesetzgebung 1816, Bd. 7 = Heft 13/14, S. 201.

230 Begründung des Reskripts in: Jahrbücher für die Preußische Gesetzgebung 1816, Bd. 7 = Heft 13/14, S. 202.

Nachdem die Regierung in Breslau dies für die Preußische Provinz Schlesien am 18. März 1817 bereits angeordnet hatte[231], wurde darüber hinaus mit „Circular-Rescript“ vom 6. April 1817[232] für ganz Preußen für das Strafverfahren bei polizeilicher Vernehmung Minderjähriger (unter 25 Jahren) angeordnet, dass deren Vormünder oder Eltern hinzugezogen werden sollten. Man war der Ansicht, die Verordnung der Königlichen Regierung zu Breslau sei „so billig und gerecht, daß sie nicht bloß Billigung, sondern auch Nachahmung verdient“[233]. Später wurde das Reskript einerseits mit dem Schutz derer begründet, die „wegen ihrer Jugend den Gang der Untersuchung, die Folgen der darin gemachten Äußerungen und die Gründe ihrer Verteidigung nicht kennen“ würden[234]. Andererseits sollte damit den Inhabern der elterlichen Gewalt („denjenigen, welche Natur und Gesetz zu ihrer Vertretung berufen haben“) ermöglicht werden, die Verteidigung des Mündels wahrzunehmen und den Polizeibehörden die Möglichkeit eröffnet werden, auf Eltern und Vormünder einzuwirken und diese in die Pflicht zu nehmen[235]. Entgegen den Vorschriften der Kriminalordnung hielt man bei den jungen Straftätern eine schonendere Behandlung für angemessen[236]. Bei Vernehmungen, die eine das Alter übersteigende Gesetzeskenntnis erforderten oder bei anderen, die Freiheit oder Richtigkeit der Äußerungen hindernden Eigenschaften des Kindes, sowie bei beharrlichem Leugnen, sollte daher der Vater oder Vormund zur Vernehmung hinzugezogen werden[237]. Die Eltern oder Vormünder sollten nach dem Reskript optimalerweise frühestmöglich von einem Verfahren gegen ihr Kind und dessen Ursache in Kenntnis gesetzt werden, in jeder Lage des Verfahrens Tatsachen für die Verteidigung des Kindes vorbringen können, am Ende der Untersuchung das Recht zur Akteneinsicht erhalten, über das Urteil informiert und über die bestehenden Rechtsmittel belehrt werden[238]. Sollten die Eltern oder Vormünder des Kindes nicht erreicht werden können, wurde es ausdrücklich als zulässig anerkannt, einen erreichbaren Verwandten oder sonstigen, mit

---

231 Vgl. die Verordnung „betreffend das Verfahren bei Denunciationen gegen Minderjährige in Steuer- und Polizei-Contraventions-Fällen“, Amts-Blatt der Königlichen Regierung zu Breslau 1817, S. 135.

232 Abgedruckt samt „Erläuterungs Circular-Rescript“ vom 23. Juni 1817 in: Annalen der preußischen innern Staats-Verwaltung 1817, Bd. 1, Heft 2, S. 168 ff.; die Unterlagen dazu finden sich in: GStA PK, I. HA Rep. 77, Tit. 343, Nr. 46, Bd. 1.

233 Vgl. die Unterlagen zum Reskript, in: GStA PK, I. HA Rep. 77, Tit. 343, Nr. 46, Bd. 1.

234 Vgl. das „Erläuterungs Circular-Rescript“ vom 23. Juni 1817, S. 169.

235 Vgl. das „Erläuterungs Circular-Rescript“ vom 23. Juni 1817, S. 169.

236 Vgl. das „Erläuterungs Circular-Rescript“ vom 23. Juni 1817, S. 170.

237 Vgl. hierzu das „Erläuterungs Circular-Rescript“ vom 23. Juni 1817, S. 170.

238 Siehe dazu das „Erläuterungs Circular-Rescript“ vom 23. Juni 1817, S. 169 f.

dem Kinde in einem näheren Verhältnis stehenden Einwohner aufzufordern, bei der Untersuchung die abwesenden Eltern bzw. Vormünder zu vertreten[239].

Mit Kabinettsordre vom 19. Juli 1825 wurde schließlich nach der Gründung eines Vereins zur Erziehung sittlich verwahrloster Kinder in Berlin 1824 die Überweisung von Kindern – jeweils auf Geheiß des Justizministers – an diesen Verein mit dem Vorbehalt ermöglicht, dass die Strafe nachträglich vollstreckt werden sollte, wenn die Besserung durch die Überweisung zur Erziehung nicht erreicht würde[240]. Obwohl man sich in Preußen zu dieser Zeit bereits der Notwendigkeit der Schaffung zweckmäßig eingerichteter Erziehungs- und Besserungsanstalten für besonders junge Straftäter bewusst war und der Ansicht war, dass diese von erwachsenen Straftätern fernzuhalten und primär zu erziehen waren, wurde dies bis dahin fast ausschließlich von Privatpersonen und privaten Vereinen übernommen, sodass man auf diese zurückgreifen musste[241]. Nachdem sich die Anweisung zunächst nur auf die Anstalt in Berlin bezog, wurde 1826 eine Verfügung über die Aufnahme junger Verbrecher in die an einigen Orten bestehenden Anstalten zur Erziehung und Besserung verwahrloster Kinder erlassen, welche die gesteigerte Initiative zur Fürsorge der verwahrlosten Jugend vor allem durch die entstandenen Besserungshäuser und Rettungsanstalten betonte und die Provinzialregierungen aufforderte, solche Einrichtungen dort zu schaffen, wo es noch an diesen mangelte[242]. Parallel bestimmte man mit Reskripten 1825[243] und 1826[244] eine Mitteilungspflicht der Regierungen „über die in ihren Bezirken ermittelten jungen Verbrecher“ unter 16 Jahren, nachdem man beobachtet hatte, dass vermehrt bedeutende Verbrechen von Personen im frühen jugendlichen Alter verübt worden waren, um

---

239 Vgl. dazu das „Erläuterungs Circular-Rescript“ vom 23. Juni 1817, S. 170 f.; kritisiert wurde am Reskript, dass dies der Schnelligkeit und damit Wirksamkeit der Reaktion bei leichteren Vergehen abträglich sei und die Verteidigung bzw. der Beistand zur Verdunkelung der Wahrheit und Erschwerung der Untersuchung führen könne, vgl. die Unterlagen zum Reskript, in: GStA PK, I. HA Rep. 77, Tit. 343, Nr. 46, Bd. 1.

240 Vgl. die K. Preuß. Justiz-Ministerial-Verfügung vom 20. Januar 1847, abgedruckt in: Jahrbücher der Gefängniskunde und Besserungsanstalten 1847, S. 116 f.; die Unterlagen zum Reskript finden sich in GStA PK, I. HA Rep. 84a, Nr. 8119, wobei eine Begründung allerdings nicht enthalten ist.

241 Vgl. die dahingehenden Schriftwechsel und Unterlagen in: GStA PK, I. HA Rep. 84a, Nr. 8119.

242 Vgl. die Unterlagen hierzu in GStA PK, I. HA Rep. 84a, Nr. 8119 und *Cornel*, Jugendstrafvollzug, S. 81.

243 „Circular-Rescript“ vom 30. November 1825, abgedruckt in: Annalen der preußischen innern Staats-Verwaltung 1825, Bd. 9, Heft 4, S. 1038 ff.

244 „Circular-Rescript“ vom 6. März 1826, abgedruckt in: Annalen der preußischen innern Staats-Verwaltung 1826, Bd. 10, Heft 1, S. 95 f.

„den Quellen solcher Verbrechen auf die Spur zu kommen, diese zu verstopfen“ und „um Veranstaltungen zur Besserung der früh Verirrten“ treffen zu können[245]. Mitgeteilt werden sollten danach „Namen, Geburts- und Aufenthalts-Ort, Stand und Gewerbe der Eltern, Alter, Religion, empfangener Unterricht, und andere erläuternde Lebensumstände des jungen Verbrechers, nebst den Umständen, welche das Verbrechen selbst etwa entschuldigen können, oder auch erschweren möchten“.

Die behördlichen Verfügungen lassen insgesamt ein steigendes Bewusstsein hinsichtlich der Sondersituation junger Menschen im Straf- und Strafverfahrensrecht in Preußen bereits im ersten Drittel des 19. Jahrhunderts erkennen. Auch wenn zunächst weiterhin primär auf die Erziehungsberechtigten und deren Beteiligung am Verfahren abgestellt wurde, wurde dies nicht ausschließlich mit dem Schutz der familiären Beziehungen, sondern auch schon mit dem Schutz derer begründet, die „wegen ihrer Jugend den Gang der Untersuchung, die Folgen der darin gemachten Äußerungen und die Gründe ihrer Verteidigung nicht kennen“ würden. Man machte sich erstmals Gedanken über die Ursachen und Verhütung von Straftaten junger Menschen und begann, das Verfahren jugendadäquater auszugestalten und die Möglichkeiten, schonend und nicht restriktiv einzuwirken, auszuloten.

cc) Vorschläge für eine Reform des Strafverfahrens bis 1848

Nachdem der Justizminister *v. Kircheisen*, welcher selbst noch an der Kriminalordnung von 1805 mitgewirkt hatte, schon 1811 die Praxistauglichkeit dieser kritisiert hatte, war sodann auch in Preußen früh eine Reform des Strafverfahrens beschlossen worden[246].

1. Der Entwurf von 1828

Nach einer ausführlichen Analyse des Strafprozessrechts des linken Rheinufers wurde schließlich 1828 ein „Vom Revisor vorgelegter erster Entwurf der Straf-Prozeß-Ordnung für die Preußischen Staaten“ [247] vorgelegt, welcher auf die

245 Vgl. hierzu auch die Unterlagen in GStA PK, I. HA Rep. 84a, Nr. 8119.

246 Vorerinnerungen des E-1828, abgedruckt in: *Schubert/Regge*, Gesetzesrevision, I. Abt., Bd. 2, S. 702 f.

247 Abgedruckt in: *Schubert/Regge*, Gesetzesrevision, I. Abt., Bd. 2, S. 553 ff.

Einführung von Geschworenengerichten noch verzichtete und in den wesentlichen Zügen dem alten Inquisitionsprozess der Kriminalordnung glich[248].

In § 18 und § 105 des Entwurfs bestimmte man zwar eine Aufhebung der bisher auf den Universitäten ausschließlich ausgeübten Strafgerichtsbarkeit, überließ den akademischen Gerichten jedoch – anders als in Bayern – ihre besondere Jurisdiktion im Rahmen einer Disziplinarstrafgewalt für „alle eigentlichen akademischen Vergehen der Studenten, welche sich auf ihren Stand und Beruf und ihr Verhältnis gegen die Obern und Lehrer der Universität beziehen", „Injuriensachen der Studenten unter sich", „Duelle mit Studenten, sofern weder Tötung noch Verstümmelung oder bedeutende Verwundung vorgefallen ist", sowie „alle sich zur Frevel-Untersuchung eignenden Sachen". Auf der einen Seite war man zwar der Ansicht, die Verfassung deutscher Universitäten mache eine akademische Gerichtsbarkeit nötig[249]. Auf der anderen Seite verfolgte man jedoch das Ziel, die vielen verschiedenen Sondergerichte zu reduzieren, weswegen man nur noch eine disziplinarische Strafgewalt gestattete[250].

§ 307 normierte, dass der Richter im Rahmen des Verfahrens auf die Beschaffenheit des Gemütszustandes des Angeklagten ein fortwährendes Augenmerk zu richten hatte, wobei er bei Spuren von Verirrung oder Schwäche des Verstandes einen Arzt hinzuziehen sollte, welcher in seinem Gutachten bei jungen Brandstiftern im Alter zwischen 12 und 20 Jahren vor allem auch das etwaige Einwirken der Entwicklung des Geschlechtstriebs eingehen sollte. Hintergrund waren medizinische Gutachten, die zu der Ansicht gekommen waren, dass „Verbrechen der Brandstiftung oft in psychischen Krankheits-Zuständen, die meistens mit der Entwicklung oder dem Eintritt des Geschlechtstriebes zusammenhängen, begründet" seien[251].

In § 422 legte man das Recht unter anderem der Eltern und Vormünder des Angeklagten fest, die Bestellung eines Verteidigers für ihren Schützling zu beantragen, selbst wenn dieser darauf verzichtete. § 453 gestand eben diesen Personen das Recht zu, auch gegen den Willen des Angeklagten Rechtsmittel gegen das Urteil einzulegen. In der Begründung verwies man auf § 435 und

---

248 *Frank*, Wiederaufnahme, S. 92 f.; *Peters*, Strafverfahren, S. 96 f.; umfassend zur Geschichte des Entwurfs *Schubert/Regge*, Gesetzesrevision, I. Abt., Bd. 2, S. 701 ff.

249 Vgl. hierzu die Motive zu E-1828, abgedruckt in: *Schubert/Regge*, Gesetzesrevision, I. Abt., Bd. 2, S. 798.

250 Vgl. die Motive zu E-1828, abgedruckt in: *Schubert/Regge*, Gesetzesrevision, I Abt., Bd. 2, S. 797 f.

251 Vgl. den diesbezüglichen Schriftwechsel in GStA PK, I. HA Rep. 84a, Nr. 8119.

§ 517 der Kriminalordnung von 1805, Art. 370 des zweiten Teils des Bayerischen StGB von 1813 und das Reskript des Justizministers *v. Kircheisen* vom 27. April 1816 und betonte die Vergleichbarkeit des Einlegens von Rechtsmitteln mit dem Institut der Verteidigung, weswegen man dort auch die gleichen Gewährleistungen für die Angeklagten und deren Eltern und Vormünder normieren wollte[252].

Schließlich sah man in § 598 mit Verweis auf die Regelung bezüglich der Rechtsmittelberechtigung und auf Art. 425 des zweiten Teils des Bayerischen StGB von 1813 für die Kontumazialverfahren gegen abwesende Angeklagte die Möglichkeit unter anderem der Eltern und Vormünder zur Restitution gegen die in Abwesenheit des Angeklagten ergangenen Urteile und damit zu einer neuen Untersuchung und Entscheidung vor[253].

Der Entwurf normierte damit im Verfahren gegen junge Delinquenten weiterhin primär die Beteiligung der Erziehungsberechtigten, während darüber hinausgehende Regelungen zum Schutz der jungen Menschen noch nicht enthalten waren.

2. Der Entwurf von 1829

Die im Entwurf vorgesehene Einführung einer Staatsanwaltschaft stieß beim Justizminister und den Mitgliedern der Gesetzesrevisionskommission auf Skepsis[254]. Daher wurde er durch die Gesetzesrevisionskommission überarbeitet und zum „Entwurf der Straf-Prozeß-Ordnung für die Preußischen Staaten“[255] von 1829 weiterentwickelt, welcher sich wieder enger an die alte Kriminalordnung anlehnte[256].

Bezüglich der Behandlung Jugendlicher im Strafverfahren entsprachen die Vorschriften des Entwurfs von 1829 im Wesentlichen denen des Entwurfs von 1828[257]. Neu war lediglich die Bestimmung in § 416, dass die einem Kinde

---

252 Vgl. die Motive zu E-1828, abgedruckt in: *Schubert/Regge*, Gesetzesrevision, I. Abt., Bd. 2, S. 871, 879.

253 Vgl. die Motive zu E-1828, abgedruckt in: *Schubert/Regge*, Gesetzesrevision, I. Abt., Bd. 2, S. 661, 663, 923.

254 *Peters*, Strafverfahren, S. 98.

255 Abgedruckt in: *Schubert/Regge*, Gesetzesrevision, I. Abt., Bd. 2, S. 947 ff.

256 *Schubert/Regge*, Gesetzesrevision, I. Abt., Bd. 1, S. XXXVI; *Frank*, Wiederaufnahme, S. 94.

257 § 10 E-1829 entsprach § 18 E-1828, § 60 E-1829 entsprach § 105 E-1828, wobei nicht mehr auf „alle sich zur Frevel-Untersuchung eignenden Sachen“, sondern auf „alle gerin-

auferlegten Kosten sowie die Kosten der Haft das Kind aus eigenem Vermögen zu tragen hatte, mangels freien Vermögens der Vater des Kindes aus dessen nicht freiem Vermögen.

3. Der Entwurf von 1841

Im weiteren Verlauf wurden die Reformarbeiten jedoch, bedingt durch den Tod des Justizministers *Danckelmann* im Jahr 1830 und die Notwendigkeit einer Abstimmung bestimmter Grundsätze des Strafverfahrens mit dem materiellen Strafrecht, nicht umgesetzt[258]. In den 1830er Jahren konnten sich die konservativen Kräfte in Preußen noch den auch hier aufkommenden liberalen Forderungen erwehren[259]. 1840 schließlich bestieg *Friedrich Wilhelm IV.* den Thron, was zu großen Hoffnungen auf politische Veränderungen in Preußen führte[260]. Im Folgejahr wurden vom zuständigen Minister *v. Kamptz*, der zuvor eine Revision des materiellen Strafrechts abgeschlossen hatte, die Reformarbeiten im Strafprozessrecht wiederaufgenommen[261]. Dieser erarbeitete sodann 1841 einen Entwurf[262], welcher allerdings auf dem Entwurf von 1829 beruhte und daher weiterhin kein mündliches und öffentliches Verfahren mit Staatsanwaltschaften und einer freien richterlichen Beweiswürdigung vorsah[263].

Die relevanten Vorschriften bezüglich der Behandlung junger Straftäter im Entwurf von 1841 entsprachen im Wesentlichen denen aus dem Entwurf von 1829. Die Beibehaltung der akademischen Gerichtsbarkeit mit einer disziplinarischen Strafgewalt, nun in §§ 8 und 71, hielt man für unbedenklich[264]. In §§ 295, 323 und 421 sah man die Möglichkeit für Väter und Vormünder des Minderjährigen, auf Verteidigung zu dringen oder Rechtsmittel einzulegen,

---

geren Vergehen" abgestellt wurde, § 256 E-1829 entsprach § 422 E-1828, § 282 E-1829 dem § 453 E-1828 und § 392 E-1829 dem § 598 E-1828.

258 *Peters*, Strafverfahren, S. 98; *Schubert/Regge*, Gesetzesrevision, I. Abt., Bd. 5, S. 899 f.

259 *Gebhardt*, Handbuch, S. 428 f.

260 *Ignor*, Geschichte, S. 266.

261 Vgl. hierzu die chronologische Übersicht über die Reformen in Preußen bei: *Schubert/Regge*, Gesetzesrevision, I. Abt., Bd. 1, S. XXXVIII und *Schubert/Regge*, Gesetzesrevision, I. Abt., Bd. 5, S. 835.

262 „Revidierter Entwurf der Strafprozeß-Ordnung für die Preußischen Staaten", abgedruckt in: *Schubert/Regge*, Gesetzesrevision, I. Abt., Bd. 5, S. 833 ff.

263 *Schubert/Regge*, Gesetzesrevision, I. Abt., Bd. 1, S. XXXVIII.; vgl. dazu auch *Ignor*, Geschichte, S. 265.

264 Vgl. hierzu die Motive zu E-1841, abgedruckt in: *Schubert/Regge*, Gesetzesrevision, I. Abt., Bd. 5, S. 841, 849, 942.

auch im Verfahren gegen Abwesende mit der Begründung weiterhin vor, die Erfahrung habe gezeigt, dass „nicht selten Inquisiten aus Überdruß und andern Bewegungsgründen der Vertheidigung entsagen“ würden[265]. In § 454 normierte man wie schon in § 416 des Entwurfs von 1829, dass die Kosten des Verfahrens aus dem Vermögen der Minderjährigen getragen werden müssten und lehnte damit die §§ 613 und 614 der Kriminalordnung von 1805, welche auf die Vernachlässigung der Aufsicht und Erziehung durch die Eltern abstellten, als begrifflich „zu schwankend“ ab[266]. Weitere Vorschriften bezüglich des Strafverfahrens gegen junge Menschen waren im Entwurf nicht enthalten.

4. Weitere Entwicklungen bis 1848

Nachdem v. *Mühler* im Jahr zuvor Justizminister geworden war, begann man sodann 1843 in Preußen damit, über die Einführung von Staatsanwaltschaften nachzudenken, da man die Missstände in der Strafgerichtspraxis auf das Inquisitionsverfahren zurückführte[267]. Das Staatsministerium beschloss 1844 jedoch lediglich, die Staatsanwaltschaften mit der Maßgabe einzuführen, diese sollten das Rechtsmittelrecht für den Staat in erster und zweiter Instanz ausüben[268]. *V. Savigny*, der vom König 1842 zum Minister für die Gesetzesrevision ernannt worden war, sollte einen neuen Entwurf erarbeiten, wich jedoch von den Vorgaben ab und gestand der Staatsanwaltschaft weit mehr Befugnisse zu[269]. Die darauffolgende langwierige Diskussion über den Umfang der Aufgaben und Funktionen der einzuführenden Staatsanwaltschaften[270] gipfelten 1846 in einer Denkschrift *v. Savignys*[271] zu den wichtigsten Fragen in Bezug auf die Gestaltung eines neuen Strafprozessrechts. In dieser sprach er sich für ein öffentliches und mündliches Verfahren, ohne Schwurgerichte, aber mit Staatsanwaltschaften, aus[272].

---

265 Vgl. hierzu die Motive zu E-1841, abgedruckt in: *Schubert/Regge*, Gesetzesrevision, I. Abt., Bd. 5, S. 875, 879, 890, 996, 1006. 1027.

266 Vgl. die Motive zu E-1841, abgedruckt in: *Schubert/Regge*, Gesetzesrevision, I. Abt., Bd. 5, S. 893, 1034.

267 *Otto*, Staatsanwaltschaft, S. 8.

268 *Otto*, Staatsanwaltschaft, S. 22.

269 *Frank*, Wiederaufnahme, S. 96 f.

270 Vgl. hierzu *Otto*, Staatsanwaltschaft, S. 22 ff.

271 Vgl. *Savigny*, Prinzipienfragen.

272 *Abegg* bezeichnete die Denkschrift als das „Gediegenste, was in diesem Gebiet bis dahin von der Gesetz-Kommission ausgegangen war“, zitiert nach: *Schubert/Regge*, Gesetzesrevision, I. Abt., Bd. 1, S. XL.

Eingeführt wurde das mündliche Anklageverfahren zunächst nur am Kammer- und Kriminalgericht Berlin, das für einen Prozess gegen eine große Anzahl an Personen zuständig war, welche einen Aufstand gegen die preußische Herrschaft in Polen geplant hatten[273]. Diesem Vorgehen lag die rein praktische Erwägung zugrunde, dass das Inquisitionsverfahren bei der Vielzahl der Verfahren zu lange dauern würde[274]. Schnell wurde darin die Möglichkeit erkannt, das neue Strafprozessrecht in Berlin zu erproben, bevor es auch im Rest Preußens eingeführt werden sollte[275]. Das „Gesetz vom 17. Juli 1846 betreffend das Verfahren in den bei dem Kammergericht und dem Kriminalgericht zu Berlin zu führenden Untersuchungen“[276] führte den Öffentlichkeitsgrundsatz teilweise ein und sah ein mündliches Anklageverfahren mit Staatsanwaltschaften und eine freie Beweiswürdigung vor[277]. Besondere Regelungen zum Strafverfahren oder der Gerichtsverfassung bei jungen Beschuldigten enthielt das Gesetz nicht, da sein Fokus ausschließlich auf dem Versuch einer Modernisierung des Strafprozesses lag und daher gemäß § 131 im Übrigen die Vorschriften der Kriminalordnung von 1805 weiterhin Geltungskraft entfalten sollten, sofern sie mit dem neuen Gesetz vereinbar waren.

Allerdings begann man sich nun in der Literatur mit dem Umgang mit jungen Straftätern stärker auseinanderzusetzen. Anlässlich eines englischen Gesetzes vom 22. Juli 1847 erschien im selben Jahr ein Aufsatz von *Mittermaier* mit dem Titel „Über die Untersuchung und Entscheidung gegen jugendliche Übertreter“[278]. Darin stellte dieser ohne eine eigene Bewertung die Ergebnisse englischer Forschungen dar, welche zu der Überzeugung gelangt waren, „daß es vorzüglich nothwendig sei, die jugendlichen Sträflinge schon einer anderen Art der Untersuchung und Aburtheilung, als sie gegen andere Verbrecher eintritt, zu unterwerfen“. Als „höchst nachteilig“ wurde die Belastung junger Menschen durch lange Voruntersuchungen und Verhaftungen mit unvermeidlichem Kontakt zu anderen Verbrechern eingestuft. Auch der gewöhnlichen Prozedur der Aburteilung junger Delinquenten in öffentlichen Verfahren vor den Geschworenengerichten schrieb man schädliche Wirkungen zu. So war man der Auffassung, „der jugendliche

---

273 *Ignor*, Geschichte, S. 272 ff.; *Otto*, Staatsanwaltschaft, S. 52 f.

274 *Ignor*, Geschichte, S. 272 f.

275 Vgl. dazu das Schreiben der Minister *v. Bodelschwingh* und *Uhden* vom 22. April 1846 an den König, S. 1, abgedruckt in: *Schubert/Regge*, Gesetzesrevision, I. Abt., Bd. 6, Teil 2, S. 1354 ff.

276 Abgedruckt in: *Schubert/Regge*, Gesetzesrevision, I. Abt., Bd. 6, Teil 2, S. 1489 ff.

277 Vgl. hierzu *Schmidt*, Geschichte, S. 330; *Schubert/Regge*, Gesetzesrevision, I. Abt., Bd. 1, S. XL.

278 Vgl. hierzu und zum Folgenden *Mittermaier*, ArchCrimR NF 1847, 612 ff.

Übertreter, der den Augen des Publikums Preis gegeben ist, wird leicht noch schamloser; und wenn er freigesprochen wird, so wird er dadurch, daß er sah, daß er so gut durchkam, noch leichter zur Verübung neuer Verbrechen aufgereizt." Neben der Notwendigkeit eigener Anstalten für die jungen Menschen sprach man sich auch für die Anwendung anderer Mittel als gegen erwachsene Verbrecher aus und hielt die Möglichkeit für sinnvoll, ohne Beiziehung von Geschworenen summarisch über die jugendlichen Übertreter zu urteilen. Darüber hinaus wollte man den Richtern die Möglichkeit einräumen, die jugendlichen Übertreter selbst ohne Strafe zu entlassen, wenn die Eltern ein gutes Verhalten für die Zukunft versichern würden. So bestimmte das neue englische Gesetz mit den Erwägungen, dass eine schnellere Aburteilung junger Straftäter nötig sei „und die Übel der oft langen Untersuchungshaft beseitig werden müssen, daß jeder noch nicht 14 Jahre alte Täter, der vor zwei oder mehr Richtern gesteht oder überwiesen wird, einfachen Diebstahl oder ein mit Strafe des Diebstahls bedrohdtes Vergehen verübt zu haben, von diesen Richtern zu Gefängnis bis 3 Monaten mit oder ohne harte Arbeit, oder Geldstrafe bis 3 Pfund, oder gar körperlicher Züchtigung verurtheilt werden soll; daß auch diesen Richtern die Befugnis zu ertheilen ist, daß sie, wenn sie es für zweckmäßig halten, daß der Übertreter nicht gestraft werde, den Angeschuldigten ohne Strafe entlassen, sobald gehörige Sicherheit wegen künftigen guten Betragens geleistet wird."

dd) Die Entwicklung ab 1848 bis zu den Reichsjustizgesetzen

Beachtung erhielten die Schilderungen *Mittermaiers* in der Preußischen Gesetzgebungsarbeit und Literatur zunächst nicht. Die Revolution in Frankreich im Februar 1848 führte jedoch auch im gesamten Königreich Preußen zu Protesten und liberalen Reformforderungen. König *Friedrich Wilhelm IV.* musste, wie auch sein bayerisches Pendant, Zugeständnisse an das Volk machen und beschloss, einen Vereinigten preußischen Landtag und eine Verfassung einzuführen[279]. Die daraufhin entgegen den Ankündigungen vom König selbst ohne Mitwirkung der Nationalversammlung oktroyierte Verfassung vom 5. Dezember 1848 sah den Öffentlichkeitsgrundsatz und teilweise auch Geschworenengerichte vor[280]. Da die Zeit drängte, wurde kein Gesetzgebungsverfahren durchgeführt, sondern daraufhin mit der „Verordnung vom 3. Januar 1849 über die Einführung des mündlichen und öffentlichen Verfahrens mit Geschwore-

279 *Gebhardt*, Handbuch, S. 550 f.

280 *Peters*, Strafverfahren, S. 104 f.

nen in Untersuchungssachen“[281] die Reform umgesetzt[282]. Die Verordnung stimmte – bis auf die nunmehrige Einführung der Geschworenengerichte – weitgehend mit dem Gesetz für das Kammer- und Kriminalgericht Berlin überein[283]. Zugleich wurden alle der Verordnung entgegenstehenden Vorschriften aufgehoben[284]. Wie der Titel der Verordnung indiziert, lag der Fokus nicht auf den Vorschriften über die Behandlung junger Menschen. Diese hatten im Rahmen der weiterhin neben der Verordnung geltenden Kriminalordnung von 1805 abgesehen von den Verfügungen und Reskripten damit nach wie vor keine Weiterentwicklung erfahren.

1. Der Entwurf von 1851 und die Gesetze vom Mai 1852

Dass neben der Verordnung weiterhin die nur in Teilen des Landes geltende alte Kriminalordnung von 1805 fortbestand, wurde jedoch zunehmend als unbefriedigend empfunden[285]. Auf Wunsch der ersten Kammer des Landtags wurde daher ab 1850 mit der Erarbeitung einer neuen Strafprozessordnung begonnen, woraufhin am 15. März 1851 ein Entwurf[286] veröffentlicht wurde, der sich am französischen Strafverfahrensrecht orientierte[287].

Vorschriften bezüglich der Behandlung junger Menschen gab es über § 6 hinaus nicht, welcher normierte, dass Personen, die zur Zeit der Tat das 16. Lebensjahr noch nicht vollendet hatten, nicht vor dem Schwurgerichtshof, sondern vor dem Strafgericht angeklagt werden sollten, sofern nicht gleichzeitig auch über Mitschuldige zu erkennen war, welche zum Zeitpunkt der Tatbegehung das 16. Lebensjahr bereits vollendet hatten. Die Altersgrenze von 16 Jahren war nach § 43 des Strafgesetzbuches von 1851 nun für eine Bestrafung maßgeblich, wonach bei einem Angeschuldigten unter 16 Jahren festgestellt werden musste, dass dieser „mit Unterscheidungsvermögen“ gehandelt hatte, um eine (abgemilderte) Bestrafung zuzulassen. Man war der Ansicht, es

---

281 Abgedruckt samt Motiven in: Vollständige Materialien zur Verordnung vom 3. Januar 1849 und dem Gesetze vom 3. Mai 1852, S. 1 ff.

282 Vgl. die vollständigen Materialien zur Verordnung vom 3. Januar 1849 und dem Gesetze vom 3. Mai 1852, S. V, VI (Einleitung).

283 *Schubert/Regge*, Gesetzesrevision, I. Abt., Bd. 1, S. XLIII.

284 *Schubert/Regge*, Gesetzesrevision, I. Abt., Bd. 1, S. XLIII.

285 Vgl. hierzu *Schubert/Regge*, Gesetzesrevision, I. Abt., Bd. 1, S. XLIII; *Peters*, Strafverfahren, S. 105.

286 Abgedruckt in: JMBl. Preußen, 1851, S. 85 ff.

287 Vgl. die vollständigen Materialien zur Verordnung vom 3. Januar 1849 und dem Gesetze vom 3. Mai 1852, S. VI (Einleitung); *Frank*, Wiederaufnahme, S. 109.

vertrage sich nicht „mit dem Ernst und der Würde einer so feierlichen Versammlung, wie das Schwurgericht sie darbietet, mit Kindern zu verhandeln, – der Eindruck den das Geschworenengericht auf erwachsene Verbrecher ausübt, wird sich hier leicht in das Gegentheil verwandeln, – theils stehen Zeit, Mühe und Kosten, welche mit der Abhaltung eines solchen Schwurgerichts verbunden sind, in keinem Verhältnis zu dem geringfügigen Inhalte, welches dergleichen Untersuchungen gegen Kinder der Regel nach gewähren“[288].

Nachdem der Entwurf begutachtet wurde, nahm man von der Reform jedoch erst einmal Abstand, bevor anschließend die Verordnung von 1849 von den Kammern des Landtags einer Revision unterzogen wurde und der sich daraus ergebende neue Entwurf schließlich am 3. Mai 1852 zum „Gesetz betreffend die Zusätze zu der Verordnung vom 3.1.1849 über die Einführung des mündlichen und öffentlichen Verfahrens mit Geschworenen in Untersuchungssachen“[289] wurde[290]. Aufgrund § 43 des Strafgesetzbuches von 1851 wurde in Art. 83 bestimmt, dass die Geschworenen bei Angeklagten, welche zur Zeit der Tat das 16. Lebensjahr noch nicht vollendet hatten, die Frage beantworten mussten, ob der Angeklagte „mit Unterscheidungsvermögen“ gehandelt hat[291]. Zugleich ermöglichte das neue Strafgesetzbuch in § 42 die Überweisung in eine Besserungsanstalt, wenn ein Angeschuldigter deswegen freigesprochen wurde, weil er ohne Unterscheidungsvermögen gehandelt hatte.

Mit dem „Gesetz vom 22. Mai 1852, betreffend einige Ergänzungen des Einführungsgesetzes zum Strafgesetzbuche“[292] regelte man dann in Art. 4, dass die Schwurgerichte bei Verfahren gegen Personen unter 16 Jahren nur im Falle der Konnexität zuständig sein sollten und im Übrigen die Untersuchung und Entscheidung durch die Gerichtsabteilung bzw. die Zuchtpolizei-Kammern erfolgen sollten. *Mittermaier* war später der Auffassung, damit hätte der Gesetzgeber anerkannt, dass „die Formen der feierlichen Verhandlung vor dem Schwurgerichtshof hier unpassend seien“[293].

288 Nichtamtl. Teil des JMBl. Preußen 1851, S. 39.

289 Abgedruckt in: Vollständige Materialien zur Verordnung vom 3. Januar 1849 und dem Gesetze vom 3. Mai 1852, S. 879 ff.

290 *Schubert/Regge*, Gesetzesrevision, I. Abt., Bd. 1, S. XLIII, XLIV; Vollständige Materialien zur Verordnung vom 3. Januar 1849 und dem Gesetze vom 3. Mai 1851, S. VI (Einleitung).

291 Vgl. hierzu den Kommissionsbericht der Zweiten Kammer zu §§ 92–120, abgedruckt in: Vollständige Materialien zu der Verordnung vom 3. Januar 1849 und dem Gesetze vom 3. Mai 1852, S. 132.

292 Abgedruckt in: *Sundelin*, Sammlung, S. 104 f.

293 *Mittermaier*, Arch. f. preuß. StrafR. 1864, 721 (726).

2. Weitere Entwicklungen bis 1865

1856 setzte sich sodann der Oberstaatsanwalt *v. Tippelskirch* in seinen Beiträgen „zur künftigen Strafprozeß-Ordnung für Preußen“ mit der „Strafgerichtsbarkeit über Personen jugendlichen Alters“ auseinander[294]. Er war der Ansicht, dass das Fortschreiten der Zivilisation die Anforderungen an den Staat auch in dieser Hinsicht erweitern würde und identifizierte Elemente, „welche trotz aller Zivilisation das Verderben der Jugend mehr als früher zu befördern geneigt sind“[295]. So kritisierte er die „laxeren Ansichten über Erziehung im Allgemeinen und die daraus hervorgegangene Abschwächung der Erziehungs-Mittel“ neben einer „beklagenswerthen Zunahme des Proletariats“, welche dazu geführt hätten, „daß, während man früher die Aufrechterhaltung von guter Ordnung und Sitte unter Personen jugendlichen Alters der Familie, der Schule und anderen Anstalten überlassen zu können glaubte, man in neuerer Zeit die Strafjustiz zu Hülfe gerufen hat“[296]. *V. Tippelskirch* war der Ansicht, dass die Richter es gewohnt seien, „sich mit wichtigen und ernsten Sachen zu beschäftigen“ und daher „in der Beurteilung von Vergehungen, die meist nur aus Leichtsinn, Unbedachtsamkeit oder jugendlichem Übermuthe hervorgegangen sind, oft nicht den richtigen Maßstab anlegen“ und zudem „durch die für Kinder nicht berechneten Formen des Verfahrens gebunden sind“[297]. Er kam daher zu dem Schluss, „daß ein angemessenes Verfahren wegen geringerer Vergehungen jugendlicher Personen und eine angemessene Ahndung derselben nicht anders zu erreichen ist, als wenn dieselben so viel als möglich den Händen der ordentlichen Gerichtshöfe entzogen, und dafür in die Hände von Behörden gelegt werden, die dabei mehr den Standpunkt der Erziehung als der strafenden Gerechtigkeit ins Auge zu fassen und praktisch durchzuführen im Stande sind“, wobei er die akademische Sondergerichtsbarkeit als mögliches Vorbild nannte[298].

Veranlasst durch den Beitrag von *v. Tippelskirch* entwarf sodann der Stadt-Schulrat *Alberti* 1858 einen Plan für eine „christliche Reform des Strafverfah-

294 *v. Tippelskirch*, Arch f. preuß. StrafR. 1856, 3 (25 ff.).

295 *v. Tippelskirch*, Arch f. preuß. StrafR. 1856, 3 (26).

296 *v. Tippelskirch*, Arch f. preuß. StrafR. 1856, 3 (26).

297 *v. Tippelskirch*, Arch f. preuß. StrafR. 1856, 3 (27).

298 „Wenn hiernach aber der Gesetzgeber gewisse Vergehungen der reiferen akademischen Jugend einer nachsichtigeren Beurtheilung und einer den Verhältnissen derselben entsprechenden Ahndung unterwirft, (…) so sollte man meinen, daß die übrige, in ihrer geistigen Entwickelung sehr viel weiter zurückstehende Jugend (…) zum mindesten eine gleiche Fürsorge zu beanspruchen berechtigt sein möchte“, vgl. *v. Tippelskirch*, Arch. f. preuß. StrafR. 1856, 3 (28).

rens gegen die Unmündigen im Preußischen Staate“[299] und übergab diesen dem Landtag zur Erwägung[300]. Auch letzterer war der Ansicht, dass das bestehende Verfahren gegen Unerwachsene (vor Vollendung der Schulzeit und Lehrzeit[301]) den Ansprüchen nicht genügte, „welche an ein solches unter den jetzigen Zivilisations-Verhältnissen zu stellen sind, weil der bei den jugendlichen Personen zu erstrebende, erziehende, bessernde Einfluß bei einer Bestrafung durch den fremden und deshalb fern stehenden Richter, und durch die jetzige ausschließliche Anwendung der Gefängnisstrafe gegen Unerwachsene ausgeschlossen erscheine“[302]. Er kritisierte die „Abstempelung“ der jungen Menschen zum Verbrecher durch das gerichtliche Verfahren und deren „Verderbung“ durch den Kontakt zu anderen Straftätern in den Gefängnissen[303]. Auch *Alberti* schlug daher vor, die Ahndung von Vergehen Unmündiger den ordentlichen Gerichten zu entziehen und das Verfahren solchen Behörden zu überlassen, die wie Eltern und Lehrer „vom Geiste der heiligenden Liebe getragen“ erziehend einwirken könnten[304]. So wollte er die Erziehung Organisationen überlassen, die nach dem Charakter einer Disziplinarbehörde analog dem Verfahren etwa in den Schulen ausgestaltet sein sollten[305]. Zu den Sitzungen der einzelnen Gremien sollten auch immer die Eltern oder Vormünder des Angeschuldigten geladen werden, damit ihnen ihre „Pflicht für das Seelenwohl ihrer Kinder zu sorgen und sie vor dem drohenden Verderben zu wahren“ verdeutlicht werden könne[306]. Das schließlich gefundene Urteil sollte sodann „in den nächsten Tagen feierlich der versammelten Schuljugend, in Gegenwart des Bestraften im Saale der Anstalt (…) angekündigt und damit eine ernst ermahnende und liebevoll verwarnende Ansprache verbunden“ werden[307].

Man war mittlerweile der Ansicht, dass es sich bei der Strafrechtspflege gegen junge Delinquenten „nicht blos um das Prinzip der Gerechtigkeit handelt,

---

299 *Alberti*, Christliche Reform des Strafverfahrens.

300 *Wilde*, Arch. f. preuß. StrafR. 1858, 433.

301 Junge Menschen, die bereits nach Ende der Schulzeit in einen Dienst eintraten oder als Arbeiter ihren Unterhalt verdienten, wollte er bis zum Alter von 18 Jahren den Gerichten ebenfalls zugunsten eines erziehenden Strafverfahrens entziehen, vgl. *Alberti*, Christliche Reform des Strafverfahrens, S. 23.

302 *Wilde*, Arch. f. preuß. StrafR. 1858, 433; *Alberti*, Christliche Reform des Strafverfahrens, S. 6 ff.

303 *Alberti*, Christliche Reform des Strafverfahrens, S. 9.

304 *Alberti*, Christliche Reform des Strafverfahrens, S. 11.

305 *Alberti*, Christliche Reform des Strafverfahrens, S. 12 ff.

306 *Alberti*, Christliche Reform des Strafverfahrens, S. 15.

307 Bei den Lehrlingen sollte das Urteil dagegen der Innung mitgeteilt werden, vgl. *Alberti*, Christliche Reform des Strafverfahrens, S. 16 f.

sondern es auch ganz besonders darauf ankommt, erziehend und bessernd durch eine dem jugendlichen Alter und der jugendlichen Anschauung entsprechende Strafart und Verfahrungsweise auf die Unerwachsenen einzuwirken, um sie davor zu bewahren, daß sie nicht in eine vollständig lasterhafte Bahn fallen“[308]. Auch die Tatsache, dass „für die erfolgreiche Durchführung eines Systems der Behandlung jugendlicher Übertreter das Bestehen von Vereinen, die für die zweckmäßigsten Maßregeln sorgen und mit denen sich die Gerichte in Verbindung setzen“, wesentlich sind, wurde bereits postuliert[309].

Auf Veranlassung einer Petition von *Alberti* mit den wesentlichen Anträgen, die jugendlichen Verbrecher den Richtern zu entziehen und stattdessen einzurichtenden Disziplinarbehörden zu überweisen, beschloss sodann auch das Herrenhaus im Frühjahr 1859, die Petition der königlichen Staatsregierung „zur Erwägung“ zu überweisen[310]. Da der Antrag zunächst jedoch nicht zu einer Gesetzesänderung führte, stellte *v. Kleist* im gleichen Jahr den Antrag an das Herrenhaus, „an die königliche Staatsregierung den Antrag zu richten, die Bestrafung der jugendlichen Verbrecher[311] in kürzester Frist auf gesetzlichem Wege anderweit zu regeln“[312]. Die Justiz-Kommission des Herrenhauses stimmte der Ansicht zu, „daß die jetzigen gesetzlichen Bestimmungen über Untersuchung und Bestrafung jugendlicher Verbrecher unbefriedigend sind“ und nahm den Antrag von *v. Kleist* an. Zu einer Änderung der Gesetzeslage kam es in der Folge jedoch nicht.

Mit der Behandlung Minderjähriger durch das Strafprozessrecht setzte sich daraufhin *Mittermaier* im November 1864 in seinem Aufsatz „Über die strafgerichtlichen Verhandlungen gegen Kinder“ auseinander[313]. In seinem Beitrag forderte *Mittermaier* vor allem die Einführung einer Grenze der absoluten Strafunmündigkeit – bis dato kam es weiterhin auf das „Unterscheidungsvermögen“ an – und hob besonders die Bedenken an gerichtlichen Verfahren gegen junge Menschen hervor. Er verwies erneut auf die Studien aus England zur Schädlichkeit öffentlicher Verhandlungen auf die Moralität der jungen

---

308 *Wilde*, Arch. f. preuß. StrafR. 1858, 433 (434).

309 *Mittermaier*, Arch. f. preuß. StrafR. 1859, 163 (179).

310 Vgl. den Bericht der Justiz-Kommission des Herrenhauses zum Antrag von *Kleist*, in: Arch. f. preuß. StrafR. 1859, 274 (275); dazu auch *Mittermaier*, Arch. f. preuß. StrafR. 1864, 721 ff.

311 Das waren nach dem Strafgesetzbuch solche, die das 16. Lebensjahr noch nicht vollendet hatten.

312 Vgl. den Antrag und den Bericht der Justiz-Kommission zum Antrag, in: Arch. f. preuß. StrafR. 1859, 274 ff.

313 *Mittermaier*, Arch. f. preuß. StrafR. 1864, 721.

Verbrecher und die Versuche von *v. Kleist* oder von *Alberti*, eine Veränderung im Umgang mit jungen Straftätern zu bewirken[314]. Die über deren Anträge beratende Kommission war sich weiterhin uneinig darüber, ob die Untersuchung dem Richter gänzlich zu entziehen und anderen (Disziplinar-)Behörden zu übertragen sei und welche Strafmittel und Anstalten für die Vollstreckung einzuführen seien. *Mittermaier* kritisierte die Möglichkeit, „Kinder im zarten Alter vor Gericht zu stellen" und dass es im Gesetz keine Regelungen zur notwendigen Verteidigung von jungen Menschen gab[315].

3. Die Entwicklungen ab 1865

Nachdem sich *Wilhelm I.* am 25. Februar 1861 nach einem Vorschlag der badischen Regierung und des hessischen Justizminister, eine gesamtpreußische Strafprozessordnung zu erarbeiten[316], „mit der Herbeiführung einer gemeinsamen deutschen Gesetzgebung auf dem Gebiet der StPO" einverstanden erklärte hatte, wurde sodann der „Entwurf einer Strafprozeß-Ordnung für den Preußischen Staat", der insbesondere an den Entwurf von 1851 anknüpfte, 1865 von der Gesetzgebungskommission vorgelegt, jedoch im Folgenden nicht umgesetzt[317].

Im Entwurf war in § 13 lit. c vorgesehen, dass die Verbrechen solcher Personen, welche zur Zeit der Tatbegehung das 16. Lebensjahr noch nicht vollendet hatten, grundsätzlich von den Strafkammern abzuurteilen waren. Gemäß § 216 Nr. 4 konnten unter anderem die Verwandten und der Vormund des Beschuldigten diesen als Beistand bzw. Vertreter vor Gericht verteidigen. Dies wurde in den Stellungnahmen zum Entwurf mit der Begründung begrüßt, es entspreche „dem Abhängigkeitsverhältnisse und den Folgen für diese Angehörigen, daß wenigstens bei der Hauptverhandlung der Vater, Ehemann und Vormund des niederjährigen Angeklagten zugezogen (...) werde[318]. Schließlich wurde wie im Gesetz von 1852 für die Verfahren vor dem Schwurgericht in § 331 vorgesehen, dass die Geschworenen bei Angeklagten, die zur Zeit der Tat das 16. Lebensjahr

314 Vgl. hierzu und zum folgenden Text *Mittermaier*, Arch. f. preuß. StrafR. 1864, 721 (725).

315 *Mittermaier*, Arch. f. preuß. StrafR. 1864, 721 (726).

316 *Schubert/Regge*, Gesetzesrevision, I. Abt., Bd. 1, S. XLIV; *Peters*, Strafverfahren, S. 106.

317 Vgl. *Schubert/Regge*, Gesetzesrevision, I. Abt., Bd. 1, S. XLIV, XLV.

318 Vgl. die Stellungnahme des Königlichen Appellationsgerichtes Naumburg zu E-1865, in: GStA PK, I. HA Rep. 84a, Nr. 8077; als Versehen wurde dagegen gewertet, dass vom Wortlaut auch Frauen erfasst waren, vgl. die Stellungnahme des Kreisgerichts Heilsberg zu E-1865, in: GStA PK, I. HA Rep. 84a. Nr. 8076.

noch nicht vollendet hatten, die Frage beantworten mussten, ob der Angeklagte bei der Tatbegehung mit Unterscheidungsvermögen gehandelt hat.

Nachdem 1866 zahlreiche weitere Gebiete zu Preußen hinzukamen, sollte sodann für diese eine neue Strafprozessordnung erlassen werden, was dazu führte, dass man den Entwurf von 1865 wieder aufgriff und schließlich 1867 die „Strafprozeß-Ordnung für die durch das Gesetz vom 20.9.1866 und die beiden Gesetze vom 24.12.1866 mit der Monarchie vereinigten Landestheile" verkündet wurden[319]. Änderungen ergaben sich gegenüber dem Entwurf von 1865 bezüglich der Behandlung junger Straftäter nicht.

Da die neue Strafprozessordnung nur für die neu mit Preußen vereinigten Landesteile galt, in der Rheinprovinz noch die sog. „Rheinische Strafprozessordnung" und in den alten Landesteilen noch die Verordnung von 1849 mit dem Zusatzgesetz von 1852 Anwendung fand, wobei auch noch einzelne Teile der Kriminalordnung von 1805 in Kraft waren, beruhte das preußische Strafprozessrecht vor Einführung der RStPO somit auf einem Potpourri an Gesetzestexten[320]. Damit blieb die Rechtsordnung weit hinter den Forderungen aus der Literatur zur Umgestaltung des Strafverfahrens gegen junge Menschen zurück.

ee) Zusammenfassung

In Preußen enthielten die Gesetzestexte und -entwürfe betreffend das Strafverfahren wie in Bayern zunächst weitestgehend nur solche Bestimmungen, welche die Beteiligung der Familienmitglieder und vor allem Erziehungsberechtigten der jungen Straftäter am Verfahren vorsahen. Auch dort war man der Ansicht, es entspreche „dem Abhängigkeitsverhältnisse und den Folgen für diese Angehörigen, daß wenigstens bei der Hauptverhandlung der Vater, Ehemann und Vormund des niederjährigen Angeklagten zugezogen (...) werde".

Vor allem im Rahmen behördlicher Verfügungen wird jedoch bereits im ersten Drittel des 19. Jahrhunderts ein steigendes Bewusstsein für die Sondersituation junger Menschen im Strafrecht deutlich erkennbar. So wurde nun auch auf den Schutz derer, die „wegen ihrer Jugend den Gang der Untersuchung, die Folgen der darin gemachten Äußerungen und die Gründe ihrer Verteidigung nicht kennen" abgestellt und mit Blick auf die von privaten Vereinen gegründeten Rettungshäuser eine Überweisung an bestehende Anstalten zur Erziehung und Besserung ermöglicht. Auch wenn davon noch primär Personen betroffen

---

319 Vgl. *Schubert/Regge*, Gesetzesrevision, I. Abt., Bd. 1, S. XLV.

320 *Frank*, Wiederaufnahme, S. 116 f.

waren, welche in der Gegenwart als Kinder zählen würden, erfassten etwa die Vorschriften für die polizeiliche Vernehmung Minderjährige bis zum vollendeten 25. Lebensjahr.

Ab der Mitte des Jahrhunderts kamen dann ausgehend von Schilderungen *Mittermaiers* über „die Untersuchung und Entscheidung gegen jugendliche Übertreter" in England in der Literatur vermehrt Forderungen nach einer Reform des Strafverfahrens gegen junge Delinquenten vor Vollendung der Schul- und Lehrzeit auf. Die Nachteile der langen und öffentlichen Verfahren – teilweise vor Geschworenengerichten – und der Untersuchungshaft und die Möglichkeit, von Strafe abzusehen, wurden zu dieser Zeit bereits diskutiert. Vorgeschlagen wurde ebenfalls schon, jedenfalls die Verfahren wegen leichterer Vergehen der jungen Menschen den ordentlichen Gerichten zu entziehen und besonderen, hierfür geeigneten Gremien zu übertragen. Erzieherische Gesichtspunkte rückten so immer mehr in den Vordergrund.

Auf die Gesetzgebung hatte dies allerdings nur insofern Auswirkungen, als anerkannt wurde, dass die feierlichen Verhandlungen vor dem Schwurgerichtshof bei jungen Straftätern unpassend waren. In Preußen schaffte man es im Übrigen jedoch bis zuletzt nicht, ein einheitliches Strafprozessrecht festzuschreiben, sodass vor der Reichsgründung abgesehen von den einzelnen behördlichen Verfügungen die Gesetzeslage im Hinblick auf die Behandlung junger Delinquenten im Strafverfahren im Vergleich zum Beginn des Jahrhunderts fast unverändert geblieben war.

c) Baden

In Baden war die 1771 aus Baden-Baden und Baden-Durlach hervorgegangene Markgrafschaft durch den Reichsdeputationshauptschluss 1803 erweitert worden, sodass dem Markgrafen *Karl Friedrich* nunmehr die Kurwürde zustand[321]. Die Regierung musste die neu hinzugekommenen Gebiete, welche das ursprüngliche Landesgebiet mehr als vervierfacht hatten, daher in die staatlichen Strukturen eingliedern, wobei beabsichtigt war, auch die Rechtsverhältnisse in den hinzugekommenen Gebieten zu berücksichtigen[322]. Die daraufhin eingeleiteten Reformen umfassten auch das Edikt über die Verwaltung der Strafgerechtigkeitspflege (= Strafedikt) des Geheimen Rats *Brauer*

---

321 *Kotulla*, Verfassungsrecht, S. 369 f.

322 *Kotulla*, Verfassungsrecht, S. 369 f.

vom 4. April 1803 als achtes Edikt der Kurfürstlich-Badischen-Landes-Organisation von 1803[323].

Echte prozessuale Gewährleistungen für junge Straftäter enthielt das Strafedikt nicht[324]. Es sollte lediglich ein „provisorisches Normativ" darstellen und nur einzelne Änderungen der Carolina enthalten[325]. Gemäß § 80 sollten junge Diebe bis zum Alter von 14 Jahren nur polizeilich nach dem Erfordernis ihrer Besserung gezüchtigt werden. Ab dem vollendeten 14. Lebensjahr sollten die Diebe keine Strafmilderung mehr erhalten, wobei sie jedoch bis zu einem Alter von 18 Jahren in geeigneten Fällen vom Richter zur Gnade empfohlen werden konnten[326].

aa) Reformbestrebungen bis 1845

Nachdem es ab 1819 immer wieder zu Konflikten zwischen der liberal dominierten Zweiten Kammer des badischen Landtags und der Regierung kam, woraufhin letztere wiederholt Wahlbeeinflussungen vornahm, um den Landtag mit regierungsfreundlich eingestellten Mandatsträgern zu besetzen, änderte *Leopold*, dem am 30. März 1830 die Großherzogwürde zugefallen war, den politischen Kurs in Baden[327]. Dieser wollte das Volk durch eine liberale Politik wieder stärker an die Dynastie binden und entließ die konservativen Minister 1831, woraufhin es mit einer neu gewählten und mehrheitlich liberal besetzten Zweiten Kammer des Landtags gelang, die Zensur der Veröffentlichung des innenpolitischen Geschehens und reaktionäre Verfassungsänderungen aus dem Jahr 1825 aufzuheben[328]. Die Reste der Folter und der Reinigungseid wurden im November 1831 abgeschafft und im Dezember führte man für „Preßsachen" ein öffentliches und mündliches Strafverfahren unter Beteiligung von Staatsanwaltschaften ein[329].

---

323 *Kotulla*, Verfassungsrecht, S. 370 ff.

324 Das Strafedikt ist nebst Einleitung abgedruckt in: *Rhenanus*, Straf-Edikt.

325 Vgl. die Einleitung zum Strafedikt, S. 3.

326 Symbolisch für die Stellung der Kinder gegenüber ihren Eltern steht auch § 45, welcher bestimmte, dass Schmähungen in der Regel nicht strafrechtlich, sondern nur zivilrechtlich verfolgt würden, bei Schmähungen von Kindern gegenüber ihren Eltern aber eine Ausnahme machte und neben einer Strafe bis zu einem halben Jahr Zuchthaus anordnete, dass das Kind die Eltern „auf den Knieen Abbitte zu thun angehalten werden muß".

327 *Kotulla*, Verfassungsrecht, S. 409 ff.

328 *Gebhardt*, Handbuch, S. 442 f.; *Kotulla*, Verfassungsrecht, S. 414 f.

329 *Frank*, Wiederaufnahme, S. 58.

1. Der Entwurf von 1835

1834 wurde schließlich eine Kommission von der Regierung beauftragt, einen Entwurf für ein Gesetz über die Gerichtsverfassung und das Strafverfahren zu erarbeiten[330]. Der „Entwurf der Strafproceßordnung für das Großherzogthum Baden“, der von *Mittermaier* erarbeitet wurde, wurde 1835 vorgelegt[331]. In diesem wurden das Anklageprinzip, der Öffentlichkeits- und der Mündlichkeitsgrundsatz festgeschrieben, jedoch weiterhin bewusst auf Geschworenengerichte verzichtet[332]. Zudem erlangte die richterliche Überzeugung größere Bedeutung, indem die bisherige gesetzliche Beweistheorie überholt wurde[333].

Die Vorschriften, die Auswirkungen auf das Verfahren gegen junge Delinquenten hatten, sahen alle samt eine Einbeziehung der Familie des Angeklagten in das Verfahren vor, wogegen darüber hinausgehende Regelungen, die sich auf die jungen Menschen selbst bezogen hätten, nicht vorhanden waren. So konnten gemäß § 506 des Entwurfs aus den gleichen Gründen, aus denen der Verurteilte die Wiederaufnahme des Strafverfahrens fordern konnte, unter anderem auch dessen Eltern, Pflegeeltern, Ehegatte und Geschwister um Wiederaufnahme ersuchen. Allerdings mussten diese „in einer vom Gericht zu bestimmenden Frist die Zustimmung des Verurtheilten zur Verfolgung des Rechtsmittels“ nachweisen, wogegen ihnen laut § 507 nach dessen Tod das Recht, „die Wiederaufnahme nachzusuchen“, selbst zustand. Im Verfahren gegen Abwesende konnten nach § 614 Verwandte, Freunde oder Bevollmächtigte des Angeklagten dessen Abwesenheit entschuldigen, wobei gemäß § 630b unter anderem die Eltern, Pflegeeltern oder Geschwister nach dem Tod des Verurteilten auch gegen ein in dessen Abwesenheit gefälltes Urteil Wiederaufnahme des Verfahrens gemäß § 507 verlangen konnten.

---

330 *Mittermaier*, Mündlichkeit, S. 131.

331 So die Begründung des E-1862 in: Verhandlungen der Zweiten Kammer 1861/63, Beilagen-Band 4,2, S. 897; *Mittermaier*, Mündlichkeit, S. 131, Fn. 1.

332 *Mittermaier*, Mündlichkeit, S. 131 f.

333 Für *Mittermaier* war der Entwurf keine Übertragung des französischen Strafprozessrechts, sondern die Arbeit eigenständiger Gesetzgebung, wobei sich bei der Gesetzgebung die Vorschriften der anderen Länder zum Vorbild genommen worden seien, vgl. *Mittermaier*, Mündlichkeit, S. 131 f.

2. Die Strafprozessordnung vom 6. März 1845

Der Entwurf von 1835 gelangte jedoch nicht an die Stände[334]. Aufgrund der politischen Entwicklungen im Land dauerte es vielmehr bis 1845, bis schließlich eine neue Strafprozessordnung in Baden eingeführt wurde[335]. Zuvor hatte der konservative *v. Blittersdorf*, welcher dem bisherigen Außenminister *Türkheim* 1835 nachgefolgt war, die Führung der Regierung übernommen und die liberale Opposition in Baden mit allen Mitteln bekämpft[336]. Die Spannungen hatten 1842 zu Neuwahlen geführt, bei denen die liberalen Kräfte trotz erneuten Wahlbeeinflussungen der Regierung die Mehrheit in der Zweiten Kammer des Landtags erhalten hatten[337]. Nachdem *v. Blittersdorf* im Oktober 1843 zurückgetreten war und *Böckh* die Führung der Regierung innehatte, kamen schlussendlich eine neue Strafprozessordnung und ein neues Gerichtsverfassungsgesetz für Baden zustande[338].

Die neue „Strafproceßordnung für das Großherzogthum Baden"[339], die am 6. März 1845 verkündet wurde, orientierte sich in weiten Teilen an dem Entwurf von 1835[340]. Gemäß dem zeitgleich mit der Strafprozessordnung verkündeten Strafgesetzbuch konnten Kinder bis zum Alter von 12 Jahren nicht bestraft werden, sondern waren „der häuslichen Züchtigung zu überlassen" (§ 78), während bei Minderjährigen (unter 21 Jahren)[341] vom 12. bis zum 16. Lebensjahr die Strafe zu mildern war (§ 79)[342].

In der Strafprozessordnung waren wiederum nur solche (rudimentären) Regelungen enthalten, die die Familienmitglieder des Angeklagten in das Verfahren einbezogen, wobei man diese nicht für rechtfertigungsbedürftig hielt. So fand sich schon in den Motiven zum Entwurf[343] keinerlei Begründung der betref-

---

334 Vgl. die Begründung des E-1862 in: Verhandlungen der Zweiten Kammer 1861/63, Beilagen-Band 4,2, S. 897.

335 Vgl. *Frank*, Wiederaufnahme, S. 63.

336 *Kotulla*, Verfassungsrecht, S. 416 f.

337 *Kotulla*, Verfassungsrecht, S. 417 f.

338 *Kotulla*, Verfassungsrecht, S. 418 f.

339 Abgedruckt in: *Haeberlin*, Strafproceßordnungen, S. 370–421.

340 Ausführlich zu den Unterschieden des dem Gesetz zugrunde liegenden Entwurfs von 4. September 1843 gegenüber dem E-1835 *Mittermaier*, Mündlichkeit, S. 138 ff.

341 Vgl. § 488 des Land-Rechts für das Großherzogthum Baden.

342 § 80 des „Strafgesetzbuches für das Großherzogthum Baden" vom 6. März 1845 untersagte zudem die Todesstrafe gegen Personen, die das 18. Lebensjahr noch nicht vollendet haben.

343 Entwurf einer Strafproceß-Ordnung für das Großherzogthum Baden, samt Motiven, abgedruckt in: Verhandlungen Zweiten Kammer 1843/45, 9. Beilagenheft, S. 45 ff.

fenden Vorschriften. Gemäß § 277 konnten Vormünder, Ehegatten, Verwandte in auf- und absteigender Linie und Geschwister des Angeschuldigten für diesen Rechtsmittel einlegen, die Eltern und Vormünder des Angeschuldigten sogar gegen dessen Willen, sofern er minderjährig war. § 318 bestimmte für die öffentliche Vorladung beim Verfahren gegen Abwesende, dass diese unter anderem auch dem Vormund, Ehegatten oder einem der nächsten Verwandten des Angeklagten besonders eröffnet werden sollte, welcher sodann einen Verteidiger für den Angeklagten bestellen und dessen Abwesenheit entschuldigen konnte. Für die Bekanntmachung einer etwaigen Verurteilung sah § 319 das gleiche Vorgehen wie § 318 vor. Wie in den anderen Partikularstaaten ging man hier offensichtlich von einem natürlichen Verteidigungsrecht der Familienmitglieder für den Angeklagten aus und berücksichtigte das Erziehungsrecht der Eltern bzw. Vormünder im Strafverfahren, während die Auswirkungen des Verfahrens auf die jungen Menschen selbst nicht thematisiert wurden.

bb) Entwicklungen nach 1845

Das Gesetz vom 6. März 1845 kam zunächst jedoch nicht zur Anwendung, weil man bei der Verkündung auf die Bekanntgabe eines Datums, ab dem das Gesetz gelten sollte, verzichtet hatte, um ausreichend Zeit für notwendige Vorbereitungen für die Umsetzung der neuen Vorschriften zu haben[344]. Darunter fielen insbesondere die entsprechenden Änderungen des Gerichtverfassungsgesetzes, welche aufgrund der Haltung der Regierung zu den Geschworenengerichten zunächst jedoch nicht durchgeführt werden konnten[345]. Als sich die Nachricht von der Revolution in Frankreich im Februar 1848 verbreitete, änderte sich die Lage schließlich und in der Folge kam es auch in Baden zu Unmut und gewaltsamen Unruhen[346].

Wie in Bayern und Preußen entstanden Forderungen nach einer Reformgesetzgebung, worunter insbesondere die Forderung nach der Einführung von Geschworenengerichten fiel[347]. Nachdem der Großherzog eine neue Regierung gebildet hatte, welche aus liberalen Parteiführern bestand, wurde auf Ersuchen der Zweiten Kammer 1848 ein Gesetzesentwurf zur Einführung von Geschwo-

---

344 *Frank*, Wiederaufnahme, S. 78.

345 *Frank*, Wiederaufnahme, S. 78.

346 *Kotulla*, Verfassungsrecht, S. 419.

347 *Krieter*, Beweiswürdigung, S. 34.

renengerichten erarbeitet[348]. Die damit ebenfalls notwendige Überarbeitung des Strafprozessrechts konnte aufgrund des großen zeitlichen Drucks durch das Volk nicht erfolgen, sodass zunächst lediglich das Schwurgerichtsgesetz an die Vorschriften der Strafprozessordnung von 1845 angeglichen und einzelne Vorschriften der Strafprozessordnung, insbesondere zum Beweisrecht, geändert wurden[349]. Am 14. Oktober beschloss die Zweite Kammer des Landtags die finale Gesetzesfassung, welche am 17. Februar 1849 als Gesetz verkündet wurde[350]. Sowohl im Entwurf vom 13. Mai 1848 als auch im neuen Gesetz fanden sich keine Vorschriften das Strafverfahren gegen junge Menschen betreffend, was seine Ursache wohl vor allem darin hatte, dass aufgrund des großen Drucks durch das Volk zunächst nur punktuelle Änderungen erfolgten und der Fokus zu dieser Zeit wie in Bayern und Preußen vor allem auf der Modernisierung des Strafprozesses mit öffentlichen und mündlichen Verfahren und Geschworenengerichten lag.

1. Der Entwurf einer revidierten Strafprozessordnung von 1849

Als kurz darauf jedoch Forderungen nach einem einheitlichen Gesetz zur Regelung des Strafverfahrens laut wurden, wurde bereits am 22. März 1849 ein „Entwurf einer revidierten Strafprozessordnung für das Großherzogtum Baden“[351] veröffentlicht, nach welchem die Gesetzesfassung von 1845 und das Gesetz vom 17. Februar 1849 aufgehoben werden und durch die Strafprozessordnung in neuer Fassung ersetzt werden sollten[352].

---

348 Vgl. hierzu den Commissions-Bericht *Mittermaiers* vom 21. Juli 1848, abgedruckt in: Verhandlungen der Zweiten Kammer 1847/48, 7. Beilagenheft, S. 385 f. und *Frank*, Wiederaufnahme, S. 79; der Entwurf ist abgedruckt in: Verhandlungen der Zweiten Kammer 1847/48, 7. Beilagenheft, S. 245 ff.

349 Vgl. auch die Motive zu §39 im E-1848, abgedruckt in: Verhandlungen der Zweiten Kammer 1847/48, 7. Beilagenheft, S. 258 und den Commissions-Bericht vom 21. Juli 1848, abgedruckt in: Verhandlungen der Zweiten Kammer 1847/48, 7. Beilagenheft, S. 385.

350 Das Gesetz ist abgedruckt in der Beilage Nr. 4 zum Protokoll der 81. Sitzung vom 14. Oktober 1848, in: Verhandlungen der Zweiten Kammer 1847/49, 6. Protokollheft, S. 297 ff.

351 Ohne Motive abgedruckt in: Verhandlungen der Zweiten Kammer 1847/49, 10. Beilagenheft, S. 1 ff.

352 Vgl. Art. 1 des Gesetzesentwurfs vom 22. und 26. März 1849, abgedruckt in: Verhandlungen der Zweiten Kammer 1847/49, 10. Beilagenheft, S. 51 und den Commissions-Bericht des Abgeordneten *v. Stockhorn*, abgedruckt in: Verhandlungen der Zweiten Kammer 1847/49, 10. Beilagenheft, S. 65.

Weiterhin enthielten die einzigen Regelungen mit Relevanz für das Verfahren gegen junge Delinquenten die Möglichkeit der Beteiligung der Familienmitglieder des Angeklagten am Verfahren. So sah § 286 wiederum die Möglichkeit für Vormünder, Ehegatten, Verwandte in auf- und absteigender Linie und Geschwister des Angeklagten vor, Rechtsmittel für diesen zu ergreifen, wobei die Eltern oder Vormünder dies im Falle der Minderjährigkeit weiterhin auch gegen den Willen des Angeklagten tun konnten. Aus § 318 ergab sich, dass die in § 286 bezeichneten Personen die Wiederaufnahme des Verfahrens beantragen und gegen die Entscheidung hierauf Beschwerde einlegen konnten. § 329 normierte wie schon die Gesetze und Entwürfe zuvor die Pflicht im Verfahren gegen Abwesende, die öffentliche Vorladung auch dem Vormund, Ehegatten oder einem der nächsten Verwandten des Angeklagten zuzustellen, welcher für diesen einen Verteidiger bestellen und seine Abwesenheit entschuldigen konnte.

2. Das Gesetz von 1851

Der Entwurf erlangte jedoch aufgrund politischer Umstände keine Geltung, da am 12. Mai 1849 ein Aufstand in Baden ausbrach, welcher den Großherzog und die Regierung in das Exil zwang[353]. Nach dem Scheitern der Revolution dauerte es bis Anfang 1850, bis Ersatz- und Ergänzungswahlen stattfanden, woraufhin die Zweite Kammer am 6. März 1850 wieder zusammentrat[354]. Im Februar 1851 wurde schließlich das Gesetz „die Einführung des Strafgesetzbuches, des neuen Strafverfahrens und die Schwurgerichte betreffend"[355] verkündet, nachdem den Kammern noch 1850 entsprechende Entwürfe vorgelegt worden waren[356]. Das Strafprozessrecht wurde damit jedoch nur teilweise erneuert und im Übrigen wurde die Strafprozessordnung von 1845 wirksam[357].

Im neuen Gesetz bestimmte § 133 als einzige Vorschrift betreffend das Verfahren gegen junge Menschen, dass für Verfahren gegen Abwesende, welche sich zur hofgerichtlichen Aburteilung eigneten, ein Verteidiger für den Abwesenden bestellt werden konnte, sofern ein solcher nicht bereits von den Verwandten oder dem Vormund des Angeschuldigten bestellt worden war.

---

353 *Kotulla*, Verfassungsrecht, S. 424; *Krieter*, Beweiswürdigung, S. 36 f.

354 *Kotulla*, Verfassungsrecht, S. 431 f.

355 Abgedruckt in: *Haeberlin*, Strafproceßordnungen, S. 422–446.

356 Vgl. die Begründung zu E-1863, abgedruckt in: Verhandlungen der Zweiten Kammer 1861/63, Beilagenband 4,2, S. 897; *Frank*, Wiederaufnahme, S. 82.

357 Vgl. die Begründung zu E-1863, in: Verhandlungen der Zweiten Kammer 1861/63, Beilagenband 4,2, S. 897.

3. Der Entwurf von 1863 und das Gesetz von 1864

Da jedoch auch dieses Gesetz schnell als unbefriedigende Regelung empfunden wurde und zudem ein neues Gerichtsverfassungsgesetz eingeführt werden sollte, erarbeitete man bald einen neuen Entwurf einer Strafprozessordnung[358], welcher am 10. Februar 1863 vorgelegt wurde und schließlich am 18. März 1864 als Gesetz in Kraft trat[359].

Eine Weiterentwicklung der Vorschriften zum Verfahren gegen junge Straftäter enthielt auch die neue Strafprozessordnung gegenüber den vorherigen Entwürfen und Gesetzestexten nicht.

So eröffnete § 374 die Möglichkeit unter anderem für die Vormünder, Verwandten in auf- und absteigender Linie und Geschwister des Verurteilten, Rechtsmittel für diesen einzulegen, im Falle der Minderjährigkeit (unter 21 Jahren) des Verurteilten auch gegen dessen Willen. Parallel dazu bestimmte § 193, dass auch derjenige, welcher kraft elterlicher oder vormundschaftlicher Gewalt den Angeschuldigten zu vertreten hatte, für diesen einen Verteidiger bestellen konnte, wobei insofern ebenfalls eine Bestellung gegen den ausdrücklichen Willen eines Minderjährigen erfolgen konnte. Für das Kontumazialverfahren normierte § 353 Abs. 2, dass das gegen einen abwesenden Angeklagten ergangene Erkenntnis einem etwaigen Bevollmächtigten oder einem Familienangehörigen des Angeschuldigten eröffnet werden musste. Gegen dieses konnten gemäß § 353 Abs. 3 unter anderem Vormünder, Verwandte in auf- und absteigender Linie und Geschwister des Anschuldigten Beschwerde einlegen. Nach § 357 konnte schließlich diese Personen auch die Aussetzung des Verfahrens beantragen, wenn die Abwesenheit des Angeschuldigten genügend entschuldigt werden konnte.

cc) Zusammenfassung

In Baden lässt sich für die Zeitspanne vom Beginn des 19. Jahrhunderts bis zur Reichsgründung eine echte Entwicklung im Umgang mit jungen Menschen im Strafverfahren nicht ausmachen. In den Entwürfen und Gesetzestexten spiegelte sich das in der Gesellschaft entstehende Verständnis für die Besonderheiten der Kindheits- und Jugendphase noch nicht wider. Die einzigen Regelungen,

---

358 Der Entwurf ist abgedruckt in: Verhandlungen der Zweiten Kammer 1861/63, Beilagenband 4,2, S. 806 ff.

359 Vgl. die Begründung des E-1863, abgedruckt in: Verhandlungen der Zweiten Kammer 1861/63, Beilagenband 4,2, S. 897; *Frank*, Wiederaufnahme, S. 84.

die eine Auswirkung auf das Verfahren gegen junge Delinquenten hatten, dienten durchgehend der Beteiligung der Familienmitglieder des Angeklagten an dessen Verfahren. Diese konnten insbesondere Rechtsmittel zugunsten des Angeklagten einlegen oder einen Verteidiger für diesen bestellen, wobei dies bei Minderjährigen bis zur Vollendung des 21. Lebensjahres auch 1864 noch gegen deren ausdrücklichen Willen geschehen konnte.

Anhaltspunkte für ein wachsendes staatliches Bewusstsein im Hinblick auf die Auswirkungen des Strafverfahrens auf die jungen Menschen selbst lassen sich – anders als in Bayern und Preußen – in Baden nicht finden. Zu berücksichtigen ist aber, dass die letzte Prozessordnung in Baden vor der Reichsgründung auf einem Entwurf aus dem Jahr 1863 beruht, als man auch in Bayern und Preußen noch keine wesentlichen über die Beteiligung der Familienmitglieder am Verfahren hinausgehenden Bestimmungen in die Gesetzestexte aufgenommen hatte. Zu dieser Zeit war man gerade erst dabei, die Jugendphase gesamtgesellschaftlich zu „entdecken".

d) Die prozessuale Stellung junger Straftäter in weiteren Partikularstaaten

Im Wesentlichen handelte es sich bei den Bestimmungen mit Auswirkungen auf das Verfahren gegen junge Menschen im 19. Jahrhundert auch in den weiteren deutschen Partikularstaaten um weitestgehend ähnliche Regelungen. Die Vorschriften bezogen größtenteils die Familie und insbesondere die Erziehungsberechtigten des Angeklagten in das Verfahren ein, da man von einem „natürlichen Verteidigungsrecht" der Familienmitglieder füreinander ausging[360].

So fand sich z.B. vielerorts das Recht der Eltern, Vormünder und nahen Verwandten des Angeklagten, Rechtsmittel für diesen einzulegen[361]. Teilweise wurde die Regelung sogar dahingehend ergänzt, dass die Rechtsmittel auch gegen den Willen des Angeklagten eingelegt werden konnten, solange dieser

360 So z.B. die Begründung einer entsprechenden Regelung in Sachsen, vgl. die Motive zum „Entwurf einer Straf-Proceß-Ordnung für das Königreich Sachsen" 1853, S. 173.

361 So etwa in Hannover in § 169 Abs. 3 der „Strafprocessordnung für das Königreich Hannover vom 8. November 1850" und in § 175 Abs. 3 der „Revidierten Strafprocess-Ordnung vom 5. April 1859", in Sachsen in Art. 97 im „Entwurf einer Straf-Proceß-Ordnung für das Königreich Sachsen" 1853, in Art. 101 der „Strafprocess-Ordnung für das Königreich Sachsen vom 11. August 1855" und in Art. 101 der „Revidierten Strafprozeßordnung für das Königreich Sachsen" von 1868 und in Württemberg in Art. 459 der „Strafprocess-Ordnung vom 22. Juni 1843".

eine gewisse Altersgrenze nicht überschritten hatte[362]. Selbiges galt in einigen Partikularstaaten auch bezüglich der Bestellung eines Verteidigers für den Angeklagten durch dessen Familienangehörige[363]. Verbreitet waren zudem Regelungen zum sog. Kontumazialverfahren, wonach die öffentliche Vorladung etwa auch dem Vormund oder einem der nahen Verwandten des Angeklagten zuzustellen war[364]. Diese konnten dessen Abwesenheit dann entschuldigen[365], bzw. einen Verteidiger für den Abwesenden bestellen[366]. Vereinzelt fand sich zudem für die gesetzlichen Vertreter die Möglichkeit, die Wiederaufnahme des Verfahrens zu beantragen, teilweise sogar nach dem Tode des Angeklagten[367].

Das wachsende Bewusstsein für die Sondersituation junger Menschen im Strafverfahren wurde neben Bayern und Preußen aber auch in weiteren Partikularstaaten vor allem ab der Mitte des 19. Jahrhunderts schon vereinzelt sichtbar.

So war in Bezug auf entsprechende Regelungen in den Strafgesetzbüchern in einigen Partikularstaaten von den neu eingeführten Geschworenengerichten bei Angeklagten unter 16 Jahren die Frage zu beantworten, ob diese mit „Unter-

---

362 Dies war z.B. in Österreich in §§ 354 und 376 der „Strafproceß-Ordnung vom 17. Jänner 1850“, in § 300c der „Strafprocess-Ordnung für das Kaiserthum Österreich vom 29. Juli 1853“ und in §§ 282, 465 der „Strafproceß-Ordnung vom 23. Mai 1873“, sowie in Württemberg in Art. 376, 405 und 406 der „Strafprocessordnung vom 22. Juni 1843“ und in Art. 485 der „Strafproceßordnung für das Königreich Württemberg“ vom 26. Mai 1868 der Fall.

363 Siehe hierzu in Kurhessen § 59 im „Gesetz vom 28. Oktober 1863 das Strafverfahren betreffend“, in Österreich § 39 der „Strafproceß-Ordnung vom 23. Mai 1873“ und in Württemberg Art. 252 der „Strafprocess-Ordnung vom 22. Juni 1843“, Art. 25 des Gesetzes über das Verfahren in Strafsachen, welche vor die Schwurgerichtshöfe gehören, vom 14. August 1849 und Art. 205 der „Strafproceßordnung für das Königreich Württemberg“ vom 26. Mai 1868.

364 Eine solche Pflicht existierte etwa in Österreich in § 424 der Strafproceß-Ordnung vom 23. Mai 1873.

365 Vgl. etwa in Hessen (Großherzogtum) Art. 219 im „Gesetz vom 28. October 1848 die Einführung des mündlichen und öffentlichen Strafverfahrens mit Schwurgericht in den Provinzen Starkenburg und Oberhessen betreffend“ und Art. 393 im „Entwurf einer Strafprocess-Ordnung von 1860“.

366 So z.B. in Kurhessen in § 219 im „Gesetz vom 28. Oktober 1863 das Strafverfahren betreffend“ und in Österreich in § 427 der „Strafproceß-Ordnung vom 17. Jänner 1850“ und in § 387 der „Strafprocess-Ordnung für das Kaiserthum Österreich vom 29. Juli 1853“.

367 Siehe hierzu z.B. in Württemberg Art. 416 Abs. 2 der „Strafprocess-Ordnung vom 22. Juni 1843“ und in Braunschweig § 174 der „Strafprocessordnung vom 22. August 1849“.

scheidungsvermögen" gehandelt haben[368], wodurch die Person des jungen Straftäters bereits stärker in den Blick genommen wurde. Dabei fanden sich auch verschiedene Normierungen, welche im Wesentlichen darauf abzielten, die Verfahren gegen Personen unter einer Altersgrenze von typischerweise 16 Jahren von den Schwurgerichten fernzuhalten und diese an Gerichte niederer Ordnung ohne Beteiligung von Geschworenen zu verweisen[369].

In Württemberg führte man mit der „Strafproceßordnung für das Königreich Württemberg" vom 26. Mai 1868[370] in den Art. 207 Nr. 1 lit. c und Art. 450 Nr. 1 für Verfahren gegen Angeklagte unter 16 Jahren vor dem Kassationshof, dem Schwurgericht und der Strafkammer des Kreisgerichts, sogar noch vor 1870 die notwendige Verteidigung ein. Dort war man der Ansicht, dass „die besondere Schutzbedürftigkeit eines so jugendlichen Beschuldigten sich in gleichem Maße von selbst ergibt" und berücksichtigte die Tatsache, „daß ein, sei es wegen seiner Persönlichkeit oder wegen der Schwierigkeit des Falls der Aufgabe, sich selbst zu vertheidigen, augenscheinlich nicht Gewachsener, unter schwerer Anklage Stehender, nicht hilflos einem wohlgerüsteten öffentlichen Ankläger gegenübergestellt" werden sollte[371].

Auch in Österreich dachte man fortschrittlich, indem man in § 164 der „Strafprocess-Ordnung für das Kaiserthum Österreich vom 29. Juli 1853"[372] und in § 184 der „Strafproceß-Ordnung vom 23. Mai 1873"[373] für die Untersuchungshaft normierte, dass ungeübte oder jugendliche Verbrecher nicht mit geübten

---

368 Dies war etwa in Hessen (Großherzogtum) in Art. 169 im „Gesetz vom 28. October 1848 die Einführung des mündlichen und öffentlichen Strafverfahrens mit Schwurgericht in den Provinzen Starkenburg und Oberhessen betreffend" und in Art. 354 im „Entwurf einer Strafprocess-Ordnung von 1860" und in Oldenburg in Art. 167 im „Entwurf eines Gesetzes über das Schwur-Gericht von 1850" vorgesehen.

369 Vgl. hierzu in Hessen (Großherzogtum) Art. 6 im „Gesetz vom 27. März 1852, das öffentliche und mündliche Verfahren bei den vor die Provinzial-Strafgerichte gehörigen Sachen in den Provinzen Starkenburg und Oberhessen betreffend" und Art. 19 im „Entwurf einer Strafprocess-Ordnung von 1860", in Nassau § 1 Abs. 2 im „Gesetz vom 16. Juli 1853" und in Österreich das Einführungspatent, Art. IX B. Nr. 1 der „Strafproceß-Ordnung vom 17. Jänner 1850".

370 Abgedruckt in: Regierungsblatt für das Königreich Württemberg, 26. Mai 1868, S. 205 ff.

371 Vgl. den Bericht der Abtheilung der Justizgesetzgebungskommission der Kammer der Abgeordneten über Strafprozeß, betreffend den Entwurf einer Strafprozeßordnung für das Königreich Württemberg von 1867, in: Verhandlungen der Württembergischen Kammer der Abgeordneten auf dem Landtag 1866/68, Beilagenband 1, Abtheilung 1, S. 493.

372 Abgedruckt in: *Sundelin*, Sammlung, S. 3 ff.

373 Abgedruckt in: Reichsgesetzblatt für die im Reichsrathe vertretenen Königreiche und Länder, XLII. S. 400 ff.

oder erwachsenen zusammen in der Haft untergebracht werden sollten[374]. Einige besondere Bestimmungen fanden sich schließlich in Sachsen, wo es Personen unter 18 Jahren gestattet war, in eine nicht öffentliche Verhandlung den gesetzlichen Vertreter sowie einen oder mehrere Verwandte und Freunde mitzubringen[375], zur Führung der Verteidigung auch Angehörige des Angeschuldigten – insbesondere Vormünder, Pflegeeltern und Wahleltern – zum Worte zugelassen werden konnten und der gesetzliche Vertreter des Angeschuldigten nicht das von diesem eingelegte Rechtsmittel zurücknehmen durfte[376].

e) Fazit

Die dargestellte Entwicklung im Verständnis von den besonderen Altersphasen der Kindheit und Jugend spiegelte sich damit im Wesentlichen auch in den strafprozessualen Regelungen der deutschen Partikularstaaten des 19. Jahrhunderts wider. Während am Ende des 18. Jahrhunderts noch kein gesamtheitliches Bewusstsein für den eigenständigen Wert dieser Entwicklungsperiode auf dem Weg zum Erwachsensein in den strafprozessualen Vorschriften erkennbar war, vollzog sich im Laufe des 19. Jahrhunderts, geprägt durch die Gedanken der Aufklärung und die Folgen des Liberalismus sowie vor allem der Industrialisierung ein Wandel im staatlichen Umgang gegenüber Familien und deren straffälligen Kindern auch im Strafverfahren.

Die Strafprozessordnungen, die in den Partikularstaaten im Verlaufe des Jahrhunderts geschaffen wurden, enthielten vielfach ähnliche Normierungen, die vor allem eine Beteiligung der Erziehungsberechtigten und sonstiger Familienmitglieder am Verfahren vorsahen. Aufgrund der liberalistischen Grundeinstellung hielt sich der Staat zunächst vor tieferen Eingriffen in das elterliche Erziehungsrecht zurück und beabsichtigte insbesondere den Schutz der familiären Verhältnisse. Bereits Mitte der 1820er Jahre wurde jedoch in Preußen im

---

374 Ähnliche Bestimmungen, die sich aber nur auf geübte und ungeübte Verbrecher bezogen, fanden sich in Württemberg in Art. 186 der „Strafprocess-Ordnung vom 22. Juni 1843“ und Art. 106 der „Strafproceßordnung für das Königreich Württemberg“ vom 26. Mai 1868.

375 So wollte man verhindern, dass „die jugendlichen Personen (…) nur in Gegenwart ihnen fremder Männer bezüglich über ihr sittliches Gefühl nahe berührende Umstände befragt würden“, vgl. die Motive zum „Entwurf einer Straf-Proceß-Ordnung für das Königreich Sachsen“ 1853, S. 160 f.

376 Vgl. Art. 6 Abs. 5, 29 und 98 Abs. 4 im „Entwurf einer Straf-Proceß-Ordnung für das Königreich Sachsen“ 1853, Art. 6 Abs. 5, 41 und 102 Abs. 3 der „Strafprocess-Ordnung für das Königreich Sachsen vom 11. August 1855“ und Art. 6 Abs. 5, 41a und 102 der „Revidierten Strafprozeßordnung für das Königreich Sachsen“ 1868.

Rahmen von behördlichen Verfügungen auch schon die besondere Schutzbedürftigkeit junger Menschen im Strafverfahren postuliert und der Vorteil einer erzieherischen Einwirkung erkannt.

Vor allem ab der Mitte des Jahrhunderts zeichnete sich die Entstehung einer eigenen Kindheits- und auch Jugendphase dann vereinzelt schon in den Gesetzestexten der einzelnen Partikularstaaten ab, als etwa in Bayern und Preußen die Anordnung der Unterbringung in einer Erziehungs- bzw. Besserungsanstalt ermöglicht wurde. Parallel formulierte man in der Literatur – angeregt durch Berichte aus dem Ausland – bereits konkrete Vorschläge für eine stärkere Berücksichtigung des geringen Alters der jungen Delinquenten im Strafprozess. Hier zeigten sich schon in der Mitte des 19. Jahrhunderts erste deutliche Vorboten einer Bewegung, die vor dem Hintergrund der sich gesamtgesellschaftlich herausbildenden Jugendphase zur Einführung umfangreicher besonderer strafprozessualer Gewährleistungen für junge Straftäter führen sollte.

Die um 1870 bereits vielerorts vorhandenen Sonderregelungen, welche das Strafverfahren junger Menschen regeln sollten, geben Aufschluss über die bereits zu dieser Zeit vorhandenen und umsetzbaren Ideen und Vorschläge, um die schädlichen Auswirkungen eines Strafverfahrens bei jungen Delinquenten abzuschwächen. Dass nun die Auswirkungen des Verfahrens auf die jungen Menschen selbst und deren Rechtsstellung im Strafprozess über den Schutz des Familienbandes hinaus in den Blick genommen wurden, zeigen etwa Vorschriften, die diesen das Prozedere einer Verhandlung vor den Schwurgerichten ersparen wollten, die Trennung junger Untersuchungshäftlinge von Erwachsenen normierten oder eine verpflichtende Hinzuziehung eines Verteidigers zu bestimmten Verfahren gegen junge Straftäter vorschrieben.

Dass es über die dargestellten Normierungen hinaus vor der Reichsgründung noch keine weitergehenden Gewährleistungen für junge Menschen im Strafverfahren gab, ist wohl zum einen darin begründet, dass sich ein umfassendes, gesamtgesellschaftliches Verständnis für eine eigenständige, über die Kindheit hinausgehende Jugendphase gerade erst herausbildete und zum anderen ab der Mitte des 19. Jahrhunderts bereits anderweitige Umbrüche erfolgten, aufgrund derer der Fokus im Prozessrecht nicht auf dem Umgang mit jungen Menschen lag.

4. Die Entstehung der RStPO und des GVG von 1877

Im letzten Drittel des 19. Jahrhunderts kam es mit den Reichsjustizgesetzen sodann erstmals zu einer Strafprozessordnung und einem Gerichtsverfassungsgesetz mit Geltung für das gesamte Reichsgebiet. Die Entwicklung bis dahin und die das Strafverfahren gegen junge Menschen betreffenden Vorschriften der Entwürfe und Gesetze sollen im folgenden Abschnitt untersucht und dargestellt werden.

a) Der Norddeutsche Bund als Ausgangspunkt

Ausgangspunkt dieser Entwicklung war der Zusammenschluss von Preußen und insgesamt 17 Verbündeten im August 1866 zum Norddeutschen Bund[377]. Durch die Verfassung des Norddeutschen Bundes vom 26. Juli 1867 (und später auch der Reichsverfassung vom 20. Dezember 1873) erhielt der Bund (bzw. später das Reich) die Gesetzgebungskompetenz für das gerichtliche Verfahren[378].

b) Gesetzgebungsaktivitäten betreffend das Strafverfahren

Nachdem der Reichstag seine Arbeit aufgenommen hatte, dauerte es daher nur wenige Monate, bis die Abgeordneten *Planck* und *Wagner* beantragten, den Bundeskanzler *Bismarck* aufzufordern, schnellstmöglich einen Entwurf eines gemeinsamen, gesamtdeutschen Strafrechts und einer gemeinsamen Strafprozessordnung, sowie der dadurch bedingten Vorschriften der Gerichtsorganisation erstellen zu lassen, um der bestehenden Rechtszersplitterung Preußens entgegenzuwirken[379].

aa) Der Entwurf einer Strafprozessordnung vom November 1870

Als der Antrag im Reichstag und im Bundesrat angenommen worden war, beauftragte der Reichskanzler daraufhin im Juli 1869 den preußischen Justizminister *Leonhardt*, einen Entwurf für eine Strafprozessordnung erstellen zu lassen[380]. Die Ausarbeitung oblag dem zuvor auch schon mit der Erstellung des

377 Zu diesem sog. Augustbündnis vgl. *Huber*, Verfassungsgeschichte, Bd. 3, S. 644 f.

378 *Rosenfeld*, Reichs-Strafprozeß, S. 29.

379 *Rosenfeld*, Reichs-Strafprozeß, S. 29; *Schmidt*, Geschichte, S. 343; zudem wurde die Strafprozessordnung aus dem Jahr 1867 in Hannover und Nassau als rückschrittlich angesehen, vgl. *Schubert/Regge*, Entstehung und Quellen, S. 4 f.

380 *Schmidt*, Geschichte, S. 343; *Schubert/Regge*, Entstehung und Quellen, S. 5 f.

Entwurfs eines Strafgesetzbuches beauftragten *Friedberg*[381], der kurze Zeit später dem preußischen Justizministerium bereits einen ersten handschriftlichen „Entwurf einer Strafprozeß-Ordnung für den Norddeutschen Bund"[382] vorlegte, nachdem er zunächst das Strafprozessrecht im Ausland und in den Partikularstaaten analysiert und zusammengetragen und Gutachten von der Landesjustizverwaltung über wichtige rechtspolitische Fragen angefordert hatte[383].

Darin war in § 104 festgelegt, dass der Beschuldigte, auch wenn er privatrechtlich noch nicht voll rechtsfähig war[384], alle strafprozessualen Befugnisse selbstständig ausüben konnte und die Hinzuziehung seines gesetzlichen Vertreters für die Rechtmäßigkeit des Verfahrens nicht erforderlich war. Allerdings war auch weiterhin vorgesehen, dass der Vater, Adoptiv- oder Pflegevater oder Vormund eines Minderjährigen als Beistand vor Gericht auftreten konnten. Die Beistände waren gemäß § 105 befugt, „alle zur Vertheidigung der Bezüchtigten gereichenden Erklärungen abzugeben und von den demselben zustehenden Rechtsmitteln, selbst gegen seinen Willen, Gebrauch zu machen", sowie „in den Hauptverhandlungen mit dem Bezüchtigten und bei solchen andern Untersuchungshandlungen, denen der Bezüchtigte beiwohnen darf, selbst ohne denselben zu erscheinen". Bei Verhören des „Bezüchtigten" außerhalb der Hauptverhandlung konnte der Richter die Anwesenheit einer „Beistands-Person" gestatten, wenn er dies für zweckmäßig hielt. Darüber hinaus konnte der Richter sogar das Erscheinen des Beistands in der Hauptverhandlung oder bei einem Verhör zusammen mit dem „Bezüchtigten" anordnen, allerdings ohne Androhung von Zwang oder eines anderen Nachteils. § 119 gestattete es schließlich den Beiständen, einen Verteidiger für den „Bezüchtigten" zu bestellen.

Im revidierten Entwurf[385] bestimmte sodann § 156, dass der Vater, Adoptiv- oder Pflegevater sowie der Vormund eines minderjährigen Beschuldigten auf Verlangen hin in der Hauptverhandlung als Beistand zuzulassen und zur Ergreifung des Wortes berechtigt war. Im Vorverfahren sollte die Zulassung

---

381 Dieser war preußischer Justizminister und wurde unterstützt von Appellationsgerichtsrat *Löwe*, Gerichtsassessor *Erler* und zeitweise auch dem Obergerichtsrat *v. Lenthe*, vgl. *Schubert/Regge*, Entstehung und Quellen, S. 6 f.; *Rosenfeld*, Reichs-Strafprozeß, S. 29 f.

382 Der handschriftliche Entwurf ist ohne Begründung enthalten in BArch R 1401/573.

383 Vgl. *Schubert/Regge*, Entstehung und Quellen, S. 6 f.

384 In Preußen war man seit dem „Gesetz über das Alter der Großjährigkeit" vom 9. Dezember 1869 ab 21 Jahren volljährig, was später mit dem „Gesetz, betreffend das Alter der Großjährigkeit" vom 17. Februar 1875 auch im Deutschen Reich übernommen wurde.

385 Der handschriftliche Entwurf ist ohne Begründung enthalten in BArch R 1401/574.

der Beistände dem richterlichen Ermessen unterliegen. § 322 berechtigte die in § 156 genannten Personen, auch gegen den Willen des Minderjährigen von den diesem zustehenden Rechtsmitteln Gebrauch zu machen. Weitere Sondervorschriften für das Verfahren gegen junge Angeschuldigte sah der Entwurf nicht vor und auch der Hinweis darauf, dass die Hinzuziehung eines gesetzlichen Vertreters für die Rechtmäßigkeit des Verfahrens nicht notwendig war und der Minderjährige alle Prozesshandlungen selbstständig vornehmen konnte, war – ohne auffindbare Begründung – weggefallen. Der finale Entwurf[386] vom November 1870 übernahm diese Bestimmungen in § 146 bzw. § 295.

bb) Der Entwurf einer Strafprozessordnung vom Januar 1873

Nach dem Sieg im Deutsch-Französischen Krieg wurde der Norddeutsche Bund im November 1870 um Bayern, Hessen, Baden und Württemberg zum Deutschen Bund erweitert und auf Vorschlag des bayerischen Königs zum Deutschen Reich umbenannt[387]. Preußen, das etwa zwei Drittel des Reichsgebiets und der Bevölkerung ausmachte, hatte eine Vormachtstellung im Reich, was sich auch dadurch zeigte, dass *Wilhelm I.* zugleich König von Preußen und deutscher Kaiser war und der von ihm ernannte Reichskanzler in der Regel in Personalunion mit dem preußischen Ministerpräsident stand[388]. Nachdem der Entwurf von 1870 durch eine kleine Zahl preußischer Juristen in vertraulichem Kreise begutachtet worden war, wurde er von einer Ministerialkommission, welcher wiederum *Leonhardt* vorsaß, überarbeitet[389]. Obwohl der sich daraus ergebende neue „Entwurf einer Deutschen Strafprozeß-Ordnung“[390] im September 1871 im Wesentlichen erarbeitet war, wurde dieser erst im Januar 1873 gedruckt – nachdem *Leonhardt* zuvor noch mit den Justizministern der Mittelstaaten die Grundzüge der preußischen Justizverfassung bestimmt hatte – und anschließend dem Reichskanz-

386 Abgedruckt in: *Schubert/Regge*, Entstehung und Quellen, S. 48 ff.

387 *Vormbaum*, Strafrechtsgeschichte, S. 81; vgl. hierzu auch *Huber*, Verfassungsgeschichte, Bd. 3, S. 702 ff.

388 *Fritsch*, Reformbewegung, S. 12.

389 *Schubert/Regge*, Entstehung und Quellen, S. 8.

390 Der Entwurf ist abgedruckt in: *Schubert/Regge*, Entstehung und Quellen, S. 113 ff.

ler übergeben, welcher den Entwurf zur weiteren Beratung an den Bundesrat[391] überwies[392].

Der Entwurf, der rund 383 Paragrafen umfasste, hatte nicht zum Ziel, ein vollständig neues Strafprozessrecht zu schaffen, das mit dem zuvor Jahrzehnte lange praktizierten Strafprozess nichts mehr gemein hatte, wollte aber doch die Reformen, die auf dem Gebiet des Strafprozesses umfassender als im materiellen Recht erwartet und gefordert wurden, umsetzen, sodass man zu der Überzeugung gekommen war, „daß es rathsam, ja allein zweckmäßig sei, für die deutsche Strafprozeßordnung einen neuen, von den bestehenden Gesetzgebungen unabhängigen Entwurf aufzustellen"[393]. Grund dafür war auch, dass es in Preußen keine einheitliche Strafprozessordnung gab und die Normierungen anderer Partikularstaaten für ungeeignet erachtet wurden, weil sie auf deren – nicht zu vereinheitlichenden – Sondergerichtsverfassungen, beruhten[394]. Man wollte daher, dass der Entwurf „das in anderen Gesetzen vorhandene Gute sich aneignet und so das neue Werk als eine Fortbildung und einen Ausbau des Bestehenden erscheinen läßt"[395]. Am Ende glich der Entwurf jedoch weitgehend dem französischen Strafprozess in seiner durch die Partikularstaaten übernommenen Form, sodass er nicht als grundlegendes neues Gesetzeswerk angesehen werden kann[396].

Auch im Entwurf von 1873 fand sich in § 128 Abs. 2 die Möglichkeit wieder, den Vater, Adoptivvater oder Vormund des Beschuldigten in der Hauptverhandlung als Beistand zuzulassen und auf sein Verlangen hin zu hören, sowie ein richterliches Ermessen diesbezüglich im Vorverfahren. Die Rechtsmittelberechtigung dieser Personen für den minderjährigen Verurteilten in § 236 war ebenfalls keine Neuerung.

---

391 Laut *Fritsch*, Reformbewegung, S. 12 f., war der Bundesrat eher eine der preußischen Regierung und Verwaltung hörige Verwaltungsrepräsentanz der Bundesstaaten (auch „verbündete Regierungen" genannt), welche ihr Gewicht zugunsten Preußens auch gegenüber dem Reichstag einsetzte.

392 *Schubert/Regge*, Entstehung und Quellen, S. 8 f.

393 Vgl. die Motive zu E-1873, in der Fassung der Vorlage an den Reichstag, S. 5, abgedruckt in: *Hahn*, Materialien zur RStPO, Abt. 1, S.71; *Schubert/Regge*, Entstehung und Quellen, S. 8 f.

394 Vgl. die Motive zu E-1873, S. 5, abgedruckt in: *Hahn*, Materialien zur RStPO, Abt. 1, S. 71.

395 So die Motive zu E-1873, S. 5, abgedruckt in: *Hahn*, Materialien zur RStPO, Abt. 1, S. 72.

396 *Schubert/Regge*, Entstehung und Quellen, S. 9.

cc) Der Entwurf vom Juli 1873 und die Beratungen im Justizausschuss

Der Bundesrat beschloss am 13. März 1873 auf Vorschlag des Justizausschusses, den Entwurf der Strafprozessordnung an eine Kommission zur Vorberatung zu überweisen, welche aus elf angesehenen Juristen bestehen sollte[397]. Die Kommission unter dem Vorsitz von *Friedberg* veröffentliche darauf nach 39 Sitzungen im Juli 1873 einen revidierten Entwurf[398], der bis auf einzelne unwesentliche Änderungen dem vorherigen entsprach[399].

Im Herbst 1873 wurde der Entwurf vom Bundesrat an den Justizausschuss überwiesen und in der Folge beraten, wobei insbesondere über die geplante Schöffengerichtsverfassung diskutiert wurde, gegen die sich unter anderem Bayern und Württemberg, sowie die liberale Öffentlichkeit wandten, die gegen eine Abschaffung der Schwurgerichte waren[400]. Schließlich wurde ein Kompromiss geschlossen, indem als Strafgerichte höchster Ordnung zwar Schwurgerichte vorgesehen waren, bei den Gerichten unterster Ordnung jedoch Schöffengerichte gebildet werden sollten[401]. Nachdem die Vorschläge der zwischenzeitlich eingesetzten Subkommission vom Justizausschuss gebilligt worden waren, wurde der Entwurf am 12. Mai 1874 dem Bundesrat vorgelegt, wo der Entwurf nur geringfügige Änderungen erfuhr und sodann dem Reichstag zur Beschlussfassung übersandt wurde[402].

c) Weitere Entwicklungen bis zur Annahme der Reichsjustizgesetze

Weitgehend geändert wurde dagegen der Entwurf eines Gerichtsverfassungsgesetzes, welchen die Justizminister der größeren Bundesstaaten kritisch sahen[403]. Der neue, unveröffentlichte Entwurf, wurde am sodann dem Reichs-

---

397 Vgl. die Protokolle über die Verhandlungen des Bundesrats des Deutschen Reichs 1873, S. 79 ff. (§ 115) und die Motive zu E-1873, S. 6, abgedruckt in: *Hahn*, Materialien zur RStPO, Abt. 1, S. 72.

398 Die handschriftlichen Protokolle der Sitzungen sind enthalten in BArch R 1401/582; der Entwurf ist abgedruckt bei: *Schubert/Regge*, Entstehung und Quellen, S. 293 ff.

399 *Schubert/Regge*, Entstehung und Quellen, S. 9 f., 15 f.

400 *Schubert/Regge*, Entstehung und Quellen, S. 16 f.

401 Vgl. hierzu das Protokoll der Sitzung vom 27. Februar 1874, abgedruckt in: *Schubert/Regge*, Entstehung und Quellen, S. 364.

402 *Schubert/Regge*, Entstehung und Quellen, S. 18 f.

403 Vgl. hierzu und zum folgenden Text *Schmidt*, Geschichte, S. 345 f.

kanzler vorgelegt und von diesem dem Bundesrat zugeleitet. Regelungen für junge Delinquenten waren nicht enthalten.

Am 24. November 1874 wurde sodann im Reichstag[404] mit der Beratung der Entwürfe zu den Reichsjustizgesetzen begonnen, wobei die Mehrheit der Abgeordneten den Entwurf zur StPO für unannehmbar hielt, weil der Entwurf die Möglichkeit der Berufung im Rechtsmittelsystem nicht vorsah[405]. Auch der Entwurf zum GVG war umstritten[406]. Vom Reichstag wurden die Entwürfe daher einer 28-köpfigen Kommission unter dem Vorsitz *Miquéls* überwiesen, welche ab 1875 darüber beriet[407].

Insgesamt wurde allein der Entwurf der Strafprozessordnung bis Juli 1876 in 72 Sitzungen behandelt, wobei von den rund 100 Sitzungen der Redaktionskommission keine Protokolle existieren[408]. Nachdem sich der Justizausschuss des Bundesrats erneut mit den Änderungswünschen des Reichstags befasste und selbst 40 Änderungswünsche erarbeitete, welchen die Justizkommission und der Reichstag jedoch nicht entgegenkamen, erklärte der Bundesrat in seiner Sitzung am 12. Dezember 1876 zunächst einige der vom Reichstag beschlossenen Änderungen der RStPO und auch des GVG für unannehmbar[409]. Nach weiteren Verhandlungen *Leonhardts* mit den Nationalliberalen wurde dann aber in kurzer Zeit ein Kompromiss gefunden, sodass die Reichsjustizgesetze schließlich am 21. Dezember durch den Reichstag und am 22. Dezember durch den Bundesrat verabschiedet wurden[410]. Das am 27. Januar 1877 verkündete GVG und die am 1. Februar 1877 verkündete RStPO traten am 1. Oktober 1877 in Kraft[411]. Damit galt auch in Preußen ein einheitliches Strafverfahrensrecht.

---

404 Der Reichstag war als Folge des Verfassungskompromisses teils konservativ, teils liberal besetzt, vgl. *Fritsch*, Reformbewegung, S. 12.

405 Vgl. den Bericht der Beratung im Plenum des Reichstags vom 24. November 1874, abgedruckt in: *Hahn*, Materialien zur RStPO, Abt. 1, S. 497 ff.; vgl. dazu auch *Schubert/Regge*, Entstehung und Quellen, S. 20.

406 Vgl. den stenographischen Bericht der Beratung im Plenum des Reichstags am 24. und 25. November 1874, abgedruckt in: *Hahn*, Materialien zum GVG, Abt. 1, S. 188 ff.

407 Vgl. hierzu die stenographischen Berichte der Beratung im Plenum des Reichstags vom 24., 25. und 26. November 1874, abgedruckt in: *Hahn*, Materialien zur RStPO, Abt. 1, S. 497 ff. und *Hahn*, Materialien zum GVG, Abt. 1, S. 188 ff.; *Schubert/Regge*, Entstehung und Quellen, S. 21, 25.

408 *Schubert/Regge*, Entstehung und Quellen, S. 25 f.

409 *Schubert/Regge*, Entstehung und Quellen, S. 26.

410 *Schmidt*, Geschichte, S. 346; *Schubert/Regge*, Entstehung und Quellen, S. 26, 36 f.

411 *Schmidt*, Geschichte, S. 346.

d) Die Behandlung junger Delinquenten durch die Reichsjustizgesetze

Im Folgenden sollen die für den Umgang mit jungen Menschen relevanten Vorschriften in der Reichsstrafprozessordnung und dem Gerichtsverfassungsgesetz von 1877 samt deren Begründung und die zugehörige Diskussion im Gesetzgebungsverfahren, sofern sie für die Darstellung relevant ist, dargestellt werden.

aa) Vorschriften betreffend junge Delinquenten in der RStPO

In der Reichsstrafprozessordnung waren entsprechend ihrer Vorgeschichte einige Vorschriften enthalten, die auf junge Menschen Bezug nahmen. Die meisten dieser Vorschriften fanden sich jedoch so oder so ähnlich schon in den einzelnen Prozessordnungen der Partikularstaaten wieder und stellten daher keine wesentlichen Neuerungen dar.

Gemäß § 137 Abs. 2 RStPO konnte der gesetzliche Vertreter[412] unabhängig vom Beschuldigten und ohne dessen Wahlmöglichkeit zu beschränken, selbst einen Verteidiger für diesen wählen. Dies hielt man für angemessen, wobei man die Rechte des Beschuldigten selbst dadurch aber nicht einschränken wollte[413]. Laut § 149 Abs. 2 RStPO war entsprechend der Entwürfe der Vater, Adoptivvater oder Vormund eines minderjährigen Angeklagten in der Hauptverhandlung als Beistand zuzulassen und auf sein Verlangen hin zu hören. Man ging weiterhin davon aus, dass grundsätzlich „ein natürlicher Anspruch" gewisser naher Angehöriger bestand, den Beschuldigten zu verteidigen[414]. Dieses Recht galt obligatorisch nur für die Hauptverhandlung, im Vorverfahren entschied der Richter dagegen nach freiem Ermessen. Die Rechte konnten ohne Rücksicht auf den Willen des Beschuldigten und auch neben dem bestellten oder gewählten Verteidiger ausgeübt werden[415]. Der Beistand war jedoch nicht Stellvertreter des Jugendlichen, sondern hatte nur die in den einzelnen Bestimmungen genannten Befugnisse, so auch nach § 340 RStPO das Recht, selbstständig Rechtsmittel gegen die Entscheidung einzulegen oder gemäß

412 *Schulz-Knappe*, RdJ 1967, 5, wies zu Recht darauf hin, dass diese Rechte nach damaliger Ansicht nur männlichen Familienangehörigen zustanden.

413 Vgl. schon die Motive zu E-1873, in: *Hahn*, Materialien zur RStPO, Abt. 1, S. 142 f.

414 Vgl. die Motive zu E-1873, in: *Hahn*, Materialien zur RStPO, Abt. 1, S. 145.

415 *Dochow*, Reichs-Strafprozeß, S. 118.

§ 401 RStPO[416] die Wiederaufnahme des Verfahrens zu beantragen. Dies wurde damit begründet, dass es allein das Verhältnis, in welchem der gesetzliche Vertreter zur nicht handlungsfähigen Person stehe, gerechtfertigt erscheinen lasse, in einem gegen die handlungsunfähige Person gerichteten Strafverfahren auch dem Vertreter die Befugnis zum Gebrauch der dem Beschuldigten zustehenden Rechtsmittel zu gewähren[417]. Die Achtung des Familienbandes spielte in den Erwägungen des Gesetzgebers zum Verfahren gegen junge Menschen also weiterhin eine maßgebliche Rolle[418].

Dies zeigt auch § 268 RStPO, der vorsah, dass Urteile, durch welche die Unterbringung in eine Erziehungs- oder Besserungsanstalt angeordnet wurde, auch dem gesetzlichen Vertreter zuzustellen waren, solange dieser nicht im Rahmen der Hauptverhandlung als Beistand aufgetreten und bei Verkündung des Urteils gegenwärtig gewesen ist. So wollte man erreichen, dass die Anordnung der Erziehungsmaßregel auf sicherem Wege zur Kenntnis des gesetzlichen Vertreters gelangte[419].

Da § 56 Abs. 1 RStGB bestimmte, dass ein Angeschuldigter, der die Tat zwischen dem 12. und 18. Lebensjahr begangen hatte, freizusprechen war, wenn er bei Begehung der Tat die zur Erkenntnis der Strafbarkeit erforderliche Einsicht nicht besessen hat, war schließlich nach § 298 RStPO in Hauptverhandlungen vor den Schwurgerichten bei solchen Angeklagten, die das 18. Lebensjahr noch nicht vollendet hatten, die Nebenfrage zu stellen, ob diese Einsicht bei der Tat vorgelegen habe. Die Vorschrift sollte in den Schwurgerichtssachen die nach § 56 Abs. 2 RStGB zu treffende Bestimmung ermöglichen und fand sich in dieser Art zuvor ebenfalls schon in den Strafprozessordnungen einiger Partikularstaaten[420].

---

416 In Frankreich war die Norm nach vielen Beschwerden 1867 eingeführt worden, was für die RStPO übernommen wurde, vgl. die Motive zu E-1873, in: *Hahn*, Materialien zur RStPO, Abt. 1, S. 263 f.

417 Vgl. die Motive zu E-1873, in: *Hahn*, Materialien zur RStPO, Abt. 1, S. 246.

418 Das Reichsgericht entschied später (1896) allerdings die Frage, ob der gesetzliche Vertreter ein einmal eingelegtes Rechtsmittel ohne Zustimmung des Angeklagten zurücknehmen kann, dahingehend, dass es zur Rücknahme der Zustimmung bedürfe, wenn der Vater das Rechtsmittel im Namen seines Kindes eingelegt hatte, da es sich dabei um die Rücknahme des dem Angeklagten zustehenden Rechtsmittels handeln würde, vgl. RGSt 28, 385; auch in der Rechtsprechung wurde damit das veränderte Verständnis vom jungen Angeklagten als eigenständiges, schützenswertes Subjekt deutlich.

419 Vgl. die Motive zu E-1873 in: *Hahn*, Materialien zur RStPO, Abt. 1, S. 212.

420 Und zwar in Preußen, Hessen, Oldenburg und Bremen. Sie war mit der Begründung als Nebenfrage eingeordnet, dass das Strafgesetzbuch bei Jugendlichen den Strafausschließungsgrund der mangelnden Einsicht bis zum Gegenbeweis vorsah und die Fragestellung

Da diese Vorschriften den bereits seit Beginn des 19. Jahrhunderts in einzelnen Partikularstaaten vorhandenen Bestimmungen glichen, wurden sie im Rahmen des Gesetzgebungsverfahrens größtenteils nicht mehr ausführlich diskutiert, sondern vielmehr als selbstverständlich von den vorhandenen Gesetzestexten der Partikularstaaten übernommen. Anders war dies dagegen bezüglich der Vorschrift des § 140 Abs. 2 Nr. 1 RStPO, welche in Sachen, die vor dem Landgericht in erster Instanz verhandelt wurden, die notwendige Verteidigung vorschrieb, sofern der Angeschuldigte das 16. Lebensjahr noch nicht vollendet hatte. Nachdem die Sondervorschrift im vom Bundesrat beschlossenen Gesetzesentwurf aus dem Jahr 1874 ursprünglich noch nicht enthalten war[421], waren im Rahmen der vom Reichstag nach erster Beratung eingesetzten Kommission in deren Sitzung vom 9. September 1875 gleich mehrere Anträge dahingehend gestellt worden, eine notwendige Verteidigung für junge Angeklagte unter 16 Jahren einzuführen[422]. In der Diskussion hatte der Geheime Oberregierungsrat *Hanauer* die Anträge mit dem Zweck erklärt, die Notwendigkeit der Verteidigung dort vorzusehen, wo der Angeschuldigte wegen seines persönlichen Zustands nicht in der Lage sei, sich selbst zu verteidigen[423]. Er hatte sich den Anträgen zwar nicht entgegengestellt, war aber der Ansicht gewesen, dass ein solches Bedürfnis nicht bestehe, wenn der betreffende Angeschuldigte einen gesetzlichen Vertreter habe, da es in einem solchen Fall diesem obliegen würde, für die Verteidigung des Minderjährigen zu sorgen[424]. Im Rahmen der Sitzung war im Übrigen vor allem darüber diskutiert worden, ob es überhaupt möglich wäre, das sich daraus ergebende Bedürfnis nach zur Verfügung stehenden Verteidigern zu befriedigen[425]. In der zweiten Lesung der Kommission in der Sitzung vom 9. Juni 1876 hatte *Hanauer* dann darauf hingewiesen, dass

in diesem Fall daher die Bedeutung eines Parteiantrags habe, vgl. die Motive zu E-1873 in: *Hahn*, Materialien zur RStPO, Abt. 1, S. 228.

421 Ein entsprechender Antrag von *Binder* war 1873 noch ohne nähere Begründung abgelehnt worden, vgl. *Schubert*, Entstehung und Quellen, S. 187.

422 Vgl. die Protokolle der Kommission des Reichstags, Sitzung vom 9. September 1875, in: *Hahn*, Materialien zur RStPO, Abt. 1, S. 958 ff.

423 Vgl. das Protokoll der Sitzung vom 9. September 1875, in: *Hahn*, Materialien zur RStPO, Abt. 1, S. 961.

424 Vgl. das Protokoll der Sitzung vom 9. September 1875, in: *Hahn*, Materialien zur RStPO, Abt. 1, S. 961.

425 Laut dem Abgeordneten *Ensoldt* kamen aus einigen Ländern, in denen die Advokatur nicht frei war, Klagen, dass eine ausreichende Anzahl qualifizierter Verteidiger nicht zur Verfügung stünde, da diese vielbeschäftigt seien und eine Abneigung gegen die Übernahme von Verteidigungen hätten, während es z.B. in Dresden die Regel gewesen sei, dass qualifizierte Advokaten als Verteidiger auftraten, vgl. das Protokoll der Sitzung vom 9. September 1875, in: *Hahn*, Materialien zur RStPO, Abt. 1, S. 958 ff.

eine notwendige Verteidigung von den verbündeten Regierungen grundsätzlich nur für die Strafsachen vor dem Reichsgericht und den Schwurgerichten vorgesehen sei und in den übrigen Kategorien ein solches Bedürfnis ausnahmsweise bei körperlichen Mängeln oder jugendlichem Alter der Angeschuldigten bestehen könne[426]. Im Bericht der Kommission über den Entwurf wurde schließlich erläutert, dass die Kommission der Ansicht gewesen sei, dass auch in bestimmten Sachen vor den Landgerichten, etwa aus Rücksicht auf die Persönlichkeit des Angeklagten, eine Verteidigerbestellung erfolgen müsse, wenn sich dieser nur mangelhaft selbst vor Gericht verteidigen könne[427].

Neben § 140 Abs. 2 Nr. 1 RStPO wurde zudem in Nr. 2 für Verbrechen, die keine Rückfalltaten darstellten, weiterhin die Möglichkeit der Beantragung der Bestellung eines Verteidigers auch durch den gesetzlichen Vertreter vorgesehen.

bb) Vorschriften betreffend junge Straftäter im GVG

Auch im neuen Gerichtsverfassungsgesetz sollte durch eine feste Organisation der erkennenden Gerichte die 1848 begonnene Umgestaltung des deutschen Strafprozessrechts abgeschlossen werden[428]. Mit § 73 Nr. 3 fand sich nur eine einzige Vorschrift betreffend junge Straftäter im Gerichtsverfassungsgesetz, wonach statt dem Schwurgericht die Strafkammer für alle Verbrechen[429] der Personen, welche zur Tatzeit noch nicht 18 Jahre alt waren, zuständig war.

Dies war von der in der 100. Sitzung der Gesetzgebungskommission am 13. November 1875[430] gewählten Subkommission[431], welche für die genaue Einteilung und Abgrenzung der Zuständigkeiten der Gerichte in sachlicher und funktionaler Hinsicht zuständig war, vorgeschlagen worden[432]. Da es bezüglich

---

426 Vgl. das Protokoll Sitzung vom 9. Juni 1876, in: *Hahn*, Materialien zur RStPO, Abt. 2, S. 1271.

427 Vgl. den Bericht der Kommission des Reichstags in: *Hahn*, Materialien zur RStPO, Abt. 2, S. 1534.

428 Vgl. die Begründung des E-GVG in: *Hahn*, Materialien zum GVG, Abt. 1, S. 31.

429 Die Straftaten waren durch § 1 RStGB in Verbrechen, Vergehen und Übertretungen eingeteilt worden.

430 Vgl. das Protokoll der Sitzung vom 13. November 1875, in: *Hahn*, Materialien zum GVG, Abt. 1, S. 452 ff.

431 Diese bestand aus *Becker*, *v. Schwarze*, *Klotz*, *Pfafferott* und *Hauck*, vgl. das Protokoll der Sitzung vom 13. November 1875, in: *Hahn*, Materialien zum GVG, Abt. 1, S. 460.

432 Vgl. das Protokoll der Sitzung vom 15. Januar 1876, in: *Hahn*, Materialien zum GVG, Abt. 1, S. 593; zum Gang der Gesetzgebung vgl. die Zusammenstellung der Fassung des Entwurfs in den verschiedenen Stadien der Beratung, in: *Hahn*, Materialien zum GVG,

der Norm an einer genaueren Begründung in den Motiven und den Protokollen fehlt, könnte angenommen werden, diese sei wie die übrigen Nummern in § 73 zur Entlastung der Schwurgerichte, die nur mit den schwersten und wichtigsten Verbrechensfällen befasst werden sollten, eingefügt worden[433]. In den Beratungen der Reformkommission 1904 wurde später allerdings davon ausgegangen, man habe den Schwurgerichten die Beurteilung der Verbrechen junger Angeklagter deshalb entzogen, weil man der Ansicht war, dass die feierliche Verhandlung vor den Schwurgerichten den Angeklagten eher verwirre und gelehrte Richter zur Beurteilung der Einsichtsfähigkeit besser geeignet seien als Geschworene[434], was der Begründung entsprechender Regelungen etwa in Preußen ab Mitte des 19. Jahrhunderts entspricht.

Endgültig vollzogen wurde mit dem Gerichtsverfassungsgesetz auch die Beseitigung nichtstaatlicher Gerichte (vgl. §§13, 15), worunter auch die akademische Gerichtsbarkeit fiel. Zuvor gab es Universitätsgerichte mit eigener Jurisdiktion in Zivil- und Strafsachen noch in Preußen (mit Ausnahme von Kiel und Marburg), Münster, Leipzig, Jena und Rostock. In den übrigen deutschen Universitätsstandorten wurde noch eine mehr oder weniger ausgedehnte Disziplinargewalt über die Studierenden ausgeübt[435]. Nach der Begründung des Regierungsentwurfs sah man die geschichtliche Grundlage der akademischen Gerichtsbarkeit durch das neuere Staatsrecht als beseitigt an und argumentierte, die Rechte der Beschuldigten würden in einem ordentlichen Gerichtsverfahren besser als durch die Universitätsgerichte gewahrt werden[436]. Die Verhältnisse der Studierenden gegenüber der Gesellschaft im Übrigen seien nicht so anomal, dass eine unterschiedliche Behandlung gerechtfertigt sei[437]. Der akademischen Jugend eine solche Sonderbehandlung einzuräumen, sah man nicht als den zur damaligen Zeit vorherrschenden Lebensverhältnissen und Rechtsanschauungen angemessen an[438]. Möglichen Härten durch die Abschaffung der

---

Abt. 2, S. 1668, 1671, 1692 ff. und zusammenfassend (zu den Schöffengerichten) *Schubert*, Protokolle 1903–1905, Bd. 1, 44. Sitzung vom 13. April 1904, S. 383 f.

433 Vgl. die Begründung des E-GVG in: *Hahn*, Materialien zum GVG, Abt. 1, S. 37, 72 ff.

434 Protokoll der Kommissionssitzung vom 17. Mai 1904 in: *Schubert*, Protokolle 1903–1905, Bd. 1, S. 439.

435 In Göttingen und Rostock erstreckte sich die akademische Gerichtsbarkeit sogar noch auf Universitätsangehörige, vgl. die Begründung des E-GVG in: *Hahn*, Materialien zum GVG, Abt. 1, S. 56.

436 In mehreren Fällen hätten sogar Studierende selbst um eine Aufhebung der akademischen Gerichtsbarkeit petitioniert, vgl. die Begründung des E-GVG in: *Hahn*, Materialien zum GVG, Abt. 1, S. 56 f.

437 Vgl. die Begründung des E-GVG in: *Hahn*, Materialien zum GVG, Abt. 1, S. 57.

438 Vgl. die Begründung des E-GVG in: *Hahn*, Materialien zum GVG, Abt. 1, S. 57.

Sondergerichtsbarkeit wollte man dadurch vorbeugen, dass in der Regel von der Erhebung der öffentlichen Klage abgesehen werden sollte, wenn der Fall sich zu einer disziplinarischen Ahndung eignete und eine solche sichergestellt war, wobei man nachteilige Folgen dort, wo die akademische Gerichtsbarkeit bereits zuvor aufgehoben worden war, nicht sah[439].

Andere prozessuale Gewährleistungen wie etwa ein Ausschluss der Öffentlichkeit wurde hingegen nur für Ehesachen, Zivilsachen und Entmündigungssachen wegen Geisteskrankheit mit der Begründung diskutiert, dass dort die privatesten Angelegenheiten (der Familie) nach außen getragen würden, nicht aber für junge Angeklagte[440].

cc) Das „Gesetz betreffend Änderungen des Gerichtsverfassungsgesetzes"

In der Folge wurde mit dem „Gesetz betreffend Änderungen des Gerichtsverfassungsgesetzes vom 5. Juni 1905"[441] eine Nr. 14a in § 75 GVG eingefügt. Danach wurde bei allen Vergehen von Personen unter 18 Jahren eine Überweisung von der Strafkammer an das Schöffengericht zulässig, von der in der Praxis in den Folgejahren auch reger Gebrauch gemacht werden sollte[442]. Im Interesse einer Entlastung des Reichsgerichts, wo man eine Notlage durch eine völlige Überlastung sah, wurde durch die sog. „Lex Hagemann"[443] unter anderem die Zuständigkeit der amtsgerichtlichen Schöffengerichte wesentlich erweitert, was zur Folge hatte, dass auch die Strafkammern als bisherige erste Instanz entlastet wurden und zudem zur Irrevisibilität dieser Sachen für das Reichsgericht führte[444]. Dies war als bloßes Provisorium – der Gesetzesentwurf wurde am 11. Mai 1904 während der Arbeiten der Reformkommission

---

439 Vgl. die Begründung des E-GVG in: *Hahn*, Materialien zum GVG, Abt. 1, S. 57; vgl. dazu auch *Stein*, Akademische Gerichtsbarkeit, S. 141.

440 Vgl. hierzu *Hahn*, Materialien zum GVG, Abt. 1, S. 173, 329 ff., 834 ff., 1353 ff.

441 RGBl. 1905, S. 533 ff.

442 *Ruscheweyh*, Jugendgericht, S. 31.

443 Betitelt nach dem Abgeordneten *Hagemann*, der mit weiteren Abgeordneten am 11. Mai 1904 einen entsprechenden Antrag in den Reichstag eingebracht hatte, welcher als Gesetz, betreffend Änderungen des Gerichtsverfassungsgesetzes umgesetzt wurde, vgl. *Beling*, ZStW 25 (1905), 98; der Entwurf ist abgedruckt in: Verhandlungen des Reichstags, 11. Legislaturperiode, I. Session, Anlage Nr. 429.

444 *Goldschmidt*, ZStW 43 (1922), 409 (415); *Kade*, ZStW 34 (1913), 110 (111); vgl. auch den Bericht der 12. Kommission über den Entwurf eines Gesetzes, betreffend Änderungen des GVG, enthalten in: Verhandlungen des Reichstags, 11. Legislaturperiode, I. Session, Anlage Nr. 752, S. 4242.

zur Revision des Strafprozessrechts eingebracht – vorgesehen, da man davon ausging, dass in naher Zukunft die Berufung gegen Urteile der Strafkammern (bzw. der mittleren Schöffengerichte) eingeführt werden würde, womit die Anzahl der Revisionen zurückgehen würde[445]. Während § 75 Nr. 14a GVG im ursprünglich eingereichten Gesetzesentwurf noch nicht enthalten gewesen war, hatte man sich im Rahmen der zur Vorberatung des Antrags eingesetzten Kommission mit 9 zu 8 Stimmen darauf verständigt, eine solche Bestimmung in § 75 GVG einzufügen[446].

Gegen den Antrag war geltend gemacht worden, die Erwägungen sollten erst im Zusammenhang mit anderen das Verfahren gegen junge Menschen betreffenden Vorschrift weiter erörtert werden und die Tragweite des Antrags könne nicht überblickt werden[447]. Die überwiegende Anzahl der Kommissionsmitglieder war jedoch der Ansicht gewesen, der Antrag stünde in Analogie mit § 73 Nr. 3 GVG, bringe eine Entlastung der Reichsgerichte und diene den jungen Delinquenten, da die Strafkammern in solchen Verfahren oft exorbitante Strafen aussprechen würden und die jungen Menschen ein Interesse daran hätten, nicht sofort vor das mit Berufsrichtern besetzte höhere Gericht gestellt zu werden. Bedenken gegen die Verweisungsmöglichkeit könnten nicht aufkommen, da die Staatsanwälte nur in einfachen Fällen eine Verweisung beantragen würden.

Da vor dem Schöffengericht eine notwendige Verteidigung nicht vorgesehen war, lief § 140 Abs. 2 Nr. 2 RStPO ab diesem Zeitpunkt allerdings praktisch leer. Dieses Problem – insbesondere für jugendliche Angeklagte – war von der Kommission allerdings gesehen worden, sodass beantragt worden war, mit der Erweiterung der Kompetenz der Schöffengerichte auch die notwendige Verteidigung auf diese auszudehnen[448]. Eine solche Regelung war von der Mehrheit jedoch nach einer ausführlichen Diskussion mit dem Argument abgelehnt worden, die Regelung der notwendigen Verteidigung müsse der allgemeinen Revision der Strafprozessordnung vorbehalten bleiben[449]. Sie sei für die Fälle

445 *Beling*, ZStW 25 (1905), 98 (99).

446 Vgl. zum Ganzen den Bericht der 12. Kommission, in: Verhandlungen des Reichstags, 11. Legislaturperiode, I. Session, Anlage Nr. 752, S. 4242 ff.

447 Vgl. hierzu und zum folgenden Text den Bericht der 12. Kommission, in: Verhandlungen des Reichstags, 11. Legislaturperiode, I. Session, Anlage Nr. 752, S. 4249.

448 Zum Ganzen und zum Antrag vgl. den Bericht der 12. Kommission, in: Verhandlungen des Reichstags, 11. Legislaturperiode, I. Session, Anlage Nr. 752, S. 4252 ff.

449 Der Staatssekretär des Reichs-Justizamts warnte davor, den ganzen Gesetzesentwurf zu gefährden, da die verbündeten Regierungen abseits des Entwurfs liegenden, grundlegenden Änderungen der StPO seiner Ansicht nach nicht zustimmen würden, vgl. den Bericht

eingeführt worden, in denen es nur eine Instanz für die Beurteilung der Tatfrage gebe, was bei den Schöffengerichten nicht der Fall sei[450]. Jedenfalls sah man in § 141 RStPO, nach welchem auf Antrag oder von Amts wegen ein Verteidiger bestellt werden konnte, eine ausreichende Garantie für die Verteidigung junger Beschuldigte[451].

5. Zusammenfassung

> „Betrachtet man die Rechtsordnung vor Einführung eines Jugendgerichts, so muß man fast sagen: die Rechtsordnung selbst und die Art ihrer Anwendung hat jugendliche Verbrecher gezüchtet."[452]

So fasst *Ruscheweyh* in seiner Dissertation aus dem Jahre 1918 im Hinblick auf den Rechtszustand vor Errichtung eines Jugendgerichts die bis dahin bestehenden besonderen Gewährleistungen für Jugendliche in den Reichsjustizgesetzen zusammen. Eine ebenso drastische Formulierung wird in der vorliegenden Darstellung zwar nicht gewählt. In Anbetracht der bereits zu Beginn des 19. Jahrhunderts in den einzelnen Partikularstaaten entstandenen Sonderregelungen für junge Straftäter in Strafverfahren und Gerichtsverfassung und den in der Mitte des Jahrhunderts bereits vorhandenen Ideen und Vorschlägen müssen die betreffenden Bestimmungen der Reichsjustizgesetze aber als ernüchternd bezeichnet werden.

Nachdem junge Straftäter bereits zuvor seit vielen Jahrhunderten von Strafe verschont wurden oder zumindest Strafmilderungen erhielten, die Sonderbehandlung in der Regel aber auf ein Alter beschränkt war, welches in der Gegenwart der Kindheit zugerechnet würde und eine eigene Jugendphase noch nicht existierte, hatte sich ab dem 17. Jahrhundert in Europa ein schichtenübergreifendes und allgemeingesellschaftliches Verständnis für die Besonderheiten der Entwicklungsphase zwischen Kindheit und Erwachsensein zu entwickeln begonnen. In Deutschland waren besonders im 19. Jahrhundert mit den politischen, wissenschaftlichen und sozialen Entwicklungen und der „Ent-

---

der 12. Kommission, in: Verhandlungen des Reichstags, 11. Legislaturperiode, I. Session, Anlage Nr. 752, S. 4252 f.

450 Vgl. den Bericht der 12. Kommission, in: Verhandlungen des Reichstags, 11. Legislaturperiode, I. Session, Anlage Nr. 752, S. 4252.

451 Auf die Ablehnung der Erweiterung der notwendigen Verteidigung hin wurde beantragt, § 75 Nr. 14a GVG wieder zu streichen, was von der Kommission jedoch abgelehnt wurde, weil man § 75 GVG zu diesem Zeitpunkt bereits erledigt hatte, vgl. den Bericht der 12. Kommission, in: Verhandlungen des Reichstags, 11. Legislaturperiode, I. Session, Anlage Nr. 752, S. 4253 f.

452 *Ruscheweyh*, Jugendgericht, S. 30.

deckung der Jugend“ die Grundvoraussetzungen für die Entstehung eines eigenständigen Jugendstrafrechts geschaffen worden.

So war vor allem in der zweiten Hälfte des Jahrhunderts immer mehr die Ansicht in das Bewusstsein Rechtsgelehrten und der Gesellschaft getreten, Kinder und Jugendliche seien eben nicht nur „kleine Erwachsene“, sondern befänden sich in einer eigenständigen, problematischen Lebens- und Entwicklungsphase, welche zu einer entsprechenden Behandlung durch die Gesetze führen müsse. Seit dem Beginn des Jahrhunderts waren in sämtlichen Partikularstaaten vermehrt Sondervorschriften in Strafverfahren und Gerichtsverfassung entstanden, welche jedenfalls indirekt auch junge Straftäter betrafen. Diese besaßen im Strafprozess also bereits eine gewisse Sonderstellung[453].

Bis zur Mitte des Jahrhunderts wurde dabei jedoch vorwiegend auf die Erziehungsberechtigten und den Schutz der familiären Bindungen abgestellt, wogegen die Stellung junger Menschen im Verfahren und die Auswirkungen des Strafprozesses auf diese selbst weitgehend unbeachtet waren. Erziehung war im liberalistischen Denken nur sehr begrenzt Aufgabe des Staates und erst mit den gesellschaftlichen Umwälzungen und den Änderungen der Gesellschafts- und Wirtschaftsordnung im Rahmen der Industrialisierung kam es zu einer Verlagerung hin zu einem stärker aktiv eingreifenden, regulierenden Handeln des Staates. Forderungen, wie sie in der zweiten Hälfte des Jahrhunderts unter anderem von *Mittermaier* erhoben wurden und Vorschriften, die z.B. die Trennung junger Untersuchungshaftgefangener von erwachsenen Häftlingen bestimmten, junge Menschen von den Geschworenengerichten fernhalten wollten oder im Verfahren gegen junge Straftäter eine verpflichtende Verteidigerbestellung normierten, zeigen, dass diese nicht nur in der Gesellschaft, sondern auch im Strafverfahren immer mehr als eigene Subjekte mit besonderen Bedürfnissen gesehen wurden. Einige Ideen und Vorschläge für eine Sonderbehandlung junger Delinquenten, wie sie später im JGG von 1923 verwirklicht werden sollten, waren also vor 1880 bereits vorhanden.

Dennoch muss festgehalten werden, dass fast alle der in die Reichsstrafprozessordnung und das Gerichtsverfassungsgesetz aufgenommenen Vorschriften zuvor bereits seit vielen Jahren auf die ein oder andere Weise in den deutschen Partikularstaaten Geltung beansprucht hatten. Darüber hinausgehende Gewährleistungen hatte man trotz der existierenden Vorschläge nicht aufgenommen. Die wenigen Vorschriften, die sich in den Reichsjustizgesetzen mit jungen Menschen beschäftigten, hatten in der Praxis tatsächlich nur eine äußerst geringe Bedeutung und führten dazu, dass junge Delinquenten im Wesentlichen

453 *Ruscheweyh*, Jugendgericht, S. 31.

noch behandelt wurden wie erwachsene Straftäter[454]. Junge Beschuldigte konnten in Untersuchungshaft genommen werden, welche unter Umständen zusammen mit erwachsenen Verbrechern verbracht werden musste, waren einer öffentlichen Hauptverhandlung ausgesetzt, in der ihnen der Eröffnungsbeschluss ohne weitere Erklärung vorgelesen und sie zu Person und Sache vernommen wurden, konnten selbst Zeugen und Sachverständige befragen und Beweisanträge stellen[455]. Darüber hinaus waren sie auf veränderte rechtliche Gesichtspunkte aufmerksam zu machen, ihnen gebührte die Antwort auf das Plädoyer des Staatsanwaltes und das letzte Wort[456].

Ruscheweyh fasste zusammen:

> „Daß durch ein solches Verfahren dem Kind, das einmal aus irgendwelchen Gründen gefehlt hat, wieder auf den rechten Weg geholfen wird, behauptet wohl niemand."[457]

II. Die Entstehung der Jugendgerichtsbewegung

Die in der Tat unbefriedigende Ausgestaltung des Strafverfahrens gegen junge Delinquenten und deren strafrechtliche Behandlung geriet jedoch ab den 1880er Jahren zunehmend in den Fokus. Nachdem bereits kurz nach der Reichsgründung die strafrechtliche Behandlung von Kindern und Jugendlichen mehr und mehr Thema der öffentlichen Kritik wurde[458], entwickelte sich ab den 1880er Jahren kontinuierlich die Jugendgerichtsbewegung, die die Forderungen der modernen Erziehungswissenschaft, dass sich der eigene Wille eines nicht erwachsenen Menschen in Freiheit bilden und entfalten sollte, in den Vordergrund rückte[459]. Eine maßgebliche Voraussetzung für die Entstehung der Jugendgerichtsbewegung war der bereits dargestellte gesamtgesellschaftlich erkannte soziale Eigenwert der Jugendphase, welcher dazu geführt hatte, dass die spezifischen Existenzbedingungen von Kindern

---

454 *Fritsch*, Reformbewegung, S. 18; *Köhne*, in: Reform des Strafprozesses, 623 (624); vgl. dazu auch *Ruscheweyh*, Jugendgericht, S. 33: „Das sind die einzigen dürftigen Vorschriften, die auf jugendliche Beschuldigte Rücksicht nehmen. Im Übrigen geht das Verfahren seinen unerbittlichen, für Erwachsene vorgeschriebenen Gang".

455 *Ruscheweyh*, Jugendgericht, S. 33.

456 *Köhne*, in: Reform des Strafprozesses, 623 (625); auch *Schady*, Praxis des Jugendstrafrechts, S. 19, ist der Ansicht, vor „1923 wurden Jugendliche, grob gesagt, wie Erwachsene nach allgemeinem Strafrecht abgeurteilt".

457 *Ruscheweyh*, Jugendgericht, S. 34.

458 Vgl. hierzu *v. Holtzendorff*, Gerichtssaal 1874, 401 f., 409 f.

459 *Fritsch*, Reformbewegung, S. 4; *Ruscheweyh*, Jugendgericht, S. 50; *Walter*, 100 Jahre Jugendgerichte, S. 2.

und Jugendlichen in das gesellschaftliche Bewusstsein getreten waren. Bis zum Ende des 19. Jahrhunderts hatte sich bei der Mehrheit der Gesellschaft der Gedanke verfestigt, junge Menschen müssten individualisiert behandelt und altersgerecht in die Gesellschaft integriert werden[460]. Zu dieser Strömung kamen weitere Entwicklungen hinzu, welche die Diskussion im Hinblick auf die strafrechtliche Behandlung junger Menschen anfachten. Im folgenden Abschnitt soll diese Entwicklung bis zur Einführung des JGG 1923 nachvollzogen werden.

1. Der Zweckgedanke im Strafrecht

Entscheidend für die Entstehung des JGG war unter anderem, dass *Franz v. Liszt* den Zweckgedanken, welcher auch in der Philosophie der Aufklärung eine wichtige Rolle gespielt hatte, seit dem Beginn des 19. Jahrhunderts jedoch wieder in den Hintergrund gerückt war, im Rahmen seines sog. Marburger Programms wiederbelebte[461].

Bis in die 1880er Jahre wurden die Strafen noch durch ihre Vergeltungs- und Abschreckungsfunktion legitimiert[462]. Sinn der Bestrafung war danach primär die Vergeltung für die durch die Tat zum Ausdruck kommende Schuld, sodass nicht der Täter, sondern die Tat die Bemessungsgrundlage für die Art und Höhe der Strafe war[463]. Mit der Vergeltungsstrafe sollte die Schuld des Täters ausgeglichen werden, aber auch eine staatliche Machtausübung durch die Bestrafung der Bürger erfolgen[464]. Daneben diente die Strafe seit *Feuerbach*, dessen Strafrechtslehre ihren Ausgang in der Rechtslehre *Kants*[465] nahm, jedoch nicht mehr nur der Vergeltung, sondern auch der Durchsetzung psychologischen Zwangs in Form der Generalprävention[466].

---

460 *Nothacker*, „Erziehungsvorrang", S. 33 f.

461 Vertiefend zum Vorgehen *v. Liszts* mittels einer „strafrechtlichen Evolutionstheorie" *Ostendorf*, Zweckstrafe, S. 13 f.; *Vormbaum*, Strafrechtsgeschichte, S. 118 f., weist richtigerweise darauf hin, dass *v. Liszt* natürlich nicht der erste war, der den neuen Zeitgeist in die Strafrechtswissenschaft einbezog; *v. Liszt* selbst verweist in seinem Marburger Programm auf die in Italien unter anderem von Lombroso entwickelte anthropologische Schule, vgl. *v. Liszt*, ZStW 3 (1883), 1 (5).

462 *Dörner*, Erziehung durch Strafe, S. 30; *Vormbaum*, Strafrechtsgeschichte, S. 64.

463 *Toprak*, Erzieherische Mission, S. 20.

464 *Toprak*, Erzieherische Mission, S. 20.

465 Vgl. zu *Kant* auch *Vormbaum*, Strafrechtsgeschichte, S. 37 ff. und *Cornel*, Jugendstrafvollzug, S. 48 f.

466 *Ostendorf*, Zweckstrafe, S. 13; *Vormbaum*, Strafrechtsgeschichte, S. 39 ff.; ausführlich dazu auch *Cornel*, Jugendstrafvollzug, S. 49 ff. und *Schmidt*, Geschichte, S. 232 ff.

Individualisierende Straftheorien hingegen wurden mit aller Entschiedenheit verworfen, ihnen wurde sogar die Wissenschaftlichkeit abgesprochen[467]. In seinem 1883 veröffentlichten und aus der 1882 an der Universität Marburg[468] gehaltenen Antrittsvorlesung hervorgegangenen Aufsatz „Der Zweckgedanke im Strafrecht" griff *v. Liszt* sodann die Schuldausgleichs- und Vergeltungsstrafen an und arbeitete das spezialpräventive Täterstrafrecht heraus[469]. Er war der Ansicht, Strafe sei ein gegen den Willen des Delinquenten gerichteter Zwang mit der Wirkung der Besserung, Abschreckung und Unschädlichmachung[470]. Die Besserungsfähigen und Besserungsbedürftigen[471] seien zu bessern, die nicht Besserungsbedürftigen seien abzuschrecken, die nicht Besserungsfähigen unschädlich zu machen[472]. Es sollte also auf die Gesinnung des Täters ankommen. Nach *v. Liszt* war je nach Eigenart des Täters zu differenzieren und eine Besserungs- oder Sicherungsstrafe zu verhängen, womit er den Blick weg von der Tat und hin auf den Täter richtete[473]. In seinem Marburger Programm spiegelte sich das neue Verhältnis von Individuum, Gesellschaft und Staat, das sich vor allem im letzten Drittel des 19. Jahrhunderts etablierte, wider[474].

V. Liszt löste mit seiner Lehre vom Zweckgedanken im Strafrecht den sog. Schulenstreit zwischen der „klassischen" und seiner „modernen" Schule aus[475]. Er selbst war der Ansicht, die Strafe gehe von der Rache als Urform aus und schreite zur Zweckstrafe fort, weshalb er seine Strafauffassung Ver-

---

467 *v. Liszt*, ZStW 3 (1883), 1 (2 f.) mit Verweis auf *Binding*, GrünhutsZ 1877, 417 ff.

468 Da der Aufsatz ursprünglich im Marburger Universitätsprogramm abgedruckt wurde, ergab sich daraus die Bezeichnung „Marburger Programm", vgl. *Ostendorf*, Zweckstrafe, S. 5; ausführlich zum Marburger Programm auch *Vormbaum*, Strafrechtsgeschichte, S. 118 ff.

469 *Schlüchter*, Erziehungsgedanke, S. 8; *Streng*, ZJJ 2017, 208 (209); *Vormbaum*, Strafrechtsgeschichte, S. 119; *v. Liszt*, ZStW 3 (1883), 1 (6 f.), bezeichnete die Vergeltungsstrafe als „instinktmäßige triebartige Reaktion".

470 *v. Liszt*, ZStW 3 (1883), 1 (33 f.); ausführlich zur „modernen Schule" *Cornel*, Jugendstrafvollzug, S. 127 ff.

471 Diese seien „Anfänger auf der Verbrecherlaufbahn", die „in zahlreichen Fällen noch gerettet werden" könnten, vgl. *v. Liszt*, ZStW 3 (1883), 1 (40 f.).

472 *v. Liszt*, ZStW 3 (1883), 1 (35 ff.).

473 *Fritsch*, Reformbewegung, S. 25.

474 Vgl. auch folgende Äußerung in einem Bericht von *v. Liszt* auf der 15. Versammlung der Landesgruppe Deutsches Reich der IKV in München, in: IKV (Hrsg.), Mitteilungen, Bd. 19, S. 379: „(…) Daher der rasche Sieg unserer Gedanken, weil sie, der Ausfluß einer allgemeinen geistigen Strömung, nur die Reflexwirkung unserer geänderten Auffassung über Wesen und Aufgaben des Staates uns darstellt (…)".

475 *Schmidt*, Geschichte, S. 386 ff.; *Vormbaum*, Strafrechtsgeschichte, S. 119.

einigungstheorie nannte[476]. Widersprochen wurde ihm insbesondere von den Hauptvertretern der klassischen Schule, welche einen Bruch mit der Grundauffassung des geltenden Strafrechts, Strafe sei als gerechte Vergeltung der Schuld zu verstehen und eine Missachtung des Strafbedürfnisses der Allgemeinheit sahen[477]. *V. Birkmeyer* warf die Frage auf, was der Zweckgedanke, der auf die Gesinnung des Täters und dessen Gefährlichkeit und nicht auf dessen Schuld abstellte, vom Strafrecht übrig lasse[478].

Eine Auflösung der Kontroverse im Schulenstreit gelang sodann zuerst im Hinblick auf die jungen Menschen, in denen man eine für die erzieherische Sozialisation besonders geeignete Gruppe erblickte[479]. „Wenn schon nicht für alle Straftäter, so sollte doch auf jeden Fall für die Jugendlichen der Besserungsgedanke an die Stelle des Sühnegedankens treten."[480] Im Marburger Programm ging es zwar noch nicht speziell um die Behandlung junger Delinquenten, sondern um die Strafrechtswissenschaft im Allgemeinen[481]. Dort waren junge Straftäter nicht eigens erwähnt, wohl aber sachlich inbegriffen[482].

Entscheidend war, dass *v. Liszt* von der Vergeltungs-, zur präventiven Zweckstrafe bzw. zu einem spezialpräventiven Täterstrafrecht übergehen wollte[483]. Danach obliegt es dem Staat, den Einzelnen nicht mehr als Teil des Großen Ganzen zu sehen, sondern gemäß einer individualistischen Sichtweise die Entwicklung und Entfaltung des Einzelnen nicht zu behindern[484]. Als sich die moderne Schule in der Diskussion gegen die klassische Schule nicht durchsetzen konnte und der Streit immer weiter festgefahren schien, entstand so aus

---

476 *Vormbaum*, Strafrechtsgeschichte, S. 123.

477 *Schmidt*, Geschichte, S. 386 ff.

478 Vgl. *v. Birkmeyer*, Was lässt von Liszt vom Strafrecht übrig?; zur Antwort von *v. Liszt* auf den Beitrag vgl. *v. Liszt*, ZStW 27 (1907), 213; vgl. zum Ganzen auch *Vormbaum*, Strafrechtsgeschichte, S. 125 ff.

479 *Schlüchter*, Erziehungsgedanke, S. 8; *Streng*, ZJJ 2017, 208 (209).

480 *Roth*, ZNR 1991, 17 (26).

481 *Fritsch*, Reformbewegung, S. 24; *Nothacker*, „Erziehungsvorrang", S. 34; tatsächlich stand *v. Liszt* der Jugendgerichtsbewegung lange Zeit sogar skeptisch gegenüber, weil er rechtsstaatliche Bedenken gegen deren Vorschläge hatte und fürchtete, eine allgemeine Strafrechtsreform könnte dadurch gefährdet werden, vgl. *Pieplow*, in: GS-Walter, 341 (345 f.); *ders.*, in: Kriminologische Forschung, 605 (620 ff.).

482 *Bottke*, ZStW 95 (1983), 69 (Fn. 4); erst 20 Jahre später erklärte *v. Liszt*, dass mit den Besserungsfähigen vor allem die Jugendlichen gemeint seien, vgl. *v. Liszt*, in: Verhandlungen des 26. DJT, Bd. 1, 259 (292).

483 *Fritsch*, Reformbewegung, S. 24; *Schlüchter*, Erziehungsgedanke, S. 8.

484 *Ruscheweyh*, Jugendgericht, S. 9.

den Gedanken der modernen Schule ein Hauptantrieb für die Jugendgerichtsbewegung[485]. Man sah in der strafrechtlichen Behandlung junger Menschen eine gute Möglichkeit, diese Gedanken doch noch fruchtbar zu machen und wenigstens eine Teilreform in Gang zu setzen[486]. Somit war die Reformbewegung im Jugendstrafrecht ein Teil der Bemühungen um die Reform des gesamten Strafrechts, sodass sie auch in diesem Zusammenhang gesehen werden muss[487].

2. Die Folgen der Veröffentlichung der Reichskriminalstatistik

Ein weiterer Faktor im Rahmen der Entstehung der Jugendgerichtsbewegung war auch die gesellschaftliche Situation und innenpolitische Entwicklung im Kaiserreich, in dem es durch die Vormachtstellung der preußischen Regierung und der gegenüber der Sozialdemokratie betriebenen Ausgrenzungspolitik zu ständigen Spannungen kam[488]. Hinzu kam der bereits geschilderte Anstieg der Kriminalität junger Menschen als Folge der mit der Industrialisierung verbundenen Bevölkerungszunahme und Verstädterung.

Der Geheime Ober-Justizrat und vortragende Rat im Justizministerium *Starke* beschäftigte sich schon in einem Vortrag vom 24. November 1880 mit dem Problem der Kriminalität junger Menschen und führte zu den Lebensverhältnissen in den Städten aus:

> „Wer kann sich noch wundern, daß bei den Kindern, welche in dieser Atmosphäre aufwachsen, von einer Erziehung in Gottesfurcht, Zucht und Sitte nicht die Rede ist; die roheste geistige und körperliche Mißhandlung ist an deren Stelle getreten."[489]

Bestätigt wurde der wahrgenommene Kriminalitätsanstieg schließlich durch die seit 1882 geführte und 1884 erstmals veröffentlichte Reichskriminalstatistik, welche in den Folgejahren immer wieder Argumentationshilfe und Stütze

---

485 *Roth*, ZNR 1991, 17 (26); letztendlich sollte der Kompromiss im Schulenstreit in der Zweispurigkeit von Strafen und Sicherungsmaßregeln bestehen, vgl. *Vormbaum*, Strafrechtsgeschichte, S. 125; *Beulke/Swoboda*, Jugendstrafrecht, S. 41, sprechen von einem „Remis" der beiden Schulen.

486 *Roth*, ZNR 1991, 17 (26), fasst zusammen: „Wenn schon nicht für alle Straftäter, so sollte doch auf jeden Fall für die Jugendlichen der Besserungsgedanke an die Stelle des Sühnegedankens treten. Kinder gehören in die Schule, nicht ins Gefängnis. Auf die Entwicklung und die besondere Persönlichkeit des Kindes müsse auch das Strafrecht Rücksicht nehmen."; vgl. dazu auch *Schaffstein*, in: Weg und Aufgabe, S. XI (Einführung).

487 *Sieverts*, in: Verhandlungen des 9. JGT, 15.

488 Für *Wolff*, ZfRSoz 1986, S. 125 f., waren dies sogar entscheidende Voraussetzungen, damit die Idee eines Jugendstrafrechts wirksam werden konnte.

489 *Starke*, Jugendliche Verbrecher, S. 12.

der Forderungen nach einem eigenständigen Jugendstrafrecht werden sollte[490]. Diese gab Anlass dazu, sich verstärkt mit den Straftaten der noch nicht Erwachsenen zu beschäftigen[491]. Denn in den Jahren seit der Einführung und Veröffentlichung der Statistik zeigte sich ein deutlicher Anstieg der Jugendkriminalität von Jahr zu Jahr und es wurde sichtbar, dass die jungen Delinquenten umso öfter rückfällig wurden, je härter und öfter sie bestraft wurden[492]. Erstmals wurde sich jetzt intensiv mit den Kriminalitätsursachen bei jungen Menschen auseinandergesetzt und vielfach wurde aus den Zahlen gefolgert, dass die Maßnahmen, mit denen bisher versucht worden war, die Jugendkriminalität zu bekämpfen, wirkungslos geblieben waren, also Reformbedarf bestand[493].

Angemerkt wurde zwar bereits von Beginn an, dass die Zahlen der Statistik tatsächlich nur eine äußerst geringe Aussagekraft hatten[494]. So gab sie nur Auskunft über Verbrechen und Vergehen gegen Reichsgesetze[495]. Weiterhin existierte wie in jeder Kriminalitätsstatistik ein nicht zu erfassendes Dunkelfeld und die Zahlen waren stark abhängig von der Zuverlässigkeit der Strafverfolgungsbehörden, welche sehr unterschiedlich war[496]. Dennoch offenbarten sie nach Ansicht der Rechtswissenschaftler ein grundsätzliches, nicht zu verleugnendes Problem der Kriminalität junger Menschen, welches nicht allein mit der Steigerung der Gesamtkriminalität oder mit dem Bevölkerungszuwachs zu erklären war[497].

490 *Nothacker*, „Erziehungsvorrang“, S. 35; *Roth*, ZNR 1991, 17 (27); *Ruscheweyh*, Jugendgericht, S. 20.

491 *Kraft*, Tendenzen, S. 20.

492 *Simonsohn*, in: Jugendkriminalität, S. 9 f.; für *Sieverts*, in: Verhandlungen des 9. JGT, 15 (16), war die Zunahme der Zahl der Vorbestraften und den Verurteilten der beunruhigendste Teil der Statistik; die Zahlen werden unter anderem dargestellt bei *Appelius*, Jugendliche Verbrecher, S. 8 ff.; *Aschrott*, Verwahrloste und verbrecherische Jugend, S. 1 ff.; *Ruscheweyh*, Jugendgericht, S. 13 ff. und ausführlich erläutert bei *Fritsch*, Reformbewegung, S. 31 ff.

493 *Fritsch*, Reformbewegung, S. 40; vgl. auch *Nothacker*, „Erziehungsvorrang“, S. 35; *Ruscheweyh*, Jugendgericht, S. 12.

494 Ausführlich zu den Mängeln der Statistik *Appelius*, Jugendliche Verbrecher, S. 10 ff.

495 *Ruscheweyh*, Jugendgericht, S. 17.

496 *Appelius*, Jugendliche Verbrecher, S. 10 f.

497 *Appelius*, Jugendliche Verbrecher, S. 10; vgl. hierzu auch *Roth*, ZNR 1991, 17 (27 f.); laut *Fritsch*, Reformbewegung, S. 40 kann dahinstehen, ob es wirklich einen überproportionalen Anstieg der Verurteiltenziffer bei Jugendlichen gab, da entscheidend und ausreichend ist, dass dies die Vertreter der Jugendgerichtsbewegung jedenfalls glaubten.

Unter anderem bei den Gefängniskongressen 1885 in Rom und 1890 in St. Petersburg wurde dann bereits die „verwahrloste und verbrecherische Jugend" thematisiert[498]. Die Diskussion beschränkte sich zu dieser Zeit noch nicht auf Jugendliche nach dem gegenwärtigen Begriffsverständnis, sondern es wurde vor allem über die strafunmündigen Kinder nachgedacht, welche nach mittlerweile allgemeiner Überzeugung nicht zu bestrafen, sondern zu erziehen waren[499]. Daneben entstand aber schon früh die Forderung, sich nicht nur mit verwahrlosten Kindern, sondern auch strafmündigen jungen Rechtsbrechern zu beschäftigen[500].

Der Berliner Amtsrichter *Aschrott*, stellte schließlich fest, dass bezüglich der Frage der Reformbedürftigkeit in der „Behandlung der verwahrlosten und verbrecherischen Jugend" in der Strafrechtswissenschaft Einigkeit herrschte[501] und hielt 1892 einen Vortrag mit gleichlautendem Titel vor der Juristischen Gesellschaft zu Berlin[502].

a) Aschrott: Behandlung der verwahrlosten und verbrecherischen Jugend

Aschrott setzte sich in seinem Vortrag eingehend mit den Zahlen der Reichskriminalstatistik aus dem Jahr 1889 auseinander und stellte im Vergleich zum Jahr 1882 einen enormen Anstieg an Kriminalität junger Menschen und eine hohe Rückfallquote fest[503]. So war die Gesamtzahl der wegen Verbrechen und Vergehen gegen Reichsgesetze verurteilten Personen im Alter zwischen 12 und 18 Jahren von 30.719 (1882) um 19,76% auf 36.790 angestiegen, wobei 1890 gegenüber dem Vorjahr noch einmal ein Anstieg um 10%

498 *Fritsch*, Reformbewegung, S. 41; zusammenfassend zu den dort behandelten Fragen und gefassten Beschlüssen *Aschrott*, Verwahrloste und verbrecherische Jugend, S. 51 ff.; zudem war schon ab 1895 die Strafaussetzung zur Bewährung in der Form der bedingten Begnadigung, besonders mit Rücksicht auf die Jugendlichen, eingeführt worden, vgl. *Miehe*, in: Weg und Aufgabe, 1 (3); ausführlich zum Institut der bedingten Begnadigung auch *Fritsch*, Reformbewegung, S. 50 ff. und *Ruscheweyh*, Jugendgericht, S. 75 ff..

499 *Roth*, ZNR 1991, 17 (28); siehe hierzu etwa *Aschrott*, Verwahrloste und verbrecherische Jugend und *Appelius*, Jugendliche Verbrecher, die sich auch mit Strafunmündigen auseinandersetzen.

500 Laut *Roth*, ZNR 1991, 17 (28) (m.w.N.) hatte dies schon der Abgeordnete Zelle bei der Diskussion um das preußische Zwangserziehungsgesetz 1878 gefordert.

501 *Aschrott*, Verwahrloste und verbrecherische Jugend, S. III (Vorwort).

502 *Ruscheweyh*, Jugendgericht, S. 51.

503 *Aschrott*, Verwahrloste und verbrecherische Jugend, S. 1 ff.

auf 40.905 verurteilte junge Menschen verzeichnet wurde[504]. Daraus folgerte er, dass sich das bisherige Recht als wirkungslos und lückenhaft erwiesen hätte und Reformbedarf bestand, um eine Rekrutierung der jungen Menschen durch das Verbrechertum zu verhindern[505].

Er stellte vor allem materielle Forderungen wie die Anhebung der Strafmündigkeitsgrenze auf 14 Jahre auf und formulierte den Wunsch, dass § 56 RStGB, nach dem bei Personen im Alter zwischen 12 und 18 Jahren bei fehlender Einsichtsfähigkeit ein Freispruch zu erfolgen hatte und die Überweisung in eine Erziehungs- und Besserungsanstalt erfolgen konnte, gestrichen werden könnte, wenn der Richter in Zukunft die Möglichkeit hätte, diejenigen Strafmittel zu verhängen, die der Individualität des Jugendlichen am besten entsprechen würden[506]. *Aschrott* differenzierte zwischen wegen Verwahrlosung angeordneter Erziehung (staatlich überwachter Erziehung) bei Personen unter 16 Jahren und Zwangserziehung als Strafmittel gegen jugendliche Delinquenten[507]. Dabei nahm er Bezug auf das englische System der sog. Industrial Schools für verwahrloste und der sog. Reformatory Schools für delinquente junge Menschen, wobei laut ihm nur letztere als Strafe empfunden wurden[508]. Nach *Aschrott* sollten Minderjährige in staatlich überwachte Erziehung aufgenommen werden, wenn sie verwahrlost waren und gewöhnliche Erziehungsmittel nicht mehr ausreichten[509].

Um das Einschreiten bei verwahrlosten Kindern überall dort, wo es notwendig erschien, gewährleisten zu können, sollten laut ihm entsprechende Vorkehrungen getroffen werden, wobei er sich von einer Studienreise nach Massachusetts inspirieren ließ. Dort war seit 1869 eine sog. State Agency eingerichtet, welche nach Einleitung eines Strafverfahrens die Verhältnisse des Angeklagten und die Umstände, die zur Tat geführt haben, ermittelte und den Richter bei der

---

504 *Aschrott*, Verwahrloste und verbrecherische Jugend, S. 1; im Vergleich dazu betrug die Zahl der verurteilten Jugendlichen (im Alter zwischen 14 und 18 Jahren) im Jahr 2022 20.488, vgl. das Statistische Bundesamt (Hrsg.), Strafverfolgungsstatistik 2022, Tabelle 24311-0002.

505 *Aschrott*, Verwahrloste und verbrecherische Jugend, S. 3, 14 ff.

506 Gleichzeitig wehrte er sich jedoch gegen den Vorschlag, das besondere Strafensystem des RStGB für Jugendliche bis zum vollendeten 20. oder 21. Lebensjahr zur Anwendung zu bringen, da sich die „Volksanschauung“ bereits an die Vollendung des 18. Lebensjahrs als maßgebliches Alter für die volle Strafmündigkeit gewöhnt habe, vgl. *Aschrott*, Verwahrloste und verbrecherische Jugend, S. 21 ff.

507 *Aschrott*, Verwahrloste und verbrecherische Jugend, S. 26.

508 *Aschrott*, Verwahrloste und verbrecherische Jugend, S. 27 f. mit Verweis auf seinen Beitrag über das „Strafensystem und Gefängniswesen in England“ aus dem Jahr 1887.

509 *Aschrott*, Verwahrloste und verbrecherische Jugend, S. 37.

Verhängung der richtigen Maßregel unterstützen sollte, indem jeder Verhandlung ein State Agent oder ein von ihm instruierter Gerichts- oder Polizeibeamter beiwohnte[510]. Laut *Aschrotts* Skizze zur Ausführung der staatlich überwachten Erziehung sollte daher in jedem Amtsgerichtsbezirk ein Jugendanwalt[511] zur Durchführung der Fürsorge- oder Zwangserziehung eingesetzt werden, welcher die Ermittlungen zu den einzelnen Fällen durchführen und dem Verfahren beiwohnen sollte[512]. Dieser sollte auch das Recht haben, bei leichteren Vergehen nur die Eltern zu verwarnen und erst wenn die Verwarnung fruchtlos blieb einen Antrag auf staatlich überwachte Erziehung zu stellen[513]. Darüber hinaus sollte in jedem Amtsgerichtsbezirk ein Erziehungsamt geschafften werden, welches für die Anordnung und Durchführung der Erziehung zuständig sein sollte[514]. Diesem sollte der Vormundschaftsrichter vorsitzen, ergänzt von je einem Vertreter der Staats- und der Lokalbehörde, der Geistlichkeit und der Schule (ähnlich eines Schöffengericht[s]), um größere Akzeptanz von der Bevölkerung zu erhalten und deren praktische Kenntnisse nutzen zu können[515]. Das Erziehungsamt sollte mit der Anordnung der staatlich überwachten Erziehung, welche spätestens mit Vollendung des 20. Lebensjahrs enden sollte, gleichzeitig darüber entscheiden, ob der Betroffene in einer Erziehungsanstalt oder einer Familie untergebracht werden sollte[516]. *Aschrott* erkannte bereits die schädlichen Wirkungen, die ein öffentliches Verfahren auf die jungen Menschen haben kann und forderte vor dem Erziehungsamt nicht öffentliche Verfahren wenigstens gegen Personen im Alter

---

510 *Aschrott*, Verwahrloste und verbrecherische Jugend, S. 34 ff. mit Verweis auf seinen Bericht: „Aus dem Strafen- und Gefängniswesen Nordamerikas, Rückblicke auf eine Studienreise" aus dem Jahr 1889.

511 *Ruscheweyh*, Jugendgericht, S. 52, sieht hierin einen Vorläufer des Jugendstaatsanwalts, auch wenn der Jugendanwalt nach den Vorschlägen *Aschrotts* seinen Platz im Verfahren gegen verwahrloste Kinder hat.

512 Der Jugendanwalt sollte laut *Aschrott* selbst ermitteln, ob eine Verwahrlosung vorliegt und an das Erziehungsamt berichten. Dabei sollte er sowohl die staatlichen Interessen gegenüber den Eltern als auch die Interessen des Kindes gegenüber dem Gericht bzw. Erziehungsamt vertreten, vgl. *Aschrott*, Verwahrloste und verbrecherische Jugend, S. 38 ff.

513 *Aschrott*, Verwahrloste und verbrecherische Jugend, S. 39; dieser Gedanke findet sich rund zehn Jahre später auch in Amerika in der Einführung des „Probation Officers" wieder, vgl. *Ruscheweyh*, Jugendgericht, S. 52 f.

514 *Aschrott*, Verwahrloste und verbrecherische Jugend, S. 37 ff.

515 *Aschrott*, Verwahrloste und verbrecherische Jugend, S. 37 f.; für *Ruscheweyh*, Jugendgericht, S. 53 ist das Erziehungsamt noch kein Jugendgericht, sondern nur eine erweiterte Vormundschaftsbehörde, die Erziehungsmaßnahmen für verwahrloste Kinder festlegen soll; *Roth*, ZNR 1991, 17 (29) sieht hier gedanklich das spätere Jugendamt entstehen.

516 *Aschrott*, Verwahrloste und verbrecherische Jugend, S. 40 f.

von 12–14 Jahren[517]. Die jungen Delinquenten seien laut ihm in der Vergangenheit durch die Öffentlichkeit des Verfahrens entweder zu beschämt gewesen oder hätten sich „zu einem Gegenstand allgemeiner Aufmerksamkeit erhoben“ gefühlt[518].

Zwangserziehung als Strafmittel wollte er dagegen bei jungen Straftätern anwenden, wenn „die begangene Handlung im Wesentlichen auf eine vernachlässigte und schlechte Erziehung zurückzuführen ist und der Jugendliche somit der Nacherziehung bedarf, wenn aus ihm ein brauchbares Glied des Gemeinwesens werden soll“[519]. Auf Strafe verzichtete *Aschrott* also nicht[520]. Dennoch sollte auch diesbezüglich das Strafverfahren mit seinen schädlichen Einflüssen nicht öffentlich sein[521]. Um generell zu vermeiden, dass junge Menschen unnötigerweise einem Strafverfahren ausgesetzt werden, sollte die Staatsanwaltschaft bei Beschuldigten unter 16 Jahren verpflichtet sein, durch den Jugendanwalt zu ermitteln, ob die zur Strafbarkeit erforderliche sittliche Reife[522] vorlag und wenn dies nicht der Fall sei, das Verfahren an den Jugendanwalt abgeben, damit dieser gegebenenfalls die Anordnung der staatlich überwachten Erziehung anregen konnte[523].

b) *Appelius*: *Behandlung jugendlicher Verbrecher und verwahrloster Kinder*

Bereits auf der zweiten Tagung der deutschen Landesgruppe der zum 1. Januar 1889 von *Franz v. Liszt* und den Professoren *v. Hamel* und *Prins* gegründeten Internationalen Kriminalistischen Vereinigung (IKV)[524] in Halle

517 *Aschrott*, Verwahrloste und verbrecherische Jugend, S. 40.

518 *Aschrott*, Verwahrloste und verbrecherische Jugend, S. 40.

519 *Aschrott*, Verwahrloste und verbrecherische Jugend, S. 31.

520 So auch *Ruscheweyh*, Jugendgericht, S. 53.

521 *Aschrott*, Verwahrloste und verbrecherische Jugend, S. 48.

522 *Aschrott* wollte den Begriff der Einsichtsfähigkeit in § 56 RStGB streichen und bevorzugte das Abstellen auf die sittliche Reife, vgl. dazu *Aschrott*, Verwahrloste und verbrecherische Jugend, S. 23 f.

523 *Aschrott*, Verwahrloste und verbrecherische Jugend, S. 48; *Ruscheweyh*, Jugendgericht, S. 55, sieht hier schon den Gedanken, den Jugendlichen so lange wie möglich von einer Gerichtsverhandlung fernzuhalten.

524 Diese setzte sich aus Anhängern der soziologischen Schule von verschiedensten Berufsgruppen zusammen, vgl. *Stolp*, Entwicklung des Jugendstrafrechts, S. 29 f.

am 25. und 26. März 1891 wurde sodann die Frage nach einer möglichen Umgestaltung der §§ 55 – 57 RStGB verhandelt[525].

Berichterstatter waren damals der Strafanstaltsdirektor *Krohne* und der Staatsanwalt *Appelius*[526]. Nach den Ausführungen der Referenten hielt man die Frage noch nicht für geklärt und setzte einen Ausschuss ein, um einen Bericht für die nächste Jahresversammlung zu erstellen, dem neben den Berichterstattern auch *v. Liszt* und als Praktiker des Erziehungswesens der Leiter der preußischen Erziehungsanstalt Wabern *Keßler* angehörte[527]. Der Ausschuss erarbeitete aufgrund von Beratungen in Eisenach die sog. Eisenacher Vorschläge[528], welche an die Mitglieder der IKV und weitere Sachverständige wie etwa Lehrer und Erziehungsvereine versandt wurden[529]. Mit den Personen, welche daraufhin besondere Gutachten zur Thematik verfasst haben, wurde sodann eine Konferenz in Berlin abgehalten, deren Ergebnisse in den sog. Berliner Beschlüssen[530] mündeten. Staatsanwalt *Appelius* fasste diese Gutachten und Beschlüsse ein Jahr nach der Tagung der IKV zu seinem für die Jugendgerichtsbewegung bahnbrechenden Werk über „Die Behandlung jugendlicher Verbrecher und verwahrloster Kinder“ zusammen, dem als Anlage auch ein Gesetzesentwurf beigefügt war[531].

In seinem Werk setzte sich auch *Appelius* zunächst mit dem damaligen Rechtszustand, den Ursachen der hohen Kriminalitäts- und Rückfallziffern der Delinquenten unter 18 Jahren und möglichen Mitteln zur Bekämpfung der Kriminalität auseinander und bezeichnete die Behandlung jugendlicher Verbrecher und verwahrloster Kinder als „eine der brennendsten Fragen des sozialen Lebens“[532]. Er betonte insbesondere die Wichtigkeit der Erziehung, da die

---

525 *Appelius*, Jugendliche Verbrecher, S. 1; *Schlüchter*, Erziehungsgedanke, S. 8; *Sieverts*, in: Verhandlungen des 9. JGT, 15 (16); die Jugendgerichtsbewegung fand vor allem in Tagungen und Vorträgen und weniger in wissenschaftlichen Veröffentlichungen ihren Ausdruck, vgl. *Fritsch*, Reformbewegung, S. 7, 44 f.

526 *Appelius*, Jugendliche Verbrecher, S. 1.

527 *Roth*, ZNR 1991, 17 (26); *Ruscheweyh*, Jugendgericht, S. 51; die Frage, die der Ausschuss beantworten sollte, lautete: „Nach welcher Richtung hin ist eine Umgestaltung der über die Behandlung jugendlicher Verbrecher im Strafgesetzbuch gegebenen Bestimmungen wünschenswert?“, vgl. *Appelius*, Jugendliche Verbrecher, S. 1.

528 Abgedruckt bei *Appelius*, Jugendliche Verbrecher, S. 226 ff. (Anlage III).

529 *Appelius*, Jugendliche Verbrecher, S. 2; *Roth*, ZNR 1991, 17 (26); *Ruscheweyh*, Jugendgericht, S. 51.

530 Abgedruckt bei *Appelius*, Jugendliche Verbrecher, S. 233 ff. (Anlage IV).

531 *Roth*, ZNR 1991, 17 (26); *Ruscheweyh*, Jugendgericht, S. 51; für *Sieverts*, in: Verhandlungen des 9. JGT, 15 (16), setzte damit der „literarische Feldzug“ der Reformbewegung ein.

532 *Appelius*, Jugendliche Verbrecher, S. 3 ff., 15 ff.

Jugenddelinquenz seiner Meinung nach vor allem auf einem Mangel an Erziehung beruhte[533]. Laut *Appelius* müssten passende Reaktionsmittel gewählt werden können, durch die die charakterlichen Defizite der jungen Menschen ausgeglichen werden könnten[534]. Junge Straftäter dürften zu keinem Zeitpunkt als verloren oder mit den Worten *v. Liszts* als unverbesserlich aufgegeben werden[535]. Er kritisierte darüber hinaus, dass es dem deutschen Recht an vorbeugenden Bestimmungen für die Erziehung verwahrloster Kinder fehlte und diese erst eine Straftat begehen müssten, bevor sich ihrer angenommen würde[536].

Neben dem materiellen Recht und dem Strafvollzug beschäftigte er sich auch mit dem Verfahren gegen junge Delinquenten[537]. In Bezug auf verbrecherische oder verwahrloste Kinder (unter 14 Jahren) sollte seiner Meinung nach der Richter feststellen, dass eine strafbare Handlung begangen wurde und entscheiden, ob staatlich überwachte Erziehung eintreten sollte, wobei er die Vormundschaftsgerichte dafür am besten geeignet hielt[538]. Die Entscheidung in Verfahren gegen junge Straftäter (vom 14. bis 18. Lebensjahr) sollte dagegen wie bisher im ordentlichen Strafverfahren durch das nach dem GVG zuständige Gericht ergehen[539]. *Appelius* kritisierte den Vorschlag von *Aschrott*, dass ein Jugendanwalt bezüglich jedes Angeschuldigten unter 16 Jahren Ermittlungen über die Persönlichkeit und sittliche Reife anstellen und bei fehlender Reife die Sache an den Jugendanwalt abgegeben werden sollte mit der Begründung, dass dies den deutschen Anschauungen, wonach in der Regel ein Urteil des Strafgerichts über die gesamte Schuldfrage erfolge, fremdartig sei und die der Staatsanwaltschaft hiermit eingeräumten Machtbefugnisse zu Kritik an der Unparteilichkeit der Maßnahmen führen könnten[540]. Dennoch sah auch *Appelius* die Notwendigkeit einer Ausdehnung der Untersuchung von der Tat und dem Täter auf den „Beschuldigten als Menschen“, also die Lebens- und Erziehungsverhältnisse, sowie die häuslichen Verhältnisse, weshalb seiner

533 *Appelius*, Jugendliche Verbrecher, S. 16 ff.

534 *Appelius*, Jugendliche Verbrecher, S. 20.

535 *Appelius*, Jugendliche Verbrecher, S. 21.

536 *Appelius*, Jugendliche Verbrecher, S. 30.

537 *Appelius*, Jugendliche Verbrecher, S. 130 ff.; vgl. hierzu auch *Ruscheweyh*, Jugendgericht, S. 53 ff.und *Köhne*, in: Mitteilungen der IKV, Bd. 21, 107 (109 ff.).

538 *Appelius*, Jugendliche Verbrecher, S. 130.

539 *Appelius*, Jugendliche Verbrecher, S. 137 f.

540 *Appelius*, Jugendliche Verbrecher, S. 138 f.; letztendlich liegt in der Berechtigung des Jugendanwalts, in leichteren Fällen von einer Verfolgung abzusehen und nur die Eltern zu verwarnen aber auch eine Durchbrechung des Legalitätsprinzips, vgl. *Ruscheweyh*, Jugendgericht, S. 55.

Meinung nach Strafbefehle unzulässig sein sollten[541]. Die „Soll-Vorschrift" des § 116 RStPO, der eine Trennung von Untersuchungshaftgefangenen vorsah, welche in der Praxis jedoch zumeist nicht durchgeführt wurde, sollte laut ihm für Jugendliche zur „Muss-Vorschrift" werden, um schädliche Einflüsse von den jungen Menschen fernzuhalten[542].

Appelius sah in seinem Gesetzesentwurf eine Ausweitung des Verteidigungszwangs bis zur Vollendung des 18. Lebensjahrs auf alle Verfahren vor den Strafkammern schon mit Zustellung der Anklageschrift vor und wollte für die Amtsgerichte zumindest die Möglichkeit normieren, einen Verteidiger mit der Ladung zur Hauptverhandlung beizuordnen, da er befürchtete, dass geeignete Verteidiger nicht immer vorhanden sein würden[543]. Auch Privatpersonen sollten als Verteidiger bestellt werden können, wenn sie zur Übernahme der Verteidigung bereit und geeignet waren[544]. Die in der Mitte des Jahrhunderts hart erkämpfte Öffentlichkeit der Hauptverhandlung wollte er für Angeklagte unter 18 Jahren mit der Begründung ausschließen, dass in der Hauptverhandlung deren Ehrgefühl geweckt werden solle und diese sich nicht inmitten von Freunden und Altersgenossen stolz über das Interesse als „Helden des Tages" fühlen sollten[545]. Damit kein Nachteil oder Schaden durch den Ausschluss entstehen könne, sollten jedoch Eltern, Pflegeeltern, Vormund, Erzieher, Lehrer, Arbeitgeber des Angeklagten (diese würden in der Regel ohnehin als Auskunftsperson bei der Verhandlung anwesend sein) oder auf Gestattung des Gerichts auch andere Personen anwesend sein dürfen[546]. Für alle Angeklagten unter 21 Jahren, welche bei der Aburteilung bereits unter staatlich überwachter Erziehung standen, sollte der Erziehungsbehörde Gelegenheit gegeben werden, sich dazu zu äußern, welche Behandlung sie für angemessen halte[547].

---

541 *Appelius*, Jugendliche Verbrecher, S. 139.

542 *Appelius*, Jugendliche Verbrecher, S. 140; auch Starke hat in seinem Vortrag auf die Gefahren für Jugendliche in der Untersuchungshaft hingewiesen, vgl. *Starke*, Jugendliche Verbrecher, S. 15.

543 *Appelius*, Jugendliche Verbrecher, S. 143 f.

544 *Appelius*, Jugendliche Verbrecher, S. 144.

545 Nach *Appelius* könne es von einem kleinen Jungen nicht erwartet werden, dass dieser ein Geständnis vor zuhörenden Kriminalstudenten ablegt. Ein Erscheinen vor Gericht wollte er dem Jugendlichen aber nicht ersparen, „damit er sich vor dem Recht beugen lerne", vgl. *Appelius*, Jugendliche Verbrecher, S. 141 ff.

546 *Appelius*, Jugendliche Verbrecher, S. 143.

547 *Appelius*, Jugendliche Verbrecher, S. 144 f.

c) Schmölder: Die verwahrlosten Kinder und jugendlichen Verbrecher

Unter den entscheidenden Veröffentlichungen, die sich bis zur Wende vom 19. in das 20. Jahrhundert mit der Behandlung verwahrloster und verbrecherischer Kinder und Jugendlichen beschäftigten, findet sich zuletzt auch der Aufsatz von Oberlandesgerichtsrat *Schmölder* aus dem Jahr 1894 mit dem Titel „Die verwahrlosten Kinder und jugendlichen Verbrecher“[548]. Bereits durch den Untertitel „Eine Entgegnung auf die These und Beschlüsse der Internationalen criminalistischen Vereinigung (Gruppe Deutsches Reich)“ wird deutlich, dass sich *Schmölder* darin vor allem auf die Veröffentlichung von *Appelius* bezog[549].

In seiner Abhandlung betonte er, dass für die zunehmende Verwahrlosung der Kinder deren „Machthaber“, also die Väter, Mütter und Vormünder verantwortlich seien[550]. Er kritisierte auch die Vertreter der IKV, insbesondere *Appelius* und *v. Liszt,* für deren Vorschläge und sprach von „blinder Verehrung der Erziehung in einer staatlichen Erziehungsanstalt oder einer vom Staate bezahlten fremden Familie“ sowie einer „Missachtung der elterlichen Gewalt“[551].

Dabei äußerte er sich auch zum formellen Recht[552]. Den Vorschlag von Erziehungsämtern, welche die Aufgabe hätten, „überall auszuspionieren“, lehnte er ab und konstatierte, dies widerspreche einer Gesellschaftsordnung, welche zu ihrer wichtigsten Grundlage die Familie gewählt hätte und dem Individuum ein weitgehendes Selbstbestimmungsrecht gewähre[553]. *Schmölder* wies auf die Nachteile staatlicher Erziehung hin und warnte davor, Kinder zu schnell den Eltern zu entziehen[554]. In Bezug auf die Feststellung, ob junge Personen zwischen 12 und 18 Jahren die nach § 56 Abs. 1 RStGB erforderliche Einsicht zur Erkenntnis der Strafbarkeit ihrer Handlung besaßen, sah aber auch er umfangreiche Ermitt-

548 *Schmölder*, Gerichtssaal 1894, 157 ff.; *Fritsch*, Reformbewegung, S. 40; *Ruscheweyh*, Jugendgericht, S. 56.

549 Vgl. auch *Fritsch*, Reformbewegung, S. 40 f.

550 *Schmölder*, Gerichtssaal 1894, 157.

551 *Schmölder*, Gerichtssaal 1894, 157 (165 ff.).

552 *Schmölder*, Gerichtssaal 1894, 157 (190 ff.); vgl. dazu auch *Ruscheweyh*, Jugendgericht, S. 56 f.

553 *Schmölder*, Gerichtssaal 1894, 157 (166 f.) sprach von einem „Staatserziehungsfanatismus“.

554 So war *Schmölder* der Ansicht, fremde Familien nähmen die Kinder teilweise nur aus Gewinnsucht auf und auch in den Erziehungsanstalten gäbe es nicht immer nur optimale Bedingungen, vgl. *Schmölder*, Gerichtssaal 1894, 157 (167 f.).

lungen als notwendig an[555]. Ein kurzes Verhör genügte laut ihm nicht, zumal den jungen Beschuldigten die Fragen des Richters, welche den Zustand der Strafmündigkeit oder Strafunmündigkeit beträfen, unverständlich seien[556]. *Schmölder* kritisierte den durch die Reichsjustizgesetze geschaffenen Zustand, wonach junge Menschen im Alter von 12 bis 18 Jahren im Verfahren den Strafmündigen gleichgestellt waren, also etwa Mitteilungen und Zustellungen entgegennehmen, Anträge stellen, Richter ablehnen und Rechtsmittel ergreifen konnten[557].

Sein Beitrag unterschied sich von dem von *Appelius* vor allem darin, dass er sich auf die Erziehungsberechtigten der jungen Delinquenten konzentrierte, deren mangelhafte Erziehung und Beaufsichtigung er für die Straftat verantwortlich machte, die aber trotzdem vom formellen Recht völlig unberührt bleiben würden[558]. Durch dieses passive Verhalten der RStPO sah er das Verantwortungsgefühl der Erziehungsberechtigten für die von ihrem Kind verübten Straftaten geschmälert, während er fürchtete, dass bei den jungen Menschen zugleich das Autoritätsgefühl schwinde[559]. Er schlug daher vor, für Personen im Alter zwischen 12 und 18 Jahren eine „persona standi in judicio" in Gemeinschaft mit deren Erziehungsberechtigten einzuführen, sodass Zustellungen für den jungen Delinquenten an den Erziehungsberechtigten erfolgen sollten und beide gemäß § 133 RStPO zu den Vernehmungen zu laden waren[560]. Der junge Straftäter sollte sich unter dem Beistand des Erziehungsberechtigten für die Straftat verantworten und Letzterer dafür, „ob er die Erziehung des Kindes vernachlässigt, ob er das Seine gethan, um das Kind von der Tat abzuhalten"[561]. Das Urteil sollte sich in erster Linie auf den jungen Delinquenten erstrecken, bei einer Verurteilung sollte aber der Erziehungsberechtigte für die Verfahrenskosten und eine etwaige Geldstrafe des jungen Straftäters haftbar gemacht werden können[562]. Nach dem Vorschlag *Schmölders* sollte nur der „Machthaber" die Möglichkeit haben, einen Richter abzulehnen, Beschwerden und sonstige

555 Zu diesen fehlte es laut ihm angesichts der Menge der kleineren Vergehen und Übertretungen an Gelegenheit und Zeit, sodass er die Richter mit gesetzlichen Vermutungen unterstützen wollte, vgl. *Schmölder*, Gerichtssaal 1894, 157 (170 f.).

556 *Schmölder*, Gerichtssaal 1894, 157 (170).

557 Dieser unnatürliche Zustand würde von den Praktikern „als etwas Drückendes empfunden", *Schmölder*, Gerichtssaal 1894, 157 (191).

558 *Schmölder*, Gerichtssaal 1894, 157 (191 f.).

559 *Schmölder*, Gerichtssaal 1894, 157 (192).

560 *Schmölder*, Gerichtssaal 1894, 157 (193); vgl. hierzu auch *Ruscheweyh*, Jugendgericht, S. 57.

561 *Schmölder*, Gerichtssaal 1894, 157 (193).

562 *Schmölder*, Gerichtssaal 1894, 157 (193).

Rechtsmittel zu ergreifen, außer das Urteil bestimmte, dass vollständige Strafmündigkeit vorliege[563]. Sofern der Erziehungsberechtigte nicht bekannt oder (wegen zu großer Entfernung nach § 232 RStPO) nicht erreichbar war, sollte entsprechend der preußischen Vormundschaftsordnung (§ 86) ein Pfleger bestellt werden, wofür er besonders einen am Sitze jedes Amtsgerichts befindlichen Waisenrat als geeignet sah[564]. Kritisch äußerte sich *Schmölder* auch zum Legalitätsprinzip des § 152 RStPO, der die Staatsanwaltschaft seiner Ansicht nach dazu zwang, auch in den geringfügigsten Sachen einzuschreiten, an deren Verfolgung eigentlich kein Interesse bestand und forderte daher eine Durchbrechung des Grundsatzes wenigstens bei jungen Delinquenten bis zum 18. Lebensjahr[565].

d) Die Bedeutung der Beiträge für die Jugendgerichtsbewegung

Zwar zielte die Diskussion um den Umgang mit Kindern und Jugendlichen im Strafrecht ab den 1890er Jahren zunächst vor allem auf das materielle Recht ab und es waren insbesondere Forderungen nach einer Erhöhung der Strafmündigkeitsgrenze oder einer Änderung des Strafensystems und des Strafvollzugsrechts, welche *Aschrott*, *Appelius* und *Schmölder* in ihren Beiträgen aufstellten[566]. Zudem waren von den ersten Vorschlägen eines neuen Gesetzes nicht nur die straffälligen jungen Menschen, sondern auch die „verwahrlosten" Kinder erfasst. Erst im Laufe der Folgejahre, als man sich immer eingehender mit der Jugendfürsorge auseinandersetzte, wurde die Thematik der Fürsorge vom formellen und materiellen Jugendstrafrecht getrennt[567].

Dennoch entstanden auch im Hinblick auf das künftige Jugendstrafverfahren zu dieser Zeit bereits entscheidende Ansätze und Ideen wie etwa die Einführung eines Jugendanwalts und eines Erziehungsamtes, die Einschränkung des Legalitätsprinzips und die Hinwendung der Ermittlungen von der Tat zum Täter. Fasst man die Beiträge zusammen,

563 *Schmölder*, Gerichtssaal 1894, 157 (193 f.).

564 *Schmölder*, Gerichtssaal 1894, 157 (195 f.).

565 Die Staatsanwaltschaft könnte so entscheiden, ob sie den Jugendlichen dem Machthaber, der Schule oder dem Lehrherrn überlässt oder Akten an das Vormundschaftsgericht abgibt. Die Durchbrechung sollte aber auf Übertretungen und Vergehen und die 12- bis 15-Jährigen beschränkt sein, vgl. *Schmölder*, Gerichtssaal 1894, 157 (196 ff.) mit Verweis auf *Hahn*, Materialien zur RStPO, Abt. I, S. 710.

566 *Roth*, ZNR 1991,17 (35); *Ruscheweyh*, Jugendgericht, S. 51.

567 *Ruscheweyh*, Jugendgericht, S. 51 f.

> „zeigen sich schon jetzt erhebliche Angriffe auf die Grundsätze des bisherigen Strafprozessrechts und den Geist, in dem er bisher gehandhabt wurde. (...) aus alledem spricht die neue Überzeugung, dass es nicht Aufgabe des Staates ist, Kindern gegenüber Vergeltung zu üben; der Staat soll durch seine richterliche Tätigkeit versuchen, den Keim zu antisozialem Verhalten zu unterdrücken und die Kinder zu brauchbaren Mitgliedern der Gesellschaft machen!“[568]

Dieser Feststellung von *Ruscheweyh* zu den Beiträgen von *Aschrott* und *Appelius* kann nur zugestimmt werden. In den Folgejahren wurde in der Diskussion immer wieder auf die Arbeit von *Appelius* Bezug genommen, während der Beitrag *Aschrotts* wegen seiner geringen Ausführlichkeit entsprechend weniger berücksichtig wurde[569]. Auf Grundlage der Veröffentlichung von *Appelius* fand bereits auf der dritten Landesversammlung der IKV (Gruppe Deutsches Reich) am 7. und 8. April 1893 in Berlin eine Diskussion über den Tagesordnungspunkt „Die Behandlung der verwahrlosten und verbrecherischen Jugend“ statt[570]. Zu Wort kamen dabei neben den Berichterstattern *Appelius* und *Schmölder* und weiteren Juristen der Geheime Ober-Finanzrat *Fuchs*, der Ökonomierat *Jungk*, der Mediziner *Leppmann*, der Kaufmann *Bischof* und sogar einige Pfarrer. *Schmölder* vertrat im Rahmen der Diskussion die Ansicht, die Härten, die durch die bisherige Strafmündigkeitsgrenze geschaffen worden seien, müssten nicht auf dem Gebiete des Strafgesetzbuches, sondern auf dem des Strafprozesses beseitigt werden, indem man das Legalitätsprinzip in § 152 RStPO durchbreche und stellte dahingehend einen Antrag. Dieser wurde jedoch im Rahmen der Diskussion nicht weiter beachtet und sodann mit einer kleinen Minderheit abgelehnt. Eine darüber hinausgehende Auseinandersetzung mit der Behandlung der jungen Straftäter im Rahmen des Prozessrechts fand noch nicht statt.

Mit der IKV hatte sich ein Diskussionsforum gefunden, auf dem die Jugendgerichtsbewegung gedeihen konnte, zumal neben den Juristen bei den Beratungen auch Vertreter anderer Berufsgruppen teilnehmen durften und so auch deren Expertise bei der Entwicklung von Vorschlägen für die strafrechtliche Behandlung junger Menschen genutzt werden konnte[571].

---

568 *Ruscheweyh*, Jugendgericht, S. 55 f.; zum Zeitgeist der „Anfangszeit der jugendstrafrechtlichen Reformbewegung“, welcher in den Beiträgen zum Ausdruck kommt auch *Fritsch*, Reformbewegung, S. 42 ff.

569 *Ruscheweyh*, Jugendgericht, S. 56.

570 Vgl. hierzu und zum Folgenden den Bericht von *Friedeberg*, ZStW 13 (1893), 741 ff.

571 So auch *Fritsch*, Reformbewegung, S. 47.

Das vor der Jahrhundertwende in den geschilderten Beiträgen immer deutlicher sichtbar werdende Bewusstsein für die Sondersituation junger Menschen im Strafverfahren zeigt sich auch in einer Bekanntmachung des bayerischen Justizministeriums vom 18. Mai 1894, in welcher bezüglich eingehender Anzeigen gegenüber schulpflichtigen Personen angesichts der besonderen „Sorgfalt, mit welcher Strafanzeigen gegen jugendliche Personen zu würdigen sind", festgelegt wurde, dass vor Stellung eines Antrags auf Erlass eines Strafbefehls oder Erhebung der öffentlichen Klage die zuständige Schulbehörde über solche Umstände einzuvernehmen war, welche für die Beurteilung der Frage der Erkenntnis der Strafbarkeit oder Art und Maß der Strafe relevant waren[572]. Bereits 1897 stellten *Flaudin* und *Moldenhawer* zudem auf der 7. internationalen Hauptversammlung der IKV in Lissabon die Forderung nach Spezialrichtern mit besonderen Kenntnissen und besonderem Interesse für die Materie auf[573].

3. Einflüsse aus den USA und England

Entscheidende Denkanstöße und Anregungen kamen für die Reformdiskussion schließlich durch Berichte über die Erfahrungen im Umgang mit abweichendem Verhalten junger Menschen aus dem Ausland hinzu[574]. Die Berichte[575], welche sich ab 1900 häuften, zeugten von einer milderen und humaneren Herangehensweise an die Thematik in den USA und England[576]. Die wissenschaftlichen und rechtstatsächlichen Fortschritte dort übten großen Einfluss auf die deutsche Jugendgerichtsbewegung und deren Reformvorschläge aus[577].

In den USA hatte sich in der zweiten Hälfte des 19. Jahrhunderts aus sozialpolitischen und gesellschaftlichen Initiativen das sog. Probationssystem entwickelt, wonach das Strafverfahren nach einem Schuldspruch ausgesetzt wurde und der junge Straftäter die Chance erhielt, eine Bestrafung durch gute Füh-

---

572 Bekanntmachung vom 18. Mai 1894, JMBl. Bayern 1894, S. 97 f.

573 *Köhne*, in: Mitteilungen der IKV, Bd. 21, 107 (111 f.).

574 *Laubenthal/Baier/Nestler*, Jugendstrafrecht, S. 13.

575 Vgl. etwa *Freudenthal*, ZStW 27 (1907), 121 ff. oder *Elsa v. Liszt*, MschrKrim 4 (1907/08) 177 ff.

576 *Simonsohn*, in: Jugendkriminalität, 7 (10); *Baernreither* in: Jugendkriminalität, 43 ff. betrachtete neben den bezeichnete die Jugendfürsorge und das Jugendstrafrecht als „Kulturaufgabe".

577 Vgl. zu den Berichten *Simonsohn*, in: Jugendkriminalität, 7 (10): „Sie verfehlten – zusammen mit der nun auch in amtlichen Statistiken nachweisbaren Sinnlosigkeit des Systems der Härte und der Vergeltung – ihre Wirkung nicht".

rung zu vermeiden[578]. Ein sog. Probation Officer sollte dabei während des gesamten Strafverfahrens in Doppelfunktion sowohl den jungen Menschen als Vertrauensperson unterstützen als auch diesen für die Strafverfolgungsbehörden überwachen und die Behörden über die Erkenntnisse zur Persönlichkeit desselben informieren[579]. Bereits im Jahr 1899 wurden in den USA erste Jugendgerichte geschaffen, denen ein breites Ermessen bei der Reaktion auf abweichendes Verhalten junger Delinquenten zustand[580]. Möglich war dies durch ein enges Zusammenwirken freier gesellschaftlicher Kräfte mit den staatlichen Behörden geworden[581]. Oft fand schon am Tag nach der Tat, nachdem der Probation Officer den jungen Beschuldigten besucht und alles über die Tat und seine Persönlichkeit bei Eltern, Lehrern und weiteren Bezugspersonen ermittelt hatte, die Verhandlung statt[582]. Diese wurde unter Ausschluss der Öffentlichkeit in einem besonderen Gerichtssaal geführt, welcher regelmäßig nur das Richterzimmer war, womit man die Nachteile des formellen Gerichtsapparats vermeiden wollte[583]. Der Richter selbst sollte erzieherisch begabt sein und mit jungen Menschen umgehen können[584]. Durch Leitung und Ton der Verhandlung, die mehr ein Gespräch als ein Verhör sein sollte, sollte der Richter versuchen, das Vertrauen des jungen Menschen zu erlangen[585]. Dass eine solche Entwicklung in den USA möglich war, erklärte man sich vor allem mit der vergleichsweise noch jungen amerikanischen Gesellschaft, wo keine „hemmenden Traditionen“ herrschten, die einen Wandel ausbremsen konnten[586].

In England waren, wie *Aschrott* in seinem Vortrag 1892[587] bereits erläutert hatte, in der ersten Hälfte des 19. Jahrhunderts durch einzelne Männer und Frauen Anstalten für die verwahrloste und straffällige Jugend gegründet wor-

---

578 *Laubenthal/Baier/Nestler*, Jugendstrafrecht, S. 13; vgl. zum Ganzen auch *Ruscheweyh*, S. 38 ff.

579 *Laubenthal/Baier/Nestler*, Jugendstrafrecht, S. 13.

580 *Laubenthal/Baier/Nestler*, Jugendstrafrecht, S. 13; vgl. auch *Ruscheweyh*, Jugendgericht, S. 40 ff.

581 *Baernreither* in: Jugendkriminalität, 43 (49).

582 *Ruscheweyh*, Jugendgericht, S. 43.

583 *Ruscheweyh*, Jugendgericht, S. 43.

584 Reichten die Beweise für eine Verurteilung nicht, wurde nicht freigesprochen, sondern nur auf die erforderlichen Erziehungsmaßnahmen erkannt, vgl. *Ruscheweyh*, Jugendgericht, S. 43 f.

585 *Ruscheweyh*, Jugendgericht, S. 44.

586 *Baernreither* in: Jugendkriminalität, 43 (49); *Ruscheweyh*, Jugendgericht, S. 37.

587 Vgl. auch zuvor schon *Starke*, Jugendliche Verbrecher, S. 17 ff. und *Mittermaier*, ArchCrimR NF 1847, 612.

den, um diese zu unterrichten und zu erziehen[588]. Insbesondere durch die Reformatory und Industrial Schools wurde ein erfolgreicher Kampf gegen Verwahrlosung und Verbrechen der Jugend geführt[589]. Darüber hinaus schränkte man die väterliche Gewalt ein und weitete dafür die Befugnisse der Richter gegenüber der familienrechtlichen Sphäre der Eltern durch die Gesetzgebung weiter aus[590]. So vollzog sich in der englischen Kriminalpolitik ein Umschwung in den Verfahren gegenüber der straffälligen Jugend, wo der weite Ermessensspielraum der Richter dazu führte, dass die Gefängnisstrafe, die vorher auch für junge Delinquenten die Regel war, zur Ausnahme wurde[591].

Mit den Eindrücken aus den USA und England erhielt die Jugendgerichtsbewegung, die sich die durch die Kriminalstatistik offenbar gewordenen Probleme junger Menschen zum Hauptanliegen gemacht hatte, den letzten Anstoß, um sich endgültig zu formieren und eine unaufhaltsame Reformbewegung in Gang zu setzen[592]. Vor allem der damalige österreichische Handelsminister *Baernreither*, leistete mit seinem Werk „Jugendfürsorge und Strafrecht in den Vereinigten Staaten“ einen wichtigen Beitrag zur Entstehung der ersten Jugendgerichte, indem er die konkreten Erkenntnisse mit dem Umgang jugendlicher Straftäter und der Einführung von Jugendgerichten aus dem Ausland zur richtigen Zeit in das Bewusstsein der Reformbewegung brachte[593]. *Baernreither* fasste die Entwicklung folgendermaßen zusammen:

> „Ich erblicke den größten Fortschritt darin, daß nach und nach überall die verlassene, mißhandelte, physisch und geistig defekte, verwahrloste, straffällige Jugend als eine einzige soziale Erscheinung aufgefaßt wird, die uns in verschiedenen Entwicklungsstadien gegenübertritt. (…) In dieser Hinsicht bin ich bei meinen vergleichenden Betrachtungen zu dem Resultate gekommen, daß in Frankreich, England und den Vereinigten Staaten, so verschieden der Charakter der Bevölkerung, ihre ganzen Eigenschaften, ihre Rechtsanschauungen und die historischen Voraussetzungen auch immer sind, doch ein gewisser Parallelismus in der Behandlung des gefährdeten Teiles der Jugend, insbesondere bezüglich des Jugendstrafrechts, vorherrscht.“ [594]

---

588 *Aschrott*, Verwahrloste und verbrecherische Jugend, S. 27 f.; *Baernreither* in: Jugendkriminalität, 43 (44).

589 Ausführlich zur Entwicklung in England *Baernreither* in: Jugendkriminalität, 43 (45 ff.).

590 *Baernreither* in: Jugendkriminalität, 43 (46 f.).

591 *Baernreither* in: Jugendkriminalität, 43 (48 f.).

592 *Baernreither* in: Jugendkriminalität, 43 (51).

593 *Ruscheweyh*, Jugendgericht, S. 61, sieht in dem Bericht von *Baernreither* „die fruchtbarste Anregung, die die Jugendgerichtsbewegung je erfahren hat“, weil es den auch in Deutschland teilweise schon selbstständig entstandenen Gedanken durch „mutigen Optimismus“ Leben eingehaucht habe.

594 *Baernreither* in: Jugendkriminalität, 43 f.

Baernreither zog folgendes Fazit:

> „Gemeinsam ist in erster Reihe allen diesen Bestrebungen auf unserm Gebiete der Standpunkt der Erziehung.“[595]

Der Erziehungsbegriff war in den Beiträgen zur Reformdiskussion also bereits allgegenwärtig. Man wollte die jungen Menschen statt zu bestrafen zu verantwortungsbewussten Erwachsenen erziehen und setzte dafür bei den Voraussetzungen der Strafbarkeit, den Rechtsfolgen und dem Verfahren an, wobei man auch letzteres besonders jugendadäquat ausgestalten wollte[596].

4. Weitere Entwicklungen bis 1908

Die Strafrechtswissenschaft beschäftigte sich daher weiter intensiv mit der Behandlung junger Delinquenten und trieb den Diskurs zu dieser Thematik voran. So hielt *v. Liszt* auf der 72. Jahresversammlung der Rheinisch-Westfälischen Gefängnisgesellschaft im Oktober 1900 einen Vortrag mit dem Thema „Die Kriminalität der Jugendlichen“[597]. Darin beschäftigte er sich mit den Kriminalitätszahlen der jungen Menschen, welche höher waren und auch stärker zunahmen, als die der Erwachsenen[598]. Er stellte fest, dass die Rückfallwahrscheinlichkeit mit jeder Verurteilung anstieg und ein Rückfall umso rascher erfolgt war, je härter die Strafe gewesen sei und fasste zusammen:

> „Ist das Gesagte richtig (und es wird nicht gelingen, die Tragweite der mitgeteilten Ziffern abzuschwächen), so ist damit der völlige Zusammenbruch, der Bankerott unserer ganzen heutigen Strafrechtspflege in schlagendster Weise dargetan.“[599]

Für diese Erscheinung nannte er die Fehler des Strafgesetzbuches, der Strafrechtspflege und des Strafvollzugs als Ursache. Hinsichtlich des Strafverfahrens führte er aus:

> „Es kann nicht oft genug wiederholt werden, daß schon der ganze strepitus fori eine schwere Gefahr für den Jugendlichen bedeutet: Der Jugendliche fühlt sich als der Held eines Dramas, wenn der ganze Apparat des gerichtlichen Verfahrens aufgeboten wird und vielleicht gar die Zeitungen seinen Namen und seine Tat ausführlich schildern.“[600]

---

595 *Baernreither* in: Jugendkriminalität, 43 (51).

596 *Schlüchter*, Erziehungsgedanke, S. 11 f.; vgl. hierzu auch *Baernreither* in: Jugendkriminalität, 43 (56), der folgert, dass Richter eine bessere Vorbildung für den Umgang mit jungen Menschen erhalten müssten.

597 Abgedruckt in: *v. Liszt*, Aufsätze und Vorträge, Bd. 2, S. 331 ff.

598 *v. Liszt*, Aufsätze und Vorträge, Bd. 2, S. 333 ff.

599 *v. Liszt*, Aufsätze und Vorträge, Bd. 2, S. 338 f.

600 *v. Liszt*, Aufsätze und Vorträge, Bd. 2, S. 346.

a) 26. Deutscher Juristentag

Der 26. Deutsche Juristentag (DJT) 1902 beschäftigte sich daraufhin mit der Revision des Strafgesetzbuches und ernannte die strafrechtliche Behandlung der jungen Menschen angesichts der hohen Kriminalitätszahlen zur „Kardinalfrage“[601]. Die enorme Bedeutung der Bekämpfung jugendlicher Delinquenz wurde auch hier betont[602]. Dennoch erkannte man bereits, dass die Leistungsfähigkeit des strafrechtlichen Apparates eine Schranke aller Reformbemühungen war[603]. Die Professoren *v. Liszt* und von *Calker* gingen in ihren Gutachten auch auf die Behandlung junger Straftäter ein, fokussierten sich in ihren Gutachten jedoch auf das materielle Recht, vor allem die Strafmündigkeitsgrenzen[604]. *V. Liszt* bezeichnete die erziehende Behandlung der Besserungsfähigen, bei denen es sich vor allem um die junge Menschen handle, als eine der Hauptforderungen gegenüber dem geltendem Strafrecht[605].

Hervorzuheben sind für eine Betrachtung der Entstehung des Jugendstrafverfahrens vor allem die Ausführungen des Berichterstatters *Kahl*, welcher in seinem Beitrag die Ansicht vertrat, das Strafverfahren gegen junge Menschen gehöre zu den besonderen Arten des Verfahrens, sodass solche Änderungen, die ein Strafverfahren gegen diese Personen sinn- und zweckgemäß erfordere, vorgenommen werden müssten[606]. Konkret forderte er eine Beschleunigung des Vorverfahrens und die Beschränkung der Öffentlichkeit der Hauptverhandlung auf Angehörige, Erzieher, Lehrherren und gesetzliche Vertreter. Er war der Ansicht, durch eine schnelle und flexible Strafjustiz könne viel Nützliches bewirkt werden, sodass die Reform des Strafprozesses hinter die des RStGB zurücktreten solle.

Im Rahmen der Aussprache meldete sich auch *Aschrott* zu Wort und kritisierte insbesondere den Vorschlag *Kahls*, mit der Reform der Strafprozessordnung zu warten mit der Begründung, dass materielles Strafrecht und Strafprozessrecht zusammengehören würden und bei einer großen Reform nicht getrennt

---

601 *Kahl*, in: Verhandlungen des 26. DJT, Bd. 3, 210 (226); *Ruscheweyh*, Jugendgericht, S. 58.

602 Vgl. *Kahl*, in: Verhandlungen des 26. DJT, Bd. 3, 210 (227).

603 Vgl. *Kahl*, in: Verhandlungen des 26. DJT, Bd. 3, 210 (227): „Nichts ist verfehlter, als im Kampfe gegen das jugendliche Verbrecherthum in erster Linie nach dem Strafrechte zu rufen. In ihm liegen nicht die Mittel, die Quellen der jugendlichen Kriminalität abzugraben“.

604 *Fritsch*, Reformbewegung, S. 48; *v. Liszt* forderte etwa die Einführung der bedingten Verurteilung und in geeigneten Fällen den Ersatz der Strafe durch Erziehung, vgl. *Ruscheweyh*, Jugendgericht, S. 58.

605 *v. Liszt*, Aufsätze und Vorträge, Bd. 2, S. 397.

606 Vgl. hierzu und zum Folgenden *Kahl*, in: Verhandlungen des 26. DJT, Bd. 3, 210 (229).

vorgegangen werden sollte[607]. Auch *Aschrott* bemängelte aber die förmlichen, öffentlichen, langsam ablaufenden Verfahren, welche laut ihm für junge Menschen nicht passten. Insbesondere machte er darauf aufmerksam, dass auch im Rahmen des Prozessrechts und insbesondere der gerichtlichen Verhandlung ein erzieherisches Vorgehen nötig sei und dass in der Vergangenheit eher das Gegenteil praktiziert worden war:

> „(…) wenn man einem Jugendlichen, der kaum fähig ist, irgend eine ernstere Auseinandersetzung zu verstehen – er ist vielleicht eben erst 12 Jahre – klar machen soll, die That, die ihm zur Last gelegt wird, könnte möglicher Weise nicht unter dem Paragraph so und so viel aufgefaßt werden, wie die Anklage hervorhebt, sondern unter dem Paragraph so und so – ja meine Herren, dann ist das eine Schauspielerei und keine ernste Art der Behandlung. Und was ist die Folge davon, wenn wir den Jugendlichen freisprechen und ihn der Familie überweisen? Er kommt in die Schule zurück (…) und erzählt nun wie ein Held, was ihm im Gerichtssaale passiert ist. Ist das eine erzieherische Art und Weise, vorzugehen? Nein! Ich glaube, da muß zunächst eingesetzt werden; was helfen uns alle Mittel der Behandlung, die wir nach der Verurtheilung gegen Jugendliche anwenden, wenn wir nicht schon von vornherein in der gerichtlichen Verhandlung gegen sie von erzieherischen Gesichtspunkten ausgehen?“[608]

Aschrott schlug daher vor, sich ein Beispiel am amerikanischen Vorgehen zu nehmen, wo die Verhandlungen gegen junge Delinquenten vor dem Vormundschaftsgericht stattfanden[609].

b) 27. Deutscher Juristentag

Auch wenn Reformforderungen betreffend das formelle Jugendstrafrecht zunächst eher „Randerscheinungen der in erster Linie auf das materielle Recht zielenden Diskussion“[610] waren, hatte man spätestens jetzt erkannt, dass auch prozessuale Reformen nötig waren und welches Potential in einem jugendgerechten Strafprozessrecht steckte[611].

---

607 Vgl. den Beitrag von *Aschrott* auf dem 26. DJT, in: Verhandlungen des 26. DJT, Bd. 3, S. 254 ff.

608 Vgl. den Beitrag von *Aschrott* auf dem 26. DJT, in: Verhandlungen des 26. DJT, Bd. 3, S. 255.

609 Vgl. den Beitrag von *Aschrott* auf dem 26. DJT, in: Verhandlungen des 26. DJT, Bd. 3, S. 256.

610 *Roth*, ZNR 1991, 17 (35).

611 *Ruscheweyh*, Jugendgericht, S. 59, sieht in den Ausführungen von *Kahl* und *Aschrott* schon die Forderung nach einem Jugendgericht enthalten.

In der Folge wurde auf dem 27. DJT (1904) in Innsbruck die Frage der Behandlung junger Straftäter als Hauptthema erörtert[612]. Diese war, wie bereits geschildert, keineswegs eine rein juristische Angelegenheit, sondern war zur Kulturfrage geworden und wurde von Vertretern verschiedenster Disziplinen wie etwa Ärzten, Lehrern, Fürsorgebeamten, Geistlichen, Vertretern der Frauenbewegung und Psychologen behandelt[613]. So kam es, dass beide Hauptreferate zu diesem Thema auf dem 27. Juristentag von Nichtjuristen gehalten wurden[614].

Oberregierungsrat *Krohne* forderte dabei neben Änderungen im materiellen Strafrecht unter anderem auch einige Neuerungen im Strafverfahrensrecht bezüglich der Behandlung junger Delinquenten, konkret eine Beschränkung der Anklagepflicht der Staatsanwaltschaften, eine stärkere Verfahrensbeschleunigung, die Beiziehung von Auskunftspersonen zur Ermittlung der geistigen und körperlichen Entwicklung der Angeklagten, die notwendige Verteidigung aller jungen Menschen unter 18 Jahren, die Beschränkung der Öffentlichkeit auf die wesentlichen Akteure (z.B. Lehrer, Seelsorger und Gewalthaber) und eine von Erwachsenen getrennte, in der Regel einzelne Unterbringung der jungen Beschuldigten in der Untersuchungshaft[615].

Neben den Hauptreferaten ging Amtsrichter a. D. *Klein* ausführlich auf das formelle Recht ein[616]. Er monierte, dass es bisher nur vereinzelte Vorschriften betreffend junger Straftäter gab. Dass selbst in diesen Bestimmungen die maßgeblichen Altersgrenzen ohne ersichtlichen Grund wechselten und die jungen Menschen im Übrigen wie Erwachsene behandelt wurden, bezeichnete er als Missstand. Er forderte, die Jugendsachen als Eilsachen zu behandeln, die Öffentlichkeit – bis auf Eltern, Pflegeeltern, Vormünder, Erzieher, Geistliche, Lehrer, Lehr- oder Dienstherren – auszuschließen und die Unzulässigkeit von Verfahren in Abwesenheit des Angeklagten nach §§ 231, 235 RStPO festzulegen, wenn eine Freiheitsstrafe zu erwarten war. Weiter sollte nach *Klein*

---

612 *Fritsch*, Reformbewegung, S. 49; *Roth*, ZNR 1991, 17 (26).

613 *Roth*, ZNR 1991, 17 (27); *Ruscheweyh*, Jugendgericht, S. 61; *Sieverts*, in: Verhandlungen des 9. JGT, 15 (18).

614 Dies waren der Verwaltungsbeamte *Krohne* und der Mediziner *Puppe*, vgl. *Ruscheweyh*, Jugendgericht, S. 60; *Roth*, ZNR 1991, 17 (27), sieht dies als Zeichen für die entstehende Jugendfürsorgebewegung.

615 Vgl. den Beitrag von *Krohne* auf dem 27. DJT, in: Verhandlungen des 27. DJT, Bd. 4, S. 338 f.

616 Vgl. hierzu und zum Folgenden *Klein*, in: Verhandlungen des 27. DJT, Bd. 1, 97 (119 ff.).

das 18. Lebensjahr auch in § 140 Abs. 2 Nr. 1 RStPO[617] maßgebend werden, die Untersuchungshaft junger Beschuldigter in Einzelhaft verbracht werden müssen und die Vernehmung von Auskunftspersonen zur fachgemäßen und gründlichen Feststellung der geistigen und sittlichen Reife vorgeschrieben werden. Strafbefehle gegen junge Delinquenten wollte er weiterhin zulassen, um diesen die Hauptverhandlung zu ersparen. Erzieherisch wirkende Sondergerichte lehnte er dagegen ausdrücklich ab. Die vorgeschlagenen Jugendgerichte unter dem Vorsitz von Vormundschaftsrichtern unter Zuziehung von Laien waren seiner Meinung nach nichts anderes als ein Schöffengericht und eine Ersetzung der Strafe durch Erziehung nicht möglich, da seiner Meinung nach Strafe und Erziehung streng zu trennen waren[618]. Der Einwand, das regelmäßige Strafverfahren würde dem Verständnis junger Menschen nicht entsprechen, war laut *Klein* nicht stichhaltig, vielmehr sollte es für ihn lediglich auf eine geschickte Prozessleitung ankommen[619]. Ausführlich setzte er sich auch mit den Forderungen *Schmölders* auseinander, die das Verfahren nach seiner Ansicht umständlicher und langsamer machen und keine nennenswerte Wirkung erzeugen würden, wohingegen er den Vorschlag, das Legalitätsprinzip einzuschränken, damit nicht jede kleinere Jugendverfehlung von den Staatsanwaltschaften von Amts wegen verfolgt werden müsse, positiv bewertete[620].

c) Einflüsse durch Nicht-Juristen

Der Erfolg der Jugendgerichtsbewegung und die Tatsache, dass die Frage der Behandlung junger Delinquenten und verwahrloster Kinder zu einer gesamtgesellschaftlichen wurde, beruhte maßgeblich auf dem Mitwirken von Nicht-Juristen wie etwa Ärzten, Lehrern oder Geistlichen, die sich in der Diskussion zahlreich zu Wort meldeten[621]. Auch *v. Liszt* hatte bereits 1889 festgestellt, dass manche Mängel des Strafrechtssystems auf „der rein juristischen Ausbildung unserer theoretischen und praktischen Kriminalisten" beruhten[622].

617 Dieser sah nach wie vor eine notwendige Verteidigung in erstinstanzlichen Sachen vor den Landgerichten vor, wenn der Angeschuldigte das 16. Lebensjahr noch nicht vollendet hatte.

618 Vgl. *Klein*, in: Verhandlungen des 27. DJT, Bd. 1, 97 (120).

619 *Klein*, in: Verhandlungen des 27. DJT, Bd. 1, 97 (120 f.), war der Meinung, dass ein formloses Strafverfahren den strafprozessualen Prinzipien und Garantien zuwiderlaufen würde und nicht notwendigerweise eine sachgemäßere Behandlung des Einzelfalls gewährleisten könnte.

620 *Klein*, in: Verhandlungen des 27. DJT, Bd. 1, 97 (125 f.).

621 *Roth*, ZNR 1991, 17 (27).

622 *v. Liszt*, ZStW 9 (1889), 452 (456).

So waren etwa beim 27. DJT wie aufgezeigt auch Mitglieder anderer Fachrichtungen anwesend, so zum Beispiel *Raschke*, welche als Vertreterin des Bundes Deutscher Frauenvereine Gehör für die Frauen forderte[623] oder der Gerichtsarzt und Berichterstatter *Puppe*, welcher die Hinzuziehung von Medizinern zum Verfahren verlangte, um die Urteilsfähigkeit und ethische Reife der jungen Menschen durch eine psychiatrische Untersuchung zu ermitteln, da eine Feststellung durch einige Fragen des Richters oder Vernehmung der Auskunftspersonen seiner Meinung nach dazu nicht geeignet war[624].

Die Beteiligung verschiedener Berufs- und Interessengruppen erweiterte die juristisch-eingeschränkte Sicht und führte in der Folge zu einem Diskurs auf breiter Grundlage, bei dem die verschiedensten Faktoren für das künftige Jugendstrafrecht berücksichtigt werden konnten. Während die Frauenbewegung vor allem die Zulassung zum Schöffenamt und zur Verteidigerin forderte, setzten sich die Lehrer für den Ersatz der Strafe durch Erziehung und ein spezielles Jugendgericht mit dem Lehrer, Schulleiter, Schularzt, Geistlichen und Vormundschaftsrichter als Richter ein, wohingegen die Ärzte eine Untersuchung des Jugendlichen vor der Hauptverhandlung und eine Hinzuziehung zur Beratung über die künftige Lebensgestaltung des Jugendlichen forderten[625]. Auch der österreichische Handelsminister *Baernreither*, der mit seinem Werk über „Jugendfürsorge und Strafrecht in den Vereinigten Staaten von Nordamerika" einen entscheidenden Beitrag zur Umsetzung erster Änderungsvorschläge, leistete, muss an dieser Stelle noch einmal erwähnt werden.

d) Der Einfluss von Köhne auf die Jugendgerichtsbewegung

Der erste, der ausdrücklich Sondergerichte mit eigenen Richtern für junge Delinquenten forderte und eine der prägendsten Figuren für die Entstehung von Jugendstrafverfahren und Jugendgerichtsverfassung in Deutschland war schließ-

623 Vgl. den Beitrag von *Raschke* auf dem 27. DJT, in: Verhandlungen des 27. DJT, Bd. 4, S. 357: „Die Frauen haben beschlossen, sich an der Strafrechtsreform zu beteiligen; und welche Frage ginge wohl die Frauen mehr an, als die Frage der Behandlung Jugendlicher?".

624 Vgl. den Beitrag von *Puppe* auf dem 27. DJT, in: Verhandlungen des 27. DJT, Bd. 4, S. 341 ff., 347.

625 Ausführlich zu den Forderungen der Frauen, Lehrer und Ärzte *Ruscheweyh*, Jugendgericht, S. 65 ff.; daneben dürften auch der Kongress für Kinderforschung und Jugendfürsorge 1906 in Berlin und der erste österreichische Kinderschutzkongress in Wien 1907 fördernd für die Entwicklung gewesen sein, vgl. DZfJ, Stat. Beil. zur Pädagogischen Zeitung 1908, 51 (52, Fn. 1).

lich der Berliner Amtsgerichtsrat *Köhne*, der 1905[626] erstmals konkrete Vorschläge machte, um die Vorteile des amerikanischen Systems – dort existierten seit 1899 sog. *juvenile courts* – auf das deutsche Strafrecht zu übertragen[627].

Obwohl seine Vorschläge zunächst auf allgemeinen Widerstand stießen[628], blieb *Köhne* hartnäckig und engagierte sich weiter aktiv für eine prozessuale Sonderbehandlung junger Delinquenten[629]. Er kritisierte die Nachteile der Behandlung junger Angeklagter im bis dahin praktizierten Strafprozess und forderte neben Sondergerichten insbesondere die Ersetzung des Vergeltungsgrundsatzes durch eine erzieherische Behandlung, indem strafrichterliche und vormundschaftsrichterliche Tätigkeit in einer Person vereinigt werden sollten[630]. Wichtiger als das Gesetz waren laut ihm für die Richter persönliche Eigenschaften wie tiefe Empfindung, Geduld und Versuche, das Gute im jungen Menschen zu stärken und das Böse in ihm zu unterdrücken[631]. Zur Notwendigkeit einer Reform des Strafprozessrechts im Vergleich zu einer des materiellen Strafrechts führte er aus:

> „(…) Aber erstere erscheint fast noch wichtiger als letztere. Man wird auch mit dem gegenwärtig geltenden Strafgesetzbuche zu einem sehr wesentlichen Fortschritte gelangen können, wenn man nur im Prozesse den Besonderheiten jugendlicher Angeklagter ausreichend Rechnung trägt.“[632]

Köhne erarbeitete schließlich einen Gesetzesentwurf[633], welcher 1908 veröffentlicht wurde und wohl als Zusammenfassung seiner Forderungen angesehen werden kann[634].

---

626 *Köhne*, DJZ 1905, 579 (581).

627 *Köhne*, MschrKrim 2 (1905/06), 574 ff.; *Roth*, ZNR 1991, 17 (35); *Ruscheweyh*, Jugendgericht, S. 62; Für *Simon*, in: Jugendkriminalität, 62 (66), ist *Köhne* „der eigentliche Begründer der deutschen Jugendgerichte“.

628 Vgl. hierzu *Köhne*, Zbl. 4 (1912/13), 145 ff.; *Roth*, ZNR 1991, 17 (35); *Ruscheweyh*, Jugendgericht, S. 63.

629 Vgl. nur die Vielzahl an Nachweisen im Literaturverzeichnis bei *Ruscheweyh*, Jugendgericht, S. 180.

630 So kritisierte er z.B. die öffentliche Hauptverhandlung, dass Jugendliche im Rahmen der Untersuchungshaft in Kontakt mit anderen Straftätern gebracht würden und die Konkurrenz zwischen Vormundschaftsrichter und Strafrichter, welcher nicht geeignet zur Aburteilung junger Menschen sei, vgl. *Köhne*, DJZ 1905, 579 ff.; vgl. hierzu auch *Ruscheweyh*, Jugendgericht, S. 62.

631 *Köhne*, DJZ 1905, 579 (583).

632 *Köhne*, in: Reform des Strafprozesses, 623 (633).

633 Vgl. zum Entwurf *Köhne*, in: Beiträge zur Reform, Bd. 1, 1 ff.

634 Vgl. zu dem Entwurf auch *Ruscheweyh*, Jugendgericht, S. 63 f.

Darin bestimmte er für die Verfahren gegen junge Delinquenten – auch für den Fall des Zusammenhanges mit einer strafbaren Handlung eines Erwachsenen – die Zuständigkeit von sog. Jugendgerichten, die aus dem Vormundschaftsrichter als Vorsitzenden und zwei Schöffen, welche Lehrer, Ärzte, Geistliche oder in der Jugendfürsorge tätige Personen sein sollten, für alle Straftaten junger Menschen mit Ausnahme der erstinstanzlichen Reichsgerichtssachen (§§ 9, 10). Erstmals wurde damit in einem Gesetzentwurf das geforderte Spezialgericht „Jugendgericht" genannt[635]. Die Verhandlungen sollten zeitlich so angesetzt werden, dass ein Kontakt der jungen Angeklagten mit erwachsenen im Gerichtsgebäude vermieden werden konnte (§ 12) und Untersuchungshaft sollte nur zulässig sein, wenn eine anderweitige Unterbringung nicht möglich war (§ 14). In der Berufungs- und Revisionsinstanz, sowie bei Verbrechen auch in erster Instanz sollte die Verteidigung notwendig sein (§ 16)[636]. Bei Straftaten Jugendlicher (im Alter zwischen 14 und 18 Jahren) sollte zudem der Staatsanwalt die Wahl zwischen einem Antrag auf Anordnung von Erziehungsmaßnahmen oder der Erhebung der öffentlichen Klage haben (§ 18). Ganz beseitigen wollte *Köhne* den Anklagezwang für junge Straftäter aus Angst vor Fehlgriffen und Ungerechtigkeiten und dem Vorwurf der Parteilichkeit aber nicht[637]. Obwohl er sich zuvor schon kritisch über den Öffentlichkeitsgrundsatz geäußert hatte, sah *Köhne* im Hinblick auf die mit dem Entwurf im Übrigen vorgeschlagene Neuordnung keine zwingenden Gründe, von dem Grundsatz, welchen er als wesentliches Verfahrensprinzip sah, abzuweichen[638]. Zu Beginn der Verhandlung, zu der laut dem Entwurf der gesetzliche Vertreter zu laden war (§ 23), sollte der Angeklagte über den Inhalt der Anklageschrift belehrt werden (§ 24). Sofern das Jugendgericht, welches alle Erziehungsmaßnahmen des Vormundschaftsrechts anordnen und eine solche auch mit einem Verweis verbinden durfte (§ 25), die Erziehungsaufsicht angeordnet hatte, sollte dem gesetzlichen Vertreter oder einem zu bestellenden Fürsorger aufgegeben werden, dem Vormundschaftsrichter monatlich Bericht über das Verhalten des Angeklagten zu erstatten (§ 26). Zudem sollten Strafbefehle gegen junge Delinquenten mit der Begründung unzulässig sein, dass die Gefahren der

---

635 Vgl. *Sieverts*, in: Verhandlungen des 9. JGT, 15 (19).

636 Im Übrigen leiste die Eigenart des Jugendgerichts bereits ausreichend Gewähr für eine korrekte Behandlung des jungen Menschen, vgl. *Köhne*, in: Beiträge zur Reform, Bd. 1, 1 (27).

637 Bei Kindern (bis 14 Jahren) hatte er aber keine Bedenken, vgl. *Köhne*, in: Beiträge zur Reform, Bd. 1 (27 f.).

638 *Köhne*, in: Beiträge zur Reform, Bd. 1 (29 f.); im Übrigen zu seiner Ansicht zum Öffentlichkeitsgrundsatz *Köhne*, DJZ, 579; *ders.*, in: Reform des Strafprozesses, 623 (626 ff., 633).

öffentlichen Verhandlung nach der Neuregelung nicht mehr bestünden, die Beurteilung der geistigen Reife des Angeklagten nur in dessen Anwesenheit möglich und zulässig sei und zudem von geringen Strafen gegen junge Delinquenten generell abgesehen werden sollte (§ 31)[639]. Schließlich sollte laut *Köhne* gegen Urteile der Jugendgerichte das Rechtsmittel der Berufung zugelassen werden (§ 27), worüber die Zivilkammern der Landgerichte, welche auch für Entscheidungen über Beschwerden gegen die Vormundschaftsrichter zuständig waren, entscheiden sollten (§ 28).

Weitaus prägender als sein Gesetzesentwurf war für die Entstehung des Jugendstrafverfahrens und der Jugendgerichtsverfassung jedoch *Köhnes* Vorschlag auf einer Sitzung der Berliner Juristischen Gesellschaft am 10. Juni 1905, die Sondergerichte für junge Straftäter im Wege der Geschäftsverteilung, also auf dem Verwaltungsweg im Rahmen der geltenden Rechtsverfassung einzuführen[640]:

> „Die Grundgedanken der amerikanischen Einrichtungen sind für deutsche Verhältnisse verwertbar. Freilich bedürfte es zu ihrer umfassenden Durchführung einer Gesetzesänderung, da nach dem GVG ein Teil der jugendlichen Angeklagten von den Landgerichten abzuurteilen ist, während die Verwaltung des Vormundschaftswesens zur Zuständigkeit der Amtsgerichte gehört. Indessen hat sich die große Mehrzahl der jugendlichen Angeklagten schon jetzt vor den Schöffengerichten zu verantworten, und ihre Zahl wird infolge der kürzlich im Reichstage zur Verabschiedung gelangten Novelle[641] zum GVG noch wachsen. Wenn man sich im Wege der Geschäftsverteilung allgemein dazu verstehen wollte, den Schöffenrichter bezw. den mit der Strafjustiz befassten Amtsrichter zugleich zum Vormundschaftsrichter zu machen, so könnten die Nachteile des bisherigen Verfahrens größtenteils vermieden werden. Es müssten dann die Strafsachen gegen Jugendliche besonderen Abteilungen überwiesen und die Richter dieser Abteilungen zu Vormundschaftsrichtern über die Angeklagten gemacht werden.“[642]

5. Die Entstehung der ersten Jugendgerichte

Nach dem Vorschlag *Köhnes* fasste unter anderem das Landgerichtspräsidium Frankfurt am Main im Herbst 1907 für das Geschäftsjahr 1908 den Beschluss, ein Jugendgericht einzuführen und diesem die Strafsachen gegen Personen,

639 *Köhne*, in: Beiträge zur Reform, Bd. 1, 1 (32).

640 *Köhne*, Zbl. 4 (1912/13), 145; vgl. dazu auch *Rothschild*, MschrKrim 4 (1907/08), 623 und *Simon*, in: Jugendkriminalität, 62 (66 ff.).

641 Damit war die Einführung von § 75 Nr. 14a GVG durch die bereits erläuterte sog. „Lex Hagemann“ gemeint.

642 *Köhne*, DJZ 1905, 579 (581); zur Bedeutung dieses Vorschlags vgl. auch *Simon*, in: Jugendkriminalität, 62 (66 f.) und *Roth*, ZNR 1991, 17 (35).

welche zur Tatzeit zwischen 12 und 18 Jahren alt waren und nicht zusammen mit erwachsenen Personen verfolgt werden sollten, Teile der vormundschaftsrichterlichen Geschäfte betreffend diese jungen Menschen und alle Vormundschafts- und Pflegesachen für Personen, bei denen der Name mit einem B begann, zu übertragen[643]. Man war davon überzeugt, der „Erfolg der neuen Einrichtung wird im Wesentlichen vom Geschick und dem Takt des mit ihrer Durchführung betrauten Richters abhängen“[644].

Daraufhin wurde die „Einrichtung der Jugendgerichtsbarkeit zielbewußt und energisch von der Justizverwaltung aufgegriffen, der sich gerne die innere Verwaltung mit vorbeugenden und unterstützenden Maßnahmen anschloß“[645]. Knapp ein halbes Jahr später wurde in einer Allgemeinen Verfügung des Preußischen Justizministers vom 1. Juni 1908[646] den einzelnen Justizbehörden unter anderem empfohlen, im vorbereitenden Verfahren so früh wie möglich die Lebensverhältnisse des Jugendlichen zu erforschen, diesen von erwachsenen Angeklagten fernzuhalten und die in Frankfurt eingeführte Personalunion von Straf- und Vormundschaftsrichter zu übernehmen[647]. Sofern eine Hauptverhandlung notwendig werde, sollte eine Berührung der jugendlichen Angeklagten mit sonstigen verbrecherischen Elementen im Gericht verhindert werden[648]. Zudem erteilte man die Anweisung, ausgiebig von der Verweisungsmöglichkeit des § 75 Nr. 14a GVG Gebrauch zu machen, um möglichst viele Verfahren vor die Jugendgerichte zu bringen[649]. Nachdem die Norm zunächst dazu geführt hatte, dass der Fall einer notwendigen Verteidigung für junge Beschuldigte nurmehr selten vorlag, hatte sie nun also den Nutzen für dieselben, dass deren Strafsachen leichter vor die Jugendgerichte gebracht werden konnten.

---

643 Vgl. hierzu *Ruscheweyh*, Jugendgericht, S. 100 f. und *Fritsch*, Reformbewegung, S. 59 f.

644 Vgl. das Schreiben des Oberlandesgerichtspräsidenten Frankfurts am Main vom 28. Dezember 1907, in: GStA PK, I. HA Rep. 84a, Nr. 10720.

645 Vgl. die Mitteilungen des Bayerischen Landesausschusses für Jugendfürsorge vom Mai 1912, enthalten in den Akten zum Strafverfahren gegen Jugendliche, in: StAM, Regierung von Oberbayern (RA) 60078.

646 AV vom 1. Juni 1908, „betreffend das Strafverfahren gegen Jugendliche“, JMBl. Preußen 1908, S. 237 f.

647 *Fritsch*, Reformbewegung, S. 60 f.; *Ruscheweyh*, Jugendgericht, S. 98 f.

648 DZfJ, Stat. Beil. zur Pädagogischen Zeitung 1908, 51 (53).

649 *Allmenröder*, in: Das Jugendgericht, 1 (2).

Am 22. Juli 1908 erschien in Bayern eine „Bekanntmachung, das Strafverfahren gegen Jugendliche betreffend“[650], durch welche spätestens zum 1. Januar 1909 Jugendgerichte für die Strafsachen der Personen zwischen 12 und 18 Jahren eingeführt wurden, was in der Folgezeit in nahezu allen weiteren deutschen Städten geschah[651]. In Bayern führte man die Jugendgerichte erst ein Jahr später als etwa in Frankfurt oder auch Köln ein, weil die bayerischen Richter und Staatsanwälte, die am Jugendgericht arbeiten sollten, zuvor nach Frankfurt entsandt worden waren, um sich dort entsprechend vorzubilden[652]. Darüber hinaus war man in Bayern noch 1907 der Ansicht gewesen, lieber die Vorarbeiten zur Reform des Strafprozesses abzuwarten, um die Tragweite künftiger reichsgesetzlicher Vorschriften über das Strafverfahren junger Menschen genauer überblicken zu können[653]. Die Berichte der nach Frankfurt entsandten Juristen enthielten durchwegs positive Beurteilungen, wobei die Tatsache, dass viele der jungen Beschuldigten den Sitzungssaal mit dem Vorsatz verlassen hätten, sich nicht mehr strafbar zu machen, „in erster Linie dem Geschick des Vorsitzenden“ zugeschrieben wurde, welcher den jungen Angeklagten z.B. bereits vor der Urteilsverkündung dessen Gründe erklärte[654]. Als „Schwerpunkt der ganzen strafrichterlichen Tätigkeit des Jugendrichters“ identifizierte man aber die richterliche Vernehmung vor der Hauptverhandlung, da es dem Richter „in diesem Stadium des Verfahrens, wo er in Abwesenheit von Staatsanwalt, Schöffen und Zuhörern den Jugendlichen menschlich näher tritt, mit der nötigen Geduld in den meisten Fällen gelingt, ein offenes, ehrliches Geständnis zu erzielen und alle Momente klarzustellen,

---

650 „Bekanntmachung, das Strafverfahren gegen Jugendliche betreffend“, vom 22. Juli 1908, JMBl. Bayern 1908, S. 161 ff.; die Bekanntmachung erfuhr durch die Bekanntmachung vom 8. Juli 1910, JMBl. Bayern 1910, S. 650 ff., eine Änderung „zur leichteren Handhabung des Verfahrens und zu seiner Vereinfachung“.

651 *Fritsch*, Reformbewegung, S. 61; in Bayern hatte man auch zuvor schon in der Bekanntmachung, die Untersuchungshaft betreffend, JMBl. Bayern 1907, S. 201 ff., bestimmt, dass bei Jugendlichen der Antrag auf Anordnung der Untersuchungshaft mit besonderer Vorsicht auf seine Gebotenheit zu prüfen war.

652 Die Ergebnisse der Exkursionen finden sich in BayHStA, MJu 13173; *Ruscheweyh*, Jugendgericht, S. 106 f., berichtet, man habe in Bayern zudem mehr Zeit darauf verwendet, die Zusammenarbeit mit den Fürsorgeorganisationen zu regeln.

653 Vgl. die Beilage zur Augsburger Postzeitung vom 24. April 1908, enthalten in: BayHStA, MJu 13171.

654 Vgl. den Bericht des Königl. Amtsgerichts Augsburg vom 26. Oktober 1908 und den Bericht des Königl. Amtsgerichts München vom 29. Oktober 1908, in: BayHStA, MJu 13173.

welche für das spätere Urteil und für die Frage in Betracht kommen, welche vormundschaftsrichterliche Maßnahmen demnächst zu treffen sind“[655].

Nachdem man von Richtern und Staatsanwälten Gutachten bezüglich der Zulässigkeit und bestmöglichen Ausgestaltung der künftigen Jugendgerichte angefordert hatte, enthielt die bayerische Bekanntmachung schließlich unter anderem auch Vorgaben über das Amt des Jugendrichters, die Einrichtung einer Jugendstrafkammer bei den Landgerichten, Aufgaben und Tätigkeitsbereiche der mit Jugendsachen betrauten Staatsanwälte, die Erforschung der Lebensverhältnisse des Beschuldigten, die Vermeidung des Kontakts mit erwachsenen Beschuldigten und den Ausnahmecharakter der Untersuchungshaft bei jungen Beschuldigten und setzte damit bereits eine Vielzahl der Forderungen der Jugendgerichtsbewegung um[656]. In der Einleitung der Bekanntmachung hieß es:

> „Die Strafrechtspflege gegen Jugendliche muß auf eine besonders sorgfältige Behandlung dieser Beschuldigten Bedacht nehmen. Sie soll einen vorwiegend erzieherischen Charakter tragen. Dies drängt zu ihrer engen Verbindung mit der Tätigkeit des Vormundschaftsrichters, insbesondere zu dem Zwecke, um die Gefahren auszuschalten, die sich für die Jugendlichen allein schon daraus ergeben, daß sich die Strafrechtspflege überhaupt mit ihnen befassen muß.“

Bestimmt wurde daher, dass die Strafsachen gegen Personen unter 18 Jahren „in die Hand eines besonders erfahrenen, namentlich in Vormundschaftssachen bewanderten Richters“ (Jugendrichter) gelegt werden sollten. Auch für die Jugendstrafkammer hielt man solche Richter für geeignet, „die früher als Vormundschaftsrichter oder Jugendrichter tätig oder als Staatsanwälte mit der Behandlung von Strafsachen gegen Jugendliche betraut waren“. Darüber hinaus waren nun im vorbereitenden Verfahren „die Lebensverhältnisse des jugendlichen Beschuldigten und alle sonstigen Umstände zu erforschen, die zur Beurteilung seiner Persönlichkeit, der Tat und der zur Erkenntnis ihrer Strafbarkeit erforderlichen Einsicht von Erheblichkeit sein können“. Im Rahmen der Untersuchungshaft war nun stets zu prüfen, ob diese nicht durch die vorläufige Unterbringung in einer Familie oder in einer Anstalt gemäß des Zwangserziehungsgesetzes vermieden werden konnte. Für die Hauptverhandlung war zudem die Vermeidung des Kontakts mit Erwachsenen, etwa durch Absehen vom Aushang einer Sitzungsliste gefordert, sodass insgesamt „eine schablonenhafte Geschäftsbehandlung“ vermieden „und von den Jugendlichen die Gefahren einer Hauptverhandlung, namentlich die einer Abstumpfung ihres

655 Vgl. den Bericht des Königl. Amtsgerichts München vom 29. Oktober 1908, in: BayHStA, MJu 13173.

656 Die Gutachten sind enthalten in: BayHStA, MJu 13170.

Ehrgefühls oder dessen Überleitung in das Empfinden, eine wichtige Rolle zu spielen", ferngehalten werden sollten. Im Ergebnis wurde damit versucht, umzusetzen, was auf dem Verwaltungsweg erreicht werden konnte.

Die Jugendgerichte verbreiteten sich schnell in ganz Deutschland. Allein in Preußen entstanden noch in der ersten Jahreshälfte 1908 in 26 Städten Jugendgerichte und Ende 1909 existieren schon in 70 deutschen Städten besondere Jugendgerichte[657]. Da es jedoch keine einheitlichen zwingenden gesetzlichen Vorschriften für den Aufbau und die Organisation der Jugendgerichte gab, entwickelte jedes Jugendgericht von Beginn an seine besondere Eigenart, um die Reformforderungen im Rahmen des geltenden Rechts bestmöglich zu erfüllen[658]. Abweichend vom Grundtypen des Jugendgerichts, dem in Frankfurt entstandenen sog. Frankfurter System, entwickelte sich in Köln eine eigene Organisation, nach welcher nicht nur – wie in Frankfurt – dem Strafrichter in bestimmten Konstellationen vormundschaftsrichterliche Aufgaben übertragen wurden, sondern Vormundschaftsrichter und Strafrichter zu einer Position vereinigt wurden, wodurch der Vormundschaftsrichter für die jungen Delinquenten, die ohnehin in seinen Zuständigkeitsbereich fielen, zugleich zum Strafrichter wurde[659].

Wo in Deutschland das erste Jugendgericht eingeführt wurde, ist bis heute umstritten[660]. Dies liegt nicht zuletzt daran, dass es keine anerkannten Voraussetzungen gab, ab wann von einem echten „Jugendgericht" gesprochen werden konnte[661]. Einigkeit scheint dahingehend zu bestehen, dass Frankfurt und

---

657 *Fritsch*, Reformbewegung, S. 61; *Roth*, ZNR 1991, 17 (35); ausführlich zur Einführung und Verbreitung der Jugendgerichte in den einzelnen deutschen Staaten *Ruscheweyh*, Jugendgericht, S. 98 ff. und DZfJ, Stat. Beil. zur Pädagogischen Zeitung 1908, 51 (52); eine Übersicht von Anordnungen der LJV über das Strafverfahren gegen Jugendliche findet sich als Anlage 2 im Bericht der 13. Kommission in: Verhandlungen des Reichstags, 13. Legislaturperiode, I. Session, Anlage Nr. 1054, S. 1796 ff.

658 Vgl. hierzu ausführlich *Ruscheweyh*, Jugendgericht, S. 96 ff.

659 *Bender*, Jugendgericht, S. 39; *Roth*, ZNR 1991, 17 (35); *Ruscheweyh*, Jugendgericht, S. 102; *Sieverts*, in: Verhandlungen des 9. JGT, 15 (19 f.); vgl. hierzu auch das Schreiben des Landgerichts-Präsidenten Kölns an das Oberlandesgericht Köln vom 31. März 1908, in: GStA PK, I. HA Rep. 84a, Nr. 10722.

660 Vgl. zum Ganzen *Pieplow*, in: Kriminologische Forschung, 605 (608 ff.) und *Kreuzer*, ZJJ 2008, 122 ff.

661 So war z.B. *Freudenthal*, DJZ 1908, 157 ff., der Ansicht, dass es für ein Jugendgericht der Spezialisierung in der Besetzung des Richter- und Amtsanwaltsamtes, einer Konzentrierung von vormundschaftsrichterlichen und strafrichterlichen Funktionen und der planmäßigen Zuziehung von Vertretern der organisierten Jugendfürsorge bedürfe; *Fischer*, in: Verhandlungen des 1. JGT, 30, forderte als unabdingbare Voraussetzungen die Vereinigung von straf- und vormundschaftsrichterlicher Gewalt in einer Person.

Köln jedenfalls zu den ersten solcher Einrichtungen gehörten[662]. Während laut *Allmenröder*[663] der Frankfurter Landgerichtspräsident *Dr. Colnot* am 21. November 1907 mitteilte, „daß das Präsidium des Landgerichts die Errichtung eines Jugendgerichts in Frankfurt für den 1. Januar 1908 in Aussicht genommen habe", findet sich in einer Mitteilung der Deutschen Zentrale für Jugendfürsorge (DZfJ) vom März 1908 folgende Aussage:

> „Das Jahr 1907 brachte den ersten Schritt zur Verwirklichung: auf Anregung des Landesgerichtspräsidenten van Erkelenz – Köln wurde im November des Jahres beschlossen, am 1. Januar 1908 einen Jugendgerichtshof in Köln zu eröffnen; gleiche Erwägungen fanden zu gleicher Zeit in Stuttgart und Breslau statt. Am 1. Januar 1908 wurden in Köln, Stuttgart und Breslau Jugendgerichtshöfe eröffnet. Es folgten nun mit gleichen Einrichtungen: Frankfurt a.M. (30. Januar), Lennep, Solingen, (…)."[664]

Dagegen berichtete die Frankfurter Zeitung bereits am 10. November 1907 auf Seite eins: „Aus Westfalen: Ein Jugendgerichtshof, wenn auch nur in kleinstem Umfange, besteht seit etwa einem Jahr in Haspe in Westfalen."[665] Selbiges berichtete schon am 30. Oktober die Rheinisch-Westfälische Zeitung[666]. Die den amerikanischen Jugendgerichtshöfen ähnelnde Einrichtung gehe auf die Anregung des OLG-Präsidenten *Holtgreven* in Hamm zurück[667]. Kern der Einrichtung sei der in Haspe gegründete Fürsorgeausschuss, „bestehend aus dem Vorsitzenden des Waisenrates, dem evangelischen Geistlichen (…), dem katholischen Geistlichen und den evangelischen und katholischen Schulleitern", denen die Missetaten der Kinder zwischen 12 und 15 Jahren vor Anklageerhebung zur Begutachtung unterbreitet würden[668]. Bei Verneinung der Einsicht der Strafbarkeit bei Begehung der Handlung würde die gerichtliche Verfolgung meistens ausgesetzt[669]. Die Kölnische Zeitung berichtete am 13. März 1908 in einem Artikel über „Das Jugendstrafrecht" schließlich ebenfalls von der Existenz sog. Fürsorgeausschüsse in Haspe und Witten und stellte

---

662 *Pieplow*, in: Kriminologische Forschung, 605 (608); vgl. dazu auch *Kreuzer*, ZJJ 2008, 122; zudem wird auch das Jugendgericht in Berlin an einigen Stellen genannt, vgl. z.B. *Cornel*, ZJJ 2008, 232; *Goerdeler*, ZJJ 2008, 120; *Walter*, 100 Jahre Jugendgerichte, S. 1.

663 *Allmenröder*, in: Das Jugendgericht, 1; ebenso *Polligkeit* in: Das Jugendgericht, 35 (40).

664 DZfJ, Stat. Beil. zur Pädagogischen Zeitung 1908, 51 f.; so auch *Kreuzer*, ZJJ 2008, 122.

665 Frankfurter Zeitung vom 10. November 1907, S. 1.

666 Rheinisch-Westfälische Zeitung vom 30. Oktober 1907, Nr. 1083, S. 2.

667 Rheinisch-Westfälische Zeitung vom 30. Oktober 1907, Nr. 1083, S. 2.

668 Frankfurter Zeitung vom 10. November 1907, S. 1; vgl. auch die Rheinisch-Westfälische Zeitung vom 30. Oktober 1907, Nr. 1083, S. 2.

669 So hätten seit 1907 dreizehn von fünfzehn dieser Minderjähriger in Haspe vor einem Strafverfahren bewahrt werden können, vgl. Frankfurter Zeitung vom 10. November 1907, S. 1 und die Rheinisch-Westfälische Zeitung vom 30. Oktober 1907, Nr. 1083, S. 2.

deren Zweck und Tätigkeitsfeld ausführlich dar[670]. Die Fürsorgeausschüsse bestanden im OLG Bezirk Hamm – in abgewandelter Form auch als „Ausschuß für Jugendfürsorge" in Lennep – und hatten, auch wenn sie nicht der Rechtsprechung zuzuordnen waren, „doch die tatsächliche Stellung eines die Vorfrage prüfenden Gerichtshofs"[671].

6. Zusammenfassung

Eine eindeutige Feststellung, wo in Deutschland das erste Jugendgericht bestand, ist weder möglich noch nötig. Je nachdem, ob man die gutachterlich tätigen, dem Gericht vorgelagerten Laienausschüsse in Haspe als „Jugendgericht" deklarieren möchte oder etwa Einrichtungen nach dem „Frankfurter Modell" verlangt, welches sich schlussendlich durchgesetzt hat, datiert die Einführung des ersten Jugendgerichts in Deutschland aus dem Jahr 1907 oder 1908[672]. Jedenfalls waren aber Frankfurt und Köln nicht die ersten deutschen Jugendgerichte, sondern es begannen zeitgleich Gerichte an vielen weiteren Orten in Deutschland ohne den Beschluss einer zentralen Reichsinstanz, solche besonderen Einrichtungen zu schaffen[673].

Mit der Entstehung der ersten Jugendgerichte hatte sich 1908 eine der wichtigsten Forderungen der Jugendgerichtsbewegung erfüllt. Die Bewegung war infolge des im Laufe des 19. Jahrhunderts gesamtgesellschaftlich erkannten sozialen Eigenwerts der Jugendphase, des durch *v. Liszt* ausgelösten Schulenstreits und der Veröffentlichung der Reichskriminalstatistik in den 1880er Jahren entstanden und durch Einflüsse aus den USA und England geprägt worden und hatte „eine solche Kraft gezeigt, daß sie viele ihrer Forderungen durchgesetzt hat, ohne daß das alte Recht geändert worden wäre"[674]. Wenn auch noch viele regionale Unterschiede zwischen den Gerichten bestanden, hatte sich doch die Idee eines besonderen Strafverfahrens samt eigener Ge-

670 Der Artikel ist enthalten in BayHStA, MJu 13171; vgl. zum gleichen Thema den Beitrag des späteren Justizministers *Schiffer* im Preußischen Abgeordnetenhaus am 29. Januar 1908, abgedruckt in: Verhandlungen des Preußischen Hauses der Abgeordneten, 20. Legislaturperiode, 4. Session, Bd. 1, Sp. 1292 f.

671 Vgl. den Artikel von *Landsberg* „Der Fürsorgeausschuß und seine Beteiligung an der Strafrechtspflege" aus der Juristischen Monatsschrift für Posen, West- und Ostpreußen 1911 (Heft 4, S. 51 ff.), in: GStA PK, I. HA Rep. 84a Nr. 10720.

672 *Pieplow*, in: Kriminologische Forschung, 605 (609), weist darauf hin, dass *Franz v. Liszt* 1908 das Modell in Haspe als „für unsere Verhältnisse das wünschenswertere" bezeichnet hatte, vgl. hierzu auch *Elsa v. Liszt*, ZStW 28 (1908), 538 (541).

673 *Pieplow*, in: Kriminologische Forschung, 605 (610); vgl. auch *Cornel*, ZJJ 2008, 232.

674 *Ruscheweyh*, Jugendgericht, S. 49 f.

richtsverfassung für Jugendliche gesamtheitlich durchgesetzt. Die Einrichtung der ersten Jugendgerichte, zu denen in den Folgejahren viele weitere hinzukamen, führte dazu, dass der Diskurs immer stärker über die prozessuale Behandlung junger Menschen geführt wurde und sich der Umgang mit diesen schon 15 Jahre vor Einführung des JGG 1923 grundlegend änderte[675]. Denn die Einführung der Jugendgerichte hatte nicht nur eine Veränderung der Zuständigkeiten zur Folge, sondern dort wurden auf Grundlage der neuen Geschäftsverteilung und Ministerialverfügungen bereits vielerlei Maßnahmen ergriffen, um die schädlichen Einflüsse des Strafverfahrens von den jungen Menschen fernzuhalten. So wurde zum Beispiel im Regelfall eine Trennung von Strafsachen mit Beteiligung von Erwachsenen vorgenommen, die vorläufigen Festnahmen und die Anordnung der Untersuchungshaft wurden auf die Fälle dringender Notwendigkeit begrenzt, umfangreiche Ermittlungen zur Persönlichkeit der jungen Beschuldigten durchgeführt, die Hilfe der Fürsorgeverbände in Anspruch genommen und die jungen Angeklagten in der Hauptverhandlung möglichst jugendadäquat behandelt, indem etwa der Staatsanwalt seine Ausführungen auf das Notwendigste beschränkte, ohne sich dabei zu erheben und der Richter das Urteil und dessen Gründe möglichst anschaulich erklärte[676].

Das Jugendstrafverfahren hatte sich bereits nach kurzer Zeit eine feste Stellung im gesamten Prozessverfahren errungen, in dem gegenüber jugendlichen Straftätern das gesamte Verfahren auf die erzieherische und bessernde Einwirkung abstellte[677]. Dass diese Entwicklung ohne eine Tätigkeit des Gesetzgebers möglich war, zeigt die Kraft und den Willen, den die Praxis für die „Reform von unten“[678] aufbrachte[679]. Man hatte es geschafft, sich in den Lücken des Gesetzes „wohnlich einzurichten“[680]. Als gemeinsames Produkt von Pädago-

675 So gab es z.B. auch bei den Polizeiverwaltungen entsprechende Maßnahmen, indem die Beamten unter anderem angehalten wurden, bei Vernehmungen von Kindern und Jugendlichen besonders vorsichtig zu verfahren, vgl. *Roth*, ZNR 1991, 17 (36).

676 Vgl. die ausführlichen Schilderungen der Praxis am Frankfurter Jugendgericht in dem Schreiben an den Vorstand des Amtsgerichts München I vom 29. Oktober 1908, enthalten in: BayHStA, MJu 13170.

677 Vgl. den Bericht von *Rupprecht* im Jahresbericht des Münchner Jugendfürsorgeverbandes für das Jahr 1911, enthalten in BayHStA, MJu 16045 und seinen Beitrag zum Verfahren der Jugendgerichte in der Bayerischen Staatszeitung vom 24. Juli 1914, in: StAM, Regierung von Oberbayern (RA) 60078.

678 Vgl. auch *Walter*, 100 Jahre Jugendgerichte, S. 2.

679 Zur Praxis als „Schrittmacherin“ für die Kriminalpolitik und Gesellschaft vgl. *Kreuzer*, ZJJ 2008, 122 (126).

680 So die Formulierung von *Allmenröder* auf dem 3. JGT, vgl. DZfJ (Hrsg.), Verhandlungen des 3. JGT, S. 131.

gen und Juristen, der Justiz und der Jugendfürsorge, war dies ein Meilenstein auf dem Weg zur Entstehung des JGG[681].

III. Die weitere Entwicklung bis zum JGG 1923

Nach der Einrichtung der ersten Jugendgerichte kam die Jugendgerichtsbewegung nicht zum Stillstand. Vielmehr wurde sich in den Folgejahren eingehend mit den allmählich gewonnenen Erfahrungen beschäftigt und die Reformbestrebungen wurden weiter intensiviert, wobei man versuchte, die Charakteristika eines typischen Jugendgerichts zu ermitteln und den Diskurs über die Behandlung junger Delinquenten voranzutreiben[682]. Gefordert wurde für ein „echtes“ Jugendgericht von vielen Seiten vor allem eine Personalunion von Vormundschafts- und Strafrichter, eine spezielle Befähigung der Jugendrichter und Staatsanwälte im Umgang mit jungen Menschen und die Beteiligung von Vertretern der mit der Jugendfürsorge befassten Organe am Strafverfahren[683].

Nachdem im Rahmen der Einführung der Jugendgerichte die Präsidenten und Oberstaatsanwälte der Oberlandesgerichte in Preußen ersucht worden waren, über die getroffenen Maßnahmen und die gemachten Erfahrungen Bericht zu erstatten, wurden diese in einer Allgemeinen Verfügung des preußischen Justizministers vom 22. September 1909[684], in der die bisherigen Ergebnisse zusammengefasst wurden, positiv bewertet[685]. So hätten sich die Maßnahmen für eine „möglichst frühzeitige und erschöpfende Erforschung der Lebensverhältnisse des jugendlichen Beschuldigten“ als besonders wirksam erwiesen, weswegen man es als Aufgabe der beteiligten Justizbehörden ansah, geeignete Kräfte für die Durchführung der erforderlichen Ermittlungen zu gewinnen. Bewährt hätte sich auch die Praxis an mehreren Gerichten, die staatsanwaltlichen Geschäfte einem als hierfür besonders geeignet angesehenen Beamten zu übertragen, weswegen überall, wo die Verhältnisse es zuließen, entsprechende Anordnungen getroffen werden sollten. Als zweckdienlich sah man es darüber hinaus an, die Strafsachen gegen junge Delinquenten am Wohnsitz des Täters

---

681 *Goerdeler*, ZJJ 2008, 120, begreift das Jahr 1908 daher als Geburtsjahr des deutschen Jugendstrafrechts.

682 Vgl. auch *Ruscheweyh*, Jugendgericht, S. 131; 1912 kam es auch zur Gründung des ersten Jugendgefängnisses in Wittlich, vgl. *Cornel*, np 1/2003, 31 (34).

683 *Allmenröder*, in: Das Jugendgericht, 1 f.; *Freudenthal*, DJZ 1908, Sp. 157 ff.; *Köhne*, in: Reform des Strafprozesses, 623 (633 ff.).

684 Allgemeine Verfügung vom 22. September 1909, „betreffend die weitere Ausgestaltung des Strafverfahrens gegen Jugendliche“, JMBl. Preußen 1909, S. 335 f.

685 *Fritsch*, Reformbewegung, S. 62; *Ruscheweyh*, Jugendgericht, S. 99 f.

zu verhandeln und dadurch „sowohl das Strafverfahren gegen Jugendliche als auch die für sie etwa erforderlichen vormundschaftsgerichtlichen Maßnahmen“ hierdurch zu fördern. Auch in Köln war man bereits kurze Zeit nach der Einführung der Jugendgerichte der Auffassung, „daß das jetzige Verfahren gegenüber dem frühern einen wesentlichen Fortschritt bedeutet“[686].

1. Deutsche Jugendgerichtstage

Neben der Diskussion der Entwicklungen in der Literatur und auf den Versammlungen der IKV entstand schließlich mit den Jugendgerichtstagen auf Veranlassung der DZfJ als besonderes Organ der Jugendgerichtsbewegung ein weiteres Diskussionsforum, das eigens für die Auseinandersetzung mit der Behandlung junger Straftäter geschaffen wurde[687].

Von 15. bis 17. März 1909 fand in Berlin der erste deutsche Jugendgerichtstag statt[688]. Dort war unter anderem auch *Elsa v. Liszt* – die Tochter von *Franz v. Liszt* – schon präsent, welche später in der Geschäftsführung der Deutschen Vereinigung für Jugendgerichte und Jugendgerichtshilfe (DVJJ) und als Leiterin der Abteilung Jugendgerichtshilfe in Berlin tätig war und vom Beginn des 20. Jahrhunderts an im Zentrum der Jugendgerichtsbewegung stand[689]. Die Verhandlungsgegenstände bezogen sich nach den Ereignissen von 1908 vor allem auf die neu eingeführten Jugendgerichte und betrafen unter anderem „Das Jugendgericht im Vorverfahren“, „Das Jugendgericht in und nach der Hauptverhandlung“ und „Das Zusammenwirken der Jugendgerichte mit Verwaltungsbehörden und freiwilligen Fürsorgeorganisationen“[690].

Staatsanwalt *Wellenkamp*, der sich mit der Tätigkeit der Staatsanwaltschaft im Vorverfahren und den angesichts der geltenden Strafprozessordnung bestehenden Möglichkeiten und Grenzen, insbesondere durch das Legalitätsprinzip,

---

686 Hervorgehoben wurde dabei unter anderem die Trennung der jungen Angeklagten von den Erwachsenen und die Aburteilung der Jugendlichen durch den Vormundschaftsrichter, vgl. das Schreiben des Königl. Amtsgerichts Köln vom 31. Oktober 1908, in: GStA PK, I. HA Rep. 84a, Nr. 10722; positiv war auch der Generalbericht des Oberlandesgerichts Kiel zum Strafverfahren gegen Jugendliche nach Einführung der Jugendgerichte, in: GStA PK, I. HA Rep. 84a, Nr. 10721.

687 *Ruscheweyh*, Jugendgericht, S. 131; *Goerdeler*, ZJJ 2008, 120, sieht die Tatsache, dass die Ausrichterin der ersten Deutschen Jugendgerichtstage die DZfJ war, als Hinweis auf die Bedeutung der Jugendwohlfahrt für die Entstehung der Jugendgerichte und des Jugendstrafrechts.

688 *Ruscheweyh*, Jugendgericht, S. 131; *Schlüchter*, Erziehungsgedanke, S. 10.

689 *Cornel*, ZJJ 2008, 232 (233).

690 DZfJ (Hrsg.), Verhandlungen des 1. JGT, Inhaltsverzeichnis.

auseinandersetzte, kam zu dem Ergebnis, der Staatsanwalt müsse über das Vergeltungsprinzip hinaus vor allem das sittliche Wohl der jungen Menschen im Blick haben und forderte eine „Befreiung von den Fesseln“ des Legalitätsprinzips[691]. Oberamtsrichter *Riß*, der auf die Tätigkeit des Gerichts im Vorverfahrens einging, betonte unter anderem die Wichtigkeit der genauen Vorbereitung der Hauptverhandlung, warnte aber auch vor einer „Verweichlichung“ der Strafrechtspflege durch eine zu milde Gangart der Jugendrichter[692]. Der Amtsgerichtsrat *Fischer* trug über die Tätigkeit des Jugendgerichts in und nach der Hauptverhandlung vor und zog dabei ein positives Resümee über den Fortschritt auf dem Weg, „den Jugendlichen nicht bloß nach seiner Tat, sondern auch nach seinen persönlichen Verhältnissen zu beurteilen“[693]. Über das Zusammenwirken der Jugendgerichte mit Verwaltungsbehörden und freiwilligen Fürsorgeorganisationen referierten unter anderem der Geheime Regierungsrat *v. Engelberg* und die Geschäftsführerin der DZfJ *Duensing*, welche vor allem die Wichtigkeit der Unterstützung der Jugendgerichte durch die Jugendgerichtshilfe hervorhoben[694]. Auf dem ersten Jugendgerichtstag, welcher rückblickend als Erfolg gewertet wurde, waren auch bereits viele Regierungsvertreter anwesend, was das steigende Interesse an der Frage der strafrechtlichen Behandlung junger Delinquenten durch die Politik zu dieser Zeit verdeutlicht[695].

Es folgte im Jahr darauf vom 29. September bis 1. Oktober 1910 der zweite Jugendgerichtstag in München. Die Verhandlungsgegenstände betrafen dort weiterhin vor allem das Jugendstrafverfahren und die Jugendgerichtsverfassung und erfassten daher unter anderem den „Stand der Jugendgerichtsbewegung“, die „Organisation und Zuständigkeit der Jugendgerichte nach bestehendem Recht und den Gesetzesentwürfen“, „Die Jugendgerichte im Vorverfahren“, die „Besonderheiten des Hauptverfahrens gegen Jugendliche“ und „Das Zusammenwirken der Jugendgerichte mit anderen Behörden und freiwilligen Organisationen“[696]. Amtsgerichtsrat *Köhne* machte dabei unter anderem auf die weiterhin bestehenden örtlichen Unterschiede zwischen den Jugendgerichten aufmerksam und forderte, die Geschäfte des Straf- und des Vormund-

691 *Wellenkamp*, in: Verhandlungen des 1. JGT, 4 ff., 14.

692 *Riß*, in: Verhandlungen des 1. JGT, 14 (23).

693 Vgl. *Fischer*, in: Verhandlungen des 1. JGT, 30 (37).

694 Vgl. *v. Engelberg*, in: Verhandlungen des 1. JGT, 56 ff. und *Duensing*, in: Verhandlungen des 1. JGT, 63 ff.

695 DZfJ (Hrsg.), Verhandlungen des 1. JGT, S. 1; DZfJ (Hrsg.), Verhandlungen des 3. JGT, S. 1.

696 DZfJ (Hrsg.), Verhandlungen des 2. JGT, Inhaltsverzeichnis.

schaftsrichters überall in einer Person zu vereinigen[697]. Amtsgerichtspräsident *Becker*, der die zunehmende Betonung von Erziehungsrechten und -pflichten positiv hervorhob, betonte das Erfordernis, „den absoluten Anklagezwang der Staatsanwaltschaft (…) und die dem Richter auferlegte Fessel, auf Strafe erkennen zu müssen, wenn ihm die Strafbarkeitseinsicht nachgewiesen worden ist“ abzuschaffen[698]. Angesichts der parallel laufenden gesetzgeberischen Arbeiten an einer Reform des Strafprozessrechts setzte man sich insbesondere mit der gesetzlichen Regelung eines künftigen Jugendstrafrechts auseinander, wobei neben der Diskussion von Einzelfragen unter anderem gesetzliche Garantien dafür gefordert wurden, „daß Jugendgerichte im erforderlichen Umfang geschaffen bzw. erhalten werden“, dass diese „in geeigneter Wiese organisiert sind“ und „daß die geeigneten Fälle vor diese Jugendgerichte gelangen“[699]. Staatsanwalt *Wulffen* gab jedoch zu bedenken, Jugendgerichte und Jugendgerichtsverfahren würden „zu bloßen Formalitäten, wenn hinter ihnen nicht das Pflichtbewußtsein des Staates und der Gesellschaft steht, der Jugend unseres Volkes eine günstigere Entwicklung und eine bessere Erziehung als jetzt zu gewähren“[700].

Ende Juni 1911 fand dann auch der erste internationale Jugendgerichtstag in Paris statt, auf dem „durch die Beteiligung sämtlicher Kulturstaaten die völkerverbindende und völkereinigende Idee des Jugendgerichts“ bereits klar in Erscheinung trat[701]. Dort wurden „im wesentlichen dieselben großen Probleme diskutiert, die auch auf den Tagesordnungen der deutschen Jugendgerichtstage gestanden haben“, wobei der Wunsch geäußert wurde, „daß überall Jugendgerichte eingerichtet würden, die sich dem Schutze und der Besserung Jugendlicher widmen, und daß niemals ein Verfahren gegen Jugendliche erziehungswidrig wirke“[702]. In den Resolutionen, die auf dem internationalen Jugendgerichtstag gefasst wurden, wurden Jugendgerichte als Sondergerichte für alle Angelegenheiten Jugendlicher gefordert, welche Erziehungs-, Überwachungs- und Hilfemaßnahmen verhängen können sollten, wobei im Vorverfahren stets

---

697 *Köhne*, in: Verhandlungen des 2. JGT, 5 (6).

698 *Becker*, in: Verhandlungen des 2. JGT, 32 (33 ff.).

699 *Kitzinger*, in: Verhandlungen des 2. JGT, 44 (47).

700 Vgl. die Leitsätze von *Wullfen* auf dem 2. JGT, in: DZfJ (Hrsg.), Verhandlungen des 2. JGT, S. 208.

701 Vgl. den Bericht von *Rupprecht* über Jugendgericht und Jugendgerichtshilfe in München im Jahre 1911 im Jahresbericht des Münchener Jugendfürsorgeverbandes für das Jahr 1911, S. 14, enthalten in BayHStA, MJu 16045; so gab es etwa in Dänemark schon seit April 1905 ein Jugendgerichtsgesetz, in Belgien und Frankreich wurde 1912 ein solches eingeführt, vgl. *Rupprecht*, MschrKrim 9 (1912/13), 580.

702 *Köhne*, DJZ 1911, 916.

„eingehende Erhebungen über die Verhältnisse des Jugendlichen und seiner Umgebung" erfolgen sollten und dem jungen Menschen vom Beginn des Vorverfahrens an ein Verteidiger bestellt werden sollte[703].

Auf dem dritten Jugendgerichtstag vom 10. bis 12. Oktober 1912 in Frankfurt am Main setzte man sich im Folgenden mit dem künftigen Verhältnis von Strafe und Erziehung und der Anwendung und Organisation von Straf- und Erziehungsmitteln im Einzelnen auseinander. *Förster* kritisierte dabei das Schlagwort „Erziehung statt Strafe" und vertrat die Ansicht, dass „die Strafe selber der unentbehrliche Träge des generierenden Erziehungsprozesses ist"[704]. Gegen die Ansicht *Foersters* wandte sich neben anderen Teilnehmern auch *Mittermaier*, der als einziges Prinzip, unter dem eine Reform energisch, zielbewusst und sicher zu einem Ergebnis führen könne, das Prinzip der Erziehung bezeichnete, während er den Gedanken der Strafe „bei den Jugendlichen ans Ende stellen" wollte[705]. Neben der Grundsatzdiskussion über das Verhältnis von Erziehung und Strafe befand sich auch „Die Notwendigkeit eines besonderen Jugendgerichtsgesetzes und sein Inhalt" als Verhandlungsgegenstand auf der Tagesordnung[706]. Angesichts der fortschreitenden Arbeiten an einer gesetzlichen Regelung des Jugendstrafrechts, welche noch gesondert ausführlich dargestellt werden, forderte Amtsgerichtsrat *Allmenröder* unter anderem, das Strafverfahren so auszugestalten, „daß alle Fälle ausgeschieden werden können, in denen Erziehungs- und Besserungsmaßregeln einer Bestrafung vorzuziehen sind" und wies darauf hin, dass auch in den übrigen Fällen erziehungswidrige Einflüsse vermieden werden mussten und Verfahren, Aburteilung und Strafvollstreckung auf die Verhütung von Rückfällen ausgerichtet werden sollten[707]. *Köhne* bezeichnete den alsbaldigen Erlass eines Jugendgerichtsgesetzes als „dringendes Bedürfnis" und forderte neben der Heraufsetzung der Strafmündigkeitsgrenze von 12 auf 14 Jahre unter anderem die Festlegung des Begriffs des Jugendgerichts als „Behörde, in der die Funktion des Strafrichters und des Vormundschaftsrichters vereint sind"[708].

---

703 Pharus-Redaktion, Pharus 1911, 2. Halbjahrband, 471 f.

704 *Förster*, in: Verhandlungen des 3. JGT, (9) 11, 15.

705 Vgl. den Beitrag von *Mittermaier* im Rahmen der Diskussion auf dem 3. JGT, in: DZfJ (Hrsg.), Verhandlungen des 3. JGT, S. 42.

706 DZfJ (Hrsg.), Verhandlungen des 3. JGT, Inhaltsverzeichnis.

707 Vgl. die Leitsätze von *Allmenröder* auf dem 3. JGT, in: DZfJ (Hrsg.), Verhandlungen des 3. JGT, S. 161 f.

708 Vgl. die Leitsätze von *Köhne* auf dem 3. JGT, in: DZfJ (Hrsg.), Verhandlungen des 3. JGT, S. 164.

Geplant war ursprünglich, dass sich alle zwei Jahre Jugendrichter und Vertreter der Wissenschaft treffen würden, um ihre Erfahrung auszutauschen und sich weiterzubilden, was durch den Ausbruch des Ersten Weltkriegs 1914 jedoch verhindert wurde, sodass der vierte deutsche Jugendgerichtstag erst vom 12. bis 14. April 1917 als Kriegstagung in Berlin stattfinden konnte[709]. Hauptergebnis der Tagung war die Gründung des Ausschusses für Jugendgerichte und Jugendgerichtshilfen auf die Initiative *Franz v. Liszts* und der DZfJ als Vorgängerin der DVJJ mit dem Ziel, die vorhandenen Kräfte der Reformbewegung einheitlich zu bündeln[710]. Dieser wurde im Folgenden zum Träger der Reform des Jugendrechts und weiterer Jugendgerichtstage und wirkte maßgeblich an der gesetzgeberischen Tätigkeit mit[711].

2. Die Jugendgerichtshilfe

Ganz entscheidend für den Erfolg der Jugendgerichtsbewegung waren auch die Jugendfürsorgeorganisationen bzw. die Jugendgerichtshilfe, welche sich parallel zu den Jugendgerichten entwickelt hatte[712]. Nachdem im liberalen Staat des 19. Jahrhunderts noch kein Raum für eine planmäßige öffentliche Jugendhilfe gewesen war, welche dem Wohl des einzelnen jungen Menschen dienen sollte, hatte sich dies ab der Wende zum 20. Jahrhundert geändert, als die sozialen und pädagogischen Strömungen dieser Zeit zu kulturkritischen Reformbewegungen geführt hatten, die einen Anspruch des Kindes gegenüber den Eltern und dem Staat auf Erziehung postulierten[713]. Der Umbruch vom reinen Tatstrafrecht zum Täterstrafrecht, der sich vor allem gegenüber jungen Tätern vollzog, erforderte eine völlig neue Ausgestaltung des Strafverfahrens[714]. Schon früh war deutlich geworden, dass die Jugendgerichte dabei Unterstützung von Helferorganisationen benötigen würden[715].

In Deutschland existierten zu dieser Zeit sowohl die öffentliche als auch die private Jugendfürsorge[716]. Dort konnten auch im 19. Jahrhundert bereits Frauen gleichberechtigt mitarbeiteten, ohne diskriminiert zu werden, da man die

---

709 *Ruscheweyh*, Jugendgericht, S. 131.

710 DZfJ (Hrsg.), Kriegstagung, S. 81; vgl. auch *Ruscheweyh*, Jugendgericht, S. 149.

711 *Simonsohn*, in: Jugendkriminalität, 7 (21).

712 Ausführlich dazu *Ruscheweyh*, Jugendgericht, S. 151 ff.

713 *Hasenclever*, Jugendhilfe, S. 21.

714 *Holzschuh*, RdJ 1963, 113.

715 *Ruscheweyh*, Jugendgericht, S. 151.

716 Schon bald stellte sich daraufhin die Frage nach der Abgrenzung der öffentlichen und der privaten Jugendfürsorge, vgl. *Scherpner*, Jugendfürsorge, S. 176.

Frauen als Vermittler mütterlicher Fürsorge gegenüber den Kindern und jungen Menschen für diese Tätigkeit für besonders geeignet hielt[717]. Die Mitwirkung und Platzierung der Fürsorgeorganisationen im Verfahren war auch gleichzeitig die Geburtsstunde der Jugendgerichtshilfe[718]. Die Jugendgerichtshilfe war nicht etwa eine einheitliche Organisation, sondern wurde innerhalb des verzweigten und zersplitterten Jugendfürsorgesystems von verschiedenen Organisationen gemeinschaftlich ausgeübt[719]. Die Jugendfürsorgeorganisationen waren also insoweit Organe der Jugendgerichtshilfe, als sie die Jugendgerichte unterstützten und Jugendgerichtshilfe war die Bezeichnung für die organisatorischen Zusammenschlüsse der Fürsorgeorganisationen[720].

Der erste Fürsorgeausschuss als Organisationsform der Jugendgerichtshilfe entstand in Haspe[721], von wo aus sich die Fürsorgeausschüsse vor allem im Rheinland und in Westfalen verbreitet haben[722]. In ganz Bayern und in Teilen Preußens entwickelte sich dagegen der auch als Zentrale für private Fürsorge bezeichnete Jugendfürsorgeverband, der im Rest Deutschlands oft auch gleichzeitig neben einem städtischen Fürsorgeamt tätig wurde[723]. So war etwa am Jugendgericht in Frankfurt die „Centrale für private Fürsorge“ unter der Direktion von *Polligkeit* für die Ermittlungen zur Person des Beschuldigten zuständig[724]. In Bayern wurden die Verwaltungsbehörden durch Rundschreiben des Innenministers vom 9. Dezember 1908 angewiesen, die bestehenden Jugend-

---

717 *Walter*, 100 Jahre Jugendgerichte, S. 4; *Pieplow*, in: GS-Walter, 341 (346), macht auf „die vielen vergessenen und zum Teil namenslos gebliebenen Frauen, die für die „Erfindung“ der Jugendgerichtshilfe stehen, aufmerksam; auch *Rupprecht* hebt die Mitarbeit der Frauen hervor, vgl. den Jahresbericht des Münchener Jugendfürsorgeverbandes für das Jahr 1911, enthalten in: BayHStA, MJu 16045.

718 *Kreuzer*, ZJJ 2008, 122 (123).

719 *Polligkeit* in: Das Jugendgericht, 35 (36 f.); zu den verschiedenen Jugendfürsorgeorganisationen vgl. *Ruscheweyh*, Jugendgericht, S. 151 ff.

720 Vgl. *Köhne*, in: Verhandlungen des 2. JGT, 5 (6 f.); *Polligkeit* in: Das Jugendgericht, 35 (37); vgl. hierzu auch *Köhne*, Zbl. 4 (1912/13), 145 (146), der das Engagement von *Duensing* hervorhob, die es geschafft habe, fast alle der Organisationen und Einzelkräfte zu Zwecken der Jugendgerichtshilfe zusammenzuschließen.

721 Während *Ruscheweyh*, Jugendgericht, S. 154 angibt, dies sei im Herbst 1907 geschehen, spricht *Kloss*, MschrKrim, 5 (1908/09), 42 (50), von der Errichtung des ersten Jugendfürsorgevereins in Haspe im Juli 1906.

722 *Ruscheweyh*, Jugendgericht, S. 154.

723 *Ruscheweyh*, Jugendgericht, S. 157; so wurde etwa von *Duensing* 1904 in Berlin die Zentrale für Jugendfürsorge gegründet, vgl. *Scherpner*, Jugendfürsorge, S. 176.

724 Vgl. den Bericht des Königl. Amtsgerichts Würzburg vom 26. Oktober 1908, in: BayHStA 13173.

fürsorgeverbände zu unterstützen und weitere zu gründen[725]. In Preußen war in der Allgemeinen Verfügung vom 1. Juni 1908 bereits angeordnet worden, dass die Beamten der Staatsanwaltschaft auch mit den Vereinen oder sonstigen Organen der Jugendfürsorge zur Auskunftserteilung über die Jugendlichen in Verbindung treten sollten und nach der Verfügung vom 22. September 1909 oblag es den Justizbehörden, den herangezogenen, auf dem Gebiet der Jugendfürsorge freiwillig tätigen Personen in geeigneten Fällen sogar Einsicht in die Strafakten des Jugendlichen zu gewähren.

Der Aufgabenkreis der Jugendgerichtshilfe erstreckte sich auf die Ermittlungstätigkeit für das Jugendgericht, um die körperlichen, geistigen und sittlichen Erziehungsverhältnisse des Jugendlichen festzustellen, den Beistand des Jugendlichen im Strafverfahren zur Wahrnehmung von dessen Erziehungsinteressen vor Gericht und schließlich die Fürsorge- und Schutzaufsicht, um durch präventiv wirkende Erziehung Rückfällen des Jugendlichen vorzubeugen[726]. Die Jugendgerichtshilfe sollte die Entscheidung des Gerichts, ob Erziehungsmittel oder Strafe vorzuziehen seien, vorbereiten und begleiten und durch Erziehung auch im Bereich der allgemeinen Jugendfürsorge tätig werden[727]. Auch die Betreuung der vom Gericht verhängten Maßnahmen zur Vermeidung von Untersuchungs- oder Strafhaft sollte ihr obliegen[728]. Die Zusammenarbeit der Jugendgerichtshilfe mit den Jugendgerichten wurde in der Literatur schnell als wesentliches Charakteristikum eines Jugendgerichts verstanden und war damals wie heute Ausdruck eines dualen Systems der Jugendfürsorge. Man war sich dessen bewusst, dass die Jugendgerichte ohne die Jugendgerichtshilfe nicht funktionsfähig waren, sodass der Ausspruch „ohne Jugendgerichtshilfe kein Jugendgericht“ entstand[729].

Kritik wurde vor allem daran geübt, dass „eine klare, bestimmte Anweisung darüber, was von den Organisationen der Jugendgerichtshilfe zu verlangen ist, an welcher Stelle ihre Mitwirkung erforderlich scheint“ und welche rechtliche Stellung die Organe der Jugendgerichtshilfe im Verfahren hatten, in den Verordnungen und Erlassen nicht eindeutig festgelegt worden war[730]. Eine Rege-

---

725 *Ruscheweyh*, Jugendgericht, S. 118.

726 *Polligkeit* in: Das Jugendgericht, 35 (36); vgl. zur Tätigkeit der Fürsorgeverbände im Rahmen der Jugendgerichtshilfe auch die Berichte in BayHStA, MJu 16045.

727 *Polligkeit* in: Das Jugendgericht, 35 (60).

728 *Polligkeit* in: Das Jugendgericht, 35 (60 ff.).

729 Vgl. *Burkhardt*, Caritas-Blätter 1913, 125 (129) und das Schreiben des Präsidenten des Königl. OLG München vom 9. Mai 1910 an das Königl. Staatsministerium der Justiz, enthalten in: BayHStA, MJu 13176.

730 So *v. Liszt*, in: Kriegstagung, 72 (75).

lung erfolgte später erst durch das RJWG 1922 und das JGG 1923, nachdem sich die Arbeit der Jugendgerichtshilfe zur zentralen Aufgabe der Jugendämter entwickelt hatte[731].

3. Gesetzesentwürfe und Reformvorschläge bis zum JGG 1923

Die Entstehung der Jugendgerichtsbewegung hatte auch einen wesentlichen Einfluss auf die weiteren Reformansätze im Strafprozessrecht. Nachdem die Reichsstrafprozessordnung kurz nach ihrem Inkrafttreten bereits lebhaft kritisiert worden war, weil gegen die von den Strafkammern in erster Instanz erlassenen Urteile nur die Revision und nicht die Berufung zugelassen war, war es schon ab 1883 wieder zu Anträgen für Teilreformen im Reichstag gekommen, welche jedoch aus unterschiedlichen Gründen gescheitert waren[732]. Die verbündeten Regierungen hatten daraufhin im Jahr 1894 eine Revision des Strafprozessrechts eingeleitet und bereits 1895 war dem Reichstag ein vom Bundesrat beschlossener „Entwurf betreffend Abänderungen und Ergänzungen des Gerichtsverfassungsgesetzes und der Strafprozessordnung" vorgelegt worden, welcher im Jahr 1896 einer Kommission zur Beratung überwiesen worden war. Letztendlich war dieser Entwurf aber – wie auch weitere Reformanträge – vom Reichstag nicht erledigt worden. Nennenswerte Änderungen der Vorschriften, welche das Strafverfahren oder die Gerichtsverfassung bei Straftaten junger Menschen betrafen, gab es gegenüber den Reichsjustizgesetzen in diesen Entwürfen und Vorschlägen nicht. Im April 1902 ersuchte der Reichstag sodann die Regierungen, baldmöglichst einen Entwurf für ein Gesetz zur Änderung des Gerichtsverfassungsgesetzes und der Strafprozessordnung zu erarbeiten und vorzulegen[733].

a) Die Beratungen der Kommission des Reichsjustizamtes

Eine Kommission mit Vertretern aus Wissenschaft und Praxis[734] beriet schließlich von Februar 1903 bis April 1905 über eine entsprechende breitangelegte

---

731 *Holzschuh*, RdJ 1963, 113; *Scherpner*, Jugendfürsorge, S. 177.

732 Vgl. die Vorgeschichte des Entwurfs von 1909, abgedruckt in: Verhandlungen des Reichstags, 12. Legislaturperiode, II. Session, Anlage Nr. 7, S. 5 f.; vgl. auch *Vormbaum*, Lex Emminger, S. 44 f.

733 Vgl. zum Ganzen die Vorgeschichte zu E-1909, S. 6 ff.

734 Kurzbiographien von deren Mitgliedern sind abgedruckt in *Schubert*, Protokolle 1903–1905, Bd. 1, S. IV f.

Reform[735]. Im Rahmen der Beratungen der Reformkommission setzte man sich auch bereits intensiv mit Sondervorschriften für das Verfahren gegen junge Straftäter auseinander[736].

aa) Die Beschlüsse der Reformkommission

Die relevantesten Punkte betreffend das formelle Jugendstrafrecht, welche von der Kommission erörtert wurden und die diesbezüglichen Beschlüsse sollen nachfolgend dargestellt werden.

1. Zur Gerichtsverfassung

Im Hinblick auf die Gerichtsverfassung wurde einstimmig beschlossen, dass im Verfahren gegen Personen, welche das 18. Lebensjahr noch nicht vollendet hatten, die Öffentlichkeit ganz oder teilweise ausgeschlossen werden konnte[737]. Man war der Auffassung, die öffentliche Verhandlung könne Folgen für den jungen Menschen haben, die außer Verhältnis zu einer vielleicht im Leichtsinn begangenen Tat stünden, würde diesen einschüchtern und dadurch die Befragung durch das Gericht erschweren, das Ehrgefühl des jungen Angeklagten mindern oder dazu führen, dass er als Mittelpunkt der Verhandlung mehr Interesse am Beifall der im Gerichtssaal anwesenden Altersgenossen als an der Verhandlung hätte[738]. Da es aber auch Fälle geben würde, in denen dem Ehrgefühl des jungen Menschen kein Schaden mehr zugefügt werden könne, das Interesse der Allgemeinheit an abschreckend wirkender, strenger Bestrafung überwiege oder der junge Beschuldigte seine Unschuld in öffentlicher Verhandlung beweisen können sollte, wollte man die Ausschließung der Öffentlichkeit im Einzelfall in das Ermessen des Gerichts stellen. Auch den Eltern, Vormündern, Lehrern oder Erziehern wollte man nicht durch eine besondere Bestimmung ein Anwesenheitsrecht zugestehen, da diesen ohnehin die Rechte des § 149 RStPO zustanden und das Gericht gemäß § 176 GVG jederzeit einzelnen Personen den Zutritt zu

735 Vgl. die Vorgeschichte zu E-1909, S. 10.

736 Zusammenfassend hierzu auch *Köhne*, in: Reform des Strafprozesses, S. 629.

737 Vgl. das Protokoll der Sitzung vom 12. März 1904 in: *Schubert*, Protokolle 1903–1905, Bd. 1, S. 373 ff.

738 Man war der Ansicht, diese Nachteile würden auch durch die ausführlichen Berichte der Presse über die Verhandlungen noch verstärkt, vgl. hierzu und zum Folgenden das Protokoll der Sitzung der Kommission vom 12. März 1904 in: *Schubert*, Protokolle 1903–1905, Bd. 1, S. 373 f.

den nicht öffentlichen Verhandlungen gewähren konnte[739]. Nach Ansicht der Kommission sollte ein Ausschluss der Öffentlichkeit aber nur auf Antrag eines Prozessbeteiligten möglich sein, sofern die anderen Beteiligten nicht widersprachen[740]. Einig war man sich auch dahingehend, dass der Zeitpunkt der Verhandlung und nicht der Begehung der Tat für die Altersbestimmung maßgebend sein sollte[741]. Zudem plädierte man dafür, § 73 Nr. 3 GVG zu streichen, da man die Schwurgerichte durch ein Schöffengericht ersetzen wollte und der Ansicht war, die Norm sei ursprünglich deswegen in das GVG eingefügt worden, weil die „Feierlichkeit" einer schwurgerichtlichen Verhandlung verwirrend für den jungen Angeklagten sei und die Einsichtsfähigkeit von gelehrten Richtern und nicht von Geschworenen beurteilt werden sollte[742].

2. Zum Legalitätsprinzip

Schon im Jahr 1900 hatte *Franz v. Liszt* angesichts der hohen Rückfallzahlen in der Kriminalstatistik konstatiert:

> „Wenn ein Jugendlicher oder auch ein Erwachsener ein Verbrechen begeht und wir lassen ihn laufen, so ist die Wahrscheinlichkeit, daß er wieder ein Verbrechen begeht, geringer, als wenn wir ihn bestrafen."[743]

Mit möglichen Einschränkungen des Legalitätsprinzips setzte sich auch die Kommission intensiv auseinander. In den Beratungen wurde auf Missstände durch „die übermäßige Zahl von Bestrafungen" hingewiesen und betont, durch „derartige Strafverfolgungen werde nicht allein eine unnötige Belastung der Behörden und des Publikums herbeigeführt, sondern auch die Ach-

---

739 Anderen Personen wie etwa einem Vater, dem die elterliche Gewalt zuvor entzogen worden war, sollte die Teilnahme an der Verhandlung versagt werden können, vgl. das Protokoll der Sitzung der Kommission vom 12. März 1904 in: *Schubert*, Protokolle 1903–1905, Bd. 1, S. 375.

740 Eingewandt wurde, der Angeklagte, der in der Verhandlung anmaßend auftreten und anderen imponieren wolle, würde den Ausschluss einfach ablehnen, vgl. das Protokoll der Sitzung vom 12. März 1904 in: *Schubert*, Protokolle 1903–1905, Bd. 1, S. 374 und *Schubert*, Protokolle 1903–1905, Bd. 2, S. 239, 385.

741 Die Altersgrenze von 18 Jahren wurde damit begründet, es solle eine Übereinstimmung mit den §§ 56 und 57 RStGB geschaffen und Rücksicht auf Schüler und die weibliche Jugend genommen werden, vgl. das Protokoll der Sitzung der Kommission vom 12. März 1904 in: *Schubert*, Protokolle 1903–1905, Bd. 1, S. 374.

742 Vgl. das Protokoll der Sitzung der Kommission vom 17. Mai 1904 in: *Schubert*, Protokolle 1903–1905, Bd. 1, S. 438 f. und *Schubert*, Protokolle 1903–1905, Bd. 2, S. 27, 357.

743 *v. Liszt*, in: Aufsätze und Vorträge, Bd. 2, S. 339.

tung vor den Strafgesetzen untergraben“[744]. Man kam zu der Auffassung, dass das Legalitätsprinzip eingeschränkt werden musste und die Staatsanwaltschaft bei Übertretungen von der Strafverfolgung absehen dürfen sollte, wenn eine solche nicht im öffentlichen Interesse erforderlich sei, um Verurteilungen zu vermeiden, „die von der Bevölkerung als überflüssig und als Härte“ empfunden würden[745].

Bei den Personen unter 14 Jahren sollte dies im Falle des Einverständnisses des Verletzten sogar auch bei Vergehen und Verbrechen möglich sein[746]. Kritisch wurde zwar gesehen, dass dadurch künftig nicht mehr das Gesetz, sondern das Ermessen des einzelnen Staatsanwalts maßgebend dafür war, ab welchem Alter junge Täter zur Verantwortung gezogen würden[747]. Jedenfalls bei den Personen unter 14 Jahren sah man aber in der Regel die Möglichkeit gegeben, auf dem Wege der Schulzucht einen Ersatz für die strafrechtliche Ahndung zu schaffen, zumal von vielen Seiten die Heraufsetzung des Strafmündigkeitsalters von 12 auf 14 Jahren gefordert wurde. Hintergrund für die Forderung der Kommission nach einer Beschränkung des Legalitätsprinzips im Verfahren gegen junge Beschuldigte war die Absicht, diesen nicht nur die öffentliche Verhandlung und Verurteilung, sondern die Strafverfolgung generell in den Fällen zu ersparen, in denen eine bloße Warnung genügte. Denn man war der Auffassung, „daß durch die Strafverfolgung eines Jugendlichen diesem nicht selten Nachteile zugefügt würden, die das Interesse der Allgemeinheit an der Bestrafung erheblich überwiegen“. Vielmehr sollte die Strafverfolgung dem Ermessen der Staatsanwaltschaft überlassen werden, welche nach den Umständen des Einzelfalls entscheiden sollte. Da man dem Verletzten die Möglichkeit der Privatklage nicht lassen wollte, „um nicht den Jugendlichen dessen Verfolgungssucht preiszugeben“, wollte mach das Unterbleiben der Strafverfolgung allerdings von der Zustimmung des Verletzten abhängig machen.

---

744 Vgl. das Protokoll der Sitzung der Kommission vom 30. September 1903 in: *Schubert*, Protokolle 1903–1905, Bd. 1, S. 135 ff.

745 Besondere Einstellungsmöglichkeiten gab es damals noch nicht, sodass mögliche Einschränkungen des Legalitätsprinzips Anlass zur Diskussion gaben, vgl. *Schubert*, Protokolle 1903–1905, Bd. 2, S. 37 ff., 459.

746 Vgl. die Beschlüsse der Kommission in: *Schubert*, Protokolle 1903–1905, Bd. 2, S. 459.

747 Man war der Ansicht, durch eine solche Praxis würde die Strafmündigkeitsgrenze des materiellen Rechts faktisch heraufgesetzt werden, vgl. hierzu und zum Folgenden das Protokoll der Sitzung der Kommission vom 8. November 1904 in: *Schubert*, Protokolle 1903–1905, Bd. 2, S. 39 ff.

3. Zur Untersuchungshaft

Debattiert wurde auch über eine Regelung, nach der bei Jugendlichen die Untersuchungshaft nicht wie bisher gemäß § 116 Abs. 1 RStPO im Rahmen des Möglichen, sondern zwingend von anderen Häftlingen gesondert zu vollstrecken sei[748]. Der Vorschlag wurde aber mit der Begründung als zu weitgehend abgelehnt, dass gerade die Einzelhaft für die jungen Menschen eine große Härte sei, sodass man nicht zum Schutz derselben eine Vorschrift einführen wollte, die diesen als Grausamkeit erscheinen könnte.

4. Zur Beteiligung des gesetzlichen Vertreters

In erster Lesung in der 24. Sitzung am 11. November 1903 wurde zudem ein Antrag erörtert, nach dem der gesetzliche Vertreter eines Beschuldigten von der Einleitung eines Strafverfahrens in Kenntnis zu setzen gewesen wäre, sobald zu einer Vernehmung oder ohne eine Vernehmung zur Einreichung einer Anklageschrift oder zum Strafbefehlsantrag geschritten worden wäre[749]. Der Antrag wurde jedoch abgelehnt, da man der Ansicht war, dieser sei nicht durchführbar, da der gesetzliche Vertreter oft nicht ermittelt werden könne und die Justizverwaltungen dem Problem durch geeignete Maßnahmen Rechnung tragen könnten.

5. Zur Verteidigung

Im Hinblick auf die Verteidigung wurde von der Kommission beschlossen, dass diese zukünftig in erster Instanz vor dem mittleren Schöffengericht und in der Berufungsinstanz vor dem großen Schöffengericht und auch für diejenigen strafmündigen Angeschuldigten notwendig sein sollte, die zwar das 16., nicht aber das 18. Lebensjahr vollendet hatten, nachdem bisher von § 140 Abs. 1 Nr. 1 RStPO nur Personen bis zur Vollendung des 16. Lebensjahres erfasst waren[750]. Maßgeblicher Zeitpunkt für die Berechnung des

---

748 Vgl. hierzu und zum Folgenden das Protokoll der Sitzung der Kommission vom 20. Januar 1905 in: *Schubert*, Protokolle 1903–1905, Bd. 2, S. 183.

749 Vgl. hierzu und zum Folgenden das Protokoll der Sitzung der Kommission vom 11. November 1903 in: *Schubert*, Protokolle 1903–1905, Bd. 1, S. 181.

750 Man wollte bei den Landgerichten verschieden gegliederte Schöffengerichte bilden, wobei an die Stelle der Strafkammern die mittleren und anstelle der Schwurgerichte die großen Schöffengerichte treten sollten, vgl. die Beschlüsse der Kommission, in: *Schubert*, Protokolle 1903–1905, Bd. 2, S. 349, 357, 363, 453.

Alters sollte der Zeitpunkt sein, in dem die Bestellung des Verteidigers zu erfolgen hätte[751].

Man war der Ansicht, wenn Personen unter 18 Jahren nach § 56 RStGB nicht immer die zur Erkenntnis der Strafbarkeit erforderliche Einsicht besäßen, müsse auch damit gerechnet werden, dass sie nicht die nötige Einsichtsfähigkeit hätten, um dem Verfahren zu folgen und die Bedeutung möglicher Prozesshandlungen zu verstehen[752]. Die Gegner des Antrags hatten zuvor eingewendet, die Interessen der jungen Beschuldigten würden, wenn sie nicht von diesen selbst wahrgenommen werden könnten, jedenfalls von den Staatsanwaltschaften und den Gerichten ausreichend berücksichtigt und die Praxis hätte in dieser Hinsicht keine Missstände gezeigt. Wenn allein die Schwierigkeit der Frage der erforderlichen Einsicht die Verteidigung notwendig mache, müsste die Notwendigkeit konsequenterweise auch auf die Verfahren vor den Schöffengerichten und die Berufungssachen vor den Landgerichten erstreckt werden.

Die Mehrheit der Kommission war schließlich jedoch der Ansicht, die Möglichkeit des § 141 RStPO, einen Verteidiger auf Antrag oder von Amts wegen zu bestellen, reiche nicht aus, da das Gericht den Angeklagten nicht kenne und daher seine Einsichtsfähigkeit nicht einschätzen könne und zudem von dieser Möglichkeit in der Praxis nur selten Gebrauch gemacht wurde. Der nicht voll Strafmündige war nach der Meinung der Kommission selbst am allerwenigsten in der Lage, den Einwand der mangelnden Einsicht geltend zu machen. Auch der nach § 149 RStPO zuzulassende Beistand wurde für ungeeignet erachtet, die Interessen des Angeklagten wahrzunehmen. Eine noch weitergehende Erstreckung der notwendigen Verteidigung auf die Verfahren vor den Amtsgerichten wurde allerdings mit der Begründung abgelehnt, dass es dort nicht genügend zugelassene Rechtsanwälte gebe[753].

Verneint wurde von der Kommission auch die Frage, ob die Verteidigung vor den Landgerichten bei Verbrechen auch dann notwendig sein sollte, wenn kein

---

751 Man war der Ansicht, der Tatzeitpunkt könne nicht in allen Verfahren mit Sicherheit festgestellt werden und das Bedürfnis der Verteidigung entstehe nicht aus der Einsicht bei der Tatbegehung, sondern in der mangelnden Fähigkeit des Jugendlichen, sich selbst zu verteidigen, vgl. *Schubert*, Protokolle 1903–1905, Bd. 1, S. 122 f. und Bd. 2, S. 159, 454 f.

752 Man war der Ansicht, dies würde vor allem auf jugendliche Angeschuldigte aus der ländlichen Bevölkerung zutreffen, vgl. zum Ganzen das Protokoll der Sitzung der Kommission vom 9. Juli 1903 in: *Schubert*, Protokolle 1903–1905, Bd. 1, S. 123.

753 Vgl. das Protokoll der Kommission vom 17. Januar 1905 in: *Schubert*, Protokolle 1903–1905, Bd. 2, S. 159.

Antrag des Beschuldigten oder seines gesetzlichen Vertreters vorliege[754]. Zwar wurde erwogen, dass es für die Notwendigkeit allein darauf ankommen solle, ob der Angeschuldigte ohne fachkundigen Beistand seine Rechte wahrnehmen könne[755]. Allerdings war man der Ansicht, in einer großen Zahl der Verbrechensfälle sei der Tatbestand nicht besonders komplex und in den anderen Fällen genüge es, dass die Bestellung von Amts wegen (§ 141 RStPO) oder auf Antrag (§ 140 Abs. 2 Nr. 2 RStPO) erfolgen könne[756]. Im Hinblick auf §140 Abs. 2 Nr. 2 RStPO war man sich einig, dass für den Fall einer Voruntersuchung der Antrag auch schon während dieser gestellt können werden müsse und sprach sich für eine Belehrungspflicht hinsichtlich des Antragsrechts aus § 140 Abs. 2 Nr. 2 RStPO aus[757].

6. Zur Zulässigkeit des Kontumazialverfahrens

Hinsichtlich der Anwendbarkeit des Kontumazialverfahrens durch §§ 230, 231 RStPO bei jungen Beschuldigten sah man keine Probleme, da man davon ausging, die Gerichte würden dieses Verfahren gegen die unter 18-Jährigen in aller Regel nicht zur Anwendung bringen, weil die nach § 56 RStGB gebotene Feststellung der Einsicht grundsätzlich nicht ohne ein persönliches Erscheinen getroffen werden könne[758].

7. Zur Zulässigkeit von Strafbefehlen

Schließlich setzte sich die Kommission auch mit der Frage auseinander, ob bei Personen, welche zum Zeitpunkt der Tatbegehung das 18. Lebensjahr noch nicht vollendet hatten, die Verhängung von Strafbefehlen zulässig sein sollte. Während eingewandt wurde, dass Strafbefehle in diesen Fällen nicht wün-

---

754 Vgl. das Protokoll der Sitzung der Kommission vom 9. Juli 1903 in: *Schubert*, Protokolle 1903–1905, Bd. 1, S. 124 und das Protokoll der Sitzung der Kommission vom 17. Januar 1905 in: *Schubert*, Protokolle 1903–1905, Bd. 2, S. 160.

755 Vgl. das Protokoll der Sitzung vom 9. Juli 1903 in: *Schubert*, Protokolle 1903–1905, Bd. 1, S. 124.

756 Die Kommission war sich einig, dass der Anwaltsstand und die Staatskasse nicht über das hervorgetretene Bedürfnis hinaus belastet werden sollten, vgl. das Protokoll der Sitzung der Kommission vom 9. Juli 1903 in: *Schubert*, Protokolle 1903–1905, Bd. 1, S. 124.

757 Vgl. das Protokoll der Sitzung der Kommission vom 9. Juli 1903 in: *Schubert*, Protokolle 1903–1905, Bd. 1, S. 125 f. und *Schubert*, Protokolle 1903–1905, Bd. 2, S. 160, 455.

758 Vgl. das Protokoll der Sitzung vom 16. Dezember 1903 in: *Schubert*, Protokolle 1903–1905, Bd. 1, S. 229.

schenswert seien, weil bei einer Person im Alter zwischen 12 und 18 Jahren der subjektive Tatbestand aus den Akten nicht zweifellos feststellbar sei, sondern dazu stets eine persönliche Gegenüberstellung des Richters und des Beschuldigten, also eine mündliche Verhandlung nötig sei, wurde die Zulässigkeit von Strafbefehlen in solchen Fällen letztlich fast einstimmig bejaht[759]. Die Kommission war der Ansicht, dass bei jungen Beschuldigten zwar vorsichtig von Strafbefehlen Gebrauch gemacht werden müsse, in zahlreichen Fällen jedoch auch ohne Verhandlung festzustellen sei, ob der Beschuldigte die Einsicht der Strafbarkeit besessen habe[760]. Bei Zweifeln könnten schriftliche Auskünfte etwa von Eltern und Lehrern eingeholt werden, die Anordnung der Zwangserziehung käme bei den Fällen, in denen üblicherweise Strafbefehle verhängt wurden, in der Regel ohnehin kaum in Betracht[761]. Auch in der Praxis hätten sich bisher keine Missstände ergeben und solche seien auch nicht zu erwarten, weil Richter und Staatsanwälte ungeeignete Fälle aussortieren würden[762]. Zudem hielt man gerade gegenüber den jungen Beschuldigten ein schnelles und energisches Vorgehen für notwendig, da eine feierliche Gerichtsverhandlung bei diesen das Gefühl erwecken könne, sie seien eine wichtige Persönlichkeit, sodass man den Strafbefehl im Ergebnis für eine Wohltat für die jungen Straftäter hielt[763].

Neben der Zulassung der Strafbefehle gegen junge Menschen beschloss die Kommission, dass diese auch einem etwaigen gesetzlichen Vertreter mitgeteilt

759 Zudem wurde angeführt, dass junge Beschuldigte der Erfahrung nach häufig aus unzureichenden Gründen einen Einspruch unterlassen würden und die Verhandlung die Möglichkeit bieten würde, im geeigneten Fall eine Zwangserziehung anzuordnen, vgl. das Protokoll der Sitzung der Kommission vom 8. März 1904 in: *Schubert*, Protokolle 1903–1905, Bd. 1, S. 324, 326.

760 Dabei dachte man an Fälle wie z.B. der Tierquälerei oder wenn wegen der gleichen Straftat bereits eine Bestrafung erfolgt war, vgl. das Protokoll der Sitzung vom 8. März 1904 in: *Schubert*, Protokolle 1903–1905, Bd. 1, S. 324 f.

761 Vgl. das Protokoll der Sitzung vom 8. März 1904 in: *Schubert*, Protokolle 1903–1905, Bd. 1, S. 325.

762 Man war der Ansicht, der Ausschluss der Möglichkeit eines Strafbefehls gegen jugendliche Beschuldigte führe in der Praxis zu unerträglichen und überflüssigen Belästigungen aller Beteiligten, vgl. das Protokoll der Sitzung Kommission vom 8. März 1904 in: *Schubert*, Protokolle 1903–1905, Bd. 1, S. 325.

763 Ein Antrag, laut dem einem Strafbefehl gegen eine Person unter 18 Jahren stets eine Begründung angefügt werden sollte, wurde ebenfalls abgelehnt, da man eine solche Begründung als Widerspruch zum System, als Belastung für die Richter und als Ursache für floskelhafte Formulierungen sah, vgl. zum Ganzen das Protokoll der Sitzung Kommission vom 8. März 1904 in: *Schubert*, Protokolle 1903–1905, Bd. 1, S. 325, 330.

werden sollten[764]. Im Interesse der Erziehung und um zu verhindern, dass ein Einspruch aus unzureichenden Gründen unterbleibe, erachtete man dies als wünschenswert, auch wenn eine solche Vorschrift etwa bei Haftbefehlen oder Urteilen grundsätzlich nicht vorgesehen war[765].

bb) Reaktionen auf die Beschlüsse der Reformkommission

Insgesamt beriet die Kommission bis zur letzten Sitzung am 1. April 1905 über zwei Jahre lang. Umgesetzt wurden die Beschlüsse in der Folge jedoch nicht. Dennoch zeugt die Tatsache, dass sich in den Gesetzgebungskommissionen mit Detailfragen im Hinblick auf die Behandlung junger Menschen in Strafverfahren und Gerichtsverfassung beschäftigt wurde davon, dass bezüglich der Regelungsbedürftigkeit der Materie auch in der Politik Einigkeit bestand.

Da die Beschlüsse der Kommission im Sommer 1905 erschienen waren, wurden sie bereits auf dem Kongress der IKV im September 1905 diskutiert[766]. Die vergleichsweise geringfügigen Änderungen, die die Beschlüsse bezüglich der Behandlung junger Angeklagter gegenüber der geltenden Gesetzesfassung vornahmen, stießen allerdings nicht auf positive Resonanz.

Köhne setzte sich in einem Beitrag im von *Aschrott* herausgegebenen Sammelwerk „Die Reform des Strafprozesses" mit den Beschlüssen auseinander, soweit sie das Strafverfahren gegen junge Menschen betrafen und stellte fest, dass diese den unzähligen Nachteilen und Gefahren des bisher praktizierten Strafprozesses für die jungen Delinquenten nicht gerecht würden[767]. Insbesondere kritisierte er die Zulassung des Strafbefehls im Verfahren gegen junge Straftäter, dass bei der sachlichen Zuständigkeit der Gerichte ein Unterschied zwischen den jungen Menschen und Erwachsenen nicht vorgesehen war und die Bindung eines Ausschlusses der Öffentlichkeit an die Zustimmung des Minderjährigen, dem eine solche Einwirkungsmöglichkeit auf den Prozessgang nicht eingeräumt werden dürfe. Am bedenklichsten fand er, dass die Staatsanwaltschaft, wenn sie in Verfahren gegen Personen unter 14 Jahren von einer Anklage absehen wollte, laut den Vorschlägen der Kommission die Zu-

---

764 Vgl. das Protokoll der Sitzung der Kommission vom 8. März 1904 in: *Schubert*, Protokolle 1903–1905, Bd. 1, S. 331 ff. und *Schubert*, Protokolle 1903–1905, Bd. 2, S. 254, 569.

765 Vgl. das Protokoll der Sitzung vom 8. März 1904 in: *Schubert*, Protokolle 1903–1905, Bd. 1, S. 332 f.

766 *Aschrott*, Reform des Strafprozesses, S. V–XII (Vorwort).

767 Vgl. hierzu und zum Folgenden *Köhne*, in: Reform des Strafprozesses, 623 ff.

stimmung des Verletzten benötigte[768]. Insgesamt war *Köhne* der Ansicht, die „Abänderungsvorschläge der Kommission enthalten keinen Bruch mit den gegenwärtig geltenden Rechtsgrundsätzen, sondern nur kleinere Reformversuche, welche sich als Verbesserungen nicht bezeichnen lassen“[769].

Unter anderem die von *Köhne* zusammengefassten Forderungen und Kritikpunkte wurden im September 1906 von der Landesgruppe Deutsches Reich der IKV beraten, welche sodann eine mehrgliedrige Kommission mit einer Unterkommission zur Erörterung der Frage „der Reform der strafprozessualen Behandlung Jugendlicher“ einsetzte[770].

b) Die Beschlüsse der IKV (Landesgruppe Deutsches Reich)

Daraufhin setzte sich auch die 12. Landesversammlung der IKV (Gruppe Deutsches Reich) vom 10. bis 13. Juni 1908 in Posen – als sich die auf dem Verwaltungswege eingeführten Jugendgerichte bereits in ganz Deutschland ausbreiteten – mit dem Jugendstrafverfahren und der Jugendgerichtsverfassung auseinander[771].

Auf der Tagung ging *Aschrott* im Rahmen seines Generalberichts der Strafprozesskommission auf die Arbeiten der 1906 eingerichteten Kommission zur Reform der Strafprozessordnung ein[772]. Er vertrat die Ansicht, die besonders reformbedürftige Materie des Strafverfahrens gegen junge Menschen solle vor der allgemeinen Strafrechtsreform vorweggenommen werden[773].

Baernreither sprach in seinem Vortrag mit dem Titel „Über Jugendgerichte“ von seinen Eindrücken aus den USA und England und den Bestrebungen in Österreich bezüglich der Frage des Jugendstrafrechts. Dort arbeitete man an einem Gesetzesentwurf, der viele Übereinstimmungen mit den in Deutschland

768 *Köhne*, in: Reform des Strafprozesses, 623 (631), war der Ansicht, damit würde „der Befriedigung des Rachegefühls ein Einfluß eingeräumt, welcher geradezu als Rückkehr zu längst überwundenen rechtsphilosophischen Auffassungen zu bezeichnen ist“.

769 *Köhne*, in: Reform des Strafprozesses, 623 (632).

770 Ein vorläufiges Ergebnis dieser Arbeiten war der bereits dargestellte Entwurf *Köhnes* aus dem Jahr 1908, vgl. *Adickes*, Beiträge zur Reform, Bd. 1, S. III, IV (Vorwort); die Entscheidung der IKV, eine Kommission mit der Frage zu befassen, stieß im Reichstag auf Kritik, vgl. *Aschrott*, in: Mitteilungen der IKV, Bd. 15, 439 f.

771 Vgl. die Tagesordnung der 12. Landesversammlung der IKV (Landesgruppe Deutsches Reich), abgedruckt in: IKV (Hrsg.), Mitteilungen, Bd. 15, S. 335 ff.

772 Vgl. *Aschrott*, in: Mitteilungen der IKV, Bd. 15, 439 ff.

773 *Aschrott*, in: Mitteilungen der IKV, Bd. 15, 439 (451).

von der Jugendgerichtsbewegung getätigten Reformforderungen aufwies[774]. Auch in Österreich zeigte die Kriminalstatistik einen stetigen Anstieg der Jugendkriminalität und man wollte mit der Einführung von Jugendgerichten in den größeren Städten und Industriebezirken, der Vereinigung von vormundschaftsrichterlicher und strafrichterlicher Tätigkeit und der Einbeziehung freiwilliger sozialer Kräfte gegensteuern.

Köhne verwies in seinem Vortrag auf die bereits vielfach genannten Mängel des geltenden Strafverfahrensrechts und setzte sich mit der in der Praxis herrschenden Verfahrensweise seit Einführung der Jugendgerichte über den Verwaltungsweg auseinander, wobei er unter anderem auf eine Verfügung einging, welche am 1. Januar 1908 vom späteren Jugendrichter *Landsberg* in Lennep getroffen worden war und die Versuche der Umsetzung der Reformforderungen durch die Praxis veranschaulichte[775]. Dort sollten im Verfahren gegen Personen zwischen 12 und 18 Jahren unter anderem folgende Grundsätze beachtet werden:

> „1. Bei jeder Hauptverhandlung gegen einen Jugendlichen soll zugleich die Frage geprüft werden, ob und mit welchen Mitteln seine Erziehung oder seine Lage gebessert werden können, damit ein braver und glücklicher Mensch aus ihm wird.
>
> 2. Zu diesem Zwecke wird der Ausschuß für Jugendfürsorge zu jeder solchen Verhandlung Erziehungssachverständige abordnen, welche neben den Schöffen am Richtertisch sitzen und mit dem Richter und den Schöffen vor jeder Aburteilung über die Erziehungsfrage im Beratungszimmer verhandeln sollen. Nach Fortgang der Sachverständigen berät der Richter mit den Schöffen geheim über die Straffrage wie bisher.
>
> 3. Solange das Gericht die ausreichende Anzahl von Referendaren hat, erhält jeder Jugendliche von Amts wegen einen Verteidiger. In geeigneten Fällen übernimmt ein vom Vormundschaftsrichter zu diesem Zwecke verpflichteter Pfleger auf Wunsch des Jugendlichen oder der Angehörigen die Vertretung als Rechtsbeistand (§ 149 Abs. 2 u. 3 StPO).
>
> 4. Für Erziehungsfragen können Vertreter von Fürsorgevereinen oder andere rechtschaffende interessierte Personen zu den Sitzungen auf Wunsch geladen werden und sollen dann Gelegenheit haben, an die Beteiligten und das Gericht Fragen zu stellen, auch Vorschläge zu erteilen, das Gericht durch Ermittlungen und Berichte zu unterstützen. Die Anmeldungen und die Frage der Zulassung prüft von Fall zu Fall der Vorsitzende des Jugendgerichts.
>
> 5. Für die Verhandlungen gegen Jugendliche werden besondere Termine anberaumt, damit sie nicht mit Verbrechern in Berührung kommen. Solche Personen,

---

774 Vgl. hierzu und zum folgenden Text *Baernreither*, in: Mitteilungen der IKV, Bd. 15, 517 (531 ff.).

775 *Köhne*, in: Mitteilungen der IKV, Bd. 15, 537 ff., 549 f.; vgl. hierzu auch *Landsberg*, Jugendgericht, S. 50.

welche geeignet sind, durch ihre Gegenwart auf den Jugendlichen schädlich zu wirken, soll der Vorsitzende aus dem Saale entfernen lassen."[776]

Nach *Köhne* forderte Oberlandesgerichtsrat *Kloss* in seinem Referat unter anderem, Fürsorgeausschüsse nach dem Vorbild der Fürsorgeausschüsse in Hamm im Strafverfahren einzuführen und auch in anderen Landesteilen Fürsorgeausschüsse zu gründen[777]. Schließlich hielt der Direktor der Zentrale für private Fürsorge in Frankfurt am Main *Polligkeit* ein Referat über das Verfahren gegen Jugendliche, in dem er unter anderem aus der Praxis der Jugendgerichte und den Versuchen der Zentrale für private Fürsorge berichtete, sich an den Strafverfahren gegen Jugendliche zu beteiligen, um „eine organische Verbindung des Erziehungsverfahrens mit dem Strafverfahren" herzustellen[778].

Nach der Aussprache fasste die IKV am 12. Juni 1908 folgende, für das Jugendstrafverfahren und die Jugendgerichtsverfassung relevanten Beschlüsse:

> „Vor der allgemeinen Reform des Strafrechts und des Strafprozesses ist das Strafrecht, das Strafverfahren und die Strafvollstreckung gegen Jugendliche durch ein Spezialgesetz zu regeln.
>
> Dieses Spezialgesetz soll folgende besondere Einrichtungen treffen:
>
> 1. Dem Richter ist möglichst weitgehender Spielraum zu lassen, bei der Aburteilung von Jugendlichen auf die im Einzelfalle geeigneten Maßnahmen zu erkennen, und zwar auf Erziehungsmaßregeln, Bewährung, Strafe und Haftbarmachung der Gewalthaber, allein oder in Verbindung miteinander.
>
> 2. Die Aburteilung Jugendlicher ist Jugendgerichten zu übertragen, denen in größeren Bezirken besoldete Fürsorger beizuordnen sind.
>
> Das Legalitätsprinzip ist im Verfahren gegen Jugendliche erheblich einzuschränken.
>
> 3. Eine Zentralisation der Tätigkeit der Fürsorgevereine nach dem Vorbild der westfälischen Fürsorgeausschüsse in ihrer jetzigen Gestaltung ist geeignet, unnötige Gerichtsverhandlungen gegen Jugendliche im Alter vom vollendeten 12. bis zum vollendeten 14. Lebensjahre zu verhüten und vorbeugend zu wirken.
>
> 4. Eine besondere Gestaltung der Untersuchungshaft, insbesondere durch Stellung der Jugendlichen unter die Obhut von Fürsorgevereinen, ist geboten."[779]

Die 7. Landesversammlung der IKV (Landesgruppe Deutsches Reich) und die dort aufgestellten Thesen und gefassten Beschlüsse belegen damit eindrucks-

---

776 Vgl. *Köhne*, in: Mitteilungen der IKV, Bd. 15, 537 (549 f.).

777 Vgl. den Beitrag von *Kloss*, abgedruckt in: IKV (Hrsg.), Mitteilungen, Bd. 15, S. 564 ff., 583.

778 Vgl. den Beitrag von *Polligkeit*, abgedruckt in: IKV (Hrsg.), Mitteilungen, Bd. 15, S. 587 f., 589 f.

779 Beschlüsse der 12. Landesversammlung der IKV (Landesgruppe Deutsches Reich), abgedruckt in: IKV (Hrsg.), Mitteilungen, Bd. 15, S. 657 f.

voll, wie sehr mögliche Vorschriften zu Jugendstrafverfahren und Jugendgerichtsverfassung im Vergleich zur Entstehungszeit der Jugendgerichtsbewegung mittlerweile in den Fokus gerückt waren. Dass sich gerade auf diesem Gebiet erste praktische Erfolge gezeigt hatten, hat die Reformbewegung und die Gesetzgebungstätigkeit in der Folge maßgebend beeinflusst.

c) Der Entwurf einer StPO und Novelle zum GVG von 1908

Auch die Reichsregierung, die gerade den Entwurf einer neuen Strafprozessordnung und eines neuen Gerichtsverfassungsgesetzes ausarbeitete, musste die neuesten Entwicklungen und Bestrebungen berücksichtigen. Mit der beginnenden Reform „von unten" durch die Einführung der Jugendgerichte im Rahmen der Geschäftsverteilung war die Jugendgerichtsbewegung endgültig nicht mehr aufzuhalten, was auch von den Volksvertretungen erkannt wurde[780]. Der am 1. September 1908 vom Reichsjustizamt veröffentlichte „Entwurf einer Strafprozeßordnung und Novelle zum Gerichtsverfassungsgesetz" enthielt daher in den §§ 364 ff. auch einen Abschnitt zum „Verfahren gegen Jugendliche", welcher bedeutend über die Beschlüsse der vorbereitenden Kommission von 1905 hinausging[781].

aa) Inhalt des Entwurfs

Die Staatsanwaltschaft konnte nach dem Entwurf (§ 365 Abs. 1, 2 S. 1 E-StPO-1908) in allen Fällen, in denen eine Bestrafung der Jugendlichen – das waren nach § 364 E-StPO-1908 alle strafmündigen Personen, die das 18. Lebensjahr in dem Zeitpunkt noch nicht vollendet hatten, in dem sich die Behörden mit der Sache befassten – nicht im öffentlichen Interesse lag, von der Erhebung der Anklage absehen und stattdessen die Akten an die Vormundschaftsbehörde abgeben, um in den Fällen, in denen bei Straftaten junger Menschen erzieherische Maßnahmen ausreichend erschienen und eine Bestrafung nicht im öffentlichen Interesse lag „die Berührung des Jugendlichen mit den

---

780 So hatte etwa der Reichstag am 31. März 1908 beschlossen, „die Reichsregierung zu ersuchen, mit tunlichster Beschleunigung eine Reform der Vorschriften über das Strafrecht, das Strafverfahren und den Strafvollzug in Beziehung auf jugendliche Personen in die Wege zu leiten" und ähnliche Beschlüsse waren auch in den Gliedstaaten gefasst worden, vgl. *Ruscheweyh*, Jugendgericht, S. 132 f.

781 Vgl. zum Entwurf auch die Erläuterung von *Aschrott* in: Beiträge zur Reform, Bd. 1, 299 (301 ff.) und *Ruscheweyh*, Jugendgericht, S. 132 ff.

Strafgerichten nach Möglichkeit zu verhüten"[782]. Wurde wegen Geringfügigkeit von der Anklageerhebung abgesehen, waren die Akten nur abzugeben, wenn die Staatsanwaltschaft die Anordnung von Erziehungs- oder Besserungsmaßregeln für geboten hielt (§ 365 Abs. 2 S. 2 E-StPO-1908)[783]. Bei einer Abgabe der Akten hatte nach § 366 Abs. 1 E-StPO-1908 auch die Vormundschaftsbehörde zuerst die Schuld des Jugendlichen festzustellen, bevor sie Erziehungsmittel anordnen konnte[784]. Sie konnte aber auch von der Verhängung der Erziehungsmaßregeln absehen und den Jugendlichen für eine bestimmte Frist unter die Aufsicht eines Fürsorgers stellen, der auf dem Gebiet der Jugenderziehung besondere Erfahrung besitzen sollte (§ 366 Abs. 2 E-StPO-1908)[785]. Hatte die Staatsanwaltschaft von der Anklageerhebung abgesehen, konnte sie gemäß § 366 Abs. 3 E-StPO-1908 Rechtsmittel gegen die Entscheidung der Vormundschaftsbehörde einlegen.

Kam es dennoch zu einer Anklageerhebung und in der Folge zu einer Hauptverhandlung, sollte diese vor einem Jugendgericht stattfinden, wobei die entsprechende Vorschrift im Entwurf einer Novelle des Gerichtsverfassungsgesetzes (§118 ^{30} E-GVG-1908) allerdings nur vorsah, dass die Landesjustizverwaltungen anordnen konnten, bei den Amtsgerichten besondere Abteilungen für die Verfahren gegen Jugendliche zu bilden. Begründet wurde dies mit der Ansicht, die „Bildung besonderer Jugendabteilungen bei den Amtsgerichten läßt sich nicht allgemein vorschreiben, da solche Organisationen nur in größeren Verhältnissen eine zweckentsprechende Wirksamkeit entfalten können"[786]. Parallel dazu wurde die Zuständigkeit der Amtsgerichte auf alle Vergehen und einen erheblichen Teil der Verbrechen erstreckt, sofern sie an sich zur Zuständigkeit der Landgerichte gehören würden, wenn der Täter zur Tatzeit das 18. Lebensjahr noch nicht vollendet hatte (§ 23 ^{2} Abs. 2 E-GVG-1908), da man der Auffassung war, bei diesen Taten würde es sich sehr häufig um leich-

782 Vgl. die Begründung zu E-1908, Sp. 323.

783 Auch im allgemeinen Strafverfahren war in den §§ 153 ff. E-StPO-1908 bereits die Möglichkeit vorgesehen, von einer Anklageerhebung abzusehen, da man im uneingeschränkten Verfolgungszwang eine „überflüssige Belastung der zur Verfolgung berufenen Behörden" und die „Überspannung eines an sich richtigen Prinzips" sah, vgl. die Begründung zu E-1908, Sp. 152.

784 Sie konnte bei Feststellung der Schuld den Jugendlichen ermahnen, in die Zucht seines gesetzlichen Vertreters, der Schulbehörde oder, der zuständigen Erziehungsbehörde überantworten oder die Zwangserziehung selbst anordnen, vgl. § 366 Abs. 1 E-StPO 1908.

785 Als geeignete Personen zur Übernahme der Fürsorge waren ausdrücklich auch Frauen vorgesehen, vgl. auch die Begründung zu E-1908, Sp. 166 f.

786 Man ging aber davon aus, „daß dort, wo es sich ermöglichen läßt, stets die Ämter des mit der Wahrnehmung der vormundschaftlichen Angelegenheiten betrauten Richters und des Vorsitzenden in einer Person vereinigt werden", vgl. die Begründung zu E-1908, Sp. 180.

te Fälle handeln, wenn sie von Jugendlichen begangen werden und die Ermöglichung der Aburteilung solcher Fälle durch die Amtsgerichte würde mit der besonderen Gewähr für eine sachgemäße Beurteilung durch die Jugendgerichte korrespondieren[787]. Für die Bildung besonderer Jugendgerichte bei den Landgerichten sah man danach kein Bedürfnis, weil man „die Zahl der vor dem Landgerichte zu verhandelnden Sachen der fraglichen Art nach der Erweiterung der amtsgerichtlichen Zuständigkeit für die Straftaten Jugendlicher auch in großen Städten" als zu gering erachtete[788]. Als Schöffen für die Jugendgerichte sollten nach §118 ^{30} E-GVG-1908 solche Personen bestimmt werden, die in der Jugenderziehung besonders erfahren waren wie Lehrer, Lehrherrn oder Mitglieder von Fürsorgevereinen, wobei in der Entwurfsbegründung auch für die Vorsitzenden der Jugendgerichte davon ausgegangen wurde, dass „nur Amtsrichter berufen werden, die durch ihre Persönlichkeit und ihre Erfahrung zu einer solchen Stellung geeignet erscheinen"[789]. Nachdem mittlerweile allgemein anerkannt war, dass „die Öffentlichkeit der Verhandlung gegen einen Jugendlichen in zahlreichen Fällen den erheblichsten Bedenken unterliegt", sollte gemäß § 172 ^{1} E-GVG-1908 das Gericht nun in Strafsachen gegen Jugendliche nach freiem Ermessen die Öffentlichkeit für die Verhandlung oder für einen Teil der Verhandlung ausschließen können, wobei man diese Befugnis nicht von einem Antrag und fehlendem Widerspruch der Prozessbeteiligten abhängig machen wollte, da man in der Regelung vielmehr eine „Berücksichtigung allgemeiner Interessen" sah[790].

Auch nach Eröffnung der Hauptverhandlung sollte das Gericht noch eine Bestrafung des Jugendlichen vermeiden und das Verfahren einstellen können, wenn es diesen zwar für schuldig erachtete, aber nach der Beschaffenheit der Tat, dem Charakter und der bisherigen Führung des Jugendlichen Erziehungs- oder Besserungsmaßregeln für ausreichend hielt (§ 374 Abs. 1 E-StPO-1908), um zu vermeiden, dass das Gericht in diesen Fällen genötigt war, auf Strafe zu erkennen[791]. Im Einstellungsbeschluss konnte das Gericht dann gemäß § 374 Abs. 2 E-StPO-1908 entweder den Jugendlichen der Vormundschaftsbehörde überweisen oder selbst Erziehungs- oder Besserungsmaßnahmen (mit Ausnahme der Zwangserziehung) anordnen.

787 Vgl. die Begründung zu E-1908, Sp. 171.

788 Vgl. die Begründung zu E-1908, Sp. 180.

789 Vgl. die Begründung zu E-1908, Sp. 180.

790 Vgl. die Begründung zu E-1908, Sp. 184.

791 Vgl. die Begründung zu E-1908, Sp. 329.

Wie schon teilweise im Verwaltungsweg angeordnet sollten nach dem Entwurf die Verhandlungen gegen Jugendliche so angesetzt werden, dass eine Berührung mit erwachsenen Angeklagten vermieden wurde und zusammenhängende Sachen mit Beteiligung von Jugendlichen und Erwachsenen bei Möglichkeit getrennt verhandelt werden konnten (§ 373 E-StPO-1908), um „den Gefahren entgegenzuwirken, die für das Wohl jugendlicher Personen entstehen, wenn sie vor den Strafgerichten mit erwachsenen Verbrechern in Berührung kommen oder wenn die Verhandlung gegen sie überhaupt nur örtlich und zeitlich im Anschluß an die Verhandlungen gegen solche Verbrecher stattfindet"[792]. Auch den Verteidigungszwang wollte man bedeutend erweitern[793]. In erstinstanzlichen Sachen vor den Landgerichten musste nach dem Entwurf schon nach Eröffnung der Voruntersuchung bzw. nach dem Antrag auf Eröffnung des Hauptverfahrens ein Verteidiger bestellt werden (§ 369 E-StPO-1908) und vor den Amtsgerichten für den Jugendlichen, der keinen Verteidiger hatte, ein Beistand hinzugezogen werden, der alle Rechte eines Verteidigers hatte und in der Regel der gesetzliche Vertreter oder eine andere geeignete Person wie ein Angehöriger oder ein Mitglied eines Fürsorgevereins sein sollte, wobei ausdrücklich auch Frauen für diese Rolle ausgewählt werden konnten (§§ 370, 371 E-StPO-1908). Man war der Ansicht, die bisherige Regelung in § 140 RStPO trage der Schutzbedürftigkeit der Jugendlichen nicht hinreichend Rechnung und wollte dafür sorgen, dass der Jugendliche in allen Sachen durch einen Verteidiger oder wenigstens durch einen Beistand unterstützt wird[794]. Der Termin zur Hauptverhandlung und die Anklageschrift, ebenso wie alle Urteile und Beschlüsse, sollten darüber hinaus laut §§ 372, 376 E-StPO-1908 auch dem gesetzlichen Vertreter bekannt gemacht werden, wenn er sich im Inland an einem dem Gericht bekannten Ort aufhielt, um sicherzugehen, dass der gesetzliche Vertreter die Interessen seines Schutzbefohlenen wahrnehmen konnte[795]. Schließlich sollte die Untersuchungshaft nach § 368 Abs. 1 E-StPO-1908 unterbleiben, wenn ihr Zweck durch eine Unterbringung in einer Erziehungsanstalt oder durch andere Maßnahmen – etwa mit Unterstützung eines Fürsorgevereins – ebenso erreicht werden konnte, da man mittlerweile einhellig der Auffassung war, „daß Jugendliche schädlichen Einflüssen bei dem Aufenthalt in Gefängnissen besonders zugänglich sind und

792 Vgl. die Begründung zu E-1908, Sp. 328 f.

793 Die Verteidigung vor den Jugendgerichten wurde im Hinblick auf den erzieherischen Wert der Hauptverhandlung aber z.B. von *Allmenröder* kritisch gesehen, vgl. z.B. das Schreiben des Amtsgerichts Augsburg an den Vorstand des Amtsgerichts vom 26. Oktober 1908, in: BayHStA, MJu 13170.

794 Vgl. die Begründung zu E-1908, Sp. 327.

795 Vgl. die Begründung zu E-1908, Sp. 328, 331.

daß ihnen schon durch die Untersuchungshaft leicht ein gewisser Makel aufgedrückt wird"[796]. Wurde die Untersuchungshaft dennoch vollzogen, sollte dies getrennt von Erwachsenen erfolgen und der gesetzliche Vertreter und die Vormundschaftsbehörde unverzüglich informiert werden (§ 368 Abs. 2, 3 E-StPO-1908).

bb) Reaktionen auf den Entwurf

Entscheidend war an diesem Entwurf, dass darin das Legalitätsprinzip eingeschränkt und gegenüber jungen Delinquenten der Vergeltungsgrundsatz durch das Prinzip, durch Erziehung zu bessern, ersetzt werden sollte[797]. Man versuchte nun auch von Seiten des Gesetzgebers, den jungen Menschen vor einer Bestrafung zu bewahren, sofern Erziehungsmaßregeln ausreichend waren und die mit einem Strafverfahren verbundenen schädlichen Einflüsse möglichst zu verhindern oder, sofern ein Strafverfahren unvermeidbar war, jedenfalls abzuschwächen[798].

Die Vorschriften des Entwurfs, die das Jugendstrafverfahren und die Jugendgerichtsverfassung betrafen, wurden in der Literatur überwiegend positiv aufgenommen[799]. Schnell wurden sie zum Anlass für weitere Diskussionen genommen. Angesichts der Tatsache, dass mit dem Entwurf versucht wurde, die moderne Sicht von Zweck und Wesen des Strafrechts umzusetzen, sprach *Franz v. Liszt* in einem Vortrag in der Wissenschaftlichen Vereinigung der Juristen des LG-Bezirks Potsdam von einem rechtspolitischen „Ereignis allerersten Ranges"[800]. Die deutsche Landesgruppe der IKV fand sich Anfang 1909 sogar zu einer außerordentlichen Tagung zusammen, auf der über die Vorschläge diskutiert wurde[801].

Auch *Aschrott* setzte sich kritisch mit dem Entwurf auseinander[802]. Er zeigte sich erfreut, dass die modernen Ideen zur Behandlung junger Delinquenten nun auch in Deutschland umgesetzt werden sollten[803]. So begrüßte er etwa die Möglichkeit des Gerichts, in Verfahren gegen diese ohne Einschränkung die Öffentlichkeit auszuschließen und die Vermeidung des Kontakts der Jugendlichen mit Erwach-

---

796 Vgl. die Begründung zu E-1908, Sp. 326.

797 So auch *Ruscheweyh*, Jugendgericht, S. 133.

798 Vgl. die Begründung zu E-1908, Sp. 164.

799 *Roth*, ZNR 1991, 17 (36).

800 Vgl. *v. Liszt*, DJZ 1909, Sp. 250.

801 *Köhne*, in: Mitteilungen der IKV, Bd. 21, 107 (115).

802 *Aschrott* in: Beiträge zur Reform, Bd. 1, 299 (381 ff.).

803 *Aschrott* in: Beiträge zur Reform, Bd. 1, 299 (381).

senen[804]. Bedauerlich fand er aber, dass die Bedeutung eines im Umgang mit jungen Menschen erfahrenen Richters nur in der Begründung, nicht aber im Entwurf selbst Ausdruck gefunden hatte und dass dieser keine zwingenden Vorschriften bezüglich der Einrichtung der Jugendgerichte und der Personalunion zwischen Jugendrichter und Vormundschaftsrichter enthielt, sondern dies den Justizverwaltungen überließ[805]. *Aschrott* sah es zudem als Fehler an, dass der Entwurf von der Bildung besonderer Jugendgerichte bei den Landgerichten absah[806]. Mängel sah er auch in der Einschränkung des Legalitätsgrundsatzes, da seiner Ansicht nach kein Korrektiv gegen diese große Machtbefugnis des Staatsanwalts bestand, welcher allein entscheiden sollte[807]. Vor allem kritisierte er aber an dem Entwurf, dass dieser es vermied, in das materielle Recht einzugreifen, um Strafe durch Erziehungsmaßregeln zu ersetzen, was seiner Meinung nach die Notwendigkeit, formelles und materielles Recht zusammen zu reformieren und in einem Spezialgesetz zu regeln, verdeutlichte[808]. Er forderte eine reichsgesetzliche Regelung der Zwangserziehung und wollte die Trennung der jungen Beschuldigten von Erwachsenen in der Untersuchungshaft verpflichtend einführen, sodass er die „Soll-Vorschrift" des Entwurfs als nicht ausreichend ansah[809]. *Aschrott* kam zu dem Ergebnis, der Entwurf zeige Verbesserungen betreffend des Jugendstrafverfahrens und der Jugendgerichtsverfassung, sei aber noch nicht vollkommen[810]. Nichtsdestoweniger wies er darauf hin, dass „eine allzu große Humanität gegenüber der erschreckenden Ausdehnung der jugendlichen Kriminalität erhebliche Bedenken mit sich bringen würde, und daß man auch bei Jugendlichen die Interessen des durch die strafbare Handlung Verletzten nicht ganz und gar außer Berücksichtigung lassen darf"[811].

Der Entwurf und die Äußerungen hierzu zeigen, dass man zu diesem Zeitpunkt in der Strafrechtswissenschaft bereits ein ausgeprägtes Verständnis für die Sondersi-

---

804 *Aschrott* in: Beiträge zur Reform, Bd. 1, 299 (382 f.).

805 Zudem setzte er eine solche spezielle Befähigung auch für die Staatsanwälte voraus, vgl. *Aschrott* in: Beiträge zur Reform, Bd. 1, 299 (383 f., 388).

806 Er sah zwar ein, dass nach dem Entwurf nur eine kleine Zahl der Strafsachen gegen Jugendliche in erster Instanz vor den Landgerichten zu verhandeln war, wies jedoch auf die Berufungsverfahren vor den Landgerichten hin, vgl. *Aschrott* in: Beiträge zur Reform, Bd. 1, 299 (384 f.).

807 Vgl. *Aschrott* in: Beiträge zur Reform, Bd. 1, 299 (386 f.).

808 Vgl. *Aschrott* in: Beiträge zur Reform, Bd. 1, 299 (389 f.).

809 *Aschrott* in: Beiträge zur Reform, Bd. 1, 299 (394).

810 *Aschrott* in: Beiträge zur Reform, Bd. 1, 299 (394).

811 *Aschrott* in: Beiträge zur Reform, Bd. 1, 299 (393).

tuation junger Menschen im Strafverfahren entwickelt hatte. Eine baldige gesetzliche Regelung des formellen und materiellen Jugendstrafrechts erschien möglich.

d) Die Reichstagsvorlage aus dem Jahr 1909

Die sodann aus dem Entwurf des Reichsjustizamtes von 1908 resultierende Reichstagsvorlage vom 23. November 1909[812] enthielt bezüglich des Verfahrens gegen junge Menschen im Vergleich zu dem Entwurf von 1908 nur einige wenige relevante Neuerungen[813].

So *sollte* nun von der Erhebung der Anklage gegenüber einem Jugendlichen abgesehen werden, wenn Erziehungs- oder Besserungsmaßregeln einer Strafe vorzuziehen waren, um eine Berührung des Jugendlichen mit den Strafgerichten zu verhindern (§ 365 Abs. 1 E-StPO-1909)[814]. Das Kriterium des öffentlichen Interesses war weggefallen, was in der Begründung des Entwurfs zwar nicht näher erläutert wurde, seine Ursache aber wohl darin hatte, dass dieser die „Eigenart der Personen, die sich in körperlicher und geistiger Beziehung noch im Zustand der Entwickelung befinden", noch stärker berücksichtigen wollte und man zudem der Ansicht war, durch staatliche Einwirkung auf die Erziehung sei den Interessen der Allgemeinheit und des jungen Menschen „weit besser gedient, als durch Bestrafung"[815]. Stattdessen waren für die Entscheidung nun „die Beschaffenheit der Tat sowie der Charakter und die bisherige Führung des Jugendlichen zu berücksichtigen", um „der Umgebung, unter deren Einflüssen er gestanden hat, und der Art, wie für seine Erziehung gesorgt ist, besondere Aufmerksamkeit" zuzuwenden[816]. So lag auch die Abgabe der Akten an die Vormundschaftsbehörde in den Fällen, in denen von der Klageerhebung abgesehen oder das Verfahren wegen Geringfügigkeit eingestellt worden war, nun nicht mehr im Ermessen der Staatsanwaltschaft, sondern war davon abhängig, ob Erziehungs- und Besserungsmaßnahmen geboten waren (§ 365 Abs. 2 E-StPO-1909). Zudem hatte das Gericht nun das Verfahren nach den Ergebnissen der Hauptverhandlung nicht mehr dann einzustellen, wenn es den Jugendlichen für schuldig hielt, Erziehungs- und Besserungsmaß-

812 Abgedruckt in: Verhandlungen des Reichstags, 12. Legislaturperiode, II. Session, Anlage Nr. 7.

813 So auch *Fritsch*, Reformbewegung, S. 73; vgl. zum Entwurf auch *Becker*, Kriminelle Jugend, S. 13 ff.

814 Vgl. die Begründung zu E-1909, S. 198.

815 Vgl. die Begründung zu E-1909, S. 32 f.

816 Vgl. die Begründung zu E-1909, S. 199.

regeln jedoch ausreichend waren, sondern dann, wenn diese einer Bestrafung vorzuziehen waren (§ 373 Abs. 1 E-StPO-1909), um einen Weg zu eröffnen, auch noch in diesem Zeitpunkt eine Bestrafung abzuwenden und Erziehungsmaßregeln eintreten zu lassen[817]. Darüber hinaus bestand auch nach dem Entwurf von 1909 die Möglichkeit für das Gericht, nach freiem Ermessen die Öffentlichkeit ganz oder teilweise von der Verhandlung auszuschließen. Die entsprechende Vorschrift fand sich nun aber nicht mehr im GVG, sondern in § 372 Abs. 2 E-StPO-1909 im Abschnitt zu den besonderen Verfahrensvorschriften für junge Menschen. Schließlich beinhaltete der Entwurf nun die Möglichkeit, bei Beschuldigten, die nicht mehr jugendlich waren, die Tat aber vor Vollendung des 18. Lebensjahres begangen hatten und daher von den besonderen Verfahrensvorschriften der §§ 364 ff. E-StPO-1909 nicht mehr erfasst waren, von der Erhebung der Klage abzusehen oder das Verfahren durch das Gericht auf Antrag der Staatsanwaltschaft einzustellen, wenn die Verfehlung nur geringfügig war (§ 376 E-StPO-1909). So wollte man die grundlegende Auffassung des Entwurfs, „daß sich bei Straftaten aller Art die Verfehlung deshalb als besonders geringfügig darstellen kann, weil der Täter bei der Tat in jugendlichem Alter stand, konsequent umsetzen[818].

e) Die Beschlüsse der Kommission zur Strafprozessrechtsreform

Nachdem man die Reichstagsvorlage des Entwurfs von 13. bis 15. Januar 1910 im Reichstag beraten hatte[819], überwies man ihn einer aus 28 Mitgliedern bestehenden Kommission (der sog. 7. Kommission) zur weiteren Beratung, welche im Januar 1911 einen umfangreichen Bericht samt Beschlüssen vorlegte[820].

Weitgehende Änderungen gegenüber der Reichstagsvorlage enthielten die Beschlüsse nicht. Präzisiert wurde die Möglichkeit des Gerichts, die Öffentlichkeit von der Verhandlung auszuschließen, indem man einen Ausschluss nur für die Fälle ermöglichte, in denen von der Öffentlichkeit ein nachteiliger Einfluss für den jungen Menschen befürchtet wurde, „um zu verhüten, daß willkürliche Entscheidungen getroffen würden“[821]. Auch soweit die Öffent-

---

817 Vgl. die Begründung zu E-1909, S. 204.

818 Vgl. die Begründung zu E-1909, S. 205 f.

819 Vgl. die Protokolle der Beratungen, abgedruckt in: *Schubert*, Protokolle 1910/11, S. 1 ff.

820 Der Bericht der 7. Kommission ist samt Beschlüssen enthalten in: *Schubert*, Protokolle 1910/11, S. 71 ff., sowie in: Verhandlungen des Reichstags, 12. Legislaturperiode, II. Session, Anlage Nr. 638.

821 Vgl. den Bericht der 7. Kommission, in: *Schubert*, Protokolle 1910/11, S. 342, 612.

lichkeit nicht ausgeschlossen war, sollte unbeteiligten Personen unter 18 Jahren der Zutritt zur Verhandlung untersagt werden, denn man war der Ansicht, diese „lernten aus den Verhandlungen meist nur Schlechtes“[822]. Neu war zudem die Möglichkeit, den jungen Angeklagten mit Zustimmung des Verteidigers oder Beistands selbst von Teilen der Verhandlung auszuschließen, wenn von einzelnen Erörterungen ein nachteiliger Einfluss auf den Angeklagten zu befürchten war. Man war der Auffassung, in den Verhandlungen gegen junge Delinquenten müssten oft auch Dinge erörtert werden, „die im erzieherischen Interesse vor dem Angeklagten geheim gehalten werden müßten, z.B. daß die Mutter einen liederlichen Lebenswandel führe oder der Vater der Trunksucht ergeben sei, oder daß er erblich belastet sei, weil der eine Elternteil mit Geschlechtskrankheit behaftet sei“[823]. Nach den Kommissionsbeschlüssen bestand für das Gericht zudem nicht mehr die Möglichkeit, selbst Erziehungs- oder Besserungsmaßregeln anzuordnen[824]. In jedem Fall, in dem eine Verurteilung nicht erfolgte, hatte eine Überweisung des Jugendlichen an die Vormundschaftsbehörde zu erfolgen, um nicht die Grenzen zwischen Strafe und Erziehungs- und Besserungsmaßregeln zu verwischen oder dem Strafgericht Aufgaben zu übertragen, „die ihm völlig fremd seien“[825]. Die Vormundschaftsbehörde war nach den Beschlüssen der Kommission bei Verbrechen und Vergehen vor der Entschließung, öffentliche Klage nicht zu erheben, nun anzuhören[826]. Zudem wurde die Bestimmung aus dem Entwurf von 1909, nach der auch bei einem mittlerweile volljährigen Beschuldigten keine Klage erhoben werden sollte, wenn dieser bei Begehung der Tat unter 18 Jahre alt war, dahingehend konkretisiert, dass von der Klageerhebung dann abgesehen werden sollte, wenn die Verfehlung wegen des Verschuldensgrades oder der Tatfolgen geringfügig war oder wenn besondere Umstände anderer Art es rechtfertigten, um dem Staatsanwalt und Richter zu ermöglichen, in allen besonderen Fällen von der nachträglichen Verfolgung abzusehen, in denen es gerechtfertigt erschien[827]. Vorgesehen war nun auch eine Regelung, nach der ein Strafbefehl

---

822 Vgl. den Bericht der 7. Kommission, in: *Schubert*, Protokolle 1910/11, S. 343, 612.

823 Vgl. den Bericht der 7. Kommission, in: *Schubert*, Protokolle 1910/11, S. 343, 612; laut *Ruscheweyh*, Jugendgericht, S. 148, hatten auch nach dem damals geltenden Recht schon einige Richter die Jugendlichen während der ärztlichen Gutachten aus dem Sitzungssaal entfernen lassen und danach über den Inhalt des Gutachtens belehrt.

824 §§ 373 und 374 der Reichstagsvorlage wurden gestrichen, vgl. die Beschlüsse der 7. Kommission, abgedruckt in: *Schubert*, Protokolle 1910/11, S. 614.

825 Vgl. den Bericht der 7. Kommission, in: *Schubert*, Protokolle 1910/11, S. 345.

826 Vgl. die Beschlüsse der 7. Kommission zu § 375b, in: *Schubert*, Protokolle 1910/11, S. 614 ff.

827 Vgl. den Bericht der 7. Kommission, in: *Schubert*, Protokolle 1910/11, S. 354.

gegen Personen unter 18 Jahren nur wegen einer Übertretung erlassen werden durfte, da man zu der Einsicht gekommen war, ein summarisches schriftliches Verfahren sei mit den Grundsätzen des Verfahrens gegen Jugendliche unvereinbar, „denn es mache dem Richter unmöglich zu prüfen, ob der Bestrafung Besserungs- oder Erziehungsmaßregeln vorzuziehen seien, und ob der Jugendliche die zur Erkenntnis der Strafbarkeit seiner Handlungsweise erforderliche Einsicht gehabt hat“[828].

f) Der Entwurf eines Gesetzes über das Verfahren gegen Jugendliche (1912)

Da der Entwurf einer Strafprozessordnung und Novelle zum Gerichtsverfassungsgesetz vom Reichstag nicht erledigt wurde, die Forderungen nach einer Reform der Vorschriften betreffend die Behandlung junger Straftäter aber nicht abrissen, veröffentlichte die Regierung Ende 1912 schließlich den „Entwurf eines Gesetzes über das Verfahren gegen Jugendliche“[829]. Der Entwurf wurde nach Erledigung durch den Bundesrat dem Reichstag am 29. November 1912 als Gesetzesvorlage übergeben[830]. Besonders war an dem Entwurf, dass dieser zum ersten Mal die Regelung des Jugendstrafrechts einem eigenen Gesetz vorbehielt und nicht lediglich besondere Bestimmungen in RStPO und GVG aufnehmen wollte[831]. Daher wurde er unter anderem auch bereits als „Jugendgerichtsgesetz“ bezeichnet[832]. Hintergrund dieser Entwicklung war, dass man sich einig war, dass „die Reform gerade auf diesem Gebiet besonders dringlich“ war, die Strafprozessentwürfe jedoch im Reichstag nicht verabschiedet worden waren und „nach dem gegenwärtigen Stande der das weite

---

828 Vgl. den Bericht der 7. Kommission, in: *Schubert*, Protokolle 1910/11, S. 378.

829 Vgl. *Ruscheweyh*, Jugendgericht, S. 138 ff.; der Entwurf ist in seiner ursprünglichen Fassung nebst Begründung abgedruckt in: IKV (Hrsg.), Mitteilungen, Bd. 19, S. 672 ff.

830 Der Entwurf ist in der vom Bundesrat beschlossenen Fassung samt Begründung abgedruckt in: Verhandlungen des Reichstags, 13. Legislaturperiode, I. Session, Anlage Nr. 576; gegenüber der Regierungsvorlage hatte sich im Bundesrat neben einigen redaktionellen Änderungen nur eine Anpassung der Bestimmung über den Strafbefehl gegen Jugendliche (§ 12) dahingehend ergeben, dass durch einen Strafbefehl Gefängnisstrafe nur als Ersatzfreiheitsstrafe im Falle einer nicht beizutreibenden Geldstrafe festgesetzt werden durfte, vgl. *Bleeck*, MschrKrim 9 (1912/13), 625 (626); vgl. dazu auch *Diez*, Sonderstellung der Jugendlichen, S. 91 f.

831 *Schady*, Praxis des Jugendstrafrechts, S. 24; *Wolff*, ZfRSoz 1986, 123 (132), bezeichnet ihn als „Markstein“ in der Entwicklung des Jugendstrafrechts.

832 Vgl. den Beitrag „Das Jugendgerichts-Gesetz“ von Oberamtsrichter *Riß* in der Augsburger Postzeitung vom 22. November 1912, in: BayHStA, MJu 16995.

Gebiet des gesamten Strafrechts umfassenden Reformarbeiten in naher Zeit nicht mehr gerechnet werden" konnte, sodass man es für angezeigt hielt, „das Verfahren gegen Jugendliche durch ein besonderes Gesetz vorab zu regeln"[833]. Der Entwurf bedeutete daher keineswegs die Herauslösung des Jugendstrafrechts aus dem System des Strafrechts, sondern lediglich den Versuch, dieses Teilgebiet selbstständig und vorab vor der Reform des allgemeinen Strafrechts zu regeln[834].

aa) Inhalt des Entwurfs

Für den neuen Entwurf hatte man inhaltlich auf die Entwürfe aus den Jahren 1908 und 1909 und die von der Reichstagskommission beschlossenen Änderungen zurückgegriffen[835]. Ziel des Entwurfs war es wie schon bei den früheren Vorschlägen, junge Menschen vor den schädlichen Einflüssen, die mit einem Strafverfahren verbunden waren, zu bewahren[836]. So machte der Entwurf deutlich, dass die Forderung auf eine Neuregelung des Jugendstrafverfahrens trotz des Scheiterns der großen Prozessreform weiterhin aufrechterhalten blieb[837].

Der Entwurf von 1912 enthielt daher im Wesentlichen nur eine Wiederholung der Vorschriften aus den Entwürfen von 1908 und 1909[838]. Neu war lediglich die Bestimmung, dass im Gegensatz zu den vorherigen Entwürfen in Übereinstimmung mit den Beschlüssen der Reichstagskommission ein Strafbefehl gegen junge Straftäter nur bei Übertretungen erlassen werden durfte, um zu gewährleisten, dass die Frage, ob der junge Delinquent bei Begehung der Tat die vorausgesetzte Einsicht besessen hat oder ob Erziehungs- und Besserungsmaßregeln einer Bestrafung vorzuziehen waren, nicht nur aufgrund der Akten beantwortet werden würde[839]. Hinsichtlich der Übertretungen war man der Ansicht, dass darunter regelmäßig solche Fälle fallen würden, bei denen die Feststellung der Einsicht unproblematisch sei und Erziehungsmaßregeln

---

833 Vgl. die Begründung des E-1912, in: IKV (Hrsg.), Mitteilungen, Bd. 19, S. 678.

834 *Wolff*, ZfRSoz 1986, 123 (132).

835 Vgl. die Begründung des E-1912, in: IKV (Hrsg.), Mitteilungen, Bd. 19, S. 678.

836 Vgl. die Begründung des E-1912, in: IKV (Hrsg.), Mitteilungen, Bd. 19, S. 679.

837 *Roth*, ZNR 1991, 17 (36).

838 *Fritsch*, Reformbewegung, S. 75; *Roth*, ZNR 1991, 17 (36); *Ruscheweyh*, Jugendgericht, S. 139; *Schultz*, MschrKrim 10 (1913/14), 45 (46).

839 Vgl. die Begründung des E-1912, in: IKV (Hrsg.), Mitteilungen, Bd. 19, S. 700.

nicht in Frage kämen und versuchte mit der Zulassung des Strafbefehls daher, den jungen Menschen in solchen Fällen die Hauptverhandlung zu ersparen[840].

bb) Reaktionen auf den Entwurf

Nachdem erwartet worden war, dass der neue Entwurf die nun schon vierjährigen Erfahrungen der Jugendgerichte berücksichtigen und nennenswerte Neuerungen enthalten würde, zeigte man sich in der Literatur enttäuscht darüber, dass diese im Wesentlichen nur eine Wiederholung der Vorschriften aus den Entwürfen von 1908 bzw. 1909 enthielt.

Kritisch zu dem Entwurf äußerte sich vor allem der Rechtsanwalt *Bleeck* in einem Beitrag in der Monatsschrift für Kriminologie und Strafrechtsreform[841]. Er war der Ansicht, es sei ein „prinzipieller Fehler", dass der Entwurf nur die Strafprozessordnung und das Gerichtsverfassungsgesetz betraf, ohne auch das Strafgesetzbuch zu ändern und forderte ein „vollständiges Gesetz über das Strafrecht, den Strafprozeß und den Strafvollzug bei jugendlichen Übeltätern". Der Entwurf würde seiner Ansicht nach durch die Einschränkung des Legalitätsprinzips ohnehin in „prozessualer Einkleidung" das materielle Recht ändern. Konkret bemängelte er unter anderem, dass die Jugendgerichte weiterhin nur bei den Amtsgerichten und nur für die Fälle, in denen ein Bedürfnis dazu von der Landesjustizverwaltung gesehen wurde, also nicht für alle Strafsachen gegen junge Rechtsbrecher, vorgesehen waren. Auch die Vorschriften zur Verteidigung hielt er für unzureichend, wobei er ausführte, dass die Rechte demjenigen, der diese nicht kennen würde oder nicht zu gebrauchen wisse, nichts nützen würden. Dies sei jedoch typischerweise weder bei jungen Menschen noch bei deren Beistand in Form des Vaters oder eines anderen Verwandten der Fall. Dennoch sah es *Bleeck* als Fortschritt an, dass „wenigstens etwas zur Verbesserung des Jugendstrafrechts geschehen" sollte. Er sah es als Aufgabe der Kommission des Reichstages, die den Entwurf bearbeiten sollte, ein allgemeines Jugendstrafgesetz zu erarbeiten und seine Verbesserungsvorschläge einzuarbeiten.

Schultz vermisste im Entwurf Vorschriften hinsichtlich der Zuziehung von Ärzten zum Verfahren und äußerte Bedenken gegen die weitgehenden Befugnisse der Staatsanwälte[842]. Sie kritisierte, dass man den jungen Menschen die wertvolle Unterstützung der Fürsorger vorenthalten würde, sofern die Vor-

840 Vgl. die Begründung des E-1912, in: IKV (Hrsg.), Mitteilungen, Bd. 19, S. 700 f.

841 Vgl. hierzu und zum folgenden Text *Bleeck*, MschrKrim 9 (1912/13), 490 (492 ff.).

842 Vgl. hierzu und zum folgenden Text *Schultz*, MschrKrim 10 (1913/14), 45 ff.

mundschaftsgerichte nicht befasst würden[843]. *Schultz* war der Ansicht, „Ausschluß der Öffentlichkeit, Trennung Jugendlicher von den Erwachsenen, mögliche Unterlassung von Vorführungen Jugendlicher, in allen Fällen Verteidigung (...) sollten selbstverständlich sein". Der Entwurf würde daher weit hinter den Wünschen der Reformisten zurückbleiben.

Im Nachhinein, als es schließlich zur Einführung des JGG kam, blickte *Radbruch* angesichts der Tatsache, dass der Entwurf von 1912 zum ersten Mal die Regelung des Jugendstrafrechts in einem eigenen Gesetz vorsah, aber dennoch dankbar auf diesen zurück:

> „Nach dem Scheitern der Strafprozeßreform von 1909 wird das Jugendstrafverfahren von dem sinkenden Wrack auf den rettenden Kahn eines Sonderentwurfs übergeladen."[844]

cc) Umfrage der Deutschen Zentrale für Jugendfürsorge

Neben den Arbeiten des Gesetzgebers führte die DZfJ 1912 eine Befragung deutscher Amtsgerichte durch, um Erkenntnisse über Organisation und Praxis der Jugendgerichte zu sammeln, wobei von 1.933 kontaktieren Amtsgerichten 1.416 verwertbare Rückmeldungen eingingen[845]. 133 Amtsgerichte schieden dagegen in der weiteren Analyse aus, weil es bei ihnen keine besonderen Maßnahmen für junge Delinquenten gab, sodass für die Auswertung noch 1.283 Amtsgerichte in Frage kamen. Laut den Ergebnissen gab es an diesen Amtsgerichten damals 566 Einrichtungen, welche als Jugendgerichte[846] bezeichnet werden konnten. Besondere Staatsanwälte (Jugendstaatsanwälte) existierten an 125 Gerichten für das Vor- und bei 70 auch für das Hauptverfahren. Lediglich 176 Gerichte nahmen jedoch die Mitarbeit von Fürsorgeorganisationen zur Erforschung der Verhältnisse der Angeklagten in Anspruch. Eine regelmäßige Untersuchung des Geisteszustands der jungen

---

843 *Schultz*, MschrKrim 10 (1913/14), 45.

844 *Radbruch*, Zbl. 14 (1922/23), 249 (250).

845 Vgl. hierzu und zum Folgenden *Lindenberg*, DJZ 1914, Sp. 151 ff.; die Ergebnisse der Umfrage sind enthalten im Bericht der 13. Kommission, abgedruckt in: Verhandlungen des Reichstags, 13. Legislaturperiode, I. Session, Anlage Nr. 1054, S. 1814 ff.; beachtenswert ist daneben auch die Studie von *Gruhle* über die Kriminalität Jugendlicher vor den Mannheimer Jugendgerichten, vgl. *Gruhle*, MschrKrim 8 (1911/12), 17.

846 Dies waren gemäß der Umfrage solche Einrichtungen, bei denen eine Vereinigung des Arbeitsgebietes des Straf- oder Schöffenrichters und des Vormundschaftsrichters in der Hand einer oder mehrerer Personen erfolgt war, und zwar nicht oder nur zu einem geringen Teil aus technischen Gründen der Geschäftsverteilung, sondern primär mit Rücksicht auf die Jugendlichen, für deren Strafsachen und vormundschaftsrichterliche Fürsorge.

Beschuldigten fand nur bei 10 Gerichten statt. Von 382 Gerichten wurde die Frage nach der Untersuchungshaft bei Personen unter 18 Jahren mit „Einzelhaft", von 123 mit „stets Einzelhaft" beantwortet, bei 186 wurde ein Unterschied zur Behandlung Erwachsener schlechthin verneint. 398 Gerichte hängten Sitzungslisten mit den Namen der jungen Angeklagten nicht aus und bei 142 Gerichten wurde die Öffentlichkeit durch äußere Maßnahmen beschränkt. Nur bei 114 Gerichten war in den Hauptverhandlungen eine Jugendfürsorgeorganisation anwesend.

Die Reaktionen auf die Ergebnisse der Umfrage waren von Ernüchterung geprägt. *Schultz* wurde in ihrer Reaktion auf die Befragung besonders deutlich:

> „So sieht das bei uns noch aus, was wir Jugendgericht nennen! Traurig. Trotz aller Bemühungen der verschiedensten Faktoren, so wenig Interesse und Verständnisse der weitaus größten Anzahl der Jugendgerichte für das, was notwendig ist, soll die Tätigkeit dieser Gerichte erfüllen, was man von ihr erhofft, erwartet. Nicht einmal die kleine Bemühung im Interesse des Ganzen, die Fragebogen zu beantworten! 6 Jahre deutsches Jugendgericht haben wir hinter uns. Wenn nun auch 6 Jahre eine kurze Spanne Zeit für eine Einrichtung sind, so hätte an doch gerade von dieser Einrichtung von den deutschen Gerichten mehr Verständnis erwarten dürfen."[847]

Etwas optimistischer fasste *Lindenberg* zusammen:

> „Man ersieht aus diesen Erhebungen, daß für die Strafrechtspflege gegenüber den Jugendlichen und für die Jugendfürsorgeorganisationen, insbesondere auch ihr Zusammenarbeiten mit den Gerichten noch vielerlei zu tun übrig bleibt."[848]

g) Der Kommissionsentwurf von 1913

Nachdem der Reichstag den Entwurf von 1912 schließlich wieder von einer Kommission aus 28 Mitgliedern – der sog. 13. Kommission – überarbeiten lassen hatte, veröffentlichte diese nach zwei Lesungen 1914 den Entwurf samt Kommissionsbeschlüssen[849]. Die Beschlüsse enthielten jedoch erneut keine relevanten Abweichungen gegenüber den Vorentwürfen[850].

---

847 *Schultz*, MschrKrim 10 (1913/14), 726 (727).

848 *Lindenberg*, DJZ 1914, Sp. 151 (153).

849 Vgl. den Bericht der 13. Kommission, in: Verhandlungen des Reichstags, 13. Legislaturperiode, I. Session, Anlage Nr. 1054, S. 1733 f.; eine Zusammenstellung des Entwurfs mit den Beschlüssen der Kommission in erster und zweiter Lesung findet sich auf den Seiten 1785 ff.

850 So auch die Begründung zum Entwurf eines Jugendgerichtsgesetzes 1922, S. 9; ausführlich zum Entwurf und der Kritik daran *v. Lilienthal*, ZStW 36 (1915), 1 ff.

Eingehend beraten worden war von der Kommission die Frage, ob die Jugendgerichte obligatorisch bei den Amtsgerichten eingerichtet werden sollten[851]. Nachdem man dies nach der ersten Lesung – anders als der Entwurf, der dies vom Bedürfnis nach der Einrichtung besonderer Abteilungen bei den einzelnen Amtsgerichten abhängig machte – noch plante, wurde die Idee in der zweiten Lesung jedoch aufgegeben und zu einer „Soll-Vorschrift" abgeschwächt. Auch bei den Landgerichten ging man von einer verpflichtenden Einrichtung von besonderen Abteilungen in erster Lesung am Ende auf eine bloße „Soll-Vorschrift" zurück. Gleiches galt bezüglich der besonderen Erfahrung der erkennenden Richter im Umgang mit Jugendsachen. Obwohl man die Einrichtung der Jugendgerichte nicht in das Belieben der Landesjustizverwaltungen stellen wollte, zweifelte man zu stark an der Umsetzbarkeit zwingender Vorschriften, vor allem an kleineren Amts- und Landgerichten[852]. Hinsichtlich des Legalitätsprinzips bestimmten die Beschlüsse in zweiter Lesung, nachdem zuvor eine „Soll-Vorschrift" vorgesehen war, dass die Staatsanwaltschaft keine Anklage erheben *durfte*, wenn Erziehungs- und Besserungsmaßregeln einer Bestrafung vorzuziehen waren, da man andernfalls „die Gefahr der Klassenjustiz, die Möglichkeit, daß das neue Gesetz als Kampfgesetz gegen die sozialdemokratische Jugend mißbraucht werde", sah[853]. Wenn es nicht zu einer Anklage kam oder das Verfahren eingestellt wurde, war die Sache wie in der Vorlage an die Vormundschaftsbehörde abzugeben, welche dann ohne weitere Voraussetzungen die erforderlichen Erziehungs- und Besserungsmaßregeln anzuordnen hatte. Der Vormundschaftsbehörde wollte man nun die Möglichkeit zugestehen, die Sache an die Staatsanwaltschaft zurückzugeben, wenn sie Erziehungs- und Besserungsmaßregeln für nicht ausreichend erachtete, welche dann Anklage erheben musste. Gegen diese Entscheidung der Vormundschaftsbehörde sollten dem jungen Beschuldigten, dem gesetzlichen Vertreter und der Staatsanwaltschaft das Rechtsmittel der sofortigen Beschwerde zustehen.

Der Entwurf wollte vor allem die Stellung der jungen Delinquenten im Strafverfahren verbessern[854]. Dennoch setzte sich die Kommission im Rahmen des Entwurfs eines Gesetzes über das Verfahren gegen Jugendliche neben dem

---

851 Vgl. den Bericht der 13. Kommission, in: Verhandlungen des Reichstags, 13. Legislaturperiode, I. Session, Anlage Nr. 1054, S. 1744 ff.

852 Vgl. den Bericht der 13. Kommission, in: Verhandlungen des Reichstags, 13. Legislaturperiode, I. Session, Anlage Nr. 1054, S. 1743 ff., 1774 ff.

853 Dem Gericht sollte dagegen nach Erhebung der Klage ein Ermessen zustehen, vgl. die Verhandlungen des Reichstags, 13. Legislaturperiode, I. Session, Anlage Nr. 1054, S. 1777, 1789.

854 *Diez*, Sonderstellung der Jugendlichen, S. 92.

prozessualen auch mit dem materiellen Recht auseinander. So sahen die Beschlüsse vor, durch das Gesetz die §§ 55 – 57 RStGB insofern abzuändern, als an die Stelle des 12. das 14. Lebensjahr als Grenze für die Strafmündigkeit treten sollte. Hintergrund war, dass auch der Vorentwurf zu einem Deutschen Strafgesetzbuch von 1909 das 14. Lebensjahr als maßgebliche Altersgrenze bestimmt hatte und man der Ansicht war, dass „Schulkinder vor den Strafrichter und in die Gefängnisse gebracht werden, könne die Gesellschaft gar nicht verantworten“[855]. Darüber hinaus sollte der Richter nach den Beschlüssen bei einem Freispruch nach § 56 Abs. 1 RStGB wegen fehlender Einsicht zur Erkenntnis der Strafbarkeit kein Ermessen mehr darüber haben, ob er Anordnungen nach § 56 Abs. 2 RStGB treffen wollte, sondern zwingend eine solche Anordnung treffen oder die Sache an die Vormundschaftsbehörde abgeben müssen[856]. Obwohl der Staatssekretär des Reichsjustizamtes in der Aussprache davor warnte, einer Gesamtreform des Strafrechts in dieser Wiese vorzugreifen, war die Kommission der Ansicht, angesichts der Forderungen aus Literatur und Praxis eine Regelung treffen zu müssen[857].

Auch nach der Überarbeitung des Entwurfs durch die 13. Kommission wurde dieser jedoch nicht umgesetzt. Letztlich scheiterte er insbesondere daran, dass die Reichsregierung und der Bundesrat die materiellrechtlichen Fragen einer Gesamtreform vorbehalten wollten[858].

h) Verzögerung der Reformbemühungen: Der erste Weltkrieg

Hinzu kam der Ausbruch des Ersten Weltkriegs im Juli 1914. Dies führte dazu, dass die amtlichen Reformarbeiten unterbrochen wurden[859]. Der Entwurf für ein Gesetz über das Verfahren gegen Jugendliche, der viele Jahre überarbeitet

---

855 Es wurde sogar beantragt, die Strafmündigkeit bei 16 Jahren anzusetzen, vgl. den Bericht der 13. Kommission, in: Verhandlungen des Reichstags, 13. Legislaturperiode, I. Session, Anlage Nr. 1054, S. 1735 ff.

856 Vgl. den Bericht der 13. Kommission, in: Verhandlungen des Reichstags, 13. Legislaturperiode, I. Session, Anlage Nr. 1054, S. 1790, 1795, 1797.

857 Vgl. den Bericht der 13. Kommission, in: Verhandlungen des Reichstags, 13. Legislaturperiode, I. Session, Anlage Nr. 1054, S. 1735 ff.

858 *Diez*, Sonderstellung der Jugendlichen, S. 92; auch *Kohlrausch*, in: Verhandlungen des 5. JGT, 1 (3) sah eine Mitursache im Scheitern des Entwurfs in der einseitig prozessualen Aufmachung.

859 *Diez*, Sonderstellung der Jugendlichen, S. 92; *Hasenclever*, Jugendhilfe, S. 34; *Sieverts*, in: Verhandlungen des 9. JGT, 15 (21); *Wolff*, ZfRSoz 1986, 123 (127).

worden war, verschwand mit der Schließung des Reichstags erst einmal von der Bildfläche[860].

Auch die internationale Zusammenarbeit der IKV, die als Resultat ihrer Arbeit immerhin praktische Fortschritte bezüglich der Behandlung junger Rechtsbrecher vorweisen konnte, endete während des Weltkrieges und lebte auch nach dem Krieg nicht wieder in ihrer alten Form auf[861].

aa) Entlastungen der Strafgerichte

Der Krieg erforderte einige praktische Änderungen der Gesetze, sodass unter anderem von militärischen Befehlshabern und zahlreichen Zivilbehörden Verordnungen und Erlasse ergingen[862]. Zudem war der Bundesrat durch das „Gesetz über die Ermächtigung des Bundesrats zu wirtschaftlichen Maßnahmen und über die Verlängerung der Fristen des Wechsel- und Scheckrechts im Falle kriegerischer Ereignisse vom 4. August 1914“[863] (§ 3) dazu ermächtigt worden, gesetzliche Maßnahmen anzuordnen, um wirtschaftliche Schäden zu verhindern[864]. Unter die erwähnten Vorschriften fielen zum Teil auch solche, die das Verfahren gegen junge Beschuldigte betrafen.

Mit der „Bekanntmachung zur Entlastung der Strafgerichte“ vom 7. Oktober 1915[865] wurde im Rahmen des Kriegsrechts in Gestalt einer Bundesratsverordnung die Zuständigkeit der Schöffengerichte ausgedehnt, die von den Staatsanwälten nun auch bei Vergehen begründet werden konnte, welche zur Zuständigkeit der Strafkammern gehörten. Infolgedessen wurden Anträge auf Überweisung nach § 75 GVG für unzulässig erklärt.

---

860 Vgl. den Beitrag „Das Ende des Jugendgerichts?“ von Amtsrichter *Hertz* in der Frankfurter Zeitung vom 13. Juli 1914, enthalten in: BayHStA, MJu 16995.

861 *Bellmann*, IKV, S. 140, 142 ff.; zudem sollten mit dem Geheimen Justizrat *Köhne* am 11. Januar 1917 und *Franz v. Liszt* am 21. Juni 1919 zwei für die Jugendgerichtsbewegung prägende Persönlichkeiten noch vor Einführung des Jugendgerichtsgesetzes versterben, vgl. *Fritsch*, Reformbewegung, S. 89.

862 Diese hatten etwa das Verbot des (öffentlichen) Alkoholgenusses, des zwecklosen Verweilens auf Straßen und öffentlichen Plätzen oder die Einschränkung des Wirtshausbesuches ohne die Eltern zum Inhalt, vgl. *v. Liszt*, ZStW 37 (1916), 496 (508, 512); vgl. auch *Fritsch*, Reformbewegung, S. 91.

863 RGBl. 1914, S. 327 f.

864 Der Begriff der „wirtschaftlichen Schädigung“ wurde weit ausgelegt und umfasste auch Eingriffe in die Strafrechtspflege, vgl. *v. Liszt*, ZStW 37 (1916), 496 (512 f.); kritisiert wurde später, das Strafrecht sei „durch die Unzahl von Kriegsverordnungen in einen gewissen Sinne Hilfsrecht der Verwaltung geworden“, vgl. *Meyer*, DJZ 1918, Sp. 26 (27).

865 RGBl. 1915, S. 631 f.

Sodann kam es durch das „Gesetz, betreffend Vereinfachung der Strafrechtspflege“[866] vom 21. Oktober 1917, das die Bundesratsverordnung aufhob, zu relevanten Änderungen, indem § 75 GVG gestrichen wurde und § 447 RStPO einen vierten Absatz erhielt, welcher wie folgt lautete:

> „Gegen einen Beschuldigten, der das achtzehnte Lebensjahr noch nicht vollendet hat, darf durch einen Strafbefehl Freiheitsstrafe nur festgelegt werden, wenn die Freiheitsstrafe an die Stelle einer nicht beizutreibenden Geldstrafe treten soll.“

Das Gesetz wurde damit begründet, dass der erste Weltkrieg es erforderlich mache, jeden waffenfähigen Mann dem Heer zuzuführen und auch aus der Justizverwaltung weitere Kräfte für andere Aufgaben, namentlich im Heer oder an Stellen, die Kriegszwecken dienten, benötigt würden[867]. Daher wollte man unter anderem verstärkt die Strafkammersachen zu den Schöffengerichten bringen und die Zulässigkeit des Strafbefehls ausdehnen und so das Verfahren vereinfachen und beschleunigen, sowie die Geschäftslast der Gerichte reduzieren[868].

Durch die neue Regelung in § 29 GVG, welche die Eröffnung des Hauptverfahrens vor den Schöffengerichten abgekürzt und vereinfachte, wurde § 75 GVG gegenstandslos und deswegen gestrichen[869]. Während § 447 Abs. 4 RStPO im Gesetzesentwurf noch nicht enthalten war, wurde die Vorschrift durch den 29. Ausschuss als Kriegsmaßregel und zur Entlastung der Strafrichter eingefügt und schließlich vom Reichstag, der gegen die ursprüngliche Vorlage noch umfassende Vorbehalte geäußert hatte, ohne jegliche Diskussion beschlossen[870].

---

866 RGBl. 1917, S. 957 f.; die vollständige Veröffentlichung findet sich im RGBl. 1917, S. 1037 f.

867 Vgl. die Begründung des Gesetzesentwurfs, abgedruckt in: Verhandlungen des Reichstags, 13. Legislaturperiode, II. Session, Anlage Nr. 658, S. 9.

868 Die Änderungen entsprachen in weiten Teilen den Entwürfen eines Gesetzes, betreffend Änderungen des Gerichtsverfassungsgesetzes, einer Strafprozessordnung und eines Einführungsgesetzes zu beiden Gesetzen vom 23. November 1909 und dem Entwurf eines Gesetzes, betreffend Änderungen und Ergänzungen des Gerichtsverfassungsgesetzes und der Strafprozessordnung von 1885. Der Nebeneffekt, dass durch die Ausdehnung der Zuständigkeit der Schöffengerichte die Nachprüfung der an diese verwiesenen Sachen in der Berufungsinstanz ermöglicht wurde, war durchaus beabsichtigt, vgl. die Begründung des Gesetzesentwurfs, abgedruckt in: Verhandlungen des Reichstags, 13. Legislaturperiode, II. Session, Anlage Nr. 658, S. 9 f.

869 Vgl. die Begründung des Gesetzesentwurfs, abgedruckt in: Verhandlungen des Reichstags, 13. Legislaturperiode, II. Session, Anlage Nr. 658, S. 11, 13.

870 Vgl. hierzu den mündlichen Bericht des 29. Ausschusses vom 6. Oktober 1917, abgedruckt in: Verhandlungen des Reichstags, 13. Legislaturperiode, II. Session, Anlage Nr. 1110, S. 1891 ff. und das Protokoll der zweiten Beratung des Entwurfs in der 126. Sitzung des Reichstags am 11. Oktober 1917 in: Verhandlungen des Reichstags, 13. Legislaturperiode, II. Session, S. 3935 f.; da im Gesetz bestimmt war, dass die durch das Gesetz geänderten oder aufgehobenen Vorschriften ein Jahr nach dem Ende des ersten

bb) Die Denkschrift des Ausschusses für Jugendgerichte und Jugendgerichtshilfen

Der auf der Kriegstagung der Deutschen Jugendgerichtstage 1917 gegründete Ausschuss für Jugendgerichte und Jugendgerichtshilfen beschloss schließlich in einer seiner Sitzungen die Ausarbeitung einer Denkschrift, welche an die Mitglieder des Reichstags gerichtet war und im Dezember 1917 von *Franz v. Liszt* an diesen überreicht wurde[871]. Darin wurde schon während des Krieges die Forderung geäußert, den Entwurf in der Fassung der Kommissionsbeschlüsse aus dem Jahr 1913 wieder einzubringen oder ein Notgesetz zur erlassen, welches eine Heraufsetzung des Alters der Strafmündigkeit von 12 auf 14 Jahre und die Bestimmung, dass das Verfahren gegen Personen unter 18 Jahren einzustellen sei, wenn häusliche Zucht ausreichend sei oder Erziehungsmaßnahmen einer Bestrafung vorzuziehen seien, enthalten sollte[872]. Der Reichstag beschäftigte sich am 13. Mai 1918 mit der Denkschrift, verwies jedoch für eine Reform letztendlich auf die Zeit nach Ende des Krieges[873].

i) Nach dem ersten Weltkrieg

Der Erste Weltkrieg hatte eine starke Verschlechterung der sozialen und wirtschaftlichen Verhältnisse und damit auch eine neue Welle von Jugendkriminalität und -verwahrlosung in Deutschland zur Folge[874]. Während Väter und

---

Weltkrieges wieder in Kraft treten sollten, nahm man später die Streichung von § 75 GVG und die Einführung von § 447 Abs. 4 RStPO mit dem Gesetz zur Entlastung der Gerichte vom 11. März 1921 (RGBl. 1921, S. 229) erneut vor, um die Reichsgerichte und Strafkammern, sowie die mit der Verfolgung von Kriegsverbrechen befasste Reichsanwaltschaft weiter zu entlasten, vgl. die Begründung des Entwurfs eines Gesetzes zur Entlastung der Gerichte, abgedruckt in: Verhandlungen des Reichstags, 1. Wahlperiode 1920, Anlage Nr. 1353, S. 936 ff.

871 *Ruscheweyh*, Jugendgericht, S. 149 f.

872 Vgl. das Protokoll der 164. Sitzung des Reichstags vom 13. Mai 1918 in: Verhandlungen des Reichstags, 13. Legislaturperiode, II. Session, S. 5117 und *Ruscheweyh*, Jugendgericht, S. 150.

873 Vgl. das Protokoll der 164. Sitzung des Reichstags vom 13. Mai 1918 in: Verhandlungen des Reichstags, 13. Legislaturperiode, II. Session, S. 5117 f.; zum letztlich nie umgesetzten Vorschlag *Winklers* aus dem April 1918, ein „Jugendvorgericht" als Einigungs- und Prüfstelle einzuführen vgl. die ausführlichen Erläuterungen bei *Ruscheweyh*, Jugendgericht, S. 84 ff. und *Kraft*, Tendenzen, S. 54.

874 *Sieverts*, in: Verhandlungen des 9. JGT, 15 (22 f.); vgl. auch das Protokoll der 164. Sitzung des Reichstags vom 13. Mai 1918 in: Verhandlungen des Reichstags, 13. Legislaturperiode, II. Session, S. 5117 ff.

Vormünder zum Wehrdienst eingezogen waren und viele Mütter nicht die Zeit hatten, sich ausreichend um ihre Kinder zu kümmern, hatten auch die Schulen oft wochen- oder monatelang geschlossen, sodass die jungen Menschen, die nun früher als sonst in das Erwerbsleben eintraten, nicht selten den Versuchungen erlagen, die ihnen vor allem in den Städten durch ihr plötzliches Einkommen offenstanden[875]. *V. Lilienthal* machte schon 1917 auf die davon ausgehenden Gefahren aufmerksam:

> „Es wäre töricht, auch vor weitgehenden Einschränkungen der jugendlichen Bewegungsfreiheit zurückzuschrecken. Das ganze Jugendstrafrecht kann nur auf dem Gedanken aufgebaut werden, daß der Jugendliche eben noch kein reifer Mensch ist und deshalb nicht sich selbst überlassen werden kann. Die Gesellschaft hat nicht nur das Recht, sondern die Pflicht, ihn vor Selbstschädigungen, deren Bedeutung ihm noch nicht genügend klar sein kann, zu hüten."[876]

Für die Verwahrlosung der Jugend wurde vor allem die fehlende Aufsicht und Erziehung während des Krieges verantwortlich gemacht[877]. Die mittlerweile seit vielen Jahren diskutierte Reform des Jugendstrafrechts und des Jugendwohlfahrtsrechts war nun nicht mehr aufschiebbar, sodass man sofort nach dem Krieg mit deren Umsetzung begann[878]. Das Reichsjustizministerium (RJM) regte bereits 1918 die Vorlage eines Entwurfs eines Jugendgerichtsgesetzes an, wozu sich die Reichsregierung nach den gescheiterten Reformversuchen vor dem Krieg zunächst nicht in der Lage sah[879]. Stattdessen arbeitete man einen Entwurf eines Strafgesetzbuches von 1919 aus, der in einem eigenen Abschnitt in den §§ 129 ff. auch Vorschriften über die Behandlung von Kindern und Jugendlichen enthielt, welche jedoch alle samt materiellrechtlicher Natur waren[880].

---

875 Vgl. den E-JGG 1922, S. 9, in: Verhandlungen des Reichstags, 1. Wahlperiode 1920, Anlage Nr. 5171.

876 *v. Lilienthal*, ZStW 38 (1917), 91 (94).

877 Vgl. den E-JGG 1922, S. 9; vgl. auch den 6. Jahresbericht des Augsburger Fürsorgeverbandes für das Jahr 1914, enthalten in: BayHStA, MJu 16045.

878 *Diez*, Sonderstellung der Jugendlichen, S. 92; *Sieverts*, in: Verhandlungen des 9. JGT, 15 (23); vgl. dazu auch das Protokoll der Aussprache im Reichstag in der 164. Sitzung vom 13. Mai 1918 in: Verhandlungen des Reichstags, 13. Legislaturperiode, II. Session, S. 5119 ff.

879 Vgl. den Beitrag des Staatssekretärs des RJM *v. Krause* in der 164. Sitzung des Reichstags vom 13. Mai 1918, abgedruckt in: Verhandlungen des Reichstags, 13. Legislaturperiode, II. Session, S. 5126.

880 RJM, Entwürfe zu einem Deutschen StGB, Bd. 3, S. 114 ff.

j) Der Entwurf eines Jugendgerichtsgesetzes von 1920

Nachdem man in den Programmsätzen der Art. 120–122 der Reichsverfassung vom 11. August 1919[881] einen Verfassungsauftrag zur rechtseinheitlichen Regelung staatlicher Maßnahmen der Zwangserziehung erteilt bekommen hatte[882], übersandte Reichsjustizminister *Schiffer* am 14. Februar 1920 in Ausführung dieser Programmsätze eine Vorlage als „Entwurf eines Jugendgerichtsgesetzes" dem Reichstag[883]. Beabsichtigt war nun, unabhängig vom Abschluss einer allgemeinen Strafrechtsreform Sonderregeln für jugendliche Straftäter auf den Weg zu bringen[884]. Man sah den Entwurf als „Gelegenheit, auf einem kleinen Gebiet, das sich relativ leicht isolieren läßt, einen Anfang zu machen mit der Verwirklichung moderner Kriminalpolitik, und so der großen Strafrechtsreform Vorspanndienste zu leisten"[885].

Der Entwurf war der erste seiner Art, der prozessuale und materiellrechtliche Fragen in einem Gesetz regelte[886]. Darin waren die Vorschriften aus dem Entwurf eines Strafgesetzbuches von 1919 als §§ 1 bis 13 übernommen worden, wobei Jugendliche im Sinne des Gesetzes nach § 1 E-JGG 1920 Personen im Alter zwischen 14 und 18 Jahren waren[887]. Das Jugendstrafverfahren und die Jugendgerichtsverfassung waren in den §§ 14 bis 33 geregelt.

Für Personen, welche das 18. Lebensjahr bei Erhebung der Anklage, aber noch nicht bei Begehung der Tat beendet hatten, sollte nun durch Anklageerhebung bei den Jugendgerichten die Anwendbarkeit der §§ 14 ff. begründet werden können, sofern die jeweilige Person im Zeitpunkt der Anklageerhebung jünger als 21 Jahre war (§ 14 E-JGG 1920). Man ging zwar davon aus, dass die besonderen

881 RGBl. 1919, S. 1406.

882 Art. 122 WRV lautete: „(Abs. 1) Die Jugend ist gegen Ausbeutung sowie gegen sittliche, geistige oder körperliche Verwahrlosung zu schützen. Staat und Gemeinde haben die erforderlichen Einrichtungen zu treffen. (Abs. 2) Fürsorgemaßregeln im Wege des Zwanges können nur auf Grund des Gesetzes angeordnet werden."; im Rahmen der Verfassungsgesetzgebung spielte das (geplante) Jugendstrafrecht jedoch noch keine Rolle, vgl. die Protokolle der 33. Sitzung des Verfassungsausschusses vom 30. Mai 1919 und der 41. Sitzung vom 17. Juni 1919, in: Verhandlungen der Nationalversammlung, Anlage Nr. 391, S. 379 f., 506.

883 *Diez*, Sonderstellung der Jugendlichen, S. 92; RJM, Entwürfe zu einem Deutschen StGB, Bd. 3, S. 113; *Fritsch*, Reformbewegung, S. 94; *Sieverts*, in: Verhandlungen des 9. JGT, 15 (23).

884 *Wolff*, ZfRSoz 1986, 123 (132).

885 *Kohlrausch*, in: Verhandlungen des 5. JGT, 1 (4).

886 *Wolff*, ZfRSoz 1986, 123 (132).

887 RJM, Entwürfe zu einem Deutschen StGB, Bd. 3, S. 113.

Verfahrensvorschriften nur Sinn machen würde, wenn der Angeklagte jugendlich sei, wollte jedoch etwaige Härten im Einzelfall ausgleichen können[888].

Die Straftaten Jugendlicher sollten in erster Instanz zur Zuständigkeit der Amtsgerichte als Jugendgerichte gehören, wobei bei solchen Amtsgerichten, welche mit mehreren Richtern besetzt waren, die Geschäfte des Jugendrichters und des Vormundschaftsrichters denselben Richtern übertragen werden sollten (§ 16 Abs. 1, 2 E-JGG 1920)[889]. Hintergrund war, dass sich durch den ebenfalls in Arbeit befindlichen Entwurf eines Gesetzes zur Änderung des Gerichtsverfassungsgesetzes, welcher die Strafkammern bei den Landgerichten als erste Instanz beseitigen wollte, automatisch ein Übergang der Jugendstrafsachen von den Strafkammern auf die Amtsgerichte ergeben hätte[890]. Bei den Landgerichten als Rechtsmittelgerichten sollten die Strafsachen gegen Jugendliche ebenfalls besonderen Strafkammern zugewiesen werden (§ 16 Abs. 3 E-JGG 1920).

Als Schöffen sollten in der Jugendfürsorge besonders erfahrene Personen berufen werden, wobei vor den Jugendgerichten als Schöffen ein Mann und eine Frau, bei den Strafkammern ein Mann und zwei Frauen heranzuziehen waren (§ 17 Abs. 1, 2 E-JGG 1920). Die Frauen, die sich damals in großem Umfang der Jugendfürsorge widmeten, hielt man für besonders geeignet für das Schöffenamt[891].

Die Verhandlungen in Jugendsachen waren nach dem Entwurf bis auf die Urteilsverkündung nicht öffentlich, wobei dem gesetzlichen Vertreter und erwachsenen Angehörigen des Jugendlichen, dem Verletzten und dessen gesetzlichen Vertreter, den Vertretern von Fürsorgevereinen und anderen Vereinigungen, die sich mit der Jugendfürsorge beschäftigten, sowie den Dienstaufsicht führenden Beamten der Justizverwaltung, der Zutritt gestattet werden konnte bzw. sollte (§ 18 E-JGG 1920). Man war der Ansicht, „die Öffentlichkeit ruft in jugendlichen Übeltätern leicht die Vorstellung wach, daß sie etwas besonders Bemerkenswertes vollbracht hätten“[892].

888 Vgl. die Begründung von E-JGG 1920, S. 20; sofern das 21. Lebensjahr während des Verfahrens vollendet wurde, bestand nach § 15 des Entwurfs eine Verweisungsmöglichkeit zu den ordentlichen Gerichten.

889 Das Ziel, dass die Straf- und Vormundschaftssachen desselben Jugendlichen von demselben Richter behandelt werden sollten, sollte durch einen besonderen Gerichtsstand „der vormundschaftsgerichtlichen Zuständigkeit“ (§ 19 E-JGG 1920) gesichert werden, vgl. die Begründung des E-JGG 1920, S. 22 f.

890 Zudem wies der Entwurf auch die Fälle den Jugendgerichten zu, die bisher zur Zuständigkeit der Reichsgerichte gehörten, vgl. die Begründung von E-JGG 1920, S. 21.

891 Vgl. die Begründung von E-JGG 1920, S. 22.

892 Vgl. hierzu die Begründung von E-JGG 1920, S. 11.

Während mehrere Strafsachen gegen denselben Jugendlichen grundsätzlich miteinander verbunden werden sollten, sollten die Strafsachen gegen Erwachsene bei Möglichkeit von denen gegen Jugendliche getrennt bleiben (§ 20 E-JGG 1920). Darüber hinaus waren die Verhandlungen wie schon in den Vorkriegsentwürfen so anzusetzen, dass eine Berührung mit erwachsenen Angeklagten vermieden wurde, wobei der Angeklagte nun vorübergehend aus dem Sitzungssaal verwiesen werden konnte, wenn zu befürchten war, dass Erörterungen einen nachteiligen Einfluss auf diesen haben könnten (§ 27 Abs. 1, 2 E-JGG 1920)[893].

Normiert wurde zudem eine Informationspflicht der Staatsanwaltschaften, welche die Vormundschaftsgerichte über Strafanzeigen und Strafanträge gegen Jugendliche und den weiteren Gang des Verfahrens zu unterrichten hatten (§ 21 E-JGG 1920), damit diese eingreifen konnten und die Maßnahmen von Jugend- und Vormundschaftsgerichten aufeinander abgestimmt werden konnten[894].

Im Hinblick auf die Untersuchungshaft bestimmte man wie schon in den vorherigen Entwürfen, dass diese nur dann vollstreckt werden sollte, wenn andere Maßregeln ihren Zweck nicht erfüllen konnten (§ 22 Abs. 1 E-JGG 1920). Im Falle der Anordnung der Untersuchungshaft gegen einen Jugendlichen sollte dieser grundsätzlich nicht mit Erwachsenen und auch nicht mit anderen Jugendlichen zusammen untergebracht werden und eine sittliche Gefährdung des Jugendlichen in der Haft generell vermieden werden (§ 22 Abs. 2 E-JGG 1920). Zudem hatte im Falle der Vollstreckung der Untersuchungshaft oder einer anderen Maßregel, welche den freien Verkehr des Jugendlichen mit anderen Personen beschränkte, die Bestellung eines Verteidigers zu erfolgen (§ 22 Abs. 3 E-JGG 1920). In der Begründung des Entwurfs wurde angeführt, die „Nachteile, welche die Vollstreckung einer Untersuchungshaft für den Jugendlichen zur Folge haben kann, sind so schwer, daß eine besonders sorgsame Nachprüfung ihrer Notwendigkeit in allen Fällen notwendig erscheint“[895].

Generell wollte man die Verteidigung der Jugendlichen gegenüber den Vorschriften der RStPO ausweiten, indem nach dem Entwurf (§ 23) immer dann

---

893 Sobald der Jugendliche wieder im Sitzungssaal war, war er über den wesentlichen Inhalt des während seiner Abwesenheit Erörterten aufzuklären.

894 Vgl. die Begründung von E-JGG 1920, S. 24.

895 Vgl. die Begründung zu E-JGG 1920, S. 24.

ein Verteidiger bestellt werden sollte, wenn der Jugendliche wegen seiner Jugend zur eigenen Wahrnehmung seiner Rechte nicht in der Lage erschien[896].

Die Rechte des Beschuldigten gestand man weiterhin auch dessen gesetzlichem Vertreter zu, an welchen auch etwaige Zustellungen und Mitteilungen zu erfolgen hatten (§ 24 E-JGG 1920).

Bei den Ermittlungen waren darüber hinaus möglichst früh die Lebensverhältnisse des Jugendlichen und alle Umstände zu ermitteln, die zur Beurteilung seiner körperlichen und geistigen Eigenart nötig waren, wobei in geeigneten Fällen auch eine ärztliche Untersuchung durchgeführt werden sollte (§ 25 Abs. 1 E-JGG 1920). Sofern an einem Gerichtsort keine Jugendämter als staatliche, auf dem Gesetz beruhende Einrichtungen für die Jugendfürsorge, bestanden, sollten sich Staatsanwaltschaft und Gericht zur Erforschung dieser Umstände der Hilfe von mit der Jugendfürsorge befassten Vereinigungen bedienen (§ 25 Abs. 3 E-JGG 1920). Diesen, sowie den Vertretern der Jugendämter und den Eltern des Beschuldigten, welche als wichtige Auskunftspersonen auch im Rahmen der Ermittlungen zumindest einmal gehört werden sollten, war auf Verlangen in der Hauptverhandlung das Wort zu erteilen (§ 25 Abs. 2, 3 E-JGG 1920). So wollte man in Anlehnung an die vielerorts diesbezüglich bestehenden Verwaltungsvorschriften das Ermittlungsverfahren für die besonderen Zwecke des Jugendverfahrens ausgestalten[897].

Auch die aus den Vorkriegsentwürfen bekannten Einstellungsmöglichkeiten vor und nach Klageerhebung für Staatsanwaltschaft und Gericht ordnete der Entwurf in § 26 an, um „in klarliegenden Fällen den Jugendlichen nicht nutzlos vor Gericht zu stellen“[898]. Danach konnte die Staatsanwaltschaft von der Erhebung der Anklage absehen, „wenn gegen den Beschuldigten bereits rechtskräftig die Fürsorgeerziehung angeordnet ist und mit Rücksicht hierauf weitere Maßnahmen nicht erforderlich erscheinen“, allerdings nur mit Zustimmung des Jugendrichters. Nach Beginn der Hauptverhandlung konnte das Gericht auf Antrag der Staatsanwaltschaft das Verfahren einstellen.

Des Weiteren wurde erstmals unter anderem für die Fälle, in denen eine Erziehungsmaßregel angeordnet worden war (außer bei der Fürsorgeerziehung) eine Anfechtbarkeit des Urteils mit der Begründung, dass eine andere oder eine weitere Erziehungsmaßregel hätte angeordnet werden sollen, ausgeschlossen

---

896 Vgl. die Begründung zu E-JGG 1920, S. 24 f.; laut § 141 RStPO konnte in den nicht in § 140 RStPO normierten Fällen „das Gericht und bei vorhandener Dringlichkeit der Vorsitzende desselben auf Antrag oder von Amtswegen einen Verteidiger bestellen“.

897 Vgl. die Begründung von E-JGG 1920, S. 25.

898 Vgl. die Begründung von E-JGG 1920, S. 25.

(§ 28 E-JGG 1920). Hintergrund war die Annahme, „daß die Erziehungsmaßnahme häufig an Wert verliert, wenn sie erst längere Zeit nach der Anordnung in die Tat umgesetzt wird“[899].

Die Eigenklage[900] und das vereinfachte Verfahren der StPO wurden gegenüber Jugendlichen für unzulässig erklärt, wobei allerdings bei einem berechtigten Interesse des Verletzten bei solchen strafbaren Handlungen, die im Wege der Eigenklage verfolgt werden konnten, die öffentliche Anklage erhoben werden sollte (§ 30 E-JGG 1920). Zum einen wollte man es nicht dem Ermessen des Einzelnen überlassen, „den Jugendlichen wegen jeder unbedeutenden Rechtsverletzung vor Gericht zu ziehen“, zum anderen war man der Ansicht, dass gerade Straftaten wie das Betteln oder Landstreichen, welche sich bei Erwachsenen häufig zur Aburteilung im vereinfachten Verfahren eignen würden, eine besonders gründliche Betrachtung erfordern würden, welche im Verfahren der Eigenklage oder im vereinfachten Verfahren nicht möglich sei[901].

Schließlich wurde im Hinblick auf den Strafbefehl festgelegt, dass in diesem (außer der Schutzaufsicht oder Fürsorgeerziehung) nur Erziehungsmaßregeln und Geldstrafe, die an deren Stelle tretende Freiheitsstrafe und die Einziehung angeordnet werden durften (§ 31 E-JGG 1920). Auch in einer Strafverfügung durften nur Geldstrafe und Einziehung festgesetzt werden (§ 32 E-JGG 1920)[902]. Begründet wurde die – wenn auch eingeschränkte – Zulassung von Strafbefehl und Strafverfügung damit, dass in Fällen, in denen das Vorliegen des Unterscheidungsvermögens außer Frage stand, eine Hauptverhandlung gegen den Jugendlichen vermieden werden sollte[903].

Letztendlich brachte der Entwurf damit keine wesentlichen neuen Inhalte mehr, sondern er verarbeitete das in den 30 Jahren zuvor erarbeitete Material an Ideen und Vorschlägen zu einem eigenen Jugendgerichtsgesetz[904]. In der

---

899 Vgl. hierzu die Begründung von E-JGG 1920, S. 26.

900 Diese entspricht der heutigen Privatklage.

901 Vgl. die Begründung zu E-1920, S. 27.

902 Die Strafverfügung war ein Überbleibsel aus der Entstehungszeit des Strafbefehls, als den Polizeibehörden bei gewissen Vergehen eine ausgedehnte Strafbefugnis zustand. Die Polizei lud den Beschuldigten mit der Strafverfügung nach Abschluss der Untersuchung zu einer mündlichen Verhandlung und drohte für den Fall des Nichterscheinens (was als Eingeständnis galt) eine Strafe an, vgl. *Elobied*, Strafbefehlsverfahren, S. 5 ff.

903 Vgl. die Begründung von E-1920, S. 27 f.

904 *Diez*, Sonderstellung der Jugendlichen, S. 93.

Literatur wurde er überwiegend positiv aufgefasst[905]. In der Folge musste der Entwurf jedoch an den in der Zwischenzeit erarbeiteten Entwurf eines RJWG und die StPO, welche ebenfalls reformiert werden sollte, angepasst werden, sodass es vorher nicht zu einer Umsetzung kam[906].

k) Das Reichsjugendwohlfahrtsgesetz

So hatte auch das 1922 verabschiedete RJWG einen entscheidenden Einfluss auf den Zeitpunkt des Inkrafttretens des Jugendgerichtsgesetzes.

aa) Die Fürsorgeerziehung bis zum RJWG 1922

Nachdem sich die Fürsorgeerziehung in den Ländern des Deutschen Reiches Anfang des 20. Jahrhunderts etabliert hatte[907], normierte § 1666 Abs. 1 des BGB vom 1. Januar 1900, dass bei einer Gefährdung des geistigen oder leiblichen Wohls des Kindes das Vormundschaftsgericht die erforderlichen Maßnahmen treffen konnte[908]. Nach Art. 134 EGBGB konnten die Länder die Fürsorgeerziehung anordnen, soweit diese zur Verhütung des sittlichen Verderbens notwendig war[909]. Die Durchführung der Fürsorgeerziehung oblag etwa in Preußen den kommunalen Selbstverwaltungsbehörden, wobei zumeist Mitteilungspflichten der anderen Behörden und auch die Mitwirkung privater Fürsorgevereine vorgesehen waren[910].

bb) Die Entscheidung gegen ein einheitliches Jugendrecht

Die Bereiche der Jugendfürsorge und des Jugendstrafrechts waren nicht streng voneinander zu trennen, weswegen man seit den Anfängen der Jugendge-

---

905 So sah der 5. Jugendgerichtstag 1920 in Jena das Werk als „geeignete Grundlage eines neuen Rechts", vgl. die gleichlautende Entschließung, in: DZfJ (Hrsg.), Verhandlungen des 5. JGT, S. 74.

906 *Sieverts*, in: Verhandlungen des 9. JGT, 15 (23); *Radbruch*, Zbl. 14 (1922(23), 249 (250).

907 *Roth*, ZNR 1991, 17 (33); ausführlich hierzu und zum Folgenden auch *Hasenclever*, Jugendhilfe, S. 21 ff.

908 RGBl. 1896, S. 480; ausführlich zur zivilrechtlichen Situation von Kindern und Jugendlichen zu dieser Zeit auch *Fritsch*, Reformbewegung, S. 18 ff.

909 RGBl. 1896, S. 634; solche Gesetze sind in fast allen Ländern erlassen worden, vgl. *Fritsch*, Reformbewegung, S. 22 f. und *Roth*, ZNR 1991, 17 (33).

910 *Roth*, ZNR 1991, 17 (33).

richtsbewegung die Problematik der Behandlung straffällig gewordener junger Menschen zusammen mit der verwahrloster Kinder behandelte[911]. Früh waren die Vormundschaftsrichter in die Forderungen der Bewegung einbezogen worden. Auch bei den ersten Jugendgerichten arbeiteten die Justizbehörden bereits mit Schulen, Waisenräten, Pfarrämtern oder anderen privaten Vereinen zusammen[912]. Seit dem Inkrafttreten des BGB am 1. Januar 1900 wurde der Fokus dort jedoch hauptsächlich auf die straffälligen Kinder und Jugendlichen gelegt[913].

Ein System eines einheitlichen Jugendinterventionsrechts war schon früh gefordert worden, hatte sich aber bis zuletzt nicht durchgesetzt[914]. Es bildete sich schließlich abweichend davon als Kompromiss ein Nebeneinander von Jugendstraf- und Jugendfürsorgerecht heraus, indem man beim strafrechtlichen Ansatz verblieb, ohne jedoch eine vollständige Loslösung vom Jugendhilferecht anzustreben. Aus Sicht der Jugendhilfe wurde damit die Möglichkeit, das Strafrecht ganz aus der Behandlung Jugendlicher auszuschalten und so zu einer vollständigen Loslösung vom allgemeinen Strafrecht zu kommen, nicht genutzt[915]. Eine vollständige Ausgliederung des Jugendstrafrechts aus dem Strafrecht in ein neues, einheitliches Erziehungsrecht wäre auch auf politischer Ebene ein großer Schritt gewesen, welcher von den Fachleuten, Wissenschaftlern und Beamten des Reichsjustizamtes nicht getan werden konnte[916]. Es lag daher nahe, das Problem der Jugendkriminalität im Rahmen der Reformansätze des allgemeinen Strafrechts zu behandeln und den Regelungsbedarf auf einen strafverfahrensrechtlichen und einen materiellrechtlichen Anteil zu verteilen[917]. Hinzu kam, dass die Lösungsansätze im Umgang mit jugendlichen Rechtsbrechern größtenteils aus den Federn von Juristen stammten und daher in den traditionellen Kategorien des deutschen Rechtssystems verankert blieben, wodurch eine Her-

911 Vgl. nur *Aschrott*, Verwahrloste und verbrecherische Jugend; *Appelius*, Jugendliche Verbrecher.

912 *Allmenröder* in: Das Jugendgericht, 1 (6); *Hasenclever*, Jugendhilfe, S. 35.

913 *Fritsch*, Reformbewegung, S. 152.

914 Vgl. dazu *Fritsch*, Reformbewegung, S. 153 ff.; laut *Simonsohn*, in: Jugendkriminalität, 7 (13) wurde die Entwicklung zu einem einheitlichen System schon durch das BGB und dessen § 1666 unterbrochen.

915 *Hasenclever*, Jugendhilfe, S. 34.

916 Vgl. hierzu *Wolff*, ZfRSoz 1986, 123 (131).

917 *Wolff*, ZfRSoz 1986, 123 (131).

auslösung der Problematik aus dem System des Strafrechts letztendlich nicht stattfinden konnte[918].

Mit dem RJWG vom 9. Juli 1922[919] legte man sich endgültig auf ein dualistisches Jugendrechtssystem fest[920]. Es wurden unter anderem die Jugendämter und die Schutzaufsicht und Fürsorgeerziehung als vormundschaftsrichterliche Maßnahmen auf rechtliche Grundlagen gestellt[921].

Im RJWG bestimmte man in § 1:

> „Jedes deutsche Kind hat ein Recht auf Erziehung zur leiblichen, seelischen und gesellschaftlichen Tüchtigkeit.
>
> Das Recht und die Pflicht der Eltern zur Erziehung werden durch dieses Gesetz nicht berührt. Gegen den Willen des Erziehungsberechtigten ist ein Eingreifen nur zulässig, wenn ein Gesetz es erlaubt.
>
> Insoweit der Anspruch des Kindes auf Erziehung von der Familie nicht erfüllt wird, tritt unbeschadet der Mitarbeit freiwilliger Tätigkeit, öffentliche Jugendhilfe ein."[922]

l) Das Jugendgerichtsgesetz von 1923

Aufgrund der Entscheidung für ein dualistisches Jugendrechtssystem und gegen ein erweitertes Jugendhilferecht durch das RJWG und des Scheiterns des Entwurfs einer Strafprozessordnung von 1920 musste auch der Entwurf eines Jugendgerichtsgesetzes von 1920 noch einmal überarbeitet und angepasst werden[923]. Nachdem dies geschehen war, legte *Radbruch*, der am 26. Oktober 1921 das Amt des Reichsjustizministers übernommen hatte, am 24. Oktober 1922 dem Reichstag einen neuen Entwurf[924] vor, welcher mit dem Entwurf von 1920 in großen Teilen wörtlich übereinstimmte[925].

---

918 *Wolff*, ZfRSoz 1986, 123 (126).

919 RGBl. I 1922, S. 633 ff.

920 *Laubenthal/Baier/Nestler*, Jugendstrafrecht, S. 12; *Nothacker*, „Erziehungsvorrang", S. 39, begründet dies mit den vorherrschenden rechtspolitischen Kräfteverhältnissen.

921 *Beulke/Swoboda*, Jugendstrafrecht, S. 43.

922 Ausführlich zum RJWG *Hasenclever*, Jugendhilfe, S. 48 ff.

923 *Radbruch*, Zbl. 14 (1922/23), 249 (250).

924 Samt Begründung abgedruckt in: Verhandlungen des Reichstags, 1. Wahlperiode 1920, Anlage Nr. 5171.

925 Vgl. dazu das Protokoll der 295. Sitzung des Reichstags vom 1. Februar 1923 in: Verhandlungen des Reichstags, 1. Wahlperiode 1920, S. 9581 ff. und *Diez*, Sonderstellung der Jugendlichen, S. 94.

aa) Der Entwurf eines Jugendgerichtsgesetzes von 1922

Im Vergleich zum Entwurf von 1920 enthielt der neue Entwurf einige wenige relevante Änderungen in Bezug auf das Jugendstrafverfahren und die Jugendgerichtsverfassung. Ziel des geplanten Gesetzes war es wie auch schon nach den Vorentwürfen, zum einen sicherzustellen, dass der Jugendliche durch das gerichtliche Verfahren keinen Schaden erlitt und zum anderen zu gewährleisten, dass das Gericht in die Lage versetzt wurde, die Persönlichkeit und die Lebensverhältnisse des Jugendlichen zu beurteilen[926].

Als Jugendgerichte waren die Schöffengerichte des GVG vorgesehen, „also die mit einem Amtsrichter als Vorsitzenden und zwei Laien besetzten Schöffengerichte“[927], welche für alle Straftaten Jugendlicher zuständig sein sollten (§ 17 Abs. 1 E-JGG 1922). Für die Taten, die nach den allgemeinen Vorschriften zur Zuständigkeit des Reichsgerichts oder der Schwurgerichte gehören würden, sollte das sog. große Jugendgericht aus zwei Richtern und drei Schöffen bestehen (§§ 17 Abs. 1 S. 3, 22 E-JGG 1922).

Nunmehr sollte nicht nur die Verhandlung, sondern auch die Urteilsverkündung unter Ausschluss der Öffentlichkeit stattfinden (§ 21 Abs. 1 E-JGG 1922), wobei in der Begründung des Entwurfs nur auf die grundsätzliche Schädlichkeit der öffentlichen Erörterung der dem Jugendlichen vorgeworfenen Straftat eingegangen wurde[928]. Die Zulassung der Öffentlichkeit im Rahmen der Urteilsverkündung war in den Stellungnahmen zum E-JGG 1920 von zahlreichen Seiten kritisiert worden, da man keinen nachvollziehbaren Grund dafür sah, warum der Grundsatz, „in dem jugendlichen Übeltäter nicht die Vorstellung wach zu rufen, dass er etwas besonders Bemerkenswertes vollbracht habe und zum Gegenstände der Schaustellung gemacht werde, plötzlich aufgegeben werden“ sollte[929].

Im Rahmen der Untersuchungshaft war gegenüber dem Entwurf von 1920 nach § 26 Abs. 3 E-JGG 1922 dem Jugendamt und ggf. einer bestellten Aufsichtsperson der Verkehr mit dem Verhafteten in gleicher Weise gestattet wie

---

926 Vgl. die Begründung zu E-JGG 1922, S. 9.

927 Vgl. die Begründung zu E-JGG 1922, S. 17.

928 Vgl. die Begründung zu E-JGG 1922, S. 18.

929 Vgl. die Stellungnahme des LG Breslau und die weiteren Stellungnahmen zu E-JGG 1920, in: GStA PK, I. HA Rep. 84a. Nr. 1034.

einem Verteidiger, um dem Jugendlichen Zuspruch erteilen und die Untersuchungshaft so „zu einem wirksamen Erziehungsmittel“ machen zu können[930].

Die notwendige Verteidigung war dagegen nun für das Verfahren über die Fortdauer der Haft und vor dem großen Jugendgericht, sowie in den Fällen, in denen dies aus besonderen Gründen, „namentlich bei verwickelter Sach- oder Rechtslage“, angemessen erschien, vorgesehen (§§ 26 Abs. 4, 27 Abs. 1, 2 E-JGG 1922)[931]. In ihren Anträgen zum E-JGG 1920 betonte die Reichsregierung, der Jugendliche werde im Verfahren häufig durch den gesetzlichen Vertreter, Angehörige oder das Jugendamt unterstützt, welche ihm regelmäßig eine bessere Hilfe sein würden als der juristische Rat eines Verteidigers, sodass man eine Pflichtverteidigung für Vergehen, Übertretungen und Rückfallverbrechen – auch wegen der zu erwartenden erheblichen Kosten für die Staatskasse – als über das Bedürfnis hinausgehend ansah[932].

Möglich war gegenüber dem Vorentwurf auch die Bestellung eines Beistands „in allen Fällen und in jeder Lage des Verfahrens“, wobei grundsätzlich das Jugendamt, der gesetzliche Vertreter dagegen nur ausnahmsweise bestellt werden sollte (§ 27 Abs. 3), da man der Ansicht war, dass Letzterer nicht selten selbst der Grund dafür sei, dass der Jugendliche „gestrauchelt“ ist[933]. Man war der Überzeugung, „der Jugendliche, der in ein Strafverfahren verwickelt ist, wird nicht selten mehr eines menschlichen Zuspruchs als eines juristischen Rates bedürfen“[934].

Daneben wurden die Einstellungsmöglichkeiten (§ 30 E-JGG 1922) im neuen Entwurf weiter präzisiert. Eine Einstellung mangels Einsichts- oder Willensfähigkeit[935] war weiterhin nur mit Zustimmung des Jugendrichters zulässig, wobei nun das Jugendamt vorher „tunlichst“ angehört werden sollte, da man für die Beantwortung der Frage nach Einsichts- und Willensfähigkeit „eine

---

930 Dem Jugendlichen sollte Gelegenheit gegeben werden, Belehrungen und Ermahnungen entgegenzunehmen und mit einem Menschen zu sprechen, zu dem er Vertrauen hat, vgl. die Begründung zu E-JGG 1922, S. 20.

931 Letztere Bestimmung übernahm der Entwurf aus § 163 des Entwurfs eines Gesetzes über den Rechtsgang in Strafsachen 1920, vgl. die Begründung zu E-JGG 1922, S. 20.

932 Vgl. die Anträge der Reichsregierung zum E-JGG 1920, in: GStA PK, I. HA Rep. 84a, Nr. 1030.

933 Vgl. die Begründung zu E-JGG 1922, S. 21.

934 Vgl. die Begründung zu E-JGG 1922, S. 20.

935 § 3 des E-JGG 1922 lautete: „Ein Jugendlicher, der eine mit Strafe bedrohte Handlung begeht, ist nicht strafbar, wenn er zur Zeit der Tat nach dem Grade seiner geistigen oder sittlichen Entwicklung unfähig war, das Ungesetzliche der Tat einzusehen oder seinen Willen dieser Einsicht gemäß zu bestimmen.“; damit sollte das sog. Unterscheidungsvermögen umschrieben werden, vgl. die Begründung zu E-JGG 1922, S. 10.

eingehende Erforschung der Persönlichkeit des Jugendlichen“ für notwendig hielt[936]. Daneben konnte die Staatsanwaltschaft mit Zustimmung des Jugendrichters von der Erhebung der Anklage absehen, wenn bereits eine Erziehungsmaßregel angeordnet worden war und weitere Maßnahmen nicht erforderlich waren oder anzunehmen war, dass das Gericht von Strafe absehen[937] wird, um zwecklose Verfahren zu vermeiden[938]. Die Einstellung war dem Jugendamt und dem Vormundschaftsgericht mitzuteilen, da man es für eine spätere Beurteilung der Persönlichkeit des Jugendlichen für besonders wichtig hielt, „zu erfahren, ob gegen ihn bereits ein Strafverfahren anhängig gewesen ist“[939]. Zudem wurde gegen den Einstellungsbeschluss des Gerichts eine Beschwerdemöglichkeit des Beschuldigten vorgesehen, da dieser unter Umständen ein erhebliches Interesse an der Durchführung des Verfahrens hätte, etwa wenn er behauptet, unschuldig zu sein[940]. Geregelt wurde parallel zur Strafprozessordnung auch, dass eine erneute Anklage nach der Einstellung nur auf Grund neuer Tatsachen und Beweismittel erhoben werden konnte.

Darüber hinaus wurde gegenüber dem Vorentwurf nun bestimmt, dass die Landesregierungen die Rechte und Pflichten, die der Entwurf den Jugendämtern als Jugendgerichtshilfe zuerkannte, auch den mit der Jugendfürsorge beschäftigten Vereinigungen übertragen konnten, welche ihre Tätigkeit im Benehmen mit dem Jugendamt auszuüben hatten (§ 40 E-JGG 1922). Nach den positiven Erfahrungen, die man mit den privaten Vereinigungen gerade auf dem Gebiet der Jugendgerichtshilfe gemacht hatte, hielt man es im Interesse der Jugendlichen für sinnvoll, „die hier tätigen Kräfte nicht in ihrer Entfaltung dadurch zu hemmen, daß sie dem Jugendamt eingegliedert werden“, sondern den Landesregierungen zu ermöglichen, die Jugendgerichtshilfe ganz oder teilweise „den auf dem Boden freiwilliger Liebestätigkeit entstandenen Vereinigungen zu eigener Ausübung zu übertragen“[941].

Schließlich legte man fest, dass § 211 RStPO bei Jugendlichen keine Anwendung finden sollte (§ 36 Abs. 2 E-JGG 1922). Die Norm ermöglichte es den Schöffengerichten und den Amtsgerichten, in bestimmten Fällen im Rahmen

---

936 Vgl. die Begründung zu E-JGG 1922, S. 21.

937 Diese Möglichkeit bestand nach § 9 Abs. 4 E-JGG 1922 „in besonders leichten Fällen“, wenn die Tat ein Vergehen oder eine Übertretung war.

938 Vgl. die Begründung zu E-JGG 1922, S. 21.

939 Vgl. die Begründung zu E-JGG 1922, S. 21.

940 Vgl. die Begründung zu E-JGG 1922, S. 22.

941 Vgl. die Begründung zu E-JGG 1922, S. 24; dies hatte Bayern in seiner Stellungnahme zum E-JGG 1920 gefordert, vgl. die Bemerkungen und Anträge Bayerns, in: GStA PK, I. HA Rep. 84a, Nr. 1030, S. 160.

eines vereinfachten Verfahrens ohne schriftlich erhobene Anklage und ohne eine Entscheidung über die Eröffnung des Hauptverfahrens zur Hauptverhandlung zu schreiten, wohingegen man bei Jugendlichen zuvor eine gründliche und erschöpfende Beurteilung der Persönlichkeit gewährleisten wollte[942].

bb) Die Verabschiedung des ersten Jugendgerichtsgesetzes

Ende November 1922 beschäftigte sich der Ausschuss für Jugendgerichte und Jugendgerichtshilfen der DZfJ auf einer Sachverständigenkonferenz mit dem Entwurf, wobei eine Entschließung gefasst wurde, gemäß derer der Entwurf grundsätzlich begrüßt wurde[943]. Gefordert wurde von der DZfJ allerdings unter anderem der Vortritt der Vormundschaftsgerichte vor den Jugendgerichten, die Möglichkeit für die Staatsanwaltschaft, mit Zustimmung des Jugendgerichts das Verfahren gegen 18- bis 20-Jährige vor die Jugendgerichte zu bringen und die Stellung der Jugendgerichtshilfe im Verfahren genauer herauszuarbeiten.

Im Rahmen der Beratungen im Rechtsausschuss und im Reichstag kam es sodann noch zu einigen wenigen Abweichungen gegenüber dem Entwurf vom Vorjahr, wobei einige Änderungsanträge gegenüber dem Entwurf auf der Entschließung der DZfJ beruhten[944].

So sah man im Vergleich zum Entwurf in § 21 JGG 1923 vor, dass die Bearbeitung der Jugendsachen „bei jeder Staatsanwaltschaft tunlichst in den Händen bestimmter Beamter" vereinigt werden sollten. Die Vorschrift war im Rechtsausschuss eingefügt worden und ohne Widerspruch geblieben[945]. Da schon im Entwurf die Bedeutung der Spezialisierung von Richtern und Schöffen hervorgehoben worden war[946], ist davon auszugehen, dass dieser Gedanke lediglich auf die Staatsanwaltschaft übertragen wurde.

Genauer geregelt wurde entsprechend den Forderungen der DZfJ nun die Beteiligung der Jugendgerichtshilfe im Verfahren. Auch im Rahmen der Stellungnahmen zum E-JGG 1920 war von *Preußen* bereits vorgeschlagen worden, deren Rechte und Pflichten an einer Stelle erschöpfend zusammen-

942 Vgl. die Begründung zu E-JGG 1922, S. 23.

943 Vgl. hierzu und zum Folgenden *Elsa v. Liszt*, Zbl. 14 (1922/23), 221 ff.

944 Vgl. den mündlichen Bericht des Rechtsausschusses in: Verhandlungen des Reichstags, 1. Wahlperiode 1920, Anlage Nr. 5500 und das Protokoll der 292. Sitzung des Reichstags am 27. Januar 1923 in: Verhandlungen des Reichstags, 1. Wahlperiode 1920, S. 9547.

945 Vgl. das Protokoll der 292. Sitzung des Reichstags am 27. Januar 1923 in: Verhandlungen des Reichstags, 1. Wahlperiode 1920, S. 9547 und das Protokoll.

946 Vgl. die Begründung zu E-JGG 1922, S. 17.

zufassen[947]. Die Organe der Jugendgerichtshilfe sollten nun nach § 22 JGG 1923 in allen Abschnitten des Verfahrens zur Mitarbeit herangezogen werden.

Im Unterschied zum Entwurf von 1922, wo den Vertretern von Vereinigungen, die sich mit der Jugendfürsorge beschäftigen, Zutritt zu Verhandlungen gestattet werden *konnte*, *sollte* dies nun in der Regel erfolgen, § 23 Abs. 2 JGG 1923[948]. Zum Verhältnis der Jugendämter zu den Vereinigungen der freien Liebestätigkeit und der Bedeutung des Entwurfs für die Regelungen des RJWG 1922, welches ebenfalls das Verhältnis dieser beiden Institutionen regelte, kam es im Rahmen des Rechtsausschusses zu Meinungsverschiedenheiten, welche auch im Reichstag erneut kurz aufflammten. Es wurden Bedenken „gegen die völlige Übertragung der Befugnisse des Jugendamts an solche Vereinigungen" geäußert[949]. Schließlich einigte man sich im Rahmen eines Vermittlungsantrags dahingehend, dass die Jugendämter wie im RJWG die Aufgaben der Jugendgerichtshilfe im Benehmen mit den Vereinigungen der Jugendfürsorge auszuüben hatten und nicht, wie noch im Entwurf, umgekehrt (§ 42 JGG 1923)[950].

In den Verhandlungen des Rechtsausschusses wurde zudem die Entschließung gefasst, die Reichsregierung zu ersuchen, dahin zu wirken, dass für das Amt des Jugendrichters und des Strafrichters überhaupt die bestbefähigten Richter herangezogen werden[951]. Dies hatte seinen Grund in der Beobachtung, dass sich die höherbefähigten Richter in den Ländern vielfach aus der Strafgerichtsbarkeit zurückgezogen hatten und Zivilrichter werden wollten, weil die Auffassung vorherrschte, eine Tätigkeit in Strafsachen könnte dem beruflichen Fortkommen abträglich sein[952].

---

947 Vgl. die Zusammenstellung der Anträge zum E-JGG 1920, S. 16, in: GStA PK, I. HA Rep. 84a, Nr. 1030.

948 Diese Änderung hatte sich ebenfalls im Rahmen der Verhandlungen des Rechtsausschusses über den Entwurf ergeben, wobei eine Begründung nicht aufzufinden war, vgl. den mündlichen Bericht des Rechtsausschusses in: Verhandlungen des Reichstags, 1. Wahlperiode 1920, Anlage Nr. 5500, S. 6051.

949 Vgl. die Protokolle des Reichstags von der 292. Sitzung am 27. Januar 1923 und der 295. Sitzung vom 1. Februar 1923, abgedruckt in: Verhandlungen des Reichstags, 1. Wahlperiode 1920, S. 9547 und 9581 ff.

950 Vgl. dazu das Protokoll der 295. Sitzung des Reichstags vom 1. Februar 1923 in: Verhandlungen des Reichstags, 1. Wahlperiode 1920, S. 9547 und den mündlichen Bericht des Rechtsausschusses in: Verhandlungen des Reichstags, 1. Wahlperiode 1920, Anlage Nr. 5500, S. 6055 f.

951 Vgl. den mündlichen Bericht des Rechtausschusses in: Verhandlungen des Reichstags, 1. Wahlperiode 1920, Anlage Nr. 5500, S. 6046.

952 Vgl. das Protokoll der 292. Sitzung des Reichstags am 27. Januar 1923 in: Verhandlungen des Reichstags, 1. Wahlperiode 1920, S. 9547 f.

Der Reichstag nahm das Gesetz am 1. Februar fast einstimmig an[953]. Auch wenn nicht alle Forderungen der Jugendgerichtsbewegung umgesetzt wurden, war man sich im Rahmen der Aussprache parteiübergreifend einig, das JGG stelle einen „sozialen und kulturellen Fortschritt" in einer Zeit, „deren Nöte die Kriminalität der Jugendlichen ins Ungeheuerliche hat anschwellen lassen", dar. Nachdem das Gesetz am 16. Februar ausgefertigt worden war, trat es am 1. Juli 1923 in Kraft[954].

Die Regelungen zur Jugendgerichtsverfassung und dem Jugendstrafverfahren, die bis auf die dargestellten Änderungen in den relevanten Punkten mit dem Entwurf aus dem Vorjahr übereinstimmten, fanden sich in den §§ 17 – 42 JGG 1923.

Im JGG 1923 waren Vorschriften zur Gerichtsverfassung, zum Verfahrensrecht und zum materiellen Recht enthalten. Das JGG war und ist damit ein Multifunktionsgesetz[955]. Es sieht eine subsidiäre Geltung des GVG und der StPO vor. Besondere Strafnormen im Sinne von eigenen Tatbeständen für Jugendliche enthält das JGG nicht. Insofern besteht seit 1923 ein Abhängigkeitsverhältnis zum StGB. Erfasst waren vom JGG 1923 nur Personen im Alter zwischen 14 und 18 Jahren (§ 1). Das Gesetz enthielt als Folge des Kompromisses in der Frage über das Verhältnis von Erziehung und Strafe kein reines Erziehungsrecht mit Erziehungs- und Fürsorgemaßnahmen, sondern auch die (Jugend)Strafe als Reaktionsmöglichkeit[956]. Dennoch stellte es die Strafe subsidiär hinter die Erziehung zurück[957]. In prozessualer Hinsicht versuchte es unter anderem durch eine Einschränkung des Legalitätsprinzips unnötige Verfahren zu vermeiden und durch eine Vielzahl an besonderen Verfahrensgestal-

---

953 Vgl. dazu das Protokoll der 295. Sitzung des Reichstags vom 1. Februar 1923 in: Verhandlungen des Reichstags, 1. Wahlperiode 1920, S. 9581 ff.

954 §§ 2 (Festsetzung der Strafmündigkeitsgrenze von 14 Jahren) und 45 Abs. 1 (Verbot der Strafvollstreckung gegen Personen, die zur Tatzeit noch nicht 14 Jahre alt waren) traten schon mit der Verkündung am 27. Februar 1923 in Kraft, vgl. RGBl. I 1923, S. 135 ff.; zugleich wurden mit § 47 JGG die wenigen im RStGB und den Reichsjustizgesetzen bestehenden Vorschriften betreffend die strafrechtliche Behandlung junger Delinquenten abgeschafft. Während §§ 55 bis 57 RStGB, § 73 Nr. 3 GVG, §§ 268 und 447 Abs. 4 RStPO aufgehoben wurden, wurde in § 140 Abs. 2 Nr. 1 RStPO der Passus „oder das sechzehnte Lebensjahr noch nicht vollendet hat" gestrichen und es wurde normiert, dass § 266 Abs. 4 RStPO, welcher eine abgekürzte Urteilsbegründung zuließ, sofern alle Anfechtungsberechtigten auf Rechtsmittel verzichteten, keine Anwendung auf Jugendsachen finden sollte.

955 *Wolff*, ZfRSoz 1986, 123 (130).

956 Vgl. *Schady*, Praxis des Jugendstrafrechts, S. 192; zum Kompromiss zwischen Strafrecht und Jugendhilferecht vgl. auch *Nothacker*, „Erziehungsvorrang", S. 37 ff.; *Wolf*, Strafe und Erziehung, S. 17 ff.

957 *Grünhut*, in: Zwei Vorträge, 5 (10).

tungen wie etwa dem Ausschluss der Öffentlichkeit, der Einbeziehung der Jugendgerichtshilfe, den Einschränkungen im Rahmen der Untersuchungshaft und des Strafbefehls oder den Ausschluss der Privatklage und des vereinfachten Verfahrens der StPO schädliche Auswirkungen von Strafverfahren auf junge Menschen so weit wie möglich zu vermeiden bzw. abzuschwächen.

cc) Reaktionen auf das Jugendgerichtsgesetz von 1923

In der Literatur war die Reaktion auf das JGG von 1923 in der Literatur zunächst eher verhalten. Das JGG 1923 war ein mühsam erkämpfter Kompromiss, der auch seine Befürworter nicht ausschließlich begeisterte[958]. In den Motiven des Entwurfs zum JGG hatte man zwar noch die schwierige Vorgeschichte des Gesetzes betont:

> „Väter und Vormünder waren zum Heere eingezogen; viele Mütter hatten in der wirtschaftlichen Not nicht die Zeit, sich ausreichend um ihre Kinder zu kümmern; die Schulen mußten nicht selten wochen- und monatelang geschlossen werden. (...) Liegt aber der Grund für die Verwahrlosung in einem Mangel der Erziehung, so ist es jetzt um so mehr geboten, den Gedanken der Erziehung in den Vordergrund zu stellen."[959]

Diese Betonung des Vorrangs der Erziehung vor der Strafe wurde auch begrüßt[960]. So bezeichnete der Jugendrichter *Van Dühren* das Gesetz als „brauchbare Grundlage für unsere erzieherische Tätigkeit"[961]. *Radbruch* selbst war jedoch der Meinung, das „Gesetz ist gewiß ein hocherfreulichen Fortschritt, aber seit langem nicht mehr ein kühner Wurf. Es tut, was zu tun noch übrig geblieben ist, es bucht, was seit mehr als einundeinemhalben Jahrzehnt zur selbstverständlichen Forderung, zum Teil durch die Länder auf dem Verwaltungswege schon zur segensreichen Wirklichkeit geworden ist"[962]. In Bezug auf die letztlich misslungene Gesamtreform im Strafrecht war er der Ansicht, „daß der Sperling in der Hand besser ist als die Taube auf dem Dache"[963]. Von anderer Seite wurde die erfolgreiche Teilreform mit Blick auf eine etwaige Vorreiterrolle gegenüber dem allgemeinen Strafrecht aber auch

---

958 *Schady*, Praxis des Jugendstrafrechts, S. 25, erklärt dadurch „halbherzige" und „inkonsequente" Regelungen im JGG wie die Zulässigkeit von Geldstrafen und des Strafbefehlsverfahrens.

959 Vgl. die Begründung zu E-1922, S. 9.

960 Vgl. etwa *Grünhut*, in: Zwei Vorträge, 5 (10 f.).

961 *Van Dühren*, in: Erzieherische Beeinflussung, 17 (41).

962 *Radbruch*, Zbl. 14 (1922/23), 249 (251).

963 *Radbruch*, Zbl. 14 (1922/23), 249 (251).

positiv hervorgehoben. So sah man teilweise sogar die Bedeutung des JGG „weniger darin, daß es das Jugendstrafrecht der Eigenart des jugendlichen Geistes anpaßt, als darin, daß es Rechtsgedanken zum Durchbruch kommen läßt, die sich auch zur entsprechenden Anwendung auf das Strafrecht der Erwachsenen eignen“[964].

Besonders kritisch drückte sich dagegen *Webler* 1929 in seiner Streitschrift „Wider das Jugendgericht“ aus. Er gab zwar zu, dass mit dem Jugendgerichtsgesetz zweifellos ein Fortschritt gegenüber dem zuvor bestehenden Rechtszustand erreicht worden war[965]. Allerdings war er der Ansicht, gemessen „an den Erkenntnissen moderner Psychologie und Pädagogik, an dem Stand unserer gesamten Jugendschutzgesetzgebung und an der Jugendgerichtsbarkeit anderer Länder, (z.B. Amerika, Belgien), schließlich an den ernsthaften und wohlbegründeten Vorschlägen, die auch bei uns seit fast einem Menschenalter zur Reform des Jugendstrafrechtes gemacht worden sind, kann dieses Recht nur als rückständig bezeichnet werden“[966]. Angesichts der Tatsache, dass die Forderungen der Jugendgerichtsbewegung weit über das Verwirklichte hinausgingen, hielt er die Bewertung des JGG durch *Klumker* als „treffend“ und zitierte daher dessen Fazit: „Noch bevor es da ist, ist es schon wieder reif zu verschwinden.“[967] *Webler* kritisierte, man würde der jungen Generation ihre Jugend nicht zugute halten, sondern diese vielmehr mit dem Strafgesetzbuch als „schwerstem Geschütz“ bekämpfen[968]. Er war der Ansicht, dem Recht des erziehungsbedürftigen jungen Menschen auf Erziehung könne auch in einem „erzieherischen“ Strafverfahren nicht genügt werden, weil ein Rechtsstrafverfahren und Erziehung sich „absolut widersprechen“ würden[969]:

> „Einem jungen Menschen, von dem der Richter im sog. Erziehungsverfahren persönlichen Kontakt, Vertrauen fordert, dem er etwa ein Geständnis entlockt, indem er vorgibt, nur sein bestes, d.h. seine Erziehung zu wollen, diesen jungen Menschen dann ggf. doch noch (…) mit einer Vergeltungsstrafe in den Rücken zu fallen, ist eine pädagogische Barbarei.“[970]

---

964 *Francke*, JGG, S. 15 (Einleitung); so auch *Grünhut*, in: Zwei Vorträge, 5 (31).

965 *Webler*, Wider das Jugendgericht, S. 1.

966 *Webler*, Wider das Jugendgericht, S. 1.

967 *Webler*, Wider das Jugendgericht, S. 1 f., 5.

968 „Erwachsene Menschen sitzen mit dem Strafgesetzbuch in der Hand feierlich über Kinder zu Gericht: Wäre das nicht so tief beschämend, so wäre es – man verzeihe die bittere Feststellung – unsagbar lächerlich.“, vgl. *Webler*, Wider das Jugendgericht, S. 2.

969 *Webler*, Wider das Jugendgericht, S. 3, 9 f.

970 Vgl. *Webler*, Wider das Jugendgericht, S. 12, 14.

Insbesondere kritisierte *Webler* „Begriffsverdunkelungen“ im Jugendstrafrecht etwa durch die Beibehaltung des Begriffes der Strafe, welcher „nach Belieben wahllos nebeneinander in pädagogischem und strafrechtlichen Sinne gebraucht“ werden könne[971]. Die Erkenntnisse der Individualpsychologie und der Psychoanalyse waren für *Webler* „weder mit den Methoden noch mit den Zwecken eine Jugendgerichts vereinbar“[972]. Er war der Auffassung, dass „ein Strafgericht gegen Jugendliche überhaupt keine Berechtigung“ habe und forderte daher ein rein pädagogisch orientiertes Vorgehen, womit er die Übertragung der Behandlung jugendlicher Rechtsbrecher bis zum 18. Lebensjahr auf den Vormundschaftsrichter meinte, „der im Rahmen der freiwilligen Gerichtsbarkeit die erforderliche Autorität einerseits und die nötige Freiheit andererseits besitzt, dieser Aufgabe in pädagogischem Sinne weitgehend gerecht zu werden“[973].

Positiver fielen die Reaktionen in der Literatur dagegen mit einem etwas größeren zeitlichen Abstand zum Jahr 1923 aus. Hier wird die in der Einleitung bereits angesprochene „transgenerationell spezifische Verarbeitung der Gesetzesgeschichte“[974] besonders deutlich. So bezeichnete *Sieverts* im Jahr 1953 komplett konträr zur Ansicht *Weblers* das JGG 1923 als „eine wahrhaft revolutionäre Tat, eine kopernikanische Wendung auf dem Gebiete der deutschen Rechtsentwicklung“[975]. Auch *Potrykus* war 1953 der Ansicht, das Gesetz sei „in seiner Art ein kühner Wurf“ gewesen und widersprach damit den Worten *Radbruchs*[976]. *Schlüchter* resümierte 1994, das JGG 1923 habe damit begonnen, den Erziehungsgedanken umzusetzen, indem es unter anderem den Ausschluss der Öffentlichkeit in den Verfahren vorsah, die Jugendgerichtshilfe insbesondere zur Persönlichkeitsbeurteilung heranzog und das Legalitätsprinzip einschränkte[977]. *Dallinger* und *Lackner* fassten in ihrem Kommentar zum JGG 1953 zusammen: „Der Erziehungsgedanke, der das Jugendstrafrecht beherrscht, erschöpft sich keineswegs in der Entwicklung eines besonderen sachlichen Jugendstrafrechts, sondern hat auch zu einem eigenständigen,

---

971 *Webler*, Wider das Jugendgericht, S. 3.

972 *Webler*, Wider das Jugendgericht, S. 5; später revidierte *Webler* zwar seine Forderung nach Abschaffung der Jugendgerichte, war jedoch weiterhin der Ansicht, dass „der Strafrichter und sein Apparat“ für die Erziehung ungeeignet sei, vgl. *Webler*, Zbl. 27 (1935/36), 47 (49 f.).

973 Vgl. *Webler*, Wider das Jugendgericht, S. 8, 10, 21.

974 *Pieplow*, ZJJ 2022, 146.

975 *Sieverts*, in: Verhandlungen des 9. JGT, 15 (23).

976 *Potrykus*, NJW 1953, 1452.

977 Damit sei gegenüber Vergeltung und Sühne der Vorrang des Erziehungsgedankens erreicht worden, vgl. *Schlüchter*, Erziehungsgedanke, S. 17 f.

jugendgemäßen Verfahrensrecht geführt."[978] Auch heute steht die Strafrechtswissenschaft der Einführung des JGG 1923 deutlich anerkennender gegenüber als kurz nach der Einführung des Gesetzes. *Ostendorf* ist der Ansicht, das JGG von 1923 sei „nach damaligen Maßstäben nicht nur ein fortschrittliches, sondern auch ein revolutionäres Gesetz" gewesen[979]. *Pieplow* fordert, „nicht nur Theorien, sondern auch mal Akteure und historische Kontexte" anzusehen und betont, „wie hart den quasimilitärischen Strukturen des kaiserzeitlichen Strafrechts die Reformen Anhebung der Strafmündigkeit, Institutionalisierung der Strafaussetzung zur Bewährung, Jugendgerichtshilfe im Jugendstrafverfahren, abzuringen waren"[980].

IV. Zusammenfassung

Die Entstehungsgeschichte des Jugendstrafrechts zeigt, dass bereits seit vielen Jahrhunderten auf normwidriges Verhalten von jungen Menschen anders reagiert wird als auf solches Erwachsener. Lange Zeit beschränkte sich diese Sonderbehandlung jedoch auf Strafmündigkeitsgrenzen und Strafmilderungsvorschriften für Menschen, welche nach dem gegenwärtigen Begriffsverständnis als Kinder bezeichnet werden müssten. Dennoch gab es auch im Mittelalter und der frühen Neuzeit bereits eine prozessuale Sonderstellung Minderjähriger, etwa im Rahmen der Folter im Inquisitionsprozess. Ein gesamtgesellschaftliches Verständnis für den sozialen Eigenwert der Kindheits- und später auch Jugendphase in der Persönlichkeitsentwicklung des Menschen kam dagegen erst ausgehend des 17. bzw. 18. Jahrhunderts in Deutschland auf. Geprägt durch die neuen Impulse der Aufklärung und aufgrund der wirtschaftlichen und sozialen Folgen der Industrialisierung bildete sich dann vor allem ab der zweiten Hälfte des 19. Jahrhunderts schließlich die Jugend als Übergangsphase zwischen Kindheit und Erwachsenenalter heraus. Damit wurde der junge Mensch langsam vom Objekt zum Subjekt der Erziehung[981]. Diese Entwicklung lässt sich auch anhand der strafprozessualen Behandlung junger Menschen in den einzelnen Partikularstaaten nachvollziehen, wo im liberalistischen Denken zu Beginn des Jahrhunderts zunächst die Einbeziehung der Erziehungsberechtigten in das Verfahren und der Schutz des Familienbandes im Vordergrund stand, während ab der Mitte des Jahrhunderts z.B. die Unterbrin-

---

978 *Dallinger/Lackner*, JGG, § 33, Rn. 2.

979 *Ostendorf/Drenkhahn*, Jugendstrafrecht, S. 34; *ders.* in RdJB 2022, 570 (571).

980 *Pieplow*, in: GS-Walter, 341 (346 f.); in diese Richtung auch *Goerdeler*, ZJJ 2008, 120 (121).

981 So auch *Webler*, Wider das Jugendgericht, S. 6.

gung in Erziehungs- und Besserungsanstalten ermöglicht oder die Ausweitung der Verteidigung junger Beschuldigter bzw. Angeklagter forciert wurde, also ein Perspektivwechsel auf die Auswirkungen der Verfahrensbestimmungen auf die jungen Menschen selbst erfolgt war. Im Rahmen der Reichsgründung und der Einführung der Reichsjustizgesetze in den 1870er Jahren lag der Fokus allerdings noch nicht auf der Jugendkriminalität, auch wenn viele Ideen für eine Sonderbehandlung junger Straftäter bereits ab der Mitte des Jahrhunderts schon existierten und in der Literatur thematisiert wurden.

Dies änderte sich jedoch mit der Veröffentlichung der Zahlen der Reichskriminalstatistik in den 1880er Jahren, welche die vorher bereits wahrgenommene Zunahme der Kriminalität junger Menschen bestätigte und deren Bekämpfung in den Fokus rückte. Hinzu kamen weitere Einflüsse wie die moderne Schule *Franz v. Liszts* und Berichte aus dem Ausland über die dortige Verfahrensweise mit jungen Delinquenten. Der wesentliche Ertrag der aufkommenden Reformdiskussion war die ganzheitliche Erkenntnis, dass wesentliche Unterschiede zwischen der Erwachsenen- und der Jugenddelinquenz bestehen, welche auch in deren Behandlung Unterschiede zur Folge haben müssen[982]. Gegen Ende des Jahrhunderts war man sich über die schädlichen Einflüsse, die ein Strafverfahren auf einen jungen Menschen haben kann, endgültig einig. Im Rahmen der entstehenden Jugendgerichtsbewegung waren auch die Vorschriften zum Strafverfahren und zur Gerichtsverfassung von Beginn an ein Thema, wobei zunächst jedoch über das materielle Recht und insbesondere über Strafmündigkeitsgrenzen und das Verhältnis von Erziehung und Strafe diskutiert wurde. Das Stocken der allgemeinen Strafrechtsreform hatte dann zur Folge, dass „zunächst alle Kraft unter Entblößung der übrigen Front auf diesen Punkt des geringsten Widerstands" konzentriert wurden, „um zunächst einmal dort einen reformerischen Durchbruch zu erreichen"[983], was schließlich zur Einführung der ersten Jugendgerichte auf dem Verwaltungsweg um 1908 führte. Die ersten praktischen Erfolge der Bewegung stellten sich damit über das formelle Recht ein. In der Folge standen das Jugendstrafverfahren und die Jugendgerichtsverfassung dann auch im Fokus der Reformbewegung und wurden bis zur Einführung des JGG intensiv diskutiert.

Im JGG, zu dem es aufgrund diverser Umstände wie dem Ersten Weltkrieg und der Einführung des RJWG nach mehreren Entwürfen erst 1923 kam, wur-

---

982 *Roth*, ZNR 1991, 17 (32), ist der Ansicht, die einzelnen Alternativentwürfe würden überbewertet, wenn sie in den Vordergrund gestellt würden, weil sie als Bestandteil der Bewegung auch deren Mängel teilen würden.

983 *Schaffstein*, in: Rechtswissenschaft und Rechtsentwicklung, 247 (248).

den schließlich viele der teilweise seit über 30 Jahren bestehenden prozessualen Forderungen der Jugendgerichtsbewegung umgesetzt. Die Jugendgerichte waren nun als Schöffengerichte auch gesetzlich vorgesehen, wobei der Jugendrichter zugleich auch die vormundschaftsrichterlichen Aufgaben übernehmen sollte. Die Jugendgerichtshilfe war nun in allen Verfahrensabschnitten zur Mitarbeit heranzuziehen und hatte die Persönlichkeit des Jugendlichen zu ermitteln, wohingegen die Hauptverhandlung unter Ausschluss der Öffentlichkeit stattfinden sollte. Jugendsachen sollten von den Strafsachen gegen Erwachsene getrennt werden und in der Untersuchungshaft sollten die Jugendlichen besonders vor sittlichen Gefährdungen geschützt werden. Das Legalitätsprinzip wurde aufgelockert, indem erweiterte Einstellungsmöglichkeiten für die Staatsanwaltschaften vorgesehen wurden. Schließlich wurde die Privatklage gegen Jugendliche ausgeschlossen, das Strafbefehlsverfahren wurde eingeschränkt, aber beibehalten. Damit wurde insgesamt versucht, Strafverfahren gegen Jugendliche zu verhindern oder jedenfalls dessen negative Folgen für die Jugendlichen so stark wie möglich abzuschwächen.

Das JGG 1923 wurde vor allem mit der Intention umgesetzt, angesichts der Folgen des Krieges und der daraus resultierenden, als dramatisch empfundenen Kriminalitätsbelastung, neue Ansätze zur Bekämpfung der Jugendkriminalität zu wählen[984]. Es enthielt als Folge des Kompromisses in der Frage über das Verhältnis von Erziehung und Strafe kein reines Erziehungsrecht mit Erziehungs- und Fürsorgemaßnahmen, sondern auch die (Jugend)Strafe als Reaktionsmöglichkeit. Mit der Einführung des JGG wurde der Zweckgedanke im Strafrecht verankert und das Legalitätsprinzip eingeschränkt und darüber hinaus sollte der allgemeinen Strafrechtsreform ein Weg gebannt werden. Angesichts dessen wird auch von einer „Vorreiterrolle“ des Jugendstrafrechts als „Schrittmacher“ oder „Pionier“ der allgemeinen Strafrechtsreform gesprochen, welche sich in den folgenden Jahrzehnten noch in zahlreichen Facetten zeigen sollte[985]. Dabei war man der Ansicht, den einzelnen Bestimmungen des Gesetzes liege unausgesprochen die Bestimmung zugrunde, die Jugendstrafrechtspflege in all ihren Abschnitten „so zu gestalten, daß die Erziehung des Jugendlichen gefördert wird“[986].

---

984 *Pieplow*, ZJJ 2022, 146.

985 Genannt sei an dieser Stelle etwa die Strafaussetzung zur Bewährung, vgl. hierzu *Ostendorf*, in: GS-Walter, 319 (326 ff.); *Schaffstein*, in: Rechtswissenschaft und Rechtsentwicklung, 247 ff.

986 *Francke*, DVJJ-Journal 1993, 167.

C) Die Entwicklung von Jugendgerichtsverfassung und Jugendstrafverfahren von 1923 bis zur Gegenwart

Mit dem JGG hatte man ein Normprogramm etabliert, das unter anderem durch die Einführung des Opportunitätsprinzips und die Einbindung der Jugendgerichtshilfe die Möglichkeit einer Strafrechtspraxis bot, welche an erzieherischen Gesichtspunkten ausgerichtet war[1]. Nun war es an den Jugendrichtern und Jugendstaatsanwälten, diese Möglichkeiten auch umzusetzen.

I. Das Jugendstrafrecht in der Weimarer Republik nach Einführung des JGG

Das JGG war jedoch „kein systemsprengender Aufbruch zu völlig neuen Ufern"[2]. Das neue Normprogramm führte keineswegs dazu, dass zugleich auch ein neuer Zeitgeist unter den Praktikern heraufbeschworen wurde[3]. Vielmehr konnte sich das Jugendstrafrecht zunächst von dem nach wie vor vom Vergeltungsgedanken beherrschten Erwachsenenstrafrecht nur bedingt ablösen, woran auch die weiterhin dem traditionellen Strafrechtsdenken entsprechende Ausbildung der Juristen, sowie die dem Jugendstrafrecht immanente Zweckbestimmung, die jungen Menschen an die für Erwachsene geltende Rechtsordnung heranzuführen, ihren Anteil hatten[4]. Das Inkrafttreten des JGG war nicht von flächendeckenden Aus- oder Fortbildungsmaßnahmen begleitet worden, sodass sich die Jugendrichter nicht auf das gewandelte Konzept des Jugendstrafrechts einstellen konnten und stattdessen das JGG im Lichte des ihnen vertrauten Systems des klassischen Strafrechts anwandten[5]. Vor allem in der praktischen Umsetzung der neuen Vorschriften durch die Jugendgerichte zeigten sich also Mängel[6]. Von den Alternativen zu den herkömmlichen Strafmöglichkeiten wurde nicht in dem Maße Gebrauch gemacht, welches sich die

1 *Schady*, Praxis des Jugendstrafrechts, S. 192.

2 *Pieplow*, in: GS-Walter, 341 (348).

3 *Pieplow*, in: GS-Walter, 341 (347 f.).

4 *Pfeiffer*, Kriminalprävention, S. 41.

5 *Schady*, Praxis des Jugendstrafrechts, S. 192.

6 *Ostendorf/Drenkhahn*, Jugendstrafrecht, S. 36; *van Dühren*, in: Erzieherische Beeinflussung, 17 (21), bemängelte etwa, dass die Zusammenarbeit der Jugendrichter mit den Ärzten zu wünschen übrigließ; vgl. auch den Bericht des Präsidenten des OLG Celle vom 26. August 1924, in: GStA PK, I. HA Rep. 84a, Nr. 1031.

https://doi.org/10.1515/9783111726021-003

Schöpfer des Gesetzes ursprünglich vorgestellt hatten[7]. So berichtete etwa der Vorsitzende des Hamburger Jugendgerichts *Müller* auf dem sechsten Jugendgerichtstag 1924 in Heidelberg davon, dass in Hamburg im ersten Jahr nach der Einführung des JGG von der Möglichkeit, nach § 32 Abs. 2 S. 1 JGG 1923 von der Erhebung der Anklage abzusehen, lediglich in 200 von 2600 Verfahren Gebrauch gemacht worden sei und auch die Einstellung durch Gerichtsbeschluss nach Erhebung der Anklage nur in sehr wenigen Fällen erfolgt war[8]. Darüber hinaus sei in nur etwa 220 von gut 2100 Fällen von Strafe abgesehen worden[9]. *Elsa v. Liszt* berichtete in ihrem Referat auf dem Jugendgerichtstag, dass § 28 JGG 1923, der den Ersatz der Untersuchungshaft durch anderweitige Unterbringung ermöglichte, verhältnismäßig selten angeordnet worden sei und nicht die Bedeutung gewonnen habe, die man bei Erlass des Gesetzes angenommen hatte[10]. An vielen Amtsgerichten war zudem lediglich der Amtsrichter einmal pro Woche als Jugendrichter tätig, sodass eine echte Spezialisierung nicht vorlag[11]. Für problematisch erachteten die Praktiker z.B. den großen Aufwand der uneingeschränkten Mitteilungspflichten und die hohen Kosten der Beteiligung von Schöffen auch bei den „einfachsten Bagatellfällen". Man war der Ansicht, die „Mitwirkung der Schöffen und des Jugendamts (...) in allen Übertretungsfällen gibt der Sache eine Bedeutung, die sie gerade im Interesse der Jugendlichen nicht haben sollte"[12].

Erkannt wurde, dass es für die Umsetzung des Gesetzes entscheidend auf das Verhältnis zwischen dem Jugendlichen und dem Richter ankam, wobei letzterer den jungen Menschen fühlen lassen sollte, „daß ein Unterschied gemacht wird zwischen der Tat, die der Jugendliche begangen hat, und dem Täter, dem Jugendlichen selbst"[13]. Die Realisierung erzieherisch orientierter Einwirkung auf die Jugendlichen war somit, wie schon vor Einführung des Gesetzes, stark von den einzelnen damit befassten Personen abhängig[14]. Insbesondere die aus

---

7 *Pfeiffer*, Kriminalprävention, S. 40; vgl. auch die Zahlen bei *Hammerschlag*, Erziehungsmaßregeln, S. 88.

8 *Müller*, in: Verhandlungen des 6. JGT, 3 (6).

9 *Müller*, in: Verhandlungen des 6. JGT, 3 (8).

10 *Elsa v. Liszt*, in: Verhandlungen des 6. JGT, 31 (37).

11 Vgl. *Wolff/Dörner*, RdJB 1990, 54 (55).

12 Daneben wurde auch das Trennungsgebot kritisiert, da es zu einer Vermehrung der Termine führte, vgl. den Bericht des Präsidenten des OLG Celle vom 26. August 1924, S. 2, in: GStA PK, I. HA Rep. 84a, Nr. 1031.

13 *Francke*, DVJJ-Journal 1993, 167 (170).

14 *Nothacker*, „Erziehungsvorrang", S. 43; vgl. insofern die Berichte von *Allmenröder* und *Francke* über die praktische Bewährung des Jugendgerichtsgesetzes, Redaktion des Zentralblatts, Zbl. 15 (1923/24), 125 f.

einer anderen Generation stammenden Jugendrichter taten sich jedoch schwer damit, „sich in die Seele des Jugendlichen hineinzufühlen“[15]. Da gesetzliche Vorgaben zur Qualifikation von Jugendrichtern und Staatsanwälten im JGG 1923 nicht vorhanden waren, verstärkten sich schon bald nach Erlass des Gesetzes die Bestrebungen danach, einen besonders qualifizierten und geeigneten jugendrichterlichen und jugendstaatsanwaltschaftlichen Nachwuchs heranzuziehen[16]. Der Jugendgerichtstag 1927 in Stuttgart stand daher unter dem Motto „Die Durchführung des Jugendgerichtsgesetzes als Personenfrage“. Von *Clostermann* wurde dabei die Auffassung vertreten, das Jugendverfahren „stehe und falle“ mit der Person des Jugendrichters[17]. In einer Entschließung wurde schließlich die Notwendigkeit einer entsprechenden fachlichen Ausbildung der im Jugendgerichtswesen tätigen Berufskräfte und einer engen Zusammenarbeit aller im Jugendgerichtswesen tätigen Personen betont[18]. Eine von der DVJJ einberufene Sachverständigenkonferenz kam daraufhin zu dem Ergebnis, dass „eine gründliche psychologisch-soziologische und fürsorgerisch-sozialpäda-gogische Schulung der Jugendrichter einschließlich der Vormundschaftsrichter, Jugendstaatsanwälte und Leiter von Jugendgefängnissen unumgänglich notwendig ist, wenn die diesen Stellen eingeräumten Machtvollkommenheiten nicht in Willkür ausarten“ sollten[19].

Doch auch dort, wo die Beteiligten am Jugendstrafverfahren bereit waren, das erzieherische Potential des JGG auszuschöpfen, scheiterten sie regelmäßig daran, dass bei den Jugendämtern und Trägern der freien Jugendfürsorge die dafür notwendigen finanziellen und personellen Voraussetzungen fehlten[20]. Der von ökonomischen Krisen geschüttelten Weimarer Republik fehlten für den Ausbau des Sozialstaats die erforderlichen Haushaltsmittel[21]. Das RJWG trat erst 1924 in Kraft und aus finanziellen Gründen verzichtete man noch auf die flächendeckende Einrichtung von Jugendämtern[22]. Die Folge war eine mangelhafte Vorbereitung der Hauptverhandlungen durch die Jugendgerichtshilfe, sodass den Richtern vielfach nicht die notwendigen Informationen über

---

15 *Van Dühren*, in: Erzieherische Beeinflussung, 17 (35).

16 Vgl. u.a. *Francke*, ZfK 1924, 14 ff.; *Krall*, in: Verhandlungen des 6. JGT, 20 (24).

17 Vgl. *Clostermann*, in: Verhandlungen des 7. JGT, 40 (41).

18 DVJJ (Hrsg.), Verhandlungen des 7. JGT, S. 127 f.

19 DVJJ, ZStW 50 (1930), 658 (659); vgl. hierzu auch *Francke*, ZfK 1924, 14 (16).

20 *Kümmerlein*, RJGG, S. 3; *Schady*, Praxis des Jugendstrafrechts, S. 192.

21 *Pfeiffer*, Kriminalprävention, S. 43.

22 *Wolff/Dörner*, RdJB 1990, 54 (55).

die Jugendlichen und deren sozialen Hintergrund zur Verfügung standen, um die Tat richtig einzuschätzen und adäquat reagieren zu können[23].

Pfeiffer fasste die Problematik später anschaulich zusammen:

> „Juristische Denktraditionen, die einer Integration pädagogischer Zielsetzung ablehnend gegenüber standen, ein mangelndes Interesse der Finanzpolitiker am Ausbau der Jugendhilfe, ökonomische Krisen und ein den Abbau von Repression und Strafe behinderndes, von Gewalt und Angst geprägtes politisches Klima waren mindestens ebenso bedeutsam für das weitgehende Scheitern der Reform wie die (...) inneren Widersprüche und Mängel des Gesetzes."[24]

Es dauerte nicht lange, bis aus den Bereichen von Jugendwohlfahrt- und Vormundschaftsrecht Kritik an den Jugendgerichten und der Entscheidung für ein strafrechtliches Modell laut wurde und Forderungen nach einem einheitlichen staatlichen Erziehungsrecht aufkamen[25]. *Webler* forderte 1928 in seiner bereits angesprochenen Streitschrift, die Zuständigkeit für Verfahren gegen Jugendliche mit einem Alter von weniger als 18 Jahren dem Vormundschaftsrichter zu übertragen und den Jugendgerichten nurmehr die Jugendlichen im Alter von 18 bis 21 Jahre zu überantworten, also die Strafmündigkeitsgrenze auf 18 Jahre anzuheben[26]. Zuvor hatte der Rechtsausschuss des Reichstags während der Beratungen der StGB-Entwürfe von 1925 und 1927 auf Antrag der SPD und KPD, die sich auf entwicklungspsychologische Erkenntnisse beriefen, bereits mehrere Male über die Erhöhung des Strafmündigkeitsalters verhandelt[27]. Dabei war man jedoch am Widerstand des RJM gescheitert[28]. Dennoch wurde – vornehmlich von Pädagogen – eine weitere Anhebung des Strafmündigkeitsalters mit der Begründung gefordert, die Jugend habe einen Anspruch auf eine ungestörte Zeit des Wachstums und der Entwicklung, wobei sich die meisten Befürworter für das 16. Lebensjahr aussprachen[29]. Dagegen wurde eingewandt, das Ende der Volksschulpflicht mit dem 14. Lebensjahr bilde im Leben der meisten Jugendlichen einen natürlichen Einschnitt, welche mit dem Eintritt in das Berufsleben dieselben Rechte und Pflichten wie die älteren Jugendlichen übernehmen würden[30]. Durchgesetzt werden konnte eine

---

23 *Pfeiffer*, Kriminalprävention, S. 43.

24 *Pfeiffer*, Kriminalprävention, S. 44.

25 *Nothacker*, „Erziehungsvorrang", S. 44.

26 *Webler*, Wider das Jugendgericht, S. 20 f.; gleicher Ansicht waren unter anderem *Klumker*, *Noppel*, *Clostermann* und *Liepmann*, vgl. *Wolff/Dörner*, RdJB 1990, 54 (57 f.).

27 *Wolff/Dörner*, RdJB 1990, 54 (57).

28 *Wolff/Dörner*, RdJB 1990, 54 (57).

29 *Wolff/Dörner*, RdJB 1990, 54 (57 f.) m.w.N.

30 *Wolff/Dörner*, RdJB 1990, 54 (58).

Erhöhung des Strafmündigkeitsalters auch nach weiteren Vorstößen von SPD und KPD bis zur Machtergreifung 1933 nicht[31].

Da sich das JGG 1923 nur an Personen unter 18 Jahre und nicht an alle Minderjährigen richtete, wurde daneben die Behandlung der Personen im Alter zwischen 18 und 21 Jahren zum Thema in der Reformdiskussion[32]. Nach einem Vorschlag von *Francke* auf dem sechsten Jugendgerichtstag[33] war beim Amtsgericht Berlin-Mitte im Wege der Geschäftsverteilung bestimmt worden, dass in den Geschäftskreis der Jugendrichter auch die nach dem GVG zur Zuständigkeit des Einzelrichters gehörigen Strafsachen gegen Personen im Alter zwischen 18 und 21 Jahren fallen sollten[34]. Das Berliner Jugendamt hatte schon 1924 seine Jugendgerichtshilfe auf diese Altersgruppe ausgedehnt und so herrschte zu Beginn des Jahres 1925 in Einzelrichtersachen für Personen unter 21 Jahren ein Verfahren, „das einem Jugendverfahren äußerst ähnlich" war[35]. Diese Praxis wurde von einer ganzen Reihe weiterer Gerichte übernommen[36]. In Preußen wies man durch eine Rundverfügung die weiteren Gerichte sogar an, ähnliche Versuche zu unternehmen[37]. Auf Grundlage einer von der DVJJ im April 1927 in Potsdam veranstalteten Sachverständigenkonferenz wurde sodann ein Gesetzesentwurf erarbeitet, welcher mit Eingabe vom 8. August 1927 beim RJM einging[38]. Die Konferenz, die einstimmig der Ansicht war, Personen im Alter zwischen 18 und 21 Jahren müsste eine Mittelstellung zwischen den Erwachsenen und der Gruppe der Jugendlichen eingeräumt werden, forderte im Hinblick auf das Strafverfahren eine Aburteilung dieser Altersgruppe nach den Vorschriften des JGG durch den Jugendrichter, sofern es sich nicht um schwerste Strafsachen handeln würde[39]. Im Verfahren

---

31 Vgl. hierzu detailliert *Wolff/Dörner*, RdJB 1990, 54 (58).

32 Ausführlich hierzu *Wolff/Dörner*, RdJB 1990, 54 (58 ff.); die Frage war allerdings auch zuvor schon behandelt worden, vgl. etwa *Grimm*, MschrKrim 8 (1911/12), 708 ff.

33 Vgl. den Beitrag von *Francke* auf dem 6. JGT, in: DVJJ (Hrsg.), Verhandlungen des 6. JGT, S. 50 f.

34 In Altona ging man 1927 sogar darüber hinaus, indem man auch im schöffengerichtlichen Verfahren dem Jugendrichter den Vorsitz übertrug, vgl. *Francke*, ZStW 48 (1928), 588 (590 f.).

35 *Francke*, ZStW 48 (1928), 588 (590); *Elsa v. Liszt/Scheidt*, Zbl. 19 (1927/28), 13.

36 *Dörner*, Erziehung durch Strafe, S. 81 f.; *Elsa v. Liszt/Scheidt*, Zbl. 19 (1927/28), 13.

37 Ähnliche Verordnungen erließ man auch in Sachsen, Württemberg und Thüringen, vgl. *Wolff/Dörner*, RdJB 1990, 54 (59).

38 Die Ergebnisse der Konferenz und der Entwurf sind abgedruckt bei *Francke*, ZStW 48 (1928), 588 (591 ff.); die Vorschriften zum Strafverfahren sind dort enthalten in den §§ 17 ff.

39 Vgl. die Eingabe der DVJJ beim RJM, abgedruckt bei *Francke*, ZStW 48 (1928), 588 (592, 594 f.).

sollte ein großer Teil der Vorschriften des zweiten Abschnitts des JGG 1923 anwendbar sein, insbesondere auch die Ausschließung der Öffentlichkeit, die Trennung der Jugendsachen von denen der Erwachsenen und die Unzulässigkeit der Verhängung von Freiheitsstrafen durch Strafbefehle[40].

Sowohl die Gegner als auch die Anhänger der „modernen Schule" sprachen sich einheitlich für eine Sonderbehandlung der Personen unter 21 Jahren aus[41]. Durch den sog. Steglitzer Schülermordprozeß im Jahre 1928, über den in der Presse umfangreich berichtet wurde, rückte die Diskussion dann in die breite Öffentlichkeit[42]. Das gegen den 18-jährigen Oberprimaner *Krantz* geführte Verfahren vor dem Erwachsenengericht geriet vor allem durch die Verhandlungsführung des Gerichts in die Kritik[43]. Der Angeklagte und eine Zeugin brachen unter „den bohrenden, peinlichen Verhörmethoden des Gerichts, das in aller Öffentlichkeit emotionale und sexuelle Details juristisch dingfest machen wollte", mehrfach zusammen[44]. Im preußischen Landtag, welcher sich ebenfalls mit dem Prozess beschäftigte, wurde sich unter anderem mit dem Verhältnis von Justiz und Presse auseinandergesetzt und die Kritik an der Verhandlungsführung als Einmischung der Presse bemängelt, deren Aufgabe es nicht sei, „die Leitung des Prozesses in die Hand zu nehmen" und den Vorsitzenden bezüglich einzelner Entscheidung wie der Zulassung der Öffentlichkeit anzugreifen[45]. Von anderer Seite wurde die Verhandlungsführung des Gerichts aber auch hinsichtlich ihrer erzieherischen Wirkung kritisiert, da die Öffentlichkeit dazu geführt hätte, dass der letztlich freigesprochene *Krantz* nach Verlassen des Gerichtssaals von tausenden Menschen bejubelt worden sei[46]. Das Vorgehen des Gerichts unterstrich damit in den Augen der Kritiker, wie berechtigt und dringend die Forderung nach einer Einbeziehung aller Minderjährigen in das Jugendstrafrecht war[47].

---

40 Dagegen war man der Ansicht, das „Schnellverfahren" müsse nicht unter allen Umständen ausgeschlossen werden, vgl. die Eingabe der Konferenz beim RJM, abgedruckt bei *Francke*, ZStW 48 (1928), 588 (595).

41 Vgl. hierzu *Wolff/Dörner*, RdJB 1990, 54 (60).

42 Vgl. *Kraft*, Tendenzen, S. 75; *Wolff/Dörner*, RdJB 1990, 54 (59).

43 *Dörner*, Erziehung durch Strafe, S. 83.

44 *Lange*, in: Mythos Jugend, 412 (417).

45 Vgl. den Bericht des Abgeordneten *Erzimek* (DDP) in der 348. Sitzung des Preußischen Landtags am 2. März 1928, abgedruckt in: Verhandlungen des Preußischen Landtags, 2. Wahlperiode, 1. Tagung, 17. Bd., S. 24680 ff.

46 Vgl. den Beitrag des Abgeordneten *Deerberg* (DNVP) in der 349. Sitzung des Preußischen Landtags am 3. März 1928, abgedruckt in: Verhandlungen des Preußischen Landtags, 2. Wahlperiode, 1. Tagung, 17. Bd., S. 24779 ff.

47 *Dörner*, Erziehung durch Strafe, S. 83, Fn. 41.

Daraufhin enthielt der „Entwurf eines Einführungsgesetzes zum Allgemeinen Deutschen Strafgesetzbuch und zum Strafvollzugsgesetz“[48] aus dem Jahr 1929, welcher in seiner Bedeutung weit über die bisherigen Einführungsgesetze hinausging und rund 200 Reichsgesetze, vor allem aber das Gerichtsverfassungsgesetz, die Strafprozessordnung und das Jugendgerichtsgesetz an die Grundsätze des neuen StGB anpassen wollte, erstmals eine entsprechende Regelung strafrechtlicher und prozessualer Sondervorschriften für Personen im Alter zwischen 18 und 21 Jahren[49]. Während man eine Heraufsetzung des Strafmündigkeitsalters auf 16 Jahre nach den bisher gemachten Erfahrungen für nicht erforderlich hielt, erachtete man es für sachgemäß, „zwischen der Stufe der beschränkten Strafmündigkeit und der Stufe der unbeschränkten Strafmündigkeit noch eine Zwischenstufe einzuschieben“, um den Richtern die Möglichkeit zu geben, die Tatsache berücksichtigen zu können, dass bei vielen Menschen die körperliche, geistige und sittliche Entwicklung mit dem 18. Lebensjahr noch nicht abgeschlossen ist[50]. So bestimmte § 29 Abs. 1 JGG in der Entwurfsfassung der Reichstagsvorlage nunmehr, dass einem noch nicht 21 Jahre alten, zur Tatzeit jugendlichen Beschuldigten, ein Verteidiger bestellt werden sollte, „wenn dies aus besonderen Gründen, namentlich bei verwickelter Sach- oder Rechtslage“, angemessen erschien und § 40a JGG normierte die entsprechende Anwendung bestimmter Vorschriften[51] auf das Verfahren gegen Beschuldigte, die zur Tatzeit zwischen 18 und 21 Jahren alt waren und die Zuständigkeit der Jugendgerichte auf Antrag der Staatsanwaltschaft in diesen Fällen. Dadurch wollte man eine individuelle Behandlung der 18 bis 21 Jahre alten Straftäter erreichen und die Beteiligung des Jugendamts und der Jugendfürsorge in den Verfahren gegen diese sicherstellen[52]. Eine Beratung des Entwurfs im Reichstag, welche erst nach Abschluss der Arbeiten am materiellen Strafrecht durchgeführt werden sollte, erfolgte aufgrund der Auflösung des Reichstags im Juli 1930 und der anschließenden Regierungswechsel, sowie des

---

48 Der Entwurf ist abgedruckt in der Reichsratsvorlage vom 11. April 1929 bzw. in der Reichstagsvorlage vom 20. Mai 1930 bei *Schubert*, Quellen zur Reform, Abt. I, Bd. 5, S. 207 ff. bzw. 603 ff.

49 *Schubert*, Quellen zur Reform, Abt. I, Bd. 5, S. XVI (Einleitung); vgl. auch *Kraft*, Tendenzen, S. 75; *Wolff/Dörner*, RdJB 1990, 54 (59 f.).

50 Vgl. die Begründung zum Entwurf in der Reichstagsvorlage, S. 119 f.

51 So z.B. die Bearbeitung der Strafsachen durch bestimmte Beamte bei der Staatsanwaltschaft (§ 21 JGG 1923), die Beteiligung der Jugendgerichtshilfe (§ 22 JGG 1923), die Einstellungsmöglichkeiten (§ 32 Abs. 2–4 JGG 1923) und die Rechtsmittelbeschränkung (§ 35 JGG 1923).

52 Vgl. die Begründung zum Entwurf in der Reichstagsvorlage, S. 125.

Todes des Vorsitzenden des Strafrechtsausschusses des Reichstags *Wilhelm Kahl* aber nicht mehr[53].

Neben der Diskussion zum Strafmündigkeitsalter, zur Einbeziehung der Personen im Alter von 18 bis 21 Jahren in das Jugendstrafrecht und zur „Durchführung des Jugendgerichtsgesetzes als Personenfrage" kam es vor der Machtergreifung durch die Nationalsozialisten im Jahr 1933 im Übrigen zu keinen weiteren relevanten Entwicklungen für das formelle Jugendstrafrecht. Vielmehr hatte die Verabschiedung des JGG zur Folge gehabt, dass die Handlungsinitiative nach 1923 zunächst von den Gesetzgebungsorganen wieder auf die Rechtsanwendungspraxis übergegangen war[54]. Bis 1933 kam es im JGG daher nur zu einer vergleichsweise unbedeutenden Gesetzesänderung in Folge einer Änderung der StPO im Jahr 1926, aufgrund derer § 28 Abs. 4 JGG 1923 gestrichen wurde[55]. Die Norm hatte zuvor im Rahmen der Untersuchungshaft die Voraussetzungen für die Verlängerung der Haftfrist festgelegt, was mit der Änderung der Strafprozessordnung obsolet geworden war[56]. Eine relevante Änderung für das Jugendstrafverfahren ergab sich aus Art. 9 der „Verordnung des Reichspräsidenten über Maßnahmen auf dem Gebiete der Rechtspflege und Verwaltung" vom 14. Juni 1932[57], welche die Zuständigkeit des Jugendrichters im Vergleich zum Jugendschöffengericht erweiterte[58]. Zuvor war angesichts der Justizreform durch die „Lex *Emminger*", mit der 1924 zum ersten Mal außerhalb des Jugendstrafrechts Lockerungen des Legalitätsprinzips eingeführt worden waren[59], diskutiert worden, ob auch im Jugendstrafrecht das erstinstanzliche Schöffengericht durch den Jugendrichter als Einzelrichter verdrängt werden könnte, was von der überwiegenden Ansicht aber mit

53 *Wolff/Dörner*, RdJB 1990, 54 (60); *Schubert*, Quellen zur Reform, Abt. I, Bd. 5, S. XXII (Einleitung).

54 *Nothacker*, „Erziehungsvorrang", S. 41.

55 Vgl. das „Gesetz zur Abänderung der Strafprozeßordnung" vom 27. Dezember 1926, RGBl. I 1926, S. 529 ff.

56 § 126 StPO n.F. lautete: „Ist die öffentliche Klage noch nicht erhoben, so ist der Haftbefehl aufzuheben, wenn die Staatsanwaltschaft es beantragt. Gleichzeitig mit dem Antrag kann sie anordnen, daß der Beschuldigte freigelassen werde".

57 RGBl. I 1932, S. 285.

58 Die Bestimmung lautete: „In Strafsachen, in denen nach dem Gerichtsverfassungsgesetz der Amtsrichter als Einzelrichter entscheidet, entscheidet in Jugendsachen der Jugendrichter ohne Zuziehung von Schöffen. Ist bei Inkrafttreten dieser Vorschrift das Hauptverfahren schon eröffnet, so bleibt das Gericht, vor dem das Hauptverfahren eröffnet worden ist, zuständig."; vgl. dazu auch *Wolff*, Jugendliche vor Gericht, S. 154 f.

59 Vgl. dazu *Vormbaum*, Lex Emminger, S. 41.

der Begründung abgelehnt worden war, dass gerade die Schöffen Gewähr für eine jugendgerechte Verhandlung boten[60].

II. Das Jugendstrafprozessrecht nach der Machtergreifung der Nationalsozialisten – Jugendstrafrecht und Erziehung im Zeichen des Nationalsozialismus

Nach der Machtübernahme der Nationalsozialisten Anfang 1933 kam es im Jugendstrafrecht zu einem Umbruch. Der Erziehungsgedanke blieb zwar bestehen, wurde jedoch inhaltlich entsprechend der nationalsozialistischen Ideologie[61] mit neuem Inhalt ausgefüllt[62]. Man wollte weiterhin erziehen, nun allerdings mit nationalsozialistischen Erziehungsmethoden und Erziehungszielen[63]. Nachdem zuvor noch der einzelne Jugendliche und seine Zukunft im Fokus gestanden hatte, kam es nun auf „seine Verantwortlichkeit gegenüber der Volksgemeinschaft und das Einstehen für sein Verhalten“[64] an[65]. Sühne- und Vergeltungsdenken wurden also erzieherisch legitimiert, indem ein entsprechendes Erziehungsverständnis entwickelt wurde[66]. Man war der Ansicht, „daß auch das Jugendstrafrecht – in unlöslicher Wechselbeziehung mit dem Sühne- und Vergeltungsgedanken – wie das gesamte Jugendrecht vom Erziehungsgedanken beherrscht wird (…)“[67]. Unter einer wirksamen Erziehung verstand man nun eine harte Reaktion des Staates zur Disziplinierung junger Straftäter, weswegen Erziehungsmaßnahmen als „pädagogische“ Strafen begriffen wurden[68]. Die Jugend hatte im Nationalsozialismus eine besondere Stellung und ihr wurde entscheidende Bedeutung zugemessen[69]. Das Jugendstrafrecht erlangte somit einen instrumentellen Wert für die National-

60 *Wolff*, Jugendliche vor Gericht, S. 154.

61 Dazu, dass nicht von „der nationalsozialistischen Weltanschauung“ gesprochen werden kann und zu den großen Leitlinien nationalsozialistischer Weltanschauung *Kleimann*, ZJJ 2013, 397 (398).

62 So wird auch von einer „Pervertierung“ des Erziehungsgedankens gesprochen, vgl. etwa *Frenzel*, ZJJ 2022, 276 (278); *Schlüchter*, Erziehungsgedanke, S. 21.

63 So auch *Schlüchter*, Erziehungsgedanke, S. 19 ff; vgl. auch *Wolff*, Jugendliche vor Gericht, S. 5 f.

64 *Möckel*, DJR 1941, 19; zur „Volksgemeinschaft“ vgl. *Jureit*, Erziehen, Strafen, Vernichten, S. 14 ff.

65 *Stolp*, Entwicklung des Jugendstrafrechts, S. 50.

66 *Nothacker*, „Erziehungsvorrang“, S. 45.

67 *Möckel*, DJR 1941, 19.

68 *Wolff*, ZNR 1991, 41 (49 f.).

69 *Meyer-Höger*, Jugendarrest, S. 35.

sozialisten[70]. Die Erziehung in einer „gesunden, erziehungsfähigen, staatstreuen" Familie genoss dabei zwar den höchsten Stellenwert[71]. In Fällen, in denen die Erziehung unzulänglich oder gefährdet war oder ein staatlicher Strafanspruch bestand, gestand man dem Staat aber einen „totalen Erziehungsanspruch" zu[72].

Dieser Entwicklung stand auch das Marburger Programm *Franz v. Liszts* nicht im Wege. Vielmehr „öffnete die Einführung des Zweckgedankens die Kriminalpolitik auch für rein politische Zweckmäßigkeitserwägungen"[73]. Kritisiert wurde von den Nationalsozialisten aber der liberale Standpunkt der Weimarer Zeit und die vorherrschende „Milde der Justiz"[74], sie wurden als „das Produkt einer individualistisch-liberalen Geisteshaltung, die überwunden sei, oder die es doch zu überwinden gelte", betrachtet[75]. Den Erziehungsgedanken hielt man nun für untrennbar verbunden mit dem Auslesegedanken, „der dem Erziehungsoptimismus des Liberalismus fremd" gewesen sei[76]. *Dahm* und *Schaffstein*[77] bemängelten schon 1933 in ihrer vielbeachteten Streitschrift „Liberales oder autoritäres Strafrecht?" die „immer stärkere Zurückdrängung der Strafe" in der Weimarer Zeit und erkannten darin eine „allmähliche Auflösung des Strafrechts"[78].

In den ersten Jahren nach der Machtübernahme stand daher nicht das Jugendstrafrecht, sondern zunächst die nationalsozialistische Reform des allgemeinen Strafrechts im Vordergrund und im Mittelpunkt des rechtspolitischen Interesses[79]. Die Verschärfungen im allgemeinen Strafrecht wie die

---

70 *Wolff*, ZNR 1991, 41.

71 *Behnke*, Zbl. 25 (1933/34), 296.

72 *Behnke*, Zbl. 25 (1933/34), 296 (302).

73 *Wolff*, ZNR 1991, 41 (49).

74 Vgl. nur folgende Aussage von *Messerer*, ZStW 56 (1937), 485 (488): „Es ist richtig, daß in der Jugendstrafrechtspflege vor der Machtergreifung durch den Nationalsozialismus der Strafgedanke hinter dem Erziehungsgedanken vielfach allzusehr zurücktrat. Daran ist aber weniger das JGG, als seine Handhabung durch die Gerichte und die Ideenwelt des Liberalismus Schuld".

75 *Gallas*, ZStW 53 (1934), 11 ff., warnte davor, „das weltanschauliche und politische Bekenntnis" zum Ursprung wissenschaftlichen Denkens zu machen; vgl. auch *Schady*, Praxis des Jugendstrafrechts, S. 38 ff.

76 *Kümmerlein*, RJGG, S. 13 (Einleitung).

77 Zu dessen Rolle in der NS-Zeit vgl. *Schütz*, „Hoffnungslose Kriminelle" und „Neigungstäter", S. 25 ff.

78 *Dahm/Schaffstein*, Liberales oder autoritäres Strafrecht?, S. 11.

79 *Wolff*, ZNR 1991, S. 41 (42), ist der Ansicht, das Jugendstrafrecht habe in der Zeit zwischen 1933–1936 eher im „Windschatten" der NS-Strafrechtsreform gestanden; vgl. dazu auch *Kümmerlein*, DJ 1943, 529.

Aufhebung des Analogieverbots und die Schaffung neuer Delikte, insbesondere solcher gegen den Staat und die NSDAP, sowie die Zuständigkeiten von Sondergerichten und dem Volksgerichtshof hatten aber natürlich auch auf das Jugendstrafrecht Auswirkungen[80]. So wurde auch in Jugendsachen durch die Verordnung zur Bildung von Sondergerichten[81] eine grundsätzliche Zuständigkeit selbiger für entsprechende Delikte „zum Schutz von Volk und Staat" vorgesehen[82]. Die gesetzliche Umgestaltung des Jugendstrafrechts selbst erfolgte dagegen erst verhältnismäßig spät[83]. Der Grund hierfür lag darin, dass das JGG zum einen „infolge seiner wertneutralen Formulierungen in gewissen Umfang auch eine Verwirklichung neuer Gedanken und eine Ausfüllung mit neuem Inhalt gestattete"[84], wie folgende Äußerung von Reichsjustizminister *Thierack* später anlässlich der Einführung des RJGG 1943 zeigt:

> „Die abstrakten Formulierungen des Jugendgerichtsgesetzes erlaubten es, die Jugendstrafrechtspflege auch ohne gesetzliche Änderung in gewissem Umfang mit neuem Inhalt zu erfüllen, zumal das Gesetz einer völligen Neuordnung des Vollzugs, des Kernstücks der strafrechtlichen Behandlung Jugendlicher, nicht im Wege stand."[85]

Zum anderen mussten die Grundfragen des neuen Jugendstrafrechts erst „in gründlicher Arbeit einer Lösung zugeführt werden", welche in den ersten Jahren nach 1933 wegen der Neugestaltung des allgemeinen Strafrechts noch nicht gefunden werden konnte[86].

1. Reformbestrebungen im (formellen) Jugendstrafrecht

So wurde die noch aus der Weimarer Republik stammende amtliche Strafrechtskommission zwar schon 1933 neu besetzt und beauftragt, die Strafrechtsreform vorzubereiten[87]. Im Rahmen ihrer Beratungen wurde das Jugendstrafrecht jedoch lediglich gestreift[88]. Lediglich im Zuge der Planung der letzten Sitzung der Kommission zur Beendigung der zweiten Lesung war

---

80 *Wolff*, Jugendliche vor Gericht, S. 8; *ders.* in: Verhandlungen des 22. JGT, 644 (645).

81 RGBl. I 1933, S. 136.

82 *Wolff*, Jugendliche vor Gericht, S. 158.

83 *Kümmerlein*, DJ 1943, 529.

84 *Kümmerlein*, RJGG, S. 4 (Einleitung).

85 *Thierack*, DJR 1944, 5 (7 f.).

86 *Kümmerlein*, DJ 1943, 529.

87 *Wolff/Dörner*, RdJB 1990, 54 (61).

88 So auch *Kraft*, Tendenzen, S. 64, Fn. 8; *Wolff/Dörner*, RdJB 1990, 54 (61).

vom Ministerium die „Einarbeitung des Jugendgerichtsgesetzes“ vorgesehen[89]. Denn im Zusammenhang mit der Strafrechtsreform waren wieder Überlegungen aufgekommen, das komplette materielle Jugendstrafrecht in einem allgemeinen Strafgesetzbuch zu erfassen und dementsprechend auch das formelle Jugendstrafrecht in die neue Strafprozessordnung einzuarbeiten[90]. Hintergrund war, dass die Verzögerung der Strafrechtsreform als eigentlicher Grund für ein eigenständiges Jugendgerichtsgesetz nun entfallen zu sein schien[91].

Im Rahmen der 97. Sitzung der Kommission in der zweiten Lesung am 13. Januar 1936 fand daher auch eine Erörterung des Jugendstrafrechts statt, bei der eine Einbeziehung in das allgemeine Strafrecht dann aber abgelehnt wurde. Begründet wurde dies unter anderem damit, dass man die Probleme der Jugenderziehung als noch in der Entwicklung befindlich und nicht restlos gelöst ansah, während man mit dem Strafgesetzbuch „etwas Abgeschlossenes“ schaffen wollte[92]. Man wollte auf eine Einbeziehung in das StGB verzichten, um die Eigenart der jungen Straftäter beachten zu können und die Stellung des Jugendrichters und die Eigenart des Jugendstrafvollzugs zusammenhängend regeln zu können[93]. Zudem sah man die Notwendigkeit, „in das Jugendrecht vieles einzubauen, was nicht ins Strafrecht gehört“ wie z.B. die „Notwendigkeit der dauernden Betreuung der Jugendlichen und die Einheit der Betreuung und ihres Vollzugs“[94]. Fragen zum formellen Jugendstrafrecht wurden im Rahmen der Sitzung nicht vertieft erörtert[95].

---

89 *Wolff*, in: Verhandlungen des 22. JGT, 644 (645 f.); *Wolff/Dörner*, RdJB 1990, 54 (61).

90 Vgl. *Schoetensack*, Gerichtssaal 1935 (106), 156 ff.; ausführlich hierzu *Wolff*, Jugendliche vor Gericht, S. 7 ff.; *v. Schirachs* Rede auf der konstituierenden Sitzung des Ausschusses für Jugendrecht machte jedoch deutlich, dass die Reichsjugendführung ein Sonderstrafrecht für Jugendliche beibehalten wollte, vgl. *Wolff/Dörner*, RdJB 1990, 54 (61).

91 Vgl. die Bemerkung von *Kohlrausch* im Protokoll der 97. Sitzung der Strafrechtskommission, abgedruckt in: *Schubert*, Quellen zur Reform, Abt. 2, Bd. 2, Teil 4, S. 287.

92 Vgl. die Bemerkung von Landgerichtspräsident Lorenz in der Sitzung, in: *Schubert*, Quellen zur Reform, Abt. 2, Bd. 2, Teil 4, S. 283.

93 Vgl. die Bemerkung von *Kohlrausch* in der 97. Sitzung, in: *Schubert*, Quellen zur Reform, Abt. 2, Bd. 2, Teil 4, S. 287.

94 So *Freisler* in der 97. Sitzung, abgedruckt in: *Schubert*, Quellen zur Reform, Abt. 2, Bd. 2, Teil 4, S. 288.

95 Staatssekretär *Freisler* ging kurz auf die Personalunion von Jugendrichter und Vormundschaftsrichter ein, vgl. das Protokoll der 97. Sitzung, abgedruckt in: *Schubert*, Quellen zur Reform, Abt. 2, Bd. 2, Teil 4, S. 288.

a) Diskussionen und Reformansätze nach der Machtübernahme

Die Reformansätze und Streitthemen betreffend das Jugendstrafverfahren wurden nach 1933 zunächst vor allem auf Tagungen und in der jugendstrafrechtlichen Literatur erörtert[96]. Jugendgerichtstage fanden nach der Machtübernahme der Nationalsozialisten bis 1950 allerdings nicht mehr statt. Die DVJJ, die weder in eine Reichsbehörde noch in einen der NS-Verbände eingegliedert wurde, blieb in der NS-Zeit aber bestehen und begleitete auch die maßgeblichen Reformen im Jugendstrafrecht, wobei sie zu einer „Männergesellschaft" wurde, in der sich nur noch einzelne Frauen behaupten konnten, allen voran *Elsa v. Liszt*[97]. Allerdings beschränkte man sich darauf, „sich über die Stellung von Jugendgericht und Jugendgerichtshilfe im neuen Staat auf dem Laufenden zu halten und die neuen Gesetze zu verfolgen"[98]. Nach der Umbildung des Geschäftsführenden Ausschusses im Frühjahr 1933 aufgrund der neuen Rassengesetzgebung konnte die DVJJ durch ihre „Beziehungen zu Referenten des Reichsjustizministeriums und anderen Stellen" die weitere Entwicklung im Jugendstrafrecht zumindest mittelbar beeinflussen[99].

aa) Zu den Jugendrichtern, -staatsanwälten und -schöffen

Wie schon vor Erlass des JGG 1923 wurde weiterhin die Frage nach einer besonderen Ausbildung und Befähigung der Jugendrichter und Jugendstaatsanwälte diskutiert[100]. Auch in der NS-Zeit wurde eine spezielle Aus- und Fortbildung der in der Jugendstrafrechtspraxis tätigen Personen grundsätzlich befürwortet[101]. Allerdings wurde dabei weniger auf die fachliche Qualifikation als auf deren Persönlichkeit und Hintergrund abgestellt[102]. Laut *Kümmerlein*[103] sah die neue Justizführung „in der Auswahl und Heranbil-

---

96 Vgl. hierzu auch die Tagungsberichte und Zeitschriftenausschnitte in BArch R 3001/21175.

97 Ausführlich zur DVJJ währen der NS-Zeit *Schumann*, in: Verhandlungen des 30. JGT, 39 ff.

98 *Schumann*, in: Verhandlungen des 30. JGT, 39 (42).

99 *Sieverts*, in: Verhandlungen des 9. JGT, 15 (25); ausführlich hierzu *Schumann*, in: Verhandlungen des 30. JGT, 39 (53 ff., 68).

100 Vgl. hierzu auch *Kraft*, Tendenzen, S. 107.

101 Vgl. z.B. *Kohlrausch*, ZStW 56 (1937), 459 (483 f.); *Messerer*, ZStW 56 (1937), 485 (492 ff.).

102 So auch *Kraft*, Tendenzen, S. 107.

103 Vgl. zu dessen Person *Wolff*, Jugendliche vor Gericht, S. 97 ff.

dung der Persönlichkeit der Richter und Staatsanwälte ihre vornehmste Aufgabe“[104]. Bestenfalls galt:

> „Der Jugendrichter sollte Jugendführer werden mit der Möglichkeit politischer Machtausübung und Indoktrination und hervorgekommen sein aus der Hitlerjugend, wo er sich bereits als HJ-Richter bewährt haben sollte.“[105]

Daneben wollte man Jugendstaatsanwälte „im Väteralter, Männer, die selber heranwachsende Kinder hatten und denen die Beziehung zur Jugend und die Mitwirkung bei der Lösung von Jugendkonflikten eine besondere Aufgabe erschien, an der Sie mitwirkten, um mit Güte und Umsicht da vorzugehen, wo diese noch Erfolg verhießen, aber auch scharf durchzugreifen, wo im Hinblick auf die Art der Verfehlung oder die Persönlichkeit des Jugendlichen andere Saiten aufgezogen werden mußten“[106]. Bezüglich der Schöffen in Jugendsachen stellte man sich „Berufserzieher, lebenserfahrene Väter und Mütter kinderreicher Familien“ vor, welche in Zukunft auch aus dem Kreis der HJ-Führer und BDM-Führerinnen gewählt werden sollten[107]. Der wesentliche Unterschied zur früheren Diskussion bestand also in der Tatsache, dass die am Verfahren beteiligten Personen für die Verwirklichung nationalsozialistischer Ideologie eingesetzt werden sollten[108].

bb) Zum Verteidiger in Jugendstrafsachen

In der NS-Zeit kamen darüber hinaus auch Forderungen nach einem besonderen Typen des „Jugendverteidigers“ auf, welcher nicht „als einzigster ungeschult und zufällig sein“ könne, sondern wie die übrigen Organe der Rechtspflege über spezielle Befähigungen auf dem Gebiet der Erziehung und Kenntnisse des Jugend- und Jugendstrafrechts und „innere Verbundenheit mit der nationalsozialistischen Jugendarbeit“ verfügen sollte[109]. Der Jugendverteidiger sollte der erzieherische Berater des Jugendlichen sein, das Gericht bei den Ermittlungen und die Eltern bei der Erziehung unterstützen[110]. Vorgeschlagen wurde unter anderem,

---

104 *Kümmerlein*, DJ 1943, 553 (555).

105 *Hauber*, Zbl. 64 (1977), 315 (321); vgl. auch *Axmann*, DJR 1944, 17 (24).

106 *Jung*, DJ 1944, 194.

107 *Keßler*, DR 1940, 2038.

108 1938 veranstaltete die Gesellschaft für deutsches Strafrecht eine Tagung zur „Neuordnung des Jugendstrafrechts“, auf der unter anderem *Clostermann* die Forderung nach persönlich und fachlich geeigneten Organen der Rechtspflege für das Jugendstrafverfahren aufstellte, vgl. den Bericht von *Webler*, DJH 30 (1938/39), 339 ff.

109 *Keßler*, DR 1940, 2038 f.; *ders.*, ZAkDR 1938, 838 (841).

110 *Keßler*, DR 1940, 2038 (2039 f.).

dem Vertreter der Jugendgerichtshilfe, welcher diese Anforderungen erfüllen würde, die Befugnisse des Verteidigers zu übertragen[111] oder die Rechtsreferenten der HJ zu Jugendverteidigern zu bestellen[112].

cc) Zur Einbeziehung der Personen unter 21 Jahren in das Jugendstrafrecht

Wie schon zu Weimarer Zeiten blieb auch die Einbeziehung der „Halberwachsenen" im Alter zwischen 18 und 21 Jahren in das Jugendstrafrecht in der Reformdiskussion der NS-Zeit fortwährend Thema[113]. Die Diskussion wurde nun jedoch unter dem Gesichtspunkt einer noch möglichen Erziehung dieser Personen zu einem wichtigen Glied der „Volksgemeinschaft" geführt[114]. Auch *Schaffstein* forderte die Möglichkeit der Anklage von Personen im Alter zwischen 18 und 21 Jahren vor den Jugendgerichten[115]. Letztlich hat sich der nationalsozialistische Gesetzgeber 1943 mit der Problematik der Heranwachsenden aber nicht eingehender auseinandergesetzt, weil die entsprechende Gruppe der jungen Menschen ohnehin der Wehrmacht oder wehrmachtähnlichen Formationen (samt eigener Sondergerichtsbarkeit) angehörte, weswegen eine Regelung nicht besonders dringlich erschien[116].

b) Die Hitler-Jugend

Die Erziehung der Jugend war wesentlicher Bestandteil der Beeinflussung des Denkens und der Kultur durch die Nationalsozialisten im Rahmen einer Allgegenwart von Ideologie und Kontrolle[117]. Als Jugendorganisation der NSDAP strebte die Hitler-Jugend (HJ) nach einer umfassenden Kompetenz für alle Belange der Jugend, also auch der Jugendkriminalität, nachdem die Zahl ihrer Mitglieder ab 1933 durch Gleichschaltung oder Verbot der übrigen deutschen Jugendverbände schnell um Millionen Jungen und Mädchen gestiegen war und

---

111 *Theek*, DJH 32 (1940/41), 222 (224 f.).

112 *Keßler*, ZAkDR 1938, 838 (841).

113 Vgl. *Peters*, ZStW 56 (1937), 495 ff.

114 Die „Verweichlichungstendenzen" der Weimarer Zeit wollte man dagegen aus der Reformdiskussion heraushalten, vgl. zum Ganzen *Kraft*, Tendenzen, S. 76 f.

115 Vgl. *Webler*, DJH 30 (1938/39), 339 ff.

116 *Kümmerlein*, DJ 1943, 529 (531); vgl. auch die Begründung des E-JGG 1953, BT Drs. 01/3264, S. 36.

117 *Wolff*, VfZ 1985, 640 (641).

man daher von einem „Erziehungsauftrag für die Gesamtheit der deutschen Jugend" ausging[118]. Reichsjugendführer *v. Schirach* machte bereits von Beginn an deutlich, dass die Jugendführung sowohl formal als auch inhaltlich die Richtung der Reform beeinflussen wollte[119].

Nach der Machtübernahme der Nationalsozialisten bemühte sich die HJ daher frühzeitig darum, ihren umfassenden Erziehungs- und Kontrollanspruch auch auf das Jugendstrafverfahren auszudehnen[120]. Die Teilnahme am Jugendstrafverfahren sollte zunächst vor allem dem Zweck dienen, die nationalsozialistische Sicht bei der Beurteilung der Persönlichkeit des jungen Beschuldigten einzubringen, disziplinarische Maßnahmen gegen HJ-Angehörige zu bestimmen und „kriminelle, physisch oder psychisch kranke Jugendliche aus der H.J. ausmerzen zu können"[121].

Für die Verwirklichung dieser Ziele bot sich zum einen die Beeinflussung der Gesetzgebung und zum anderen die Beeinflussung der Praxis der Jugendgerichte an[122]. So beteiligte sich die HJ schon seit 1933 an der Formulierung von Jugendpolitik und deren gesetzgeberischer Umsetzung auf ideologischer Basis und im Dezember 1934 wurde schließlich auf Betreiben der Reichsjugendführung hin in der Akademie für Deutsches Recht (ADR) ein Ausschuss für Jugendrecht gegründet[123]. Nachdem in Preußen im Mai 1934 die Mitteilungspflicht in Strafsachen auf die HJ ausgedehnt worden war, forcierte diese zudem durch individuelle Absprachen mit verschiedenen OLG-Präsidenten, Regelungen für eine unmittelbare Teilnahme am Jugendstrafverfahren gegen HJ-Angehörige zu erreichen[124]. Dies begründete man auch mit der Pflicht des Gerichts, sich umfassend über die Person des Jugendlichen zu informieren (§ 31 JGG 1923), wozu die Anhörung des zuständigen HJ-Führers zwingend gehören sollte[125]. Die Jugendführung hatte die Vorstellung von einer Art gut-

---

118 *Bergemann*, DJR 1941, 38; *Dörner*, Erziehung durch Strafe, S. 158; *Wolff*, VfZ 1985, 640 (641 f.).

119 *Wolff*, Jugendliche vor Gericht, S. 10.

120 Vgl. hierzu die umfassenden Dokumente in BArch R 3001/21174; *Dörner*, Erziehung durch Strafe, S. 157 f.; *Wolff*, VfZ 1985, 640 (643); zum „Totalitätsanspruch" der HJ vgl. auch *Klemer*, Hitler-Jugend, S. 27.

121 Vgl. etwa die Niederschrift einer Besprechung vom 13. Oktober 1934 über die Zusammenarbeit zwischen Gerichtsbehörden und HJ, in BArch R 3001/21174, S. 86; vgl. dazu auch *Klemer*, Hitler-Jugend, S. 28 ff.

122 *Wolff*, VfZ 1985, 640 (643).

123 *Wolff*, VfZ 1985, 640 (645); *ders.*, in: Verhandlungen des 22. JGT, 644 (646).

124 Vgl. *Wolff*, VfZ 1985, 640 (649) und hierzu die entsprechenden Dokumente in BArch R 3001/21174.

125 *Wolff*, VfZ 1985, 640 (649 f.).

achterlichen Stellung der HJ im Jugendstrafverfahren[126]. Um diese Ziele zu erreichen, übte die HJ durch regionale HJ-Führungen Druck auf örtliche Justizbehörden aus, arbeitete an personellen Verflechtungen zur Justiz, beeinflusste die Juristenausbildung über die Jugendrechtsseminare an den Universitäten und richtete schließlich regionale Arbeitsgemeinschaften zwischen HJ und Justiz ein[127]. So wurde etwa von der Reichsführung der HJ an der juristischen Fakultät der Universität Kiel, welche im NS-Jargon auch „Stoßtruppfakultät" genannt wurde, ein Seminar für Jugendrecht eingerichtet, dem unter anderem *Siebert* und *Schaffstein* angehörten[128].

Nachdem es in der ersten Zeitspanne nach der Machtübernahme vor allem um die Kenntnis von Strafverfahren gegen Angehörige ging, verlangte die HJ schnell eine Ausdehnung der Mitteilungspflichten, das Recht zur Akteneinsicht und die Teilnahme an der Hauptverhandlung mit der Möglichkeit zur Stellungnahme für alle Jugendlichen[129]. Mit der vom RJM erlassenen Allgemeinen Verfügung vom 16. Mai 1935[130] erlangte sie schließlich eine verfahrensrechtliche Sonderstellung, die über die durch das JGG 1923 eingeräumten Möglichkeiten hinausging und zahlreiche Mitteilungsrechte und das Recht auf Akteneinsicht für diese beinhaltete[131]. Diese Rechte waren jedoch auf die Mitglieder der HJ beschränkt, sodass die weitergehenden Forderungen der HJ zunächst nicht erfüllt wurden[132]. Dennoch hatte die HJ damit die Stellung eines selbstständigen Verfahrensbeteiligten erlangt und auch Seitens des RJM bestand die Bereitschaft zur Zusammenarbeit, sodass die HJ in der Folgezeit – vor allem durch personelle Verflechtungen mit der Justiz[133] – weiter an Einfluss gewann[134]. Ihre gesetzliche Fixierung fand die auch von *Hitler* immer wieder

---

126 *Wolff*, Jugendliche vor Gericht, S. 209.

127 *Wolff*, VfZ 1985, 640 (646); *ders.*, Jugendliche vor Gericht, S. 206 ff.; zur Zusammenarbeit zwischen Justiz und HJ vgl. *Bergemann*, DJR 1941, 38 ff.

128 *Meyer-Höger*, Jugendarrest, S. 40 f.; *Wolff*, in: Verhandlungen des 22. JGT, 644 (646); vgl. als Ergebnis dieser „Gemeinschaftsarbeit des Seminars" *Schaffstein*, Erneuerung des Jugendstrafrechts, S. 24 ff.

129 *Wolff*, VfZ 1985, 640 (649); *ders.*, Jugendliche vor Gericht, S. 208.

130 AV des RJM vom 16. Mai 1935, abgedruckt in: DJ 1935, 766 f.

131 Vgl. hierzu auch *Wolff*, VfZ 1985, 640 (652 f.); *ders.*, Jugendliche vor Gericht, S. 208 ff.

132 *Wolff*, VfZ 1985, 640 (653 f.); *ders.*, Jugendliche vor Gericht, S. 211.

133 *Bergemann*, DJR 1941, 38 (46), betonte, „daß die Mehrzahl der HJ.-Führer, die sich der Rechtsarbeit in der Hitler-Jugend unterziehen, sich aus Richtern, Staatsanwälten, Gerichtsassessoren und Gerichtsreferendaren zusammensetzt".

134 *Wolff*, VfZ 1985, 640 (653 ff.).

hervorgehobene Bedeutung der Jugend 1936 in folgenden programmatischen Sätzen des Gesetzes über die Hitlerjugend[135]:

> „Von der Jugend hängt die Zukunft des Deutschen Volkes ab. Die gesamte deutsche Jugend muß deshalb auf ihre künftigen Pflichten vorbereitet werden.
>
> Die Reichsregierung hat daher das folgende Gesetz beschlossen, das hiermit verkündet wird:
>
> § 1
>
> Die gesamte deutsche Jugend innerhalb des Reichsgebietes ist in der Hitlerjugend zusammengefasst.
>
> § 2
>
> Die gesamte deutsche Jugend ist außer in Elternhaus und Schule in der Hitlerjugend körperlich, geistig und sittlich im Geiste des Nationalsozialismus zum Dienst am Volk und zur Volksgemeinschaft zu erziehen.“[136]

Dadurch erlangte die Reichsjugendführung den Status einer obersten Reichsbehörde[137]. Zugleich hatte man eine eigene HJ-Disziplinargerichtsbarkeit geschaffen[138]. Die HJ sollte die „Auslese im negativen Sinne durch Abstoßung alles Unbrauchbaren und Untauglichen“ und im positiven Sinne durch „Suche und Förderung geeigneten Führernachwuchses“ betreiben[139]. Bis 1937 hatte sie die angestrebte Kontrolle der Jugendgerichtsbarkeit weitgehend verwirklicht[140]. Sie hatte erreicht, dass leichtere Straftaten ihrer Mitglieder primär durch die eigene Disziplinargerichtsbarkeit abgeurteilt wurden und so weitgehend in die Zuständigkeit der Justiz eingegriffen[141]. Die Verankerung der HJ im Jugendgerichtsgesetz und der weitere Ausbau ihrer Stellung musste de lege ferenda erfolgen und sollte später mit dem RJGG 1943 umgesetzt werden[142].

---

135 *Wolff*, VfZ 1985, 640 (641); vgl. hierzu auch *Klemer*, Hitler-Jugend, S. 17 f.

136 RGBl. I 1936, S. 993.

137 Vgl. hierzu ausführlich *Wolff*, VfZ 1985, 640 (642, 652 f.).

138 Vgl. das Schreiben an den Staatsanwaltschaftsrat *Ebert* vom 14. März 1936, in: BArch R 3001/21174, S. 574.

139 *Klemer*, Hitler-Jugend, S. 25; vgl. auch *Axmann*, DJR 1944, 17 (23).

140 *Wolff*, VfZ 1985, 640 (666).

141 Mit AV vom 18. Dezember 1943 (abgedruckt in: DJ 1943, 569 ff.) wurde sogar bestimmt, dass die Jugendgerichte das Strafverfahren unter Verweis auf die Disziplinarentscheidung einstellen konnten, vgl. *Wolff*, Jugendliche vor Gericht, S. 105.

142 *Klemer*, Hitler-Jugend, S. 79 ff.; vgl. auch *Axmann*, DJR 1944, 17 (21 ff.); *Kümmerlein*, DJ 1943, 553 (555); zu den weiteren Bestrebungen der HJ auf Ausweitung des Einflusses auf die Jugendgerichtsbarkeit bis 1943 vgl. auch die zahlreichen Dokumente in BArch R 3001/21177.

c) Die Polizei

Die HJ teilte sich die Kontrolle aller jugendlichen Lebensbereiche mit der Polizei, beide arbeiteten eng zusammen[143]. Zu diesem Zweck wurde von der Jugendführung ein „Personalamt Überwachung“ gegründet. Nach der Machtübernahme wurde die Polizei neu organisiert und zum mächtigsten Instrument des NS-Staates ausgestaltet, da aus dem Anspruch der Sicherung der gesamten Volksordnung eine schrankenlose Allzuständigkeit gefolgert wurde. So unterlagen etwa die Maßnahmen der „Geheimen Staatspolizei“ (Gestapo) als politische Polizeiorganisation keiner verwaltungsgerichtlichen Nachprüfbarkeit, sie war von rechtlichen Normen unabhängig und führte den Willen der politischen Führung direkt aus. Die Kompetenzen der Sicherheitspolizei wurden im Zusammenhang mit dem organisatorischen Machtzuwachs stark ausgeweitet und auf immer mehr Bevölkerungsgruppen erstreckt. „Asoziale“, „kriminell Veranlagte“ und „Fremdvölkische“ wurden so der allgemeinen Gerichtsbarkeit entzogen. Über die klassische Gefahrenabwehr und Hilfstätigkeit in der Strafverfolgung hinaus beteiligte sich die Polizei zudem an der Vorbereitung gesetzlicher Vorhaben und erhob auch Anspruch auf eine Mitwirkung an der Ausgestaltung der Einrichtungen und Vorkehrungen, welche der Erziehung der jungen Menschen dienen sollten. Aus der Aufgabe der Polizei, für die Sicherheit der „inneren Front“ zu garantieren, folgte eine umfassende Zugriffsmöglichkeit auf die Jugend.

Die Jugendkriminalität erlangte vor allem auch durch die neue Bedeutung der Kriminalbiologie besondere Aufmerksamkeit, welche primär die Erbanlagen für die Entwicklung eines Menschen zum Straftäter verantwortlich machte. Man war der Ansicht, dass insbesondere die Kinder delinquenter Eltern kriminell veranlagt und überwachungsbedürftig seien. Der polizeiliche Maßnahmenkatalog begann daher mit der Prüfung der Lebensverhältnisse der „erblich belasteten Kinder und Jugendlichen“. Die Kontrolle abweichenden Verhaltens Jugendlicher wurde unter den verschiedenen Organen der Sicherheitspolizei wie dem SD und der Gestapo aufgeteilt, wobei letztere bereits seit 1933 nicht nur politisch unzuverlässige Erwachsene, sondern auch Jugendliche in Schutzhaft nahm. Die Polizei verstand sich selbst als erzieherische Institution, die zur „Höherentwicklung der Volksgemeinschaft“ beitragen sollte.

Ab Kriegsbeginn wurden die Erweiterung der Exekutivbefugnisse und die polizeilichen Maßnahmen insbesondere auch mit dem Verweis auf die Entwicklung der Jugendkriminalität während des Ersten Weltkrieges gerechtfer-

---

143 Vgl. hierzu und zum folgenden Text *Wolff*, Jugendliche vor Gericht, S. 109 ff.

tigt. So wurden etwa 1940 polizeiliche Jugenderziehungslager eingeführt, die euphemistisch auch Jugendschutzlager genannt wurden und zur Verwahrung der als „asozial“, „kriminell“ oder „unerziehbar“ eingestuften Jugendlichen vor deren endgültiger Überführung in ein Konzentrationslager oder in andere Einrichtungen unter größtmöglicher Ausnutzung ihrer Arbeitskraft dienten[144]. Darüber hinaus enthielt die „Polizeiverordnung zum Schutze der Jugend“[145] vom 9. März 1940 umfangreiche polizeiliche Verbotsvorschriften wie z.B. das Verbot des Alkoholgenusses für Jugendliche unter 18 Jahren als Vorbeugemaßnahmen gegen Jugendverwahrlosung[146]. Bei Verstößen konnte die Polizei Geldstrafen und sogar bis zu drei Wochen Haft verhängen. Zudem wurde die Polizei dazu ermächtigt, durch polizeiliche Strafverfügung Jugendarrest anzuordnen. Durch eine extensive Auslegung der Tatbestände wurde die Zuständigkeit der Jugendgerichtsbarkeit noch weiter eingeschränkt. Letztlich wurde die Polizei damit zu einem der einflussreichsten Teilnehmer in der jugendstrafrechtspolitischen Diskussion[147].

d) Die Arbeitsgemeinschaft für Jugendstrafrecht

Wie dargestellt war im Dezember 1934 von der ADR auf Betreiben der Reichsjugendführung hin ein Ausschuss für Jugendarbeits-, Jugenderziehungs- und Jugendstrafrecht gegründet worden, der das Jugendrecht entsprechend der nationalsozialistischen Ideologie reformieren sollte[148]. Nachdem die Reform des Jugendstrafrechts jedoch zunächst hinter die Reform des allgemeinen Strafrechts und Strafverfahrensrechts zurückgestellt worden war, wurde der Jugendrechtsausschuss, welcher eine amtliche Gesetzgebungskommission ersetzen sollte und mit regimetreuen Persönlichkeiten[149] besetzt war, Ende 1937 in Unterausschüsse (Arbeitsgemeinschaften) unterteilt, wobei

---

144 Ausführlich *Neugebauer*, in: Verhandlungen des 22. JGT, 660 ff.; *Wolff*, Jugendliche vor Gericht, S. 52.

145 RGBl. I 1940, S. 499.

146 Es wurden also zunehmend neue Delikte geschaffen, die besonders für Jugendliche relevant waren und alle möglichen Verhaltensformen von der Verwahrlosung über jugendtypische Verhaltensweisen bis hin zu Formen jugendlicher Opposition erfasst und kriminalisiert, vgl. *Wolff*, Jugendliche vor Gericht, S. 5.

147 Zu den Spannungen zwischen Polizei und Justiz vor Erlass des RJGG 1943 siehe Kapitel C), II., 2., e).

148 *Jureit*, Erziehen, Strafen, Vernichten, S. 61; *Schubert*, Protokolle 1933–1945, Bd. XI, S. VII (Einleitung); *Thierack*, DJR 1944, 5 (8).

149 Ausführlich hierzu *Wolff*, ZNR 1991, 41 (46 ff.); *ders.*, Jugendliche vor Gericht, S. 16 ff.

auch ein Unterausschuss für das Jugendstrafrecht eingerichtet wurde[150]. Damit gewann schließlich im Gegensatz zur Weimarer Republik die Diskussion über das Jugendstrafverfahren unter dem Einfluss der Nationalsozialisten deutlich an Fahrt[151]. Im Unterausschuss waren unter anderem Praktiker, Vertreter des RJM, die HJ bzw. Reichsjugendführung und die Polizei vertreten[152].

Ab 1938 trieb die Arbeitsgemeinschaft für Jugendstrafrecht unter dem Vorsitz von *Schaffstein* die Reform voran und verabschiedete mehrfach Leitsätze für eine vollständige Neuordnung des Jugendstrafrechts, um die „Volksgemeinschaft" und das „Rasseprinzip" gesetzlich im Jugendstrafrecht zu verankern, auf deren Grundlage verschiedene Referentenentwürfe eines neuen JGG vom RJM erarbeitet wurden[153]. Bereits auf der ersten Sitzung im Rahmen der Beratungen zum Jugendstrafrecht am 5. August 1938 in Bad Saarow zu den Grundsätzen des neuen Jugendstrafrechts wurden im Hinblick auf das Jugendstrafverfahren und die Jugendgerichtsverfassung die Zuständigkeit und Befugnisse der Jugendrichter, der Rechtsmittelweg, das Verhältnis der ordentlichen Gerichtsbarkeit zur HJ-Gerichtsbarkeit, spezielle Anforderungen an Jugendrichter und Jugendstaatsanwälte und die Beibehaltung der Jugendschöffen thematisiert[154].

Im März 1939 fand sodann eine Sitzung des Jugendrechtsausschusses statt, auf der Staatssekretär *Freisler* und Reichsjugendführer *v. Schirach* Referate über die programmatischen Grundsätze des neuen Jugendstrafrechts hielten[155]. *Freisler* forderte dort eine „rassische" Ausrichtung des künftigen Jugendrechts, welches „die rassenbiologische Auslese der jugendlichen Rechtsbrecher voraussetzen, ermöglichen und anordnen" sollte[156]. Das neue Verständnis von Erziehung wurde damit sichtbar, das Prinzip rassischer Auslese verkleinerte den Kreis derjenigen, denen das Privileg jugendstrafrechtlicher Resozialisie-

---

150 Neben *Schaffstein* und *Dahm* befanden sich in der Unterkommission u.a. *Freisler*, Reichsjugendführer *v. Schirach*, sowie *Kümmerlein*, der zugleich Bannführer der HJ und „Verbindungsführer" zwischen der Reichsjugendführung und dem RJM war, aber auch bekannte Namen aus der Zeit vor 1933 wie *Clostermann*, *Webler* oder *Blunk*, vgl. *Wolff*, in: Verhandlungen des 22. JGT, 644 (646 f.).

151 *Kraft*, Tendenzen, S. 102.

152 Genauer *Wolff*, Jugendliche vor Gericht, S. 88 ff.

153 *Kümmerlein*, DJ 1943, 529; *Wolff*, ZNR 1991, 41 (42 f.).

154 Vgl. das Protokoll der Sitzung vom 5. August 1938, in: *Schubert*, Protokolle 1933–1945, Bd. XI, S. 139 ff.

155 *Schubert*, Protokolle 1933–1945, Bd. XI, S. XII (Einleitung).

156 *Freisler*, MschrKrim 30 (1939), 209 (210 f.).

rung zuteil werden sollte[157]. Der Jugendrichter sollte laut *Freisler* das nötige Wissen und Erfahrung in praktischer Kriminalistik haben, aber „vor allem Jugendführer sein"[158]. Er sollte bestenfalls aus der Führung der HJ stammen und von den Jugendführern und Rassebiologen unterstützt werden[159]. Für *Freisler* war die Persönlichkeit des Jugendrichters wichtiger als die „Verfahrensparagraphen", weswegen er forderte, dass das künftige Jugendgerichtsverfahren die Persönlichkeit des Richters nicht einengen dürfe[160]. Nach *v. Schirach* konnte das Jugendstrafrecht „nur dann als nationalsozialistisch bezeichnet werden, wenn es im Rahmen des gesamten deutschen Jugendrechts dem hohen Ziele dient, unsere Jugendlichen zu körperlich und seelisch gesunden Gliedern der Volksgemeinschaft heranzubilden"[161]. Um dieses Ziel zu erreichen, forderte er eine vertrauensvolle Zusammenarbeit zwischen HJ und Rechtswahrern, welche „die Gemeinschaft der Jugendbewegung des Führers (...) in ihrem inneren Wesen" begreifen sollten[162]. Um die „neue Erziehung" ausführen zu können, sollte der Jugendrichter laut *v. Schirach* praktische Erfahrung mit „der Jugend dieser Zeit" durch eine Tätigkeit als HJ-Richter oder als Rechtsreferent der HJ erworben haben[163]. Die Einsetzung von Beamten, welche sich zuvor an anderer Stelle nicht bewährt hatten, als Jugendrichter, bezeichnete er als „Geringschätzung der Jugend und damit des Volkes der Zukunft"[164].

Sowohl *Schaffstein* als auch *Clostermann* veröffentlichten sodann nach der kurz vor Beginn des Zweiten Weltkrieges abgehaltenen „Kieler Sitzung" des Ausschusses Leitsätze zur strafrechtlichen Behandlung Jugendlicher, welche „wertvolle Grundlagen für die sachlich-rechtlichen Gesetzgebungsarbeiten in der Kriegszeit lieferten"[165]. *Schaffstein* forderte in seinen Leitsätzen, dass Strafe und Erziehungsmaßregeln in Zukunft noch deutlicher voneinander abzugrenzen seien, wobei er innerhalb der damit gezogenen Grenzen weiterhin

---

157 *Wolff*, Jugendliche vor Gericht, S. 22.

158 *Freisler*, MschrKrim 30 (1939), 209 (214).

159 In schwierigen Fällen sollte ein „Vertreter des öffentlichen Interesses" hinzugezogen werden können, wozu insbesondere bei Mädchen eine Frau geeignet sei, vgl. *Freisler*, MschrKrim 30 (1939), 209 (214).

160 *Freisler*, MschrKrim 30 (1939), 209 (214).

161 *v. Schirach*, DJD 1939, 153 (154).

162 *v. Schirach*, DJD 1939, 153 (154).

163 Auch altersmäßig sollte der Jugendrichter „eine erzieherische Persönlichkeit von Format" sein und kein „innerlich und äußerlich unelastischer, sportfremder, kinderloser Junggeselle von 60 Jahren", vgl. v. *Schirach*, DJD, 153 (155).

164 *v. Schirach*, DJD 1939, 153 (155).

165 *Kümmerlein*, DJ 1943, 529; *ders.*, RJGG, S. 5.

Strafverfahren und Strafvollzug gegenüber den Jugendlichen unter dem Gesichtspunkt der Erziehung bzw. Wiedereingliederung in die Gesellschaft durchgeführt haben wollte[166]. Die Personalunion von Jugendrichter und Vormundschaftsrichter sollte laut ihm obligatorisch werden, wobei Strafsachen gegen Jugendliche, welche voraussichtlich nicht zur Verhängung einer Strafe führen würden, möglichst ohne förmliches Verfahren von den Vormundschaftsrichtern erledigt werden sollten[167]. Für Personen im Alter zwischen 18 und 21 Jahren forderte er besondere Bestimmungen, wie etwa die Möglichkeit, dass die Staatsanwaltschaft in diesen Fällen auch Anklage vor dem Jugendgericht erheben können sollte, wenn die Tat erst nach Vollendung des 18. Lebensjahrs begangen worden war[168]. *Clostermann* bezeichnete in seinen Leitsätzen speziell befähigte Jugendrichter, Jugendstaatsanwälte und Jugendstrafvollzugsbeamte, „denen verständnisvolle und opferbereite Volksgenossen als Helfer zur Seite stehen", als unerlässliche Vorbedingung „einer für die Volksgemeinschaft nutzbringenden Jugendstrafrechtspflege"[169]. Er forderte „die besserungsfähigen Täter in die Volksgemeinschaft wieder einzugliedern, die nicht besserungsfähigen dagegen unschädlich zu machen".

Da es anlässlich des Beginns des Zweiten Weltkrieges 1939 heftige Auseinandersetzungen zwischen dem RJM und der Polizei- und SS-Führung über Zuständigkeiten und Kompetenzregelungen gab, wurden die Ergebnisse der Beratungen des Ausschusses nur teilweise Grundlage politischer Entscheidungen im Jugendstrafrecht[170]. Dieser zog sich nach dem Kriegsausbruch zunächst zurück und wurde erst Ende 1940 wieder tätig, wobei sich durch den Krieg eine große Meinungsvielfalt entwickelt hatte[171]. Das Jugendstrafverfahren wurde auf der Generaldebatte über die Neuordnung des Jugendstrafrechts[172] und im Rahmen der Sitzungen vom 24. und 25. Januar 1941[173] thematisiert.

---

166 *Schaffstein*, ZStW 58 (1939), 740.

167 *Schaffstein*, ZStW 58 (1939), 740 (741).

168 *Schaffstein*, ZStW 58 (1939), 740 (741); auch *Clostermann* forderte für diese Personen eine Sonderbehandlung und Aburteilung im Regelfall durch das Jugendgericht, vgl. *Clostermann*, ZStW 58 (1939), 741 (742).

169 Vgl. hierzu und zum folgenden Text *Clostermann*, ZStW 58 (1939), 741 (742).

170 Vgl. hierzu *Wolff*, in: Verhandlungen des 22. JGT, 644 (647 f.); *Thierack*, DJR 1944, 5 (8).

171 *Schubert*, Protokolle 1933–1945, Bd. XI, S. XII (Einleitung); sowohl die Leitsätze als auch die Protokolle der Beratungen im August 1941 sind dort auf den S. 388 ff. bzw. S. 420 ff. abgedruckt.

172 Vgl. das Protokoll vom 23. November 1940, in: *Schubert*, Protokolle 1933–1945, Bd. XI, S. 196 ff.

173 Vgl. die Protokolle der Sitzungen vom 24. und 25. Januar 1941, in: *Schubert*, Protokolle 1933–1945, Bd. XI, S. 281 ff., 336 ff.

In den umfangreichen Leitsätzen des Ausschusses, welche das Beratungsergebnis bildeten, wurde in prozessualer Hinsicht die richtige Beurteilung der geistigen und körperlichen Eigenart des Jugendlichen und seiner voraussichtlichen Entwicklung als „wesentlichste Grundlage“ aller Maßnahmen bezeichnet[174]. Dafür forderte der Ausschuss erzieherisch besonders befähigte und erfahrene Jugendrichter und Jugendstaatsanwälte und deren Unterstützung durch das Jugendamt und die HJ, sowie eine enge Zusammenarbeit aller Verfahrensbeteiligten. Das Verfahren sollte jugendgemäß ausgestaltet sein und erzieherisch auf den jugendlichen Beschuldigten wirken, wobei alle den Gerichten obliegenden Aufgaben in einer Hand zusammengefasst werden sollten. Daher wurde gefordert, die Wahl des Verfahrens vom Gewicht der zu erwartenden Maßnahme abhängig zu machen und den Jugendlichen vor den erzieherischen Gefahren des Strafverfahrens zu schützen. Zudem sollte die jeweilige Maßnahme oder Strafe der Tat auf dem Fuße folgen, wobei das Urteil als „Akt der Erziehung“ nicht anfechtbar sein sollte.

2. Der Weg zum Reichsjugendgerichtsgesetz 1943

Das JGG 1923 war nach der Machtübernahme bis zum Beginn des Krieges im Wesentlichen unverändert geblieben. Lediglich durch ein Gesetz vom 24. April 1934 war die Aburteilung von Hoch- und Landesverratssachen auch betreffend jugendliche Straftäter dem Volksgerichtshof übertragen worden[175]. Auch die Beteiligung der HJ und der NSV-Jugendhilfe am Verfahren vollzog sich zunächst „neben dem Gesetz“[176]. Ein zentraler Aspekt nationalsozialistischer Justizverwaltung war nämlich „die Auflösung der Grenzen zwischen Gesetzgebung, Rechtspflege und Verwaltung“[177]. Daher ergingen in der NS-Zeit zahlreiche Verordnungen, ministerielle Anweisungen, Erlasse oder Verfügungen zur Anleitung der Rechtspflege, auch im Bereich des Jugendstrafrechts oder jedenfalls mit Auswirkungen auf das Jugendstrafrecht[178].

Schon 1935 wurden beispielsweise alle Einzelverfügungen der Länderjustizministerien für das Strafverfahren zur Vereinheitlichung der Strafrechtspraxis

---

174 Vgl. hierzu und zum Folgenden die Leitsätze des Ausschusses für Jugendrecht zur Jugendgerichtsverfassung und zum Jugendstrafverfahren, abgedruckt in: *Schubert*, Protokolle 1933–1945, Bd. XI, S. 394 ff.

175 *Kümmerlein*, DJ 1943, 529.

176 So die Formulierung von *Kümmerlein*, RJGG, S. 5.

177 Vgl. hierzu *Wolff*, Jugendliche vor Gericht, S. 203 ff.

178 Die wesentlichen das Jugendstrafrecht betreffenden Verordnungen und Verwaltungsvorschriften bis 1944 sind abgedruckt bei *Kümmerlein*, RJGG, S. 27 ff.

zusammengefasst und als „Richtlinien für das Strafverfahren“ erlassen[179]. Diese sollten dem neuen Geist in der Justiz dienen[180]. Nach Kriegsbeginn erließ man dann unter anderem in Form von Verordnungen Einzelregelungen, welche den Regelungsgehalt des JGG 1923 im Ergebnis fast vollständig außer Kraft setzen sollten[181]. So gab es seit der „Verordnung über Maßnahmen auf dem Gebiete der Gerichtsverfassung und der Rechtspflege“[182] vom 1. September 1939 – offiziell kriegsbedingt – keine Schöffengerichte und damit auch keine Jugendschöffengerichte mehr[183]. Schon kurz nach der Machtergreifung hatten die Nationalsozialisten 1933 mit dem „Gesetz über die Neuwahl der Schöffen, Geschworenen und Handelsrichter“[184] die laufende Wahlperiode der Schöffen und Geschworenen beendet, um „politisch unzuverlässige Laienrichter zwecks besserer Kontrolle der Gerichte durch zuverlässige zu ersetzen“[185]. Durch die Durchführungsverordnung (§ 1 Abs. 2) zur Verordnung vom 1. September 1939 ging die Zuständigkeit des großen Jugendgerichts zur Vereinfachung der Strafrechtspflege im Krieg auf die Strafkammer des Landgerichts über[186].

In den Jahren von 1939 bis 1941 wurden insbesondere durch drei Verordnungen die grundlegenden „Bausteine für ein neues Jugendstrafrecht“ von den Nationalsozialisten gelegt[187]. Innerhalb dieser neuen jugendstrafrechtlichen Verordnungen erging auch eine nicht geringe Zahl Allgemeiner Verfügungen und Durchführungsbestimmungen. Ziel war es neben der Umsetzung nationalsozialistischen Gedankenguts, eine Wiederholung des Anstiegs der Jugendkriminalität, wie dies im ersten Weltkrieg beobachtet worden war, zu

---

179 Vgl. *Stolzenburg*, DJ 1935, 738 f.; die Richtlinien sind abgedruckt in: DJ 1936, Amtl. Sonderveröffentlichungen, Nr. 7.

180 *Wolff*, Jugendliche vor Gericht, S. 221.

181 *Kraft*, Tendenzen, S. 110.

182 RGBl. I 1939, S. 1658 ff.

183 Vgl. auch *Kümmerlein*, DJ 1943, 529; *Reitberger*, JZ 1952, 106; ausführlich zur „Unterwanderung der Jugendschöffenverfassung“ in der NS-Zeit *Wolff*, Jugendliche vor Gericht, S. 153 ff.

184 RGBl. I 1933, S. 188 f.

185 Vgl. *Wolff*, Jugendliche vor Gericht, S. 155; durch AV vom 13. November 1933 (DJ 1933, S. 673 ff.), wurde bestimmt, dass „Nichtarier“ und „volksfeindliche Personen“ nicht als Schöffen berufen werden sollten.

186 *Schafheutle*, DJ 1939, 1510 (1511); *Peters*, RJGG, Vor § 21 Nr. 1.

187 *Kümmerlein*, DJ 1943, 529; *Thierack*, DJR 1944, 5 (10).

verhindern[188]. Dazu sah man sich im Vergleich zum Ersten Weltkrieg vor allem auch durch die Führung und Beaufsichtigung der Jugend durch die HJ in der Lage[189]. Mittlerweile definierte vorwiegend das ideologische Feindbild die Auffälligkeiten der Jugendlichen und bestimmte die Reaktion darauf, die Jugendlichen wurden zunehmend vom Privileg des Jugendstrafrechts ausgenommen und rassische und kriminalbiologische Vorstellungen traten stärker in den Vordergrund[190]. Dabei wurde der Krieg zum zentralen Argument für sämtliche innenpolitische Maßnahmen, er ermöglichte die Umsetzung nationalsozialistischer Vorstellungen, die sich bis dahin nicht hatten verwirklichen lassen[191]. Die Änderungen auf dem Gebiet des Jugendstrafrechts entsprachen den Vorstellungen *Hitlers* über die Ablösung des Rechtsstaats durch einen Polizeistaat und über das harte Vorgehen gegen Kriminalität[192].

a) Die „Verordnung zum Schutz gegen jugendliche Schwerverbrecher"

So wurde auf direkte Intervention *Hitlers* bereits kurz nach Kriegsbeginn die „Verordnung zum Schutz gegen jugendliche Schwerverbrecher"[193] vom 4. Oktober 1939 erlassen[194]. Nach § 1 Abs. 1 der Verordnung konnte der Staatsanwalt gegen einen Jugendlichen, der bei Begehung einer Straftat über 16 Jahre alt war, die Anklage damit auch vor dem Gericht erheben, das zur Verhandlung und Entscheidung gegen Erwachsene zuständig war[195]. In diesem Falle sollte nach § 1 Abs. 2 der Verordnung das Gericht diejenigen Strafen und

---

188 *Kraft*, Tendenzen, S. 67; zur geringen realen Bedeutung der drei Verordnungen im Vergleich zur Gesamtzahl von Verurteilungen Jugendlicher nach Jugendstrafrecht *Wolff*, in:, Verhandlungen des 22. JGT, 644 (652).

189 *Vornefeld*, DJ 1939, 1862; zur Aufklärung der Eltern über die mögliche Gefährdung ihrer Kinder während des Krieges wurden sog. Reichsarbeitsgemeinschaften für Jugendbetreuung gegründet, vgl. die Anordnungen in BArch R 3001/21178; dennoch kam es während des Krieges vor allem in größeren Städten zur Bildung zahlreicher krimineller jugendlicher Banden und Cliquen, vgl. die Dokumente in BArch R 3001/21177.

190 *Wolff*, ZNR 1991, 41 (43 f.).

191 *Wolff*, Jugendliche vor Gericht, S. 33.

192 *Wolff*, Jugendliche vor Gericht, S. 33.

193 RGBl. I 1939, S. 2000.

194 Vgl. hierzu *Wolff*, in: Verhandlungen des 22. JGT, 644 (649 ff.); *ders.*, Jugendliche vor Gericht, S. 35 ff.

195 Für *Peters*, ZAkDR 1944, 35 (36), war es eine „seltsame prozessuale Einkleidung", dass die Verurteilung nach dem Erwachsenenstrafrecht von der Anklage der Staatsanwaltschaft abhängig gemacht wurde.

Maßregeln verhängen, die gegen Erwachsene angedroht waren, wenn der Täter nach seiner sittlichen und geistigen Entwicklung einer über 18 Jahre alten Person gleichzustellen war und die bei der Tat gezeigte, besonders verwerfliche verbrecherische Gesinnung oder der Schutz des Volkes eine solche Bestrafung erforderlich machte. Nach § 4 der Verordnung galt dies auch für Straftaten, die vor ihrem Inkrafttreten begangen worden waren[196].

Hintergrund der Anordnung der rückwirkenden Geltung der Verordnung und der Verordnung selbst war der Wunsch *Hitlers* nach einem Bericht von *Himmler* über das Urteil gegen den fast 18-jährigen Fürsorgezögling *Wolf*, welcher seinen Lehrherren ermordet und beraubt hatte, diesen nicht nach dem JGG, sondern nach Erwachsenenstrafrecht zu verurteilen und hinrichten zu lassen[197]. Obwohl in der Öffentlichkeit die Auffassung herrschte, die Verordnung sei kriegsbedingt entstanden[198], war *Vornefeld*, welcher dem Unterausschuss für Jugendstrafrecht angehörte, der Ansicht, dass sie lediglich die alte Forderung erfüllte, „die Schwererziehbaren, Unerziehbaren und erbbiologisch Minderbemittelten aus der Gemeinschaft der Gesunden auszuscheiden“[199]. Die Verordnung sollte „bereits zu Beginn des Krieges die Ausmerzung der nach menschlicher Erfahrung Unerziehbaren“[200] sicherstellen. Primär wollte man damit das „Großstadtjugendverbrechertum“, also die jugendlichen Banden und Cliquen, bekämpfen[201].

In Verbindung mit der „Volksschädlingsverordnung“[202] vom 5. September 1939 und der „Gewaltverbrecherverordnung“[203] vom 5. Dezember 1939, welche den Anwendungsbereich der Todesstrafe stark ausgeweitet hatten, konnte letztere nun auch gegen Jugendliche verhängt werden[204]. So wurde die

---

196 Vgl. dazu *Nagler*, Gerichtssaal 1941, 1 ff., der bzgl. der Verordnung unter anderem einen Vergleich zur „Erfüllung des Alters durch Bosheit“ in der CCC zieht.

197 *Dörner*, Erziehung durch Strafe, S. 200; weiterer Auslöser für die Verordnung war der geplante Schauprozess gegen *Grünspan*, dessen Tat als Vorwand für die Reichskristallnacht gedient hatte, vgl. *Wolff*, in: Verhandlungen des 22. JGT, 644 (649 f.).

198 *Exner*, ZStW 60 (1941), 335 ff.

199 *Vornefeld*, DJ 1940, 1205 (1206).

200 *Vornefeld*, DJ 1940, 1205 (1206).

201 *Freisler*, DJ 1941, 6 (19); auf dessen Weisung wurde der Entwurf einer zweiten Verordnung zum Schutz gegen jugendliche Schwerverbrecher erarbeitet, mit dem man die Strafmündigkeitsgrenze vollständig beseitigen wollte, welcher jedoch nicht realisiert werden sollte, vgl. *Kraft*, Tendenzen, S. 73 f.

202 RGBl. I 1939, S. 1679.

203 RGBl. I 1939, S. 2378.

204 Vgl. *Dörner*, Erziehung durch Strafe, S. 201; zu den Verordnungen und der (direkten) Anwendung auf Jugendliche *Wolff*, in: Verhandlungen des 22. JGT, 644 (650 f.).

Bindung der Rechtsfolge an eine bestimmte Straftat aufgehoben und stattdessen die Bestrafung eines sozial und erbbiologisch defizitären „Verbrechertyps" und eines „gemeinschaftsschädigenden" Verhaltens eingeführt[205]. Damit wurde auch das seit dem RStGB 1871 geltende Prinzip, dass Jugendliche nicht mehr zu Todes- oder Zuchthausstrafen verurteilt werden sollten, durchbrochen[206]. *Wolf* wurde schließlich aufgrund der Verordnung als jugendlicher Schwerverbrecher hingerichtet[207].

Exner stellte später die Forderung auf, bei den Anklagen gegen jugendliche Schwerverbrecher wenigstens diejenigen Regeln des Jugendstrafprozessrechts anzuwenden, welche mit dem normalen Strafverfahren vereinbar waren, nachdem seinen Erkenntnissen zufolge die Praxis diesbezüglich sehr unterschiedlich vorging[208]. Wegen der Entscheidung über die Frühreife hielt er Ermittlungen bezüglich der Persönlichkeit und des Lebens der Jugendlichen für notwendig[209]. Anknüpfungspunkt für die Beurteilung der Reife sollte dabei die Reife eines 18-jährigen Deutschen sein.

> „Wenn ein Italiener, Spanier oder Jude mit 17 Jahren schon vermöge seiner rassischen Eigenart den Entwicklungsstand eines achtzehnjährigen Deutschen hat, so ist er eben frühreif im Sinne der Verordnung."[210]

b) Die „Verordnung zur Ergänzung des Jugendstrafrechts"

Genau ein Jahr nach der „Verordnung zum Schutz gegen jugendliche Schwerverbrecher" erfolgte mit der „Verordnung zur Ergänzung des Jugendstrafrechts"[211] vom 4. Oktober 1940 in § 1 die Einführung des zuvor bereits geforderten Jugendarrests, umgesetzt allerdings im Sinne der nationalsozialistischen Ideologie[212]. Die ADR veranstaltete zu diesem Anlass sogar eine Festsitzung,

---

205 *Dörner*, ZNR 1994, 58 (71).

206 *Wolff*, in: Verhandlungen des 22. JGT, 644 (649).

207 *Wolff*, in: Verhandlungen des 22. JGT, 644 (649); vgl. hierzu auch *Vormbaum*, Strafrechtsgeschichte, S. 270: „Eine brutale Kriegsgesetzgebung bringt (…) die menschenrechtswidrigen Potenziale eines Zweckstrafrechts (…) zum Vorschein".

208 *Exner*, ZStW 60 (1941), 335 (346 f.).

209 *Exner*, ZStW 60 (1941), 335 (346 f.).

210 *Exner*, ZStW 60 (1941), 335 (340).

211 RGBl. I 1940, S. 1336.

212 Ausführlich hierzu *Dörner*, Erziehung durch Strafe, S. 206 ff; *Meyer-Höger*, Jugendarrest, S. 46 ff.; *Stolp*, Entwicklung des Jugendstrafrechts, S. 54 ff.; vgl. auch den Beitrag von *Sieverts* auf dem neunten Jugendgerichtstag, abgedruckt in: Verhandlungen des 9. JGT, 15 (25).

auf der man die Einführung des Zuchtmittels feierte[213]. Seine innere Rechtfertigung fand der Erlass der Verordnung in dem Ziel, „ein geeignetes Mittel für die Bekämpfung einer besonderen Kriegs-Jugendkriminalität zu schaffen“[214]. Man war der Ansicht, da mit den kämpfenden Vätern, Lehrern und Lehrherrn die Jugend infolge des Krieges ihren eigentlichen Erziehern beraubt war, brauche es einen Ersatz für die „stark Hand, die den Jugendlichen, der erstmals strauchelte, von dem Abgrund zurückriß“[215]. Der Arrest sollte die Gefängnisstrafe an Härte und Strenge übertreffen, sodass Einzelhaft und an mehreren Tagen nur Brot und Wasser vorgesehen waren[216].

Das Zuchtmittel sah man „als das in Wesen, Bedeutung und Anwendungsbereich selbst umrissene Kernstück des neuen Jugendstrafrechts“, welches zwischen Strafen und Erziehungsmaßnahmen stehen würde[217]. Für das Jugendstrafverfahren relevant war insbesondere § 2 Abs. 1 der Verordnung, welcher das beschleunigte Verfahren für zulässig erklärte, wenn zu erwarten war, dass auf Jugendarrest erkannt werden wird[218]. Man sah die Notwendigkeit, Jugendarrest „in einem schnellen, straffen Verfahren zu verhängen“, um dessen Wirksamkeit nicht zu behindern[219]. § 3 Abs. 1 der Verordnung ergänzte daher zur Vereinfachung § 39 JGG 1923 insofern, als in einem Strafbefehl gegen einen Jugendlichen neben Geldstrafe, Ersatzfreiheitsstrafe und der Einziehung nun auch Haft und Jugendarrest angeordnet werden durfte. § 3 Abs. 2 der Verordnung ersetzte aus dem gleichen Grund § 40 Abs. 1 bis 3 JGG 1923 durch die Ermächtigung, auch in einer polizeilichen Strafverfügung gegen einen Jugendlichen Jugendarrest festzusetzen[220].

Der Jugendarrest brachte den beabsichtigten Effekt der Vermeidung kurzer Freiheitsstrafen und wurde bereits im ersten Vierteljahr 1941 in 52% der Fälle verhängt, wohingegen sich der Prozentsatz der verhängten Gefängnisstrafen

---

213 Das Protokoll der Sitzung ist abgedruckt bei *Schubert*, Protokolle 1933–1945, Bd. XI, S. 169 ff.

214 *Boldt*, DR 1940, 2033; zur Jugendkriminalität im Krieg vgl. *Axmann*, DJR 1944, 17 (18 f.); *Jureit*, Erziehen, Strafen, Vernichten, S. 57 ff.; *Vornefeld*, DJ 1939, 1862 ff.; *Wolff*, Jugendliche vor Gericht, S. 30 ff.

215 *Vornefeld*, DJ 1940, 1205 (1207).

216 *Schumann*, in: Verhandlungen des 30. JGT, 39 (48 f.); *Vornefeld*, DJ 1940, 1205 (1207 f.); gegen ein „nachträgliches Verkitschen“ der Einführung des Jugendarrests wehrt sich daher *Pieplow*, in: GS-Walter, 341 (349); *ders.*, ZJJ 2022, 146 (147 f.).

217 *Vornefeld*, DJ 1940, 1205 (1207 f.).

218 Vgl. hierzu auch *Boldt*, DR 1940, 2033 (2037).

219 *Kümmerlein*, DJ 1943, 553 (561).

220 *Boldt*, DR 1940, 2033 (2037); darin sieht *Meyer-Höger*, Jugendarrest, S. 64, Fn. 375, „eines der Zugeständnisse der Justiz an die Polizei“.

von 50% auf 26,2% reduzierte[221]. Da man sich einig darüber war, dass die Verhängung der Zuchtmittel so schnell wie möglich nach der Tat erfolgen sollte, wurde die Einführung des beschleunigten Verfahrens für den Jugendarrest überwiegend begrüßt[222]. Das Verfahren würde so „im Dienste der angestrebten Schockwirkung“ des Jugendarrests stehen[223]. In der gesetzlichen Verankerung des Jugendarrests sah man „die Einführung des größten Teils eines neuen nationalsozialistischen Jugendstrafrechts“ verwirklicht[224]. Gesehen wurde aber auch die Problematik, die sich durch die Beschleunigung des Verfahrens für die Ermittlungen der Jugendgerichtshilfe und die Informationen der Jugendrichter über die Lebensverhältnisse der Beschuldigten ergaben[225]. *Kümmerlein* stellte daraufhin bereits Überlegungen im Hinblick auf ein „vereinfachtes Jugendverfahren“ an, welches „im Bereich der kleineren und mittleren Kriminalität“ auf die Anordnung von Zuchtmitteln und Erziehungsmaßregeln beschränkt sein sollte und den Jugendstaatsanwalt von der Pflicht zur Anwesenheit in der Hauptverhandlung freistellte[226]. Bereits 1935 hatte *Peters* ähnliche Überlegungen zu einem formlosen Verfahren ohne schriftliche Anklage, Eröffnungsbeschluss und eine „feierliche Hauptverhandlung“ angestellt, wobei es sich nach seiner Vorstellung jedoch nicht um ein schnelleres Verfahren handeln sollte, da für ihn allein die Wirkung des Verfahrens auf den Jugendlichen entscheidend war[227].

c) Die „Verordnung über die unbestimmte Verurteilung Jugendlicher“

Die „Verordnung über die unbestimmte Verurteilung Jugendlicher“[228] vom 10. September 1941 war schließlich der dritte „Baustein“ zur Neuregelung des Jugendstrafrechts. Diese enthielt entsprechend der seit langer Zeit erhobenen kriminalpädagogischen Forderungen die Möglichkeit der Gefängnisstrafe von unbestimmter Dauer, indem das genaue Strafmaß bei der Urteilsverkündung

---

221 *Kümmerlein*, DJD 1942, 12 (13).

222 *Boldt*, DR 1940, 2033 (2037); *Kraft*, Tendenzen, S. 103.

223 *Kümmerlein*, DJR 1942, 53 (54).

224 *Vornefeld*, DJ 1940, 1205 (1206).

225 *Kümmerlein*, DJR 1942, 53 (54 f.).

226 *Kümmerlein*, DJR 1942, 53 (57).

227 Der Jugendstaatsanwalt sollte nach freiem Ermessen die Entscheidung über die Verfahrensart treffen, wobei das formlose Verfahren ausgeschlossen sein sollte, wenn die Verhängung einer Freiheitsstrafe zu erwarten war, vgl. *Peters*, Zbl. 27 (1935/36), 37 (44).

228 RGBl. I 1941, S. 567 f.

innerhalb eines zu bestimmenden Strafrahmens offengelassen werden konnte[229]. Relevante Änderungen für das formelle Jugendstrafrecht brachte die Verordnung nicht.

d) Weitere Maßnahmen bis zum RJGG 1943

Nach Kriegsbeginn wurden zahlreiche weitere Verwaltungsvorschriften und Verordnungen mit Auswirkungen auf das formelle Jugendstrafrecht erlassen, wobei Begründungen nurmehr vereinzelt aufzufinden sind und sich häufig mit Verweisen auf die Erfordernisse der Kriegssituation begnügt wurde. So erstreckte sich die Erweiterung der Zuständigkeiten der Sondergerichte[230] durch §§ 13, 14 der „Verordnung über die Zuständigkeit der Strafgerichte, die Sondergerichte und sonstige strafverfahrensrechtliche Vorschriften“[231] vom 21. Februar 1940 auch auf Verfahren gegen Jugendliche. Mit der Verordnung wurden die mittlerweile in verschiedensten Gesetzen und Verordnungen zerstreuten Bestimmungen über die sachliche Zuständigkeit der Strafgerichte zusammengefasst und als entscheidendes Kriterium für die Abgrenzung der Zuständigkeit der gesetzliche Tatbestand und die angedrohte Strafe durch die voraussichtliche Schwere der im Einzelfall verwirkten Strafe oder Maßregel ersetzt[232]. § 17 Abs. 2 der Verordnung schloss vor den Sondergerichten die Geltung der Vorschriften des zweiten Abschnitts des Jugendgerichtsgesetzes (Jugendstrafverfahren) für Verfahren gegen Jugendliche ausdrücklich aus, wobei § 24 unter anderem bei jugendlichen Beschuldigten in erweitertem Umfang die Abgabe der Sache in das ordentliche Verfahren ermöglichte[233].

Im Juli 1942 wurden sodann bei den Landgerichten die Jugendschutzkammern und Jugendstrafkammern durch eine Allgemeine Verfügung[234] zu sog. Jugendkammern zusammengefasst, um die in den Verfahren gewonnen Erkenntnisse an andere Instanzen weitergeben zu können und den Änderungen in Aufbau

---

229 *Dörner*, Erziehung durch Strafe, S. 39 f., 215; Vorbild dafür war die bereits seit 1928 in Österreich bestehende Regelung, vgl. *Kümmerlein*, DJ 1943, 529.

230 Gemäß § 10 Abs. 1 der Verordnung waren im Bezirk jedes Oberlandesgerichts bei einem oder mehreren Landgerichten Sondergerichte zu bilden, welche beispielsweise für Verbrechen und Vergehen nach dem „Gesetz gegen heimtückische Angriffe auf Staat und Partei und zum Schutz der Parteiuniformen“ ausschließlich zuständig waren.

231 RGBl. I 1940, S. 405 ff.

232 Vgl. hierzu *Mumme*, MschrKrim 31 (1940), 100 ff.

233 Die Staatsanwaltschaften waren angewiesen, von dieser Verweisungsmöglichkeit in der Regel Gebrauch zu machen, vgl. *Kümmerlein*, DJ 1942, 495 (497).

234 AV d. RJM vom 8. Juli 1942, abgedruckt in: DJ 1942, S. 473 f.

und Zuständigkeit der Jugendgerichte seit Kriegsbeginn Rechnung zu tragen[235]. Hintergrund war auch der zunehmende Personalmangel, nachdem der Krieg die Zahl der nach Ansicht der Nationalsozialisten „erzieherisch geeigneten“ Richter stark vermindert hatte[236]. Mit der weiteren Spezialisierung der Jugendstrafrechtspflege und der immer größer werdenden Verstreuung der Vorschriften wurde eine gesonderte Erfassung derselben immer dringender, sodass ebenfalls im Juli 1942 besondere „Richtlinien für die Behandlung von Jugend und Jugendschutzsachen“[237] ergingen[238]. Darin war unter anderem festgelegt, dass die Zuständigkeit der Jugendkammer die Zuständigkeit des Sondergerichts nicht berührte. Darüber hinaus sollten Beschuldigte, welche die Tat nicht in jugendlichem Alter begangen hatten, aber zur Zeit der Anklageerhebung jünger als 21 Jahre waren, vor den Jugendrichtern oder Jugendkammern angeklagt werden, wenn sie noch nicht die Reife eines 18-Jährigen hatten oder es sich nach Art, Umständen oder Beweggründen der Tat um eine typische Jugendverfehlung handelte. Auch die Nationalsozialisten waren der Ansicht, dass die starre Altersgrenze von 18 Jahren nicht in allen Fällen zu einem befriedigenden Ergebnis führte und die Straftat eines „Halberwachsenen“ nicht an den gleichen Maßstäben wie die eines Erwachsenen gemessen werden könne, wobei auf die positiven Erfahrungen der preußischen Strafrechtspraxis mit einer entsprechenden Sonderbehandlung vor der Machtergreifung verwiesen wurde[239]. Eine vollumfängliche Einbeziehung wurde jedoch mit Verweis auf die „neunzehn- oder zwanzigjährigen Großstadtverbrecher“ abgelehnt[240].

Mit zunehmender Dauer des Krieges wurden stetig mehr Verordnungen zur Vereinfachung der Strafrechtspflege und Anpassung an die Kriegsverhältnisse erlassen, welche auch Auswirkungen auf das Jugendstrafverfahren hatten[241]. Am 26. März 1942 erging ein „Erlaß des Führers über die Vereinfachung der Rechtspflege“[242], indem unter anderem bestimmt wurde, dass die Verfahren „unter Fortfall aller entbehrlichen Maßnahmen und unter Einsatz aller verfüg-

235 Ausführlich hierzu *Kümmerlein*, DJ 1942, 495 ff.; vgl. auch *Wolff*, Jugendliche vor Gericht, S. 220.

236 *Kümmerlein*, DJ 1942, 495.

237 AV d. RJM vom 23. Juli 1942, abgedruckt in: DJH 34 (1942/43), 199 f.

238 *Wolff*, Jugendliche vor Gericht, S. 221 f.

239 *Kümmerlein*, DJ 1942, 495 (497).

240 *Kümmerlein*, DJ 1942, 495 (497).

241 Vgl. die Überlegungen zur „Einsparung von Zeit, Arbeitskraft und Materialien durch die Einschränkung von durch Gesetz oder Verfügungen vorgeschriebenen Mitteilungspflichten“, in: BArch R 3001/21177, S. 264 ff.

242 RGBl. I 1942, S. 139.

baren Kräfte so weit zu vereinfachen und zu beschleunigen" waren, „wie dies mit dem Zweck des Verfahrens noch vereinbar" war. So ermöglichte die „Verordnung zur weiteren Vereinfachung der Strafrechtspflege"[243] vom 13. August 1942 unter anderem eine Durchführung der Hauptverhandlung ohne Staatsanwaltschaft, schränkte die Rechtsmittel ein, erweiterte die Zulässigkeit von Strafbefehlen auf Verbrechen und erleichterte die Verurteilung eines abwesenden Angeklagten[244]. Dadurch versprach man sich eine Verbesserung der Arbeitsökonomie und vor allem eine Beschleunigung der Verfahren, welche im Krieg unter anderem wegen des verminderten Personalbestands bei den Staatsanwaltschaften zuvor nicht möglich war. Dies sollte im Jugendstrafrecht insbesondere die Verhängung von Jugendarrest vereinfachen. Zugleich sah man sogar in der Abwesenheit der Staatsanwälte eine positive erzieherische Wirkung, da deren Mitwirkung bei leichteren Vergehen nur dem jugendlichen Geltungsbedürfnis entgegenkommen würde und darüber hinaus die Zwiesprache zwischen dem Jugendrichter und dem Jugendlichen, auf die es für den Erfolg der Verhandlung besonders ankomme, stören würde. Auch auf die Anfechtbarkeit des Urteils und die damit verbundene Belehrung, welche in Bagatellsachen „geradezu peinlich" wirken und die richterliche Autorität mindern würde, wollte man aus erzieherischen Gründen weitestgehend verzichten. Von der Möglichkeit der Verhängung von Strafbefehlen und der Durchführung der Hauptverhandlung ohne den Angeklagten sollte laut *Kümmerlein* dagegen in Jugendsachen grundsätzlich kein Gebrauch gemacht werden, da er die persönliche Kenntnis des Richters von der Persönlichkeit des Jugendlichen für unerlässlich hielt.

Die „Verordnung über die Beseitigung des Eröffnungsbeschlusses im Strafverfahren"[245], welche aufgrund Art. 1 Abs. 2 der „Verordnung zur weiteren Vereinfachung der Strafrechtspflege" erging, hatte auf das Jugendstrafverfahren ebenfalls unmittelbare Auswirkungen. Den Eröffnungsbeschluss betrachtete man vor allem bei den Jugendlichen als eine für diese unverständliche Formalie der Hauptverhandlung[246]. So sah man in dessen Beseitigung für das Jugendstrafverfahren sogar Vorteile, da der Staatsanwalt „nunmehr den mündlichen Vortrag der Anklage (…) dem Auffassungsvermögen des Jugendlichen anpassen" könne. Wenn kein Staatsanwalt an der Verhandlung teilnahm, sollte der

243 RGBl. I 1942, S. 508 ff.

244 Vgl. hierzu und zum Folgenden *Kümmerlein*, DJ 1942, S. 602 ff., der die Auswirkungen der Verordnung auf die Jugendstrafrechtspflege ausführlich darstellt.

245 RGBl. I 1942, S. 512 f.

246 Vgl. hierzu und zum Folgenden *Kümmerlein*, DJ 1942, 602 (603).

Richter „den Jugendlichen in jugendverständlicher Form mit dem Inhalt der Anklage“ bekannt machen.

Zur Beschleunigung des Jugendstrafverfahrens erging darüber hinaus am 21. April 1943 eine Allgemeine Verfügung des Reichsjustizministers, laut der unter anderem für Verfahren, in denen Jugendarrest zu erwarten war, im Geltungsbereich des Reichsstrafprozessgesetzes der Antrag auf Aburteilung im beschleunigten Verfahren zur Regel erklärt wurde und am 22. April 1943 ein Runderlass des Reichsministers des Innern, der die Jugendämter anwies, ihre Ermittlungen mit der größtmöglichen Beschleunigung durchzuführen, nachdem bereits ein Erlass des Chefs der Sicherheitspolizei vom 26. Juni 1942 die Polizei anwies, das Jugendamt bereits während des polizeilichen Ermittlungsverfahrens unmittelbar zu verständigen[247].

Weitere Einschränkungen im Strafverfahren folgten am 29. Mai 1943 durch die „Dritte Verordnung zur Vereinfachung der Strafrechtspflege“[248] und die „Verordnung zur weiteren Kräfteersparnis in der Strafrechtspflege“[249], welche es unter anderem dem Vorsitzenden der Strafkammer ermöglichte, mit Zustimmung des Staatsanwalts zu bestimmen, dass ein Beisitzer bei einer einfachen Sach- und Rechtslage die Entscheidung allein trifft oder es gestattete, bei der richterlichen Vernehmung außerhalb der Hauptverhandlung einen Schriftführer nur dann hinzuzuziehen, wenn es der Richter für erforderlich hielt.

e) Der Erlass des RJGG 1943

Auf Basis der Arbeit des Unterausschusses für Jugendstrafrecht der ADR hatte das RJM, das zur Mitarbeit gewonnen werden konnte[250], bereits 1938 einen Referentenentwurf für eine Neufassung des JGG erarbeitet[251]. Der Unterausschuss war zu einem Ersatz für eine amtliche Gesetzgebungskommission geworden[252]. Nach Kriegsbeginn liefen die jugendstrafrechtlichen Planungen und dessen Neugestaltung durch gesetzgeberische und exekutive Maßnahmen dann

247 Die AV des RJM vom 21. April 1943 und der Erlass des Chefs der Sicherheitspolizei vom 26. Juni 1942 sind enthalten in DJ 1943, 254 f.

248 RGBl. I 1943, S. 342 ff.

249 RGBl. I 1943, S. 346.

250 *Wolff*, ZNR 1991, 41 (42), weist darauf hin, dass dies aufgrund der immer wieder aufflammenden Differenzen zwischen dem Präsidenten der ADR Frank und Reichsjustizminister Gürtner andernfalls eine schwere Belastungsprobe hätte werden können.

251 *Wolff*, ZNR 1991, 41 (42).

252 *Wolff*, ZNR 1991, 41 (42); *ders.*, Jugendliche vor Gericht, S. 80.

parallel nebeneinander her[253]. Schon vor Erlass der „Verordnung über die unbestimmte Verurteilung Jugendlicher" war im RJM auf Grundlage der Leitsätze des Unterausschusses ein weiterer Referentenentwurf für ein neues JGG erarbeitet worden, nachdem das JGG durch die Einführung des Jugendarrests weitgehende Änderungen erfahren hatte[254]. Aus diesem hatte sich schließlich nach schriftlichen Stellungnahmen[255] und „sehr fruchtbaren"[256] Beratungen des Jugendrechtsausschusses der ADR in Bad Aussee im August 1941[257] ein Abteilungsentwurf des RJM[258] ergeben[259].

Obwohl der Jugendrechtsausschuss seine Arbeit im Herbst 1941 im Wesentlichen beendet hatte, war eine zeitnahe Verabschiedung des Gesetzes durch den Krieg jedoch unmöglich geworden[260]. Auch das umständliche Umlaufverfahren zwischen den Parteiinstitutionen und Ministerien zur Genehmigung des Entwurfs und Auseinandersetzungen zwischen dem RJM und der Polizei- und SS-Führung über Kontrollzuständigkeiten und Sanktionstypen verzögerten die Verabschiedung des neuen Reichsjugendgerichtsgesetzes (RJGG)[261]. Während im Unterausschuss Ministerium, Polizei und Reichsjugendführung zusammenarbeiteten, versuchten die mit der Exekutive verbundenen NSDAP-Gliederungen den Einfluss des RJM, welches die primäre Zuständigkeit für das Jugendstrafrecht innehatte und trotz aller Machtverschiebungen als zentrale Fachbehörde unentbehrlich blieb, im Übrigen zurückzudrängen[262]. *Wolff* erklärt dieses Verhalten mit dem Selbstverständnis des Unterausschusses als Expertenkommission und der Tatsache, dass „die Entscheidungen andernorts

---

253 *Wolff*, ZNR 1991, 41 (43); *ders.*, Jugendliche vor Gericht, S. 28.

254 Vgl. hierzu etwa das Schreiben des RJM an verschiedene Professoren vom 21. Juli 1941, in: BArch R 3001/21178; dazu auch *Kümmerlein*, DJ 1943, 529 (530).

255 Vgl. die Änderungsvorschläge von *Sieverts*, *Clostermann* und *Blunk* zum RefE, in: BArch R 3001/21178.

256 So die Formulierung von *Kümmerlein*, RJGG, S. 7 (Einleitung).

257 Die Protokolle der Sitzungen, welche das Jugendstrafverfahren und die Jugendgerichtsverfassung betreffen, sind abgedruckt bei: *Schubert*, Protokolle 1933–1945, Bd. XI, S. 487 ff.

258 E-JGG vom 20. September 1941, enthalten in: *Schubert*, Protokolle 1933–45, Bd. XI, S. 613 ff.

259 Auf Abweichungen des RJGG gegenüber diesem Entwurf wird im weiteren Text und in den Fußnoten bei der inhaltlichen Darstellung des RJGG 1943 eingegangen.

260 *Wolff*, Jugendliche vor Gericht, S. 27; *Kümmerlein*, DJ 1943, 529 (530); *ders.*, RJGG, S. 7.

261 *Wolff*, ZNR 1991, 41 (43); ausführlich zum Umlaufverfahren *ders.*, Jugendliche vor Gericht, S. 68 ff.

262 So hatte etwa die Polizei 1939 eine Besprechung über „Maßnahmen zur Verhütung der Verwahrlosung Jugendlicher" abgehalten, zu der das RJM trotz seiner Zuständigkeit nicht geladen worden war. Ausführlich zu den Auseinandersetzungen zwischen Justiz und Polizei *Wolff*, Jugendliche vor Gericht, S. 45 ff., 62, 79.

fielen“, nämlich in Ministerrunden und Chefbesprechungen, sodass man die Diskussionen und Leitsätze der ADR als hilfreiches Material heranziehen konnte, ohne daran gebunden zu sein[263]. Außerhalb der Akademie versuchten die Institutionen dagegen untereinander ständig, eigene Einflusssphären zu sichern und zu erweitern[264].

Die Einwendungen gegen den Abteilungsentwurf des RJM resultierten daher primär aus Macht- und Einflussgründen und weniger aus jugendstrafrechtlichen Interessen[265]. So versuchte etwa die NS-Volkswohlfahrt, die alleinige Zuständigkeit für die Jugendgerichtshilfe zu erlangen und das Innenministerium und die Polizei äußerten Bedenken an der Zuständigkeit des Jugendrichters für Erziehungsmaßregeln. Insbesondere durch Weisungen zur Lebensführung würde der Jugendrichter zu einer „neuen Erziehungsbehörde“, man befürchtete eine Erweiterung der Zuständigkeit der Justiz gegenüber der Verwaltung. Darüber hinaus forderte die Polizei, den Rechtsschutz gegen die polizeiliche Strafverfügung weiter einzuschränken. Es kam zu einem ständigen Hin und Her, das Umlaufverfahren stagnierte aufgrund der Auseinandersetzungen.

Im Nachhinein sollten die Verzögerungen dennoch positiv bewertet werden, da in der Zwischenzeit Erfahrungen über die Auswirkungen der bereits getätigten Maßnahmen gesammelt und so an dem Gesetzesentwurf „manche Verbesserungen vorgenommen werden konnten, die sich als zweckmäßig erwiesen haben“[266]. Insbesondere wegen der Besetzung neuer Gebiete im Krieg und dem unübersichtlich gewordenen Rechtszustand[267] wurde das Bedürfnis nach einem neuen, einheitlichen Jugendstrafrecht schließlich jedoch immer dringender, woraufhin der Reichsjustizminister das neue RJGG aufgrund des „Erlaß des Führers über besondere Vollmachten des Reichsministers der Justiz“[268] vom 20. August 1942 im Rahmen der „Verordnung über die Vereinfachung und Vereinheitlichung des Jugendstrafrechts“[269] erließ, welche am 6. November 1943 bekannt gemacht wurde und für das RJGG ab 1. Januar 1944 Geltungskraft bestimmte[270].

263 *Wolff*, Jugendliche vor Gericht, S. 90.

264 *Wolff*, Jugendliche vor Gericht, S. 229.

265 Vgl. hierzu und zum Folgenden *Wolff*, Jugendliche vor Gericht, S. 71 ff.

266 *Thierack*, DJR 1944, 5 (10); vgl. auch *Kümmerlein*, RJGG, S. 7.

267 Vgl. hierzu etwa die Zusammenstellung der zahlreichen Bestimmungen auf dem Gebiet des Jugendstrafrechts vom März 1942 und die weiteren Dokumente in BArch R 3001/21178.

268 RGBl. I 1942, 535.

269 RGBl. I 1943, S. 635 ff.

270 *Dörner*, Erziehung durch Strafe, S. 223; *Thierack*, DJR 1944, 5 (10); *Sieverts*, in: Verhandlungen des 9. JGT, 15 (26).

Das RJGG 1943 galt für das gesamte Reichsgebiet und vereinte alle zuvor ergangenen Gesetze, Verordnungen und Durchführungsbestimmung zu einem einheitlichen Gesetz[271]. Es sollte nicht nur eine vorübergehende Lösung während des Krieges sein, sondern die Grundsätze nationalsozialistischer Jugenderziehung gesetzlich manifestieren[272]. Zweck des Gesetzes sollte wie generell im nationalsozialistischen Staat der Schutz der Volksgemeinschaft sein, wobei man dies durch eine Erziehung des Jugendlichen „zu einem ordentlichen Volksgenossen“ verwirklichen wollte und zugleich die „notwendige Abschreckungswirkung strafrechtlicher Ahndung“ betonte[273]. Die Strafe sollte danach „erziehlich“ wirken, wobei auch Maßnahmen ohne Strafcharakter dem Jugendlichen eindringlich bewusst machen sollten, „daß er für sein Verhalten vor der Gemeinschaft einzustehen hat und dafür zur Rechenschaft gezogen wird“[274]. Den Erziehungsgedanken sah man daher insbesondere mit der Einführung der Zuchtmittel in das JGG verwirklicht, wohingegen Erziehungsmaßregeln nurmehr in Einzelfällen angewendet werden sollten, da man „in dem Verantwortlichmachen des Jugendlichen eine der stärksten erzieherischen Kräfte“ sah[275]. Nach § 1 Abs. 2 galt das Gesetz nur für Deutsche, während es auf „Angehörige anderen Volkstums“[276] nur sinngemäß angewendet werden sollte, sofern nichts anderes bestimmt war. Die „Artung“ des straffällig gewordenen Jugendlichen sollte daher darüber bestimmen, ob Erziehung überhaupt Erfolg versprach[277].

aa) Jugendstrafverfahren und -gerichtsverfassung im RJGG 1943

Die Nationalsozialisten betonten ebenfalls die Bedeutung der Ausgestaltung von Verfahren und Gerichtsverfassung für den „erzieherischen Erfolg“ der Strafrechtspflege[278]. Auch sie waren der Ansicht, in Umsetzung des Erziehungsgedankens müsse „die Gestaltung des gesamten Verfahrens im Dienst

---

271 *Peters*, RJGG, S. 5; tatsächlich stellte das RJGG 1943 also genau genommen kein Gesetz dar, da es nicht im formalen Gesetzgebungsverfahren, sondern auf dem Verordnungsweg erlassen wurde.

272 *Axmann*, DJR 1944, 17 (20); *Kraft*, Tendenzen, S. 117.

273 *Kümmerlein*, RJGG, S. 11 (Einleitung).

274 *Kümmerlein*, RJGG, S. 11 (Einleitung).

275 *Kümmerlein*, RJGG, S. 11 f. (Einleitung).

276 Diese „sollten einer strengeren Sonderbehandlung unterworfen werden, so z.B. Juden, Zigeuner und Polen“, vgl. *Potrykus*, JGG, 2. Aufl., § 1, Bem. 7.

277 *Kümmerlein*, RJGG, S. 13 (Einleitung).

278 *Kümmerlein*, DJ 1943, 553, 555.

der angestrebten erziehlichen Wirkung stehen"[279]. Schon 1939 war in München eine Reichstagung des Sozialen Amts der Reichsjugendführung zum zukünftigen Jugendstrafrecht veranstaltet worden, auf welcher der Assessor der Rechtsdienststelle der Reichsjugendführung *Hüring* betont hatte, dass der Schaffung eines jugendgemäßen Strafverfahrens größter Wert beizumessen sei[280]. Die entsprechenden „Sondervorschriften für die Jugendgerichtsverfassung und das Jugendstrafverfahren"[281] fanden sich im zweiten Teil des neuen Gesetzes in den §§ 21 bis 55, während die §§ 76 bis 80 eigene Vorschriften für „Jugendliche vor Erwachsenengerichten" vorsahen. Mit diesen Vorschriften wurden die besonderen Gewährleistungen für Jugendliche im Vergleich zum JGG 1923 in weiten Teilen entscheidend abgeändert[282]. Dargestellt werden im Folgenden die zahlreichen relevanten Abweichungen im Vergleich zu dem vor Erlass des RJGG bestehenden Rechtszustand.

Schon in § 1 Abs. 1 fand sich die Bestimmung, dass für den Anwendungsbereich des Gesetzes und damit für die Zuständigkeit der Jugendgerichte nun nicht mehr das Alter zur Zeit der Anklageerhebung (§ 17 Abs. 1 JGG 1923), sondern das Alter zur Tatzeit, maßgeblich war. Dadurch wollte man gewährleisten, „daß eine Jugendverfehlung auch als solche beurteilt wird, selbst wenn sie erst nach längerer Zeit geahndet werden kann"[283]. Die Wahlmöglichkeit des § 17 Abs. 2 JGG 1923 bei Beschuldigten im Alter zwischen 18 und 21 Jahren zwischen Jugend- und Erwachsenengericht war weggefallen.

Entgegen des Abteilungsentwurfs des RJM vom 20. September 1941 fehlte im Gesetz eine Regelung zum Verfahren gegen „Halberwachsene" zwischen 18 und 21 Jahren komplett[284]. Man sah sich angesichts der Kriegsverhältnisse nicht in der Lage, diese Frage endgültig zu klären[285]. Mit Verfügung des RJM über die Aufgaben des Jugendrichters und der Jugendkammer vom 14. Januar 1944 wurde den Jugendgerichten und Jugendkammern allerdings wiederum

---

279 *Kümmerlein*, DJ 1943, 553 (555).

280 *Kümmerlein*, DJ 1939, 167 (170 f.).

281 *Peters*, ZAkDR 1944, 35, schloss daraus, dass das Verfahrensrecht sich noch nicht in gleicher Weise vom allgemeinen Strafrecht abgelöst hatte wie das materielle Recht; vgl. hierzu auch *Kümmerlein*, RJGG, S. 9.

282 Vgl. hierzu auch *Stolp*, Entwicklung des Jugendstrafrechts, S. 83 ff.

283 *Kümmerlein*, RJGG, S. 19 (Einleitung).

284 § 25 Abs. 2 des Abteilungsentwurfs des RJM lautete: „Wenn der Beschuldigte bei Erhebung der Anklage über achtzehn Jahre alt ist, kann der Staatsanwalt Anklage auch vor dem Gericht erheben, das zur Verhandlung und Entscheidung gegen Erwachsene zuständig ist (Erwachsenengericht)".

285 *Kümmerlein*, RJGG, S. 16 (Einleitung).

im Wege der Geschäftsverteilung die Strafsachen Beschuldigter zugewiesen, welche die Tat nicht im jugendlichen Alter begangen hatten, vor Erhebung der Anklage jedoch jünger als 21 Jahre waren, sofern der Staatsanwaltschaft die Anklage vor der Jugendkammer oder dem Amtsrichter erhob, der auch Jugendrichter war[286].

Die Jugendgerichte, die für die Entscheidung über Verfehlung aller Jugendlicher[287] zuständig waren (§ 21 Abs. 1), waren gemäß § 21 Abs. 2 nun der Amtsrichter als Jugendrichter[288] und die Jugendkammer[289], wohingegen das mit dem JGG 1923 eingeführte Schöffensystem kriegsbedingt weiterhin abgeschafft blieb und dessen Wiedereinführung auf die Zeit nach dem Krieg vertagt wurde[290]. § 21 Abs. 3 ermöglichte die Einrichtung von sog. Bezirksjugendgerichten, welche innerhalb eines größeren Bezirks, also vor allem den Großstädten, eine einheitliche Lenkung der Jugendrechtsprechung ermöglichen sollten[291]. In § 76 Abs. 2 schränkte man die zunächst auch auf Jugendstrafsachen ausgeweitete Sondergerichtsbarkeit zugunsten einer grundsätzlichen Zuständigkeit der Jugendgerichte mit der Möglichkeit der Anklageerhebung vor den Sondergerichten ein, welche z.B. erfolgen sollte, wenn

> „die sofortige Aburteilung durch das Sondergericht mit Rücksicht auf die durch die Schwere oder Verwerflichkeit der Tat wegen der in der Öffentlichkeit hervorgerufenen Erregung oder wegen ernstlicher Gefährdung der öffentlichen Ordnung und Sicherheit geboten"

war[292]. Sachlich zuständig waren die Jugendkammern nun nach § 26 Abs. 2 auch für jugendliche Schwerverbrecher, die zu allen nach dem allgemeinen

---

286 AV des RJM vom 14. Januar 1944, abgedruckt in: DJ 1944, S. 37; vgl. dazu *Messerer*, in: Verhandlungen des 9. JGT, 79 (80 f.); *Sieverts*, ZAkDtR 1944, 5 (6); die Unterlagen zur Verfügung finden sich in BArch R 3001/21179, S. 142 ff.

287 Für jugendliche Soldaten bestimmte eine Durchführungsverordnung vom Dezember 1943 dagegen weiterhin eine Zuständigkeit der Wehrmachts- und Polizeigerichtsbarkeit, vgl. *Wolff*, Jugendliche vor Gericht, S. 76.

288 Diesem oblagen nach § 22 weiterhin alle Aufgaben, die ein Amtsrichter im Strafverfahren hat und ihm sollten weiterhin die vormundschaftsrichterlichen Erziehungsaufgaben übertragen werden, vgl. § 19 JGG 1923.

289 Gemäß § 21 Abs. 2 S. 2 RJGG 1943 konnte der Vorsitzende der Jugendkammer mit Zustimmung der Staatsanwaltschaft sogar als Einzelrichter entscheiden.

290 Vgl. hierzu auch *Kümmerlein*, DJ 1943, 553; Peters, ZAkDR 1944, 35 (36); die Jugendgerichte waren keine Sondergerichte, sondern Teil der ordentlichen Gerichtsbarkeit, vgl. *Peters*, RJGG, § 21 Nr. 3.

291 Vgl. *Peters*, RJGG, § 21 Nr. 5.

292 *Kümmerlein*, DJ 1943, 533; *Peters*, ZAkDR 1944, 35 (36), maß dieser Regelung große Bedeutung zu, die seiner Ansicht nach sicherstellte, „daß bei der schweren Kriminalität erfahrene Jugendrichter urteilen".

Strafrecht zulässigen Strafen und Maßregeln der Sicherung und Besserung verurteilt werden konnten. Anders als § 26 Abs. 2 JGG 1923 enthielt § 77 RJGG 1943 einen Zusatz, dass Verfahren, die zur Zuständigkeit der Jugendgerichte gehörten, nur mit Verfahren gegen andere Beschuldigte, für die ein Erwachsenengericht zuständig war, verbunden werden sollten, wenn dies zur Erforschung der Wahrheit oder aus anderen wichtigen Gründen geboten war[293].

Darüber hinaus war die Zuständigkeit besonderer Jugendstaatsanwälte für Verfahren, die zur Zuständigkeit der Jugendgerichte gehörten, nun in § 23 erstmals ausdrücklich gesetzlich vorgeschrieben, womit man eine einheitliche und jugendgemäße Behandlung aller Jugendstrafsachen gewährleisten wollte[294].

Ebenfalls erstmals ausdrücklich vorgesehen war das Erfordernis einer besonderen Qualifikation der Jugendrichter und Jugendstaatsanwälte, welche gemäß § 24 „erzieherisch befähigt und in der Jugenderziehung und Jugendführung erfahren sein“ sollten[295]. Dies bedeutete, dass die Jugendrichter und Jugendstaatsanwälte am besten in der HJ mitarbeiten sollten, um ihre Erfahrungen im Umgang mit den Jugendlichen ständig zu vertiefen und zur Jugend in „lebendiger Fühlung“ zu bleiben[296]. Der Idealtyp des Jugendstaatsanwalts sollte neben umfassendem juristischen Können im „Väteralter“ sein, selbst Kinder haben und gegenüber der Jugend mit Güte und Umsicht handeln, aber auch scharf durchgreifen können, wobei er durch die HJ und die Wehrmacht „Führerqualitäten“ und eine „soldatische Haltung“ erlangt haben sollte[297]. Auch die Nationalsozialisten waren der Ansicht, es „wird in erster Linie von der Persönlichkeit des Jugendrichters und Jugendstaatsanwalts abhängen, welche Auswirkungen dieser wichtige Augenblick in der Seele des Jugendlichen hinterlässt“[298].

Besonders deutlich zeigte sich der nationalsozialistische Einschlag im Gesetz auch in § 25 Abs. 1, der neben der Beiziehung der Jugendgerichtshilfe auch die

---

293 Der Staatsanwalt sollte die Anklage vor dem Jugendrichter als Amtsrichter erheben, wenn das Schwergewicht „bei dem Verfahren gegen die Jugendlichen“ lag, vgl. *Kümmerlein*, DJ 1943, 553 (554).

294 *Kümmerlein*, RJGG, S. 19 (Einleitung).

295 Für *Peters*, ZAkDR 1944, 35 (36), trugen gerade die Jugendstaatsanwälte durch die Entscheidung, wie das Verfahren eingeleitet und durchgeführt wird, eine große Verantwortung für die Entwicklung der Jugendlichen.

296 Vgl. Nr. 1 der Richtlinie zu § 24 RJGG 1943, abgedruckt in: DJ 1944, Amtl. Sonderveröffentlichung, Nr. 30, S. 24 f.; hierzu auch *Kümmerlein*, DJ 1943, 553 (555).

297 *Jung*, DJ 1944, 194 f.

298 *Kümmerlein*, RJGG, S. 21 (Einleitung).

Hinzuziehung der HJ im gesamten Verfahren vorsah. Nach der Anerkennung der HJ als alleiniger Trägerin der Erziehung der deutschen Jugend außerhalb von Elternhaus und Schule durch das Gesetz über die HJ wollte man den Grundsatz, „daß die Erziehungsarbeit der Jugendrechtspflege auf die Erziehungsgrundsätze der Hitler-Jugend ausgerichtete sein muß“, auch im Jugendstrafrecht verwirklichen[299]. Die Jugendgerichtshilfe, welche weiterhin als wichtigste Gehilfin der Jugendstrafrechtspflege bei den Ermittlungen zur Persönlichkeit angesehen wurde, wurde nach § 25 Abs. 2 nun von den Jugendämtern im Zusammenwirken mit der Jugendhilfe der NS-Volkswohlfahrt ausgeübt, welche nach der Machtübernahme „in örtlich verschiedenem Umfang wichtige Aufgaben in der Jugendgerichtshilfe übernommen“ hatte[300].

Auch der Umfang der durchzuführenden Ermittlungen wurde mit dem RJGG 1943 in § 28 erheblich erweitert, wonach nach der Einleitung des Verfahrens nun „so bald wie möglich die Volkszugehörigkeit des Beschuldigten, seine Lebens- und Sippenverhältnisse, seine Lebensgeschichte, seine Haltung in der Volks- und Jugendgemeinschaft und alle übrigen Umstände ermittelt“ werden sollten[301]. So wollte man die Richter und Staatsanwälte „auf die wesentlichsten Umstände hinweisen, die für die Erkenntnis der Persönlichkeit des Jugendlichen von Bedeutung sind“[302]. In § 28 Abs. 3 war die Untersuchung durch einen kriminalbiologisch vorgebildeten Jugendarzt vor allem zur Klärung der Frage vorgesehen, ob der Jugendliche „ein jugendlicher Schwerverbrecher ist“[303]. In Kombination mit § 47 konnte ein Jugendlicher dafür für höchstens sechs Wochen in einer sog. kriminalbiologischen Untersuchungsanstalt untergebracht werden[304].

§ 29 sah nun eine Vernehmung des Beschuldigten durch den Jugendstaatsanwalt oder Jugendrichter vor Anklageerhebung vor, wenn Jugendgefängnis zu erwarten war, um die geistige und sittliche Haltung des Jugendlichen, seine intellek-

---

299 *Kümmerlein*, DJ 1943, 553 (555).

300 *Kümmerlein*, DJ 1943, 553 (555); *Wolff*, Jugendliche vor Gericht, S. 205 ff., gibt zu bedenken, dass die Beteiligung der NSV insbesondere eine strengere Beachtung des Rassegedankens sicherstellen sollte.

301 Hierzu war neben dem Erziehungspflichtigen und dem gesetzlichen Vertreter unter anderem auch die HJ zu hören (§ 28 Abs. 1 S. 2), vgl. auch *Kümmerlein*, DJ 1943, 553 (556 f.); *Peters*, ZAkDR 1944, 35 (38), schlug diesbezüglich eine Auflockerung des Grundsatzes der Mündlichkeit und der Unmittelbarkeit vor.

302 *Kümmerlein*, RJGG, S. 17 (Einleitung).

303 Gemeint war damit der Jugendpsychiater, vgl. *Kümmerlein*, DJ 1943, 553 (557).

304 Nach der Feststellung einer „seelischen, geistigen (…) Abartigkeit“ konnte so über § 20 eine Verurteilung nach allgemeinem Strafrecht erfolgen und im Sinne des Auslesungsgedankens die Todesstrafe verhängt werden, vgl. *Kleimann*, ZJJ 2013, 397 (405).

tuellen Fähigkeiten, seine Einstellung zur Tat, seinen Reifegrad und die Erforderlichkeit einer Untersuchung durch einen Sachverständigen zu ermitteln[305].

Auch das Legalitätsprinzip wurde durch das RJGG 1943 in den §§ 30 und 31 weiter durchbrochen[306]. Im Gegensatz zu § 32 Abs. 2 JGG 1923, welcher ein Absehen von der Erhebung der Klage durch die Staatsanwaltschaft nur mit Zustimmung des Jugendrichters ermöglichte, gab § 30 Abs. 2 RJGG 1943 dem Jugendstaatsanwalt die Möglichkeit, „in besonders leichten Fällen“ oder „wenn eine erzieherische Maßnahme, namentlich eine Arbeitsauflage oder ein Disziplinarmittel“ bereits angeordnet war, ohne Zustimmung des Jugendrichters von der Verfolgung abzusehen. Damit wollte man die Verantwortlichkeit der Staatsanwaltschaft als „Herr des Vorverfahrens“ klarstellen[307]. Zugleich waren insbesondere die Entscheidungen der HJ-Disziplinargerichtsbarkeit zu berücksichtigen, welche gemäß einer Allgemeinen Verfügung des RJM[308] leichtere Straftaten vorrangig als Verstöße gegen die Disziplinarordnung aburteilen sollte[309]. Nach § 30 Abs. 1 RJGG 1943 konnte der Jugendstaatsanwalt die Anordnung von vormundschaftsrichterlichen Erziehungsmaßregeln oder einer Ermahnung anregen, wenn dadurch eine Ahndung durch den Richter für entbehrlich erachtet wurde. Auch die Nationalsozialisten wollten Hauptverhandlungen verhindern, „bei denen das Gewicht des Verfahrens in keinem Verhältnis zu seiner Bedeutung und seinem Ergebnis steht“[310].

In den weiterhin nicht öffentlichen Verhandlungen war laut § 32 Abs. 2 nun auch den Vertretern der HJ und dem Jugendsachbearbeiter der Polizei ausdrücklich die Anwesenheit gestattet. Neben der Jugendgerichtshilfe war der HJ dabei nach § 35 auf Verlangen das Wort zu erteilen[311]. Nicht mehr im Gesetzestext (vgl. § 33 Abs. 1 JGG 1923), sondern nur noch in den Richtlinien zu

---

305 *Peters*, RJGG, § 29 Nr. 1; zugleich würden dadurch Verfahren mit einem völlig unerwarteten Ergebnis vermieden, vgl. *Kümmerlein*, RJGG, S. 18 (Einleitung).

306 *Peters*, ZAkDR 1944, 35 (37), sah mit § 30 RJGG 1943 das Legalitätsprinzip im Jugendstrafverfahren endgültig abgeschafft.

307 *Kümmerlein*, DJ 1943, 553 (558).

308 „Hitler-Jugend und Jugendrechtspflege“, AV d. RJM vom 18. Dezember 1943, abgedruckt in: DJ 1943, S. 569 ff.

309 *Wolff*, Jugendliche vor Gericht, S. 105, weist daraufhin, dass die erweiterten Einstellungsmöglichkeiten eher ungewollte Folge der Vergrößerung des Einflusses der HJ im Rahmen der Disziplinargerichtsbarkeit zu Lasten der Zuständigkeit der Justiz waren.

310 *Kümmerlein*, DJ 1943, 553 (557).

311 Diese war gemäß § 44 nun auch von den Mitteilungspflichten über Einleitung und Fortgang des Verfahrens erfasst. War eine strafbare Handlung Gegenstand eines Disziplinarverfahrens der HJ, hatte diese entsprechend dem § 44 Abs. 2 den Staatsanwalt von der Einleitung und dem Ergebnis des Verfahrens zu benachrichtigen.

§ 32 RJGG fand sich die Bestimmung, dass eine Berührung der Jugendlichen mit erwachsenen Angeklagten in der Hauptverhandlung vermieden werden sollte[312]. Die Stellung des gesetzlichen Vertreters bzw. des Erziehungspflichtigen (der nun nicht mehr „Erziehungsberechtigter" war)[313] des Jugendlichen wurde zudem geschwächt, indem dieser zwar weiterhin etwa gemäß § 33 Abs. 2 in wichtigeren Fällen ausdrücklich zu laden war oder nach § 41 Abs. 1 wie der Beschuldigte das Recht hatte, Anträge zu stellen. Allerdings konnte der Richter gemäß § 41 Abs. 5 dem Erziehungspflichtigen und dem gesetzlichen Vertreter diese Rechte entziehen, wenn sie an der Verfehlung des Jugendlichen beteiligt waren oder ein Missbrauch ihrer Rechte zu befürchten war[314]. Gemäß § 34 Abs. 2 konnten nun auch Angehörige des Beschuldigten zweitweise von der Verhandlung ausgeschlossen werden, wenn gegen ihre Anwesenheit Bedenken bestanden, nachdem insbesondere die Erörterung der persönlichen Verhältnisse auf Grund des Berichts der Jugendgerichtshilfe vielfach zu Schwierigkeiten mit diesen geführt hatte[315].

In § 37 S. 2 wurde gegenüber § 5 Abs. 2 S. 2 JGG 1923 die Möglichkeit für das Vormundschaftsgericht aufgenommen, von der Anordnung einer Erziehungsmaßregel oder eines Zuchtmittels nach Überlassung durch den Richter abzusehen, wenn sich die Umstände, die für das Urteil maßgebend waren, verändert hatten. Dies sollte insbesondere dann der Fall sein, wenn eine Einberufung zur Wehrmacht oder zum Reichsarbeitsdienst erfolgt war[316].

§ 38 ermöglichte es in Verfahren wegen der Verfehlung eines Jugendlichen, davon abzusehen, dem Angeklagten Kosten und Auslagen aufzuerlegen, da man der Ansicht war, dies hätte bei Jugendlichen in der Regel die Wirkung einer Geldstrafe[317]. Gemäß § 39 Abs. 1 war in den Urteilsgründen darüber hinaus die Entscheidung bei einer Verurteilung insbesondere hinsichtlich der seelischen, geistigen und körperlichen Eigenart des Angeklagten genau zu begründen, nachdem man festgestellt hatte, dass die Urteilsgründe zuvor viel-

---

312 So die Richtlinie Ziffer 2 zu § 32, abgedruckt in: DJ 1944, Amtl. Sonderveröffentlichungen, Nr. 30, S. 36.

313 Waren beide Eltern erziehungspflichtig, standen diese Rechte dem Vater zu, vgl. *Schulz-Knappe*, RdJ 1967, 5 (7).

314 Diese Regelung entsprach dem österreichischen Jugendgerichtsgesetz (§ 35 Abs. 3), vgl. *Kümmerlein*, DJ 1943, 553 (560); vgl. auch *Schulz-Knappe*, RdJ 1967, 5 (7).

315 *Kümmerlein*, DJ 1943, 553 (558 f.).

316 *Kümmerlein*, DJ 1943, 553 (559).

317 *Dallinger/Lackner*, JGG, Einführung, Rn. 27; *Kümmerlein*, DJ 1943, 553 (559); in § 42 des Abteilungsentwurfs des RJM war die Regelung sogar noch als „Muss-Vorschrift" ausgestaltet gewesen.

fach kaum erkennen ließen, dass „die Persönlichkeit des Jugendlichen für die Entscheidung im Jugendstrafverfahren von ausschlaggebender Bedeutung ist“[318]. Die Urteilsgründe sollten dem Jugendlichen nach Abs. 2 aber nicht mitgeteilt werden, soweit davon Nachteile für die Erziehung zu befürchten waren[319].

Auch die Anfechtbarkeit jugendgerichtlicher Urteile wurde gegenüber § 35 JGG 1923 eingeschränkt, indem § 40 eine Anfechtung durch den Angeklagten nur noch bei einschneidenden Maßnahmen wie der Jugendgefängnisstrafe und der Fürsorgeerziehung zuließ, um eine Beschleunigung des Verfahrens und eine einheitliche Behandlung von Jugendsachen durch die Jugendrichter zu erreichen, während die Staatsanwaltschaft das Urteil auch mit dem Ziel einer Bestrafung des Angeklagten anfechten durfte, wenn nur Erziehungsmaßregeln oder Zuchtmittel verhängt worden waren[320]. Ein weiterer Grund dafür war, dass man es „mit der erzieherischen Wirkung des Jugendstrafrechts für nicht vereinbar“ hielt, dass der Jugendrichter den Angeklagten nach § 269 Abs. 4 StPO über die Rechtsmittel gegen sein Urteil belehren und dadurch einen Autoritätsverlust erleiden sollte[321].

Ein Verteidiger, welcher laut § 42 Abs. 2 ebenfalls erzieherisch befähigt und in der Jugenderziehung und Jugendführung erfahren sein sollte[322], um zu verhindern, dass durch ungeeignete Verteidiger die erzieherische Wirkung des Jugendstrafverfahrens in Frage gestellt wird, sollte dem Jugendlichen gemäß § 42 Abs. 1 bestellt werden, wenn einem Erwachsenen ein Verteidiger zu bestellen war oder dem Erziehungspflichtigen und dem gesetzlichen Vertreter ihre Mitwirkungsrechte entzogen worden waren[323]. Das Erfordernis eines geeigneten Verteidigers sollte insbesondere der Gefahr begegnen, durch eine rein geschäftsmäßige Behandlung der Sache oder das Bestreben, den Jugendli-

---

318 *Kümmerlein*, DJ 1943, 553 (559).

319 Zu den gesteigerten Anforderungen an die Urteilsbegründung vgl. *Wolff*, Jugendliche vor Gericht, S. 119 f.

320 *Kümmerlein*, DJ 1943, 553 (560); *ders*., RJGG, S. 19 (Einleitung).

321 *Potrykus*, JGG, 2. Aufl., § 40, Bem. 1; *Kümmerlein*, RJGG, S. 21 (Einleitung).

322 Dies galt jedoch nur für den Pflichtverteidiger, dessen Vertrauensverhältnis zum Mandanten geschützt werden sollte, vgl. *Kümmerlein*, DJ 1943, 553 (560); *Peters*, ZAkDR 1944, 35 (36).

323 *Kümmerlein*, RJGG, S. 21 (Einleitung); Nach § 41 Abs. 3 standen die Rechte des gesetzlichen Vertreters zur Wahl eines Verteidigers und zur Einlegung von Rechtsmitteln auch dem Erziehungspflichtigen zu.

chen vor jeglicher Bestrafung zu bewahren, die erzieherische Wirkung des gesamten Verfahrens in Frage zu stellen[324].

Auch die Vorschriften zur Untersuchungshaft bei Jugendlichen wurden schließlich präzisiert, indem § 46 Abs. 1 nicht nur den Vollzug, sondern schon die Anordnung der Untersuchungshaft untersagte, wenn ihr Zweck durch andere Maßnahmen erreicht werden konnte. Damit wollte man den „erziehlichen Bedenken, die gegen den Vollzug der Untersuchungshaft an Jugendlichen sprechen, angemessen begegnen[325].

Die „Neuerung von weittragender Bedeutung“[326] im RJGG war jedoch die Einführung des vereinfachten Jugendverfahrens, mit dem man eine „jugendgemäße, zugleich vereinfachte und namentlich beschleunigte Durchführung“ des Verfahrens ermöglichen und die Reaktionsbeweglichkeit des materiellen Jugendstrafrechts in das Verfahren übertragen wollte[327]. Zugleich erkannte man aber das Spannungsverhältnis zwischen der beschleunigten Durchführung des Verfahren und den erforderlichen umfassenden Ermittlungen zur Persönlichkeit des Jugendlichen[328]. Gemäß § 48 konnte der Staatsanwalt daher nun bei dem Jugendrichter die Entscheidung im vereinfachten Verfahren beantragen, wenn zu erwarten war, dass der Jugendrichter ausschließlich Zuchtmittel verhängen, Weisungen erteilen oder die Schutzaufsicht anordnen würde[329]. Bei Ablehnung des Antrags erging nach § 49 Abs. 1 ein unanfechtbarer Beschluss, woraufhin der Staatsanwalt nach § 49 Abs. 2 eine Anklageschrift einzureichen hatte. Wurde das vereinfachte Verfahren dagegen durchgeführt, so entschied der Jugendrichter gemäß § 50 Abs. 1 auf Grund einer mündlichen Verhandlung durch Urteil. Dabei konnte der Staatsanwalt auf seine Teilnahme an der Verhandlung verzichten, wobei der Jugendrichter in diesem Fall die sofortige Vollstreckung von Jugendarrest für zulässig erklären konnte. § 50 Abs. 2 ermöglichte es dabei, bis auf die Vorschriften über die Anwesenheit des Angeklagten (§ 33), die Stellung der Erziehungspflichtigen (§ 41) und die Mitteilung von Entscheidungen (§ 44), „zur Vereinfachung, Beschleunigung und jugendgemäßen Gestaltung des Verfahrens“ von Verfahrensvorschriften ab-

---

324 *Peters*, ZAkDR 1944, 35 (36); *Kümmerlein*, DJ 1943, 553 (560).

325 *Kümmerlein*, RJGG, S. 20 f. (Einleitung).

326 *Peters*, RJGG, § 48 Nr. 1.

327 *Kümmerlein*, RJGG, S. 16, 19 f. (Einleitung).

328 *Kümmerlein*, DJ 1943, 553 (556).

329 Gemäß § 48 Abs. 1 S. 2 stand der Antrag des Staatsanwalts der Erhebung der Anklage gleich.

zuweichen, soweit dadurch die Erforschung der Wahrheit nicht beeinträchtigt wurde[330].

Dafür wurde nun aber im Gegensatz zu § 39 JGG 1923 durch § 51 Abs. 1 RJGG 1943 der Erlass eines Strafbefehls gegen Jugendliche ausgeschlossen, da man diese Möglichkeit nun als überflüssig ansah[331]. Insbesondere war man der Ansicht, das Strafbefehlsverfahren eigne sich nicht zur Aburteilung von Jugendverfehlungen, da der Jugendrichter einen persönlichen Eindruck von dem Angeklagten erhalten sollte und dieser nicht auf den Gedanken gebracht werden sollte, „daß eine Straftat mit Geld ausgeglichen werden kann und nicht ernst genommen zu werden braucht“[332]. Auch das beschleunigte Verfahren des allgemeinen Verfahrensrechts und die Anwendung der Vorschriften über die Entschädigung des Verletzten waren nun überflüssig und wurden im Verfahren gegen einen Jugendlichen für unzulässig erklärt, § 51 Abs. 2, 3. Man war der Ansicht, „der private Streit über die Gewährung von Schadensersatz an den Verletzten gehört nicht in ein Jugendstrafverfahren hinein“[333].

Die polizeiliche Strafverfügung blieb in § 52 bestehen, wobei weiterhin die Möglichkeit für die Polizei vorgesehen wurde, Jugendarrest zu verhängen. Die Rechtsbehelfsfrist wurde dabei auf drei Tage verkürzt, „um eine schnelle Vollstreckung des Jugendarrests sicherzustellen“[334].

Neben der Privatklage, die schon nach § 38 JGG 1923 unzulässig war, wurde durch § 53 RJGG 1943 dagegen auch die Nebenklage ausgeschlossen, in der man jugendfremde Gesichtspunkte sah, die die angestrebte erzieherische Wirkung des Verfahrens beeinträchtigen könnten[335]. Privatklagedelikte sollte die Staatsanwaltschaft gegenüber dem JGG 1923 nicht mehr dann ausnahmsweise selbst verfolgen, wenn ein berechtigtes Interesse des Verletzten diesbezüglich bestand, sondern wenn dies wegen der öffentlichen Belange oder aus Gründen der Erziehung geboten war. Die nationalsozialistische Rechtsordnung berücksichtigte den einzelnen Menschen nur in seiner gliedmäßigen Bindung zur Volksgemeinschaft, sodass Bestimmungen, welche dem Verletzten prozes-

---

330 Daraus wurde insbesondere die Notwendigkeit rechtlichen Gehörs sowie der Unmittelbarkeit der Beweisaufnahme gefolgert, vgl. *Peters*, RJGG, § 50 Nr. 1; *Potrykus*, JGG, 2. Aufl., § 50, Bem. 4.

331 *Kümmerlein*, RJGG, S. 16 (Einleitung).

332 Vgl. *Potrykus*, JGG, 2. Aufl., § 51, Bem. 1.

333 *Kümmerlein*, DJ 1943, 553 (562).

334 *Kümmerlein*, DJ 1943, 553 (563).

335 *Kümmerlein*, RJGG, S. 21 (Einleitung).

suale Mitwirkungsrechte gewährten, nicht gewünscht waren[336]. Schließlich wurde aufgrund der Möglichkeit, Jugendliche vor einem Erwachsenengericht anzuklagen, § 78 eingeführt, welcher in Abs. 1 für Verfahren, in denen der Beschuldigte bei Erhebung der Anklage noch nicht 18 Jahre alt war, die Anwendung der Verfahrensvorschriften des RJGG durch das Erwachsenengericht vorsah, um erziehungsschädliche Auswirkungen auf den Jugendlichen zu vermeiden, in Abs. 2 mit Zustimmung der Staatsanwaltschaft die Verweisung der Sache in das Jugendstrafverfahren ermöglichte und in Abs. 3 die Auswahl und Anordnung von Erziehungsmaßregeln und Zuchtmitteln (außer dem Jugendarrest) dem Vormundschaftsrichter überließ[337].

bb) Reaktionen und Umsetzung des Gesetzes bis Kriegsende

Das RJGG wurde von der Praxis „nicht zuletzt wegen der erheblichen Vereinfachungen, die sich aus der Zusammenfassung der bisher sehr verstreuten Rechtsvorschriften für die Jugendstrafrechtspflege ergaben“, lebhaft begrüßt[338]. *Sieverts* war der Ansicht, das inhaltlich und systematisch völlig neue RJGG 1943, das „alle Erfahrungen der Jugendstrafrechtspflege der letzten 20 Jahre“ zusammenfasse, sei „wohl das modernste Jugendgerichtsgesetz der Welt“[339]. Mit der gesetzlichen Verankerung des Jugendstaatsanwalts, der Forderung nach einer erzieherischen Befähigung der am Verfahren Beteiligten Organe der Rechtspflege, der Beseitigung des Strafbefehlsverfahrens und der Nebenklage und der Einführung des vereinfachten Verfahrens, in dem zur „jugendgemäßen Gestaltung“ von Verfahrensvorschriften abgewichen werden durfte, verwirklichte das RJGG tatsächlich auch einige Reformforderungen im formellen Jugendstrafrecht, welche vor der Machtübernahme schon vorhanden waren[340].

Allerdings wurde auch die erfolgreiche Umsetzung der NS-Ideologie durch das RJGG 1943 hervorgehoben. Mit *Kümmerlein* und *Thierack* betonten zwei führende Persönlichkeiten nationalsozialistischer Rechtsgebung, durch das RJGG sei „auf einem weiteren wesentlichen Teilgebiet des Jugendrechts und des Straf-

---

336 *Zapf*, Opferschutz, S. 142; vgl. auch *Kümmerlein*, DJ 1943, 553 (562 f.).

337 *Kümmerlein*, DJ 1943, 553 (556); *ders.*, RJGG, S. 20 (Einleitung).

338 *Kümmerlein*, DJ 1945, 2.

339 „Spätere Zeiten werden es sicherlich als ein besonderes Zeugnis deutscher Kraft werten, daß ein so umfassendes Werk in dem schwersten Kriege entstehen konnte“, vgl. *Sieverts*, ZAkDR 1944, 5.

340 So auch *Kraft*, Tendenzen, S. 114.

rechts nationalsozialistisches Rechtsdenken verwirklicht worden“[341]. Das Gesetz sei „Ausdruck nationalsozialistischen Rechtswollens und nationalsozialistischer Erziehungsgrundsätze“, darin habe „das nationalsozialistische Rechtsdenken in reifer Lösung Gestalt gewonnen“[342]. Das RJGG dürfe daher Anspruch darauf erheben, als Beweis nationalsozialistischer Rechtskultur zu gelten[343].

Wie schon nach Einführung des JGG 1923 wandte sich der Blick nach Erlass des RJGG 1943 stärker den Aufgaben der Rechtsverwirklichung zu[344]. Da zahlreiche Jugendrichter und Jugendstaatsanwälte während des Krieges zur Wehrmacht einberufen wurden und es in der Folge zu häufigen Dezernentenwechseln kam, konnte „die Fülle der erzieherischen Möglichkeiten“ des Gesetzes jedoch nicht voll ausgeschöpft werden[345]. Insbesondere die Verwirklichung des laut *Kümmerlein* vermeintlich wichtigsten Grundsatzes des Gesetzes, dass die Richter und Jugendstaatsanwälte erzieherisch befähigt und in der Jugendführung erfahren sein sollten, war in der Praxis nur schwer umsetzbar, „zumal die so erfolgreich begonnene Schulung der in der Jugendstrafrechtspflege tätigen Rechtswahrer nur noch in geringem Umfang durchführbar“ war. So entstanden aufgrund der personellen Situation einige Bezirksjugendgerichte, etwa in Berlin, Nürnberg, Hamburg, Frankfurt und Wien.

Das vereinfachte Verfahren, welches im Schrifttum dafür gelobt wurde, dass es ermöglichte, das Verfahren der besonderen Eigenart des jeweiligen Falles anzupassen und es jugendgemäß und beschleunigt durchzuführen, wurde in den meisten Bezirken des „Altreichs“ schon bald zum Regelverfahren[346]. Problematisch war jedoch, dass die Verfahrensvorschriften in der Praxis sehr unterschiedlich umgesetzt wurden. So wurde etwa die Teilnahme des Jugendstaatsanwalts an den Verhandlungen verschieden gehandhabt[347]. Überwiegend machten die Jugendstaatsanwälte von der Möglichkeit Gebrauch, auf eine Teilnahme an der mündlichen Verhandlung zu verzichten[348]. Auch von der

341 *Kümmerlein*, DJ 1943, 529 (530).

342 *Thierack*, DJR 1944, 5.

343 *Thierack*, DJR 1944, 5 (10).

344 *Peters*, RJGG, S. 5.

345 Vgl. hierzu und zum folgenden Text *Kümmerlein*, DJ 1945, 2.

346 Laut *Kümmerlein*, DJ 1945, 2, hat sich das Verfahren vor allem bei der Behandlung von „Vergehen Jugendlicher gegen die Arbeitsdisziplin“ bewährt.

347 *Peters*, in: Stand und Neuordnung, 90 (104).

348 Die erzieherische Wirksamkeit der Teilnahme des Jugendstaatsanwalts an der Hauptverhandlung war insgesamt umstritten. Eine Seite war der Ansicht, der Jugendliche habe für eine Zweiteilung der Funktionen keinerlei Verständnis, während die andere Seite argu-

Möglichkeit des § 50 Abs. 2, von weiteren Verfahrensvorschriften abzuweichen, wurde in unterschiedlichem Umfang Gebrauch gemacht, wobei insbesondere die Freiheiten bei der Gestaltung der mündlichen Verhandlung ausgenutzt wurden[349]. So wurde etwa die Möglichkeit, einen Wahlverteidiger nicht zuzulassen begrüßt, da man der Ansicht war, die Tätigkeit des Verteidigers lasse sich schwer mit der erzieherischen Zielrichtung des Jugendstrafverfahrens vereinbaren[350]. Teilweise wurde von der Praxis sogar gefordert, die Grundsätze des rechtlichen Gehörs und der Unmittelbarkeit der Beweisaufnahme weiter aufzuweichen, um etwa auch schriftliche Äußerungen über die Persönlichkeit des Jugendlichen verwerten zu können[351].

Die Geschäftsverteilung zwischen Jugendstaatsanwalt und Amtsanwalt bewährte sich in der Praxis vielfach und führte dazu, dass in vielen Bezirken sämtliche Jugendsachen tatsächlich von Jugendstaatsanwälten bearbeitet wurden[352]. Seitens der Jugendstaatsanwälte wurde in steigendem Maße von der Möglichkeit Gebrauch gemacht, beim Jugendrichter oder Vormundschaftsrichter eine erzieherische Maßnahme anzuregen und nach deren Ausführung von der Verfolgung abzusehen[353]. Die Jugendstaatsanwälte bedauerten sogar, dass sie nicht selbst Arbeitsauflagen oder eine Ermahnung erteilen konnten und dass ihnen kein umfassendes Rechtsmittelrecht eingeräumt worden war[354].

Die Bestrebungen, Untersuchungshaft nach Möglichkeit bei Jugendlichen zu verhindern, hatten dagegen keinen Erfolg, da man der Ansicht war, es fehle „fast völlig an geeigneten anderen Maßnahmen, die den Zweck der Untersuchungshaft erfüllen können“[355]. Von „besonders aktiven“ Jugendrichtern wurde die Untersuchungshaft sogar dafür eingesetzt, den „Schock einer sofortigen Freiheitsentziehung“ zu erzieherischen Einwirkungen auf den Jugendlichen zu

---

mentierte, gerade dem Auftreten des Staatsanwalts sei eine besondere erzieherische Bedeutung beizumessen, vgl. *Kümmerlein*, DJ 1945, 2 (3).

349 Nach *Kümmerlein*, DJ 1945, 2 (4), wurde der Spielraum „zum Teil in sehr erfreulicher Weise“ ausgenutzt, indem etwa im Einzelfall „mehr oder minder formlos auf dem Dienstzimmer des Richters verhandelt“ wurde.

350 Vgl. *Kümmerlein*, DJ 1945, 2 (4).

351 So berichtet jedenfalls *Kümmerlein*, DJ 1945, 2 (4).

352 Diesen war auch die Bearbeitung der Verfahren gegen Jugendliche vor den Sondergerichten zugewiesen worden, vgl. *Kümmerlein*, DJ 1945, 2 (6).

353 *Kümmerlein*, DJ 1945, 2 (8).

354 Für *Kümmerlein* sollte jedoch der Jugendrichter Verantwortungsträger erzieherischer Maßnahmen bei straffälligen Jugendlichen bleiben, vgl. *Kümmerlein*, DJ 1945, 2 (8 f.).

355 *Kümmerlein*, DJ 1945, 2 (8).

nutzen[356]. Empfohlen wurde auch, von einer Anrechnung der Untersuchungshaft auf eine Jugendgefängnisstrafe abzusehen, soweit dadurch die Dauer des Vollzugs auf weniger als drei Monate abgesenkt würde, da eine zu kurze Vollzugsdauer „eine nachhaltige erziehliche Wirkung" nicht erwarten ließe[357].

In der Zeit bis zum Ende des Krieges wurde die Anwendung des neuen Gesetzes mit Verwaltungsanweisungen abgesichert[358]. Schon kurz nach Erlass des RJGG wurde im Dezember 1943 der HJ mit Allgemeiner Verfügung vom 18. Dezember 1943[359] eine Vorrangposition vor der Jugendgerichtshilfe eingeräumt. Auf Grundlage von § 4, welcher den Reichsjustiz- und den Reichsinnenminister ermächtigte, die zur Durchführung entsprechenden Rechts- und Verwaltungsvorschriften zu erlassen, wurden am 15. Januar 1944 die Richtlinien zum RJGG erlassen, welche Erläuterungen zu den einzelnen Vorschriften enthielten und eine einheitliche Praxis bei der Anwendung des RJGG sicherstellen sollten[360]. Die Gestaltung des gesamten Jugendstrafverfahrens sollte an der angestrebten erzieherischen Wirkung ausgerichtet sein, weswegen dieses in einer dem Jugendlichen verständlichen Weise ablaufen sollte[361]. Auch in der NS-Zeit wurde der Grundsatz der erzieherischen Ausgestaltung des Verfahrens und das Ziel, den jugendlichen Täter zum einen vor vermeidbaren Schäden zu bewahren, aber auch möglichst schnell den erforderlichen Erziehungsmaßnahmen zuzuführen, betont[362]. In der Literatur und Praxis war man sich einig, dass für eine erzieherische Wirkung die jeweilige Maßnahme der Tat auf dem Fuße folgen müsse[363]. Auch wenn es kriegsbedingt zu größeren Zeitspannen

356 Daneben wies man auf die Möglichkeit hin, die Jugendlichen im Rahmen von vorläufigen Anordnungen nach § 45 RJGG in den Jugendarresträumen unterzubringen, vgl. *Kümmerlein*, DJ 1945, 2 (8).

357 *Kümmerlein*, DJ 1945, 2 (8).

358 Vgl. hierzu *Kümmerlein*, DJ 1945, 2 ff. und *Wolff*, ZNR 1991, 41 (45).

359 Abgedruckt in: DJ 1943, S. 569 ff.; die Verfügung lautete: „Die Hitlerjugend ist im nationalsozialistischen Staat die Trägerin der Erziehung der deutschen Jugend außerhalb des Elternhauses und der Schule. Die Erziehungsarbeit der Jugendrechtspflege muß daher auf die Erziehungsgrundsätze der Hitler-Jugend ausgerichtet sein und diese bei der Erfüllung ihrer Erziehungsaufgaben unterstützen."; vgl. dazu *Wolff*, VfZ 1985, 640 (666 f.).

360 Vgl. die Einführung zu den Richtlinien, abgedruckt in: DJ 1944, Amtl. Sonderveröffentlichungen, Nr. 30, S. 3; zu den Richtlinien als „häufig angewandtes, sehr wirksames juristisches Instrumentarium zur gezielten Beeinflussung von Entscheidungsinhalten" *Meyer-Höger*, Jugendarrest, S. 109 f.

361 *Kümmerlein*, DJ 1943, 553 (555 f.); *Peters*, ZAkDR 1944, 35 (38).

362 Vgl. z.B. *Peters*, .ZAkDR 1944, 35 (38).

363 Vgl. z.B. *Kümmerlein*, DJ 1943, 553 (556); *ders*., DJR 1942, 53; problematisch waren insofern auch die kriegsbedingten Verzögerungen bei der jugendärztlichen Untersuchung, vgl. *Kümmerlein*, DJ 1945, 2 (8).

zwischen Tat und Aburteilung kam, wollte man an dem Grundsatz der beschleunigten Durchführung des Verfahrens festhalten, um nicht „durch eine Verschleppung des Verfahrens der gesamten Jugendstrafrechtspflege die Schlagkraft zu nehmen“[364].

Verschiedene Runderlasse, zu denen keine Begründungen vorliegen, beschäftigten sich ebenfalls mit der Situation junger Menschen im Strafverfahren. Bereits am 3. Januar 1944 war ein Runderlass über die Behandlung der Kinder und Jugendlichen bei der Polizei[365] ergangen, in welchem die erzieherische Bedeutung des Verhaltens der Beamten für die jungen Menschen hervorgehoben wurde und daher unter anderem die Vernehmung der Kinder und Jugendlichen durch dafür geeignete und geschulte Personen vorgesehen war. Mit Runderlass vom 30. Januar 1944 über die Zusammenarbeit zwischen Polizei und HJ wurde neben den Mitteilungen an die HJ vor allem die Zusammenarbeit bei der Erfassung gefährdeter Jugendlicher und allgemeiner Gefährdungsquellen, insbesondere im Ermittlungsverfahren und im Fahndungswesen geregelt[366]. Ein Runderlass des RJM vom 30. März 1944 betreffend Übertretungen Jugendlicher[367] gab schließlich zu bedenken, dass Jugendliche dazu neigen würden „harmlosen Unfug zu verüben, der keine schwere Ahndung verdient“ und machte deshalb die zu treffenden (polizeilichen) Maßnahmen von der Frage abhängig, „ob und inwieweit eine innere Fehlhaltung an der Übertretung des Jugendlichen mitgewirkt hat“.

Die Umsetzung der verfahrensrechtlichen Vorschriften des RJGG war erheblich von den Auswirkungen des Krieges betroffen. Am 13. Dezember 1944 erging die „Verordnung zur weiteren Anpassung der Strafrechtspflege an die Erfordernisse des totalen Krieges (Vierte Verordnung zur Vereinfachung der Strafrechtspflege)“[368], die unter anderem die Anklageerhebung erleichterte (§§ 10, 11), die Rechtsmittel einschränkte (§ 13) und das Legalitätsprinzip weiter auflockerte (§ 8), indem der Staatsanwalt von der Erhebung der Anklage absehen konnte, „wenn die Verfolgung im Kriege zum Schutze des Volkes nicht erforderlich“ war. Darüber hinaus wurde im Hinblick auf das Jugend-

---

364 Wichtiger Grundsatz blieb aber, dass der Jugendgerichtshilfe Gelegenheit gegeben werden musste, rechtzeitig mit den Ermittlungen einzusetzen, vgl. *Kümmerlein*, DJ 1945, 2 (5).

365 Abgedruckt in: Ministerialblatt des Reichs- und Preußischen Ministeriums des Innern 1944, Nr. 5 vom 2. Februar 1944, S. 81 ff.; die Unterlagen zum Runderlass finden sich in BArch R 3001/21179, S. 167 ff.

366 Vgl. hierzu die AV d. RJM vom 14. April 1944, abgedruckt in: DJ 1944, S. 136.

367 Abgedruckt in: DJ 1944, S. 154; die Unterlagen zum Runderlass finden sich in BArch R 3001/21179, S. 124 ff.

368 RGBl. I 1944, S. 339.

strafverfahren die sofortige Vollstreckung von Zuchtmitteln und Erziehungsmaßregeln ermöglicht (§ 15) und die Einschränkung der Mitteilungspflichten in Jugendsachen nach näherer Anordnung des Reichsjustizministers gestattet (§ 9 Abs. 2). Daraufhin wurden für die Dauer des Krieges die im RJGG 1943 vorgesehenen umfangreichen Mitteilungspflichten (vgl. § 44) mit Allgemeiner Verfügung des RJM vom 18. Dezember 1944[369] für Fälle, in denen der Empfänger aufgrund kriegsbedingter Personalschwierigkeiten ohnehin nichts veranlassen konnte, eingeschränkt[370]. *Wolff* fasste die Situation kurz vor Kriegsende wie folgt zusammen:

> „Die Verfahrensgestaltung war mittlerweile derart flexibel und vereinfacht, daß die Ähnlichkeit mit dem klassischen Jugendstrafverfahren nur noch gering gewesen sein dürfte."[371]

3. Zusammenfassung

In der NS-Zeit zeigten sich im (formellen) Jugendstrafrecht widersprüchliche Tendenzen. Zum einen wurde weiterhin der Grundsatz der erzieherischen Ausgestaltung des Verfahrens und das Ziel, den jungen Beschuldigten bzw. Angeklagten vor vermeidbaren Schäden zu bewahren, hervorgehoben. Auch in der NS-Zeit wurde die Bedeutung des Jugendstrafverfahrens als „Erziehungsverfahren" postuliert, welches „in erzieherischer Weise die Persönlichkeit des Jugendlichen erfassen" sollte[372]. Insbesondere betonten auch die Nationalsozialisten den Beschleunigungsgrundsatz, die Notwendigkeit eingehender Ermittlungen zur Persönlichkeit des Jugendlichen und das Ziel, Untersuchungshaft bei Jugendlichen nach Möglichkeit zu vermeiden. Im RJGG 1943 wurde schließlich der Jugendstaatsanwalt erstmals gesetzlich verankert, die Forderung nach einer erzieherischen Befähigung der am Verfahren Beteiligten Organe der Rechtspflege einschließlich der Verteidiger aufgestellt, das Legalitätsprinzip weiter eingeschränkt, das Strafbefehlsverfahren und die Nebenklage beseitigt und das vereinfachte Verfahren eingeführt, in dem zur „jugendgemäßen Gestaltung" von Verfahrensvorschriften abgewichen werden durfte.

Zum anderen wurden jedoch ab 1933 auch im JGG das „Rasseprinzip", das „Führerprinzip" und der Gedanke der „Volksgemeinschaft" umgesetzt und

---

369 AV d. RJM vom 18. Dezember 1944, abgedruckt in: DJ 1945, S. 19.

370 Eingeschränkt wurden zudem einzelne Anhörungspflichten, vgl. hierzu *Kümmerlein*, DJ 1945, 2 (5 f.).

371 *Wolff*, Jugendliche vor Gericht, S. 164.

372 *Peters*, RJGG, Vor § 21 Nr. 2.

eine neue Tätertypenlehre geschaffen und die Schutzrechte der Jugendlichen weitgehend gegenüber Abschreckungs- und Vergeltungsgedanken zurückgestellt[373]. Durch erzieherisch begründete Auflockerungen gegenüber dem allgemeinen Verfahren wurde der Erziehungsgedanke zwar aufrechterhalten, in der Praxis aber „nationalsozialistisch pervertiert"[374], indem der NS-Ideologie entsprechende Erziehungsziele mit entsprechenden Methoden erreicht werden sollten. Diese beinhalteten insbesondere deine „Auslese im nationalsozialistischen Sinne und Verwahrung bzw. Ausmerzung"[375]. Sühne- und Vergeltungsdenken wurden also erzieherisch legitimiert, indem ein entsprechendes Erziehungsverständnis entwickelt wurde. So wurde der Erziehungsgedanke von den Nationalsozialisten nicht abgelehnt, sondern dessen Unbestimmtheit genutzt, um ihn mit neuem Bedeutungsgehalt zu füllen. Unter einer wirksamen Erziehung verstand man nun eine harte Reaktion des Staates zur Disziplinierung junger Straftäter. Die Erziehungsideale der Jugendgerichtsbewegung wurden damit durch ein ideologiegeprägtes System umfassender sozialer Kontrolle ersetzt.

Es bestimmte nicht die Auffälligkeit des Jugendlic.hen die strafrechtliche Reaktion, sondern das von den Nationalsozialisten geschaffene ideologische Feindbild[376]. Der persönliche Geltungsbereich des Jugendstrafrechts wurde auf die Jugendlichen beschränkt, die nach der Vorstellung der Nationalsozialisten „würdig" zur Rückkehr in die Volksgemeinschaft waren[377]. Auch die besondere Zuständigkeit der Jugendgerichte wurde größtenteils beseitigt, sodass eine Vielzahl von Institutionen wie z.B. die Polizei, HJ-Gerichte, Wehrmachtsgerichte, Sondergerichte und allgemeine Strafgerichte auf die Jugendlichen zugreifen konnten[378]. Im Jugendstrafverfahren kam es den Nationalsozialisten durch Besetzung entsprechender Posten in der Justiz durch regimetreue Persönlichkeiten und personelle Verflechtungen primär darauf an, die eigene Erziehungsideologie durchzusetzen und deren Umsetzung zu kontrollieren. Schon 1933 versuchte man, die Schöffenpositionen mit regimetreuen Persönlichkeiten zu bestimmen und verbannte diesen Unsicherheitsfaktor schließlich komplett aus dem Jugendstrafverfahren[379]. Wert gelegt wurde auf eine Beset-

373 *Wolff*, in: Verhandlungen des 22. JGT, 644 (652).

374 So z.B. *Ostendorf/Drenkhahn*, Jugendstrafrecht, S. 58; *Schlüchter*, Erziehungsgedanke, S. 21.

375 *Pieplow*, ZJJ 2022, 146 (147); *Wolff*, in: Verhandlungen des 22. JGT, 644 (647).

376 *Wolff*, in: Verhandlungen des 22. JGT, 644 (655).

377 *Wolff*, Jugendliche vor Gericht, S. 63 ff., 353 ff.

378 *Wolff*, in: Verhandlungen des 22. JGT, (644) 656.

379 *Kleimann*, ZJJ 2013, 297 (406).

zung der Rollen der Jugendrichter und Jugendstaatsanwälte mit Persönlichkeiten, welche einen engen Bezug zur HJ hatten oder zumindest die nationalsozialistische Ideologie vertraten, um sicherzustellen, dass diese politisch zuverlässig waren[380]. Abgesichert wurden diese Maßnahmen durch eine im Laufe der Zeit immer stärker werdende Beteiligung von HJ und NS-Volkswohlfahrt am Jugendstrafverfahren. Diese konnten und sollten im Verfahren den persönlichen Hintergrund und die Regimetreue des Jugendlichen genau ausforschen und die Verwirklichung nationalsozialistischer Erziehungszwecke kontrollieren. Im Rahmen des vereinfachten Verfahrens und des Jugendarrests trug das Beschleunigungsprinzip zur Rechtfertigung der Durchsetzung des nationalsozialistischen Strafanspruchs und der Verwirklichung der beabsichtigen „Schockwirkung" bei[381]. Schließlich wurde mit der Unterbringung zur „kriminalbiologischen Untersuchung" der Gedanke einer biologischen Disposition zur Verbrechensbegehung aufgenommen und damit nach Feststellung eines „Defekts" die Anwendung harter Strafen begründet[382].

Das nationalsozialistische System umfassender sozialer Kontrolle trat dadurch auch im formellen Jugendstrafrecht zu Tage. Die meisten Neuerungen dort standen in einem umfassenden Kontrollzusammenhang, zumal der Kreis der Jugendlichen, welche überhaupt „in den Genuss" der besonderen prozessualen Gewährleistungen des RJGG 1943 kommen konnte, entsprechend klein geworden war[383]. Durch verschiedene Auslesemechanismen war die Jugendgerichtspraxis immer mehr beschränkt worden, sodass sie nur noch einen kleinen Teil abweichenden Verhaltens innerhalb des „umfassenden Apparates der Sozialdisziplinierung" erfasste und ihr lediglich die Aburteilung alltäglicher Jugendkriminalität von Deutschen und westeuropäischen Ausländern verblieb[384]. Selbst die prozessualen Gewährleistungen des RJGG 1943, die tatsächlich die Jugendlichen vor den negativen Auswirkungen des Strafverfahrens bewahren sollten, kamen also regelmäßig überhaupt nicht zur Anwendung. Die Änderungen in der Ausgestaltung des Jugendstrafverfahrens wurden dabei zwar häufig erzieherisch begründet, sollten aber zumeist auch der Abschreckung dienen, wie etwa das Abstellen auf die „Schlagkraft" einer schnellen Reaktion und der „Schockwirkung" der Untersuchungshaft oder

---

380 *Frenzel*, ZJJ 2022, 276 (278), bezeichnet die Verankerung besonderer Qualifikationen der Beteiligten für die Jugendlichen im RJGG 1943 daher als „Danaergeschenk" für die Jugendlichen.

381 *Scheffler*, RdJB 1981, 451 (456 ff.).

382 *Kleimann*, ZJJ 2013, 397 (405).

383 *Wolff*, ZNR 1991, 41, (61 f.); vgl. auch *Schlüchter*, Erziehungsgedanke, S. 18.

384 *Wolff*, in: Verhandlungen des 22. JGT, (644) 656.

des Jugendarrests zeigt[385]. Insgesamt zeigt sich in der Vielzahl der überlieferten Quellen damit das eindeutige Anliegen der Nationalsozialisten, die Gesellschaft faschistisch und rassisch-völkisch umzuorientieren und die Persönlichkeitsbildung der jungen Menschen hierauf auszurichten[386].

III. Das Ende des Zweiten Weltkrieges

Nach dem Ende des Krieges und der nationalsozialistischen Herrschaft am 8. Mai 1945 kam es für eine kurze Zeit zum Stillstand der Rechtspflege, sodass es zunächst keine Jugendgerichtsbarkeit mehr gab, bis diese unter Anleitung der alliierten Besatzungsmächte entsprechend der vor dem 30. Januar 1933 gültigen Regelungen nach und nach wieder aufgenommen wurde[387]. Beim Wiederaufbau einer staatlichen Ordnung nach Kriegsende war die Bekämpfung der in der ersten Nachkriegszeit bedeutenden Kriminalität ein wichtiges Anliegen für die Zeitgenossen[388]. Die Kriegsfolgen und der Orientierungsverlust der Bevölkerung, insbesondere die Verluste von geliebten Menschen, die Veränderung der Alters- und Geschlechtsstrukturen durch Bevölkerungsverschiebungen, die zerstörte Infrastruktur und damit einhergehende Wohnsituation vor allem in den Städten, sowie die Probleme mit der Lebensmittelversorgung, hatten auch auf die (familiäre) Situation Jugendlicher erhebliche Auswirkungen und trugen zur Jugendkriminalität bei[389]. Neben der materiellen Not im Land kam es infolge der Auflösung nationalsozialistischer Werte und Verhaltensnormen – mit denen sich keine andere Bevölkerungsgruppe derart tiefgreifend und ausschließlich identifiziert hatte, wie die Jugendlichen – und des Netzes umfassender sozialer und politischer Kontrolle auf eine schnelle Rechtsbereinigung zur Wiederherstellung geordneter Verhältnisse an[390]. Die Leiterin des Jugendamtes der Stadt München *Bamberger* fasste die Situation der Jugendlichen in Deutschland nach dem Zweiten Weltkrieg anschaulich zusammen:

---

385 Vgl. *Kümmerlein*, DJR 1943, 56 f.; hierzu auch *Nothacker*, „Erziehungsvorrang", S. 47 f.

386 *Schlüchter*, Erziehungsgedanke, S. 19.

387 *Kluger*, in: Stand und Neuordnung, 111 (112); zum Stillstand und Wiederaufbau der deutschen Gerichtsbarkeit durch die Alliierten mit Fokus auf die britische Zone vgl. *Wolff/Egelkamp/Mulot*, Jugendstrafrecht zwischen NS und Demokratie, S. 76 ff.

388 *Wolff/Egelkamp/Mulot*, Jugendstrafrecht zwischen NS und Demokratie, S. 22.

389 Ausführlich zur sozialen Situation nach dem Untergang des Dritten Reiches vgl. *Wolff/Egelkamp/Mulot*, Jugendstrafrecht zwischen NS und Demokratie, S. 27 ff.

390 Vgl. dazu und zur Jugendverwahrlosung und -kriminalität nach dem Krieg *Wolff/Egelkamp/Mulot*, Jugendstrafrecht zwischen NS und Demokratie, S. 22, 35 ff.; *Peters*, Erscheinungsformen und Ursachen, S. 37 ff.

> „Der deutschen Jugend ist aber nicht nur der Boden unter den Füßen entzogen, es sind ihr die Sterne vom Himmel genommen. Die Werte, die ihr 12 Jahre lang eingehämmert wurden, haben sich als falsch erwiesen. Die Götter, die sie 12 Jahre lang anbeten mußte, sind tot. Die Ideale, an die sie 12 Jahre lang geglaubt hat, liegen zerbrochen am Boden."[391]

1. Der Versuch der Entnazifizierung des deutschen Jugendstrafrechts

Es kam zum Versuch einer Entnazifizierung des Jugendstrafrechts durch die alliierten Kontrollmächte. Dabei ging es aber keineswegs nur um Kriminalitätsbekämpfung, sondern auch um Schutz, Erziehung und Reintegration der Jugendlichen[392].

Schon 1941 war von nach Großbritannien emigrierten deutschen Juristen der Anstoß zur Auseinandersetzung mit der Entnazifizierung deutschen Rechts gekommen[393]. Dort beschäftigte man sich im Rahmen des von den deutschen Juristen *Wolf* und *Schalscha* im Januar 1942 gegründeten „Research Committe for the Revision of German Law" mit der Untersuchung aller von den Nationalsozialisten geschaffenen Gesetze auf deren Verträglichkeit mit elementaren Gerechtigkeits- und Freiheitsprinzipien und begann, Vorschläge zu einer Aufhebung und Reform zu erarbeiten[394]. Eigenständige britische Überlegungen hatte schließlich *O'Neill* angestellt, welcher in seinem Report die zu verfolgenden Grundlinien für die Reformierung des deutschen Rechts herausgearbeitet hatte[395]. Er war der Ansicht, kurzfristige Reformziele könnten nach Kriegsende von den alliierten Oberbefehlshabern mit den üblichen Instrumentarien des Besatzungsrechts umgesetzt werden, wogegen eine neue deutsche Regierung Adressat der in einem Waffenstillstands- oder Friedensvertrag festgelegten Rahmenbedingungen für eine von ihr durchzuführende Gesamtreform sein müsse[396]. Großbritannien, die USA, Frankreich und die UdSSR hatten sich bereits 1943, als sich der Krieg zu ihren Gunsten zu entwickeln begann, der Problematik des Umgangs mit Deutschland nach Kriegsende angenommen und das Kriegsziel der bedingungslosen Kapitulation festgelegt[397]. Zwischen den Alliierten war es sodann auf der Moskauer Außenministerkonferenz infolge

---

391 *Bamberger*, in: Die Frage der Jugend, (39) 47.

392 *Wolff/Egelkamp/Mulot*, Jugendstrafrecht zwischen NS und Demokratie, S. 22.

393 Ausführlich hierzu und zum Folgenden *Etzel*, Aufhebung von NS-Gesetzen, S. 3 ff.

394 *Etzel*, Aufhebung von NS-Gesetzen, S. 4.

395 Vgl. hierzu *Etzel*, Aufhebung von NS-Gesetzen, S. 6.

396 *Etzel*, Aufhebung von NS-Gesetzen, S. 6.

397 *Diestelkamp*, JuS 1980, 401 (402 f.); *Hansen*, Das Ende des Dritten Reiches, S. 16 ff.

der italienischen Kapitulation, welche die Erforderlichkeit einer genaueren Absprache deutlich gemacht hatte, zur Einsetzung der „European Advisory Commission“ (EAC) gekommen, welche sich am 20. Januar 1944 in London konstituiert hatte und über die Waffenstillstandsbedingungen für Deutschland beraten sollte[398]. Im Rahmen einer anglo-amerikanischen Kooperation war die am 8. März 1944 gegründete „Special Legal Unit, Germany and Austria“ (SLUGA) institutioneller Ausgangspunkt für die Planungen zur Reform des deutschen Rechts[399]. Diese sollte vorbereitende Studien für eine spätere Entfernung nationalsozialistischer Einschläge in deutschen und österreichischen Gesetzen erstellen und im Rahmen der Militärregierungsgesetzgebung beratend tätig werden[400].

a) Erste Planungen und Maßnahmen in den Besatzungszonen

SLUGA setzte sich tatsächlich schon ab Oktober 1944, also einige Zeit vor dem Ende des Krieges, mit der Überprüfung des RJGG auseinander[401]. Der Spezialist für Strafrecht *Mannheim*[402] informierte das Komitee in einem Memorandum über das RJGG 1943 und dessen Vorläufer und gab selbst Empfehlungen zur Beseitigung nationalsozialistischen Gedankenguts ab, wobei er betonte, wie schwer es sein würde, den richtigen Kurs zur zukünftigen Behandlung jugendlicher Straftäter angesichts der jahrelangen Indoktrinierung mit NS-Ideologie zu finden[403]. Dabei empfahl er unter anderem, den Dualismus von Amtsrichter und Jugendkammer zu beseitigen und zu der Regelung des JGG 1923 zurückzukehren, um Entscheidungen von Einzelrichtern zu

398 *Wolff/Egelkamp/Mulot*, Jugendstrafrecht zwischen NS und Demokratie, S. 47 f.; aufgrund von Vorbehalten der USA und UdSSR konnte dort noch keine genauere Festlegung der späteren Politik der Alliierten gegenüber Deutschland erfolgen, vgl. *Etzel*, Aufhebung von NS-Gesetzen, S. 7.

399 *Etzel*, Aufhebung von NS-Gesetzen, S. 20.

400 *Etzel*, Aufhebung von NS-Gesetzen, S. 22.

401 Ausführlich zur (versuchten) Entnazifizierung des Jugendstrafrechts *Etzel*, Aufhebung von NS-Gesetzen, S. 138 ff.; eine detaillierte chronologische Übersicht zur Reformdiskussion zum RJGG findet sich als Anhang 3 bei *Wolff/Egelkamp/Mulot*, Jugendstrafrecht zwischen NS und Demokratie, S. 253 ff.

402 Der jüdische Kriminologe war außerordentlicher Professor und Kammergerichtsrat und in die Immigration nach Großbritannien gezwungen gewesen, wo er Dozent an der Londoner Universität wurde, vgl. *Pieplow*, in: GS-Walter, 341 (352); *Wolff/Egelkamp/Mulot*, Jugendstrafrecht zwischen NS und Demokratie, S. 123.

403 „It will be of vital importance to steer the right middle course between sentimentality and Nazi brutality“, vgl. das „Mannheim-Memorandum“, S. 2, in: IfZArch OMGUS RG 260 5/323 – 1/30.

vermeiden[404]. Daneben hielt er die Wiedereinführung des 1939 abgeschafften Schöffensystems nach dem Vorbild des JGG 1923 für einen essentiellen Bestandteil der Strafrechtspflege in Deutschland und sprach sich für besondere Qualifikationsanforderungen für die Richter und Schöffen aus, nachdem die Nationalsozialisten den Begriff Jugenderziehung (vgl. § 24 RJGG 1943) verfälscht hatten[405]. Als Folge der Auflösung der HJ und der „Jugendhilfe der Nationalsozialistischen Volkswohlfahrt“ und ähnlichen Einrichtungen, sah *Mannheim* neben der Streichung der entsprechenden Vorschriften des RJGG 1943 eine Stärkung der Position der Jugendgerichtshilfe vor, welche laut ihm wieder exklusiv am Jugendstrafverfahren mitwirken sollte[406]. Auch den Begriff der „Kriminalbiologie“ wollte er aus dem JGG streichen und durch Verweise auf die Kriminologie, Jugendpsychologie und Psychiatrie ersetzen, um den Fokus der Nationalsozialisten auf zweifelhafte Erkenntnisse der Kriminalbiologie aus dem deutschen Strafrecht zu entfernen[407]. Darüber hinaus hielt *Mannheim* die Rechtsmittelbeschränkung in § 40 RJGG 1943 für ungerechtfertigt und die polizeiliche Strafverfügung, mittels derer unter anderem Jugendarrest verhängt werden konnte, für inadäquat[408]. Kritisch äußerte er sich auch zum vereinfachten Verfahren in den §§ 48 bis 50 RJGG 1943 und zur „elastic formula“ in § 50 Abs. 2 RJGG 1943, die umfangreiche Abweichungen von den Verfahrensvorschriften zuließ und dadurch seiner Meinung nach einen gefährlichen Freiraum eröffnete[409]. Er wollte das vereinfachte Verfahren wegen der schwierigen Nachkriegsverhältnisse zwar beibehalten, ihm aber klarere Konturen verleihen[410]. Auch den Vorrang des Reichsgerichts,

---

404 *Mannheim* bezeichnete den Dualismus als „schlecht und überflüssig“ (übersetzt aus dem Englischen: „bad and unnecessary“), vgl. das „Mannheim-Memorandum“, S. 5 f., in: IfZArch OMGUS RG 260 5/323 – 1/30.

405 Dabei verwies er auf die amerikanischen „Jugendgerichtsstandards“ von 1923, welche als spezielle Qualifikationen für die Jugendrichter eine entsprechende juristische Ausbildung, Kenntnisse in der Kinderpsychologie und Erfahrungen mit sozialen Problemen vorsahen, vgl. das „Mannheim-Memorandum“, S. 6 ff., in: IfZArch OMGUS RG 260 5/323 – 1/30.

406 Vgl. das „Mannheim-Memorandum“, S. 8 ff., in: IfZArch OMGUS RG 260 5/323 – 1/30.

407 Aus der „kriminalbiologischen Untersuchung“ sollte eine körperliche, psychologische und psychiatrische werden, vgl. das „Mannheim-Memorandum“, S. 11, 29, in: IfZArch OMGUS RG 260 5/323 – 1/30.

408 Die Abschaffung des Jugendarrestes vor Sicherstellung einer ausreichenden Anzahl an qualifizierten Fürsorgern wollte aus Angst vor einer gefährlichen Regelungslücke zunächst aufschieben, vgl. das „Mannheim-Memorandum“, S. 11 ff., in: IfZArch OMGUS RG 260 5/323 – 1/30.

409 Vgl. das „Mannheim-Memorandum“, S. 12, in: IfZArch OMGUS RG 260 5/323 – 1/30.

410 Eine Überarbeitung sollte später mit der künftigen Strafprozessordnung erfolgen, vgl. das „Mannheim-Memorandum“, S. 12, 31, in: IfZArch OMGUS RG 260 5/323 – 1/30.

Volksgerichtshofs, Oberlandesgerichts und der Sondergerichte vor den Jugendgerichten gemäß § 76 Abs. 1 RJGG 1943 wollte er streichen[411]. Für die Personen im Alter zwischen 18 und 21 Jahren wollte er ein eigenes, speziell auf diese zugeschnittenes Verfahren vor speziellen Abteilungen der Erwachsenengerichte schaffen[412]. Mit seinem Memorandum regte *Mannheim* die Diskussion zur Auseinandersetzung mit dem deutschen Jugendstrafrecht an, was zur Folge hatte, dass die Problematik zu einem der Hauptthemen der Beratungen werden sollte[413].

Im Rahmen der anglo-amerikanischen Kooperation verständigte man sich zunächst darauf, in einem ersten Schritt durch eine Auflistung von höchstens zehn nationalsozialistischen Gesetzen und die Formulierung einer Generalklausel, welche Richtlinien für die Anwendung von nach dem 30. Januar 1933 erlassenem Recht beinhalten sollte, klare Verhältnisse zu schaffen, um später in einem zweiten Schritt nach genaueren Untersuchungen des deutschen Rechts mittels zusätzlicher Proklamationen die einzelnen Rechtsgebiete detaillierter abhandeln zu können[414]. Aufgrund der Unsicherheiten über das Ausmaß nationalsozialistischer Ideologie im Jugendstrafrecht und Vorbehalten gegenüber einer detaillierten Regelung vor Etablierung des Kontrollrates wollte man nur die gravierendsten NS-Regelungen außer Kraft setzen[415].

Das in der Folgezeit erarbeitete Militärregierungsgesetz Nr. 1[416] vom 18. September 1944 enthielt zwar keine ausdrücklichen Regelungen zum Jugendstrafrecht, legte jedoch Grundprinzipien der Rechtsanwendung fest, die auch für das Jugendstrafrecht galten[417]. So oblag es zunächst der Rechtsprechung, gemäß Art. III Ziffer 4 des Militärregierungsgesetzes Nr. 1, welcher die Auslegung und Anwendung deutschen Rechts gemäß den nationalsozialistischen Lehren verbot, einzelne Vorschriften für gültig oder ungültig zu erklären. Mit § 9 der „Allgemeinen Anweisungen an Richter Nr. 1“[418] wurden solche – nicht explizit benannten – Vorschriften aufgehoben, die Jugendliche wegen ihrer Rasse, Staatsangehörigkeit, Religion oder aus einem sonstigen Grund unter-

411 Vgl. das „Mannheim-Memorandum“, S. 13, in: IfZArch OMGUS RG 260 5/323 – 1/30.

412 Vgl. das „Mannheim-Memorandum“, S. 27, in: IfZArch OMGUS RG 260 5/323 – 1/30.

413 *Etzel*, Aufhebung von NS-Gesetzen, S. 138.

414 *Etzel*, Aufhebung von NS-Gesetzen, S. 24; *Wolff/Egelkamp/Mulot*, Jugendstrafrecht zwischen NS und Demokratie, S. 123.

415 *Etzel*, Aufhebung von NS-Gesetzen, S. 139.

416 US-ABl. A, S. 3 f.

417 *Wolff/Egelkamp/Mulot*, Jugendstrafrecht zwischen NS und Demokratie, S. 123.

418 Abgedruckt in: *Sellert/Rüping*, Studien- und Quellenbuch, Bd. 2, S. 334 ff.

schiedlich behandelten. Kriminalbiologische Untersuchungen wurden untersagt und Bestimmungen, die militärische Erziehung oder Jugendschutzlager vorsahen, durften nicht mehr angewendet werden[419].

Nach der bedingungslosen Kapitulation Deutschlands wiederholten die Alliierten am 5. Juni 1945 die militärischen Kapitulationsbedingungen in der sog. Berliner Deklaration und legten die Leitlinien der Besatzungspolitik fest[420]. Sie beschlossen zudem die Einrichtung der einzelnen Besatzungszonen unter Regierungsgewalt des jeweiligen Oberbefehlshabers und die Bildung des Kontrollrates als Organ zur Entscheidung über Angelegenheiten, die Deutschland als Ganzes betrafen[421].

Da es zunächst nicht zu einer Neugestaltung des Jugendstrafrechts kam, splittete sich dessen Gestaltung jedoch den verschiedenen Grundüberzeugungen und eigenen Vorstellungen der Besatzungsmächte entsprechend in den einzelnen Zonen auf und wurde nach Kriegsende schnell uneinheitlich[422]. Weder die Rechtsquellen noch die gerichtlichen Spruchkörper waren einheitlich, es entstand eine „verwirrende Fülle gesetzgeberischer Instanzen mit jeweils örtlich beschränkten Befugnissen“[423]. Das Verhältnis von Rechtsprechung, Gesetzgebung und anderen Maßnahmen der Besatzungsmächte, das Verhältnis von altem zu neuem oder von Besatzungsrecht zu deutschem Recht waren ungeklärt[424].

In Westdeutschland blieb das RJGG 1943 das wesentliche Fundament der Jugendstrafrechtspflege, wobei die Gerichtsverfassung aufgrund unterschiedlicher gesetzlicher Grundlagen in Baden und Württemberg-Hohenzollern anders geregelt war als im Rest der Westzone[425]. Bezüglich der Frage, welche einzelnen Bestimmungen des RJGG 1943 außer Kraft getreten waren, weil sie typisches nationalsozialistisches Gedankengut enthielten, gingen die Auffassungen

---

419 *Wolff*, NK 1/1989, 26.

420 Ausführlich hierzu *Hansen*, Ende des Dritten Reiches, S. 210 ff.; den Besatzungsmächten kam es insbesondere auf die sog. vier D's (Denazifizierung, Demilitarisierung, Dezentralisierung und Demokratisierung) an, vgl. *Wolff/Egelkamp/Mulot*, Jugendstrafrecht zwischen NS und Demokratie, S. 56.

421 *Hansen*, Ende des Dritten Reiches, S. 213; *Wolff/Egelkamp/Mulot*, Jugendstrafrecht zwischen NS und Demokratie, S. 51 ff.; ausführlich zum Kontrollrat *Mai*, Der Alliierte Kontrollrat, S. 40 ff.

422 Vgl. hierzu *Peters*, in: Stand und Neuordnung, 90 ff.; *Guski*, in: Stand und Neuordnung, 106 ff.; *Kluger*, in: Stand und Neuordnung, 111 ff.

423 *Wolff/Egelkamp/Mulot*, Jugendstrafrecht zwischen NS und Demokratie, S. 209.

424 *Wolff/Egelkamp/Mulot*, Jugendstrafrecht zwischen NS und Demokratie, S. 209.

425 *Peters*, in: Stand und Neuordnung, 90; v.a. die Briten standen dem RJGG 1943 aufgeschlossen gegenüber und werteten dieses als Verbesserung des JGG 1923, vgl. *Etzel*, Aufhebung von NS-Gesetzen, S. 139.

in der Westzone weit auseinander. Einige Oberlandesgerichte attestierten z.B. der Rechtsmittelbeschränkung des § 40 RJGG 1943, kein nationalsozialistisches Gedankengut zu enthalten, sondern vielmehr erzieherische Gedanken und Absichten zu verwirklichen und waren der Ansicht, dass das Interesse an einer wirksamen und schnellen Erziehung die sofortige Vollziehung erfordere, sodass die Norm – 1952 vom BGH gebilligt[426] – samt der zugehörigen Richtlinie, die eine Vollstreckung vor der Rechtskraft zuließ, in Kraft blieb[427]. In Rheinland-Pfalz war § 40 RJGG 1943 dagegen erweitert worden, wodurch nun die Anfechtung eines Urteils auch bei Jugendarrest zulässig war[428]. Die polizeiliche Strafverfügung konnte in der französischen Zone bis zum Inkrafttreten des Rechtseinheitsgesetzes noch verhängt werden, während sie in der gesamten britischen und amerikanischen Zone beseitigt und die Befugnis zum Erlass von Strafverfügungen auf die Amtsrichter (bzw. Jugendrichter) übertragen worden war[429]. In der britischen Zone waren die Jugendlichen nach der Kapitulation der Militärgerichtsbarkeit unterstellt, welche auch nach Wiedereröffnung der deutschen Gerichte einen nicht unerheblichen Teil der Jugendsachen erledigte und eine Vorbildfunktion für die deutsche Rechtsprechung haben sollte[430]. Das Verfahren gegen Jugendliche war in den ergänzend zur Verordnung Nr. 2 über die Errichtung der Militärregierungsgerichte ergangenen Verfahrensbestimmungen geregelt, welche ein Verfahren analog zur Praxis in den USA und Großbritannien vorschrieb[431]. Später wurde in der britischen Zone dann das Strafverfahren auf englischem Recht aufgebaut, wobei im Verfahren gegen Jugendliche auf die deutsche Praxis Rücksicht genommen wurde[432]. Damit stand nun wieder die Vorstellung individueller Erziehung und Resozialisierung im Vordergrund, wobei in Hamburg und Köln 1947 und 1948 sogar eigene Jugendgerichte der britischen Militärregierung gegründet werden sollten[433].

---

426 BGH NJW 1952, 436.

427 Vgl. hierzu *Scheffler*, RdJB 1981, 451 (458) mit Verweis auf OLG München, MDR 1948, 429; OLG Bamberg, SJZ 1947, 36; OLG Schleswig, SchlHA 1949, 346; OLG Hamm, HESt 1, 125.

428 *Peters*, in: Stand und Neuordnung, 90.

429 Vgl. *Becker*, UJ 1951, 228 f.; *Peters*, in: Stand und Neuordnung, 90; *Potrykus*, UJ 1951, 112 ff.; *Wolff/Egelkamp/Mulot*, Jugendstrafrecht zwischen NS und Demokratie, S. 108 f., 137 f.

430 Ausführlich zur Gerichts- und Verfahrenspraxis vor Gerichten der britischen Militärregierungen *Wolff/Egelkamp/Mulot*, Jugendstrafrecht zwischen NS und Demokratie, S. 149 ff.

431 Vgl. hierzu *Wolff/Egelkamp/Mulot*, Jugendstrafrecht zwischen NS und Demokratie, S. 149.

432 *Wolff/Egelkamp/Mulot*, Jugendstrafrecht zwischen NS und Demokratie, S. 72, 149 ff.

433 *Wolff/Egelkamp/Mulot*, Jugendstrafrecht zwischen NS und Demokratie, S. 151.

In der Ostzone stellte sich nach Kriegsende ebenfalls die Frage, ob man auf das JGG 1923 zurückgehen sollte, wobei man sich wie die Westalliierten für das RJGG 1943 entschied, was zu den gleichen Schwierigkeiten bezüglich der Identifikation nationalsozialistischer Vorschriften wie in der Westzone führte[434]. In verfahrensrechtlicher Hinsicht wendete man teils die Vorschriften von 1923, teils die von 1943 an, wobei man mittels der älteren Vorschriften der Jugendgerichtshilfe einen verstärkten Einfluss auf die Rechtspflege verschaffen wollte und besondere Anwälte zur Verteidigung von jugendlichen Angeklagten zuließ[435].

In (West-)Berlin dauerte es nach Kriegsende bis Oktober 1945, bis man die Jugendgerichtsbarkeit wieder aufleben ließ, nachdem das Landgericht Berlin neugegründet worden war[436]. Nachdem die Jugendgerichtsbarkeit zunächst teils auf Grundlage des JGG 1923, teils auf Grundlage des RJGG 1943 ausgeübt wurde, legte die alliierte Kommandantur in Berlin vom 10. Mai 1946 fest, dass das RJGG 1943 und alle damit in Verbindung erlassenen Anordnungen und amtliche Bestimmungen mit der Einschränkung fortgelten sollten, dass solche Bestimmungen nicht angewendet werden durften, die eine unterschiedliche Behandlung jugendlicher Verbrecher aufgrund ihrer Staatsangehörigkeit, Rasse, Religion oder aus sonstigen Gründen oder kriminalbiologische Untersuchungen oder Jugendschutzlager vorsahen. Für jeden Sektor wurde im August 1946 ein Bezirksjugendgericht eingeführt, wobei man jedoch keine einheitliche Regelung bezüglich der Besetzung der Jugendgerichte finden konnte.

b) Initiativen im Alliierten Kontrollrat

Nach Kriegsende hatte sich der Alliierte Kontrollrat als Zusammenkunft der vier alliierten Oberbefehlshaber am 30. Juli 1945 zum ersten Mal versammelt und mit der Proklamation Nr. 1[437] vom 30. August 1945 die Aufnahme seiner Arbeit verkündet, welche die „Liquidierung der NSDAP, ihrer Organisationen und angeschlossenen Verbände, die Vernichtung des Kriegspotentials und die Beseitigung der nationalsozialistischen Gesetzgebung" mittels Proklamatio-

---

434 Ausführlich hierzu *Guski*, in: Stand und Neuordnung, 106; *Plath*, Jugendgerichtsgesetz der DDR, S. 3 ff.

435 Als Erziehungsziel legte man in der Ostzone die Erziehung der Jugend „zu selbstständig denkenden und verantwortungsbewusst handelnden Menschen" fest, die „fähig und bereit sind, sich voll in den Dienst der Gemeinschaft des Volkes zu stellen", vgl. *Guski*, in: Stand und Neuordnung, 106 (109).

436 Vgl. hierzu und zum Folgenden *Kluger*, in: Stand und Neuordnung, 111 (112 f.).

437 ABl-KR, S. 4.

nen, Gesetzen, Befehlen und Direktiven zum Ziel hatte[438]. Die Aufhebung erster wesentlicher nationalsozialistischer Gesetze erfolgte mit dem Kontrollratsgesetz Nr. 1[439] bereits am 20. September 1945, wovon das Jugendstrafrecht jedoch nicht betroffen war. Mit dem Kontrollratsgesetz Nr. 2[440] vom 10. Oktober 1945 erfolgte die Auflösung und Liquidierung der NS-Organisationen, also auch der im Jugendstrafverfahren zu beteiligenden HJ und NS-Volkswohlfahrt.

Auf der elften Sitzung des Rechtsdirektorats des Kontrollrats (Legal Directorate = DLEG) Ende Oktober 1945 ergriffen die Franzosen schließlich die Initiative und brachten für sie maßgebliche Grundsätze für eine Reform des RJGG in einem Arbeitspapier ein[441]. Darin war unter anderem die notwendige Verteidigung jugendlicher Angeklagter, deren Abtrennung von Erwachsenen während der Untersuchungshaft, die Nichtöffentlichkeit des Verfahrens, ein Verbot der Berichterstattung über Jugendstrafverfahren und die Benachrichtigung der Erziehungsberechtigten vorgesehen[442]. Als Folge des französischen Statements beschlossen die Delegierten der vier Besatzungsmächte in der zwölften Sitzung am 2. November 1945 auf amerikanische Initiative schließlich, mit dem „Juvenile Delinquents Committee“ (JUDE) einen Unterausschuss zur Auseinandersetzung mit den aufgeworfenen Fragen einzusetzen[443].

c) Die Reformarbeit im Unterausschuss JUDE

Nachdem das zunächst verwendete französische Arbeitspapier als unzureichend verworfen wurde[444], leitete JUDE den deutschen Stellen erst Ende Oktober 1946 Vorschläge zu geplanten Maßnahmen zur Stellungnahme zu, wobei entsprechend einem dem Ausschuss vorliegenden amerikanischen Vor-

---

438 *Deuerlein*, Einheit Deutschlands, Bd. 1, S. 153, 157 f.; *Diestelkamp*, JuS 1980, 401 (405); zu den Hindernissen in der Zusammenarbeit durch personelle Fluktuation und Sprachbarrieren vgl. *Etzel*, Aufhebung von NS-Gesetzen, S. 48 f.

439 ABl-KR, S. 6 ff.

440 ABl-KR, S. 19 ff.

441 Vgl. die Dokumente in: IfZArch OMGUS RG 260 2/101 – 1/3.

442 Vgl. das französische Arbeitspapier vom 27. Oktober 1945, in: IfZArch OMGUS RG 260 2/101 – 1/3.

443 Mitglieder des Unterausschusses waren Oberstleutnant *Vasilkov* (UdSSR), Oberstleutnant *Graveson* (Großbritannien), *Goehrs* (Frankreich) und Major *Marye* (USA), vgl. das Protokoll der 12. Sitzung des DLEG, in: IfZArch OMGUS RG 260 2/101 – 1/3.

444 Der französische Entwurf basierte auf dem JGG 1923 und der StPO, vgl. den Bericht des DLEG vom 31. Januar 1947, in: IfZArch OMGUS RG 260 2/113 – 3/2 – 3.

schlag das RJGG 1943 als Basis einer Neuregelung des Jugendstrafrechts herangezogen werden sollte[445]. Zuvor hatte der Berliner Jugendrichter *Francke* im Auftrag des Unterausschusses bereits im Winter 1945/46 einen Entwurf zur Reform des RJGG erarbeitet, in welchem er das JGG 1923 und das RJGG 1943 kombiniert hatte[446]. Der Entwurf war aber letztlich nicht weiter fortgeführt worden[447]. Die Besatzungsmächte waren der Ansicht, das RJGG 1943 sei grundsätzlich ein modernes Gesetz, welches die kontinuierliche Weiterentwicklung des Jugendgerichtsgesetzes nicht unterbrochen habe[448]. Sie sahen das deutsche Rechtssystem vor 1933 als Normalzustand, dem bis 1945 eine nationalsozialistische Rechtsordnung aufgesetzt gewesen sei[449]. Über die Entnazifizierung hinausgehende Änderungen sollten daher von Anfang an den neu gebildeten deutschen Behörden und Ministerien überlassen werden[450].

Die Stellungnahmen der deutschen Stellen warnten überwiegend vor zu weitgehenden Aufhebungs- und Reformvorhaben und hoben statt einer stärkeren Betonung des Erziehungsgedankens vielmehr die Bedürfnisse der Justizpraxis hervor[451]. Auf deutscher Seite war man der Ansicht, für eine grundlegende Reform auf dem Gebiet des Jugendstrafrechts sei angesichts der schwierigen Lage nach dem Krieg nicht der passende Zeitpunkt[452].

---

445 Vgl. den Bericht des DLEG vom 31. Januar 1947, in: IfZArch OMGUS RG 260 2/113 – 3/2 – 3; zum Auftrag vom 31. Oktober 1946 bzgl. einer Stellungnahme zum Entwurf vgl. die zahlreichen Dokumente in BayStMJ, Generalakte Jugendgericht und Verfahren vor den Jugendgerichten – Az. 4212, Bd. 1, Heft 3.

446 Vgl. das Schreiben des Amtsgerichtsrats *Blunk* vom 7. August 1947, in: BArch Z 21/862, S. 11.

447 Zu den bis Mitte 1946 insgesamt neun Entwürfen und Reformvorschlägen, die hier nicht einzeln dargestellt werden können vgl. *Wolff/Egelkamp/Mulot*, Jugendstrafrecht zwischen NS und Demokratie, S. 124, 253 ff.

448 So bezeichnete ein britischer Rechtsoffizier das RJGG als „im allgemeinen nicht zu beanstanden, in vieler Hinsicht sogar bewundernswert", vgl. *Wolff*, in: Verhandlungen des 22. JGT, 644; vgl. dazu das Schreiben von *Marye* an *Rockwell* vom 11. Juni 1947, enthalten in: BayHStA, OMGUS Legal Division 9/1357.

449 *Wolff/Egelkamp/Mulot*, Jugendstrafrecht zwischen NS und Demokratie, S. 215.

450 *Wolff/Egelkamp/Mulot*, Jugendstrafrecht zwischen NS und Demokratie, S. 138.

451 Vgl. hierzu die Stellungnahme des ZJA für die Britische Zone an das BayStMJ vom 22. Januar 1947, S. 4, und die weiteren Dokumente in: BayStMJ, Generalakte Jugendgericht und Verfahren vor den Jugendgerichten – Az. 4212, Bd. 1, Heft 3; so auch *Etzel*, Aufhebung von NS-Gesetzen, S. 141.

452 „Nach meinem Dafürhalten kann man aber kein Gesetz aufbauen, das von einem Ausnahmezustand der Personen, für die es bestimmt sein soll, ausgeht, vgl. das Schreiben des Amtsgerichtsrats *Blunk* vom 7. August 1947, in: BArch Z 21/862, S. 11.

Auf Grundlage der Stellungnahmen erarbeitete JUDE bis Ende Januar 1947 einen ersten Entwurf[453] für die Reform des RJGG 1943, welcher seit 2. April 1947 auf der Agenda des DLEG stand, schließlich aber erst im Juli 1947 das erste Mal verhandelt und besprochen wurde[454]. Uneinig war man sich bezüglich des gesetzestechnischen Rahmens der geplanten Reform, was von den Alliierten aber nur als formaler Aspekt angesehen wurde[455]. Während die Westalliierten für eine Beibehaltung des RJGG und eine Streichung bzw. Umformulierung der reformbedürftigen Vorschriften plädierten, traten die Vertreter der Sowjetunion für eine vollständige Neufassung des Gesetzes ein[456]. Die Briten stellten schließlich einen völlig neuen Entwurf vor, welcher der Demokratisierung und Resozialisierung dienen sollte und dadurch den militärischen Geist in Deutschland beseitigen wollte[457]. Die Amerikaner standen dieser Initiative grundsätzlich nicht ablehnend gegenüber. Der Vertreter der amerikanischen Delegation *Rockwell* hob aber auch die Vorteile einer föderalen Lösung hervor, um Experimente der Länder zu ermöglichen, was die Zustimmung der sowjetischen Delegation fand, sodass man sich schließlich darauf einigte, von JUDE einen zweiten Entwurf erarbeiten zu lassen[458]. Der neue Entwurf[459], welcher am 25. August 1947 veröffentlicht wurde, bestand zum überwiegenden Teil aus den Vorschriften des JGG 1923 und RJGG 1943[460].

---

453 Der Entwurf ist enthalten in: IfZArch OMGUS RG 260 2/113 – 3/2 – 3.

454 Vgl. das Protokoll der 108. und 109. Sitzung des DLEG, in: IfZArch OMGUS RG 260 2/125 – 1/8 – 10.

455 Vgl. das Protokoll der 108. Sitzung des DLEG, in: IfZArch OMGUS RG 260 2/125 – 1/8 – 10 und das Schreiben von Major *Marye* an den Vertreter der amerikanischen Delegation *Rockwell* vom 11. Juni 1947, in: BayHStA, OMGUS Legal Division 9/1357.

456 Vgl. das Protokoll der 108. Sitzung des DLEG, in: IfZArch OMGUS RG 260 2/125 – 1/8 – 10 und das Schreiben von *Marye* an *Rockwell* vom 11. Juni 1947 in BayHStA, OMGUS Legal Division 9/1357.

457 Vgl. das Protokoll der 110. Sitzung des DLEG, in: IfZArch OMGUS RG 260 2/125 – 1/8 – 10.

458 Vgl. das Protokoll der 110. Sitzung des DLEG, in: IfZArch OMGUS RG 260 2/125 – 1/8 – 10.

459 Enthalten in: BArch Z 21/863, S. 137 ff.

460 Vgl. die Mitteilung von Economics and Legal Adviser *Mahder* an den Leiter der Rechtsabteilung des Länderrats Stuttgart vom 3. November 1947, in: IfZArch RG 260 OMGUS 11/35 – 3/2 und das Schreiben des Länderrats des amerikanischen Besatzungsgebietes an das BayStMJ vom 3. Dezember 1947, enthalten in: BayStMJ, Generalakte Jugendgericht und Verfahren vor den Jugendgerichten – Az. 4212, Bd. 1, Heft 3.

d) Das weitere Schicksal des Entwurfs

In zwei kurz aufeinanderfolgenden Arbeitsphasen Ende 1947 und Anfang 1948 wurde der zweite Entwurf vom DLEG beraten, wobei erneut Stellungnahmen[461] von deutschen Stellen eingeholt wurden[462]. Der von Zonenreferent Bayern koordinierte Rechtsausschuss des deutschen Länderrats hatte wesentliche Bedenken[463] gegenüber einzelnen Bestimmungen des Kontrollratsgesetzentwurfs und gab zunächst eine Stellungnahme ab[464]. Infolge eines Beschlusses des Wohlfahrtsausschusses des Länderrats der amerikanischen Zone, welcher ebenfalls sachliche und rechtliche Bedenken gegen den Entwurf hatte, bat man schließlich um eine Zurückstellung des Gesetzeswerkes[465]. Obwohl der Entwurf bereits am 20. Januar 1948 vom DLEG genehmigt und an das „Coordination Committee" (CORC) weitergeleitet worden war, wurde er bis zur Auflösung des Kontrollrats im März 1948 nicht mehr behandelt[466].

2. Das Jugendstrafprozessrecht in der Reformarbeit des Kontrollrats

Die Vorschläge des Kontrollrats sahen teilweise eine Abänderung wesentlicher Vorschriften aus dem RJGG 1943 vor, während andere Vorschriften nahezu wortgleich bestehen bleiben sollten. Einig war man sich mit dem Vorgängergesetz z.B. bezüglich der Nichtöffentlichkeit der Verhandlung, dem Erfordernis einer besonderen Ausbildung und Erfahrung der Jugendrichter und Jugendstaatsanwälte auf dem Gebiet der Jugenderziehung, den Regelungen zur Verteidigung und der erzieherischen Befähigung des Verteidigers und der Möglichkeit des vorübergehenden Ausschlusses des Jugendlichen und dessen Erziehungsberechtigten von der Verhandlung. Im Folgenden sollen die wesentlichen geplanten

---

461 Auf die Kritikpunkte an den Vorschlägen der Alliierten wird im folgenden Gliederungspunkt an jeweils passender Stelle eingegangen.

462 Vgl. die entsprechenden Dokumente in: IfZArch OMGUS RG 260 2/101 – 1/3.

463 So sollte nach dem Länderrat z.B. neben der Bestellung eines Verteidigers die Bestellung eines Beistandes möglich bleiben und der Strafbefehl – wenn überhaupt – nur auf Geldbuße lauten können, vgl. die Stellungnahme vom 26. Januar 1948, in: IfZArch RG 260 OMGUS 11/35 – 3/2.

464 Zu den Bedenken des Länderrats siehe auch die Dokumente in: BayStMJ, Generalakte Jugendgericht und Verfahren vor den Jugendgerichten, Az. 4212, Bd. 1, Heft 3; IfZArch RG 260 OMGUS 11/35 – 3/2.

465 Vgl. die Mitteilung und den Beschluss des Wohlfahrtsausschusses vom 23. Januar 1948, in BArch Z 1/1266.

466 IfZArch OMGUS RG 260 2/101 – 1/3; *Wolff/Egelkamp/Mulot*, Jugendstrafrecht zwischen NS und Demokratie, S. 125.

Änderungen des RJGG 1943 durch die beiden JUDE-Entwürfe und die Beratungen im DLEG[467] dargestellt werden, sofern sie das formelle Jugendstrafrecht betrafen. Auf die Kritik an den geplanten Änderungen wird an den entsprechenden Stellen im Fließtext oder in den zugehörigen Fußnoten eingegangen.

a) Zur Jugendgerichtsverfassung

Zunächst ist hervorzuheben, dass die Alliierten die Zuständigkeit der Jugendgerichte für Straftaten von Personen, welche zur Zeit der Tatbegehung jünger als 18 Jahre und zum Zeitpunkt der Anklageerhebung zwar nicht mehr jugendlich, aber unter 21 Jahre (also minderjährig) alt waren, in § 27 Abs. 2 des 2. JUDE-Entwurfs wieder wie § 17 Abs. 2 JGG 1923 bestimmten. Die weitere Einbeziehung der 18 bis 21-Jährigen in das Jugendstrafrecht wurde von den Besatzungsmächten aber nicht behandelt[468].

Die Vorschrift des § 21 Abs. 2 S. 2 RJGG 1943, wonach der Vorsitzende der Jugendkammer mit Zustimmung der Staatsanwaltschaft als Einzelrichter entscheiden konnte, stellte nach Auffassung des JUDE-Ausschusses eine kriegsbedingte Verkürzung der Rechte des Angeklagten dar, die man rückgängig machen wollte[469]. Obwohl man sich bezüglich der Notwendigkeit der Aufhebung der Vorschrift einig war, blieb jedoch das Problem des von den Nationalsozialisten beseitigten Schöffensystems. Während die sowjetische Delegation eine unverzügliche Wiedereinführung der Schöffen anstrebte, wollten die Westalliierten zunächst eine umfassende Regelung dieser Frage im Rahmen der Arbeiten an der Reform der StPO abwarten[470]. Im 2. JUDE-Entwurf stimmte man schließlich in § 22 Abs. 2 1. Alt. für die Wiedereinführung der Schöffengerichte, wobei weiterhin eine Zuständigkeit des Amtsrichters als Jugendrichter für den Fall geplant war, dass das GVG eine Zuziehung von Schöffen nicht vorsah[471]. Daneben einigte man sich in § 22 Abs. 4 des 2. JUDE-

467 Der Entwurf in der Fassung nach den von JUDE und dem DLEG vorgenommen Änderungen ist abgedruckt bei *Etzel*, Aufhebung von NS-Gesetzen, S. 208 ff.

468 Dies forderte Polligkeit in seiner Stellungnahme vom 12. Dezember 1947, S. 6, in: BArch Z 1/1266.

469 Vgl. die Begründung zum 1. JUDE-Entwurf, in: IfZArch OMGUS RG 260 2/113 – 3/2 – 3.

470 Vgl. die Begründung zum 1. JUDE-Entwurf, in: IfZArch OMGUS RG 260 2/113 – 3/2 – 3.

471 Kritisch zu diesem Verweis auf die möglicherweise unterschiedlichen GVG in den verschiedenen Ländern und Zonen *Polligkeit*, vgl. seine Stellungnahme vom 12. Dezember 1947, S. 4 f., in: BArch Z 1/1266; die deutschen Stellen betonten die Notwendigkeit der Besetzung mit besonders ausgewählten und vom Jugendamt vorgeschlagenen Schöffen, vgl. den Beschluss des Wohlfahrtsausschusses vom 23. Januar 1948, in:

Entwurfs auf eine alleinige erstinstanzliche Zuständigkeit der Jugendgerichte an den Amtsgerichten für die Jugendstrafsachen[472].

Gedanken hatte man sich im Unterausschuss auch über die Rolle der Jugendgerichtshilfe gemacht. Der Ausschuss beschloss, „eine gründliche personelle Säuberung der Einrichtung vorzunehmen" und deren Kompetenzen insofern zu beschneiden, als der Richter in Zukunft nicht mehr im Einvernehmen mit der Jugendgerichtshilfe Weisungen erteilen sollte, sondern diese nur noch anhören musste[473].

Nach § 26 Abs. 2 des 2. JUDE-Entwurfs sollte die Jugendgerichtshilfe nunmehr ausschließlich von den Jugendämtern ausgeübt werden[474].

Schließlich mussten die schon durch das Kontrollratsgesetz Nr. 2 vom 10. Oktober 1945 aufgelösten nationalsozialistischen Organisationen wie der HJ und NS-Volkswohlfahrt aus dem Normenkatalog des Jugendgerichtsgesetzes ebenfalls gestrichen werden, wobei die Änderungen der JUDE-Entwürfe im Vergleich zu §§ 25, 32 Abs. 1, 35, 44 Abs. 1 und 3 und 68 Abs. 3 RJGG 1943 als deklaratorisch einzustufen sind. Den Verweis in § 24 RJGG 1943 auf Erfahrungen in der „Jugendführung" ließ man ohne nähere Begründung dagegen zunächst in § 25 des 2. JUDE-Entwurfs bestehen[475].

b) Zum Jugendstrafverfahren

Typische nationalsozialistische Formulierungen und Merkmale wie die „Volkszugehörigkeit des Beschuldigten" oder „seine Haltung in der Volks- und Jugendgemeinschaft" wurden von JUDE auch aus § 28 RJGG 1943 gestrichen.

BArch Z 1/1266 und die hessische Stellungnahme vom 13. Januar 1948, in: IfZArch OMGUS RG 260 11/35 – 3/2, wobei letztere die Wichtigkeit der Mitwirkung von Frauen hervorhob.

472 Kritisch hierzu im Hinblick auf umfangreichere Strafsachen die Stellungnahme des Präsidenten des ZJA der britischen Zone, S. 4, in: BArch Z 21/863; da die Jugendkammern somit auch für die schwereren Straftaten nicht zuständig waren, wurde in § 22 Abs. 3 des 2. JUDE-Entwurfs festgelegt, dass die Jugendgerichte bei Verhandlungen wegen Mordes oder Totschlags einen zweiten Richter hinzuziehen mussten.

473 *Etzel*, Aufhebung von NS-Gesetzen, S. 152.

474 Der Wohlfahrtsausschuss forderte, „daß an der Jugendgerichtshilfe auch die Verbände der freien Jugendwohlfahrtspflege beteiligt werden", vgl. den Beschluss vom 23. Januar 1948, in: BArch Z 1/1266.

475 Im 1. JUDE-Entwurf wollte die sowjetische Delegation die Formulierung noch um „Erziehung und Ausbildung der Jugend im demokratischen Geist" ergänzen, vgl. die Begründung des Entwurfs in: IfZArch OMGUS RG 260 2/113 – 3/2 – 3.

Uneinig war man sich jedoch bezüglich der Neufassung der Norm, da die Westalliierten und die Sowjets unterschiedliche Vorschläge präsentierten[476]. Beide sahen jedoch die Entfernung der Ermittlung der Volkszugehörigkeit und der Möglichkeit einer „kriminalbiologischen Untersuchung“[477] vor, da man der Ansicht war, dass diese die nationalsozialistische Ideologie und Schärfe verkörperten[478]. Man einigte sich schließlich auf den Vorschlag der Westalliierten, welcher die Ermittlung der „Lebensverhältnisse des Angeklagten, seine Lebensgeschichte und alle anderen Umstände, die zur Beurteilung seiner körperlichen und geistigen Eigenart dienen können“, vorschrieb und den Ermittlungsbehörden im Vorverfahren eine Anhörungspflicht der Eltern und Schulbehörden auferlegte.

Nachdem man im 1. JUDE-Entwurf alle Hinweise in § 30 RJGG 1943 auf die Möglichkeit der Anordnung einer Arbeitsauflage gestrichen hatte, weil man die Arbeitsauflage zunächst als typisch nationalsozialistische Maßnahme ansah, stellte man in § 31 des 2. JUDE-Entwurfs die alte Gesetzesfassung wieder her[479]. Die deutschen Gutachten zu dieser Frage betonten, dass der Gefahr der Verwahrlosung der Jugend nach dem Krieg besonders gut mit Arbeitsauflagen begegnet werden könnte und stellten daneben auch wirtschaftliche Erwägungen an[480]. Letztendlich einigte man sich im DLEG aber doch auf die sowjetisch/amerikanische Position, welche im Gegensatz zu den Briten und Franzosen für eine Beseitigung der Arbeitsauflage plädierten[481].

§ 37 S. 2 RJGG 1943, welcher dem Vormundschaftsrichter die Möglichkeit gab, die ihm vom Jugendrichter übertragene Anordnung einer Erziehungsmaßregel oder eines Zuchtmittels abzuändern, falls sich die dem Urteil zugrunde liegenden Umstände geändert hatten, wollten die Alliierten entfernen und

---

476 Vgl. die Begründung zum 1. JUDE-Entwurf, in: IfZArch OMGUS RG 260 2/113 – 3/2 – 3.

477 Die Briten, in deren Rechtssystem ebenfalls sog. „Remand-Homes“ bestanden, welche als Basis für die richterliche Entscheidung nach Feststellung des Sachverhalts und der Schuld des Täters eine bis zu vier Wochen dauernde Beobachtung desselben vornahmen, wollten einen entsprechenden Hinweis in § 28 dagegen beibehalten, vgl. *Etzel*, Aufhebung von NS-Gesetzen, S. 153, Fn. 407.

478 Vgl. die Begründung zum 1. JUDE-Entwurf, in: IfZArch OMGUS RG 260 2/113 – 3/2 – 3.

479 Vgl. die Begründung zum 1. JUDE-Entwurf, in: IfZArch OMGUS RG 260 2/113 – 3/2 – 3.

480 So etwa die Stellungnahme des ZJA für die Britische Zone an das BayStMJ vom 22. Januar 1947, S. 4, sowie die Stellungnahme des BayStMJ vom 12. November 1946, S. 2, in: BayStMJ, Generalakte Jugendgericht und Verfahren vor den Jugendgerichten – Az. 4212, Bd. 1, Heft 3, nach der die Arbeitsauflage viel dazu beitrage, „einen arbeitsscheuen Jugendlichen an eine geregelte Tätigkeit zu gewöhnen“ und damit zu verhindern, „dass die Arbeitskraft des Jugendlichen dem Wiederaufbau verloren geht“.

481 Vgl. die Stellungnahmen, in: IfZArch OMGUS RG 260 2/101 – 1/3.

stattdessen zu der Regelung vom JGG 1923 zurückkehren, da man eine nachträgliche Abänderung des Urteils des Jugendrichters nicht zulassen wollte[482].

Weiter wurde gegenüber § 39 Abs. 1 S. 2 RJGG 1943, welcher für die Urteilsgründe die Berücksichtigung der seelischen, körperlichen und geistigen Eigenart des Angeklagten vorschrieb, in § 40 Abs. 1 S. 2 des 2. JUDE-Entwurfs der Hinweis auf die seelische Eigenart und somit sich eröffnende Willkür- und Verschleierungsmöglichkeiten gestrichen[483].

Auch die Rechtsmittelregelung in § 40 RJGG 1943 wurde von den alliierten Besatzungsmächten als „weniger liberal" im Vergleich zum JGG 1923 betrachtet und deswegen in den Entwürfen beseitigt und durch die Fassung von 1923 ersetzt[484]. Dies hatte jedoch zur Folge, dass die Anfechtung von dem JGG 1923 noch unbekannten Zuchtmitteln nun uneingeschränkt möglich geworden wäre, da § 35 JGG 1923 so konstruiert war, dass er lediglich die Fälle regelte, in denen eine Urteilsanfechtung ausgeschlossen war. Dagegen wandten sich – von den Alliierten unbeachtet – die deutschen Stellen mit Hinweisen auf Einbußen in der Glaubwürdigkeit des Jugendrichters und die Wichtigkeit der sofortigen Vollstreckbarkeit des Jugendarrests, welcher eine Schockwirkung auf die „verwöhnten Muttersöhnchen", „Schulschwänzer" und die jugendliche Bandenkriminalität hätte[485].

§ 41 Abs. 4 RJGG 1943, welcher dem Vater allein sämtliche Rechte des § 41 RJGG 1943 und somit einen Vorrang vor der Mutter einräumte, entfernten die Alliierten mit dem Hinweis auf den Grundsatz der Gleichberechtigung, sodass bei Meinungsverschiedenheiten zwischen Vater und Mutter nun das Gericht zu entscheiden hatte[486].

Darüber hinaus wollte JUDE die notwendige Verteidigung gegenüber § 42 RJGG 1943 um den Fall erweitern, dass es „das Gericht sonst für erforderlich hält", wobei man auch hier den Verweis auf die erzieherische Befähigung und Erfahrung in der Jugendführung des Verteidigers beibehalten wollte[487].

---

482 Vgl. die Begründung zum 1. JUDE-Entwurf, in: IfZArch OMGUS RG 260 2/113 – 3/2 – 3.

483 Vgl. die Begründung zum 1. JUDE-Entwurf, in: IfZArch OMGUS RG 260 2/113 – 3/2 – 3.

484 Vgl. die Begründung zum 1. JUDE-Entwurf, in: IfZArch OMGUS RG 260 2/113 – 3/2 – 3.

485 Vgl. die Stellungnahme des BayStMJ vom 12. November 1946, S. 3, sowie die Stellungnahme zum Entwurf an das BayStMJ vom 8. November 1946, enthalten in: BayStMJ, Generalakte Jugendgericht und Verfahren vor den Jugendgerichten – Az. 4212, Bd. 1, Heft 3.

486 Vgl. die Begründung zum 1. JUDE-Entwurf, in: IfZArch OMGUS RG 260 2/113 – 3/2 – 3.

487 Die sowjetische Delegation wollte für die Verteidiger Erfahrung auf dem Gebiet des Jugendstrafrechts vorschreiben, vgl. die Begründung zum 1. JUDE-Entwurf, in: IfZArch OMGUS RG 260 2/113 – 3/2 – 3.

Ein Beistand war in den JUDE-Entwürfen im Jugendstrafverfahren dagegen nicht mehr vorgesehen. Während die Alliierten die Möglichkeit der Beiordnung eines Beistands für ein „vergleichbar sinnloses Institut" hielten und daher aus dem neuen Gesetz streichen wollten, wurde eine Beibehaltung von deutscher Seite allerdings befürwortet[488]. Man war der Ansicht, die Bestimmung „diene ausschließlich dem Schutze des Jugendlichen", sie sei „sachdienlich und durchaus wünschenswert", denn es bestünde ein „unabweisbares Rechtsbedürfnis für einen Jugendlichen, seinen Vater (...) oder eine sonst in Betracht kommende Person als Beistand zuzulassen"[489].

In Übereinstimmung mit den zu den Rechtsmittelbeschränkungen aufgeführten Gründen wollte man schließlich auch mit § 45 S. 2 RJGG 1943 die Unanfechtbarkeit von vorläufigen Anordnungen über die Erziehung streichen[490]. Auch hiergegen wandte man sich von deutscher Seite mit der Begründung, die schnelle Realisierung erzieherischer Maßnahmen im Interesse der Jugendlichen würde dadurch beeinträchtigt[491].

Für die Unterbringung Jugendlicher zur Beobachtung verwiesen die JUDE-Entwürfe auf die allgemeinen Vorschriften der Strafprozessordnung, um die Möglichkeit der Anordnung einer „kriminalbiologischen Untersuchung" zu entfernen[492]. Die deutschen Stellungnahmen wollten dagegen die Norm des RJGG beibehalten und nur das Wort „kriminalbiologisch" streichen[493].

Gespalten waren die Ansichten auch zum von den Nationalsozialisten eingeführten vereinfachten Verfahren. Wie schon *Mannheim* in seinem Memorandum sprach sich auch der Wohlfahrtsausschuss für eine Beibehaltung aus, „um in den geeigneten Fällen möglichst bald nach Begehung der Tat und Erfassung des Täters zu einem Urteil und gegebenenfalls zu dessen Vollstreckung zu

---

488 Vgl. das Schreiben von *Marye* an *Rockwell* vom 11. Juni 1947 in BayHStA, OMGUS Legal Division 9/1357.

489 Vgl. die hessische Stellungnahme vom 5. November 1946, S. 2 und die Stellungnahme des BayStMJ vom 12. November 1946, S. 3 enthalten in: BayStMJ, Generalakte Jugendgericht und Verfahren vor den Jugendgerichten – Az. 4212, Bd. 1, Heft 3.

490 Vgl. die Begründung zum 1. JUDE-Entwurf, in: IfZArch OMGUS RG 260 2/113 – 3/2 – 3.

491 So die Stellungnahme des ZJA für die Britische Zone an das BayStMJ vom 22. Januar 1947, S. 5, enthalten in: BayStMJ, Generalakte Jugendgericht und Verfahren vor den Jugendgerichten – Az. 4212, Bd. 1, Heft 3.

492 Vgl. die Begründung zum 1. JUDE-Entwurf, in: IfZArch OMGUS RG 260 2/113 – 3/2 – 3.

493 Vgl. die Stellungnahme des BayStMJ vom 12. November 1946, S. 3, enthalten in: BayStMJ, Generalakte Jugendgericht und Verfahren vor den Jugendgerichten – Az. 4212, Bd. 1, Heft 3.

kommen"[494]. JUDE war jedoch der Auffassung, dass den Jugendlichen möglichst umfassende verfahrensrechtliche Gewährleistungen zustehen sollten, weswegen das vereinfachte Verfahren schließlich mit einem Hinweis auf § 38 Abs. 2 JGG 1923 aus den Entwürfen gestrichen wurde[495]. Dies wurde unter anderem vom Vorsitzenden des Deutschen Vereins für öffentliche und private Fürsorge *Polligkeit* kritisiert, der die Vorteile des vereinfachten Verfahrens hervorhob, welches „hinsichtlich der Form und der Atmosphäre dem väterlichen Erziehungsakt im Familienkreis entsprach"[496].

Auch die Möglichkeit der polizeilichen Strafverfügung, welche sich neben § 52 RJGG 1943 auch schon im JGG 1923 und in der RStPO fand, wollte JUDE endgültig beseitigen, da die Alliierten der Ansicht waren, den jugendlichen Angeklagten stünde in jedem Fall ein Anspruch auf eine gerichtliche Entscheidung zu und nur wenn die Jugendlichen vor Gericht erscheinen würden, sei eine erzieherische Einwirkung auf diese möglich[497].

Das vom RJGG 1943 abgeschaffte Strafbefehlsverfahren wollten die Alliierten dagegen für die Fälle der Verurteilung zu einer Geldstrafe wieder einführen, um wegen der Beseitigung des vereinfachten Verfahrens und der polizeilichen Strafverfügung ein Mittel für eine schnelle Reaktion auf leichtere und unbedeutendere Delikte zur Hand zu haben[498]. Auch diese Entscheidung wurde von deutscher Seite, unter anderem vom Bayerischen Justizministerium, als zu starke Angleichung an das Strafverfahren gegen Erwachsene kritisiert[499].

---

494 Vgl. den Beschluss des Wohlfahrtsausschusses vom 23. Januar 1948, in: BayStMJ, Generalakte Jugendgericht und Verfahren vor den Jugendgerichten, Az. 4212, Bd. 1, Heft 3.

495 Vgl. die Begründung zum 1. JUDE-Entwurf, in: IfZArch OMGUS RG 260 2/113 – 3/2 – 3.

496 Vgl. die Stellungnahme von *Polligkeit* vom 12. Dezember 1947, S. 8, in: BArch Z 1/1266; keine Einwände erhob das BayStMJ, welches das vereinfachte Jugendverfahren in der Praxis für eher unbedeutend hielt, vgl. die Stellungnahme des BayStMJ vom 12. November 1946, S. 3 f., enthalten in: BayStMJ, Generalakte Jugendgericht und Verfahren vor den Jugendgerichten – Az. 4212, Bd. 1, Heft 3.

497 Vgl. die Begründung zum 1. JUDE-Entwurf, in: IfZArch OMGUS RG 260 2/113 – 3/2 – 3 und das Schreiben von *Marye* an *Rockwell* vom 11. Juni 1947, enthalten in: BayHStA, OMGUS Legal Division 9/1357.

498 Vgl. die Begründung zum 1. JUDE-Entwurf, in: IfZArch OMGUS RG 260 2/113 – 3/2 – 3; angesichts dessen, dass auch das JGG 1923 das Strafbefehlsverfahren gegen Jugendliche zugelassen hatte, hielt man dieses für geeignet, um die durch Beseitigung des vereinfachten Verfahrens und der polizeilichen Strafverfügung entstandene Lücke zu schließen, vgl. das Schreiben von *Marye* an *Rockwell* vom 11. Juni 1947, enthalten in: BayHStA, OMGUS Legal Division 9/1357.

499 Vgl. die Stellungnahme des BayStMJ vom 12. November 1946, S. 3 f., enthalten in: BayStMJ, Generalakte Jugendgericht und Verfahren vor den Jugendgerichten – Az. 4212, Bd. 1, Heft 3; vgl. auch die Stellungnahme vom *Polligkeit* vom 12. Dezember 1947, S. 9, in: BArch Z 1/1266 und die Stellungnahme des Präsidenten des ZJA der britischen Zone,

In der hessischen Stellungnahme wurde sogar von einem Versehen ausgegangen, da der Entwurf im Übrigen keine Geldstrafe gegen Jugendliche vorsah, wobei man aber wegen des Übergangs „des polizeilichen Strafverfügungsrechtes auf die Gerichte ein dringendes Bedürfnis" für ein schriftliches Verfahren bei geringfügigen Verfehlungen sah[500].

Die Vorschriften der §§ 76 ff. RJGG 1943 zu Jugendlichen vor Erwachsenengerichten waren ebenfalls Thema der Reformarbeiten, wobei die Aufhebung der Zuständigkeit des Reichsgerichts und Volksgerichtshofs bzw. der Wehrmachtsgerichtsbarkeit natürlich eher deklaratorischer Natur waren[501]. Beibehalten wurden von JUDE und der DLEG die Regelung des § 77 RJGG 1943 über die Verbindung von Verfahren gegen Jugendliche und Erwachsene und die Bestimmung des § 78 RJGG 1943 über das Verfahren gegen Jugendliche vor Erwachsenengerichten.

In § 70 des 2. JUDE-Entwurfs wurde schließlich die ausdrückliche Aufhebung des Reichsjugendgerichtsgesetzes vom 6. November 1943 einschließlich sämtlicher begleitender Erlasse, Verfügungen und Durchführungsbestimmungen vorgesehen.

3. Zusammenfassung und Fazit

Die Besatzungsmächte versuchten im Rahmen ihrer Reformarbeit vor allem, Vorschriften zu finden, welche den deutschen Nachkriegsverhältnissen gerecht wurden, und weniger, eine komplett neue gesetzgeberische Konzeption zu entwickeln[502]. Insbesondere in der britischen Zone fand dabei zwischen 1945 und 1949 eine intensive Diskussion zur Reform des Jugendstrafrechts statt[503]. Ein komplett erneuertes, gegenüber den Vorgängergesetzen eigenständiges JGG, war von den Alliierten nicht beabsichtigt[504]. Grund dafür war neben der umfassenden personellen Kontinuität in Justizverwaltung und jugendgerichtli-

---

S. 5, in: BArch Z 21/863, S. 158; Geldstrafen sah man als nicht jugendgemäße Strafen an, vgl. *Becker*, UJ 1951, 228 (229).

500 Daher wollte man einen dem Strafbefehl ähnlichen schriftlichen Bescheid, „der ja erheblich größere Rechtsgarantien, auch von erzieherischem Standpunkt aus bietet als die polizeiliche Strafverfügung", zulassen, vgl. die hessische Stellungnahme vom 13. Januar 1948, in: IfZArch OMGUS RG 260 11/35 – 3/2.

501 So auch *Etzel*, Aufhebung von NS-Gesetzen, S. 161.

502 Vgl. *Etzel*, Aufhebung von NS-Gesetzen, S. 163; *Wolff/Egelkamp/Mulot*, Jugendstrafrecht zwischen NS und Demokratie, S. 24 f.

503 *Schubert*, Protokolle 1933–45, Bd. XI, S. XIV (Einleitung).

504 Vgl. das Schreiben von *Marye* an *Rockwell* vom 11. Juni 1947, in: BayHStA, OMGUS Legal Division 9/1357.

cher Praxis im Nachkriegsdeutschland, dass das RJGG 1943, welches zumindest auf dem Papier eine Vielzahl an früheren Reformforderungen zugelassen hatte, der „guten“ Tradition der Jugendgerichtsbewegung zugerechnet wurde[505]. Hinzu kam, dass auch das RJGG grundsätzlich einen weiten Ermessenspielraum einräumte, sodass der Jugendgerichtspraxis viele Möglichkeiten der Auslegung und Anpassung an die neuen Gegebenheiten blieben[506].

Der Themenkomplex Jugendstrafrecht stand in interalliierten Gremien insgesamt dreieinhalb Jahre zur Debatte, wobei eine Änderung des RJGG 1943 jedoch insgesamt eher zaghaft ins Auge gefasst wurde[507]. Wie aufgezeigt verabschiedete der Kontrollrat letztlich kein neues JGG. Die anhaltenden Diskussionen zwischen den Besatzungsmächten zeugen davon, wie schwierig eine vollständige Entnazifizierung des RJGG 1943 tatsächlich werden würde und wie sehr um die Identifikation solcher Vorschriften, welche nationalsozialistische Ideologie im Gesetz verankerten, gerungen wurde[508]. So enthielten die Entwürfe vom JUDE bzw. der DLEG weniger substantielle Änderungen und Neuerungen in der Behandlung jugendlicher Straftäter, als vielmehr vor allem die Bereinigung wesentlicher nationalsozialistischer Gedanken durch eine Wiederaufnahme von Vorschriften des JGG 1923 oder Streichung einzelner Passagen des RJGG 1943. Wenig Interesse an grundsätzlichen Änderungen im Jugendstrafrecht zeigten auch die deutschen Stellen, deren Haltung durchgehend von einem repressiven und konservativen Charakter und den Forderungen nach einer harten Gangart gegenüber der Jugend geprägt war[509]. Die deutschen Anregungen wurden von den Alliierten in der Mehrzahl der Fälle jedoch nicht angenommen[510]. Der Kontrollrat schaffte es im Rahmen seiner Tätigkeit zwar nicht, einen zur Verabschiedung reifen Entwurf zu erarbeiten, ebnete mit seinen umfangreichen Reformarbeiten aber immerhin den Weg zur weiteren Arbeit an der Entnazifizierung des Jugendstrafrechts[511]. Angesichts des beginnenden Kalten Krieges wurde die Erarbeitung eines neuen, entnazifizierten JGG, den deutschen Behörden überlassen[512]. Man musste sich daher „zunächst einmal mit dem Reichsjugendgerichtsgesetz in der geltenden

505 *Dörner*, ZNR 1994, 58 (75).

506 *Peters*, in: Stand und Neuordnung, 90 (93).

507 *Etzel*, Aufhebung von NS-Gesetzen, S. 162, 167; *Nothacker*, „Erziehungsvorrang“, S. 49.

508 Vgl. auch *Stolp*, Entwicklung des Jugendstrafrechts, S. 123 f.

509 *Etzel*, Aufhebung von NS-Gesetzen, S. 164; vgl. dazu auch *Pieplow*, in: GS-Walter, 341 (352 f.).

510 *Etzel*, Aufhebung von NS-Gesetzen, S. 164.

511 So auch *Stolp*, Entwicklung des Jugendstrafrechts, S. 125.

512 *Wolff/Egelkamp/Mulot*, Jugendstrafrecht zwischen NS und Demokratie, S. 138 f.

Fassung abfinden“[513]. So war man der Ansicht, dass es vorerst darauf ankam, „dass diejenigen, welchen seine Handhabung obliegt, den Aufgaben, die es stellt, immer besser gerecht werden“ und sich erst „bei längerer Handhabung unter einigermaßen normalen Verhältnissen“ zeigen könne, „welche Abänderungswünsche wirklich gerechtfertigt sind“[514].

IV. Reformbestrebungen nach Gründung der BRD und das JGG 1953

Auch wenn es nicht zu einer Änderung oder Erneuerung des RJGG 1943 gekommen war, hatte sich in der Rechtspolitik und Gerichtspraxis der Nachkriegszeit jedoch ein geräuschloser Übergang, ein Systemwechsel und „die generelle Perspektive einer Hinwendung zum demokratischen Rechtstaat“ vollzogen[515]. Insbesondere die Auslegungsanweisungen der Alliierten stellten sicher, dass Gesetze nicht mehr nach nationalsozialistischen Grundsätzen ausgelegt und angewandt wurden, das Gleichheitsgebot gewahrt wurde, rassische Deutungen unterblieben und niemand wegen seiner Beziehungen zur NSDAP bevorzugt wurde.

Mit Entstehung der BRD am 23. Mai 1949 zogen sich die Besatzungsmächte schließlich zurück und überließen den deutschen Stellen die weiteren Beratungen in Bezug auf die Behandlung jugendlicher Straftäter nach dem Zweiten Weltkrieg[516]. Letztlich blieb es den Deutschen damit selbst überlassen, Inhalt und Umfang des neuen demokratischen Jugendstrafrechts zu bestimmen, allerdings „unter der wachsamen Aufsicht der Alliierten“[517].

Insbesondere *Peters* hatte sich bereits kurz nach Kriegsende Gedanken über das künftige deutsche Jugendstrafrecht gemacht, welche er samt einem Entwurf zur Neugestaltung des Jugendstrafrechts bereits 1947 veröffentlicht hatte. Er war der Auffassung, es sei „mit einem bloßen Streichen und Ergänzen (…) nicht getan“, vielmehr sei „eine Neugestaltung erforderlich, die zwar von dem

513 Vgl. die Schreiben des Niedersächsischen Justizministers an das ZJA für die britische Zone vom 1. April 49 und des ZJA an das Justizministerium vom 8. April 49, enthalten in: BArch Z 21/862.

514 Vgl. die Schreiben des Niedersächsischen Justizministers an das ZJA für die britische Zone vom 1. April 49 und des ZJA an das Justizministerium vom 8. April 49, enthalten in: BArch Z 21/862.

515 Vgl. hierzu und zu, folgenden Text *Wolff/Egelkamp/Mulot*, Jugendstrafrecht zwischen NS und Demokratie, S. 214.

516 *Stolp*, Entwicklung des Jugendstrafrechts, S. 127.

517 *Wolff/Egelkamp/Mulot*, Jugendstrafrecht zwischen NS und Demokratie, S. 215.

bisherigen Jugendgerichtsgesetz ausgeht, aber doch auch eine selbstständige Weiterführung darstellt"[518]. In seinem Entwurf befürwortete *Peters* unter anderem die Beibehaltung der Jugendrichter als Einzelrichter, die Einbeziehung der „halberwachsenen" Personen im Alter zwischen 18 und 21 Jahren als „Junge Menschen" in die Zuständigkeit der Jugendgerichte, die Personalunion von Jugend- und Vormundschaftsrichter, die Wiedereinführung der Jugendschöffen und das vereinfachte Verfahren[519]. Statt den Jugendrichter mit Kleinigkeiten zu befassen, wollte er eine sog. Jugendpolizeiverfügung einführen, mittels derer Ordnungswidrigkeiten mit einem Freizeit- oder Kurzarrest, Geldbuße oder Einziehung geahndet werden können sollten[520].

1. Der Weg zum JGG 1953

Bereits von 22. bis 26. Mai 1949 fand sodann in Berlin unter dem Vorsitz der Leiterin des Berliner Hauptjugendamts *Kay* eine Tagung zu dem Thema „Stand und Neuordnung des Jugendstrafrechts" statt, auf der Gesetzesentwürfe (die sog. Berliner Entwürfe) erarbeitet und beschlossen wurden[521]. Auf der Tagung wurde unter anderem der gegenwärtige Stand der Jugendgerichtsbarkeit in Westdeutschland, der Ostzone und in Berlin erörtert und das Jugendstrafrecht von Großbritannien, der USA und Westeuropa analysiert, sowie die Neuordnung des Jugendstrafrechts vom Standpunkt des Fürsorgers, des Jugendpsychiaters, des Juristen und des Jugendlichen selbst beleuchtet[522]. Der am Ende beschlossene „Entwurf einer Novelle zum Jugendgerichtsgesetz"[523] sah in verfahrensrechtlicher Hinsicht unter anderem die Wiedereinführung der Jugendschöffengerichte vor (§ 21 Abs. 1) und erweiterte die Vorschrift zur notwendigen Verteidigung (§ 42 Abs. 2) z.B. auf Fälle, in denen der Jugendliche taub oder stumm war, die Unterbringung oder Jugendgefängnis von unbestimmter Dauer in Frage kam oder die Tat nicht nur wegen Rückfalls ein Verbrechen war und der Staatsanwalt in der Anklageschrift erklärte, dass er eine Jugendgefängnisstrafe von mehr als sechs Monaten für angemessen hielt.

518 *Peters*, Werdendes Jugendstrafrecht, S. 6.

519 *Peters*, Werdendes Jugendstrafrecht, S. 31 ff.

520 *Peters*, Werdendes Jugendstrafrecht, S. 72 f., 94 f.; zustimmend *Becker*, UJ 1951, 228 (229 f.).

521 Vgl. den Bericht über die Tagung, in: Hauptjugendamt von Groß-Berlin (Hrsg.), Stand und Neuordnung.

522 Hauptjugendamt von Groß-Berlin (Hrsg.), Stand und Neuordnung, S. 5 (Inhaltsverzeichnis).

523 Abgedruckt in: Hauptjugendamt von Groß-Berlin (Hrsg.), Stand und Neuordnung, S. 210 ff.

Zudem wollte man nationalsozialistisch geprägte Formulierungen wie „Jugendführung" und „kriminalbiologisch" aus dem Gesetz streichen und die HJ und NS-Volkswohlfahrt aus den entsprechenden Regelungen entfernen. Der Entwurf wurde begleitet von einem „Entwurf zu einem Gesetz über die Anwendung des Reichsjugendgerichtsgesetzes auf Jugendliche über 18 Jahre"[524], welcher die grundsätzliche Anwendung des RJGG auf Personen, welche zur Zeit der Tat das 18., nicht aber das 21. Lebensjahr vollendet hatten, vorsah[525]. Dabei ging es weniger um die Anwendung des Jugendstrafrechts auf alle „Halberwachsenen", als um deren grundsätzliche Einbeziehung in das Jugendstrafrecht mit der Möglichkeit, das Erwachsenenstrafrecht in bestimmten Fällen weiter anwenden zu können[526].

Neben der Berliner Tagung war es der achte Jugendgerichtstag, welcher vom 20. bis 22. April 1950 in Bad Godesberg zum Thema „Der Erziehungsgedanke im Jugendstrafrecht" abgehalten wurde, der die wichtige Aufgabe erfüllte, nach Ende des Krieges und der deutschen Niederlage die Kräfte der Jugendstrafrechtspflege wieder zu sammeln und die Neugestaltung des Jugendstrafrechts endgültig einzuleiten[527]. Dort wurden neben der Verwahrlosung und Nachkriegskriminalität der Jugendlichen unter anderem Entwicklung und Stand der Jugendstrafrechtspflege in Deutschland, verschiedenen Ländern Europas und den USA erörtert und auf die Probleme der Jugendstrafrechtspflege eingegangen, wobei insbesondere das Verhältnis von Erziehung und Strafe im Jugendstrafrecht thematisiert wurde. Vertreten wurden dabei weiterhin sämtliche Auffassungen, sodass keine Einigung erzielt werden konnte[528]. Im Rahmen der Tagung fasste man allerdings eine Entschließung, welche unter anderem die Notwendigkeit der Anstellung besonders qualifizierter Beamter in der Jugendstrafrechtspflege, einer alsbaldigen Neukodifikation des Jugendgerichtsgesetzes und der sofortigen Einbeziehung der Straffälligen im Alter zwischen 18 und 21 Jahren betonte[529].

---

524 Abgedruckt in: Hauptjugendamt von Groß-Berlin (Hrsg.), Stand und Neuordnung, S. 215 f.

525 Die „Berliner Entwürfe" hielt *Potrykus*, UJ 1950, 189 ff., der sich für die Neuordnung zunächst auf das Notwendigste beschränken wollte, um nicht die ganze Entwicklung zu gefährden, für zu weitgehend.

526 Vgl. dazu *Hirschberg*, in: Stand und Neuordnung, 180 (181 f.).

527 *Sieverts*, in: Verhandlungen des 9. JGT, 15 (27); einen zusammenfassenden Bericht über die Verhandlungen des 8. JGT liefert *Panka*, in: Verhandlungen des 9. JGT, 247 ff.

528 So wurde einerseits das Nebeneinander von Erziehung und Strafe im JGG kritisiert, während andererseits die funktionelle Wechselbeziehung von Erziehung und Strafe betont wurde, vgl. hierzu *Panka*, in: Verhandlungen des 9. JGT, 247 ff.

529 Die Entschließung ist abgedruckt bei *Panka*, in: Verhandlungen des 9. JGT, 247 (256 f.).

Das im Herbst 1949 gegründete BMJ erarbeitete schließlich bis zum 9. Mai 1951 einen ersten Referentenentwurf eines „Gesetzes zur Änderung des Reichsjugendgerichtsgesetzes", dem am 30. Juni und 21. Juli zwei weitere Entwürfe folgen sollten[530]. Wie der Name der Entwürfe bereits offenbart, versuchte man nicht, ein komplett neues Jugendgerichtsgesetz zu schaffen, sondern beschränkte sich von Anfang an darauf, eine beschleunigte Teilreform durchzuführen, indem zunächst das nationalsozialistische Gedankengut endgültig aus dem Jugendstrafrecht entfernt und wenige dringende Reformmaßnahmen umgesetzt werden sollten, worunter insbesondere die Möglichkeit der Einbeziehung der Personen im Alter zwischen 18 und 21 Jahren[531] in das Jugendstrafrecht und die Neuordnung der Jugendgerichtsverfassung fielen[532]. So griff man insbesondere das von den Nationalsozialisten abgeschaffte Schöffensystem wieder auf[533]. Zwischenzeitlich waren mit dem Gesetz zur Wiederherstellung der Rechtseinheit vom 12. September 1950[534] zwar die Schöffengerichte wieder eingeführt worden, nicht aber die Jugendschöffengerichte[535]. Die Besetzung der Jugendgerichte war daher zu dieser Zeit uneinheitlich und je nach Gerichtsbezirk unterschiedlich[536]. Darüber hinaus entfernte man in den Entwürfen die NS-Organisationen aus dem Jugendstrafverfahren und ersetzte oder strich mit der nationalsozialistischen Ideologie verbundene Begriffe wie „Jugendführung" (§ 24 RJGG 1943), „Sippenverhältnisse" und „körperliche Eigenart" (§ 28

---

530 Der RefE vom 9. Mai 1951 basierte auf drei Vorentwürfen vom 1. April, 10. April und 24. April 1951. Die Entwürfe sind enthalten in BArch B 141/4222, der RefE vom 30. Juni 1951 samt Begründung in BArch B 141/4223 und der RefE vom 21. Juli 1951 mit Begründung in BArch B 141/4224.

531 Gemäß § 20 Abs. 1 des RefE vom 9. Mai 1951 sollte das Jugendstrafrecht auf diese „jungen Erwachsenen" angewandt werden, „wenn dies unter Würdigung der Gesamtpersönlichkeit des Täters erforderlich ist, weil er nach seiner geistigen und sittlichen Entwicklung erst die Reife eines Jugendlichen hat oder weil es sich nach der Art, den Umständen oder den Beweggründen der Tat offensichtlich um eine Jugendverfehlung handelt"; in den RefE vom 30. Juni und vom 21. Juli 1951 sprach man dagegen von „Halberwachsenen".

532 Vgl. etwa das Schreiben des BJM an *Potrykus* vom 23. Januar 1951 und die weiteren Dokumente in: BArch B 141/4208; vgl. hierzu auch das Protokoll der Plenarsitzung vom 23. April 1952, BT Drs. 01/205, S. 8851 f. und die Begründung des späteren Regierungsentwurfs, BT Drs. 01/3264, S. 35.

533 Im ersten RefE waren in § 21 Abs. 2 als Jugendgerichte nur das Schöffengericht (Jugendschöffengericht) und die Strafkammer (Jugendstrafkammer) vorgesehen, wohingegen das Amtsgericht erst in den folgenden Entwürfen wieder als Jugendgericht vorgesehen war.

534 BGBl. I 1950, S. 455.

535 *Messerer*, UJ 1951, 2 (6).

536 Vgl. nur die Schilderungen von *Hirschberg*, in: Stand und Neuordnung, 180 (184); zu den nach Kriegsende bestehenden Unsicherheiten in der Praxis vgl. auch *Kohlhaas*, UJ 1952, 310 und Reitberger, JZ 1952, 106.

Abs. 1 RJGG 1943)[537]. Ziel des Gesetzesvorhabens war es also zum einen, „das Gesetz von nationalsozialistischem Beiwerk zu entfernen" und zum anderen „die Rechtsstaatlichkeit des Jugendstrafverfahrens zu gewährleisten, ohne den Erfordernissen einer wirksamen Jugenderziehung Abbruch zu tun"[538].

Nachdem das BMJ den Referentenentwurf vom 21. Juli 1951 den Landesjustizverwaltungen und den freien Vereinigungen für Jugendpflege und Jugendfürsorge zur Stellungnahme übersandt hatte, gab es insbesondere bezüglich der geplanten Regelung zu den „Halberwachsenen" im Alter zwischen 18 und 21 Jahren unterschiedliche Auffassungen[539]. Teilweise wurde die Tatsache begrüßt, dass man diese nicht vollständig in das Jugendstrafrecht einbeziehen wollte[540], teilweise wurde dies aber auch kritisiert[541], wobei man sich von Seiten des BMJ darauf berief, dass man aufgrund fehlender praktischer Erfahrungen möglichst vorsichtig vorgehen und nicht über das Ziel hinausschießen, sondern eine flexible Regelung einführen wollte[542]. Auch den Begriff „Halberwachsene" hielt man für unglücklich gewählt[543]. Gefordert wurde zudem, die Jugendgerichtshilfe auch in Verfahren gegen 18 bis 21-Jährige einzusetzen[544]. Deren zwiespältige Aufgaben als Organ der Rechtspflege und zugleich Interes-

---

537 Während der Begriff „kriminalbiologisch" nach den ersten beiden RefE durch „kriminalpsychologisch" ersetzt werden sollte, war er im RefE vom 21. Juli 1951 wieder enthalten, weil man der Ansicht war, dass öffentliche Heil- oder Pflegeanstalten nicht die Fähigkeiten zur Beurteilung der Reife einer Person in ihrer Ganzheit hatten, sodass „nur zur kriminalbiologischen Untersuchung geeignete Anstalten für die Beobachtung von jungen Beschuldigten in Betracht kommen, vgl. die Begründungen der RefE.

538 Vgl. die Begründungen der RefE vom 30. Juni 1951 und 21. Juli 1951; so auch die Begründung des späteren Regierungsentwurfs, vgl. BT Drs. 01/3264, S. 35.

539 Meinungsverschiedenheiten gab es zu dieser Frage auf einer Tagung des BMJ Anfang November 1951, vgl. BArch B 141/4220.

540 Vgl. etwa das Schreiben des Justizministers Schleswig-Holsteins an das BMJ vom 18. September 1951, S. 2, in: BArch B 141/4210.

541 Vgl. das Schreiben des Präsidenten der LJV Bremen an das BMJ vom 2. Oktober 1951, in: BArch B 141/4210 und das Schreiben von *Ruscheweyh* an das BMJ vom 24. September 1951, in: BArch B 141/4211; vgl. hierzu auch BT Drs. 01/3264, S. 37.

542 Vgl. die Begründung des RefE vom 21. Juli 1951, in: BArch B 141/4224.

543 Vgl. das Schreiben des Justizministeriums Rheinland-Pfalz an das BMJ vom 1. Oktober 1951, in: BArch B 141/4210 und das Schreiben von *Ruscheweyh* an das BMJ vom 24. September 1951, in: BArch B 141/4211; *Peters* schlug in seiner Stellungnahme zum RefE die Bezeichnung „junge Menschen" vor, *Grünhut* in seiner Stellungnahme den bis heute gültigen Begriff „Heranwachsende" vgl. BArch B 141/4211.

544 Vgl. das Schreiben des Vorsitzenden der Arbeitsgemeinschaft für Jugendpflege und Jugendfürsorge vom 4. Januar 1952 an das BMJ, in: BArch B 141/4208 und das Schreiben des BayStMJ an das BMJ vom 26. September 1951, S. 1, in: BArch B 141/4210, sowie die Stellungnahme von *Peters* zum RefE vom 21. Juli 1951, in: BArch B 141/4211.

senvertreter der jungen Menschen erkannte man als problematisch[545]. Die im Referentenentwurf weiterhin vorgesehene Bezeichnung „kriminalbiologisch" wollte man zudem streichen, da man der Ansicht war, es gehe „bei diesen Untersuchungen nicht nur um die Beziehung zum Verbrechen (crimen), sondern um die Erkennung des ganzen Menschen zur Durchführung erzieherischer oder fürsorgerischer Maßnahmen"[546]. Die geplante Wiedereinführung des Schöffensystems und damit die geplante Reformierung der Jugendgerichtsverfassung wurde in den Stellungnahmen dagegen nicht beanstandet bzw. sogar begrüßt[547]. Weiterhin wurde aber gefordert, „eine gründliche Ausbildung und Auswahl der Jugendrichter" sicherzustellen, wobei man die Einbeziehung der 18 bis 21-Jährigen in das Jugendstrafrecht als Chance zur Schaffung einer Laufbahn für die Jugendrichter mit Aufstiegsmöglichkeiten sah[548]. Auch die geplante grundsätzliche Öffentlichkeit der Hauptverhandlung, wenn in dem Verfahren auch „Halberwachsene" (§ 32 Abs. 3 RefE) angeklagt waren, sah man als wenig förderlich an, sodass jedenfalls eine Möglichkeit des Ausschlusses der Öffentlichkeit „im Interesse der Erziehung jugendlicher und halberwachsener Angeklagter" vorgeschlagen wurde[549]. Insgesamt sah man die Teilreform aber als den einzig gangbaren Weg zur Bereinigung des Jugendstrafrechts und des Verfahrensrechts und zur Durchführung der dringendsten Reformanliegen, weswegen der Entwurf im Allgemeinen begrüßt wurde[550].

Die aufgrund der zum Referentenentwurf eingegangenen Stellungnahmen und geführten Aussprachen zwischen Vertretern der Justiz- und Sozialministerien der Länder, der Jugendwohlfahrtsbehörden und der freien Vereinigungen für Jugendwohlfahrt wurden sodann vom BMJ „sorgfältig beachtet, geprüft und zum Teil für den Kabinettsentwurf ausgewertet", welcher sodann der Bundesregie-

545 Vgl. das Schreiben des BayStMJ an das BMJ vom 26. September 1951, S. 10, in: BArch B 141/4210.

546 Vgl. hierzu die Stellungnahme von *Peters* zum RefE vom 21. Juli 1951, in: BArch B 141/4211.

547 Vgl. das Schreiben des BayStMJ an das BMJ vom 26. September 1951, S. 4, und das Schreiben des Präsidenten der LJV Bremen an das BMJ vom 2. Oktober 1951, S. 3, in: BArch B 141/4210.

548 Vgl. das Schreiben des Vorsitzenden der Arbeitsgemeinschaft für Jugendpflege und Jugendfürsorge vom 4. Januar 1952 an das BMJ, in: BArch B 141/4208.

549 Vgl. das Schreiben des Präsidenten der LJV Bremen an das BMJ vom 2. Oktober 1951, in: BArch B 141/4210; ähnlich *Peters* in seiner Stellungnahme zum RefE vom 21. Juli 1951, in: BArch B 141/4211.

550 Vgl. z.B. das Schreiben des BayStMJ an das BMJ vom 26. September 1951, S. 1, das Schreiben des Justizministeriums Rheinland-Pfalz an das BMJ vom 1. Oktober 1951 und das Schreiben des Präsidenten der LJV Bremen an das BMJ vom 2. Oktober 1951, in: BArch B 141/4210.

rung zugeleitet wurde[551]. Diese verabschiedete den Regierungsentwurf[552] in der Kabinettssitzung vom 29. Januar 1952 und leitete ihn anschließend an den Bundesrat weiter[553]. In der Entwurfsbegründung hieß es im Hinblick auf das RJGG 1943 und dessen Bereinigung von nationalsozialistischem Gedankengut:

> „Das Gesetz fußt im wesentlichen auf dem Jugendgerichtsgesetz vom 16.2.1923 (...), das in bahnbrechender Weise für die strafrechtliche Behandlung Jugendlicher den Erziehungsgedanken eingeführt hat. Die neuen Wege, die mit ihm beschritten wurden, erwiesen sich in der Folgezeit als durchaus gangbar. Vielseitige Erfahrungen der Praxis und eingehende Untersuchungen der Wissenschaft schufen die Grundlage, um die erstmalig verwirklichte gesetzliche Lösung durch organische Verbesserungen schrittweise fortzuentwickeln. Das RJGG von 1943 hat die Ergebnisse der gesetzgeberischen Arbeiten auf dem Gebiete des Jugendstrafrechts seit 1923 zusammengefaßt und ein selbstständiges Erziehungsstrafrecht geschaffen, das den besonderen Bedürfnissen der Jugend weitgehend gerecht wurde und dem Gesetz von 1923 in vielen Beziehungen überlegen war, allerdings auch einige bedauerliche Rückschritte brachte. Schon dieser Hinweis auf die systematische Fortbildung älterer Rechtsgedanken beweist, daß es sich überwiegend nicht um Ideen des Nationalsozialismus gehandelt hat, die in der abschließenden Reform verwirklicht worden sind. Nach übereinstimmender Auffassung in Rechtsprechung und Rechtslehre stellt das RJGG von 1943 ein Gesetzeswerk dar, das die bisher fortschrittlichste Kodifikation des Jugendstrafrechts in Deutschland enthält.
>
> Gleichwohl sind in das Gesetz auch Gedanken eingegangen, die als typisch nationalsozialistisch zu bezeichnen und im Rahmen der Rechtserneuerung wieder zu beseitigen sind. Mit dem vorliegenden Entwurf war deshalb die Aufgabe zu lösen, das Gesetz von allem nationalsozialistischen Beiwerk zu befreien und es den gegenwärtigen Verhältnissen anzupassen. Dabei wurde besonderer Wert darauf gelegt, die Rechtsstaatlichkeit des Jugendstrafverfahrens zu gewährleisten, ohne den Erfordernissen einer wirksamen Jugenderziehung Abbruch zu tun."[554]

In der Folge beschäftigte sich ein vom Rechtsausschuss des Bundesrates eingesetzter Unterausschuss mit der Regierungsvorlage[555]. Dieser bedauerte die Tatsache, dass sich die Regierungsvorlage lediglich mit einer Teilreform des Jugendgerichtsgesetzes begnügte und monierte, dass dadurch ein „einheitlicher

---

551 *Sieverts*, in: UJ 1952, 252 f.; *Stolp*, Entwicklung des Jugendstrafrechts, S. 135.

552 BT Drs. 01/3264; da sich der Entwurf bis zur verabschiedeten Gesetzesfassung noch maßgeblich ändern sollte, wird auf eine Darstellung des Inhalts hier verzichtet.

553 Vgl. das Protokoll der 198. Kabinettssitzung der Bundesregierung vom 29. Januar 1952, in: Kabinettsprotokolle der Bundesregierung, S. 73; zum verfahrensrechtlichen Teil des Entwurfs vgl. *Sieverts*, UJ 1952, 327 ff.

554 BT Drs. 01/3264, S. 35.

555 BArch B 141/4225; vgl. auch das Schreiben von Ministerialrat *Dallinger* an den Vorsitzenden des Strafrechtsausschusses der deutschen Rechtsanwaltskammern *Cüppers*, in: BArch B 141/4208.

Neubau“ verhindert würde[556]. Am 29. Februar 1952 stimmte der Bundesrat der Teilreform des Jugendgerichtsgesetzes aber zu und gab eine Stellungnahme[557] zum Entwurf ab, welche von der Bundesregierung in einer weiteren Stellungnahme[558] zumindest teilweise berücksichtigt wurde, woraufhin der Entwurf dem Bundestag am 31. März zugeleitet wurde[559].

Dieser beriet den Entwurf in seiner Sitzung vom 23. April und verwies ihn schließlich an den federführenden Ausschuss für Rechtswesen und Verfassungsrecht und an den Ausschuss für Fragen der Jugendfürsorge weiter[560]. Im Rahmen der Beratung im Plenum war unter anderem die geplante Wiedereinführung des Jugendschöffengerichts begrüßt und die Bedeutung der Zusammenarbeit zwischen Jugendgericht und Jugendamt hervorgehoben worden[561]. Der aus den Mitgliedern der beiden Ausschüsse formierte „Unterausschuss Jugendgerichtsgesetz des Ausschusses 23/33“ unter Vorsitz des Abgeordneten *Ewers* beriet den Gesetzesentwurf schließlich in 14 Sitzungen vom 29. Oktober 1952 bis 21. Mai 1953[562]. Der Unterausschuss bezog in seine Beratungen allerdings auch die Vorschriften ein, welche der Entwurf unberührt gelassen hatte und gelangte schnell zu der Auffassung, dass die ursprünglich vorgesehene beschränkte Überarbeitung des RJGG 1943 unzureichend war[563]. Er entwickelte daraufhin einen völlig neuen, „die Systematik des JGG in seiner bisherigen Fassung“ aufgebenden und viel weiter reichenden Entwurf, der

---

556 Vgl. die Berichterstattung von *Bleibtreu* über die Ergebnisse der Beratungen des Rechtsausschusses, abgedruckt in: Plenarprotokoll Nr. 79 der Sitzung des Deutschen Bundesrates vom 29. Februar 1952, S. 62.

557 Die Änderungsvorschläge des Bundesrates sind enthalten in: BT Drs. 01/3264, S. 53 ff. (Anlage 2).

558 Die Stellungnahme der Bundesregierung ist enthalten in: BT Drs. 01/3264, S. 61 ff. (Anlage 3).

559 Vgl. das Plenarprotokoll Nr. 79 der Sitzung des Deutschen Bundesrates vom 29. Februar 1952, S. 64; der Entwurf in der Fassung der Vorlage an den Bundestag ist samt Begründung enthalten in: BT Drs. 01/3264.

560 Vgl. das Plenarprotokoll der Sitzung des Bundestages vom 23. April 1952, BT Drs. 01/205, S. 8859.

561 Vgl. den Beitrag der Abgeordneten *Schanzenbach* auf der Sitzung des Deutschen Bundestages vom 23. April 1952, BT Drs. 01/205, S. 8854.

562 Die Unterlagen und Protokolle zu den Beratungen finden sich in BArch B 141/4228–4231; vgl. auch den Bericht des Abgeordneten *Ewers* über die Beratungen des Ausschusses für Rechtswesen und Verfassungsrecht, BT Drs. 01/4437, S. 1.

563 Vgl. den Bericht des Abgeordneten *Ewers* über die Beratungen des Ausschusses für Rechtswesen und Verfassungsrecht, BT Drs. 01/4437, S. 1.

fortan die Grundlage für die Beratungen im Bundestag bilden sollte[564]. Das noch im Regierungsentwurf dargestellte Bedürfnis einer baldigen und vollständigen Überarbeitung des Jugendstrafrechts nach Verabschiedung des neuen Gesetzes sah man damit als beseitigt an[565]. Nach den Vorstellungen des Rechtsausschusses sollte das neue JGG nun „für absehbare Zeit ausreichen (...), um das Strafrecht der Jugendlichen und Heranwachsenden entsprechend den Erkenntnissen der modernen Wissenschaft sachgemäß zu handhaben“[566]. Es wurde ausdrücklich betont, dass sich künftige Änderungswünsche nicht auf das Argument stützen könnten, dass die Ziele der durchgeführten Reform nicht umfassend genug gewesen seien[567]. Am 18. Juni 1953 wurde der Entwurf schließlich vom Bundestag in zweiter und dritter Lesung angenommen und sodann an den Bundesrat weitergeleitet, welcher dem Gesetz am 3. Juli zustimmte[568]. Das geänderte Jugendgerichtsgesetz wurde am 4. August 1953 ausgefertigt und trat am 1. Oktober in Kraft[569].

2. Jugendstrafverfahren und -gerichtsverfassung im JGG 1953

Einig war man sich weiterhin darüber, dass der Erziehungsgedanke sich auch in der Gestaltung des Jugendstrafverfahrens auswirken musste, welches daher jugendgemäß und erzieherisch ausgerichtet werden sollte[570]. Die im Vergleich zum RJGG 1943 vorgenommenen Änderungen, sowie teilweise auch die beibehaltenen Vorschriften im neuen JGG 1953, sollen nachfolgend erläutert

---

564 Vgl. den Bericht des Abgeordneten *Ewers* über die Beratungen des Ausschusses für Rechtswesen und Verfassungsrecht, BT Drs. 01/4437, S. 1; eine Zusammenstellung des Entwurfs mit den Beschlüssen des Unterausschusses findet sich in BArch B 141/4234.

565 Vgl. den Bericht des Abgeordneten *Ewers* über die Beratungen des Ausschusses für Rechtswesen und Verfassungsrecht, BT Drs. 01/4437, S. 1; BT Drs. 01/3264, S. 35.

566 BT Drs. 01/4437, S. 1; angesichts dessen, dass die Heranwachsende betreffenden Vorschriften aus dem „Verständnis eines Übergangsrechts“ geschaffen worden waren, kann diese Aussage als überraschend bezeichnet werden, vgl. *Nothacker*, „Erziehungsvorrang“, S. 52.

567 Vgl. BT Drs. 01/4437, S. 1; dazu auch *Nothacker*, „Erziehungsvorrang“, S. 52.

568 Vgl. das Plenarprotokoll des Bundestags vom 18. Juni 1953, BT Drs. 01/273 und das Plenarprotokoll Nr. 112 der Sitzung des Bundesrats vom 3. Juli 1953, S. 344 (D).

569 BGBl. I 1953, S. 751.

570 Darunter verstand man insbesondere die Verwirklichung des Beschleunigungsgrundsatzes, vgl. *Potrykus*, JGG, 4. Aufl., § 43, Vorbem. 1, 2; vgl. auch *Kohlhaas*, UJ 1953, 443.

werden, sofern sie für das Thema der Darstellung von Relevanz bzw. im Vergleich zu den vorherigen Gesetzesfassungen erwähnenswert sind[571].

a) Zur Jugendgerichtsverfassung

Im Rahmen der Jugendgerichtsverfassung wurden zunächst durch § 122 Nr. 5 ff. landesrechtliche Sondervorschriften aufgehoben und damit die Rechtseinheit wiederhergestellt. Wichtigste Änderung im Bereich der Jugendgerichtsverfassung (§§ 33 ff.) war die Wiedereinführung der Jugendschöffengerichte. Jugendgerichte waren nach § 33 Abs. 2 und 3 nun der Amtsrichter als Jugendrichter, das Schöffengericht als Jugendschöffengericht und die Strafkammer als Jugendkammer, wobei letzteren zwei Jugendschöffen zugewiesen wurden, welche jeweils ein Mann und eine Frau sein sollten[572]. Statt zum Rechtszustand des § 17 Abs. 1 S. 2 JGG 1923 zurückzukehren und alleine die Jugendschöffengerichte als Jugendgerichte vorzusehen, war der Gesetzgeber nämlich der Ansicht, dass den Amtsgerichten bei umfangreichen Kapitalsachen sowohl personell als auch materiell nicht die erforderlichen Kräfte und Einrichtungen zur Verfügung stehen würden, um eine einwandfreie Rechtsprechung zu gewährleisten und dass auch die großen Jugendschöffengerichte nach alter Rechtslage in Schwurgerichtssachen und Verfahren, die zur erstinstanzlichen Zuständigkeit der höchsten Gerichte gehörten, unzulänglich besetzt waren[573].

Gemäß § 34 Abs. 2 sollte der Jugendrichter wie zuvor nach § 22 S. 2 RJGG 1943 nach Möglichkeit zugleich auch Vormundschaftsrichter sein, wobei ihm, sofern dies nicht durchführbar war, jedenfalls die in § 34 Abs. 3 aufgeführten vormundschaftsrichterlichen Erziehungsaufgaben übertragen werden sollten.

Um sicherzustellen, dass nur wirklich jugendkundige Menschen als Schöffen mitwirken, wurden in § 35 eingehende Bestimmungen zur Auswahl der Jugendschöffen aufgenommen, welche auf Vorschlag des Jugendwohlfahrtsausschusses gewählt werden sollten[574].

---

571 Eine Gegenüberstellung von RJGG und JGG 1953 findet sich bei *Potrykus*, JGG, 4. Aufl., S. 15 f.

572 Letzteres war jedoch keine verfahrensrechtliche Norm, sondern eine bloße Ordnungsvorschrift, welche die Revision nicht begründen konnte, vgl. *Potrykus*, JGG, 4. Aufl., § 33, Bem. 8.

573 Eingeräumt wurde aber, dass dadurch die Verwirklichung des Gedankens der Einheit von Jugendrichter und Vormundschaftsrichter beeinträchtigt wurde, vgl. BT Drs. 01/3264, S. 38.

574 *Lackner*, in: Bulletin, Nr. 217, 1801 (1802).

Im Gegensatz zu § 25 RJGG 1943 wurde die Beteiligung der HJ und der NS-Volkswohlfahrt endgültig aus dem Gesetzeswortlaut gestrichen und stattdessen die Position der Jugendgerichtshilfe in § 38 gestärkt, die nun „so früh wie möglich" im Verfahren heranzuziehen war, wobei eine Hinzuziehung bei Übertretungen unterbleiben konnte, wenn die Mitwirkung für eine sachgemäße Durchführung des Verfahrens nicht erforderlich war[575].

Für Jugendrichter und Jugendstaatsanwälte entfiel zudem (eher deklaratorisch) in § 37 das Erfordernis der „Erfahrung in der Jugendführung"[576].

Sachlich zuständig war der Jugendrichter nach § 39 nur noch für solche Verfehlungen Jugendlicher, bei denen Erziehungsmaßregeln und Zuchtmittel oder zulässige Nebenstrafen und Nebenfolgen in Betracht kamen und der Staatsanwalt Anklage beim Einzelrichter erhob, wobei auf eine Jugendstrafe von über einem Jahr oder unbestimmter Dauer nicht erkannt werden durfte[577]. Für die Jugendschöffengerichte ergab sich damit nach § 40 eine sachliche Zuständigkeit für die mittlere und schwere Kriminalität, sofern nicht nach allgemeinen Vorschriften die Zuständigkeit der Schwurgerichte vorlag oder die Sachen wegen ihres Umfangs vom Jugendschöffengericht vorgelegt und übernommen wurden, was die Zuständigkeit der Jugendkammer gemäß § 41 Abs. 1 begründete[578].

Eine der wichtigsten Neuerungen des Gesetzes war die erstmalige Einbeziehung von „Heranwachsenden"[579], also der Personen im Alter zwischen 18 und 21 Jahren (§ 1 Abs. 2), in das Jugendstrafrecht. Neben dem Krieg und

575 Um die Beteiligung der Jugendgerichtshilfe in der Hauptverhandlung sicherzustellen, waren dem Vertreter der Jugendgerichtshilfe gemäß § 50 Abs. 3 S. 1 nun auch verpflichtend Ort und Zeit der Hauptverhandlung mitzuteilen, vgl. BT Drs. 01/4437, S. 8; zur Verhandlung sollte der Fürsorger entsendet werden, der auch die Ermittlungen für den Erziehungsbericht angestellt hatte, um diesen ggf. als Zeuge vernehmen zu können, vgl. RiJGG 1953, § 38 Nr. 2; *Potrykus*, JR 1955, 212 (213).

576 Ein häufiger Wechsel war zu vermeiden, wobei Kenntnisse in der Pädagogik, Jugendpsychologie, Jugendpsychiatrie, Kriminalbiologie und Soziologie von Nutzen sein sollten, vgl. RiJGG 1953, § 37 Nr. 2, 3.

577 § 26 Abs. 1 Nr. 1 RJGG 1943 sah noch eine Strafbefugnis des Jugendrichters für Jugendgefängnis von bis zu vier Jahren oder von unbestimmter Dauer vor und auch der Regierungsentwurf gewährte dem Jugendgericht für den Fall, dass sich in der Verhandlung herausstellt, dass auf Jugendstrafe zu erkennen ist, den vollen Strafrahmen, vgl. BT Drs. 01/3264, S. 24, 45.

578 Ebenfalls zuständig war die Jugendkammer wie bisher als Rechtsmittelgericht, § 41 Abs. 2.

579 Auf den Begriff hatte man sich auf einer Tagung des BMJ Ende 1951 verständigt, wobei daneben die Begriffe „Halberwachsener", „junger Mensch", „Jungerwachsener", „Jungtäter" und „Jugendlicher über 18 Jahren" zur Auswahl gestanden hatten, vgl. die Niederschrift über die Tagung, S. 9, in: BArch B 141/4220.

dessen Folgen, welche die Gruppe der Heranwachsenden besonders hart getroffen hätten, stellte der Gesetzgeber zur Begründung auf gesicherte Erkenntnisse der modernen Wissenschaft ab, wonach die sittliche Reifung des jungen Menschen mit der körperlichen und intellektuellen nicht mehr gleichauf lag[580]. Die Jugendgerichte, welchen in der Beurteilung strafrechtlicher Fragen, die junge Menschen betrafen, größere Erfahrung als den Erwachsenengerichten zugeschrieben wurde, sollten daher nach Ansicht des Gesetzgebers umfassend für Verfehlungen Heranwachsender zuständig sein, damit „über die Gesamtkriminalität der Heranwachsenden einen klaren Überblick gewinnen und so in die Lage versetzt werden, den Kreis der Täter eindeutig abzugrenzen, auf den sich eine Anwendung von Erwachsenenstrafrecht nicht empfiehlt"[581]. In den neuen §§ 107 bis 109 fanden sich daher eigene Vorschriften über die im Verfahren gegen Heranwachsende anzuwendenden Bestimmungen über die Jugendgerichtsverfassung, die Zuständigkeit und das Jugendstrafverfahren. Insbesondere war der Jugendrichter nun generell für die Verfehlungen Jugendlicher und Heranwachsender zuständig. Gemäß § 108 Abs. 2 galt dies bei Heranwachsenden sogar für die Fälle, in denen die Anwendung des allgemeinen Strafrechts zu erwarten war und nach dem GVG der Amtsrichter allein zu entscheiden gehabt hätte[582]. Während die Regelung, die den Schritt der vollumfänglichen Eingliederung der Heranwachsenden auch in das materielle Jugendstrafrecht nicht vornahm, von den Jugendfürsorgebehörden und freien Vereinigungen für Jugendhilfe als nicht weitgehend genug kritisiert worden war, war der Rechtsausschuss jedoch wie die Bundesregierung der Ansicht gewesen, die ausschließliche Anwendbarkeit von Jugendstrafrecht gegenüber Heranwachsenden könnte zu einer Schwächung des Schutzes der Allgemeinheit führen, da diese Altersgruppe den größten Anteil an der Jugendkriminalität ausmachte[583].

580 Vgl. die Begründung des Regierungsentwurfs, BT Drs. 01/3264, S. 36.

581 BT Drs. 01/3264, S. 37.

582 *Peters* sah in seiner Stellungnahme zum RefE vom 21. Juli 1951 in der alleinigen Zuständigkeit der Jugendgerichte auch für „Halberwachsene" die Gefahr der Entwicklung der Jugendgerichte von Erziehungsgerichten zu Strafgerichten, vgl. BArch B 141/4211; für *Sieverts*, UJ 1952, 252 (256), war die ausschließliche Zuständigkeit dagegen als „Kernstück" der Sondervorschriften für Heranwachsende.

583 BT Drs. 01/3264, S. 36 f.; BT Drs. 01/4437, S. 3.

b) Zum Jugendstrafverfahren

Im Jugendstrafverfahren wurde mit § 43 der Umfang der vorzunehmenden Ermittlungen[584] von nationalsozialistischen Begriffen bereinigt, indem „die Volkszugehörigkeit des Beschuldigten, seine Lebens- und Sippenverhältnisse, seine Lebensgeschichte, seine Haltung in der Volks- und Jugendgemeinschaft" und die Anhörung der HJ entfielen. Trotz dessen, dass es sich bei § 43 Abs. 1 um eine Norm „von besonderer Wichtigkeit" handelte, war sie jedoch nur als „Soll-Vorschrift" ausgestaltet[585]. Die Möglichkeit einer „kriminalbiologischen Untersuchung" und Unterbringung des Jugendlichen zur Beobachtung (§§ 43 Abs. 3 i.V.m. 73) blieben dagegen bestehen[586]. Obwohl nach dem Vorschlag des Bundesrats die Ersetzung des Begriffs „kriminalbiologisch" durch „kriminologisch" von der Bundesregierung zunächst akzeptiert worden war, hatte der Unterausschuss die Streichung wieder zurückgenommen, ohne dass darin eine sachliche Änderung gesehen worden war[587].

Wesentlich umgestaltet wurden durch den Rechtsausschuss auch die Einstellungsmöglichkeiten in § 45 des neuen JGG gegenüber den Vorgängergesetzen und der Regierungsvorlage[588]. Im Gegensatz zu § 30 Abs. 1 RJGG 1943 sollte der Staatsanwalt nun gemäß § 45 Abs. 1 formlose Maßnahmen wie eine Arbeitsauflage, besondere Pflichten, die Anordnung der Teilnahme an einem Verkehrsunterricht oder eine Ermahnung nicht mehr beim Vormundschaftsrichter, sondern direkt beim Jugendrichter anregen[589]. Abhängig sein sollten die formlosen Maßnahmen, welche ein Absehen von der Verfolgung rechtfertigten, von einem Geständnis des Beschuldigten, da man der Ansicht war, diesem dürfe keine

584 Diese durften die schnelle Durchführung des Verfahrens aber nicht beeinträchtigen, sodass dem Beschleunigungsgrundsatz Vorrang eingeräumt wurde, vgl. RiJGG 1953, § 43 Nr. 5.

585 Satz 1 lautete: „Nach Einleitung des Verfahrens sollen so bald wie möglich, die Familienverhältnisse, der Werdegang, das bisherige Verhalten des Beschuldigten und alle übrigen Umstände ermittelt werden, die zur Beurteilung seiner seelischen, geistigen und charakterlichen Eigenart dienen können"; ein Verstoß gegen die Vorschrift war damit nicht revisibel, vgl. auch BGH NJW 1958, 639; kritisch *Sieverts*, UJ 1952, 327 (330).

586 Vgl. hierzu BT Drs. 01/3264, S. 47; *Sieverts*, UJ 1952, 327 (330) wollte ein solches Gutachten vorschreiben, wenn die Schuldfähigkeit zweifelhaft war oder wenn Fürsorgeerziehung oder Jugendstrafe in Betracht kamen.

587 Vgl. die Begründung des Arbeitsentwurfs zu einem 1. JGGÄndG, S. 40, in: BArch B 141/90378; vgl. hierzu auch BT Drs. 01/4437, S. 8.

588 § 47 wurde daran angepasst, im Übrigen aber gegenüber der vorherigen Bestimmung nicht verändert.

589 Man „war der Meinung, daß in einer strafprozessualen Vorschrift dem Staatsanwalt nicht die Möglichkeit des Ausweichens auf den Vormundschaftsrichter gegeben werden sollte", vgl. BT Drs. 01/4437, S. 8.

Pflicht nach dem JGG auferlegt werden, sofern noch nicht feststehe, dass er eine mit Strafe bedrohte Handlung begangen habe[590]. Die Möglichkeit des Absehens von der Verfolgung in besonders leichten Fällen (§ 30 Abs. 2 S. 2 RJGG 1943) erschien dem Gesetzgeber dagegen zu unbestimmt, sodass stattdessen in § 45 Abs. 2 Nr. 2 ein Verweis auf § 153 StPO eingefügt wurde[591].

In § 46 wurde darüber hinaus im Hinblick auf das vom Staatsanwalt in der Anklageschrift zu formulierende wesentliche Ergebnis der Ermittlungen ausdrücklich eine Darstellung vorgeschrieben, deren Kenntnisnahme durch den Beschuldigten möglichst keine Nachteile für dessen Erziehung verursache, womit im Umkehrschluss abgesichert werden sollte, dass der Jugendliche im Falle einer Anklage über den gegen ihn erhobenen Vorwurf ausreichend unterrichtet werden würde[592].

Die Vorschrift zur Nichtöffentlichkeit des Verfahrens in § 48 Abs. 1 wurde wie in § 23 Abs. 1 JGG 1923 dahingehend konkretisiert, dass auch die Entscheidungsverkündung ausdrücklich davon erfasst war[593]. Im Hinblick auf die nun auch am Verfahren teilnehmenden Heranwachsenden bestimmte § 48 Abs. 3, dass Verfahren, in denen auch Heranwachsende oder Erwachsene angeklagt waren, grundsätzlich öffentlich waren, sofern nicht im Interesse der Erziehung jugendlicher Angeklagter etwas anderes geboten war.

Aus Erziehungsgründen sah § 49 Abs. 1 in Verfahren Jugendlicher vor dem Jugendrichter eine Beschränkung der Eidespflicht vor, da man befürchtete, anderenfalls fühle sich der Jugendliche „als Mittelpunkt eines besonders feierlichen Verfahrens, wodurch ihm eine unzutreffende Vorstellung von der Bedeutung des Verfahrens und vor allem auch von der Bedeutung seiner Person vermittelt“ werde[594].

---

590 BT Drs. 01/4437, S. 8.

591 BT Drs. 01/4437, S. 8; von § 45 Abs. 2 Nr. 2 JGG 1953 sollte nur selten Gebrauch gemacht werden, da man dem Absehen von der Verfolgung ohne Anordnung einer Maßnahme eine nachteilige erzieherische Wirkung zusprach, vgl. RiJGG 1953, § 45 Nr. 5; zuvor hatte nach herrschender Meinung § 30 RJGG 1943 den § 153 StPO als lex specialis ausgeschlossen, vgl. *Potrykus*, JGG, 4. Aufl., § 45, Bem. 2.

592 Vgl. BT Drs. 01/3264, S. 45 f.; so sollten Ausführungen über mangelhafte Erziehung durch die Eltern, Einzelheiten über Sittlichkeitsdelikte oder über kriminelle Methoden und ähnliche Angaben unterbleiben, vgl. RiJGG 1953, § 46 Nr. 1.

593 Dies sollte der Klarstellung dienen, wohingegen die Praxis ohnehin stets davon ausgegangen war, dass die Nichtöffentlichkeit auch die Entscheidungsverkündung umfasse, vgl. BT Drs. 01/3264, S. 46; insbesondere sollte dadurch auch verhindert werden, dass in Presseberichten der Name des Jugendlichen oder ein Foto von ihm veröffentlicht wird, vgl. RiJGG 1953, § 48 Nr. 2.

594 So die Formulierung in der Begründung des Rechtsausschusses, vgl. BT Drs. 01/4437, S. 8.

Die Unterrichtung des Angeklagten, nachdem dieser zeitweilig von der Verhandlung ausgeschlossen worden war, schrieb § 51 Abs. 1 S. 2 nun im Vergleich zu § 34 Abs. 1 S. 2 RJGG 1943 nicht mehr als „Soll-Vorschrift", sondern „aus Gründen der Rechtsstaatlichkeit" obligatorisch vor[595].

Weiterhin wurde die Vorschrift zur Anrechnung der Untersuchungshaft (§ 52) dahingehend konkretisiert, dass eine Anrechnung nurmehr insoweit erfolgen sollte, als sich der Vollzug der erlittenen Untersuchungshaft „erzieherisch günstig ausgewirkt hat oder die Versagung der Anrechnung auch bei Berücksichtigung der Erziehungsaufgabe des Strafvollzugs eine unbillige Härte wäre". Damit sollte gewährleistet werden, dass die Möglichkeit einer umfassenden Erziehung im Strafvollzug nicht durch „eine übermäßige Anrechnung von Untersuchungshaft" beeinträchtigt wurde[596].

Darüber hinaus hielt der Gesetzgeber die Regelung des § 37 RJGG 1943, wonach neben Erziehungsmaßregeln auch die Auswahl und Anordnung von Zuchtmitteln dem Vormundschaftsrichter überlassen werden konnte, für nicht zweckmäßig, da man der Ansicht war, dass die Zuchtmittel als „strafähnliche Maßnahmen" grundsätzlich dem Strafrichter vorbehalten bleiben sollten, sodass diese aus § 53 gestrichen wurden[597]. Im Gegensatz zum Vorschlag der Alliierten behielt man dagegen die Möglichkeit des Vormundschaftsrichters, von der Anordnung einer Erziehungsmaßregel abzusehen, wenn sich die für das Urteil maßgebenden Umstände verändert haben, ohne Begründung bei. Dafür wurden jedoch „wesentliche Änderungen in den tatsächlichen Voraussetzungen" der Anordnung einer Erziehungsmaßregel gefordert[598].

Die Rechtsmittelbeschränkung der Vorgängergesetze wurde in § 55 beibehalten, wobei dem Jugendlichen entgegen § 40 RJGG 1943 und entsprechend § 35 JGG 1923 aus rechtsstaatlichen Gründen wieder die Möglichkeit gewährt wurde, seine Unschuld im Rechtsmittelverfahren geltend zu machen, welches zur Verfahrensbeschleunigung[599] auf die Wahlrevision und damit auf einen zweistufigen Instanzenzug beschränkt wurde[600].

---

595 BT Drs. 01/3264, S. 46.

596 BT Drs. 01/3264, S. 46.

597 BT Drs. 01/4437, S. 9.

598 *Potrykus*, JGG, 4. Aufl., § 53, Bem. 8.

599 Bei der Einlegung von Rechtsmitteln zuungunsten des Angeklagten sollte daher mit besonderer Zurückhaltung verfahren werden, vgl. RiJGG 1953, § 55 Nr. 1.

600 Die vom Bundesrat zunächst geforderte unbeschränkte Anfechtbarkeit des Dauerarrests hat sich dagegen nicht durchgesetzt, da man der Auffassung war, dass der Dauerarrest „in

Im Rahmen der gemeinsamen Verfahrensvorschriften wurde im Gegensatz zu § 41 Abs. 4 RJGG 1943, wonach grundsätzlich nur dem Vater die Rechte der „Erziehungspflichtigen" zustanden, die Gleichberechtigung[601] beider – nunmehr wieder – „Erziehungsberechtigter"[602] festgelegt (§ 67 Abs. 5), während die Möglichkeit des Entzugs der Beteiligungsrechte vor allem dahingehend konkretisiert wurde, dass im Falle des Entzugs der Vormundschaftsrichter dem Jugendlichen einen Pfleger zu bestellen hatte (§ 67 Abs. 4). *Schulz-Knappe* sah letzteres als Beleg dafür, dass der Hauptgrund für die Hereinnahme der Erziehungsberechtigten in das Jugendstrafverfahren nicht „in den Rechten des Erziehungsberechtigten als Erzieher", sondern in der besonderen Schutzwürdigkeit der Jugendlichen zu sehen war[603].

Weiterhin wurde gegenüber § 42 RJGG 1943 durch § 68 die notwendige Verteidigung ausdrücklich auf solche Fälle ausgeweitet, in denen die Hauptverhandlung im ersten Rechtszug vor der Jugendkammer stattfindet (Nr. 1) oder die Unterbringung des Jugendlichen in einer Anstalt zur Vorbereitung eines Gutachtens über seinen Entwicklungsstand (§ 73) in Frage kam (Nr. 4)[604]. Eine Vorschrift, wonach auch der Pflichtverteidiger erzieherisch befähigt und in der Jugenderziehung erfahren sein sollte (vgl. § 42 Abs. 2 RJGG 1943) und welche auch im Regierungsentwurf enthalten war, hatte der Rechtsausschuss für nicht zweckmäßig gehalten, da man der Ansicht war, dies könne zu unerwünschten Differenzen in der Auswahl der Pflichtverteidiger führen, sodass eine solche Norm im neuen Gesetz fehlte[605].

Entsprechend einem zuvor vom Bundesrat geäußerten Änderungsvorschlag gegenüber dem Regierungsentwurf war zudem das Akteneinsichtsrecht für den Beistand in der Gesetzesfassung nicht mehr obligatorisch, sondern nur noch

---

seiner erzieherischen Wirkung stark abgeschwächt wird, wenn er der Tat nicht auf dem Fuße folgt", vgl. BT Drs. 01/4437, S. 9.

601 Bereits der Regierungsentwurf stellte den Gleichheitsverstoß fest, vgl. BT Drs. 01/3264, S. 46 f.

602 Da die Hauptverhandlung ein bedeutsames Ereignis im Leben und für die Erziehung des jungen Menschen darstellte, wollte man, dass diese bei der Verhandlung anwesend waren, vgl. *Schulz-Knappe*, RdJ 1967, 5 (9).

603 *Schulz-Knappe*, RdJ 1967, 5 (9 f.).

604 Kritisch bezüglich letzterem *Sieverts*, UJ 1952, 327 (330).

605 BT Drs. 01/4437, S. 10; eine solche Vorgabe fand sich aber in den Richtlinien, vgl. RiJGG 1953, § 68 Nr. 1.

fakultativ vorgesehen (§ 69 Abs. 3 S. 1), um einem möglichen Missbrauch des Einsichtsrechts vorbeugen zu können[606].

Außerdem wurde im Gegensatz zu § 45 RJGG 1943 die Fürsorgeerziehung von der Möglichkeit der vorläufigen Anordnungen über die Erziehung ausgeschlossen (§ 71 Abs. 1 S. 2), wohingegen entsprechend einem Vorschlag des Bundesrates die einstweilige Unterbringung in einem Erziehungsheim in § 71 Abs. 2 aufgenommen wurde[607].

Folgerichtig wurde im Rahmen der Untersuchungshaft die Möglichkeit vorgesehen, unter denselben Voraussetzungen, unter denen ein Haftbefehl erlassen werden konnte, die einstweilige Anordnung in einem Erziehungsheim anzuordnen (§ 72 Abs. 3). In § 72 Abs. 4 wurde für den Fall der Verhängung von Untersuchungshaft noch einmal ausdrücklich normiert, dass das Verfahren mit besonderer Beschleunigung durchzuführen war[608].

In § 73 legte man bezüglich der Unterbringung des Jugendlichen in einer Anstalt gegenüber § 47 RJGG 1943 fest, dass der Verteidiger zunächst angehört werden musste und der entsprechende Beschluss mit der sofortigen Beschwerde anfechtbar sein sollte[609].

Wie schon von den Besatzungsmächten forciert, wurde auch die Möglichkeit der polizeilichen Strafverfügung aus dem Gesetz gestrichen. Ersetzt wurde sie in § 75 durch die sog. jugendrichterliche Verfügung[610], die es dem Richter ermöglichte, bei Übertretungen ohne Heranziehung der Jugendgerichtshilfe eine Arbeits- oder Geldauflage anzuordnen oder die Einziehung oder eine Verwarnung auszusprechen, bzw. dem Jugendlichen aufzuerlegen, an einem Verkehrsunterricht teilzunehmen oder unter den Voraussetzungen des § 45

---

606 Vgl. die Änderungsvorschläge des Bundesrats zum Regierungsentwurf, BT Drs. 01/3264, S. 57.

607 Vgl. die Änderungsvorschläge des Bundesrats zum Regierungsentwurf, BT Drs. 01/3264, S. 57 f.; bezüglich des Ausschlusses der Fürsorgeerziehung verwies der Regierungsentwurf auf die in den Vorjahren gemachten Erfahrungen, vgl. BT Drs. 01/3264, S. 47.

608 Die zuvor bereits vom Bundesrat kritisierte starre Begrenzung der Dauer der Untersuchungshaft nach dem Regierungsentwurf konnte sich im Rechtsausschuss nicht durchsetzen, vgl. BT Drs. 01/4437, S. 11.

609 Damit wollte man dem Jugendlichen die gleichen Rechtsgarantien gewähren, die im allgemeinen Verfahren der Erwachsene hat, um die Rechtsstaatlichkeit des Verfahrens zu wahren, vgl. BT Drs. 01/3264, S. 47.

610 „Der Verzicht auf die Bezeichnung 'Strafverfügung' ergibt sich aus dem Wesen dieses Verfahrens, das die Bestrafung eines Jugendlichen nicht gestattet", vgl. BT Drs. 01/3264, S. 47.

sogar das Verfahren einzustellen[611]. Bei schuldhafter Nichtbefolgung einer Auflage gestattete § 75 Abs. 3 nach vorheriger Belehrung sogar die Verhängung von Jugendarrest[612].

Anders als noch die Alliierten befürwortete man auch das vereinfachte Verfahren im Jugendstrafverfahren und ließ es daher in den §§ 76 bis 78 nahezu gleichlautend der Bestimmungen in den §§ 48 bis 50 RJGG 1943 fortbestehen[613]. Ergänzt wurde, dass das vereinfachte Verfahren mit Zustimmung des Staatsanwalts auch nach vorangegangener jugendrichterlicher Verfügung zulässig war, wenn Einspruch eingelegt worden war (§ 76 Abs. 2) und dass der Antrag auf die Entscheidung im vereinfachten Verfahren bis zur Verkündung des Urteils abgelehnt werden konnte (§ 77 Abs. 1 S. 2).

Die Verfolgung von Privatklagedelikten durch die Staatsanwaltschaft wurde nun an Gründe der Erziehung oder ein berechtigtes Interesse des Verletzten, das dem Erziehungszweck nicht entgegenstehen durfte, geknüpft (§ 80 Abs. 1 S. 2). Gründe der Erziehung sah man insbesondere dann gegeben, wenn Jugendliche wiederholt oder schwere Straftaten begangen haben und eine Ahndung zur Einwirkung auf sie deshalb geboten war, wobei man Rache- und Vergeltungsgelüste des Verletzten gerade nicht berücksichtigen wollte[614].

Darüber hinaus war es in politischen Strafsachen oder im Wege der Verbindung weiterhin grundsätzlich möglich, dass Jugendliche vor Erwachsenengerichten angeklagt wurden, sodass in § 104 – im Gegensatz zum RJGG 1943 und zum Regierungsentwurf detailliert – geregelt wurde, welche Verfahrensvorschriften des JGG in diesen Fällen anwendbar waren und inwieweit ihre Anwendung dem richterlichen Ermessen überlassen wurde[615].

Das Verfahren gegen Heranwachsende war im Gegensatz zu den Jugendlichen grundsätzlich öffentlich, wobei die Öffentlichkeit im Interesse der Erziehung ausgeschlossen werden konnte, § 109 Abs. 1 S. 2. Ein Strafbefehl oder eine amtsrichterliche Strafverfügung nach der StPO waren nur zulässig, wenn das allgemeine Strafrecht anzuwenden war, wohingegen Privatklage und Neben-

611 Eine solche Verfügung sollte jedoch nur erlassen werden, wenn die Persönlichkeit des Jugendlichen eine Ahndung ohne Hauptverhandlung zuließ, vgl. RiJGG 1953, § 75 Nr. 1.

612 Ganz ohne ein vereinfachtes schriftliches Verfahren für leichtere Verfehlung war nach Ansicht des Regierungsentwurfs nicht auszukommen, vgl. BT Drs. 01/3264, S. 47.

613 Das vereinfachte Verfahren war nicht geeignet, wenn eine umfangreiche Beweisaufnahme erforderlich war oder die Beurteilung der Persönlichkeit besondere Schwierigkeiten bereitete, vgl. RiJGG 1953, § 76 Nr. 1.

614 Vgl. hierzu *Zapf*, Opferschutz, S. 118 f.

615 Vgl. BT Drs. 01/4437, S. 12; hierzu auch *Kohlhaas*, UJ 1953, 443 (444 f.).

klage generell zugelassen waren. Das vereinfachte Verfahren konnte dagegen gegen Heranwachsende nicht durchgeführt werden, wohl aber das beschleunigte Verfahren nach der StPO[616]. Zudem galten unter anderem die Vorschriften über das Absehen von der Verfolgung (§ 45) oder die Einstellung des Verfahrens durch den Richter (§ 47), sowie die Einschränkungen der Untersuchungshaft (§ 72) in Verfahren gegen Heranwachsende nicht[617]. Dies beruhte insgesamt auf der Annahme, dass gegen Heranwachsende in der Regel das allgemeine Strafrecht Anwendung finden sollte, sodass man auch im Verfahren weitgehend die allgemeinen Bestimmungen anwenden wollte[618].

3. Die Reaktionen auf das neue Gesetz

Die erste Bewertung des neuen JGG erfolgte bereits am neunten Jugendgerichtstag am 8. und 9. Oktober 1953 in München. Dabei wurde das Gesetz mit „kriminalpädagogischem Optimismus" begrüßt[619]. In seinem Eröffnungsreferat ging *Sieverts* auf das neue Gesetz ein und vertrat die Ansicht, dieses sei kein Neubeginn, sondern wolle „nur eine langjährige Evolution vorsichtig weiterführen"[620]. Er bewertete das Ergebnis der Reformarbeiten positiv:

> „Der Gesetzgeber hat jetzt wirklich fast alle Wünsche der deutschen Jugendgerichtsbewegung erfüllt. Es kommt nun alles darauf an, daß dieses Gesetzgebungswerk nicht auf dem Papier stehen bleibt, sondern von reichem Leben erfüllt wird. Der Erfolg oder Mißerfolg des neuen Gesetzes hängt ausschließlich von uns, die wir hier versammelt sind, und unseren heute nicht hier erschienenen Kollegen und Kolleginnen ab."[621]

Wie schon nach Inkrafttreten des JGG 1923 verlagerte sich der Fokus damit wieder auf die in der Jugendstrafrechtspflege tätigen Personen, die die neuen Vorschriften umzusetzen hatten[622]. *Sieverts* prognostizierte, dass die Erweiterung der Zuständigkeit der Jugendgerichte dazu führen werde, „daß die Zahl der Jugendgerichte und Jugendstaatsanwaltschaften verdoppelt und verdrei-

---

616 RiJGG 1953, § 109 Nr. 4.

617 Die Vorschriften, die im Verfahren gegen Heranwachsende nicht anzuwenden waren, sind vollständig aufgezählt in RiJGG 1953, § 109 Nr. 6; vgl. hierzu auch *Potrykus*, JGG, 4. Aufl., § 109, Bem. 5–7.

618 Vgl. BT Drs. 01/3264, S. 48.

619 *Pfeiffer*, Kriminalprävention, S. 46.

620 *Sieverts*, in: Verhandlungen des 9. JGT, 15.

621 *Sieverts*, in: Verhandlungen des 9. JGT, 15 (29).

622 Allerdings wurde sich auch vor Einführung des JGG 1953 schon ausgiebig mit diesen Themen auseinandergesetzt, vgl. etwa *Messerer*, UJ 1951, 2 ff.; *Heinen*, UJ 1952, 231 ff., warf das Problem einer möglichen Doppelrolle der Jugendgerichtshilfe als „Helfer und Belastungszeuge" im Gerichtsverfahren auf.

facht werden muß"[623]. Die Einbeziehung der Heranwachsenden in das Jugendstrafrecht und die Wiedereinführung der Schöffengerichte begrüßte Landgerichtsdirektor *Messerer*, der wie *Sieverts* darauf hinwies, dass die neuen Vorschriften sich nur bewähren und einen Fortschritt bedeuten könnten, wenn sie von der Praxis entsprechend durchgeführt und angewandt würden[624]. Letztlich fasste man folgende Entschließung:

> „Der 9. Deutsche Jugendgerichtstag begrüßt dankbar das JGG vom 6. August 1953 als eine Teilreform des Jugendstrafrechtes, die der Jugendkriminalrechtspflege die Möglichkeit gibt, besser als bisher der Eigenart minderjähriger Rechtsbrecher erzieherisch gerecht zu werden und damit auch die Allgemeinheit zweckmäßiger zu schützen."[625]

Die Reaktionen fielen auch im Übrigen überwiegend positiv aus. Das neue Gesetz wurde als „Schritt vorwärts" betrachtet[626]. *Holzschuh* bezeichnete das JGG 1953 sogar als „das beste Jugendstrafgesetz der Welt"[627]. Auch in Bezug auf die Vorschriften zum formellen Jugendstrafrecht herrschte zunächst grundlegende und weitreichende Zustimmung. So wurde die Beibehaltung des vereinfachten Verfahrens allgemein begrüßt[628]. Man sah darin die Möglichkeit gegeben, die Prozessgestaltung an die größere Empfindlichkeit und geringere Lebenserfahrung des jungen Angeklagten anzupassen, indem etwa das Verfahren ohne Robe oder im Richterzimmer im Zwiegespräch zwischen Richter und Angeklagten stattfinden konnte, was als „eine der fruchtbarsten Erziehungsmaßnahmen" angesehen wurde[629]. Auch bezüglich der ausschließlichen Zuständigkeit der Jugendgerichte für die Heranwachsenden setzte sich schnell die Auffassung durch, „daß die getroffene Regelung richtig und zweckmäßig ist"[630]. Gleiches galt bezüglich der Einführung der jugendgerichtlichen Verfügung, wo einhellig begrüßt wurde, dass damit nicht auf Jugendarrest erkannt werden durfte[631]. Darüber hinaus bestand bezüglich der Notwendigkeit der Wiedereinführung der Jugendschöffengerichte ein so weitreichender Konsens,

---

623 *Sieverts*, in: Verhandlungen des 9. JGT, 15 (30).

624 *Messerer*, in: Verhandlungen des 9. JGT, 79 ff.

625 DVJJ (Hrsg.), Verhandlungen des 9. JGT, S. 233.

626 *Middendorff*, RdJ 1953, 12.

627 *Holzschuh*, in: Bekämpfung der Jugendkriminalität, 147 (151).

628 *Heinen*, UJ 1957, 204 ff., bedauerte, dass es nicht für Heranwachsende zugelassen war.

629 Ausführlich zu den Gestaltungsmöglichkeiten im vereinfachten Verfahren *Heinen*, UJ 1957, 204 ff.

630 *Dallinger/Lackner*, JGG, Einführung, Rn. 63; *Schaffstein*, in: Verhandlungen des 10. JGT, 16 (17).

631 *Sieverts*, UJ 1952, 327 (331).

sodass es in den Reaktionen nicht zu einer Diskussion der Thematik kam[632]. Vielmehr herrschte grundlegende Einigkeit darüber, dass der Erziehungsauftrag des Jugendstrafrechts neben der Auswahl der Maßnahmen aus Anlass einer Straftat auch die Gestaltung des Gerichtsverfahrens erfasste und der Erziehungsgedanke im JGG auch in den Bestimmungen zum Jugendstrafverfahren verwirklicht wurde, sodass sich die Prozessführung an den Jugendlichen anzupassen hatte[633].

Mit der Bereinigung des JGG von nationalsozialistischen Einflüssen erklärte man sich ebenfalls zufrieden. *Dallinger* äußerte in der Einführung seines Kommentars zum JGG 1953 ganz ähnlich[634] zur Begründung des Gesetzesentwurfs:

> „Die Entwicklung des Jugendstrafrechts nach 1933 ist (…) nicht durch folgenschwere Rückschläge, sondern – im ganzen gesehen – durch eine kontinuierliche Fortbildung alten Gedankenguts gekennzeichnet. Selbstverständlich konnte es nicht ausbleiben, daß sich in zahlreichen Einzelpunkten auch Vorschriften einschlichen, die auf nationalsozialistischem Gedankengut beruhten und mit der Gesamtkonzeption des Jugendstrafrechts unvereinbar waren. Die Rechtsprechung nach 1945 hat sie bereits zum größten Teil ausgemerzt. Eine endgültige Bereinigung brachte das JGG 53."[635]

Auch für *Sieverts* war bereits das RJGG 1943 unter anderem durch „eine ganze Reihe von Verbesserungen des Strafverfahrensrechts unter erzieherischen Gesichtspunkten", „von einzelnen systemfremd wirkenden Bestimmungen und Formulierungen abgesehen, ein wohl durchdachtes und formuliertes zweckmäßiges Gesetz gewesen"[636]. Gerade im Verfahren habe es sich durch „aus erzieherischen Gründen gebotene Sondervorschriften" ausgezeichnet[637]. Man war der Ansicht, bis auf einzelne nationalsozialistische Einschläge sei das RJGG „in seinem Wesen, trotz des 'gefährlichen Zeitpunktes' seiner Entstehung, von typisch nat.-soz. Gedankengut nahezu frei" gewesen[638]. Die wenigen „systemfremd wirkenden Bestimmungen und Formulierungen der NS-Zeit

---

632 Vgl. z.B. den bloßen Verweis auf das „bewährte Vorbild" des JGG 1923 in: *Dallinger/Lackner*, JGG, Einführung, Rn. 58.

633 *Heinen*, UJ 1957, 204; *Potrykus*, in: Bekämpfung der Jugendkriminalität, 139 (144 f.).

634 Zur Autorenschaft *Dallingers* bzgl. der Gesetzesbegründung zum JGG 1953 vgl. *Pieplow*, in: GS-Walter, 341 (350); *ders.*, ZJJ 2022, 149 (151).

635 *Dallinger/Lackner*, JGG, Einführung, Rn. 16.

636 So die Zusammenfassung von *Sieverts*, in: Verhandlungen des 9. JGT, 15 (27).

637 *Dallinger/Lackner*, JGG, Einführung, Rn. 27; so auch *Schaffstein*, Jugendstrafrecht, 2. Aufl., S. 24 f.

638 *Stoeck*, Die Verurteilung jugendlicher Straftäter, S. 2.

sah man mit dem JGG 1953 endgültig als bereinigt an[639]. *Potrykus* war daher der Auffassung, das „neue Jugendgerichtsgesetz vom 4. August 1953 führt die Gedanken der Jugendreformbewegung konsequent fort"[640].

Begriffe wie „Zuchtmittel", „schädliche Neigungen" oder „kriminalbiologisch" waren zwar im Gesetzestext weiterhin enthalten. Insbesondere im formellen Teil des JGG 1953 waren jedoch unter anderem durch die Wiedereinführung der Jugendschöffengerichte, die Streichung von Begriffen wie „Jugendführung" und die Entfernung der NS-Organisationen aus den einzelnen Verfahrensvorschriften die relevantesten Einschläge nationalsozialistischer Ideologie im Vergleich zum RJGG 1943 aus dem Gesetzestext gestrichen worden.

4. Zusammenfassung

Das JGG 1953 sollte nach dem Regierungsentwurf „zunächst nur eine vorläufige Neuregelung" sein, „die, soweit möglich, auf dem bisherigen Recht aufbaut" und mittels derer vor allem das nationalsozialistische Gedankengut aus dem Jugendstrafrecht entfernt und nur einige wenige dringende Reformforderungen umgesetzt werden sollten[641]. Durch die Umgestaltung des Entwurfs durch den Rechtsausschuss in der systematischen Form einer Neufassung des JGG erhielt das Gesetz schließlich jene Gestalt, die es bis in die Gegenwart beibehalten sollte[642]. Damit erlangte das Vorhaben entgegen der ursprünglichen Idee die Form „einer in ihrer Zielsetzung beschränkten Reform (...), die die Entwicklung des Jugendstrafrechts in der Gesetzgebungsebene zu einem vorläufigen Abschluß bringt"[643]. Im Bundestag wurden die Änderungsvorschläge des Rechtsausschusses ohne weitere Diskussion angenommen, ohne dass die im Vergleich zum ursprünglichen Entwurf geänderte Zielsetzung des neuen Gesetzes, eben nicht mehr nur eine vorläufige Neuregelung zu sein, hinterfragt oder die vollständige Entnazifizierung des Jugendgerichtsgesetzes kritisch überprüft worden wäre.

Neben den eindeutig nationalsozialistisch begründeten Begrifflichkeiten und Institutionen, die – größtenteils – aus dem Gesetz beseitigt wurden, kam es zu vielen kleineren Anpassungen der Vorschriften des formellen Teils. Mit der

---

639 So etwa auch *Potrykus*, in: Bekämpfung der Jugendkriminalität, 139 (140, 143).

640 *Potrykus*, in: Bekämpfung der Jugendkriminalität, 139 (140).

641 BT Drs. 01/3264, S. 35.

642 *Nothacker*, „Erziehungsvorrang", S. 51; *Wolff/Egelkamp/Mulot*, Jugendstrafrecht zwischen NS und Demokratie, S. 22.

643 *Lackner*, in: Bulletin, Nr. 217, 1801.

Einbeziehung der Gruppe der Heranwachsenden in das Jugendstrafrecht und der Wiedereinführung der Jugendschöffengerichte fanden sich aber auch gewichtige Neuerungen im Vergleich zum RJGG 1943. Im Vergleich zu den Vorgängergesetzen fällt auf, dass das JGG 1953 dem RJGG 1943 in Aufbau und Wortlaut sehr ähnlich war, sich aber doch erheblich vom JGG 1923 unterschied[644]. Vereinzelt wurde im neuen Gesetz aber auch zu dessen Grundkonzeption zurückgegangen[645]. Das Verfahren war als selbstständiges Strafverfahren ausgestaltet, wobei das Jugendgericht wie schon zuvor in erster Linie nicht Strafgericht, sondern Erziehungsgericht sein sollte[646]. Es sollte danach nicht auf die Verwirklichung des staatlichen Strafanspruchs oder des privaten Genugtuungsanspruchs des Verletzten ankommen, sondern darauf, „dem Jugendlichen die ihm angemessene und gebührende Behandlung zuteil werden zu lassen, um ihn im Wege der Erziehung wieder in die Gemeinschaft einzugliedern“[647].

5. *Exkurs: Das Jugendgerichtsgesetz der DDR*

Nicht zur Grundlage des JGG 1953 wurde das bereits am 23. Mai 1952 verabschiedete Jugendgerichtsgesetz[648] der DDR[649]. Da der Inhalt des Gesetzes für eine historische Analyse der Entwicklung von Jugendgerichtsverfassung und Jugendstrafverfahren in Deutschland aber dennoch von Interesse ist, soll an dieser Stelle kurz darauf eingegangen werden[650].

Das neue JGG-DDR 1952 sollte die Unübersichtlichkeit und Unsicherheit bezüglich des Rechtszustandes in der Sowjetzone beseitigen, wo bis dato teilweise die Regelungen des JGG 1923, teilweise aber auch die des RJGG 1943, Geltung beanspruchten[651]. In der Ostzone[652] beruhte die gesamte Jugendge-

644 So auch *Wolff/Egelkamp/Mulot*, Jugendstrafrecht zwischen NS und Demokratie, S. 22.

645 Vgl. dazu *Pfeiffer*, Kriminalprävention, S. 46.

646 *Potrykus*, JGG, 4. Aufl., § 33, Vorbem. 2.

647 *Potrykus*, JGG, 4. Aufl., § 33, Vorbem. 5.

648 GBl. DDR 1952, S. 411.

649 *Stolp*, Entwicklung des Jugendstrafrechts, S. 141, 159; ausführlich zum Ganzen *Plath*, Jugendgerichtsgesetz der DDR.

650 Ein ausführlicher Vergleich der Vorschriften über Jugendstrafverfahren und Jugendgerichtsverfassung von JGG-DDR 1952 und JGG 1953 findet sich bei *Plath*, Jugendgerichtsgesetz der DDR, S. 93 ff.

651 *Nathan*, NJ 1952, 246 (247); *Potrykus*, UJ 1952, 332.

652 Im Sowjetsektor Berlins war die Verordnung über das Jugendgericht vom 29. Mai 1952 maßgebend, welche im Wesentlichen mit dem JGG-DDR übereinstimmte, vgl. *Dallinger/Lackner*, JGG, Einführung, Rn. 69.

setzgebung auf dem Ziel, „die jungen Menschen zu selbstständigen und verantwortungsbewußten Bürgern des demokratischen Staates, die ihre Heimat lieben und für den Frieden kämpfen, zu erziehen"[653]. Man war der Ansicht, für das Jugendstrafrecht würden die sozialistischen Prinzipien des Strafrechts grundsätzlich uneingeschränkt gelten, nur müssten diese auf Jugendliche anders als auf Erwachsene angewandt werden[654]. Das neue JGG der Ostzone sollte daher „die Errungenschaften der antifaschistisch-demokratischen Ordnung zum Wohle des deutschen Volkes vor schädlichen Handlungen" schützen, aber auch die Jugendlichen „zu vollwertigen Bürgern des demokratischen Staates" erziehen[655]. Angesichts der – nicht ohne einen gewissen Stolz und die Hervorhebung der hohen Arbeitslosigkeit und zunehmenden Jugendkriminalität in Westdeutschland getroffenen – Feststellung, „daß es in der Deutschen Demokratischen Republik kein Problem der Jugendkriminalität gibt", kam man zu der Erkenntnis, „daß ein neues Jugendgerichtsgesetz verabschiedet werden muß, das der Stellung unserer Jugend und den neuen gesellschaftlichen Verhältnissen entspricht und sie zum Ausdruck bringt"[656]. Zu diesen Zwecken war zum einen „entsprechend ihrer hohen Verantwortung" gegenüber ihren Kindern eine Verantwortlichkeit Erwachsener für die Verfehlungen Jugendlicher vorgesehen (§ 6 JGG-DDR 1952), zum anderen aber auch eine Anwendung des Erwachsenenstrafrechts und Begründung der Zuständigkeit der Erwachsenengerichte bei Straftaten Jugendlicher zur „Sicherung der antifaschistisch-demokratischen Ordnung und zum Schutze der Bürger" nach Ermessen der Staatsanwaltschaft möglich (§§ 24 Abs. 1, 33 Abs. 2 JGG-DDR 1952)[657]. Letzteres sollte gewährleisten, „daß die ganze Schwere des Gesetzes alle diejenigen triff, die sich gegen unsere antifaschistisch-demokratische Ordnung vergehen, Sabotageakte in den volkseigenen Betrieben, an unseren Eisenbahnen usw. verüben oder die des Mordes und ähnlicher schwerer Delikte

---

653 JGG-DDR 1952, Präambel; kritisiert wurden insbesondere die „Humanitätsduseleien" des JGG 1923 und RJGG 1943, welche „im Dienste des Kapitalismus" gestanden hätten, vgl. *Nathan*, NJ 1952, 246.

654 *Lekschas/Fräbel*, NJ 1959, 341.

655 JGG-DDR 1952, Präambel.

656 So die Worte von Justizminister *Fechner* angesichts der „Erfolgsbilanz" im Umgang mit Jugendlichen und der „beseitigten" Jugendarbeitslosigkeit, sowie der abnehmenden Jugendkriminalität in der DDR im Rahmen der 1. und 2. Lesung des Gesetzesentwurfs, enthalten in: Volkskammer der DDR 1952, Bd. 1,2, S. 612 f.

657 Vgl. den Entwurf zum JGG-DDR, in: Volkskammer der DDR 1952, Bd. 1,2, S. 69 ff. (Drs. Nr. 77).

schuldig geworden sind“[658]. Die Todesstrafe schloss § 24 Abs. 1 S. 2 JGG-DDR 1952 gegenüber Jugendlichen aber ausdrücklich aus.

In der DDR stand somit der staatliche Schutzgedanke im Vordergrund des JGG[659]. Ziel war es, „mit dem neuen Jugendgerichtsgesetz ein Beispiel dafür zu geben, wie man in einem demokratischen Gesetz dem neuen Inhalt des Jugendstrafrechts Ausdruck verleiht, der sich in der Rechtsprechung der Jugendgerichte und im Strafvollzug in unserer Republik auf Grund der neuen gesellschaftlichen Verhältnisse und der hervorragenden Stellung unserer Jugend im friedlichen Aufbauwerk ergeben hat“[660]. Auch wenn man als grundlegendes Merkmal, das das Gesetz gegenüber der bisherigen Gesetzgebung unterschied, die „entschiedene Betonung des Erziehungscharakters“ sah, waren in dem Gesetz nur wenige neue Gedanken enthalten, da es im Wesentlichen aus den Bestimmungen von JGG 1923 und RJGG 1943 bestand[661].

Die Vorschriften zum Verfahren und zur Gerichtsverfassung betonten ausdrücklich den Beschleunigungsgrundsatz (§ 27) und sahen wie das JGG 1923 das Jugendschöffengericht und die Jugendstrafkammer als Jugendgerichte vor (§29 Abs. 1), während im Vergleich zum späteren JGG der BRD der Jugendrichter als Einzelrichter fehlte. Auch eine erstinstanzliche Zuständigkeit der Strafkammern gab es nicht. Im Unterschied zum RJGG 1943 war aber normiert, dass die mit der Ermittlung von Verfehlungen Jugendlicher betrauten Angehörigen der Deutschen Volkspolizei in der Behandlung Jugendlicher besonders erfahren sein mussten (§ 31 Abs. 2). Anders als in § 38 Abs. 3 JGG 1953 war die Hinzuziehung der Jugendgerichtshilfe im gesamten Verfahren in § 28 Abs. 2 zudem nur als „Soll-Vorschrift“ ausgestaltet, wohingegen die Teilnahme der – immer noch als solche bezeichneten – Erziehungspflichtigen an der Hauptverhandlung in § 38 im Gegensatz zu § 50 Abs. 2 JGG 1953 obligatorisch vorgesehen war. Hintergedanke dieser Vorschriften war, dass alle an der Erziehung des Jugendlichen beteiligten Personen im gesamten Verfahren „von der Voruntersuchung bis zum Urteil“ herangezogen werden sollten[662]. Wie früher vereinzelt schon in

---

658 Vgl. den Beitrag der Abgeordneten *Zibolsky* im Rahmen der 1. und 2. Lesung des Gesetzesentwurfs, in: Volkskammer der DDR 1952, Bd. 1,2, S. 616.

659 *Plath*, Jugendgerichtsgesetz der DDR, S. 151.

660 So die Worte von Justizminister *Fechner* im Rahmen der 1. und 2. Lesung des Gesetzesentwurfs, enthalten in: Volkskammer der DDR 1952, Band 1,2, S. 613.

661 Vgl. die Worte von Justizminister *Fechner* im Rahmen der 1. und 2. Lesung des Gesetzesentwurfs, enthalten in: Volkskammer der DDR 1952, Band 1,2, S. 613; *Potrykus*, UJ 1952, 332 f.; Plath, Jugendgerichtsgesetz der DDR, S. 1.

662 Vgl. den Beitrag der Abgeordneten *Weishuhn* im Rahmen der 1. und 2. Lesung des Gesetzesentwurfs, enthalten in: Volkskammer der DDR 1952, Band 1,2, S. 618.

den Prozessordnungen der Partikularstaaten vorgesehen war, konnten diesen die Verfahrenskosten auferlegt werden, wenn die Verfehlung des Jugendlichen auf einer Nachlässigkeit der Erziehungspflichtigen beruhte (§ 49 Abs. 2)[663]. Für die Untersuchungshaft war – anders als im RJGG 1943 und im JGG 1953 – eine räumliche Trennung der Jugendlichen von Erwachsenen zwingend vorgeschrieben (§ 37 Abs. 2). In Fällen, in denen eine notwendige Verteidigung nicht vorgesehen war, war dem Jugendlichen zudem im Gegensatz zu § 43 Abs. 1 RJGG 1943 verpflichtend ein Beistand zu bestellen (§ 42 Abs. 2). Im Rahmen der Untersuchung des Jugendlichen sah § 44 nun anders als noch das RJGG 1943 oder das JGG 1953 nur noch eine psychologische Untersuchung vor, welche nach Anhörung eines Sachverständigung angeordnet werden konnte. Reformiert wurde schließlich auch die Rechtsmittelberechtigung, welche nun für das unbeschränkte, aber einzig zulässige Rechtsmittel der Berufung als Berechtigte neben dem Jugendlichen auch den Verteidiger, die Erziehungspflichtigen und die Jugendgerichtshilfe vorsah (§ 48 Abs. 1). Während die polizeiliche Strafverfügung für die Verhängung einer Geldbuße weiterhin zugelassen war (§ 51 Abs. 1), fehlten im Gesetz allerdings Vorschriften zu Personen im Alter zwischen 18 und 21 Jahren, zum vereinfachten Verfahren[664], zum Umfang der Ermittlungen oder zur Vernehmung des Beschuldigten.

Insgesamt enthielt das JGG-DDR damit durchaus moderne Ansätze, indem z.B. normiert wurde, dass die mit der Ermittlung betrauten Angehörigen der Deutschen Volkspolizei in der Behandlung Jugendlicher besonders erfahren sein mussten und die Rechtsmittelmöglichkeiten erweitert wurden, war jedoch auch „sozialistisch im Sinne der DDR-Staatsdoktrin geprägt“, indem etwa zur „Sicherung der antifaschistisch-demokratischen Ordnung und zum Schutze der Bürger“ eine Anwendung des Erwachsenenstrafrechts und Begründung der Zuständigkeit der Erwachsenengerichte bei Straftaten Jugendlicher ermöglicht wurde[665]. Es sollte bis 1968 bestand haben, als in der DDR ein neues Strafgesetzbuch in Kraft trat, welches auch die Regelungen bezüglich jugendlicher Delinquenten beinhaltete und damit ein gesondertes Jugendgerichtsgesetz überflüssig machte[666]. Da man der Ansicht war, dass die historische Bedeutung

663 Dies entsprach der Verantwortung, die man in der DDR den Eltern oder anderen Erziehungspflichtigen auferlegte, vgl. *Nathan*, NJ 1952, 246 (249 f.).

664 Laut *Nathan*, NJ 1952, 247 (249), sollte eine „Bagatellisierung“ der Jugendsachen vermieden werden, da die Sorgfalt als die wichtigste Voraussetzung für die Erreichung des Erziehungsziels angesehen wurde.

665 *Ostendorf*, RdJB 2022, 570 (573); ähnlich *Dallinger/Lackner*, JGG, Einführung, Rn. 68; *Potrykus*, UJ 1952, 332 (335).

666 *Plath*, Jugendgerichtsgesetz der DDR, S. 1, 170 ff..

der Jugendgerichte auf der Würdigung der Persönlichkeit und der Lebensumstände des Jugendlichen und der Erforschung der Ursachen für das Verbrechen beruhte, was mittlerweile jedoch für alle Strafverfahren galt, hielt man auch besondere Jugendgerichte für nicht mehr notwendig[667]. Um die Besonderheiten des Strafverfahrens gegen Jugendliche zu berücksichtigen, wurden in der StPO-DDR 1968 im fünften Abschnitt und in einzelnen Bestimmungen jedoch entsprechende Sondervorschriften für die Strafverfahren gegen Jugendliche verankert[668]. Mit der Wiedervereinigung sollte das JGG der BRD schließlich wieder für das ehemalige Gebiet der DDR Wirkung entfalten. Letztlich blieb die Entwicklung in der DDR für das heute geltende Jugendstrafrecht daher ohne wesentliche Bedeutung[669].

V. Reformbemühungen von 1953 bis zum 1. JGGÄndG 1990

Das JGG 1953, welches – wie aufgezeigt – in der Praxis weithin begrüßt worden war, wurde in den Jahren nach seiner Einführung zunächst ohne wesentliche neue Reformforderungen akzeptiert[670]. Aufgrund der weitgehend unveränderten Übernahme der Vorschriften aus den Vorgängergesetzen blieb auch eine eingehendere Debatte über das formelle Jugendstrafrecht zunächst aus[671]. So wurde etwa die Beibehaltung des vereinfachten Verfahrens als Alternative gegenüber dem formalisierten Jugendstrafverfahren begrüßt[672]. Sofern nach Einführung des neuen Gesetzes eine Diskussion stattfand, betraf diese lediglich Detailfragen[673] und „Dauerbrenner“ wie etwa die Qualifikation der Jugendrichter oder die Notwendigkeit und Auswahl der Verteidiger im Jugendstrafverfahren[674]. *Messerer* kritisierte etwa, die Forderung nach erzieherisch befähigten und erfahrenen Persönlichkeiten habe „von jeher nur auf dem

---

667 Vgl. *Lekschas/Fräbel*, NJ 1959, 341 (342).

668 Allerdings waren nun etwa die Verfahren grundsätzlich öffentlich, vgl. zum Ganzen *Plath*, Jugendgerichtsgesetz der DDR, S. 180 ff.

669 *Streng*, Jugendstrafrecht, S. 23.

670 *Nothacker*, „Erziehungsvorrang“, S. 53.

671 Vgl. hierzu *Kraft*, Tendenzen, S. 179 f., 182.

672 Vgl. hierzu *Heinen*, UJ 1957, 204 ff.

673 Vgl. hierzu *Potrykus*, RdJ 1956, 209 ff., der etwa über Schwierigkeiten mit der Auslegung des Begriffs der Erziehungsberechtigten, mit dem Akteneinsichtsrecht, dem Kostenrecht und den Mitteilungen berichtete.

674 Zur Aufgabe der Jugendrichter und den Anforderungen an deren Persönlichkeit vgl. u.a. *Hinrichsen*, Einführung in das Jugendkriminalrecht, S. 100 f.; *Müller*, RdJ 1955, 23 ff.; *Potrykus*, RdJ 1955, 361 ff.; *Stettner*, RdJ 1954, 297; *Vins*, UJ 1953, 437 ff.

Papier" gestanden[675]. Mittlerweile war man dazu übergegangen, in allen deutschen Bundesländern sog. Jugendrichterwochen zur Schulung der Jugendrichter abzuhalten, denen dadurch die fehlenden Fachkenntnisse vermittelt werden sollten[676]. Es entstanden zudem konkrete, aber unterschiedliche Vorschläge für eine spezielle jugendrichterliche Ausbildung, etwa in Form eines speziellen Ausbildungsgangs in Studium und/oder Referendariat oder einer juristisch-pädagogischen Ausbildung[677].

Auch die Notwendigkeit einer Mitwirkung von Verteidigern im Jugendstrafverfahren wurde nach Einführung des JGG 1953 diskutiert, da teilweise vorgebracht wurde, dass diese immer wieder die erzieherische Wirkung des Verfahrens durch eine „jugendwidrige Führung der Verteidigung" gefährden würden[678]. Während eine Seite daher der Ansicht war, eine Regelung zur erzieherischen Befähigung der Verteidiger wie § 42 Abs. 2 RJGG 1943 sei wegen der Vernachlässigung des Jugendstrafrechts durch die Anwaltschaft dringend erforderlich[679], wurde eine solche Regelung von anderer Seite mit dem Argument abgelehnt, dass der Verteidiger nicht unabhängig und gleichberechtigt neben den anderen Prozessbeteiligten stünde, wenn er wegen seiner Nichtbefähigung vom Richter ausgeschlossen werden könne[680]. Im Spannungsverhältnis zwischen Erziehungsgedanken und Rechtsstaatsprinzip wurde daher eine „Überbetonung des Erziehungsgedankens" kritisiert[681].

Dies blieben aber die einzigen nennenswerten Diskussionen nach 1953. Insgesamt wurde vor allem auf die Reaktionen der Praxis auf das neue Gesetz gewartet, welche sich aber aufgrund von Unsicherheiten im Umgang mit den neuen Normen und Reaktionsmöglichkeiten selbst zögerlich verhielt[682].

---

675 „Auf jedem Gebiet werden Fachkenntnisse verlangt, nur der Jugendrichter tritt in der Regel sein Amt an wie ein neugeborenes Kind", vgl. *Messerer*, in: Verhandlungen des 9. JGT, 79 (96).

676 Vgl. *Potrykus*, RdJ 1955, 361 (362).

677 *Becker*, RdJ 1955, 362 (363); *Stettner*, RdJ 1954, 297 (298 f.); *Waldeck*, RdJ 1956, 232 f.; a.A. *Cohnitz*, RdJ 1955, 364 f. und *Hellmer*, RdJ 1955, 365 f.

678 So *Potrykus*, RdJ 1955, 361 (362); vgl. zur Notwendigkeit der Mitwirkung eines Verteidigers *Becker*, RdJ 1955, 362 (364); *Cohnitz*, RdJ 1956, 196 ff.; *Hellmer*, RdJ 1956, 198 ff.; *Herold*, RdJ 1956, 200 f.; *Hinrichsen*, RdJ 1956, 201 f.; *Potrykus*, RdJ 1956, 202 f.

679 *Potrykus*, JGG, 4. Aufl., § 68, Bem. 3; *ders.*, RdJ 1956, 198 (202).

680 *Cohnitz*, RdJ 1956, 196 (197).

681 *Hellmer*, RdJ 1956, 198 (199), forderte einen Vorrang der strafrechtlichen vor den erzieherischen Gesichtspunkten bei der Tätigkeit des Verteidigers.

682 *Kraft*, Tendenzen, S. 149, 187.

1. Die Umsetzung des JGG 1953 in der Praxis

Um diese Unsicherheiten zu beseitigen, wurden in der Folge unter anderem neue Richtlinien zum JGG erarbeitet, da die früheren Richtlinien vor allem in der Praxis als wertvolles Hilfsmittel bei der Anwendung der Vorschriften empfunden worden waren[683]. Auf Geheiß der Konferenz der Landesjustizminister wurde daher ein Ausschuss mit der Erarbeitung neuer bundeseinheitlicher Richtlinien für das JGG 1953 beauftragt, woraufhin auf Grund einer Vereinbarung der Landesjustizverwaltungen am 15. Februar 1955 die Richtlinien zum JGG 1953 (RiJGG) erlassen wurden, welche am 1. März 1955 in Kraft traten. Diese richteten sich in erster Linie an die Jugendstaatsanwälte, enthielten aber auch Hinweise und Empfehlungen für die Jugendrichter, welche die Anwendung des Jugendgerichtsgesetzes erleichtern sollten[684].

Dallinger und *Lackner* forderten daneben zum richtigen Einsatz der durch das neue Gesetz den Jugendrichtern zur Verfügung gestellten Fülle von Reaktionsmöglichkeiten eine gründliche Zusatzausbildung der in der Jugendstrafrechtspflege tätigen Personen auf den Gebieten der Jugendpsychologie, Pädagogik und Jugendkriminologie, damit das Gesetz endlich die Wirkung entfalten konnte, die man sich von ihm erhoffte[685].

Diese Hoffnung sollte jedoch enttäuscht werden. Die Umsetzung der durch das neue Gesetz vorgesehenen verschiedenartigen Reaktionsweisen auf die Jugendkriminalität bereitete der Praxis erhebliche Probleme[686]. Vielmehr verblieb die Jugendgerichtsbarkeit „in den altvertrauten Gleisen einer strafrechtlich orientierten Anwendung von JGG-Vorschriften“[687]. Neben Finanz- und Organisationsproblemen führte man dies später auf die unzureichende Aus- und Fortbildung der in der Jugendkriminalrechtspflege tätigen Berufsgruppen zurück[688]. So musste *Sieverts* „beschämt feststellen, daß immer noch nichts Durchgreifendes auf dem Gebiete einer systematischen Personal- und Nachwuchspolitik und Ausbildung auf dem Gebiete der Jugendgerichtsbarkeit geschehen ist“[689].

---

683 Vgl. hierzu und zum folgenden Text *Dallinger/Lackner*, JGG, Einführung, Rn. 65.

684 RiJGG 1953, Einführung.

685 *Dallinger/Lackner*, JGG, Einführung, Rn. 66.

686 Vgl. hierzu *Stettner*, RdJ 1954, 297 (298).

687 *Pfeiffer*, Kriminalprävention, S. 47.

688 So die von der DVJJ herausgegebene Denkschrift, vgl. *Schüler-Springorum*, MschrKrim 47 (1964), 1 ff.

689 *Sieverts*, in: Verhandlungen des 9. JGT, 15 (25).

Auch auf dem Jugendgerichtstag im Oktober 1956 in Marburg, der sich ausschließlich mit der Kriminologie und der Behandlung der Heranwachsenden befasste, wurde im Hinblick auf die §§ 105 ff. JGG 1953 festgestellt, dass der Rechtszustand der Praxis und der Rechtsdogmatik erhebliche Schwierigkeiten bereitete[690]. Daneben wurde seit 1954, als man sich wegen der gesunkenen Arbeitslosigkeit eigentlich einen Kriminalitätsrückgang versprochen hatte, ein ununterbrochener Anstieg der Kriminalität durch Jugendliche und Heranwachsende beobachtet[691]. Im Rahmen der sog. Halbstarken-Krawalle Mitte der 1950er Jahre wurde das Thema durch eine ausführliche Berichterstattung in der Presse in die Öffentlichkeit getragen, wo man über die Taten der Heranwachsenden beunruhigt war und ein hartes Vorgehen gegen diese forderte[692].

Der gewünschte und erhoffte Effekt durch das neue Gesetz konnte damit letztlich nicht erzielt werden. Trotz des Bagatellcharakters der überwiegenden Anzahl der registrierten Delikte wurde auch von den Einstellungsmöglichkeiten nur sehr begrenzt Gebrauch gemacht[693]. Reagiert wurde weiterhin überwiegend mit repressiven Sanktionen, sodass sich der Prozess wiederholte, der schon nach 1923 beobachtet worden war, indem auf ein neu geschaffenes Gesetz mit der Möglichkeit eines breiten pädagogischen Handlungsspielraums für die Jugendgerichtspflege eine restriktive Praxis folgte[694].

2. Reformarbeiten und -diskussionen bis 1980

Auch die Reaktionen in der Literatur auf die Unsicherheiten in der Praxis ähnelten denen nach der Einführung des JGG 1923[695]. Es kam zur Kritik an der Umsetzung des Gesetzes und am primär repressiven Umgang mit der Jugendkriminalität, sodass bereits ab 1958 erneute Forderungen nach einer Gesamtreform des Jugendrechts laut wurden[696].

---

690 DVJJ (Hrsg.), Verhandlungen des 10. JGT, S. 7 (Vorwort).

691 *Simonsohn*, in: Jugendkriminalität, 7.

692 Vgl. dazu *Schaffstein*, in: Verhandlungen des 10. JGT, 16 (17 ff.).

693 Vgl. die Zahlen bei *Pfeiffer*, Kriminalprävention, S. 47 f., laut denen in der Zeit von 1955 bis 1965 nur 17,3% bis 21,4% aller Verfahren nach § 45 Abs. 1 JGG 1953, § 47 JGG 1953 oder § 153 StPO eingestellt wurden.

694 *Pfeiffer*, Kriminalprävention, S. 48.

695 *Pfeiffer*, Kriminalprävention, S. 48 f.

696 Vgl. *Riedel*, Zbl. 45 (1958), 25 ff.

a) Die Entwicklung bis 1980

So widmete man sich angesichts der Probleme der Jugendgerichtspraxis mit der Umsetzung des Gesetzes am Jugendgerichtstag im Oktober 1959 in Berlin ähnlich wie schon 1927 der „Jugendkriminalrechtspflege als Personenfrage und als Aufgabe der Zusammenarbeit“[697].

Für *Wenke* war der Jugendrichter zwar kein Erzieher, aber an einem wichtigen Erziehungswerk beteiligt[698]. Die Chance auf eine echte erzieherische Einwirkung durch den Jugendrichter im Rahmen des Jugendstrafverfahrens sah er jedoch als gering an, weil er für den Jugendlichen, welcher in Gegenwehr und Verteidigung versuchen würde, die Härte oder Schärfe des Urteils abzuwehren, immer der potenzielle Strafrichter sei. Der selbst als Jugendrichter tätige *Vins* war der Auffassung, den Jugendrichtern seien anders als den Eltern, Lehrern, Seelsorgern oder Ärzten gewisse Bereiche des Lebens und der Persönlichkeit des Jugendlichen entzogen, sodass man im Strafverfahren nicht in gleicher Weise erzieherisch und heilend auf die Jugendlichen einwirken könne, wie diese[699]. Positiv hervorgehoben wurde die Tatsache, dass der früher kritisierte häufige Wechsel der Jugendrichter in der Besetzung der Stellen kaum noch vorzufinden war[700]. Es wurde jedoch auch die Ansicht geäußert, dass der Jugendrichter in erster Linie Organ der Strafjustiz sei und das pädagogische Element nicht überspannen dürfe, indem er zum „Beichtvater“ der straffälligen Jugend werde[701]. Bezüglich der Auswahl der Jugendschöffen waren die Teilnehmer der Ansicht, diese dürften nicht lediglich aus pädagogischen und jugendfürsorgerischen Berufen ausgewählt werden, um eine „Verwässerung des Laienelements“ zu vermeiden[702]. Hinsichtlich der Frage von Stellung und Aufgabe des Juristen im Vorverfahren wurde schließlich von den Jugendstaatsanwälten auf die Möglichkeit der erzieherischen Einwirkung im Rahmen eines persönlichen Gesprächs mit dem Jugendlichen vor der Anklageerhebung hingewiesen und die Bedeutung der Einstellungsmöglichkeiten betont[703]. Hervorgehoben wurden auch die Schwierigkeiten, die sich daraus ergaben, dass es

---

697 Vgl. dazu DVJJ (Hrsg.), Verhandlungen des 11. JGT.

698 Vgl. hierzu und zum folgenden Text *Wenke*, in: Verhandlungen des 11. JGT, 17 (37).

699 *Vins*, in: Verhandlungen des 11. JGT, 43 (48).

700 *Mantler*, in: Verhandlungen des 11. JGT, 50 (53).

701 *Mantler*, in: Verhandlungen des 11. JGT, 50 (54).

702 Es sollte aber dennoch die persönliche Eignung maßgeblich sein, vgl. *Mantler*, in: Verhandlungen des 11. JGT, 50 (51).

703 *Mantler*, in: Verhandlungen des 11. JGT, 50 (52).

keine gesetzlich vorgeschriebene, spezialisierte Jugendpolizei gab, die im Ermittlungsverfahren besonders auf die Jugendlichen eingehen könnte[704].

Schon die geschilderten Entwicklungen, sowie die Ankündigung von Oberlandesgerichtsrat *Sturm* als Vertreter des BMJ auf dem Jugendgerichtstag, im Rahmen der seit 1954 stattfindenden Beratungen der Großen Strafrechtskommission nach Erarbeitung eines Entwurfs eines neuen Strafgesetzbuches auch das Jugendstrafrecht entsprechend anzupassen, mussten sodann zum Anreiz für neue Reformgedanken werden[705]. So versandte die DVJJ schließlich 1960 eine „Umfrage darüber, welche Vorschriften des JGG sich seit dem 1. Oktober 1953 in der Praxis als änderungsbedürftig herausgestellt haben und daher im Zuge der Reform des allgemeinen Strafrechts durch das Einführungsgesetz zum neuen Strafgesetzbuch in ihrem Wortlaut berichtigt werden sollen“[706]. *Sieverts* warnte 1961 im Zusammenhang mit den Reformarbeiten jedoch davor, die Praxis durch eine Änderung bestimmter Vorschriften sachwidrig starr einzuengen[707]. Für ihn ermöglichte das JGG 1953 der Praxis nämlich ein Höchstmaß an Individualprävention gegenüber jugendlichen Delinquenten, sodass es eher an der Durchführung und nicht am Gesetzeswortlaut scheitern würde[708]. Die Resultate der Umfrage der DVJJ wurden zur Grundlage der Beratungen des daraufhin gegründeten „Ausschusses zur Reform des JGG“, welcher nach vier Sitzungen seine Arbeit am 3. Oktober 1962 abschloss[709]. Währenddessen war das RJWG 1922 durch die JWG-Novelle 1961[710] bereits maßgeblich geändert und 1962 der Entwurf eines neuen Strafgesetzbuches[711] in den Bundestag eingebracht worden. Die darin vorgesehene Trennung von „Eröffnungsrichter“ und „Erkennungsrichter“ zur Vermeidung einer Befangenheit des das Hauptverfahren eröffnenden Richters wurde von den Jugendstrafrechtlern als mit „dem Grundanliegen des Jugendgerichtsgesetzes, das gesamte Verfahren von seinen Anfängen bis zum Abschluß, sogar darüber

---

704 *Gipkens*, in: Verhandlungen des 11. JGT, 99 f.

705 DVJJ (Hrsg.), Verhandlungen des 11. JGT, S. 8.

706 *Schüler-Springorum*, MschrKrim 47 (1964), 1 (2).

707 *Sieverts*, MschrKrim 44 (1961), 222 (223).

708 *Sieverts*, MschrKrim 44 (1961), 222 (226).

709 *Schüler-Springorum*, MschrKrim 47 (1964), 1 (2).

710 „Gesetz zur Änderung und Ergänzung des Reichsjugendwohlfahrtsgesetzes“ vom 11. August 1961 (BGBl. I 1961, S. 1193); vgl. zu den Auswirkungen der Novelle auf das Jugendstrafrecht *Miehe*, RdJ 1963, 97 ff.

711 Vgl. BT Drs. 04/650; *Peters*, UJ 1965, 289 (298), war im Hinblick auf den Entwurf der Ansicht, die „Welle der Überbetonung des Strafrechts schlägt auch über das Jugendstrafrecht hinweg“.

hinaus die Vollstreckung einem Jugendrichter anzuvertrauen, um wesentlichen pädagogischen Anliegen gerecht werden zu können“, für unvereinbar angesehen[712].

Die Ergebnisse der Arbeit des „Ausschusses zur Reform des JGG“ stellte *Schüler-Springorum* 1964, als das neue JGG bereits über zehn Jahre in Kraft war und die große Strafrechtsreform bereits in das Stadium parlamentarischer Beratung eingetreten war, schließlich in seiner im Auftrag der DVJJ verfassten „Denkschrift über die Reform des Jugendgerichtsgesetzes im Rahmen der großen Strafrechtsreform“[713] vor. Neben der ausnahmslosen Einbeziehung aller Minderjährigen (also auch der Heranwachsenden) in das Jugendstrafrecht und somit auch in das Jugendstrafverfahrensrecht forderte der Ausschuss im Hinblick auf das formelle Jugendstrafrecht die Einführung von qualitativ besser besetzbaren Bezirksjugendkammern zur Verbesserung der Jugendkriminalrechtspflege, ein Verbot der „besonders in ländlichen Gebieten verbreiteten und allgemein als Übelstand empfundenen Praxis“, dass Justizinspektoren und Rechtspfleger als Vertreter der Staatsanwaltschaft beim Jugendgericht auftraten und die grundsätzliche Pflicht der Jugendgerichtshilfe zur Teilnahme an der Hauptverhandlung, da sich deren aktive Mitarbeit als wichtige und wertvolle Komponente des Jugendstrafverfahrens erwiesen habe[714]. Darüber hinaus sah die Denkschrift unter anderem die Zuständigkeit des Jugendrichters für die Entziehung der Fahrerlaubnis zur Vermeidung von Komplikationen und Verzögerungen im Verfahren, die Möglichkeit des Ausschlusses der in manchen Verhandlung störend und pädagogisch nachteilig wirkenden Anwesenheit von durch die Tat Verletzen und Beamten der Kriminalpolizei und eine Bestimmung, wonach der gesetzliche Vertreter nicht gegen den Willen des Jugendlichen das von ihm eingelegte Rechtsmittel zurücknehmen konnte, vor, da man dessen Wille jedenfalls ab dem 14. Lebensjahr für prozessual beachtlich hielt[715]. Weiterhin wollte man den Begriff „Kriminalbiologisch“ durch den weitreichenderen Begriff „Kriminologisch“ ersetzen, der auch kriminalsoziologische und kriminalpsychologische Aspekte umfassen sollte. Anstelle des Strafbefehlsverfahrens sollte ein jugendrichterlicher Befehl eingeführt werden, welcher nur auf Erziehungsmaßregeln in Form von Weisungen und auf Zuchtmittel lauten dürfen sollte, um dem Bedarf der Praxis nach dieser Art

712 *Potrykus*, RdJ 1963, 177 ff.

713 Die Denkschrift ist abgedruckt bei *Schüler-Springorum*, MschrKrim 47 (1964), 1 ff.

714 *Schüler-Springorum*, MschrKrim 47 (1964), 1 (7 ff., 18 f.).

715 Vgl. hierzu und zum Folgenden *Schüler-Springorum*, MschrKrim 47 (1964), 1 (19 ff.).

schriftlichen Verfahrens bei der Verfolgung erstmaliger und leichter Straftaten Minderjähriger nachkommen zu können.

Ab Mitte der 1960er Jahre geriet die jugendstrafrechtliche Debatte dann immer mehr in Schwung[716]. Mit seinem Generalreferat auf dem Jugendgerichtstag im Oktober 1965 in Münster, in dem er auf den stecken gebliebenen Loslösungsprozess des Jugendgerichtsgesetzes vom Strafgesetzbuch einging, lenkte *Peters* die Aufmerksamkeit wieder auf die Möglichkeit der Entwicklung eines erweiterten Jugendhilferechts[717]. Seiner Ansicht nach hatten sich sowohl das RJGG 1943 als auch das JGG 1953 in der gesetzlichen Regelung und der Anwendungspraxis an das Strafrecht angenähert[718]. Der Anspruch auf Entfaltung der Persönlichkeit aus Art. 2 GG in Verbindung mit § 1 Abs. 1 JWG[719] hätte aber Grundlage und Anstoß für ein neu konzipiertes Jugendrecht sein können, wohingegen die Einbeziehung der Heranwachsenden in das Jugendstrafrecht die Tendenz der Verselbstständigung noch verstärkt habe[720]. *Peters* kritisierte ein „völliges Mißverstehen des Erziehungsgedankens", wenn in Erziehung Beschränkung der Freiheit und Aufdrängung fremder Vorstellungen gesehen werde und äußerte Skepsis an der pädagogischen Wirkung einer geordneten und feierlichen Hauptverhandlung, welche für Jugendliche verwirrend und hemmend sei und ein echtes, zwischenmenschliches Gespräch nicht aufkommen lasse[721]. Er betonte die Notwendigkeit einer „Teamarbeit" der am Verfahren beteiligten Personen und folgerte aus der Angleichung des jugendgerichtlichen Verfahrens an die Grundvorstellung des allgemeinen Strafrechts, dass Erziehung im Gerichtssaal nicht möglich sei[722]. Auch von anderer Seite

---

716 *Kraft*, Tendenzen, S. 191.

717 *Peters*, in: Verhandlungen des 13. JGT, 13 ff.; daneben wurde etwa mit der „Gestaltung des ersten Eingreifens" das Problem der Verhütung von Rückfällen thematisiert, wobei unter anderem eine pädagogische Atmosphäre bei der polizeilichen Vernehmung und der Hauptverhandlung gefordert und das „Ereignis der ersten Begegnung des jungen Menschen mit der Polizei" beleuchtet wurde, vgl. DVJJ (Hrsg.), Verhandlungen des 13. JGT, S. 56 ff.

718 *Peters*, in: Verhandlungen des 13. JGT, 13 (14).

719 Der Wortlaut der Norm war: „Jedes deutsche Kind hat ein Recht auf Erziehung zur leiblichen, seelischen und gesellschaftlichen Tüchtigkeit".

720 Er machte für das Fehlen einer zusammenfassenden Lehre des Jugendrechts aber nicht den Gesetzgeber, sondern die Wissenschaft verantwortlich, vgl. *Peters*, in: Verhandlungen des 13. JGT, 13 (14).

721 *Peters*, in: Verhandlungen des 13. JGT, 13 (21, 24).

722 *Peters*, in: Verhandlungen des 13. JGT, 13 (25), war der Auffassung, „daß der Richter nicht erzieht, sondern die Wege für die Erziehung öffnet und bestimmt"; die „Überbrückung der Kluft" zwischen dem sog. Justizmodell und dem sog. Jugendhilfemodell stellte

wurde geäußert, dass eine volle Integration des „alles umklammernden pädagogischen Prinzips“ solange nicht erreicht werden könne, „wie Strafverfahren, Staatsanwalt, Verteidiger und das ganze Drumherum eines Strafprozesses den Rahmen für erzieherische Maßnahmen abgeben“[723]. *Peters* stellte allerdings klar, dass es zur Lösung des Problems seiner Ansicht nach auf eine „innere Reform“ und nicht auf einen „Ruf nach dem Gesetzgeber“ ankommen sollte[724].

Tatsächlich kam es ab Mitte der 1960er Jahre zu einer Abnahme der Verhängung von Jugendarrest und Jugendstrafe und einer Zunahme an Verfahrenseinstellungen nach §§ 45, 47 JGG 1953, die später mit der dauerhaften Kritik an der repressiven Strafpraxis der Gerichte, aber auch mit der vermehrten Anzahl an Verfahren begründet werden sollten, welche die Richter dazu gezwungen habe, die Einstellungsmöglichkeiten vermehrt zu gebrauchen[725].

Die Gedanken von *Peters* wurden von der Arbeiterwohlfahrt (AWO), welche schon seit Anfang der 1960er Jahre selbst eine „grundlegende Neukonzeption für das gesamte Jugendhilfe- und Jugendstrafrecht“ durch eine Jugendstrafrechtskommission erarbeiten ließ, aufgegriffen und weiterentwickelt[726]. 1967 veröffentlichte diese schließlich ihre „Vorschläge für ein erweitertes Jugendhilferecht“, welche auch das formelle Jugendstrafrecht betrafen. An Stelle der bisherigen Gerichtsverfassung sahen die Vorschläge, um dem Anspruch des jungen Menschen auf Erziehung und auf Entfaltung der Persönlichkeit besser gerecht zu werden, zum Beispiel vor, Jugendstrafgericht und Vormundschaftsgericht durch ein neues Jugendgericht als „Erziehungsgericht“ – und zwar auch beim OLG als „Jugendsenat“ – zu ersetzen, welches alle gerichtlichen Entscheidungen treffen sollten, „die für die Erziehung und Entwicklung von Minderjährigen wesentlich sind, gleichgültig, ob diese Entscheidungen aus Anlaß eines Verstoßes gegen Strafbestimmungen oder aus anderem Anlaß erforderlich werden“[727]. Ein neues förmliches Verfahren sollte die für Jugendgerichte bzw. Vormundschaftsgerichte bisher geltenden Verfahren ablösen, indem diese kombiniert werden sollten, wobei sich das Verfahren tendenziell eher nach dem Verfahren der freiwilligen Gerichtsbarkeit richten sollte[728].

---

für *Junger-Tas*, Zbl. 67 (1980), 365 (366), ein seit jeher scheinbar unlösbares Dilemma für die Jugendgerichte dar.

723 *Roestel*, UJ 1966, 351.

724 *Peters*, in: Verhandlungen des 13. JGT, 13 (28).

725 *Pfeiffer*, Kriminalprävention, S. 52 f.; ähnlich *Janssen*, in: Diversion, 15 (51).

726 AWO (Hrsg.), Vorschläge für ein erweitertes Jugendhilferecht, S. 1 f.

727 AWO (Hrsg.), Vorschläge für ein erweitertes Jugendhilferecht, S. 5 f., 40 f.

728 AWO (Hrsg.), Vorschläge für ein erweitertes Jugendhilferecht, S. 6, 41 ff.

Auch die AWO war der Ansicht, dass der Erfolg einer Reform letztendlich eine Personenfrage war und betonte die Erforderlichkeit der Verbesserung der Ausbildung, Fortbildung und Arbeitsbedingungen von Fachkräften[729]. Die neuen Gerichte sollten daher – das wurde als entscheidender Punkt der Reform gesehen – fachlich besetzt werden, wobei am sog. Beisitzergericht nur qualifizierte Beisitzer, also entsprechend ausgebildete und erfahrene Personen, die aber juristische Laien waren, tätig sein sollten[730]. Darüber hinaus sollte das Verfahren in nichtöffentlicher, mündlicher Verhandlung unter Hinzuziehung der Erziehungsberechtigten durchgeführt werden[731]. Nur bei Straftaten eines Minderjährigen über 14 Jahren sollte das Vorverfahren nach der StPO unter entsprechender Geltung der §§ 45, 47 JGG von der Staatsanwaltschaft durchgeführt werden. Dabei sollte bei einer Befassung des Jugendgerichts unter Beteiligung des Jugendlichen, der Erziehungsberechtigten und des Jugendamts nach Maßgabe der Erziehungsbedürftigkeit ein sog. Erziehungsplan erstellt werden, der von den jeweiligen erzieherischen Notwendigkeiten ausgehen sollte[732]. Zudem sollte Untersuchungshaft nach dem Vorschlag der AWO künftig nur für Personen über 16 Jahren verhängt werden können, sofern dies „verfahrensmäßig unerlässlich“ sei[733].

Am Jugendgerichtstag 1968 unter dem Motto „Die Jugendkriminalrechtspflege im Lichte der kriminologischen Forschung“ spielte die Denkschrift in den Arbeitsgemeinschaften und der Diskussion natürlich eine große Rolle[734]. *Simonsohn* erläuterte die Grundgedanken der Denkschrift im Rahmen des Arbeitskreises, welcher sich mit der „Jugendkriminalrechtspflege im Lichte der Pädagogik und des Rechts“ auseinandersetzte. In einem Beitrag für seinen Sammelband „Jugendkriminalität, Strafjustiz und Sozialpädagogik“ aus dem Folgejahr bezeichnete er die Vorschläge der Arbeiterwohlfahrt sogar als den „umfassendsten und gründlichsten Versuch einer Neuordnung der rechtlichen Grundlagen für Vorbeugung und Behandlung von Fehlentwicklungen Jugendlicher“, mit dem „zum ersten Mal mit den Grundgedanken des Grundgesetzes ernst gemacht wird“, vor allem mit den Grundrechten der Menschenwürde und des Rechts jedes Menschen auf freie Entfaltung seiner Persönlichkeit[735]. *Simonsohn* war der Ansicht, die Zersplitterung der Zuständigkeiten im Jugend-

---

729 AWO (Hrsg.), Vorschläge für ein erweitertes Jugendhilferecht, S. 15.

730 AWO (Hrsg.), Vorschläge für ein erweitertes Jugendhilferecht, S. 35 f.

731 AWO (Hrsg.), Vorschläge für ein erweitertes Jugendhilferecht, S. 44 ff., 49.

732 AWO (Hrsg.), Vorschläge für ein erweitertes Jugendhilferecht, S. 47 f.

733 AWO (Hrsg.), Vorschläge für ein erweitertes Jugendhilferecht, S. 48, 92.

734 Vgl. DVJJ (Hrsg.), Verhandlungen des 14. JGT, S. 141.

735 *Simonsohn*, in: Jugendkriminalität, 7 (12).

recht sei historisch erklärbar, aber wissenschaftlich unbegründet, was im Ergebnis eine sinnvolle und frühzeitige Behandlung der gefährdeten jungen Menschen und eine planmäßige, rechtzeitige Einwirkung auf die Erziehung verhindern würde[736].

Die Vorschläge der AWO wurden schließlich 1970 von der Bundesregierung aufgegriffen und in der Folge beschäftigte sich im Auftrag des Bundesministeriums für Jugend, Familie und Gesundheit eine Sachverständigenkommission in 14 Sitzungen mit der Reformierung des Jugendrechts[737]. 1973 veröffentlichte diese den Diskussionsentwurf eines Jugendhilfegesetzes, welcher das „zusammenhangslose Nebeneinander von Jugendhilferecht und Jugendstrafrecht" beseitigen und das „Jugendstrafrecht durch weitestgehende Eliminierung des Strafgedankens zu Gunsten des Erziehungsgedankens in ein neues und erweitertes Jugendhilfegesetz einbeziehen" wollte[738]. Der Entwurf sah einen Vorrang des vormundschaftsgerichtlichen Verfahrens vor, während die Entscheidung nach § 11 i.V.m. § 127 Abs. 2 nur dann im Jugendgerichtsverfahren nach den Vorschriften des JGG ergehen sollte, wenn ein Jugendlicher nach Vollendung des 16 Lebensjahres eine mit Strafe bedrohte Verfehlung beging und wegen erreichter oder bevorstehender Volljährigkeit Erziehungshilfe nicht mehr gewährt werden durfte oder keinen Erfolg mehr versprach[739] oder die Verfehlung nach den allgemeinen Vorschriften mit Freiheitsstrafe von mindestens fünf Jahren bedroht war und er zur Zeit der Tat nach seiner sittlichen und geistigen Entwicklung reif genug war das Unrecht der Tat einzusehen und nach dieser Einsicht zu handeln oder wenn die Unterbringung des Jugendlichen in einem sozial-therapeutischen Jugendzentrum erfolgen sollte.

Kritisch zu diesem „Schwarz-Weiß-Denken", das nicht zu einer Synthese zwischen Jugendstrafrecht und Jugendhilferecht, sondern „zu unguten Polarisierungen" führen würde, äußerte sich die DVJJ[740]. Diese hatte im Anschluss an den Jugendgerichtstag 1971 in Heidelberg selbst eine Kommission zur Er-

---

736 *Simonsohn*, in: Jugendkriminalität, 7 (8); auf der anderen Seite wurde aber auch gefordert, „statt auf ein großes neues Gesetz tatenlos zu harren", das Gesetz fünfzehn Jahre nach dessen Einführung endlich vollständig durchzuführen und die hierfür notwendigen personellen und finanziellen Voraussetzungen zu schaffen, vgl. *Becker*, in: Verhandlungen des 14. JGT, 155 (158 ff.).

737 BMJ (Hrsg.), Diskussionsentwurf 1973, S. 5.

738 BMJ (Hrsg.), Diskussionsentwurf 1973, S. 78.

739 Nach Ansicht der DVJJ würde der Jugendrichter so zum „Lückenbüßer", vgl. *Walter*, Zbl. 61 (1974), 41 (47).

740 Vgl. *Walter*, Zbl. 61 (1974), 41 ff.; auch *Kaiser*, ZRP 1975, 212 (215) attestierte dem Entwurf unübersehbare „Mängel in Konzeption, Analyse und Argumentation".

arbeitung der Grundzüge eines künftigen neuen „Jungtäterrechts“ eingesetzt, deren Vorschläge in der Folge aber zurückgestellt wurden, da man der Ansicht war, das zu erwartende neue Jugendhilferecht würde sehr tief in das Jugendkriminalrecht eingreifen[741].

Einerseits war man zwar unzufrieden mit dem bis dato als „Schrittmacher“ für strafrechtliche Reformen betrachteten Jugendstrafrecht und kritisierte, dass sich die Jugendstrafrechtspflege „weithin an das Erwachsenenstrafrecht angeglichen“ hatte und somit zu „einem schlicht sanktionierenden Strafrecht“ geworden war[742]. Andererseits war man jedoch der Ansicht, einer Einbeziehung des bisherigen Jugendstrafrechts in ein Jugendhilferecht seien insofern Schranken gesetzt, als ein unauflösliches Spannungsverhältnis zwischen solchen Maßnahmen, die durch die Sorge um den Jugendlichen motiviert sind und solchen, die Folge seines sozialen Fehlverhaltens sind, bestünde, sodass die jeweiligen Rechtsfolgen auch deren wahren Charakter offenlegen sollten[743]. Man warnte sogar vor einer „Rückwärtsentwicklung“, wenn das JGG zu dem Recht abgestempelt werde, „in dem nicht mehr die an sich für erforderlich gehaltene Hilfe geleistet werden kann“ und so das Jugendkriminalrecht wieder mehr an das herkömmliche Strafrechtsdenken herangeführt würde. Kritisiert wurde unter anderem, dass eine „rechtsstaatlich unbedenkliche Tataufklärung“ durch das Gericht von der vorrangigen Entscheidung des Trägers der Jugendhilfe verdrängt werden sollte, alle kriminellen Erscheinungsformen „unvollständig und einseitig“ auf eine defizitäre Erziehung zurückgeführt würden und die Jugendstrafe für alle Personen unter 16 Jahren abgeschafft werden sollte. *Kaiser* machte die Ursache an der damaligen Situation sogar außerhalb des Jugendstrafrechts aus und meinte, die Antwort auf die „Frage nach dem bisherigen Versagen und der Ineffizienz des Jugendrechts“ sei „weniger im JGG, als vielmehr im JWG zu suchen“, da im Jugendarrest und im Jugendstrafvollzug vor allem solche Jugendliche vorzufinden seien, „die schon durch zahlreiche Einrichtungen der Jugendhilfe betreut wurden“[744].

Durchsetzen konnten sich die Verfechter der Einführung eines einheitlichen Jugendrechts gegen die Jugendgerichtsbarkeit, die sich den vorgeschlagenen Änderungen vehement widersetzte, letztendlich nicht[745]. Schon bald mündete

741 DVJJ (Hrsg.), Denkschrift 1977, S. 1.

742 *Kaufmann*, in: FS-Welzel, 897 (900 ff.).

743 Vgl. hierzu und zum Folgenden *Walter*, Zbl. 61 (1974), 41 (42 ff.).

744 *Kaiser*, ZRP 1975, 212 (215).

745 Vgl. hierzu *Pfeiffer*, Kriminalprävention, S. 50; der für Sommer 1974 vorgesehene 5. Jugendhilfetag musste wegen der Spannungen zwischen den Lagern sogar abgesagt werden, vgl. zum Ganzen *Kaiser*, ZRP 1975, 212 (213 ff.).

die Diskussion in der Frage einer bloßen Neuordnung des Jugendhilferechts des JWG[746]. Der Referentenentwurf eines neuen Jugendhilfegesetzes aus dem Jahr 1974 sah bereits wieder einen zweispurigen Aufbau des Jugendrechts vor[747]. Auch der Regierungsentwurf aus dem Jahr 1979 und die folgenden Entwürfe folgten dieser Entscheidung[748]. Die Befürworter eines erweiterten Jugendhilferechts resignierten bzw. ermüdeten über eine „Debatte, die mehr als 10 Jahre die Diskussion zum JGG bestimmt und auch blockiert hat, während sich gleichzeitig an den dabei kritisierten Mängeln in der Praxis kaum etwas geändert hat“[749]. Schon bald hatten Bestrebungen einer Vereinheitlichung von JGW und JGG kein relevantes Forum mehr[750]. Der „Abschied von einer Idealisierung des Jugendhilferechts“ markierte das vorläufige Ende der Bemühungen um ein einheitliches Jugendrecht[751].

b) Gesetzesänderungen mit Auswirkungen auf das formelle Jugendstrafrecht

In dem Zeitraum nach der Einführung des JGG 1953 bis in das Jahr 1980 kam es zu einigen Gesetzesänderung, welche auch für das Jugendstrafverfahren und die Jugendgerichtsverfassung relevante Änderungen im JGG zur Folge hatten. So wurde etwa durch das „Zweite Gesetz zur Sicherung des Straßenverkehrs“[752] vom 2. Dezember 1964 die Entziehung der Fahrerlaubnis und das Fahrverbot in das Jugendstrafverfahrensrecht integriert (§§ 39, 75, 76 JGG 1953) und das JGG durch das „Gesetz zur Änderung der Strafprozeßordnung und des Gerichtsverfassungsgesetzes“[753] vom 19. Dezember 1964 an die Änderungen von Strafverfahrensrecht und Gerichtsverfassung angepasst, wobei letzteres jedoch zu keinen sachlichen Änderungen im JGG gegenüber dem zuvor geltenden Recht führte[754]. Dennoch hatte das Gesetz insofern Auswirkungen auf das Jugendstrafverfahren, als z.B. die Hinweispflicht auf das Aussageverweigerungsrecht im Rahmen der ersten Vernehmung in § 136 StPO

746 Vgl. *Nothacker*, „Erziehungsvorrang“, S. 56.

747 Vgl. die Gegenüberstellung bei *Jordan* (Hrsg.), Jugendhilfe, S. 341 ff.

748 BT Drs. 08/2571; vgl. dazu auch *Nothacker*, „Erziehungsvorrang“, S. 57.

749 *Pfeiffer*, Kriminalprävention, S. 51.

750 *Nothacker*, „Erziehungsvorrang“, S. 56.

751 *Walter*, ZfJ 1986, 429 f.; *Heinz*, in: Jugendstrafrechtsreform durch die Praxis, 13.

752 BGBl. I 1964, S. 921.

753 BGBl. I 1964, S. 1067.

754 Vgl. BT Drs. 04/178, S. 47 f.

und die neue Hinweispflicht in § 243 Abs. 4 StPO auf das Schweigerecht zu Beginn der Verhandlung auch im Jugendstrafverfahren galten[755]. Durch die Änderung von § 140 StPO wurde darüber hinaus die Verteidigerbestellung für alle Jugendsachen, welche nicht nur wegen Rückfalls Verbrechen waren, obligatorisch[756]. Dies hatte zur Folge, dass in der ganz überwiegenden Zahl der Jugendschöffengerichtssachen und auch in zahlreichen Verfahren vor dem Jugendgericht nun Pflichtverteidiger bestellt werden mussten[757]. In der Folge sollte es bis 1974 zu mehreren, für die der Darstellung zugrunde liegenden Thematik nicht nennenswerten Änderungen einzelner Vorschriften des JGG kommen[758].

Relevante Änderungen enthielt jedoch das „Einführungsgesetz zum Strafgesetzbuch“[759] vom 9. März 1974, mit dem auch eine Vielzahl an verfahrensrechtlichen Vorschriften im JGG modifiziert wurde, obwohl das Gesetz ausweislich der Begründung des Regierungsentwurfs eigentlich nur das Jugendstrafrecht an Änderungen des allgemeinen Strafrechts anpassen und weitergehende Änderungen einer Reform des Jugendgerichtsgesetzes vorbehalten wollte[760]. Während an vielen Stellen nur sprachliche Anpassungen erfolgten, wurde in § 39 Abs. 2 JGG die Strafgewalt des Jugendrichters an die Neufassung des § 24 GVG angepasst, sodass die Unterbringung in einem psychiatrischen Krankenhaus von diesem nicht mehr angeordnet werden durfte. Darüber hinaus wurde die Anrechnung erlittener Untersuchungshaft oder anderer Freiheitsentziehung in § 52a JGG neu geregelt, indem das Prinzip, eine Anrechnung nur vorzunehmen, soweit sich der Vollzug erzieherisch günstig ausgewirkt hat, aufgegeben wurde. Begründet wurde dies mit der

---

755 Kritisch zu den Hinweisen auf das Schweigerecht im Jugendstrafverfahren im Hinblick auf die Möglichkeit eines erzieherischen Gespräches in der Hauptverhandlung *Roestel*, UJ 1966, 351 (352 ff.).

756 Zuvor war eine solche Verteidigerbestellung in Verbrechenssachen nur notwendig, wenn der Staatsanwalt oder (innerhalb einer Woche seit Mitteilung der Anklageschrift) der Angeschuldigte einen diesbezüglichen Antrag gestellt hatte und somit die Ausnahme geblieben, vgl. *Potrykus*, RdJ 1967, 241.

757 *Potrykus*, RdJ 1967, 241; nach herrschender Meinung galten diese Grundsätze jedoch nicht für die vereinfachten Verfahren, vgl. *Roestel*, UJ 1966, 351 (354); a.A. mit Verweis auf Art. 6 Abs. 3 lit. c) EMRK und den Grundsatz über die Gewährung rechtlichen Gehörs *Potrykus*, NJW 1965, 1950.

758 So z.B. durch das „Einführungsgesetz zum Gesetz über Ordnungswidrigkeiten (EGOWiG)“ vom 24. Mai 1968 (BGBl. I 1968, S. 503) oder das „Gesetz zur allgemeinen Einführung eines zweiten Rechtszuges in Staatsschutz-Strafsachen“ vom 8. September 1969 (BGBl. I 1969, S. 1582).

759 BGBl. I 1974, S. 469.

760 BT Drs. 07/550, S. 327.

mangelhaften erzieherischen Ausgestaltung der Untersuchungshaft in der Praxis[761]. Nun konnte eine Anrechnung aus erzieherischen Gründen unterbleiben, wenn bei Anrechnung der Freiheitsentziehung die noch erforderliche erzieherische Einwirkung auf den Angeklagten nicht gewährleistet werden konnte. Zudem wurde § 55 JGG um einen dritten Absatz ergänzt, laut dem der Erziehungsberechtigte oder der gesetzliche Vertreter nur mit Zustimmung des Jugendlichen ein Rechtsmittel zurücknehmen durfte, damit dessen Verfahrensposition nicht ohne seinen Willen verschlechtert werden konnte[762]. Durch den Fortfall der Übertretungstatbestände im Rahmen der Änderung des allgemeinen Strafrechts durch das „Zweite Gesetz zur Reform des Strafrechts“[763] wurde zudem die nur in diesen Fällen vorgesehene jugendrichterliche Verfügung überflüssig, sodass diese aus dem Gesetz gestrichen wurde und in der Folge für das vereinfachte Verfahren klargestellt wurde, dass dieses auch dann zulässig sein sollte, wenn eine Einziehungs- oder Verfallsanordnung zu erwarten war[764]. In den Katalog der Maßnahmen, die im vereinfachten Verfahren nicht angeordnet werden durften, wurde darüber hinaus die Unterbringung in einer Entziehungsanstalt aufgenommen, über die nurmehr im ordentlichen Verfahren entschieden werden sollte. Schließlich erfüllte das Gesetz die frühere Forderung, wonach die erweiterten Einstellungsmöglichkeiten auch für die Heranwachsenden gelten sollten, indem in § 109 JGG 1953 die Verweisung auf die §§ 45, 47 Abs. 1 Nr. 1, 2, Abs. 2, 3 JGG erweitert wurde. Damit sollte der Vorrang des Erziehungsgedankens im Jugendstrafrecht auch gegenüber Heranwachsenden gewährleistet werden[765].

Mit Gesetz vom 31. Juli 1974[766] wurde sodann das Volljährigkeitsalter von 21 auf 18 Jahre abgesenkt, nachdem über mehrere Jahre eine „Akzeleration in der persönlichen Entwicklung der 18- bis 21-Jährigen sowie der tatsächlich vollzogenen Emanzipation der Angehörigen dieser Altersgruppe“ beobachtet worden war[767]. Auf die Jugendgerichtsverfassung hatte dies insofern Auswirkungen, als § 107 JGG dahingehend abgeändert wurde, dass im

761 Eine solche „erzieherische Gestaltung“ war eigentlich in § 93 Abs. 2 JGG 1953 vorgeschrieben, vgl. BT Drs. 07/550, S. 330.

762 BT Drs. 07/550, S. 330; damit wurde eine Forderung aus der Denkschrift der DVJJ von 1964 erfüllt, vgl. *Schüler-Springorum*, MschrKrim 47 (1964), 1 (21).

763 BGBl. I 1969, S. 717.

764 BT Drs. 07/550, S. 331.

765 BT Drs. 07/550, S. 333.

766 „Gesetz zur Neuregelung des Volljährigkeitsalters“, BGBl. I 1974, S. 1713.

767 BT Drs. 07/117, S. 1, 6.

Verfahren gegen Heranwachsende nun gemäß § 34 Abs. 1 JGG dem Jugendrichter alle Aufgaben obliegen sollten, die ein Amtsrichter im Strafverfahren hatte. § 34 Abs. 2 und 3 JGG, laut denen der Jugendrichter nach Möglichkeit zugleich Vormundschaftsrichter sein sollte oder ihm die vormundschaftsrichterlichen Erziehungsaufgaben übertragen werden sollten, waren auf die nun volljährigen Heranwachsenden in logischer Konsequenz nicht mehr anwendbar, da das elterliche und somit auch das „ergänzende und ersetzende" staatliche Erziehungsrecht für die 18- bis 21-Jährigen entfallen war[768]. Daher wurde auch die Verweisung in § 109 Abs. 1 S. 1 JGG auf die im Strafverfahren gegen Heranwachsende anzuwendenden Vorschriften entsprechend angepasst, indem z.B. die Verweise auf die Normen zur Ladung der Erziehungsberechtigten oder gesetzlichen Vertreter (§50 Abs. 2 JGG 1953) und die Stellung dieser im Verfahren (§ 67 JGG 1953) entfielen[769]. Auch die vorgeschriebene Bestellung eines Verteidigers, wenn einem Erwachsenen ein solcher zu bestellen wäre (§ 68 Nr. 1 JGG 1953), sowie die Bestellung eines Verteidigers, wenn dem Erziehungsberechtigten und dem gesetzlichen Vertreter deren Rechte nach dem JGG entzogen waren (§ 68 Nr. 2 JGG 1953), wurden für Heranwachsende überflüssig[770]. Die Mitteilungspflichten der Jugendgerichtshilfe und der Schulen gegenüber der Staatsanwaltschaft nach § 109 Abs. 1 S. 2–4 i.V.m. § 70 JGG 1953, wenn gegen den Heranwachsenden ein weiteres Verfahren anhängig war, sollten dagegen mit Ausnahme der Benachrichtigung des Vormundschaftsrichters und dem Hinweis auf das „Interesse der Erziehung des Angeklagten" beibehalten werden. Schließlich ließ man in § 109 Abs. 2 den Verweis auf § 53 JGG 1953, der die Überlassung der Auswahl und Anordnung von Erziehungsmaßregeln an den Vormundschaftsrichter gestattete, sowie auf § 54 Abs. 2 JGG, wonach dem Angeklagten die Urteilsgründe zum Schutz vor Nachteilen für die Erziehung vorenthalten werden konnten, entfallen. Damit wurde eine Änderung des JGG letztlich nur in dem durch die Herabsetzung des Volljährigkeitsalters unbedingt notwendig gewordenen Umfang vorgenommen, wohingegen die Frage des künftigen Sanktionensystems für Heranwachsende nach dem Willen des Gesetzgebers weiterhin einer umfassenden Reform des Jugendstrafrechts vorbehalten bleiben sollte[771].

---

768 BT Drs. 07/117, S. 13.

769 Vgl. hierzu *Miehe*, in: Jugendstrafrecht an der Wende zum 21. Jhdt., 141 (146 f.).

770 Daneben entfielen in § 109 Abs. 1 die Verweise auf die §§ 69 und 70 JGG 1953.

771 BT Drs. 07/117, S. 13.

Zuletzt beinhaltete auch das „Strafverfahrensänderungsgesetz 1979“[772] einige für Jugendgerichtsverfassung und Jugendstrafverfahren relevante Änderungen. So wurde in § 39 Abs. 1 S. 2 JGG 1953 sichergestellt, dass Erwachsenen, für die an sich das Schöffengericht zuständig war, bei einer Verbindung von Strafsachen gegen Jugendliche und Erwachsene diese Zuständigkeit erhalten blieb, damit diese nicht einem Gericht mit niedrigerem Rang zugewiesen wurden, als ihnen an sich zustand[773]. Neben der Anpassung der Vorschriften über die Zuständigkeit der Jugendkammer an die neue Zuständigkeitsrangordnung bei Zuständigkeitsüberschreitungen durch die neuen § 74e GVG und § 103 JGG wurde ein neuer § 47a JGG eingeführt, welcher im Interesse zügiger Erledigung anhängiger Verfahren die Zuständigkeit der Jugendgerichte auch für die Fälle normierte, in denen sich nach Eröffnung herausstellte, dass die Sache eigentlich vor die für allgemeine Strafsachen zuständigen Gerichte gleicher oder niedrigerer Ordnung gehört hätte. Hintergrund war, dass man die Jugendgerichte für ebenso gut wie Erwachsenengerichte in der Lage hielt, Strafsachen gegen Erwachsene zu verhandeln, weswegen auch in § 103 Abs. 2 JGG das Schwergewichtsprinzip zu Gunsten des grundsätzlichen Vorrangs der Jugendgerichte aufgegeben wurde[774]. Darüber hinaus ließ man infolge der Einführung von § 74e GVG den Vorrang der Strafkammern, denen nun das Schwurgericht und die Wirtschaftsstrafkammer vorging, vor den Jugendgerichten in § 102 JGG entfallen, weil man einen solchen absoluten Vorrang nun als nicht mehr gerechtfertigt ansah[775].

c) Die Diskussionen zum formellen Jugendstrafrecht von 1960 bis 1980

Nicht nur im Rahmen der Forderungen nach einem einheitlichen Jugendrecht, sondern auch unabhängig davon, wurde sich vor allem ab den 1960er Jahren wieder vermehrt mit dem Jugendstrafverfahren und dessen erzieherischer Wirksamkeit auseinandergesetzt. Dabei erschienen neben zahlreichen Meinungsbeiträgen in der Literatur auch die Ergebnisse kriminologischer Untersuchungen und Befragungen. Nachfolgend soll aufgegliedert nach den jeweiligen Themenbereichen ein Überblick über die relevantesten der in dieser Zeit geführten Diskussionen und erschienenen Beiträge gegeben werden.

---

772 BGBl. I 1978, S. 1645.

773 BT Drs. 08/976, S. 69.

774 BT Drs. 08/976, S. 69 f.

775 BT Drs. 08/976, S. 70.

aa) Zur Spezialisierung von Jugendrichtern und -staatsanwälten

Wie schon seit Bestehen der Jugendgerichte wurde weiterhin durchgehend über die Notwendigkeit der speziellen erzieherischen Befähigung von Jugendrichtern und Jugendstaatsanwälten diskutiert. Da von den künftigen Jugendrichtern immer noch keine besondere pädagogische Ausbildung verlangt wurde und die Einsetzung der Richter nach wie vor nicht entsprechend der Qualifikation, sondern nach dem Geschäftsverteilungsplan unter Einfluss der personellen Situation bei den Gerichten erfolgte – § 37 war lediglich eine „Soll-Vorschrift" – sah man die erzieherische Zielsetzung des JGG ad absurdum geführt[776]. Ein geeigneter und erzieherisch befähigter Jugendrichter, welchen der Gesetzgeber in § 37 JGG 1953 eigentlich als Norm ansah, wurde daher in der Literatur vielmehr als „Glücksfall" betrachtet[777]. Auch bereits in den 50er Jahren angebotene Fortbildungskurse für Jugendrichter konnten nach Ansicht der Kritiker eine reguläre Ausbildung nicht ersetzen[778]. In diesem Zusammenhang wurde weiterhin die Möglichkeit einer Spezialisierung erörtert und auf der einen Seite die Persönlichkeit der Jugendrichter (und -staatsanwälte) in den Vordergrund gestellt, auf der anderen Seite aber auch deren verstärkte Aus- und Fortbildung gefordert[779]. Auf der Suche nach Alternativmodellen wurde auch auf die Möglichkeit rechtsvergleichender Untersuchungen hingewiesen, wobei als mögliche Zukunftsmodelle der „sachverständige Jugendrichter nach französischem Vorbild, das Expertengericht der Jugendstrafrechtspflege Italiens, die Jugendschutzkommission skandinavischer Staaten oder die Zweiteilung des Verfahrens mit unterschiedlicher Zusammensetzung des Gerichts wie im anglo-amerikanischen Bereich" ins Feld geführt wurden[780]. Man war sich einig, dass der Jugendrichter „Ausgangspunkt und zugleich vorentscheidender Faktor für den Erfolg jeglicher strafrechtlicher Erziehungsbehandlung" war[781]. Die Hoffnungen auf eine Umsetzung von § 37 JGG 1953 in der Praxis konterkarierte jedoch die Entscheidung des Großen Senats für Strafsachen des BGH vom 5. Oktober 1962[782], welcher die Jugendgerichte in die ordentliche Strafgerichts-

---

776 *Haegert*, RdJB 1970, 175; *Hauber*, Zbl. 64 (1977), 372 (374 ff., 382); *Sach*, RdJB 1969, 298 (300 f.); *Ullrich*, RdJ 1967, 244 (246); *Schaffstein*, Jugendstrafrecht, 2. Aufl., S. 107.

777 *Lehmann*, UJ 1965, 34 (35).

778 *Sach*, RdJB 1969, 298.

779 Vgl. z.B. *Brunner*, JR 1978, 499 ff.; *Härringer*, in: Kriminologie und Vollzug, (173) 184 f.; *Hauber*, Zbl. 64 (1977), 372 (378 ff.); *Sach*, RdJB 1969, 298 (299 ff.).

780 *Hauber*, Zbl. 64 (1977), 315 (322 f.).

781 *Sach*, RdJB 1969, 298 (299).

782 BGHSt 18, 79 ff.

barkeit einordnete und sich gegen eine Einordnung in die besonderen Sachgebiete des Art. 101 Abs. 2 GG entschied, was dazu führte, dass die Jugendgerichte als bloße Abteilungen der Strafgerichte von den Präsidien weitgehend „frei von der Beachtung des Qualifikationsgebots“ besetzt werden konnten[783].

Mitte der 1970er Jahre führte *Hauser* in vier Landgerichtsbezirken eine Studie zum Thema „Der Jugendrichter – Idee und Wirklichkeit“ durch, mittels derer das Bild des Jugendrichters und die Eindrücke verschiedener Verfahrensbeteiligter von der Hauptverhandlung ermittelt werden sollten[784]. Dabei war die Mehrzahl der Jugendrichter der Ansicht, dass sie die besonderen Anforderungen an die Persönlichkeit eines Jugendrichters erfüllen würden, wobei dies bei der Geschäftsverteilung durch das Präsidium für die Auswahl der Jugendrichter nach deren Erfahrungen, wie in der Literatur seit langem bemängelt, tatsächlich keine Rolle spielte. Eine bessere Aus- und Weiterbildung hielt die Mehrheit der befragten Richter für dringend nötig. Während die Jugendrichter selbst angaben, sich um eine aufgelockerte Atmosphäre und eine jugendgemäße Verfahrensgestaltung zu bemühen, waren etwa die befragten Vertreter der Jugendgerichtshilfe und die jungen Angeklagten der Ansicht, es würden sich noch deutliche Anlehnungen an Handlungsmuster des Erwachsenenstrafrichters zeigen und es herrsche in den Verhandlungen eine steife und formale Atmosphäre vor. Daneben hatten vor allem Ersttäter nach eigenen Angaben Schwierigkeiten, der Verhandlung zu folgen. Insgesamt waren die Jugendlichen nicht der Ansicht, die Richter seien ausreichend über ihre Persönlichkeit, ihren Lebensweg und ihre Umwelt informiert, sondern empfanden ihre Behandlung als routinemäßig. Die Jugendrichter schätzten die Erfolgsaussichten ihrer Tätigkeit vor allem bei Ersttätern optimistisch ein, sprachen jedoch auch eine Überforderung aus dem Zielkonflikt zwischen Sozialisation und rechtlicher Sozialkontrolle an. Nach überwiegender Ansicht der jungen Menschen hatte das Jugendgerichtsverfahren eher eine Intensivierung als einen Abbau negativer Grundeinstellungen gegenüber Justiz und Gesellschaft zur Folge. *Hauser* kam zu dem Ergebnis, die Möglichkeiten des JGG müssten zum einen besser ausgeschöpft werden und das Gesetz zum anderen stärker an Gesichts-

---

783 Ausführlich hierzu *Frenzel*, ZJJ 2022, 276 (282); *Hanack*, JZ 1971, 89 (90), kritisierte, „das widerspricht so kraß Sinn und Ausgestaltung der Jugendgerichtsbarkeit (…) Derartige Unklarheiten dürfen in einem Beschluß des großen Senats einfach nicht vorkommen“; noch 1955 hatte der BGH die Jugendgerichte „als Gerichte besonderer Art“ bezeichnet, die gegenüber dem allgemeinen Strafverfahren ein „nach Zielrichtung, Aufbau und Durchführung eigenständiges Verfahren“ praktizieren würden, vgl. BGHSt 8, 349 (353 f.) = NJW 1956, 517 (518).

784 Vgl. zum Ganzen *Hauser*, MschrKrim 63 (1980), 1 ff.; ein ähnliches Bild der Jugendlichen vom Jugendrichter zeigte auch schon *Kühling*, MschrKrim 53 (1970), 270 f., auf.

punkten der Jugendhilfe angepasst werden, um diesen negativen Punkten entgegenwirken zu können.

Neben den Jugendrichtern blieben auch die Jugendstaatsanwälte weiter in der Kritik. So wurde „die Einstellung vieler Staatsanwälte, in Jugendstrafsachen mehr von der Tat als der Person des Täters auszugehen“ bemängelt, wodurch sich mancherorts die Neigung entwickelt hätte, „den jugendlichen Angeklagten doch als eine Art kleinen Erwachsenen zu behandeln“[785].

bb) Zu den Jugendschöffen

Intensiver als je zuvor wurde über die Jugendschöffen und die Anforderung diskutiert, welche an diese zu stellen waren[786]. Vergleichbar der Diskussion um die Erfahrung und Befähigung der Richter und Staatsanwälte gab es dabei im Wesentlichen eine Richtung, die die praktische Erfahrung betonte und vor zu viel Spezialisierung warnte, während die andere Richtung gerade den besonderen Sachverstand forderte[787]. Auf der einen Seite sah man daher weniger eine theoretische Ausbildung als vielmehr Lebenserfahrung und allgemeine Menschenkenntnis als Voraussetzung für die Schöffen an[788]. Da die Jugendschöffen das Fehlverhalten der Jugendlichen sach- und fachgerecht einordnen und deren künftige Entwicklung abschätzen mussten, forderte man auf der anderen Seite aber auch z.B. die Ersetzung der Schöffen durch fachkundige Beisitzer (sog. Jugendfachrichter), welche jedenfalls im weiteren Sinne einen sozialwissenschaftlichen Beruf in der Jugendarbeit ausüben sollten[789]. Diesen sollte nach einer Ansicht – anders als bei den Schöffen – zur Vorbereitung auf das Verfahren und die Persönlichkeit des Jugendlichen auch uneingeschränkt Akteneinsicht gewährt werden[790]. Auch der BGH hatte sich bereits 1955 für besonders ausgewählte Persönlichkeiten mit entsprechenden Kenntnissen und Erfahrungen in der Pädagogik und Jugendpsychologie als Jugendschöffen ausgesprochen[791].

---

785 *Roestel*, UJ 1966, 351 (352).

786 So auch *Kraft*, Tendenzen, S. 224 ff.

787 Vgl. dazu *Hauber*, Zbl. 65 (1978), 329 (335).

788 *v. Schlotheim*, MschrKrim 49 (1966), 374 (375); vgl. dazu auch schon die Warnung vor einer „Verwässerung des Laienelements“ durch *Mantler*, in: Verhandlungen des 11. JGT, 50 (51).

789 So *Delitzsch*, MschrKrim 62 (1979), 26 (29, 33); dazu auch schon *Hauber*, Zbl. 65 (1978), 329 (334 f.).

790 *Delitzsch*, MschrKrim 62 (1979), 26 (32).

791 BGHSt 8, 349 (354).

Teilweise wurde sogar überlegt, anstelle von erwachsenen Schöffen im Jugendstrafverfahren selbst junge Menschen im Alter zwischen sechzehn und vierundzwanzig Jahren einzusetzen, um zu verhindern, dass der Jugendliche vor Gericht einem „geschlossenen System der Erwachsenen ausgeliefert“ sei[792]. Während die Erwachsenen durch die Routine „abgestumpft“ seien, würden jugendliche Schöffen aufgrund ihres Entwicklungsstands immer wieder „das Neue und Einmalige“ sehen und sich so positiv auf die Jugendgerichte auswirken[793]. Der Vorschlag wurde zwar diskutiert, konnte sich aber angesichts vieler Gegenstimmen nicht etablieren[794]. So war man der Ansicht, für die tiefgreifenden Entscheidungen bedürfe es auch bei den Laienrichtern eines „stark ausgeprägten pädagogischen, soziologischen und psychologischen Einfühlungsvermögens“ und spezifischer Kenntnisse und Erfahrungen, welche Jugendliche nicht vorweisen könnten[795]. Der „selbst pubertierende richtende Alterskollege“, der mit seinen eigenen Konflikten zu tun habe, sei dafür nicht geeignet[796]. Zudem war man der Ansicht, die Mitwirkung eines Alterskollegen könne bei dem Angeklagten eine starke Aversion gegen das Gericht hervorrufen und man beobachtete gerade bei den Jugendlichen und Heranwachsenden bei Rechtsbrüchen ihrer Altersgenossen eine Verteidigung eines repressiven Vorgehens[797]. Letztendlich war man der Auffassung, wenn es schon nicht gelinge, geeignete Erwachsene für die Jugendstrafrechtspflege zu gewinnen, könne dies erst recht nicht von jungen Menschen erwartet werden, welche sich selbst noch im Lernprozess befänden[798]. Die zu berufenden „Super-Jugendlichen“ müssten „Pubertierende mit der Weisheit eines erfüllten Lebens sein“, welche so natürlich nicht existieren würden.

cc) Zur Jugendgerichtshilfe

Im Rahmen der Auseinandersetzung mit dem „Jugendgerichtsgesetz als Personenfrage“ wurden nicht nur Richter, Staatsanwälte und Schöffen, sondern auch die Vertreter der Jugendgerichtshilfe und deren Stellung und Aufgabe im

---

792 Vgl. *Haegert*, RdJB 1969, 44 (46); dazu auch *Hauber*, Zbl. 65 (1978), 329 (338 f.).

793 *Haegert*, RdJB 1970, 175 (176 f.).

794 *Kraft*, Tendenzen, S. 227, führt dies auch auf eine „Skepsis gegenüber allzu unbekannten Ideen“ zurück.

795 *Sach*, RdJB 1969, 107 (108 f.); *Ullrich*, RdJB 1969, 303; *Hauber*, Zbl. 65 (1978), 329 (339).

796 *Hauber*, Zbl. 65 (1978), 329 (339).

797 *Ullrich*, RdJB 1969, 303 f.; *Hauber*, Zbl. 65 (1978), 329 (338).

798 Vgl. hierzu und zum folgenden Text *Ullrich*, RdJB 1969, 303.

Verfahren zum Thema. Man war der Ansicht, „Erziehung hängt ganz wesentlich von den Möglichkeiten ab, die die Wirklichkeit bietet, und der Jugendgerichtshelfer ist damit von Anfang an im Spannungsfeld zwischen Recht und Wirklichkeit tätig“[799]. Festgestellt wurde, dass auch über 40 Jahre nach Einführung des ersten JGG die Personenfrage noch nicht gelöst war und die Vielzahl an Möglichkeiten zu individueller Hilfe von den Jugendgerichtshelfern in der Praxis nicht ausgeschöpft wurden[800]. Von befragten Jugendlichen berichtete zudem ein Großteil über schlechte Erfahrungen mit den Vertretern der Jugendgerichtshilfe. So wurde z.B. bemängelt, dass diese keine Ratschläge oder Unterstützung gegeben und keine Hintergründe erforscht, sondern sich nur für die Strafe interessiert hätten, wobei es nur selten zu persönlichen Gesprächen zwischen dem Jugendlichen und dem Vertreter der Jugendgerichtshilfe gekommen sei und häufig in der Verhandlung ein anderer Vertreter als im Rahmen der Ermittlungen anwesend gewesen sei[801]. Auch an dieser Stelle wurden Rufe nach „geeigneten und qualifizierten Fachkräften“ und darüber hinaus nach einer besseren personellen und organisatorischen Ausgestaltung der nach dem Ermessen der Kommunen eingerichteten Jugendgerichtshilfen laut[802].

Daneben wurde auch die Aufgabe der Jugendgerichtshilfe, den Jugendlichen auf die Verhandlung vorzubereiten und bei schwierigen Situationen wie etwa bei der Frage, ob er zur Sache aussagen soll oder nicht, zu unterstützen, hervorgehoben[803]. Eingegangen wurde auch auf die Bedeutung des Ermittlungsberichts, wobei die Erforschung der Täterpersönlichkeit als Grundvoraussetzung eines modernen Jugendstrafrechts identifiziert wurde[804]. Erneut kamen zudem Forderungen nach einer verpflichtenden Teilnahme der Jugendgerichtshilfe am Verfahren auf, deren Fehlen nach einer Ansicht ein absoluter Revisionsgrund werden sollte[805].

Auch die Rollenkonflikte des Jugendgerichtshelfers wurden diskutiert, welcher zum einen Helfer für das Gericht und zum anderen Helfer für den Jugendli-

---

799 *Hellmer*, RdJ 1967, 309.

800 *Ullrich*, RdJ 1967, 292; *ders.*, UJ 1971, 412 (415 f.).

801 Vgl. hierzu die Schilderungen bei *Neulandt*, RdJ 1964, 97 (98 ff.).

802 *Ullrich*, RdJ 1967, 292 (293); *ders.*, RdJ 1963, 324 (327); zustimmend *Brunner*, Zbl. 59 (1972), 321 (322 f.); *Eisenberg*, Kriminologie, S. 173.

803 Vgl. *Brunner*, in: Verhandlungen des 16. JGT, 78 (79 f.); *Neulandt*, RdJ 1964, 97 (100).

804 *Ullrich*, in: Weg und Aufgabe, 455 f.; *ders.*, RdJ 1963, 324 ff.; vgl. hierzu auch *Vins*, RdJ 1963, 330 f.; *Brunner*, in: Verhandlungen des 16. JGT, 78 (79 f.).

805 *Brunner*, in: Verhandlungen des 16. JGT, 78 (82).

chen sein sollte[806]. *Dallinger* und *Lackner* waren der Auffassung, die beiden Funktionen der Jugendgerichtshilfe könnten „schon deswegen nicht voneinander getrennt werden, weil nach dem Wesen des Jugendstrafrechts als eines auf die Persönlichkeit des Jugendlichen abgestellten Erziehungsstrafrechts auch das Gericht mit seinen kriminaltherapeutischen Bemühungen das Beste des Jugendlichen erstrebt“[807]. *Walter* begründete die Rollenunsicherheit der Jugendgerichtshilfe in der „gesetzlich fixierten Antinomie von Ermittlung und Beratung“ und überlegte, „ob nicht die Ermittlungstätigkeit als die JGH kennzeichnende Arbeit offener gelegt und von ihrer Natur nach vertraulichen Beziehungen gelöst werden sollte“[808]. Gewarnt wurde vor der Gefahr, dass die beratende Komponente der Tätigkeit der Jugendgerichtshilfe zu Ermittlungszwecken missbraucht werden könnte[809]. Der Jugendgerichtshelfer, welcher kein Zeugnisverweigerungsrecht hatte und sich nach § 38 Abs. 2 S. 2 JGG 1953 ausdrücklich zu den Maßnahmen, die zu ergreifen sind, äußern zu hatte, war laut *Walter* „dazu verdammt, mit Richter und Staatsanwalt gemeinsame Sache zu machen und sich mit ihnen in eine Reihe zu stellen“ und verschmolz damit „nicht nur in den Augen des Probanden mit dem gesamten Jugendrechtssystem“[810]. Von anderer Seite wurde aber auch die Befürchtung geäußert, dass die Zahl repressiver Reaktionen ansteigen könnte, wenn die Möglichkeiten, differenzierte Informationen über die Persönlichkeit des Jugendlichen in die Verhandlung einzubringen, in Zukunft verringert würden[811].

Besonders viel Kritik erfuhr schließlich die Tatsache, dass die Jugendgerichtshilfe oft keine Vertreter zu den Verhandlungen entsandte oder im Rahmen der Praxis des sog. Gerichtsgehers nicht unbedingt der Jugendgerichtshelfer, der auch im Rahmen der Ermittlungen mit dem Jugendlichen zu tun hatte, sondern je nach Einteilung oft ein anderer, welcher nur den Ermittlungsbericht vortragen konnte, zu den Verhandlungen kam[812]. Gefordert wurde zum einen, die Anwesenheit der Jugendgerichtshilfe in der Hauptverhandlung verpflichtend

---

806 Vgl. z.B. *Brunner*, Zbl. 59 (1972), 321 (323 f.); *Eisenberg*, Kriminologie, S. 224; *Hellmer*, RdJ 1967, 309 (311); dagegen war *Möller*, in: Verhandlungen des 16. JGT, 113 ff., der Ansicht, dass der Jugendgerichtshelfer „weitgehend Helfer des Gerichts und weit weniger Helfer des Jugendlichen sein soll“.

807 *Dallinger/Lackner*, JGG, § 38, Rn. 5.

808 *Walter*, Zbl. 60 (1973), 485; zur „Pflichtenkollision“ zwischen Offenbarungs- und Schweigepflicht des Jugendgerichtshelfers auch schon *Schnitzerling*, RdJ 1957, 221.

809 *Walter*, Zbl. 60 (1973), 485 (495).

810 *Walter*, Zbl. 60 (1973), 485 (486, 495); vgl. auch *Eisenberg*, Kriminologie, S. 225; *Schaffstein*, Jugendstrafrecht, 6. Aufl. S. 140.

811 *Mattig*, in: Verhandlungen des 16. JGT, 102 (104).

812 Vgl. hierzu *Ullrich*, UJ 1971, 412 ff.

vorzuschreiben und zum anderen „nicht irgendeinen Gerichtsgeher, sondern einen vom Einzelfall gründlich informierten, nämlich über den Berichtsinhalt hinaus informierten, in aller Regel den ermittelnden oder die Ermittlungen leitenden Gerichtshelfer“, der gegebenenfalls auch als Zeuge vernommen werden konnte, zu Gericht zu schicken[813].

dd) Zur Aufgabe der Polizei im Jugendstrafverfahren

Auch über die Notwendigkeit der speziellen Ausbildung von kriminalpolizeilichen Jugendsachbearbeitern, der Schaffung von Jugendabteilungen oder -kommissariaten und der (besseren) Integrierung der Polizei in das jugendrechtliche System wurde diskutiert[814]. Während bereits seit den 1950er Jahren in einigen Bundesländern entsprechende Einrichtungen existierten, kamen verstärkt Forderungen danach auf, diese auch in den anderen Ländern einzuführen[815]. Gegen spezielle Jugendabteilung wurde jedoch eingewandt, der Jugendliche würde typischerweise erst im Rahmen der Ermittlungen als Täter erkannt, sodass eine Zuständigkeitsveränderung während des Ermittlungsverfahrens eintreten würde, welche „weder den Belangen der Öffentlichkeit noch denen des Jugendlichen“ dienen würde[816]. Wie bei allen anderen in der Jugendstrafrechtspflege tätigen Personen wurde auch hier eine Spezialisierung der Polizeibeamten, mit denen „der junge Übeltäter an erster Stelle zu tun“ hat, forciert[817]. Hervorgehoben wurde die Wichtigkeit einer jugendgemäßen Behandlung, „wenn es sich um erstmals als Zeugen oder Beschuldigte in Erscheinung tretende Kinder oder Jugendliche handelt“, durch besonders geschulte und geeignete Beamte[818]. Neben guter Kenntnis einschlägiger gesetzlicher Bestimmungen auf dem Gebiet des Jugendschutzes wurden Grundkenntnisse in Jugendpsychologie, Pädagogik und Sozio-

---

813 *Walter*, Zbl. 60 (1973), 485 (492 f.); so auch *Brunner*, Zbl. 59 (1972), 321 (323); *ders.*, Zbl. 60 (1973), 53 (57); *Ullrich*, Zbl. 60 (1973), 342 f.; zur Problematik des Gerichtsgehers vgl. auch die Schilderungen bei *Eisenberg*, Kriminologie, S. 226 und *Neulandt*, RdJ 1964, 97 (98).

814 *Bauer*, RdJB 1969, 301; *Kaiser*, ZRP 1975, 212 (217); *Köhler*, in: Grundlagen der Kriminalistik, 114 ff.

815 Vgl. hierzu *Köhler*, in: Grundlagen der Kriminalistik, 114; *Bauer*, RdJB 1969, 301.

816 *Bauer*, RdJB 1969, 301 (302).

817 *Eisenberg*, Kriminologie, S. 173; *Köhler*, in: Grundlagen der Kriminalistik, 114 (118 ff.); dagegen *Bauer*, RdJB 1969, 301 (302), der bereits in der Schule und der „Gestalt eines uniformierten Polizeibeamten, der für den Straßenverkehr sorgt“ eine solche Konfrontation erkannte.

818 *Köhler*, in: Grundlagen der Kriminalistik, 114 (118).

logie gefordert[819]. Tatsächlich wurden die Beamten in deren Ausbildung gegen Ende der 1960er Jahre bereits größtenteils jugendpsychologisch besonders geschult, damit „der straffällig werdende Jugendliche so angefaßt wird, wie es notwendig ist“[820].

ee) Zur Stellung der Erziehungsberechtigten

Erörtert wurde mittlerweile auch verstärkt die Stellung der Erziehungsberechtigten im Jugendstrafverfahren. Dies erfolgte nun insbesondere aus dem Blickwinkel des elterlichen Erziehungsrechts aus Art. 6 Abs. 2 GG[821]. *Simonsohn* forderte auf dem Jugendgerichtstag 1968 in Braunschweig, das Elternrecht des Art. 6 GG in erster Linie als Pflicht der Eltern zu sehen, die Erziehung des Kindes zu dessen Bestem auszuführen und als Folge dessen das Elternrecht stets in Verbindung mit dem Recht des Kindes auf freie Entfaltung aus § 1 JWG – als Konkretisierung des Art. 2 GG – zu sehen bzw. diese Rechte miteinander in Abwägung zu bringen[822]. Daneben wurde unter anderem die Verfassungsmäßigkeit der Anwesenheitspflicht der Erziehungsberechtigten in der Hauptverhandlung und der Möglichkeit des Entzugs der Mitwirkungs- und Beteiligungsrechte des Erziehungsberechtigten angezweifelt, was einen Eingriff in das elterliche Erziehungsrecht ohne entsprechende verfassungsmäßige Vorbehalte und damit in eine „Sphäre privater Lebensgestaltung“ darstellen würde[823]. Die Möglichkeit des Entzugs der Mitwirkungsrechte am Verfahren und die Tatsache, dass sich der für Verfassungsfragen zuständige Ausschuss des Bundestages nicht mit der Frage auseinandergesetzt hatte, ob dies mit Art. 6 GG vereinbar sei, sah man auch als Beleg dafür, dass der Gesetzgeber den Erziehungsberechtigten nicht aus verfassungsrechtlichen Erwägungen heraus im JGG 1953 berücksichtigt hatte[824]. Schließlich wurde nach der Herabsetzung des Volljährigkeitsalters ein „bedenklicher Leerraum“ z.B. für die Fälle im Jugendstrafverfahren ausgemacht, in denen etwa ein volljähriger Heranwachsender in der Hauptverhandlung die Unterstützung seiner Eltern wünschte (welche ihm aber nun nicht mehr als Bei-

819 *Köhler*, in: Grundlagen der Kriminalistik, 114 (119 f.).

820 *Bauer*, RdJB 1969, 301 (302).

821 Vgl. z.B. *Becker*, FamRZ 1961, 104 ff.

822 *Simonsohn*, in: Verhandlungen des 14. JGT, 138 (141).

823 Vgl. hierzu *Schulz-Knappe*, RdJ 1967, 37 ff.

824 *Schulz-Knappe*, RdJ 1967, 5 (10).

stand zugeordnet werden konnten) oder die Öffentlichkeit (und damit auch der Erziehungsberechtigte) von der Verhandlung ausgeschlossen war[825].

ff) Zu den Heranwachsenden

Nach der Absenkung des Volljährigkeitsalters auf 18 Jahre kam in der Literatur die Forderung auf, die Heranwachsenden wieder vollumfänglich dem allgemeinen Strafrecht zu unterstellen[826], wogegen man im jugendstrafrechtlichen Schrifttum aber heftig protestierte und vielmehr sogar die Schaffung eines eigenen „Jungtäterrechts" als spezielles strafrechtliches Regime für diese Altersgruppe forderte[827]. Als die zunächst zurückgestellte Denkschrift der DVJJ schließlich 1977 erschien, hatte sich diese gegen eine solche dritte Kategorie zwischen Jugendstrafrecht und Erwachsenenstrafrecht entschieden, weil das Jugendstrafrecht ihrer Ansicht nach bereits „ein flexibles, spezialpräventiven Bedürfnissen entsprechendes Instrumentarium" hatte und forderte daher die einheitliche Einbeziehung der „jungen Volljährigen" in das Jugendstrafrecht[828]. In verfahrensrechtlicher Hinsicht plädierte sie für die Altersgruppe der Heranwachsenden unter anderem für die Einführung eines dem Strafbefehlsverfahren der StPO entsprechenden schriftlichen Verfahrens (sog. Jugendrichterlicher Bescheid), um bei der in dieser Altersgruppe besonders umfangreichen weniger problematischen Massenkriminalität den Jugendrichter für seine eigentlichen Erziehungsaufgaben freizustellen und den Heranwachsenden „von den zwangsläufigen Nebenfolgen einer Hauptverhandlung" zu verschonen[829]. Darüber hinaus sah sie zur Ermöglichung eines sozialpädagogischen Gesprächs die Zulässigkeit des vereinfachten Verfahrens vor und befürwortete die Zulassung des beschleunigten Verfahrens nach der StPO für diese Personengruppe etwa für Fälle unvermeidbarer Untersuchungshaft[830]. Die Vorschriften der §§ 45, 47 JGG sah sie ebenfalls als geeignet für die Heranwachsenden an[831]. Auch über die Notwendigkeit einer künftigen Zuständigkeit der Jugendgerichtshilfe für Personen im Alter zwischen 18 und 21 Jahren und die Stel-

---

825 *Brunner*, Zbl. 1977, 366 (367); die Erziehungsberechtigten konnten aber gemäß § 48 Abs. 2 S. 2 JGG 1953 als „andere Personen" zum Verfahren zugelassen werden.

826 *Bresser*, in: FS-Schaffstein, 323 (330 f.).

827 Vgl. dazu *Asbrock*, ZRP 1977, 191 (195); *Becker*, RdJB 1974, 129 (133 ff.); *Schaffstein*, MschrKrim 59 (1976), 92 (104 ff.); *Thiesmeyer*, RdJB 1972, 339 (341 f.).

828 DVJJ (Hrsg.), Denkschrift 1977, S. 8 f.

829 DVJJ (Hrsg.), Denkschrift 1977, S. 60.

830 Vgl. zum Ganzen DVJJ (Hrsg.), Denkschrift 1977, S. 61 f.

831 DVJJ (Hrsg.), Denkschrift 1977, S. 61.

lung der Eltern im Verfahren gegen junge Volljährige hatte man sich Gedanken gemacht. Während man Ersteres zur Verwirklichung einer wirksamen Spezialprävention ausdrücklich befürwortete, wurde vorgeschlagen, die Unterstützung der Heranwachsenden durch deren Eltern z.B. insofern zuzulassen, als diese mit Einverständnis des Heranwachsenden als (strafprozessualer) Beistand zugelassen werden können sollten, wobei man eine gesetzliche Neuregelung aber für unumgänglich hielt[832]. Bei den nach § 43 Abs. 1 S. 2 JGG 1953 zu hörenden Auskunftspersonen wollte man zudem die „Eltern eines Heranwachsenden“ einbeziehen, solange davon keine Nachteile für den jungen Volljährigen zu erwarten waren[833].

Auch auf dem Jugendgerichtstag in Saarbrücken 1977 wurde die Gesetzesänderung unter dem Titel „Junge Volljährige im Kriminalrecht“ diskutiert. Dort wurde unisono ebenfalls die vollumfängliche Einbeziehung der Heranwachsenden in das Jugendstrafrecht gefordert[834]. Als problematisch erkannt wurde der Wegfall der Eltern als Informationsquelle der Jugendgerichtshilfe für die nun volljährigen Heranwachsenden[835]. Ausgesprochen wurde sich zum Erhalt des Vertrauensverhältnisses aber für eine Respektierung der Rechte und Privatgeheimnisse der jungen Volljährigen durch die Jugendgerichtshilfe bei Erstellung des Ermittlungsberichts, sodass eine Mitteilung über den Tatverdacht gegenüber den Erziehungsberechtigten unterbleiben sollte[836].

gg) Zum „Jugendverteidiger“

Erst gegen Ende der 1970er Jahre kam es wieder zu einer Diskussion über den Verteidiger in Jugendsachen. Grund dafür war das bereits dargestellte Strafprozessänderungsgesetz (StPÄG). Wie zuvor war man sich darüber uneinig, ob für die Verteidiger eine besondere erzieherische Befähigung zu fordern war.

832 DVJJ (Hrsg.), Denkschrift 1977, S. 62 ff., 70.

833 Darüber hinaus wurde erneut auch die Ablösung des Begriffs „kriminalbiologisch“ in § 43 Abs. 3 und § 73 Abs. 1 JGG 1953 durch ein „zeitgemäßeres Eigenschaftswort“ gefordert, was „schon lange auf dem Reformprogramm“ stand, vgl. DVJJ (Hrsg.), Denkschrift 1977, S. 71 f.

834 *Schüler-Springorum*, in: Verhandlungen des 17. JGT, 605 (613 f.).

835 Vgl. die Thesen der Arbeitskreise VIII, in: DVJJ (Hrsg.), Verhandlungen des 17. JGT, S. 483.

836 Vgl. die Thesen des Arbeitskreises VIII, in: DVJJ (Hrsg.), Verhandlungen des 17. JGT, S. 484; a. A. *Brunner*, Zbl. 1977, 366 (367 ff.), der aus Gründen der objektiven Wahrheitsfindung und dem „wohlverstandenen Interesse des jungen Volljährigen“ die Eltern des Heranwachsenden informieren und/oder als Informationsquelle heranziehen wollte.

Auf der einen Seite wurde kritisiert, dass mit der mangelnden Integration der „Jugendverteidiger“ in das Jugendstrafrecht „eine wertvolle Chance zur Rationalisierung und Effektivierung des Verfahrens versäumt worden“ sei[837]. Als Folge wurde die Forderung nach der Schaffung entsprechender personeller Voraussetzungen durch Aus- und Fortbildung zur Nutzung der einzigartigen Vertrauensstellung des Verteidigers zu dem Jugendlichen laut, wobei sogar ein „Fachanwalt für Jugendstrafsachen“ ins Spiel gebracht wurde[838]. Auf der anderen Seite wurde diese Forderung aber zurückgewiesen und davor gewarnt, „aus unserer Jugendgerichtsverhandlung eine Spezialistenversammlung“ zu machen[839]. Schon die Idee der Beschränkung der Wahlmöglichkeit des Jugendlichen auf spezialisierte Jugendverteidiger, wie auch die „ausreichende Basis für eine wirtschaftliche Existenz“ derselben, wurden bezweifelt[840].

hh) Zur Untersuchungshaft

Die Untersuchungshaft bei Jugendlichen und Heranwachsenden wurde schon kurz nach Einführung des JGG 1953 wieder thematisiert. *Herold* machte bereits 1957 darauf aufmerksam, welch einen tiefen Eingriff die Verhängung der Untersuchungshaft in das grundgesetzlich geschützte Recht der persönlichen Freiheit bedeuten würde[841]. Im Hinblick auf die Erfahrungen mit Haftpsychosen, die in Einzelfällen auch zu Suizidversuchen geführt hätten, betonte er: „Was für den lebenserfahrenen Erwachsenen gilt, muß in erhöhtem Maße für den charakterlich noch nicht ausgereiften Heranwachsenden und gar für den dem Kindesalter kaum entwachsenden Jugendlichen Geltung beanspruchen“[842]. *Herold* bemängelte die großen Unterschiede zwischen den gesetzlichen Vorgaben zur Ausgestaltung der Untersuchungshaft und der Praxis, wo zu wenige und nicht geeignete Beamte sowie ein Mangel an Geräten, Material und Unterrichtsmitteln vorhanden seien[843]. Hinterfragt wurde mit Blick auf die

837 *Hauber*, RdJB 1979, 355 (362).

838 *Hauber*, RdJB 1979, 355 (359 ff.); vgl. auch *Eisenberg*, Kriminologie, S. 173; *Schaffstein*, Jugendstrafrecht, 6. Aufl., S. 133 f.

839 Vgl. *Höfner*, RdJB 1979, 364 (373).

840 *Höfner*, RdJB 1979, 364 (366).

841 *Herold*, RdJ 1957, 103.

842 *Herold*, RdJ 1957, 103; vgl. dazu auch *Kreuzer*, RdJB 1978, 337; *Schaffstein*, Jugendstrafrecht, 6. Aufl., S. 153; *Schütze*, MschrKrim 63 (1980), 148 ff.; *Zirbeck*, Untersuchungshaft, S. 10 ff.

843 *Herold*, RdJ 1957, 103 (105).

Unschuldsvermutung und dem elterlichen Erziehungsrecht aus Art. 6 Abs. 2 GG auch die Zulässigkeit einer erzieherischen Ausgestaltung der Haft und der Arbeitspflicht für Untersuchungshaftgefangene (diesbezüglich auch mit Blick auf Art. 12 GG), welche für die Jugendlichen in der Untersuchungshaftvollzugsordnung vorgesehen war[844].

Walter stellte schließlich fest, dass im Rahmen der Untersuchungshaft „*spezifisch erzieherische Funktionserweiterungen*" durch die Jugendrichter erfolgen würden, indem diese die Untersuchungshaft etwa als „schnelle *stationäre Kriseninterventio*n" anordnen würden und der in den weit überwiegenden Fällen angenommene Haftgrund der Fluchtgefahr zur „Deckung" dieser Funktionserweiterung genutzt würde[845]. Mit dem Begriff der „apokryphen Haftgründe" bezeichnete man die in aller Regel unausgesprochenen, aber mit der Haft oft tatsächlich verfolgten erzieherischen Gründe[846]. Neben der Krisenintervention zur Vorbeugung weiterer Straftaten wurde die Untersuchungshaft nämlich z.B. zur Erzeugung einer Schockwirkung aus individual- oder generalpräventiven Gründen, zur Schaffung eines Leidensdrucks insbesondere bei Alkohol- und Drogenabhängigen, als „Einstiegsarrest" im Rahmen der Strafaussetzung zur Bewährung oder als Voraussetzung für eine Strafaussetzung angeordnet, um den Eindruck eines Freispruchs zu vermeiden[847].

Auch auf dem Jugendgerichtstag 1974 in Darmstadt setzte man sich intensiv mit der Untersuchungshaft bei Jugendlichen und Heranwachsenden auseinander, welche „in der Bundesrepublik zu häufig verhängt würde und „in einem unerträglichen Widerspruch zu Vorschriften des JGG" stünde[848]. Kritisiert wurde insbesondere, dass der Erziehungsauftrag des Gesetzes missachtet und die Unschuldsvermutung nicht realisiert würde, indem etwa die jugendlichen Gefangenen in den überbelegten und sich baulich in schlechtem Zustand befindlichen Anstalten meist nicht von den Erwachsenen getrennt waren[849].

---

844 *Kippes*, RdJ 1967, 243 f.; *Kreuzer*, RdJB 1978, 337 (351); *Linck*, ZRP 1971, 57 ff.; *Mrozynski*, RdJB 1973, 326 (328 f.); *Walter*, MschrKrim 61 (1978), 337 (340 f.).

845 *Walter*, MschrKrim 61 (1978), 337 (342 ff.) – Hervorhebungen im Original.

846 *Kreuzer*, RdJB 1978, 337 (342, 345).

847 Übersichtlich hierzu *Heinz*, BewHi 1987, 5 (24 ff.).

848 Vgl. die Thesen und Resolutionen des 16. JGT, in: DVJJ (Hrsg.), Verhandlungen des 16. JGT, S. 210; so auch *Kreuzer*, RdJB 1978, 337; *Zirbeck*, Untersuchungshaft, S. 185 ff.

849 Vgl. die Thesen und Resolutionen des 16. JGT, in: DVJJ (Hrsg.), Verhandlungen des 16. JGT, S. 210 f.; vgl. auch *Schaffstein*, Jugendstrafrecht, 6. Aufl., S. 154; *Schnitzerling*, RdJ 1957, S. 81 f.; *Zirbeck*, Untersuchungshaft, S. 185 f.

Auch die Schulpflicht blieb zumeist unerfüllt und die Erziehung beschränkte sich auf bloße Aufsicht und Kontrolle, da eine personelle Kontinuität der Betreuer nicht bestand und die Anstalten allgemein personell nicht ausreichend ausgestattet waren[850]. Berichtet wurde, dass der Auftrag der §§ 71 Abs. 2, 72 Abs. 1 und 3 JGG 1953, die Haft bei Jugendlichen durch anderweitige Unterbringung zu vermeiden, von den Landesjugendbehörden in den 20 Jahren seit Einführung des Gesetzes nur in einem Fall und nur für männliche Jugendliche umgesetzt worden wäre[851].

Als Konsequenz wurden umfassende Forderungen an die Ausgestaltung der Untersuchungshaft gestellt. Man verlangte „ein den Minderjährigen aktivierendes und motivierendes sowie selbstwertförderndes breitgefächertes Angebot von Beschäftigungs-, Trainings- und Kommunikationsmöglichkeiten, die Vermeidung finanzieller Nachteile für die Inhaftierten und eine verbesserte Personalbemessung mit einer praxisnahen und stetigen Weiterbildung der Beschäftigten[852]. Die Sozialarbeit an den jugendlichen Untersuchungshaftgefangenen sollte sich nach Ansicht der Teilnehmer nicht in der bloßen Gerichtshilfe erschöpfen, sodass die Persönlichkeitserforschung nicht als zusätzliches Kontroll- und Disziplinierungsinstrument missbraucht werden sollte, sondern im Rahmen der Untersuchungshaft nur dann befürwortet wurde, „wenn sie die subjektive und soziale Situation des jungen Gefangenen erhellt und sie nicht etikettiert und fortschreibt". Darüber hinaus wurde die Sicherstellung konkreter Entlassungshilfen für die Jugendlichen gefordert. Als Modell für die Schaffung von Alternativ-Einrichtungen zur Vermeidung der Untersuchungshaft wurde das „Haus Kieferngrund" in Berlin genannt. Dabei handelte es sich um eine abgeschlossene Einrichtung – die einzige ihrer Art – mit Erziehungsgruppen zur Vermeidung der Untersuchungshaft, in der eine Schulbildung und die Teilnahme an z.B. Elektro- oder Kfz-Kursen ermöglicht wurde und der Jugendliche etwa durch gemeinsame Erstellung eines Erziehungsplans unterstützt werden sollte. Neben der Bewältigung der aktuellen Situation durch Gruppengespräche und andere Aktionen sollte so eine übergreifende Sozialisationshilfe geleistet werden.

---

850 Vgl. die Thesen und Resolutionen des 16. JGT, in: DVJJ (Hrsg.), Verhandlungen des 16. JGT, S. 211.

851 Vgl. die Thesen und Resolutionen des 16. JGT, in: DVJJ (Hrsg.), Verhandlungen des 16. JGT, S. 211; vgl. dazu auch *Walter*, MschrKrim 61 (1978), 337 (347).

852 Vgl. hierzu und zum Folgenden die Thesen und Resolutionen des 16. JGT, in: DVJJ (Hrsg.), Verhandlungen des 16. JGT, S. 211 ff.

ii) Zur Verfahrensbeschleunigung und dem vereinfachten Verfahren

Auch die Beschleunigung des Jugendstrafverfahrens stand in den 1960ern und 1970ern weiterhin zur Debatte. Dabei kam es zunächst jedoch nicht zu neuen Ansätzen zur Auflösung des Spannungsverhältnisses zwischen Persönlichkeitserforschung und schnellstmöglicher strafrechtlicher Reaktion auf die Tat. Laut *Roestel* fand in der Praxis eine ebenso rasche wie gründliche Durchführung der erforderlichen Ermittlungen zumeist nicht statt, was mit der „notwendigerweise vielfach unzulänglichen praktischen Handhabung" des Verfahrens begründet wurde[853]. Insofern hätte sich aber das vereinfachte Verfahren unter dem Gesichtspunkt der Beschleunigung bewährt[854]. Einig war man sich grundsätzlich über die Notwendigkeit einer Verfahrensbeschleunigung auf der einen Seite, welche die Sachverhaltsaufklärung und Persönlichkeitserforschung auf der anderen Seite aber auch nicht existentiell gefährden durfte[855]. In der Verhandlung selbst sollte die Beschleunigungsmaxime aber nicht mehr gelten, um das Verständnis des Jugendlichen von deren Vorgängen nicht noch weiter zu gefährden[856]. Auf dem Jugendgerichtstag 1977 in Saarbrücken kam im Rahmen eines Arbeitskreises, welcher sich mit den „massentypischen Delikten" beschäftigte, die Forderung auf, gerade für solche Fälle der Bagatellkriminalität den Beschleunigungsgrundsatz weiter zu stärken, da man es trotz darin möglicherweise zum Ausdruck kommender tieferer Abgründe an schädlichen Neigungen für pädagogisch wichtiger hielt, „schnell zu reagieren, als jenen Abgrund aus Anlaß der Bagatelltat mühsam auszuleuchten"[857].

Insgesamt weniger Beachtung fand zu dieser Zeit in der jugendstrafrechtlichen Literatur das von den Nationalsozialisten eingeführte vereinfachte Verfahren[858]. *Schaffstein* setzte sich 1978 mit den Zielen und Aufgaben dieser Verfahrensart auseinander, wobei er feststellte, dass aufgrund neuer psychologischer und sozialpädagogischer Erkenntnisse der traditionellen Verhandlung im Gegensatz zu den 1950er Jahren immer weniger erzieherischer Wert zugemessen wurde und die Tendenz in Richtung einer freien, aufgelockerten Verhandlung ginge, in der „gewisse Abstriche von prozessualen Sicherungen und For-

853 *Roestel*, Zbl. 60 (1973), 77 ff.

854 *Roestel*, Zbl. 60 (1973), 77 (78).

855 *Walter*, Zbl. 60 (1973), 485 (492); *Schaffstein*, MschrKrim 61 (1978), 313 (314, 316).

856 *Roestel*, Zbl. 60 (1973), 77 (80).

857 *Schüler-Springorum*, in: Verhandlungen des 17. JGT, 605 (609).

858 Vgl. den Aufsatz von *Heinen*, UJ 1957, 204 ff.

malitäten in Kauf genommen" würden[859]. So sei das vereinfachte Verfahren „vielfach als ein Muster für den gesuchten Mittelweg zwischen dem formal-rechtsstaatlichen Prozeßrecht der Jugendgerichte und dem vom Vormundschaftsrichter geübten formlosen Verfahren nach dem FGG angesehen" worden[860]. Er betonte die Wichtigkeit einer abwägenden Betrachtung, um im Einzelfall nach der Persönlichkeit des Täters und nach dem Gewicht der Tat mit eindrucksvoller Feierlichkeit oder aufgelockerter Verhandlung erzieherisch auf den jungen Menschen einwirken zu können[861]. *Schaffstein* sah insbesondere in der Einschränkung durch das Ziel der Wahrheitsfindung (§ 78 Abs. 3 S. 2 JGG 1953) „die das Jugendstrafverfahrensrecht durchziehende Spannung (...) zwischen maximaler Durchsetzung des Erziehungsprinzips und rechtsstaatlicher Gestaltung" hervortreten und forderte dazu auf, diese grundsätzliche Interessenlage bei der Entscheidung, von welchen Verfahrensvorschriften abgewichen wird, zu berücksichtigen[862]. Darüber hinaus stellte er fest, dass die Handhabung des vereinfachten Verfahrens in der Praxis wesentlich von den gesetzlichen Vorgaben und den zugehörigen Richtlinien abwich[863]. Da § 78 JGG 1953 keine genauen Angaben darüber machte, in welcher Hinsicht und in welchem Umfang von den für die Hauptverhandlung geltenden Verfahrensvorschriften abgewichen werden konnte und in der Folge in der Praxis in völlig unterschiedlichem Maß Gebrauch von der Möglichkeit der Verfahrensvereinfachung gemacht wurde, wurde vor allem die Bedeutung der Grundsätze des rechtlichen Gehörs und der Unmittelbarkeit der Beweisaufnahme hervorgehoben[864]. Als zulässig wurde in der Literatur insbesondere die Ablehnung von Beweisanträgen über den Numerus clausus von § 244 Abs. 3 StPO hinaus und die Einschränkung der Pflicht zur Verwertung aller präsenten Beweismittel gemäß § 245 StPO erachtet, sofern damit die Aufklärungspflicht durch das Gericht nicht verletzt werden würde[865]. Zu den aus rechtsstaatlichen Gründen unverzichtbaren Vorschriften zählte *Schaffstein* z.B. die Belehrung des Ange-

---

859 *Schaffstein*, MschrKrim 61 (1978), 313 (315, 316).

860 *Schaffstein*, MschrKrim 61 (1978), 313.

861 *Schaffstein*, MschrKrim 61 (1978), 313 (315).

862 *Schaffstein*, MschrKrim 61 (1978), 313 (316).

863 *Schaffstein*, MschrKrim 61 (1978), 313 (321).

864 *Schaffstein*, MschrKrim 61 (1978), 313 (318 ff.) mit Verweis auf *Dallinger/Lackner*, JGG, § 78, Rn. 14.

865 Auch wenn angesichts des Zwecks des vereinfachten Verfahrens hieran nicht zu hohe Anforderungen gestellt werden sollten, war nach *Schaffstein*, MschrKrim 61 (1978), 313 (319), bei einer Abweichung von § 244 Abs. 3 StPO, welcher „nur den gesetzlichen Niederschlag der Rechtsprechung zur Aufklärungspflicht" darstellte, diese wohl aber regelmäßig verletzt.

klagten über sein Aussageverweigerungsrecht und die ihm zustehenden Rechtsmittel, sowie das Recht, sich in der mündlichen Verhandlung eines Wahlverteidigers zu bedienen[866]. Die großen Unterschiede in der Anwendungshäufigkeit des vereinfachten Verfahrens wurden mit den Ergebnissen von Befragungen von Jugendrichtern und -staatsanwälten begründet, welche eine sehr geteilte Meinung über den Wert des vereinfachten Verfahrens im Hinblick auf einen Beschleunigungseffekt und eine bessere, jugendgemäße Verfahrensgestaltung hatten[867].

jj) Zur erzieherischen Wirksamkeit der Hauptverhandlung

Nachdem die Hauptverhandlung lange Zeit als „große pädagogische Chance"[868] gegolten hatte, wurde mittlerweile verstärkt über die generellen Möglichkeiten und Grenzen erzieherischer Einwirkung im Rahmen des Jugendstrafverfahrens und insbesondere der Hauptverhandlung immer stärker diskutiert.

Schüler-Springorum schilderte in seinem Generalreferat auf dem Jugendgerichtstag 1968 unter Verweis auf einen Beitrag von *Scott*, der die Perspektive der Jugendlichen („The juveniles point of view") im Rahmen der Jugendgerichtsbarkeit in England zum Thema hatte, wie „erschreckend schablonenhaft" die am Verfahren beteiligten Organe von den jugendlichen Angeklagten erlebt würden, welche oft das Gefühl hätten, als „Hauptperson" des Verfahrens nicht richtig zu Worte zu kommen[869]. Ernüchtert resümierte er, die „Kürze der Zeit einer Hauptverhandlung und die Dramatik der Situation setzen ihren pädagogischen Möglichkeiten (...) wohl überhaupt unübersteigbare Schranken"[870].

1969 erschienen die Ergebnisse einer (unsystematischen) Befragung von 34 Gefangenen einer Jugendstrafanstalt über deren (subjektive) Eindrücke von der letzten Hauptverhandlung[871]. Offenbar wurde dadurch unter anderem ein falsches Verständnis der Jugendlichen von der Rolle des Vertreters der Jugendgerichtshilfe, den die Jugendlichen als „eine Art Verteidiger" ansahen,

---

866 *Schaffstein*, MschrKrim 61 (1978), 313 (318 f.).

867 Skeptisch im Hinblick auf den Beschleunigungseffekt auch *Schaffstein*, MschrKrim 61 (1978), 313 (320 ff.).

868 So auch *Härringer*, in: Kriminologie und Vollzug, (173) 176.

869 *Schüler-Springorum*, in: Verhandlungen des 14. JGT, 21 (33) unter Verweis auf *Scott*, BritJDelinq 9 (1958/59), 200 ff.

870 *Schüler-Springorum*, in: Verhandlungen des 14. JGT, 21 (33).

871 Vgl. hierzu und zum Folgenden *Eilsberger*, MschrKrim 52 (1969), 304 ff., der darauf hinweist, dass die Befragung keineswegs repräsentativen Charakter hatte.

sodass sie in der Verhandlung enttäuscht waren, als dieser nur Negatives über sie berichtete. Mehr als die Hälfte der Jugendlichen, welche einen Pflichtverteidiger gehabt hatten, hatten zudem nicht das Gefühl, dass ihnen dieser geholfen habe. Während sich rund 60% vom Richter nicht verstanden fühlte, war die Hälfte immerhin der Ansicht, dass „sie dem Richter nichts hätten vormachen konnten". Die große Mehrheit der Jugendlichen war der Meinung, der Hauptverhandlung zum überwiegenden Teil folgen haben zu können, wobei das Verhalten der Jugendrichter unter anderem als routinemäßig, „ganz ruhig", „eiskalt" und „manchmal zu sachlich" bewertet wurde. Schließlich war die Mehrheit der Befragten der Auffassung, nicht die Verhandlung, sondern die Erlebnisse mit der Polizei seien das unangenehmste Erlebnis nach der Festnahme gewesen, während es sich um eine „faire" Verhandlung gehandelt habe.

In einem Vortrag auf der zweiten Berliner Studienwoche über Jugendgerichtsbarkeit im Juni 1973 setzte sich schließlich *Schönfelder* aus der Abteilung für Kinder- und Jugendpsychiatrie an der Psychiatrischen Klinik der Universität Hamburg sodann eingehend mit der erzieherischen Wirksamkeit der Hauptverhandlung im Jugendgerichtsverfahren auseinander. Dabei thematisierte sie die Rolle des jugendpsychiatrischen Sachverständigen und der übrigen Prozessbeteiligten im Rahmen der Hauptverhandlung, wobei sie insbesondere auf die „Zwangssituation" der formalisierten Hauptverhandlung und Schwierigkeiten in der sprachlichen Kommunikation mit den Jugendlichen einging[872]. Sie kritisierte unter anderem die Einnahme vorgeformter Prozessrollen durch die Beteiligten, welche sich z.B. durch Kleidung, Sitzordnung und Ausdrucks- und Sprechverhalten äußere und das „unüberwindbare Autoritätsgefälle" in der Verhandlung, welches eine Kommunikation im Sinne eines problemorientierten Gespräches verhindern würde[873]. Als Erziehungsziel des Jugendstrafverfahrens identifizierte *Schönfelder* den „Erwerb von Regelkenntnissen über das menschliche Zusammenleben und die Respektierung dieser Regeln als allgemein verbindlich", wobei den Jugendlichen im Rahmen der Verhandlung vor allem Handlungsalternativen für den konkreten Fall und seine derzeitige Lebenssituation aufgezeigt werden müssten[874]. Sie forderte die Richter auf, erziehungsfeindliche Elemente in der Verhandlung zu korrigieren und machte auf über „strukturell unvermeidbare Schwächen des Verfahrens" hinausgehende Feh-

872 *Schönfelder*, ZKJP 1974, 128 ff.; vgl. dazu auch schon *Kube*, Kriminalistik 1970, 248 ff.

873 *Schönfelder*, ZKJP 1974, 128 (129 f.).

874 *Schönfelder*, ZKJP 1974, 128 (129).

ler im Rahmen der Anrede und der Bewertung der Biographie des Jugendlichen und den Irrtum über die Bedeutung der Verhandlung für den Jugendlichen, der sich nur für den Ausgang des Verfahrens interessiere, aufmerksam[875]. Letztendlich kam sie zu dem Fazit, im Verhandlungsablauf selbst könne „nicht oder nur in ganz bescheidenem Rahmen erzogen werden“[876]. Allenfalls lasse sich erreichen, „dass der Jugendliche seinen ohnehin problematischen Sozialerfahrungen nicht noch negative Erfahrungen mit Vertretern der postulierten Sozialordnung hinzufügt“, wobei sie als Möglichkeiten der Verbesserung der Hauptverhandlung die gründliche Aufklärung des Jugendlichen über seine Rechte und das Verfahren und die nachträgliche Aufarbeitung der Verhandlung durch die Prozessbeteiligten nannte[877]. Etwaige erzieherische Effekte würden „nicht wegen, sondern trotz der erziehungsfeindlichen Struktur der Hauptverhandlung“ zustande kommen[878].

Insgesamt wurde die „formell wie informell bedingte Asymmetrie des Hauptverfahrens“ kritisiert, welche Kommunikations- und Einflusschancen des Jugendlichen auf das Verfahren einschränke, eine „einseitige und vorentschiedene Wirklichkeitsbestimmung von Persönlichkeit und abweichendem Verhalten“ durch die anderen Verfahrensbeteiligten begünstige und eine stigmatisierende Etikettierung des Jugendlichen zulasse, die durch negative Stereotype, systematische Beurteilungsfehler und Alltagstheorien gekennzeichnet sei[879]. So seien die Kommunikationsperspektiven sowohl des Jugendlichen als auch der sozialen Kontrollinstanzen durch den in Gang befindlichen Kriminalisierungsprozess „im Sinne einer verengenden Voreinstellung verändert“[880]. Die notwendige Hilfe, die nur möglich sei, wenn der Jugendliche sie als solche begreifen und annehmen würde, lasse das Jugendstrafverfahren von Anlage und Ablauf her nicht zu[881].

Kaufmann bezeichnete bereits die Notwendigkeit, vor dem Jugendrichter erscheinen zu müssen, als „Sanktion im soziologischen Sinne“[882]. Für sie war die Frage bei der Ausgestaltung der Jugendstrafrechtspflege nicht, ob

---

875 *Schönfelder*, ZKJP 1974, 128 (132 ff.).

876 *Schönfelder*, ZKJP 1974, 128 (136); ähnlich *Haegert*, RdJB 1970, 175 (176) der der Auffassung war, die Jugendgerichte könnten nur eine „Primitivpädagogik“ ausüben.

877 *Schönfelder*, ZKJP 1974, 128 (136 ff.).

878 *Schönfelder*, ZKJP 1974, 128 (135).

879 Vgl. hierzu *Maisch*, in: Verhandlungen des 16. JGT, 86 (98 f.).

880 *Maisch*, in: Verhandlungen des 16. JGT, 86 (100).

881 *Mattig*, in: Verhandlungen des 16. JGT, 102 (107).

882 Vgl. hierzu und zum folgenden Text *Kaufmann*, in: FS-Welzel, 897 (906 ff.).

der Jugendliche bestraft werden sollte, sondern „inwieweit es praktisch realisierbar ist, erzieherische Gesichtspunkte *zusätzlich* – und nicht *anstelle* des sanktionierenden Momentes in das Verfahren einzufügen". Den „Schwierigkeiten eines von Juristen ausgestalteten und durchgeführten Verfahrens" wollte *Kaufmann* unter anderem mit der Einschaltung einer verstärkten Psychodiagnostik und damit einer erweiterten Heranziehung des Gutachters in das Verfahren begegnen, um die nicht ausreichende Sachkunde der Richter ausgleichen zu können.

Von anderer Seite wurden aber weiterhin auch die Chancen einer erfolgreichen Hauptverhandlung hervorgehoben, wenn der Jugendliche nur hinreichend aufgeklärt und auf die Verhandlung vorbereitet werde und sich durch das Bemühen des Richters und der anderen Verfahrensbeteiligten um ein gerechtes Urteil ernst genommen und angenommen fühle[883]. Als Voraussetzung für die erzieherische Gestaltung der Hauptverhandlung sah man z.B. die Schaffung eines geeigneten pädagogischen Klimas, die Auseinandersetzung mit dem Jugendlichen, die Herstellung von Bindungen und eines Vertrauensverhältnisses, die Einschaltung der Eltern und die „Weckung oder Stärkung des Reinigungsbedürfnisses, der Sühnebereitschaft und des Besserungswillens" an[884].

3. Die Entwicklung in den 1980er Jahren

Logische Folge des erneuten Scheiterns der Einführung eines einheitlichen Jugendrechts war die Erkenntnis, dass man verstärkt die Möglichkeiten innerhalb des bestehenden Systems als Alternative zu gesetzlichen Modifikationen prüfen musste[885].

Es war damit erneut die Praxis, die in den 1980er Jahren wie von *Peters* gefordert begann, eine „Reform von unten" einzuleiten, indem verstärkt versucht wurde, die unbestimmten Rechtsbegriffe und Handlungsspielräume des JGG und dessen umfassenden Sanktionskatalog zu einer solchen „inneren Reform" zu nutzen[886]. Denn zu dieser Zeit begann sich aufgrund der Ergebnisse kriminologischer Dunkelfeldforschung mehr und mehr die Erkenntnis durchzusetzen, dass die Sichtweise vom straffälligen und damit entwicklungsgestörten und erziehungsbedürftigen jungen Straftäter, welche bis dahin Ausgangspunkt

---

883 *Brunner*, in: Verhandlungen des 16. JGT, 78 (85).

884 *Härringer*, in: Kriminologie und Vollzug, (173) 177.

885 *Heinz*, RdJB 1990, 133; *Kaiser*, RdJB 1980, 266 (267); vgl. auch *Walter*, ZfJ 1986, 429 f.

886 Vgl. hierzu *Heinz*, in: Jugendstrafrechtsreform durch die Praxis, 13 (14); *Kaiser*, RdJB 1983, 346 ff.; *Pfeiffer*, Kriminalprävention, S. 52; *Viehmann*, FuR 1991, 256.

sämtlicher jugendstrafrechtlicher Debatten war, insofern widerlegt worden war, als man herausgefunden hatte, dass der größte Teil der Jugendkriminalität als „ubiquitär, bagatell- und episodenhaft" und damit als normal einzustufen war[887]. Diese Normverletzungen „erwachsen ganz überwiegend aus Ablösungs- und Selbstfindungsproblemen der Jugendlichen, aus einem Prozeß des Erprobens der eigenen Handlungsfähigkeiten und Handlungsgrenzen, wobei die bei Jugendlichen typische Anomiesituation eine zusätzliche Motivation schafft, Bedürfnisse auf nicht legale Weise zu befriedigen"[888].

Die Befürchtung, dass sich das Jugendstrafrecht zunehmend dem Erwachsenenstrafrecht annäherte und damit seinen Erziehungsauftrag preisgab, welche unter anderem mit dem wenig kommunikationsfreundlichen Ablauf des Jugendstrafverfahrens oder auch der Handhabung der Untersuchungshaft begründet wurde, lieferte in Kombination mit den neuen kriminologischen Erkenntnissen den Anstoß dazu, auf praktischem Wege Veränderungen vorzunehmen[889]. Da man wegen der gescheiterten Bemühungen in der Vergangenheit von einer Reform rechtlicher Grundlagen nicht mehr überzeugt war, wollte man nun direkt auf die Sanktionspraxis einwirken und durch eine veränderte Praxis die vom JGG eröffneten Handlungsspielräume ausnutzen[890].

a) Der Jugendgerichtstag 1980

Mit der Möglichkeit der Ausschöpfung der Spielräume des geltenden Rechts beschäftigte man sich schon auf dem Jugendgerichtstag im Herbst 1980 in Göttingen[891]. Dieser hatte „Die jugendrichterliche Entscheidung – Anspruch und Wirklichkeit" zum Thema. Hintergrund war, dass man sich angesichts der Entwicklungen der Vorjahre „in einer Grundsatzdiskussion über Bewährung und Zukunft des deutschen Jugendstrafrechts" wähnte, wobei man dem Jugendrichter als „Schlüsselfigur des jugendstrafrechtlichen Verfahrens" besondere Aufmerksamkeit schenken wollte, da die aufkommende Verfahrenssoziologie den „Blick für die Verfahrensrollen und die Handlungsmuster der Ent-

---

887 *Heinz*, in: Jugendstrafrechtsreform durch die Praxis, 13 (18 ff.); *Pfeiffer*, Kriminalprävention, S. 8 ff.; *Walter*, in: Beiträge zur Erziehung, 59 (60 f.); *Viehmann*, in: Beiträge zur Erziehung, 111 (130); *ders.*, FuR 1991, 256.

888 *Pfeiffer*, Kriminalprävention, S. 33 f.

889 *Kaiser*, RdJB 1983, 346 (350).

890 *Pfeiffer*, Kriminalprävention, S. 119.

891 Vgl. die Ansprache von Bundesjustizminister *Vogel*, in: DVJJ (Hrsg.), Verhandlungen des 18. JGT, S. 3.

scheidungsträger geschärft“ hatte[892]. So war man sich einig, dass das vorrangige Ziel des Jugendstrafverfahrens die Verhinderung künftiger Straffälligkeit sei und die Hauptverhandlung einen Erziehungsprozess sowohl unterstützen als auch stören könne, sodass ein besonderes Augenmerk darauf zu richten sei[893]. Bereits in seinem Eröffnungsreferat ging *Jung* auf die Rollen der am Verfahren beteiligten Personen ein und wies auf die „Unsicherheit, Nervosität und Frustration“ der jungen Angeklagten, die sich „als Objekt einem von ihnen nicht beeinflußbaren Zeremoniell ausgeliefert“ sehen würden, die konfligierenden Rollenerwartungen an die Verteidiger, die schwierige Situation der Erziehungsberechtigten im Verfahren und den „Intra-Rollenkonflikt“ der Jugendgerichtshilfe hin[894]. Er forderte zum einen, rechtsstaatliche Verfahrensgarantien gerade auch im Erziehungsstrafrecht zu wahren, zum anderen aber nicht durch eine „Hypertrophie des Formellen“ die Verwirklichung des Erziehungsziels zu gefährden. Insbesondere die Kommunikation mit dem jungen Menschen, der ernst genommen und als Person anerkannt werden müsse, hob *Jung* als Grundlage eines Erziehungsprozesses hervor. Dabei nahm er auch die Jugendrichter in die Pflicht, von denen er „eine gewisse jugendkriminologische Handlungskompetenz“ verlangte, die durch entsprechende Ausbildungsmöglichkeiten erreicht werden sollte.

Auf dem Göttinger Jugendgerichtstag wurde zum ersten Mal auch die Möglichkeit der sog. Diversion als „Wege zur Vermeidung des förmlichen Verfahrens“ in einer breiteren Fachöffentlichkeit thematisiert[895]. Hinter dem wörtlich mit „Ablenkung“, „Umlenkung“ oder „Wegführung“ übersetzten Begriff steckte das Ziel, „die Einbindung straffällig gewordener Jugendlicher in das System strafrechtlicher Sozialkontrolle zu verringern bzw. eine Alternative zur formellen strafrechtlichen Sozialkontrolle zu bieten“, also von diesem System abzulenken und in eine eher informelle Verfahrens- und Sanktionspraxis umzulenken[896]. Die Option, durch die verstärkte Anwendung der jugendstrafrechtlichen Verfahrensmöglichkeiten von einer Verfolgung abzusehen oder das Verfahren einzustellen, war früh als mögliche Reaktion auf die neuen kriminologischen Erkenntnisse erkannt worden[897]. Gefordert wurde, „im Vorfeld und jedem Stadium des laufenden Verfahrens zu überprüfen, ob die Fortführung

892 *Jung*, in: Verhandlungen des 18. JGT, 18.

893 Vgl. die Thesen des Arbeitskreises I, in: DVJJ (Hrsg.), Verhandlungen des 18. JGT, 150 ff.

894 Vgl. zum Folgenden *Jung*, in: Verhandlungen des 18. JGT, 18 (22 ff.).

895 DVJJ (Hrsg.), Verhandlungen des 18. JGT, S. 176 ff.

896 *Heinz*, ZRP 1990, 7; *Pfeiffer*, Kriminalprävention, S. 125; *Sonnen*, in: Verhandlungen des 18. JGT, 177.

897 Vgl. auch *Kaiser*, RdJB 1980, 266 (268 ff.).

dieses Verfahrens erforderlich ist oder andere Maßnahmen positiver wirken können"[898]. Grundlage der Diversionsidee war insbesondere der in der kriminologischen Forschung entstandene „Labeling-approach", also „Etikettierungsansatz", der die Verfestigung abweichenden Verhaltens durch die Instanzen sozialer Kontrolle durch eine selektive Definition strafbaren Verhaltens, eine selektive Anwendung des Gesetzes und eine offizielle Etikettierung als Straftäter durch die Behörden problematisierte, sowie die Erkenntnis, dass „Kriminalität insbesondere in Form jugendlicher Bagatelldelinquenz ein normales Phänomen ist", sodass man förmliche und möglicherweise etikettierend wirkende Verfahren und Sanktionen nun vermeiden wollte[899].

b) Die Diversion

Unter den Überbegriff Diversion fasste man daher die verschiedenen Möglichkeiten zur Vermeidung einer förmlichen strafrechtlichen Sozialkontrolle, etwa auf der Ebene der Sanktionsandrohung, -auswahl, -festsetzung und des -vollzuges, vor allem aber auch auf der Ebene des Verfahrens selbst durch Vermeidung förmlicher Strafverfahren und sogar auf der Ebene der Gesetzgebung durch eine Entkriminalisierung[900].

Die Idee hat ihren Ursprung in den USA, wo sich in den 1970er Jahren zahllose Diversionsprogramme entwickelt hatten, in die erhebliche öffentliche und private Mittel investiert wurden[901]. Die Auswertung dieser Programme in den USA hatte jedoch gezeigt, dass die ambulanten Angebote den Gebrauch herkömmlicher Verfahrenswege und Sanktionen nicht minderten[902]. Vielmehr wurden häufig auch solche delinquente Jugendliche oder Heranwachsende den Diversionsprojekten überwiesen, die als Ersttäter oder wegen der Geringfügigkeit der Tat andernfalls überhaupt nicht offiziell registriert worden wären oder

---

898 Vgl. die Thesen des Arbeitskreises III, in: DVJJ (Hrsg.), Verhandlungen des 18. JGT, 202.

899 *Sonnen*, in: Verhandlungen des 18. JGT, 177 (178, 186); vgl. auch *Junger-Tas*, Zbl. 67 (1980), 356 (367 f.); *Kuhlen*, Diversion, S. 4 f.; *Pfeiffer*, Kriminalprävention, S. 26 ff., 125.

900 *Sonnen*, in: Verhandlungen des 18. JGT, 177 (180 f.); man kam immer mehr zu der Auffassung, dass „alles andere" besser sei als ein Eingreifen des Gerichts, vgl. *Junger-Tas*, Zbl. 67 (1980), 356 (368).

901 *Janssen*, in: Diversion, 15 ff.; *Kuhlen*, Diversion, S. 2; *Pfeiffer*, Kriminalprävention, S. 125; *Voß*, in: Verhandlungen des 19. JGT, 341 (344 f.).

902 *Janssen*, in: Diversion, 15 (35 ff.); *Kerner*, in: Diversion, 1 (4); *Pfeiffer*, Kriminalprävention, S. 126; *Voß*, in: Verhandlungen des 19. JGT, 341 (344 ff.).

bei denen jedenfalls das Verfahren eingestellt worden wäre[903]. Statt das Strafrechtssystem zumindest in Teilen durch Diversion zu ersetzen, kam es so zur Ausweitung des strafrechtlichen Kontrollnetzes („widening of the net effect")[904]. Insgesamt hatte sich in den USA die Zahl der Jugendlichen, die der Sozialkontrolle unterlagen, damit stark erweitert, während die Zahl der Sanktionen nicht zurückgegangen war und sich die Situation der aufgrund ihrer Herkunft oder sozialen Lage „Deprivierten" weiter verschlechtert hatte, sodass Ende der 70er Jahre gefordert wurde, Diversion nurmehr ohne Überweisung an besondere Programme zu praktizieren[905].

In der Bundesrepublik Deutschland nahm man die Idee vor allem ab Ende der 1970er Jahre auf[906]. Schnell vergrößerte sich die Anzahl der Beiträge in der Literatur zu dem Thema und man begann, Diversionsprogramme zu entwickeln, wobei man sich von den Erfahrungen in den USA nicht entmutigen lassen, sondern daraus lernen wollte[907]. Unter Diversion verstand man die „Umleitung des Strafverfahrens auf nicht formelle Reaktionswege"[908]. Vor allem über die §§ 45, 47 JGG wollte man leichtere und mittelschwere Straftaten Jugendlicher und Heranwachsender erfassen, welche geständig und nicht einschlägig vorbestraft waren oder bei denen erzieherische Maßnahmen bevorstanden oder sogar schon durchgeführt worden waren, indem von der Verfolgung abgesehen oder das Verfahren eingestellt werden sollte[909]. Umgesetzt wurde die Idee in Deutschland zumeist von privat betriebenen Einrichtungen, welche in offener Form den Vollzug von Einstellungsauflagen, Erziehungsmaßregeln oder Zuchtmitteln anboten und organisierten[910]. Aufgrund verschiedenster Modellversuche entwickelten sich in den 1980ern so die „neuen ambulanten Maßnahmen", eine „verwirrend bunte Palette verschiedenartigster Maßnahmen mit unterschiedlichsten Inhalten, Methoden und Zielgruppen" wie etwa die Arbeits- und Betreuungsweisung, erzieherische Gruppenarbeit und

903 *Janssen*, in: Diversion, 15 (38 ff.); *Kerner*, in: Diversion, 1 (4); *Pfeiffer*, Kriminalprävention, S. 126.

904 *Janssen*, in: Diversion, 15 (38 ff.); *Kerner*, in: Diversion, 1 (4); *Pfeiffer*, Kriminalprävention, S. 126; *Voß*, in: Verhandlungen des 19. JGT, 341 (346).

905 *Janssen*, in: Diversion, 15 (40 f.); *Kerner*, BewHi 1980, 68.

906 *Kuhlen*, Diversion, S. 2.

907 So *Voß*, in: Verhandlungen des 19. JGT, 341 (347), der selbst aber vor einer ähnlichen Entwicklung wie in den USA warnte, vgl. *ders.* KrimJ 1981, 247 ff.

908 *Breymann*, ZfJ 1985, 14.

909 *Heinz*, RdJB 1984, 291 (295 ff.); *Kuhlen*, Diversion, S. 15 ff.; *Marks*, Zbl. 1982, 25 (29); ausführlich *Pfeiffer*, Kriminalprävention, S. 129 ff.

910 *Voß*, in: Verhandlungen des 19. JGT, 341 (347).

die Wiedergutmachung bzw. der Täter-Opfer-Ausgleich zur Vermeidung förmlicher Sanktionen[911]. Im Rahmen des Ende der 1970er Jahre initiierten „Brücke-Modells" wurde z.B. den Jugendrichtern und -staatsanwälten angeboten, bestimmte Maßnahmen zu organisieren, die mit einem geringeren Verfahrensaufwand als etwa der Jugendarrest angeordnet werden konnten, um so die Anwendung von Verfahrensvorschriften zu beeinflussen[912]. Neben der Organisation der Arbeitsauflagen, die man im Gegensatz zu Jugendarrest oder Geldbuße als Chance des sozialen Lernens betrachtete, übernahm man auch die Betreuungsweisung als Alternative zur Unterstellung unter die Aufsicht und Leitung eines Bewährungshelfers[913].

Die Idee von der Diversion führte zu Beginn der 1980er Jahre zu einer regelrechten „Diversionseuphorie"[914]. Bald wurde immer häufiger von der Möglichkeit der Diversion Gebrauch gemacht und ein deutlicher Rückgang förmlicher Verurteilungen zugunsten von Verfahrenseinstellungen beobachtet[915]. So hatten die Verurteiltenziffern (ohne Straftaten im Straßenverkehr) von 1983 bis 1986 bei Jugendlichen von 62.740 auf 42.328 um 20% und bei Heranwachsenden von 64.062 auf 53.257 um 15,3% abgenommen[916]. In den acht Bundesländern, die entsprechende Aufzeichnungen führten, hatten die Anklagen einschließlich der Anträge auf Durchführung des vereinfachten Verfahrens von 1981 bis 1986 um 26,8% abgenommen, während die Zahl der Einstellungen nach § 45 Abs. 2 JGG 1953 um ganze 73,6% angestiegen war[917]. In diesem Zeitraum waren bei den 14- bis 20-Jährigen auch die Zahlen der Verhängung von Jugendarrest von 29.072 auf 22.038 um 24,2%, die der Verhängung

---

911 Ausführlich hierzu *Heinz*, MschrKrim 70 (1987), 129 ff.; vgl. auch *Kerner*, in: Diversion, 1 (4 f.); *Walter*, ZfJ 1986, 429 (430).

912 *Pfeiffer*, Kriminalprävention, S. 138; vgl. dazu auch *Marks*, Zbl. 69 (1982), 25 (27).

913 Zum Ganzen vgl. *Pfeiffer*, Kriminalprävention, S. 141 ff., 200 ff.

914 *Kraft*, Tendenzen, S. 270.

915 *Pfeiffer*, in: Ambulante Maßnahmen, 44 (45 ff.); *Voß*, in: Verhandlungen des 19. JGT, 341 (348); auch in der DDR kam es zu einem Rückgang staatlich-gerichtlicher Verurteilungen, indem häufig von Strafe abgesehen oder die Sache an ein sog. Gesellschaftsgericht übergeben wurde, vgl. dazu *Eisenberg*, in: Jugendstrafrechtsreform durch die Praxis, 45 (69).

916 Die Zahlen, sowie eine umfassende Analyse der Daten zur Entwicklung der Diversionsbewegung seit Anfang der 1980er Jahre, finden sich bei *Pfeiffer*, in: Jugendstrafrechtsreform durch die Praxis, 74 ff.

917 Dagegen sind infolge der Verlagerung der Erledigung von Fällen leichter Jugendkriminalität von den Jugendrichtern auf die Jugendstaatsanwälte die Einstellungen nach § 45 Abs. 1 JGG 1953 um 43,3% zurückgegangen. Insgesamt bedeutet das bei den Einstellungen nach § 45 JGG 1953 eine Zunahme von 22,4% im fraglichen Zeitraum, vgl. die Tabelle 4 bei *Pfeiffer*, in: Jugendstrafrechtsreform durch die Praxis, 74 (78 f.).

von Jugend- bzw. Freiheitsstrafe von 23.247 auf 18.238 um 21,5% gesunken[918]. Die bereits seit vielen Jahren kritisierten negativen Auswirkungen förmlicher Jugendstrafverfahren und Hauptverhandlungen wollte man mit der Diversion nun zu einem nicht unerheblichen Teil vermeiden und die Verfahren beschleunigt zum Abschluss bringen können[919]. Insgesamt war man der Auffassung, der Jugendliche sei durch die Erfahrung des „Erwischt-Werdens", den Kontakt mit der Polizei und den damit verbundenen Peinlichkeiten sowie den Konsequenzen durch die Erziehungsberechtigten bereits hinreichend beeindruckt, sodass es eines weiteren Verfahrens in der Regel nicht bedürfe[920]. Die jugendliche Massen- und Bagatelldelinquenz sollte so vor einer Überbewertung und Überkriminalisierung bewahrt und Aufschaukelungs- und Abstempelungsprozesse vermieden werden[921]. Gleichzeitig sah man darin die Chance, gegenüber stationären Maßnahmen Kosten durch ambulante Sanktionen zu sparen und die Strafrechtspflege zu entlasten, sodass sich die Jugendrichter intensiver um die wirklich problematischen Fälle von Jugendkriminalität kümmern könnten[922]. Auch auf dem 19. Jugendgerichtstag 1983 in Mannheim kam man zu dem Ergebnis, dass die Diversionsmodelle praktikabel waren, um eine bessere Ausschöpfung der erzieherischen Möglichkeiten des JGG, eine Beschleunigung der Verfahren und eine Entlastung der Justiz zu erreichen, was dem Grundsatz der Subsidiarität, also der vorrangigen Anwendung des § 45 JGG gegenüber dem vereinfachten oder förmlichen Verfahren, entsprechen würde[923]. Es wurde gefordert, bürokratische Hemmnisse, die einer sachgemäßen Anwendung von § 45 JGG entgegenstanden, zu beseitigen und verschiedene Grundsätze wie etwa die vorrangige Nutzung von § 45 Abs. 2 Nr. 2 JGG bei Erst- oder Bagatelltätern in die Richtlinien zu § 45 JGG aufzunehmen, sowie die Erfahrungen mit den Verfahrensmöglichkeiten der Norm in interdisziplinären Fortbildungsveranstaltungen zu vermitteln. Darüber hinaus kam sogar die Idee auf, einen Teil der Diversionsbefugnisse auf die Polizei oder Jugendämter zu verlagern, um eine noch schnellere Verfahrenserledigung zu erreichen und die Kenntnisse der Verhältnisse und des sozialen Umfelds des Täters und den persönlichen Kontakt und die damit ermöglichte persönliche

918 Vgl. die Tabelle 6 bei *Pfeiffer*, in: Jugendstrafrechtsreform durch die Praxis, 74 (84).

919 *Marks*, Zbl. 1982, 25 (28); *Heinz*, RdJB 1984, 291 (294).

920 *Marks*, Zbl. 1982, 25 (28); *Heinz*, in: Jugendstrafrechtsreform durch die Praxis, 13 (39 f.).

921 *Breymann*, ZfJ 1985, 14; *Heinz*, RdJB 1984, 291 (292 f.).

922 *Breymann*, ZfJ 1985, 14; *Heinz*, RdJB 1984, 291 (292); *Marks*, Zbl. 1982, 25 (28).

923 Vgl. hierzu und zum Folgenden die Thesen des Arbeitskreises IV, in: DVJJ (Hrsg.), Verhandlungen des 19. JGT, S. 230.

Normvermittlung zu nutzen[924]. Diese Idee wurde aber mit dem Argument wieder verworfen, zur Wahrung des Legalitätsprinzips müsse die Trennung der Zuständigkeiten für die Ermittlung und für die Beurteilung des Straftäters beibehalten werden[925]. Eine Diversion allein durch die Jugendämter wurde ebenfalls angedacht, aber nicht weiter in Erwägung gezogen, zumal es wie bereits geschildert schon an den personellen und finanziellen Voraussetzungen dafür mangelte[926].

Stattdessen keimte nach der ersten Euphorie auch Kritik an der Diversionsidee auf. So wurde zum einen bemängelt, im Rahmen der Diversion könne keine umfassende Erziehungsarbeit geleistet werden[927]. Darüber hinaus war man teilweise der Ansicht, dass die meisten Diversionsprogramme „keine schlichte Fallablenkung" durch Vermeidung des Justizkontakts, sondern eine Hineinführung in effektivere Betreuungsmaßnahmen wollten und damit die strafrechtlichen Rahmenbedingungen beibehalten würden, sodass ein echter Unterschied zur formellen, traditionellen Prozedur für die Betroffenen nicht ersichtlich sei[928]. Insbesondere sah man in der Ausweitung des Angebots der Minimalintervention ähnlich wie in den USA auch die Gefahr einer Intensivierung und Ausweitung der sozialen Kontrolle und somit einen sanktionserweiternden Effekt, indem etwa mit Maßnahmen auf Taten reagiert würde, wo das Verfahren eigentlich mangels Tatverdacht einzustellen wäre[929]. So kam man zu der Auffassung, Diversion sei nur in Form der sog. Non-Intervention, also in Form des „Nichtstuns" ohne Anordnung von Begleitmaßnahmen, legitim[930]. Bemängelt wurden vor allem auch eine Aufweichung rechtsstaatlicher Verfahrensgrundsätze und rechtsstaatlich bedenkliche Ungleichbehandlungen durch die Diversion, da die Handhabung der §§ 45, 47 JGG regional, überregional und

924 *Dietrich*, in: Jugendstrafrechtsreform durch die Praxis, 108 (112 f.); *Junger-Tas*, Zbl. 67 (1980), 365 (369).

925 *Dietrich*, in: Jugendstrafrechtsreform durch die Praxis, 108 (113 f.); mit Hinblick auf die Einstellungsbefugnisse der Staatsanwaltschaften bemerkt *Kraft*, Tendenzen, S. 272, zu Recht, dass diese Argumentation nicht überzeugend war.

926 *Dietrich*, in: Jugendstrafrechtsreform durch die Praxis, 108 (114).

927 *Breymann*, ZfJ 1985, 14 (16).

928 *Voß*, in: Verhandlungen des 19. JGT, 341 (352).

929 *Heinz*, in: Jugendstrafrechtsreform durch die Praxis, 13 (36 f.); *ders.* in: Grundfragen des Jugendkriminalrechts, 369 (380); *Janssen*, in: Diversion, 15 (47 f., 53); *Kerner*, in: Jugendstrafrechtsreform durch die Praxis, 265 ff.; *ders.*, in: Diversion als Alternative?, 688 ff.; *Pfeiffer*, in: Ambulante Maßnahmen, 44 (51 f.); ähnlich *Ostendorf*, in: Beiträge zur Erziehung, 91 (97 f.).

930 *Janssen*, in: Diversion, 15 (54); *Kerner*, in: Diversion als Alternative?, 688 (690 ff.); *Kuhlen*, Diversion, S. 56; vgl. dazu auch *Junger-Tas*, Zbl. 67 (1980), 365 (380); *Voß*, ZfJ 1989, 8 (14).

selbst innerhalb einzelner Behörden sehr unterschiedlich erfolgte[931]. Insbesondere in der Vorverlagerung abschließender Entscheidungen im Strafverfahren unter „Ausschaltung der traditionellerweise im Hauptverfahren massierten Beteiligungs- und Abwehrrechte" sah man die Rechtssicherheit gefährdet[932]. Beobachtet wurde auch, dass die Entscheidung über eine Einstellung nach den §§ 45, 47 JGG meist anhand der Schadenshöhe und anderen Merkmalen des Falles getroffen wurde, dass also um so häufiger eingestellt wurde, je leichter das Delikt war und somit tatstrafrechtlich gedacht wurde[933]. Zudem stellte man in der Praxis gegenüber der angekündigten Entlastung teilweise sogar eine Mehrbelastung der Justiz fest. So wurde moniert, dass Anträge auf eine Verhandlung im vereinfachten Verfahren nun kaum mehr gestellt wurden und die entfallenen einfachen und schnell zu erledigenden Verfahren durch schwierigere oder anderweitige Zuständigkeiten ausgefüllt worden waren[934]. Schließlich sah man auch praktische Hindernisse wie das beschränkte Angebot informeller Reaktionsmöglichkeiten aufgrund personeller und finanzieller Engpässe und die unterschiedlichen Vorstellungen der Beteiligten von der Diversion[935].

In der Folge wurde eine Vielzahl von Forschungsprojekten zur unterschiedlichen Handhabung der Diversion durchgeführt[936]. Anhaltspunkte für eine „Ausweitung des Netzes sozialer Kontrolle" oder für eine höhere Wirksamkeit formeller Sanktionen bestätigten sich dabei nicht, wohingegen ein erheblicher Rückgang freiheitsentziehender Sanktionen und förmlicher Verurteilungen verzeichnet wurde[937]. Überwiegend herrschte damit in den 1980er Jahren ein „diversionsfreundliches" Klima vor[938]. So sahen auch die 1985 verabschiedeten Mindestgrundsätze der Vereinten Nationen für die Jugendgerichtsbarkeit (sog. Beijing-Grundsätze)[939] vor, Diversion verstärkt zu praktizieren und auch der Ministerrat des Europarates sprach sich für den Ausbau von Diversion im Jugendstrafverfahren aus[940].

---

931 *Kaiser*, RdJB 1983, 346 (347); *Heinz*, RdJB 1984, 291 (298 ff.); *ders.*, ZRP 1990, 7 (9, 11).

932 *Voß*, ZfJ 1989, 8 (9 f.).

933 *Heinz*, RdJB 1984, 291 (298).

934 Vgl. dazu *Dietrich*, in: Jugendstrafrechtsreform durch die Praxis, 108.

935 *Dietrich*, in: Jugendstrafrechtsreform durch die Praxis, 108 (111 f.).

936 Vgl. die übersichtliche Darstellung bei *Heinz*, ZRP 1990, 7 (8 f.).

937 *Heinz*, ZRP 1990, 7 (8 ff.); *Kaiser*, RdJB 1983, 346 (347); vgl. auch *Pfeiffer*, Kriminalprävention, S. 373.

938 So *Heinz*, ZRP 1990, 7.

939 Dazu sogleich C), V., 3., f), bb), 1.

940 Vgl. *Heinz*, ZRP 1990, 7.

c) Jugendgerichtsverhandlungen am „Runden Tisch"

Nach der jahrelangen Kritik am „Ritualverhalten" der formalisierten Hauptverhandlung wurde zunehmend gefordert, diese stärker als Bestandteil eines Erziehungsprozesses unter Abstimmung der Formalia auf die Erreichung des Erziehungsziels zu praktizieren[941]. Angesichts der Erkenntnis, Erziehung sei im Rahmen der „traditionellen" Hauptverhandlung wegen ihrer Formalität und zeitlichen Begrenzung und der für den Angeklagten bedrückenden psychologischen Ausnahmesituation kaum möglich[942], versuchte man, die erzieherische Wirksamkeit des Verfahrens mittels neuer Konzepte zu verbessern. So war die Idee von der „Hauptverhandlung am runden Tisch" – bereits zu Beginn der 1960er hatte sich *Stutte*[943] mit der „Architektonik des Verhandlungsraumes„ und der Sitzordnung bei Gericht beschäftigt – Ende der 1970er Jahre im Rahmen der „inneren Reform" des Jugendstrafrechts in Jugendgerichtsverhandlungen in Niedersachsen als Experiment umgesetzt worden[944]. Der „Runde Tisch" war dabei „als Symbol für einen funktionalen Verhandlungsstil zu verstehen, der die überlieferten Formen der Hauptverhandlung (z.B. Sitzordnung, Raumgestaltung, Feierlichkeitsmomente, Anrede, Sprachverhalten) in Frage stellt und durch eine 'natürlichere Atmosphäre' eine Verbesserung der Kommunikation und Kooperation in der Hauptverhandlung erreichen will"[945]. Zur Reduzierung äußerer Förmlichkeiten und autoritärer Strukturen, sowie zur Verbesserung der Kommunikation und Kooperation der am Verfahren beteiligten Personen sollte sich das Gericht mit den anderen Beteiligten an einen Tisch setzten, um „auf gleicher Ebene die Probleme des zu regelnden Falls" zu besprechen[946]. Kritisiert wurde daran unter anderem, dass damit eine Täuschung über die ungleiche Situation der Tischnachbarn, ein Abbau der Verfahrensgarantien zum Schutze des Angeklagten zugunsten eines „formlosen und damit

---

941 *Jung*, ZRP 1981, 36 (39).

942 Vgl. hierzu *Schüler-Springorum*, in: FS-Dünnebier, 649 (651); *Breymann*, ZfJ 1988, 448 (452 ff.); *Viehmann*, in: Beiträge zur Erziehung, 111 (112 f.).

943 *Stutte*, MschrKrim 44 (1961), 121 ff., war damals bereits der Ansicht, die Hauptverhandlung im Jugendgerichtsverfahren ließe sich „nach unseren lokalen Erfahrungen – ohne Beeinträchtigung der Nachdrücklichkeit und des Ernstes dieses Rechtsaktes – weitgehend zu einer Fallbesprechung zwischen Vorsitzendem, Staatsanwalt, Verteidiger und Erziehungsberechtigtem gestalten".

944 Vgl. zur Vorgeschichte des Experiments *Schreiber*, in: Runder Tisch, 1 ff.; *Schöch*, in: FS-Stutte, 279 (281).

945 *Schreiber/Schöch/Bonitz*, Runder Tisch, Vorwort; *Schreiber*, in: FS-Stutte, 271 ff.

946 *Schreiber*, in: Runder Tisch, 1 (6).

um so gefährlicheren Verfahrens“ und „Justiz im Biertischstil“ betrieben würde, indem es äußerlich zugehe wie bei einem „Frühschoppengespräch“[947].

Mit der Untersuchung wollte man vor allem „die festgefahrene Diskussion über mögliche andere Formen der Hauptverhandlung wieder in Gang“ bringen[948]. Im Rahmen der Experimente wurde in einigen Verhandlungen auf bestimmte Förmlichkeiten verzichtet (im Wesentlichen konnte jedoch nur die traditionelle Sitzordnung verändert werden, während etwa die Roben weiterhin getragen wurden) und die Auswirkungen dieses Vorgehens von Beobachtern und den Verfahrensbeteiligten bewertet[949]. Als Ergebnis des Experiments[950] zeigte sich weniger eine Veränderung gegenüber den formell geführten Verhandlungen der jeweiligen Richter als vielmehr ein großer Unterschied zwischen den einzelnen Verhandlungsstilen der Richter untereinander, sodass schlussgefolgert wurde, dass für die Verhandlungsatmosphäre die Persönlichkeit des Richters weitaus wichtiger sei als die Be- oder Missachtung der Verhandlungsförmlichkeiten. Vielmehr sei die Persönlichkeit des jeweiligen Richters so wichtig, dass eine Verhandlung unter Verzicht auf entsprechende Förmlichkeiten bei ablehnend eingestellten Richtern sogar zu „Verkrampfungen oder Gegenreaktionen“ führen könnte. Insgesamt hätten sich die Angeklagten jedoch aktiver und spontaner an den Verhandlungen beteiligt, die Gesprächsanteile seien ausgewogener gewesen und die Erziehungsberechtigten stärker einbezogen worden, sodass eine entspanntere Atmosphäre mit einem verbesserten Verständnis für das Gegenüber geherrscht habe.

d) Der Erziehungsgedanke im Jugendstrafrecht

In den 1980er Jahren entwickelte sich eine Vielzahl an Meinungen zur Frage der Bedeutung und Stellung des Erziehungsgedankens im JGG. Man begann, sich eingehendere Gedanken über einen Begriff zu machen, der im Jugendstrafrecht seit jeher betont und im JGG an vielen Stellen verwendet, jedoch nicht definiert wurde. Insbesondere die Progressivität des Jugendstrafrechts wurde mit dem Erziehungsgedanken verbunden, der das Jugendstrafrecht durchziehe[951]. Festgestellt wurde jedoch, dass nach wie vor keine

---

947 *Schreiber*, in: FS-Stutte, 271 (273 f.); *Schöch*, in: FS-Stutte, 279 (280); *Tröndle*, DRiZ 1970, 213 (218).

948 *Schreiber*, in: Runder Tisch, 1 (18).

949 *Schöch*, in: Runder Tisch, 19 (32 ff.); *ders.*, in: FS-Stutte, 279 (283 ff., 289).

950 Vgl. zum Ganzen *Schöch*, in: Runder Tisch, 19 (34 ff.).

951 *Ostendorf*, in: Beiträge zur Erziehung, 91.

jugendstrafrechtliche Definition vom Begriff der „Erziehung“ existierte[952]. Problematisch war dabei, dass es nicht einmal in der Erziehungswissenschaft einen einheitlichen Erziehungsbegriff gab[953]. Man war sich jedoch darüber im Klaren, dass Erziehung im Strafrecht etwas anderes bedeuten musste als in der Erziehungswissenschaft oder im laienhaften Verständnis und dass sich das Begriffsverständnis stets mit der Gesellschaft im Wandel befinden würde[954].

Nachdem sich im Rahmen der kriminologischen Untersuchungsergebnisse gezeigt hatte, dass die Jugendkriminalität zum überwiegenden Teil ein ubiquitäres, bagatellhaftes und passageres Phänomen ist, während der historische Gesetzgeber und die Jugendstrafrechtspraxis aber seit jeher von der Grundvorstellung ausgegangen waren, jede Form der Jugenddelinquenz beruhe auf einem Erziehungsdefizit, mussten die Vorstellungen vom Erziehungsgedanken grundlegend überdacht werden[955]. Hinzu kam, dass die festgestellten höheren Rückfallquoten im Vergleich zum Erwachsenenstrafrecht Zweifel an der Eignung eines erzieherisch ausgerichteten Strafvollzugs (vgl. § 91 JGG 1953) und damit am Erziehungsgedanken selbst weckten[956]. Untersuchungen über die Erfolge bisheriger Erziehungsprogramme hatten vielmehr eine beliebige Austauschbarkeit der Sanktionen im Bereich der leichteren und mittleren Jugendkriminalität ergeben und einen nur äußerst geringen Effekt der vorhandenen Sanktionsalternativen auf die Legalbewährung und die Entwicklung krimineller Karrieren gezeigt, was angesichts der Enttäuschung über die geringen Erfolge des Resozialisierungs- und Behandlungsansatzes zu der ernüchternden These „nothing works“ führte[957]. Immer kritischer wurde sich auch mit der

---

952 *Beulke*, in: Toleranz – Erziehung – Strafe, 65 (66); *Bietz*, ZRP 1981, 212 (213).

953 *Beulke*, in: Toleranz – Erziehung – Strafe, 65.

954 *Bietz*, ZRP 1981, 212 (213); *Schlüchter*, Erziehungsgedanke, S. 38; *Schüler-Springorum*, in: FS-Dünnebier, 649 (654).

955 Vgl. *Heinz*, in: Jugendstrafrechtsreform durch die Praxis, 13 (18 ff.); *ders.*, RdJB 1990, 133 (140).

956 *Albrecht*, ZStW 97 (1985), 831 (851 f.); *Gerken/Berlitz*, in: Trojanisches Pferd, 11 (24 ff.); *Schlüchter*, Erziehungsgedanke, S. 63 f.

957 *Beulke/Swoboda*, Jugendstrafrecht, 16. Aufl., S. 52; *Heinz*, RdJB 1992, 123 (130); die These hatte sich nach der Veröffentlichung einer Analyse von Behandlungsexperimenten innerhalb und außerhalb des Strafvollzugs durch *Martinson* in den 1970er Jahren in den USA verbreitet und führte in den 1980er Jahren auch in Deutschland zu einer gewissen Abkehr vom Behandlungsgedanken, vgl. hierzu *Kury*, in: FS-Böhm, 251 ff.

Frage der Vereinbarkeit der erzieherischen Konzeption des Jugendstrafrechts mit dem Verfassungsrecht auseinandergesetzt[958].

aa) Auffassungen zur Bedeutung des Erziehungsgedankens

Es entwickelten sich zahlreiche verschiedene Auffassungen zu Inhalt und Bedeutung des Erziehungsgedankens und als unmittelbare Folge verschiedene Schlussfolgerungen zu der Frage, wie mit dem Begriff in Zukunft umgegangen werden sollte[959].

1. Der Erziehungsgedanke als „Trojanisches Pferd"

Nach einer besonders kritischen Ansicht diente die Betonung des Erziehungsbegriffs im Jugendstrafrecht lediglich der Verschleierung der Tatsache, dass unter einem „feineren" Namen – im Vergleich zu Erwachsenen vielfach härtere[960] – Strafen verhängt und rechtsstaatliche Garantien suspendiert würden und die ursprünglich angedachte Privilegierung der Jugendlichen mittlerweile in der Praxis unter dem Denkmantel der „Erziehung" in das Gegenteil verkehrt worden sei, sodass in Bezug auf den Erziehungsgedanken auch von einem „trojanischen Pferd" gesprochen wurde[961]. „Das Überkleben eines Erziehungsetiketts über Verfahren und Sanktionen" sah man als Etikettenschwindel an[962]. So würde der repressive Strafcharakter der Sanktionen verschleiert und diese gesellschaftlich akzeptabler gemacht, sowie das Interesse der Ausdehnung der sozialen Kontrolle durch Disziplinierung und Gefügigmachung der Jugendli-

958 Vgl. z.B. *Kerner*, in: Jugendstrafrechtsreform durch die Praxis, 264 (272 ff.); *Kremer*, Elternrecht, S. 25 ff.; *Nothacker*, „Erziehungsvorrang", S. 332 ff.; *Wolf*, Strafe und Erziehung, S. 114 ff.

959 Vgl. u.a. *Heinz*, RdJB 1992, 123 (131 ff.); *Kaiser*, in: FS-Härringer, 9 ff.; *Streng*, ZStW 106 (1994), 60 ff.

960 So würden Richter bei Anwendung von Jugendstrafrecht häufiger als in Prozessen gegen Erwachsene freiheitsentziehende Rechtsfolgen aussprechen und auf Wiederholungstaten trotz des meist im Vergleich zu Erwachsenen geringeren Schadens mit (Jugend-)Strafen von längerer Dauer reagieren, vgl. die Zahlen bei *Pfeiffer*, StV 1991, 363 ff.; hierzu auch *Gerken/Berlitz*, in: Trojanisches Pferd, 11 (12 ff.); *Heinz*, in: Verhandlungen des 21. JGT, 30 (44); *Ostendorf*, in: Beiträge zur Erziehung, 91 (96).

961 *Gerken/Schumann* (Hrsg.): Trojanisches Pferd, S. 2 f., 7; hierzu auch *Albrecht*, Jugendstrafrecht, S. 61; *Ostendorf*, in: Beiträge zur Erziehung, 91 (96); *Voß*, ZfJ 1989, 8.

962 *Feltes*, RdJB 1981, 123 (126).

chen durchgesetzt[963]. Man versuche, dem für das Jugendkriminalrecht postulierten Vorrang des Erziehungsgedankens bei Verhängung ahndender Sanktionen dadurch zu entsprechen, „daß eine am Vergeltungsbedürfnis der Allgemeinheit und an der Tatschwere orientierte Übelszufügung als erzieherisch notwendige Reaktion dargestellt wird, die dem Täter das Unrecht seiner Tat vor Augen führen soll"[964]. Dabei wurde insbesondere auch anhand von Beispielen aus der NS-Zeit auf die Missbrauchsanfälligkeit des unbestimmten Begriffs hingewiesen, mit dem sich „offensichtlich sehr vieles anstellen" lasse[965]. *Wolf* führte angesichts der Frage der Vereinbarkeit des JGG mit Art. 6 GG die „Annahme eines eigenständigen staatlichen Erziehungsrechts, die behauptete Möglichkeit eines staatlich festgelegten 'Erziehungsziels' und die angebliche Freiheit des Richters von gesetzlichen Beschränkungen bei der Entscheidung des Einzelfalls" auf die NS-Zeit zurück und war der Ansicht, damit seien „Auffassungen übernommen, die im Dritten Reich unproblematisch, nach Inkrafttreten des Grundgesetzes jedoch unhaltbar geworden waren"[966]. Auch von anderer Seite wurde eine „zwangsweise Persönlichkeitsveränderung" der jungen Menschen mit Blick auf die Grundrechte (Art. 1 Abs. 1, Art. 2 Abs. 2 und Art. 6 Abs. 2 GG) kritisiert[967]. Die im JGG angelegte Antinomie zwischen Erziehung und Strafe sah man als unauflöslich an[968]. Darüber hinaus wurde angesichts der neueren kriminologischen Forschungserkenntnisse bemängelt, dass der Begriff des „Erziehungsstrafrechts" gerade vertuschen würde, dass ein Großteil der Jugendkriminalität normal und eine erzieherische Einflussnahme durch justitielle Strafen weder notwendig noch geeignet zur Rückfallvermeidung sei, da gegenüber den Instanzen des Staates schon die notwendige per-

---

963 *Gerken/Schumann* (Hrsg.): Trojanisches Pferd, S. 3; vgl. hierzu auch *Walter*, in: Beiträge zur Erziehung, 59 (65 f., 84 ff.); *Schlüchter*, Erziehungsgedanke, S. 6 f., bezeichnete es als „doppelten Sündenbockeffekt", dass des Erziehungsgedanke auf der einen Seite als Vorwand für zu harte Strafen und auf der anderen Seite als verantwortlich für ein zu mildes Vorgehen gegen Jugendliche und Heranwachsende angesehen wurde.

964 *Pfeiffer*, Kriminalprävention, S. 63.

965 *Ostendorf*, in: Beiträge zur Erziehung, 91 (93); vgl. auch *Albrecht*, Jugendstrafrecht, S. 53; *Seiser*, Untersuchungshaft, S. 20 f.

966 *Wolf*, Strafe und Erziehung, S. 120, 135; die ganz überwiegende Meinung sprach sich dagegen für ein subsidiäres staatliches Erziehungsrecht aus, vgl. *Kremer*, Elternrecht, S. 19 ff.

967 *Balbier*, DRiZ 1989, 404, 406; ähnlich *Voß*, Jugend ohne Rechte, S. 217 f.

968 So *Balbier*, DRiZ 1989, 404 (405); *Gerken/Berlitz*, in: Trojanisches Pferd, 11 (31).

sönliche emotionale Bindung fehlen würde, in der Sanktionen verkraftet werden könnten[969].

In der Folge wurde der Erziehungsbegriff selbst bzw. dessen Vorrang in Frage gestellt[970]. So sprach sich der abolitionistische Ansatz ausschließlich für informelle gesellschaftliche oder zivilrechtliche Lösungsansätze (sog. Non-Intervention) aus[971]. Der „Neoklassizismus", der vorrangig die Gerechtigkeit des Sanktionensystems betonte, plädierte für eine stärkere Rückanpassung an das (Erwachsenen-)Strafrecht[972]. Es wurde aber auch der Vorschlag gemacht, Strafe und Erziehung schlicht zu entmischen und voneinander zu trennen, indem z.B. in jedem einzelnen Verfahren konkret festgestellt werden sollte, ob dem Jugendstrafverfahren als Strafverfahren oder einem reinen Erziehungsverfahren der Vorrang zukommen sollte[973].

2. Der Erziehungsbegriff als „Eckpfeiler" des Jugendstrafrechts

Die wohl überwiegende Auffassung sprach sich jedoch trotz dieser umfassenden Kritikpunkte für eine Beibehaltung bzw. bloße Umformulierung des Erziehungsgedankens aus[974]. Man sah die Gefahr, dass sich das Jugendstrafrecht noch stärker dem Erwachsenenstrafrecht anpassen könnte, wenn man mit dem Erziehungsgedanken dem Jugendstrafrecht seine Wurzeln abschneiden würde[975]. In leidenschaftlichen Plädoyers für den Erziehungsgedanken wurde betont, dass das Jugendstrafrecht in seiner damaligen Prägung mit diesem stehen

969 *Ostendorf*, in: Beiträge zur Erziehung, 91 (93 ff.); vgl. auch *Albrecht*, Jugendstrafrecht, S. 57, 59 f.

970 *Albrecht*, Jugendstrafrecht, S. 61 f.; *Balbier*, DRiZ 1989, 404 (407 ff.); *Gerken/Berlitz*, in: Trojanisches Pferd, 11 (31 f.); *Voß*, Jugend ohne Rechte, S. 219; vgl. zum Ganzen mit zahlreichen Nachweisen *Schlüchter*, Erziehungsgedanke, S. 24 ff.

971 Vgl. etwa *Scheerer*, KrimJ 1984, 90 ff.; zum „Abolitionismus" vgl. auch *Beulke/Swoboda*, Jugendstrafrecht, 16. Aufl., S. 55; *Schlüchter*, Erziehungsgedanke, S. 24.

972 So z.B. *Feltes*, ZStW 100 (1988), 158 (173 ff.); zum „Neoklassizismus" vgl. auch *Beulke*, in: Toleranz – Erziehung – Strafe, 65 (80 ff.); *Schlüchter*, Erziehungsgedanke, S. 25.

973 *Bohnert*, JZ 1983, 517 (522 f.); *Streng*, GA 1984, 149 (165), wollte eine solche Unterscheidung jedenfalls auf Rechtsfolgenseite vornehmen; ähnlich *Balbier*, DRiZ 1989, 404 (406 f.).

974 Vgl. dazu *Pieplow*, in: Beiträge zur Erziehung, 5 (44): „Hat man sich etwa von so konturenlosen Formeln, wie 'Rechtsstaat' oder 'Demokratie' verabschiedet, weil die Nationalsozialisten gezeigt haben, was man darunter auch verstehen kann?"; ähnlich *Beulke*, in: Toleranz – Erziehung – Strafe, 65 (85).

975 *Schlüchter*, GA 1988, 106 (109); *Viehmann*, in: Beiträge zur Erziehung, S. 111 (123 f.).

und fallen würde[976]. So wurde vertreten, gerade die Flexibilität des Erziehungsbegriffs sei seine Stärke, da er als Sammelbegriff ermögliche, dass das JGG die als erzieherisch definierten Ziele entsprechend der kriminalpolitischen Strömungen in sich aufnehmen könne[977]. Der Erziehungsgedanke wurde als Leitprinzip, Fundament und „Eckpfeiler eines eigenständigen Jugend(kriminal)rechts" angesehen, welcher eine identitätsstiftende, normgenetische, normerweiternde und norminterpretierende Funktion habe[978]. Dadurch könnten eine Ablösung vom allgemeinen Strafrecht erreicht und übergreifende Leitideen rechtlich umgesetzt werden[979]. Somit erfülle der Gedanke „eine Reihe von jugendkriminalrechtlichen Funktionen, für die er schlicht unersetzlich ist"[980].

Auch sofern die Beibehaltung des Erziehungsgedankens gefordert wurde, war jedoch umstritten, wie dessen Inhalt zu bestimmen war. Eine Ansicht wollte Erziehung auch im JGG im pädagogischen Sinne verstehen[981]. Mit Blick auf die Entstehungsgeschichte des Jugendstrafrechts wurde vertreten, dass z.B. die Anhebung der Strafmündigkeitsgrenze im JGG gegenüber dem RStGB 1871 um zwei Jahre auf eine Intention hindeuten würde, „die pädagogischer gar nicht gewesen sein kann"[982]. Darüber hinaus wurde argumentiert, die Forderungen nach Schonung und Rechtsstaatlichkeit allein würden noch nicht die jeweils bestmögliche Reaktion für die jungen Menschen garantieren[983]. Schließlich würde auch eine Rückbesinnung auf den Wortsinn zur Pädagogik als Erziehungswissenschaft führen[984]. Dagegen wurde eingewandt, schon aufgrund des für eine pädagogische Beziehung ungünstig ausgestalteten, tatabhängigen und an die begrenzten staatlichen Ressourcen gebundenen Strafver-

---

976 *Beulke*, in: Toleranz – Erziehung – Strafe, 65 (90, 94 f.); *Schlüchter*, Erziehungsgedanke, S. 1 ff.; *ders.*, GA 1988, 106 (109 f.).

977 *Walter*, in: Beiträge zur Erziehung, 59 (68 ff.).

978 *Walter*, in: Beiträge zur Erziehung, 59 (67 ff.); so auch *Blau*, in: Grundfragen des Jugendkriminalrechts, 326 (343); *Heinz*, in: Grundfragen des Jugendkriminalrechts, 369 (370); *Kaiser*, RdJB 1983, 346 (351); *Pfeiffer*, StV 1991, 363 (368); *Schlüchter*, Erziehungsgedanke, S. 29; *Viehmann*, FuR 1991, 256 (258).

979 *Walter*, in: Beiträge zur Erziehung, 59 (71, 78 f.); *Viehmann*, in: Beiträge zur Erziehung, S. 111 (126 ff.).

980 *Walter*, in: Beiträge zur Erziehung, 59 (89); so auch *Beulke*, in: Toleranz – Erziehung – Strafe, 65 (85, 94 f.); *Heinz*, in: Jugendstrafrechtsreform durch die Praxis, 13 (15 f.); *Schlüchter*, GA 1988, 106 (108 f., 127 f.).

981 So z.B. *Schlüchter*, Erziehungsgedanke, S. 30, 33 ff; vgl. dazu auch *Wolf*, Strafe und Erziehung, S. 167 f.

982 *Schlüchter*, Erziehungsgedanke, S. 34 mit Verweis auf *Wolff/Dörner*, RdJB 1990, 54 (57).

983 *Schlüchter*, Erziehungsgedanke, S. 36.

984 *Schlüchter*, Erziehungsgedanke, S. 37 f.

fahrens, welches zudem als kriminalrechtliche Erziehung nur innerhalb anderer, längerfristiger und tiefgehender Erziehungsprozesse stattfinden würde, müsse eine Übertragung allgemeiner Pädagogik auf das Jugendkriminalverfahren scheitern[985]. Als „Gefahren einer pädagogischen Aufladung des Erziehungsgedankens" wurden etwa Überhöhungen durch eine wachsende Eingriffsintensität und die Vernachlässigung rechtlicher Maßstäbe und Sicherungen ausgemacht[986].

Von *Nothacker*, der eine soziologische Sichtweise vertrat, wurde schließlich vorgeschlagen, den Begriff als „Sozialisation" zu verstehen[987]. *Walter* forderte, einen eigenständigen, spezifisch kriminalpolitisch ausgerichteten Erziehungsbegriff zu definieren, der sowohl gegenüber der Pädagogik als auch gegenüber den allgemeinen Inhalten des Straf- und Strafverfahrensrechts unabhängig war[988]. Nach *Ostendorf* war „der Begriff der Erziehung im Rahmen einer verfassungskonformen, teleologischen Auslegung als Präventionsanliegen umzudeuten"[989]. *Heinz* hielt eine Reformulierung des Erziehungsgedankens „im Lichte neuerer Befunde und Einsichten der maßgeblichen empirischen Bezugswissenschaften des Jugendstrafrechts und des modernen staatsrechtlichen Verständnisses, das die Grundlage strafrechtlicher Kriminalpolitik bildet", für unumgänglich, „um jene negativen Auswirkungen des Erziehungsgedankens künftig zu verhindern, die teils auf das Kriminalitätskonzept des historischen Gesetzgebers zurückzuführen sind, teils auf dessen überzogenen Erwartungen an die spezialpräventive Wirksamkeit der jugendstrafrechtlichen Sanktionen beruhen"[990]. Von anderer Seite war man wiederum der Auffassung, der Erziehungsgedanke müsse zu einem „Beziehungsgedanken" umformuliert werden, da die Erziehung im unmittelbaren Zusammenhang mit der Beziehung stünde, innerhalb der sie stattfinden würde[991].

---

985 *Walter*, in: Beiträge zur Erziehung, 59 (72 ff.); ähnlich *Viehmann*, in: Beiträge zur Erziehung, 111 (128); auch *Schlüchter*, Erziehungsgedanke, S. 33, räumte ein, „daß sich nicht ohne weiteres pädagogisch-erziehungswissenschaftliche Handlungsansätze auf das Jugendstrafrecht übertragen lassen".

986 *Walter*, in: Beiträge zur Erziehung, 59 (80 ff.).

987 *Nothacker*, Sozialisationstheoretisches Konzept, S. 113 ff., *ders.*, „Erziehungsvorrang", S. 70 ff., 377 ff.; kritisch zu dieser Ansicht *Blau*, in: Grundfragen des Jugendkriminalrechts, 326 f.

988 *Walter*, in: Beiträge zur Erziehung, 59 (75).

989 *Ostendorf*, in: Beiträge zur Erziehung, 91 (103).

990 *Heinz*, in: Grundfragen des Jugendkriminalrechts, 369 (400); *ders.*, RdJB 1990, 133 (142); zustimmend *Pfeiffer*, StV 1991, 363 (368).

991 *Lüdemann*, in: Verhandlungen des 21. JGT, 74 (83).

Pieplow hingegen wandte sich gegen ein rein pädagogisches oder soziologisches Verständnis vom Erziehungsbegriff und verfolgte einen historischen Ansatz zur Ermittlung des Bedeutungsgehalts der Erziehungsterminologie, wobei er zu dem Ergebnis kam, dass der Erziehungsgedanke als funktional notwendig hohle „Chiffre“ das im Jugendstrafrecht vorherrschende Prinzip „Erziehung statt Strafe“ kodieren würde[992]. Er war der Ansicht, „historisch ist 'Erziehung' im kriminalpolitischen Kontext ein Synonym für Entkriminalisierung, für ein Subsidiär-Machen-Wollen von Bestrafung“, weil „mit Hilfe dieses konsensfähigen Begriffs ein paar 'harte' und ohne diese Verpackung nicht transportabel gewesene Ablösungen vom alten Strafrecht Gesetzeskraft erlangen konnten“[993]. Eine Begriffsbestimmung über eine Nachbardisziplin hielt er aus diesem Grund für nicht möglich[994]. Vielmehr wies er auf die Vorstellungen von Reformprotagonisten wie *Appelius* hin, der davon ausgegangen war, dass auch auf Personen im Erwachsenenalter ein gewisser erziehender Einfluss ausgeübt werden könnte und warnte daher davor, „vorschnell Erziehung und Pädagogik (im Sinne der Wissenschaft von der Kindererziehung) gleichzusetzen“ oder den Erziehungsbegriff des JGG auf den Begriff des Art. 6 Abs. 2 GG zu reduzieren[995].

3. Das Erziehungsziel des JGG

In der Diskussion wurde betont, nach dem JGG könne und dürfe Erziehung nicht im Interesse der Personalisation oder Sozialisation im Allgemeinen, sondern nur in Form der Individualprävention erfolgen, um künftige Straftaten der Jugendlichen und Heranwachsenden zu verhindern[996]. Das Erziehungsziel des Jugendstrafrechts war somit nach der ganz überwiegenden Meinung in der Legalbewährung zu finden[997]. Die Generalprävention im Sinne der Befriedi-

---

992 *Pieplow*, in: Beiträge zur Erziehung, 5 (43, 55 f.); ähnlich später auch *Streng*, ZStW 106 (1994), 60 (88 f.), der Erziehung als „multifunktionalen Systembegriff“ des Jugendstrafrechts sieht.

993 *Pieplow*, in: Beiträge zur Erziehung, 5 (15); ähnlich später auch *Heinz*, RdJB 1992, 123 (125 f.).

994 *Pieplow*, in: Beiträge zur Erziehung, 5 (16).

995 *Pieplow*, in: Beiträge zur Erziehung, 5 (8 f., 43).

996 *Ostendorf*, in: Beiträge zur Erziehung, 91 (102), sprach daher von einem „jugendadäquaten Präventionsstrafrecht“.

997 *Albrecht*, Jugendstrafrecht, S. 61; *Balbier*, DRiZ 1989, 404 (406); *Heinz*, RdJB 1990, 133 (142); *Nothacker*, „Erziehungsvorrang“, S. 78 ff., 378; *Ostendorf*, in: Beiträge zur Erziehung, 91 (103); *Pfeiffer*, Kriminalprävention, S. 57; *Schlüchter*, Erziehungsgedanke, S. 40 f.; *Wolf*, Strafe und Erziehung, S. 65 ff.

gung des Schutzbedürfnisses der Allgemeinheit lehnte man dagegen als ausdrückliches Strafziel ab, welches aber indirekt mit der strafrechtlichen Reaktion befriedigt würde[998]. Gefordert wurde, den Begriff der Erziehung von den für richtig gehaltenen „Erziehungszielen" und den dazu verwendeten „Erziehungsmitteln" zu differenzieren, die Frage nach der Inhaltsbestimmung des Erziehungsbegriffs also unabhängig von der Frage, wie und wozu erzogen werden sollte, zu beantworten[999]. Denn teilweise war man zu der Annahme gekommen, wenn sich der Erziehungsgedanke im JGG auf Erziehung zum Legalverhalten beschränken würde, ginge er nicht über die allgemeine staatliche Resozialisierungsaufgabe hinaus[1000]. Vor einem solchen Schluss warnte neben *Pieplow* auch *Walter*, der der Ansicht war, „kriminalrechtliche Erziehung bedeutet gegenüber der privat-individuellen, familien-rechtlich erfaßten Erziehung ein Aliud, das die elterlichen Einfluß- und Gestaltungsmöglichkeiten aus übergeordneten sozialen Schutzgesichtspunkten überlagert" und betreffe „eine andere Ebene, die das Grundgesetz für den gesamten strafrechtlichen 'Einzugsbereich' voraussetzt"[1001]. Denn „wie sich der Erwachsene Resozialisierungsbemühungen als Einschränkung seiner Autonomie gefallen lassen muß, müssen die Eltern entsprechende Einschränkungen in der Beziehung zu ihren Kindern hinnehmen", da man anderenfalls noch zu dem Schluss käme, „die mit kriminalrechtlicher Erziehung im Prinzip gleichartige Resozialisierung Erwachsener e contrario zu Art. 6 GG auszuschließen"[1002].

4. *Verfassungsrechtliche Aspekte*

Immer mehr gerieten damit verfassungsrechtliche Gesichtspunkte wie das Rechtsstaatsprinzip, das allgemeine Persönlichkeitsrecht des Jugendlichen bzw. Heranwachsenden oder das elterliche Erziehungsrecht in den Blickpunkt[1003]. Betont wurde, dass mit dem nur subsidiären staatlichen Erziehungsrecht nicht versucht werden dürfe, Erziehung im Sinne einer „inneren Um-

---

998 Die Grenze dieser Sichtweise wurde aber dort gesehen, wo das Vergeltungs- oder Strafbedürfnis der Allgemeinheit ausnahmsweise überwog, wobei vor allem auf die Fälle der „Schwere der Schuld" (§ 17 Abs. 2 2. Alt. JGG) verwiesen wurde, vgl. *Ostendorf*, in: Beiträge zur Erziehung, 91 (105); hierzu auch *Albrecht*, ZStW 97 (1985), 831 (851); *Pfeiffer*, Kriminalprävention, S. 63.

999 *Wolf*, Strafe und Erziehung, S. 169 ff.

1000 So etwa *Balbier*, DRiZ 1989, 404 (407).

1001 *Walter*, in: Beiträge zur Erziehung, 59 (77).

1002 *Walter*, in: Beiträge zur Erziehung, 59 (77).

1003 Vgl. hierzu *Miehe*, in: Rechtsentwicklung unter dem Bonner Grundgesetz, 249 ff.

kehr“ mit Gewalt zu erzwingen, da dies gegen die Menschenwürde und das Selbstbestimmungsrecht des Jugendlichen verstoßen würde, sodass es darauf ankomme, dass und nicht aus welchen Motiven heraus die Gesetze befolgt werden würden[1004]. Den Erziehungsgedanken des JGG sah man als nur schwer mit der Ratio von Art. 6 Abs. 2 GG vereinbar an[1005].

Das BVerfG hatte 1987 die Grenzen staatlicher Erziehung herausgearbeitet und die Subsidiarität des staatlichen Erziehungsrechts gegenüber dem der Eltern ausdrücklich anerkannt[1006]. Allerdings sah das Gericht ein Erziehungsdefizit und damit eine Situation, in der die Eltern ihre Erziehungsaufgabe nicht mehr (allein) wahrnehmen konnten, scheinbar schon immer dann als gegeben an, „wenn das Erziehungsdefizit eines Jugendlichen in einer Straftat ihren Ausdruck gefunden hat“[1007]. Dass diese Annahme angesichts der Erkenntnis von der Normalität und Ubiquität bagatellhafter Jugendkriminalität nicht unproblematisch war, war offensichtlich[1008].

Besonders problematisch war die Situation insbesondere im Hinblick auf die Heranwachsenden geworden, seit die Volljährigkeit bereits mit Vollendung des 18. Lebensjahres eintrat. In der Literatur vertrat man die Ansicht, mit dem „Gesetz zur Neuregelung des Volljährigkeitsalters“ habe der Staat einen Erziehungsanspruch gegenüber den Heranwachsenden völlig aufgegeben, da das subsidiäre staatliche Wächteramt zwingend mit dem elterlichen Erziehungsrecht aus Art. 6 Abs. 2 GG verknüpft sei[1009]. Dagegen entschied das BVerfG im oben angesprochenen Beschluss jedoch mit einem Hinweis auf die Rechtslage bei Inkrafttreten des Grundgesetzes, dass dieses einer Einbeziehung der Heranwachsenden in das Jugendstrafrecht als Erziehungsstrafrecht nicht entgegenstünde und das staatliche Erziehungsrecht somit im Gegensatz zum elterlichen auch nach Erreichung der Volljährigkeit „in einem sowohl zeitlich als auch gegenständlich begrenztem

1004 *Ostendorf*, in: Beiträge zur Erziehung, 91 (99); vgl. auch *Balbier*, DRiZ 1989, 404 (405 f.); a.A. *Schlüchter*, Erziehungsgedanke, S. 43 f., 49; vgl. zum Ganzen auch *Wolf*, Strafe und Erziehung, S. 118 f.

1005 *Balbier*, DRiZ 1989, 404 (406); ausführlich zum Verhältnis von Eltern und Staat *Miehe*, in: Rechtsentwicklung unter dem Bonner Grundgesetz, 249 (254 ff.).

1006 BVerfGE 74, 102 (124 f.) = NStZ 1987, 275 f.

1007 *Beulke*, in: Erziehung – Toleranz – Strafe, 65 (67), mit Verweis auf BVerfGE 74, 102 (124 f.) = NStZ 1987, 275 f.; so auch *Schaffstein*, NStZ 1987, 502 (503).

1008 *Balbier*, DRiZ 1989, 404 (406); *Beulke*, in: Erziehung – Toleranz – Strafe, 65 (67), hielt dies jedoch für „die einzige Möglichkeit einer praktikablen Lösung des Problems“; vgl. auch *Schaffstein*, NStZ 1987, 502 (503).

1009 *Albrecht*, Jugendstrafrecht, S. 201; *Balbier*, DRiZ 1989, 404 (406); *Ostendorf*, in: Beiträge zur Erziehung, 91 (100); vgl. dazu auch *Schlüchter*, Erziehungsgedanke, S. 86.

Umfang noch fortwirkt"[1010]. Kritisiert wurde die Entscheidung auch deswegen, weil das Verfassungsgericht noch zwanzig Jahre zuvor einen Zwang zur Besserung bei Erwachsenen ausdrücklich als verfassungswidrig abgelehnt hatte[1011].

bb) Die Bedeutung des Erziehungsgedankens im Jugendstrafverfahren

Ungeklärt war die Bedeutung des Erziehungsgedankens auch für das Jugendstrafverfahren und die Jugendgerichtsverfassung. Die Suche nach der Bedeutung des Begriffs für das formelle Recht war zwar nicht Schwerpunkt der Diskussion, jedoch wurde erkannt, „daß Erziehung im Vollzug durchaus etwas anderes ist als Erziehung im Falle von Verfahrenseinstellungen", der Erziehungsgedanke also bei der Bewertung der Tat, bei der Sanktionsauswahl oder im Verfahren jeweils unterschiedlich zu qualifizieren war[1012]. Festgestellt wurde, dass im Jugendstrafverfahren einerseits der Erziehungsgedanke verwirklicht werden sollte, andererseits aber auch rechtsstaatliche Grundsätze zu wahren waren, sodass sich im Verfahren mit der prozessualen bzw. der erzieherischen „zwei starke, teils gegensätzliche Komponenten" gegenüberstünden[1013]. In dieser Spannung zwischen sozialstaatlicher und rechtsstaatlicher Ordnung erkannte man die rechtspolitische Problematik des Jugendstrafverfahrens[1014].

1. Verfassungsrechtliche Bedenken am Jugendstrafverfahren

In formeller Hinsicht wurden in der Diskussion vor allem die bereits angesprochenen verfassungsrechtlichen Aspekte bemüht. Insbesondere die Rechtfertigung der Einschränkung rechtsstaatlicher Grundsätze des Strafprozesses wie etwa der Verfahrensfairness durch den Erziehungsgedanken „als allgemeinem,

---

1010 BVerfGE 74, 102 (125) = NStZ 1987, 275 f.; nicht in der Begründung, aber im Ergebnis zustimmend *Schlüchter*, Erziehungsgedanke, S. 87 ff., die auf die uneinheitlich „nachwirkende" Jugend bei Heranwachsenden abstellte; vgl. auch *Schaffstein*, NStZ 1987, 502 (503).

1011 In der gegenständlichen Entscheidung ging es um die Möglichkeit der Freiheitsentziehung mit dem Ziel zu bessern, ohne dass der Inhaftierte sich selbst oder andere gefährdete, vgl. *Ostendorf*, in: Beiträge zur Erziehung, 91 (101) mit Verweis auf BVerfGE 22, 180 (219 f.) = NJW 1967, 1795 (1800).

1012 *Schlüchter*, Erziehungsgedanke, S. 35; *Viehmann*, FuR 1991, 256 (258).

1013 *Wagler*, Probleme der Verteidigung, S. 21.

1014 *Schaffstein/Beulke*, Jugendstrafrecht, 9. Aufl., S. 145.

übergeordnetem Grundsatz", im Vergleich zum Erwachsenenstrafrecht, wurde kritisiert[1015].

Unter anderem setzte man sich mit dem „Dilemma zwischen Schnelligkeit und Richtigkeit der Rechtsprechung" als „Grundwiderspruch" auseinander und kam zu dem Ergebnis, dass der Erziehungsgedanke im Jugendstrafverfahren auch als Mittel zur Legitimation des Beschleunigungsgrundsatzes fungierte[1016]. Zur Erreichung der Verfahrensbeschleunigung würden im Jugendgerichtsverfahren „gewisse Abstriche von prozessualen Sicherungen und Formalitäten in Kauf genommen"[1017] und damit weitergehend in die rechtsstaatlich geschützte Sphäre des Jugendlichen eingegriffen, als dies im allgemeinen Strafverfahren zulässig sei, sodass man es als fragwürdig erachtete, ob das Beschleunigungsprinzip tatsächlich Ausfluss des Erziehungsgedankens oder nicht zumindest auch Instrument zur Durchsetzung des staatlichen Strafanspruchs sei[1018]. *Scheffler* kritisierte, dass die im Zusammenhang mit dem Beschleunigungsgrundsatz interessierenden Vorschriften (Rechtsmittelbeschränkung, Vollstreckung vor Rechtskraft, vereinfachtes Verfahren und Jugendarrest) die zur NS-Zeit entstanden waren, danach zwar abgemildert worden waren, soweit sie mit rechtsstaatlichen Grundsätzen kollidierten, aber nicht (wie in Österreich und in der DDR) grundsätzlich in Frage gestellt worden waren[1019].

In Bezug auf „Erziehung" im Ermittlungsverfahren und bei der Ausgestaltung der mündlichen Verhandlung forderte man eine tatadäquate, also im Verhältnis zur Schwere der Tat stehende Vornahme der Ermittlungen, die grundsätzliche Bevorzugung informeller Regelungen, sowie die „Stärkung der Subjektstellung des Beschuldigten oder späteren Angeklagten, einschließlich seiner professionellen Verteidigung"[1020]. Eingehende Ermittlungen zur Persönlichkeit des Jugendlichen zu einem Zeitpunkt, zu dem noch kein hinreichender Verdacht gegen diesen bestünde, sah man als Eingriff in die Intimsphäre der Jugendlichen und damit in deren Persönlichkeitsrechte an[1021]. Kritisiert wurde

1015 *Albrecht*, Jugendstrafrecht, S. 63, 250 f.; *ders.*, ZStW 97 (1985), 831 (855 f.); *Gerken/Schumann* (Hrsg.): Trojanisches Pferd, S. 2 ff.; *Scheffler*, RdJB 1981, 451 (452); *Voß*, ZfJ 1989, 8 f.

1016 *Scheffler*, RdJB 1981, 451 (452 f.), bezweifelte, ob der Ausspruch, dass die Reaktion der Tat auf dem Fuße folgen musste, „aus pädagogischer Sicht überhaupt bestätigt werden könnte"; vgl. auch *Klöpfer*, JZ 1979, 209 (210 f.).

1017 So auch schon *Schaffstein*, MschrKrim 1978, 313 (316).

1018 *Scheffler*, RdJB 1981, 451 f., 453 ff., 459.

1019 *Scheffler*, RdJB 1981, 451 (458, Fn. 120).

1020 *Walter*, in: Beiträge zur Erziehung, 59 (87).

1021 *Scheffler*, RdJB 1981, 451 (452).

auch die Tatsache, dass im Erziehungsverfahren die Persönlichkeit des Täters neben vielen weiteren Kriterien wie Elternhaus, Geschwister, Arbeitsplatz oder Herkunft zurücktrat, mit der Folge, dass der Jugendliche „zum Objekt wohlmeinender Erziehungsabsicht, in der Beurteilung als das Produkt eines Milieus, für welches er nichts oder nur wenig kann", würde[1022].

Diskutiert wurde darüber hinaus, ob die Voraussetzung eines Geständnisses in § 45 Abs. 1 JGG 1953 zu einem Geständniszwang und damit zu einem Verstoß gegen die Unschuldsvermutung werden könnte, „sei es in der Variante des Versprechens von Vorteilen, sei es in der Variante der Drohung, man könne auch andere Saiten aufziehen"[1023]. Im Hinblick auf das Verhältnismäßigkeitsprinzip und den Subsidiaritätsgrundsatz bemängelte man strafrechtliche Reaktionen, wo offensichtlich passagere Jugendverfehlungen vorlagen[1024].

Weiterhin wurde mit Blick auf den Gleichheitssatz die verfahrensrechtliche Schlechterstellung der Jugendlichen und Heranwachsenden gegenüber Erwachsenen kritisiert. Eingegangen wurde dabei auf die Beschränkung der Rechtsmittel, die Einschränkbarkeit von Verfahrensvorschriften im vereinfachten Verfahren[1025], die erzieherisch bedingte Benachteiligung bei der Anordnung der Untersuchungshaft durch die Verwendung „apokrypher Haftgründe"[1026] oder auch im Rahmen der Diversion, da anders als bei § 153 StPO bei Heranziehung der §§ 45, 47 JGG immer auch eine Eintragung in das Erziehungsregister zu erfolgen hatte[1027]. Für problematisch hielt man dies vor allem

---

1022 *Bohnert*, JZ 1983, 517 (520).

1023 *Kerner*, in: Jugendstrafrechtsreform durch die Praxis, 265 (272 f.); vgl. auch *Blau*, in: Grundfragen des Jugendkriminalrechts, 326 (342); *Kuhlen*, Diversion, S. 30 ff., 51 ff.

1024 *Heinz*, in: Grundfragen des Jugendkriminalrechts, 369 (380 f.); *Schlüchter*, Erziehungsgedanke, S. 68 f.

1025 So konnte nicht nur von Formvorschriften und Ladungsfristen abgewichen werden, sondern auch auf die Verwertung präsenter Beweismittel (§ 245 StPO) verzichtet oder Beweisanträge über den numerus clausus des § 244 Abs. 3 StPO hinaus abgelehnt werden, wenn nach Auffassung des Richters die Erhebung des Beweises zur Erforschung der Wahrheit nicht erforderlich war, vgl. *Scheffler*, RdJB 1981, 451 (452); hierzu auch *Dallinger/Lackner*, JGG, § 78, Rn. 15.

1026 Vgl. dazu *Heinz*, in: Grundfragen des Jugendkriminalrechts, 369 (389); *Viehmann*, in: Beiträge zur Erziehung, 111 (114 f.), formulierte die drastische Formel „Erziehung durch Wegsperren" und bezeichnete es als Rechtsanmaßung, wenn Krisenintervention zum Haftgrund würde.

1027 *Gerken/Berlitz*, in: Trojanisches Pferd, 11 (32 ff.), forderten daher die Abschaffung des Erziehungsregisters; *Ostendorf*, in: Beiträge zur Erziehung, 91 (96, 98), war der Ansicht, § 153 StPO sollte auch isoliert im Jugendstrafrecht Anwendung finden; *Schlüchter*, Erziehungsgedanke, S. 136, wollte den Vermerk dagegen beibehalten, um, falls der Jugendliche oder Heranwachsende dennoch erneut auffällig werden sollte, die richtige Diagnose zu fördern.

auch im Hinblick auf die großen regionalen und überregionalen Unterschiede in der Anwendung des formlosen Verfahrens[1028].

Die Ansicht, die Verteidigung solle jedenfalls auch Erziehungsaufgabe sein, sodass der Verteidiger z.B. bei intern eingeräumter Schuld nicht alle prozessualen Möglichkeiten zur Abwehr der Strafe ausschöpfen sollte, wurde ebenfalls als Kritikpunkt an der Auslegung des Erziehungsgedankens gesehen: „Unter der Flagge des Erziehungsstrafrechts laufen auch die Versuche, Strafverteidigung für Jugendliche und Heranwachsende einzugrenzen."[1029]

Zudem machte man unter anderem Bedenken an der vorgeschriebenen erzieherischen Ausgestaltung der Untersuchungshaft (§ 93 Abs. 2 JGG 1953) und vor allem der durch die in der Untersuchungshaftvollzugsordnung festgelegten Arbeitspflicht im Hinblick auf Art. 2 Abs. 1 GG (bei Heranwachsenden) bzw. die Einschränkung des elterlichen Erziehungsrechts aus Art. 6 Abs. 2, 3 GG (bei Jugendlichen), sowie Art. 12 GG, unter dem Gesichtspunkt der Unschuldsvermutung des Art. 6 Abs. 2 EMRK geltend[1030]. So wurde die Auffassung vertreten, die Freiheitsentziehung und Verpflichtung des Jugendlichen zur Arbeit sei nur mit Zustimmung der Eltern zulässig, solange nicht festgestellt sei, dass diese ihre Erziehungsobliegenheiten vernachlässigt hätten während nach anderer Ansicht jedenfalls die erzieherische Ausgestaltung der Untersuchungshaft mit den Erziehungsberechtigten abgestimmt werden musste[1031].

Schließlich hatte man auch gegen die Möglichkeit, dem Verurteilten gegenüber Erörterungen geheim zu halten, die Gegenstand der Hauptverhandlung waren und sodann auch in das Urteil eingeflossen sind (§§ 51 Abs. 1 S. 1, 54 Abs. 2 JGG 1953), große rechtsstaatliche Bedenken[1032].

Teilweise kam man daher zu dem Ergebnis, die „Absage an die Erziehungsideologie und die Forderung nach verstärkten Rechtsschutzgarantien sind essenzielle Bestandteile eines rechtsstaatlich ausgerichteten Jugendstrafrechts", auch dort müsse der Grundsatz „in dubio pro reo" und nicht „in dubio

---

1028 *Feltes*, RdJB 1982, 123 (129); *Kerner*, in: Jugendstrafrechtsreform durch die Praxis, 265 (274); *Voß*, ZfJ 1989, 8 (12).

1029 *Ostendorf*, in: Beiträge zur Erziehung, 91 (96); ähnlich *Gerken/Schumann* (Hrsg.): Trojanisches Pferd, S. 3.

1030 *Albrecht*, Jugendstrafrecht, S. 200 f.; *Eisenberg*, Kriminologie, S. 237; *Gerken/Schumann* (Hrsg.): Trojanisches Pferd, S. 2; *Giemulla/Barton*, RdJB 1982, 289 (291 f.); *Scheffler*, RdJB 1981, 451 (452).

1031 Einen Überblick über die Ansichten zu der Frage gibt *Kremer*, Elternrecht, S. 152 ff.

1032 *Albrecht*, Jugendstrafrecht, S. 253 f.; vgl. auch *Nothacker*, „Erziehungsvorrang", S. 324 f.

pro educatione“ lauten[1033]. Das Jugendstrafverfahren würde als Erziehungsverfahren deklariert, um Erziehungsfehler und Verantwortlichkeiten zu kaschieren, werde aber den hohen Ansprüchen und Erwartungen in der Realität bei weitem nicht gerecht, wie sich insbesondere aus den ernüchternden Fakten und Ergebnissen von Analysen aus den vorherigen Jahrzehnten ergebe[1034]. So könne angesichts der Tatsache, dass Anlass eines Jugendstrafverfahrens die Begehung einer schuldhaften Tat sei, nicht abgestritten werden, dass das Verfahren nicht nur erzieherischen, sondern auch strafenden Charakter habe, was von den jungen Menschen durch die am Ende des Verfahrens stehende Sanktion auch so wahrgenommen würde[1035].

Von anderer Seite wurde jedoch darauf hingewiesen, dass auch einige besonders erziehungswidrige Verfahrensgarantien wie z.B. der Öffentlichkeitsgrundsatz „zu Recht im Verfahren gegen Jugendliche nicht gelten“[1036]. Die verschiedenen Abweichungen gegenüber dem allgemeinen Strafrecht wurden daher von der herrschenden Meinung nicht als Verstoß gegen Art. 3 Abs. 1 GG angesehen, sondern im Gegenteil als Beachtung der Sondersituation der jungen Menschen. Man war der Ansicht, dass es sich bei den Erwachsenen und Jugendlichen um wesentlich verschiedenen Personengruppen handelte, für die der Gesetzgeber, das Strafrechts bewusst „grundlegend verschieden gestalten wollte“[1037]. Die vereinzelten Rechtseinbußen würden jedenfalls durch die zahlreichen – hart erkämpften – gesetzlichen Privilegierungen überwogen[1038]. So war man der Auffassung, der Erziehungsgedanke habe gerade im Ermittlungs- und Gerichtsverfahren und bei der Vollstreckung von Sanktionen „die erzieherischen Kriterien der Berücksichtigung jugendlicher Unerfahrenheit und jugendlicher Unbeholfenheit, der Vermeidung von Stigmatisierung, des Abbaus von Ängsten, der Gewährleistung eines kommunikativen Umgangs, der Berücksichtigung von Persönlichkeits- und Entwicklungsschutz zu garantieren, die nicht allein aus den Rechtsstaatsgarantien eines fairen Verfahrens folgen und manchmal sogar damit kollidieren“[1039].

1033 *Albrecht*, Jugendstrafrecht, S. 63, 254; *ders.*, ZStW 97 (1985), 831 (857); zustimmend *Wagler*, Probleme der Verteidigung, S. 30.

1034 *Feltes*, RdJB 1982, 123 ff.

1035 *Wagler*, Probleme der Verteidigung, S. 22.

1036 *Schlüchter*, Erziehungsgedanke, S. 134 f.; ähnlich *Beulke*, StV 1987, 458 (461).

1037 *Scheffler*, RdJB 1981, 451 (453) mit Verweis auf BayObLGSt 1956, 163 (165) und OLG Frankfurt SjE F3, 267; so auch *Schlüchter*, Erziehungsgedanke, S. 81 f.

1038 *Beulke*, in: Toleranz – Erziehung – Strafe, 65 (81 f., 89); so wohl auch *Pfeiffer*, StV 1991, 363 (368).

1039 *Viehmann*, FuR 1991, 256 (258 f.).

2. Die „Ideologie und Teleologie des Jugendstrafverfahrens“

Eingehend mit der „Ideologie und Teleologie des Jugendstrafverfahrens“ setzte sich 1982 *Bottke* auseinander[1040]. Angesichts der Diskussionen über die erzieherische Wirksamkeit der Hauptverhandlung und der „Spannung zwischen Sein und Sollen“ im Jugendstrafverfahren sah er es als dringend geboten an, zu untersuchen, ob und in welchem Ausmaß das Jugendstrafverfahren tatsächlich erzieherisch ausgerichtet war.

Auf der Suche nach dem „systemstiftenden Leitaspekt“ des Verfahrens, der Frage, „in welchen Situationen welchem Bestandteil des Doppelwortes ‘Erziehungsstrafprozeß’ das Schwergewicht zukommt“, zeigte er unter anderem die Konsequenzen der unterschiedlichen Ansichten vom Jugendstrafverfahren als echtes Strafverfahren, für das das Schlechterstellungsverbot gegenüber Erwachsenen in vergleichbaren Situationen betont würde, oder als eigenständiges Jugendverfahren, in dem die allgemeinen Vorschriften von GVG und StPO jugendgemäß anzuwenden seien, auf.

Im Rahmen seiner Analyse differenzierte *Bottke* zwischen dem Ermittlungs-, Zwischen-, Haupt- und Rechtsmittelverfahren. Schon für den Beginn des Verfahrens, der nicht durch die Annahme, ein Jugendlicher oder Heranwachsender sei erziehungsbedürftig, sondern durch den Anfangsverdacht ausgelöst würde, vermisste er jede jugenderzieherische Prägung. Es zeuge angesichts der Normalität von Jugenddelinquenz „von nüchternem Realismus, die Ermittlungsaufnahme auch dann nicht von Erziehungsmängeln abhängig zu machen, wenn der Straftatverdacht sogleich einem Jugendlichen oder Heranwachsenden zugeschrieben werden kann“, sodass entgegen verbreiteter Ansicht dem Jugendstrafverfahren schon seinem ersten Abschnitt eine generalpräventive Komponente eingestiftet sei. Er stellte das „legislatorische Ideal eines fairen, auf Integrationsprävention gerichteten Ermittlungsverfahrens“ in den Vordergrund, das an seinem Ende mit den vielseitigen Einstellungsmöglichkeiten das als allgemeiner Rechtsgedanke in zahlreichen besonderen Verfahrensvorschriften des JGG enthaltene negativ formulierte „Gebot, schädliche Wirkungen der Strafverfolgung im Rahmen des gesetzlich Erlaubten möglichst zu vermeiden“ und damit erzieherische Ziele zum Tragen bringen würde[1041].

1040 Vgl. zum Folgenden *Bottke*, ZStW 95 (1983), 69 ff.

1041 *Bottke*, ZStW 95 (1983), 69 (92, 95 f.); ähnlich *Streng*, ZStW 106 (1994), 60 (89); auch *Albrecht*, Jugendstrafrecht, S. 63 ff., 251 ff.; *ders.*, ZStW 97 (1985), 831 (855 f.), betonte den Grundsatz des fairen Verfahrens und das „Prinzip des geringstmöglichen Eingriffs“ als Leitmaxime für den Rechtsanwender.

Diese spezialpräventive Aufgabenergänzung sah er auch mit den Einstellungsmöglichkeiten im Zwischenverfahren, den vielseitigen Möglichkeiten im vereinfachten Jugendverfahren, „durch Vereinfachung, Beschleunigung und jugendgemäße Gestaltung des Verfahrens erzieherische Nachteile, wie sie einem förmlichen Hauptverfahren mit seinen einschüchternden Ritualen und seine langen Dauer eigen sind, zu vermeiden“, oder der Rechtsmittelbeschränkung in § 55 JGG 1953 zur Verhütung pädagogischer Nachteile einer langen Verfahrensdauer, verwirklicht[1042]. Auch für die „Hauptverhandlung als Kernstück des Hauptverfahrens“ habe der Gesetzgeber etwa auf eine Vorschrift, die dem Ablauf der Hauptverhandlung eine positive erzieherische Wirkung zuschreiben würde, verzichtet und stattdessen versucht, durch Vorschriften wie z.B. die Nichtöffentlichkeit oder die Möglichkeit der zeitweiligen Ausschließung des Angeklagten „unnützen sakralen Elementen und unerwünschten Nachteilen für die Sozialisation des Jugendlichen entgegenzuwirken“[1043]. Insgesamt ging *Bottke* daher davon aus, „daß der Gesetzgeber die Durchsetzungschancen des Erziehungsgedankens ‘nüchterner’ beurteilte, als es erziehungsfreundliche Interpreten dem JGG heute meist unterstellen, so daß wohl eine Diskrepanz zwischen derem Prozeßideal und der Prozeßrealität, weniger aber ‘zwischen Gesetzesanspruch und Rechtswirklichkeit’ besteht“[1044]. Er plädierte dafür, das Jugendstrafverfahren unter dem leitenden Topos eines fairen Erziehungsstrafverfahrens zu sehen, das die Jugendkriminalrechtspflege nicht nur zu legaltreuem Verhalten, sondern auch zur Fürsorge und liberal-humanem Verhalten anhalten würde[1045]. Damit würde der Jugendliche als Verfahrenssubjekt mit wirksamen Abwehr- und Beteiligungsrechten gesehen[1046].

cc) Ursachen für die „Krise des Erziehungsgedankens“

Während *Schlüchter* infolge der Diskussion um den Erziehungsbegriff von einer „Krise des Erziehungsgedankens“ sprach und deren Ursache in der

1042 *Bottke*, ZStW 95 (1983), 69 (96 f., 97 ff., 102), gab aber zu bedenken, dass der Zeitraum zwischen Tat und rechtskräftiger Verurteilung bereits so lange sei, „daß ein besonderes Bedürfnis, den Sinnzusammenhang zwischen Tat und Aburteilung gerade durch eine Rechtsmittelbeschränkung zu wahren, bezweifelbar ist“.

1043 *Bottke*, ZStW 95 (1983), 69 (100).

1044 *Bottke*, ZStW 95 (1983), 69 (76).

1045 *Bottke*, ZStW 95 (1983), 69 (102); *ders.*, in: Verteidigung in Jugendstrafsachen, 46 (76 ff.).

1046 *Bottke*, ZStW 95 (1983), 69 (103); *ders.*, in: Verteidigung in Jugendstrafsachen, 46 (76 ff.).

„Übersteigerung" des Begriffs sah[1047], waren *Pfeiffer* und *Nothacker* der Ansicht, der Gesetzgeber habe zur „inflationären" Verwendung pädagogischer Terminologie selbst beigetragen, indem er nahezu alle Maßnahmen, die der Jugendrichter anordnen konnte, unter diesen Oberbegriff subsumierte, wie z.B. in den §§ 10, 17 Abs. 2, 80 Abs. 1 und 93 Abs. 2 JGG 1953[1048]. Dadurch sei der Begriff inhaltsleer geworden[1049]. *Heinz* war der Auffassung, der mit dem JGG 1923 versuchte Kompromiss zwischen Erziehung und Strafe sei gescheitert, denn weiterhin war offen, ob Erziehung „durch", „neben" oder „statt" Strafe stattfinden sollte[1050].

Die historische Ursache dieser Problematik sah man in der Einführung der Kategorie der Zuchtmittel in der NS-Zeit, durch welche die strenge Trennung zwischen Erziehungsmaßregeln und Strafe im JGG aufgegeben und die Gelegenheit geschaffen worden sei, „auf jugendliche Delinquenz fast beliebig zu reagieren"[1051]. Entgegen der zuvor postulierten Polarität zwischen Erziehung und Strafe habe die Einführung der Zuchtmittelkategorie suggeriert, dass sich beides miteinander verbinden lasse und das Konzept „Erziehung durch Strafe" eingeführt[1052]. So sei der Strafgedanke intensiviert worden, indem man ihn in den Erziehungsgedanken eingefügt hätte[1053]. Diese „Wandlung des Erziehungsgedankens im Jugendstrafrecht von einer rein pädagogischen zu einer strafrechtlich-autoritären Konzeption" sei schließlich durch JGG 1953 beibehalten und nicht etwa rückgängig gemacht worden[1054].

Als man sich eingehender mit der Entwicklung des Jugendstrafrechts während und nach der NS-Zeit auseinandersetzte, kam man zu dem Ergebnis, die „Kontinuitätsbeschwörung" nach 1945, die dem RJGG 1943 bescheinigte, die kontinuierliche Entwicklung des Jugendstrafrechts nicht unterbrochen zu haben und dem JGG 1953 die vollständige Bereinigung des Jugendstrafrechts von nationalsozialistischen Einschlägen attestierte, hätte diese Entwicklung verschleiert[1055].

1047 Dies sei eine Reaktion auf die gescheiterte grundlegende Reform des Jugendstrafrechts, vgl. *Schlüchter*, in: Verteidigung in Jugendstrafsachen, 29 (30).

1048 *Pfeiffer*, Kriminalprävention, S. 57.

1049 *Nothacker*, Sozialisationstheoretisches Konzept, S. 113.

1050 *Heinz*, in: Jugendstrafrechtsreform durch die Praxis, 13 (15).

1051 *Albrecht*, Jugendstrafrecht, S. 55; ähnlich *Pfeiffer*, in: Verhandlungen des 21. JGT, 788 (790); *ders*., StV 1991, 363 (368); *Wolff*, NK 1/1989, 26 (30).

1052 *Meyer-Höger*, Jugendarrest, S. 38; *Pieplow*, in: Beiträge zur Erziehung, 5 (24 f.); *Scholz*, DVJJ-Journal 1999, 232 (234 f.).

1053 *Wolff*, NK 1/1989, 26 (30).

1054 *Pfeiffer*, DVJJ-Journal 1991, 114 (123).

1055 *Pieplow*, in: Beiträge zur Erziehung, 5 (25 ff.).

So wandte sich *Wolff* gegen die Kontinuitätsbehauptungen der Nachkriegszeit und stellte in Bezug auf das RJGG 1943 fest, dieses habe trotz der Verwirklichung einiger auch vor der NS-Zeit bereits bestehender Reformvorstellungen unter der „Fassade eines modernen Gesetzes" die Tendenz zur Disziplinierung der Jugend und zur Ausgrenzung nicht oder schwer erziehbarer Personen und somit die für die NS-Zeit typische repressive Wirkrichtung gezeigt[1056]. Der Erziehungsgedanke habe mit der Einführung des Typus des unverbesserlichen frühreifen Schwerverbrechers und der sodann rassenbiologisch fortgesetzten Tätertypenlehre seine Bedeutung als normleitendes Prinzip für alle jungen Menschen verloren[1057]. In dem umfassenden System sozialer Kontrolle, in dem eine Vielzahl an Institutionen auf Jugendliche zugreifen konnten, sei der Jugendgerichtsbarkeit nur noch ein bescheidener Raum verblieben und die Jugendgerichtspraxis sei durch verschiedene Auslesemechanismen beschränkt gewesen, wobei eine „Korrektur bei nicht genügenden Justizurteilen durch polizeiliche Sonderbehandlung" möglich gewesen sei[1058]. Die These von der Kontinuität des Jugendstrafrechts gehe damit von einer eingeschränkten Perspektive aus und könne – wenn überhaupt – nur dann aufrechterhalten werden, wenn ausschließlich der Gesetzestext des RJGG 1943 betrachtet werde[1059].

Auch *Pieplow* identifizierte „Einbrüche des NS-Gesetzgebers in das JGG"[1060]. Für die Zeit nach 1945 sah er unter anderem im Fortbestehen von Formulierungen wie „schädliche Neigungen" und „Zuchtmittel" deutliche Beweise für eine Diskontinuität und kritisierte:

> „Wer mit dem Flankenschutz der Kontinuität den Eindruck erweckt, 'Erziehung durch Strafe' sei das 'alte' Grundkonzept des JGG, verschafft den nationalsozialistischen Einbrüchen in dieses Gesetz die historischen Weihen."[1061]

Dies sah er als Ursache für die vorherrschende „Zahnlosigkeit" der Erziehungsvokabel und ihre „Eignung zum Mißbrauch für die Rundum-Etikettierung aller strafenden Reaktionen und Rechtsbeschränkungen im Jugendstrafrecht" als erzieherische Maßnahme[1062]. So habe man das ursprüngliche Anliegen des JGG 1923, das „Subsidiär-Machen-Wollen von Bestrafung",

1056 *Wolff*, NK 1/1989, 26 (28); *ders.*, ZNR 1991, 41 (63) und ZfRSoz 1986, 123 (140).

1057 *Wolff*, in: DVJJ, Verhandlungen des 22. JGT, S. 652.

1058 *Wolff*, in: DVJJ, Verhandlungen des 22. JGT, S. 656.

1059 *Wolff*, in: DVJJ, Verhandlungen des 22. JGT, S. 657; *ders.*, ZNR 1991, 41 (63).

1060 Vgl. *Pieplow*, in: Beiträge zur Erziehung, 5 (33).

1061 *Pieplow*, in: Beiträge zur Erziehung, 5 (28 f.).

1062 *Pieplow*, in: Beiträge zur Erziehung, 5 (25).

erfolgreich versucht vergessen zu machen[1063]. Später bezeichnete *Pieplow* die These der Kontinuität als „Verrat an dem Gesetz von 1923“ und kritisierte ein „Mitvergessen“ der „unzureichenden Aufräumarbeiten am JGG 43“[1064].

e) Die Diskussion zum formellen Jugendstrafrecht in den 1980er Jahren

Neben der Diskussion um Stellung und Bedeutung des Erziehungsgedankens ging es in den 1980er Jahren in der jugendstrafprozessrechtlichen Fachdiskussion insbesondere weiterhin um die Qualifikation der Jugendrichter und -staatsanwälte, die Untersuchungshaft und die Verteidigung junger Beschuldigter.

aa) Zur Aus- und Fortbildung der Jugendrichter und -staatsanwälte

Dabei beschäftigte man sich als Folge der „aufblühende(n) Verfahrenssoziologie“[1065] noch stärker als zuvor mit der fachlichen Qualifikation der Jugendrichter und -staatsanwälte[1066]. Wirklich neue Ansätze für die Umsetzung der Vorstellungen und gesetzlichen Vorgaben in der Praxis fanden sich dabei aber nicht, auch wenn weiterhin Handlungsbedarf gesehen wurde[1067].

1982 veröffentlichte *Pommerening* die Ergebnisse einer 1980 bundesweit durchgeführten Untersuchung über pädagogisch relevante Dimensionen des Selbstbildes von Jugendrichtern[1068]. Dabei wurden Alltagsverständnis, Intuition, Menschenkenntnis und persönliches Geschick als maßgeblich für das jugendrichterliche Handeln angesehen und eine Spezialisierung größtenteils für richtig gehalten, wohingegen eine dauerhafte Sonderlaufbahn und strafrechtliche Prinzipien wie Schuld und Sühne überwiegend abgelehnt wurden. Insgesamt ergab die Untersuchung, dass sich die Jugendrichter nach eigenem Bekunden um einen aufgelockerten und kommunikativen Verhandlungsstil

---

1063 *Pieplow*, in: Beiträge zur Erziehung, 5 (16, 25).

1064 *Pieplow*, in: GS-Walter, 341 (349, 354); zu den personellen Kontinuitäten nach der NS-Zeit vgl. *Schumann*, in: Verhandlungen des 30. JGT, 39 (70 ff.).

1065 *Jung*, ZRP 1981, 36.

1066 Vgl. *Kraft*, Tendenzen, S. 279.

1067 *Bietz*, ZRP 1981, 212 (218 f.); *Heinz*, ZRP 1990, 7 (11); *Schaffstein*, NStZ 1981, 286 (287, 289 ff.); *Weil/Wilde*, Zbl. 70 (1983), 497 ff.

1068 Vgl. hierzu und zum folgenden Text *Pommerening*, Selbstbild von Jugendrichtern, S. 206 ff.; eine ausführliche Analyse der Ergebnisse findet sich bei *Drews*, Aus- und Fortbildungssituation, S. 52 ff.

bemühten und trotz des Wissens, bei anderen Richtern nicht besonders anerkannt zu sein, überwiegend mit ihrer Tätigkeit zufrieden waren. Während die Jugendrichter, die eine Spezialisierung ablehnten und eher verschlossen gegenüber den Sozialwissenschaften waren, häufig auch nicht auf eigenen Wunsch Jugendrichter geworden waren, zeigte die andere Gruppe eine hohe Kooperationsbereitschaft und sah die Verhandlung als kommunikatives Sozialverhältnis. *Pommerening* forderte für eine Umsetzung der Vorgaben des § 37 JGG daher eine gesonderte pädagogische und sozialwissenschaftliche Aus- und Fortbildung, wobei eine formale Spezialisierung gewährleisten sollte, dass Richter, die auf eigenen Wunsch hin Jugendrichter werden, längerfristig und ausschließlich mit einem solchen Amt betraut werden.

Eine Untersuchung von *Adam*, *Albrecht* und *Pfeiffer* 1982 und 1983 ergab jedoch wie schon in den 1970er Jahren eine erhebliche Divergenz der Vorgaben des JGG zur Praxis[1069]. So wurden nach deren Ergebnissen bei der Auswahl der Jugendrichter weder deren Neigungen berücksichtigt noch lag eine hinreichende Ausbildung und Spezialisierung der Jugendrichter auf jugendstrafrechtliche Aufgaben vor[1070]. Darüber hinaus stellte man fest, dass die befragten Frauen dem Leitbild eines Jugendrichters oder Jugendstaatsanwaltes deutlich mehr entsprachen als ihre männlichen Kollegen[1071]. Kritisiert wurde auch, dass eine Abberufung typischerweise immer dann erfolgte, wenn die Jugendrichter, die das niedrigste Image im Gerichtssystem hätten, endlich in ihre Berufsrolle hineingewachsen waren[1072]. *Weil* und *Wilde* schlugen daher erneut vor, die Jugendgerichtsbarkeit aus der ordentlichen Gerichtsbarkeit auszugliedern, um zu vermeiden, „daß jeder Richter jederzeit von einer Gerichtssparte zur anderen austauschbar ist", was der Forderung nach einem spezialisierten Jugendrichter widersprechen würde[1073].

bb) Zur Untersuchungshaft

Nachdem die Untersuchungshaft in den 1970er Jahren immer mehr in den Fokus der Reformdiskussion gerückt war, hatte sie sich Mitte der 1980er Jahre

---

1069 Vgl. hierzu die Zusammenfassung des Untersuchungsergebnisses bei *Adam/Albrecht/Pfeiffer*, Jugendrichter und -staatsanwälte, S. 142 ff.

1070 *Adam/Albrecht/Pfeiffer*, Jugendrichter und -staatsanwälte, S. 142 f., 147; *Feltes*, RdJB 1982, 123 (126 f.).

1071 *Adam/Albrecht/Pfeiffer*, Jugendrichter und -staatsanwälte, S. 148 f.

1072 *Adam/Albrecht/Pfeiffer*, Jugendrichter und -staatsanwälte, S. 144 f.; *Feltes*, RdJB 1982, 123 (127).

1073 *Weil/Wilde*, Zbl. 70 (1983), 497 (500).

zu einem der Hauptthemen in der Auseinandersetzung in der jugendstrafrechtlichen Literatur entwickelt[1074].

Die erzieherisch begründete Anordnung von Untersuchungshaft als Teil des Sanktionensystems, etwa zur Vorbereitung einer Jugendstrafe auf Bewährung, als Ersatz des Jugendarrests, im Rahmen einer Krisenintervention z.B. bei Serienstraftaten oder auch als Ersatz für Heimunterbringung, wurde scharf kritisiert und mit Blick auf die Unschuldsvermutung für rechtswidrig bzw. verfassungswidrig erachtet[1075]. Angesichts der „grundsätzlich und traditionell unzureichenden personellen Ausstattung der Vollzugsanstalten" konnte die Durchführung der Haft zudem kaum über „das schlichte Einsperren" hinausgehen und damit die Vorgaben des JGG nicht erfüllen[1076]. Die Zustände in den Haftanstalten waren noch immer „durchaus unbefriedigend, ja teilweise geradezu skandalös"[1077]. Als Ursache für die Tatsache, dass in der Bundesrepublik „zu viel, zu schnell und zu lange"[1078] verhaftet würde, wurden unter anderem Informationsdefizite der Haftrichter festgestellt, welche im Zeitpunkt der Haftentscheidung oft nur dürftige Informationen über den Jugendlichen und zu wenig Zeit für eine abgewogene Entscheidung hätten und deshalb auch auf formelhafte Haftbefehlsbegründungen zurückgreifen würden[1079]. So wurde weiterhin eine „vorschnelle und nicht ausreichende Annahme von Fluchtgefahr" durch Umstände konstatiert, die bei straffälligen Jugendlichen häufig vorliegen würden[1080]. Gefordert wurde daher – auch zur Vermeidung „apokrypher Haftgründe" – eine engere Fassung der Haftgründe und ein erhöhter Begründungszwang[1081]. Daneben verlangte man die Verbesserung der Rechtsstellung der Untersuchungshaftgefangenen durch Ausweitung der notwendigen Verteidigung, die verstärkte Einbeziehung der Jugendgerichtshilfe als Haftentscheidungshilfe und die Veränderung der praktischen Ausgestaltung der Haft

---

1074 Übersichtlich zu den Kritikpunkten und der Diskussion in der Literatur *Heinz*, INFO 1/86, 3 ff.

1075 *Albrecht*, Jugendstrafrecht, S. 191, 197 f.; *Giemulla/Barton*, RdJB 1982, 289 (290 ff.); *Hassemer*, StV 1984, 38 ff.; *Seiser*, Untersuchungshaft, S. 1 f., 144 ff., 316 ff., 354; vgl. dazu auch *Heinz*, INFO 1/86, 3 (22).

1076 *Seiser*, Untersuchungshaft, S. 2 f.; vgl. auch *Albrecht*, Jugendstrafrecht, S. 199.

1077 *Schaffstein/Beulke*, Jugendstrafrecht, 9. Aufl., S. 180.

1078 Dies war eine häufig verwendete Kurzformel, vgl. *Heinz*, BewHi 1987, 5 (6).

1079 *Seiser*, Untersuchungshaft, S. 200 ff.; vgl. auch *Gebauer*, Untersuchungshaft, S. 247 f., 376 ff.; *Steinhilper*, Untersuchungshaft, S. 51, 63 ff.

1080 *Walter*, ZfJ 1986, 429 (433).

1081 *Heinz*, INFO 1/86, 3 (24); *ders.*, BewHi 1987, 5 (26); vgl. auch *Gebauer*, Untersuchungshaft, S. 380, 389 ff.

in den Anstalten[1082]. Auch die einstweilige Unterbringung zur Haftvermeidung nach den §§ 71 Abs. 2, 72 Abs. 3 JGG 1953 wollte man in den erforderlichen Grenzen endlich durchführbar machen[1083].

Besonders die Verhängung von Untersuchungshaft gegenüber 14- oder 15-Jährigen geriet nach dem Suizid eines 14-Jährigen in einer Justizvollzugsanstalt in Niedersachsen im Mai 1983 in den Fokus[1084]. *Steinhilper* führte eine detaillierte Untersuchung aller Verfahren gegen 14- und 15-Jährige durch, die zwischen 1977 und 1982 in niedersächsischen Haftanstalten in Untersuchungshaft waren und kam zu dem Ergebnis, dass trotz des jungen Alters und der erst mit 14 Jahren einsetzenden Strafmündigkeit über die Hälfte der Untersuchungshäftlinge bereits zuvor strafrechtlich in Erscheinung getreten waren und der häufigste Haftgrund auch in dieser (zahlenmäßig allerdings nicht großen) Altersgruppe die Fluchtgefahr war, wobei Bedenken gegen die oft pauschalen Begründungen der Haftanordnungen in den Haftbefehlen geäußert wurden[1085]. Bei Außerachtlassung aller Jugendlichen, deren Strafe durch die Untersuchungshaft als verbüßt galt, wurde am Ende des Verfahrens nach vorhergehender Untersuchungshaft in nur 36% der Fälle eine stationäre Unterbringung angeordnet, wohingegen mit 77% eine sehr hohe Rückfallquote festgestellt wurde, welche unabhängig von den in der Haft ergriffenen Maßnahmen und Sanktionen war[1086]. Nicht selten wurde auch kurzfristige Untersuchungshaft angeordnet und von den Haftrichtern als notwendiger „Schuß vor den Bug“ betrachtet[1087].

In einer Untersuchung zur Anordnung der Untersuchungshaft in der Bundesrepublik Deutschland in den Jahren 1985 und 1986 stellte schließlich *Pfeiffer* beträchtliche Unterschiede in der Anordnungspraxis zwischen den Regionen und Bundesländern fest[1088]. Für die Altersgruppe der 14- und 15-Jährigen kam er jedoch zu dem Ergebnis, dass Untersuchungshaft generell selten angeordnet wurde[1089]. In vielen Fällen zeigte sich jedoch mit Blick auf die spätere Sanktionspraxis nach Verhängung der Untersuchungshaft, dass keine Jugendstrafe

1082 *Heinz*, INFO 1/86, 3 (23 ff.); *Viehmann*, in: Verteidigung in Jugendstrafsachen, 101 (107 f., 112); vgl. auch *Böhm*, in: FS-Dünnebier, 677, 684.

1083 *Walter*, ZfJ 1986, 429 (434); vgl. hierzu auch *Eisenberg*, ZfJ 1987, 325 ff.

1084 *Steinhilper*, Untersuchungshaft, Vorbemerkung.

1085 *Steinhilper*, Untersuchungshaft, S. 17, 19 ff., 72.

1086 *Steinhilper*, Untersuchungshaft, S. 38, 45, 48.

1087 *Steinhilper*, Untersuchungshaft, S. 58.

1088 *Pfeiffer*, Untersuchungshaft, S. 5 ff.; so auch *Heinz*, BewHi 1987, 5 (19 f.).

1089 *Pfeiffer*, Untersuchungshaft, S. 11.

ohne Bewährung verhängt wurde, was man darauf zurückführte, dass viele Richter die U-Haft – unausgesprochen – als notwendige Voraussetzung dafür sahen, die Jugendstrafe später zur Bewährung auszusetzen[1090]. Als entscheidende Aspekte für die Anordnungspraxis wurden im Ergebnis unter anderem die generelle Einstellung der Jugendgerichtsbarkeit zur Jugendstrafe (Strafmentalität), die Qualitätsunterschiede der Haftanstalten, die Zusammenarbeit von Polizei, Haftrichtern und Jugendgerichtshilfe, sowie die Angebote der Jugendhilfe zur Vermeidung der Haft, identifiziert[1091].

Unabhängig von den Entwicklungen in der Gesetzgebung bei Jugendlichen zeigte die Kritik bereits im Laufe der 1980er Jahre starke Auswirkungen auf die Anordnungspraxis der Gerichte, sodass etwa in Niedersachsen von 1982 bis 1989 die Zahl der Haftanordnungen halbiert und gegenüber 14- und 15-Jährigen die Zahl bis 1989 auf ein Viertel der Ausgangszahl von 1983 reduziert werden konnte[1092].

cc) Zur Verteidigung in Jugendstrafsachen

In der jugendstrafrechtlichen Diskussion wurde sich auch weiterhin intensiv mit der Verteidigung in Jugendstrafsachen, einem der „Modethemen des Jugendstrafprozeßrechts“[1093], auseinandergesetzt. Aufgrund eines gewandelten Verständnisses von Erziehung und der Feststellung, dass mit dem Erziehungsgedanken häufig auch die Rechtfertigung einer Einschränkung von Rechten des Jugendlichen erfolgen würde[1094], diskutierte man unter anderem auf dem sog. 1. Kölner Symposium im März 1987 über dieses Thema.

Dabei wurden (in vielerlei Abstufungen) im Wesentlichen die bereits aus der Vergangenheit bekannten Positionen vertreten. So sollte nach einer Auffassung der Verteidiger im Jugendstrafverfahren grundsätzlich dieselben Aufgaben haben wie im Strafverfahren gegen Erwachsene[1095]. Insbesondere sollte er vor allem der Tatsache entgegenwirken, dass mit dem Erziehungsgedanken eine

1090 *Pfeiffer*, Untersuchungshaft, S. 18; vgl. hierzu auch *Heinz*, BewHi 1987, 5 (17).

1091 *Pfeiffer*, Untersuchungshaft, S. 21 ff.

1092 Vgl. die Begrüßungsansprache von *Pfeiffer*, in: DVJJ (Hrsg.), Verhandlungen des 21. JGT, S. 14; *ders.*, StV 1991, 363 (369).

1093 So die Formulierung von *Beulke*, in: Verhandlungen des 20. JGT, 328.

1094 Vgl. dazu *Walter*, in: Verteidigung in Jugendstrafsachen, 11 (13 f.); *ders.*, NStZ 1987, 481 (482 f.).

1095 *Ostendorf*, StV 1986, 308; Rieß, in: Verteidigung in Jugendstrafsachen, 40 (42); vgl. auch *Schlüchter*, in: Verteidigung in Jugendstrafsachen, 29 (32).

Benachteiligung gegenüber Erwachsenen oder sogar eine Rechtsverkürzung durch einen Mangel an Waffengleichheit begründet werden konnte[1096]. So stellte man immer mehr die Verteidigung und nicht die Erziehung in den Vordergrund und sah die Aufgabe des Verteidigers in der Sicherstellung eines fairen Verfahrens, wobei er alle entlastenden Tatsachen vortragen und dem staatlichen Strafanspruch auch dann entgegentreten sollte, wenn dieser im Gewand erzieherischer Bemühungen aufträte[1097]. Betont wurden aber auch die erzieherischen Chancen der Verteidigung, da sich die Jugendlichen oder Heranwachsenden durch die Hinzuziehung eines Verteidigers ernst genommen fühlten, sodass eine sinnvolle Erziehungserfahrung und die Akzeptanz der Entscheidung geschaffen werden könne[1098]. Abgestellt wurde dabei auch auf das Vertrauensverhältnis des jungen Menschen zu seinem Verteidiger, das zerstört würde, wenn der Verteidiger nicht der Erwartung des Jugendlichen entspräche, gegen jeden staatlichen Eingriff verteidigt zu werden[1099].

Nach der Gegenauffassung sollte gerade auch die Verteidigung vom Erziehungsgedanken bestimmt sein und der Verteidiger das Gericht bei dessen erzieherischen Bemühungen unterstützen, sodass die Verteidigungsstrategie nicht von der richtigen Maßnahme wegführen durfte, indem etwa versucht würde, einen ungerechtfertigten Freispruch zu erreichen[1100]. Man war der Auffassung, sofern ein Verteidiger lediglich jugendstrafrechtliche Reaktionen abwehren wollte, würde dies einen Rückschritt vom Täter- zum Tatstrafrecht darstellen[1101]. Die Tatsache, dass es keine gesetzliche Bestimmung gab, die dies forderte, wollte man nicht für eine Abkoppelung des Verteidigers von dem erzieherisch konzipierten Verfahren ausreichen lassen, da der Verteidiger

---

1096 *Kahlert*, Verteidigung, S. 6 f.; *Rieß*, in: Verteidigung in Jugendstrafsachen, 40 (43); *Viehmann*, in: Beiträge zur Erziehung, 111 (117); *Zieger*, StV 1982, 305; vgl. dazu auch *Bottke*, in: Verteidigung in Jugendstrafsachen, 46 (52 ff.); *Schlüchter*, in: Verteidigung in Jugendstrafsachen, 29 (32).

1097 *Bottke*, in: Verteidigung in Jugendstrafsachen, 46 (79 ff.); *Eisenberg*, NJW 1984, 2913 (2915); *Kahlert*, Verteidigung, S. 6 f.; *Rieß*, in: Verteidigung in Jugendstrafsachen, 40 (43); *Walter*, in: Verteidigung in Jugendstrafsachen, 11 (18 f.); *Zieger*, StV 1982, 305.

1098 *Bottke*, in: Verteidigung in Jugendstrafsachen, 46 (82); *Ostendorf*, StV 1986, 308.

1099 Vgl. dazu *Bottke*, in: Verteidigung in Jugendstrafsachen, 46 (57); *Eisenberg*, NJW 1984, 2913 (2915 f.); *Kahlert*, Verteidigung, S. 6.

1100 Vgl. dazu *Bottke*, in: Verteidigung in Jugendstrafsachen, 46 (50 f.); *Breymann*, in: Verteidigung in Jugendstrafsachen 113 f.; *Walter*, in: Verteidigung in Jugendstrafsachen, 11 (24 f.); *ders.*, NStZ 1987, 481 (483); *Schlüchter*, in: Verteidigung in Jugendstrafsachen, 29 (31 f.).

1101 *Schlüchter*, in: Verteidigung in Jugendstrafsachen, 29.

zwar eine Gegenmacht zu den Strafverfolgungsbehörden, nicht aber zum Jugendrecht darstellen würde[1102].

Lediglich ein genereller Ausschluss von Verteidigern in Jugendstrafsachen wurde als „überheblich“ bezeichnet und nicht mehr ernsthaft diskutiert[1103]. Stattdessen kam immer mehr die vermittelnde Position auf, für die Funktion der Verteidigung in Jugendstrafsachen sei zwischen Schuld- und Sanktionsfrage zu unterscheiden[1104]. Während man für die Feststellung der Schuld eine weitgehende Übereinstimmung mit den Aufgaben im Erwachsenenstrafrecht sah, sollte bei der Sanktionsfrage der Erziehungsgedanke besonders wirken, indem versucht werden sollte, die erzieherisch beste Maßnahme zu ergreifen[1105].

Als Defizit der Verteidigung im jugendkriminalrechtlichen Verfahren wurde unter anderem eine Schlechterstellung im Vergleich zum Erwachsenenstrafrecht bei der Bestellung von Verteidigern ausgemacht, welche in allgemeinen Strafsachen deutlich häufiger vor dem Strafrichter auftraten als im Jugendstrafverfahren vor dem Jugendrichter als Einzelrichter, obwohl man der Auffassung war, dies müsste wegen der Situation der jungen Menschen, welche nicht in der Lage seien, „sich bedacht und folgenorientiert zu verteidigen wie ältere Menschen“, genau andersherum sein[1106]. Gefordert wurde insofern, eine extensive, „jugendrechtliche Interpretation des § 140 II StPO“ und Richtlinien zur Anwendung der Norm auf junge Beschuldigte zu entwickeln[1107]. Darüber hinaus verlangte man die Erweiterung der Fallgruppen der notwendigen Verteidigung unter anderem für solche Fälle, in denen Anklage vor dem Jugendschöffengericht erhoben wurde oder wenn Untersuchungshaft oder eine Unterbringung angeordnet wurde, wobei der Verteidiger in den Fällen der notwen-

---

1102 *Walter*, in: Verteidigung in Jugendstrafsachen, 11 (24).

1103 *Schlüchter*, in: Verteidigung in Jugendstrafsachen, 29; *Wagler*, Probleme der Verteidigung, S. 9 f.; *Walter*, NStZ 1987, 481 (486).

1104 So *Schaffstein/Beulke*, Jugendstrafrecht, 9. Aufl., S. 147; vgl. auch *Schlüchter*, in: Verteidigung in Jugendstrafsachen, 29 (32 ff.) und die Thesen des Arbeitskreises VIII, in: DVJJ (Hrsg.), Verhandlungen des 20. JGT, S. 345.

1105 Vgl. dazu *Wagler*, Probleme der Verteidigung, S. 30 ff.; vgl. auch die Thesen des Arbeitskreises VIII, in: DVJJ (Hrsg.), Verhandlungen des 20. JGT, S. 345; *Beulke*, StV 1987, 458 (461), wollte nach der Härte der zu erwartenden Reaktion unterscheiden, ob die erzieherische Funktion im Vorder- oder Hintergrund stehen sollte.

1106 *Walter*, NStZ 1987, 481 (483); vgl. auch *Rieß*, in: Verteidigung in Jugendstrafsachen, 40 (44 f.).

1107 *Ostendorf*, StV 1986, 308 (312); *Walter*, NStZ 1987, 481 (484); dies war schon am Jugendgerichtstag 1986 gefordert worden, vgl. die Thesen des Arbeitskreises VIII, in: DVJJ (Hrsg.), Verhandlungen des 20. JGT, S. 345 f.

digen Verteidigung so früh wie möglich bestellt werden sollte[1108]. Auch die Tatsache, dass der Anteil der Jugendstrafverfahren, in denen bereits im Ermittlungsverfahren, „in dem der Prozeßstoff weitgehend kanalisiert und vorbeurteilt wird, in dem also Weichenstellungen erfolgen, die später kaum mehr korrigiert werden“ oder Untersuchungshaft bzw. die Unterbringung angeordnet wurde, ein Verteidiger mitwirkte, sehr gering war, wurde bemängelt[1109]. Thematisiert wurden auch problematische Erfahrungen aus der Praxis wie z.B. die Vermeidung der Diversion durch Verteidiger mangels diversionsfreundlicher Gebührensätze oder eine gewisse „Bestrafung“ des Angeklagten für das Verhalten seines Verteidigers[1110].

Im Hinblick auf die Frage der erzieherischen Qualifikation der Verteidiger verfestigte sich die Auffassung, wonach eine solche im Rahmen der Möglichkeiten grundsätzlich zu fordern war, weil der junge Beschuldigte, der einem Strafverfahren in der Regel noch hilfloser ausgeliefert sei als ein Erwachsener, erst recht auf die Unterstützung durch eine rechtskundige Person seines Vertrauens angewiesen war[1111]. Kritisiert wurden weiterhin fehlende Fortbildungsangebote[1112], wohingegen man die Idee eines Fachanwalts für Jugendstrafrecht oder die Führung von Listen erfahrener Jugendverteidiger weiter ablehnte[1113]. Auch der Vorschlag eines Ersatzes des Rechtsanwalts als Verteidiger durch die Jugendgerichtshilfe wurde überwiegend als undurchführbar abgelehnt, da die Jugendgerichtshelfer sich etwa nicht auf die Schweigepflicht berufen könnten und so eine Widersprüchlichkeit zu den Erwartungen der Jugendrichter an die Rolle der Jugendgerichtshelfer hergestellt würde[1114].

Angeregt vom Kölner Jugendgerichtstag 1986 und dem Kölner Symposium über Verteidigung in Jugendstrafsachen 1987 wurden schließlich von einer Arbeitsgruppe der DVJJ die sog. Kölner Richtlinien entwickelt, um zu vermei-

---

1108 Vgl. die Thesen des Arbeitskreises VIII, in: DVJJ (Hrsg.), Verhandlungen des 20. JGT, S. 345 f.

1109 *Walter*, NStZ 1987, 481 (484); vgl. auch *Viehmann*, in: Verteidigung in Jugendstrafsachen, 101 (102 ff.).

1110 *Walter*, NStZ 1987, 481 (485 f.); vgl. auch *Breymann*, in: Verteidigung in Jugendstrafsachen, 113 (116).

1111 So z.B. *Wagler*, Probleme der Verteidigung, S. 90 f.; vgl. auch die Thesen des Arbeitskreises VIII, in: DVJJ (Hrsg.), Verhandlungen des 20. JGT, S. 345.

1112 *Walter*, NStZ 1987, 481 (485); vgl. auch die Thesen des Arbeitskreises VIII, in: DVJJ (Hrsg.), Verhandlungen des 20. JGT, S. 345.

1113 Vgl. *Albrecht*, Jugendstrafrecht, S. 296 f.; *Eisenberg*, NJW 1984, 2913 (2915 f.); *Wagler*, Probleme der Verteidigung, S. 90.

1114 *Rieß*, in: Verteidigung in Jugendstrafsachen, 40 (43 f.); *Walter*, NStZ 1987, 481 (486); ausführlich zum Vorschlag *Hauber*, Zbl. 67 (1980), 509 ff.

den, dass in Zukunft Fälle notwendiger Verteidigung nicht wahrgenommen oder übersehen werden, „weil die rechtlichen Vorschriften verstreut sind und für die besonderen Belange des Jugendrechts nicht hinreichend aufbereitet sind" und den Jugendstrafrechtspraktikern Interpretationshilfen bei der Rechtserschließung und Rechtsanwendung zu vermitteln[1115]. In den allgemeinen Grundsätzen zu den Richtlinien wurde die Wichtigkeit der Fairness gegenüber den jungen Menschen als „glaubwürdigste(r) Beitrag zur Erziehung" bezeichnet und betont, dass die Position des Verteidigers schon aufgrund von Stellung und Funktion nicht durch die Jugendgerichtshilfe ersetzt werden könne, sodass – insbesondere unter dem Blickwinkel der mangelnden Fähigkeit junger Menschen, sich selbst zu verteidigen – immer schon möglichst bei der polizeilichen Vernehmung und den ersten Kontakten zur Jugendgerichtshilfe geprüft werden sollte, ob Anhaltspunkte für eine notwendige Verteidigung bestehen. Aufgrund der besonderen Schutzbedürftigkeit junger Menschen und der großen Bedeutung des Verfahrens für deren weitere Entwicklung, sowie der Tatsache, dass im Jugendstrafrecht angesichts des großen Gewichts der informellen Erledigung mit der Anklageerhebung zum Ausdruck gebracht wird, dass der Straftat erhebliches Gewicht beigemessen wird, wurde die geringe Beteiligung von Verteidigern im Jugendstrafverfahren (1986: 25%) im Vergleich zu den Verfahren gegen Erwachsene (1986: 59,1%) als „in rechtsstaatlicher Hinsicht bedenklich" angesehen. In den Richtlinien wurde unter anderem darauf hingewiesen, dass die Verteidigung vor den Jugendschöffengerichten oder bei zu erwartender Jugendstrafe immer eine notwendige war, wohingegen bei informeller Erledigung in der Regel keine Verteidigung notwendig sein sollte.

f) Die Entstehung des 1. JGGÄndG

Bereits auf dem Jugendgerichtstag 1980 hatte Justizminister *Vogel* die Arbeiten an einer Novelle zum Jugendgerichtsgesetz angekündigt, die „den Erziehungsgedanken im Jugendstrafrecht noch deutlicher zum Tragen" bringen sollte, wobei er „höhere Anforderungen an die erzieherische Befähigung der Verfahrensbeteiligten, aber auch die Schaffung von Alternativen zur Jugendstrafe und von Maßnahmen im Vorfeld eines förmlichen Verfahrens" als Beispiele möglicher Verbesserungen aufgeführt hatte[1116].

1115 Vgl. hierzu und zum folgenden Text die „Kölner Richtlinien", in: NJW 1989, 1024 ff.

1116 Vgl. die Ansprache von Bundesjustizminister *Vogel*, in: DVJJ (Hrsg.), Verhandlungen des 18. JGT, S. 5 f.

1981 verabschiedete die Kommission Rechtspolitik als Teil eines kriminalpolitischen Programms der SPD sodann Reformthesen für eine Überarbeitung des JGG, nachdem bereits 1979 von der Arbeitsgemeinschaft Sozialdemokratischer Juristen Reformvorschläge eingebracht und anschließend einer Unterkommission zur Ausarbeitung einer Stellungnahme weitergeleitet worden waren[1117]. Wie auch in der jugendstrafrechtlichen Literatur wurde darin die Auffassung geäußert, die „Praxis des geltenden Jugendkriminalrechts ist noch zu sehr von strafrechtlichem Denken geprägt", was sich in der Tatsache äußere, dass nach wie vor überwiegend repressive Maßnahmen verhängt würden. Angesichts der Erkenntnisse der kriminologischen Forschung war man der Ansicht, dass die Möglichkeiten, durch die Strafverfahren überflüssige Stigmatisierungseffekte zu vermeiden, nicht ausreichend genutzt würden. Gefordert wurde, § 45 JGG neu zu formulieren, um zu verdeutlichen, dass das förmliche Verfahren nur noch dann durchgeführt werden sollte, wenn der Täter bereits vorher straffällig geworden war oder die Schwere der Tat bzw. der umstrittene Sachverhalt eine Hauptverhandlung erforderlich machten. Auch die Jugendgerichtshilfe wurde kritisiert, die „in ihrem gegenwärtigen Zustand weder eine befriedigende Hilfe für das Gericht noch für die Jugendlichen" sei. Dies sah man vor allem als Folge der personellen Unterbesetzung. Man wollte sie daher „zu einem besseren Sozialdienst" ausbauen, indem insbesondere die Hilfe für den Jugendlichen, etwa im Rahmen der Vorbereitung auf die Hauptverhandlung und vorläufigen erzieherischen Betreuung, im Verhältnis zur „Gerichtshilfe" ein gleichrangiger Arbeitsschwerpunkt der Jugendgerichtshilfe werden sollte. Zudem verlangte auch die SPD, eine spezialisierte Aus- und Fortbildung für die Jugendrichter einzuführen, welcher als umfassend zuständiger „Erziehungsrichter" auch die Entscheidungskompetenzen für die richterlich anzuordnenden Maßnahmen der Jugendhilfe erhalten sollte. Auch sie forderte, die Anordnung von Untersuchungshaft möglichst zu vermeiden, indem z.B. schon vor Erlass eines Haftbefehls die Jugendgerichtshilfe eingeschaltet und die Alternativen zur Untersuchungshaft ausgebaut werden sollten. Schließlich befürwortete man wie in weiten Teilen der Literatur die vollumfängliche Einbeziehung der Heranwachsenden, die mittlerweile in der Praxis überwiegend nach Jugendstrafrecht verurteilt wurden, in das Jugendstrafrecht. Man war der Auffassung, zumindest bis zum 21. Lebensjahr befände sich der junge Mensch in einer Entwicklung, die mit pädagogischen Maßnahmen beeinflusst werden könne[1118].

1117 Vgl. zum Ganzen SPD, Zbl. 1982, 60 ff.

1118 Vgl. dazu auch *Bietz*, ZRP 1981, 212 (219); *Miehe*, Zbl. 69 (1982), 82 (85); *Kaiser*, RdJB 1983, 346 (356), war dagegen der Ansicht, die Handhabung der Vorschriften durch die Praxis erfolge mittlerweile bedürfnisgerecht und ohne gravierende Missstände.

Der Jugendgerichtstag 1983 in Mannheim, der sich entsprechend der zu dieser Zeit immer intensiver werdenden Diskussion dann auch mit dem „Jugendgerichtsverfahren und Kriminalprävention" beschäftigte, wollte den Verfahrensaspekt des Tagungsthemas in den Mittelpunkt stellen[1119]. *Kerner* setze sich dabei mit der Frage auseinander, ob eine Kriminalprävention im Jugendgerichtsverfahren überhaupt möglich sei, wobei er auf Schwierigkeiten durch die soziale Lage und Vorprägungen der jungen Delinquenten, etwa in Form einer Verfestigung negativer Identität durch die bereits mit der Polizei, Pädagogik und Justiz gemachten Erfahrungen, hinwies[1120]. Da die Lebensentwicklung und Erziehung langfristige, kontinuierliche Prozesse seien, der Eingriff durch ein Verfahren dagegen nur eine „begrenzte Erfahrung", war er skeptisch bezüglich der Möglichkeit der Prävention im Rahmen des Verfahrens. So würde das Jugendstrafverfahren auch aus lernpsychologischen Gesichtspunkten zu spät einsetzen, indem es eine unmittelbare Reaktion und damit nur begrenzt geeignet sei, „jugendliche Straftäter psychologisch zu erreichen bezw. zu wandeln". Zudem waren nach *Kerner* die Reaktionen des unmittelbaren sozialen Umfelds, also „Scham und die Schande des Aufkommens einer Tat als solche" bereits weitaus wirksamere Präventionsfaktoren als die Reaktionen durch Polizei, Justiz und Sozialarbeit, die oft nur negative Erwartungen bestätigen würden. So thematisierte man auf dem Jugendgerichtstag auch die Möglichkeit der Prävention durch die Polizei und kam zu dem Ergebnis, dass entweder das Opportunitätsprinzip oder eine Einstellungskompetenz für die Polizei eingeführt werden sollten, um „dadurch förmliche Verfahren und damit die Stigmatisierung und die Kriminalisierung von Jugendlichen im Sinne von Prävention" zu vermeiden[1121]. Zudem ging man auf die Kommunikation im Verfahren ein, wobei ein Verhandlungsklima befürwortet wurde, in dem der Richter die „Juristenmaske" ablegen und „selber auch emotional erkennbar" würde[1122]. Für vereinfachte Verfahren wurde „generell empfohlen, auf die Robe zu verzichten und das Verhandlungsgespräch in einem geeigneten Raum als Dialog unter den Beteiligten zu gestalten"[1123].

1119 DVJJ (Hrsg.), Verhandlungen des 19. JGT, S. 13.

1120 Hierzu und zum folgenden Text *Kerner*, in: Verhandlungen des 19. JGT, 14 ff.

1121 Vgl. hierzu die Thesen des Arbeitskreises III, in: DVJJ (Hrsg.), Verhandlungen des 19. JGT, S. 150.

1122 Vgl. hierzu die Thesen des Arbeitskreises IX, in: DVJJ (Hrsg.), Verhandlungen des 19. JGT, S. 432 f.

1123 Vgl. hierzu die Thesen des Arbeitskreises IX, in: DVJJ (Hrsg.), Verhandlungen des 19. JGT, S. 433.

aa) Der Referentenentwurf 1983

Bereits 1982 war vom BMJ anlässlich des aufgrund des geplanten Ausbaus der Strafaussetzung zur Bewährung im allgemeinen Strafrecht erforderlichen Anpassungsbedarfs im Jugendstrafrecht ein „Arbeitsentwurf eines Gesetzes zur Änderung des JGG“[1124] erarbeitet worden, indem als Ziel festgelegt wurde, über eine bloße Anpassung hinauszugehen und „dringenden Anliegen der Praxis und berechtigter Kritik der Wissenschaft“ zu entsprechen, „soweit dies im Rahmen einer durch den Zusammenhang mit dem Entwurf eines Strafrechtsänderungsgesetzes in ihrem Umfang begrenzten Novelle möglich erscheint“[1125]. In prozessualer Hinsicht wollte man daher die informellen Erledigungsmöglichkeiten, die Auswahl der Jugendrichter, die Funktion der Jugendgerichtshilfe und die Regelung der einstweiligen Unterbringung in einem Erziehungsheim als Alternative zur Untersuchungshaft verbessern und so „den Erziehungsgedanken besser zum Tragen bringen“[1126]. So wollte man unter anderem der Kritik aus der Praxis bezüglich der erzieherischen Befähigung und Erfahrung der Jugendrichter Abhilfe schaffen, indem in § 37 JGG vorgesehen werden sollte, dass ein Richter auf Probe im ersten Jahr nach seiner Ernennung die Geschäfte des Jugendrichters nicht wahrnehmen darf, um zu verhindern, dass „das Jugendrichteramt bisweilen jungen und noch unerfahrenen Richtern auf Probe übertragen“ wird, „die zudem nach kurzer Zeit wieder eine andere Aufgabe übernehmen müßten“[1127]. Darüber hinaus wollte man durch eine Vorschrift in § 50 Abs. 3 JGG, die bestimmte, dass der Vertreter in die Verhandlung entsandt werden musste, der auch die Nachforschungen über den Jugendlichen angestellt hat, die vielkritisierte Praxis des sog. Gerichtsgehers abschaffen[1128].

In der Folge entstand nach Beratungen mit Vertretern der Landesjustizverwaltungen Ende 1983 ein Referentenentwurf eines Gesetzes „zur Änderung des Jugendgerichtsgesetzes“[1129]. Da das BMJ ein etwa zeitgleiches Inkrafttreten

---

1124 Der Entwurf ist enthalten in BArch B 141/90378.

1125 Vgl. die Begründung des Arbeitsentwurfs, S. 18.

1126 Auch den Begriff der „schädlichen Neigungen“ wollte man aus dem Gesetz entfernen, vgl. die Begründung des Arbeitsentwurfs, S. 18 f., in BArch B 141/90378; vgl. hierzu auch *Kerner*, in: Diversion, 1 (2 f.).

1127 Vgl. die Begründung des Arbeitsentwurfs, S. 14 f.

1128 Allerdings war eine Ausnahme von dieser Regel bei Gestattung durch den Richter vorgesehen vgl. die Begründung des Arbeitsentwurfs, S. 18 f.; vgl. dazu auch *Schaffstein*, NStZ 1981, 286 (288).

1129 Die Niederschrift der Ergebnisse der Besprechungen mit den Vertretern der LJV zum Arbeitsentwurf findet sich in BArch B 141/90384, der Referentenentwurf samt Begründung in BArch B 141/439519.

eines JGG-Änderungsgesetzes und des ebenfalls in Planung befindlichen Strafrechtsänderungsgesetzes anstrebte, wurden darin jedoch nur solche Änderungen vorgesehen, die durch den Referentenentwurf eines Strafrechtsänderungsgesetzes bedingt waren oder „von der Praxis erwartet" wurden „und im allgemeinen eine Entlastung der Jugendgerichtsbarkeit" bedeuteten[1130].

Da die Erfahrung gezeigt hatte, „daß Kriminalität junger Menschen häufig keinen Anlaß für eine förmliche Reaktion durch Urteil gibt, vielmehr informelle erzieherische Maßnahmen ausreichen, um ein erneutes Straffälligwerden zu verhindern", wollte man die Reihenfolge der Absätze in § 45 JGG ändern und die Norm präzisieren, um diese an die tatsächliche Abfolge der in der Praxis anzustellenden Überlegungen (zuerst § 45 Abs. 2 JGG 1953, dann Abs. 1) anzugleichen und der uneinheitlichen Anwendungspraxis entgegenzuwirken, wobei § 47 JGG an diese Änderung angepasst werden sollte[1131]. Dass die Staatsanwaltschaft unter Beachtung des Beschleunigungsgrundsatzes dabei für eine gewisse Zeit mit der Fortsetzung des Verfahrens innehalten können sollte, wenn weitere Erkenntnisse für eine mögliche Einstellung zu erwarten oder die Erfüllung von Auflagen und Weisungen zu überprüfen waren, hielt man für selbstverständlich, sodass man entgegen des Arbeitsentwurfs keine dahingehende Regelung mehr in § 45 JGG vorsah[1132].

Auch die Jugendgerichtshilfe wollte man stärker am Verfahren beteiligen und ihre „Schlüsselrolle" stärken, indem sie unverzüglich von der Vollstreckung, möglichst aber bereits vom Erlass eines Haftbefehls benachrichtigt werden sollte (§ 72 Abs. 2 S. 2 JGG)[1133]. Korrespondierend dazu war in § 38 Abs. 2 S. 3 JGG eine beschleunigte Berichtspflicht in Haftsachen vorgesehen. Gegenüber dem Arbeitsentwurf hatte man sich nach den Beratungen mit den Landesjustizverwaltugen allerdings dazu entschieden, die geplante Vorschrift zum sog. Gerichtsgeher zu einer „Soll-Vorschrift" in § 50 Abs. 3 S. 2 JGG auszugestalten und zwar unter der Prämisse, dass dadurch kein zusätzlicher Revisionsgrund geschaffen werden sollte, da man eine „rechtsmittelträchtige" Vorschrift mit der Pflicht zur Prüfung durch den Richter als „nicht in die heutige

1130 Vgl. den Vermerk des BMJ vom 28. Juli 1983 in: BArch B 141/439518; siehe auch DVJJ (Hrsg.), Verhandlungen des 19. JGT, S. 11 f.

1131 Vgl. die Begründung des RefE-1983, S. 25, 43 ff.

1132 Vgl. die Begründung des RefE-1983, S. 45.

1133 Vgl. die Begründung des RefE-1983, S. 25 f., 56; vgl. zum Ganzen auch *Bietz*, ZRP 1981, 212 (218).

Zeit“ passend ansah[1134]. So hielt man eine „Soll-Vorschrift“ für „weniger kompliziert und fehleranfällig“ und stellte auf die Aufklärungspflicht des Richters ab, dessen Sache es sei, dafür Sorge zu tragen, „daß die Jugendgerichtshilfe in der Hauptverhandlung angemessen vertreten ist“[1135].

Schließlich wollte man die Möglichkeit der einstweiligen Unterbringung in einem Erziehungsheim als Alternative zur Untersuchungshaft in § 71 Abs. 2 und § 72 Abs. 3 JGG, welche „nie recht wirksam“ geworden war, weil unterschiedliche Auffassungen über die Voraussetzungen und die Art der Ausführung bestanden hatten, durch ihre klarere Einordnung zwischen weniger einschneidenden vorläufigen Anordnungen über die Erziehung nach § 71 Abs. 1 JGG und der Untersuchungshaft verbessern[1136]. In § 72 Abs. 3 JGG sollte nun bestimmt werden, dass der Vollzug eines Haftbefehls auszusetzen und die einstweilige Unterbringung in einem Erziehungsheim anzuordnen war, „wenn zu erwarten ist, daß der Zweck der Untersuchungshaft auch durch sie erreicht werden kann“.

Die Frage der Behandlung Heranwachsender griff man dagegen „vor allem aus praktischen Gründen“ bewusst zunächst nicht auf, da man angesichts knapper Haushaltsmittel für eine vollumfängliche Einbeziehung dieser längerfristige Planungen für erforderlich hielt und eine Neuregelung für nicht dringlich erachtete, nachdem der BGH zuvor entschieden hatte, dass im Zweifel Jugendstrafrecht anzuwenden sei[1137] .Auch die Vorschrift zur Qualifikation der Jugendrichter war gegenüber dem Arbeitsentwurf nach den Beratungen mit den Landesjustizverwaltungen wieder gestrichen worden, nachdem kritisiert worden war, dies könne insbesondere bei kleineren Amtsgerichten zu Problemen führen, wobei eine solche Vorschrift zum einen in der Jugendarbeit erfahrene junge Richter ausschließen und zum anderen eine besondere Qualifikation nicht gewährleisten würde, sodass man auch eine „Soll-Vorschrift“ ablehnte[1138].

1134 Vgl. die Ergebnisniederschrift über die Besprechung mit den Vertretern der LJV, S. 28 f., in: BArch B 141/90384; vgl. zum sog. Gerichtsgeher auch *Schaffstein*, NStZ 1981, 286 (288).

1135 „Er wird sich in der Regel zu diesem Zwecke mit der Jugendgerichtshilfe ins Benehmen setzen“, vgl. die Begründung des RefE-1983, S. 46.

1136 Vgl. die Begründung des RefE-1983, S. 26 f., 52 ff.; die zunehmende Tendenz zur „Entkerkerung“ hob man auf dem JGT 1983 positiv hervor, vgl. *Schüler-Springorum*, in: Verhandlungen des 19. JGT, 558 (561).

1137 Vgl. die Begründung des RefE-1983, S. 28.

1138 Vgl. die Ergebnisniederschrift über die Besprechung mit den Vertretern der LJV, S. 22 f., in BArch B 141/90384.

Auch wenn die Wiederaufnahme der fachlichen und politischen Diskussion um eine Reform des Jugendstrafrechts grundsätzlich begrüßt wurde, war eine umfassende inhaltliche oder systematische Neugestaltung des JGG somit von Anfang an nicht vorgesehen, wofür der Entwurf teilweise scharf kritisiert wurde[1139]. Schon zum Arbeitsentwurf war angemerkt worden, dass dieser „im ganzen gesehen nur den Ertrag der Reformdiskussion der letzten Jahre vorsichtig“ zusammenfasste und nicht auf weitere diskutierte Themen wie die Neugestaltung der Hauptverhandlung oder die vollumfängliche Einbeziehung der Heranwachsenden in das Jugendstrafrecht einging[1140]. Mit Bedauern wurde nun festgestellt, „daß der Referentenentwurf sogar in einzelnen Punkten hinter dem Arbeitsentwurf zurückbleibt“, wobei insbesondere kritisiert wurde, dass für das Problem des sog. Gerichtsgehers nurmehr eine „Soll-Vorschrift“ vorgesehen war und die Jugendgerichtshilfe vor Erlass eines Haftbefehls nicht angehört werden musste, sowie dass die Einstellung nach § 45 JGG weiter von einem Geständnis abhängig sein sollte, welches man „weder aus erzieherischen noch aus rechtsstaatlichen Gründen“ für erforderlich hielt[1141]. Gefordert wurde zudem weiterhin die ausschließliche Anwendung des Jugendstrafrechts auf Heranwachsende und die Verbesserung der Auswahl von Jugendrichtern[1142]. Vertreten wurde aber auch, mit seinen Bestrebungen um vorsichtige Anpassungen entspreche der Gesetzgeber in seinen Bemühungen der „stillen“ und „inneren“ Reformarbeit der Praxis[1143]. Letztendlich wurde der Entwurf aufgrund der fehlenden Quantifizierung der zu erwartenden Kosten und des Widerstands Bayerns gegen die Regelung zur Strafaussetzung zur Bewährung trotz einer entsprechenden Aufforderung des Bundestags an die Bundesregierung, bis 1. Juli 1986 einen Regierungsentwurf vorzulegen, vor Ende der Legislaturperiode im Jahr 1987 zunächst nicht umgesetzt[1144].

1139 Vgl. etwa die Stellungnahme der Arbeitsgemeinschaft für Jugendhilfe, in: BArch B 141/439519.

1140 *Kaiser*, RdJB 1983, 346 (351, 354 f., 357).

1141 Auch der Begriff der schädlichen Neigungen war „aus nicht erkennbaren Gründen“ im RefE wieder enthalten, vgl. die Stellungnahme der Gewerkschaft ÖTV vom 16. Mai 1984, in: BArch B 141/439521.

1142 Vgl. die Stellungnahme der Arbeitsgemeinschaft für Jugendhilfe, in: BArch B 141/439519.

1143 *Kaiser*, RdJB 1983, 346 (357).

1144 Vgl. den Vermerk des BMJ vom 22. November 1985 und die weiteren Dokumente in BArch B 141/439524; BT Drs. 11/5829, S. 11; vgl. auch *Böttcher/Weber*, NStZ 1990, 561; *Jung*, JuS 1992, 186 (187).

bb) Weitere Entwicklungen

In der Folge beruhigte sich die Diskussion um eine Reform aber nicht etwa, sondern wurde – auch über die Landesgrenzen hinaus – kontinuierlich fortgesetzt.

1. Die Mindestgrundsätze für die Jugendgerichtsbarkeit

1985 beschlossen die Vereinten Nationen wie bereits erwähnt einige Mindestgrundsätze für die Jugendgerichtsbarkeit, deren Inhalt nachfolgend überblicksartig dargestellt werden sollen.

So hatte die Jugendgerichtsbarkeit nach den Grundsätzen „das Wohl des Jugendlichen in den Vordergrund zu stellen und zu gewährleisten, daß die Reaktionen gegen jugendliche Täter im Hinblick auf die Umstände des Täters wie auch der Tat stets verhältnismäßig sind“[1145]. Festgelegt wurde, dass grundlegende Verfahrensgarantien wie z.B. die Unschuldsvermutung, das Recht, die Aussage zu verweigern oder das Recht auf einen Verteidiger sowie der Schutz der Privatsphäre zur Vermeidung von Abstempelungsprozessen beachtet werden mussten. Neben der bereits geschilderten Förderung von Diversion sah man in verfahrensrechtlicher Hinsicht unter anderem vor, dass bei einer Festnahme eines Jugendlichen dessen Eltern oder Vormund sofort zu benachrichtigen seien, innerhalb der Polizei solche Beamte, die oft oder ausschließlich mit Jugendlichen zu tun haben, besonders ausgebildet werden sollten und Untersuchungshaft nur dann vollzogen werden sollte, wenn dies absolut unvermeidbar war. Darüber hinaus wurde das Recht des Jugendlichen, sich während des gesamten Verfahrens durch einen Anwalt vertreten zu lassen und der Eltern bzw. Vormünder, am Verfahren teilzunehmen, sowie die Anstellung geeigneter Erhebungen über das Vorleben des Jugendlichen, seine Lebensumstände und die Hintergründe der Tat, für über Bagatellfälle hinausgehende Verfahren, vereinbart. Betont wurde neben der Vermeidung unnötiger Verzögerungen der Verfahren schließlich auch die Wichtigkeit fachlicher Kompetenz und besonderer Aus- und Fortbildung der mit Jugendsachen befassten Personen. Die Grundsätze enthielten damit im Wesentlichen keine über die im deutschen Jugendstrafrecht diskutierten Themen hinausgehenden Ansatzpunkte.

1145 Vgl. hierzu und zum folgenden Text die Grundsätze, abgedruckt in: ZStW 99 (1987), 253 ff.; diese setzten das Vorhandensein einer „Jugendgerichtsbarkeit“ voraus, vgl. *Eisenberg*, in: Jugendstrafrechtsreform durch die Praxis, 45 (47); zum Ganzen auch *Schüler-Springorum*, ZStW 99 (1987), 809 ff.

2. Die Grundsätze der Ad-hoc-Kommission „Diversion"

Aufgrund der geschilderten Entwicklungen zur Diversion in der Praxis setzten die Jugend- und Justizministerkonferenzen der Länder noch 1986 eine Ad-hoc-Kommission „Diversion" ein, welche sodann Empfehlungen erarbeitete, um eine vereinheitlichte Handhabung der durch die „innere Reform" erfolgten Modifikationen in der Anwendung des Jugendstrafrechts in der Praxis sicherzustellen[1146]. In den bis 1988 erarbeiteten und 1989 veröffentlichten Empfehlungen hob man unter anderem die abgestufte Reihenfolge der Prüfung der verschiedenen Varianten von § 45 JGG hervor und erläuterte deren Anwendungsbereich, wobei man betonte, dass der Erziehungsgedanke keine Einschränkungen rechtsstaatlicher Grundsätze rechtfertigen könne. Neben der Forderung der Ausweitung sozialer Trainingskurse und des Täter-Opfer-Ausgleichs ging man insbesondere auch auf die Untersuchungshaft ein, die man wegen der besonders nachteiligen Auswirkungen bei Jugendlichen unter Beachtung des Subsidiaritätsprinzips und des Verhältnismäßigkeitsgrundsatzes nurmehr in Ausnahmefällen verhängt haben wollte. Dabei wollte man insbesondere die Rolle der Jugendgerichtshilfe stärken, die im Rahmen der Haftentscheidung beteiligt und auf der Suche nach Alternativen zur Haftvermeidung herangezogen werden sollte. Auch für eine frühzeitige Mitteilung von der Vollstreckung eines Haftbefehls und eine verbesserte gesetzliche Grundlage für die Anordnung und Durchführung der Heimunterbringung zur Vermeidung von Untersuchungshaft sprach man sich aus.

3. Der Jugendgerichtstag 1986

Auf dem Jugendgerichtstag im Oktober 1986 in Köln unter dem Thema „Und wenn es künftig weniger werden – die Herausforderung der Geburtenschwachen Jahrgänge" war natürlich der Referentenentwurf von 1983 Thema. In seiner Rede kündigte Bundesjustizminister *Engelhard* an, bald einen Regierungsentwurf durch das Kabinett verabschieden zu lassen, wobei eventuell auf einige kostenintensive Punkte des Entwurfs von 1983 verzichtet werden müsse[1147].

1146 Hierzu und zum folgenden Text BMJ (Hrsg.), Diversion, S. 9; vgl. zur Ad-hoc-Kommission auch die Rede von *Remmers*, in: DVJJ (Hrsg.), Verhandlungen des 21. JGT, S. 25; *Steinhilper*, ZfJ 1987, 157 f.

1147 Vgl. die Rede von *Engelhard*, in: DVJJ (Hrsg.), Verhandlungen des 20. JGT, S. 2.

In den einzelnen Arbeitskreisen kam man unter anderem zu dem Ergebnis, dass das Rollenverständnis bei Jugendrichtern und -staatsanwälten im Wandel war und letztere in allen Verfahrensabschnitten ein stärkeres pädagogisches Engagement zeigen mussten, wobei insbesondere im Rahmen der Diversion, die gerade keine „Fallerledigung minderer Qualität" sei, die Bedeutung der Zusammenarbeit zwischen Jugendrichtern und -staatsanwälten hervorgehoben wurde[1148]. Darüber hinaus betonte man, „daß Diversionskonzepte nicht dazu führen dürfen, daß dringende gesetzgeberische Initiativen zur Entkriminalisierung nicht ergriffen werden"[1149]. Gefordert wurde, einen Katalog jugendtypischer Bagatelldelikte zu erstellen, damit gewährleistet werden konnte, dass es in diesen Fällen nicht zu einer Erweiterung der Sozialkontrolle, sondern zu einer folgenlosen Einstellung kam[1150]. Konkret im Hinblick auf die Diversion wurde kritisiert, dass drei Jahre nach dem Referentenentwurf von 1983 und der abgelaufenen Frist vom Bundestag für die Vorlage eines Regierungsentwurfs von Seiten des Gesetzgebers nach wie vor keine Initiative ergriffen worden war[1151]. Insgesamt wurde daher gefordert, mit einem JGG-Änderungsgesetz „der kriminalpolitisch motivierten Reform von unten endlich die Weihe von oben" zu geben[1152].

cc) Der Referentenentwurf 1987

1987 kam es schließlich zu einer erneuten Aufnahme der gesetzgeberischen Aktivitäten, indem – aufbauend auf dem Entwurf von 1983 – ein neuer Referentenentwurf[1153] erarbeitet wurde, der einige kostenintensive Vorschläge wie den sog. Einstiegsarrest nicht mehr aufgriff, sowie, veranlasst durch die Stellungnahmen zum Entwurf von 1983, gegenüber diesem einige Änderungsvorschläge umsetzte[1154].

1148 Vgl. die Thesen des Arbeitskreises I, in: DVJJ (Hrsg.), Verhandlungen des 20. JGT, S. 95 f.

1149 DVJJ (Hrsg.), Verhandlungen des 20. JGT, S. 134.

1150 DVJJ (Hrsg.), Verhandlungen des 20. JGT, S. 135.

1151 *Schüler-Springorum*, in: Verhandlungen des 20. JGT, 53 (66).

1152 DVJJ (Hrsg.), Verhandlungen des 20. JGT, S. 460.

1153 Der Entwurf ist samt Begründung enthalten in: BArch B 141/439527.

1154 Vgl. den Vermerk des BMJ vom 15. Juli 1987, in: BArch B 141/439526; *Ayass*, BewHi 1988, 103; Gegenüberstellungen der Referentenentwürfe von 1983 und 1987 mit dem jeweils bis dahin geltenden Recht finden sich in BArch B 141/440437.

1. Inhalt des Entwurfs

So erklärte der Entwurf weiterhin die Stärkung informeller Erledigungsmöglichkeiten durch Jugendrichter und -staatsanwälte als kostengünstigere, schnellere und humanere Möglichkeit der Reaktion auf Jugenddelinquenz zur Prävention und Rückfallvermeidung zum Ziel[1155]. Die geplante Umgestaltung von § 45 JGG (und damit auch § 47 JGG) war gegenüber dem Entwurf von 1983 jedoch noch einmal überarbeitet worden. Um Kosten zu sparen, war gegenüber dem Vorentwurf etwa die Möglichkeit der Betreuungsweisung aus dem Katalog der im informellen Verfahren vorgesehenen möglichen Weisungen gestrichen worden[1156]. Die neue Reihenfolge der Absätze entsprechend der Abfolge der bei der Anwendung anzustellenden Überlegungen wurde zwar beibehalten, gegenüber dem Vorentwurf der ursprüngliche Abs. 2 und neue Abs. 1 aber aufgespalten und § 45 JGG in der Fassung des vorherigen Entwurfs ein neuer Abs. 1 vorangestellt, der die Möglichkeit des Absehens von der Verfolgung regelte, sofern die Voraussetzungen des § 153 StPO vorlagen. § 45 Abs. 2 JGG, der nun ein Absehen von der Verfolgung ermöglichte, wenn „der Staatsanwalt dem geständigen Beschuldigten eine Ermahnung erteilt hat“ (Nr. 1) oder „eine erzieherische Maßnahme bereits durchgeführt oder eingeleitet ist“ (Nr. 2) wurde gegenüber dem Referentenentwurf von 1983 insofern abgeändert, „daß der Staatsanwalt das Verfahren einstellen muß, wenn er dem geständigen Beschuldigten eine Ermahnung erteilt hat oder eine Entscheidung durch den Richter deshalb für entbehrlich hält, weil eine erzieherische Maßnahme bereits erfolgt oder eingeleitet ist“[1157]. Daher konnte der Staatsanwalt nunmehr die Einstellungsvoraussetzungen durch eine von ihm erteilte Ermahnung selbst schaffen[1158]. Auch Abs. 2 des Referentenentwurfs von 1983, der nun zu Abs. 3 geworden war, wurde gegenüber dem vorherigen Referentenentwurf nicht mehr als „Kann-Vorschrift“, sondern als zwingende Bestimmung ausgestaltet[1159].

1155 Vgl. die Begründung zum RefE-1987, S. 19 f.

1156 Vgl. das Schreiben des BMJ an den Bundesfinanzminister vom 18. September 1987, in: BArch B 141/439527.

1157 Man sah es als „folgerichtig und geboten“ an, dass bei Vorliegen der Voraussetzungen von der Verfolgung abgesehen werden musste, zumal man sich einen Anlass für den Staatsanwalt, trotz Vorliegens der Voraussetzungen das Verfahren weiter zu betreiben, nicht vorstellen konnte, vgl. die Begründung des RefE-1987, S. 44.

1158 *Ayass*, BewHi 1988, 103 (105).

1159 Als Vorteil der Anordnung von Maßnahmen nach § 45 Abs. 3 JGG wurden im späteren Regierungsentwurf die unmittelbarere und intensivere Kommunikation zwischen Jugendrichter und Jugendlichem, die schnellere und daher wirksamere Reaktion auf die Tat, den

In § 43 Abs. 1 S. 3 JGG wollte man nun eine Regelung einführen, nach der die „Anhörung der Schule, des Lehrherrn oder Ausbildungsleiters unterbleibt, wenn der Jugendliche davon unerwünschte Nachteile, namentlich den Verlust seines Arbeitsplatzes, zu besorgen hätte“ und griff damit die Kritik an der Übermittlung von personenbezogenen Daten an die Schule im Rahmen der Anhörung im Ermittlungsverfahren auf[1160]. Des Weiteren wurde in § 48 Abs. 2 S. 1 JGG unter anderem das Anwesenheitsrecht der Beamten der Kriminalpolizei in den Verfahren gestrichen[1161].

Darüber hinaus war eine wesentliche Neuerung im Entwurf die erhebliche Einschränkung der Möglichkeit, Untersuchungshaft gegenüber 14- und 15-Jährigen zu verhängen. Begründet wurde dies mit der andauernden Kritik an der Untersuchungshaftpraxis, insbesondere an den sog. apokryphen Haftgründen und der Missachtung des Verhältnismäßigkeitsgrundsatzes, wobei die Haft „insbesondere bei ganz jungen Straftätern nach vorliegenden Erkenntnissen unverhältnismäßig schwerwiegende negative Auswirkungen auf die weitere Entwicklung“ habe[1162]. So durfte nach dem Entwurf (§ 72 Abs. 2) Untersuchungshaft vor Vollendung des 16. Lebensjahres nur angeordnet werden, wenn der Jugendliche eines Verbrechens dringend verdächtig war[1163]. In diesen Fällen musste dem Jugendlichen bei der Haftanordnung nach § 68 Nr. 4 JGG ein Verteidiger beigeordnet werden[1164]. Weiterhin wurde in § 78 Abs. 3 S. 2 JGG die notwendige Verteidigung als eine auch im vereinfachten Jugendverfahren zu beachtende Verfahrensgarantie aufgenommen, weil gerade dort „erhebliche Abstriche von den prozessualen Förmlichkeiten gestattet“ waren[1165]. Auf eine grundlegende Neuregelung des Verteidigerrechts im Jugendstrafverfahren etwa

---

geringeren personellen und verfahrensmäßigen Aufwand und die geringe Belastung für den Jugendlichen hervorgehoben, vgl. BT Drs. 11/5829, S. 24 f.

1160 Begründung zum RefE-1987, S. 43, mit Verweis auf DVJJ (Hrsg.), Verhandlungen des 19. JGT, S. 118.

1161 „Gründe für ein derartiges Anwesenheitsrecht sind nicht ersichtlich“, vgl. die Begründung zum RefE-1987, S. 47; schon die Gewerkschaft ÖTV hatte die Anwesenheit von Kriminalbeamten als geeignet angesehen, „einer vertrauensvollen Aussprache zwischen Richter und Betroffenem entgegenzuwirken, vgl. die Stellungnahme, in: B 141/439521.

1162 Vgl. die Begründung zum RefE-1987, S. 27, 57 ff., die explizit auf die Untersuchung von *Steinhilper* verwies.

1163 Für *Ayass*, BewHi 1988, 103 (108), blieb „das Unbehagen, daß z.B. zwar Serienstraftäter von U-Haft ausgenommen werden, nicht jedoch Konflikttäter dieser Altersgruppe, die in besonderem Maße erzieherischer oder therapeutischer Hilfen bedürfen“.

1164 Die Bestellung des Verteidigers hatte gleichzeitig mit der Haftanordnung zu erfolgen, da man der Ansicht war, „gerade in den ersten Tagen des Vollzugs der Untersuchungshaft erscheint ein solcher Beistand notwendig“, vgl. die Begründung zum RefE-1987, S. 52.

1165 Vgl. die Begründung zum RefE-1987, S. 62.

dahingehend, dass dieser außer im vereinfachten Verfahren immer bestellt werden sollte, wurde allerdings aus Sorge vor den dadurch entstehenden Kosten verzichtet[1166].

Die geplante Regelung zum Gerichtsgeher als nicht revisibele „Soll-Vorschrift" in § 50 Abs. 3 JGG blieb auch im neuen Entwurf bestehen, wobei nun zur Begründung Kostenerwägungen angeführt wurden[1167]. Auch die erweiterte Mitteilungspflicht gegenüber und Berichtspflicht von der Jugendgerichtshilfe wurde im neuen Entwurf beibehalten.

Auf andere seit langem bekannte Problembereiche wie die strafrechtliche Behandlung der Heranwachsenden und die Befähigung von Jugendrichtern und Staatsanwälten ging auch der neue Referentenentwurf allerdings nicht ein[1168]. Die vor allem ab Mitte der 1980er Jahre verstärkt geführte Diskussion über die Verteidigung im Jugendstrafverfahren und die Untersuchungshaft gegen junge Menschen hatte dagegen bereits erste Auswirkungen im Referentenentwurf gezeigt. Allerdings gestand der Entwurf selbst weiteren Reformbedarf ausdrücklich in einigen Bereichen ein, wo Lösungsvorschläge bis dahin „noch nicht erarbeitet oder noch nicht ausreichend diskutiert worden sind"[1169]. Ausdrücklich sah man weiteren Regelungsbedarf zum Beispiel für „die strafrechtliche Behandlung Heranwachsender", „die vermehrte Mitwirkung von Verteidigern im Jugendstrafverfahren", „die Stellung und die Aufgaben der Jugendgerichtshilfe im Jugendstrafverfahren", „das Ermittlungs- und das Rechtsmittelverfahren" und „die Aus- und Fortbildung von Richtern, Staatsanwälten und Rechtsanwälten in Bezug auf jugendstrafrechtliche Besonderheiten"[1170].

2. Reaktionen auf den Entwurf

So waren auch die Reaktionen zum neuen Referentenentwurf gespalten, dem man auf der einen Seite Verbesserungen gegenüber der bisherigen Gesetzesla-

---

1166 Vgl. die Begründung zum RefE-1987, S. 52; kritisch *Gerken/Schumann*, in: Trojanisches Pferd, 137 (144 f.).

1167 Vgl. die Begründung zum RefE-1987, S. 48; hierzu auch *Eisenberg*, MschrKrim 71 (1988), 129 f.; *Middelhof*, ZfJ 1987, 66 ff., machte darauf aufmerksam, dass Referendare als Sitzungsvertreter im Jugendstrafverfahren ebenfalls weit verbreitet waren, obwohl sie einer Einstellung ohne Zustimmung des regelmäßig nicht anwesenden Ausbilders nicht zustimmen durften und nicht entsprechend ausgebildet waren.

1168 *Ayass*, BewHi 1988, 103.

1169 Vgl. die Begründung des RefE-1987, S. 27 f.

1170 Vgl. die Begründung des RefE-1987, S. 27 f.

ge attestierte, während man auf der anderen Seite kritisierte, dass damit nur ein Minimum der Erwartungen umgesetzt und so eher der Status quo gefestigt und nicht etwa eine Weiterentwicklung eingeleitet würde[1171].

Die Tendenz des Entwurfs, die Diversionsmöglichkeiten auszuweiten und umzustrukturieren, wurde allgemein begrüßt[1172]. Kritisiert wurde jedoch die Beibehaltung des Erfordernisses eines Geständnisses in § 45 JGG, was im Hinblick auf dessen Zuverlässigkeit und die Einschränkung der Verteidigungsmöglichkeiten als problematisch angesehen wurde, zumal man befürchtete, dass dadurch „unkontrollierten Aushandlungsversuchen" Tür und Tor geöffnet sei, was dem Erziehungsgedanken widersprechen würde[1173]. In Bezug auf die Unschuldsvermutung, sowie den Grundsatz der Verhältnismäßigkeit wurden darüber hinaus Verfahrenssicherungen und Verfahrensgestaltungen gefordert, „die verhindern, daß im erzieherischen Diversions-Eifer die genannten rechtsstaatlichen und verfahrensrechtlichen Garantien auf der Strecke bleiben"[1174].

Trotz der vorgesehenen Neuerungen war man auch hinsichtlich der Problematik der Untersuchungshaft der Ansicht, diese würde durch den Entwurf nicht ernst genug genommen und forderte etwa, § 71 JGG ganz zu streichen oder den Kreis von Tatbeständen, wegen derer Untersuchungshaft überhaupt angeordnet werden dürfe, einzugrenzen[1175]. Als problematisch sah man für ein täterorientiertes Strafrecht auch die Abgrenzung der Anordnungsmöglichkeit bei Personen unter 16 Jahren anhand der Unterscheidung zwischen Verbrechen und Vergehen an[1176]. Uneinig war man sich zudem über die Frage, ob die Untersuchungshaft gegen diese generell ausgeschlossen werden sollte[1177]. So kritisierte der Deutsche Richterbund den Vorschlag zur Begrenzung der Untersuchungshaft bei 14- und 15-Jährigen, da man befürchtete, dass dies die Durchführung von Strafverfahren gegen diese Personengruppe, die häufig keine festen sozialen Bindungen aufweisen würden und sich der Heimunterbringung häufig durch Flucht entziehen würden, wesentlich erschweren würde

---

1171 *Ayass*, BewHi 1988, 103 (108); *Eisenberg*, MschrKrim 71 (1988), 129; *Gerken/Schumann* in: Trojanisches Pferd, 137; *Marks*, BewHi 1988, 240 (247); *Zieger*, StV 1988, 308 (310).

1172 *Eisenberg*, MschrKrim 71 (1988), 129 (131 f.); *Marks*, BewHi 1988, 240 (244); vgl. auch *Kraft*, Tendenzen, S. 276.

1173 *Gerken/Schumann*, in: Trojanisches Pferd, 137 (143 f.); ähnlich *Eisenberg*, MschrKrim 71 (1988), 129 (132).

1174 *Zieger*, StV 1988, 308 (310).

1175 *Gerken/Schumann*, in: Trojanisches Pferd, 137 (145 f.).

1176 *Marks*, BewHi 1988, 240 (246); ähnlich *Eisenberg*, MschrKrim 71 (1988), 129 (131).

1177 *Heinz*, BewHi 1987, 5 (27), forderte etwa, die Haft bei 14- und 15-Jährigen ganz auszuschließen; so auch *Zieger*, StV 1988, 308 (310).

und man bezweifelte, dass die Jugendhilfe in diesen Fällen geeignete Alternativen bereitstellen könnte[1178].

Auch über die Rolle der Jugendgerichtshilfe im Jugendstrafverfahren wurde weiter diskutiert. Festgestellt worden war zuvor, dass sich die Jugendgerichtshelfer „aufgrund ihrer sozialpädagogischen, nicht juristischen" Stellung im Verfahren kaum durchsetzen konnten und sich deswegen immer mehr an die Justiz angepasst hätten[1179]. Man begriff die Jugendgerichtshilfe „als die informelle, außerkriminalrechtliche Vermittlung in gewöhnlichen sozialen Konflikten Jugendlicher", die ein strafrechtliches Eingreifen überflüssig machen sollte[1180]. Gefordert wurde daher unter anderem die Mitteilung von Verfahren, in denen Untersuchungshaft droht, bereits vor Antrag auf Erlass eines Haftbefehls und die Anhörung der Jugendgerichtshilfe im Termin zur Entscheidung über den Erlass eines Haftbefehls[1181]. Weiterhin plädierte man für eine Spezialisierung der Jugendgerichtshelfer, da man besondere Kenntnisse im juristischen und kriminologischen Bereich für unerlässlich hielt[1182].

Insgesamt wurden damit einige der Fragen, die in der Praxis zu Problemen führten und bei denen man dringenden gesetzlichen Handlungsbedarf sah, wie z.B. auch die Stellung der Strafverteidiger im Verfahren gegen Jugendliche, vom Entwurf nicht thematisiert[1183]. *Zieger* war daher sogar der Ansicht, es sei überwiegend geregelt worden, was nicht regelungsbedürftig war, weil es bereits in der Praxis unter den bestehenden Bestimmungen umgesetzt geworden sei[1184]. Die Deutsche Bewährungshilfe e.V. äußerte Bedenken dahingehend, „daß die Novelle weitere wünschenswerte Reformschritte auf absehbare Zeit, vielleicht bis zur Jahrhundertwende", stören könnte:

> „Eine Änderung zum jetzigen Zeitpunkt steht, ob sie sich dieses Ziel nun beilegt oder nicht, einfach aufgrund der Tatsache, daß sie mehr als 30 Jahre seit der letzten großen Reform zur Verabschiedung ansteht, selbst als eine große Reform da."[1185]

1178 Der Haupteinwand der Praxis gegen die Beschränkung beruhte auf den jungen Diebesbanden, die schwere (weil gewerbsmäßige) Diebstähle begingen, weil man es in solchen Fällen häufig als notwendig ansah, Untersuchungshaft anzuordnen, vgl. *Pfeiffer*, Untersuchungshaft, S. 1 f., 12 f.

1179 *Bucher*, ZfJ 1987, 331 (332); *Walter*, ZfJ 1986, 429 (432).

1180 *Walter*, ZfJ 1986, 429 (435).

1181 DVJJ (Hrsg.), Verhandlungen des 20. JGT, S. 207.

1182 *Bucher*, ZfJ 1987, 331 (332 f.).

1183 *Zieger*, StV 1988, 308 (309 f.); so auch *Eisenberg*, MschrKrim 71 (1988), 129 ff.

1184 *Zieger*, StV 1988, 308 (309).

1185 *Marks*, BewHi 1988, 240 (241).

dd) Der Regierungsentwurf 1989

Während Ende 1988 auf dem sog. Konstanzer Symposium über die „Jugendstrafrechtsreform durch die Praxis“ diskutiert wurde, wurde nach einem entsprechenden Antrag der Fraktion der SPD[1186] auf Grundlage der früheren Entwürfe am 30. August 1989 ein Regierungsentwurf eines „Ersten Gesetzes zur Änderung des Jugendgerichtsgesetzes (1. JGGÄndG)“[1187] verabschiedet, mit dem das im JGG enthaltene pädagogische Potential besser ausgeschöpft werden sollte, um den Jugendlichen Perspektiven für die Zukunft zu eröffnen und Chancen für eine jugendgemäße Entwicklung zu ermöglichen[1188]. In der Begründung des Entwurfs wurde ausdrücklich auf die bereits geschilderten kriminologischen Forschungsergebnisse abgestellt, die besagten, dass Jugendkriminalität nicht ein „Indiz für ein erzieherisches Defizit ist, sondern überwiegend als entwicklungsbedingte Auffälligkeit mit dem Eintritt in das Erwachsenenalter abklingt und sich nicht wiederholt“[1189]. Mittlerweile war man übereinstimmend der Ansicht, dass eine förmliche Verurteilung Jugendlicher in weitaus weniger Fällen geboten sei, als es der Gesetzgeber von 1953 noch für erforderlich erachtet hatte[1190]. Zuletzt hatten 1988 auch die Konferenzen der Jugend- und Justizminister und -senatoren zustimmend auf die Empfehlungen der Ad-hoc-Kommission „Diversion“ reagiert und sich in übereinstimmenden Beschlüssen dafür ausgesprochen, „die Möglichkeiten, die das geltende Jugendstrafrecht in den §§ 45, 47 JGG für eine Erledigung des Verfahrens ohne Urteil bietet, vermehrt zu nutzen“[1191].

So wurde die Vorschrift zur Eindämmung der Praxis des sog. Gerichtsgehers zwar beibehalten, aber aus systematischen Gründen nun in § 38 Abs. 2 S. 4 JGG aufgenommen[1192].

Gegenüber dem Entwurf von 1987 wurde in § 43 Abs. 1 S. 3 JGG entsprechend der Intention der Vorschrift zudem nun nicht nur der Verlust des Arbeits-, sondern auch des Ausbildungsplatzes ausdrücklich geschützt[1193].

1186 BT Drs. 11/4892.

1187 BT Drs. 11/5829.

1188 BMJ, ZfJ 1989, 483; *Engelhard*, ZfJ 1989, 22 (24).

1189 BT Drs. 11/5829, S. 1.

1190 BT Drs. 11/5829, S. 1.

1191 BMJ (Hrsg.), Diversion, S. 32 ff.

1192 Weiter wurden Kostenerwägungen als Grund dafür angeführt, dass die Regelung nur eine „Soll-Vorschrift“ blieb, vgl. BT Drs. 11/5829, S. 22.

1193 BT Drs. 11/5829, S. 23.

Zugleich entschloss man sich im Regierungsentwurf gegenüber den Vorentwürfen nun doch dazu, den „als eher einengend empfundenen" Zusatz „kriminalbiologischen" in § 43 Abs. 3 S. 2 und 73 Abs. 1 JGG zu streichen[1194].

Weiterhin wurde die Möglichkeit in § 45 Abs. 2 JGG RefE-1987, dass der Staatsanwalt einen geständigen Jugendlichen selbst ermahnen können sollte, im Regierungsentwurf wieder gestrichen, weil man die Maßnahmen des Staatsanwalts in ihrer Intensität unterhalb der Schwelle derjenigen Maßnahmen ansiedeln wollte, die in § 45 Abs. 3 JGG dem Richter vorbehalten sein sollten[1195]. Der Staatsanwalt sollte die Voraussetzungen des neuen § 45 Abs. 2 JGG jedoch weiterhin selbst schaffen können, indem er etwa zum Zwecke der Normverdeutlichung ein Gespräch mit dem Jugendlichen führte oder eine Schadenswiedergutmachung oder Entschuldigung anregte, sofern der Jugendliche mit der vorgeschlagenen Maßnahme einverstanden war und der Erziehungsberechtigte oder gesetzliche Vertreter nicht widersprach[1196]. Ein Geständnis des Jugendlichen wollte man dafür nicht als Voraussetzung ansehen, weil man dessen Beweiswert anzweifelte und die „Regelung nicht nur den Staatsanwalt, sondern auch andere Einrichtungen betreffe, die mit erzieherischen Maßnahmen für Jugendliche befaßt seien"[1197].

Auch zur Untersuchungshaft als einem der „trübsten Kapitel des deutschen Jugendstrafrechts"[1198] hatte man sich gegenüber 1983 und 1987 intensivere Gedanken gemacht.

Die Untersuchungshaft wegen Fluchtgefahr für Jugendliche, die das 16. Lebensjahr noch nicht vollendet haben, schränkte der neue Entwurf in § 72 Abs. 2 JGG anders als der Referentenentwurf 1987 nun entsprechend § 113 Abs. 2 Nr. 1 und 2 StPO ein, indem die Haft nurmehr angeordnet können werden sollte, wenn der Jugendliche sich dem Verfahren bereits entzogen, Anstalten zur Flucht getroffen oder keinen festen Wohnsitz oder Aufenthalt im Geltungsbereich des Gesetzes hatte, da man die Anknüpfung an die Begehung

---

1194 BT Drs. 11/5829, S. 23, 34.

1195 Vgl. die Ergebnisniederschrift vom 27. Juli 1988 über die Besprechung des BMJ mit den Vertretern der LJV vom 13. bis 16. Juni in Würzburg, S. 16 ff., in: BArch B 141/440439.

1196 BT Drs. 11/5829, S. 24.

1197 Ausführungen hierzu wollte man den Richtlinien für das Strafverfahren vorbehalten, vgl. die Ergebnisniederschrift vom 27. Juli 1988 über die Besprechung des BMJ mit den Vertretern der LJV vom 13. bis 16. Juni in Würzburg, S. 18, in: BArch B 141/440439.

1198 *Schaffstein*, Jugendstrafrecht, 6. Aufl., S. 154; laut *Heinz*, BewHi 1987, 5, hatte man diese Formulierung schon 1906 verwendet.

eines Verbrechens für nicht praktikabel hielt[1199]. In den vor Fertigstellung des Entwurfs durchgeführten Beratungen mit Vertretern der Landesjustizverwaltungen war von der niedersächsischen Seite der Vorschlag aufgekommen, die Untersuchungshaft nach § 72 JGG 1953 gegen Personen unter 16 Jahren sogar vollständig auszuschließen und von nordrhein-westfälischer Seite war der Vorschlag unterbreitet worden, Untersuchungshaft grundsätzlich durch Heimerziehung zu ersetzen und nur dann zuzulassen, wenn die Möglichkeit der Heimunterbringung bereits einmal versucht worden war[1200]. Der Grundgedanke, die Untersuchungshaft in diesen Fällen jedenfalls einzuschränken, war von den übrigen Landesjustizverwaltungen zwar begrüßt worden, über die konkrete Reichweite und Ausgestaltung einer solchen potentiellen Regelung war man sich jedoch uneinig gewesen[1201]. Letztlich konnte man sich jedoch mit einem Hinweis auf „wohnsitz- und bindungslos herumreisende 14- oder 15-jährige Banden- oder Serientäter, bei denen ambulante Maßnahmen wenig Aussicht auf Erfolg haben und die nur schwer in Erziehungsheimen gehalten werden können", nicht dazu durchringen, die Untersuchungshaft bei allen jugendlichen Tätern (so der Antrag der Fraktion DIE GRÜNEN) oder jedenfalls bei solchen unter 16 Jahren (so der Antrag der SPD-Fraktion) generell auszuschließen[1202].

Darüber hinaus wurde in § 93 Abs. 1 JGG der Zusatz „wenn Freiheitsstrafe nicht zu erwarten ist" gestrichen, um dem Fehlschluss vorzubeugen, „daß Untersuchungshaft auch dann zulässig sei, wenn nicht mit Jugendstrafe, sondern mit milderen Sanktionen zu rechnen ist"[1203]. Zudem wurde der Verweis auf § 93 JGG in § 110 Abs. 2 JGG von Heranwachsenden, die das 21. Lebensjahr noch nicht vollendet haben, auf zur Tatzeit Heranwachsende, die das 24. Lebensjahr noch nicht vollendet haben und sich für den Jugendstrafvollzug eigneten, ausgeweitet, um zu ermöglichen, dass bei diesen Personen schon die Untersuchungshaft im Jugendstrafvollzug vollzogen werden kann, wenn zu

1199 Vgl. hierzu BT Drs. 11/5829, S. 33 und die Ergebnisniederschrift vom 27. Juli 1988 über die Besprechung des BMJ mit den Vertretern der LJV vom 13. bis 16. Juni in Würzburg, S. 30, in: BArch B 141/440439; zustimmend *Schaffstein/Beulke*, Jugendstrafrecht, 14. Aufl., S. 272 f., die das Abgrenzungskriterium des Verbrechens als aussagelos für die Notwendigkeit von Untersuchungshaft ansahen.

1200 Vgl. die Ergebnisniederschrift vom 27. Juli 1988 über die Besprechung des BMJ mit den Vertretern der LJV vom 13. bis 16. Juni in Würzburg, S. 30 ff., in: BArch B 141/440439.

1201 Vgl. die Ergebnisniederschrift vom 27. Juli 1988 über die Besprechung des BMJ mit den Vertretern der LJV vom 13. bis 16. Juni in Würzburg, S. 30, in: BArch B 141/440439.

1202 BT Drs. 11/5829, S. 33; kritisch hierzu *Jung*, JuS 1992, 186 (190).

1203 BT Drs. 11/5829, S. 38.

erwarten war, dass sie auch die Jugendstrafe im Jugendstrafvollzug verbüßen würden[1204].

Auch § 72 Abs. 1 JGG wurde gegenüber dem Vorentwurf ergänzt, indem nun die Bedeutung des Verhältnismäßigkeitsgrundsatzes im Hinblick auf die besondere Belastungen des Vollzugs für Jugendliche unterstrichen und seine bessere Berücksichtigung im Rahmen der schriftlichen Begründung des Haftbefehls angestrebt wurde, sodass im Haftbefehl nun die Gründe anzuführen waren, aus denen sich ergab, dass andere Maßnahmen wie etwa die einstweilige Unterbringung in einem Heim der Jugendhilfe nicht ausreichten[1205]. Anders als noch im Referentenentwurf 1987 sah man in § 68 Nr. 4 JGG nun einen Fall der notwendigen Verteidigung bei Untersuchungshaft oder einstweiliger Unterbringung nicht mehr nur für 14- und 15-Jährige, sondern für alle Personen unter 18 Jahren vor, denen man aufgrund „ihrer mangelnden Lebenserfahrung, ihrer Unerfahrenheit im Umgang mit staatlichen Instanzen und ihren eingeschränkten sprachlichen Ausdrucksmöglichkeiten“ besondere Hilfsbedürftigkeit attestierte[1206]. Im Gegensatz zum Vorentwurf wählte man als maßgeblichen Zeitpunkt für die Beiordnung aber nicht mehr die Anordnung, sondern die Vollstreckung der freiheitsentziehenden Maßnahme, weil man der Ansicht war, eine Beiordnung bereits bei Erlass der Maßnahme sei zwar wünschenswert, aber nicht zwingend geboten, da Haftbefehle nicht selten unmittelbar nach Erlass außer Vollzug gesetzt würden[1207]. Zudem hatte man den Hinweis auf die notwendige Verteidigung für das vereinfachte Verfahren wieder aus § 78 Abs. 3 S. 2 JGG entfernt, da man der Ansicht war, dies würde in der Praxis zur Einschränkung der Diversionsbemühungen führen und dem Beschleunigungseffekt des vereinfachten Verfahrens zuwiderlaufen[1208]. Dass die wiederholte Kritik an der Praxis der Verteidigung im Jugendstrafverfahren damit nur zum Teil aufgegriffen wurde, wurde mit der entstehenden Kostenbelastung begründet[1209].

Im Übrigen stimmte der Regierungsentwurf, soweit es für die vorliegende Darstellung relevant ist, mit dem Referentenentwurf von 1987 überein. Angestrebt wurde in prozessualer Hinsicht, die schädlichen Nebenwirkungen des

---

1204 BT Drs. 11/5829, S. 39.

1205 BT Drs. 11/5829, S. 30 f. mit Verweis auf *Gebauer*, Untersuchungshaft.

1206 BT Drs. 11/5829, S. 28.

1207 BT Drs. 11/5829, S. 28.

1208 Vgl. die Ergebnisniederschrift vom 27. Juli 1988 über die Besprechung des BMJ mit den Vertretern der LJV vom 13. bis 16. Juni in Würzburg, S. 36, in: BArch B 141/440439.

1209 BT Drs. 11/5829, S. 28.

Jugendstrafverfahrens auf ein Minimum zu begrenzen und die rechtsstaatlichen Verfahrensgarantien für Jugendliche zu verstärken[1210]. Wie schon die vorherigen Entwürfe hielt der Regierungsentwurf an der Grundstruktur des JGG fest, da man der Ansicht war, dass „sich das Jugendgerichtsgesetz von 1953 in über 30jähriger Praxis bewährt hat und sich im internationalen Vergleich sehen lassen kann“[1211]. Daher wurde in der Reaktion auf den Entwurf weiterhin bemängelt, dieser wiederhole nur, was durch die Praxis bereits längst umgesetzt sei, verzichte aber auf die gebotene Neuordnung des Jugendstrafrechts[1212]. Die neuen kriminologischen Befunde zur Jugendkriminalität sah man nur halbherzig umgesetzt, indem diese „nur hinsichtlich der Erweiterung des Reaktionsspektrums fruchtbar gemacht, nicht aber für eine explizite Einschränkung formeller Erledigungen und stationärer Sanktionen“ genutzt worden seien[1213]. Gefordert wurde, dass der Regierungsentwurf von Maßnahmen begleitet werden sollte, die die Voraussetzungen der Umsetzung der Änderungen in der Praxis verbesserten, worunter insbesondere die Sicherstellung von Qualifikationsvoraussetzungen, sowie Fort- und Weiterbildung der Jugendrichter und -staatsanwälte verstanden wurde[1214]. Die Streichung des Begriffs der „Kriminalbiologie“ unter Beibehaltung der „Zuchtmittel“ und „schädlichen Neigungen“ sah man als nicht weitgehend genug an[1215]. Auch auf dem 21. Jugendgerichtstag 1989 in Göttingen, der wenige Wochen nach der Einbringung des Regierungsentwurfs stattfand und vor allem die hohen Rückfallquoten[1216] im Jugendstrafverfahren unter dem Thema „Mehrfach Auffällige – Mehrfach Betroffene“ problematisierte, wurde auf den neuen Gesetzesentwurf reagiert[1217]. Die „gesetzliche Absicherung und behutsame Weiterentwicklung der von der jugendstrafrechtlichen Praxis aufgezeigten informellen Reaktionsmöglichkeiten“, sowie die Maßnahmen zur Einschränkung der Untersu-

---

1210 BMJ, ZfJ 1989, 483 f.

1211 BT Drs. 11/5829, S. 11.

1212 *Heinz*, RdJB 1990, 133 ff., 144.

1213 *Heinz*, RdJB 1990, 133 (141).

1214 *Heinz*, RdJB 1990, 133 (143 f.).

1215 Vgl. hierzu *Weyel*, ZfJ 1990, 566 (568): „Der Entwurf räumt nicht mit altertümlich anmutenden, längst überfälligen und widersinnigen Begrifflichkeiten auf. (…) Bis auf die ‘Kriminalbiologie’ sieht sich die Regierung nicht in der Lage, sich davon zu verabschieden“.

1216 Vgl. hierzu z.B. *Dolde/Grübl*, ZfStrVo 1988, 29 ff.

1217 Vgl. *Böttcher*, in: Verhandlungen des 21. JGT, 639 ff.; Thesen und Beschlüsse des Arbeitskreises XII, in: DVJJ (Hrsg.), Verhandlungen des 21. JGT, S. 662 f.; *Pfeiffer*, in: Verhandlungen des 21. JGT, 788 (793 f.).

chungshaft, wurden dort ebenfalls grundsätzlich begrüßt[1218]. Angesichts der vielen Punkte, die mit dem Gesetzesentwurf nicht angepackt werden sollten, wurde von anderer Seite aber auch eine „Gesamtrevision des Jugendstrafrechts" gefordert und sich mit dem Ansatz der „Reform von unten" nicht zufriedengegeben[1219].

Wie schon der Referentenentwurf 1987 wies auch der Regierungsentwurf selbst ausdrücklich auf umfangreichen künftigen Reformbedarf hin und stellte klar, dass man mit dem Änderungsgesetz nur die dringlichsten Regelungen umsetzen und die weiteren Fragen zu einem späteren Zeitpunkt aufgreifen wollte[1220]. Auch wenn damit weiterer Reformbedarf eingestanden wurde, sah man den Entwurf insgesamt als wichtigen ersten Schritt auf dem Weg zu einer Modernisierung des Jugendstrafrechts[1221]. Nach gescheiterten Gesamtreformen attestierte man ihm „den Versuch kleiner, aber spürbarer Verbesserungen"[1222].

ee) Das 1. JGGÄndG

Nachdem der Bundesrat Stellung zum Entwurf genommen hatte[1223], wurde dieser dem Bundestag am 24. November 1989 übersandt, der ihn am 20. Juni 1990 in zweiter und dritter Lesung annahm[1224]. Bedauert wurde im Rahmen der Aussprache im Parlament vor allem von der SPD-Fraktion und der Fraktion DIE GRÜNEN, aber auch dem Justizminister selbst, dass man sich innerhalb der Koalition nicht auf einen vollständigen Ausschluss der Untersuchungshaft gegen 14- und 15-Jährige einigen konnte[1225]. Letztlich

---

1218 Vgl. die Rede von *Remmers*, in: DVJJ (Hrsg.), Verhandlungen des 21. JGT, S. 24; vgl. auch *Böttcher*, in: Verhandlungen des 21. JGT, 639 (642 ff.); Thesen und Beschlüsse des Arbeitskreises XII, in: DVJJ (Hrsg.), Verhandlungen des 21. JGT, S. 662 f.

1219 *Ostendorf*, in: Verhandlungen des 21. JGT, 647 ff.; Thesen und Beschlüsse des Arbeitskreises XII, in: DVJJ (Hrsg.), Verhandlungen des 21. JGT, S. 662 f.

1220 BT Drs. 11/5829, S. 14 f.

1221 BMJ, ZfJ 1989, 483 (484); *Heinz*, RdJB 1990, 133 ff., 144.

1222 *Walter*, in: Beiträge zur Erziehung, 59 (65).

1223 Die Stellungnahme findet sich als Anlage 2 in BT Drs. 11/5829, S. 40 ff.; vgl. dazu auch das Plenarprotokoll Nr. 605 der Sitzung des Deutschen Bundesrates vom 20. Oktober 1989, S. 429 ff.

1224 Der Bundesrat stimmte dem Gesetz am 6. Juli 1990 zu, vgl. *Ayass*, BewHi 1990, 404.

1225 Vgl. das Plenarprotokoll des Deutschen Bundestages vom 20. Juni 1990, BT Drs. 11/216, S. 17085 ff.

war man im Plenum allerdings der Ansicht gewesen, dass man „nicht jeden Jugendlichen in einem Heim halten könne, wenn nicht das Heim zur Gewährleistung der Sicherheit die Form einer Haftanstalt annehmen solle“ und verwies auf die Möglichkeiten massiver Straftaten gegen Leib und Leben auch dieser Altersgruppe[1226]. Auch die Tatsache, dass es sich nur um eine „Minireform“ handelte, wurde bemängelt[1227]. Mit der Annahme verband man entsprechend einer einstimmig beschlossenen Empfehlung des Rechtsausschusses des Bundestags zugleich die Aufforderung an die Bundesregierung, bis zum 1. Oktober 1992 einen Entwurf für ein zweites JGG-Änderungsgesetz vorzulegen, in dem unter anderem Lösungsvorschläge zu den Problemen der strafrechtlichen Behandlung Heranwachsender[1228], der vermehrten Mitwirkung von Verteidigern im Jugendstrafverfahren, der Stellung und Aufgaben der Jugendgerichtshilfe im Jugendstrafverfahren, des Ermittlungs- und Rechtsmittelverfahrens und der Aus- und Fortbildung von Richtern, Staatsanwälten und Verteidigern in Bezug auf jugendstrafrechtliche Besonderheiten verlangt wurden[1229]. Im Übrigen unterschied sich die beschlossene Gesetzesfassung von dem Regierungsentwurf in den für die Darstellung erheblichen Punkten kaum. Erwähnenswert erscheint lediglich die Einfügung des § 72a auf Vorschlag des Bundesrats, nach welchem die Information der Jugendgerichtshilfe bei Erlass oder Vollstreckung eines Haftbefehls statt in einem Zusatz in § 72 in einer eigenen Norm geregelt und durch den Zusatz ergänzt wurde, dass die Jugendgerichtshilfe auch von einer vorläufigen Festnahme eines Jugendlichen bereits zu unterrichten war, wenn nach dem Stand der Ermittlungen zu erwarten war, dass dieser gemäß § 128 StPO dem Richter vorgeführt werden würde[1230].

1226 Vgl. der Beitrag des Abgeordneten *Seesing* im Rahmen der zweiten und dritten Lesung des Entwurfs, enthalten im Plenarprotokoll des Deutschen Bundestages vom 20. Juni 1990, BT Drs. 11/216, S. 17085 f.

1227 Vgl. das Plenarprotokoll des Deutschen Bundestages vom 20. Juni 1990, BT Drs. 11/216, S. 17087.

1228 Bezüglich der Forderung, dass diese ausnahmslos dem Jugendstrafrecht unterstellt werden sollten, bestand mittlerweile seit längerem Einigkeit, vgl. *Böhm*, NJW 1991, 534 (538).

1229 BT Drs. 11/7421, S. 3.

1230 Dies erfolgte aus gesetzessystematischen Gründen und dem Zweck, die Bedeutung der Arbeit der Jugendgerichtshilfe im Bereich der Untersuchungshaft noch deutlicher zu unterstreichen, vgl. die von der Bundesregierung akzeptierte Empfehlung des Bundesrates in BT Drs. 11/5829, S. 44 f.

ff) Reaktionen und Fazit

In seiner Reaktion auf das Änderungsgesetz rezitierte *Heinz* die Formulierung von *Radbruch*, das Gesetz sei „ein hocherfreulicher Fortschritt, aber seit langem kein kühner Wurf mehr“[1231]. Denn wie das Gesetz von 1923 enthielt das 1. JGGÄndG im Wesentlichen nur die Umsetzung in der Praxis seit langem bestehender und teilweise sogar schon vollzogener Reformforderungen[1232]. Damit war die Neuregelung zwar „ausgereift“, brachte aber „für die mit der Jugendkriminalrechtspflege vertrauten Praktiker und Theoretiker kaum etwas Neues“ und blieb somit weit hinter der von vielen Seiten geforderten jugendstrafrechtlichen Neukonzeption zurück[1233]. Die 1953 angekündigte große Reform des Jugendstrafrechts blieb damit weiterhin aus[1234]. Kritisiert wurde auch, dass erneut auf den Erziehungsgedanken abgestellt wurde, gleichzeitig aber Erziehungsbegriff, -ziel und -methoden offen geblieben seien[1235]. Darüber hinaus wurde bemängelt, dass das Jugendstrafverfahren auch in Zukunft nicht an pädagogischen Kategorien orientiert, sondern „vom Strafgedanken, von Machtgebaren und Bedrohung bestimmt“ sei und die Verhandlungen auch zukünftig „in einem hohen Maße an der wirklichen Lage des Jugendlichen vorbeigehen“ würden, da pädagogisch sinnvolle Maßnahmen wie z.B. die „Vereinfachung der Gerichtssprache, Verbesserung der Kommunikation, Förderung der Durchschaubarkeit und Nachvollziehbarkeit“ nicht umgesetzt worden seien[1236].

In formeller Hinsicht erwähnenswert sind vor allem der Ausbau der Diversion, die Erweiterung der Mitteilungspflichten an die Jugendgerichtshilfe samt Regelung zur Eindämmung der Praxis des sog. Gerichtsgehers und die Einschränkung der Untersuchungshaft inklusive der Ausdehnung der notwendigen Verteidigung in diesen Fällen durch das Änderungsgesetz, welches am 5. September 1990 im Bundesgesetzblatt verkündet wurde[1237] und am 1. Dezember 1990 größtenteils in Kraft trat.

1231 *Heinz*, ZRP 1991, 183 (189).

1232 *Ayass*, BewHi 1990, 404 (407 f.); *Böhm*, NJW 1991, 534; *Heinz*, ZRP 1991, 183 (186); *Jung*, JuS 1992, 186 (187, 191 f.); *Viehmann*, FuR 1991, 256 (261); *Weyel*, ZfJ 1990, 566 (568), war sogar der Ansicht, das Gesetz hinke teilweise hinter der Praxis her.

1233 *Ayass*, BewHi 1990, 404; *Böhm*, NJW 1991, 534; *Heinz*, ZRP 1991, 183 (185 f.); *Ostendorf*, RdJB 1992, 2 (3); *Schüler-Springorum/Block*, in: Jugendstrafrechtsreform, 201 (211).

1234 Vgl. hierzu *Wolff*, NK 1/1989, 26.

1235 *Heinz*, ZRP 1991, 183 (184); ähnlich später auch *Kaiser*, RdJB 1997, 35 (36).

1236 *Weyel*, ZfJ 1990, 566 f.

1237 BGBl. I 1990, S. 1853.

Die Möglichkeiten zur informellen Reaktion nach den § 45[1238] und § 47 JGG auszuweiten, war von Anfang an „ein wichtiges und im wesentlichen unstreitiges Anliegen des Gesetzesvorhabens" gewesen[1239]. Mit dem Änderungsgesetz hatte sich das Diversionskonzept nun endgültig durchgesetzt. Indem § 45 JGG 1953 neu gegliedert und die Einstellungskompetenz der Staatsanwaltschaft erweitert wurde, passte man das Gesetz an die im vorherigen Jahrzehnt entstandenen Strömungen in der Praxis an. Unsicher war man sich in der Literatur über die Frage, ob der Staatsanwalt Maßnahmen nach § 45 Abs. 2 JGG n.F. selbst anregen oder den Jugendlichen ermahnen durfte und ob eine solche Ermahnung eine erzieherische Maßnahme war, wogegen die unterschiedliche Fassung der Norm im Vergleich zum Referentenentwurf von 1987 sprach, während die Begründung der Neufassung des § 45, in welcher der Gesetzgeber die Auffassung vertrat, der Staatsanwalt könne die Voraussetzungen für ein Absehen von der Verfolgung durch ein Gespräch zum Zwecke der Normverdeutlichung mit dem Jugendlichen oder durch Anregung erzieherischer Maßnahmen selbst schaffen, für die andere Ansicht sprach[1240]. Offen geblieben war auch, ob § 153 StPO daneben isoliert anwendbar war, um Jugendliche nicht mit einem Eintrag in das Erziehungsregister zu belasten[1241]. Dass die Neufassung der Norm kein Geständnis des Jugendlichen oder Heranwachsenden mehr voraussetzte, wurde dahingehend gedeutet, dass ein solches sowohl für Absatz 1 als auch für Absatz 2 der Neufassung nicht erforderlich war[1242]. Insgesamt wurden

1238 § 45 JGG lautete nun wie folgt: „(1) Der Staatsanwalt kann ohne Zustimmung des Richters von der Verfolgung absehen, wenn die Voraussetzungen des § 153 der Strafprozeßordnung vorliegen. (2) Der Staatsanwalt sieht von der Verfolgung ab, wenn eine erzieherische Maßnahme bereits durchgeführt oder eingeleitet ist und er weder eine Beteiligung des Richters nach Absatz 3 noch die Erhebung der Anklage für erforderlich hält. Einer erzieherischen Maßnahme steht das Bemühen des Jugendlichen gleich, einen Ausgleich mit dem Verletzten zu erreichen. (3) Der Staatsanwalt regt die Erteilung einer Ermahnung, von Weisungen nach § 10 Abs. 1 Satz 3 Nr. 4, 7 und 9 oder von Auflagen durch den Jugendrichter an, wenn der Beschuldigte geständig ist und der Staatsanwalt die Anordnung einer solchen richterlichen Maßnahme für erforderlich, die Erhebung der Anklage aber nicht für geboten hält. Entspricht der Jugendrichter der Anregung, so sieht der Staatsanwalt von der Verfolgung ab, bei Erteilung von Weisungen oder Auflagen jedoch nur, nachdem der Jugendliche ihnen nachgekommen ist. § 11 Abs. 3 und § 15 Abs. 3 Satz 2 sind nicht anzuwenden. § 47 Abs. 3 findet entsprechende Anwendung".

1239 *Böttcher/Weber*, NStZ 1990, 561 (562).

1240 *Böttcher/Weber*, NStZ 1990, 561 (563); BT Drs. 11/5829, S. 24; vgl. auch *Jung*, JuS 1992, 186 (189); *Böhm*, NJW 1991, 534 (535), ging davon aus, dass der Gesetzgeber die ihm bekannte Problematik bewusst nicht geregelt hatte, sich der Jugendstaatsanwalt auf diesem Gebiet also zurückhalten sollte.

1241 Dies wurde zum Teil so vertreten und auch praktiziert, vgl. *Ostendorf*, RdJB 1992, 2 (4).

1242 *Böhm*, NJW 1991, 534 (538, Fn. 11).

die gesetzlichen Klarstellungen in den §§ 45, 47 JGG begrüßt[1243]. Man war der Ansicht, diese „geben einer vernünftigen und weit verbreitenden Praxis eine solide gesetzliche Grundlage und werden zu einer größeren Gleichmäßigkeit bei der Anwendung dieses sogenannten Diversionsverfahrens führen“[1244].

Auch die Einschränkung der Anordnungsvoraussetzungen der Untersuchungshaft erfüllte eine dringende Reformforderung aus der Praxis[1245]. *Böttcher* und *Weber* bezeichneten es insofern als bemerkenswert, „daß die besondere Belastung, die die Haft für junge Menschen bedeutet, hier erstmals in einem Gesetzestext genannt wird“[1246]. Dennoch waren sie der Ansicht, die mit dem Gesetz bewirkten Änderungen stellten eine „Akzentverschiebung in beachtlichem Umfang“ und somit einen Fortschritt auch für die Praxis dar[1247]. Auch *Walter* sah hier „eine erfreuliche Weichenstellung in Richtung auf eine Verringerung“[1248]. *Heinz* forderte, die Möglichkeit der Verhängung von Untersuchungshaft im nächsten Änderungsgesetz weiter einzuschränken und für 14- und 15-Jährige vollständig auszuschließen[1249].

Die Stärkung der Jugendgerichtshilfe erfolgte insbesondere in Verbindung mit den neuen Bestimmungen über den Haftbefehl und die Untersuchungshaft, wobei man die stark erweiterten Mitteilungspflichten gegenüber der Jugendgerichtshilfe als Beleg dafür sah, dass der Gesetzgeber ihr eine Schlüsselrolle im

---

1243 So z.B. auch *Heinz*, ZRP 1991, 183 (186); *Ostendorf*, RdJB 1992, 2 (4).

1244 *Böhm*, NJW 1991, 534 (535).

1245 § 72 Abs. 1 und 2 lauteten nun wie folgt: „(1) Untersuchungshaft darf nur verhängt und vollstreckt werden, wenn ihr Zweck nicht durch eine vorläufige Anordnung über die Erziehung oder durch andere Maßnahmen erreicht werden kann. Bei der Prüfung der Verhältnismäßigkeit (§ 112 Abs. 1 Satz 2 der Strafprozeßordnung) sind auch die besonderen Belastungen des Vollzuges für Jugendliche zu berücksichtigen. Wird Untersuchungshaft verhängt, so sind im Haftbefehl die Gründe anzuführen, aus denen sich ergibt, daß andere Maßnahmen, insbesondere die einstweilige Unterbringung in einem Heim der Jugendhilfe, nicht ausreichen und die Untersuchungshaft nicht unverhältnismäßig ist. (2) Solange der Jugendliche das sechzehnte Lebensjahr noch nicht vollendet hat, ist die Verhängung von Untersuchungshaft wegen Fluchtgefahr nur zulässig, wenn er 1. Sich dem Verfahren bereits entzogen hatte oder Anstalten zur Flucht getroffen hat oder 2. Im Geltungsbereich dieses Gesetzes keinen festen Wohnsitz oder Aufenthalt hat“.

1246 *Böttcher/Weber*, NStZ 1991, 7 (9).

1247 *Böttcher/Weber*, NStZ 1991, 7 (11); so auch *Ayass*, BewHi 1990, 404 (406); *Jung*, JuS 1992, 186 (191), war der Ansicht, dem „Bemühen um eine Zurückdrängung der Untersuchungshaft bei Jugendlichen hätte freilich die Beiordnung eines Verteidigers bereits bei Erlaß des Haftbefehls besser entsprochen“.

1248 *Walter*, NStZ 1992, 470 (472).

1249 *Heinz*, RdJB 1990, 133 (144); auch *Ostendorf*, RdJB 1992, 2 (3, 7), wollte die U-Haft weiter einschränken.

Verfahren zudachte[1250]. Kritik wurde aber angesichts der Tatsache geäußert, dass über die Beteiligung in Haftsachen hinaus keine nennenswerten Fortschritte für die Jugendgerichtshilfe, etwa bezüglich der widersprüchlichen „Rolle im Spannungsfeld zwischen Jugend- und Gerichtshilfe“ oder durch Einführung eines Akteneinsichtsrechts, erreicht worden seien[1251]. Schon auf dem Jugendgerichtstag 1989 war gefordert worden, aus „dem mehr Gerichtshelfer muß ein mehr Jugendhelfer werden“[1252].

In Bezug auf die Kritik an der starken Zurückhaltung des Gesetzgebers vertrat *Jung* die Auffassung, „gegen die konsolidierende Fortschreibung konkreter Reformansätze der Praxis wird man kaum etwas einwenden können“[1253]. Positiv über das Änderungsgesetz und sein Zustandekommen äußerte sich auch *Viehmann*, der der Ansicht war, eine frühe gesetzgeberische Festlegung hätte „angesichts der Flexibilität und Innovationsfähigkeit der Jugendstrafrechtspflege“ die Reformdiskussion eher behindert oder sogar zum Stillstand gebracht, während das Gesetz durch das BMJ und die Landesjustizverwaltungen gefördert und ermöglicht worden sei und sich die Bundesregierung bereits frühzeitig mit einem ersten Gesetzesentwurf in die Diskussion eingeschaltet habe[1254]. Honoriert wurde von *Ostendorf* auch die Ehrlichkeit des Gesetzgebers, der die Novelle gerade nicht als Reformgesetz, sondern eben nur als Änderungsgesetz bezeichnet hatte[1255].

4. Zusammenfassung

Nachdem die erste Zeit nach der Einführung des JGG 1953 – abgesehen von der dauerhaft geführten Diskussion über Qualifikation und Ausbildung der Jugendrichter und -staatsanwälte oder die Notwendigkeit und Auswahl der Verteidiger im Jugendstrafverfahren – sowohl in der Literatur als vor allem auch in der Praxis von Zurückhaltung und Zögern geprägt war, stellte sich gegenüber den Hoffnungen auf die Auswirkungen der Reform schnell Ernüchterung ein. Mit dem Ansteigen der Kriminalitätsrate stieg auch die Kritik an der Umsetzung der neuen Vorschriften an, sodass die Umsetzung des JGG als

---

1250 *Ayass*, BewHi 1990, 404 (406).

1251 *Weyel*, ZfJ 1990, 566 (567), bezeichnete es daher als „Etikettenschwindel“ von der Jugendgerichtshilfe als Organ der Persönlichkeitserforschung zu sprechen.

1252 Thesen und Beschlüsse des Arbeitskreises II, in: DVJJ (Hrsg.), Verhandlungen des 21. JGT, S. 187; *Weyel*, ZfJ 1990, 566 (567).

1253 *Jung*, JuS 1992, 186 (191 f.).

1254 *Viehmann*, FuR, 1991, 256 (257).

1255 *Ostendorf*, RdJB 1992, 2 (3).

„Personenfrage" wie nach 1923 zum Thema intensiver Auseinandersetzungen in der Literatur wurde.

Schon 1965 stellte *Peters* die Forderung nach einer „inneren Reform" auf. Er wollte mit seinem Referat durch „die Deutung der Jugendstraftat als Ausdruck eines *Konfliktes* des jungen Menschen mit seiner Umwelt" die Jugendgerichtsbarkeit (wieder und neu) pädagogisch aufladen[1256]. Daraufhin flammten die Forderungen nach einem einheitlichen Jugendrecht wieder auf und es kam zu mehreren Diskussionsentwürfen und Vorschlägen für ein erweitertes Jugendhilferecht, in welches das Jugendgerichtsgesetz integriert werden sollte. Insbesondere aus den Reihen der Jugendgerichtsbarkeit stieß die Idee jedoch auf erheblichen Widerstand, sodass sie ab Mitte der 1970er Jahre endgültig wieder verworfen wurde. Angesichts des Umfangs der Jugenddelinquenz zu dieser Zeit erscheint es rückblickend „nicht verwunderlich, daß man in den 70er Jahren über die Erneuerung des Jugendrechts" nachdachte[1257]. Letztendlich war man sich jedoch einig:

> „Da Kriminalitätsentwicklung, Verbrechensfurcht und Zeitgeist die Rechtspolitik entscheidend mitbestimmen, kann zumindest für die Gegenwart nicht zweifelhaft sein, daß international gesehen die Abschaffung des Jugendstrafrechts ernstlich nicht zur Disposition steht."[1258]

In den 1960er und 1970er Jahren kam es auch zu einigen relevanten Gesetzesänderungen mit Auswirkungen auf das Jugendstrafrecht, wobei vor allem das „Gesetz zur Neuregelung des Volljährigkeitsalters" hohe Wellen schlug, indem es die Diskussion über eine vollständige Einbeziehung der Heranwachsenden in das Jugendstrafrecht als „Erziehungsstrafrecht" wieder anfachte und sogar Überlegungen bezüglich eines eigenständigen „Jungtäterrechts" hervorbrachte. In der jugendstrafrechtlichen Diskussion wurde im Übrigen vor allem über die Eignung und Qualifikation von Jugendrichtern, -staatsanwälten, -verteidigern, -gerichtshelfern, -schöffen und sogar der Polizeibeamten, die mit Jugendlichen und Heranwachsenden in Kontakt kamen, debattiert. Bei der Diskussion über die Anforderungen an die in der Jugendstrafrechtspflege tätigen Personen kam es nicht zu nennenswerten neuen Ansätzen, wogegen Studien und Befragungen wie von *Hauser* und *Eilsberger* das düstere Bild vom Jugendstrafverfahren, welches in der Literatur häufig gezeichnet wurde, bestätigten. So wurden zunächst vereinzelt, dann immer stärker, Zweifel an der generellen Möglichkeit einer erzieherischen Einwirkung im Rahmen des Jugendstrafverfahrens

---

1256 *Schüler-Springorum*, in: FS-Dünnebier, 649 (650).

1257 Dies geschah weit über die Landesgrenzen Deutschlands hinaus, vgl. nur *Kaiser*, RdJB 1980, 266.

1258 *Kaiser*, RdJB 1980, 266 (267).

und vor allem der Hauptverhandlung laut. Insbesondere der Vortrag von *Schönfelder* stieß auf Resonanz in Literatur und Praxis. Gefordert wurde nun stärker denn je, erziehungsfeindliche Elemente wie die Einnahme vorgeformter Prozessrollen durch die Beteiligten durch Kleidung, Sitzordnung und Ausdrucks- und Sprechverhalten aus dem Jugendgerichtsverfahren zu entfernen, um die nachteiligen Wirkungen des Verfahrens auf ein Minimum reduzieren zu können. Zunehmend wurde sich auch mit den erheblichen Missständen auseinandergesetzt, welche im Rahmen der Untersuchungshaft vorherrschten. Neben den fehlenden Rahmenbedingungen für eine erzieherische Ausgestaltung desselben wurde festgestellt, dass unter dem „Deckmantel" der Fluchtgefahr regelmäßig Untersuchungshaft zur schnellen, stationären Krisenintervention angeordnet und so die Funktionen der Haftanordnung spezifisch erzieherisch erweitert wurden. Schließlich kamen immer mehr Überlegungen zu der Frage auf, wie sich die Gewährleistungen des Grundgesetzes und insbesondere Art. 6 Abs. 2 GG zu den Vorschriften des JGG verhielten, wobei teilweise Zweifel bezüglich der Verfassungsmäßigkeit einzelner Bestimmungen des Jugendstrafverfahrensrechts aufkamen.

In den 1980er Jahren erlebte das Jugendstrafverfahren dann eine „Renaissance"[1259], als angesichts der Erkenntnis von Ubiquität und Normalität leichterer und mittelschwerer Jugendkriminalität und der eintretenden „Reform von unten" vor allem mit der Diversionsidee das Interesse an verfahrensrechtlichen Themen erheblich anstieg. Die Zurückdrängung des Strafrechts sollte nun bereits das Verfahren erfassen. Nicht mehr nur bestimmten Sanktionen, sondern schon dem Verfahren selbst bis zum Urteil wurde materieller Sanktionscharakter zugeschrieben[1260]. So ist nach „dem Scheitern der Versuche, das Jugendstrafrecht durch ein Jugendhilferecht abzulösen (...) an die Stelle dieser Maximalforderung in der kriminalpolitischen Diskussion der Diversionsgedanke getreten"[1261]. Auf dem Weg zum 1. JGGÄndG setzte man sich daher insbesondere mit den informellen Erledigungsmöglichkeiten auseinander, wobei nach einer anfänglichen Diversionseuphorie auch Kritik an der Konzeption und Umsetzung der Diversion laut wurde, was aber nichts am überwiegend diversionsfreundlichen Klima in der Literatur und Gesetzgebungsarbeit änderte. Über die Diversion hinaus gerieten aber auch andere prozessualrechtliche Themen wie die Untersuchungshaft, die Schlüsselrolle der Jugendgerichtshilfe und die Ausgestaltung der Hauptverhandlung selbst immer

1259 So die Formulierung von *Kraft*, Tendenzen, S. 278 f.

1260 *Walter*, NStZ 1992, 470 (472).

1261 *Pfeiffer*, Kriminalprävention, S. 125.

stärker in den Fokus, wohingegen das Interesse an den Jugendschöffen nur noch sehr gering war. Dagegen wurde die Rolle des Verteidigers im Jugendstrafverfahren intensiver denn je diskutiert, wobei die Sicherstellung eines fairen und rechtsstaatlichen Verfahrens als dessen Hauptaufgabe identifiziert wurde, zugleich aber immer mehr von der grundsätzlichen Notwendigkeit einer erzieherischen Befähigung desselben ausgegangen wurde.

Zurückzuführen ist diese Entwicklung auf die Tatsache, dass man sich mehrere Jahrzehnte nach Entstehung der Bundesrepublik verstärkt mit der Frage auseinanderzusetzen begann, wie sich die Einführung des Grundgesetzes bzw. der darin enthaltenen Grundrechte und rechtsstaatlichen Garantien auf das Jugendstrafrecht ausgewirkt hatte. Dies führte zu erheblichen Problemen in der Begründung des zuvor als selbstverständlich erachteten staatlichen Erziehungsrechts und der Zulässigkeit der staatlichen Bestimmung eines Erziehungsziels, der Einschränkung des elterlichen Erziehungsrechts, sowie der Verdrängung einzelner Verfahrensgarantien im Vergleich zum Erwachsenenstrafrecht und somit der Einschränkung der Grundrechte der jungen Menschen selbst[1262]. Schwierigkeiten bereitete der unbestimmte Erziehungsbegriff vor allem deshalb gerade zu dieser Zeit, weil im Gegensatz zur Ansicht des historischen Gesetzgebers nach den neueren kriminologischen Forschungserkenntnissen gerade nicht jede Form der Jugenddelinquenz auf eine fehlende Sozialisation und somit eine Erziehungsbedürftigkeit der Jugendlichen oder Heranwachsenden zurückzuführen war. Vor allem im prozessualen Kontext, wo verstärkt versucht wurde, diese Erkenntnisse umzusetzen, kam man unter rechtsstaatlichen Gesichtspunkten in Bedrängnis, da immer mehr ein „Funktionswandel der Prozedur selbst zur Sanktion“ beobachtet wurde[1263]. Letztlich war damit die im letzten Jahrzehnt noch stark geforderte Vereinheitlichung des Jugendrechts in den 1980er Jahren einer Betonung der „Ordnungsfunktion des JGG“ und der rechtsstaatlichen Garantien des Straf- und Strafverfahrensrechts gewichen[1264].

Während der „Erziehungsabolitionismus“ den Erziehungsbegriff daraufhin aus dem JGG verbannen wollte, betonte die überwiegende Auffassung die Bedeutung des Gedankens für die Existenz eines eigenständigen Jugendstrafrechts. Es entstanden verschiedene Vorschläge, wie der Gedanke aufzufassen oder zu

---

1262 *Wolf*, Strafe und Erziehung, S. 135, kritisierte 1984, dass nicht hinreichend berücksichtigt worden sei, dass diesen Grundauffassungen vom Jugendstrafrecht und dem Erziehungsgedanken „plötzlich der Boden fehlte“.

1263 Vgl. hierzu *Schüler-Springorum*, in: Verhandlungen des 22. JGT, 47 (53).

1264 *Bietz*, ZRP 1981, 212 (214).

reformulieren war. Erkannt wurde auch, dass der Erziehungsbegriff im Rahmen der Sanktionsauswahl eine andere Bedeutung haben musste als im Strafvollzug oder im Strafverfahren. Während sich die Kritik im formellen Jugendstrafrecht insbesondere auf die Einschränkung von Verfahrensgrundsätzen gegenüber dem allgemeinen Strafrecht und die Missachtung der Unschuldsvermutung etwa durch die Arbeitspflicht in der Untersuchungshaft richtete, versuchte *Bottke*, die Ideologie und Teleologie des Jugendstrafverfahrens genauer zu beleuchten. Dabei kam er zu dem Ergebnis, dass der Gesetzgeber die Erfolgsaussichten des Erziehungsgedankens im Verfahren weitaus nüchterner beurteilt hatte als bisher angenommen und dem Strafverfahren bewusst keine positiven Wirkungen zugeschrieben hat. Er formulierte das Ideal eines fairen Erziehungsverfahrens, welches anfänglich der Integrationsprävention dienen würde und dann täterorientiert zur Spezialprävention hinführen würde, indem unnötige Bemakelung und erzieherische Nachteile vermieden werden sollten.

Mit Verabschiedung des 1. JGGÄndG im Sommer 1990 erfolgte schließlich mehr eine Reaktion des Gesetzgebers auf die „Reform von unten" und weniger eine progressive Konzeption des JGG durch Einführung systemändernder Neuerungen[1265]. Die Teilreform wurde von vielen Seiten kritisiert, da sie mehrere Streitpunkte der Reformdiskussion wie z.B. die strafrechtliche Behandlung der Heranwachsenden, die vermehrte Mitwirkung von Verteidigern, die Stellung und Aufgaben der Jugendgerichtshilfe und die Aus- und Fortbildung der in der Jugendstrafrechtspflege tätigen Personen überging und auf ein späteres Gesetz vertagte. Es wurde die Hoffnung geäußert, dass der Zeitraum bis zur nächsten Reform deutlich kleiner sein würde als vom JGG 1953 bis zum 1. JGGÄndG im Jahr 1990 und dass diese Reform dann auch eine jugendstrafrechtliche Neukonzeption mit sich bringen würde[1266]. Allerdings wurde mit Hinblick auf das „Gezetere" um das verabschiedete Änderungsgesetz bezweifelt, dass es zu einer grundlegenden Reform kommen könne, die das Erziehungsverständnis zur Disposition stellen würde[1267].

1265 Über das 1. JGGÄndG hinaus kam es zwischen 1980 und 1990 zu keinen für das Jugendstrafverfahren relevanten Änderungen des JGG. Insbesondere wurden mit dem „Gesetz zur Neuordnung des Kinder- und Jugendhilferechts" (BGBl. I 1990, 1163), welches die Jugendgerichtshilfe als Teil der Jugendhilfe definierte (§§ 2 Nr. 8, 52 KJHG), nur Folgeänderungen durch die Streichung der Fürsorgeaufsicht übernommen.

1266 *Heinz*, ZRP 1991, 183 (189).

1267 *Weyel*, ZfJ 1990, 566 (568).

VI. Die Entwicklung vom 1. JGGÄndG bis zum 2. JGGÄndG

So hielt man es für unabdingbar, die Erinnerung an die geringe Reichweite der Reform aufrechtzuerhalten, damit eine Wiederholung der Vorkommnisse wie im Rahmen der Einführung des JGG 1953, als im Regierungsentwurf zur Ermöglichung einer zeitnahen Verabschiedung des Gesetzes ebenfalls von einer weitgehenden Reform des Gesetzes abgesehen und diese auf die Zeit nach der Einführung des neuen JGG vertagt, dann aber fast 40 Jahre lang nicht umgesetzt worden war, vermieden werden konnte[1268]. Es wurde die Befürchtung geäußert, dass sich die angekündigte zweite Reform angesichts der kurz zuvor erfolgten Novellierung nicht leicht durchsetzen lassen würde[1269]. Darüber hinaus sah man die traditionelle Überlastung des Rechtsausschusses und die mit der Wiedervereinigung entstandenen vielfältigen rechtspolitischen Anforderungen als mögliche Verzögerungsgründe für eine solche Reform an[1270]. In der breiten politischen Zustimmung zum 1. JGGÄndG sah man aber zugleich die Anerkennung der dem Gesetz zugrundeliegenden Erkenntnisse und somit eine tragfähige Basis für eine weitere Reformarbeit[1271].

1. Reformdiskussionen und -bemühungen bis 2003

Tatsächlich drehte sich bereits kurz nach Erlass des 1. JGGÄndG in der jugendstrafrechtlichen Diskussion alles um die mit einem 2. JGGÄndG zu verwirklichenden Änderungen[1272].

a) Die „Jugendstrafrechtsreformkommissionen"

So setzten sowohl die DVJJ als auch die AWO eine Kommission zur Erarbeitung entsprechender Reformvorschläge ein[1273]. Die Ergebnisse der von *Schüler-Springorum* geleiteten Kommission der DVJJ[1274] wurden sodann bereits auf dem 22. Jugendgerichtstag 1992 in Regensburg besprochen und

1268 *Marks*, BewHi 1988, 240 (247 f.).

1269 *Schüler-Springorum/Block*, in: Jugendstrafrechtsreform, 201 (211).

1270 *Ostendorf*, RdJB 1992, 2 (3).

1271 *Viehmann*, FuR 1991, 256 (257).

1272 *Kraft*, Tendenzen, S. 287.

1273 BMJ (Hrsg.), Grundfragen des Jugendkriminalrechts, S. 5; DVJJ (Hrsg.), Verhandlungen des 22. JGT, S. 5.

1274 DVJJ-Kommission, DVJJ-Journal 1992, 4 ff.

mündeten in die sog. Regensburger Beschlüsse[1275]. Die Kommission war zu dem Ergebnis gekommen, dass ein 2. JGGÄndG dem „aktuellen Stand an einschlägigen Praxiserfahrungen, Forschungsergebnissen und Theorievorgaben“ nicht hinreichend Rechnung tragen könne und somit eine „grundlegende, am Verfahren ebenso wie an den materiell-rechtlichen Regelung ansetzende Neukonzeption des gesamten Reaktionssystems“ erforderlich war[1276]. Auf dem unter dem Thema „Jugend im sozialen Rechtsstaat: für ein neues Jugendgerichtsgesetz“ durchgeführten ersten gesamtdeutschen Jugendgerichtstag seit 1927 wurden von der Bundesjustizministerin *Leutheusser-Schnarrenberger* als Schwerpunkte einer künftigen Reform der weitere Ausbau informeller Erledigungsmöglichkeiten, die Förderung jugendlicher Straftäter durch ambulante, freiheitsentziehende Sanktionen ersetzende Maßnahmen und die verstärkte Nutzung von Schlichtung und Wiedergutmachung durch den Täter-Opfer-Ausgleich ausgemacht[1277].

Im Hinblick auf das „Verfahren als Schwerpunkt der Reform“[1278] forderte man die Gewährleistung eines fairen und gerechten Verfahrens unter anderem durch eine angepasste Kommunikation in der Verhandlung. Auch die notwendige Verteidigung wollte man – etwa für Anklagen vor dem Jugendschöffengericht – ausbauen, wobei die Verteidiger jugendspezifisch aus- und fortgebildet sein sollten, man sich aber weiterhin einig darüber war, dass deren Aufgabe nicht von den Jugendgerichtshelfern übernommen werden konnte[1279]. Zudem strebte man vor allem im Bagatellbereich eine weitere Entkriminalisierung an, indem man eine Klausel zum Ausschluss geringfügiger Taten am Anfang des JGG einführen wollte. Man erachtete die strafprozessualen Einstellungsmöglichkeiten insofern als nicht ausreichend und hielt es für unbefriedigend, „wenn die weit gespannte tatbestandliche Erfassung jugendlichen Fehl-

---

1275 *Ostendorf*, INFO 2002, 55 (57); vgl. dazu auch *Dünkel/Gescher*, NK 4/1992, 8 f.; 1992 veröffentlichte darüber hinaus die Niedersächsische Kommission zur Reform des Strafrechts und des Strafverfahrensrechts ihre Ergebnisse, wonach unter anderem die Untersuchungshaft und Jugendstrafe gegenüber 14- und 15-Jährigen abgeschafft werden sollten, vgl. *Albrecht* u.a., Strafrecht – Ultima ratio, S. 19 f.

1276 DVJJ-Kommission, DVJJ-Journal 1992, 4 (5); vgl. auch *Schüler-Springorum*, in: Verhandlungen des 22. JGT, 202 (204); kritisch zu den Vorschlägen der Kommission *Robra*, in: Verhandlungen des 22. JGT, 56 ff.

1277 Vgl. die Ansprache von *Leutheusser-Schnarrenberger*, in: DVJJ (Hrsg.), Verhandlungen des 22. JGT, S. 18.

1278 So *Schüler-Springorum*, in: Verhandlungen des 22. JGT, 47 (53).

1279 Vgl. zum Ganzen DVJJ-Kommission, DVJJ-Journal 1992, 4 (23 ff.); *Schüler-Springorum*, in: Verhandlungen des 22. JGT, 47 (50); vgl. auch die Thesen des Arbeitskreises IV, in: DVJJ (Hrsg.), Verhandlungen des 22. JGT, S. 727 f.

verhaltens erst auf dem Verfahrenswege reduziert wird“[1280]. Eine solche „Flucht in das Prozeßrecht“ ohne Durchführung einer (notwendigen) materiellen Entkriminalisierung wurde auch in der Literatur abgelehnt[1281]. Auch die Möglichkeit des § 80 Abs. 1 S. 2 JGG für den Staatsanwalt, Privatklagedelikte zu verfolgen, falls Gründe der Erziehung oder berechtigte Interessen des Verletzten dies seiner Meinung nach gebieten würden, sollte in diesem Zuge wegfallen[1282]. Hinsichtlich der Aus- und Fortbildung von Jugendrichtern und -staatsanwälten fanden sich abgesehen von dem Vorschlag, eine „Jugendakademie“ zur Schulung aller am Jugendgerichtsverfahren Beteiligten einzuführen, dagegen keine nennenswerten Ansätze[1283]. Darüber hinaus wollte man die Untersuchungshaft (auch bei Heranwachsenden) weiter zurückdrängen bzw. gegen 14- und 15-Jährige ganz ausschließen, sowie die Haftgründe einschränken und die in § 52a Abs. 1 S. 2 und 3 JGG geregelte fakultative Nichtanrechnung der Untersuchungshaft aus erzieherischen Gründen streichen[1284]. Der junge Beschuldigte sollte nicht das Objekt des Verfahrens, sondern Subjekt „mit rechtsstaatlich gesicherter Beschuldigtenkompetenz und einem Anspruch auf strafprozessuale Fairneß“ sein[1285].

Daher wollte man auch die Diversionsmöglichkeiten in den §§ 45, 47 JGG noch weiter ausbauen und konkretisieren und z.B. § 45 Abs. 1 JGG dahingehend umformulieren, dass der Staatsanwalt unabhängig von § 153 StPO von der Verfolgung absehen sollte, „wenn eine Reaktion im Jugendstrafverfahren nicht erforderlich ist“, wobei eine Eintragung im Erziehungsregister in Zukunft unterbleiben sollte[1286]. Einen Katalog von Beispielsdelikten für die Diversion

---

1280 DVJJ-Kommission, DVJJ-Journal 1992, 4 (9, 12 f.); vgl. auch die Thesen des Arbeitskreises II, in: DVJJ (Hrsg.), Verhandlungen des 22. JGT, S. 717 ff.; *Walter*, NStZ 1992, 470 (474).

1281 So schlug man etwa vor, einen eigenständigen Deliktskatalog für das Jugendstrafrecht zu schaffen und forderte eine „jugendadäquate Gesetzesinterpretation“, vgl. *Ostendorf*, in: Jugendstrafrechtsreform durch die Praxis, 325 (331 ff.); hierzu auch *Heinz*, ZStW 104 (1992), 591 (633); *Walter*, NStZ 1992, 470 (472).

1282 Vgl. die Thesen des Arbeitskreises II, in: DVJJ (Hrsg.), Verhandlungen des 22. JGT, S. 718; DVJJ-Kommission, DVJJ-Journal 1992, 4 (11).

1283 Vgl. die Thesen des Arbeitskreises III, in: DVJJ (Hrsg.), Verhandlungen des 22. JGT, S. 721; DVJJ-Kommission, DVJJ-Journal 1992, 4 (18).

1284 Vgl. die Thesen des Arbeitskreises IV, in: DVJJ (Hrsg.), Verhandlungen des 22. JGT, S. 732 ff.; DVJJ-Kommission, DVJJ-Journal 1992, 4 (25); *Schüler-Springorum*, in: Verhandlungen des 22. JGT, 47 (50 f.).

1285 DVJJ-Kommission, DVJJ-Journal 1992, 4 (23); vgl. auch *Schüler-Springorum*, in: Verhandlungen des 22. JGT, 47 (50).

1286 Vgl. die Thesen des Arbeitskreises III, in: DVJJ (Hrsg.), Verhandlungen des 22. JGT, S. 721 f.; DVJJ-Kommission, DVJJ-Journal 1992, 4 (18 f.).

wollten die Teilnehmer des Jugendgerichtstages dagegen nicht implementieren, da man „die Gefahr einer Zementierung einer Fortentwicklung der Anwendung von Diversion durch die Aufnahme eines irgendwie gearteten Kataloges in den gesetzlichen Tatbestand größer als die Belastung durch eine unterschiedliche Entwicklung in Deutschland infolge einer Generalklausel“ einschätzte[1287]. Die Jugendgerichtshilfe wollte man personell, finanziell und durch ein Akteneinsichts-, Stellungnahme-, Beweisanregungs- und Fragerecht stärken[1288]. Auch der Stellenwert der Polizei sollte im Ermittlungsverfahren konsequent aufgewertet werden, indem unter anderem § 43 JGG entsprechend angepasst und die polizeiliche Ermittlungsarbeit professionalisiert, sowie diversions- und konfliktorientiert ausgestaltet werden sollte[1289]. Die Polizeidienstvorschrift (PDV) 382 zur „Bearbeitung von Jugendsachen“ von 1987 wollte man in Zuge dessen an die neuesten kriminologischen Forschungsergebnisse anpassen[1290]. Innerhalb der DVJJ wurde daher in der Folge eine Bundesarbeitsgemeinschaft Polizei (BAG Polizei) gegründet[1291]. Darüber hinaus wollte man unter anderem von einer Auferlegung der Kosten und Auslagen im Verfahren gegen Jugendliche generell absehen. Im Falle einer Vernehmung außerhalb der Hauptverhandlung sollte auf Verlangen des Jugendlichen eine Vertrauensperson hinzugezogen werden müssen und das vereinfachte Verfahren wollte man auch bei Heranwachsenden anwenden können. Schließlich wollte man auch die Rechtsmittelbeschränkung bei Erziehungsmaßregeln oder Zuchtmitteln durch eine Streichung von § 55 Abs. 1 JGG aufheben[1292].

Die Forderungen der AWO, welche ihr Positionspapier im September 1993 vorlegte, stimmten mit denen der DVJJ zwar in weiten Teilen überein[1293].

1287 Vgl. die Thesen des Arbeitskreises III, in: DVJJ (Hrsg.), Verhandlungen des 22. JGT, S. 722; vgl. hierzu auch die gegenteilige Forderung der DVJJ-Kommission, DVJJ-Journal 1992, 4 (18 f.).

1288 DVJJ-Kommission, DVJJ-Journal 1992, 4 (20 f., 23); *Schüler-Springorum*, in: Verhandlungen des 22. JGT, 47 (50 f.); vgl. die Thesen des Arbeitskreises IV, in: DVJJ (Hrsg.), Verhandlungen des 22. JGT, S. 732 f.

1289 Vgl. die Thesen des Arbeitskreises III, in: DVJJ (Hrsg.), Verhandlungen des 22. JGT, S. 723 ff.; DVJJ-Kommission, DVJJ-Journal 1992, 4 (21 f.).

1290 Vgl. die Thesen des Arbeitskreises III, in: DVJJ (Hrsg.), Verhandlungen des 22. JGT, S. 725.

1291 *Hübner/Kunath*, ZJJ 2023, 251 (252).

1292 Vgl. zum Ganzen die Thesen des Arbeitskreises IV, in: DVJJ (Hrsg.), Verhandlungen des 22. JGT, S. 729 ff.; DVJJ-Kommission, DVJJ-Journal 1992, 4 (24 ff.); den Ausschluss der Revision durch die Einlegung einer zulässigen Berufung in § 55 Abs. 2 JGG wollte man dagegen bestehen lassen.

1293 Eine übersichtliche Gesamtdarstellung der Reformvorschläge der DVJJ und der AWO zum Jugendkriminalrecht findet sich bei *Merkle/Newinger/Risse/Skrobanek*, DVJJ-

Insbesondere im Hinblick auf die künftige Bedeutung des Erziehungsgedankens für das Jugendstrafrecht gab es jedoch Divergenzen. Während die AWO diesen gänzlich aus dem Jugendstrafrecht entfernen wollte, sah ihn die DVJJ weiterhin als wesentlichen „Eckpfeiler" des Jugendkriminalrechts an, welcher allerdings nicht mehr allein, sondern zusammen mit dem Schuldgedanken und dem Verhältnismäßigkeitsprinzip stehen sollte[1294].

In der jugendstrafrechtlichen Diskussion ging es somit in Anknüpfung an das vorherige Jahrzehnt vor allem um die Rolle des Erziehungsgedankens im JGG und die Frage, ob das Jugendstrafrecht grundlegend umgestaltet oder nur punktuell modifiziert werden sollte[1295]. Die Idee einer möglichen Ablösung des Jugendstrafrechts durch ein erweitertes Jugendhilferecht wurde dabei aber nicht wiederbelebt. So war man der Ansicht, das Jugendstrafrecht würde ein größeres Maß an Rechtssicherheit bieten und bei vielen Jugendstraftaten sei ein Einschreiten der Jugendhilfe mangels erzieherischer Defizite nicht geboten, sondern eine jugendstrafrechtliche Sanktion als „Denkzettel" zur Normverdeutlichung angezeigt[1296]. Abgelehnt wurde auch ein vollständiger Rückzug der Jugendgerichtshilfe aus dem Jugendstrafverfahren, da man befürchtete, dass die Jugendrichter dadurch noch weniger als bisher von erzieherischen Angeboten Gebrauch machen würden, da sie auf deren Umsetzung und Kontrolle keinen Einfluss mehr hätten[1297]. Und auch ein „generelles Nichtstun" lehnte man mit dem Argument ab, dass man sich nicht in jedem Fall darauf verlassen könne, dass die „außerstrafrechtlichen Selbstregulierungskräfte" stark genug seien, um weiterer Kriminalität ausreichend entgegenwirken zu können[1298]. Andererseits forderte man aber, die Nebenwirkungen der Tat für den Täter wie z.B. psychische oder finanzielle Belastungen durch das Verfahren, außerkriminalrechtliche Folgen wie der Verlust des Arbeitsplatzes oder auch zivilrechtliche Belastungen durch Schadensersatzansprüche müssten miteinbezogen werden, um einen Präventionserfolg empirisch messbar machen zu können[1299]. Schließlich wurden auch die Erwägungen aus den Vorjahren

---

Journal 1994, 11 ff.; vgl. dazu auch *Dünkel*, NK 3/1995, 22 ff.; *Frommel/Maelicke*, NK 3/1994, 28 ff.

1294 Vgl. auch *Merkle/Newinger/Risse/Skrobanek*, DVJJ-Journal 1994, 11 (16); so auch schon *Pfeiffer*, DVJJ-Journal 1991, 114 (124 ff.).

1295 *Pfeiffer*, DVJJ-Journal 1991, 114 ff.; vgl. auch *Grunewald*, NStZ 2002, 452 ff.; *Heinz*, RdJB 1992, 123 ff.; *Kaiser*, in: FS-Härringer, 9 ff.; *Maelicke*, NK 3/1992, 28 f., *Ostendorf*, NK 1/2003, 16; *Weyel*, ZJJ 2003, 406 ff.

1296 *Dölling*, RdJB 1993, 370 (377).

1297 *Kaiser*, RdJB 1997, 35 (37 f.).

1298 *Dölling*, RdJB 1993, 370 (377).

1299 *Walter*, NStZ 1992, 470 (476).

aufgegriffen, das Verfahren in Erziehungs- und Strafverfahren aufzuteilen und zu Beginn des Verfahrens zu entscheiden, wie vorgegangen werden soll, wogegen jedoch eingewandt wurde, dass es vielfach gerade auf eine Kombination erzieherischer und strafrechtlicher Komponenten ankommen würde[1300].

b) Forderungen in Gesellschaft und Politik nach einer Verschärfung des JGG

Allerdings hatte sich das kriminalpolitische Klima bereits zu Beginn der 1990er Jahre aufgrund der verstärkten Wahrnehmung einer Zunahme öffentlicher, sichtbarer Gewalt erheblich verschlechtert, was zu Verunsicherung in der Bevölkerung führte und Forderungen nach staatlicher Gegenwehr und einer strengeren Handhabung des Strafrechts samt höherer Strafen in Politik und Gesellschaft zur Folge hatte[1301]. Angesichts eines Anstiegs von (rechtsradikalen) Gewalttaten und einer Gesellschaft, die sich – wegen oder trotz der Wiedervereinigung – in einer Identitätskrise befand, waren die Gewalt- und Wiederholungstaten, besonders von Jugendlichen und Heranwachsenden, Dauerthema[1302]. Diese machten einen verhältnismäßig hohen Anteil der Beteiligten an den gewalttätigen und fremdenfeindlichen Ausschreitungen zu Beginn der 1990er aus[1303]. Auch die Polizeiliche Kriminalstatistik verzeichnete einen Anstieg von Jugendkriminalität, was jedoch mit der Öffnung der Grenzen zu den östlichen Nachbarländern und der Wiedervereinigung zu begründen war[1304]. Zudem beruhte der Anstieg überwiegend auf Kontroll- und Bagatelldelikten und nicht auf der Zunahme der Gewaltkriminalität[1305]. Dass ein sozialer Umbruch wie die Wiedervereinigung mit einer Zunahme der Kriminalität verbunden sein würde, konnte eigentlich nicht überraschen, doch

---

1300 *Dölling*, RdJB 1993, 370 (377); ein anderer Vorschlag umfasste eine Zweiteilung auf Rechtsfolgenseite in freiheitsentziehende und nichtfreiheitsentziehende Maßnahmen unter Hervorhebung des Täter-Opfer-Ausgleichs als Möglichkeit zur Abwendung des Strafverfahrens, vgl. *Fritschka*, BewHi 1991, 282 ff.; hierzu auch *Kraft*, Tendenzen, S. 295.

1301 *Ostendorf*, ZfJ 1995, 1; vgl. dazu auch *Höynck/Sonnen*, ZRP 2001, 245 ff.; *Kaiser*, RdJB 1997, 35 (38); vgl. auch die Rede von *Leutheusser-Schnarrenberger* auf dem 22. JGT, in: DVJJ (Hrsg.), Verhandlungen des 22. JGT, S. 23.

1302 *Ostendorf*, ZfJ 1995, 1 f.; so später auch *Viehmann*, ZfJ 1997, 437 f.

1303 *Viehmann*, ZfJ 1997, 437 f.; ausführlich zur Entwicklung der Jugendkriminalität in Deutschland *Walter*, in: Jugendstrafrecht an der Wende zum 21. Jhdt., 37 ff.

1304 *Höynck/Sonnen*, ZRP 2001, 245 (246); *Pfeiffer*, DVJJ-Journal 1993, 116 (118); *Viehmann*, ZfJ 1997, 437 f.

1305 *Heinz*, MschrKrim 81 (1998), 399.

„fehlte vielfach der Blick für diese größeren sozialen Zusammenhänge“[1306]. Daher entstand nach Jahren engagierter Reformarbeit zugunsten der Jugendlichen und Heranwachsenden eine „Gegenbewegung, die zur Abwehr rechtsradikaler Gewalt politische Gegner und Publizisten unterschiedlicher Couleur vereinigt hat“[1307].

Gefordert wurde plötzlich unter anderem, das Mindestalter strafrechtlicher Verantwortlichkeit herabzusetzen, einen „Warnschuss-Arrest“ zuzulassen, einen Vorführungs- und Sicherungshaftbefehl einzuführen, das Jugendstrafrecht auf Heranwachsende nurmehr in Ausnahmefällen anzuwenden oder das beschleunigte Verfahren des allgemeinen Strafrechts im Jugendstrafrecht zuzulassen[1308].

Einen großen Einfluss auf die Wahrnehmung der Jugendkriminalität hatten dabei die Medien, welche „spektakuläre Einzelfälle von Gewalttätigkeit und Kriminalität durch dramatisierende und skandalierende Berichterstattung zu allgemeinen jugendtypischen Phänomenen“ hochstilisierte[1309]. Gegen Ende des „Jahrhunderts des Kindes“ war damit weniger Genugtuung über das bisher Erreichte als vielmehr allgemeines Unbehagen zu spüren[1310]. Man sah die im Vorfeld des JGG 1953 von *Peters* geäußerte Befürchtung, dass das Jugendverfahren mit der Einbeziehung der Heranwachsenden wieder in Richtung des allgemeinen Strafprozesses zurückdriften würde, inzwischen als weitgehend bewahrheitet[1311]. Dem Erziehungsgedanken schrieb man einen Bedeutungsverlust zu, welcher „zu mehr rechtsstaatlicher Strenge und auch zu stärkerer Anlehnung des Jugendstrafverfahrens an das allgemeine Strafverfahren führen“ würde[1312].

Auch die Reformbestrebungen gingen immer mehr zurück. Einen neuen Regierungsentwurf angesichts der faktischen Situation in den neuen Ländern einzubringen, in denen noch kein funktionierender Sozialstaat bestand, sah

---

1306 *Walter*, GA 2002, 431 (440 ff.); zu den Entstehungszusammenhängen vgl. auch *Boers*, NK 3/2000, 7 ff.

1307 *Ostendorf*, RdJB 1994, 304; *Walter*, GA 2002, 431, 440 ff.

1308 *Hassemer*, in: Verhandlungen des 26. JGT, 31 (39 f., 50 ff.), m.w.N.; *Höynck/Sonnen*, ZRP 2001, 245 (246).

1309 *Viehmann*, ZfJ 1997, 437; *Ostendorf*, ZfJ 1995, 1 f., kritisierte an den dramatisierenden Darstellungen der Medien, dass diese „auch besonnene Politiker ins Grübeln“ bringen würden.

1310 *Kaiser*, RdJB 1997, 35 (39).

1311 *Miehe*, in: Jugendstrafrecht an der Wende zum 21. Jhdt., 141 ff.

1312 Vgl. *Miehe*, in: Jugendstrafrecht an der Wende zum 21. Jhdt., 141 (157 ff.).

man als „reichlich weltfremde Veranstaltung“ an[1313]. Vielmehr war man sich schon 1992, als die Frist des Bundestags aus dem 1. JGGÄndG ablief, dessen bewusst, „daß es selbst bei gutem Willen des Bundesjustizministeriums und des Bundestagsrechtsausschusses Jahre dauern wird, bis der Bundestag ein 2. JGGÄndG verabschieden kann“[1314].

Auch in der Politik wurde nun eine Verschärfung des JGG forciert[1315]. So veröffentlichte z.B. die Bundestagsfraktion der CDU/CSU schon 1993 eine „Initiative gegen Gewalt und Extremismus“, laut derer unter anderem die Voraussetzungen der Untersuchungshaft entschärft und die Einbeziehung der Heranwachsenden in das Jugendstrafrecht rückgängig gemacht werden sollten[1316]. Mit der Initiative wollte man die Regel, dass 18- bis 20-jährige Straftäter typischerweise „in den Genuß des Jugendstrafrechts“ kamen, zur Ausnahme machen und neben dem Erziehungsgedanken künftig auch den Schutz der Allgemeinheit vor neuen schweren Straftaten stärker berücksichtigen[1317]. Darüber hinaus wollte man die Haftgründe der Strafprozessordnung auf Fälle gemeingefährlicher oder anderer schwerer Gewalttaten ausdehnen und den Haftgrund der Wiederholungsgefahr so umformulieren, „daß auch die mittlere Kriminalität erfaßt“ werden sollte[1318]. Auch wenn die Bundesjustizministerin *Leutheusser-Schnarrenberger* und auch die damalige Bundesministerin für Frauen und Jugend *Merkel* sich ausdrücklich gegen eine solche Verschärfung des Jugendstrafrechts aussprachen und das Vorhaben am Ende scheiterte, war mit dieser Entwicklung die Verabschiedung eines 2. JGGÄndG zunächst in weite Ferne gerückt[1319]. Vielmehr hielten sich die Forderungen nach einer Verschärfung des Jugendstrafrechts auch im neuen Jahrtausend hartnäckig[1320].

1313 *Pfeiffer*, in: Verhandlungen des 22. JGT, 698.

1314 Vgl. *Pfeiffer*, in: Verhandlungen des 22. JGT, 698 (700, 704).

1315 Vgl. z.B. *Höynck/Sonnen*, ZRP 2001, 245 ff.

1316 Die Initiative ist abgedruckt in: DVJJ-Journal 1993, 103 f.; vgl. dazu auch *Dünkel*, NK 1/1994, 9 f.; *Ostendorf*, RdJB 1994, 304; *Pfeiffer*, DVJJ-Journal 1993, 116 ff.

1317 Vgl. Nr. 4 und 5 der Initiative, abgedruckt in: DVJJ-Journal 1993, 103; kritisch im Hinblick auf diese „polemische Sprache“ *Ostendorf*, RdJB 1994, 304 (306); *Scholz*, DVJJ-Journal 1999, 232 (233) sprach von dem Ziel, „das Jugendrecht zu amputieren“.

1318 Vgl. Nr. 1 und 2 der Initiative, abgedruckt in: DVJJ-Journal 1993, 103; vgl. dazu auch *Ostendorf*, RdJB 1994, 304 (308 f.).

1319 Vgl. die Presseerklärung der Bundesjustizministerin *Leutheusser-Schnarrenberger* vom 21. Juni 1993 und den Zeitungsbericht der Nordwest-Zeitung (Oldenburg) mit der Bundesjugendministerin *Merkel* vom 23. Juni 1993, in: DVJJ-Journal 1993, 105 f.; zum Scheitern des Vorhabens *Dünkel*, NK 1/1994, 9 f.

1320 Vgl. dazu etwa *Ostendorf*, RdJB 1994, 304 ff., *Schubarth*, NK 3/2001, 25 ff.; *Viehmann*, ZfJ 1997, 437 ff. und *Hassemer*, in: Verhandlungen des 26. JGT, 31 ff., die alle ein übereinstimmendes Bild zeichneten.

So plädierte etwa 2006 der Hamburger Justizsenator *Kusch* für die Abschaffung des Jugendstrafrechts[1321].

c) Die Reaktion der Fachwelt auf die Verschärfungstendenzen

In der jugendstrafrechtlichen Fachdiskussion trat man diesen Forderungen aus Öffentlichkeit und Politik von Anfang an mit aller Vehemenz entgegen[1322]. Man wollte verhindern, dass das „Jugendstrafrecht als Spielball im Prozess politischer Meinungsbildung" benutzt wird[1323]. So wurde versucht, die Ursachen der beobachteten Entwicklungen zu erklären und ausdrücklich vor einer Verschärfung des Jugendstrafrechts gewarnt, welche die „tieferliegenden persönlichen und sozialen Probleme" der jungen Menschen nicht lösen könne und den jugendkriminologischen Einsichten widersprechen würde[1324].

Bereits auf dem Jugendgerichtstag 1992 wurde auf die Folgen der Wiedervereinigung für die jungen Menschen eingegangen, welche durch die gegensätzliche Sozialisation in den sehr unterschiedlichen Gesellschaften verschieden geprägt worden seien[1325]. So hätte der Zusammenbruch des alten und die Implementation eines neuen gesellschaftlichen Systems „zu allgemeiner Orientierungslosigkeit sowie Sinnverlust bisheriger Wertorientierungen und alltäglicher Verhaltensroutinen gerade bei jungen Menschen" geführt. Daher wurde die beobachtete Zunahme (fremdenfeindlicher) Gewalt durch Jugendliche und Heranwachsende als Gegen- bzw. Protestreaktion auf eine Fremdbestimmung in fast allen wesentlichen Lebensbereichen eingeordnet und davor gewarnt, das Problem der Jugendgewalt zu skandalisieren, verallgemeinert von Eskalation der Gewalt zu sprechen und eine Dämonisierung und damit Ausgrenzung auch rechtsextremistisch orientierter (gewalttätiger) Jugendlicher vorzunehmen. Gefordert wurde vielmehr, dieser Entwicklung durch eine entsprechende Sozi-

---

1321 So *Kusch*, NStZ 2006, 65 ff.; dagegen *Ostendorf*, NStZ 2006, 320 ff.; für *Kunath/Hübner*, ZJJ 2023, 253 (254), war dies ein „unverblümter, populistischer und unrühmlicher Angriff" auf das JGG.

1322 So z.B. *Dünkel*, NK 3/1995, 22; *Frommel*, NK 3/1994, 26 f.; *Heinz*, MschrKrim 81 (1998), 399 ff.

1323 *Höynck/Sonnen*, ZRP 2001, 245 (249); ähnlich *Schubarth*, NK 3/2001, 25 ff.

1324 So z.B. *Ostendorf*, ZfJ 1995, 1 (4); ausführlich hierzu auch *Heinz*, MschrKrim 81 (1998), 399 ff.

1325 Vgl. hierzu und zum folgenden Text die These des Arbeitskreises I, in: DVJJ (Hrsg.), Verhandlungen des 22. JGT, S. 708, 710.

alpolitik und damit einer Verbesserung der gesellschaftlichen Rahmenbedingungen der jungen Menschen entgegenzuwirken[1326].

1995 wurde dann das sog. 3. Kölner Symposium zum Thema „Jugendkriminalrecht als Erfüllungsgehilfe gesellschaftlicher Erwartungen?“ durchgeführt. In der Auseinandersetzung mit der Bedeutung gesellschaftlicher Erwartungen für die Kriminalpolitik forderte *Walter*, „Blickverengungen aus strafrechtlichem Vorverständnis zu überwinden“ und ein rational gerechtfertigtes Strafrecht, welches Ultima ratio bleiben müsse[1327]. Kritisch wurde konstatiert, dass sich die „Kriminalpolitik im Sog von Öffentlichkeit und Massenmedien“ befinden würde, indem letztere eine falsche Kriminalitätsrealität konstruieren würden, was eine ungerechtfertigte Kriminalitätsfurcht der Öffentlichkeit zu Folge hätte, die wiederum für politische Interessen nutzbar sei[1328]. *Schöch* kam zu dem Ergebnis, dass sich nicht das Jugendstrafrecht an „diffuse angstbedingte Strafschärfungserwartungen“ angleichen sollten, sondern im Gegenteil die „gesellschaftlichen Fehlererwartungen an ein historisch gewachsenes und von großen demokratischen Mehrheiten getragenes Jugendstrafrecht“, angepasst werden sollten[1329].

In der Folge wurde in der Fachdiskussion über die Jahre hinweg immer wieder vor einer Verschärfung des Jugendstrafrechts gewarnt. Auf dem 23. Jugendgerichtstag im Herbst 1995 unter dem Titel „Sozialer Wandel und Jugendkriminalrechtspflege: neue Herausforderungen für Jugendkriminalrechtspflege, Politik und Gesellschaft“ wurde gefordert, die Probleme junger Menschen nicht nur dann wahrzunehmen, „wenn sie auch in den Medien hinreichend skandalierbar und politisch instrumentalisierbar sind“ und die Erkenntnisse zur „Sinnlosigkeit einer harten Linie“ zu bedenken[1330]. Auch auf dem folgenden Jugendgerichtstag 1998 in Hamburg mit dem Thema „Kinder und Jugendliche als Opfer und Täter“ setzte man sich schwerpunktmäßig mit der Debatte zur Jugendkriminalität, der erhöhten Sichtbarkeit von und wachsenden öffentlichen Sensibilität bei Jugendgewalt und den zugrundeliegenden gesellschaftlichen Rahmenbedingungen auseinander[1331]. Gewarnt wurde vor Bestrebun-

---

1326 Vgl. die Rede von *Leutheusser-Schnarrenberger*, in: DVJJ (Hrsg.), Verhandlungen des 22. JGT, S. 18 ff.

1327 *Walter*, in: Jugendkriminalrecht als Erfüllungsgehilfe?, 10 (20).

1328 *Lamnek/Luedtke*, in: Jugendkriminalrecht als Erfüllungsgehilfe?, 45 ff.

1329 *Schöch*, in: Jugendkriminalrecht als Erfüllungsgehilfe?, 68 (78 f.).

1330 Vgl. die Thesen des Arbeitskreises I und II, in: DVJJ (Hrsg.), Verhandlungen des 23. JGT, S. 757, 768; *Pfeiffer*, in: Verhandlungen des 23. JGT, 741 (742 f.); zusammenfassend *Cornel/Dünkel*, NK 4/1995, 6 ff.

1331 Vgl. nur die Thesen des JGT, in: DVJJ (Hrsg.), Verhandlungen des 24. JGT, S. 783 ff.

gen, die Diversion zurückzudrängen und stattdessen das beschleunigte Verfahren „im Sinne einer sofortigen harten Bestrafung“ bzw. einer „Strafverschärfung unter anderem Etikett“ zu propagieren[1332]. Vielmehr war man sich einig, dass der Erziehungsgedanke „Rückgrat eines humanen und in Alternativen zur Bestrafung denkenden Reformansatzes ist und bleiben muß“[1333]. Ebenfalls 1998 forderten über 50 Professoren aus den Bereichen Jugendstrafrecht und Kriminologie in einer Resolution die Abwehr einer Gegenreform im Jugendstrafrecht „Wider die repressive Hilflosigkeit“[1334]. Ausgesprochen wurde sich dafür, mehr die positiven Wirkungen des Strafverfahrens zu nutzen und entsozialisierende Wirkungen aus diesem fernzuhalten, sodass die Hauptverhandlung eine Lebenserfahrung werden könne, die ein Lernmodell für die Zukunft des Jugendlichen oder Heranwachsenden ist[1335]. 1999 wurde in einem Memorandum der sog. Magdeburger Initiative ein Perspektivenwechsel in der Beurteilung von Jugendkriminalität vorgeschlagen und gefordert, das Jugendstrafrecht als Recht für und nicht gegen die Jugend zu konzipieren und zu praktizieren[1336].

Im März 2001 wurde die Jugendkriminalrechtspflege schließlich aktiv tätig, indem von der DVJJ – finanziert durch das BMJ – eine zweite Jugendstrafrechtsreform-Kommission eingesetzt wurde[1337]. Auch auf dem 25. Jugendgerichtstag im Herbst 2001 in Marburg unter dem Titel „Jugend, Gesellschaft und Recht im neuen Jahrtausend“ widersetzte man sich den Forderungen nach einer Verschärfung des Jugendstrafrechts weiterhin und versuchte stattdessen, die eigenen Reformziele voranzutreiben[1338]. Nachdem die Reformforderungen im Anschluss an das 1. JGGÄndG nach wie vor nicht umgesetzt waren, war man der Ansicht, „dass nach 12 Jahren unser Jugendstrafrecht schon insoweit nicht mehr zeitgemäß ist“[1339]. Die zweite Jugendstrafrechtsreform-Kommission wollte an die kriminalpolitische Zielsetzung des 1. JGGÄndG anknüpfen und zugleich die Vorschläge der ersten Reformkommission, sowie die auf dem Jugendgerichtstag 1992 in Regensburg verabschiedeten Ergebnisse

---

1332 *Ostendorf*, in: Verhandlungen des 24. JGT, 575.

1333 Vgl. die Thesen des JGT, in: DVJJ (Hrsg.), Verhandlungen des 24. JGT, S. 786.

1334 Abgedruckt bei *Ostendorf*, Wieviel Strafe braucht die Gesellschaft, S. 190 ff.

1335 *Ostendorf*, Wieviel Strafe braucht die Gesellschaft, S. 40 ff.

1336 *Breymann* u.a., DVJJ-Journal 1999, 4 ff.; vgl. auch *Ostendorf*, NK 2/1999, 4 f.

1337 *Ostendorf*, INFO 2002, 55 (58), wertete diese Tatsache als Beleg dafür, dass die Notwendigkeit einer Reformierung des Jugendstrafrechts anerkannt wurde.

1338 Vgl. die Thesen des 25. JGT, in: DVJJ (Hrsg.), Verhandlungen des 25. JGT, S. 684 ff.; *Sonnen*, in: Verhandlungen des 25. JGT, 11 (12 ff.).

1339 *Sonnen*, RdJB 2003, 309 (312).

unter Berücksichtigung der Mindestgrundsätze der Vereinten Nationen für die Jugendgerichtsbarkeit von 1985 fortentwickeln[1340]. Sie sprach sich schließlich 2002 unter anderem dafür aus, die Legalbewährung als Ziel des Jugendstrafverfahrens festzuschreiben. Damit wollte man die Erzwingung einer „inneren Umkehr" der jungen Menschen ausschließen, zugleich aber deren soziale Integration fördern und den Streit über die Zielsetzung des Jugendstrafrechts und den Erziehungsgedanken endgültig klären[1341]. Es wurde vorgeschlagen, dem JGG folgende Regelung voranzustellen:

> „Die Anwendung des Jugendstrafrechts soll dazu beitragen, dem jungen Menschen ein Leben ohne Straftaten zu ermöglichen. Auch aus Anlass strafrechtlich relevanten Fehlverhaltens haben junge Menschen ein Recht auf Förderung ihrer Entwicklung zu einer eigenverantwortlichen und gemeinschaftsfähigen Persönlichkeit. An diesem Ziel der sozialen Integration mitzuwirken sind neben der Jugendhilfe die Justiz und alle staatlichen Institutionen verpflichtet."[1342]

Darüber hinaus forderte die Kommission, das Jugendstrafverfahren durch gesetzliche Fixierung zentraler Grundsätze wie etwa der aktiven Beteiligung der Jugendlichen im Verfahren, dem Subsidiaritätsgrundsatz als Ausprägung des Verhältnismäßigkeitsgrundsatzes, dem Vorrang der außergerichtlichen Konfliktregelung und dem Schlechterstellungsverbot gegenüber Erwachsenen aus erzieherischen Gründen, zu konkretisieren[1343]. Zudem sollten der Grundsatz der Kompensation, der Verfahrensbeschleunigung und der Fachlichkeit der mit den jungen Menschen in Kontakt kommenden Jugendrichter, Jugendstaatsanwälte, Mitarbeiter der Jugendhilfe und Jugendbewährungshilfe, Polizeibeamten und Vollzugsbediensteten (als „Muss-Vorschrift") festgeschrieben werden[1344]. Im Hinblick auf den Täter-Opfer-Ausgleich wollte man konfliktregelnde Verfahren fördern und die Mitwirkungs- und Beteiligungsrechte der Jugendgerichtshilfe erweitern, die man nun „Jugendhilfe im Strafverfahren"

1340 2. Jugendstrafrechtsreform-Kommission, DVJJ-Journal 2002, 227; vgl. dazu auch *Hotter/ Albrecht*, RdJB 2003, 282 (296 ff.).

1341 2. Jugendstrafrechtsreform-Kommission, DVJJ-Journal 2002, 227 (228); vgl. auch *Ostendorf*, INFO 2002, 55 (65).

1342 2. Jugendstrafrechtsreform-Kommission, DVJJ-Journal 2002, 227 (228).

1343 Vgl. die 2. Jugendstrafrechtsreform-Kommission, DVJJ-Journal 2002, 227 (230 f.); hierzu auch *Ostendorf*, INFO 2002, 55 (71 ff.); *Solte*, INFO 2002, 85 (104), sah darin hilfreiche Leitlinien für die Praxis.

1344 2. Jugendstrafrechtsreform-Kommission, DVJJ-Journal 2002, 227 (232 f., 235); *Ostendorf*, INFO 2002, 55 (74, 81 f.); die geforderten Kenntnisse in der Kriminologie und im Jugendstrafrecht hielt *Solte*, INFO 2002, 85 (105 f.), für notwendig, aber unzureichend und forderte zudem Handlungs- und Kommunikationskompetenz im Umgang mit dissozialen Jugendlichen und Heranwachsenden, da das JGG auf Erziehung in Form von Interaktion setzen würde.

nennen wollte und der man unter anderem auch ein Zeugnisverweigerungsrecht zugestehen wollte, wobei das Verhältnis zur Justiz als Kooperationsverhältnis ausgestaltet sein sollte[1345]. Zur Vermeidung von Untersuchungshaft sollte diese nun schon vor der Vollstreckung eines Haftbefehls eingeschaltet und angehört werden, wobei man wie in den 1980er Jahren die Anordnungsvoraussetzungen der Untersuchungshaft weiter verschärfen und diese gegen 14- und 15-Jährige ganz ausschließen, sowie die Möglichkeiten zur Haftvermeidung stärken wollte[1346]. Schließlich wollte man als weitere Fälle obligatorisch notwendiger Verteidigung das Drohen von Jugendstrafe, die anwaltliche Vertretung des Geschädigten und Entscheidungen über Bewährungswiderruf und Verhängung oder Fortdauer freiheitsentziehender Maßnahmen vorsehen, wobei für die Praxis erneut eine extensive Interpretation von § 140 Abs. 2 StPO zugunsten junger Angeklagter gefordert wurde[1347]. Die von anderer Seite geforderte Erweiterung aktiver Opferrechte durch eine Einführung des Nebenklage-, Privatklage- oder Adhäsionsverfahrens lehnte die Kommission mit Verweis auf die Rolle des Jugendstrafrechts, den im Mittelpunkt stehenden Täter zu schützen, ausdrücklich ab[1348]. Begründet wurde dies mit der Einschätzung, dass ein Bedürfnis der Opfer auf Mitwirkung im Verfahren oft überhaupt nicht bestünde und „behutsame, informelle Reaktionen“ häufig erfolgreicher weitere Straftaten verhindern würden „als ein vermeintlich opferfreundliches, hartes Auftreten und Strafen“[1349]. Aufgrund der mittlerweile als gesichert geltenden Erkenntnis, dass die Persönlichkeitsentwicklung junger Menschen bis weit in das dritte Lebensjahrzehnt hineinreicht, wurde darüber hinaus weiterhin verlangt, die Heranwachsenden grundsätzlich in das Jugendstrafrecht einzubeziehen und die „schwierige, wenn überhaupt mögliche“ Einzelfallprüfung aufzugeben[1350]. Vielmehr wollte man sogar die Möglichkeit schaffen, auch die „Jungerwachsenen“ im Alter zwischen 21 und 24 Jahren in das Jugend-

---

1345 2. Jugendstrafrechtsreform-Kommission, DVJJ-Journal 2002, 227 (236 ff.); auch *Solte*, INFO 2002, 85 (106 f.), forderte das Zusammenspiel nicht unter dem Gesichtspunkt der Konkurrenz, sondern der wechselseitigen Ergänzung zu sehen.

1346 2. Jugendstrafrechtsreform-Kommission, DVJJ-Journal 2002, 227 (238 f., 260 f.); *Solte*, INFO 2002, 85 (114), sah in der Koppelung von Repression (Verhaftung) und sozialpädagogischer Einwirkung dagegen die größte Chance, den Lebenslauf gefährdeter junger Menschen wirksam positiv beeinflussen zu können.

1347 2. Jugendstrafrechtsreform-Kommission, DVJJ-Journal 2002, 227 (241 f.).

1348 2. Jugendstrafrechtsreform-Kommission, DVJJ-Journal 2002, 227 (244 ff.).

1349 2. Jugendstrafrechtsreform-Kommission, DVJJ-Journal 2002, 227 (244).

1350 2. Jugendstrafrechtsreform-Kommission, DVJJ-Journal 2002, 227 (228 ff.).; *Ostendorf*, INFO 2002, 55 (68); aus Gründen der Flexibilität und Reaktionsbeweglichkeit wandte sich *Solte*, in: INFO 2002, 85 (97), gegen diesen Vorschlag.

strafrecht einzubeziehen[1351]. Anliegen der Kommission war es damit, das JGG „den Erkenntnissen moderner kriminologischer, sozialwissenschaftlicher und pädagogischer Forschung anzupassen und ein praxisbezogenes, zeitgemäßes, an den Bedürfnissen der jungen Menschen orientiertes Reaktionssystem zu schaffen“[1352].

In der jugendstrafrechtlichen Fachdiskussion lehnte man die Forderungen nach härteren Sanktionen gegenüber jungen Menschen somit durchgehend strikt ab[1353]. Man war der Ansicht, damit würden die gesellschaftlichen Probleme nicht gelöst, sondern vielmehr von den notwendigen Maßnahmen abgelenkt, um die Kriminalitätsursachen zu bekämpfen[1354]. In den Bestrebungen nach einer Verschärfung des JGG sah man eine Bedrohung „jugendstrafrechtlicher Rechtskultur“[1355]. Damit stand die jugendstrafrechtliche Fachwelt der politischen Diskussion in der Öffentlichkeit mit ihrer Position zu Beginn des neuen Jahrtausends diametral entgegen.

Dass die Verschärfungstendenzen auch vor der jugendstrafrechtlichen Fachliteratur nicht vollständig Halt machten, zeigt allerdings die Forderung, in Verfahren vor der Jugendkammer die öffentliche Hauptverhandlung zuzulassen[1356]. *Hinz* hielt es jedenfalls für schwerste Verbrechen „im Hinblick auf die davon ausgehende Unruhe in der Bevölkerung geboten, dass sich die Medien ein eigenes Bild über die Hauptverhandlung verschaffen können“ und erachtete eine öffentliche Verhandlung unter spezialpräventiven Gesichtspunkten für geeignet, „dem jungen Straftäter die Bedeutung seiner Tat und die dadurch hervorgerufene Erschütterung des Rechtsfriedens eindringlicher als bisher vor Augen“ zu führen[1357].

Auf dem als „Bindeglied zwischen Fachöffentlichkeit und Politik“ angesehenen 64. DJT im September 2002, der sich erstmals nach fast 100 Jahren wieder mit dem Jugendstrafrecht befasste, wurde schließlich neben dem Abschlussbericht der zweiten Jugendstrafrechtsreform-Kommission auch ein Gutachten von *Albrecht* diskutiert[1358]. Dem maß man gerade deswegen besondere Bedeu-

---

1351 2. Jugendstrafrechtsreform-Kommission, DVJJ-Journal 2002, 227 (230).

1352 2. Jugendstrafrechtsreform-Kommission, DVJJ-Journal 2002, 227.

1353 *Ostendorf*, ZfJ 1995, 1 (2 ff.); *Viehmann*, ZfJ 1997, 437 (439 f.).

1354 *Ostendorf*, ZfJ 1995, 1 (2 ff.).

1355 *Viehmann*, ZfJ 1997, 437 (439).

1356 *Hinz*, ZRP 2005, 192 (195).

1357 *Hinz*, JR 2007, 140 (145).

1358 *Ostendorf*, NK 1/2003, 16 f.; vgl. auch *Hotter/Albrecht*, RdJB 2003, 282 (293 ff.); *Kreuzer*, NJW 2002, 2345 ff.; *Schöch*, RdJB 2003, 299 ff.

tung zu, „weil der Juristentag und seine Vorschläge zur Rechts- und Kriminalpolitik erhebliches politisches Gewicht haben und häufig gesetzgeberische Aktivitäten in Gang bringen“[1359]. Im Gegensatz zur Reformkommission forderte *Albrecht*, das Erziehungsstrafrecht zugunsten eines am Tatschuld- und Proportionalitätsprinzip orientierten, gesonderten Jugendstrafrechts, abzuschaffen[1360]. Seiner Meinung nach überforderte der Erziehungsgedanke Jugendhilfe und Strafjustiz und führte zu einer systematischen Ungleichbehandlung Jugendlicher, welche nur durch eine grundsätzliche Trennung von Jugendhilfe- und Jugendstrafrecht vermieden werden könnten[1361]. Teilweise stellte er aber auch die bereits bekannten Forderungen auf, die Untersuchungshaft noch weiter einzuschränken und die Diversion auszuweiten, wohingegen er die „erzieherischen Fähigkeiten und Kenntnisse“ in § 37 JGG durch Grundkenntnisse der Jugendsoziologie, der Entwicklungspsychologie sowie des Jugendkriminalrechts ersetzen wollte[1362]. Insbesondere sah *Albrecht* eine wachsende Bedeutung des Opferschutzes und forderte die Wiedereinführung der mit dem RJGG 1943 abgeschafften Nebenklage, wohingegen er in Bezug auf das Privatklage- und Adhäsionsverfahren zunächst die Reform des allgemeinen Strafverfahrensrechts abwarten wollte[1363].

Die Teilnehmer des DJT sprachen sich letztendlich zwar nicht für die Ansicht von *Albrecht* zur Bedeutung des Erziehungsgedankens aus, stimmten aber dem Vorschlag, die Nebenklage wiedereinzuführen und lediglich im Deliktskatalog des § 395 StPO mögliche Einschränkungen vorzusehen, mit knapper Mehrheit zu und wollten das Anwesenheitsrecht des Verletzten dadurch stärken, dass ihm Zeit und Ort der Hauptverhandlung zwingend mitgeteilt werden mussten[1364]. Im Übrigen erarbeitete der DJT eine im Vergleich zu den Vorschlägen der Reformkommission ähnliche Reformagenda und empfahl eine entspre-

---

1359 *Viehmann*, ZJJ 2003, 285; vgl. auch *Dünkel*, NK 3/2002, 90 ff.

1360 *Albrecht*, Jugendstrafrecht noch zeitgemäß?, S. 108 ff.; vgl. dazu auch *Laubenthal*, JZ 2002, 807 ff.; *Ostendorf*, NK 1/2003, 16; kritisch zur Ansicht von *Albrecht* u.a. *Dünkel*, NK 3/2002, 90 ff.; *Kreuzer*, NJW 2002, 2345 ff.; *Walter*, GA 2002, 431 (450 ff.); zustimmend dagegen *Weyel*, ZJJ 2003, 406 ff.

1361 *Albrecht*, Jugendstrafrecht noch zeitgemäß?, S. 97 ff., 167.

1362 *Albrecht*, Jugendstrafrecht noch zeitgemäß?, S. 116 ff., 130 ff., 168 f.; vgl. auch *Laubenthal*, JZ 2002, 807 ff.

1363 *Albrecht*, Jugendstrafrecht noch zeitgemäß?, S. 135 ff., 169; vgl. dazu *Hinz*, ZRP 2002, 475 ff. und *Laubenthal*, JZ 2002, 807 (816).

1364 Ständige Deputation des DJT (Hrsg.), Verhandlungen des 64. DJT, Band II/1, S. N 109 f., N 119 f.; *Höynck*, ZJJ 2005, 34 (37); *Ostendorf*, NK 1/2003, 16 (18); vgl. zum Ganzen auch *Weyel*, ZJJ 2003, 406 ff.

chende Änderung des JGG[1365]. Für den Erziehungsgedanken als Leitgedanken des Jugendstrafrechts war der DJT somit ein Gewinn, weil er dort „mit großer Mehrheit gegen die massiven Angriffe seiner Kritiker verteidigt" werden konnte[1366].

d) Die Priorisierung des Opferschutzes

Allerdings hatten die in der jugendstrafrechtlichen Diskussion bis dato im Hintergrund stehenden Opferschutzaspekte damit vermehrte Aufmerksamkeit erlangt[1367]. Kritisiert wurde, dass „die kriminalpolitische Diskussion um den Opferbezug im Jugendstrafverfahren eigentlich nur im Rahmen des Täter-Opfer-Ausgleichs" vorkam[1368]. Während in der Vergangenheit unisono gefordert worden war, die Neben- und Privatklage auf ein Minimum zu beschränken bzw. auszuschließen und auch sonst stets die Bedürfnisse der jungen Beschuldigten im Vordergrund der Debatten gestanden hatten, wurde nun teilweise auch in der Literatur kritisiert, dass sich der Erziehungsgedanke negativ auf die Opfer von Straftaten auswirken würde, die auch bei schweren Delikten nicht als Nebenkläger am Verfahren teilnehmen könnten[1369]. Das Anliegen, die Rolle des Opfers im Jugendstrafverfahren zu verbessern, sah man plötzlich zum Teil als berechtigt bzw. sogar als unverzichtbaren Bestandteil einer künftigen Reform an[1370].

Denn man war der Auffassung, das Opfer müsse auch im Jugendstrafrecht Rechtssubjekt bleiben, wobei Opferschutz und Opferbeteiligung dem Erziehungsgedanken nicht widersprechen würden, sondern bei angemessener Berücksichtigung sogar erziehungsfördernd wirken würden, indem sich nach einer Straftat mit dem Opfer auseinandergesetzt werden müsse[1371]. Gefordert wurde von dieser Ansicht daher, das Jugendstrafrecht im Sinne eines opferbe-

---

1365 *Viehmann*, ZJJ 2003, 285.

1366 *Beulke/Swoboda*, Jugendstrafrecht, 16. Aufl., S. 56.

1367 So *Rössner*, in: Jugendstrafrecht an der Wende zum 21. Jhdt., 165 ff.; *ders*. in: TOA-Infodienst 2001, 8 ff.; *Sonnen*, RdJB 2003, 309 (315 ff.); vgl. hierzu auch *Höynck*, ZJJ 2005, 34 ff.

1368 *Rössner*, in: Jugendstrafrecht an der Wende zum 21. Jhdt., 165 (166).; *ders*. in: TOA-Infodienst 2001, 8.

1369 *Solte*, INFO 2002, 85 (114); vgl. dazu auch *Hinz*, JR 2007, 140.

1370 *Höynck*, ZJJ 2007, 76; *Sonnen*, in: Verhandlungen des 27. JGT, 595 (599); *Viehmann*, ZJJ 2003, 285 (288).

1371 *Rössner*, in: Jugendstrafrecht an der Wende zum 21. Jhdt., 165 (172 f., 179); *ders*. in: TOA-Infodienst 2001, 8 (10); differenziert hierzu *Höynck*, ZJJ 2005, 34 (40).

zogenen Strafrechts zu reformieren[1372]. So wurde z.B. vorgeschlagen, die „Grundsätze des Jugendstrafrechts" der DVJJ um einen Grundsatz des „Vorrangs einer opferbezogenen Sanktion" zu ergänzen[1373]. Empirische Untersuchungen zu den Opferbedürfnissen kamen allerdings zu dem Ergebnis, dass sich die Mehrheit der Opfer vor allem eine Stärkung der konsultativen Rolle durch Informations-, Akteneinsichts- und Anhörungsrechte und der materiellen Wiedergutmachung wünschte, eine aktive Rolle im Sinne der geforderten „Waffengleichheit" dagegen in aller Regel aber nicht angestrebt wurde[1374].

2. Die Auffassung des BVerfG vom Erziehungsgedanken

Mit Urteil vom 16. Januar 2003 äußerte sich schließlich das BVerfG[1375] zur Bedeutung des elterlichen Erziehungsrechts aus Art. 6 Abs. 2 S. 1 GG und der Rolle des Erziehungsgedankens im Jugendstrafverfahren[1376].

In seiner Entscheidung kam das Gericht zu dem Ergebnis, dass Vorschriften, die Eltern Beteiligungsrechte entziehen oder sie aus der Verhandlung ausschließen, Eingriffe in verfassungsrechtlich geschützte Elternrechte darstellen und erklärte § 51 Abs. 2 JGG für zu unbestimmt und damit mit dem Grundgesetz unvereinbar[1377]. Die Sicherung des Rechtsfriedens durch das Strafrecht und die Durchsetzung des staatlichen Strafanspruchs in einem justizförmigen Verfahren als Verfassungsaufgaben müssten bei einem Konflikt mit dem elterlichen Erziehungsrecht in Ausgleich mit diesem gebracht werden, wobei der strafrechtliche Rechtsgüterschutz das elterliche Erziehungsrecht nicht zwangsläufig zurückdrängen würde, sondern vielmehr ein Eingriff in das Erziehungsrecht einer hinreichend bestimmten gesetzlichen Grundlage bedürfe[1378]. Das elterliche Recht zur Wahrnehmung der Schutz- und Beistandsfunktion für das Kind schließe das Recht ein, auch im Jugendstrafverfahren eigene Erziehungsvorstellungen geltend zu machen[1379].

In der entscheidenden Passage führte das Gericht aus:

1372 *Solte*, in: INFO 2002, 85 (115); *Rössner*, in: Jugendstrafrecht an der Wende zum 21. Jhdt., 165 ff.; *ders.* in: TOA-Infodienst 2001, 8 (10, 13).

1373 *Solte*, in: INFO 2002, 85 (115).

1374 DVJJ, ZJJ 2004, 322 (325); *Höynck*, ZJJ 2005 34 (40).

1375 BVerfGE 107, 104 ff. = NJW 2003, 2004 ff.

1376 Vgl. zur Entscheidung *Lipp*, RdJB 2003, 361 ff.

1377 BVerfGE 107, 104 ff. = NJW 2003, 2004 ff.; die Verfassungsmäßigkeit der Norm war bereits 1967 bezweifelt worden, vgl. *Schulz-Knappe*, RdJ 1967, 37 (39).

1378 BVerfGE 107, 104 ff. = NJW 2003, 2004 ff.

1379 BVerfGE 107, 104 (121) = NJW 2003, 2004 (2006).

> „Allerdings kann dem das Jugendstrafrecht prägenden Erziehungsgedanken, der kein staatliches Erziehungsprivileg etabliert und das vorrangige elterliche Erziehungsrecht nicht suspendiert (…), jedenfalls vor Abschluss des Verfahrens keine besondere Bedeutung zukommen. Die erzieherische Einwirkung auf den Jugendlichen mit dem Ziel künftigen straffreien Lebens (…) setzt grundsätzlich den justizförmigen Nachweis der durch eine konkrete Straftat erkennbar gewordenen Erziehungsbedürftigkeit eines Jugendlichen sowie die Festsetzung einer an dieser Bedürftigkeit ausgerichteten Rechtsfolge voraus. Während eines laufenden Strafverfahrens wird es regelmäßig an der Möglichkeit einer solchen Feststellung fehlen, so dass für eine allein mit erzieherischen Zielen begründete Zurückdrängung des Elternrechts verfassungsrechtlich noch kein Raum ist.“[1380]

In den Reaktionen auf das Urteil wurde schnell erkannt, dass die Bedeutung der Aussagen des BVerfG weit über den unmittelbaren Gegenstand der Entscheidung hinausreichte[1381]. Während die Entscheidung an sich keinen erheblichen Widerspruch erfuhr, wurde die Äußerung des Senats zur Bedeutung des Erziehungsgedankens im Jugendstrafverfahren von *Grunewald* kritisiert[1382]. So würde das BVerfG suggerieren, „dass der Unterschied zwischen dem Erwachsenen- und dem Jugendstrafrecht lediglich in verschiedenen Reaktionen, nicht aber in einer generellen (auch verfahrensmäßigen) Andersbehandlung besteht“, obwohl gerade auch das Jugendstrafverfahren dem Erziehungsgedanken verpflichtet und dementsprechend auch „elastisch“ ausgestaltet sei[1383]. Dabei würde sich gerade im Verfahren das staatliche Wächteramt des Art. 6 Abs. 2 S. 2 GG verwirklichen, indem die Persönlichkeit erforscht und Erziehungsdefizite festgestellt würden, während eine unnatürliche Abkoppelung von Zweck und Verfahren bestünde, wenn der Erziehungsgedanke tatsächlich keine Rolle im Jugendstrafprozess spielen dürfte[1384].

Lipp hob dagegen die Bedeutung der Entscheidung für die Beteiligung der Eltern im Jugendstrafverfahren hervor, welche zum einen den minderjährigen Angeklagten bei der Wahrnehmung seiner eigenen Rechte unterstützen und zum anderen ihr elterliches Erziehungsrecht gegenüber den Erziehungsvorstellungen der staatlichen Institutionen Gericht, Staatsanwaltschaft und Jugendgerichtshilfe im Verfahren wahrnehmen würden und dadurch eine doppelte verfahrensrechtliche Funktion hätten[1385]. Im Gegensatz zu *Grunewald* folgerte er aus dem Urteil, dass der Erziehungsgedanke „die besonderen staatlichen Sank-

---

1380 BVerfGE 107, 104 (119 f.) = NJW 2003, 2004 (2006).

1381 *Lipp*, RdJB 2003, 361 (363).

1382 Vgl. *Grunewald*, NJW 2003, 1995 ff.

1383 *Grunewald*, NJW 2003, 1995 (1996).

1384 *Grunewald*, NJW 2003, 1995 (1997).

1385 *Lipp*, RdJB 2003, 361 (363).

tionen des Jugendstrafrechts und ihre erzieherische Ausrichtung gegenüber dem Erziehungsprimat der Eltern, aber nicht die Beschränkung der Rechtsposition der Eltern bereits im vorhergehenden Strafverfahren" rechtfertige, welche im Verfahren somit nicht aus erzieherischen, sondern nur aus verfahrensrechtlichen Gründen eingeschränkt werden könne[1386].

3. Weitere Entwicklungen bis zum 2. JGGÄndG

Als Reaktion auf die Entscheidung des BVerfG begann man im BMJ schon kurz darauf mit der Arbeit an einem neuen JGG-Änderungsgesetz[1387].

a) Gesetzgeberische Aktivitäten bis zum 2. JGGÄndG

Zuvor war bereits 1993 durch das „Gesetz zur Entlastung der Rechtspflege"[1388], mit dem aufgrund des Personalmangels in der Justiz unter anderem die Besetzung der Spruchkörper eingeschränkt werden sollte, mit § 33b JGG die kleine Jugendkammer, die über die Berufungen gegen die Urteile des Jugendrichters entscheidet, neu eingeführt worden[1389]. Darüber hinaus war in § 109 Abs. 3 JGG festgelegt worden, dass im Verfahren gegen Heranwachsende eine Freiheitsstrafe mit Bewährung nicht durch Strafbefehl verhängt werden können sollte. Hintergrund waren Bedenken der Bundesregierung, die die Möglichkeit, gegen einen Heranwachsenden mit einem Strafbefehl eine Freiheitsstrafe mit Bewährung zu verhängen, für nicht vertretbar hielt[1390]. Man erachtete es im Strafverfahren gegen Heranwachsende insbesondere dann, wenn eine Freiheitsstrafe drohte, für unverzichtbar, dass die Jugendgerichtshilfe eingeschaltet wurde und der Richter deren Bericht und Einschätzung zur Anwendung von Jugend- oder Erwachsenenstrafrecht aufgrund eines persönlich gewonnen Eindrucks vom jungen Angeklagten überprüfen konnte. Anderenfalls würde die Jugendgerichtshilfe faktisch letztverantwortlich die Frage entscheiden, welches Strafrecht zur Anwendung gelange.

Mit dem „Gesetz zur Änderung des Strafgesetzbuches, der Strafprozeßordnung und anderer Gesetze (Verbrechensbekämpfungsgesetz)"[1391] war 1994 im Hin-

---

1386 *Lipp*, RdJB 2003, 361 (363 f.).

1387 Vgl. Begründung des RefE-2004, S. 9; DVJJ, ZJJ 2004, 322.

1388 BGBl. I 1993, S. 50.

1389 BT Drs. 12/3832, S. 1, 45.

1390 Vgl. hierzu und zum Folgenden BT Drs. 12/3832, S. 45.

1391 BGBl. I 1994, S. 3186.

blick auf das bei Heranwachsenden anwendbare beschleunigte Verfahren bestimmt worden, dass in diesem Fall die Rechtsmittelbeschränkungen des § 55 JGG nicht gelten sollten. Auch wenn die Bestimmung dem schnellen Abschluss der Verfahrens diente, hielt man sie für nicht vertretbar, wenn die Entscheidung im beschleunigten Verfahren ergangen war[1392]. Da in derartigen Verfahren häufig die Rechtsfolgebestimmung problematisch sei, wollte man vielmehr eine Anfechtung auch dann zulassen, wenn es um Umfang oder Auswahl der Erziehungsmaßregel und Zuchtmittel ging[1393]. Damit der Betroffene die im Rahmen der im beschleunigten Verfahren vereinfachten Beweisaufnahme getroffenen Tatsachenfeststellungen überprüfen lassen konnte und dazu nicht stets Berufung einlegen musste, entschied man sich in diesem Fall auch gegen die Alternativität von Berufung und Revision.

1997 waren sodann mit dem „Gesetz zur Reform des Kindschaftsrechts“[1394] Zuständigkeiten vom Vormundschaftsgericht auf das Familiengericht übertragen worden, worauf mit einer Änderung der entsprechenden Vorschriften im JGG reagiert worden war, da die Tätigkeit des Vormundschaftsgerichts im Zusammenhang mit dem Jugendstrafverfahren dadurch erheblich an Bedeutung verloren hatte und die alleinige Zuständigkeit des Jugendrichters als Vormundschaftsrichter nicht mehr zweckmäßig erschien[1395].

2000 war dann mit dem „Gesetz zur Verlängerung der Besetzungsreduktion bei Strafkammern“[1396] unter anderem die Möglichkeit der großen Jugendkammern, in geeigneten Fällen in reduzierter Besetzung mit zwei statt drei Berufsrichtern zu verhandeln, verlängert worden und die Unabänderlichkeit der Besetzungsentscheidung bei Zurückverweisung einer Sache durch das Revisionsgericht in § 33b Abs. 2 JGG entfallen, da man der Besetzungsreduktion, welche sich in den Jahren zuvor bewährt hatte, eine effizienzsteigernde Wirkung zur Gewährleistung einer Abdeckung konkreter Mehrbelastungen ohne Einsatz zusätzlichen Personals zuschrieb[1397]. Im Jahr 2004 hatte man mit dem „Gesetz über die Rechtsbehelfe bei Verletzung des Anspruchs auf rechtliches

---

1392 BT Drs. 12/6853, S. 40.

1393 Vgl. hierzu und zum folgenden Text BT Drs. 12/6853, S. 41.

1394 BGBl. I 1997, S. 2942.

1395 BT Drs. 13/4899, S. 143; *Miehe*, in: Jugendstrafrecht an der Wende zum 21. Jhdt., 141 (149), sah darin den Schlusspunkt der Vision des Jugendrichters als Erziehungsrichter, weil das Amt des Jugendrichters nicht mit dem des Familienrichters verbunden werden kann.

1396 BGBl. I 2000, S. 1756.

1397 BT Drs. 14/3370, S. 3.

Gehör“[1398] in § 55 Abs. 4 JGG über die eigentliche Rechtsmittelbeschränkung der Norm hinaus eine Anfechtbarkeit im Falle einer Verletzung des Anspruchs auf rechtliches Gehör eingeführt[1399].

aa) Der Referentenentwurf eines 2. JGGÄndG

Im April gleichen Jahres wurde schließlich ein Referentenentwurf für ein 2. JGGÄndG veröffentlicht[1400]. Neben dem Versuch einer Neuregelung von § 51 JGG sah man darin auch die Verbesserung des Opferschutzes, den Ausbau der Fälle der notwendigen Verteidigung und die erstmalige Aufnahme einer ausdrücklichen Zielbestimmung des Jugendstrafrechts in § 2 JGG vor[1401]. Danach sollte die Anwendung des Jugendstrafrechts „vor allem erneuten Straftaten eines Jugendlichen oder Heranwachsenden entgegenwirken“[1402], wobei zur Erreichung dieses Zieles neben den Rechtsfolgen auch das Verfahren – „soweit möglich“ – vorrangig am Erziehungsgedanken ausgerichtet werden sollte[1403].

Damit bekannte sich der Entwurf zum Erziehungsgedanken als Leitprinzip des JGG und verdeutlichte, dass nicht Erziehung selbst das Anliegen des Jugendstrafrechts sein soll, sondern primär erzieherische Mittel zur Erreichung des Ziels künftiger Legalbewährung einzusetzen waren[1404]. „Erziehung“ im jugendstrafrechtlichen Zusammenhang war danach gerade „nicht im Sinne einer umfassenden Einwirkung auf die Persönlichkeit, das Verhalten und die Entwicklung der beschuldigten Jugendlichen und Heranwachsenden zu verstehen“[1405]. In der Begründung des Entwurfs wurde im Hinblick auf die Einschränkung „soweit möglich“ betont, dass erzieherisch begründete Maßnahmen vor dem justizförmigen Nachweis eines Bedarfs im Urteil in der Regel nur dann zulässig sein sollten, „wenn sie keinen Zwangscharakter haben oder

1398 BGBl. I 2004, 3220.

1399 BR Drs. 663/04, S. 44.

1400 RefE eines Zweiten Gesetzes zur Änderung des Jugendgerichtsgesetzes, vom 8. April 2004.

1401 RefE-2004, S. 2; DVJJ, ZJJ 2004, 322 f.; vgl. die Rede von *Zypries* auf dem 26. JGT, in: DVJJ (Hrsg.), Verhandlungen des 26. JGT, S. 18 f.

1402 Die Formulierung „vor allem“ sollte Raum dafür lassen, im Einzelfall neben dem Gedanken der Spezialprävention auch andere Sanktionszwecke zu berücksichtigen, vgl. den RefE-2004, S. 13 f.

1403 RefE-2004, S. 4, 12 ff.; DVJJ, ZJJ 2004, 322.

1404 RefE-2004, S. 12 f.

1405 RefE-2004, S. 12.

für den jungen Beschuldigten (...) lediglich vorteilhaft und auf sein Wohl ausgerichtet sind oder wenn sie darauf beschränkt sind, die erzieherische Wirkung etwaiger im Urteil zu treffender Anordnungen gegenüber dem Jugendlichen zu sichern“[1406]. Damit wurde deutlich, dass auch der Gesetzgeber in der Begründung des BVerfG in dessen Urteil vom 16. Januar 2003 keinen generellen Ausschluss des Erziehungsgedankens aus dem Jugendstrafverfahren sah.

Nicht beabsichtigt wurde mit dem Referentenentwurf ein „Reformentwurf im großen Stil“ bzw. die inhaltliche Weiterführung des 1. JGGÄndG, da man sich von dem dafür erforderlichen breiten Konsens deutlich entfernt wähnte und keine zwingende Notwendigkeit für eine umfassende Reform mehr sah[1407]. Fokussieren wollte man vielmehr die „Umsetzung des rechtlichen Instrumentariums in der Praxis“, etwa durch eine bessere Kooperation und Vernetzung der Verfahrensbeteiligten[1408].

So wollte man unter anderem in § 41 Abs. 1 Nr. 4 JGG die Zuständigkeit der Jugendkammer durch eine entsprechende Anklage der Staatsanwaltschaft im Falle einer besonderen Schutzbedürftigkeit bei den als Zeugen in Betracht kommenden Opfern einführen, um diesen Belastungen durch eine zweite Tatsacheninstanz zu ersparen[1409].

Da man der Ansicht war, auch minderjährige Verletzte würden einen besonderen Schutz und Beistand vor Gericht benötigen, wollte man zudem den Erziehungsberechtigten und gesetzlichen Vertretern von minderjährigen Tatopfern in § 48 Abs. 2 S. 1 JGG künftig ein Anwesenheitsrecht in der Hauptverhandlung einräumen[1410].

In § 51 Abs. 2 JGG sollten nun detailliert die Fälle geregelt werden, in denen ein Ausschluss der Erziehungsberechtigten und gesetzlichen Vertreter zulässig sein sollte[1411]. Dies war unter anderem für die Fälle vorgesehen, in denen erhebliche erzieherische Nachteile dadurch drohen, dass durch die Erörterung

1406 RefE-2004, S. 13.

1407 Vgl. die Rede von *Zypries* auf dem 26. JGT, in: DVJJ (Hrsg.), Verhandlungen des 26. JGT, S. 19; DVJJ, ZJJ 2004, 322.

1408 Vgl. die Rede von *Zypries* auf dem 26. JGT, in: DVJJ (Hrsg.), Verhandlungen des 26. JGT, S. 19.

1409 Dabei sollte es auf die individuelle Schutzbedürftigkeit des Zeugen im konkreten Strafverfahren ankommen, vgl. den RefE-2004, S. 4 f., 10, 15 f.

1410 Diesen hatte bereits nach § 23 JGG 1923 und § 32 Abs. 2 RJGG 1943, sowie nach herrschender Ansicht auch nach dem JGG 1953, welches eine solche Regelung nicht mehr enthielt, ein Anwesenheitsrecht zugestanden, vgl. den RefE-2004, S. 5, 17 f.; zustimmend DVJJ, ZJJ 2004, 322 (323).

1411 Ausführlich RefE-2004, S. 5, 20 ff.; vgl. dazu auch DVJJ, ZJJ 2004, 322 (323 f.).

der persönlichen Verhältnisse des Angeklagten in Gegenwart der Erziehungsberechtigten oder gesetzlichen Vertreter deren künftige Zusammenarbeit mit der Jugendgerichtshilfe bei der Umsetzung zu erwartender Sanktionen erheblich erschwert würde (Nr. 1), sie verdächtig sind, selbst an der Verfehlung des Angeklagten beteiligt zu sein (Nr. 2) oder durch ihre Anwesenheit Beeinträchtigungen bei der Ermittlung der Wahrheit zu befürchten sind (Nr. 4)[1412]. Über die Änderungen in § 51 Abs. 2 JGG hinaus wollte man mit dem Entwurf mit den neuen Abs. 3–5 die entsprechende Geltung von § 177 GVG (Abs. 3) normieren und klarstellen, dass in den Fällen des Abs. 2 zunächst auf ein einvernehmliches Verlassen des Sitzungssaales hingewirkt und die Erziehungsberechtigten und gesetzlichen Vertreter anschließend in geeigneter Weise unterrichtet werden sollten (Abs. 4) und dass der Ausschluss auch bei einer Bestellung zum Beistand zulässig sein sollte (Abs. 5)[1413].

Darüber hinaus sah der Referentenentwurf in § 78 Abs. 3 JGG die Möglichkeit eines Vorführungsbefehls nun auch im Rahmen des vereinfachten Jugendverfahrens vor, um zu verhindern, dass zur Erzwingung der Anwesenheit des Jugendlichen zunächst erst in das normale förmliche Verfahren übergegangen werden musste, womit den Bedürfnissen der Praxis entgegengekommen werden sollte[1414].

„Zur Verbesserung des Opferschutzes" wollte man zudem die §§ 406d ff. StPO im Jugendstrafverfahren in § 80 Abs. 3 JGG ausdrücklich für anwendbar erklären und so die Information, Anwesenheit und Betreuung des Opfers im Verfahren dadurch sicherstellen, die Nebenklage selbst aber weiterhin nicht zulassen[1415]. Damit versuchte man, einen Kompromiss zwischen der Stärkung der Opferrechte und der Erhaltung der Täterorientierung des JGG zu schaffen, „ohne die erzieherische Ausrichtung des Jugendstrafverfahrens durch die Einführung der Nebenklage zu konterkarieren"[1416]. Laut der Entwurfsbegründung hielt man es auch in erzieherischer Hinsicht für wichtig, „dass jugendliche Täter erkennen, dass es im Strafverfahren nicht nur um sie und ihre eigenen Probleme geht, sondern im Ausgangspunkt um strafrechtliches Fehlverhalten und dessen Folgen auf Opferseite"[1417]. Vorgesehen war zudem wegen der

---

1412 Die DVJJ, ZJJ 2004, 322 (323 f.), hielt die Neufassung von § 51 Abs. 2 JGG für „grundsätzlich geeignet, die vom Bundesverfassungsgericht geforderte Bestimmtheit der Norm herzustellen".

1413 RefE-2004, S. 27 ff.; vgl. dazu auch DVJJ, ZJJ 2004, 322 (324).

1414 RefE-2004, S. 7, 31 ff.; DVJJ, ZJJ 2004, 322 (325).

1415 RefE-2004, S. 7, 10, 33 ff.; DVJJ, ZJJ 2004, 322 (325); *Höynck*, ZJJ 2005, 34 (37).

1416 DVJJ, ZJJ 2004, 322 (325); *Höynck*, ZJJ 2005, 34 (37).

1417 RefE-2004, S. 33.

„besonderen Schutzbedürftigkeit" von Jugendlichen, die notwendige Verteidigung in § 68 JGG um die Fälle zu erweitern, in denen die Erziehungsberechtigten oder gesetzlichen Vertreter ausgeschlossen waren, sich der Geschädigte gemäß § 406g StPO eines Anwalts bediente oder wenn die Verhängung von Jugendstrafe zu erwarten war[1418].

Schließlich wurde in § 109 Abs. 2 S. 1 „im Interesse der Tatopfer" die Anwendung des Adhäsionsverfahrens auf Heranwachsende auch für den Fall einer Verurteilung nach Jugendstrafrecht vorgesehen, da man die Möglichkeit des Täter-Opfer-Ausgleichs oder der Schadenswiedergutmachung nicht in allen Fällen für umsetzbar hielt[1419]. Auch erachtete man es mit Blick auf den Erziehungsgedanken für sinnvoll, eine umfassende Konflikterledigung zu erreichen, wobei man dies aber nur für die nach Zivilrecht voll deliktsfähigen Heranwachsenden vorsehen wollte, um zu „vermeiden, dass ein kontradiktorischer Streit über die Berechtigung zivilrechtlicher Ansprüche und deren Höhe bereits im Jugendstrafverfahren in Konflikt zu der vorrangigen Ausrichtung des Jugendstrafrechts am Erziehungsgedanken tritt"[1420].

Auf dem 26. Jugendgerichtstag 2004 wurde die geplante Klarstellung, dass oberstes Ziel jeder jugendstrafrechtlichen Intervention die Vermeidung künftiger Straftaten ist, auch in Bezug auf den Opferschutz befürwortet[1421]. Die DVJJ begrüßte in ihrer Stellungnahme zum Entwurf die Aufnahme des Zieles des Jugendstrafrechts in das 2. JGGÄndG und war der Auffassung, „auch wenn damit einiges vorerst auf der Strecke bleibt, was der Gesetzgeber mit dem Ersten Gesetz zur Änderung des Jugendgerichtsgesetzes sowie in letzter Zeit die 2. Jugendstrafrechtsreform-Kommission der DVJJ und der 64. DJT angemahnt haben, so geht der Entwurf doch in die richtige Richtung"[1422]. Empfohlen wurde trotz der Beschränkung des Entwurfs auf anstehende Rechtsänderungen eine verbindlichere Fassung der Qualifikationsanforderungen und Fortbildungsverpflichtungen der Jugendrichter und Jugendstaatsanwälte in § 37 JGG, indem die „unbestimmten und nebulösen Begriffe" der Norm durch klare Qualifikationserfordernisse ersetzt werden sollten[1423]. Verwirklicht werden konnte das 2. JGGÄndG vor den Neuwahlen im Herbst 2005 nicht mehr, sodass es zunächst dem Diskontinuitätsprinzip zum Opfer fiel.

1418 RefE-2004, S. 6, 10, 29 ff.; zustimmend DVJJ, ZJJ 2004, 322 (324).

1419 RefE-2004, S. 10, 36 ff.

1420 RefE-2004, S. 37 f.; kritisch DVJJ, ZJJ 2004, 322 (325); *Höynck*, ZJJ 2005, 34 (38 f.).

1421 Vgl. die Thesen des 26. JGT, in: DVJJ (Hrsg.), Verhandlungen des 26. JGT, S. 550 ff.

1422 DVJJ, ZJJ 2004, 322.

1423 DVJJ, ZJJ 2004, 322, 325 f.

bb) Das Zweite Gesetz zur Modernisierung der Justiz

Wesentliche Teile des ursprünglichen Referentenentwurfs wurden daraufhin allerdings 2006 mit dem 2. Justizmodernisierungsgesetz (2. JuMoG)[1424] umgesetzt. Im Hinblick auf das Jugendstrafverfahren begehrte man mit dem Gesetz vor allem eine Stärkung des Opferschutzes[1425]. Damit kam es zu ersten Verschärfungen im JGG[1426].

In § 41 Abs. 1 Nr. 4 JGG wurde – wie schon im Referentenentwurf eines 2. JGGÄndG vorgesehen – die Zuständigkeit der Jugendkammer durch eine entsprechende Anklage der Staatsanwaltschaft im Falle einer besonderen Schutzbedürftigkeit bei den als Zeugen in Betracht kommenden Verletzten eingeführt und den Erziehungsberechtigten und gesetzlichen Vertretern von minderjährigen Tatopfern in § 48 Abs. 2 S. 1 künftig ein Anwesenheitsrecht in der Hauptverhandlung eingeräumt, sowie in § 109 Abs. 2 S. 1 die Anwendbarkeit des Adhäsionsverfahrens auf Heranwachsende auch für den Fall einer Verurteilung nach Jugendstrafrecht normiert[1427].

Nach der geschilderten Entscheidung des BVerfG vom 16. Januar 2003 wurde zudem die Möglichkeit der Ausschließung von Erziehungsberechtigten und gesetzlichen Vertretern des Angeklagten entsprechend des Referentenentwurfs von 2004 in § 51 neu geregelt, „um in Einzelfällen, in denen sich keine einverständliche Lösung erreichen lässt, auf verfassungsrechtlich unbedenklicher Grundlage auch künftig die Ausschließung von Erziehungsberechtigten und gesetzlichen Vertretern mit und ohne elterliche Verantwortung von der Verhandlung zu ermöglichen“[1428]. Korrespondierend dazu wurde in § 68 JGG eine Regelung eingefügt, laut derer ein Fall der notwendigen Verteidigung vorliegen sollte, wenn der Erziehungsberechtigte und der gesetzliche Vertreter nach § 51 Abs. 2 von der Verhandlung ausgeschlossen worden sind und die Beein-

---

1424 BGBl. I 2006, S. 3416.

1425 BT Drs. 16/3038, S. 2, 3, 25.

1426 Bereits zuvor war es zu zahlreichen Entwürfen oder gesetzgeberischen Initiativen gekommen, „mit denen das Rad des Jugendstrafrechts zurückgedreht werden“ sollte, vgl. hierzu *Ostendorf*, INFO 2002, 55; *Hotter/Albrecht*, RdJB 2003, 282 (285 ff.); *Sieveking/Eisenberg/Heid*, ZRP 2005, 188 (190 ff.); *Stolp*, Entwicklung des Jugendstrafrechts, S. 197 ff.

1427 BT Drs. 16/3038, S. 59, 67; BT Drs. 16/3640, S. 30, 53; vgl. zum Ganzen auch *Huber*, JuS 2007, 236 (240 f.); *Stuppi*, ZJJ 2007, 16 (20 f.).

1428 BT Drs. 16/3038, S. 26, 59 ff.; ausführlich hierzu *Stuppi*, ZJJ 2007, 16 (21 ff.).

trächtigung in der Wahrnehmung ihrer Rechte durch eine nachträgliche Unterrichtung nicht hinreichend ausgeglichen werden konnte[1429].

Nach der Stellungnahme des Bundesrates wurde darüber hinaus – ebenfalls wie schon im Referentenentwurf – „im Interesse einer erweiterten Anwendung des vereinfachten Jugendverfahrens sowie der Verfahrensbeschleunigung" in § 78 Abs. 3 S. 3 die Möglichkeit der Vorführung der Jugendlichen im vereinfachten Verfahren bestimmt[1430]. Zur Vorführung war zuvor zunächst ein Übergang in das normale Verfahren erforderlich gewesen. Dies war in der Praxis trotz grundsätzlicher Einigung oft als Hindernis gesehen worden, ein vereinfachtes Verfahren durchzuführen[1431].

Schließlich erfolgte die auf dem Juristentag 2002 bereits befürwortete Wiedereinführung der Nebenklage in § 80 Abs. 3 JGG für schwerste Verbrechen (gegen das Leben, die körperliche Unversehrtheit, die sexuelle Selbstbestimmung oder die persönliche Freiheit) mit einer entsprechenden Schädigung oder Gefährdung des Opfers, damit der Verletzte „über eine Aussage als Zeuge hinaus durch ein eigenes Recht zu Fragen und zur Abgabe von Erklärungen bis hin zu einem Beweisantragsrecht und zur Rechtsmittelbefugnis seine Sicht der Tat und der erlittenen Verletzungen" einbringen und seine Interessen aktiv vertreten konnte[1432].

In der Literatur wurde daran kritisiert, dass die „guten Gründe, die gegen eine Einführung der Nebenklage im Jugendstrafverfahren sprachen" und von der Bundesregierung im Referentenentwurf von 2004 und im Entwurf zum 2. JuMoG noch vertreten wurden, „recht kurzfristig ohne sachlichen Grund fallengelassen" worden waren[1433].

So hatte der Bundesrat in seiner Stellungnahme zum Regierungsentwurf, der wie zuvor der RefE eines 2. JGGÄndG eine Erweiterung der Verletztenrechte ohne Wiedereinführung der Nebenklage vorsah, kritisiert, dies sei „unübersichtlich, inkonsequent und unflexibel" und rechtssystematisch fragwürdig, da

1429 BT Drs. 16/3038, S. 26, 64 f.

1430 Vgl. hierzu und zum folgenden BT Drs. 16/3640, S. 53; BT Drs. 16/3038, S. 74 f.

1431 Die Änderung wurde daher von *Stuppi*, ZJJ 2007, 16 (24 f.), begrüßt.

1432 BT Drs. 16/3640, S. 53 f.; ausführlich zur Historie der Nebenklage im Jugendstrafverfahren und den nebenklagefähigen Delikten *Hinz*, JR 2007, 140 ff., sowie *Zapf*, Opferschutz, S. 141 ff.

1433 *Höynck*, ZJJ 2007, 76; *Stuppi*, ZJJ 2007, 16 (19 f.); vgl. hierzu auch *Hinz*, JR 2007, 140; *Ostendorf*, JGG, 7. Aufl., Grdl. z. §§ 79–81, Rn. 6.

damit im Ergebnis eine weitere Kategorie von Verletzten eingeführt würde[1434]. Stattdessen wurde die Zulassung der Nebenklage, allerdings mit einem gegenüber § 395 Abs. 1 StPO eingeschränkten Deliktskatalog und unter der Voraussetzung, dass Gründe der Erziehung nicht entgegenstehen durften, für konform mit dem System des allgemeinen Strafverfahrensrechts und dem Opferschutzgedanken erachtet[1435]. Eine kurzfristig durchgeführte Anhörung verschiedener Sachverständiger durch den Rechtsausschuss des Bundestages hatte deutlich gemacht, dass die Beteiligungsrechte der Nebenklage in einem Spannungsverhältnis zum jugendstrafrechtlichen Erziehungsgedanken stehen und es sich bei der Zulassung der Nebenklage letztendlich um eine gesetzgeberische Wertentscheidung handelte[1436]. Während einerseits geltend gemacht wurde, die Nebenklage könne einer Bagatellisierung der Tat durch den Täter entgegenwirken und würde dazu führen, dass sich Oper und Täter im Gerichtssaal gleichberechtigt gegenübersitzen würden, wurde andererseits eine Aushöhlung des Erziehungsgedankens befürchtet, wenn dem Rechtsanwalt des Verletzten die Möglichkeit eröffnet werde, Fragen zu stellen[1437]. Der Rechtsausschuss hatte letztlich zwar an sich die Ansicht des Bundesrates zur Zulassung der Nebenklage übernommen, aber die Einschränkung durch Gründe der Erziehung gestrichen und stattdessen die zur Nebenklage berechtigenden Delikte auf schwere Verbrechen eingegrenzt[1438]. Nach Ansicht des Ausschusses sollte der Gesetzgeber selbst eine generelle Entscheidung im Hinblick auf den Konflikt zwischen Jugendstrafrecht und Opferinteressen treffen und diese Entscheidung nicht den Gerichten im Einzelfall überlassen, wobei die Gerichte allerdings den erzieherischen Erwägungen im Rahmen der Verhandlungsführung Rechnung tragen sollten[1439].

Problematisch war an der neuen Regelung insbesondere das umfassende Akteneinsichtsrecht des Nebenklägers, welcher nun auch Zugang zu den nach § 43 JGG ermittelten, in aller Regel sensiblen Informationen zum persönlichen, familiären und sozialen Hintergrund des Jugendlichen erlangen

---

1434 Zum ursprünglichen Entwurf und der Stellungnahme des Bundesrates vgl. BT Drs. 16/3038, S. 26, 75.

1435 BT Drs. 16/3038, S. 75; vgl. zum Ganzen auch *Stuppi*, ZJJ 2007, 16 (19 f.), der Zweifel dahingehend äußerte, ob die beschlossene Zulässigkeit der Nebenklage ein gelungener Kompromiss war.

1436 *Stuppi*, ZJJ 2007, 16 (19 f.).

1437 Eine Zusammenfassung der Anhörung findet sich in der Zeitung „Das Parlament“, Ausgabe Nr. 48 vom 27. November 2006, S. 10.

1438 Vgl. BT Drs. 16/3640, S. 54.

1439 Vgl. BT Drs. 16/3640, S. 54; zur Widersprüchlichkeit dieser Aussagen *Stuppi*, ZJJ 2007, 16 (19 f.).

konnte[1440]. Auch der mögliche Fall eines Missbrauchs des Nebenklagerechts, durch den der Nebenkläger die Realisierung des Erziehungsauftrags in schwerwiegender Weise gefährdet, war nicht geregelt worden[1441]. Man attestierte dem neuen § 80 Abs. 3 JGG, dass ihm „der politische Kompromiss förmlich 'auf die Stirn geschrieben'" sei[1442]. Kritisiert wurde, dass „Rache- und Vergeltungsgelüste" weder das jugendstrafrechtliche Verfahren noch die Sanktionen bestimmen dürften[1443]. In der „Nachahmung des Erwachsenenstrafrechts" sah man zudem einen Widerspruch zur Vorreiterrolle des Jugendstrafrechts[1444]. Von anderer Seite wurde die neue Vorschrift und das von ihr ausgehende Signal, „dass nämlich bei schwersten Verbrechen Jugendlicher der Erziehungsgedanke hinter den berechtigten Opferbelangen zurücktreten muss", aber auch positiv bewertet[1445].

Die im Referentenentwurf eines 2. JGGÄndG vorgesehene Erweiterung von § 68 JGG im Übrigen und die Einführung einer Bestimmung des Ziels des Jugendstrafrechts waren nicht in das Gesetz übernommen worden, da man mit dem 2. JuMoG im Rahmen des Jugendstrafrechts nur Änderungen durchführen wollte, die man als besonders dringlich ansah und hinsichtlich derer weitgehend rechtspolitischer Konsens bestand[1446].

b) Das 2. JGGÄndG – Normierung des Erziehungsgedankens im JGG

Dies änderte sich jedoch bereits im folgenden Jahr, in dem das 2. JGGÄndG verabschiedet werden sollte. Hintergrund der Entscheidung, ein solches nun zu verabschieden, war wie schon beim Referentenentwurf 2004 eine Entscheidung des BVerfG. Das Gericht hatte mit Urteil vom 31. Mai 2006[1447] entschieden, dass der Jugendstrafvollzug in seiner damaligen Ausgestaltung verfas-

1440 Vgl. hierzu *Hinz*, JR 2007, 140 (144 f.).

1441 *Hinz*, JR 2007, 140 (145).

1442 *Hinz*, JR 2007, 140.

1443 *Ostendorf*, JGG, 7. Aufl., Grdl. z. §§79–81, Rn. 6; vgl. auch *Sieveking/Eisenberg/Heid*, ZRP 2005, 188 (191 f.).

1444 *Ostendorf*, RdJB 2022, 570 (576); *ders*., in: GS-Walter, 319 (328 f.).

1445 So *Hinz*, JR 2007, 140 (145 f.); zu einem positiven Ergebnis kommt auch *Zapf*, Opferschutz, S. 184.

1446 Vgl. die Gegenäußerung der Bundesregierung auf die Stellungnahme des BR, BT Drs. 16/3038, S. 25 f., 78.

1447 BVerfGE 116, 69 ff. = NJW 2006, 2093 ff.

sungswidrig war, da die bisherigen gesetzlichen Bestimmungen weder zur Sicherung der Gestaltung des Vollzugs noch als ausreichende Grundlage für Eingriffe in die Grundrechte der Inhaftierten genügten[1448]. Darüber hinaus sah der Senat einen besonderen Regelungsbedarf hinsichtlich des gerichtlichen Rechtsschutzes und war der Ansicht, der bis dato nach §§ 23 ff. EGGVG vorgesehene Rechtsweg zum OLG als „regelmäßig ortsfernes, erst- und letztinstanzlich entscheidendes Obergericht“ ohne besondere Vorkehrungen für die Möglichkeit mündlicher Kommunikation für die häufig im Umgang mit Institutionen und Schriftsprache besonders ungeübten Inhaftierten im Jugendstrafvollzug erfülle die Anforderungen des Art. 19 Abs. 4 GG nach effektivem Rechtsschutz nicht[1449]. Das BVerfG forderte den Gesetzgeber im Urteil auf, diese Mängel bis 31. Dezember 2007 zu beseitigen und eine verfassungskonforme gesetzliche Grundlage für den Jugendstrafvollzug zu schaffen[1450].

Da die Gesetzgebungskompetenz für den Strafvollzug nach der Föderalismusreform 2006 auf die Länder übergegangen war, waren für diesen Teil der zu schaffenden Regelungen die Bundesländer zuständig, welche der Aufforderungen des BVerfG auch alsbald nachkamen[1451]. Der Bund hatte damit nurmehr die vom Senat darüber hinaus monierte Ausgestaltung des Rechtsschutzverfahrens des Jugendstrafvollzugs als verfahrensrechtliche Materie (Art. 74 Abs. 1 Nr. 1 GG) zu regeln, was er nach Veröffentlichung eines Referentenentwurfs am 13. April 2007 und eines Regierungsentwurfes am 4. September 2007 auch tat[1452]. Rund 15 Jahre nach Ablauf der vom Bundestag mit dem 1. JGGÄndG gesetzten Frist wurde am 20. Dezember 2007 das 2. JGGÄndG[1453] verkündet, welches am 1. Januar 2008 in Kraft trat.

aa) Inhalt des 2. JGGÄndG

Von den in der Entschließung des Bundestags 1990 aufgezählten Reformpunkten war im neuen Änderungsgesetz zwar nichts enthalten[1454]. Allerdings nutzte der Gesetzgeber die Gelegenheit, um die bereits Anfang des Jahrtausends

---

1448 BVerfGE 116, 69 (81 f.) = NJW 2006, 2093 (2094).

1449 BVerfGE 116, 69 (88 f.) = NJW 2006, 2093 (2096).

1450 BVerfGE 116, 69 (93) = NJW 2006, 2093 (2097 f.).

1451 Vgl. dazu *Dünkel/Pörksen*, NK 2/2007, 55 ff.; *Goerdeler*, ZJJ 2008, 137; BT Drs. 16/6293, S. 1.

1452 BT Drs. 16/6293, S. 1 ff.; *Dünkel*, NK 1/2008, 2.

1453 BGBl. I 2007, 2894.

1454 Ausführlich zum Inhalt des Änderungsgesetzes *Goerdeler*, ZJJ 2008, 137 ff.

angedachte gesetzliche Normierung des Erziehungsgedankens zu verwirklichen. Damit wollte man nicht nur die inhaltliche Bestimmung der Eigenart der jugendstrafrechtlichen Sanktionen erleichtern, sondern allgemein eine Orientierungshilfe für die Auslegung unbestimmter Rechtsbegriffe im JGG und die Klärung von Zweifelsfragen schaffen[1455]. Die neue Regelung in § 2 Abs. 1 JGG lautete daher:

> „Die Anwendung des Jugendstrafrechts soll vor allem erneuten Straftaten eines Jugendlichen oder Heranwachsenden entgegenwirken. Um dieses Ziel zu erreichen, sind die Rechtsfolgen und unter Beachtung des elterlichen Erziehungsrechts auch das Verfahren vorrangig am Erziehungsgedanken auszurichten."

Damit setzte der Gesetzgeber doch noch die Empfehlungen der 2. Jugendstrafrechts-Reformkommission aus dem Jahr 2002 und des Referentenentwurfs von 2004 um. Gegenüber dem Referentenentwurf war die Einschränkung „soweit möglich" in § 2 Abs. 1 S. 2 JGG n. F. gestrichen worden und durch den Zusatz „unter Beachtung des elterlichen Erziehungsrechts" ersetzt worden. Zuvor hatte die DVJJ darauf hingewiesen, dass die Relativierung zu unbestimmt sei und es lediglich darauf ankommen würde, „ob eine bestimmte erzieherische Ausgestaltung in einem bestimmten Verfahrensstadium rechtlich zulässig" sei[1456]. Dem hatte sich der Rechtsausschuss des Bundestages angeschlossen, der mit Verweis auf die bereits dargestellte Passage des Urteils des BVerfG vom 16. Januar 2003 aber zu der Ansicht gekommen war, eine „ersatzlose Streichung der Worte 'soweit möglich' würde nach dem verbleibenden Wortlaut diese Aussage in ihr Gegenteil umkehren", weswegen die Bedeutung des Elternrechts schon in der Gesetzesformulierung zum Ausdruck gebracht werden müsse. Aus dem Einschub „vorrangig" sollte sich ergeben, dass „im Einzelfall auch andere Gesichtspunkte, wie etwa bei der Untersuchungshaft der Gedanke der Verfahrenssicherung, Bedeutung besitzen können"[1457].

bb) Reaktionen auf das Änderungsgesetz

Die Reaktionen auf das Änderungsgesetz fielen gemischt aus. So attestierte man dem Gesetz einerseits „erhebliche Verbesserungen" im Bereich des Rechtsschutzes für Inhaftierte im Jugendstrafvollzug und hoffte, die „klarstellende Zielvorschrift des § 2 JGG mit der eindeutigen Orientierung an der Spe-

---

1455 BT Drs. 16/6293, S. 9; vgl. dazu *Dünkel*, NK 1/2008, 2.

1456 Vgl. DVJJ, ZJJ 2007, 223 (225).

1457 Vgl. die Beschlussempfehlung und den Bericht des Rechtsausschusses, BT Drs. 16/6978, S. 3.

zialprävention sowie hinsichtlich der Rechtsfolgen und – soweit mit Rücksicht auf die Unschuldsvermutung und das elterliche Erziehungsrecht möglich – des Verfahrens am Erziehungsgedanken wird in Zeiten des Wahlkampfes (…), in denen ein härteres Jugendstrafrecht mit sachfremden und populistischen bis ausländerfeindlichen Erwägungen von Abschreckung und Sühne propagiert werden", als wirksames Korrektiv fungieren[1458]. So habe die Klarstellung in § 2 Abs. 1 JGG „erhebliche praktische Bedeutung für die Interpretation einschlägiger Normen" und sei „gleichzeitig Baustein für eine rationale Jugendkriminalpolitik auf kriminologischer Grundlage"[1459].

Von anderer Seite wurde die Einschränkung des § 2 Abs. 1 S. 2 JGG durch das elterliche Erziehungsrecht aber auch als „zu eng gegriffen" bezeichnet, da auch Eingriffe in andere Grundrechtspositionen nur aus erzieherischen Erwägungen ohne gerichtlichen Schuldnachweis nicht zu legitimieren seien[1460]. Zulässig sollten danach allein solche strafrechtlich initiierten Grundrechtseingriffe sein, die der Aufklärung des Tatvorwurfs und der Verfahrenssicherung dienen würden[1461].

Pieplow resümierte kritisch, dass „uns der Gesetzgeber des Jahres 2007 keinen Gefallen getan" hat, indem er den Erziehungsgedanken zum „Programmsatz" erhoben hat, „weil man Gedanken vielleicht verstehen, aber vielleicht besser nicht zum Gesetzesbegriff erheben sollte"[1462]. Seiner Ansicht nach suggeriere die positivrechtliche Normierung des Gedankens eine Kontur, die dieses Wort nicht habe und führe zu der irrtümlichen Annahme, „dass die Erziehung aus Art. 6 GG und die des JGG und am besten gleich noch die Pädagogik im Allgemeinen beieinanderliegen, ja sich decken können oder müssen"[1463]. *Pieplow* warnte vor „Überhöhungen von Erziehung im JGG" und einer Entfernung von den historischen Kontexten des Begriffs und kritisierte die Begründung der Entscheidung des BVerfG zum elterlichen Erziehungsrecht aus dem Jahr 2003, die dazu geführt habe, dass „der Gesetzgeber aus Angst vor neuen Einschlägen dieser Art aus Karlsruhe dann vorsorglich auch gleich das elterliche Erziehungsrecht im JGG vor die Klammer gezogen" hat[1464].

1458 *Dünkel*, NK 1/2008, 2 (3).

1459 *Sonnen*, RdJB 2007, 128 (131).

1460 *Goerdeler*, ZJJ 2008, 137 (141 f.); so auch *Ostendorf*, JGG, 8. Aufl., § 2, Rn. 7.

1461 *Goerdeler*, ZJJ 2008, 137 (142).

1462 *Pieplow*, in: GS-Walter, 341 (355).

1463 *Pieplow*, in: GS-Walter, 341 (355); kritisch auch später *Swoboda*, ZStW 132 (2020), 826 (863 ff.).

1464 „Nicht mit dem Ergebnis, aber in der Begründung hat uns auch das Bundesverfassungsgericht mit der Entscheidung zum Elternrecht gem. § 51 II JGG (alte Fassung) hier eher ein Ei ins Nest gelegt", vgl. *Pieplow*, in: GS-Walter, 341 (356).

In der Gesetzesbegründung hatte der Gesetzgeber allerdings wie schon im Referentenentwurf 2004 klargestellt, dass „Erziehung" im jugendstrafrechtlichen Kontext „nicht im Sinne einer umfassenden Einwirkung auf die Persönlichkeit, das Verhalten und die Entwicklung der beschuldigten Jugendlichen und Heranwachsenden zu verstehen" war, die Verhütung künftiger Straftaten als Ziel des Jugendstrafrechts jedoch „eine positive innere Beeinflussung – im Hinblick auf Unrechtseinsicht und Motivation zur Befolgung der Gesetze – und eine diesbezügliche Festigung der Jugendlichen" erforderte[1465]. Umfang und Gestalt der erzieherischen Einwirkung sei dabei durch das Ziel eines künftigen Lebens ohne Straftaten begrenzt. So sollte durch den neuen § 2 Abs. 1 JGG gerade nicht ausgeschlossen werden, dass aus erzieherischen Gründen Verfahrensgestaltungen getroffen werden, die den jungen Beschuldigten begünstigen oder jedenfalls nicht mit eigenständigen Grundrechtseingriffen belasten. Vielmehr ließen sich aus

> „der Zielsetzung und dem Primat des Erziehungsgedankens (…) zahlreiche Besonderheiten des Jugendstrafrechts ableiten, etwa der grundsätzliche Vorrang informeller Erledigung vor förmlicher Sanktionierung, der Vorrang ambulanter und fördernder Maßnahmen vor eher repressiven und freiheitsentziehenden (…), aber z.B. auch die Notwendigkeit besonderer Verfahrensbeschleunigung, die umfangreichen Ermittlungen zum persönlichen Hintergrund oder die Nichtöffentlichkeit der Hauptverhandlung und generell das Postulat, schädliche Nebenfolgen zu vermeiden."[1466]

c) Die Diskussion zum formellen Jugendstrafrecht bis zum 2. JGGÄndG

Die Diskussion zum formellen Jugendstrafrecht, die nach dem 1. JGGÄndG in den 1990er Jahren regelrecht eingeschlafen war, flammte auch nach dem Jahrtausendwechsel nicht wirklich wieder auf[1467]. Überwiegend herrschte „eine gewisse Sprachlosigkeit" ob der jahrzehntelangen (erfolglosen) Wiederholung der gleichen Reformforderungen, sodass verfahrensrechtliche Themen neben der allgemeinen Diskussion zur Verschärfung des Jugendstrafrechts, der der ganz überwiegende Teil der Literatur weiterhin entgegentrat, nur noch am Rande behandelt wurden[1468]. Andere verfahrensrechtliche Forderungen als die „Dauerbrenner" wurden meist nur im Rahmen von konkreten Reformansätzen und gesetzgeberi-

1465 Vgl. hierzu und zum folgenden Text BT Drs. 16/6293, S. 9 f.

1466 BT Drs. 16/6293, S. 10; vgl. auch *Schatz*, in: FS-Ostendorf, 797 (804 ff.).

1467 Vgl. hierzu auch *Kraft*, Tendenzen, S. 317 ff.

1468 *Kraft*, Tendenzen, S. 319, 322, folgerte daraus, „daß sich das jugendstrafrechtliche Schrifttum den Gegebenheiten der Praxis – nicht kampflos aber resigniert – ergeben hätte".

schen Initiativen diskutiert. So wurden etwa die Bestrebungen im Bundesrat am Anfang des neuen Jahrtausends, das beschleunigte Verfahren des allgemeinen Strafrechts auch im Jugendstrafverfahren anzuwenden, zurückgewiesen[1469].

aa) Zur Qualifikation von Jugendrichtern und -staatsanwälten

Auf dem 26. und 27. Jugendgerichtstag wurde weiterhin die Kooperation von Justiz und Jugendhilfe und eine transparente Kommunikation zur Erreichung einer gewissen Qualität der Arbeit im Jugendkriminalrechtssystem und öffentlichen Akzeptanz gefordert[1470]. In einer gewissen Regelmäßigkeit wiederholte man mittlerweile die Notwendigkeit der Fachlichkeit der Verfahrensbeteiligten und einer spezialisierten Ausbildung von Jugendrichtern und Jugendstaatsanwälten, wobei es keine wirklich neuen Ansätze mehr gab[1471]. Festgestellt wurde, dass „Anspruch und Wirklichkeit" von § 37 JGG weiterhin auseinanderklafften[1472]. 2003 hatten 38,8% der befragten Jugendrichter und 25% der Jugendstaatsanwälte keine Kenntnisse im Sinne von § 37 JGG und der zugehörigen Richtlinie[1473]. Wieder einmal kam daher die Forderung auf, die Qualifikationsvoraussetzungen verbindlich festzuschreiben[1474].

bb) Zur Diversion

Auch das Interesse des Schrifttums an der Diversion war nach 1990 zunächst weitgehend erloschen[1475]. Diese hatte sich mittlerweile endgültig durchgesetzt. Von 1998 bis 2004 betrug die Einstellungsquote nach den §§45, 47 JGG

1469 Vgl. hierzu *Höynck/Sonnen*, ZRP 2001, 245 (248 f.).

1470 Vgl. die Thesen des 26. JGT, in: DVJJ (Hrsg.), Verhandlungen des 26. JGT, S. 552; *Sonnen*, in: Verhandlungen des 27. JGT, 595 (598).

1471 *Breymann*, ZJJ 2005, 185 ff.; *Drews*, ZJJ 2005, 409 ff.; *Hupfeld*, DVJJ-Journal 1993, 11 ff.; *Ostendorf*, DVJJ-Journal 2003, 3 f.; *Scholz*, DVJJ-Journal 1999, 232 (237 ff.); *Weyel*, ZJJ 2003, 406 (407 f.); für *Kraft*, Tendenzen, S. 322, erfolgten diese Forderungen „wohl mehr aus Pflichtgefühl gegenüber der langjährigen Diskussion als aus Überzeugung".

1472 Vgl. die Untersuchung von *Drews*, Aus- und Fortbildungssituation, S. 70 ff., 118 ff.; *ders.*, ZJJ 2005, 409 ff.

1473 *Drews*, Aus- und Fortbildungssituation, S. 95.

1474 Mit einem Formulierungsvorschlag für eine Neufassung der Norm *Drews*, Aus- und Fortbildungssituation, S. 118 ff., 158 ff., 176 f.

1475 Vgl. hierzu noch *Dölling*, in: Individualprävention, 323 ff.; *Heinz*, ZStW 104 (1992), 591 ff.

jeweils 69%, wobei unter den informellen Sanktionen solche nach § 45 Abs. 1 und 2 JGG bei weitem überwogen[1476]. So wurden etwa 2004 über 349.000 Jugendliche und Heranwachsende nach Jugendstrafrecht sanktioniert, wobei in mehr als 241.000 Fällen eine Diversionsentscheidung als ausreichend angesehen wurde[1477]. Es hatte sich gezeigt, dass im Regelfall die Wahl der informellen Verfahrensalternative „zur Vermeidung des Übergangs zum Makel der formellen Verurteilung" führte[1478]. *Miehe* machte Anfang der 2000er Jahre darauf aufmerksam, dass sich infolge dieser Entwicklung auch das „Klientel" des Jugendrichters verschoben hatte, der nun nur noch „einen Ausschnitt schwererer und von Älteren begangener Jugendkriminalität" wahrnahm[1479]. Darüber hinaus betonte er, dass die im Jugendstrafverfahren praktizierte Diversion weitgehend ohne Ermittlungen zur Person auskam und die Polizei, die zu „diversionsorientierter Ermittlungsarbeit" angehalten war, die Jugendgerichtshilfe daher in vielen Fällen überhaupt nicht mehr benachrichtigte. Kritisch konstatierte er, dass mit „der Zulassung und Förderung massenhafter Diversion (...) ein erzieherischer Anspruch, so wie er ursprünglich vom Jugendgerichtsgesetz erhoben worden ist, bewußt aufgegeben" worden sei, indem auf Normverdeutlichung gesetzt werde, „die in ihrer Ausgestaltung auf die Individualität des jeweiligen jungen Beschuldigten kaum Bedacht nimmt". *Miehe* beklagte die weiterhin bestehenden großen Unterschiede in der Einstellungspraxis und forderte bundeseinheitliche Diversionsrichtlinien. Kritik äußerte er zudem an der Tatsache, dass einige Bundesländer in ihren Richtlinien auch polizeiliche Vorschlags- und Entscheidungsbefugnisse vorsahen, was er als eindeutigen Verstoß gegen die gesetzlichen Vorgaben der §§ 45, 47 JGG wertete[1480].

Im neuen Jahrtausend kam es immerhin zu neuen Ansätzen durch die Praxis auf dem Gebiet der Diversion. So wurden in Nordrhein-Westfalen sog. Diversionstage eingeführt, im Rahmen derer durch eine enge Kooperation der Polizei, Jugendgerichtshilfe und Staatsanwaltschaften das Verfahren der Reaktion auf Bagatelldelikte gestrafft und durch eine möglichst eindrucksvolle, ver-

1476 *Sonnen*, RdJB 2007, 128 (134 f.); bereits für 1996 schildert *Heinz*, DVJJ-Journal 1998, 245 (249 f.), dass der Anteil der förmlich Verurteilten an allen nach Jugendstrafrecht Sanktionierten auf 32% zurückgegangen sei.

1477 *Heinz*, Archiv für Wissenschaft und Praxis der sozialen Arbeit 2007, 36.

1478 Vgl. die Zahlen bei *Heinz*, DVJJ-Journal 1999, 11 (13 ff.).

1479 Vgl. hierzu und zum folgenden Text *Miehe*, in: Jugendstrafrecht an der Wende zum 21. Jhdt., 141 (152 ff.).

1480 Vgl. auch schon *Heinz*, DVJJ-Journal 1999, 131 (141).

ständliche und vor allem zeitnahe Reaktion beschränkt werden sollte[1481]. Man war der Ansicht, dass weder eine Institution allein die zunehmende Jugendkriminalität in den Griff bekommen konnte, noch dass die teils lange Dauer bis zur Einstellung des Verfahrens durch das Tätigwerden von Polizei, Staatsanwaltschaft und Jugendgerichtshilfe nacheinander förderlich sei, sodass man auf die Idee kam, das Verfahren mit allen Beteiligten an einem Tag stattfinden zu lassen[1482]. Daher wurden die für dieses Verfahren geeigneten Fälle einen Monat lang von der Polizei (Arbeitsgruppe Jugendkriminalität) für den Diversionstag gesammelt und die Jugendlichen dann nach einer Überprüfung durch die Staatsanwaltschaft und Bewertung durch die Jugendgerichtshilfe gemeinsam mit dem Erziehungsberechtigten zum Diversionstag vorgeladen, wobei nach einer polizeilichen Vernehmung und einem Gespräch mit der Jugendgerichtshilfe der Staatsanwalt eine sofort mitgeteilte Auflage verhängte und das Verfahren nach Erfüllung dieser einstellte[1483]. 2005 verdeutlichte man mit der neuen Namensgebung „Gelbe Karte" die Zielrichtung der „Diversionstage" als Alternative zur „herkömmlichen" Diversion[1484]. Die Reaktion auf das neue Konzept fiel durchaus positiv aus, wobei aber auch das Problem des hohen Organisationsaufwandes und eines akkord- oder fließbandmäßigen Arbeitens gesehen wurde[1485]. Zudem wurde auch an den sog. Diversionstagen bemängelt, dass dadurch faktisch das in § 45 JGG festgelegte Subsidiaritätsprinzip und damit auch die „nichtintervenierende" Diversion als Regelverfahren zu Gunsten einer grundsätzlichen Vorgehensweise nach § 45 Abs. 2 JGG abgelehnt würde[1486]. Kritisiert wurde darüber hinaus die „Konfrontation mit der geballten Staatsmacht" für Erst- und Bagatelltäter und die Tatsache, dass der Aufbau eines Vertrauensverhältnisses zum Jugendlichen in der kurzen Zeit nicht möglich sei[1487].

1481 Vgl. dazu *Achenbach*, DVJJ-Journal 2000, 384 ff.; *Diett*, UJ 2003, 375 ff.; *Linke*, ZJJ 2011, 296 ff.; *Riehe*, in: Verhandlungen des 27. JGT, 502 ff.; *Spiess*, in: Verhandlungen des 28. JGT, 441 (462 ff.).

1482 *Diett*, UJ 2003, 375 (376 f.).

1483 Genauer hierzu *Achenbach*, DVJJ-Journal 2000, 384 (385); *Diett*, UJ 2003. 375 (377); vgl. dazu auch *Linke*, ZJJ 2011, 296 (297); *Riehe*, in: Verhandlungen des 27. JGT, 502 (504) und *Spiess*, in: Verhandlungen des 28. JGT, 441 (463).

1484 *Riehe*, in: Verhandlungen des 27. JGT, 502 (504); *Spiess*, in: Verhandlungen des 28. JGT, 441 (463 ff.); vgl. auch *Verrel*, in: FS-Schöch, 227 (229 ff.).

1485 *Diett*, UJ 2003, 375 (378).

1486 *Spiess*, in: Verhandlungen des 28. JGT, 441 (469 f.); *Riehe*, in: Verhandlungen des 27. JGT, 502 (505 f.).

1487 Ausführlich zu den Kritikpunkten *Diett*, UJ 2003, 375 (380 f.).

Eine in den 1960er und 1970er Jahren bereits kurzzeitig aufgekommene Idee war die Einbeziehung von Gleichaltrigen in das Jugendstrafverfahren. Während dies unter dem Gesichtspunkt eines möglichen Einsatzes als Jugendschöffen diskutiert worden war und überwiegend auf Ablehnung gestoßen war, kam man ab Anfang der 2000er Jahre in einigen Bundesländern auf die Idee, sog. „Schülergerichte bzw. „Teen-Courts" einzuführen[1488]. Wie bereits frühere Reformansätze stammte auch dieses Konzept aus den USA, wo informelle Gremien bestanden, in denen Jugendliche (üblicherweise Schüler) mit Jugendlichen über deren abweichendes Verhalten berieten und eine „abschließende regulierende Vereinbarung" trafen, welche das Einschreiten von Erwachseneninstanzen überflüssig machen sollte[1489]. Im Rahmen jugendstrafrechtlicher Diversion sollte die Auseinandersetzung der Jugendlichen miteinander auf Veranlassung der Staatsanwaltschaft dazu führen, dass bei Erfüllung der getroffenen Vereinbarung von der weiteren Verfolgung der Straftat abgesehen werden sollte (vgl. § 45 Abs. 2 JGG)[1490]. Hintergrund dieser Strategie war der Gedanke der „Peer-group-education", laut dem die Missbilligung von Altersgenossen eine besondere Akzeptanz zur Folge habe und daher besonders verhaltenssteuernd wirken könne[1491]. Rückfällen sollte besonders wirksam vorgebeugt werden können, indem der Mediationsaspekt im Vergleich zum formalen Jugendstrafverfahren besser umgesetzt und das lange kritisierte Kommunikationsgefälle bei Gericht überwunden werden sollte[1492]. Hinsichtlich eines möglichen positiven Einflusses der Altersgenossen der jungen Delinquenten war man nun deutlich optimistischer als in der früheren Diskussion, als man der Ansicht gewesen war, die zu berufenden „Super-Jugendlichen" müssten „Pubertierende mit der Weisheit eines erfüllten Lebens sein"[1493].

„Zugangsvoraussetzungen" für die sog. Teen-Courts waren ein Geständnis, die Aufklärung des Sachverhalts und das Einverständnis des Täters und seiner Erziehungsberechtigten[1494]. Bezweifelt wurde die Wirksamkeit eines solchen Ansatzes jedoch unter anderem deshalb, weil es sich bei den in den Gremien verhandelten Taten ohnehin um „klassische Formen von ubiquitärer und passagerer Episodenkriminalität" handelte, welche keinen Erziehungsbedarf oder

---

1488 Zu den historischen Hintergründen der „Teen-Courts" vgl. *Block/Kolberg*, ZJJ 2007, 8 ff.

1489 *Breymann*, ZJJ 2007, 4; vgl. auch *Traulsen*, in: FS-Schöch, 267.

1490 *Block/Kolberg*, ZJJ 2007, 8 (13 f.); *Breymann*, ZJJ 2007, 4.

1491 *Block/Kolberg*, ZJJ 2007, 8 (9 f.); kritisch in Bezug auf die Nützlichkeit und Wirksamkeit eines solchen Ansatzes *Breymann*, ZJJ 2007, 4 (5 f.).

1492 *Breymann*, ZJJ 2007, 4, 7.

1493 *Ullrich*, RdJB 1969, 303.

1494 Vgl. *Riehe*, in: Verhandlungen des 27. JGT, 502 (508).

eine echte Rückfallgefahr begründeten, sondern zur „Entwicklungsnormalität" gehörten und in aller Regel sogar nach § 45 Abs. 1 JGG durch eine folgenlose Einstellung erledigt werden könnten[1495]. Daneben wurde auf die Sprachen- und Schichtenunterschiede zwischen den Schülern und die vergleichsweise hohe Eingriffsintensivität schülergerichtlicher Interventionen hingewiesen und die Tatsache kritisiert, dass die Schüler des Gremiums Dritte, also nicht am Verfahren beteiligte Personen und somit „Teil der Öffentlichkeit in einem Verfahren, das dem jugendlichen Straftäter grundsätzlich Nichtöffentlichkeit verspricht", seien[1496]. Zudem attestierte man den sog. Teen-Courts, keine sozialpädagogischen Bedürfnisse, sondern politische Nutzerwägungen umzusetzen, indem die jugendkriminalrechtlichen Probleme überspielt und den Strafverschärfungsbedürfnissen der Öffentlichkeit und Politik durch die in der Regel härter sanktionierenden Gremien Geltung verschafft würden[1497].

cc) Zur Verfahrensbeschleunigung und Kooperation der Beteiligten

Ein ähnlicher Gedanke wie bei den Diversionstagen führte auch zur Schaffung sog. Häuser des Jugendrechts ab Ende der 1990er Jahre. In den Einrichtungen sollten die Polizei, Staatsanwaltschaft und Jugendhilfe als zentrale Behörden des Jugendstrafverfahrens „unter einem Dach" zusammenwirken, „um so die Kooperation untereinander zu effektivieren"[1498]. Versprochen wurde sich durch die verbesserte Vernetzung der Institutionen eine Beschleunigung strafrechtlicher Ermittlungen, eine zeitnahe und passgenauere Reaktion auf Straftaten Jugendlicher und Heranwachsender und dadurch insgesamt auch eine Reduktion der Jugendkriminalität[1499]. Umgesetzt werden sollten die Ziele durch regelmäßige Hauskonferenzen zu den aktuellen Sachverhalten, wöchentliche Frühbesprechungen und anlassbezogene Fallkonferenzen[1500]. Das zu-

---

1495 Insofern fürchtete man wieder einen „net widening Effekt", vgl. *Block/Kolberg*, ZJJ 2007, 8 (15); ähnlich *Breymann*, ZJJ 2007, 4 (6).

1496 *Breymann*, ZJJ 2007, 4 (6 f.); *Riehe*, in: Verhandlungen des 27. JGT, 502 (509); zu zahlreichen weiteren Kritikpunkten vgl. *Block/Kolberg*, ZJJ 2007, 8 (16).

1497 So jedenfalls *Breymann*, ZJJ 2007, 4 (8).

1498 Angelehnt sind die „Häuser des Jugendrechts" an das amerikanische Konzept der sog. Community Courts, wobei in Deutschland die Einbeziehung der Gerichte im Hinblick auf die richterliche Unabhängigkeit gemäß Art. 97 Abs. 1 GG unterblieb, vgl. *Lohrmann/Schaerff*, ZJJ 2021, 126 f.; vgl. auch *Feuerhelm/Kügler*, Haus des Jugendrechts, S. 5 ff.

1499 *Lohrmann/Schaerff*, ZJJ 2021, 126.

1500 *Lohrmann/Schaerff*, ZJJ 2021, 126 (128).

nächst in Baden-Württemberg entwickelte Konzept wurde zunächst nur schleppend von anderen Bundesländern übernommen, verzeichnete aber seither eine steigende Tendenz[1501]. Dabei entwickelten sich unterschiedliche Varianten in der Ausgestaltung, wobei das Konzept mancherorts vor allem Anwendung auf Intensivtäter fand, während zumeist eine Allzuständigkeit für alle jungen Täter des Bezirks bestand[1502]. Bereits 2003 wurde auch über eine virtuelle Variante nachgedacht, um auch dort eine bessere Vernetzung und Zusammenarbeit zu ermöglichen, wo die Errichtung einer realen Einrichtung aufgrund der geografischen Gegebenheiten und der Kriminalitätsentwicklung nicht möglich oder erforderlich war[1503].

Neben den „Häusern des Jugendrechts" kam es in Berlin mit dem sog. Neuköllner Modell ab 2008 zu einem weiteren Versuch von Jugendrichtern, Ermittlungsbeamten, Vertretern der Jugendstaatsanwaltschaft und der Jugendgerichtshilfe, das Jugendstrafverfahren besonders zu beschleunigen[1504]. Dabei wurde durch einen Rückgriff auf die Besonderheiten der §§ 76 ff. JGG das Verfahren entschlackt und zugleich eine konzentrierte institutionsübergreifende Zusammenarbeit initiiert. Kritisiert wurde daran, durch die Verfahrensbeschleunigung würden auch Schritte, die dem Schutz des Beschuldigten dienen, wegfallen und nicht alle Institutionen ausreichend eingebunden, indem eine Beschleunigung „um jeden Preis" angestrebt werde.

dd) Zur Verteidigung in Jugendstrafsachen

1995 veröffentlichten *Semrau*, *Kubink* und *Walter* die Ergebnisse einer im Frühjahr 1990 durchgeführten Befragung aller am Amtsgericht Köln zugelassenen Anwälte zur Verteidigung junger Beschuldigter, um den Umgang der Strafverteidiger mit dieser Klientel aus anwaltlicher Perspektive nachzuzeichnen[1505]. Von den erhaltenen Antworten hatten lediglich 5,5% in nennenswertem Umfang mit der Verteidigung Jugendlicher oder Heranwachsender zu tun, wobei es sich in der Mehrheit der Fälle um Pflichtverteidigungen handelte und im Rahmen der Wahrnehmung der Mandate besondere erzieherische Gesichtspunkte oder Aktivitäten in aller Regel keine maßgebliche Rolle spielten, son-

1501 In den 2000er Jahren kamen lediglich vier „Häuser" hinzu, vgl. dazu *Lohrmann/Schaerff*, ZJJ 2021, 126 ff.

1502 *Lohrmann/Schaerff*, ZJJ 2021, 126.

1503 *Feuerhelm/Kügler*, Haus des Jugendrechts, S. 199.

1504 Vgl. hierzu und zum folgenden Text *Ben Miled*, Neuköllner Modell, S. 50, 60 f., 65 ff.

1505 Vgl. hierzu und zum folgenden Text *Semrau/Kubink/Walter*, MschrKrim 78 (1995), 34 ff.

dern in Vorgehen und Verhalten wie gegenüber Erwachsenen verfahren wurde. So stellte sich die Verteidigung junger Beschuldigter nach dem Feedback der befragten Anwälte als eine unbeliebte und nicht besonders ertragreiche Tätigkeit dar. *Semrau, Kubink* und *Walter* kamen angesichts der geringen Vergütung im Vergleich zu einem gegenüber Erwachsenen oft höheren Aufwand zu dem Ergebnis, die Jugendstrafverteidigung sei eine eher „brotlose Kunst". Die befragten Anwälte hielten es teilweise „geradezu für heuchlerisch, ihre Aufgabe in erzieherischen Leistungen zu erblicken und kompensierten die erhöhten Anforderungen z.B. durch den Verzicht der Stellung von Beweisanträgen, um eine Verfahrensbeschleunigung zu erreichen, sowie durch die Verhinderung von Verfahrenseinstellungen, um die Hauptverhandlungsgebühr zu erhalten. Eine Regelung wie in § 37 JGG für Verteidiger lehnten *Semrau, Kubink* und *Walter* aber ab, um der Gefahr vorzubeugen, dass unbequeme Verteidiger als „unerzieherisch" abgelehnt werden könnten.

1997 wurde sodann eine erste Bestandsaufnahme und Bilanz der sog. Kölner Richtlinien zehn Jahre nach dem Symposium von 1987 versucht. Dabei wurde festgestellt, dass die Verteidigung junger Menschen vor den Strafgerichten nach wie vor defizitär war und eine systematische Schlechterstellung gegenüber Erwachsenen bestand, da diese trotz „offenkundiger Schwierigkeiten und Mängel, die eigenen Sichtweisen und Interessen zur Geltung zu bringen", weitaus seltener verteidigt wurden als Personen vor den Erwachsenengerichten[1506]. Während die Gründe für diese Tatsache nicht bekannt waren, wurde festgestellt, dass die jungen Menschen die Effizienz der Verteidigung vor allem danach bemaßen, ob die Verteidiger Verständnis für sie aufbrachten, sich genügend Zeit zur Vorbereitung und Begleitung der Hauptverhandlung nahmen und Einsatzbereitschaft in der Auseinandersetzung mit den Strafverfolgungsbehörden zeigten[1507]. Gefordert wurden für die Zukunft vor allem Angebote zur anwaltlichen Fort- und Weiterbildung, die anforderungsgerechte Auswahl der Pflichtverteidiger und eine angemessene gebührenrechtliche Regelung[1508].

4. Zusammenfassung

Nach der Verabschiedung des 1. JGGÄndG und der Aufforderung des Bundestags, zeitig einen Entwurf für ein 2. JGGÄndG vorzulegen, beschäftigte man sich sofort mit dem weiteren Reformbedarf im Jugendstrafrecht, wobei insbe-

---

1506 *Walter*, in: Strafverteidigung für junge Beschuldigte, 11 ff.

1507 *Barton*, in: Strafverteidigung für junge Beschuldigte, 133 (143).

1508 *Walter*, in: Strafverteidigung für junge Beschuldigte, 11(35).

sondere die Kommissionen der DVJJ und AWO entsprechende Vorschläge präsentierten. Die Tatsache, dass es infolge der Wiedervereinigung und der Öffnung der Grenzen zu den östlichen Nachbarländern zur Wahrnehmung einer öffentlich sichtbaren Zunahme von (rechtsradikaler) Gewaltkriminalität durch Jugendliche und Heranwachsende kam, ließ die Reformziele jedoch schnell in weite Ferne rücken. Stattdessen führte unter anderem die dramatisierende Berichterstattung in den Medien zu Forderungen nach einer Verschärfung des Jugendstrafrechts in Politik und Öffentlichkeit. So blieb auch der Erziehungsgedanke weiter in der Kritik. „Dass das Jugendstrafrecht heute in Turbulenzen gerät, wenn es sich, wie herkömmlich, die Erziehung des Verurteilten zur Aufgabe macht", sah man angesichts der Kriminalitätsentwicklung als naheliegend an[1509].

Gegen die „Verschärfungstendenzen" wehrte man sich in der jugendstrafrechtlichen Fachdiskussion vehement, indem man immer wieder auf die Ursachen der Entwicklungen und die erwiesene Schädlichkeit und Nutzlosigkeit insbesondere von freiheitsentziehenden Maßnahmen gegenüber den jungen Menschen hinwies, sich der Ausnutzung des Jugendstrafrechts zur Durchsetzung politischer Interessen widersetzte und die Berichterstattung in den Medien kritisierte. Immer mehr rückte jedoch der Gesichtspunkt des Opferschutzes in den Vordergrund[1510]. Insbesondere mit dem 2. JuMoG kam es zu einer Reaktion des Gesetzgebers auf die Entwicklungen der Vorjahre, die sogar die Wiedereinführung der Nebenklage gegen Jugendliche beinhaltete und „Raum für Vergeltungs- und Sühneansprüche des Opfers mit einer möglichen Kostenbelastung für den Angeklagten" öffnete[1511].

Ein Urteil des BVerfG führte sodann zur Verabschiedung des 2. JGGÄndG, welches zwar nicht die ursprünglichen Reformforderungen des Bundestags aus dem Jahr 1990 erfüllte, dafür aber den Streit um die Abschaffung des Erziehungsgedankens beendete und diesen als Leitprinzip des Jugendstrafrechts festschrieb sowie die Legalbewährung als Erziehungsziel des JGG in § 2 Abs. 1 JGG verankerte. Die jugendstrafverfahrensrechtliche Diskussion im Allgemeinen ebbte dagegen zwischen dem 1. JGGÄndG und dem 2. JGGÄndG ab und verlor erheblich an Fahrt. Neue Ansätze gab es im Rahmen der Diversion und Kooperation bzw. Verfahrensbeschleunigung durch die Errichtung sog. Teen-Courts oder der „Häuser des Jugendrechts". Lediglich vereinzelt wurden andere verfahrensrechtliche Themen noch angeschnitten,

---

1509 *Hassemer*, in: Verhandlungen des 26. JGT, 31 (51 ff.).

1510 Zum Opferschutz im Jugendstrafverfahren vgl. auch *Zapf*, Opferschutz, S. 54 ff.

1511 *Ostendorf*, JGG, 8. Aufl., S. 5 (Vorwort).

wobei weiterhin eine Verbesserung der Kommunikation und Qualifikation der Verfahrensbeteiligten und eine Ausweitung der Verteidigung in Jugendstrafsachen gefordert wurde.

VII. Die Entwicklungen vom 2. JGGÄndG bis zur Gegenwart

Die Entwicklungstendenzen, die sich ab 1990 im deutschen Jugendstrafrecht gezeigt hatten, setzten sich nach Verabschiedung des 2. JGGÄndG fort. In der jugendstrafrechtlichen Literatur wurde weiterhin die dramatisierende Berichterstattung zur Jugendkriminalität kritisiert und nachdrücklich gegen eine Verschärfung des Jugendstrafrechts plädiert[1512]. Angesichts der „ausufernden Debatte um das Jugendstrafrecht" veröffentlichte die DVJJ im Januar 2008 eine Erklärung, in der sie sich ebenfalls erneut gegen die Verschärfungstendenzen aussprach und stattdessen unter anderem Forderungen nach guten Jugendstrafverfahren durch eine entsprechende Zusammenarbeit der beteiligten Institutionen und mehr Fachleuten in der Jugendstrafrechtspflege, eine Ausweitung des Jugendstrafrechts mit der Möglichkeit der Anwendung bis zum vollendeten 25. Lebensjahr, sowie eine bessere Integration und eine verantwortungsvolle Politik ohne „Angstkampagnen in Wahlkampfzeiten" aufstellte[1513]. Eine von *Heinz* formulierte Resolution gegen eine Verschärfung des Jugendstrafrechts wurde von mehr als 1.200 Praktikern in der Jugendstrafrechtspflege und Wissenschaftlern unterzeichnet[1514]. *Walter* forderte eine stärkere Aufklärung der Leser oder Zuschauer und eine Steigerung der Medienkompetenz in der Bevölkerung für eine sachgerechte Einschätzung der Medienbotschaften und rief die kriminologische Forschung dazu auf, sich im Rahmen der Wirkungsforschung mit der wirkungsvollen Kommunikation der befürworteten Reaktionsweisen gegenüber der Öffentlichkeit und Politik auseinanderzusetzen[1515]. *Eisenberg* warnte vor einer „feindlichen Übernahme" im Jugendstrafrecht durch Bestrebungen, „die entwicklungspsychologisch wie insbesondere bezüglich des Ziels künftigen Legalverhaltens grundlegende Unterschiede zwischen Jugendlichen und auch Heranwachsenden einerseits

---

1512 Vgl. u.a. *Hassemer*, RdJB 2008, 349 ff.; *Heinz*, ZJJ 2008, 60 ff.; *ders.*, ZJJ 2008, 87 ff.; *ders.*, NK 2/2008, 50 ff.

1513 DVJJ, ZJJ 2008, 96 f.

1514 *Heinz*, ZJJ 2008, 87 ff.

1515 Dagegen hielt er es für eine „unrealistische und schwer begründbare Forderung, von Journalisten wissenschaftlich fundierte Darstellungen zu verlangen", vgl. *Walter*, RdJB 2008, 435 (444 f.).

und Erwachsenen andererseits vernachlässigen“ und damit „die über Jahrzehnte hinweg gewachsene Rechtskultur“ in Frage stellen würden[1516].

Im September 2008 veranstalte das BMJ gemeinsam mit der Friedrich-Schiller-Universität Jena ein Symposium zum Thema „Das Jugendkriminalrecht vor neuen Herausforderungen“, wo sich mit Themen wie dem „Warnschussarrest“ oder der Straffälligkeit junger Migranten und Intensivtäter auseinandergesetzt wurde[1517]. Vor einer neuen Punitivität in der Jugendkriminalpolitik im Sinne der Strafverschärfungstendenzen wurde auch dort gewarnt und zugleich deren Wirkungslosigkeit betont, wobei festgestellt wurde, dass „die Verteidigung des Jugendstrafrechts in bestehender Form“ unter anderem im Hinblick auf die Medien, die selbst „zu wirkungsvollen Kriminalpolitikern geworden“ seien, politisch immer schwieriger würde.

1. Weitere Entwicklungen bis zur Gegenwart

In der Folge sollte es bis in die Gegenwart zu mehreren Modifikationen des JGG durch den Gesetzgeber kommen, welche nachfolgend dargestellt werden sollen. Dabei soll wiederum nur auf die für das Thema der vorliegenden Arbeit wesentlichen Gesetzesvorhaben und Diskussionspunkte eingegangen werden. Anhand von kurzen Zusammenfassungen der Inhalte der einzelnen Jugendgerichtstage sollen zudem der „Geist“ und die aktuellen Themen in der jugendstrafrechtlichen Fachdiskussion in dieser letzten Zeitspanne der historischen Darstellung aufgezeigt werden. Denn die „Themen der Jugendgerichtstage wiesen immer Parallelen zwischen gesellschaftlicher Entwicklung, Gesetzgebung, Jugendkriminalität und der Strafrechtsanwendung im Verfahren auf“[1518].

a) Das FGG-Reformgesetz

Mit dem „Gesetz zur Reform des Verfahrens in Familiensachen und in den Angelegenheiten der freiwilligen Gerichtsbarkeit (FGG-Reformgesetz – FGG-RG)“ vom 17. Dezember 2008[1519] kam es im Rahmen der vollständigen Neuregelung des Rechts der freiwilligen Gerichtsbarkeit und des familiengerichtlichen Verfahrens zur Auflösung des Vormundschaftsgerichts, nachdem

1516 *Eisenberg*, NJW 2010, 1507 (1509).

1517 Vgl. hierzu und zum Folgenden *Bachmann* u.a., ZJJ 2008, 392 ff.

1518 *Sonnen*, ZJJ 2023, 336.

1519 BGBl. I 2008, S. 2586.

sich die Konferenz der Justizminister schon im Juni 2003 mit großer Mehrheit für eine Erweiterung der Zuständigkeit des Familiengerichts ausgesprochen hatte, „um tatsächlich zusammenhängende Rechtsstreitigkeiten auch zusammenhängend entscheiden zu können“[1520]. Dementsprechend trat nun auch in den zahlreichen Bestimmungen des JGG das Familiengericht an die Stelle der Vormundschaftsgerichte[1521].

b) Das „Gesetz zur Änderung des Untersuchungshaftrechts“

Im Zuge der mit der Föderalismusreform weggefallenen Gesetzgebungskompetenz des Bundes für den Untersuchungshaftvollzug fügte der Gesetzgeber sodann mit dem „Gesetz zur Änderung des Untersuchungshaftrechts“[1522] vom 29. Juli 2009 „aus systematischen Gründen“ nach § 72a JGG einen neuen § 72b JGG ein, der dem § 93 Abs. 3 JGG a. F. entsprach, da man die Vorschrift als verfahrensrechtlich einordnete[1523]. Danach war dem Jugendlichen in Untersuchungshaft in dem selben Umfang wie einem Verteidiger der Verkehr mit Vertretern der Jugendgerichtshilfe, einem etwaigen Betreuungshelfer oder Erziehungsbeistand zu gestatten. Zudem bestimmte man in § 109 Abs. 1 S. 1 JGG nun die ausdrückliche Anwendbarkeit des §72a JGG auch auf Heranwachsende, da man auch bei diesen eine unverzügliche Unterrichtung der Jugendgerichtshilfe vom Erlass und der Vollstreckung eines Haftbefehls geboten sah, um mittels eines beschleunigten Berichts gegebenenfalls die Entscheidung über die Aussetzung des Vollzugs des Haftbefehls zu erleichtern[1524].

c) Der 28. Jugendgerichtstag

Auf dem 28. Jugendgerichtstag 2010 in Münster unter dem Titel „Achtung (für) Jugend!“ wurde zum wiederholten Male der „publizistisch-politische Verstärkerkreislauf“ thematisiert und anlässlich nach wie vor aktueller Forderungen nach härteren Strafen vor einer Verschärfung des Jugendstrafrechts

---

1520 BT Drs. 16/6308, S. 168.

1521 Und zwar in den §§ 3 S. 2, 34 Abs. 2 S. 1, Abs. 3, 42 Abs. 1 Nr. 1, Abs. 2, 53 S. 1 und 2, 54 Abs. 1 S. 1, 55 Abs. 1 S. 1, 67 Abs. 4 S. 3, 70 S. 1 und 3, 84 Abs. 2 S. 1 und 2, 98 Abs. 1 S. 1, 104 Abs. 4 S. 1 JGG.

1522 BGBl. I 2009, S. 2274.

1523 BT Drs. 16/11644, S. 35 f.

1524 BT Drs. 16/11644, S. 36.

gewarnt[1525]. Berichtet wurde unter anderem von einem Dresdner Vorhaben, „bisherige grundsätzliche Unzulänglichkeiten“ wie z.B. Informationsverluste oder fehlende (Re)Integrationsbegleitung durch eine durchgehende Betreuung junger Straffälliger durch die Jugendgerichtshilfe im gesamten Jugendstrafverfahren zu verringern[1526]. Auch die Kommunikation mit jungen Menschen im Jugendstrafverfahren wurde anlässlich der Feststellung, „dass Jugendliche sich nach ihrem Prozess oft fragen, was eigentlich passiert ist und ob Richter, Staatsanwalt, Verteidiger und Sozialarbeiter ihnen überhaupt zugehört haben“[1527], erneut thematisiert, wobei unter anderem im Hinblick auf das Rechtsstaatsgebot Berechenbarkeit, Rechtssicherheit und Fairness gefordert wurde[1528].

Positiv hervorgehoben wurde der Stand der Professionalität und Spezialisierung in der polizeilichen Jugendsachbearbeitung[1529]. 1995 war die PDV 382 überarbeitet und an die neueren Forschungserkenntnisse angepasst worden, sodass nun unter anderem die Prozessautonomie der Jugendlichen und ein Spezialisierungsgebot des Jugendsachbearbeiters bei der Polizei enthalten waren[1530]. Darüber hinaus wurde nunmehr ein deutlicher Rückgang der Untersuchungshaftanordnungen in den ersten zehn Jahren des neuen Jahrtausends konstatiert, nachdem die Zahlen im Verlauf der 1990er Jahre trotz der durch das 1. JGGÄndG eingeführten Einschränkungen noch angestiegen waren[1531]. Man war der Ansicht, „die frühere Kritik an der Verhaftungspraxis, die einschränkende Rechtsprechung und die Kontrolle der Obergerichte“ habe „offensichtlich eine rechtsstaatlich heilsame Wirkung“ gehabt[1532].

1525 DVJJ (Hrsg.), Verhandlungen des 28. JGT, S. 5 f. (Vorwort).

1526 *Mollik*, in: Verhandlungen des 28. JGT, 91 ff.

1527 *Herz*, Recht persönlich, S. 26.

1528 *Schultz*, in: Verhandlungen des 28. JGT, 107 f.; vgl. dazu auch *Schultz*, ZJJ 2014, 206 ff.

1529 *Hoffmann*, in: Verhandlungen des 28. JGT, 143 (156 f.).

1530 Eine Gegenüberstellung der PDV 382 von 1987 bzw. 1995 findet sich im DVJJ-Journal 1997, 5 ff.

1531 Während die absoluten Zahlen am Stichtag 31. Dezember 2000 noch 17.524 Untersuchungshäftlinge in Deutschland erfassten, waren es am 31. Dezember 2010 nur 10.941, vgl. *Villmow/ Savinsky/Woldmann*, in: Verhandlungen des 28. JGT, 271 ff.

1532 *Villmow/Savinsky/Woldmann*, in: Verhandlungen des 28. JGT, 271 (273), mit Verweis auf *Ostendorf*, NK 4/2009, 126.

d) Das „Gesetz zur Erweiterung der jugendgerichtlichen Handlungsmöglichkeiten"

Mit dem „Gesetz zur Erweiterung der jugendgerichtlichen Handlungsmöglichkeiten" vom 4. September 2012[1533] kam es sodann zu einigen gravierenden Änderungen und Verschärfungen im JGG[1534] durch die Einführung des sog. Warnschussarrests und der Erhöhung der gesetzlichen Höchststrafe für Mordtaten Heranwachsender auf 15 Jahre in Fällen der besonderen Schwere der Schuld[1535].

In prozessualer Hinsicht erhielt die von der Praxis zur Haftvermeidung entwickelte, aber regional und in seiner konkreten Ausgestaltung sehr unterschiedlich genutzte sog. Vorbewährung in den neuen §§ 61 bis 61b JGG eine gesetzliche Grundlage[1536]. Dadurch legte man die konkreten Voraussetzungen für den Vorbehalt einer nachträglichen Entscheidung über die Aussetzung der Jugendstrafe, eine Höchstfrist der damit eingeräumten Vorbewährungszeit und Regelungen zur Zuständigkeit und zum Verfahren fest[1537].

Schließlich wurde mit der Einfügung von § 70a Abs. 1 JGG eine Anpassung von Art und Weise der vorgeschriebenen Belehrungen an den Entwicklungs- und Bildungsstand der Jugendlichen normiert und damit nach Berichten aus der Praxis über ein Kommunikationsproblem vor Gericht für den Gesetzgeber „eine Selbstverständlichkeit zum Ausdruck" gebracht[1538]. Eine gleichlautende Regelung wurde dabei für die Erziehungsberechtigten und gesetzlichen Vertreter der Ju-

---

1533 BGBl. I 2012, S. 1854.

1534 Dazwischen war mit dem „Gesetz über die Besetzung der großen Straf- und Jugendkammern in der Hauptverhandlung (…) vom 6. Dezember 2011 (BGBl. I 2011, S. 2554) die Möglichkeit, in geeigneten Fällen in reduzierter Besetzung zu verhandeln, entfristet und detailliert geregelt worden.

1535 Vgl. zum Ganzen *Höynck/Ernst*, KJ 2014, 249 (255 ff.); *Höffler/Kaspar*, RdJB 2018, 449 ff.; *Dünkel*, RdJB 2014, 294, bezeichnete den Titel des Gesetzes daher als „euphemistisch"; *Swoboda*, ZStW 132 (2020), 826 (828 ff.), sieht darin ein „punktuelles Herauskatapultieren von Heranwachsenden aus den Schuldbegriffen des Jugendstrafrechts" und damit einen Verstoß gegen Art. 3 Abs. 1 GG.

1536 BT Drs. 17/9389, S. 2, 8 ff.; zuvor wurde die Möglichkeit der Vorbewährung aus § 57 JGG herausgelesen, vgl. *Höynck/Ernst*, KJ 2014, 249 (258).

1537 Da die Aussetzung der Jugendstrafe zur Bewährung nicht Gegenstand der Darstellung sein soll, wird auf eine eingehendere Schilderung der neuen Vorschriften und Auseinandersetzung mit der Thematik verzichtet.

1538 In Abs. 2 wurde eine besondere Regelung für die Belehrung über die Bedeutung der Aussetzung einer Jugendstrafe zur Bewährung oder die Bedeutung des Vorbehalts einer nachträglichen Entscheidung diesbezüglich aufgenommen, die auch anwesenden jungen Mitangeklagten vermittelt werden sollte, um die Akzeptanz unterschiedlicher Entscheidungen bei diesen zu stärken, vgl. hierzu BT Drs. 17/9389, S. 18 f.

gendlichen aufgenommen, welche mit Hinblick auf die durch Art. 6 Abs. 2 GG geschützte elterliche Verantwortung ebenfalls wissen sollten, welche Bedeutung den getroffenen Entscheidungen und Maßnahmen zukommt und welche Konsequenzen sich aus dem jeweiligen Verhalten des Betroffenen ergeben können[1539].

In der Reaktion auf das Gesetz forderte *Dünkel* im Hinblick auf die Verschärfungen des JGG, dass es „zukünftig wieder mehr um eine Jugendkriminalpolitik mit Augenmaß und eine Ausrichtung an sozialintegrativen Maßnahmen und nicht zuletzt dem in § 2 Abs. 1 JGG seit 2008 als Leitprinzip verankerten Erziehungsgedanken" gehen sollte und kritisierte unter anderem die Rechtsmittelbeschränkung, welche so in keinem anderen europäischen Land existiere[1540]. Auch wenn die Regelung der Vorbewährung im Interesse der Rechtssicherheit allgemein begrüßt wurde, wurde an dieser kritisiert, dass die damit einhergehende Verlängerung des Jugendstrafverfahrens im Widerspruch zum Beschleunigungsgrundsatz stünde und daher die Ausnahme bleiben müsse[1541].

e) Das „Gesetz zur Stärkung der Rechte von Opfern sexuellen Missbrauchs"

In der Folge wurde mit dem „Gesetz zur Stärkung der Rechte von Opfern sexuellen Missbrauchs (StORMG)" vom 26. Juni 2013[1542] die Rechtsstellung von Opfern im Strafverfahren weiter verbessert, indem etwa die Bestellung eines Opferanwalts erleichtert, die Regelungen über den Ausschluss der Öffentlichkeit für Opfer eingeschränkt und deren Informationsrechte gestärkt wurden[1543].

Im JGG wurden dagegen lediglich die Qualifikationsanforderungen an die Jugendstaatsanwälte in § 36 JGG geringfügig verbindlicher gefasst. So wurde in § 36 Abs. 1 JGG festgelegt, dass Richter und Beamte auf Probe im ersten Jahr nach ihrer Ernennung nicht zum Jugendstaatsanwalt bestellt werden *sollten*. Darüber hinaus wurde in § 36 Abs. 2 eine Regelung eingeführt, wonach jugendstaatsanwaltliche Aufgaben den Amtsanwälten nur bei Erfüllung der

1539 BT Drs. 17/9389, S. 19.

1540 *Dünkel*, RdJB 2014, 294 ff.

1541 *Ostendorf*, ZIS 2012, 608; vgl. auch *Höynck/Ernst*, KJ 2014, 249 (258); positiv im Hinblick auf die Neuerung *Höffler/Kaspar*, RdJB 2018, 449 (455 ff.).

1542 BGBl. I 2013, S. 1805.

1543 Vgl. *Höynck/Ernst*, KJ 2014, 249 (259).

besonderen Anforderungen an die Jugendstaatsanwälte übertragen werden dürfen sollten und die Wahrnehmung jugendstaatsanwaltschaftlicher Aufgaben durch Referendare eingeschränkt wurde, welche etwa die Sitzungsvertretung in Verfahren vor den Jugendgerichten nur unter Aufsicht und im Beisein eines Jugendstaatsanwalts wahrnehmen können sollten[1544].

Im Gesetzesentwurf der Bundesregierung war ursprünglich in § 36 Abs. 1 JGG noch vorgesehen gewesen, dass Richter auf Probe und Beamte auf Probe im ersten Jahr nach ihrer Ernennung nicht zum Jugendstaatsanwalt bestellt werden *durften*[1545]. Für die Qualifikation der Jugendrichter und -staatsanwälte hatte der Entwurf zudem in § 37 JGG – dessen Wortlaut war seit 1953 unverändert[1546] – neben der Forderung nach Kenntnissen auf den Gebieten der Kriminologie, Pädagogik, Sozialpädagogik und Jugendpsychologie für die Jugendrichter entsprechend vorgesehen, dass ein Richter auf Probe im ersten Jahr nach seiner Ernennung Geschäfte des Jugendrichters nicht wahrnehmen *durfte*[1547]. Damit wollte man eigentlich den in der Praxis seit vielen Jahren hervorgehobenen und vielfach nur unzureichend beachteten Qualifikationsanforderungen an Jugendrichter und Jugendstaatsanwälte stärker Nachdruck verleihen, wobei die Vorzüge einer besonderen Qualifikation und Erfahrung auch im Hinblick auf die Belange und Interessen minderjähriger Opfer und Zeugen hervorgehoben wurden[1548].

Die geplante Änderung von § 37 JGG war allerdings nach der Kritik des Bundesrates im Rahmen der Beratungen im Rechtsausschuss des Bundestages komplett weggefallen[1549]. So war nach Ansicht der Länder „die Qualifikation der Jugendrichter und Jugendstaatsanwälte, welche die bestehenden Fortbildungsangebote rege nutzen, bereits heute ausreichend“, während sie „die Gefahr einer nicht hinnehmbaren Einschränkung der im Rahmen der geltenden Regelungen der §§ 36 und 37 JGG liegenden Gestaltungsmöglichkeiten beim Personaleinsatz durch die Behörden und Gerichte, die letztlich einen ersten

---

1544 Zur zuvor üblichen Praxis der deutschen Staatsanwaltschaften, in den Hauptverhandlungen vor dem Jugendrichter Rechtsreferendare als Sitzungsvertreter einzusetzen *Helmken*, ZJJ 2008, 147 f.

1545 BT Drs. 17/6261, S. 6, 15.

1546 Vgl. zum Ganzen auch *Helmken*, ZRP 2012, 209 f.

1547 Im Referentenentwurf des BMJ aus dem Dezember 2010 waren sogar noch „belegbare Kenntnisse“ auf diesen Gebieten gefordert worden, vgl. *Breymann*, ZJJ 2011, 88 und *Frenzel*, ZJJ 2022, 276 (281).

1548 Vgl. BT Drs. 17/6261, S. 9, 14 ff.

1549 Ausführlich hierzu *Frenzel*, ZJJ 2022, 276 (281); vgl. auch *Caspari*, in: Verhandlungen des 29. JGT, 623 (636 ff.); *Helten*, in: Verhandlungen des 29. JGT, 267 (268 ff.); *Höynck/Ernst*, KJ 2014, 249 (259).

Schritt der Abkehr vom grundsätzlich universell einsetzbaren Richter oder Staatsanwalt bedeuten könnte", befürchteten[1550]. Die im Entwurf formulierten Qualifikationsanforderungen waren im Rahmen der öffentlichen Anhörung des Rechtsausschusses des Deutschen Bundestages unter anderem als unnötige „Gesetzeslyrik" und „überambitionierte Anforderungen" bezeichnet worden, dort war man der Auffassung gewesen, das Problem „lässt sich gesetzlich doch garnicht in den Griff kriegen"[1551]. Zwar konnte mit der Neufassung von § 36 JGG ein Kompromiss dahingehend gefunden werden, dass weiterhin deutlich bleiben sollte, dass der Gesetzgeber grundsätzlich nicht von einer Übertragung jugendstaatsanwaltlicher Aufgaben an Dienstanfänger ausging, zugleich aber die „Ressourcenlage" bei den Staatsanwaltschaften berücksichtigt werden konnte[1552]. Zu einer Änderung von § 37 JGG konnte man sich aber angesichts der „massiven, insbesondere justizorganisatorischen Bedenken der Länder gegen die vorgeschlagene verbindlichere Fassung" im „Interesse eines baldigen Inkrafttretens der übrigen, für die Verbesserung des Opferschutzes noch bedeutsameren Regelungen", letztlich nicht durchringen.

f) Der 29. Jugendgerichtstag

Bereits auf dem Jugendgerichtstag im September 2013 in Nürnberg unter dem Titel „Jugend ohne Rettungsschirm" wurde die Gesetzesänderung thematisiert. Die Bundesjustizministerin *Leutheusser-Schnarrenberger* zeigte sich in ihrem Grußwort enttäuscht darüber, dass die Pläne ihres Ministeriums zur Verbesserung der Umsetzung der besonderen Anforderungen an die Qualifikation der Jugendrichter und -staatsanwälte am Widerstand der Bundesländer gescheitert waren, verwies auf die bereits mit dem JGG 1923 gefasste Entschließung, nur die bestbefähigsten Richter für das Amt des Jugendrichters heranzuziehen und kündigte an, sich in Zukunft weiter dafür stark zu machen und sich etwaigen Verschärfungstendenzen zu widersetzen[1553]. Auch im mit dieser Thematik befassten Arbeitskreis kam man zu dem Ergebnis, dass die Durchsetzung einer

---

1550 Vgl. die Stellungnahme des Bundesrates, BT Drs. 17/6261, S. 24 f.; vgl. hierzu auch BT Drs. 17/12735, S. 18; kritisch zu dieser „typischen Interessenpolitik" *Helmken*, ZRP 2012, 209 (210, 212).

1551 Vgl. das Protokoll der 64. Sitzung des Rechtsausschusses am 26. Oktober 2011 zum „Entwurf eines Gesetzes zur Stärkung der Rechte von Opfern sexuellen Missbrauchs", S. 14, 19, 33.

1552 Vgl. hierzu und zum Folgenden BT Drs. 17/12735, S. 18.

1553 Vgl. die Rede von *Leutheusser-Schnarrenberger*, in: DVJJ (Hrsg.), Verhandlungen des 29. JGT, S. 20 ff.

fachlichen Qualifikation weiterhin eine vordringliche Forderung an Vorgesetzte, Justizverwaltung und Politik bleiben musste[1554]. Die Neuregelung des § 36 Abs. 2 S. 3 JGG, wonach Staatsanwälte Referendare in der Sitzung beaufsichtigen mussten, sah man als zusätzliche Belastung an, welche personell ausgeglichen werden müsste.

Passend dazu schilderte die Vorsitzende der DVJJ *Höynck* auf dem Jugendgerichtstag die Ergebnisse einer Befragung von Jugendrichtern und -staatsanwälten, welche zu Diskussionspunkten wie der Zusammenarbeit mit der Jugendgerichtshilfe und der eigenen Qualifikation befragt worden waren[1555]. Dabei gaben 32,6% der Jugendrichter und 41,5% der Jugendstaatsanwälte an, sich bereits im Studium mit einschlägigen Themengebieten des Jugendstrafrechts beschäftigt zu haben, während rund 87% der Richter und gut 80% der Staatsanwälte an einschlägigen Fortbildungen teilnahmen. Insgesamt waren über 90% aller Befragten der Ansicht, hinreichend ausgebildet und informiert zu sein. Knapp die Hälfte der Befragten bejahten generell Probleme mit der Organisationsstruktur der Jugendgerichtshilfe, wobei sich gegenüber Befragungen aus den 1980er Jahren eine höhere Bedeutung der Arbeit der Jugendgerichtshilfe zeigte, da fast alle Befragten deren Bericht für ihre eigene Arbeit für relevant hielten. Besonders aufgrund von Mischdezernaten und kurzen Zuständigkeitsspannen wurden Schwierigkeiten für eine besondere Qualifizierung der Jugendrichter und Jugendstaatsanwälte, vor allem für Berufseinsteiger, gesehen. *Höynck* kam daher zu dem Ergebnis, dass das gesetzliche Bild des erfahrenen Spezialisten nach wie vor mehrheitlich nicht mit der Realität übereinstimmte.

Darüber hinaus wurde weiterhin die Dramatisierung und Politisierung der Jugendkriminalität kritisiert und gefordert, sich nicht „von kurzzeitigen medialen Stimmungen oder öffentlichen Erregungen nach Einzeltaten“ leiten zu lassen, „sondern allein von kriminalpolitischen Erkenntnissen und Fakten“[1556]. Verstärkt wurde diese Forderung durch die Tatsache, dass die Jugendkriminalität mittlerweile wieder konstant rückläufig war und zwischen 2011 und 2012 sogar so stark zurückgegangen war wie noch nie zuvor in der Bundesrepublik Deutschland[1557]. Im Vergleich zum Jahr 2003 war die Kriminalitätsbelastung

---

1554 Vgl. hierzu und zum Folgenden die Ergebnisse des Arbeitskreises 11, in: DVJJ (Hrsg.), Verhandlungen des 29. JGT, S. 767 ff.

1555 Hierzu und zum folgenden Text *Höynck*, in: Verhandlungen des 29. JGT, 509 ff.; vgl. dazu auch *Höynck/Leuschner*, ZJJ 2014, 364 ff.

1556 Vgl. die Rede von *Leutheusser-Schnarrenberger*, in: DVJJ (Hrsg.), Verhandlungen des 29. JGT, S. 19.

1557 Vgl. die Zahlen bei *Baier/Pfeiffer/Hanslmaier*, ZJJ 2013, 279 ff.; hierzu auch *Albrecht*, RdJB 2014, 363 ff.

für Jugendliche 2012 um 19,3% niedriger, wobei auch die Dunkelfeldstudien eine rückläufige Jugenddelinquenz belegten, was unter anderem damit erklärt wurde, dass sich in den Familien vermehrt eine gewaltfreie Erziehung durchgesetzt hatte, die Missbilligung von Gewalt und Kriminalität unter Gleichaltrigen zunahm, das Engagement der Schule gegen Gewalt und Kriminalität angestiegen und der Gewaltmedienkonsum gesunken war[1558].

g) Die Ansicht der Expertenkommission zum Reformbedarf im Jugendstrafverfahren

Im Oktober 2015 veröffentlichte die von Bundesjustizminister *Maas* im Vorjahr eingesetzte „Expertenkommission zur effektiveren und praxistauglicheren Ausgestaltung des allgemeinen Strafverfahrens und des jugendgerichtlichen Verfahrens" sodann ihren Bericht[1559]. Zwar sah diese im Jugendstrafverfahren keinen nennenswerten Reformbedarf und führte Defizite vornehmlich auf die Umsetzung des geltenden Rechts in der Praxis zurück. Angeregt wurde von der Kommission aber, die Rechtsmittelbeschränkung des § 55 Abs. 1 JGG[1560] zu überprüfen. Die Kommission war der Ansicht, die Vorschrift würde insbesondere aufgrund der Tatsache, dass die Verhängung eines Jugendarrests als Zuchtmittel bis zu vier Wochen Freiheitsentziehung bedeuten könne, „grundlegenden rechtsstaatlichen Bedenken" begegnen. So wurde argumentiert, das Rechtsstaatsprinzip des Art. 20 Abs. 3 GG und internationale Regelungen wie die Mindestgrundsätze der Vereinten Nationen für die Jugendgerichtsbarkeit vom 29. November 1985 würden die Zulassung eines Rechtsmittels verlangen und die Regelung würde im Widerspruch zur Strafprozessordnung und zudem dem Prinzip der Nichtschlechterstellung gegenüber Erwachsenen in vergleichbarer Verfahrenslage stehen.

1558 *Baier/Pfeiffer/Hanslmaier*, ZJJ 2013, 279 ff.; der Trend setzte sich auch in den folgenden Jahren fort, vgl. *Albrecht*, RdJB 2016, 395 ff.

1559 Vgl. hierzu und zum folgenden den Bericht der Expertenkommission, S. 1 ff., 25, 173 ff.; vgl. zum Ganzen auch *Ostendorf*, ZJJ 2016, 120 ff.

1560 Die Vorschrift lautet: „Eine Entscheidung, in der lediglich Erziehungsmaßregeln oder Zuchtmittel angeordnet oder die Auswahl und Anordnung von Erziehungsmaßregeln dem Familiengericht überlassen sind, kann nicht wegen des Umfangs der Maßnahmen und deshalb angefochten werden, weil andere oder weitere Erziehungsmaßregeln oder Zuchtmittel hätten angeordnet werden sollen oder weil die Anordnung und Auswahl der Erziehungsmaßregeln dem Familiengericht überlassen worden sind. Diese Vorschrift gilt nicht, wenn der Richter angeordnet hat, Hilfe zur Erziehung nach § 12 Nr. 2 JGG in Anspruch zu nehmen".

h) Die Stärkung der Verfahrensrechte von Beschuldigten im Strafverfahren

2017 wurde durch das zweite „Gesetz zur Stärkung der Verfahrensrechte von Beschuldigten im Strafverfahren und zur Änderung des Schöffenrechts“[1561] in Umsetzung der „Richtlinie 2013/48/EU des Europäischen Parlaments und des Rates vom 22. Oktober 2013 über das Recht auf Zugang zu einem Rechtsbeistand in Strafverfahren und in Verfahren zur Vollstreckung des Europäischen Haftbefehls, sowie über das Recht auf Kommunikation mit Dritten und mit Konsularbehörden während des Freiheitsentzugs“[1562] nach § 67 JGG ein neuer § 67a JGG eingefügt, der die baldmöglichste Unterrichtung des Erziehungsberechtigten bzw. gesetzlichen Vertreters im Falle der Entziehung der Freiheit des Jugendlichen normierte (Abs. 1). Eine Unterrichtung sollte nur unterbleiben können, soweit die Voraussetzungen für eine Entziehung der Rechte des Erziehungsberechtigten bzw. gesetzlichen Vertreters nach § 67 Abs. 4 S. 1, 2 JGG vorlagen und auf Grund der Unterrichtung eine erhebliche Gefährdung des Kindeswohls zu besorgen wäre, wobei in diesen Fällen eine „andere für den Schutz der Interessen geeignete volljährige Person“ unterrichtet werden und der Jugendliche zuvor Gelegenheit erhalten sollte, eine entsprechende Person seines Vertrauens zu bezeichnen (Abs. 2). Eine Unterrichtung nach den Abs. 1 und 2 konnte ebenfalls unterbleiben, sofern der Zweck der Untersuchung dadurch erheblich gefährdet würde, wobei dann die Jugendgerichtshilfe zu informieren war (Abs. 3)[1563].

i) Der 30. Jugendgerichtstag

Der 30. Jugendgerichtstag wurde anlässlich des 100-jährigen Jubiläums der DVJJ im September 2017 in Berlin veranstaltet und widmete sich vor allem der Gruppe der Heranwachsenden. Einmal mehr wurde angesichts der flexibleren Reaktionsmöglichkeiten deren generelle Einbeziehung in das Jugendstrafrecht angesichts einer immer länger werdenden „Jugendphase“ befürwortet und sich gegen die Bestrebungen gestellt, diese aus dem Jugendstrafrecht komplett herauszunehmen[1564]. Darüber hinaus wurde sich neben historischen Themen mit Punkten auseinandergesetzt, die „seit den Anfängen des Jugend-

---

1561 BGBl. I 2017, S. 3295.

1562 ABl. L 294 vom 6. November 2013, S. 1.

1563 Vgl. zum Ganzen BT Drs. 18/9534, S. 28 f.

1564 Vgl. die Ergebnisse des Arbeitskreises 1, in: DVJJ (Hrsg.), Verhandlungen des 30. JGT, S. 695 f.

strafrechts absolute Dauerbrenner sind“[1565], wobei die weiterhin „lückenhafte und teils fehlende Ausbildung der jungen Juristen mit Blick auf die Praxis des Jugendstrafrechts“ kritisiert wurde[1566]. Auseinandergesetzt wurde sich auch mit der PDV 382, welche zuletzt 1995 überarbeitet worden war[1567]. Festgestellt wurde, dass die Vorschrift bereits wieder in die Jahre gekommen und nicht mehr aktuell war, weil etwa Regelungen zu aktuellen Entwicklungen wie den Fallkonferenzen und Häusern des Jugendrechts fehlten. Thema waren schließlich anstehenden Reformen des JGG durch das europäische Recht. Anlässlich mehrerer EU-Richtlinien waren unter anderem Änderungen hinsichtlich der Verteidigung, der Elternbeteiligung und der Jugendgerichtshilfe im JGG zu erwarten. Dies wurde von den Teilnehmern begrüßt, wobei für ein zu erarbeitendes Umsetzungsgesetz Flexibilität zur individuellen Begutachtung und die Einbeziehung der Heranwachsenden, welche nicht vergessen werden sollten, gefordert wurde[1568].

j) Die Gesetze „zur Stärkung der Verfahrensrechte von Beschuldigten im Jugendstrafverfahren“ und „zur Neuregelung der notwendigen Verteidigung“

Wie bereits auf dem Jugendgerichtstag vorhergesehen kam es sodann 2019 zu umfassenden Änderungen[1569] im JGG durch das „Gesetz zur Stärkung der Verfahrensrechte von Beschuldigten im Jugendstrafverfahren“ vom 9. Dezember 2019[1570] in Umsetzung der „Richtlinie (EU) 2016/800 des Europäischen Parlaments und des Rates vom 11. Mai 2016 über Verfahrensgarantien in Strafverfahren für Kinder, die Verdächtige oder beschuldigte Personen in

---

1565 *Höynck*, in: Verhandlungen des 30. JGT, 683 (686).

1566 Vgl. die Ergebnisse des Arbeitskreises 1, in: DVJJ (Hrsg.), Verhandlungen des 30. JGT, S. 695.

1567 Hierzu und zum folgenden Text *Gloss*, in: Verhandlungen des 30. JGT, 365 ff.

1568 Vgl. die Ergebnisse des Arbeitskreises 4, in: DVJJ (Hrsg.), Verhandlungen des 30. JGT, S. 703 ff.

1569 Zuvor war durch das „Gesetz zur Stärkung des Rechts des Angeklagten auf Vertretung in der Berufungsverhandlung und über die Anerkennung von Abwesenheitsentscheidungen in der Rechtshilfe“ (BGBl. I 2015, S. 1332) in § 69 Abs. 3 S. 2 JGG klargestellt worden, dass ein Beistand den Jugendlichen bei dessen zulässiger Abwesenheit nach § 50 Abs. 1 JGG nicht vertreten durfte, vgl. BT Drs. 18/3562, S. 93.

1570 BGBl. I 2019, S. 2146; vgl. auch *Holthusen/Schmoll*, NDV 2020, 113 ff.; *Höynck/Ernst*, ZJJ 2020, 245 ff.

Strafverfahren sind“[1571]. Die Richtlinie hatte zum Ziel, allen Personen im Alter von unter 18 Jahren, die Verdächtige oder beschuldigte Personen in einem Strafverfahren sind, bestimmte Mindestrechte zu garantieren und zu gewährleisten, dass diese die Strafverfahren verstehen und ihnen folgen konnten, sowie in die Lage versetzt wurden, ihr Recht auf ein faires Verfahren auszuüben[1572]. Mit der Richtlinie eng verknüpft war die „Richtlinie (EU) 2016/1919 des Europäischen Parlaments und des Rates vom 26. Oktober 2016 über Prozesskostenhilfe für Verdächtige und beschuldigte Personen in Strafverfahren sowie für gesuchte Personen in Verfahren zur Vollstreckung eines Europäischen Haftbefehls“[1573], sodass praktisch zeitgleich mit dem „Gesetz zur Stärkung der Verfahrensrechte von Beschuldigten im Jugendstrafverfahren“ auch das „Gesetz zur Neuregelung der notwendigen Verteidigung“ vom 10. Dezember 2019[1574] verabschiedet wurde, mit dem vor allem die §§ 140 ff. StPO umfassend im Sinne der Richtlinie geändert wurden[1575]. Während die durch die Richtlinie vom 11. Mai 2016 im JGG erforderlich gewordenen Anpassungen mit dem „Gesetz zur Stärkung der Verfahrensrechte von Beschuldigten im Jugendstrafverfahren“ umgesetzt wurden, hatte das „Gesetz zur Neuregelung der notwendigen Verteidigung“ auf das Jugendstrafverfahren insofern Auswirkungen auf das Jugendstrafrecht, als die Vorschriften der StPO über § 2 Abs. 2 JGG auch im Jugendstrafverfahren gelten[1576].

aa) Die Änderungen im JGG durch die Gesetze

Umfassend geändert wurden die Vorschriften betreffend die Beteiligung der Jugendgerichtshilfe im Verfahren. So wurden die Abs. 2 und 3 des § 38 JGG, „zur besseren Übersichtlichkeit“ durch die neuen Abs. 2 bis 7 ersetzt[1577].

1571 ABl. L 132 vom 21. Mai 2016, S. 1; eine übersichtliche Darstellung der Änderungen des JGG durch das Gesetz zur Stärkung der Verfahrensrechte von Beschuldigten im Jugendstrafverfahren findet sich bei DVJJ, ZJJ 2020, 83 ff.

1572 BT Drs. 19/13837, S. 18; da die Richtlinie eine Umsetzungsfrist bis 11. Juni 2019 setzte, wurde für den Zeitraum bis zur Einführung des Gesetzes auch die Frage der unmittelbaren Anwendbarkeit der Richtlinie auf Verfahrenshandlungen in diesem Zeitraum relevant, vgl. *Bock/Puschke*, ZJJ 2019, 224 ff.; DVJJ, ZJJ 2019, 180 f.; *Höynck/Ernst*, ZJJ 2020, 245 (246).

1573 ABl. L 297 vom 4. November 2016, S. 1; L 91 vom 5. April 2017, S. 40.

1574 BGBl. I 2019, S. 2128.

1575 Vgl. dazu *Böß*, NStZ 2020, 185 ff.

1576 Die beiden Gesetze wurden von vornherein aufeinander abgestimmt, vgl. BT Drs. 19/13837, S. 17 ff.; vgl. auch *Höynck/Ernst*, ZJJ 2020, 245 ff.

1577 Vgl. BT Drs. 19/13837, S. 48 ff.

Während der neu gefasste Abs. 2 keine sachliche Änderung enthielt, sondern neben Begriffsanpassungen klarstellte, dass sich das Augenmerk der Jugendgerichtshilfe auch auf eine mögliche besondere Schutzbedürftigkeit des Jugendlichen richten sollte, wurde mit dem neuen Abs. 3 S. 1 festgelegt, dass über das Ergebnis der Nachforschungen der Jugendgerichtshilfe „so früh wie möglich berichtet werden“ sollte, „sobald es im Verfahren von Bedeutung ist“, um z.B. diversionsrelevante Informationen vor der Anklageerhebung erlangen zu können[1578]. In § 38 Abs. 3 S. 3 JGG wurde zur Umsetzung der Richtlinie eine Aktualisierungspflicht der Jugendgerichtshilfe für den Fall einer wesentlichen Änderung der Umstände, die Gegenstand ihres Berichtsauftrags sind, festgelegt und klargestellt, dass nach Anklageerhebung der Jugendstaatsanwaltschaft und dem Jugendgericht zu berichten sei[1579]. Der neue § 38 Abs. 4 S. 1 JGG normierte eine grundsätzliche Pflicht der Jugendgerichtshilfe zur Teilnahme an der Hauptverhandlung. Denn in der Richtlinie war bestimmt, dass eine individuelle Begutachtung jedenfalls zu Beginn der Hauptverhandlung zur Verfügung stehen müsse, wenn ausnahmsweise schon vor ihrem Vorliegen die Anklage erhoben werde und darin war zudem eine Pflicht zur Aktualisierung der individuellen Begutachtung bei einer wesentlichen Änderung der maßgeblichen Umstände vorgesehen[1580]. Trotz des Prinzips der Gesetzmäßigkeit der Verwaltung wurde darüber hinaus in § 38 Abs. 4 S. 3 JGG eine mögliche Kostentragungspflicht für den Träger der Jugendgerichtshilfe bei Nichterscheinen festgelegt, da man der Ansicht war, dass die Justiz sonst keine unmittelbare Möglichkeit zur Durchsetzung der Anwesenheitspflicht hätte[1581]. Allerdings wurde in § 38 Abs. 7 JGG die Möglichkeit eines ausdrücklichen Verzichts des Jugendgerichts und im Vorverfahren der Jugendstaatsanwaltschaft auf die Berichterstattung vorgesehen, „soweit dies auf Grund der Umstände des Falles gerechtfertigt und mit dem Wohl des Jugendlichen vereinbar ist“[1582].

1578 Diese Auskunft soll je nach Verfahrensstadium in unterschiedlicher Form (z.B. auch mündlich oder telefonisch) erfolgen und meint nicht, „dass immer schon zum frühestmöglichen Zeitpunkt ein schriftlicher und dabei auch noch umfassender und vollständiger Bericht vorzulegen ist“, vgl. BT Drs. 19/13837, S. 49.

1579 BT Drs. 19/13837, S. 49.

1580 BT Drs. 19/13837, S. 49 f.

1581 Mit der Schaffung dieses „eher theoretischen“ Druckmittels wollte man Zweifel an einer ausreichenden Umsetzung der Richtlinie ausräumen, vgl. BT Drs. 19/13837, S. 50; kritisch hierzu im Hinblick auf die Zusammenarbeit zwischen Justiz und Jugendhilfe *Holthusen/Schmoll*, NDV 2020, 113 (114).

1582 Nach S. 2 sollte der Verzicht der Jugendgerichtshilfe und den anderen Verfahrensbeteiligten möglichst frühzeitig mitgeteilt werden, um eine „sinnvolle Planung ihres Ressourceneinsatzes“ zu ermöglichen und Gegenvorstellungen zu ermöglichen, nach S. 4 konnte sich der Verzicht auch auf Teile der Verhandlung beschränken, vgl. zum Ganzen BT

Im Übrigen enthielten die Änderungen in § 38 JGG nur redaktionelle Anpassungen oder übernahmen Regelungen des Paragrafen in seiner bisherigen Fassung. Insbesondere wurde die „Soll-Vorschrift" zur Eindämmung der Praxis des sog. Gerichtsgehers in § 38 Abs. 4 S. 2 JGG beibehalten.

Im Hinblick auf die Änderungen in § 38 JGG wurden auch die Mitteilungspflichten gegenüber der Jugendgerichtshilfe neu geregelt. In § 70 Abs. 2 S. 1 JGG[1583] wurde nunmehr klarstellend festgelegt, dass die Unterrichtung „spätestens zum Zeitpunkt der Ladung des Jugendlichen zu seiner ersten Vernehmung als Beschuldigter" oder „im Fall einer ersten Beschuldigtenvernehmung ohne vorherige Ladung (...) spätestens unverzüglich nach der Vernehmung" erfolgen müsse[1584]. Korrespondierend zu den neuen Bestimmungen in § 38 JGG wurde zudem in § 50 Abs. 3 S. 1 JGG normiert, dass der Jugendgerichtshilfe Ort und Zeit der Hauptverhandlung „in angemessener Frist vor dem vorgesehenen Termin" mitzuteilen seien, womit deutlich gemacht wurde, dass bei der Terminbestimmung auf die Belange der Jugendgerichtshilfe Rücksicht genommen werden sollte[1585]. In § 50 Abs. 3 S. 3 JGG wurde für den Fall, dass kein Vertreter der Jugendgerichtshilfe in der Verhandlung anwesend sei bestimmt, dass der schriftliche Bericht der Jugendgerichtshilfe unter den Voraussetzungen des § 38 Abs. 7 S. 1 JGG verlesen werden könne und somit die Ausnahmeregelung übernommen, damit in Fällen, in denen die Voraussetzungen für einen Verzicht und ein schriftlicher Bericht vorliegen würden, gegebenenfalls im Interesse des Jugendlichen trotzdem die Hauptverhandlung durchgeführt werden könne[1586].

Drs. 19/13837, S. 51 ff.; *Höynck/Ernst*, ZJJ 2020, 245 (253), bezeichneten die Befreiungsmöglichkeit als „Einfallstor für eine Umgehung der Intention des Gesetzes".

1583 In § 70 Abs. 3 JGG wurde entsprechend den Vorgaben der Richtlinie für den Fall des einstweiligen Entzugs der Freiheit des Jugendlichen eine Mitteilung der den Entzug durchführenden Stellen an die Jugendstaatsanwaltschaft und das Jugendgericht festgelegt, wenn aufgrund einer medizinischen Untersuchung Zweifel bestehen, ob der Jugendliche verhandlungsfähig oder bestimmten Untersuchungshandlungen oder Maßnahmen gewachsen ist, vgl. BT Drs. 19/13837, S. 63.

1584 Damit sollte die Jugendgerichtshilfe genug Zeit für die Nachforschungen, die frühzeitige Prüfung geeigneter Leistungen der Jugendhilfe und eine etwa erforderliche Hilfeplanung zur Diversionsvorbereitung haben, vgl. BT Drs. 19/13837, S. 62 f.

1585 In der Regel ist mindestens die einwöchige Ladungsfrist einzuhalten, vgl. BT Drs. 19/13837, S. 54; *Höynck/Ernst*, ZJJ 2020, 245 (255).

1586 Damit handelt es sich nicht um eine „freie Verlesbarkeit", vgl. BT Drs. 19/13837, S. 54; durch die Regelung wurde deutlich gemacht, dass der Verzicht auf die Anwesenheit der Jugendgerichtshilfe nach dem Willen des Gesetzgebers nur Ausnahmefälle betreffen sollte, vgl. *Höynck/Ernst*, ZJJ 2020, 245 (254).

Eine Ausnahmeregelung von der grundsätzlichen Pflicht der „individuellen Begutachtung“ vor der Anklageerhebung nach § 38 Abs. 3 JGG wurde mit § 46a JGG eingeführt, der eine Anklage vor Berichterstattung der Jugendgerichtshilfe abgesehen von den Fällen des § 38 Abs. 7 JGG dann erlaubte, „wenn dies dem Wohl des Jugendlichen dient und zu erwarten ist, dass das Ergebnis der Nachforschungen spätestens zu Beginn der Hauptverhandlung zur Verfügung stehen wird“, wobei nach Erhebung der Anklage als Klarstellung gegenüber einer bis dato heterogenen Praxis dem Jugendgericht und der Staatsanwaltschaft berichtet werden sollte[1587].

Gestärkt wurde mit dem Gesetz auch die Stellung der Erziehungsberechtigten im Jugendstrafverfahren. So wurden die wesentlichen Bestimmungen der Richtlinie zum Anwesenheitsrecht der Erziehungsberechtigten bei Untersuchungshandlungen außerhalb der Hauptverhandlung – namentlich der Vernehmung – im neuen § 67 Abs. 3 JGG umgesetzt, laut dem die Anwesenheit zum Wohl des Jugendlichen zugelassen werden sollte, wenn dies das Strafverfahren nicht beeinträchtigen würde[1588]. Für eine solche Beeinträchtigung verwies man auf die Gründe eines Ausschlusses der Erziehungsberechtigten oder gesetzlichen Vertreter von der Hauptverhandlung und stellte so einen Gleichklang im Gesetz her, wobei für die Fälle der Abwesenheit wie schon in § 67a JGG „einer anderen für den Schutz des Jugendlichen geeigneten volljährigen Person“ die Anwesenheit gestattet werden sollte[1589].

Darüber hinaus wurden die Informations- und Unterrichtungspflichten gegenüber dem Träger der elterlichen Verantwortung nun vollständig und nicht mehr lediglich in den Fällen des Freiheitsentzugs in § 67a JGG geregelt. Während der ehemalige § 67 Abs. 2 JGG nun in § 67a Abs. 1 JGG übernommen wurde, wurde in dessen Abs. 2 S. 1 entsprechend der Richtlinie festgelegt, dass eine Benachrichtigung „so bald wie möglich“ zu erfolgen habe und in Abs. 3 und 4 die in der Richtlinie bestimmten Ausnahmefälle aufgenommen, in denen eine „andere geeignete Person“ unterrichtet werden sollte, die vom Jugendlichen benannt oder durch einen für die Be-

---

1587 Dies soll dazu dienen, Verzögerungen zu vermeiden und z.B. eine Verlängerung der Untersuchungshaft durch ein Zuwarten zu verhindern, „namentlich wenn keine Anhaltspunkte für ernsthafte Aussichten auf eine Verfahrenserledigung im Wege der Diversion nach § 45 JGG ohne Anklageerhebung bestehen, die sich sonst auf Grund zu erwartender Befunde der Jugendgerichtshilfe oder zu erwägender Leistungen der Jugendhilfe ergeben könnten“ und gleichzeitig gewährleisten, dass eine Begutachtung in jedem Fall zu Beginn der Hauptverhandlung zur Verfügung steht, vgl. BT Drs. 19/13837, S. 52 f.

1588 Ein solches Anwesenheitsrecht entnahm die herrschende Meinung bereits zuvor § 67 Abs. 1 JGG a.F., vgl. BT Drs. 19/13837, S. 56.

1589 Vgl. BT Drs. 19/13837, S. 56 f.

treuung des Jugendlichen in dem Jugendstrafverfahren zuständigen Vertreter der Jugendhilfe ersetzt werden können sollte[1590].

Ausgangspunkt für die Mitteilungen gegenüber den Erziehungsberechtigten und gesetzlichen Vertretern sollte der neue § 70a JGG[1591] sein, der angesichts der Tatsache, dass sich Jugendliche häufig ihrer Rechte im Strafverfahren nicht bewusst seien, entsprechend der Richtlinie eine umfassende Informationspflicht letzterer bestimmte[1592]. Festgelegt wurde, dass der Jugendliche, wenn er von seiner Beschuldigtenstellung in Kenntnis gesetzt würde, „unverzüglich über die Grundzüge eines Jugendstrafverfahrens" (Abs. 1 S. 1) und die nächsten anstehenden Schritte zu informieren sei, sofern der Zweck der Untersuchung dadurch nicht gefährdet werden würde (Abs. 1 S. 2). Unter anderem wurde eine Unterrichtung über die Informationspflichten nach § 67a JGG (Abs. 1 S. 3 Nr. 1), die Nichtöffentlichkeit der Verhandlung (Abs. 1 S. 3 Nr. 2), die Geltung des Verhältnismäßigkeitsgrundsatzes im Fall des einstweiligen Entzugs der Freiheit (Abs. 2 Nr. 3) oder sein Recht auf und seine Pflicht zur Anwesenheit in der Hauptverhandlung (Abs. 2 Nr. 7) normiert[1593].

Des Weiteren wurden in § 51 JGG die neuen Abs. 6 und 7 angefügt, gemäß derer bei einer (nicht unerheblichen) Abwesenheit der Erziehungsberechtigten oder gesetzlichen Vertreter des Jugendlichen in der Hauptverhandlung, weil diese ausgeschlossen wurden oder binnen angemessener Frist nicht erreicht werden konnten, wiederum eine volljährige „andere geeignete Person" für den Schutz der Interessen des Jugendlichen zugelassen werden sollte[1594].

1590 Solche Ausnahmefälle sind die Besorgnis einer erheblichen Beeinträchtigung des Wohls des Jugendlichen, eine erhebliche Gefährdung des Zwecks der Untersuchung oder die Tatsache, dass Erziehungsberechtigte oder gesetzliche Vertreter nicht erreicht werden können, vgl. BT Drs. 19/13837, S. 57 ff.

1591 Der bisherige § 70a JGG wurde zu §70b JGG, da man die Gegenstände der Informationspflichten vor der Art und Weise der Belehrung regeln wollte, vgl. BT Drs. 19/13837, S. 67.

1592 Vgl. hierzu und zum Folgenden BT Drs. 19/13837, S. 63 ff.

1593 Wegen des Umfangs der normierten Informationspflichten können diese vorliegend nicht erschöpfend dargestellt werden. Generell stellt die sehr detaillierte und umfassende Regelung aber „für die Arbeitsbelastung der Praxis eine Herausforderung dar, zumal nicht hinreichende Belehrungen ein Einfallstor für Rechtsmittel sein können", vgl. *Höynck/Ernst*, ZJJ 2020, 245 (255).

1594 Auch diese soll vom Jugendlichen benannt oder – wenn keine solche Person anwesend sein kann – durch einen für die Betreuung des Jugendlichen in dem Jugendstrafverfahren zuständigen Vertreter der Jugendhilfe ersetzt werden können. Der Benennung einer Person des Vertrauens durch den Jugendlichen muss nicht zwingend Folge geleistet werden, sofern sachliche Gründe entgegenstehen. Zudem soll die Person nicht in die Rechtsstellung der Erziehungsberechtigten oder gesetzlichen Vertreter eintreten, also z.B. kein eigenes Antragsrecht erhalten, vgl. BT Drs. 19/13837, S. 54 f.

Weiterer Inhalt des Gesetzes war darüber hinaus die notwendige Verteidigung. Der an sich nicht neue Verweis auf § 140 StPO in § 68 Nr. 1 JGG hatte aufgrund der Änderungen in § 140 StPO durch das „Gesetz zur Neuregelung der notwendigen Verteidigung“ trotzdem Auswirkungen auf das Jugendstrafverfahren und führte im Ergebnis dazu, dass die notwendige Verteidigung auf Fälle ausgeweitet wurde, bei denen eine Zuständigkeit des Jugendschöffengerichts nach § 40 JGG zu erwarten war, eine Vorführung zur Entscheidung über Freiheitsentzug erfolgte oder sich der Beschuldigte auf Grund richterlicher Anordnung oder mit richterlicher Genehmigung in einer Anstalt befand[1595]. Während nach § 68 Nr. 3 JGG nun auch die Anwesenheit einer „anderen geeigneten Person“ für die Entscheidung, ob wegen eines zeitweiligen Ausschlusses der Erziehungsberechtigten oder gesetzlichen Vertreter die Mitwirkung eines Verteidigers notwendig sei, berücksichtigt werden sollte, wurde § 68 Nr. 5 JGG neu gefasst und festgelegt, dass eine Verteidigung notwendig sei, wenn die Verhängung einer Jugendstrafe – auch bei Aussetzung zur Bewährung oder Aussetzung der Verhängung dieser – oder die Unterbringung in einem psychiatrischen Krankenhaus oder in einer Entziehungsanstalt in Betracht komme[1596].

Prozessual abgesichert wurde § 68 Nr. 5 JGG durch § 51a JGG, laut dem mit der Hauptverhandlung von neuem zu beginnen war, wenn sich erst während der Verhandlung ergab, dass die Mitwirkung eines Verteidigers nach § 68 Abs. 1 Nr. 5 JGG notwendig war und der Jugendliche zuvor nicht verteidigt war[1597].

Für den Zeitpunkt der Bestellung eines Pflichtverteidigers wurde im neuen § 68a JGG bestimmt, dass § 141 Abs. 2 S. 2 StPO, welcher den Vorgaben der Richtlinien nicht genügte, nicht anwendbar sein sollte. Der Verteidiger sollte danach grundsätzlich von Amts wegen bestellt werden, bevor eine Vernehmung des Jugendlichen oder eine Gegenüberstellung mit ihm durchgeführt werde, sodass der Bestellungszeitpunkt vorverlagert wurde (sog. Verteidigung der ersten Stunde)[1598]. Ebenfalls nach den Vorgaben der Richtlinie wurden im neu einge-

---

1595 Vgl. dazu ausführlich *Höynck/Ernst*, ZJJ 2020, 245 (247 f.).

1596 BT Drs. 19/13837, S. 60 f.; umgesetzt wurde damit das Prinzip, „dass eine Verteidigung immer dann notwendig ist, wenn Freiheitsentzug besteht oder es um eine Entscheidung über Freiheitsentzug geht“, vgl. *Höynck/Ernst*, ZJJ 2020, 245 (247); die zu erwartende Verhängung einer Jugendstrafe war auch schon im RefE 2004 eines 2. JGGÄndG als zusätzlicher Grund für eine notwendige Verteidigung vorgesehen gewesen.

1597 BT Drs. 19/13837, S. 55 f.; vgl. auch *Höynck/Ernst*, ZJJ 2020, 245 (247).

1598 Ausnahmen von dieser Regel wurden für die Fälle vorgesehen, dass ein Fall der notwendigen Verteidigung allein deshalb vorliegt, „weil dem Jugendlichen ein Verbrechen zur Last gelegt wird, ein Absehen von der Strafverfolgung nach § 45 Absatz 2 oder 3 zu erwarten ist und die Bestellung eines Pflichtverteidigers zu dem in Satz 1 genannten Zeitpunkt auch unter Berücksichtigung des Wohls des Jugendlichen und der Umstände des fügten § 68b JGG Regelungen zu Vernehmungen und Gegenüberstellungen vor der Bestellung eines Pflichtverteidigers aufgenommen. Dies sei nur dann zulässig, soweit dies auch unter Berücksichtigung des Wohls des Jugendlichen zur Abwehr schwerwiegender nachteiliger Auswirkungen auf Leib oder Leben oder die Freiheit einer Person dringend erforderlich sei (Nr. 1) oder ein sofortiges Handeln der Strafverfolgungsbehörden zwingend geboten sei, um eine erhebliche Gefährdung eines sich auf eine schwere Straftat beziehenden Strafverfahrens abzuwenden (Nr. 2), wobei das Recht des Jugendlichen, jederzeit einen von ihm zu wählenden Verteidiger zu befragen, jedoch ausdrücklich unberührt blieb[1599].

Die Vernehmung des Beschuldigten selbst wurde mit § 70c JGG ebenfalls in einer neuen Vorschrift nach den Vorgaben der Richtlinie normiert[1600]. So wurde in Abs. 1 bestimmt, dass die Vernehmung in einer Art und Weise durchzuführen sei, die dem Alter und Entwicklungs- und Bildungsstand des Beschuldigten entsprechen würde, während in Abs. 2 die audiovisuelle Aufzeichnung von nicht richterlichen Beschuldigtenvernehmungen für Fälle vorgeschrieben wurde, in denen zum Zeitpunkt der Vernehmung die Mitwirkung eines Verteidigers notwendig, ein solcher aber nicht anwesend sei, wobei die allgemeine Aufzeichnungspflicht nach der StPO davon unberührt bleiben sollte und eine Aufzeichnung auch richterlicher Vernehmungen außerhalb der Hauptverhandlung wie zuvor nach pflichtgemäßem Ermessen möglich bleiben sollte[1601]. Während in Abs. 3 lediglich klargestellt wurde, dass die allgemeinen Vorschriften über die Protokollierung von Untersuchungshandlungen auch im Falle einer Aufzeichnung in Bild und Ton nach Abs. 2 zu beachten seien und bei einer fehlenden Aufzeichnung stets ein Protokoll über die Vernehmung aufzunehmen sei, wurde schließlich in Abs. 4 vorgesehen, dass die Vernehmung für eine angemessene Zeit zu verschieben oder zu unterbrechen sei, wenn die Mitwirkung eines Verteidigers bei einer Beschuldigtenvernehmung

---

Einzelfalls unverhältnismäßig wäre“, um der Tatsache Rechnung tragen zu können, dass im Jugendbereich trotz der Verwirklichung eines Verbrechenstatbestandes eine bloße Jugendverfehlung vorliegen kann, vgl. BT Drs. 19/13837, S. 61; vgl. dazu auch *Höynck/Ernst*, ZJJ 2020, 245 (248 f.).

1599 Ein Verstoß gegen diese Vorschriften soll nach Ansicht des Gesetzgebers nicht automatisch zu einem Beweisverwertungsverbot führen, sondern es sollen die allgemeinen Grundsätze Anwendung finden BT Drs. 19/13837, S. 62; vgl. auch *Höynck/Ernst*, ZJJ 2020, 245 (249 f.).

1600 § 44 JGG, der ebenfalls Regelungen zur Beschuldigtenvernehmung enthält, wurde nicht gestrichen, da die Norm nur auf eine bestimmte Fallgruppe Anwendung findet und vor allem nur vor Anklageerhebung von Bedeutung ist, vgl. BT Drs. 19/13837, S. 67.

1601 Nach der RL hatten die MS eine Aufzeichnung sicherzustellen, „soweit eine solche unter den Umständen des Falles verhältnismäßig ist“, vgl. BT Drs. 19/13837, S. 68 f.; dazu auch *Höynck/Ernst*, ZJJ 2020, 245 (255).

oder einer Gegenüberstellung notwendig, ein solcher aber nicht anwesend sei und kein Fall des § 68b vorliege, solange der Verteidiger nicht ausdrücklich auf seine Anwesenheit verzichtet habe[1602].

Auch die Bestimmungen zur Untersuchungshaft wurden in Umsetzung der Richtlinie teilweise angepasst, indem in § 89c Abs. 2 sichergestellt wurde, dass eine Person, die das 18. Lebensjahr noch nicht vollendet habe, nur gemeinsam mit Personen im Altern von über 18 Jahren untergebracht werden dürfe, „wenn eine gemeinsame Unterbringung seinem Wohl nicht widerspricht", mit Personen im Alter von über 24 Jahren sogar nur dann, „wenn es seinem Wohl dient", wobei nach Abs. 3 das Gericht vor der Entscheidung die für die Aufnahme vorgesehene Einrichtung und die Jugendgerichtshilfe anzuhören habe[1603].

Schließlich wurde in § 78 Abs. 3 S. 2 JGG die Anwendung der entsprechend der Richtlinie nicht disponiblen Vorschriften über die Anwesenheit des Angeklagten (§ 50), die Stellung der Erziehungsberechtigten und gesetzlichen Vertreter und deren Unterrichtung (§§ 67, 67a), die Mitteilung an amtliche Stellen (§ 70) und des Jugendlichen (§ 70a) auch für das vereinfachte Verfahren bestimmt, in § 104 JGG klargestellt, dass die Verfahrensgarantien der Richtlinie unabhängig davon umzusetzen seien, ob das Verfahren vor den Jugendgerichten oder ausnahmsweise vor den für allgemeine Strafsachen zuständigen Gerichten geführt werde und in § 109 Abs. 1 S. 1 JGG entsprechend der Systematik des deutschen Jugendstrafrechts normiert, dass die für Jugendliche geltenden Verfahrensvorschriften auch für Heranwachsende anzuwenden seien, soweit nicht deren allgemeine Rechtsstellung – insbesondere im Hinblick auf die Mitwirkung von gesetzlichen Vertretern – entgegenstehe[1604].

bb) Die Reaktionen auf die Änderungen im JGG

Zusammenfassend wurde festgestellt, „dass die Neuregelungen nicht unerhebliche Veränderungen der bisherigen Praxis erfordern, aber ganz überwiegend keinen Systemwechsel darstellen"[1605]. Dennoch handelte es sich neben dem

1602 BT Drs. 19/13837, S. 69 f.; gegenüber der noch im Gesetz zur effektiveren und praxistauglicheren Ausgestaltung des Strafverfahrens vorgesehenen generelle Aufzeichnungspflicht bei Beschuldigten unter 18 Jahren, wenn dadurch die schutzwürdigen Interessen des Jugendlichen besser gewahrt werden, erfolgte der Ausbau der audiovisuellen Aufzeichnung damit eher zurückhaltend, vgl. *Höynck/Ernst*, ZJJ 2020, 245 (255).

1603 BT Drs. 19/13837, S. 70 f.; vgl. auch *Holthusen/Schmoll*, NDV 2020, 113 (115).

1604 Vgl. BT Drs. 19/13837, S. 70 ff.

1605 *Höynck/Ernst*, ZJJ 2020, 245 (257); vgl. hierzu auch *Drenkhahn*, RdJB 2022, 590 (593 f.).

1. JGGÄndG um die umfassendste Anpassung und Erweiterung der Vorschriften des formellen Jugendstrafrechts seit 1953 mit erheblichem Änderungspotential für die Praxis des Jugendgerichtsverfahrens[1606]. Es wurde ein insgesamt positives Fazit gezogen, indem konstatiert wurde, dass „die Neuregelungen einem an Zielen des JGG orientierten, rechtsstaatlichen Jugendstrafverfahren nicht schaden, sondern dienen" würden[1607]. So attestierte man den Informationspflichten, „den Jugendlichen auf diese Weise Wissen über den Rechtsstaat und seine zugrundeliegenden Prinzipien" vermitteln zu können und dadurch die Urteilsakzeptanz zu fördern und Neutralisierungsstrategien vorzubeugen[1608]. Mit den neuen Regelungen habe der Gesetzgeber die Bedeutung, die er dem Verstehen und der Kommunikation von Fachkräften der verschiedenen verfahrensbeteiligten Institutionen mit jungen Menschen beimisst, eindeutig aufgezeigt"[1609]. Die Bestimmungen zur Jugendgerichtshilfe sah man als Beleg für die hohe Bedeutung des Berichts für das Jugendstrafverfahren, dessen Qualität dadurch abgesichert würde[1610]. Abhängig von der bisherigen Ausgestaltung der örtlichen Praxis der Jugendgerichtshilfen war man sich jedoch darüber im Klaren, dass das Gesetz auch dazu führen würde, dass „erhebliche zusätzliche Ressourcen auf Seiten der Jugendhilfe im Strafverfahren erforderlich sein werden"[1611]. Die von den fachlichen Standards des jeweiligen Jugendamts als kommunale Fachbehörde unabhängige und in der Entscheidungsbefugnis des jeweiligen Jugendgerichts liegende Berichts- und Anwesenheitsregelung samt möglicher Kostentragungspflicht wurde sogar als Verstoß gegen die Selbstverwaltungsgarantie der Kommunen (Art. 28 Abs. 2 GG) gewertet[1612]. Den Ausbau der notwendigen Verteidigung sah man wiederum positiv, wobei man die Herausforderung durch die neue gesetzliche Regelung

---

1606 *Holthusen/Schmoll*, NDV 2020, 113 (117).

1607 *Höynck/Ernst*, ZJJ 2020, 245 (257); ähnlich schon zum Referentenentwurf DVJJ, ZJJ 2019, 71 ff.

1608 *Holthusen/Schmoll*, NDV 2020, 113 (116).

1609 *Lampe/Schmoll*, ZJJ 2023, 27 f.

1610 *Holthusen/Schmoll*, NDV 2020, 113 (114); zu den Auswirkungen der Änderungen im Jugendstrafverfahren auf die Tätigkeit der Jugendgerichtshilfe vgl. die Stellungnahme der Bundesarbeitsgemeinschaft der Jugendhilfe im Strafverfahren in der DVJJ zum Referentenentwurf, *Schmidt*, ZJJ 2019, 76 f.

1611 *Holthusen/Schmoll*, NDV 2020, 113 (116 f.); so auch *Höynck/Ernst*, ZJJ 2020, 245 (257).

1612 Die Jugendgerichtshilfe ist nach wie vor keine eigene Institution, sondern eine Aufgabe des Jugendamts als kommunale Fachbehörde, vgl. zum Ganzen *Trenczek*, ZJJ 2021, 240 (241 ff., 246 f.).

vor allem bei der Polizei[1613] sah, die bereits zu einem sehr frühen Verfahrenszeitpunkt eine Prognose treffen müsse, ob ein Freiheitsentzug als Strafe zu erwarten sei[1614]. In der verstärkten Mitwirkung der Rechtsanwaltschaft in den Jugendstrafverfahren erkannte man zudem die Gefahr einer stärkeren Formalisierung oder Verlängerung der Verfahren[1615]. Als weiterer Reformbedarf im JGG wurde unter anderem die im Referentenentwurf noch enthaltene Lockerung der Rechtsmittelbeschränkung in § 55 JGG[1616], die Konkretisierung der Qualifikationsanforderungen der am Jugendstrafverfahren beteiligten Fachkräfte, gesetzliche Regelungen zur Zusammenarbeit und fallbezogenen Kooperation und die sprachliche Überarbeitung des JGG mit Blick auf Begriffe wie „schädliche Neigungen" und „Zuchtmittel" genannt[1617].

k) Das Jugendstrafverfahren während der Corona-Pandemie

Eine besondere Situation für die Jugendstrafrechtspflege ergab sich sodann durch die Einschränkungen im Rahmen der Corona-Pandemie ab Anfang 2020. Nachdem kurz zuvor noch „ein neues Gesetz aus der Taufe gehoben" worden war, „die Rolle der Jugendhilfe im Strafverfahren ganz erheblich gestärkt, die Verteidigungsrechte unterstrichen und sichergestellt" worden war, „dass junge Menschen im Kriminalsystem nicht so leicht untergehen, wie ihr Alter und ihr Wissenstand es manchmal nahelegen", stand plötzlich alles still[1618]. Die Fachdiskurse zu den Neuregelungen kamen dadurch unvermittelt nahezu zum Erliegen, weil „die Pandemie die Praxis aller an der Jugendkriminalrechtspflege Beteiligten vor die Herausforderung stellte, ihre vielfältigen Aufgaben trotz der sie beeinträchtigenden Situation überhaupt zu erfüllen"[1619].

1613 Zu den Auswirkungen der Änderungen im Jugendstrafverfahren auf die Polizeiarbeit vgl. die Stellungnahme der Bundesarbeitsgemeinschaft Polizei zum Referentenentwurf, *Gloss/Röder*, ZJJ 2019, 77 f.

1614 *Holthusen/Schmoll*, NDV 2020, 113 (116); so auch *Drenkhahn*, RdJB 2022, 590 (600).

1615 *Holthusen/Schmoll*, NDV 2020, 113 (117); vgl. zu den möglichen Effekten auf das Jugendstrafverfahren auch *Schmoll/Lampe/Holthusen*, ZKJ 3/23, 94 ff.

1616 Der RefE erachtete trotz eventueller Beschleunigungsgewinne den erzieherischen Wert einer Sanktion für zweifelhaft, wenn diese von dem oder der Betroffenen als ungerecht oder unangemessen empfunden und eine Überprüfung verwehrt würde, vgl. den RefE 2018, S. 46.

1617 *Holthusen/Schmoll*, NDV 2020, 113 (117 f.).

1618 DVJJ, ZJJ 2020, 314; vgl. dazu auch *Drenkhahn*, RdJB 2022, 590 (595 ff.).

1619 *Schmoll/Lampe/Holthusen*, ZKJ 3/23, 134 (135).

Die Gerichte und Strafverfolgungsbehörden befanden sich während der Hochphase der Pandemie im „Notbetrieb", sodass auch Hauptverhandlungstermine reihenweise abgesagt werden mussten[1620]. Auch für die Jugendgerichtshilfen war der Kontakt zu den jungen Menschen und ihren Eltern und damit der Aufbau von Vertrauen unter den neuen Bedingungen erschwert, wobei das Problem vielfach mit Videokonferenzen, Telefonaten oder Spaziergängen im Freien gelöst werden konnte[1621]. Problematisch waren insbesondere Abordnungen der Fachkräfte der Jugendhilfen an die Gesundheitsämter, was dazu führte, dass die Aufgaben der Mitwirkung in Verfahren nach dem JGG durch die fehlenden personellen Ressourcen nicht mehr durchgängig erfüllt werden konnten[1622]. Auch die Kommunikation und Kooperation unter den am Jugendstrafverfahren Beteiligten litt unter den pandemiebedingten Einschränkungen[1623]. Während der Pandemie wurde sich von Seiten der Gerichte und Staatsanwaltschaften teilweise auch mit Maßnahmen beholfen, die den Grundsätzen des deutschen Jugendstrafrechts eigentlich widersprechen[1624]. So wurden unter anderem gegen Heranwachsende aufgrund der Schwierigkeiten in der Organisation von Hauptverhandlungen vermehrt Strafbefehle eingesetzt[1625]. Kritisiert wurde daran, dass Reifegrad, Lebensumstände und Erziehungsbedarf ohne persönlichen Kontakt nicht richtig bewertet werden könnten, wohingegen Irrtümer zur Vermeidung von Terminen bewusst in Kauf genommen würden[1626]. Auch vor überlangen Verfahren wurde ausdrücklich gewarnt[1627].

Im Rahmen einer Stellungnahme forderte die DVJJ daher eine besondere Aktivität und Kreativität von allen Menschen, die mit jungen Delinquenten arbeiten und umgehen und betonte unter anderem die Unersetzbarkeit der polizeilichen Vernehmung sowie die fehlende Geeignetheit des Strafbefehls und wies auf digitale

---

1620 *Fromm*, ZJJ 2020, 295 (297); *Schmoll*, ZJJ 2021, 355 (358).

1621 Maßgeblich für die Möglichkeit, die Aufgaben der Jugend(gerichts)hilfe zu erfüllen, war auch der jeweilige Grad der Digitalisierung der örtlichen Verwaltung und die technische Ausstattung, vgl. *Schmoll*, ZJJ 2021, 355 (356 f.); vgl. hierzu auch *Wind/Müller*, ZJJ 2022, 214 ff.

1622 *Schmoll*, ZJJ 2021, 355 (357).

1623 Vgl. hierzu *Schmoll*, ZJJ 2021, 355 (357 f., 359).

1624 *Fromm*, ZJJ 2020, 295; so auch *Wind/Müller*, ZJJ 2022, 214 ff.

1625 DVJJ, ZJJ 2020, 314; *Fromm*, ZJJ 2020, 295, berichtete von einer Empfehlung des BayStMJ, den Anwendungsbereich des Strafbefehlsverfahrens auszuweiten und von mehreren Verfahren, in denen daraufhin gegen Heranwachsende wie bei Erwachsenen verfahren wurde und aus „arbeitsökonomischen Erwägungen" heraus kein Bericht der Jugendgerichtshilfe eingeholt wurde.

1626 *Fromm*, ZJJ 2020, 295 (296).

1627 *Fromm*, ZJJ 2020, 295 (296); *Schmoll*, ZJJ 2021, 355 (358).

Hilfsmittel wie z.B. Videochats sowie die vielseitigen ambulanten Angebote und Möglichkeiten im Rahmen der Diversion hin[1628]. Tatsächlich wurde auch eine vermehrte Beendigung der Verfahren im Wege der Diversion aus beobachtet, wobei mitunter auch „Verwarnungen in Fällen für ausreichend erachtet wurden, bei denen es vor der Pandemie ‘undenkbar’ gewesen wäre“[1629]. Darüber hinaus wurde von den Gerichten versucht, Hygienekonzepte zu erarbeiten und umzusetzen, indem etwa Plexiglastrennwände auf den Tischen errichtet wurden, wobei es durch die Trennwände, Masken, Abstände und Lüftungspausen zu Kommunikations- und Verständnisschwierigkeiten, etwa aufgrund einer weitgehenden Unsichtbarkeit der Mimik der Beteiligten, kam[1630].

l) Das Kinder- und Jugendstärkungsgesetz

Die nächste relevante Änderung im JGG erfolgte mit dem „Gesetz zur Stärkung von Kindern und Jugendlichen (Kinder- und Jugendstärkungsgesetz – KJSG)“[1631] vom 3. Juni 2021[1632]. Durch die Einführung von § 37a JGG wurde – korrespondierend zur Aufnahme einer entsprechenden Bestimmung in § 52 Abs. 1 S. 2 und 3 SGB VIII die ausdrückliche Möglichkeit zur Zusammenarbeit in gemeinsamen Gremien von Jugendrichtern und Jugendstaatsanwälten mit öffentlichen Einrichtungen und sonstigen Stellen, deren Tätigkeit sich auf die Lebenssituation junger Menschen auswirkt, „insbesondere durch Teilnahme an gemeinsamen Konferenzen und Mitwirkung in vergleichbaren gemeinsamen Gremien“ vorgesehen und damit eine rechtliche Grundlage für die „Häuser des Jugendrechts“ geschaffen, um die Fallkonferenzen weiter zu etablieren[1633]. Für die Jugendstaatsanwälte wurde in Form einer „Soll-Vorschrift“ sogar die Teilnahme an „einzelfallbezogener derartiger Zusammenarbeit“ vorgeschrieben, „wenn damit aus ihrer Sicht die Erreichung des Ziels nach § 2 Absatz 1 gefördert wird“. Mit der klarstellenden Regelung wollte der Gesetzgeber rechtliche Unsicherheiten beseitigen und die Zusammenarbeit, insbesondere in Form von Gre-

---

1628 DVJJ, ZJJ 2020, 314 f.

1629 *Schmoll*, ZJJ 2021, 355 (358).

1630 *Schmoll*, ZJJ 2021, 355 (358).

1631 BGBl. I 2021, S. 1444.

1632 Zuvor war mit dem Gesetz zur Modernisierung des Strafverfahrens vom 10. Dezember 2019 (BGBl. I 2019, S. 2121) die Möglichkeit des Anschlusses als Nebenkläger in § 80 Abs. 3 S. 1 JGG konkretisiert und um Vergehen nach § 177 Abs. 6 StGB erweitert worden, um Wertungswidersprüche mit dem Katalog in §397a StPO in der Fassung des Entwurfs zu vermeiden, vgl. BT Drs. 19/15161, S. 6, 12.

1633 Vgl. BT Drs. 19/26107, S. 105, 134.

mien oder Konferenzen aufwerten, die Bereitschaft zur Teilnahme an solchen Konferenzen stärken oder auch die Berücksichtigung der Teilnahme bei der Bemessung von Pensen erleichtern[1634]. Appelliert wurde vom Gesetzgeber auch an die Länder, von denen man begleitende Anstrengungen erwartete, um „Handlungskonzepte für gemeinsame Konferenzen zu erarbeiten, die Aus- und Fortbildung in diesem Bereich zu intensivieren und bei der Bemessung des Personalbedarfs die erforderliche Arbeitszeit für einzelfallbezogenen Zusammenarbeit und fallübergreifende Kooperationen zu berücksichtigen“, wobei man ausdrücklich keine bestimmte Form und kein bestimmtes Verfahren für die Zusammenarbeit regelte, um einen „Freiraum für die verschiedenen Modelle, die sich in der Praxis bereits entwickelt haben oder künftig entwickeln können“, zu belassen[1635].

Damit wurde die seit vielen Jahren in der jugendstrafrechtlichen Diskussion geforderte Verbesserung der Zusammenarbeit und Kooperation der Verfahrensbeteiligten nun auch vom Gesetzgeber verstärkt forciert[1636]. Die neue Regelung wurde auch von der DVJJ ausdrücklich begrüßt[1637]. Bedauert wurde jedoch, dass die Polizei als „wesentlicher Akteur“ im Ermittlungsverfahren in der Norm nicht aufgeführt wurde[1638].

m) Das Gesetz zur Bekämpfung sexualisierter Gewalt gegen Kinder

Auf Initiative der Fraktionen der CDU/CSU und SPD kam es schließlich im Rahmen des Gesetzes zur Bekämpfung sexualisierter Gewalt gegen Kinder vom 16. Juni 2021[1639] zur bis dato letzten nennenswerten Änderung[1640] des formellen Teils des JGG. Das Gesetz enthielt ein Maßnahmenbündel für den Schutz von Kindern vor sexualisierter Gewalt mit vielen materiellrechtlichen und strafprozessualen Änderungen, wobei die bereits im Regierungsentwurf

1634 So sollte klargestellt werden, dass die Teilnahme und Mitwirkung an institutionenübergreifenden und nicht auf konkrete Einzelfälle bezogenen Konferenzen und Gremien im Kontext von Jugendstrafverfahren zu den Aufgaben von Jugendrichtern und Jugendstaatsanwälten gehören, vgl. BT Drs. 19/26107, S. 134.

1635 BT Drs. 19/26107, S. 134.

1636 Vgl. dazu auch *Schaerff/Lohrmann*, ZJJ 2023, 196 ff.

1637 So zum gleichlautenden RefE DVJJ, ZJJ 2020, 409 (412).

1638 *Kunath/Hübner*, ZJJ 2023, 253 (255).

1639 BGBl. I 2021, S. 1810.

1640 Mit dem „Gesetz zur Fortentwicklung der Strafprozessordnung und zur Änderung weiterer Vorschriften“ (BGBl. I 2021, S. 2099) kam es im JGG lediglich zu Folgeänderungen, wobei § 81 JGG an den erweiterten Anwendungsbereich des Adhäsionsverfahrens in der StPO angepasst wurde, vgl. BT Drs. 19/27654, S. 131.

zum Gesetz zur Stärkung der Rechte von Opfern sexuellen Missbrauchs (StORMG) vom 22. Juni 2021 vorgeschlagene Änderung von § 37 JGG nun mit identischem Wortlaut umgesetzt wurde, nachdem die dahingehende Initiative einige Jahre zuvor noch am Widerstand der Länder gescheitert war[1641].

§ 37 JGG lautet seither folgendermaßen:

> „(1) Die Richter bei den Jugendgerichten und die Jugendstaatsanwälte sollen erzieherisch befähigt und in der Jugenderziehung erfahren sein. Sie sollen über Kenntnisse auf den Gebieten der Kriminologie, Pädagogik und Sozialpädagogik sowie der Jugendpsychologie verfügen. Einem Richter oder Staatsanwalt, dessen Kenntnisse auf diesen Gebieten nicht belegt sind, sollen die Aufgaben eines Jugendrichters oder Jugendstaatsanwalts erstmals nur zugewiesen werden, wenn der Erwerb der Kenntnisse durch Wahrnehmung von einschlägigen Fortbildungsveranstaltungen oder eine anderweitige einschlägige Weiterqualifizierung alsbald zu erwarten ist.
>
> (2) Von den Anforderungen des Absatzes 1 kann bei Richtern und Staatsanwälten, die nur im Bereitschaftsdienst zur Wahrnehmung jugendgerichtlicher oder jugendstaatsanwaltlicher Aufgaben eingesetzt werden, abgewichen werden, wenn andernfalls ein ordnungsgemäßer und den betroffenen Richtern und Staatsanwälten zumutbarer Betrieb des Bereitschaftsdiensts nicht gewährleistet wäre.
>
> (3) Als Jugendrichter beim Amtsgericht oder als Vorsitzender einer Jugendkammer sollen nach Möglichkeit Personen eingesetzt werden, die bereits über Erfahrungen aus früherer Wahrnehmung jugendgerichtlicher oder jugendstaatsanwaltlicher Aufgaben verfügen. Davon kann bei Richtern, die nur im Bereitschaftsdienst Geschäfte des Jugendrichters wahrnehmen, abgewichen werden. Ein Richter auf Probe darf im ersten Jahr nach seiner Ernennung Geschäfte des Jugendrichters nicht wahrnehmen."

Begründet wurde die Neuerung mit der Verletzlichkeit und Schutzbedürftigkeit von kindlichen Opfern und Zeugen, denen gegenüber die Verfahren besonders verständig und einfühlsam geführt werden sollten, aber auch mit der Verantwortung für die Zukunft jugendstrafrechtlich Verfolgter[1642]. So würde nun „eine sachgemäße und fachlich fundierte Anwendung des differenzierten und wirkungsorientieren jugendstrafrechtlichen Handlungsinstrumentariums" gefördert und eine „Verfahrens- und Verhandlungsführung, die auch dem Alter und Entwicklungsstand junger Beschuldigter sowie der besonderen Schutzbedürftigkeit und den besonderen Belangen und Interessen insbesondere minderjähriger Opferzeugen gerecht wird", gewährleistet[1643]. Nicht mehr ausreichen lassen wollte man daher die Tatsache, dass die betroffenen Richter oder

---

1641 Vgl. BT Drs. 19/23707, S. 1, 16, 59 ff.

1642 BT Drs. 19/23707, S. 26, 59 f.

1643 BT Drs. 19/23707, S. 60.

Staatsanwälte z.B. selbst Elternaufgaben wahrnehmen würden oder als Leiter von Jugendfreizeitgruppen oder als Trainer im Jugendsportbereich tätig seien, wobei die Regelung aufgrund von praktischen Erwägungen weiterhin nur in Form einer „Soll-Vorschrift" erfolgte, um etwa berücksichtigen zu können, dass für eine konkrete Belegbarkeit der genannten Fachkenntnisse an die schon seit längerem in Jugendsachen tätigen Personen deutlich geringere Anforderungen zu stellen seien[1644].

Insgesamt wurde mit der verbindlicheren Fassung von § 37 JGG die Bedeutung, die der Gesetzgeber wichtigen Kenntnissen in den Bezugsdisziplinen des Jugendkriminalrechts beimisst, unterstrichen und versucht, den zuvor jahrzehntelang beklagten und empirisch belegten Defiziten in der Besetzungs- und Bestellungspraxis einen deutlichen Anstoß zu Verbesserungen zu geben[1645]. Dies wurde auch von Seiten der DVJJ begrüßt[1646]. Von anderer Seite wurde aber bezweifelt, dass die Gesetzesänderung zu einer das Qualifikationsgebot beachtenden Geschäftsverteilung führen würde, da die Norm weder ihren Charakter als Ordnungsvorschrift verloren habe noch eine Bereitschaft der Gerichtspräsidien und Behördenleitungen zu einer Änderung ihrer Auswahlpraxis zu erkennen sei, welche auch von den Landesjustizverwaltungen nicht forciert würde[1647]. Tatsächlich wurde knapp eineinhalb Jahre nach Inkrafttreten des Gesetzes eine nur bedingte Umsetzung der Qualifikationsvorgaben konstatiert und kritisiert, dass nicht überall eine Fortbildungsinfrastruktur, materielle und immaterielle Unterstützung durch den jeweiligen Dienstherrn und Fortbildungsbereitschaft bei den Jugendrichtern und Jugendstaatsanwälten bestünden[1648]. Insbesondere in der fehlenden Fortbildungsverpflichtung trotz fehlender verpflichtender Vermittlung pädagogischer, psychologischer oder kriminologischer Grundkenntnisse in der juristischen Ausbildung wurde weiterhin ein Problem gesehen[1649]. Gefordert wurde zudem, gleiche Voraussetzungen auch für Polizeibeamte in Jugendstrafverfahren zu implementieren[1650].

1644 BT Drs. 19/23707, S. 61.

1645 BT Drs. 19/23707, S. 62.

1646 DVJJ, ZJJ 2020, 406 (407 f.); *ders.*, ZJJ 2023, 171.

1647 „Die Reformbemühungen um das Qualifikationsgebot sind aller Ehren wert, aber das Fehlen einer Sanktionsmöglichkeit für die gesetzeswidrige Geschäftsverteilung macht aus dem Qualifikationsgebot ein stumpfes Schwert und die Jugendgerichtsbarkeit noch nicht zu der vom Gesetzgeber gewünschten Fachgerichtsbarkeit", vgl. *Frenzel*, ZJJ 2022, 276 (282).

1648 DVJJ, ZJJ 2023, 171.

1649 DVJJ, ZJJ 2023, 171.

1650 *Kunath/Hübner*, ZJJ 2023, 253 (254).

n) Der 31. Jugendgerichtstag

Auf dem 31. Jugendgerichtstag wurde schließlich problematisiert, dass eine den neuen gesetzlichen Vorgaben entsprechende Belehrung die Jugendlichen und Heranwachsen häufig völlig überfordere und damit die Vernehmungssituation erheblich belasten würde, während hinsichtlich der Einbeziehung der Jugendgerichtshilfe nach dem neuen § 38 JGG unterschiedliche Erfahrungen gemacht worden waren[1651]. Im Umsetzungsprozess wurden „starke regionale Disparitäten und Ungleichzeitigkeiten" ausgemacht[1652]. Insgesamt wurde festgestellt, dass die Neuregelungen der Praxis teilweise erhebliche Probleme bereiteten, sodass auf diesem Gebiet ein „erheblicher Kommunikations- und Fortbildungsbedarf aller Verfahrensbeteiligten" diagnostiziert wurde[1653]. Die gesetzestechnischen Neuerungen im JGG waren auch im Hinblick auf eine künftige Neufassung der PDV 382 ein Thema, deren Überarbeitung man aufgrund der neuen Belehrungspflichten oder der erforderlichen Prognose im Rahmen der notwendigen Verteidigung „nunmehr nicht nur als zwingende, sondern auch als dringende Notwendigkeit" bezeichnete[1654]. Im Hinblick auf die Corona-Pandemie wurden unter anderem die erschwerten Bedingungen für die Arbeit von Polizei, Jugendgerichtshilfe und Justiz und die Notwendigkeit einer Balance zwischen Rechtsstaatlichkeit, fachlichen Anforderungen, Flexibilität und der Einhaltung von Hygiene- und Sicherheitsvorkehrungen thematisiert[1655].

Kölbel setzte sich auf dem Jugendgerichtstag mit der kriminologischen Erforschung von Strafgesetzgebungsprozessen auseinander, wobei er für das deutsche Jugendstrafrecht in den vergangenen 30 Jahren eine widersprüchliche Entwicklung aufzeigte[1656]. Denn während systematische Bestandsaufnahmen zur längerfristigen Entwicklung des materiellen Strafrechts und der strafprozess-, polizei- oder sicherheitsrechtlichen Eingriffsbefugnisse „eine fortwährende Ausdehnung der kriminalisierten Verhaltensbereiche und die unablässige Erweiterung von Sanktionsmöglichkeiten und Eingriffsbefugnissen"

1651 Teilweise war die Berichtspraxis erst mit Anklage beibehalten worden, was von den Teilnehmern als „eklatant rechtswidrig" eingestuft wurde, vgl. *Rose*, in: Verhandlungen des 31. JGT, 605 f.

1652 *Schmoll/Lampe/Holthusen*, ZKJ 3/23, 134 (136).

1653 *Rose*, in: Verhandlungen des 31. JGT, 605 (606).

1654 *Gloss*, in: Verhandlungen des 31. JGT, 303 ff.

1655 Vgl. das Grußwort von *Sudhof* am 31. JGT, in: DVJJ (Hrsg.), Verhandlungen des 31. JGT, S. 19 ff.; vgl. dazu auch *Schmoll/Lampe/Holthusen*, ZKJ 3/23, 134 ff.

1656 Vgl. hierzu und zum folgenden Text *Kölbel*, in: Verhandlungen des 31. JGT, 555 ff.

dokumentierten, glichen sich im Jugendstrafrecht positiv-einwirkungsorientierte („erzieherische") und gegenläufige Neuregelungen seit 1990 weitgehend aus. Dies beruhe jedoch mit dem 1. JGGÄndG und dem Gesetz zur Stärkung der Verfahrensrechte von Beschuldigten im Jugendstrafverfahren maßgeblich auf zwei „Ausreißer"-Gesetzen, wobei letzteres „von der EU erzwungen wurde". Zusammenfassend konstatierte *Kölbel* trotzdem „die Tendenz, keine positiv-einwirkungsorientierte, sondern damit kollidierende Regelungsziele zu stärken" und betonte, dass „die meisten Protagonisten des politischen Spektrums inzwischen deutlich kontroll- und straforientierte Haltungen" einnehmen würden. Auch würden die jugendstrafrechtlichen Folgen der Neukriminalisierungen und Strafbarkeitserweiterungen über § 2 Abs. 2 JGG von der Kriminalpolitik systematisch ausgeblendet, sodass die gebotene Sonderbehandlung mit den prozessualen Gestaltungsmöglichkeiten und besonderen Rechtsfolgen des JGG und einer jugendgemäßen Tatbestandsauslegung umgesetzt werden müsste[1657].

o) Der 32. Jugendgerichtstag

Auf dem 32. Jugendgerichtstag im September 2023 in Berlin spielte der Rückblick auf die 100 Jahre, die seit der Einführung des JGG vergangen waren, natürlich eine große Rolle[1658]. Daneben wurde sich aber auch mit aktuellen Themen und der künftigen Entwicklung des Jugendstrafrechts auseinandergesetzt. Eingegangen wurde etwa auf die ausgeweitete Pflichtverteidigung oder die sog. Häuser des Jugendrechts und Fallkonferenzen. Insgesamt war man sich im Wesentlichen „einig darin, dass das Jugendgerichtsgesetz ein im Kern modernes und gut funktionierendes Gesetz ist" und „keinerlei Verschärfung braucht, um auf aktuelle Herausforderungen im Bereich der Jugendkriminalität zu reagieren".

Solche Herausforderung seien in einer „Gesellschaft im Krisenmodus" anlässlich der Pandemiefolgen, Verunsicherung im Zusammenhang mit dem Klimawandel, dem Krieg in der Ukraine, ungeklärten Fragen bezogen auf Migration und einem allgemein aufgeheizten politischen Klima zahlreich vorhanden. Daher war man nicht verwundert, dass die Polizeiliche Kriminalstatistik nach jahrelang stabilen bzw. sinkenden Zahlen seit 2020 wieder steigende Tendenzen aufzeigte. Gegenüber 2003 war im Jahr 2018 die Zahl der bundesweit registrierten tatverdächtigen Jugendlichen zunächst noch um rund ein Drittel zurückgegangen und die Zahl der Inhaftierten im Jugendstrafvollzug hatte sich

1657 *Kölbel*, ZJJ 2021, 40 ff.

1658 Hierzu und zum folgenden Text *Höynck/Ernst*, ZJJ 2023, 383 f.

in diesem Zeitraum praktisch halbiert[1659]. 2022 war nun gegenüber dem Vor-Corona-Jahr 2019 die Zahl tatverdächtiger Jugendlicher wieder um 6,8%, die Zahl der tatverdächtigen Kinder sogar um 16,3%, angestiegen[1660].

Im Hinblick auf das zukünftige JGG wurden insbesondere die Forderungen aufgestellt, „vor dem Hintergrund neurowissenschaftlicher Erkenntnisse über Ausweitungen von jugend-strafrechtlichen Reaktionsformen bis zum Alter von 25 Jahren" nachzudenken. Auf besonders positive Resonanz bei den Teilnehmern stieß die Ankündigung von Bundesjustizminister *Buschmann* auf dem Jugendgerichtstag, die Begriffe der „schädlichen Neigungen"[1661] und „Zuchtmittel" ersetzen und die Rechtsmittelbeschränkung in § 55 JGG streichen zu wollen.

2. Die Diskussion zum formellen Jugendstrafrecht von 2007 bis 2023

Die im vorherigen Kapitel geschilderte Entwicklung setzte sich auch in der Diskussion um das formelle Jugendstrafrecht bis in die Gegenwart weitgehend unverändert fort. Abgesehen von „Dauerbrennern" und Diskussionen im Rahmen konkreter Gesetzesvorhaben fand eine Auseinandersetzung mit Themen des formellen Jugendstrafrechts nurmehr vereinzelt statt. Untersuchungsergebnisse im Hinblick auf die Diversionstage, Kommunikation und Kooperation im Jugendstrafverfahren oder auch zur Untersuchungshaft führten dazu, dass die Diskussion nicht vollständig einschlief. Eine zunehmend neue Richtung nahm die Diskussion um die Bedeutung einer besonderen Beschleunigung des Jugendstrafverfahrens.

a) Zur Untersuchungshaft

Im Hinblick auf die Untersuchungshaft gegenüber 14- und 15-Jährigen wurde im Rahmen einer Aktenstudie 2013 festgestellt, dass im Falle einer Notwendigkeit der stationären Unterbringung weiterhin die Untersuchungshaft im Vordergrund stand, welche der Gesetzgeber mit dem 1. JGGÄndG eigent-

---

1659 *Neubacher*, ZJJ 2020, 13.

1660 Zur Wahrheit gehört aber auch, dass die Zahl der heranwachsenden Tatverdächtigen in diesem Zeitraum um fast 10% zurückgegangen ist, vgl. BKA (Hrsg.), PKS 2019 und 2022, Tabelle 20.

1661 Zum „hohen Stigmatisierungseffekt" des Begriffs *Ostendorf*, RdJB 2022, 570 (573).

lich zur absoluten Ausnahme machen wollte[1662]. Insbesondere waren bei den Haftentscheidungsterminen nur selten Vertreter der Jugendgerichtshilfe oder Verteidiger anwesend, was als Grund dafür gesehen wurde, dass auch die Begründungen der Haftbefehle weiterhin erhebliche Defizite hinsichtlich der Subsidiarität und der Verhältnismäßigkeit der Untersuchungshaft enthielten[1663]. Für die Angebote zur Untersuchungshaftvermeidung wurde gefordert, „dass sie den Jugendlichen eine ‘fördernde Umwelt’ und professionelle Beziehungen bieten können, die sie motivieren, eine eigenverantwortliche Lebensführung anzustreben, welche auch sozial akzeptabel ist“, wobei, „das organisatorische und pädagogische Setting darauf auszurichten ist, auch in relativ kurzen Zeitabschnitten Lernerfahrungen sowie die Klärung der sozialen Situation des Jugendlichen zu ermöglichen“[1664].

b) Zur Diversion

Im Hinblick auf die Diversion wurde fast 20 Jahre nach dem 1. JGGÄndG festgestellt, dass die geforderte einheitliche Einstellungspraxis nach wie vor noch nicht realisiert worden war[1665]. Stattdessen zeigten sich in der praktischen Handhabung der Diversionsvorschriften nach wie vor große regionale Schwankungen und auch die Bemühungen der Länder zeichneten ein „Bild der Uneinheitlichkeit“, sodass die Forderung nach einer bundesweiten Angleichung der Diversionsrichtlinien aufgestellt wurde. Die „nicht mehr hinnehmbare Anwendungsdivergenz“ wurde dabei als Verstoß gegen Art. 3 GG gewertet und es wurde auch über eine Neufassung von § 45 JGG diskutiert, die das Stufenverhältnis der Einstellungsvarianten „mit mehr oder weniger detaillierten Tatkatalogen“ deutlicher als bisher zum Ausdruck bringen sollte[1666].

Erste Ergebnisse der Begleitforschung zu den sog. Diversionstagen zeigten zudem, dass das Projekt in den zentralen Punkten der herkömmlichen Diversionspraxis nicht überlegen war[1667]. Vielmehr ergab sich eine stark unterschiedliche Anwendungspraxis von § 45 Abs. 1 bzw. 2 JGG in den die Diversionstage praktizierenden Städten, wobei eine Verfahrensbeschleunigung nur teil-

---

1662 *Villmow/Savinsky*, ZJJ 2013, 388, 395.

1663 *Villmow/Savinsky*, ZJJ 2013, (388) 391 ff., 395.

1664 *Eberitzsch*, ZJJ 2011, 259 (262).

1665 Hierzu und zum Folgenden *Feigen*, ZJJ 2008, 349 (354 f.); vgl. auch *Verrel*, in: FS-Schöch, 227 f.

1666 *Verrel*, in: FS-Schöch, 227 (228, 236); so auch *Ostendorf*, JGG, 8. Aufl., § 45, Rn. 10.

1667 Vgl. *Neubacher*, ZJJ 2011, 433 (437); *Verrel*, in: FS-Schöch, 227 (231 ff.).

weise festgestellt werden konnte[1668]. Auch die Rückfallquoten wiesen keine signifikanten Unterschiede im Vergleich zur herkömmlichen Diversion auf, sodass ein spezialpräventiver Vorteil der Diversionstage nicht nachgewiesen werden konnte[1669]. Durch die neue Verfahrensweise war nach Einschätzung der Polizisten, Staatsanwälte und Jugend(gerichts)helfern sogar ein höherer Arbeits- und Organisationsaufwand entstanden[1670]. Konstatiert wurde, dass die präventive Wirkung, die das konzentrierte Behördenauftreten an den Diversionstagen habe, überschätzt worden sei und das Spektrum der Jugendkriminalität, bei dem Handlungsbedarf gesehen und sich spezifische Wirkungen versprochen wurden, nicht hinreichend eingegrenzt worden war, da eine „gelbe Karte" nicht bei Fällen jugendlicher „Normalkriminalität", sondern nur in Fällen, die sich im Grenzbereich zwischen Diversion und Anklageerhebung befinden, „gezeigt" werden müsse[1671].

Positiver fielen dagegen Evaluierungen des Modells der „Schülergerichte" aus. Im Rahmen von Schülerbefragungen zeigte sich, dass die Schüler nach eigener Einschätzung in der Regel einen guten Zugang zu den Beschuldigten fanden und ihre soziale Kompetenz durch ihre Tätigkeit im Gremium gestärkt sahen, wobei die Befragten kein besonderes Strafbedürfnis, sondern eher das Bedürfnis zeigten, den Beschuldigten zu helfen[1672]. Zwei Legalbewährungsstudien ergaben zudem, dass sich ehemalige Teilnehmer des Projekts im Durchschnitt günstiger als vergleichbare jugendliche Täter entwickelten und insbesondere seltener mit einem gleichartigen Delikt rückfällig wurden, was auf einen präventiven Einfluss der Verfahren schließen lässt[1673]. Die rechtsstaatliche Kritik an dem Modell hält jedoch bis in die Gegenwart an[1674]. Argumentiert wird unter anderem, dadurch würde die Bedeutung und Ernsthaftigkeit des Strafverfahrens „heruntergespielt", welches in den Händen von Fachleuten verbleiben solle[1675].

1668 *Linke*, ZJJ 2011, 296 (299 f.); *Neubacher*, ZJJ 2011, 433 (437); *Verrel*, in: FS-Schöch, 227 (232 f.).

1669 *Linke*, ZJJ 2011, 296 (301 f.); *Neubacher*, ZJJ 2011, 433 (437); *Verrel*, in: FS-Schöch, 227 (231).

1670 *Neubacher*, ZJJ 2011, 433 (437).

1671 Vgl. hierzu *Verrel*, in: FS-Schöch, 227 (234 f.).

1672 Ausführlich hierzu *Traulsen*, ZJJ 2013, 160 ff.

1673 *Traulsen*, in: FS-Schöch, 267 (268).

1674 *Laubenthal/Baier/Nestler*, Jugendstrafrecht, S. 138; *Ostendorf*, ZJJ 2014, (253) 255; *Spiess*, in: Verhandlungen des 28. JGT, 441 (457 ff., 467 f.).

1675 *Ostendorf/Drenkhahn*, Jugendstrafrecht, S. 104.

c) Zur Kommunikation im Jugendstrafverfahren

Insbesondere im Hinblick auf die neuen Regelungen im JGG wurde sich wieder verstärkt mit der altersgemäßen Kommunikation und den Problemen im Umgang mit den jungen Menschen im Jugendstrafverfahren auseinandergesetzt. *Artkämper* kam im Rahmen einer empirischen Untersuchung der jugendgerichtlichen Kommunikation zu dem Ergebnis, „dass kein*e Jugendliche*r die strafrechtliche Hauptverhandlung in Gänze begreift“[1676]. Stattdessen würden durch die Jugendlichen elementare Rollenbilder oder wichtige Verfahrensgrundregeln verkannt, wodurch deren Verteidigungsbereitschaft eingeschränkt sei und das Verfahren rechtsstaatlichen Ansprüchen nicht mehr genügen würde[1677].

Angesichts der Einführung von § 70a JGG mit dem Gesetz zur Erweiterung der jugendrichterlichen Handlungsmöglichkeiten kam daher *Riekenbrauk* unter anderem zu der nicht neuen Forderung, auf „antiquierte Förmlichkeiten wie die räumliche Gestaltung eines Gerichtssaales oder die Verkleidung mit Roben“ zu verzichten, um Jugendliche nicht zu verängstigen und die Kommunikation mit ihnen zu erleichtern[1678]. Ausgehend von der Annahme, „dass aus gesetzgeberischer Sicht ein faires und rechtsstaatliches Verfahren nur dann vorliegt, wenn junge Beschuldigte dieses verstehen, allen Verfahrensschritten und -stadien folgen und aktiv wie selbstbestimmt daran partizipieren können“ und „eine erzieherische Wirkung in Jugendstrafverfahren vor allem dann eintreten kann, wenn junge Beschuldigte überhaupt nachvollziehen können, was mit ihnen im Rahmen eines Strafverfahrens geschieht“, werteten *Lampe* und *Schmoll* 2023 die Ergebnisse von Befragungen von jungen Menschen aus[1679]. Dabei kamen sie zu dem Ergebnis, dass es für die jungen Menschen angesichts der hohen Anzahl an beteiligten Personen, Professionen und Institutionen in der Regel sehr schwierig ist, diese trennscharf auseinanderzuhalten und der Eindruck entstehen kann, diese würden „unter einer Decke“ stecken[1680]. Hinzu kämen neben einer „rituellen Dramaturgie und Aufführungslogik“ der Verhandlungen,

---

1676 *Artkämper*, ZJJ 2021, 231 (239).

1677 *Artkämper*, ZJJ 2021, 231 (239).

1678 Die Forderungen nach einer verbindlicheren Fassung von § 37 JGG und einer stärkeren Einbindung und Gewichtung der Jugendgerichtshilfe hat der Gesetzgeber inzwischen bereits erfüllt, vgl. zum Ganzen *Riekenbrauk*, ZJJ 2014, 200 (205).

1679 *Lampe/Schmoll*, ZJJ 2023, 27 ff.; vgl. auch *ders.*, in: Fallkonferenzen im Jugendstrafrecht, 65 ff.

1680 So sei z.B. keinem der Befragten klar gewesen, weshalb vor dem Jugendschöffengericht neben dem Richter noch andere Personen (Jugendschöffen) anwesend waren, vgl. *Lampe/Schmoll*, ZJJ 2023, 27 (29 f.).

welche bei den jungen Menschen Irritationen auslösen würde, sprachliche, soziale, kulturelle Zugangsbarrieren und eine hohe psychische Belastung durch den ungewissen Verfahrensausgang[1681]. Die jungen Menschen betonten, dass es ihnen wichtig sei, im Rahmen des Verfahrens ihre Sicht der Dinge darlegen zu können, angehört und ernst genommen zu werden, wobei insbesondere von den Vertretern der Jugendgerichtshilfe eine gewisse Vertraulichkeit erwartet wird[1682]. Insgesamt befürworten *Lampe* und *Schmoll* die Aufnahme didaktischer Aspekte und eine „Sensibilisierung für und Vorhalten von Information in einfacher Sprache“ für „alle an Jugendstrafverfahren Beteiligten jeder Profession“[1683].

d) Zur Kooperation der Verfahrensbeteiligten

Die Anzahl der „Häuser des Jugendrechts“ nahm in den 2010er Jahren deutlich zu. So wurden 27 neue Einrichtungen geschaffen, wobei die bereits zu Beginn der 2000er angedachte Variante der virtuellen „Häuser“ mittlerweile seit 2015 in Bayern und im Saarland ausschließlich und in Hessen und Niedersachsen teilweise umgesetzt wird[1684]. Dabei verbleibt jede Institution in ihrem Gebäude, während der Aufbau einer digitalen Kommunikationsstruktur im Vordergrund steht, sodass keine Räumlichkeiten gefunden werden müssen und der Verwaltungsaufwand dadurch auf ein Minimum beschränkt werden kann[1685].

Kritisiert wurde zuletzt insbesondere, dass mit der dem Legalitätsprinzip verpflichteten Jugendstaatsanwaltschaft und der Jugendhilfe zwei „strukturell aufgrund ihrer sozialrechtlichen bzw. strafrechtlichen Verortung inkompatible Systeme“ zusammentreffen würden, wobei die Weitergabe höchstpersönlicher Daten an die Jugendstaatsanwaltschaft zwar zulässig sei, an die Polizei aber nicht, für die Fallkonferenzen also sozialdatenschutzrechtliche Probleme bestünden[1686]. Auch das Vertrauensverhältnis der Beschuldigten zu den Jugendhelfern und bereits funktionierende Netzwerke und Arbeitsabläufe seien

---

1681 *Lampe/Schmoll*, ZJJ 2023, 27 (30 ff.).

1682 *Lampe/Schmoll*, ZJJ 2023, 27 (34 f.) sehen darin ein „Plädoyer für ein Zeugnisverweigerungsrecht“.

1683 *Lampe/Schmoll*, ZJJ 2023, 27 (37).

1684 *Lohrmann/Schaerff*, ZJJ 2021, 126 (128 f., 133) sehen bei den virtuellen Einrichtungen aber auch die Gefahr eines „Etikettenschwindels“.

1685 *Lohrmann/Schaerff*, ZJJ 2021, 126 (128 f.).

1686 Vgl. dazu *Lohrmann/Schaerff*, ZJJ 2021, 126 (130); hierzu auch schon *Riekenbrauk*, ZJJ 2011, 74 ff.

anlässlich der Unterbringung im gleichen Gebäude gefährdet[1687]. Zudem verfolgen die Einrichtungen in Nordrhein-Westfalen und Niedersachsen auch das Ziel, das Sicherheitsgefühl in der Bevölkerung zu verbessern, was Fragen im Hinblick auf § 2 Abs. 1 S. 1 JGG aufwirft[1688].

Die DVJJ hatte daher trotz der Tatsache, dass eine „intensive Zusammenarbeit, regelmäßige und verbindliche Kooperation zwischen den am Jugendstrafverfahren beteiligten Institutionen und Kenntnis der jeweilige Arbeitsweisen und Personen“ von großer Bedeutung für eine fachlich gute Praxis seien, bereits 2014 in einer Stellungnahme vor den Nachteilen und Problemen von einzelfallbezogenen Fallkonferenzen gewarnt[1689]. In einer neuen Stellungnahme aus dem Januar 2023 wurde die Tatsache begrüßt, „dass auf diese Weise bei allen Beteiligten eine Spezialisierung auf Jugendstrafsachen stattfindet und zwischen verschiedenen Verfahrensbeteiligten zusammengearbeitet wird“ und darauf hingewiesen, dass sich organisatorische und sonstige Verfahrensfragen ausschließlich am Erziehungsgedanken und dem Recht der jungen Menschen auf Förderung (§ 1 Abs. 1 SGB VIII) orientieren müssen, sodass es im Einzelfall auch geboten sei, „sich für einzelne Verfahrensschritte Zeit zu lassen“[1690]. Gefordert wurde eine spezialisierte Bearbeitung gerade auch von schwereren Delikten oder bei älteren Jugendlichen und Heranwachsenden, wobei die strafprozessualen Schutzrechte der Beschuldigten ebenso wie die Belange des Datenschutzes und die Notwendigkeit von gegenseitigen Kenntnissen über Aufträge und Arbeitsweise der jeweils anderen Professionen betont wurden. Wichtig sei, dass sich auch die jungen Menschen über die unterschiedlichen Aufgaben und Funktionen der Verfahrensbeteiligten bewusst seien, wobei die „Häuser des Jugendrechts“ insgesamt eine große Chance bieten würden, sich Jugendstrafverfahren in spezialisierter Form neu zu widmen.

Dessecker und *Schäfer* veröffentlichten 2023 die Resultate einer Evaluationsstudie zu einem Haus des Jugendrechts in Frankfurt am Main, in deren Rahmen Mitarbeiter befragt wurden und die Legalbewährung von Jugendlichen und Heranwachsenden, deren Ermittlungsverfahren dort bearbeitet wurde, untersucht wurde[1691]. Dabei kamen sie zu dem Ergebnis, dass „der verbreitete Eindruck, dass das kriminalpolitische Konzept enger Zusammenarbeit der am

---

1687 Zu den Kritikpunkten vgl. *Lohrmann/Schaerff*, ZJJ 2021, 126 (130 ff.); *Riekenbrauk*, ZJJ 2011, 74 (82).

1688 Ausführlich hierzu *Lohrmann/Schaerff*, NK 2/2021, 239 ff.

1689 DVJJ, ZJJ 2014, 64 ff.

1690 Vgl. hierzu und zum folgenden Text DVJJ, ZJJ 2023, 74 f.

1691 Hierzu und zum folgenden Text *Dessecker/Schäfer*, ZJJ 2023, 210 ff.

Jugendverfahren beteiligten Institutionen grundsätzlich gut geeignet ist, auf Alltagsfälle von Jugenddelinquenz zu reagieren“, hinsichtlich der Legalbewährung junger Menschen, der staatsanwaltschaftlichen Entscheidungspraxis und der Position der befragten Mitarbeiter durch die Untersuchung gestützt würde. So blieben in der Experimentalgruppe aus dem Haus des Jugendrechts 70% innerhalb des Beobachtungszeitraums von mindestens vier Jahren ohne Folgeeintragung im Bundeszentralregister, während es in der Kontrollgruppe nur 59% waren, wobei beide Gruppen wegen unterschiedlicher Fallstrukturen und Verfahrensweisen nur eingeschränkt vergleichbar waren. Auch die Abschlussentscheidungen der Staatsanwaltschaft seien im Haus des Jugendrechts stark diversionsorientiert gewesen, wobei über ein Viertel der Verfahren nach § 45 Abs. 1 JGG folgenlos eingestellt worden sei, während die Hälfte der Verfahren der Kontrollgruppe beim Jugendrichter zur Anklage gebracht worden sei. Die durchgeführten Befragungen ergaben ebenfalls ein positives Bild, wobei insbesondere der persönliche Kontakt untereinander und die kurzen Wege hervorgehoben wurden.

Auch nach der neuen gesetzlichen Regelung in § 37a JGG (und § 52 Abs. 1 S. 2, 3 SGB VIII) verbleiben jedoch Fragen hinsichtlich des Sozialdatenschutzes und des Teilnehmerkreises an den Fallkonferenzen, wobei eine bedenkliche Vorverlagerung des kritischen Diskurses zwischen Jugendstaatsanwälten und Jugend(gerichts)helfern eine Vorwegnahme der Hauptverhandlung ohne Möglichkeit der Teilnahme des jungen Beschuldigten und/oder seines Verteidigers befürchten lassen, was eine effektive Verteidigung verhindert und so dem Recht auf ein faires Verfahren widerspricht[1692]. Mittlerweile haben *Fritsch* und die DVJJ ein Handbuch für die Praxis zu den Fallkonferenzen im Jugendstrafrecht veröffentlicht, in dem sich unter anderem Hinweise für die Durchführung von einzelfallbezogenen Fallkonferenzen und eine Vorlage für eine Kooperationsvereinbarung zwischen den Verfahrensbeteiligten oder ein Ablaufschema für eine einzelfallbezogenen Fallkonferenz finden[1693].

e) Zur Verfahrensbeschleunigung

Eine zunehmend neue Richtung nahm die Diskussion um die besondere Beschleunigung des Jugendstrafverfahrens. Vermehrt wurde darauf hingewiesen, dass die allgemein anerkannte Annahme, schnelles Sanktionieren habe einen positiven Effekt auf die Rückfallwahrscheinlichkeit, nach wie vor

---

1692 *Schaerff/Lohrmann*, ZJJ 2023, 196 ff., 207; vgl. auch *dies*., ZJJ 2024, 42 (47 f.).

1693 *Fritsch/DVJJ* (Hrsg.), Fallkonferenzen im Jugendstrafrecht.

nicht von empirischen Erkenntnissen gestützt sei[1694]. Festgestellt wurde, dass die Forderung, „die Strafe muss der Tat auf den Fuß folgen", mittlerweile für so selbstverständlich erachtet würde, „dass den meisten Vertretern eine Begründung unnötig erscheint"[1695]. Man hinterfragte nun, ob „schnell auch immer gut" sein muss, wobei man zu dem Ergebnis kam, „dass der Beschleunigungsgrundsatz nicht isoliert als wesentliches Ziel des Jugendstrafverfahrens steht, sondern nur ein bedeutender Faktor unter vielen ist, der gegen zahlreiche andere abgewogen werden muss" und somit kein „Allheilmittel" darstellen würde[1696]. Insbesondere könne das Prinzip keinesfalls vorrangig gegenüber dem Erziehungsgedanken sein, sondern würde sich – in seiner jugendstrafrechtlichen Ausgestaltung – vielmehr von diesem ableiten[1697]. So würde auch eine gewisse Verfahrensverzögerung eine positive erzieherische Wirkung keineswegs ausschließen und zugleich ermöglichen, dass die Persönlichkeit des jungen Menschen ausreichend erforscht werden könne und dieser „durch eine Neuordnung seines Lebens selbst die Voraussetzungen für einen erfolgreichen Verfahrensabschluss" schaffen könne[1698]. Bemerkt wurde auch, dass der Aufbau eines pädagogischen Verhältnisses zu den jungen Menschen Zeit benötigen würde und eine Bestrafung gerade nicht das Ziel des Jugendstrafverfahrens sei, was aber durch den oben erwähnten Leitsatz suggeriert würde[1699]. So kamen *Bliesener* und *Thomas* aufgrund einer Untersuchung von knapp 400 Mehrfachauffälligen jungen Menschen zu dem Ergebnis, „dass der weitgehend anerkannten These, ein schneller Strafprozess würde eine abschreckende Wirkung haben, nicht in der Eindeutigkeit, in der sie gerne formuliert wird, gefolgt werden kann", sondern die Verfahrensdauer für die Legalbewährung nach erfolgter Sanktionierung nur von untergeordneter Bedeutung zu sein scheint[1700].

1694 *Bliesener/Thomas*, ZJJ 2012, 382 ff.; DVJJ, ZJJ 2023, 74 f.; *Mertens/Murges-Kemper*, ZJJ 2008, 356 (357); vgl. auch *Ostendorf*, ZJJ 2014, 253 ff.; *Plewig*, in: FS-Ostendorf, 669 ff.; *Schatz*, in: FS-Ostendorf, 797 ff.

1695 *Mertens/Murges-Kemper*, ZJJ 2008, 356.

1696 *Mertens/Murges-Kemper*, ZJJ 2008, 356 (360); ähnlich *Rose*, NStZ 2013, 315 ff.; *Schatz*, in: FS-Ostendorf, 797 (803 ff.).

1697 *Schatz*, in: FS-Ostendorf, 797 (812, 814).

1698 *Mertens/Murges-Kemper*, ZJJ 2008, 356 ff.

1699 *Rose*, NStZ 2013, 315 (318).

1700 *Bliesener/Thomas*, ZJJ 2012, S. 382 (388).

f) Zur Bedeutung des Erziehungsbegriffs in der Konzeption des JGG

2022 versuchte *Kölbel* sodann, mehr Licht in die „anhaltenden Unklarheiten darüber, was ‘erzieherisch’ und ‘Erziehung’ im jugendstrafrechtlichen Kontext meint“, im Rahmen einer Analyse des gesetzesimmanenten Erziehungsverständnisses des JGG zu bringen[1701]. Im Rahmen einer „JGG-Exegese“ beabsichtigte Kölbel, „die in diesem Gesetz ‘enthaltenen’ Aussagen zur jugendstrafrechtlichen ‘Erziehung’ zur Sprache zu bringen“. Dabei kam er zu dem Ergebnis, dass das JGG den Erziehungsbegriff „in materiell-rechtlichen Zusammenhängen als Einwirkung zur Veränderung von individuellen Handlungsbedingungen“ begreife, während dieser „in prozessualen Zusammenhängen eine Abschirmung von ungünstigen (prozesserzeugten) Umfeldbedingungen“ bedeuten würde. Insgesamt sehe das Gesetz damit zwei Komponenten von „ein und derselben Erziehung“ vor. So präge den Erziehungsbegriff als „objektive Sinnstruktur“ im JGG eine „notwendige Unterbestimmtheit“. Als Beispiel für die prozessuale Sichtweise führte er unter anderem die Nichtmitteilung der Urteilsgründe, von denen Nachteile für die Erziehung zu befürchten sind, in § 54 Abs. 2 JGG an. Aber auch nach vielen weiteren Regelungen (z.B. §§ 46, 48 Abs. 3 S. 2, 51 Abs. 1 S. 1 und Abs. 3 Nr. 1, 80 Abs. 1 S. 2 Var. 2 JGG) in Bezug auf das Jugendstrafverfahren seien „Belastungen, die mit der Prozesspflichtigkeit von Beschuldigten an sich einhergehen, ‘aus Gründen der Erziehung’ zu mindern oder zu vermeiden“.

3. Zusammenfassung

Nach dem 2. JGGÄndG setzte sich die Entwicklung, die in den 1990er Jahren entstanden war, weiter fort. Bis in die Gegenwart wehrt sich die jugendstrafrechtliche Fachwelt gegen die Verschärfungstendenzen aus Öffentlichkeit und Politik und kritisiert den sog. publizistisch-politischen Verstärkerkreislauf und die Berichterstattung über Jugendkriminalität in den Medien[1702]. Dennoch war der Gesetzgeber im Jugendstrafrecht in den letzten Jahren sehr aktiv, in der 18. und 19. Legislaturperiode geradezu „hyperaktiv“[1703]. Im materiellen Recht wurde dabei unter anderem wegen der Erhöhung des Strafrahmens für die Jugendstrafe bei Schwere der Schuld eine „Annäherung“ des Jugendstrafrechts

1701 Hierzu und zum Folgenden *Kölbel*, ZJJ 2022, 252 ff.

1702 Vgl. z.B. *Höynck/Ernst*, ZJJ 2023, 383; *Neubacher*, ZJJ 2020, 13; *Sonnen*, ZJJ 2023, 336 (341).

1703 So die Formulierung von *Kölbel*, in: Verhandlungen des 31. JGT, 555.

an das Erwachsenenstrafrecht konstatiert[1704]. Im Hinblick auf das Jugendstrafverfahren und die Jugendgerichtsverfassung kam es jedoch – vor allem durch die Umsetzung von Unionsrecht – zu einer erheblichen Stärkung der Mitwirkungsrechte der Erziehungsberechtigten und der Jugendgerichtshilfe und auch die Rechtsstellung der jungen Menschen selbst wurde etwa durch den Ausbau der notwendigen Verteidigung und strengere Anforderungen an Belehrungen stark verbessert. Zuletzt wurde mit dem Gesetz zur Bekämpfung sexualisierte Gewalt gegen Kinder sogar eine langersehnte Forderung der Jugendstrafrechtspflege erfüllt, indem § 37 JGG verbindlicher gefasst wurde. Im Vergleich zu allgemeinen straf- und sicherheitsrechtlichen Entwicklungen, die „eine fortwährende Ausdehnung der kriminalisierten Verhaltensbereiche und die unablässige Erweiterung von Sanktionsmöglichkeiten und Eingriffsbefugnissen" zeigen, gleichen sich die Neuregelungen im JGG mittels positiveinwirkungsorientierten und eher gegenläufigen Bestimmungen damit nahezu aus, wobei berücksichtigt werden muss, dass sich viele der Änderungen außerhalb des JGG über § 2 Abs. 2 JGG auch im Jugendstrafrecht niederschlagen und eine Tendenz verbleibt, kontroll- und straforientierte Regelungsziele zu stärken[1705].

Eine besondere Herausforderung für die Jugendstrafrechtspflege in den letzten Jahren stellten die Einschränkungen im Rahmen der Corona-Pandemie dar, wobei zum einen mit kreativen Mitteln versucht wurde, die nachteiligen Auswirkungen auf die jungen Delinquenten möglichst gering zu halten, während sich zum anderen aber auch von Seiten der Gerichte und Staatsanwaltschaften teilweise auch mit Maßnahmen beholfen wurde, die den Grundsätzen des deutschen Jugendstrafrechts eigentlich widersprechen, indem unter anderem gegen Heranwachsende aufgrund der Schwierigkeiten in der Organisation von Hauptverhandlungen vermehrt Strafbefehle eingesetzt wurden.

Die Diskussion zum formellen Jugendstrafrecht fand in den letzten etwas mehr als 15 Jahren wie zuvor vor allem im Rahmen konkreter Reformvorhaben statt. Darüber hinaus wurde man zwar nicht müde, „Dauerbrenner" wie die Forderung nach Spezialisten in allen am Jugendstrafverfahren beteiligten Berufsgruppen oder die Notwendigkeit einer Einschränkung der Untersuchungshaft und Angleichung der Diversionspraxis weiterhin zu thematisieren. Dennoch verlagerte sich der Fokus – wohl auch angesichts der Tatsache, dass man sich

1704 Zu diesen „kritischen Entwicklungen im Jugendstrafrecht seit 2013" *Swoboda*, ZStW 132 (2020), 826 ff.

1705 Vgl. hierzu ausführlich *Kölbel*, ZJJ 2021, 40 ff.; *ders.*, in: Verhandlungen des 31. JGT, 555 ff.

dadurch angesichts des permanenten Gegenwinds aus Öffentlichkeit und Politik höhere Durchsetzungschancen ausrechnete – zuletzt mehr auf (empirische) Untersuchungen zu den einzelnen Themen. Während erste Befunde zu den sog. Teen-courts durchaus positive Schlüsse hinsichtlich deren Wirksamkeit zulassen, konnte ein spezialpräventiver Vorteil bei den sog. Diversionstagen nicht nachgewiesen werden. Bezüglich der besonderen Beschleunigung des Jugendstrafverfahrens wurden im letzten Zeitabschnitt sogar vermehrt kritische Stimmen laut, da deren besondere Nützlichkeit nach wie vor nicht empirisch belegt wurde. Dagegen erfuhren die in den entwickelten Fallkonferenzen sogar eine gesetzliche Verankerung, wobei eine erste Evaluationsstudie positive Auswirkungen auf die Legalbewährung junger Menschen und die staatsanwaltschaftliche Entscheidungspraxis erhoffen lässt.

Für die Entwicklung in den nächsten Jahren bleibt abzuwarten, ob die angekündigte Streichung von § 55 Abs. 1 JGG und die Ersetzung der Begriffe der „schädlichen Neigungen" und „Zuchtmittel" umgesetzt werden kann und inwiefern es auf europäischer Ebene zu weiteren Gesetzesvorhaben mit Auswirkung auf das (formelle) Jugendstrafrecht kommen wird.

D) Zusammenfassung und Würdigung

„100 Jahre Erziehung durch Verfahren?“ – So lautet die Titelfrage der vorliegenden Arbeit. Mittels einer historischen Analyse der Entstehung und Entwicklung von Jugendstrafverfahren und Jugendgerichtsverfassung sollte versucht werden, diese Frage zu beantworten. Durch den Fokus auf prozessuale Gesichtspunkte sollte eine neue Perspektive in der Analyse der historischen Entwicklung des Jugendstrafrechts eröffnet und zugleich ein Beitrag zum Verständnis der Bedeutung des Erziehungsgedankens für das formelle Jugendstrafrecht geleistet werden. Im Folgenden sollen die gewonnenen Erkenntnisse zusammengefasst und im Rahmen einer kurzen Würdigung bewertet werden.

I. Die Geschichte des formellen Jugendstrafrechts

Auch wenn es schon im Mittelalter eine Sonderbehandlung von jungen Menschen gegenüber Erwachsenen im Strafrecht gab, wurden diese im Strafverfahren bis auf wenige Ausnahmen im Wesentlichen gleich behandelt wie ältere Straftäter. Rücksicht auf das Alter wurde zunächst nur im materiellen Recht genommen, indem das geringe Alter als Strafausschließungs- bzw. Strafmilderungsgrund gewertet wurde. Doch auch diese Sonderbehandlung betraf grundsätzlich nur Personen, welche nach dem gegenwärtigem Begriffsverständnis als Kinder bezeichnet werden müssten. Gründe, weshalb man junge Menschen darüber hinaus anders als Erwachsene behandeln sollte, also eine strafrechtliche Sonderbehandlung im engeren Sinne, gab es schon deshalb nicht, weil es eine solche auch im Alltagsleben nicht gab. Sofern eine Person nach den Grundsätzen des geltenden Rechts strafmündig war, konnte gegen sie daher auch ein Strafverfahren nach den allgemeinen Grundsätzen durchgeführt werden.

Eine echte verfahrensrechtliche Sonderbehandlung junger Menschen begann sich dann erst ab dem 17. Jahrhundert langsam zu entwickeln. Nachdem die liberalistische Denkweise in der ersten Hälfte des 19. Jahrhunderts eine staatliche Einmischung in Erziehungsangelegenheiten noch weitgehend verhinderte, war es dann vor allem die Industrialisierung, die zu gesellschaftlichen und wirtschaftlichen Umwälzungen führte, welche schließlich die Herausbildung einer gesamtgesellschaftlichen Jugendphase zur Folge hatten. Diese Entwicklung spiegelte sich auch im staatlichen Umgang mit jungen Delinquenten im Laufe des Jahrhunderts wider. Die deutschen Partikularstaaten des 19. Jahrhunderts sahen vielfach zu Beginn des Jahrhunderts bereits eine Sonderbehandlung junger Straftäter vor, wobei jedoch primär das Ziel verfolgt wurde,

https://doi.org/10.1515/9783111726021-004

die Erziehungsberechtigten in das Verfahren einzubeziehen und das Funktionieren des Strafprozesses zu gewährleisten. Erst im Laufe des Jahrhunderts wandelte sich der Fokus dann hin zu den Jugendlichen, die nun nicht mehr als Objekte der erziehenden Erwachsenen, sondern als eigenständige, in der Entwicklung befindliche Subjekte begriffen wurden. Erste Ansätze und Vorschläge für ein besonderes Jugendstrafverfahren waren schon ab der Mitte des Jahrhunderts vorhanden, erhielten zu dieser Zeit jedoch noch wenig Resonanz und konnten sich nicht durchsetzen. Noch vor Einführung der Reichsjustizgesetze war in einigen Rechtsordnungen jedoch unter anderem schon die Absicht erkennbar, die jungen Delinquenten vor den Geschworenengerichten fernzuhalten oder die Verteidigung Minderjähriger obligatorisch vorgeschrieben, sowie die Trennung von Erwachsenen in der Untersuchungshaft vorgesehen. Die Reichsjustizgesetze enthielten schließlich nur rudimentäre Bestimmungen zum Verfahren gegen junge Menschen und brachten zunächst keinen Fortschritt.

Für die Verwirklichung einer besonderen Jugendgerichtsverfassung und eines besonderen Jugendstrafverfahrens bedurfte es noch weiterer Impulse, welche ab Anfang der 1880er Jahre durch das Marburger Programm *Franz v. Liszts*, die Zahlen der Reichskriminalstatistik und Berichte aus dem Ausland über den dortigen Umgang mit jungen Delinquenten erfolgten. Daraufhin entwickelte sich in Deutschland die Jugendgerichtsbewegung, welche sich zwar zunächst primär mit Strafmündigkeitsgrenzen und dem Strafensystem auseinandersetzte, aber von Beginn an auch umfassende Überlegungen zu einer prozessualen Sonderbehandlung junger Menschen anstellte. Am Ende des 19. Jahrhunderts hatte man die schädlichen Auswirkungen, die ein Strafverfahren auf junge Menschen haben kann, endgültig erkannt und forderte umfangreiche Reformen. Die ersten Auswirkungen dieser Reformbewegung zeigten sich im Strafverfahren sodann in der Praxis mit der Einrichtung von Jugendgerichten auf dem Verwaltungswege um 1908. Daraufhin dauerte es anlässlich der Diskussion um die Reichweite der Reform im Strafrecht, des Ersten Weltkriegs und des zu klärenden Verhältnisses zum Jugendhilferecht noch bis 1923, bis das JGG letztlich eingeführt wurde. In prozessualer Hinsicht versuchte dieses unter anderem durch eine Einschränkung des Legalitätsprinzips unnötige Verfahren zu vermeiden und durch eine Vielzahl an Verfahrensgestaltungen wie etwa dem Ausschluss der Öffentlichkeit, der Einbeziehung der Jugendgerichtshilfe, den Einschränkungen im Rahmen der Untersuchungshaft oder den Ausschluss der Privatklage und des vereinfachten Verfahrens der StPO schädliche Auswirkungen von Strafverfahren auf junge Menschen so weit wie möglich zu vermeiden bzw. abzuschwächen.

Als sich jedoch daraufhin Probleme in der Umsetzung der neuen Regelungen in der Praxis zeigten, wurde die Durchführung des JGG in der Weimarer Republik schnell als Personenfrage begriffen. Die Frage nach der Eignung und Spezialisierung der in der Jugendstrafrechtspflege tätigen Personen sollte die Reformdiskussion von da an als „Dauerbrenner" beschäftigen. Daneben kam auch die Frage nach der Einbeziehung der zu dieser Zeit ebenfalls noch minderjährigen Personen im Alter zwischen 18 und 21 Jahren in das Jugendstrafverfahren auf.

Nach der Machtübernahme der Nationalsozialisten 1933 zeigten sich im (formellen) Jugendstrafrecht widersprüchliche Tendenzen. Zwar wurde auf der einen Seite weiterhin der Grundsatz der erzieherischen Ausgestaltung des Verfahrens und das Ziel, den jungen Beschuldigten bzw. Angeklagten vor vermeidbaren Schäden zu bewahren, betont. Auch in der NS-Zeit wurde die Bedeutung des Jugendstrafverfahrens als „Erziehungsverfahren" hervorgehoben und z.B. auf den Beschleunigungsgrundsatz und die Wichtigkeit eingehender Ermittlungen zur Persönlichkeit abgestellt. Auf der anderen Seite wurden jedoch auch im Jugendstrafrecht Rasse- und Führerprinzip und der Gedanke der Volksgemeinschaft umgesetzt. Durch erzieherisch begründete Auflockerungen gegenüber dem allgemeinen Verfahren wurde versucht, nationalsozialistische Erziehungsziele mit den entsprechenden Erziehungsmethoden zu erreichen. Der Erziehungsgedanke wurde von den Nationalsozialisten also beibehalten, aber gemäß der eigenen Ideologie „pervertiert". In dem ideologiegeprägten System umfassender sozialer Kontrolle bestimmte nicht mehr die Auffälligkeit des Jugendlichen die strafrechtliche Reaktion, sondern das geschaffene Feindbild. Durch zahlreiche Verfügungen, Verordnungen und Erlasse wurde unter anderem der persönliche Geltungsbereich des Jugendstrafrechts auf diejenigen Jugendlichen beschränkt, die für „würdig" zur Rückkehr in die Volksgemeinschaft erachtet wurden. Im Gesetzestext des RJGG 1943 fand sich schließlich jedoch neben eindeutig nationalsozialistischen Regelungen wie der Beteiligung von HJ und NS-Volkswohlfahrt am Verfahren auch die Verwirklichung einiger bereits länger bestehender Reformforderungen wie der Verankerung des Jugendstaatsanwalts und der gesetzlichen Forderung nach einer erzieherischen Befähigung der am Verfahren beteiligten Organe der Rechtspflege, sowie dem Ausschluss von Strafbefehl und Nebenklage, wieder.

Nachdem die alliierten Besatzungsmächte nach Ende des Zweiten Weltkriegs bereits umfangreiche Vorarbeit geleistet hatten, wurde 1953 sodann ein neues JGG verabschiedet, wobei allerdings nur die eindeutig nationalsozialistischen „Einschläge" aus dem Gesetz entfernt und im Übrigen die Struktur des RJGG 1943 beibehalten wurde. Erstmals wurden jedoch auch die Heranwachsenden in das Jugendstrafrecht einbezogen. Man war sich nach wie vor einig, dass der Erziehungsauftrag des Jugendstrafrechts auch die Gestaltung des Gerichtsverfahrens erfasste und der Erziehungsgedanke im JGG auch in den Bestimmungen zum Jugendstrafverfahren verwirklicht wurde, sodass sich die Prozessführung an den jungen Menschen anzupassen hatte. In der Folge verlagerte sich der Fokus wie nach 1923 wieder auf die in der Jugendstrafrechtspflege tätigen Personen, wobei sich erneute Unsicherheiten mit der Umsetzung des Gesetzes in der Praxis zeigten, welche zunächst „in den altvertrauten Gleisen einer strafrechtlich orientierten Anwendung von JGG-Vorschriften“[1] verblieb.

Daraufhin kam es in den 1960er und 1970er Jahren zu zahlreichen Bestrebungen für die Ersetzung von Jugendstraf- und Jugendfürsorgerecht durch ein erweitertes Jugendhilferecht, welche letztlich am Widerstand der Jugendgerichtsbarkeit scheiterten. Jedoch wurde nun die erzieherische Wirksamkeit des Jugendstrafverfahrens und insbesondere der Hauptverhandlung mit ihren zahlreichen Förmlichkeiten immer stärker angezweifelt. Daneben blieben die Diskussionen um eine besondere Eignung und Qualifikation der am Verfahren beteiligten Personen bestehen und es wurde intensiv über die Einschränkung der Untersuchungshaft bei jungen Menschen diskutiert. Nach der Herabsetzung des Volljährigkeitsalters 1974 wurde zudem erneut über die Stellung der Heranwachsenden im Strafrecht debattiert, wobei man sich weiterhin für eine vollumfängliche Einbeziehung aussprach.

Nachdem eine gesetzliche Reform gescheitert war, kam es sodann in den 1980er Jahren zu einer Jugendstrafrechtsreform durch die Praxis, als die Sichtweise vom straffälligen und damit entwicklungsgestörten und erziehungsbedürftigen jungen Straftäter, welche bis dahin Ausgangspunkt sämtlicher jugendstrafrechtlicher Debatten gewesen war, von der kriminologischen Forschung widerlegt wurde und man herausfand, dass der größte Teil der Jugendkriminalität als ubiquitär, bagatell- und episodenhaft und damit als normal einzustufen ist. So wurden die unbestimmten Rechtsbegriffe und Handlungsspielräume des JGG von der Praxis zur Einführung neuer ambulanter Maßnahmen, sowie der Diversion und Experimenten wie beispielsweise der Jugendgerichtsverhandlung am „Runden Tisch“ genutzt. Darüber hinaus setzte man sich eingehend mit den Defiziten der Untersuchungshaft und der Verteidigung in Jugendstrafsachen auseinander. Damit erlebte das Jugendstrafverfahren eine Renaissance. Zugleich rückte allerdings der Erziehungsgedanke selbst in den Mittelpunkt, wobei eine ausufernde Debatte über dessen Bedeutung und

1 *Pfeiffer*, Kriminalprävention, S. 47.

Daseinsberechtigung im Jugendstrafrecht entstand. In Bezug auf das Jugendstrafverfahren wurden dabei vor allem verfassungsrechtliche Gesichtspunkte thematisiert und die Einschränkung rechtsstaatlicher Grundsätze des Strafprozesses und eine Ungleichbehandlung gegenüber Erwachsenen kritisiert. Die im vorherigen Jahrzehnt geforderte Vereinheitlichung des Jugendrechts war damit in den 1980er Jahren einer Betonung der rechtsstaatlichen Garantien des Straf- und Strafverfahrensrechts gewichen.

Mit dem 1. JGGÄndG wurden 1990 schließlich nur die dringendsten und zum Teil zuvor bereits in der Praxis verwirklichten Reformforderungen im JGG umgesetzt und unter anderem die Möglichkeiten zur informellen Reaktion auf Straftaten junger Menschen ausgeweitet, die Voraussetzungen für die Anordnung von Untersuchungshaft eingeschränkt und die Stellung der Jugendgerichtshilfe im Verfahren gestärkt. Damit erfolgte mehr eine Reaktion des Gesetzgebers auf die „Reform von unten“ und weniger eine progressive Neukonzeption des JGG durch Einführung systemändernder Neuerungen, wobei der Bundestag weiteren Reformbedarf etwa bezüglich der strafrechtlichen Behandlung der Heranwachsenden, der vermehrten Mitwirkung von Verteidigern am Verfahren oder der Aus- und Fortbildung der in der Jugendstrafrechtspflege tätigen Personen, in einer Entschließung selbst einräumte.

Nach der Wiedervereinigung und dem damit verbundenen Anstieg auch der Jugendkriminalität entwickelte sich jedoch ein publizistisch-politischer Verstärkerkreislauf, sodass aufgrund dramatisierender Berichterstattungen durch die Medien vielfach Forderungen nach einer Verschärfung des Jugendstrafrechts in der Öffentlichkeit und Politik aufkamen. Zudem geriet der Opferschutz stärker in den Fokus. Auch wenn sich den Verschärfungstendenzen von Seiten der jugendstrafrechtlichen Fachdiskussion vehement widersetzt wurde, kam es Anfang der 2000er Jahre zu Änderungen im JGG, mit denen unter anderem die Nebenklage im Jugendstrafverfahren wiedereingeführt wurde. 2007 verankerte der Gesetzgeber dann nach Entscheidungen des BVerfG, welches sich unter anderem auch zum Verhältnis des Erziehungsgedankens zum elterlichen Erziehungsrecht äußerte, mit dem 2. JGGÄndG schließlich die Legalbewährung als Erziehungsziel und den Erziehungsgedanken selbst als Leitprinzip auch für das Jugendstrafverfahren. In der Folge setzte sich die Entwicklung, die ab 1990 eingetreten war, bis in die Gegenwart fort, wobei zum einen weitere Verschärfungen im JGG vorgenommen wurden, zum anderen aber auch im Jugendstrafverfahren die Stellung der Verfahrensbeteiligten deutlich verbessert wurde, was größtenteils im Rahmen der Umsetzung von Unionsrecht geschah. Daneben wurden vor allem die Kommunikation und Kooperation der am Jugendstrafverfahren beteiligten Personen diskutiert und mit den „Schülergerichten“, „Diversionstagen“ und den „Häusern des Jugendrechts“ neue Ansätze zur Optimierung des Jugendstrafverfahrens geschaffen. Die Auswirkungen von Corona-Pandemie, Ukraine-Krieg, Klimakrise, Migrationsdebatte und das aufgeheizte politische Klima führen aktuell zu einer „Gesellschaft im Krisenmodus“, wobei nicht abzusehen ist, wie sich diese Entwicklungen und das supranationale Recht weiter auf das (formelle) Jugendstrafrecht auswirken werden. Zuletzt wurde auf dem 32. Jugendgerichtstag von Seiten der Politik Reformbereitschaft ohne geplante Verschärfungen des JGG signalisiert.

II. Die Entwicklung der Besonderheiten des formellen Jugendstrafrechts

Im Folgenden soll im Rahmen einer kurzen Bestandsaufnahme noch einmal die Entstehung und Entwicklung der wichtigsten prozessualen Besonderheiten des Jugendstrafrechts und die zugehörige Diskussion in Literatur, Politik und Öffentlichkeit im Laufe der Zeit überblicksartig zusammengefasst und auf einige aktuelle Reformforderungen eingegangen werden.

1. Die Verfahrensbeteiligten

Eine wesentliche Rolle in der jugendstrafrechtlichen Reformdiskussion spielten seit jeher die in der Jugendstrafrechtspflege tätigen und am Jugendstrafverfahren beteiligten Personen. Denn:

> „Solange es Jugendgerichte und eine Jugendgerichtsbewegung gibt, hat man erkannt, daß die gesamte Jugendgerichtsbarkeit in erster Linie eine Personenfrage ist; daß sie steht und fällt mit den Persönlichkeiten, die Recht und Erziehung handhaben.“[2]

a) Jugendrichter

Dieser Ausspruch trifft besonders auf die Jugendrichter zu. Die Problematik ihrer erzieherischen Eignung und fachlichen Qualifikation beschäftigt die jugendstrafrechtliche Diskussion seit deren Anfängen und ist auch in der Gegenwart weiterhin Thema[3].

Schon 1856 vertrat *v. Tippelskirch* die Ansicht, dass die ordentlichen Gerichte nicht zur Aburteilung junger Straftäter geeignet seien, sondern diese Aufgabe

---

2 *Becker*, RdJ 1955, 362.

3 Ausführlich hierzu *Hauber*, Zbl. 64 (1977), 315 ff.

vielmehr in die Hände von geeigneten Behörden gelegt werden sollte, die dabei primär den Standpunkt der Erziehung berücksichtigen sollten. Als besonders geeignet für die Aburteilung junger Delinquenten wurden von der Jugendgerichtsbewegung früh die Vormundschaftsrichter identifiziert. So forderte etwa *Aschrott*, ein Erziehungsamt einzuführen, welchem der Vormundschaftsrichter vorsitzen sollte. Als zu Beginn des 20. Jahrhunderts die Jugendgerichte über den Verwaltungsweg eingeführt wurden, wurde die Personalunion von Vormundschafts- und Strafrichter als wesentliches Kriterium für ein „echtes" Jugendgericht ausgemacht, wobei man sich zu dieser Zeit bereits bewusst war, dass der Erfolg des Jugendstrafverfahrens im Wesentlichen vom Geschick und Taktgefühl des mit der Durchführung betrauten Richters abhängen würde. Im Schrifttum war man sich vor Einführung des JGG 1923 einig, dass für das Amt des Jugendrichters nur besonders vorgebildete Richter geeignet waren, wobei die genauen Voraussetzungen, welche diese erfüllen sollten, zunächst ungeklärt blieben. So fand sich auch im JGG 1923, das den Gedanken der Personalunion normierte, keine spezielle Regelung zu den Anforderungen an die Jugendrichter. Allerdings nahm der Reichstag eine Entschließung an, nach derer für das Amt nur die bestbefähigsten Richter herangezogen werden sollten.

Schon unmittelbar nach Einführung des JGG betrachtete man dann dessen Umsetzung in der Literatur und auf den Jugendgerichtstagen als „Personenfrage" und hob die Bedeutung der Eignung und Ausbildung der Jugendrichter für ihr Amt hervor. Einig war man sich darüber, dass eine gründliche psychologisch-soziologische und fürsorgerisch-sozialpädagogische Schulung für die Jugendrichter notwendig sei, wenn die diesen eingeräumten Befugnisse nicht in Willkür ausarten sollten. Eine gesetzliche Regelung zur Qualifikation der Jugendrichter existierte sodann erstmals im RJGG 1943, wobei zwar die Persönlichkeit der Richter als wichtige Voraussetzung für ein erfolgreiches Verfahren anerkannt wurde, allerdings geprägt von den spezifischen Anschauungen dieser Zeit vor allem die Eignung zur „Jugendführung" betont und Regimetreue gefordert wurde, um politische Machtausübung und die Indoktrination der Jugend zu ermöglichen. Im JGG 1953 wurde schließlich der Gesetzestext angepasst und eine erzieherische Befähigung und Erfahrung in der Jugenderziehung gefordert. Auch danach blieb die Thematik jedoch ein „Dauerbrenner" in der jugendstrafrechtlichen Reformdiskussion, da es sich bei der Norm lediglich um eine „Soll-Vorschrift" handelte und die Besetzung der Richterstellen primär nach dem Geschäftsverteilungsplan unter dem Einfluss der personellen Situation bei den Gerichten und nicht entsprechend der Eignung der jeweiligen Personen erfolgte, was verschiedene Untersuchungen und

Befragungen bis in das neue Jahrtausend hinein wiederholt offenbarten. Immer wieder wurden die Zustände in der Praxis thematisiert und kritisiert.

Erst mit dem „Gesetz zur Bekämpfung sexualisierter Gewalt gegen Kinder“ 2021 wurden die Anforderungen an die Jugendrichter in § 37 JGG verbindlicher gefasst und die Bedeutung von Kenntnissen in den Bezugsdisziplinen des Jugendkriminalrechts unterstrichen, wohingegen die Vorschrift ihren Charakter als nicht revisibele Ordnungsvorschrift allerdings behalten hat. Mangels entsprechender Fortbildungsinfrastruktur, materieller und immaterieller Möglichkeiten und Umsetzungsbereitschaft wurde bis zuletzt eine nur bedingte Umsetzung dieser neuen Vorgaben konstatiert, sodass weiterhin eine entsprechende Umgestaltung des juristischen Studiums und Vorbereitungsdienstes mittels eines Anforderungsprofils für die in der Jugendgerichtsbarkeit tätigen Rechtsanwender gefordert wird[4].

b) Jugendstaatsanwalt

Schon *Aschrott* schlug 1892 die Einführung eines besonderen Jugendanwalts vor, welcher die Ermittlungen zu den einzelnen Fällen durchführen und dem Verfahren beiwohnen sollte. Während es dabei aber um Verfahren gegen verwahrloste Kinder und nicht gegen straffällige junge Menschen ging, setzte sich in der Jugendgerichtsbewegung bald die Ansicht durch, dass über die Jugendrichter hinaus alle am Jugendstrafverfahren beteiligten Personen eine besondere erzieherische Eignung oder Qualifikation aufweisen sollten, sodass im Rahmen der Einführung der ersten Jugendgerichte etwa in Preußen bereits bestimmt wurde, dass die Jugendsachen einem hierfür als besonders geeignet angesehen Staatsanwalt übertragen werden sollten. Im JGG 1923 legte § 21 fest, dass die Bearbeitung der Jugendstrafsachen „bei jeder Staatsanwaltschaft tunlichst in den Händen bestimmter Beamter“ vereinigt werden sollten.

Nach den Problemen der Praxis in der Umsetzung des JGG in der Weimarer Republik bestimmte das RJGG 1943 wie für die Jugendrichter in § 24 auch für die Jugendstaatsanwälte, dass diese „erzieherisch befähigt und in der Jugenderziehung und Jugendführung erfahren sein“ sollten. Dabei ging es ebenfalls primär um die Verwirklichung nationalsozialistischer Ideologie. Der Idealtyp des Jugendstaatsanwalts sollte neben umfassendem juristischen Können im „Väteralter“ sein, selbst Kinder haben und gegenüber der Jugend mit Güte und Umsicht handeln, aber auch scharf durchgreifen können, wobei er

4 Vgl. etwa *Frenzel*, ZJJ 2022, 276 ff.

durch die HJ und die Wehrmacht „Führerqualitäten" und eine „soldatische Haltung" erlangt haben sollte[5]. Im JGG 1953 wurde der Gesetzestext sodann wie für die Jugendrichter angepasst und nurmehr eine erzieherische Befähigung und Erfahrung in der Jugenderziehung gefordert. In der Folge glich die Diskussion weitgehend der Debatte bezüglich der Ausbildung und Qualifikation der Jugendrichter, wobei diese im Vordergrund standen und die Jugendstaatsanwälte daneben nur selten eigenständig thematisiert wurden. So wurde auch im Hinblick auf die Jugendstaatsanwälte durchwegs kritisiert, dass die Anforderungen des § 37 JGG in der Praxis unzureichend umgesetzt würden[6].

Mit dem „Gesetz zur Stärkung der Rechte von Opfern sexuellen Missbrauchs" wurden dann 2013 die Qualifikationsanforderungen an die Jugendstaatsanwälte verbindlicher gefasst, indem Richter und Beamte auf Probe im ersten Jahr nach ihrer Ernennung nicht zum Jugendstaatsanwalt bestellt werden sollen, jugendstaatsanwaltliche Aufgaben den Amtsanwälten nur bei Erfüllung der besonderen Anforderungen übertragen werden dürfen und die Wahrnehmung jugendstaatsanwaltschaftlicher Aufgaben durch Referendare eingeschränkt wurde. Schließlich bezog sich die Konkretisierung von § 37 JGG durch das „Gesetz zur Bekämpfung sexualisierter Gewalt gegen Kinder" 2021 auch auf die Jugendstaatsanwälte.

c) Jugendgerichtshilfe

Die Jugendgerichtshilfe entwickelte sich als Zusammenschluss der öffentlichen und privaten Fürsorgeorganisationen parallel zur Entstehung der Jugendgerichte zu Beginn des 20. Jahrhunderts, nachdem bereits früh deutlich geworden war, dass die Jugendgerichte bei ihrer Tätigkeit Unterstützung von Helferorganisationen benötigen würden. Der Aufgabenkreis der Jugendgerichtshilfe erstreckte sich schnell auf die Ermittlungstätigkeit zur Person und den Hintergründen des jungen Delinquenten, dessen Beistand in der Hauptverhandlung und der Fürsorge- und Schutzaufsicht, um Rückfällen vorzubeugen, sodass der Ausspruch „ohne Jugendgerichtshilfe kein Jugendgericht" entstand.

Nachdem es im Rahmen der Gesetzgebungsarbeiten zum JGG 1923 zu Diskussionen über das Verhältnis der Jugendämter und der privaten Vereinigungen gekommen war, einigte man sich schließlich darauf, dass die Jugendämter die Aufgaben der Jugendgerichtshilfe im Benehmen mit den Vereinigungen

5 *Jung*, DJ 1944, 194 f.

6 Vgl. etwa *Eisenberg*, NK 4/2016, 389 (403).

der Jugendfürsorge ausüben sollten. Die Jugendgerichtshilfe war in allen Abschnitten des Jugendstrafverfahrens zu beteiligen.

Als problematisch wurde nach Einführung des JGG bald der Rollenkonflikt der Jugendgerichtshelfer erkannt, welche zum einen Helfer für das Gericht und zum anderen Helfer für den Jugendlichen sein sollten. Gefordert wurde darüber hinaus eine bessere personelle und organisatorische Ausstattung der nach dem Ermessen der Kommunen eingerichteten Organisationen, sowie eine verpflichtende Teilnahme der Jugendgerichtshilfe an den Verhandlungen und eine Unterbindung der Praxis des sog. Gerichtsgehers, nach derer nicht unbedingt derjenige Jugendgerichtshelfer, der auch im Rahmen der Ermittlungen mit dem Jugendlichen zu tun hatte, sondern je nach Einteilung oft ein anderer, welcher nur den Ermittlungsbericht vortragen konnte, zu den Verhandlungen kam.

Während man mit dem 1. JGGÄndG ein solches Vorgehen im Rahmen einer „Soll-Vorschrift" einschränkte, wurde mit dem „Gesetz zur Stärkung der Verfahrensrechte von Beschuldigten im Jugendstrafverfahren" die verpflichtende Teilnahme der Jugendgerichtshilfe an der Verhandlung normiert und darüber hinaus die Beteiligung der Jugendgerichtshilfe am Verfahren weiter ausgebaut und konkretisiert. Die sachliche Mithilfe der Jugendgerichtshilfe am Verfahren ist seit Bestehen der Jugendgerichte unverzichtbar[7]. Bis heute stellt die Beteiligung der Jugendgerichtshilfe in allen Abschnitten des Verfahrens eines der wichtigsten Elemente zur Gewährleistung eines jugendadäquaten Vorgehens im Verfahren dar[8].

d) Jugendschöffen

Nachdem in § 17 Abs. 1 JGG 1923 normiert worden war, dass die Jugendgerichte die Schöffengerichte sein sollten, wurde auch für die Jugendschöffen bald eine besondere erzieherische Eignung und Befähigung gefordert.

Im Dritten Reich stellte man sich unter den Jugendschöffen vor allem Berufserzieher und lebenserfahrene Väter und Mütter kinderreicher Familien vor, welche bestenfalls aus dem Kreis der HJ-Führer und BDM-Führerinnen stammen sollten. So hatten die Nationalsozialisten schon kurz nach der Machtergreifung die laufende Wahlperiode der Schöffen und Geschworenen beendet, um politisch unzuverlässige Laienrichter für eine bessere Kontrolle der Gerich-

7 *Ostendorf/Drenkhahn*, Jugendstrafrecht, S. 91.

8 *Ostendorf*, RdJB 2022, 570 f.

te durch zuverlässige zu ersetzen. Nach Kriegsbeginn wurde dieser Unsicherheitsfaktor mit der „Verordnung über Maßnahmen auf dem Gebiete der Gerichtsverfassung und der Rechtspflege“ sogar ganz aus dem (Jugend)Strafverfahren entfernt. Auch im RJGG 1943 war das Schöffensystem nicht enthalten, sondern dessen Wiedereinführung auf die Zeit nach dem Krieg verschoben worden.

Erst im JGG 1953 kam es sodann zu einer Wiedereinführung der Schöffengerichte im Jugendstrafverfahren, nachdem sich zuvor auch schon die alliierten Besatzungsmächte für eine solche ausgesprochen hatten. Dabei wurden umfassende Bestimmungen getroffen, um sicherzustellen, dass nur wirklich jugendkundige Menschen als Schöffen im Verfahren mitwirkten, wobei beim Jugendschöffengericht in jeder Verhandlung ein Mann und eine Frau herangezogen werden sollten. Auch der BGH sprach sich 1955 für besonders ausgewählte Persönlichkeiten mit entsprechenden Kenntnissen und Erfahrungen in der Pädagogik und Jugendpsychologie als Jugendschöffen aus.

Vor allem von Ende der 1960er bis Ende der 1970er Jahre wurde dann intensiv über die Anforderungen diskutiert, welche an die Jugendschöffen zu stellen waren. Vertreten wurden dabei ähnliche Positionen wie bei der Diskussion zu den Jugendrichtern und Staatsanwälten, sodass zum einen vor zu viel Spezialisierung gewarnt und die praktische Erfahrung gegenüber einer theoretischen Ausbildung hervorgehoben wurde, während zum anderen ein besonderer Sachverstand gefordert und beispielsweise die Ersetzung der Schöffen durch fachkundige Beisitzer vorgeschlagen wurde. Nicht durchsetzen konnte sich ein anderer Vorschlag, laut dem anstelle von Erwachsenen im Jugendstrafverfahren selbst junge Menschen als Schöffen eingesetzt werden sollten, um zu verhindern, dass der Jugendliche vor Gericht einem „geschlossenen System der Erwachsenen ausgeliefert“ sei.

In der Folge ließ das Interesse an der Thematik der Jugendschöffen in der Literatur jedoch nach und ist seither nicht wieder aufgeflammt.

e) Heranwachsende

Da § 56 RStGB eine bedingte Strafmündigkeit für Personen im Alter zwischen 12 und 18 Jahren bestimmte, richtete sich auch das JGG zunächst nur an Personen unter 18 Jahren. Die Behandlung der Personen im Alter zwischen 18 und 21 Jahren, welche zivilrechtlich zu dieser Zeit ebenfalls noch minderjährig waren, wurde jedoch nach Einführung des JGG schnell Thema. Nach einem Vorschlag von *Francke* auf dem Jugendgerichtstag 1924 wurde am

Amtsgericht Berlin-Mitte im Wege der Geschäftsverteilung die Zuständigkeit der Jugendrichter für die Strafsachen von Personen im Alter zwischen 18 und 21 Jahren festgelegt. Diese Praxis wurde sodann von einer ganzen Reihe weiterer Gerichte übernommen und schon bald war die Diskussion um die künftige Sonderbehandlung dieser Altersgruppe im Strafrecht und Strafprozessrecht in vollem Gange. Dabei wurde von einer Sachverständigenkonferenz bereits der Vorschlag erarbeitet, dass diesen eine Mittelstellung zwischen den Erwachsenen und Jugendlichen eingeräumt werden sollte.

Nachdem der Entwurf eines Einführungsgesetzes zum Allgemeinen Deutschen Strafgesetzbuch und zum Strafvollzugsgesetz aus dem Jahr 1929, der bereits entsprechende Regelungen strafrechtlicher und prozessualer Art für Personen im Alter zwischen 18 und 21 Jahren enthielt, nicht umgesetzt werden konnte, setzten sich die Nationalsozialisten im Rahmen der Einführung des RJGG 1943 nicht vertieft mit den „Halberwachsenen" auseinander, weil die entsprechende Gruppe der jungen Menschen ohnehin der Wehrmacht oder wehrmachtähnlichen Formationen samt eigener Sondergerichtsbarkeit angehörte und eine Regelung somit nicht besonders dringlich erschien.

Erstmals in das Jugendstrafrecht einbezogen wurden die Heranwachsenden schließlich mit dem JGG 1953. Auch wenn der Jugendrichter nun auch für die Verfehlungen Heranwachsender zuständig war – sogar wenn eine Anwendung des allgemeinen Strafrechts zu erwarten war – unterblieb eine vollumfängliche Einbeziehung aber, wobei das Verfahren grundsätzlich öffentlich war und unter anderem die Vorschriften über das Absehen von der Verfolgung bzw. der Einstellung des Verfahrens durch den Richter (§§45, 47 JGG 1953) oder die Einschränkungen der Untersuchungshaft (§ 72 JGG 1953) nicht galten und die Privat- und Nebenklage zulässig blieben.

Erneut in den Fokus geriet die Thematik der Heranwachsenden dann mit der Absenkung des Volljährigkeitsalters auf 18 Jahre im Jahr 1974. Während zum einen gefordert wurde, die Personen mit einem Alter von mehr als 18 Jahren wieder vollumfänglich dem allgemeinen Strafrecht zu unterstellen, wollte man zum anderen sogar ein eigenes Jungtäterrecht als spezielles strafrechtliches Regime für diese Altersgruppe schaffen. Letztlich blieb die Forderung nach einer vollumfänglichen Einbeziehung der Heranwachsenden in das Jugendstrafrecht aber aufrechterhalten. Besonders problematisch war nun auch aus verfassungsrechtlicher Sicht ein erzieherisches Tätigwerden der Jugendstrafrechtspflege gegenüber den nun Volljährigen. Allerdings entschied das BVerfG mit einem Hinweis auf die Rechtslage bei Inkrafttreten des Grundgesetzes, dass dieses einer Einbeziehung der Heranwachsenden in das Jugendstrafrecht als Erziehungsstrafrecht nicht entgegenstünde und das staatliche Erziehungsrecht somit im Gegensatz zum elterlichen auch nach Erreichung der Volljährigkeit zeitlich und gegenständlich in begrenztem Umfang noch fortwirkt.

Mit dem 1. JGGÄndG wurde sodann 1990 auch von Seiten des Gesetzgebers in einer Aufforderung an die Bundesregierung ausdrücklich weiterer Regelungsbedarf hinsichtlich der strafrechtlichen Behandlung Heranwachsender zugestanden. In der Folge kam es aber nicht zu einer solchen Regelung, nachdem mit den seit der Wiedervereinigung aufkommenden Verschärfungstendenzen und der Stärkung des Opferschutzes sogar Forderungen dahingehend erhoben wurden, das Jugendstrafrecht auf die Heranwachsenden nur noch in Ausnahmefällen anzuwenden. Diese vor allem politisch bedingten Forderungen nach einer Verschärfung der Vorgehensweise gegenüber Heranwachsenden stehen seither den Plädoyers aus der Jugendstrafrechtspraxis für die grundsätzliche Einbeziehung der Heranwachsenden und mittlerweile sogar für die Möglichkeit der Einbeziehung der 21- bis 24-Jährigen in das Jugendstrafrecht diametral entgegen. Zuletzt wurde mit dem 2. JuMoG „im Interesse der Tatopfer" die Anwendung des Adhäsionsverfahrens auf Heranwachsende auch bei einer Verurteilung nach Jugendstrafrecht eingeführt und 2012 mit dem „Gesetz zur Erweiterung der jugendgerichtlichen Handlungsmöglichkeiten" die gesetzliche Höchststrafe für Mordtaten Heranwachsender auf 15 Jahre erhöht.

f) Erziehungsberechtigte und gesetzliche Vertreter

Die Erziehungsberechtigten und gesetzlichen Vertreter der jungen Menschen wurden bereits in den Partikularstaaten des 19. Jahrhunderts in das Strafverfahren gegen ihren Schützling einbezogen, indem diese unter anderem Rechtsmittel für den jungen Delinquenten einlegen oder einen Verteidiger für diesen bestellen konnten. Man ging zum einen von einem natürlichen Verteidigungsrecht der Familienmitglieder für den Angehörigen aus und wollte zum anderen Eingriffe in das elterliche Erziehungsrecht auf ein Minimum beschränken, was sich erst mit den Veränderungen im Rahmen der Industrialisierung änderte, als der Staat Probleme in der Erziehung und die dadurch bedingte Jugendkriminalität durch eine Effektivierung und Ausweitung seiner Interventionsmacht aufzufangen versuchte.

Auch das JGG 1923 beteiligte die Erziehungsberechtigten bzw. gesetzlichen Vertreter am Verfahren, welche ein Recht auf Anwesenheit, Gehör und zur Vorlegung von Fragen hatten und im Rahmen der Ermittlungen in der Regel zu hören waren, wobei Entscheidungen, die dem Beschuldigten bekannt zu machen waren, auch diesen bekanntgegeben werden sollten.

Vor allem ab den 1960er Jahren setzte man sich daraufhin aus verfassungsrechtlicher Sicht – insbesondere aus dem Blickwinkel des elterlichen Erziehungsrechts aus Art. 6 Abs. 2 GG – mit der Stellung der Erziehungsberechtigten im Jugendstrafverfahren auseinander. 2003 erklärte das BVerfG sodann die mögliche Entziehung der Beteiligungsrechte der Eltern in § 51 Abs. 2 JGG a.F. für zu unbestimmt und verfassungswidrig und betonte den Vorrang des elterlichen Erziehungsprivilegs vor dem subsidiären staatlichen Eingriffsrecht. Der Gesetzgeber hat daraufhin das elterliche Erziehungsrecht explizit in die Normierung des Erziehungsgedankens in § 2 Abs. 1 JGG aufgenommen, woran kritisiert wurde, dass damit suggeriert würde, der Erziehungsbegriff im JGG und der in Art. 6 GG wären deckungsgleich.

Mit dem „Gesetz zur Stärkung der Verfahrensrechte von Beschuldigten im Strafverfahren“ und dem „Gesetz zur Stärkung der Verfahrensrechte von Beschuldigten im Jugendstrafverfahren“ wurde schließlich in der jüngeren Vergangenheit die Stellung der Erziehungsberechtigten im Jugendstrafverfahren erneut verstärkt[9].

g) Verteidiger in Jugendstrafsachen

Zur Verteidigung in Jugendstrafsachen existierten bis in die 1870er Jahre in den deutschen Partikularstaaten nur insoweit besondere Vorschriften, als allgemein vorgesehen war, dass die Familienmitglieder füreinander und insbesondere der Erziehungsberechtigte bzw. Vormund für den jungen Beschuldigten einen Verteidiger bestellen konnten. Teilweise konnte dies auch gegen den ausdrücklichen Willen des Mündels geschehen, wenn dieser noch minderjährig war. 1868 führte man in Württemberg sodann für Verfahren gegen Angeklagte unter 16 Jahren vor dem Kassationshof, dem Schwurgericht und der Strafkammer des Kreisgerichts die notwendige Verteidigung ein und auch ein bayerischer Entwurf aus dem Jahr 1870 erkannte den Bedarf nach einer Verteidigung von Beschuldigten bzw. Angeklagten im jugendlichen Alter an. In der RStPO fand sich ebenfalls eine Bestimmung zur notwendigen Verteidigung von jungen Delinquenten unter 16 Jahren wieder, welche allerdings nach Einführung der Möglichkeit der Verweisung an die Schöffengerichte mit der „Lex Hagemann“ ab 1905 praktisch leerlief.

---

9 Vgl. auch *Ostendorf/Drenkhahn*, Jugendstrafrecht, S. 91 ff.

Bereits ab den Anfängen der Jugendgerichtsbewegung und den Beratungen zu möglichen Sondervorschriften für junge Straftäter war man sich jedoch einig, dass entsprechend der Bestimmung des RStGB, nach der bei allen Personen unter 18 Jahren das Vorliegen der Einsichtsfähigkeit zu prüfen war, auch die notwendige Verteidigung auf diese Personen ausgeweitet werden sollte. Im JGG 1923 einigte man sich schließlich darauf, dass in den Verfahren vor den großen Jugendgerichten, welche nach allgemeiner Rechtslage zur Zuständigkeit der Reichs- oder Schwurgerichte gehören würden und dann, „wenn dies aus besonderen Gründen, namentlich bei verwickelter Sach- oder Rechtslage, angemessen erscheint", ein Verteidiger für die Jugendlichen zu bestellen war.

Tatsächlich spielte die Verteidigung in Jugendstrafsachen vor dem Zweiten Weltkrieg noch keine große Rolle[10]. Insbesondere im Dritten Reich kamen sodann Forderungen nach einem besonderen Typen des Verteidigers in Jugendstrafsachen auf, welcher neben den Jugendrichtern und -staatsanwälten nicht „als einzigster ungeschult und zufällig" sein sollte, wobei dieser weniger dem Jugendlichen als vielmehr der Volksgemeinschaft dienen sollte und zeitgemäß eine „innere Verbundenheit mit der nationalsozialistischen Jugendarbeit" gefordert wurde. So war in § 42 Abs. 2 RJGG 1943 auch für die Verteidiger in Jugendstrafsachen gefordert, dass diese „erzieherisch befähigt und in der Jugenderziehung und Jugendführung erfahren" sein sollten.

Das JGG 1953 verzichtete später jedoch auf eine entsprechende Vorschrift, da man der Ansicht war, dies könne zu unerwünschten Differenzen in der Auswahl der Pflichtverteidiger führen. In der Reformdiskussion nach Ende des Krieges entstand sodann eine Diskussion über die Frage, ob die Mitwirkung eines Verteidigers im Jugendstrafverfahren erzieherisch überhaupt wünschenswert sei, da diese dazu führen könne, dass sich der Jugendliche gegebenenfalls als Opfer der Justiz fühlen und dementsprechend uneinsichtig werden könne. Angesichts dieser Befürchtung wurde weiterhin über die erzieherische Befähigung der Jugendstrafverteidiger nachgedacht und die Ansicht vertreten, dass sich die Führung der Verteidigung primär an erzieherischen Gesichtspunkten zu orientieren hatte. Die Verteidigungsstrategie durfte nicht von der richtigen Maßnahme wegführen, indem etwa versucht werde, einen ungerechtfertigten Freispruch zu erreichen.

In den 1980er Jahren, in denen man die Besonderheiten des Jugendstrafverfahrens zunehmend aus verfassungsrechtlicher Perspektive betrachtete, wurde dann immer mehr die Verteidigung gegenüber der erzieherischen Einwirkung in den Vordergrund gestellt. Der Verteidiger sollte ein faires Verfahren sicher-

10 Vgl. hierzu und zum Folgenden auch *Beulke*, StV 1987, 458 (459 f.).

stellen, alle entlastenden Tatsachen vortragen und dem staatlichen Strafanspruch auch dann entgegentreten, wenn dieser im Gewand erzieherischer Bemühungen auftreten würde, wobei teilweise zwischen der Schuld- und Rechtsfolgenfrage differenziert wurde. Die in der Folge entwickelten Kölner Richtlinien, welche den Praktikern der Jugendgerichtsbarkeit Interpretationshilfen bei der Rechtserschließung und -anwendung vermitteln wollten, um zu verhindern, dass Fälle notwendiger Verteidigung übersehen oder aus anderen Gründen nicht wahrgenommen würden, hoben die Tatsache, dass der Anteil an Jugendstrafverfahren, in denen ein Verteidiger mitwirkt, gegenüber den Verfahren gegen Erwachsene trotz der erhöhten Schutzbedürftigkeit der jungen Menschen viel geringer war, als in rechtsstaatlicher Hinsicht bedenklich, hervor.

Vor der Jahrtausendwende häufte sich die Kritik an der Tatsache, dass junge Menschen trotz offenkundiger Mängel, sich im Strafverfahren selbst zu verteidigen und die eigenen Sichtweise und Interessen zur Geltung zu bringen, weiterhin viel seltener verteidigt wurden als Erwachsene. Dabei wurden auch die niedrigen Gebührensätze für Strafverteidiger in Jugendstrafsachen kritisiert, welche ihre Tätigkeit als „brotlose Kunst“ bezeichneten. Seither ist die Diskussion zur Verteidigung in Jugendstrafsachen jedoch nahezu eingeschlafen, wobei die notwendige Verteidigung zuletzt 2019 mit den Gesetzen „zur Stärkung der Verfahrensrechte von Beschuldigten im Jugendstrafverfahren“ und „zur Neuregelung der notwendigen Verteidigung“ in Umsetzung unionsrechtlicher Vorgaben ausgeweitet wurde. Mittlerweile hat sich die Auffassung durchgesetzt, dass die Verteidigung in Jugendstrafsachen grundsätzlich die prozessualen Möglichkeiten zur Abwehr einer Strafe auszuschöpfen hat und eine tiefergehende Einbindung des Verteidigers im Sinne eines Erziehungsstrafrechts „zu einem unauflösbaren Konflikt mit den gesetzlichen Beistands- und Hilfsfunktionen“ führt[11].

h) Polizei

Schon 1817 wurde in Preußen für das Strafverfahren bei polizeilicher Vernehmung Minderjähriger angeordnet, dass deren Eltern oder Vormünder hinzugezogen werden sollten, um einerseits diejenigen, die „wegen ihrer Jugend den Gang der Untersuchung, die Folgen der darin gemachten Äußerungen und die Gründe ihrer Verteidigung nicht kennen“[12] zu schützen und andererseits

11 *Ostendorf/Drenkhahn*, Jugendstrafrecht, S. 82.

12 Vgl. das „Erläuterungs Circular-Rescript“ vom 23. Juni 1817, S. 169.

den Polizeibehörden die Möglichkeit zu eröffnen, auf Eltern und Vormünder einzuwirken und diese in die Pflicht zu nehmen.

Das JGG 1923 hatte sodann die damalige strafprozessuale Möglichkeit der Polizei, Strafverfügungen zu verhängen, auf Fälle der Geldstrafe und der Einziehung beschränkt. Die Nationalsozialisten begehrten daraufhin eine Ablösung des Rechtsstaats durch einen Polizeistaat, sodass die Polizei auch in der jugendstrafrechtspolitischen Diskussion zu einem der einflussreichsten Akteure wurde. Sie teilte sich die Kontrolle aller jugendlichen Lebensbereiche mit der HJ und führte den Willen der politischen Führung direkt aus. Ihre Kompetenzen wurden insbesondere ab Kriegsbeginn durch die Schaffung polizeilicher Jugendschutzlager und Verbotsvorschriften ausgeweitet, wobei die Polizei ab 1940 mittels Strafverfügungen sogar Jugendarrest verhängen konnte. Nach dem Zweiten Weltkrieg wurde die Möglichkeit der polizeilichen Strafverfügung aus dem Gesetz gestrichen und durch die sog. jugendrichterliche Verfügung in § 75 JGG 1953 ersetzt.

Die Spezialisierung der Polizeibeamten, welche mit den jungen Delinquenten nach Verübung einer Straftat regelmäßig zuerst in Kontakt treten, wurde vor allem ab Ende der 1960er Jahre, wie bei den anderen am Jugendstrafverfahren beteiligten Personen, ebenfalls Thema der Reformdiskussion. In § 31 Abs. 2 JGG-DDR war sogar normiert, dass die mit der Ermittlung von Verfehlungen Jugendlicher betrauten Angehörigen der Deutschen Volkspolizei in der Behandlung Jugendlicher besonders erfahren sein mussten, während eine entsprechende Regelung in Westdeutschland nie eingeführt wurde. Dort betonte man jedoch ebenfalls das Erfordernis einer entsprechenden Eignung und Ausbildung von Jugendsachbearbeitern und der Schaffung von besonderen Jugendabteilungen, wobei neben guter Kenntnisse einschlägiger gesetzlicher Bestimmungen auf dem Gebiet des Jugendschutzes Grundkenntnisse in Jugendpsychologie, Pädagogik und Soziologie gefordert wurden. So wurden die Beamten in deren Ausbildung bereits gegen Ende der 1960er Jahre größtenteils jugendpsychologisch besonders geschult.

Die Aufwertung des Stellenwerts der Polizei im Jugendstrafverfahren und die Professionalisierung der Ermittlungsarbeit und Anpassung an neue Forschungsergebnisse wurde vor allem ab den 1980er Jahren angestrebt. Die PDV 382, welche als Verwaltungsvorschrift die Bearbeitung von Jugendsachen für alle Polizeibehörden von Bund und Ländern regelt, wurde sodann 1995 zum ersten Mal überarbeitet, wobei unter anderem die Prozessautonomie der Jugendlichen, die Elternrechte und das Kooperationsgebot gegenüber anderen Behörden, sowie ein Spezialisierungsgebot des Jugendsachbearbeiters bei der Polizei festgelegt wurde. Als verfassungswidrig abgelehnt wird gegenwärtig im Hinblick auf die Gewaltenteilung die Verlagerung justizieller Kompetenzen auf die Polizei in den Diversionsrichtlinien einiger Länder[13]. Diese Schranke, sowie der Datenschutz sind auch bei neueren Konzepten wie den „Häusern des Jugendrechts" und den sog. Diversionstagen zu beachten. Die Polizei ist durch den Strafverfolgungszwang gebunden. Aufgrund der gesetzestechnischen Neuerungen im JGG wie den neuen Belehrungspflichten oder der erforderlichen Prognose im Rahmen der notwendigen Verteidigung durch das „Gesetz zur Stärkung der Verfahrensrechte von Beschuldigten im Jugendstrafverfahren" wird aktuell eine erneute Überarbeitung der PDV 382 als dringende Notwendigkeit angesehen.

2. Die Abweichungen gegenüber dem allgemeinen Strafverfahren

Auch die weiteren Abweichungen der Jugendgerichtsverfassung und des Jugendstrafverfahrens gegenüber dem Strafverfahren gegen Erwachsene beruhen auf der Erkenntnis, dass mit Verfehlungen von Personen, die sich körperlich und geistig noch in der Entwicklung befinden, anders umgegangen werden muss als mit Straftaten Erwachsener. Dies gilt nicht nur für das materielle, sondern auch für das formelle Recht:

> „Der Erziehungsgedanke, der das Jugendstrafrecht beherrscht, erschöpft sich keineswegs in der Entwicklung eines besonderen sachlichen Jugendstrafrechts, sondern hat auch zu einem eigenständigen, jugendgemäßen Verfahrensrecht geführt."[14]

Die Entwicklung der wichtigsten Besonderheiten dieses jugendgemäßen Verfahrensrechts soll nachfolgend noch einmal übersichtlich zusammengefasst werden.

a) Legalitätsprinzip und Diversion

Bereits seit den Anfängen der Jugendgerichtsbewegung wurden die „Fesseln", die das Legalitätsprinzip der Praxis und insbesondere den Staatsanwaltschaften auferlegte, für leichtere Verfehlungen junger Menschen kritisiert. Die Kommission des Reichsjustizamts für die Reform des Strafprozesses schlug bereits 1903 eine entsprechende Einschränkung des Legalitätsprinzips zugunsten der

---

13 Vgl. *Ostendorf/Drenkhahn*, Jugendstrafrecht, S. 103; *Laubenthal/Baier/Nestler*, Jugendstrafrecht, S. 137 f.

14 *Dallinger/Lackner*, JGG, § 33, Rn. 2.

jungen Menschen vor und auch in den folgenden Entwürfen und schließlich im JGG 1923 selbst war in § 32 als Vorläufer der heutigen §§ 45–47 JGG eine solche Einschränkung vorgesehen, mit der man überflüssige Verfahren vermeiden und die jungen Menschen vor den mit einem Strafverfahren verbundenen Schäden bewahren wollte. Damit nahm das Jugendstrafrecht seine „Vorreiterrolle" gegenüber dem allgemeinen Strafverfahrensrecht ein, welches den Legalitätsgrundsatz sodann 1924 erstmals einschränkte.

Die Möglichkeiten des Absehens von der Verfolgung wurden mit dem RJGG 1943 und dem JGG 1953 weiter konkretisiert. Die eigentliche Diversionsidee, welche ihren Ursprung in den USA hat und die zahlreichen Möglichkeiten zur Einstellung des Jugendstrafverfahrens aus Opportunitätsgründen bezeichnet, wurde sodann ab Ende der 1970er Jahre in Deutschland aufgegriffen und insbesondere in den 1980er Jahren diskutiert, wobei neben einer regelrechten „Diversionseuphorie" auch negative Auswirkungen durch eine Ausweitung des strafrechtlichen Kontrollnetzes befürchtet wurden. Insgesamt stand man der Diversion aber aufgeschlossen gegenüber, sodass mit dem 1. JGGÄndG 1990 die Möglichkeiten zur informellen Reaktion auf Straftaten Jugendlicher ausgeweitet wurden. Seither hat sich die Diversion in der Praxis durchgesetzt und machte z.B. 2020 rund 76,4% aller Entscheidungen nach dem JGG aus[15]. Neuere Ansätze im Rahmen der Diversion finden sich unter anderem in den sog. Schülergerichten und Diversionstagen, woran insbesondere kritisiert wird, dass dadurch faktisch das in § 45 JGG festgelegte Subsidiaritätsprinzip zu Gunsten einer grundsätzlichen Vorgehensweise nach § 45 Abs. 2 JGG missachtet würde.

Bemängelt wird zudem die nach wie vor regional und überregional stark divergierende Einstellungspraxis, welche teilweise als Verstoß gegen Art. 3 GG gewertet wird und zu Forderungen nach bundesweiten Diversionsrichtlinien und einer Neufassung von § 45 JGG geführt hat. Darüber hinaus werden Einstellungen gemäß § 45 JGG, gegen die keine Rechtsmittelmöglichkeit besteht, im Gegensatz zu solchen nach § 153 StPO weiterhin in das Erziehungsregister eingetragen, worin eine ungerechtfertigte Schlechterbehandlung junger Menschen gegenüber Erwachsenen erkannt wird. Gefordert wird daher unter anderem ein Zustimmungserfordernis für Einstellungen nach § 45 JGG oder die Streichung der Eintragung in das Erziehungsregister[16]. Umstritten ist dagegen bis heute, ob die Diversionsvorschriften im Verhältnis zu den Opportunitäts-

15 *Ostendorf/Drenkhahn*, Jugendstrafrecht, S. 105.

16 Vgl. *Ostendorf/Drenkhahn*, Jugendstrafrecht, S. 107 f.

vorschriften des allgemeinen Verfahrensrechts lex specialis sind oder ob diese nebeneinander anwendbar sind[17].

b) Untersuchungshaft

Auch die Gefahren, die von der Untersuchungshaft für junge Menschen ausgehen, hat man noch vor dem 20. Jahrhundert erkannt. So existierte in Österreich bereits 1873 eine entsprechende Regelung, welche eine getrennte Unterbringung von Jugendlichen und Erwachsenen vorsah. Schon 1880 wurde die Problematik von *Starke* thematisiert und auch in der Jugendgerichtsbewegung von Beginn an in die Reformdiskussion aufgenommen. *Köhne* postulierte in seinem Entwurf 1908 die Forderung, dass Untersuchungshaft nur vollzogen werden sollte, wenn eine anderweitige Unterbringung nicht möglich war und die Landesgruppe Deutsches Reich der IKV sprach sich in ihren Beschlüssen im selben Jahr für eine besondere erzieherische Gestaltung der Untersuchungshaft aus, wobei die Jugendlichen unter die Obhut von Fürsorgevereinen gestellt werden sollten. Auch die Gesetzesentwürfe ab 1908 wollten vermeiden, dass den Jugendlichen durch die Untersuchungshaft bereits „ein gewisser Makel aufgedrückt wird“ und berücksichtigten die Tatsache, „daß Jugendliche schädlichen Einflüssen bei dem Aufenthalt in Gefängnissen besonders zugänglich sind“.

Das JGG 1923, RJGG 1943 und JGG 1953 enthielten daraufhin – jeweils gegenüber der Vorversion konkretisierte – Normierungen zur Einschränkung der Untersuchungshaft und zur Bekämpfung von deren negativen Auswirkungen auf die jungen Menschen. Dennoch wurde die Untersuchungshaft lange Zeit als „trübstes Kapitels des deutschen Jugendstrafrechts“ betitelt. Vor allem ab den 1970er Jahren wurde vermehrt auf „spezifisch erzieherische Funktionserweiterungen“ der Untersuchungshaft durch Jugendrichter hingewiesen, welche die Haft im Rahmen sog. apokrypher Haftgründe als „schnelle stationäre Krisenintervention“ z.B. zur Erzeugung einer Schockwirkung oder als „Einstiegsarrest“ gebrauchten und den Haftgrund der Fluchtgefahr für diese Funktionserweiterung nutzten. Dabei kamen mit Blick auf das elterliche Erziehungsrecht und die Arbeitspflicht für junge Untersuchungshaftgefangene vermehrt auch verfassungsrechtliche Kritikpunkte auf.

In den 1980er Jahren wurde die Problematik der Untersuchungshaft dann – unter den Eindrücken von Suiziden und Suizidversuchen inhaftierter Jugendli-

17 Vgl. hierzu *Schneider*, in: BeckOK-JGG, § 45, Rn. 17 ff.

cher – eines der Hauptthemen der jugendstrafrechtlichen Diskussion, wobei die „teilweise geradezu skandalösen" Zustände in den Haftanstalten hervorgehoben wurden und betont wurde, dass in Deutschland „zu viel, zu schnell und zu lange" verhaftet würde. Im Fokus der Kritik stand insbesondere die Untersuchungshaft bei 14- und 15-jährigen Jugendlichen. Auf einen generellen Ausschluss der Untersuchungshaft gegenüber diesen konnte man sich zwar nicht einigen. Im 1. JGGÄndG wurde die Zulässigkeit der Haftanordnung bei Personen unter 16 Jahren aber zumindest eingeschränkt und zugleich die Bedeutung des Grundsatzes der Verhältnismäßigkeit im Hinblick auf die besondere Belastungen des Vollzugs für Jugendliche unterstrichen, sowie die Möglichkeit zur Haftvermeidung betont.

Auch in der Gegenwart wird die Untersuchungshaft allerdings bei Jugendlichen und Heranwachsenden verhältnismäßig häufig eingesetzt und die Verdeckung apokrypher Haftgründe mit der Fluchtgefahr konstatiert[18]. Gefordert wird daher weiterhin eine „Änderung der desolaten Praxis zugunsten von wirksamen Hilfeangeboten" und eine stringentere Verfolgung des Ziels der Haftvermeidung.

c) *Nichtöffentlichkeit*

Schon 1847 berichtete *Mittermaier* über englische Forschungsergebnisse, welche der Aburteilung junger Delinquenten in öffentlichen Verfahren vor den Geschworenengerichten eine nachteilige Wirkung zuschrieb. Ab der Mitte des 19. Jahrhunderts erkannten auch in Deutschland einige Partikularstaaten, dass „die Formen der feierlichen Verhandlung vor dem Schwurgerichtshof" für junge Angeklagte unpassend waren. Von den ersten Ansätzen der Jugendgerichtsbewegung an wurde ein Ausschluss der Öffentlichkeit für die Verfahren gegen junge Straftäter gefordert. Bereits im JGG 1923 wurde sodann normiert, dass die Verhandlung gegen Jugendliche einschließlich der Entscheidung nicht öffentlich sei, was auch dem heutigen Gesetzeswortlaut entspricht. Einschränkungen bestehen für Verfahren gegen Heranwachsende und bei gleichzeitigen Verhandlungen gegen Jugendliche und Heranwachsende bzw. Erwachsene, wobei auch in diesen Fällen ein Öffentlichkeitsausschluss möglich ist.

---

18 Vgl. hierzu und zum folgenden Text *Ostendorf/Drenkhahn*, Jugendstrafrecht, S. 109 ff.; *Kölbel*, in: Eisenberg/Kölbel, JGG, § 72, Rn. 9 f.

d) Beschleunigungsgrundsatz und vereinfachtes Verfahren

In der jugendstrafrechtlichen Reformdiskussion vor Einführung des JGG war man sich bereits einig, dass ein schnelles und energisches Vorgehen bei Straftaten junger Menschen notwendig sei und die Reaktion der Tat am besten „auf dem Fuße" folgen müsse. Allerdings war man sich auch der Notwendigkeit eingehender Ermittlungen zur Persönlichkeit des jungen Delinquenten für die Auswahl der richtigen Reaktion auf die Straftat bewusst. Daher schloss man in § 38 JGG 1923 die Anwendung des vereinfachten Verfahrens der StPO im Jugendstrafverfahren aus.

Auch die Nationalsozialisten setzten sich daraufhin mit dem Spannungsverhältnis zwischen einer schnellen Reaktion und einer eingehenden Befassung mit dem Jugendlichen auseinander. Das beschleunigte Verfahren wurde in der „Verordnung zur Ergänzung des Jugendstrafrechts" für zulässig erklärt, wenn zu erwarten war, dass auf Jugendarrest erkannt werden würde, während es im Übrigen durch die „Verordnung über die Zuständigkeit der Strafgerichte, die Sondergerichte und sonstige strafverfahrensrechtliche Vorschriften" und sodann im RJGG 1943 für das Jugendstrafverfahren ausgeschlossen wurde. Dafür wurde jedoch zugleich mit den §§ 48 ff. RJGG 1943 das vereinfachte Verfahren eingeführt, in welchem „zur Vereinfachung, Beschleunigung und jugendgemäßen Gestaltung des Verfahrens" von Verfahrensvorschriften abgewichen werden konnte, soweit die Erforschung der Wahrheit nicht beeinträchtigt wurde.

Während die alliierten Besatzungsmächte das vereinfachte Verfahren wieder aus dem Gesetz streichen wollten, um den Jugendlichen möglichst umfassende Verfahrensrechte zu gewährleisten, war man von deutscher Seite aus auch nach dem Krieg für eine Beibehaltung gewesen, um in geeigneten Fällen möglichst bald nach Begehung der Tat und Erfassung des Täters zu einer strafrechtlichen Reaktion zu kommen, sodass das vereinfachte Verfahren letztlich im JGG 1953 stehen blieb.

In der Folge bewährte sich das vereinfachte Verfahren vor allem als fruchtbare Maßnahme gegen den immer stärker kritisierten Formalismus des Jugendstrafverfahrens und daneben auch unter dem Gesichtspunkt der Beschleunigung. Die Notwendigkeit einer besonderen Beschleunigung des Jugendstrafverfahrens wurde schließlich zu einem der Dauerthemen der weiteren Reformdiskussion, wobei eine Auflösung des Spannungsverhältnisses zwischen Schnelligkeit und Genauigkeit bzw. Richtigkeit nicht gelang und die regional unterschiedliche Anwendungspraxis der Jugendstrafrechtspflege beim vereinfachten Verfahren kritisiert wurde. Neben der Diversion, die durch die Ausscheidung der Bagatellkriminalität natürlich ebenfalls einen Einfluss auf die Dauer der übrigen Verfahren hat, kam es in der jüngeren Vergangenheit mit den sog. Diversionstagen und den sog. Häusern des Jugendrechts zu neuen Ansätzen für eine schnelle und koordinierte Reaktion auf die Straftaten junger Menschen. Dagegen kamen in den letzten Jahren vermehrt Stimmen auf, welche die fehlenden empirischen Belege für die Annahme, schnelles Sanktionieren habe einen positiven Effekt auf die Wahrscheinlichkeit eines Rückfalls, betonen und hervorheben, dass der Beschleunigungsgrundsatz nicht isoliert als wesentliches Ziel des Jugendstrafverfahrens steht, sondern nur ein bedeutender Faktor unter vielen ist, der gegen zahlreiche andere abgewogen werden muss“[19]. Zuletzt wurde von der Justizpraxis angesichts der zunehmenden Nutzung der Diversionsmöglichkeiten vom vereinfachten Jugendstrafverfahren nurmehr selten Gebrauch gemacht[20].

e) Strafbefehlsverfahren

Bereits ab den Anfängen der Jugendgerichtsbewegung wurde auch über die Zulässigkeit von Strafbefehlen gegenüber jungen Delinquenten diskutiert. Schon *Appelius* sah die Notwendigkeit einer Ausdehnung der Untersuchung von der Tat auf den Täter und dessen Lebens- und Erziehungsverhältnisse, weswegen er Strafbefehle in diesen Fällen ausschließen wollte. In einer Bekanntmachung des bayerischen Justizministeriums wurde 1894 festgelegt, dass vor Stellung eines Antrags auf Erlass eines Strafbefehls oder vor Anklageerhebung die zuständige Schulbehörde über solche Umstände zu vernehmen war, welche für die Beurteilung der Frage der Erkenntnis der Strafbarkeit oder Art und Maß der Strafe relevant sein konnten. Teilweise wurde die Zulässigkeit von Strafbefehlen aber auch für die Zukunft gefordert, um den jungen Beschuldigten bzw. Angeklagten die Hauptverhandlung ersparen zu können.

Auch die Reformkommission des Reichsjustizamtes sah 1905 die Notwendigkeit eines persönlichen Eindrucks des Richters vom Beschuldigten, entschied sich dann aber dafür, Strafbefehle weiterhin zuzulassen, um ein schnelles und energisches Vorgehen zu ermöglichen und Hauptverhandlungen zu vermeiden, wenn auch zurückhaltend von Strafbefehlen gegen junge Delinquenten Ge-

---

19 *Mertens/Murges-Kemper*, ZJJ 2008, 356 (360); zum Ganzen vgl. auch *Plewig*, in: FS-Ostendorf, 669 ff.; *Rose*, NStZ 2013, 315 ff.; *Schatz*, in: FS-Ostendorf, 797 (803 ff.).

20 2020 wurden nur 7,8% der Abgeurteilten im vereinfachten Verfahren abgeurteilt, vgl. *Ostendorf/Drenkhahn*, Jugendstrafrecht, S. 123.

brauch gemacht werden sollte. Schließlich einigte man sich darauf, den Strafbefehl im Verfahren gegen Jugendliche nicht komplett auszuschließen, um überflüssige Verhandlungen vermeiden zu können, aber dennoch einzuschränken, sodass in § 39 JGG 1923 festgelegt wurde, dass in einem Strafbefehl gegen einen Jugendlichen nur Geldstrafe, die an deren Stelle tretende Freiheitsstrafe und die Einziehung vorgesehen werden konnte.

Mit der „Verordnung zur Ergänzung des Jugendstrafrechts" wurde von den Nationalsozialisten dann zunächst die Möglichkeit eingeführt, mittels Strafbefehlen auch Haft oder Jugendarrest anzuordnen, bevor die Zulässigkeit von Strafbefehlen im Jugendstrafverfahren im RJGG 1943 ausgeschlossen wurde, nachdem zugleich das vereinfachte Jugendverfahren mit seinen zahlreichen Möglichkeiten „zur Vereinfachung, Beschleunigung und jugendgemäßen Verfahrensgestaltung" von Verfahrensvorschriften abzuweichen, eingeführt worden war. Der Ausschluss der Zulässigkeit von Strafbefehlen gegen Jugendliche wurde im JGG 1953 beibehalten und findet sich auch heute im Gesetzestext des JGG.

f) Privat- und Nebenklage

Während die Privatklage schon nach § 38 JGG 1923 aus dem Jugendstrafverfahren ausgeschlossen wurde, um schädlichen Auswirkungen von Strafverfahren auf die jungen Beschuldigten bzw. Angeklagten vorzubeugen und den Jugendlichen nicht der Verfolgungssucht des Verletzten preiszugeben, wurde die Nebenklage erstmals durch § 53 RJGG 1943 für unzulässig erklärt. Auch die Nationalsozialisten waren der Ansicht, dass der „private Streit" zwischen dem Angeklagten und dem Verletzten nicht in ein Jugendstrafverfahren gehöre[21]. Anders als bei der Privatklage, die auch gegenwärtig noch von § 80 Abs. 1 JGG ausgeschlossen wird, hat der Gesetzgeber die Nebenklage jedoch im Rahmen der Verschärfungstendenzen und geforderten Stärkung des Opferschutzes mit dem 2. JuMoG zu Beginn des 21. Jahrhunderts – wenn auch nur eingeschränkt – wieder zugelassen. Daran wird insbesondere kritisiert, dass der staatliche Strafapparat gerade gegen jugendliche Delinquenten nicht in die Hände Privater gelegt werden soll[22]. So würde die Einführung der Nebenklage gegen Jugendliche zwar dem kriminalpolitischen Trend, Opferrechte zu stärken, entsprechen, zugleich aber möglicherweise ein jugendadäquates Verhandlungsklima zerstören, sodass statt der Stärkung der formalen Rechtsposition

---

21 *Kümmerlein*, DJ 1943, 553 (562).

22 So *Ostendorf/Drenkhahn*, Jugendstrafrecht, S. 125.

der Opfer eine psychosoziale Betreuung und eine Intensivierung des Täter-Opfer-Ausgleichs erfolgen solle, für die der notwendige Personaleinsatz aber verweigert werde[23].

g) Rechtsmittelverfahren

Die Rechtsmittel wurden im Jugendstrafverfahren zum ersten Mal mit § 35 JGG 1923 eingeschränkt, welcher bestimmte, dass ein Urteil, in dem eine Erziehungsmaßregel angeordnet worden ist, nicht deshalb angefochten werden konnte, weil eine andere oder weitere Erziehungsmaßregel hätte angeordnet werden sollen oder weil die Auswahl und Anordnung dieser dem Vormundschaftsgericht überlassen worden ist. Man war der Ansicht, „daß die Erziehungsmaßnahme häufig an Wert verliert, wenn sie erst längere Zeit nach der Anordnung in die Tat umgesetzt wird“[24].

Mit § 40 RJGG 1943 wurde die Rechtsmittelbeschränkung durch die Nationalsozialisten weiter verschärft, indem eine Anfechtung durch den Angeklagten nur noch bei einschneidenden Maßnahmen wie der Jugendgefängnisstrafe und der Fürsorgeerziehung zugelassen wurde, um eine Beschleunigung des Verfahrens zu erreichen, während die Staatsanwaltschaft das Urteil auch dann mit dem Ziel einer Bestrafung des Angeklagten anfechten durfte, wenn nur Erziehungsmaßregeln oder Zuchtmittel verhängt worden waren. Begründet wurde dies damit, dass es „mit der erzieherischen Wirkung des Jugendstrafrechts für nicht vereinbar“ sei, dass der Jugendrichter den Angeklagten über die Rechtsmittel gegen sein Urteil belehren sollte[25].

Im JGG 1953 wurde die Rechtsmittelbeschränkung der Vorgängergesetze in § 55 sodann beibehalten, wobei dem Jugendlichen aus rechtsstaatlichen Gründen wieder die Möglichkeit gewährt wurde, seine Unschuld im Rechtsmittelverfahren geltend zu machen, welches zur Verfahrensbeschleunigung auf die Wahlrevision und damit auf einen zweistufigen Instanzenzug beschränkt wurde.

Sodann geriet die Rechtsmittelbeschränkung des JGG vor allem ab den 1980er Jahren immer mehr in die Kritik, als verfahrensrechtliche Schlechterstellungen von Jugendlichen und Heranwachsenden gegenüber Erwachsenen unter verfassungsrechtlichen Gesichtspunkten verstärkt thematisiert wurden. Schließlich empfahl 2015 eine Expertenkommission des BMJ die Rechtsmittelbeschrän-

---

23 *Ostendorf/Drenkhahn*, Jugendstrafrecht, S. 128.

24 Vgl. hierzu die Begründung von E-JGG 1920, S. 26.

25 *Potrykus*, JGG, 2. Aufl., § 40, Bem. 1.

kung in § 55 Abs. 1 JGG zu überprüfen, da sie der Ansicht war, die Vorschrift würde insbesondere aufgrund der Tatsache, dass die Verhängung eines Jugendarrests als Zuchtmittel bis zu vier Wochen Freiheitsentziehung bedeuten kann, „grundlegenden rechtsstaatlichen Bedenken" begegnen. So wurde argumentiert, das Rechtsstaatsprinzip des Art. 20 Abs. 3 GG und internationale Regelungen wie die Mindestgrundsätze der Vereinten Nationen für die Jugendgerichtsbarkeit vom 29. November 1985 würden die Zulassung eines Rechtsmittels verlangen, die Regelung würde im Widerspruch zur Strafprozessordnung stehen und zudem dem Prinzip der Nichtschlechterstellung gegenüber Erwachsenen in vergleichbarer Verfahrenslage widersprechen. Zuletzt wurde die Streichung der Rechtsmittelbeschränkung auch von der DVJJ gefordert und von Bundesjustizminister *Buschmann* auf dem Jugendgerichtstag im Herbst 2023 in Aussicht gestellt.

III. Würdigung

Am Ende der Darstellung bleibt die Frage zu beantworten, welche Schlüsse aus den gewonnen Erkenntnissen über die historische Entwicklung des formellen Jugendstrafrechts gezogen werden können. Indem die Fortentwicklung der Diskussion und der Vorschriften zu Jugendstrafverfahren und Jugendgerichtsverfassung in den jeweiligen Gesetzestexten bis in die Gegenwart nachvollzogen wird, kann sowohl der aktuelle Stand des formellen Jugendstrafrechts ermittelt als auch in einen Gesamtkontext eingeordnet werden. Ein Vergleich zu den Entwicklungen im allgemeinen Strafprozessrecht ermöglicht dabei wiederum Schlussfolgerungen dahingehend, ob eine solche spezifisch jugendstrafrechtlicher Natur war oder nicht. Dafür sollen nachfolgend einige Parameter bestimmt werden, anhand derer die Entwicklungstendenzen von Jugendstrafverfahren und -gerichtsverfassung nachvollzogen werden soll.

Wichtigstes Kriterium bei einer historischen Analyse des formellen Jugendstrafrechts ist dabei der Grad der Formalisierung bzw. Entformalisierung, also die Frage, inwieweit das Jugendstrafverfahren und die diesbezüglichen Vorschriften vom allgemeinen Strafprozess abweichen. Denn über den kompletten dargestellten Zeitraum zeigt sich im formellen Jugendstrafrecht ein starkes Spannungsverhältnis zwischen mit den Besonderheiten der Jugendphase (erzieherisch) begründeten Auflockerungen von Verfahrensvorschriften auf der einen und der Einhaltung von Verfahrensgarantien auf der anderen Seite. Ersichtlich wird dies etwa im Rahmen der Diskussion zum Beschleunigungsgrundsatz und der Entscheidung zwischen Schnelligkeit und Richtigkeit oder auch im Streit um die Frage, ob die Verteidigung in Jugendstrafsachen eine

Erziehungsaufgabe sein soll. Im Jugendstrafverfahren soll einerseits der Erziehungsgedanke verwirklicht werden, andererseits sind aber auch rechtsstaatliche Grundsätze zu wahren, sodass sich mit der prozessualen bzw. erzieherischen „zwei starke, teils gegensätzliche Komponenten“ gegenstehen[26]. In dieser Spannung erkannte man bereits in den 1980er Jahren die rechtspolitische Problematik des Jugendstrafverfahrens[27]. Auch *Fritsch* betonte, eines der großen Spannungsfelder, welche das Jugendstrafrecht bis heute prägen würden, sei dasjenige zwischen „rechtsstaatlichen Verfahrensgarantien und jugendgerechter Reaktion im Einzelfall“[28]. *Schlüchter* fasste zusammen:

> „Gerade weil sich die im Strafverfahren enthaltenen Verfahrensgarantien als ‘angewandtes Verfassungsrecht’ darstellen, wird man Abstriche hiervon selbst mit Rücksicht auf den Erziehungsgedanken nicht zulassen wollen. Andererseits zeigen sich einige Verfahrensregeln als derart erziehungswidrig, daß sie zu Recht im Verfahren gegen Jugendliche nicht gelten.“[29]

Tatsächlich könnten diese Aussagen im Hinblick auf das formelle Jugendstrafrecht nicht treffender sein und gelten auch heute unverändert fort, wie ein Blick auf die durch die historische Analyse gewonnenen Erkenntnisse zeigt. Insgesamt tritt im formellen Jugendstrafrecht über den gesamten betrachteten Zeitraum das Spannungsverhältnis zwischen einem rechtsstaatlichen und einem entformalisierten, „jugendgemäß“ geführten Verfahren deutlich hervor. Dieses Spannungsverhältnis wurde zu unterschiedlichen Zeiten unterschiedlich aufgelöst und gibt Aufschlüsse über die jeweils vorherrschenden Auffassungen darüber, welches Vorgehen als jugendadäquat und damit als „erzieherisch“ anzusehen ist. Es erscheint daher zwingend geboten, den Grad der Formalisierung bzw. Entformalisierung über den gesamten Zeitraum der Darstellung nachzuvollziehen.

Weiteres Kriterium für die Gesamtbetrachtung muss die Stellung der jungen Beschuldigten im Strafverfahren und der Fokus der Fachdiskussion und der jeweiligen Vorschriften auf diese sein. Es ist also zu fragen, inwiefern bei den Reformarbeiten der dargestellten Zeitspannen der junge Mensch selbst und dessen Bedürfnisse im Mittelpunkt des Interesses standen oder ob andere bzw. weitere Personen wie z.B. die Erziehungsberechtigten oder der Verletzte vom Regelungszweck der neuen Vorschriften erfasst waren. So kann ein Bild von

---

26 *Wagler*, Probleme der Verteidigung, S. 21.

27 *Schaffstein/Beulke*, Jugendstrafrecht, 9. Aufl., S. 145.

28 *Fritsch*, Reformbewegung, S. 5 f.

29 *Schlüchter*, Erziehungsgedanke, S. 134.

der Stellung der jungen Menschen in Politik und Gesellschaft über den gesamten Darstellungszeitraum gezeichnet werden.

Zuletzt ist auch für eine Betrachtung des formellen Jugendstrafrechts die Frage von Relevanz, inwiefern die jeweiligen geschaffenen Vorschriften einen punitiven Charakter in sich tragen oder ob sie im Gegenteil einer Sanktionierung sogar entgegenwirken wollen. Damit kann geklärt werden, ob das Jugendstrafverfahren, das seit jeher in Abgrenzung zum allgemeinen Strafprozess als Erziehungsstrafverfahren betitelt wird, diesen Namen auch gegenwärtig noch verdient hat und es können gegebenenfalls Regelungen identifiziert werden, die unter diesem Gesichtspunkt einer Revision unterzogen werden sollten.

Eine Einordnung der Gesetzesänderungen im Jugendstrafverfahren in die Kategorie „erzieherisch-fördernd" oder „positiv-einwirkungsorientiert" bzw. nicht fördernd oder negativ wie bei *Kölbel*[30] kann dagegen in einer historischen Analyse nicht vorgenommen werden, da wie bereits erläutert die Vorstellung darüber, welches Vorgehen als „erzieherisch" zu verstehen ist, im Laufe der geschichtlichen Entwicklung unterschiedlich war und daher vielmehr ein Ergebnis der historischen Analyse als ein taugliches Kriterium für dieselbe darstellen kann.

1. Analyse der historischen Entwicklung des Jugendstrafverfahrens

Im Folgenden soll daher versucht werden, die Entstehung und Entwicklung von Jugendstrafverfahren und Jugendgerichtsverfassung anhand der angesprochenen Kriterien nachzuverfolgen und die Entwicklungstendenzen so anschaulich zu machen.

a) Grad der Formalisierung/Entformalisierung

In der Jugendgerichtsbewegung und dem langwierigen Gesetzgebungsprozess vor Einführung des JGG beschäftigte man sich von Beginn an mit der Frage, inwieweit im Verfahren gegen junge Delinquenten vom allgemeinen Strafprozess abgewichen werden sollte, um dieses möglichst jugendadäquat auszugestalten. Frühzeitig war man sich z.B. einig, dass die Verfahren nicht öffentlich sein sollten und diskutierte über eine besondere Verfahrensbeschleunigung, die Zulässigkeit von Strafbefehlen oder die Erweiterung der Verteidigung bei

30 Vgl. hierzu *Kölbel*, ZJJ 2021, 307 (312 f.).

jungen Beschuldigten. Auch war man der Auffassung, dass die Reaktion zum einen der Tat „auf dem Fuße folgen“ musste, zum anderen aber die Person des jungen Straftäters im Mittelpunkt dieser Reaktion stehen musste, sodass diesbezüglich Ermittlungen anzustellen waren. Bis zur Einführung des JGG 1923 lag der Fokus naturgemäß – die Jugend war gerade erst „entdeckt“, aber ein besonderes gesetzliches Jugendstrafverfahren existierte noch nicht – auf dem Ziel einer umfassenden Sonderbehandlung junger Menschen im Strafverfahren, sodass die geplanten Abweichungen gegenüber dem allgemeinen Strafprozess den meisten Reformern nicht weit genug gehen konnten. Den Richtern wollte man einen möglichst weitgehenden Spielraum in den Jugendstrafsachen zubilligen. Das Legalitätsprinzip sollte durch den Grundsatz, durch Erziehung zu bessern, stark eingeschränkt werden. Die jungen Angeklagten wollte man „im erzieherischen Interesse“ von der Verhandlung ausschließen können. Diese Phase war somit von sehr starken Entformalisierungstendenzen geprägt. Im JGG 1923 wurden schließlich umfassende Sondervorschriften für das Strafverfahren gegen junge Straftäter geschaffen und unter anderem z.B. der Öffentlichkeitsgrundsatz, das Legalitätsprinzip und die Rechtsmittelmöglichkeiten eingeschränkt und eine besondere Ermittlungspflicht bezüglich der Persönlichkeit und Hintergründe des Jugendlichen vorgeschrieben. Auch nach der Einführung des JGG setzte sich die Tendenz zur Entformalisierung in der Weimarer Republik weiter fort – wenn auch natürlich nicht in der gleichen Intensität wie zuvor –, indem etwa eine strafrechtliche Sonderbehandlung nun für alle Personen unter 21 Jahren begehrt wurde.

Die Nationalsozialisten entschieden sich sodann dafür, den Formalismus des Jugendstrafverfahrens noch stärker aufzuweichen, um die eigene Erziehungsideologie mit den entsprechenden Erziehungsmitteln verwirklichen zu können. Dies geschah zunächst mittels zahlreicher Verwaltungsvorschriften, welche unter anderem dazu führten, dass die HJ und NS-Volkswohlfahrt in das Verfahren einbezogen oder die Schöffengerichte beseitigt wurden. Im Rahmen der Einführung des Jugendarrests mit der „Verordnung zur Ergänzung des Jugendstrafrechts“ wurde zudem das beschleunigte Verfahren für anwendbar erklärt, um das Zuchtmittel in einem schnellen, straffen Verfahren verhängen zu können und dessen angestrebte Schockwirkung zu verwirklichen. Während des Krieges wurde das Verfahren zunächst durch Verwaltungsvorschriften und Verordnungen weiter entformalisiert, bevor mit dem RJGG 1943 schließlich unter anderem das vereinfachte Verfahren eingeführt wurde, in welchem nun zur Vereinfachung, Beschleunigung und „jugendgemäßen Gestaltung“ von zahlreichen Verfahrensvorschriften abgewichen werden konnte. Darüber hinaus wurden das Strafbefehlsverfahren und die Nebenklage aus dem Jugendstrafverfahren beseitigt und die Anfechtbarkeit jugendgerichtlicher Urteile weiter eingeschränkt. Auch wenn die Nationalsozialisten ebenfalls die Notwendigkeit eingehender Ermittlungen zu den Hintergründen und der Persönlichkeit des jungen Delinquenten betonten, erlangte der Beschleunigungsgrundsatz in der NS-Zeit damit deutliches Übergewicht in der Frage nach „Schnelligkeit oder Richtigkeit" im Jugendstrafverfahren.

Nach Kriegsende arbeiteten die alliierten Besatzungsmächte an einer Entnazifizierung des Jugendstrafrechts, wobei sich erstmals die leichte Tendenz zeigte, der zu Beginn des 20. Jahrhunderts eingeleiteten Entformalisierung des Jugendstrafverfahrens entgegenzuwirken. So waren diese etwa der Ansicht, dass die „kriminalbiologische Untersuchung", die Rechtsmittelbeschränkung des § 40 RJGG 1943 und das vereinfachte Verfahren wieder zu streichen waren, um den Jugendlichen möglichst umfangreiche verfahrensrechtliche Gewährleistungen zukommen zu lassen. Dies hätte auch die hervorgehobene Stellung des Beschleunigungsgrundsatzes wieder abgeschwächt. Eine vollumfängliche Formalisierung des Jugendstrafverfahrens beabsichtigten die Kontrollmächte aber nicht, sie wollten vielmehr nur wesentliche nationalsozialistische Gedanken durch eine Wiederaufnahme von Vorschriften des JGG 1923 oder Streichung einzelner Passagen des RJGG 1943 entfernen.

Die mit dem JGG 1953 letztlich vorgenommenen Änderungen übernahmen die Tendenz zur Formalisierung allerdings nicht. Vielmehr waren die deutschen Stellen nach Kriegsende der Ansicht, das RJGG 1943 sei durch „eine ganze Reihe von Verbesserungen des Strafverfahrensrechts unter erzieherischen Gesichtspunkten", „von einzelnen systemfremd wirkenden Bestimmungen und Formulierungen abgesehen, ein wohl durchdachtes und formuliertes zweckmäßiges Gesetz gewesen", sodass man dessen Systematik und Bestimmungen weitgehend übernahm. Erzieherisch begründete Abweichungen gegenüber dem allgemeinen Strafprozess erfolgten unter anderem mit der Einschränkung der Eidespflicht, der Ausdehnung der Nichtöffentlichkeit des Verfahrens auf die Urteilsverkündung oder der Vorgabe, das wesentliche Ergebnis der Ermittlungen so darzustellen, dass dessen Kenntnisnahme durch den Beschuldigten keine Nachteile für dessen Erziehung verursachte. Eine Anrechnung erlittener Untersuchungshaft sollte nur erfolgen, wenn sich diese erzieherisch günstig ausgewirkt hat oder die Versagung der Anrechnung auch bei Berücksichtigung der Erziehungsaufgabe des Strafvollzugs eine unbillige Härte wäre. Einschränkungen wurden gegenüber dem RJGG 1943 dagegen nur dort gemacht, wo eindeutig nationalsozialistische Einschläge beseitigt wurden oder eine Bestimmung unter rechtsstaatlichen Gesichtspunkten nicht mit dem Grundgesetz vereinbar war. So war etwa die Möglichkeit der polizeilichen Strafverfügung als Verstoß gegen die Gewaltenteilung angesehen und abgeschafft worden.

Zudem wurde den jungen Delinquenten aus rechtsstaatlichen Gründen wieder die Möglichkeit eingeräumt, ihre Unschuld im Rechtsmittelverfahren geltend zu machen. Auch die Möglichkeit, das Verfahren „in besonders leichten Fällen" einzustellen, hatte man als zu unbestimmt erachtet und stattdessen einen Verweis auf § 153 StPO in das Gesetz eingefügt. Dies mildert die Entformalisierungstendenzen dieser Zeitspanne zwar ab, wirkt ihnen aber noch nicht entgegen.

In dem Zeitraum zwischen der Einführung des JGG 1953 und dem 1. JGGÄndG 1990 verstärkte sich dann zum einen die Forderungen danach, erziehungsfeindliche Elemente aus dem Jugendgerichtsverfahren zu entfernen und der „Zwangssituation" der formalisierten Hauptverhandlung entgegenzuwirken, während zum anderen immer größere Zweifel hinsichtlich der Verfassungsmäßigkeit einzelner Bestimmungen des Jugendstrafverfahrens aufkamen. So wurde die unterschiedliche Behandlung der jungen Menschen gegenüber Erwachsenen und die Einschränkungen von prozessualen Sicherungen durch den Erziehungsgedanken bemängelt, nachdem die Anwendung „apokrypher" Haftgründe im Rahmen der Untersuchungshaftanordnung offenbar geworden war. Darüber hinaus wurde nun hinterfragt, ob das Beschleunigungsprinzip tatsächlich Ausfluss des Erziehungsgedankens oder nicht zumindest auch ein Instrument zur Durchsetzung des staatlichen Strafanspruchs sei. Insbesondere wurde kritisiert, dass die im Zusammenhang mit dem Beschleunigungsgrundsatz interessierenden Vorschriften, die zur NS-Zeit entstanden waren, nicht grundsätzlich hinterfragt worden waren. Betont wurde, dass auch im Jugendstrafrecht der Grundsatz „in dubio pro reo" und nicht „in dubio pro educatione" lauten müsse[31]. Besonders ausgeprägt trat das Spannungsverhältnis zwischen „erzieherisch" begründeter Entformalisierung und rechtsstaatlich bedingter Formalisierung in den 1980er Jahren zu Tage, als aufgrund neuer kriminologischer Erkenntnisse von der Normalität alltäglicher Jugenddelinquenz die Diversionsidee besonders populär wurde. Im Rahmen von Reformversuchen durch die Praxis wurden etwa die Jugendgerichtsverhandlungen am „Runden Tisch" getestet, während zugleich erzieherisch begründete Abstriche von prozessualen Sicherungen und Formalitäten vor allem unter verfassungsrechtlichen Gesichtspunkten großer Kritik ausgesetzt waren. Die Entformalisierungs- und die Formalisierungstendenzen standen sich mittlerweile ebenbürtig gegenüber. Diese gegenläufigen Tendenzen spiegelten sich dann auch im 1. JGGÄndG wider, welches nach der Kritik der Vorjahre zum einen die Bestimmungen zur Untersuchungshaft umfassend abänderte und konkretisierte und zum anderen mit der Diversion die informellen Reaktionsmöglichkeiten auf Jugenddelinquenz weiterentwickelte.

---

31 *Albrecht*, Jugendstrafrecht, S. 63, 254; *ders*., ZStW 97 (1985), 831 (857); zustimmend *Wagler*, Probleme der Verteidigung, S. 30.

Aufgrund der durch die Wiedervereinigung bedingten Kriminalitätszunahme setzte sich die Kritik an der erzieherischen Ausgestaltung des Jugendstrafrechts auch danach weiter fort. Man forderte, der junge Beschuldigte solle nicht das Objekt des Verfahrens, sondern Subjekt „mit rechtsstaatlich gesicherter Beschuldigtenkompetenz und einem Anspruch auf strafprozessuale Fairneß“[32] sein. Die Entformalisierungstendenzen wichen damit einer immer stärkeren Betonung des Rechtsstaatsprinzips und anderer Verfassungsgüter, wobei zusätzlich der Gesichtspunkt des Opferschutzes verstärkt in die Diskussion aufgenommen wurde. In der Argumentation, eine Opferbeteiligung würde dem Erziehungsgedanken nicht widersprechen, sondern im Gegenteil erziehungsfördernd wirken, indem sich nach einer Straftat mit dem Opfer auseinandergesetzt werden müsse, trat diese Tendenz deutlich hervor. So wurde die einst aus erzieherischen Gründen aus dem Jugendstrafverfahren ausgeschlossene Nebenklage durch das 2. JuMoG wieder eingeführt.

Die Tendenz, der starken Entformalisierung des Verfahrens aus rechtsstaatlichen Gründen weiter entgegenzuwirken, besteht bis in die Gegenwart fort. Das Jugendstrafverfahren wurde zuletzt mit zahlreichen – überwiegend unionsrechtlich veranlassten – Vorschriften, etwa zur Belehrung der jungen Beschuldigten, der verpflichtenden Teilnahme der Jugendgerichtshilfe an der Hauptverhandlung, der Ausweitung der gegenseitigen Mitteilungspflichten oder der stärkeren Stellung und Beteiligung der Erziehungsberechtigten, deutlich stärker formalisiert. In der jugendstrafrechtlichen Diskussion wurde auch die Bedeutung des Beschleunigungsprinzips zugunsten der Wahrheitsermittlung zunehmend relativiert und die Annahme, schnelles Sanktionieren habe einen positiven Effekt auf die Rückfallwahrscheinlichkeit, grundsätzlich in Frage gestellt. Mit dem Rechtsstaatsprinzip werden zudem die gegenwärtigen Bestrebungen begründet, die Rechtsmittelbeschränkung des § 55 Abs. 1 JGG zu streichen.

b) Fokus auf den Schutz der jungen Beschuldigten

Auch die Stellung der jungen Beschuldigten im Strafprozess wandelte sich im Laufe der historischen Entwicklung des formellen Jugendstrafrechts mehrmals.

So erfolgte eine Sonderbehandlung junger Delinquenten im Strafverfahren bis zum Beginn der Jugendgerichtsbewegung fast ausschließlich insofern, als deren Erziehungsberechtigte an den Verfahren gegen ihre Schützlinge beteiligt

32 DVJJ-Kommission, DVJJ-Journal 1992, 4 (23); vgl. auch *Schüler-Springorum*, in: Verhandlungen des 22. JGT, 47 (50).

wurden. In den Partikularstaaten des 19. Jahrhunderts fanden sich zahlreiche Regelungen, gemäß derer die Erziehungsberechtigten bzw. Vormünder unter anderem Rechtsmittel für den jungen Delinquenten einlegen oder einen Verteidiger für diesen bestellen konnten. Im Fokus der Vorschriften stand dabei nicht der junge Mensch selbst, sondern primär der Schutz des Familienbandes. Ausnahmen existierten allerdings in Preußen, wo bereits im ersten Drittel des 19. Jahrhunderts der Schutz derer, die „wegen ihrer Jugend den Gang der Untersuchung, die Folgen der darin gemachten Äußerungen und die Gründe ihrer Verteidigung nicht kennen" würden, mit behördlichen Verfügungen begehrt wurde.

Nachdem in der Mitte des 19. Jahrhunderts erste Vorstöße hinsichtlich einer umfassenderen verfahrensrechtlichen Sonderbehandlung junger Delinquenten erfolgten, existierten vor Beginn der Jugendgerichtsbewegung dann immerhin vereinzelt schon Regelungen, welche den jungen Menschen z.B. öffentliche Verfahren vor den Geschworenengerichten ersparen wollten oder eine notwendige Verteidigung für diese vorsahen. Ab 1850 stieg das Interesse an den jungen Straftätern also bereits langsam an.

Im Rahmen der „Entdeckung" der Jugend und der weiteren für die Jugendgerichtsbewegung entscheidenden Einflüsse wie der Lehre *v. Liszts* verlagerte sich der Fokus in der Fachdiskussion und der Gesetzgebungsarbeit dann ab 1880 vollends auf die jungen Straftäter, sodass nun die Auswirkungen des Strafverfahrens auf diese selbst und deren Schutz vor negativen Einflüssen im Vordergrund standen. Man sah die Interessen der jungen Menschen nun nicht mehr durch die bloße Einbeziehung der Erziehungsberechtigten gewahrt, sondern schuf darüber hinaus zunächst auf dem Verwaltungsweg und sodann mit dem JGG 1923 umfangreiche Gewährleistungen für eine angemessene Berücksichtigung der Sondersituation noch in der Entwicklung befindlicher Personen. Diese standen auch zwischen 1923 und 1933 im Mittelpunkt des jugendstrafrechtlichen Interesses.

Der besonderen Eigenart der NS-Zeit entsprach es sodann, dass zwischen 1933 und 1945 nicht mehr nur der einzelne Jugendliche und seine Zukunft im Fokus stand, sondern dessen Verantwortung gegenüber der Volksgemeinschaft betont wurde. War die Erziehung der Erziehungsberechtigten, welche nun bezeichnenderweise „Erziehungspflichtige" waren, unzulänglich oder gefährdet, gestand man dem Staat einen „totalen Erziehungsanspruch" zu, wobei man unter einer wirksamen Erziehung eine harte Reaktion des Staates zur Disziplinierung verstand. Auch wenn die Nationalsozialisten ebenfalls das Ziel betonten, den jungen Beschuldigten bzw. Angeklagten vor vermeidbaren Schäden zu bewahren, wurden überwiegend die Schutzrechte der Jugendlichen gegenüber

Abschreckungs- und Vergeltungsgedanken zurückgestellt. Es bestimmte nicht mehr die Auffälligkeit des Jugendlichen die strafrechtliche Reaktion, sondern das von den Nationalsozialisten geschaffenen Feindbild, sodass von den Schutzvorschriften des formellen Jugendstrafrechts nur erfasst wurde, wer als „würdig“ zur Rückkehr in die Volksgemeinschaft erachtet wurde.

Nach Kriegsende verlagerte sich das Interesse dann jedoch wieder zurück auf die jungen Delinquenten und die Frage, wie schädliche Auswirkungen des Strafverfahrens auf diese vermindert werden könnten bzw. wie das Jugendstrafverfahren selbst optimiert werden könnte. Dieser Zielsetzung lagen sowohl der Versuch der Schaffung eines einheitlichen Jugendrechts als auch Bestrebungen nach einer stärkeren Formalisierung bzw. Entformalisierung des Verfahrens in den 1980er Jahren zugrunde. In den Blickpunkt gerieten dabei jedoch immer mehr auch die elterlichen Erziehungsrechte, welche neben den Verfassungsrechten der Jugendlichen Teil der jugendstrafrechtlichen Debatte wurden.

Mit den Verschärfungstendenzen seit den 1990er Jahren verschob sich der Fokus sodann weiter, indem nun immer mehr auch Opferschutzgesichtspunkte in die Diskussion miteinbezogen wurden. Die Forderungen, das Jugendstrafrecht im Sinne eines opferbezogenen Strafrechts zu reformieren, führten schließlich zur Wiedereinführung der Nebenklage durch das 2. JuMoG 2006. Fast gleichzeitig wurde allerdings der Erziehungsgedanke in das JGG aufgenommen, der jedoch wiederum für das Jugendstrafverfahren ausdrücklich durch das elterliche Erziehungsrecht eingeschränkt wurde.

Die Gesetzesänderung der letzten 15 Jahre fokussierten sich primär auf die Rechtsstellung der Jugendlichen und sekundär der Erziehungsberechtigten im Verfahren, betonten jedoch wiederholt auch Opferschutzgesichtspunkte. Die unterschiedlichen Standpunkte, auf denen die Fachdiskussion auf der einen Seite und Politik und Gesellschaft auf der anderen zwischen Reformforderungen und Verschärfungstendenzen seit über 30 Jahren gegenüberstehen, spiegeln sich damit auch deutlich in den Entwicklungen des Gesetzestextes des JGG wider.

c) Punitivität

Bis 1880 wiesen die strafrechtlichen Vorschriften einen primär punitiven Charakter auf. Spezialpräventive Strafzwecke waren zu dieser Zeit noch nicht mehrheitlich anerkannt, sodass es primär auf die Vergeltung für begangenes Unrecht ankam. Erzieherische Gesichtspunkte wurden erst ab der Mitte des 19. Jahrhunderts immer relevanter, etwa im Rahmen der Einführung sogenannter Erziehungs- und Besserungsanstalten. So hatte *Wilde* bereits 1858 angemerkt, dass es in der Strafrechtspflege gegenüber jungen Menschen „ganz besonders darauf ankommt, erziehend und bessernd durch eine dem jugendlichen Alter und der jugendlichen Anschauung entsprechende Strafart und Verfahrungsweise auf die Unerwachsenen einzuwirken, um sie davor zu bewahren, daß sie nicht in eine vollständig lasterhafte Bahn fallen“[33].

Im Rahmen der entstehenden Jugendgerichtsbewegung wurde dann „Erziehung“ oder die „erzieherische Wirkung“ einer Maßnahme wurde zum Codewort für die Bemühungen, gegenüber jungen Delinquenten traditionelles Vergeltungsdenken zurückzudrängen und einer jugendadäquaten, auf den Einzelfall bezogenen Vorgehensweise den Vorrang einzuräumen. Im JGG 1923 wurde unter anderem mit der Einschränkung des Legalitätsprinzips versucht, unnötige Strafverfahren zu vermeiden und der Gedanke der Erziehung gegenüber der Strafe in den Vordergrund gestellt. Man war der Ansicht, den einzelnen Bestimmungen des Gesetzes liege unausgesprochen die Bestimmung zugrunde, die Jugendstrafrechtspflege in all ihren Abschnitten „so zu gestalten, daß die Erziehung des Jugendlichen gefördert wird“[34]. Die Diskussionen zwischen 1923 und 1933 um die Einbeziehung der Personen unter 21 Jahren in das Jugendstrafrecht, die Anhebung der Strafmündigkeitsgrenzen und der Durchführung des JGG als Personenfrage folgten dieser klaren Tendenz.

Dem Wesen der NS-Zeit entsprach es sodann wiederum, dass die Regelungen zum Strafrecht und damit auch zum Jugendstrafrecht einen stark punitiven Charakter annahmen. Sühne- und Vergeltungsdenken wurden erzieherisch legitimiert, indem ein entsprechendes Erziehungsverständnis entwickelt wurde. Unter einer wirksamen Erziehung verstand man nun eine harte Reaktion des Staates zur Disziplinierung junger Straftäter. In dem System umfassender sozialer Kontrolle wurde abweichendes Verhalten streng geahndet, wie etwa die Schilderungen zur Einführung des Jugendarrests zeigen, welcher die Gefängnisstrafe an Härte und Strenge übertreffen sollte, sodass Einzelhaft und an mehreren Tagen nur Brot und Wasser vorgesehen waren. In verfahrensrechtlicher Hinsicht wurde durch eine Aufweichung rechtsstaatlicher Grundsätze und verschiedenen Gestaltungen wie z.B. der Einführung des vereinfachten Verfahrens und die Einschränkung der Rechtsmittelmöglichkeiten die schnelle Verhängung von harten Strafen ermöglicht. Auch wenn schließlich mit dem RJGG 1943 einige zuvor bereits bestehende Reformforderungen verwirklicht wurden, sprechen z.B. die besonderen Zuständigkeitsregelungen der NS-Zeit für sich, welche zur Folge hatten, dass eine Vielzahl

---

33 *Wilde*, Arch. f. preuß. StrafR. 1858, 433 (434).

34 *Francke*, DVJJ-Journal 1993, 167..

von Institutionen wie z.B. die Polizei, HJ-Gerichte, Wehrmachtsgerichte, Sondergerichte und allgemeine Strafgerichte auf die Jugendlichen zugreifen konnten und der Kreis der Jugendlichen, welche überhaupt „in den Genuss" der prozessualen Gewährleistungen des RJGG 1943 kommen konnte, entsprechend klein wurde.

Nach 1945 arbeiteten die Alliierten daran, das Jugendstrafrecht zu Entnazifizieren und damit auch die besondere Punitivität der NS-Zeit zu beseitigen, während die deutschen Stellen jedoch in zahlreichen Stellungnahmen noch repressive Tendenzen offenbarten. So appellierten diese z.B. gegen eine Ausweitung der Rechtsmittelmöglichkeiten, da sie Einbußen in der Glaubwürdigkeit des Jugendrichters befürchteten und betonten die Wichtigkeit der sofortigen Vollstreckbarkeit des Jugendarrests, welcher eine Schockwirkung auf die „verwöhnten Muttersöhnchen", „Schulschwänzer" und die jugendliche Bandenkriminalität hätte[35]. Auch wenn nach Ende der Besatzungszeit in materiellrechtlicher Hinsicht die Zuchtmittelkategorie und der Begriff der „schädlichen Neigungen" im JGG stehen blieben, verlor dieses in prozessualer Hinsicht durch zahlreiche Anpassungen mit dem JGG 1953 dann weitgehend wieder den spezifisch punitiven Charakter der NS-Zeit. Nun wurde betont, es sollte im Jugendstrafrecht gerade nicht auf die Verwirklichung des staatlichen Strafanspruchs oder des privaten Genugtuungsanspruchs des Verletzten ankommen, sondern darauf, „dem Jugendlichen die ihm angemessene und gebührende Behandlung zuteil werden zu lassen, um ihn im Wege der Erziehung wieder in die Gemeinschaft einzugliedern"[36]. Die Bemühungen um ein einheitliches Jugendrecht und auch die Diskussionen in den 1980er Jahren hatten daher alle samt wieder die Zielsetzung, schädliche Auswirkungen der Verfahren auf junge Menschen so weit wie möglich einzuschränken und diesen eine möglichst jugendadäquate Sonderbehandlung zuteil werden zu lassen, ohne deren Verfahrungsgarantien weiter als unbedingt nötig einzuschränken. Ansätze, deren eigentlicher Zweck die Verwirklichung eines besonderen Strafbedürfnisses gewesen wäre, waren zu dieser Zeit nicht vorhanden.

Doch auch dies änderte sich mit den Entwicklungen ab 1990 und den damit einhergehenden Verschärfungstendenzen im gesamten Jugendstrafrecht. Vor allem in Gesellschaft und Politik wurde eine Verschärfung des Jugendstrafrechts nach entsprechenden Medienberichten seither immer wieder gefordert.

---

35 Vgl. die Stellungnahme des BayStMJ vom 12. November 1946, S. 3, sowie die Stellungnahme zum Entwurf an das BayStMJ vom 8. November 1946, enthalten in: BayStMJ, Generalakte Jugendgericht und Verfahren vor den Jugendgerichten – Az. 4212, Bd. 1, Heft 3.

36 *Potrykus*, JGG, 4. Aufl., § 33, Vorbem. 5.

Im Gegensatz zum materiellen Recht, wo unter anderem mit der Erhöhung des Strafrahmens für die Jugendstrafe bei Schwere der Schuld und den Regelungen zur Sicherungsverwahrung eine Annäherung an das Erwachsenenstrafrecht erfolgte, wirkten sich diese Einflüsse auf das Jugendstrafverfahren und die Jugendgerichtsverfassung aber nur bedingt aus. So kann insbesondere der bereits mehrfach erwähnten Wiedereinführung der Nebenklage und der Anwendbarkeit des Adhäsionsverfahrens auf Heranwachsende auch für den Fall einer Verurteilung nach Jugendstrafrecht ein punitiver Grundgedanke zugeschrieben werden. Im Übrigen kam es jedoch – vor allem durch die Umsetzung von Unionsrecht – zuletzt zu einer erheblichen Stärkung der Mitwirkungsrechte der Erziehungsberechtigten und der Jugendgerichtshilfe, und auch die Rechtsstellung der jungen Menschen selbst wurde etwa durch den Ausbau der notwendigen Verteidigung und strengere Anforderungen an Belehrungen stark verbessert. Dennoch haben sich die allgemeinen Verschärfungstendenzen auf das formelle Jugendstrafrecht jedenfalls insofern negativ ausgewirkt, als der im 1. JGGÄndG ursprünglich betonte weitere umfangreiche Reformbedarf mittlerweile fast in Vergessenheit geraten ist.

d) Schlussfolgerungen

Führt man sich die geschilderte Entwicklung anhand der genannten Parameter vor Augen, so fällt auf, dass sich in allen Punkten vor allem seit der Wiedervereinigung Entwicklungen zeigen, welche gegenläufig zu den mit der Jugendgerichtsbewegung ursprünglich eingeleiteten Tendenzen sind. So haben sich die in den 1880er Jahren einsetzenden starken Entformalisierungstendenzen mittlerweile zunehmend in Richtung einer immer stärkeren Formalisierung des Jugendstrafrechts verlagert. Die damals schon befürchtete immer stärkere (Rück-)Annäherung an das allgemeine Strafrecht ist also tatsächlich erfolgt. Auch der junge Beschuldigte steht seit geraumer Zeit nicht mehr allein im Fokus der Diskussion und Gesetzgebung im formellen Jugendstrafrecht, sondern bildet neben seinen Erziehungsberechtigten und dem Verletzten nur noch einen – wenn auch nach wie vor den dominantesten – Teil der Personen, zu deren Berücksichtigung im Jugendstrafverfahren Gesetzesänderungen erfolg(t)en. Mit den Verschärfungstendenzen seit den 1990er Jahren wird zudem auch im Jugendstrafprozessrecht wieder eine punitiver Grundeinstellung im Rahmen einzelner – teils verwirklichter, teils nicht verwirklichter – Gesetzesvorhaben offenbar, welche sich allerdings im Rahmen hält und seit den 2010er Jahren wieder etwas zurückgegangen ist.

In der NS-Zeit zeigten sich aufgrund ihres spezifischen Charakters natürlich besondere Spitzen, die der vorhergehenden und nachfolgenden Entwicklung bei den Kriterien „Punitivität" und „Fokus auf den jungen Menschen" entgegenstehen. Anders sieht es jedoch im Bereich Formalisierung/Entformalisierung aus. Bei diesem Kriterium fügt sich die Aufweichung des formalisierten Verfahrens durch die Nationalsozialisten in die seit der Jugendgerichtsbewegung dominierenden Entformalisierungstendenzen ein. Insgesamt zeigt sich daher von 1880 bis zur NS-Zeit ein hoher Grad an Entformalisierung, welcher sodann bis zur Gegenwart langsam, aber stetig einer wieder stärkeren Betonung der Notwendigkeit eines rechtsstaatlichen, formalisierten Jugendstrafverfahrens gewichen ist. Diese Entwicklungstendenz wird etwa an der Bedeutung des Beschleunigungsgrundsatzes erkennbar, welcher zur NS-Zeit eine herausragende Stellung inne hatte, während in der jüngeren Vergangenheit immer stärker betont wurde, der Beschleunigungsgrundsatz dürfe nicht isoliert als wesentliches Ziel des Jugendstrafverfahrens stehen, sondern müsse gegen andere bedeutende Faktoren abgewogen werden.

Wenn man die einzelnen Parameter ins Verhältnis zueinander setzt, zeigt sich, dass sich die Entwicklungslinien teilweise ähneln, teilweise jedoch auch voneinander abweichen. Insbesondere scheint die Tatsache, wie sehr der Fokus jeweils auf den jungen Delinquenten lag, in Zusammenhang mit der Punitivität der Vorschriften zum Jugendstrafverfahren zu stehen. Ein starker Fokus auf die jungen Menschen und deren Bedürfnisse führte stets zu Vorschriften mit einem schwachen punitiven Grundgedanken und umgekehrt. Als vor allem ab den 1980er Jahren nicht mehr nur die Interessen der jungen Beschuldigten, sondern auch der Erziehungsberechtigten und später auch der Verletzten relevant waren, begannen sich auch die jugendstrafrechtlichen Vorschriften und Reformforderungen langsam zu verschärfen. Zuletzt standen die Interessen der jungen Beschuldigten wieder deutlich mehr im Zentrum der geänderten JGG-Vorschriften, weswegen auch die Punitivität nachgelassen hat.

Anders sieht es mit den Entformalisierungstendenzen aus, welche den Grad der Abweichung des Jugendstrafverfahrens vom allgemeinen Strafverfahren erfassen und daher als entscheidendes Bemessungskriterium für die Sonderbehandlung junger Delinquenten im Strafprozess gelten müssen. Hier zeigt sich ein hoher Grad an Entformalisierung sowohl zu einem Zeitpunkt, als der Fokus auf der Schaffung einer strafrechtlichen Sonderbehandlung junger Menschen lag, als auch während der NS-Zeit. Erklärt werden kann dies sicherlich einerseits mit der Tatsache, dass autoritäre Systeme formalisierten Verfahren gegenüber grundsätzlich eher abgeneigt sind und andererseits zu einem gewissen Teil auch mit den Besonderheiten des Kriegszustandes, welcher zur Aufrechterhaltung des Justizwesens gewisse Vereinfachungen und somit insgesamt Entformalisierungen erforderte.

Nach Ende der nationalsozialistischen Herrschaft bestehen insofern Übereinstimmungen zwischen den Entwicklungslinien, als sich mit der steigenden Punitivität und dem sinkenden Fokus auf die jungen Delinquenten die Tendenz in Richtung Formalisierung wandelte. Dies erscheint insofern logisch, als eine stärkere Annäherung an das Erwachsenenstrafrecht auch Forderungen nach einem verstärkten Schutz rechtsstaatlicher Garantien der jungen Menschen zur Folge haben muss. Inwieweit eine Formalisierung bzw. Entformalisierung des formellen Jugendstrafrechts gefordert wird und erfolgt, scheint also unmittelbar davon abzuhängen, wie sehr der junge Straftäter und seine Bedürfnisse im Mittelpunkt des Interesses stehen und wie hoch das Strafbedürfnis in Politik und Gesellschaft gegenüber diesen Menschen ist.

2. Die Entwicklung im allgemeinen Strafrecht

Setzt man die geschilderten Entwicklungen in den Kontext zur Entwicklung des allgemeinen Strafprozessrechts, so fällt auf, dass größtenteils keine jugendstrafrechtlichen Besonderheiten bestehen. Vielmehr schildert *Vormbaum* für die Entwicklung des allgemeinen Prozessrechts ganz ähnliche Tendenzen. So sei nach der Einführung des Inquisitionsprozesses und der damit verbundenen Überhöhung der Wahrheitsfindung im 19. Jahrhundert im Strafprozess allgemein eine Verbesserung der Rechtsstellung des Beschuldigten erfolgt, welcher zum Verfahrenssubjekt geworden sei, was sich auch in zahlreichen Verfahrenselementen wie der Verteidigung niedergeschlagen habe[37]. Generell sei das Strafrecht während des 19. Jahrhunderts von einem insgesamt hohen Strafniveau zum weniger strengen Rechtsgüterschutz übergegangen, wobei sich das strenge Vergeltungsstrafrecht gegen Ende des Jahrhunderts „wegen seiner tatsächlichen oder vermeintlichen Unfähigkeit zu effektiver Kriminalitätsbekämpfung“ aufgelöst habe[38]. Für den Beginn des 20. Jahrhunderts sieht *Vormbaum* daher eine „Materialisierung, Ethisierung, Subjektivierung und Flexibilisierung aller Ebenen des Strafrechts“. Natürlich war es auch keine Besonderheit des Jugendstrafrechts, dass während der NS-Zeit ein „funktionalisiertes, politisiertes Zweck-Strafrecht radikalisiert worden“ war[39]. Nach dem Versuch einer behutsamen Liberalisierung und einer Stärkung der Beschuldigtenrechte nach 1945 war laut *Vormbaum* dessen „milde Variante“ dann auch

37 *Vormbaum*, Strafrechtsgeschichte, S. 85, 87, 92, 94.

38 *Vormbaum*, Strafrechtsgeschichte, S. 269.

39 *Vormbaum*, Strafrechtsgeschichte, S. 270.

im allgemeinen Strafrecht „kurzzeitig hegemonial", bevor das kriminalpolitische Klima ab Mitte der 1970er Jahre – angetrieben vom Einzug des Opferschutzes in das Strafverfahren – wieder rauer geworden sei[40]. Wie im Jugendstrafrecht sei insbesondere seit der Wiedervereinigung wieder eine Verschärfung des Strafrechts zu beobachten, ohne dass ein besonderer Kriminalitätsanstieg, der dies hätte rechtfertigen können, sichtbar geworden sei[41].

Die Entwicklungen des formellen Jugendstrafrechts weisen damit starke Parallelen zum allgemeinen Prozessrecht auf. So wurde die im 19. Jahrhundert aufkommende „Subjektivierung" durch die „Entdeckung des Täters" im Jugendstrafrecht durch die „Entdeckung der Jugend" zwar verstärkt. Die Tendenz zur Verbesserung der Rechtsstellung des Beschuldigten insbesondere zu Beginn des 20. Jahrhunderts erfolgte aber gleichermaßen im Jugend- und Erwachsenenstrafrecht, ebenso wie die Zurückstellung des Individuums hinter die Gemeinschaft während der NS-Zeit. In beiden Gebieten zeigt sich ab den 1970er Jahren eine stärkere Fokussierung der Diskussion und Gesetzgebungstätigkeit auf weitere Personen neben dem Beschuldigten, wobei die stärkere Betonung der Rechte und Interessen der Erziehungsberechtigten im Jugendstrafverfahren naturgemäß ein isoliert jugendstrafrechtliches Phänomen ist. Die stärkere Berücksichtigung von Opferschutzgesichtspunkten erfolgte dagegen sowohl im Jugend- als auch im Erwachsenenstrafrecht.

Die aufgezeigten Parallelen zeigen sich auch im Rahmen der Punitivität der jeweiligen Vorschriften deutlich. Dass das 19. Jahrhundert insgesamt eine Übergangsphase von einem hohen Strafniveau zu einem weniger strengen Rechtsgüterschutz war, zeigt sich etwa daran, dass zu Beginn des 20. Jahrhunderts nicht nur im Jugendstrafrecht, sondern fast zeitgleich auch im Erwachsenenstrafrecht das Legalitätsprinzip eingeschränkt wurde. Auch wenn im Unterschied zum allgemeinen Strafrecht im Jugendstrafrecht der Erziehung ein Vorrang vor der Strafe eingeräumt wurde, wurden auch bei Ersterem vermehrt spezialpräventive Gesichtspunkte berücksichtigt. Neben den Verschärfungen der Nationalsozialisten in allen Bereichen des Strafrechts, setzte sich die parallel verlaufende Entwicklung zwischen Jugend- und Erwachsenenstrafrecht auch nach 1945 fort, indem nach einer behutsamen Liberalisierung eine milde Variante des NS-Strafrechts praktiziert wurde, bevor insbesondere seit der Wiedervereinigung wieder Verschärfungstendenzen erkennbar sind.

---

40 *Vormbaum*, Strafrechtsgeschichte, S. 248 ff., 270.

41 *Vormbaum*, Strafrechtsgeschichte, S. 271.

3. Die Kontinuitätsthese

Fraglich ist, welche Schlussfolgerungen sich aus den gefundenen Erkenntnissen für die im historischen Teil bereits angesprochene Kontinuitätsdebatte ergeben. Die „Frage, ob die Zeit des Nationalsozialismus der allgemeinen Strafrechtsentwicklung folgt oder vielmehr einen Bruch bedeutet“[42], wurde zu unterschiedlichen Zeiten unterschiedlich beantwortet. Während nach Ende des Zweiten Weltkrieges wiederholt auf die kontinuierliche Entwicklung des Jugendstrafrechts hingewiesen worden ist, wurde dieser These in den 1980er Jahren insbesondere von *Wolff* und *Pieplow* widersprochen. Für das allgemeine Strafrecht spricht sich die herrschende Auffassung mittlerweile jedoch für die Annahme einer solchen Kontinuität aus[43]. *Vormbaum* begründet dies neben der personellen Kontinuität nach Ende des Zweiten Weltkrieges mit einer strukturellen Kontinuität und gibt an, das Zäsurmodell einer „Perversion“ im Jahr 1933 und einer „Gesundung“ im Jahr 1945 werde unter Rechtshistorikern inzwischen kaum mehr vertreten. So sei während der NS-Zeit einerseits an Strukturen und Tendenzen aus der Zeit vor 1933 angeknüpft worden und andererseits sei nach 1945 einiges übernommen worden, was unter Herrschaft des Nationalsozialismus eingeführt worden sei, indem das Strafrecht so transformiert worden sei, dass man es der Praxis eines rechtsstaatlichen Gemeinwesens überlassen konnte. Viele problematische Tatbestände seien bereits in der Weimarer Zeit und teilweise schon früher diskutiert worden, wobei in der NS-Zeit Radikalisierungen einer vorhergehenden Entwicklung stattgefunden hätten. Diese Sichtweise dürfe zwar nicht dazu führen, dass die allgemeine und spezifische Pathologie des NS-Regimes übersehen werde. So seien „Holocaust“, „Konzentrationslager“ und „Vernichtungslager“ Teil einer spezifischen NS-Pathologie des Staats als Normbrecher, welche über die allgemeine Pathologie eines rechtsstaatswidrigen, autoritär-totalitären Charakters des Regimes, der im Bereich des Strafrechts vor allem in der Kriegs- und Rassengesetzgebung zum Ausdruck komme, hinausgehe. Die Annahme, dass diese Elemente auf alle anderen Lebensbereiche ausgestrahlt hätten, würde uns aber daran hindern, unser jetziges Strafrecht kritisch zu hinterfragen.

Für das Jugendstrafrecht fällt eine einheitliche Beantwortung der Kontinuitätsfrage schwer. Denn im materiellen Teil des JGG blieben auch nach 1953 Begriffe wie „Zuchtmittel“ und „schädliche Neigungen“ stehen und zeugen damit tatsächlich von unzureichenden Aufräumarbeiten. Die bis heute bestehende

---

42 *Vormbaum*, Strafrechtsgeschichte, S. 271.

43 Vgl. hierzu und zum Folgenden *Vormbaum*, Strafrechtgeschichte, S. 178 ff., 213 ff., 271 ff.

Vermischung von Erziehung und Strafe durch die Einführung der Zuchtmittelkategorie erweckt zumindest den Anschein eines Bruchs mit der Vergangenheit und lässt daher Zweifel an einer kontinuierlichen Entwicklung des materiellen Jugendstrafrechts aufkommen. Im Gegensatz dazu lässt sich im formellen Teil des JGG jedenfalls insofern eine Kontinuität feststellen, als die Tendenz, verfahrensrechtliche Gewährleistungen zur „erzieherischen" Ausgestaltung des Verfahrens einzuschränken, sowohl nach 1933 als auch nach 1945 nicht unterbrochen wurde. Denn im Jugendstrafprozessrecht setzten die Nationalsozialisten unter anderem mit dem Ausschluss der Nebenklage und des Strafbefehls, der gesetzlichen Verankerung des Jugendstaatsanwalts und der Notwendigkeit einer erzieherischen Befähigung der in der Jugendstrafrechtspflege tätigen Personen zahlreiche Forderungen der Jugendgerichtsbewegung zur jugendadäquaten Ausgestaltung des Verfahrens um. Auch die Einführung des Jugendarrests und eines vereinfachten Verfahrens war vor der Machtergreifung bereits gefordert worden. Hinsichtlich der Kontinuitätsbehauptungen muss daher richtigerweise differenziert werden, und zwar zum einen zwischen dem materiellen und dem formellen Recht und zum anderen zwischen dem Gesetzeswortlaut des JGG und der Verfahrensweise in der Praxis des Nationalsozialismus. Denn die Einbeziehung von HJ und NS-Volkswohlfahrt in das Verfahren und die weiteren nationalsozialistischen Einschläge wie die Beschränkung der Jugendgerichtspraxis durch Zuständigkeitserweiterungen, der Gebrauch des vereinfachten Verfahrens zur Hervorrufung einer Schockwirkung oder die Unterbringung zur kriminalbiologischen Untersuchung bei Verdacht einer biologischen Disposition zur Verbrechensbegehung, müssen als Auswüchse allgemeiner und spezifischer NS-Pathologie angesehen werden.

So sind formellen Teil des JGG 1953 durch die Wiedereinführung der Jugendschöffengerichte, die Streichung von Begriffen wie „Jugendführung" und die Entfernung der NS-Organisationen aus den einzelnen Verfahrensvorschriften die relevantesten Einschläge nationalsozialistischer Ideologie im Vergleich zum RJGG 1943 wieder aus dem Gesetzestext gestrichen worden. Auch die Rechtsmittelbeschränkung des § 40 RJGG 1943 wurde wieder rückgängig gemacht und in Weiterentwicklung des hinter der Beschränkung stehenden Beschleunigungsgrundsatzes wurde in § 55 Abs. 2 JGG 1953 das Wahlrechtsmittel eingeführt. Lediglich die „kriminalbiologische Untersuchung" bildet ein Negativbeispiel, welches auch im JGG 1953 noch zu finden war. Ob, um von Kontinuität sprechen zu können, die vollständige Streichung aller im Laufe der NS-Herrschaft hinzugekommenen Regelungen notwendig gewesen wäre, mag jedoch bezweifelt werden. Vielmehr scheint eine Kontinuität gerade darin zu liegen, dass der Gesetzgeber des JGG 1953 die seit Beginn der Jugendgerichtsbewegung bestehenden und von den Nationalsozialisten fortgeführten

Entformalisierungstendenzen überwiegend übernommen hat und z.B. den Ausschluss von Strafbefehl und Nebenklage bestehen gelassen, sowie die genaue Anwendung und Ausgestaltung des vereinfachten Verfahrens in die Hände der Praxis gelegt hat. Insgesamt wurde damit auch im formellen Jugendstrafrecht in der NS-Zeit einerseits an Strukturen und Tendenzen aus der Zeit vor 1933 angeknüpft und andererseits nach 1945 einiges übernommen, was unter Herrschaft des Nationalsozialismus eingeführt worden war, sodass eine kontinuierliche Weiterentwicklung – ohne nachträglich das begangene NS-Unrecht zu verharmlosen – wie im allgemeinen Strafrecht bejaht werden kann.

4. Der Erziehungsgedanke im formellen Jugendstrafrecht

Nach den Schlussfolgerungen, die sich aus dem Hauptteil der Arbeit für die historische Entwicklung von Jugendstrafverfahren und Jugendgerichtsverfassung ergeben, kann schlussendlich auch auf die Bedeutung des Erziehungsgedankens für das formelle Jugendstrafrecht eingegangen werden.

So verdeutlichen die zahlreichen dargestellten Besonderheiten des Jugendstrafprozessrechts gegenüber dem allgemeinen Prozessrecht das Bestreben, junge Menschen auch im Strafverfahren ihrem Alter entsprechend zu behandeln. Dieses Bestreben entstand in Deutschland im Laufe des 19. Jahrhundert und wurde zu jener Zeit vor allem in dem Gedanken der Erziehung junger Straftäter zusammengefasst. Auch die Nationalsozialisten betonten später die Bedeutung der Ausgestaltung von Verfahren und Gerichtsverfassung für den „erzieherischen Erfolg“ der Strafrechtspflege und waren der Ansicht, in Umsetzung des Erziehungsgedankens müsse „die Gestaltung des gesamten Verfahrens im Dienst der angestrebten erziehlichen Wirkung stehen“[44]. Bis heute wird betont, Ausprägungen des Erziehungsgedankens fänden sich auch auf allen Ebenen des jugendstrafrechtlichen Verfahrens, „vom Ermittlungsverfahren bis zum Abschluss der Vollstreckung“[45].

Um die Bedeutung des Erziehungsgedankens speziell für das Jugendstrafverfahren verstehen zu können, ist ein Blick auf den Inhalt und die Zielsetzung der einzelnen Besonderheiten des Jugendstrafprozesses daher unerlässlich. Dabei zeigt sich bereits für das Ermittlungsverfahren gegenüber dem allgemeinen Strafrecht eine Erweiterung der Einstellungsmöglichkeiten, sowie die Pflicht, genaue Ermittlungen über die Persönlichkeit des jungen Delinquenten

44 *Kümmerlein*, DJ 1943, 553 (555).

45 So etwa *Schatz*, in: FS-Ostendorf, 797 (804 f.).

anzustellen, um unnötige Verfahren zu vermeiden und individualisiert entscheiden zu können, ob die Durchführung eines Strafverfahrens gegen den jungen Menschen erforderlich ist. Untersuchungshaft soll, wenn möglich, vermieden werden. Zusätzlich sollen im gesamten Verfahren nach der Forderung des Gesetzgebers in der Jugendstrafrechtspflege nur erzieherisch befähigte Personen tätig werden, wobei die Jugendrichter und Jugendstaatsanwälte von der Jugendgerichtshilfe als Spezialbehörde unterstützt werden sollen. Sofern eine Hauptverhandlung nicht vermieden werden kann, soll unter anderem der Erziehungsberechtigte des jungen Angeklagten beteiligt werden und die Öffentlichkeit ausgeschlossen werden, wobei in geeigneten Fällen ein vereinfachtes Verfahren durchgeführt werden kann. Darüber hinaus bestehen umfassende Belehrungspflichten und eine Ausweitung der Pflichtverteidigung gegenüber dem allgemeinen Prozessrecht.

Insgesamt zeigt sich in den zahlreichen Besonderheiten des Jugendstrafprozessrechts damit das eindeutige Anliegen des Gesetzgebers, unnötige Strafverfahren gegen junge Menschen zu vermeiden und im Übrigen schädliche Auswirkungen von Strafverfahren auf diese so weit wie möglich zu verhindern bzw. abzuschwächen, wobei jugendadäquat und individualisierend vorgegangen werden soll. Diese Zielsetzung tragen nicht nur die gegenwärtigen Bestimmungen des JGG in sich, sondern sie lag auch schon den prozessualen Forderungen der Jugendgerichtsbewegung und schließlich dem zweiten Abschnitt des JGG 1923 zugrunde. Sie fand sich zudem bereits in einzelnen Bestimmungen der Partikularstaaten des 19. Jahrhunderts verwirklicht, welche etwa den jungen Menschen eine Aburteilung vor den Geschworenengerichten ersparen wollten, eine notwendige Verteidigung junger Beschuldigter oder deren Trennung von Erwachsenen während der Untersuchungshaft normierten.

Damit kann letztlich die Bedeutung des Erziehungsgedankens für das formelle Jugendstrafrecht erfasst werden und geklärt werden, was „Erziehung durch Verfahren“ wirklich bedeutet: Auf die Straftat eines jungen Menschen soll möglichst jugendadäquat und individualisiert reagiert werden, was aufgrund der Normalität, Bagatell- und Episodenhaftigkeit von Jugenddelinquenz typischerweise ein Absehen von der Verfolgung bedeutet. Sollte dies nach den individuellen Gegebenheiten des Falles nicht möglich oder nicht geboten sein, soll auch im weiteren Verlauf des Verfahrens möglichst jugendadäquat und individualisiert vorgegangen werden, um negative Auswirkungen des Strafverfahrens auf den jungen Menschen zu vermeiden. Insofern ist *Kölbel* zuzustimmen, dass der Erziehungsgedanke „in prozessualen Zusammenhängen eine

Abschirmung von ungünstigen (prozesserzeugten) Umfeldbedingungen" postulieren würde[46].

Da diese Zielsetzung auch bereits in verschiedenen Bestimmungen der Partikularstaaten zum Ausdruck kam, kann die mit dem Titel der vorliegenden Darstellung aufgeworfene Frage dahingehend beantwortet werden, dass tatsächlich schon seit über 200 Jahren – in unterschiedlich starkem Ausmaß – in Deutschland eine „Erziehung durch Verfahren" stattfindet. So wurde in Preußen etwa bereits 1817 für das Strafverfahren bei polizeilicher Vernehmung Minderjähriger (unter 25 Jahren) angeordnet, dass deren Vormünder oder Eltern hinzugezogen werden sollten, um diejenigen Menschen zu schützen, die „wegen ihrer Jugend den Gang der Untersuchung, die Folgen der darin gemachten Äußerungen und die Gründe ihrer Verteidigung nicht kennen" würden[47].

Dass der (historische) Gesetzgeber auf Vorschriften, die eine positive erzieherische Einwirkung auf die jungen Menschen im Verfahren vorsehen, verzichtet hat und stattdessen versucht, durch Regelungen wie z.B. die Nichtöffentlichkeit oder die Möglichkeit der zeitweiligen Ausschließung des Angeklagten „unnützen sakralen Elementen und unerwünschten Nachteilen für die Sozialisation des Jugendlichen entgegenzuwirken"[48], hat dabei einen einfachen Grund. Bis zur rechtskräftigen Feststellung der Schuld gilt nämlich selbstverständlich auch im Jugendstrafverfahren die Unschuldsvermutung. Aus dem Wesen des Jugendstrafrechts als Strafrecht folgt, dass sich eine Kompetenz für den Staat zu einer über die bloße Durchführung des Verfahrens hinausgehenden Einwirkung auf eine Person grundsätzlich nur nach der rechtskräftigen Schuldfeststellung ergeben kann. Die Untersuchungshaft, welche hierbei wohl die prominenteste Ausnahme bildet, unterliegt daher schon im allgemeinen Strafrecht entsprechend erhöhten Anforderungen.

Zwar ist bereits die Einleitung eines Strafverfahrens an sich mit den damit verbundenen Unannehmlichkeiten für den jungen Beschuldigten ein prägendes Ereignis, welches Auswirkungen auf seine Persönlichkeitsentwicklung und gegebenenfalls eine stigmatisierende Wirkung haben kann. Dass der Erziehungsgedanke dennoch nicht so weit reichen kann, dass dieses Risiko vollständig vermieden werden soll und damit im Ergebnis Strafverfahren gegen junge Menschen überhaupt nicht eingeleitet und geführt werden sollen, ergibt sich jedoch von selbst. Der Erziehungsgedanke kann nicht zu einer faktischen Anhebung der Strafmündigkeitsgrenze führen. Er verpflichtet den Staat aber

46 *Kölbel*, ZJJ 2022, 252 (255).

47 Vgl. das „Erläuterungs Circular-Rescript" vom 23. Juni 1817, S. 169.

48 *Bottke*, ZStW 95 (1983), 69 (100).

dazu, negative Auswirkungen der Durchführung eines Strafverfahrens gegen einen jungen Menschen so weit wie möglich abzuschwächen. Insofern wird der Erziehungsgedanke also von der Unschuldsvermutung, aber auch von der strafrechtlichen Interventionskompetenz zur Wahrheitsfindung und Schaffung von Rechtsfrieden, eingeschränkt[49]. Denn eine funktionsfähige Strafrechtspflege ist als Verfassungsgut anerkannt, die Strafnormen und deren Durchsetzung in einem rechtsstaatlichen Verfahren sind Verfassungsaufgaben[50]. Diese berechtigen und verpflichten die staatlichen Stellen bei einem Anfangsverdacht trotz möglicher erziehungsfeindlicher Auswirkungen zur Einleitung eines Strafverfahrens.

Der Erziehungsgedanke als „Programmsatz" des Jugendstrafrechts gilt also keinesfalls uneingeschränkt, sondern unterliegt gewissen Begrenzungen. Diese ergeben sich unter anderem aus verfassungsrechtlich verankerten Rechten vor allem des Beschuldigten und dessen Erziehungsberechtigter, sowie den allgemeinen Zielen des Strafverfahrens (Wahrheitsfindung, Rechtsstaatlichkeit, Rechtsfrieden)[51]. Es muss dabei im Einzelfall abgewogen werden, ob beispielsweise die Durchführung eines Verfahrens notwendig ist, wobei der Gesetzgeber erneut nur die wesentlichen Grundentscheidungen treffen und die Rahmenbedingungen schaffen kann.

So wird der Erziehungsgedanke auch durch das elterliche Erziehungsrecht aus Art. 6 Abs. 2 GG begrenzt. Dieses ist naturgemäß im gesamten Jugendstrafrecht besonders zu berücksichtigen. Solange ein Erziehungsdefizit nicht rechtskräftig festgestellt ist, darf der Staat sein Wächteramt aus Art. 6 Abs. 2 S. 2, Abs. 3 GG nicht wahrnehmen. Er ist bis zur rechtskräftigen Verurteilung und zur Feststellung einer Erziehungsbedürftigkeit grundsätzlich nicht berechtigt, auf die Jugendlichen erzieherisch in gleicher Form einzuwirken wie die Erziehungsberechtigten. Daher stehen Letzteren auch weitreichende Beteiligungsrechte am Verfahren zu. Will der Staat von diesem Grundsatz abweichen und beispielsweise durch Vollzug der Untersuchungshaft den Jugendlichen der Obhut der Erziehungsberechtigten entziehen, müssen dafür folgerichtig sehr strenge Anforderungen gelten. Aus diesem Grund knüpft das JGG die Untersuchungshaft an noch strengere Voraussetzungen als das allgemeine Strafprozessrecht.

49 Zugleich schränkt die Interventionskompetenz, die den Staat dazu berechtigt, auf Straftaten junger Menschen zu reagieren, mittelbar natürlich auch das elterliche Erziehungsrecht ein, vgl. auch *Zapf*, Opferschutz, S. 17 f.

50 *Zapf*, Opferschutz, S. 17 f.

51 Vgl. z.B. *Zapf*, Opferschutz, S. 13.

Nichts anderes war letztendlich auch mit der Aussage des BVerfG in seinem Urteil aus dem Jahr 2003 zum elterlichen Erziehungsrecht gemeint, dem Erziehungsgedanken könne jedenfalls vor Abschluss des Verfahrens keine besondere Bedeutung zukommen. Der Gesetzgeber des 2. JGGÄndG hat in dieser Aussage zu Recht keinen generellen Ausschluss des Erziehungsgedankens für das Jugendstrafverfahren gesehen, sondern richtigerweise betont, dass erzieherisch begründete Maßnahmen vor dem justizförmigen Nachweis eines Bedarfs im Urteil in der Regel eben nur dann zulässig sein sollen, „wenn sie keinen Zwangscharakter haben oder für den jungen Beschuldigten (...) lediglich vorteilhaft und auf sein Wohl ausgerichtet sind oder wenn sie darauf beschränkt sind, die erzieherische Wirkung etwaiger im Urteil zu treffender Anordnungen gegenüber dem Jugendlichen zu sichern"[52].

Gegenüber Heranwachsenden kann der Staat den Erziehungsgedanken dabei nur insoweit verwirklichen, als auf deren Straftaten ebenfalls jugendadäquat, also dem Alter entsprechend reagiert wird und grundsätzlich versucht wird, Verfahren zu vermeiden bzw. deren schädliche Auswirkungen abzuschwächen. Denn ein subsidiäres Erziehungsrecht wie bei Jugendlichen steht dem Staat bei Heranwachsenden seit der Herabsetzung des Volljährigkeitsalters entgegen der Ansicht des BVerfG seit 1974 nicht mehr zu[53]. Endet das elterliche Erziehungsrecht, so muss auch das daran anknüpfende staatliche Erziehungsrecht enden. Mit Erlöschen der Rechtsbefugnisse aus dem Elternrecht durch die Volljährigkeit des Kindes erlischt auch das staatliche Erziehungsrecht. Wäre der Gesetzgeber anderer Ansicht gewesen, hätte er im Rahmen der Herabsetzung des Volljährigkeitsalters eine entsprechende Regelung treffen können, was er jedoch unterlassen hat. Wie bei Erwachsenen ergibt sich die Einwirkungskompetenz damit bei Heranwachsenden einzig aus der strafrechtlichen Interventionskompetenz. Angesichts der Tatsache, dass der Erziehungsgedanke trotzdem auch im Verfahren gegen Heranwachsende gilt und auch diese Subjekt des Jugendstrafverfahrens als Erziehungsstrafverfahren sein können zeigt sich zudem, dass sich der Erziehungsbegriff des JGG keinesfalls mit dem aus Art. 6 GG deckt. Er muss vielmehr ein eigenständiger Begriff sein, der sich je nach der Person des Beschuldigten und dem jeweiligen Verfahrensstadium in unterschiedlichen Ausformungen zeigt.

Damit erklärt sich auch die von *Kölbel* festgestellte „notwendige Unterbestimmtheit"[54] des Erziehungsbegriffs des JGG. Dieser hat bei Jugendlichen

52 BT Drs. 16/6293, S. 9.

53 Statt vieler mit zahlreichen Nachweisen *Zapf*, Opferschutz, S. 18 f.

54 *Kölbel*, ZJJ 2022, 252 ff.

eine andere Reichweite als bei Heranwachsenden. Richtigerweise muss er zudem vor der rechtskräftigen Feststellung der Schuld einen anderen Inhalt haben als danach, kann also im Rahmen der Rechtsfolgen nicht das Gleiche bedeuten wie im Rahmen der Verfahrensgestaltung. Vielmehr kann der Erziehungsgedanke sogar im Ermittlungsverfahren nicht die gleiche Bedeutung haben wie im Haupt- oder Rechtsmittelverfahren, sodass selbst innerhalb der einzelnen Verfahrensstadien zu differenzieren ist. Eine einheitliche, das gesamte JGG umfassende Definition des Erziehungsgedankens ist daher weder möglich noch nötig.

5. *Fazit: Stand des formellen Jugendstrafrechts*

Abschließend stellt sich die Frage, wie die Entwicklung des formellen Jugendstrafrechts und dessen gegenwärtiger Zustand zu bewerten ist. Für die Entwicklung des allgemeinen Strafrechts fasst *Vormbaum* folgendermaßen zusammen:

> „Insgesamt kann daher eine Betrachtung der Strafrechtsentwicklung der vergangenen rund 250 Jahre den häufig behaupteten Trend des modernen Strafrechts zu Milde und Humanisierung nicht bestätigen. Das Strafrecht mag in dieser Zeit moderner geworden sein – liberaler, humaner und milder ist es allenfalls in einigen eng umgrenzten Bereichen und in kurzen zeitlichen Phasen geworden, und zu diesen Phasen gehört die Gegenwart nicht. Dass das expandierte und in seinen Tatbestandsbeschreibungen immer unbestimmter werdende Strafrecht von der bundesdeutschen Justiz im Allgemeinen maßvoll angewendet wird, ist kein Anlass zur Beruhigung, denn in einem Rechtsstaat sollte eine liberale Strafrechtspraxis nicht durch die Einsicht der Strafrichter, sondern durch den Gesetzgeber garantiert werden.“[55]

Es fragt sich, ob dieses ernüchternde Fazit auch auf die historische Analyse der Entwicklung von Jugendstrafverfahren und Jugendgerichtsverfassung übertragen werden muss. Auch wenn auf die Frage, ob das gegenwärtige Jugendstrafprozessrecht „gut“ oder „schlecht“ ist, natürlich keine abschließende Antwort im Sinne eines „schwarz oder weiß“ möglich ist, konnten im Laufe der Darstellung immerhin Tendenzen aufgezeigt werden, die es nun zu bewerten gilt.

So haben die Jugendgerichtsbewegung und die mit dem JGG 1923 eingeführten zahlreichen besonderen prozessualen Gewährleistungen für Jugendliche sehr wohl dazu geführt, dass das Strafrecht auf diesem Gebiet liberaler, humaner und milder geworden ist. Schon *Pieplow* hat darauf hingewiesen, wie bemerkenswert es erscheint, dass in dieser Zeit so umfassende Reformen umgesetzt werden konnten. Mit dem RJGG 1943 und dem JGG 1953 wurden

---

55 *Vormbaum*, Strafrechtsgeschichte, S. 271.

sodann Stück für Stück weitere Reformforderungen der Jugendgerichtsbewegung wie der Ausschluss von Strafbefehl und Nebenklage und die Einbeziehung der Heranwachsenden in das Jugendstrafrecht verwirklicht, sodass sich das formelle Jugendstrafrecht auch in dieser Zeitspanne abgesehen von der typischen NS-Pathologie insgesamt weiterentwickelt hat. Auch die mit dem 1. JGGÄndG 1990 umgesetzten Reformen folgten dieser Entwicklung und haben z.B. durch Einschränkungen der Anordnungsmöglichkeiten der Untersuchungshaft und der gesetzlichen Verankerung der Diversion zu einem jugendadäquaten Jugendstraf(prozess)recht geführt. Ab den 1990er Jahren waren dann zwar generell Verschärfungstendenzen zu beobachten. Auf das formelle Jugendstrafrecht hatten diese aber nur einen geringen Einfluss, wohingegen in der jüngeren Vergangenheit – wenn auch überwiegend unionsrechtlich veranlasst – eine weitere Stärkung der Stellung des jungen Beschuldigten bzw. Angeklagten erfolgt ist.

Kölbel kann daher zugestimmt werden, dass sich die allgemein beobachteten Verschärfungstendenzen im Jugendstrafrecht zwar durchaus ausgewirkt haben, aber im Vergleich zur fortwährenden Ausdehnung der kriminalisierten Verhaltensbereiche und unablässigen Erweiterung von Sanktionsmöglichkeiten und Eingriffsbefugnissen im materiellen Strafrecht und der strafprozess-, polizei- und sicherheitsrechtlichen Eingriffsbefugnisse bei weitem nicht in der befürchteten Intensivität[56]. Insbesondere das formelle Jugendstrafrecht ist – zumindest bis jetzt – mit einem blauen Auge davongekommen und hat seinen besonderen Charakter eines im Vergleich zum Erwachsenenstrafrecht liberaleren, milderen und humaneren Strafrechts weitestgehend behalten. Auch die verstärkten Formalisierungstendenzen und die stärkere Berücksichtigung der Interessen von Erziehungsberechtigten oder durch die Tat Verletzten sprechen per se nicht gegen ein jugendadäquates Strafverfahren. So kann etwa dem Argument, es würde sich positiv auf die künftige Legalbewährung auswirken, wenn sich der junge Delinquent im Verfahren mit seinem Opfer und den Folgen seiner Tat auseinandersetzen müsse, durchaus etwas abgewonnen werden. Auch die Stärkung der Beteiligungsrechte der Erziehungsberechtigten muss nicht notwendigerweise zu einer Beeinträchtigung der Stellung des jungen Beschuldigten führen und sollte daher nicht überbewertet werden. Wichtig ist jedoch, dass das Hauptaugenmerk der Reformarbeit zur Wahrung der Erziehungsgedankens und zur Erreichung des Ziels der Legalbewährung auf dem jungen Menschen verbleibt, welcher unter Vermeidung sämtlicher möglicher negativer Einflüsse des Verfahrens individualisiert behandelt werden muss.

---

56 Vgl. hierzu *Kölbel*, in: Verhandlungen des 31. JGT, 555 ff.

Im Spannungsverhältnis zwischen rechtsstaatlichen Verfahrensgarantien und jugendgerechter Reaktion im Einzelfall bleibt dessen Auflösung hinsichtlich der einzelnen Diskussionspunkte eine Argumentationsfrage, in welcher auch eine verstärkte Formalisierung nicht unbedingt einen Rückschritt bedeuten muss. Denn die gesellschaftlichen und politischen Umstände haben sich seit 1923 geändert und so muss auch das (formelle) Jugendstrafrecht so ausgestaltet werden, dass es nicht den vergangenen, sondern den gegenwärtigen Herausforderungen genügt. Diese bestehen im Moment weiterhin primär in der Verteidigung dieses gegenüber dem allgemeinen Strafrecht liberaleren, humaneren und milderen Rechtsgebiets gegen die aktuellen Bestrebungen und erfordern eine Formalisierung, wo ansonsten ein Missbrauch erzieherisch begründeter Sondervorschriften zu Lasten der jungen Delinquenten droht. Vergessen werden darf dabei allerdings – besonders angesichts der gegenwärtigen Verschärfungstendenzen – nie die Bedeutung des Erziehungsgedankens für das Jugendstrafverfahren, nämlich möglichst schonend und individualisierend auf die Straftat eines Jugendlichen oder Heranwachsenden zu reagieren und negative Auswirkungen des Verfahrens auf diesen so weit wie möglich zu vermeiden bzw. abzuschwächen. Dabei sind wissenschaftliche Erkenntnisse wie die kriminologischen Forschungsergebnisse zur Normalität und Episodenhaftigkeit leichterer Jugendkriminalität zwingend zu berücksichtigen. Nur so wird der Staat seinen verfassungsrechtlichen und durch gesetzliche Verankerung des Erziehungsgedankens selbst auferlegten Verpflichtungen zur Berücksichtigung der Sondersituation junger Delinquenten gerecht. Er hat vor allem auch im formellen Jugendstrafrecht „die erzieherischen Kriterien der Berücksichtigung jugendlicher Unerfahrenheit und jugendlicher Unbeholfenheit, der Vermeidung von Stigmatisierung, des Abbaus von Ängsten, der Gewährleistung eines kommunikativen Umgangs, der Berücksichtigung von Persönlichkeits- und Entwicklungsschutz zu garantieren, die nicht allein aus den Rechtsstaatsgarantien eines fairen Verfahrens folgen und manchmal sogar damit kollidieren“[57].

Für die Zukunft ist daher neben der fortgesetzten Abwehr der Verschärfungstendenzen zu fordern, dass die Fachdiskussionen und die Versuche, in der Praxis Reformforderungen umzusetzen, nicht einschlafen. Denn auffällig ist in der jugendstrafrechtlichen Entwicklungsgeschichte eine gewisse gesetzgeberische Trägheit bzw. Zurückhaltung gegenüber größeren Reformen. Über den gesamten Zeitraum der Darstellung ist ein eher reaktionäres Vorgehen der Gesetzgebungsinstanzen erkennbar, welche häufig nur auf die Entwicklungen und Reformen in der Praxis reagierten, statt diese selbst voranzutreiben.

---

57 *Viehmann*, FuR 1991, 256 (258 f.).

So bestanden bereits vor der Einführung des JGG 1923 rund 15 Jahre lang Jugendgerichte und besondere Verwaltungsvorschriften für die Verfahren gegen junge Delinquenten. Auch vor dem 1. JGGÄndG war es zunächst zu einer inneren Reform gekommen.

Die Geschichte des (formellen) Jugendstrafrechts ist damit auch eine Geschichte der Reformen durch die Praxis. Nahezu alle größeren Reformen wurden vor ihrer Aufnahme in das JGG in der Regel bereits eine gewisse Zeit in der Praxis erprobt. Nach wie vor ist die Weiterentwicklung des Jugendstrafrechts damit in besonderem Maße abhängig von der Fachdiskussion etwa auf den Jugendgerichtstagen und Versuchen in der Verfahrenspraxis, das Jugendstrafprozessrecht zum Wohl der jungen Delinquenten zu verbessern. Von dem zeitgleich mit dem 1. JGGÄndG eingeräumten umfassenden und zwingenden Reformbedarf bei der strafrechtlichen Behandlung Heranwachsender, der vermehrten Mitwirkung von Verteidigern im Jugendstrafverfahren, der Stellung und Aufgaben der Jugendgerichtshilfe im Jugendstrafverfahren, des Ermittlungs- und Rechtsmittelverfahrens und der Aus- und Fortbildung von Richtern, Staatsanwälten und Verteidigern in Bezug auf jugendstrafrechtliche Besonderheiten, sind nämlich nach wie vor zahlreiche Punkte nicht zu einer Klärung gelangt. So muss eine verbindliche gesetzliche Vorgabe zu besonders ausgebildetem und befähigtem Personal in der Jugendstrafrechtspflege neben der Streichung von § 55 Abs. 1 JGG und den Eintragungen in das Erziehungsregister sicher die mit Abstand dringendste Reformforderung im formellen Jugendstrafrecht bleiben. Denn dass die Umsetzung des JGG letztlich eine Personenfrage ist, war bereits vor 100 Jahren einhellige Meinung. Auch wenn *Vormbaum* zuzugestehen ist, dass in einem Rechtsstaat eine liberale Strafrechtspraxis nicht durch die Einsicht der Strafrichter, sondern durch den Gesetzgeber garantiert werden sollte, entspricht es doch den Besonderheiten dieses Rechtsgebiets, dass der Gesetzgeber eben nur den Rahmen für eine solche Behandlung schaffen kann und darüber hinaus in besonderem Maße von einer entsprechenden Umsetzung durch die in der Jugendstrafrechtspflege tätigen Personen abhängig ist.

Allerdings hat es dennoch rund 100 Jahre gebraucht, bevor die in der Jugendgerichtsbewegung bereits erhobene Forderung nach besonders ausgebildeten und spezialisierten Jugendrichtern und -staatsanwälten endlich in den Gesetzestext aufgenommen wurde. Dies erfolgte jedoch nur im Rahmen einer nicht revisibelen „Soll-Vorschrift", die der Bedeutung entsprechend befähigter Protagonisten für ein gelingendes Jugendstrafverfahren nicht gerecht wird. Dass im Rahmen des Verfahrens insbesondere durch spezialisiertes und erzieherisch befähigtes Personal neben der Vermeidung schädlicher Auswirkungen aber durchaus auch die Möglichkeit besteht, positive Eindrücke bei den jungen Menschen zu schaffen, die zur künftigen Straffreiheit beitragen können, sollte dabei nicht unterschätzt werden. Die im Rahmen des Verfahrens mit dem jungen Delinquenten geführten Gespräche und dessen Erfahrungen mit der Jugendstrafrechtspflege werden dessen künftiges Legalverhalten in aller Regel maßgeblich beeinflussen. Insofern kann in der Vermeidung von Negativem eben tatsächlich auch etwas Positives liegen. Nichts anderes meint *Steinke* im eingangs erwähnten Beispiel, wenn er das Verhalten des von *Fritz Bauer* entsprechend würdigt, welcher den Jugendlichen im geschilderten Fall gerade nicht in dem Glauben ließ, mit ihm wolle sich „sowieso kein anständiger Mensch abgeben", sondern sich mit diesem in einem feinen Café verabredete. Damit vermittelte er die für den Erfolg des Verfahrens so wichtige Botschaft, der Jugendliche und seine entwicklungsbedingten Probleme würden von der Gesellschaft ernst genommen, dieser sei nicht „verloren", sondern könne sich jederzeit zu einem Leben in Straffreiheit entscheiden.

ANHANG

Literaturverzeichnis

2. Jugendstrafrechtsreform-Kommission: Abschlussbericht vom 15. August 2002, in: DVJJ-Journal 2002, S. 227–267.

Achenbach, Dirk: „Der Diversionstag“, in: DVJJ-Journal 2000, S. 384–387.

Adam, Hansjörg/Albrecht, Hans-Jörg/Pfeiffer, Christian: Jugendrichter und Jugendstaatsanwälte in der Bundesrepublik Deutschland, Freiburg 1986.

Adickes, Franz (Hrsg.): Beiträge zur Reform des Strafprozesses, Band 1, Reprint Berlin/Boston 2020.

Alberti, C.E.R.: Die christliche Reform des Strafverfahrens gegen die Unmündigen im Preußischen Staate, Stettin 1858.

Albrecht, Hans-Jörg: Ist das deutsche Jugendstrafrecht noch zeitgemäß? Gutachten D für den 64. Deutschen Juristentag, München 2002.

Albrecht, Hans-Jörg: „Die Kriminalität sinkt!“ – Warum geht die Jugendkriminalität zurück?, in: Recht der Jugend und des Bildungswesens 2014, S. 363–380.

Albrecht, Hans-Jörg: Der Rückgang der Jugendkriminalität setzt sich fort, in: Recht der Jugend und des Bildungswesens 2016, S. 395–413.

Albrecht, Peter-Alexis/Beckmann, Heinrich/Frommel, Monika/Goy, Alexandra/Grünwald, Gerald/Hannover, Heinrich/Holtfort, Werner/Ostendorf, Heribert: Strafrecht – ultima ratio, Empfehlungen der Niedersächsischen Kommission zur Reform des Strafrechts und des Strafverfahrensrechts, 1. Auflage Baden-Baden 1992.

Albrecht, Peter-Alexis: Spezialprävention angesichts neuer Tätergruppen, in: Zeitschrift für die gesamte Strafrechtswissenschaft, 97. Band 1985, S. 831–870.

Albrecht, Peter-Alexis: Jugendstrafrecht, München 1987.

Alenfelder, Klaus Michael: Akademische Gerichtsbarkeit, Baden-Baden 2002.

Allmenröder, Karl: Die Tätigkeit des Frankfurter Jugendrichters, in: Das Jugendgericht in Frankfurt a.M., hrsg. v. Berthold Freudenthal, Berlin 1912, S. 1–18.

Appelius, H.: Die Behandlung der jugendlichen Verbrecher und verwahrlosten Kinder, Bericht der von der Internationalen Criminalistischen Vereinigung (Gruppe Deutsches Reich) gewählten Commission, Berlin 1892.

Ariès, Phillippe: Geschichte der Kindheit, 8. Auflage München 1988.

https://doi.org/10.1515/9783111726021-005

Artkämper, Leif Gerrit: „Wer sind Sie und was habe ich eigentlich bekommen?“ Verstehensprobleme der strafrechtlichen Hauptverhandlung in Jugendstrafsachen, in: Zeitschrift für Jugendkriminalrecht und Jugendhilfe 2021, S. 231–239.

Asbrock, Bernd: Plädoyer für ein Jungtäterrecht, in: Zeitschrift für Rechtspolitik 1977, S. 191–195.

Aschrott, P.F.: Die Reform des Strafprozesses, General-Referat erstattet für die XI. Versammlung der Internationalen kriminalistischen Vereinigung, Gruppe Deutsches Reich, Reprint Berlin/Boston 2019.

Aschrott, P.F.: Der Entwurf einer Strafprozeßordnung und Novelle zum Gerichtsverfassungsgesetz, Kritisch besprochen, in: Beiträge zur Reform des Strafprozesses, hrsg. v. Franz Adickes u.a., Band 1, Reprint Berlin/Boston 2020, S. 299–394.

Aschrott, Paul Felix: Die Behandlung der verwahrlosten und verbrecherischen Jugend und Vorschläge zur Reform, Berlin 1892.

Aschrott: Generalbericht der Strafprozesskommission, in: Mitteilungen der Internationalen Kriminalistischen Vereinigung, 15. Band, Berlin 1908, S. 439 ff.

AWO (Hrsg.): Vorschläge für ein erweitertes Jugendhilferecht, Denkschrift der Arbeiterwohlfahrt zur Reform des Jugendwohlfahrtsrechtes, des Jugendgerichtsgesetzes und der Vormundschaftsgerichte, Bonn 1967.

Axmann, Artur: Jugendstrafrecht und Jugenderziehung, in: Deutsches Jugendrecht 1944, Heft 4, S. 17–25.

Ayass, Walter: Referentenentwurf zur Änderung des Jugendgerichtsgesetzes, in: Bewährungshilfe 1988, S. 103–109.

Ayass, Walter: Jugendgerichtsgesetz geändert, in: Bewährungshilfe 1990, S. 404–408.

Bachmann, Mario/Kolatzki, Nicole/Kühn, Denise/Oelsner, Jenny: Das Jugendkriminalrecht vor neuen Herausforderungen?, in: Zeitschrift für Jugendkriminalrecht und Jugendhilfe 2008, S. 392–395.

Baernreither, Joseph M.: Über Jugendgerichte, in: Mitteilungen der Internationalen Kriminalistischen Vereinigung, 15. Band, Berlin 1908, S. 517 ff.

Baernreither, Joseph M.: Jugendfürsorge und Strafrecht in den Vereinigten Staaten von Amerika, in: Jugendkriminalität, Strafjustiz und Sozialpädagogik, hrsg. v. Berthold Simonsohn, 5. Auflage, Frankfurt am Main 1975, S. 43–57.

Baier, Dirk/Pfeiffer, Christian/Hanslmaier, Michael: Rückgang der Jugendkriminalität: Ausmaß und Erklärungsansätze, in: Zeitschrift für Jugendkriminalrecht und Jugendhilfe 2013, S. 279–287.

Balbier, Ralf-Werner: Brauchen wir ein neues Jugendstrafrecht?, in: Deutsche Richterzeitung 1989, S. 404–409.

Bamberger, Elisabeth: Not, in: Die Frage der Jugend, hrsg. v. Rudolf Schneider-Schelde, München 1946, S. 39–54.

Barton, Stephan: Läßt sich die niedrige Verteidigerquote in Jugendstrafsachen mit mangelnder Verteidigungseffizienz begründen?, in: Strafverteidigung für junge Beschuldigte, hrsg. v. Michael Walter, Pfaffenweiler 1997, S. 133–144.

Bauer, Günther: Brauchen wir Jugendkommissariate?, in: Recht der Jugend und des Bildungswesens 1969, S. 301–303.

Beccaria, Cesare: Über Verbrechen und Strafen, Nach der Ausgabe von 1766 übersetzt und hrsg. v. Wilhelm Alff, Frankfurt am Main 1988.

Beck'scher Online-Kommentar JGG, hrsg. v. Nils Fabian Gertler, Volker Kunkel und Holm Putzke, 32. Edition München 2024. (zitiert: Bearbeiter, in: BeckOK-JGG, §, Rn.).

Becker, Ernst Artur: Schutz der kriminell gewordenen Jugend im Strafrecht und Strafprozeß, Dresden 1909.

Becker, Hans-Joachim: Das Elternrecht im Spiegel der verfassungs- und verwaltungsgerichtlichen Rechtsprechung, in: Ehe und Familie im Privaten und Öffentlichen Recht, Zeitschrift für das gesamte Familienrecht 1961, S. 104–108.

Becker, W.: Gerichtliche Strafverfügung gegen Jugendliche, in: Unsere Jugend 1951, S. 228–230.

Becker, Walter: Zur Frage der Vor- und Ausbildung der Jugendrichter, in: Recht der Jugend 1955, S. 362–364.

Becker, Walter: Brauchen wir ein Jungtäterrecht?, in: Recht der Jugend und des Bildungswesens 1974, 129–136.

Becker: Organisation und Zuständigkeit der Jugendgerichte nach bestehendem Recht und den Gesetzentwürfen, in: Verhandlungen des 2. JGT, hrsg. v.d. DZfJ, Berlin/Leipzig 1911, S. 32–44.

BECKER: Probleme der Jugendkriminalrechtspflege im Lichte des Rechts, in: Die Jugendkriminalrechtspflege im Lichte der kriminologischen Forschung, Bericht über die Verhandlungen des 14. Deutschen Jugendgerichtstages in Braunschweig vom 3.–5. Oktober 1968, hrsg. v.d. DVJJ, Hamburg 1969, S. 155–161.

BEHNKE, Egon: Gedanken über die Rechtsformen der staatlichen Erziehung in Jugendfürsorge und Jugendstrafvollzug, in: Zentralblatt für Jugendrecht und Jugendwohlfahrt, 25. Jahrgang 1933/34, S. 296–303.

BELING, Ernst: Zur Strafprozeßreform, in: Zeitschrift für die gesamte Strafrechtswissenschaft, 25. Band 1905, S. 98–111.

BELLMANN, Elisabeth: Die Internationale Kriminalistische Vereinigung (1889–1933), Frankfurt am Main 1994.

BEN MILED, Inès: Das vereinfachte Jugendverfahren und das Neuköllner Modell, Baden-Baden 2017.

BENDER, Leonhard: Das Jugendgericht in den Vereinigten Staaten von Amerika, England und dem Deutschen Reiche, Amorbach 1910.

BERGEMANN, Walter: Die Zusammenarbeit zwischen Justiz und Hitler-Jugend, in: Deutsches Jugendrecht 1941, Heft 1, S. 38–46.

BEULKE, Werner/SWOBODA, Sabine: Jugendstrafrecht, Eine systematische Darstellung, 16. Auflage, Stuttgart 2020.

BEULKE, Werner: Funktionen der Verteidigung im Jugendstrafverfahren, in: Und wenn es künftiger weniger werden, Bericht über die Verhandlungen des 20. Deutschen Jugendgerichtstages in Köln vom 6.–10. Oktober 1986, hrsg. v.d. DVJJ, München 1987, S. 328–337.

BEULKE, Werner: Funktionen der Verteidigung im Jugendstrafverfahren, in: Strafverteidiger 1987, S. 458–462.

BEULKE, Werner: Wie viel Erziehung ist im Jugendstrafrecht möglich?, in: Toleranz – Erziehung – Strafe, Antworten auf Straftaten Jugendlicher, hrsg. v. Dieter Rössner, Erlangen 1989 S. 65–99.

BIETZ, Hermann: Erziehung statt Strafe?, Überlegungen zur Weiterentwicklung des Jugendkriminalrechts, in: Zeitschrift für Rechtspolitik 1981, S. 212–220.

BINDING, Karl: Das Problem der Strafe in der heutigen Wissenschaft, in: Zeitschrift für das Privat- und Öffentliche Recht der Gegenwart 1877, S. 417–437.

BIRKMEYER, Karl von: Was lässt von Liszt vom Strafrecht übrig? eine Warnung vor der modernen Richtung im Strafrecht, München 1907.

BLAU, Günter: Kriminalpolitische Auswirkungen des Erziehungsgedankens, in: Grundfragen des Jugendkriminalrechts und seiner Neuregelung, Symposium an der Kriminologischen Forschungsstelle der Universität zu Köln, 1.–4. Oktober 1990, hrsg. v. BMJ, 1. Auflage, Bonn 1992, S. 326–343.

BLEECK: Ein Entwurf eines Gesetzes über das Verfahren gegen Jugendliche, in: Monatsschrift für Kriminalpsychologie und Strafrechtsreform, 9. Jahrgang 1912/13, S. 490–497.

BLEECK: Der Entwurf eines Gesetzes über das Strafverfahren gegen Jugendliche, in: Monatsschrift für Kriminalpsychologie und Strafrechtsreform, 9. Jahrgang 1912/13, S. 625–626.

BLIESENER, Thomas/THOMAS, Jana: Wirkt Strafe, wenn sie der Tat auf dem Fuße folgt?, in: Zeitschrift für Jugendkriminalrecht und Jugendhilfe 2012, S. 382–389.

BLOCK, Tobias/KOLBERG, Jan H.: Teen Court – Viel Lärm um Nichts?, Hintergründe eines „neuen" jugendstrafrechtlichen Ansatzes, in: Zeitschrift für Jugendkriminalrecht und Jugendhilfe 2007, S. 8–17.

BMJ (Hrsg.): „Diversion" im deutschen Jugendstrafrecht, Bonn 1989.

BMJ (Hrsg.): Grundfragen des Jugendkriminalrechts und seiner Neuregelung, Bonn 1992.

BMJ: Gesetzentwurf zur Änderung des Jugendgerichtsgesetzes, in: Zentralblatt für Jugendrecht 1989, 483–484.

BOCK, Stefanie/PUSCHKE, Jens: Heilung gesetzgeberischer Untätigkeit?, Überlegungen zur Wirkung der nicht fristgerecht umgesetzten Richtlinie (EU) 2016/800 über Verfahrensgarantien in Strafverfahren für Kinder, die Verdächtige oder beschuldigte Personen in Strafverfahren sind, in: Zeitschrift für Jugendkriminalrecht und Jugendhilfe 2019, S. 224–234.

BOERS, Klaus: Entwicklungen und Erklärungen seit der Wende, in: Neue Kriminalpolitik 2000, Heft 3, S. 7–10.

BÖHM, Alexander: Zur Reform der Untersuchungshaft an jungen Gefangenen, in: Festschrift für Hanns Dünnebier zum 75. Geburtstag, hrsg. v. Ernst-Walter Hanack, Peter Rieß und Günter Wendisch, Berlin/New York 1982, Reprint 2014, S. 677–690.

BÖHM, Alexander: Zur Änderung des Jugendgerichtsgesetzes, in: Neue Juristische Wochenschrift 1991, S. 534–538.

BOHNERT, Joachim: Strafe und Erziehung im Jugendstrafrecht, in: Juristenzeitung 1983, S. 517–523.

BOLDT, Gottfried: Zur Einführung des Jugendarrests, in: Deutsches Recht 1940, S. 2033–2037.

BÖß, Tillmann: Das Gesetz zur Neuregelung des Rechts der notwendigen Verteidigung, in: Neue Zeitschrift für Strafrecht 2020, S: 185–193.

BÖTTCHER, Reinhard/WEBER, Klaus: Erstes Gesetz zur Änderung des Jugendgerichtsgesetzes, in: Neue Zeitschrift für Strafrecht 1990, S. 561–566.

BÖTTCHER, Reinhard/WEBER, Klaus: Erstes Gesetz zur Änderung des Jugendgerichtsgesetzes – 2. Teil –, in: Neue Zeitschrift für Strafrecht 1991, S. 7–11.

BÖTTCHER, Reinhard: Kriminalpolitische Perspektiven: „Innere Reform" oder brauchen wir ein neues Jugendstrafrecht?, in: Mehrfach Auffällige – Mehrfach Betroffene, Dokumentation des 21. Deutschen Jugendgerichtstages vom 30. September – 4. Oktober 1989 in Göttingen, hrsg. v.d. DVJJ, Bonn 1990, S. 639–646.

BOTTKE, Wilfried: Zur Ideologie und Teleologie des Jugendstrafverfahrens, in: Zeitschrift für die gesamte Strafrechtswissenschaft, 95. Band 1983, S. 69–103.

BOTTKE, Wilfried: Entwurf einer Teleologie des fairen Jugendstrafverfahrens, in: Verteidigung in Jugendstrafsachen, Symposium an der Kriminologischen Forschungsstelle der Universität zu Köln, 26.–29. März 1987, hrsg. v. BMJ, 1. Auflage, Bonn 1987, S. 46–90.

BRESSER, Paul H.: Noch immer, Die Problematik des § 105 JGG, in: Festschrift für Friedrich Schaffstein zum 70. Geburtstag, hrsg. v. Gerald Grünwald, Olaf Miehe, Hans-Joachim Rudolphi und Hans-Ludwig Schreiber, Göttingen 1975, S. 323–332.

BREYMANN, Klaus/FIGL, Ernst/OSTENDORF, Heribert/SESSAR, Klaus/SONNEN, Bernd-Rüdeger/VIEHMANN, Horst/ZINKE, Susanne: Magdeburger Initiative, Forum zu Jugend und Kriminalität, in: DVJJ-Journal 1999, S. 4–10.

BREYMANN, Klaus: Diversion – für wen eigentlich?, in: Zentralblatt für Jugendrecht 1985, S. 14–22.

BREYMANN, Klaus: Möglichkeiten der Förderung von Diversionsstrategien seitens des Verteidigers, in: Verteidigung in Jugendstrafsachen, Symposium an der Kriminologischen Forschungsstelle der Universität zu Köln, 26.–29. März 1987, hrsg. v. BMJ, 1. Auflage, Bonn 1987, S. 113–117.

Breymann, Klaus: Zur inneren Reform des Jugendstrafverfahrens, Kriminalitätsprävention durch Erziehung statt Strafe, in: Zentralblatt für Jugendrecht 1988, S. 448–455.

Breymann, Klaus: Jugendakademie – Zu den Grundlagen der Weiterbildung für Jugendrichter und Jugendstaatsanwälte, in: Zeitschrift für Jugendkriminalrecht und Jugendhilfe 2005, S. 185–193.

Breymann, Klaus: Schülergerichte – für wen eigentlich?, in: Zeitschrift für Jugendkriminalrecht und Jugendhilfe 2007, S. 4–8.

Breymann, Klaus: Was müssen Jugendrichter/Innen eigentlich wissen und können?, in: Zeitschrift für Jugendkriminalrecht und Jugendhilfe 2011, S. 88.

Brüdermann, Stefan: Göttinger Studenten und akademische Gerichtsbarkeit im 18. Jahrhundert, Göttingen 1900.

Brunner, R.: Kommunikationsprobleme im Prozess gemeinschaftlicher Entscheidungsfindung, in: Jugendgerichtsbarkeit und Sozialarbeit, Bericht über die Verhandlungen des 16. Deutschen Jugendgerichtstages in Darmstadt vom 17.–20. September 1974, hrsg. v.d. DVJJ, Hamburg 1975, S. 78–85.

Brunner, Rudolf: Spezialisierte Jugendgerichtshilfe?, in: Zentralblatt für Jugendrecht und Jugendwohlfahrt, 59. Jahrgang 1972, S. 321–324.

Brunner, Rudolf: Jugendrichter und Jugendgerichtshelfer nach 20 Jahren Jugendgerichtsgesetz, in: Zentralblatt für Jugendrecht und Jugendwohlfahrt, 60. Jahrgang 1973, S. 53–60.

Brunner, Rudolf: Die Eltern des volljährigen Heranwachsenden im Jugendgerichtsverfahren, insbesondere bei der Persönlichkeitserforschung durch den Jugendgerichtshelfer im Bereich der Verletzung von Privatgeheimnissen (§ 203 StGB), in: Zentralblatt für Jugendrecht und Jugendwohlfahrt, 64. Jahrgang 1977, S. 366–371.

Brunner, Rudolf: Der Jugendrichter, Anspruch und Möglichkeit, in: Juristische Rundschau 1978, S. 499–503.

Bubach, Bettina: Richten, Strafen und Vertragen, Rechtspflege der Universität Freiburg im 16. Jahrhundert, Berlin 2005.

Bucher, Lothar: Jugendgerichtshilfe im Dilemma!, in: Zentralblatt für Jugendrecht 1987, S. 331–335.

Burkhardt: Aus dem Zusammenwirken des Vormundschaftsgerichtes mit dem Jugendfürsorgeverband in München, in: Bayerische Caritas-Blätter 1913, S. 125–130.

Caspari, Stefan: Das jugendrichterliche Dezernat – Hürden auf dem Weg zum Erziehungsgedanken, in: Jugend ohne Rettungsschirm, Dokumentation des 29. Deutschen Jugendgerichtstages vom 14.–17. September 2013 in Nürnberg, hrsg. v.d. DVJJ, Mönchengladbach 2015, S. 623–643.

Clostermann, Ludwig: Der Jugendrichter, in: Die Durchführung des Jugendgerichtsgesetzes als Personenfrage, Bericht über die Verhandlungen des 7. deutschen Jugendgerichtstages, hrsg. v. der DVJJ, Berlin 1928, S. 40–59.

Clostermann, Ludwig: Die strafrechtliche Behandlung der Jugendlichen, in: Zeitschrift für die gesamte Strafrechtswissenschaft, 58. Band 1939, S. 741–742.

Cohnitz, Wolf-Günther: Zur Frage der Vor- und Ausbildung der Jugendrichter, in: Recht der Jugend 1955, S. 364–365.

Cohnitz, Wolf-Günther: Der Verteidiger in Jugendsachen, in: Recht der Jugend 1956, S. 196–198.

Cornel, Heinz/Dünkel, Frieder: Integration statt Repression, in: Neue Kriminalpolitik 1995, Heft 4, S. 6–8.

Cornel, Heinz: Die Entstehung des Jugendstrafvollzugs, Bedingungen und Faktoren einer historischen Entwicklung, Frankfurt am Main 1979.

Cornel, Heinz: Die Entstehung von Jugendgefängnis und Jugendarrest, in: neue praxis, Zeitschrift für Sozialarbeit, Sozialpädagogik und Sozialpolitik 2003, Heft 1, S. 31–45.

Cornel, Heinz: 100 Jahre Jugendgerichte – Die Zeit war reif, in: Zeitschrift für Jugendkriminalrecht und Jugendhilfe 2008, S. 232–236.

Cornel, Heinz: Der Erziehungsgedanke im Jugendstrafrecht, Historische Entwicklungen, in: Handbuch Jugendkriminalität, hrsg. v. Bernd Dollinger und Henning Schmidt-Semisch, 3. Auflage, Wiesbaden 2018.

Dahm, Georg/Schaffstein, Friedrich: Liberales oder autoritäres Strafrecht?, Hamburg 1933.

Dallinger, Wilhelm/Lackner, Karl: Jugendgerichtsgesetz, Kommentar, München und Berlin 1955.

Deimling, Gerhard: Erziehung und Recht, Köln 1989.

Delitzsch, Winfried: Empfiehlt es sich, den Jugendschöffen durch einen ehrenamtlich tätigen Jugendfachrichter zu ersetzen?, Gedanken zu einer Reform des § 35 JGG, in: Monatsschrift für Kriminologie und Strafrechtsreform, 62. Jahrgang 1979, S. 26–33.

DESSECKER, Axel/SCHÄFER, Katrin: Jugendstrafverfahren im Haus des Jugendrechts Frankfurt am Main-Höchst und Legalbewährung, in: Zeitschrift für Jugendkriminalrecht und Jugendhilfe 2023, S. 210–217.

DEUERLEIN, Ernst: Die Einheit Deutschlands, Band 1, Die Erörterungen und Entscheidungen der Kriegs- und Nachkriegskonferenzen 1941–1949, Darstellung und Dokumente, 2. Auflage, Frankfurt am Main/Berlin 1961.

DIESTELKAMP, Bernhard: Rechts- und verfassungsgeschichtliche Probleme zur Frühgeschichte der Bundesrepublik Deutschland, in: Juristische Schulung 1980, S. 401–405.

DIETRICH, Jürgen H.: Diversion: Für wen und durch wen?, in: Jugendstrafrechtsreform durch die Praxis, Informelle Reaktionen und neue ambulante Maßnahmen auf dem Prüfstand, Symposium vom 6.–9. Oktober 1988 in der Universität Konstanz, hrsg. v. BMJ, 1. Auflage, Bonn 1989, S. 108–117.

DIETT, Rainer: Das Remscheider Modell, in: Unsere Jugend 2003, S. 375–382.

DIEZ, Ortwin: Die strafrechtliche Sonderstellung der Jugendlichen im Lichte der geschichtlichen Entwicklung, Jena 1930.

DILLINGER, Johannes: Kinder im Hexenprozess, Magie und Kindheit in der Frühen Neuzeit, Stuttgart 2013.

DOCHOW, Adolf: Der Reichs-Strafprozeß, 3. Auflage, Reprint Berlin/Boston 2020.

DOLDE, Gabriele/GRÜBL, Günter: Verfestigte „kriminelle Karriere" nach Jugendstrafvollzug?, Rückfalluntersuchungen an ehemaligen Jugendstrafgefangenen in Baden-Württemberg, in: Zeitschrift für Strafvollzug und Straffälligenhilfe 1988, S. 29–34.

DÖLLING, Dieter: Diversion im Jugendstrafrecht, in: Individualprävention und Strafzumessung, Ein Gespräch zwischen Strafjustiz und Kriminologie, hrsg. v. Jörg-Martin Jehle, Wiesbaden 1992, S. 323–331.

DÖLLING, Dieter: Erziehung im Jugendkriminalrecht und Legalbewährung nach jugendstrafrechtlichen Sanktionen, in: Recht der Jugend und des Bildungswesens 1993, S. 370–380.

DOLLINGER, Bernd/KEẞLER, Kira/ROCHER, Michael: Kriminalitätsvermeidung durch Erziehung? Die Konstitution von Jugendkriminalität um 1800, in: Zeitschrift für Jugendkriminalrecht und Jugendhilfe 2023, S. 4–11.

DOLLMANN, Carl Friedrich von: Die Gesetzgebung des Königreichs Bayern seit Maximilian II. mit Erläuterungen, 3. Theil, Zweiter Band, Erlangen 1857.

DÖRNER, Christine: Erziehung durch Strafe, Die Geschichte des Jugendstrafvollzugs von 1871–1945, Weinheim/München 1991.

DÖRNER, Christine: Erziehung oder Strafe? Die Diskussion des Strafunmündigkeitsalters bis zum JGG 1923, in: Recht der Jugend und des Bildungswesens 1992, S. 144–157.

DÖRNER, Christine: Bestrafung „Frühreifer" und Erziehung „Unreifer", Die Geschichte des Strafmündigkeitsalters in den drei deutschen Jugendgerichtsgesetzen von 1923, 1943 und 1953, in: Zeitschrift für Neuere Rechtsgeschichte 1994, S. 58–84.

DRENKHAHN, Kirstin: Die EU-Richtlinie 2016/800 und ihre Umsetzung ins deutsche Jugendkriminalrecht – Erfahrungen aus Praxis und Wissenschaft, in: Recht der Jugend und des Bildungswesens 2022, S. 590–602.

DREWS, Nele: Anspruch und Wirklichkeit von § 37 JGG, in: Zeitschrift für Jugendkriminalrecht und Jugendhilfe 2005, S. 409–414.

DREWS, Nele: Die Aus- und Fortbildungssituation von Jugendrichtern und Jugendstaatsanwälten in der Bundesrepublik Deutschland – Anspruch und Wirklichkeit von § 37 JGG, Aachen 2005.

DUENSING, Frieda: Das Zusammenwirken des Jugendgerichts mit Verwaltungsbehörden und freiwilligen Fürsorgeorganisationen, in: Verhandlungen des 1. JGT, hrsg. v.d. DZfJ, Berlin/Leipzig 1909, S. 63–73.

DÜNKEL, Frieder/GESCHER, Norbert: Für ein neues JGG jetzt!, in: Neue Kriminalpolitik 1992, Heft 4, S. 8–9.

DÜNKEL, Frieder/PÖRKSEN, Anke: Stand der Gesetzgebung zum Jugendstrafvollzug und erste Einschätzungen, in: Neue Kriminalpolitik 2007, Heft 2, S. 55–67.

DÜNKEL, Frieder: Verschärfungen abgewehrt in: Neue Kriminalpolitik 1994, Heft 1, S. 9–10.

DÜNKEL, Frieder: Jugendhilfe- und/oder Jugendstrafrecht?, in: Neue Kriminalpolitik 1995, Heft 3, S. 22–27.

DÜNKEL, Frieder: Anmerkungen zum Gutachten von H.-J. Albrecht zum 64. Deutschen Juristentag 2002, in: Neue Kriminalpolitik 2002, Heft 3, S. 90–93.

DÜNKEL, Frieder: Rechtsschutz im Jugendstrafvollzug – Anmerkungen zum Zweiten Gesetz zur Änderung des Jugendgerichtsgesetzes vom 13. Dezember 2007, in: Neue Kriminalpolitik 2008, Heft 1, S. 2–4.

DÜNKEL, Frieder: Reformen des Jugendkriminalrechts als Aufgabe rationaler Kriminalpolitik, in: Recht der Jugend und des Bildungswesens 2014, S. 294–298.

DVJJ (Hrsg.): Verhandlungen des 6. Deutschen Jugendgerichtstages, Berlin 1925.

DVJJ (Hrsg.): Die Durchführung des Jugendgerichtsgesetzes als Personenfrage, Bericht über die Verhandlungen des 7. Deutschen Jugendgerichtstages, Berlin 1928.

DVJJ (Hrsg.): Neue Wege zur Bekämpfung der Jugendkriminalität, Wiedergabe der Verhandlungen des 9. Deutschen Jugendgerichtstages in München am 8. und 9. Oktober 1953, nebst einem kurzen Bericht über den 8. Deutschen Jugendgerichtstag in Bad Godesberg v. 20.–22. April 1950, Köln/Berlin 1955.

DVJJ (Hrsg.): Die Rechtsbrüche der 18 bis 21 Jährigen Heranwachsenden, Ihre Kriminologie und ihre Behandlung, Bericht über die Verhandlungen des 10. Deutschen Jugendgerichtstages in Marburg/Lahn vom 11.–13. Oktober 1956, Köln/Berlin 1959.

DVJJ (Hrsg.): Die Jugendkriminalrechtspflege als Personenfrage und als Aufgabe der Zusammenarbeit, Bericht über die Verhandlungen des 11. Deutschen Jugendgerichtstages in Berlin vom 22.–24. Oktober 1959, Köln/Berlin/Bonn/München 1962.

DVJJ (Hrsg.): Erstkriminalität und Frühkriminalität, Bericht über die Verhandlungen des 13. Deutschen Jugendgerichtstages in Münster i.W. vom 14.–16. Oktober 1965, Hamburg 1966.

DVJJ (Hrsg.): Die Jugendkriminalrechtspflege im Lichte der kriminologischen Forschung, Bericht über die Verhandlungen des 14. Deutschen Jugendgerichtstages in Braunschweig vom 3.–5. Oktober 1968, Hamburg 1969.

DVJJ (Hrsg.): Jugendgerichtsbarkeit und Sozialarbeit, Bericht über die Verhandlungen des 16. Deutschen Jugendgerichtstages in Darmstadt vom 17.–20. September 1974, Hamburg 1975.

DVJJ (Hrsg.): Denkschrift über die kriminalrechtliche Behandlung junger Volljähriger, Göttingen 1977.

DVJJ (Hrsg.): Junge Volljährige im Kriminalrecht, Bericht über die Verhandlungen des 17. Deutschen Jugendgerichtstages in Saarbrücken vom 27.–30. September 1977, München 1978.

DVJJ (Hrsg.): Die jugendrichterlichen Entscheidungen – Anspruch und Wirklichkeit, Bericht über die Verhandlungen des 18. Deutschen Jugendgerichtstages in Göttingen vom 29. September – 3. Oktober 1980, München 1981.

DVJJ (Hrsg.): Jugendgerichtsverfahren und Kriminalprävention, Bericht über die Verhandlungen des 19. Deutschen Jugendgerichtstages in Mannheim vom 3.–7. Oktober 1983, München 1984.

DVJJ (Hrsg.): Und wenn es künftig weniger werden, Bericht über die Verhandlungen des 20. Deutschen Jugendgerichtstages in Köln vom 6.–10. Oktober 1986, München 1987.

DVJJ (Hrsg.): Mehrfach Auffällige – Mehrfach Betroffene, Dokumentation des 21. Deutschen Jugendgerichtstages vom 30. September – 4. Oktober 1989 in Göttingen, Bonn 1990.

DVJJ (Hrsg.): Jugend im sozialen Rechtsstaat, Für ein neues Jugendgerichtsgesetz, Dokumentation des 22. Deutschen Jugendgerichtstages vom 26.–30. September 1992 in Regensburg, Bonn 1996.

DVJJ (Hrsg.): Sozialer Wandel und Jugendkriminalität, Dokumentation des 23. Deutschen Jugendgerichtstages vom 23.–27. September 1995 in Potsdam, Bonn 1997.

DVJJ (Hrsg.): Kinder und Jugendliche als Opfer und Täter, Dokumentation des 24. Deutschen Jugendgerichtstages vom 18.–22. September 1998 in Hamburg, Mönchengladbach 1999.

DVJJ (Hrsg.): Verantwortung für Jugend, Dokumentation des 26. Deutschen Jugendgerichtstages vom 25.–28. September 2004, in Leipzig, Hannover 2006.

DVJJ (Hrsg.): Achtung (für) Jugend!, Dokumentation des 28. Deutschen Jugendgerichtstages vom 11.–14. September 2010 in Münster, Mönchengladbach 2012.

DVJJ (Hrsg.): Jugend ohne Rettungsschirm, Dokumentation des 29. Deutschen Jugendgerichtstages vom 14.–17. September 2013 in Nürnberg, Mönchengladbach 2015.

DVJJ (Hrsg.): Herein-, Heraus-, Heran- – Junge Menschen wachsen lassen, Dokumentation des 30. Deutschen Jugendgerichtstages vom 14.–17. September 2017 in Berlin, Mönchengladbach 2019.

DVJJ (Hrsg.): Jugend, Recht und Öffentlichkeit – Selbstbilder, Fremdbilder, Zerrbilder, Dokumentation des 31. Deutschen Jugendgerichtstages vom 16.–18. September 2021, Mönchengladbach 2022.

DVJJ-Kommission zur Reform des Jugendkriminalrechts: Für ein neues Jugendgerichtsgesetz, Vorschläge der DVJJ-Kommission zur Reform des Jugendkriminalrechts, in: DVJJ-Journal 1992, S. 4–39.

DVJJ: An das Reichsjustizministerium, in: Zeitschrift für die gesamte Strafrechtswissenschaft, 50. Band 1930, S. 658–665.

DVJJ: Stellungnahme zum Referentenentwurf eines Zweiten Gesetzes zur Änderung des Jugendgerichtsgesetzes (2. JGGÄndG), in: Zeitschrift für Jugendkriminalrecht und Jugendhilfe 2004, S. 322–326.

DVJJ: DVJJ-Stellungnahme vom 20. Mai 2007 zum BMJ-Entwurf eines JGG-Änderungsgesetzes, in: Zeitschrift für Jugendkriminalität und Jugendhilfe 2007, S. 223–226.

DVJJ: Für ein rationales Jugendstrafrecht! DVJJ-Erklärung vom 11. Januar 2008, in: Zeitschrift für Jugendkriminalität und Jugendhilfe 2008, S. 96–97.

DVJJ: Positionspapier der DVJJ zu so genannten Fallkonferenzen, in: Zeitschrift für Jugendkriminalität und Jugendhilfe 2014, S. 64–67.

DVJJ: Stellungnahme zum Referentenentwurf eines Gesetzes zur Stärkung der Verfahrensrechte von Beschuldigten im Jugendstrafverfahren sowie zu den das Jugendstrafverfahren betreffende Teile des Entwurfs eines Gesetzes zur Neuregelung des Rechts der notwendigen Verteidigung, in: Zeitschrift für Jugendkriminalität und Jugendhilfe 2019, S. 71–76.

DVJJ: Hinweise zur Umsetzung der EU-Richtlinie 2016/800 über Verfahrensgarantien in Strafverfahren für Kinder, die Verdächtige oder beschuldigte Personen in Strafverfahren sind, in: Zeitschrift für Jugendkriminalität und Jugendhilfe 2019, S. 180–181.

DVJJ: Änderungen des JGG durch das Gesetz zur Stärkung der Verfahrensrechte von Beschuldigten im Jugendstrafverfahren, in: Zeitschrift für Jugendkriminalität und Jugendhilfe 2020, S. 83–93.

DVJJ: Stellungnahme der DVJJ zum Umgang mit der Corona-Pandemie im Bereich des Jugendstrafrechts, in: Zeitschrift für Jugendkriminalität und Jugendhilfe 2020, S. 314–315.

DVJJ: Stellungnahme zum Referentenentwurf eines Gesetzes zur Bekämpfung sexualisierter Gewalt gegen Kinder vom 17. August 2020, in: Zeitschrift für Jugendkriminalität und Jugendhilfe 2020, S. 406–409.

DVJJ: Stellungnahme zum Referentenentwurf eines Gesetzes zur Stärkung von Kindern und Jugendlichen vom 5. Oktober 2020, in: Zeitschrift für Jugendkriminalität und Jugendhilfe 2020, S. 409–412.

DVJJ: Häuser des Jugendrechts – Es kommt drauf an, was man (draus) macht, in: Zeitschrift für Jugendkriminalität und Jugendhilfe 2023, S. 74–75.

DVJJ: Fachliche Qualifikation nach § 37 JGG – Was noch zu tun wäre ..., in: Zeitschrift für Jugendkriminalität und Jugendhilfe 2023, S. 171.

DZFJ (Hrsg.): Verhandlungen des ersten deutschen Jugendgerichtstages, 15.–17. März 1909, Berlin und Leipzig 1909.

DZFJ (Hrsg.): Verhandlungen des zweiten deutschen Jugendgerichtstages, 29. September – 1. Oktober 1910, Berlin und Leipzig 1911.

DZFJ (Hrsg.): Verhandlungen des dritten deutschen Jugendgerichtstages, 10.–12. Oktober 1912, Leipzig 1913.

DZFJ (Hrsg.): Kriegstagung der Deutschen Jugendgerichtshilfen (4. Deutscher Jugendgerichtstag) am 12., 13. und 14. April 1917 zu Berlin, Einberufen von der Deutschen Zentrale für Jugendfürsorge, Berlin 1918.

DZFJ (Hrsg.): Die Verhandlungen des fünften deutschen Jugendgerichtstages in Jena 1920, Nebst den bisherigen Entwürfen für ein deutsches Jugendgerichtsgesetz, Berlin 1922.

DZFJ: Die Jugendgerichtsbewegung, in: Statistische Beilage zur Pädagogischen Zeitung 1908, Heft 7, S. 51–53.

EBERITZSCH, Stefan: Jugendhilfeangebote zur Vermeidung von Untersuchungshaft, in: Zeitschrift für Jugendkriminalrecht und Jugendhilfe 2011, S. 259–262.

EILSBERGER, Rupert: Die Hauptverhandlung aus der Sicht jugendlicher und heranwachsender Angeklagter, in: Monatsschrift für Kriminologie und Strafrechtsreform, 52. Jahrgang 1969, S. 304–313.

EISENBERG, Ulrich/KÖLBEL, Ralf: Jugendgerichtsgesetz, 25. Auflage 2024, (zitiert: Bearbeiter, in: Eisenberg/Kölbel, JGG, §, Rn.).

EISENBERG, Ulrich: Kriminologie, Köln/Berlin/Bonn/München 1979.

EISENBERG, Ulrich: Der Verteidiger im Jugendstrafverfahren, in: Neue Juristische Wochenschrift 1984, S. 2913–2920.

EISENBERG, Ulrich: Möglichkeiten und Grenzen der Heimunterbringung nach §§ 71 Abs. 2, 72 Abs. 3 JGG, in: Zentralblatt für Jugendrecht 1987, S. 325–330.

EISENBERG, Ulrich: Zum Referentenentwurf eines Ersten Gesetzes zur Ände-rung des Jugendgerichtsgesetzes (1. JGGÄndG) – Stand Juli 1987, in: Monats-schrift für Kriminologie und Strafrechtsreform, 71. Jahrgang 1988, S. 129–137.

EISENBERG, Ulrich: Jugendstrafrecht und Jugendstrafrechtspflege im internationalen Vergleich, in: Jugendstrafrechtsreform durch die Praxis, Informelle Reaktionen und neue ambulante Maßnahmen auf dem Prüfstand, Symposium vom 6.–9. Oktober 1988 in der Universität Konstanz, hrsg. v. BMJ, 1. Auflage, Bonn 1989, S. 45–73.

EISENBERG, Ulrich: „Feindliche Übernahme“ im Jugendstrafrecht?, Zur Situation eines politisch aufgeladenen Rechtsgebiets, in: Neue Juristische Wochenschrift 2010, S. 1507–1509.

EISENBERG, Ulrich: Auf der Suche nach der Identität oder: Abschied vom Täterstrafrecht des JGG, in: Neue Kriminalpolitik 2016, Heft 4, S. 389–407.

ELOBIED, Tarig: Die Entwicklung des Strafbefehlsverfahrens von 1846 bis in die Gegenwart, Berlin/Boston 2010.

ENGELHARD, Hans A.: Jugendstrafrecht – Erziehungsrecht oder Strafrecht?, in: Zentralblatt für Jugendrecht 1989, 22–24.

ENZYKLOPÄDIE MEDIZINGESCHICHTE: hrsg. v. Werner E. Gerabek u.a., Band 1, Berlin/New York 2011, (zitiert: Bearbeiter, in: Enzyklopädie Medizingeschichte, S.).

ETZEL, Matthias: Die Aufhebung von nationalsozialistischen Gesetzen durch den Alliierten Kontrollrat (1945–1948), Tübingen 1992.

EXNER, Franz: Die Verordnung zum Schutz gegen jugendliche Schwerverbrecher, in: Zeitschrift für die gesamte Strafrechtswissenschaft, 60. Band 1941, S. 335–353.

FEIGEN, Jan Philipp: Staatsanwaltschaftliche Diversion in Theorie und Praxis, in: Zeitschrift für Jugendkriminalrecht und Jugendhilfe 2008, S. 349–355.

FELS, Hans: Der Strafprozeß der Preussischen Criminal-Ordnung von 1805, Urach 1932.

FELTES, Thomas: Das Jugendstrafverfahren – Konfliktbewältigung durch Bestrafung?, in: Recht der Jugend und des Bildungswesens 1981, S. 123–136.

FELTES, Thomas: Jugendarrest – Renaissance oder Abschied von einer umstrittenen jugendstrafrechtlichen Sanktion?, in: Zeitschrift für die gesamte Strafrechtswissenschaft, 100. Band 1988, S. 158–183.

FEUERBACH, Paul Johann Anselm von: Kritik des Kleinschrodischen Entwurfs zu einem peinlichen Gesetzbuche für die Chur-Pfalz-Bayerischen Staaten, 1804; neu hrsg. v. Werner Schmid, Frankfurt am Main 1988.

Feuerhelm, Wolfgang/**Kügler**, Nicolle: Das „Haus des Jugendrechts“ in Stuttgart Bad Canstatt, Mainz 2003.

Fischer: Das Jugendgericht in und nach der Hauptverhandlung, in: Verhandlungen des ersten deutschen Jugendgerichtstages, hrsg. v.d. DZfJ, Berlin/Leipzig 1909, S. 30–37.

Förster: Strafe und Erziehung – Sühne und Besserung, in: Verhandlungen des dritten deutschen Jugendgerichtstages, hrsg. v.d. DZfJ, Leipzig 1913, S. 9–23.

Francke, Herbert: Die Ausbildung der Jugendrichter, in: Zeitschrift für Kinderforschung 1924, S. 14–16.

Francke, Herbert: Das Jugendgerichtsgesetz vom 16. Februar 1923, Kommentar, 2. Auflage Berlin/München 1926.

Francke, Herbert: Der Erziehungsgedanke im Jugendgerichtsgesetz, Wiederabdruck im DVJJ-Journal 1993, S. 167–174.

Francke: Die strafrechtliche Behandlung der über 18 Jahre alten Minderjährigen, in: Zeitschrift für die gesamte Strafrechtswissenschaft, 48. Band 1928, S. 588–603.

Frank, Teresa: Die Wiederaufnahme zuungunsten des Angeklagten im Strafverfahren, Reformdiskussion und Gesetzgebung seit dem Neunzehnten Jahrhundert, Berlin/Boston 2022.

Frauenstädt, P.: Breslaus Strafrechtspflege im 14. bis 16. Jahrhundert, Ein Beitrag zur Geschichte des Strafrechts, in: Zeitschrift für die gesamte Strafrechtswissenschaft, 10. Band 1890, S. 1–35.

Freisler, Roland: Die rassebiologische Aufgabe bei der Neugestaltung des Jugendstrafrechts, in: Monatsschrift für Kriminalbiologie und Strafrechtsreform, 30. Jahrgang 1939, S. 209–214.

Freisler, Roland: Rechtswahrergedanken im Kriegsjahr 1940, in: Deutsche Justiz 1941, S. 6–19.

Frenzel, Helmut: Vom Elend des Jugendgerichts – eine Spurensuche, in: Zeitschrift für Jugendkriminalrecht und Jugendhilfe 2022, S. 276–297.

Freudenthal, Berthold: Amerikanische Kriminalpolitik, Öffentlicher Vortrag, auf der Versammlung der Internationalen Kriminalistischen Vereinigung, Landesgruppe Deutsches Reich, am 8. September 1906, in: Zeitschrift für die gesamte Strafrechtswissenschaft, 27. Band 1907, S. 121–141.

Freudenthal, Berthold: Zur Organisation der Jugendgerichte, in: Deutsche Juristen-Zeitung 1908, Sp. 157–161.

FRIEDEBERG, E.: Dritte Landesversammlung der Internationalen kriminalistischen Vereinigung (Landesgruppe Deutsches Reich) am 7. und 8. April zu Berlin, in: Zeitschrift für die gesamte Strafrechtswissenschaft, 13. Band 1893, S. 741–836.

FRITSCH, Konstanze/SPRECHER*INNENRAT DER BUNDESARBEITSGEMEINSCHAFT DER JUGENDHILFE IM STRAFVERFAHREN IN DER DVJJ (Hrsg.): Fallkonferenzen im Jugendstrafrecht, Wenn schon, dann richtig!, Mönchengladbach 2023.

FRITSCH, Markus: Die jugendstrafrechtliche Reformbewegung (1871–1923), Freiburg, 1999.

FRITSCHKA, Peter: Überlegungen zu Veränderung des Rechtsfolgensystems im Jugendgerichtsgesetz, in: Bewährungshilfe 1991, 282–287.

FROMM, Ingo E.: Jugendstrafsachen und COVID-19-Pandemie aus Verteidigersicht, in: Zeitschrift für Jugendkriminalrecht und Jugendhilfe 2020, S. 295–297.

FROMMEL, Monika/MAELICKE, Bernd: Für ein normverdeutlichendes und liberal-rechtsstaatliches Jugendstrafrecht, in: Neue Kriminalpolitik 1994, Heft 3, S. 28–36.

FROMMEL, Monika: Plädoyer für ein anderes Jugendstrafrecht, in: Neue Kriminalpolitik 1994, Heft 3, S. 26–27.

GALLAS, Wilhelm: Die Krise des Strafrechts und ihre Überwindung im Staatsgedanken, in: Zeitschrift für die gesamte Strafrechtswissenschaft, 53. Band 1934, S. 11–28.

GEBAUER, Michael: Rechtswirklichkeit der Untersuchungshaft in der Bundesrepublik Deutschland, Göttingen 1987.

GEBHARDT, Bruno: Handbuch der deutschen Geschichte, Reformen, Restauration und Revolution 1806–1848/49, Band 14, hrsg. v. Hans-Werner Hahn und Helmut Berding, 10. Auflage, Stuttgart 2010.

GERKEN, Jutta/BERLITZ, Claus: Sanktionseskalation, Zum fatalen Zusammenspiel von Erziehungsideologie und Registerrecht, in: Ein trojanisches Pferd im Rechtsstaat, Der Erziehungsgedanke in der Jugendgerichtspraxis, hrsg. v. Jutta Gerken und Karl F. Schumann, Pfaffenweiler 1988, S. 11–39.

GERKEN, Jutta/SCHUMANN, Karl F. (Hrsg.): Ein trojanisches Pferd im Rechtsstaat, Der Erziehungsgedanke in der Jugendgerichtspraxis, Pfaffenweiler 1988.

GERKEN, Jutta/SCHUMANN, Karl F.: Stellungnahme zum Referentenentwurf (RefE) Erstes Gesetz zur Änderung des Jugendgerichtsgesetzes (1. JGGÄndG) Juli 1987, in: Ein trojanisches Pferd im Rechtsstaat, Der Erziehungsgedanke in der Jugendgerichtspraxis, hrsg. v. Jutta Gerken und Karl F. Schumann, Pfaffenweiler 1988, S. 137–147.

GIEMULLA, Elmar/BARTON, Dirk: Die Untersuchungshaft bei Jugendlichen und Heranwachsenden aus verfassungsrechtlicher Sicht, in: Recht der Jugend und des Bildungswesens 1982, S. 289–294.

GIPKENS, G.: Zusammenfassender Bericht über die Beratungen des Arbeitskreises V, in: Die Jugendkriminalrechtspflege als Personenfrage und als Aufgabe der Zusammenarbeit, Bericht über die Verhandlungen des 11. Deutschen Jugendgerichtstages in Berlin vom 22.–24. Oktober 1959, hrsg. v.d. DVJJ, Köln/Berlin/Bonn/München 1962, S. 99–102.

GLOSS, Werner/RÖDER, Ulrich: Stellungnahme der Bundesarbeitsgemeinschaft Polizei in der DVJJ zum Referentenentwurf eines Gesetzes zur Stärkung der Verfahrensrechte von Beschuldigten im Jugendstrafverfahren / EU Richtlinie 2016/800, in: Zeitschrift für Jugendkriminalrecht und Jugendhilfe 2019, S. 77–78.

GLOSS, Werner: Die Reform der Polizeidienstvorschrift (PDV) 382 zur Bearbeitung von Jugendsachen, in: Herein-, Heraus-, Heran- – Junge Menschen wachsen lassen, Dokumentation des 30. Deutschen Jugendgerichtstages vom 14.–17. September 2017 in Berlin, hrsg. v.d. DVJJ, Mönchengladbach 2019, S. 365–385.

GLOSS, Werner: Die Polizeidienstvorschrift 382, in: Jugend, Recht und Öffentlichkeit – Selbstbilder, Fremdbilder, Zerrbilder, Dokumentation des 31. Deutschen Jugendgerichtstages vom 16.–18. September 2021, hrsg. v.d. DVJJ, Mönchengladbach 2022, S. 303–315.

GOERDELER, Jochen: 100 Jahre – und wie weiter?, in: Zeitschrift für Jugendkriminalrecht und Jugendhilfe 2008, S. 120–122.

GOERDELER, Jochen: Das „Ziel der Anwendung des Jugendstrafrechts" und anderer Änderungen des JGG, in: Zeitschrift für Jugendkriminalrecht und Jugendhilfe 2008, S. 137–146.

GOLDSCHMIDT: Das deutsche und das österreichische Strafverfahren und die Aussichten für eine Vereinheitlichung, Vortrag, gehalten in der Österreichischen Kriminalistischen Vereinigung in Wien am 30. März 1922, in: Zeitschrift für die gesamte Strafrechtswissenschaft, 43. Band 1922, S. 409–444.

GÖTSCHMANN, Dirk: Bayerischer Parlamentarismus im Vormärz, Die Ständeversammlung des Königreichs Bayern 1819–1848, Düsseldorf 2002.

GRIMM, Friedrich: Zur Strafrechtsreform: Ist eine strafrechtliche Sonderbehandlung der Altersstufe vom vollendeten 18. bis zum vollendeten 21. Lebensjahre empfehlenswert?, in: Monatsschrift für Kriminalpsychologie und Strafrechtsreform, 8. Jahrgang 1911/12, S. 708–727.

GRUHLE, Hans W.: Beitrag zum Studium der Kriminalität Jugendlicher, in: Monatsschrift für Kriminalpsychologie und Strafrechtsreform, 8. Jahrgang 1911/12, S. 17–28.

GRUNEWALD, Ralph: Der Individualisierungsauftrag des Jugendstrafrechts – Über die Reformbedürftigkeit des JGG –, in: Neue Zeitschrift für Strafrecht 2002, S. 452–458.

GRUNEWALD, Ralph: Die besondere Bedeutung des Erziehungsgedankens im Jugendstrafverfahren, in: Neue Juristische Wochenschrift 2003, S. 1995–1997.

GRÜNHUT, Max: Die Bedeutung der Jugendgerichte für die heutigen Aufgaben der Strafrechtspflege und Jugendfürsorge, in: Zwei Vorträge über Jugendgerichtsbarkeit, Ichtershausen 1927, S. 5–33.

GÜNZEL, Stefanie: Die geschichtliche Entwicklung des Jugendstrafrechts und des Erziehungsgedankens, Mit besonderer Berücksichtigung der "Erziehung in einer Einrichtung über Tag und Nacht“ gem. § 12 Nr. 2 JGG, Marburg 2001.

GUSKI, Karl: Gegenwärtiger Stand der Jugendgerichtsbarkeit in Ostzone, in: Stand und Neuordnung der Jugendgerichtsbarkeit, Bericht über die Berliner Tagung vom 22.–26. Mai 1949, hrsg. v. Hauptjugendamt von Groß-Berlin, Berlin 1949, S. 106–111.

HAEGERT, Wilhelm: Einschaltung der Jugend in Jugendgerichtsbarkeit und Jugendbehörden, in: Recht der Jugend und des Bildungswesens 1969, S. 44–46.

HAEGERT, Wilhelm: Jugendgerichtsbarkeit in der Krise, in: Recht der Jugend und des Bildungswesens 1970, S. 175–177.

HAFEMANN, Ferdinand Julius: Handbuch des Preuß. Criminal-Processes, Berlin 1832.

HAMMERSCHLAG, Heinz Erich: Die Erziehungsmaßregeln im Jugendgerichtsgesetz, Breslau 1927.

HANACK, Ernst-Walter: Die Rechtsprechung des Bundesgerichtshofes zum Strafverfahrensrecht, in: Juristenzeitung 1971, S. 89–92.

Handwörterbuch zur deutschen Rechtsgeschichte: hrsg. v. Adalbert Erler u.a., Band 5, Berlin 1998. (zitiert: Bearbeiter, in: HRG, Sp.).

Hansen, Reimer: Das Ende des Dritten Reiches, Die deutsche Kapitulation 1945, Stuttgart 1966.

Härringer, Karl: Die Erziehung des jungen Rechtsbrechers in der Freiheit, in: Kriminologie und Vollzug der Freiheitsstrafe, hrsg. v. Thomas Würtenberger, Stuttgart 1961, S. 173–185.

Hasenclever, Christa: Jugendhilfe und Jugendgesetzgebung seit 1900, Göttingen 1978.

Hassemer, Winfried: Die Voraussetzungen der Untersuchungshaft, in: Strafverteidiger 1984, S. 38–42.

Hassemer, Winfried: Jugend im Strafrecht, in: Verantwortung für Jugend, Dokumentation des 26. Deutschen Jugendgerichtstages vom 25.–28. September 2004 in Leipzig, hrsg. v.d. DVJJ, Hannover 2006, S. 31–61.

Hassemer, Winfried: Jugendkriminalität – Jugendstrafrecht – Medien, in: Recht der Jugend und des Bildungswesens 2008, S. 349–351.

Hauber, Rudolf: Das Bild vom Jugendrichter in der Entwicklung des Jugendkriminalrechts, in: Zentralblatt für Jugendrecht und Jugendwohlfahrt, 64. Jahrgang 1977, S. 315–323.

Hauber, Rudolf: Spezialisierung als Legitimation jugendrichterlichen Handelns, in: Zentralblatt für Jugendrecht und Jugendwohlfahrt, 64. Jahrgang 1977, S. 372–382.

Hauber, Rudolf: Ist die Laienbeteiligung im Jugendstrafverfahren noch vertretbar?, in: Zentralblatt für Jugendrecht und Jugendwohlfahrt, 65. Jahrgang 1978, S. 329–339.

Hauber, Rudolf: Das Dilemma der Verteidigung jugendlicher Straftäter, in: Recht der Jugend und des Bildungswesens 1979, S. 355–363.

Hauber, Rudolf: Der Jugendgerichtshelfer als „Sozialanwalt“ des jugendlichen Straftäters?, in: Zentralblatt für Jugendrecht und Jugendwohlfahrt, 67. Jahrgang 1980, S. 509–518.

Hauptjugendamt von Groß-Berlin (Hrsg.): Stand und Neuordnung der Jugendgerichtsbarkeit, Bericht über die Berliner Tagung vom 22.–26. Mai 1949, Berlin 1949.

Hauser, Harald: Der Jugendrichter – Idee und Wirklichkeit, in: Monatsschrift für Kriminologie und Strafrechtsreform, 63. Jahrgang 1980, S. 1–19.

HEINEN, Bert: Die Gestaltung der Jugendgerichtsverhandlung im vereinfachten Verfahren, in: Unsere Jugend 1957, S. 204–212.

HEINEN: Probleme der Jugendgerichtshilfe, Helfer oder Belastungszeuge?, in: Unsere Jugend 1952, S. 231–233.

HEINZ, Wolfgang: Strategien der Diversion in der Jugendgerichtsbarkeit der Bundesrepublik Deutschland, in: Recht der Jugend und des Bildungswesens 1984, S. 291–308.

HEINZ, Wolfgang: Junge Menschen in Untersuchungshaft, Kriminologische und kriminalpolitische Überlegungen zu einem der „trübsten Kapitel des deutschen Jugendstrafrechts“, in: INFO-Heft 1/86 der Jahrestagung 1985 der Landesgruppe der DVJJ Baden-Württemberg, S. 3–31.

HEINZ, Wolfgang: Neue ambulante Maßnahmen nach dem Jugendgerichtsgesetz – Empirische Bestandsaufnahme und kriminalpolitische Perspektiven, in: Monatsschrift für Kriminologie und Strafrechtsreform, 70. Jahrgang 1987, S. 129–154.

HEINZ, Wolfgang: Recht und Praxis der Untersuchungshaft in der Bundesrepublik Deutschland, in: Bewährungshilfe 1987, S. 5–27.

HEINZ, Wolfgang: Jugendstrafrechtsreform durch die Praxis, Eine Bestandsaufnahme, in: Jugendstrafrechtsreform durch die Praxis, Informelle Reaktionen und neue ambulante Maßnahmen auf dem Prüfstand, Symposium vom 6.–9. Oktober 1988 in der Universität Konstanz, hrsg. v. BMJ, 1. Auflage, Bonn 1989, S. 13–44.

HEINZ, Wolfgang: Diversion im Jugendstrafverfahren, in: Zeitschrift für Rechtspolitik 1990, S. 7–11.

HEINZ, Wolfgang: Mehrfach Auffällige – Mehrfach Betroffene, Erlebnisweisen und Reaktionsformen, in: Mehrfach Auffällige – Mehrfach Betroffene, Dokumentation des 21. Deutschen Jugendgerichtstages vom 30. September – 4. Oktober 1989 in Göttingen, hrsg. v.d. DVJJ, Bonn 1990, S. 30–73.

HEINZ, Wolfgang: Regierungsentwurf zur Änderung des Jugendgerichtsgesetzes, in: Recht der Jugend und des Bildungswesens 1990, S. 133–148.

HEINZ, Wolfgang: Das Erste Gesetz zur Änderung des Jugendgerichtsgesetzes (1. JGGÄndG), in: Zeitschrift für Rechtspolitik 1991, S. 183–189.

HEINZ, Wolfgang: Abschaffung oder Reformulierung des Erziehungsgedankens im Jugendstrafrecht?, in: Grundfragen des Jugendkriminalrechts und seiner Neuregelung, Symposium an der Kriminologischen Forschungsstelle der Universität zu Köln, 1.–4. Oktober 1990, hrsg. v. BMJ, 1. Auflage, Bonn 1992, S. 369–407.

HEINZ, Wolfgang: Abschied von der „Erziehungsideologie" im Jugendstrafrecht?, in: Recht der Jugend und des Bildungswesens 1992, S. 123–143.

HEINZ, Wolfgang: Diversion im Jugendstrafverfahren, Praxis, Chancen, Risiken und rechtsstaatliche Grenzen, in: Zeitschrift für die gesamte Strafrechtswissenschaft, 104. Band 1992, S. 591–638.

HEINZ, Wolfgang: Diversion im Jugendstrafrecht und im Allgemeinen Strafrecht – Teil 1, in: DVJJ-Journal 1998, S. 245–255.

HEINZ, Wolfgang: Reformbedarf des Jugendstrafrechts?, Jugendkriminalität und Jugendkriminalrechtspflege aus Sicht der Kriminologie, in: Monatsschrift für Kriminologie und Strafrechtsreform, 81. Jahrgang 1998, S. 399–425.

HEINZ, Wolfgang: Diversion im Jugendstrafrecht und im Allgemeinen Strafrecht – Teil 2, in: DVJJ-Journal 1999, S. 11–18.

HEINZ, Wolfgang: Diversion im Jugendstrafrecht und im Allgemeinen Strafrecht – Teil 3, in: DVJJ-Journal 1999, S. 131–142.

HEINZ, Wolfgang: Empirische Ergebnisse der Rückfallstatistik, in: Archiv für Wissenschaft und Praxis der sozialen Arbeit 2007, S. 36–49.

HEINZ, Wolfgang: Bekämpfung der Jugendkriminalität durch Verschärfung des Jugendstrafrechts!?, in: Zeitschrift für Jugendkriminalrecht und Jugendhilfe 2008, S. 60–67.

HEINZ, Wolfgang: „Bei der Gewaltkriminalität junger Menschen helfen nur härtere Strafen!", in: Neue Kriminalpolitik 2008, Heft 2, S. 50–59.

HEINZ, Wolfgang: Stellungnahme zur aktuellen Diskussion um eine Verschärfung des Jugendstrafrechts, in: Zeitschrift für Jugendkriminalrecht und Jugendhilfe 2008, S. 87–96.

HELLMER, Joachim: Zur Frage der Vor- und Ausbildung der Jugendrichter, in: Recht der Jugend 1955, 365–366.

HELLMER, Joachim: Zur Frage, ob im Jugendstrafverfahren die Mitwirkung eines Verteidigers notwendig ist, in: Recht der Jugend 1956, 198–200.

HELLMER, Joachim: Der Jugendgerichtshelfer im Spannungsfeld seiner Funktionen, in: Recht der Jugend 1967, S. 309–313.

Helmken, Dierk: Der Jugendstaatsanwalt: Anspruch und Wirklichkeit – Sitzungsvertretung durch Rechtsreferendare, in: Zeitschrift für Jugendkriminalrecht und Jugendhilfe 2008, S. 147–148.

Helmken, Kai: Rechtspolitische Überlegungen zu § 37 JGG unter besonderer Berücksichtigung des Jugendstaatsanwalts, in: Zeitschrift für Rechtspolitik 2012, S. 209–212.

Helten, Hans-Jürgen: Jugendrichter, Jugendstaatsanwälte – Berufsbilder, Anforderungen, Herausforderungen, in: Jugend ohne Rettungsschirm, Dokumentation des 29. Deutschen Jugendgerichtstages vom 14.–17. September 2013 in Nürnberg, hrsg. v.d. DVJJ, Mönchengladbach 2015, S. 267–279.

Herold, Georg: Zur Frage, ob im Jugendstrafverfahren die Mitwirkung eines Verteidigers notwendig ist, in: Recht der Jugend 1956, 200–201.

Herold, Georg: Untersuchungshaft bei Jugendlichen und Heranwachsenden, in: Recht der Jugend 1957, S. 103–106.

Herrmann, Ulrich (Hrsg.): Das pädagogische Jahrhundert, Weinheim/Basel 1981.

Herz, Ruth: Jugendstrafrecht, 2. Auflage, Köln/Berlin/Bonn/München 1987.

Herz, Ruth: Recht persönlich, Eine Jugendrichterin erzählt, München 2006.

Heydenreuter, Reinhard: Kriminalgeschichte Bayerns, Von den Anfängen bis ins 20. Jahrhundert, Regensburg 2003.

Hinrichsen, Kurt: Zur Frage, ob im Jugendstrafverfahren die Mitwirkung eines Verteidigers notwendig ist, in: Recht der Jugend 1956, 201–202.

Hinrichsen, Kurt: Einführung in das Jugendkriminalrecht, Ein Grundriß für Ausbildung und Praxis im Jugendwohlfahrts- und Justizdienst, Berlin u.a. 1957.

Hinz, Werner: Nebenklage und Adhäsionsantrag im Jugendstrafverfahren?, Überlegungen zur Stärkung der Opferrechte, in: Zeitschrift für Rechtspolitik 2002, S. 475–479.

Hinz, Werner: Soziales Gebot oder „Lebenslüge“? – Der Erziehungsgedanke bei der Jugendstrafe, in: Zeitschrift für Rechtspolitik 2005, S. 192–195.

Hinz, Werner: Nebenklage im Verfahren gegen Jugendliche, Gedanken zum neuen § 80 Abs. 3 JGG, in: Juristische Rundschau 2007, S. 140–146.

Hirschberg, H. W.: Neuordnung des Jugendstrafrechts vom Standpunkt des Juristen, in: Stand und Neuordnung der Jugendgerichtsbarkeit, Bericht über die Berliner Tagung vom 22.–26. Mai 1949, hrsg. v. Hauptjugendamt von Groß-Berlin, Berlin 1949, S. 180–188.

His, Rudolf: Das Strafrecht des deutschen Mittelalters, Erster Teil, Die Verbrechen und ihre Folgen im allgemeinen, Leipzig 1920.

His, Rudolf: Geschichte des deutschen Strafrechts bis zur Karolina, Reprint Berlin/Boston 2019.

Höffler, Katrin/Kaspar, Johannes: Die Neuerungen des „Gesetzes zur Erweiterung der jugendgerichtlichen Handlungsmöglichkeiten" vom 4. September 2012 – Eine Bilanz, in: Recht der Jugend und des Bildungswesens 2018, S. 449–470.

Hoffmann, Martin: Polizeiliche Jugendsachbearbeitung 2010, in: Achtung (für) Jugend!, Dokumentation des 28. Deutschen Jugendgerichtstages vom 11.–14. September 2010 in Münster, hrsg. v.d. DVJJ, Mönchengladbach 2012, S. 143–157.

Höfner, Benedikt: Das Dilemma der Verteidigung jugendlicher Straftäter, in: Recht der Jugend und des Bildungswesens 1979, S. 364–374.

Holthusen, Bernd / Schmoll, Annemarie: Neues im Jugendgerichtsgesetz – Folgen für die Jugendlichen und die Jugendhilfe im Strafverfahren, in: Nachrichtendienst des Deutschen Vereins für Öffentliche und Private Fürsorge 2020, S. 113–118.

Holtzendorff von: Einige Bemerkungen über die Nichtbestrafung jugendlicher Personen, in: Der Gerichtssaal 1874, S. 401–412.

Holzschuh, Karl: Erziehung und Strafe im deutschen Jugendstrafrecht, in: Bekämpfung der Jugendkriminalität, Arbeitstagung im Bundeskriminalamt Wiesbaden vom 1. November – 6. November 1954 über die Kriminalität der Jugendlichen und Heranwachsenden, hrsg. v. Bundeskriminalamt Wiesbaden, Wiesbaden 1955.

Holzschuh, Karl: Geschichte des Jugendstrafrechts bis zum Ende des neunzehnten Jahrhunderts (unter besonderer Berücksichtigung der deutschen Entwicklung), Mainz 1957.

Holzschuh, Karl: Zur Entwicklung und Gestaltung der Jugendgerichtshilfe, in: Recht der Jugend 1963, S. 113–114.

HOTTER, Imke/ALBRECHT, Hans-Jörg: Jüngste Vorschläge zu Reformen im Bereich des Jugendstrafrechts – ein Überblick, in: Recht der Jugend und des Bildungswesens 2003, S. 282–298.

HÖYNCK, Theresia/ERNST, Stephanie: Jugendstrafrecht, Ein Vierteljahrhundert schlechte Zeiten für rationale Kriminalpolitik, in: Kritische Justiz 2014, S. 249–260.

HÖYNCK, Theresia/ERNST, Stephanie: Das Gesetz zur Stärkung der Verfahrensrechte von Beschuldigten im Jugendstrafverfahren, in: Zeitschrift für Jugendkriminalrecht und Jugendhilfe 2020, S. 245–258.

HÖYNCK, Theresia/ERNST, Stephanie: Tagungsbericht zum 32. Deutschen Jugendgerichtstag, in: Zeitschrift für Jugendkriminalrecht und Jugendhilfe 2023, S. 383–384.

HÖYNCK, Theresia/LEUSCHNER, Fredericke: Das Jugendgerichtsbarometer: Einblicke in die Rechtswirklichkeit des § 37 JGG sowie in die Nutzung ambulanter Maßnahmen durch die Justiz, in: Zeitschrift für Jugendkriminalrecht und Jugendhilfe 2014, S. 364–371.

HÖYNCK, Theresia/SONNEN, Bernd-Rüdeger: Jugendstrafrecht als Spielball im Prozess politischer Meinungsbildung, in: Zeitschrift für Rechtspolitik 2001, S. 245–250.

HÖYNCK, Theresia: Stärkung der Opferrolle im Jugendstrafverfahren?, in: Zeitschrift für Jugendkriminalrecht und Jugendhilfe 2005, S. 34–41.

HÖYNCK, Theresia: Zu den Ausweitungen der Opferrechte im JGG durch das 2. JuMoG, in: Zeitschrift für Jugendkriminalrecht und Jugendhilfe 2007, S. 76–78.

HÖYNCK, Theresia: Das Jugendgerichtsbarometer, in: Jugend ohne Rettungsschirm, Dokumentation des 29. Deutschen Jugendgerichtstages vom 14.–17. September 2013 in Nürnberg, hrsg. v.d. DVJJ, Mönchengladbach 2015, S. 509–526.

HÖYNCK, Theresia: Abschluss des 30. Deutschen Jugendgerichtstages, in: Herein-, Heraus-, Heran- – Junge Menschen wachsen lassen, Dokumentation des 30. Deutschen Jugendgerichtstages vom 14.–17. September 2017 in Berlin, hrsg. v.d. DVJJ, Mönchengladbach 2019, S. 683–691.

HUBER, Ernst Rudolf: Deutsche Verfassungsgeschichte seit 1789, Band I, Reformation und Restauration 1789 bis 1830, Nachdruck der 2. Auflage, Stuttgart 1975.

HUBER, Ernst Rudolf: Deutsche Verfassungsgeschichte seit 1789, Band III, Bismarck und das Reich, 3. Auflage, Stuttgart 1988.

HUBER, Michael: Das Zweite Gesetz zur Modernisierung der Justiz, in: Juristische Schulung 2007, S. 236–241.

HÜBNER, Gerd-Ekkehard/KUNATH, Werner: 75 Jahre JGG – Wiederabdruck anlässlich „100 Jahre JGG", in: Zeitschrift für Jugendkriminalrecht und Jugendhilfe 2023, S. 253–255.

HUPFELD, Jörg: Zur Bedeutung des Erziehungsgedankens und des richterlichen Spezialisierungsgrades in der Jugendstrafrechtspraxis, in: DVJJ-Journal 1993, S. 11–17.

IGNOR, Alexander: Geschichte des Strafprozesses in Deutschland 1532–1846; von der Carolina Karls V. bis zu den Reformen des Vormärz, Paderborn/München 2002.

IKV (Hrsg.): Mitteilungen der Internationalen Kriminalistischen Vereinigung, 15. Band, Berlin 1908.

IKV (Hrsg.): Mitteilungen der Internationalen Kriminalistischen Vereinigung, 19. Band, Berlin 1912.

JANSSEN, Helmut: Diversion: Entstehungsbedingungen, Hintergründe und Konsequenzen einer veränderten Strategie sozialer Kontrolle, in: Diversion statt Strafe?, Probleme und Gefahren einer neuen Strategie strafrechtlicher Sozialkontrolle, hrsg. v. Hans-Jürgen Kerner, Heidelberg 1983, S. 15–54.

JORDAN, Erwin (Hrsg.): Jugendhilfe, Beiträge und Materialien zur Reform des Jugendhilferechts, Weinheim/Basel 1975.

JUNG, Heike: Die jugendrichterlichen Entscheidungen – Anspruch und Wirklichkeit, in: Zeitschrift für Rechtspolitik 1981, 36–45.

JUNG, Heike: Die jugendrichterlichen Entscheidungen – Anspruch und Wirklichkeit, in: Die jugendrichterlichen Entscheidungen – Anspruch und Wirklichkeit, Bericht über die Verhandlungen des 18. Deutschen Jugendgerichtstages in Göttingen vom 29. September – 3. Oktober 1980, hrsg. v.d. DVJJ, München 1981, S. 18–45.

JUNG, Heike: Zur Reform des Jugendstrafrechts – Eine Zwischenbilanz, in: Juristische Schulung 1992, S. 186–192.

JUNG: Der Jugendstaatsanwalt, in: Deutsche Justiz 1944, S. 194–196.

JUNGER-TAS, Josine: Strukturen des Jugendgerichts: Probleme und Dilemmas, in: Zentralblatt für Jugendrecht und Jugendwohlfahrt, 67. Jahrgang 1980, S. 365–383.

Jureit, Ulrike: Erziehen, Strafen, Vernichten, Jugendkriminalität und Jugendstrafrecht im Nationalsozialismus, Münster/New York 1995.

Kade: Eine schleunige Einführung der Berufung für die jetzigen Strafkammersachen, in: Zeitschrift für die gesamte Strafrechtswissenschaft, 34. Band 1913, S. 110–114.

Kahl: Ist eine Revision des Deutschen Strafgesetzbuches in Aussicht zu nehmen? – Welche Grundfragen für eine solche sind dem Deutschen Juristentage in seinen folgenden Tagungen zur Berathung vorzulegen?, in: Verhandlungen des 26. Deutschen Juristentages, hsrg. v. dem Schriftführer-Amt der ständigen Deputation, 1. Band, Berlin 1902, S. 210–240.

Kahlert, Christian: Verteidigung in Jugendstrafsachen, 2. neubearbeitete und erweiterte Auflage, Heidelberg 1986.

Kaiser, Günther: Jugendstrafrecht oder Jugendhilferecht?, in: Zeitschrift für Rechtspolitik 1975, S. 212–217.

Kaiser, Günther: Möglichkeiten der Entkriminalisierung nach dem Jugendgerichtsgesetz im Vergleich zum Ausland, in: Recht der Jugend und des Bildungswesens 1980, S. 266–278.

Kaiser, Günther: Der gegenwärtige Stand und die Möglichkeiten zur Fortentwicklung des Jugendstrafrechts, in: Recht der Jugend und des Bildungswesens 1983, S. 346–358.

Kaiser, Günther: Ist der Erziehungsgedanke im Jugendstrafrecht wirklich veraltet?, in: Festschrift für Karl Härringer zum 80. Geburtstag, hrsg. v. Max Busch, Heinz Müller-Dietz und Hans Wetzstein, Pfaffenweiler 1995, S. 9–24.

Kaiser, Günther: Zwanzig Jahre Jugendstrafrecht, in: Recht der Jugend und des Bildungswesens 1997, S. 35–40.

Kant, Immanuel: Über Pädagogik, Mit Kant's Biographie, hrsg. v. Theodor Vogt, 3. Auflage, Langensalza 1901.

Kaufmann, Hilde: Jugendstrafrechtsreform de lege lata?, in: Festschrift für Hans Welzel zum 70. Geburtstag, hrsg. v. Günter Stratenwerth u.a., Berlin/New York 1974, S. 897–915.

Kerner, Hans-Jürgen: Soziale Dienste der Justiz im Konfliktfeld der Institutionen und Handlungserwartungen, in: Bewährungshilfe 1980, S. 64–85.

Kerner, Hans-Jürgen: Diversion – Eine wirkliche Alternative?, in: Diversion, Alternativen zu klassischen Sanktionsformen, Band 2, hrsg. v. Helmut Kury, Bochum 1981, S. 688–728.

Kerner, Hans-Jürgen: Statt Strafe: Diversion?, in: Diversion statt Strafe?, Probleme und Gefahren einer neuen Strategie strafrechtlicher Sozialkontrolle, hrsg. v. Hans-Jürgen Kerner, Heidelberg 1983, S. 1–14.

Kerner, Hans-Jürgen: Jugendgerichtsverfahren und Kriminalprävention, in: Jugendgerichtsverfahren und Kriminalprävention, Bericht über die Verhandlungen des 19. Deutschen Jugendgerichtstages in Mannheim vom 3.–10. Oktober 1983, hrsg. v.d. DVJJ, München 1984, S. 14–45.

Kerner, Hans-Jürgen: Unbeabsichtigte und unerwünschte Nebenfolgen der JGG-Reform durch die Praxis, insbesondere am Beispiel der Ausweitung des Netzes sozialer Kontrolle?, in: Jugendstrafrechtsreform durch die Praxis, Informelle Reaktionen und neue ambulante Maßnahmen auf dem Prüfstand, Symposium vom 6.–9. Oktober 1988 in der Universität Konstanz, hrsg. v. BMJ, 1. Auflage, Bonn 1989, S. 265–292.

Keßler: Reformfragen zum Jugendgerichtsgesetz, in: Zeitschrift der Akademie für Deutsches Recht 1938, S. 838–841.

Keßler: Der Jugendverteidiger, in: Deutsches Recht 1940, Ausgabe A, S. 2038–2041.

Key, Ellen: Das Jahrhundert des Kindes, Studien, 2. Auflage Weinheim 2000.

Kippes, Ludwig: Arbeitspflicht für jugendliche Untersuchungsgefangene?, in: Recht der Jugend 1967, S. 243–244.

Kitzinger: Organisation und Zuständigkeit der Jugendgerichte nach bestehendem Recht und den Gesetzesentwürfen, in: Verhandlungen des zweiten deutschen Jugendgerichtstags, hrsg. v.d. DZfJ, Berlin/Leipzig 1911, S. 44–56.

Kleimann, Tobias: Das Reichsjugendgerichtsgesetz vom 6.12.1943, Eine Fortführung des JGG 1923 oder Teil des NS-Strafrechts?, in: Zeitschrift für Jugendkriminalrecht und Jugendhilfe 2013, S. 397–407.

Klein: Die strafrechtliche Behandlung der jugendlichen Personen, in: Verhandlungen des 27. Deutschen Juristentages, hsrg. v. dem Schriftführer-Amt der ständigen Deputation, 1. Band, Berlin 1904, S. 97–136.

Kleinschrod, Gallus Aloys: Über die Rechte, Pflichten und Klugheitsregeln des Richters bey peinlichen Verhören und der Erforschung der Wahrheit in peinlichen Fällen, in: Archiv des Criminalrechts 1799, S. 1–36.

Klemer, Gerhard: Jugendstrafrecht und Hitler-Jugend, Stellung und Aufgaben der Hitler-Jugend in der Jugendstrafrechtspflege, 2. Auflage Berlin/Leipzig/Wien 1941.

Klöpfer, Michael: Verfahrensdauer und Verfassungsrecht, in: Juristenzeitung 1979, S. 209–216.

Kloss, Alfred: Die Jugendfürsorgeausschüsse, in: Monatsschrift für Kriminalpsychologie und Strafrechtsreform, 5. Jahrgang 1908/09, S. 42–51.

Kluger, Karl-Joseph: Gegenwärtiger Stand der Jugendgerichtsbarkeit in Berlin, in: Stand und Neuordnung der Jugendgerichtsbarkeit, Bericht über die Berliner Tagung vom 22.–26. Mai 1949, hrsg. v. Hauptjugendamt von Groß-Berlin, Berlin 1949, S. 111–124.

Knapp, Hermann: Das alte Nürnberger Kriminalrecht, Nach Rats-Urkunden, Reprint Berlin/Boston 2013.

Köbler, Gerhard: Deutsche Rechtsgeschichte, Ein systematischer Grundriß der geschichtlichen Grundlagen des deutschen Rechts von den Indogermanen bis zur Gegenwart, 4. Auflage, München 1990.

Köhler, Kurt: Über die Notwendigkeit der Ausbildung von kriminalpolizeilichen Jugendsachbearbeitern und die Art ihres Einsatzes, in: Grundlagen der Kriminalistik, Band 1, Jugendkriminalität, hrsg. v. Herbert Schäfer, Hamburg 1965.

Kohlhaas: Die Besetzung der Jugendkammern, in: Unsere Jugend 1952, S. 310.

Kohlhaas: Die Stellung des Jugendlichen im Strafverfahren, in: Unsere Jugend 1953, S. 443–448.

Kohlrausch, Eduard: Für das Jugendgericht, in: Zeitschrift für die gesamte Strafrechtswissenschaft, 56. Band 1937, S. 459–484.

Kohlrausch: Die strafrechtliche und erzieherische Behandlung der Jugendlichen nach den neuen Gesetzentwürfen, in: Verhandlungen des fünften deutschen Jugendgerichtstags, hrsg. v.d. DZfJ, Berlin 1922, S. 1–14.

Köhne, Paul: Die IKV und das Verfahren gegen Jugendliche, in: Mitteilungen der Internationalen Kriminalistischen Vereinigung, 21. Band, Berlin 1914, S. 107–116.

Köhne, Paul: Entwurf zu einem Reichsgesetz betreffend die Ahndung und Verfolgung strafbarer Handlungen, welche von jugendlichen Personen begangen werden, nebst Begründung, in: Beiträge zur Reform des Strafprozesses, hrsg. v. Franz Adickes u.a., Band 1, Reprint Berlin/Boston 2020, S. 1–32.

Köhne: Jugendgerichte, in: Deutsche Juristen-Zeitung 1905, Sp. 579–584.

Köhne: Jugendgerichte, in: Monatsschrift für Kriminalpsychologie und Strafrechtsreform, 2. Jahrgang 1905/06, S. 574–576.

Köhne: Das Strafverfahren gegen Jugendliche, in: Reform des Strafprozesses, Kritische Besprechung der von der Kommission für die Reform des Strafprozesses gemachten Vorschläge, hrsg. v. P.F. Aschrott, Berlin 1906, S. 623–639.

Köhne: Verfahren gegen Jugendliche, in: Mitteilungen der Internationalen Kriminalistischen Vereinigung, 15. Band, Berlin 1908, S. 537 ff.

Köhne: Der erste internationale Jugendgerichtstag, in: Deutsche Juristen-Zeitung 1911, S. 916–917.

Köhne: Stand der Jugendgerichtsbewegung in Deutschland, in: Verhandlungen des zweiten deutschen Jugendgerichtstages, hrsg. v.d. DZfJ, Berlin/Leipzig 1911, S. 5–10.

Köhne: Jugendgerichte und Jugendgerichtstage, in: Zentralblatt für Vormundschaftswesen, Jugendgerichte und Fürsorgeerziehung, 4. Jahrgang 1912/13, S. 145–148.

Kölbel, Ralf: Kollaterale (Jugend-)Strafgesetzgebung, in: Zeitschrift für Jugendkriminalrecht und Jugendhilfe 2021, S. 40–44.

Kölbel, Ralf: „Erziehung“ als objektive Sinnstruktur im Textkorpus des JGG, in: Zeitschrift für Jugendkriminalrecht und Jugendhilfe 2022, S. 252–255.

Kölbel, Ralf: Kriminologische Forschung zur (Jugend-)Strafgesetzgebung, in: Jugend, Recht und Öffentlichkeit – Selbstbilder, Fremdbilder, Zerrbilder, Dokumentation des 31. Deutschen Jugendgerichtstages vom 16.–18. September 2021, hrsg. v.d. DVJJ, Mönchengladbach 2022, S. 555–589.

Kotulla, Michael: Deutsches Verfassungsrecht 1806–1918, Eine Dokumentensammlung nebst Einführungen, 1. Band, Gesamtdeutschland, Anhaltische Staaten und Baden, Berlin/Heidelberg 2006.

Kraft, Bettina: Tendenzen in der Entwicklung des Jugendstrafrechts seit der Jugendgerichtsbewegung, Frankfurt am Main 2004.

Krall: Die praktische Handhabung des deutschen Jugendgerichtsgesetzes, in: Verhandlungen des sechsten deutschen Jugendgerichtstages, hrsg. v. der DVJJ, Berlin 1925, S. 20–31.

Kremer, Bruno: Der Einfluß des Elternrechts aus Art. 6 Abs. II, III GG auf die Rechtmäßigkeit der Maßnahmen des JGG, Mainz 1984.

Kreuzer, Arthur: Untersuchungshaft bei Jugendlichen und Heranwachsenden, in: Recht der Jugend und des Bildungswesens 1978, S. 337–356.

Kreuzer, Arthur: Ist das deutsche Jugendstrafrecht noch zeitgemäß?, in: Neue Juristische Wochenschrift 2002, S. 2345–2351.

Kreuzer, Arthur: Ursprünge, Gegenwart und Entwicklung des deutschen Jugendstrafrechts, in: Zeitschrift für Jugendkriminalrecht und Jugendhilfe 2008, S. 122–131.

Krieter, Hugo: Historische Entwicklung des „Prinzips der freien Beweiswürdigung“ im Strafprozeß, Hildesheim 1926.

Kube, Edwin: Zur Form der Hauptverhandlung, in: Kriminalistik 1970, S. 248–250.

Kuhlen, Lothar: Diversion im Jugendstrafverfahren, Heidelberg 1988.

Kühling, Paul: Richter und Strafvollzug aus der Sicht junger Gefangener, in: Monatsschrift für Kriminologie und Strafrechtsreform, 53. Jahrgang 1970, S. 270–272.

Kümmerlein, Heinz: Ein Jahr Jugendarrest, in: Das Junge Deutschland 1942, S. 12–21.

Kümmerlein, Heinz: Reichsjugendgerichtsgesetz vom 6. November 1943, Mit den ergänzenden Rechts- und Verwaltungsvorschriften auf dem Gebiet des Jugendstrafrechts, Jugendhilferechts und des strafrechtlichen Jugendschutzes, Textausgabe mit kurzen Erläuterungen, München und Berlin 1944.

Kümmerlein: Die Ergebnisse der Reichstagung des Sozialen Amts der Reichsjugendführung in München, in: Deutsche Justiz 1939, 1. Halbjahr, S. 167–174.

Kümmerlein: Die Neuordnung der Jugend- und Jugendschutzgerichte, in: Deutsche Justiz 1942, S. 495–500.

Kümmerlein: Vereinfachungsverordnung und Jugendstrafrechtspflege, in: Deutsche Justiz 1942, S. 602–604.

Kümmerlein: Wege zur Beschleunigung des Verfahrens in Jugendstrafsachen, in: Deutsches Jugendrecht 1942, Heft 2, S. 53–58.

Kümmerlein: Das neue Reichsjugendgerichtsgesetz, I. Verfehlungen Jugendlicher und ihre Folgen, in: Deutsche Justiz 1943, S. 529–538.

Kümmerlein: Das neue Reichsjugendgerichtsgesetz, II. Jugendgerichtsverfassung und Jugendstrafverfahren, in: Deutsche Justiz 1943, S. 553–564.

Kümmerlein: Untersuchungshaft bei Jugendlichen, in: Deutsches Jugendrecht 1943, Heft 3, S. 55–57.

KÜMMERLEIN: Vereinfachungen in der Jugendstrafrechtspflege, Zugleich ein Erfahrungsbericht zum Verfahrensrecht des Reichsjugendgerichtsgesetzes, in: Deutsche Justiz 1945, S. 2–11.

KUNATH, Werner/HÜBNER, Gerd-Ekkehard: 75 Jahre JGG – 100 Jahre JGG – nochmals draufgeschaut – Beobachtungen langjähriger Wegbegleiter der Polizei, in: Zeitschrift für Jugendkriminalrecht und Jugendhilfe 2023, S. 253–255.

KURY, Helmut: Zum Stand der Behandlungsforschung, in: Festschrift für Alexander Böhm zum 70. Geburtstag, hrsg. v. Wolfgang Feuerhelm, Hans-Dieter Schwind und Michael Bock, Berlin/New York 1999, S. 251–274.

KUSCH, Roger: Plädoyer für die Abschaffung des Jugendstrafrechts, in: Neue Zeitschrift für Strafrecht 2006, S. 65–69.

LACKNER, Karl: Das neue Jugendstrafrecht, in: Bulletin des Presse- und Informationsamtes der Bundesregierung, Nr. 217 vom 12. November 1953, S. 1801–1802.

LAMNEK, Siegfried/LUEDTKE, Jens: Kriminalpolitik im Sog von Öffentlichkeit und Massenmedien, in: Das Jugendkriminalrecht als Erfüllungsgehilfe gesellschaftlicher Erwartungen?, Symposium an der Kriminologischen Forschungsstelle der Universität zu Köln, 11.–13. Oktober 1994, hrsg. v. BMJ, 1. Auflage, Bonn 1995, S. 45–68.

LAMPE, Dirk/SCHMOLL, Annemarie: „Ich fand es echt peinlich, so zu fragen, was meinen Sie." – Verstehen und Verstanden-Werden junger Menschen und ihrer Eltern im Kontext von Jugendstrafverfahren und einzelfallbezogenen Fallkonferenzen, in: Fallkonferenzen im Jugendstrafrecht, hrsg. v. Konstanze Fritsch und dem Sprecher*innenrat der Bundesarbeitsgemeinschaft der Jugendhilfe im Strafverfahren in der DVJJ, Mönchengladbach 2023, S. 65–93.

LAMPE, Dirk/SCHMOLL, Annemarie: „Ich wusste gefühlt alles": Verstehen und Verstanden-Werden junger Menschen als professionelle Herausforderung im Kontext von Jugendstrafverfahren, in: Zeitschrift für Jugendkriminalrecht und Jugendhilfe 2023, S. 27–39.

LANDSBERG, Julius Ferdinand: Das Jugendgericht, Hannover 1912.

LANGE, Thomas: Der „Steglitzer Schülermordprozeß" 1928, in: „Mit uns zieht die Zeit", Der Mythos Jugend, hrsg. v. Thomas Koebner u.a., Frankfurt am Main 1985, S. 412–437.

LAUBENTHAL, Klaus/BAIER, Helmut/NESTLER, Nina: Jugendstrafrecht, 3. Auflage, Berlin/Heidelberg 2015.

LAUBENTHAL, Klaus: Ist das deutsche Jugendstrafrecht noch zeitgemäß?, in: Juristenzeitung 2002, S. 807–818.

LEHMANN, Walter: Reform des Jugendgerichtsgesetzes?, in: Unsere Jugend 1965, S. 34–35.

LEKSCHAS, John/FRÄBEL, Alfred: Bedarf die Regelung des Strafverfahrens gegen Jugendliche einer Veränderung?, in: Neue Justiz 1959, S. 341–345.

LILIENTHAL, Karl von: Entwurf eines Gesetzes über das Verfahren gegen Jugendliche, in: Zeitschrift für die gesamte Strafrechtswissenschaft, 36. Band 1915, S. 1–18.

LILIENTHAL, Karl von: Kriminalität während des Krieges, Steigende Jugendkriminalität, in: Zeitschrift für die gesamte Strafrechtswissenschaft, 38. Band 1917, S. 91–94.

LINCK, Joachim: Zulässigkeit und Grenzen der erzieherischen Gestaltung der Untersuchungshaft bei Jugendlichen nach Art. 6 GG, in: Zeitschrift für Rechtspolitik 1971, S. 57–59.

LINDENBERG: Justizstatistik, in: Deutsche Juristen-Zeitung 1914, Sp. 151–153.

LINKE, Alexander: Diversionstage in Nordrhein-Westfalen, in: Zeitschrift für Jugendkriminalrecht und Jugendhilfe 2011, S. 296–304.

LIPP, Volker: Die Rechtsstellung der Eltern im Verfahren des Kindes, in: Recht der Jugend und des Bildungswesens 2003, S. 361–367.

LISZT, Elsa von/SCHEIDT: Der Jugendrichter als Einzelrichter für straffällige Minderjährige im Alter von 18–20 Jahren, in: Zentralblatt für Jugendrecht und Jugendwohlfahrt, 19. Jahrgang 1927/28, S. 13–14.

LISZT, Elsa von: Jugendgerichte, in: Monatsschrift für Kriminalpsychologie und Strafrechtsreform, 4. Jahrgang 1907/08, S. 177–181.

LISZT, Elsa von: Welche Reformen des Strafrechts, des Strafprozesses und des Strafvollzuges sind vom Standpunkt der Jugendfürsorge zu fordern?, Bericht über einen Erörterungsabend der Deutschen Zentrale für Jugendfürsorge, in: Zeitschrift für die gesamte Strafrechtswissenschaft, 28. Band 1908, S. 538–542.

LISZT, Elsa von: Zur Entschließung des Ausschusses für Jugendgerichte und Jugendgerichtshilfen der Deutschen Zentrale für Jugendfürsorge zu dem Entwurf eines Jugendgerichtsgesetzes, in: Zentralblatt für Vormundschaftswesen, Jugendgerichte und Fürsorgeerziehung, 14. Jahrgang 1922/23, S. 221–223.

LISZT, Elsa von: Die praktische Handhabung des deutschen Jugendgerichtsgesetzes, in: Verhandlungen des 6. Deutschen Jugendgerichtstages, hrsg. v.d. Deutschen Vereinigung für Jugendgerichte und Jugendgerichtshilfen, Berlin 1925, S. 31–40.

LISZT, Franz von: Der Zweckgedanke im Strafrecht, in: Zeitschrift für die gesamte Strafrechtswissenschaft, 3. Band 1883, S. 1–47.

Liszt, Franz von: Kriminalpolitische Aufgaben, in: Zeitschrift für die gesamte Strafrechtswissenschaft, 9. Band 1889, S. 452–498.

LISZT, Franz von: Nach welchen Grundsätzen ist die Revision des Strafgesetzbuchs in Aussicht zu nehmen?, in: Verhandlungen des 26. Deutschen Juristentages, hrsg. v. dem Schriftführer-Amt der ständigen Deputation, 1. Band, Berlin 1902, S. 259–302.

LISZT, Franz von: Birkmeyers „Warnung vor der modernen Richtung im Strafrecht“, in: Zeitschrift für die gesamte Strafrechtswissenschaft, 27. Band 1907, S. 213–221.

LISZT, Franz von: Das Strafverfahren gegen Jugendliche nach dem Strafprozeßentwurf, Vortrag gehalten in der Wissenschaftlichen Vereinigung der Juristen des LG-Bezirks Potsdam, Bericht in: Deutsche Juristen-Zeitung 1909, Sp. 250–251.

LISZT, Franz von: Der Krieg und die Kriminalität der Jugendlichen, Vortrag gehalten in der Juristischen Gesellschaft zu Berlin am 12. Februar 1916, in: Zeitschrift für die gesamte Strafrechtswissenschaft, 37. Band 1916, S. 496–515.

LISZT, Franz von: Jugendgerichtsverfahren in Gegenwart und Zukunft, in: Kriegstagung der Deutschen Jugendgerichtshilfen (4. Deutscher Jugendgerichtstag), hrsg. v.d. DZfJ, Berlin 1918, S. 72–81.

LISZT, Franz von: Strafrechtliche Aufsätze und Vorträge, 2. Band, 1892–1904, Reprint Berlin/Boston 2021.

LOCKE, John: Gedanken über Erziehung, Ausgabe Reclam Stuttgart 1970.

LOHRMANN, Leon/SCHAERFF, Marcus: Häuser des Jugendrechts – ein bundesweiter Überblick, in: Zeitschrift für Jugendkriminalrecht und Jugendhilfe 2021, S. 126–134.

LOHRMANN, Leon/SCHAERFF, Marcus: Häuser des Jugendrechts – ein wesentlicher Beitrag zur Verbesserung des Sicherheitsgefühls in der Bevölkerung?, in: Neue Kriminalpolitik 2021, Heft 2, S. 239–252.

LÜDEMANN, Rolf: Auffällig ist: geteilte Betroffenheit, in: Mehrfach Auffällige – Mehrfach Betroffene, Dokumentation des 21. Deutschen Jugendgerichtstages vom 30. September – 4. Oktober 1989 in Göttingen, hrsg. v.d. DVJJ, Bonn 1990, S. 74–84.

MAELICKE, Bernd: Gesamtreform ist erforderlich, in: Neue Kriminalpolitik 1992, Heft 3, S. 28–29.

MAI, Gunther: Der Alliierte Kontrollrat in Deutschland 1945–1948, Alliierte Einheit – deutsche Teilung?, München 1995.

MAISCH, H.: Kommunikationsprobleme im Prozess gemeinschaftlicher Entscheidungsfindung, in: Jugendgerichtsbarkeit und Sozialarbeit, Bericht über die Verhandlungen des 16. Deutschen Jugendgerichtstages in Darmstadt vom 17.–20. September 1974, hrsg. v.d. DVJJ, Hamburg 1975, S. 86–101.

MANTLER: Zusammenfassender Bericht über die Beratungen des Arbeitskreises I, in: Die Jugendkriminalrechtspflege als Personenfrage und als Aufgabe der Zusammenarbeit, Bericht über die Verhandlungen des 11. Deutschen Jugendgerichtstages in Berlin vom 22.–24. Oktober 1959, hrsg. v.d. DVJJ, Köln/Berlin/Bonn/München 1962, S. 50–58.

MARKS, Erich: Es geht auch ohne Anklage, Diversionsmöglichkeiten auf der Ebene der Staatsanwaltschaft im Rahmen des Jugendgerichtsgesetzes, in: Zentralblatt für Jugendrecht und Jugendwohlfahrt, 69. Jahrgang 1982, S. 25–31.

MARKS, Erich: DBH-Stellungnahme zum Referentenentwurf eines Ersten Gesetzes zur Änderung des Jugendgerichtsgesetzes (1. JGGÄndG), in: Bewährungshilfe 1988, S. 240–248.

MATTIG, W.: Rolle und Rollenkonflikte des Jugendgerichtshelfers, in: Jugendgerichtsbarkeit und Sozialarbeit, Bericht über die Verhandlungen des 16. Deutschen Jugendgerichtstages in Darmstadt vom 17.–20. September 1974, hrsg. v.d. DVJJ, Hamburg 1975, S. 102–112.

MEIER, Bernd-Dieter/BANNENBERG, Britta/HÖFFLER, Katrin: Jugendstrafrecht, 4. Auflage, München 2019.

MERKLE, Tobias/NEWINGER, Beate/RISSE, Karen/SKROBANEK, Irene: Vergleich der Reformvorschläge der DVJJ und der AWO zum Jugendkriminalrecht, in: DVJJ-Journal 1994, S. 11–18.

MERTENS, Andreas/MURGES-KEMPER, Kerstin: Muss schnell auch immer gut sein?, in: Zeitschrift für Jugendkriminalrecht und Jugendhilfe 2008, S. 256–260.

MESSERER, Richard: Die Zukunft des Jugendgerichts, in: Zeitschrift für die gesamte Strafrechtswissenschaft, 56. Band 1937, S. 485–494.

MESSERER, Richard: Der Jugendrichter, in: Unsere Jugend 1951, S. 2–6.

MESSERER, R.: Die rechtliche Behandlung der 18–21 jährigen Täter im Jugendgerichtsgesetz vom 6. August 1953, in: Neue Wege zur Bekämpfung der Jugendkriminalität, Wiedergabe der Verhandlungen des 9. Deutschen Jugendgerichtstages in München am 8. und 9. Oktober 1953, nebst einem kurzen Bericht über den 8. Deutschen Jugendgerichtstag in Bad Godesberg v. 20.–22. April 1950, Köln/Berlin 1955, S. 79–98.

MEYER-HÖGER, Martina: Der Jugendarrest, Entstehung und Weiterentwicklung einer Sanktion, Baden-Baden 1998.

MEYER, K.: Wie steht es mit der Strafrechtsreform?, in: Deutsche Juristen-Zeitung 1918, Sp. 26–28.

MIDDELHOF, Hendrik: Referendare als Sitzungsvertreter der Staatsanwaltschaft im Jugendstrafverfahren, in: Zentralblatt für Jugendrecht 1987, S. 66–69.

MIDDENDORFF, Wolf: Ein Schritt vorwärts, Gedanken zum neuen Jugendgerichtsgesetz, in: Recht der Jugend 1953, S. 12–15.

MIEHE, Olaf: Das Jugendstrafrecht nach der Novelle zum Jugendwohlfahrtsgesetz (I), in: Recht der Jugend 1963, 97–100.

MIEHE, Olaf: Die Anfänge der Diskussion über eine strafrechtliche Sonderbehandlung junger Täter, in: Weg und Aufgabe des Jugendstrafrechts, hrsg. v. Friedrich Schaffstein und Olaf Miehe, Darmstadt 1975, S. 1–30.

MIEHE, Olaf: Die neuere Entwicklung der Altersgruppenfrage im Strafrecht und Strafprozeßrecht, in: Zentralblatt für Jugendrecht und Jugendwohlfahrt, 69. Jahrgang 1982, S. 82–92.

MIEHE, Olaf: Erziehung unter dem Grundgesetz, in: Rechtsentwicklung unter dem Bonner Grundgesetz, hrsg. v. Reinhard Mußgnug, Heidelberg 1990, S. 249–269.

MIEHE, Olaf: Entwicklungstendenzen im Jugendstrafverfahren, in: Das Jugendstrafrecht an der Wende zum 21. Jahrhundert, hrsg. v. Dieter Dölling, Berlin/New York 2001, S. 141–164.

MITTERMAIER, Carl Joseph Anton: Die Mündlichkeit, das Anklageprinzip, die Öffentlichkeit und das Geschworenengericht in ihrer Durchführung in den verschiedenen Gesetzgebungen dargestellt und nach den Forderungen des Rechts und der Zweckmäßigkeit mit Rücksicht auf die Erfahrungen der verschiedenen Länder, Stuttgart und Tübingen 1845.

MITTERMAIER: Über die Untersuchung und Entscheidung gegen jugendliche Übertreter, in: Archiv des Criminalrechts (Neue Folge) 1847, S. 612–614.

MITTERMAIER: Das Preußische Strafgesetzbuch, verglichen mit dem Oldenburgischen Strafgesetzbuche, mit den Erfahrungen über das Französische Gesetzbuch und mit den Gesetzgebungs-Arbeiten, die dem Französischen Code nachgebildet sind, insbesondere der Italienischen Staaten, des Königreichs der Niederlande und Belgiens, in: Archiv für preußisches Strafrecht 1859, S. 163–184.

MITTERMAIER: Über die strafgerichtlichen Verhandlungen gegen Kinder, in: Archiv für preußisches Strafrecht 1864, S. 721–729.

MÖCKEL, Helmut: Der Jugendrichter, in: Deutsches Jugendrecht 1941, Heft 1, S. 19–22.

MÖLLER, H.: Rolle und Rollenkonflikte des Jugendgerichtshelfers, in: Jugendgerichtsbarkeit und Sozialarbeit, Bericht über die Verhandlungen des 16. Deutschen Jugendgerichtstages in Darmstadt vom 17.–20. September 1974, hrsg. v.d. DVJJ, Hamburg 1975, S. 113–118.

MOLLIK, Rainer: Übergangsmanagement im Jugendstrafverfahren, in: Achtung (für) Jugend!, Dokumentation des 28. Deutschen Jugendgerichtstages vom 11.–14. September 2010 in Münster, hrsg. v.d. DVJJ, Mönchengladbach 2012, S. 91–106.

MONTESQUIEU, Charles Louis de Secondat de: Vom Geist der Gesetze, Ausgabe Reclam Stuttgart 1980.

MROZYNSKI, Peter: Verfassungsrechtliche Probleme der Untersuchungshaft in Jugendstrafsachen, in: Recht der Jugend und des Bildungswesens 1973, S. 326–329.

MÜLLER, Wilhelm K. F.: Aufgabe, Persönlichkeit und Stellung des Jugendrichters, in: Recht der Jugend 1955, S. 23–25.

MÜLLER: Die praktische Handhabung des deutschen Jugendgerichtsgesetzes, in: Verhandlungen des 6. Deutschen Jugendgerichtstages, hrsg. v.d. DVJJ, Berlin 1925, S. 3–20.

MUMME, Helmut: Die Verordnung über die Zuständigkeit der Strafgerichte, die Sondergerichte und sonstige strafverfahrensrechtliche Vorschriften vom 21. Februar 1940, in: Monatsschrift für Kriminologie und Strafrechtsreform, 31. Jahrgang 1940, S. 100–104.

NAGLER: Die jugendlichen Schwerverbrecher, in: Der Gerichtssaal 1941, S. 1–23.

NATHAN, Hans: Das neue Jugendgerichtsgesetz, in: Neue Justiz 1952, S. 246–250.

NEUBACHER, Frank: Aufbruch ins Ungenannte – Wohin steuert die Jugendkriminalpolitik in Nordrhein-Westfalen?, in: Zeitschrift für Jugendkriminalrecht und Jugendhilfe 2011, S. 433–440.

NEUBACHER, Frank: Wider die Fortsetzung politischer Rhetorik – Für eine wissenschaftsbasierte Jugendkriminalpolitik!, in: Zeitschrift für Jugendkriminalrecht und Jugendhilfe 2020, S. 13–15.

NEUGEBAUER, Manuela: Die polizeilichen Jugendschutzlager im Nationalsozialismus, in: Jugend im sozialen Rechtsstaat, Für ein neues Jugendgerichtsgesetz, Dokumentation des 22. Deutschen Jugendgerichtstages vom 26.–30. September 1992 in Regensburg, hrsg. v. der DVJJ, Bonn 1996, S. 660–675.

NEULANDT, Günter: Wie sieht der jugendliche Strafgefangene das Jugendamt?, in: Recht der Jugend 1964, S. 97–102.

NIEHAUS, Michael: Das Verhör, Geschichte – Theorie – Fiktion, München 2003.

NOTHACKER, Gerhard: „Erziehungsvorrang“ und Gesetzesauslegung im Jugendgerichtsgesetz, Eine systematisch-methodologische Analyse jugendstrafrechtlicher Rechtsanwendungs-prinzipien, Berlin 1985.

NOTHACKER, Gerhard: Das sozialisationstheoretische Konzept des Jugendkriminalrechts der Bundesrepublik Deutschland, Frankfurt am Main 1986.

OSTENDORF, Heribert/DRENKHAHN Kirstin: Jugendstrafrecht, 11. Auflage Baden-Baden 2023.

OSTENDORF, Heribert: Von der Rache zur Zweckstrafe, 100 Jahre Marburger Programm, Neu hrsg. und erl. v. Heribert Ostendorf, Frankfurt am Main 1982.

OSTENDORF, Heribert: Die Pflichtverteidigung im Jugendstrafverfahren, in: Strafverteidiger 1986, S. 308–312.

OSTENDORF, Heribert: Maßloses Erziehungsstrafrecht oder gebändigtes Präventionsstrafrecht?, in: Beiträge zur Erziehung im Jugendkriminalrecht, hrsg. v. Michael Walter, Köln/Berlin/Bonn/München 1989, S. 91–110.

OSTENDORF, Heribert: Zukunft des Jugendstrafrechts, in: Jugendstrafrechtsreform durch die Praxis, Informelle Reaktionen und neue ambulante Maßnahmen auf dem Prüfstand, Symposium vom 6.–9. Oktober 1988 in der Universität Konstanz, hrsg. v. BMJ, 1. Auflage, Bonn 1989, S. 325–337.

Ostendorf, Heribert: Für eine Gesamtrevision des Jugendstrafrechts in: Mehrfach Auffällige – Mehrfach Betroffene, Dokumentation des 21. Deutschen Jugendgerichtstages vom 30. September – 4. Oktober 1989 in Göttingen, hrsg. v.d. DVJJ, Bonn 1990, S. 648–655.

Ostendorf, Heribert: Das 1. Änderungsgesetz zum JGG – nur ein erster Schritt zur Reform des Jugendstrafrechts, in: Recht der Jugend und des Bildungswesens 1992, S. 2–11.

Ostendorf, Heribert: Jugendstrafrecht am Scheideweg: Gegen eine Verschärfung des Jugendstrafrechts!, in: Recht der Jugend und des Bildungswesens 1994, S. 304–309.

Ostendorf, Heribert: Jugendstrafrecht und Straffälligenhilfe – Utopien und Perspektiven, in: Zentralblatt für Jugendrecht 1995, S. 1–5.

Ostendorf, Heribert: Abkürzung des Jugendstrafverfahrens oder „kurzer Prozeß"?, in: Kinder und Jugendliche als Opfer und Täter, Dokumentation des 24. Deutschen Jugendgerichtstages vom 18.–22. September 1998 in Hamburg, hrsg. v.d. DVJJ, Mönchengladbach 1999, S. 575–589.

Ostendorf, Heribert: Magdeburger Initiative, in: Neue Kriminalpolitik 1999, Heft 2, S. 4–5.

Ostendorf, Heribert: Wieviel Strafe braucht die Gesellschaft?, 1. Auflage Baden-Baden 2000.

Ostendorf, Heribert: Weiterführung der Reform des Jugendstrafrechts, in: INFO-Heft der Jahrestagung 2002 der Landesgruppe der DVJJ Baden-Württemberg, S. 55–83.

Ostendorf, Heribert: Reform und Gegenreform durch Organisation: Zuständigkeiten, Fachlichkeit, Kooperation im Jugendstrafverfahren, in: DVJJ-Journal 2003, S. 3–4.

Ostendorf, Heribert: Zeitenwende im Jugendkriminalrecht?, Die Beschlüsse des 64. Deutschen Juristentages und die Vorschläge der DVJJ-Reformkommission, in: Neue Kriminalpolitik 2003, Heft 1, S. 16–19.

Ostendorf, Heribert: Zeitenwende im Jugendkriminalrecht?, in: Neue Kriminalpolitik 2003, Heft 1, S. 16–19.

Ostendorf, Heribert: Gegen die Abschaffung des Jugendstrafrechts und seiner Essentialia, in: Neue Zeitschrift für Strafrecht 2006, S. 320–326.

Ostendorf, Heribert: Jugendgerichtsgesetz, 7. Auflage Baden-Baden 2007.

OSTENDORF, Heribert: Die Praxis des U-Haft Vollzugs – Daten und Fakten, in: Neue Kriminalpolitik 2009, Heft 4, S. 126–131.

OSTENDORF, Heribert: Jugendgerichtsgesetz, 8. Auflage Baden-Baden 2009.

OSTENDORF, Heribert: Warnung vor dem neuen „Warnschussarrest", in: Zeitschrift für Internationale Strafrechtsdogmatik 2012, S. 608–611.

OSTENDORF, Heribert: Beschleunigung im Jugendstrafverfahrens – notwendiges Postulat oder Eröffnung des „kurzen Prozesses", in: Zeitschrift für Jugendkriminalrecht und Jugendhilfe 2014, S. 253–256.

OSTENDORF, Heribert: Jugendstrafrecht – Vorreiter oder Nachahmer des Erwachsenenstrafrechts?, in: Kriminologie – Jugendkriminalrecht – Strafvollzug, Gedächtnisschrift für Michael Walter, hrsg. v. Frank Neubacher und Michael Kubink, Berlin 2014, S. 319–339.

OSTENDORF, Heribert: Der Ausschluss eines Rechtsmittels in Jugendstrafsachen gemäß § 55 Abs. 1 JGG – rechtsstaatswidrig und dementsprechend reformbedürftig, in: Zeitschrift für Jugendkriminalrecht und Jugendhilfe 2016, S. 120–124.

OSTENDORF, Heribert: 100 Jahre Jugendstrafrecht in Deutschland – Entwicklungen und Perspektiven, in: Recht der Jugend und des Bildungswesens 2022, S. 570–576.

OTTO, Gustav: Die Preußische Staatsanwaltschaft, Als Anlass ihres 50jährigen Bestehens als historisch-kritische Studie nach amtlichen Quellen bearbeitet, Berlin 1899.

PANKA, Heinz: Zusammenfassender Bericht über die Verhandlungen des 8. Deutschen Jugendgerichtstages vom 20.–22. April 1950 in Bad Godesberg, in: Neue Wege zur Bekämpfung der Jugendkriminalität, Beiträge zur Durchführung des Jugendgerichtsgesetzes der Deutschen Bundesrepublik vom 4. August 1953, hrsg. v. der DVJJ, Köln/Berlin 1955, S. 247–257.

PESTALOZZI, Johann H.: Sämtliche Werke, Band 2 & 3, Lienhard und Gertrud, hrsg. v. Artur Buchenau, Eduard Spranger und Hans Stettbacher, Berlin/Leipzig 1927 & 1928.

PETERS, Karl: Vorschläge zum Jugendstrafrecht, in: Zentralblatt für Jugendrecht und Jugendwohlfahrt, 27. Jahrgang 1935/36, S. 37–46.

PETERS, Karl: Die Behandlung der Halberwachsenen im kommenden Strafrecht, in: Zeitschrift für die gesamte Rechtswissenschaft, 56. Band 1937, S. 495–522.

PETERS, Karl: Das neue Jugendgerichtsgesetz (Verfahrensrechtlicher Teil), in: Zeitschrift der Akademie für Deutsches Recht 1944, S. 35–38.

PETERS, Karl: Reichsjugendgerichtsgesetz vom 6. November 1943, mit ergänzenden Gesetzen, Verordnungen und Verwaltungsvorschriften auf dem Gebiete des Jugendstrafrechts, 2. Auflage, Berlin 1944.

PETERS, Karl: Erscheinungsformen und Ursachen der Jugendverwahrlosung und Jugendkriminalität, Bonn 1947.

PETERS, Karl: Werdendes Jugendstrafrecht, Gedanken, Entwurf und Begründung zur Neugestaltung des Jugendgerichtsgesetzes, Bonn 1947.

PETERS, Karl: Gegenwärtiger Stand der Jugendgerichtsbarkeit in Westdeutschland, in: Stand und Neuordnung der Jugendgerichtsbarkeit, Bericht über die Berliner Tagung vom 22. bis 26. Mai 1949, hrsg. v. Hauptjugendamt von Groß-Berlin, Berlin 1949, S. 90–106.

PETERS, Karl: Tendenzen der Jugendstrafrechtsreform, in: Unsere Jugend 1965, S. 289–298.

PETERS, Karl: Die Grundlagen der Behandlung junger Rechtsbrecher, in: Erstkriminalität und Frühkriminalität, Bericht über die Verhandlungen des 13. Deutschen Jugendgerichtstages in Münster i. W. vom 14.–16. Oktober 1965, hrsg. v.d. DVJJ, Hamburg 1966, S. 13–29.

PETERS, Karoline: J.D.H. Temme und das preußische Strafverfahren in der Mitte des 19. Jahrhunderts, Berlin/New York 2010.

PFEIFFER, Christian: Ambulante Maßnahmen nach dem JGG, Erfahrungen, Entwicklungstendenzen und kriminalpolitische Perspektiven, in: Neue ambulante Maßnahmen nach dem Jugendgerichtsgesetz, hrsg. v. BMJ, Bonn 1986, S. 44–58.

PFEIFFER, Christian: Die Anordnung von Untersuchungshaft gegenüber 14/15-jährigen bzw. 14–21-jährigen in den 93 Landgerichtsbezirken der Bundesrepublik Deutschland, Hannover 1988.

PFEIFFER, Christian: Informelle Erledigungsweisen – Ergebnisse und Probleme, in: Jugendstrafrechtsreform durch die Praxis, Informelle Reaktionen und neue ambulante Maßnahmen auf dem Prüfstand, Symposium vom 6.–9. Oktober 1988 in der Universität Konstanz, hrsg. v. BMJ, 1. Auflage, Bonn 1989, S. 74–100.

PFEIFFER, Christian: Kriminalprävention im Jugendgerichtsverfahren, Jugendrichterliches Handeln vor dem Hintergrund des Brücke-Projekts, 2. Auflage Köln/Berlin/Bonn/München 1989.

Pfeiffer, Christian: Schlußreferat zum 21. Deutschen Jugendgerichtstag, in: Mehrfach Auffällige – Mehrfach Betroffene, Dokumentation des 21. Deutschen Jugendgerichtstages vom 30. September – 4. Oktober 1989 in Göttingen, hrsg. v.d. DVJJ, Bonn 1990, S. 788–795.

Pfeiffer, Christian: Unser Jugendstrafrecht – Eine Strafe für die Jugend?, in: DVJJ-Journal 1991, 114–129.

Pfeiffer, Christian: Wird nach Jugendstrafrecht härter gestraft?, in: Strafverteidiger 1991, 363–370.

Pfeiffer, Christian: Aufbruch zum Rückschritt?, Die Law and Order-Profilierung der CDU/CSU bedroht das Jugendstrafrecht, in: DVJJ-Journal 1993, S. 116–118.

Pfeiffer, Christian: Rückblick auf den 22. Deutschen Jugendgerichtstag, in: Jugend im sozialen Rechtsstaat, Für ein neues Jugendgerichtsgesetz, Dokumentation des 22. Deutschen Jugendgerichtstages vom 26.–30. September 1992 in Regensburg, hrsg. v. der DVJJ, Bonn 1996, S. 698–704.

Pfeiffer, Christian: Armut und Jugendkriminalität, Präventionsansätze und neue Wege zu ihrer Finanzierung, in: Sozialer Wandel und Jugendkriminalität, Dokumentation des 23. Deutschen Jugendgerichtstages vom 23.–27. September 1995 in Potsdam, hrsg. v.d. DVJJ, Bonn 1997, S. 741–754.

Pharus-Redaktion: Jugendgerichtstag in Paris, in: Pharus 1911, Zweiter Halbjahrband, S. 471–472.

Pieplow, Lukas: Das deutsche Jugendgericht – ein Original und seine Vorbilder, in: Kriminologische Forschung in den 80er Jahren, hrsg. v. Günther Kaiser u.a., Freiburg 1988, S. 605–626.

Pieplow, Lukas: Erziehung als Chiffre, in: Beiträge zur Erziehung im Jugendkriminalrecht, hrsg. v. Michael Walter, Köln/Berlin/Bonn/München 1989, S. 5–57.

Pieplow, Lukas: Erziehungsgedanke – noch einer, Zum dogmatischen Ertrag historisch-kritischer Analyse im Jugendstrafrecht, in: Kriminologie – Jugendkriminalrecht – Strafvollzug, Gedächtnisschrift für Michael Walter, hrsg. v. Frank Neubacher und Michael Kubink, Berlin 2014, S. 341–357.

Pieplow, Lukas: 75 Jahre JGG – Wiederabdruck anlässlich „100 Jahre JGG“, in: Zeitschrift für Jugendkriminalrecht und Jugendhilfe 2022, S. 146–149.

Pieplow, Lukas: 75 Jahre JGG – 100 Jahre JGG – ein zweiter Blick, in: Zeitschrift für Jugendkriminalrecht und Jugendhilfe 2022, S. 149–152.

Plath, Jennifer: Das Jugendgerichtsgesetz der DDR von 1952, Eine darstellende und vergleichende Untersuchung, Hamburg 2005.

Plewig, Hans-Joachim: Die Maxime der „Beschleunigung" im Jugendstrafrecht aus interdisziplinärer Perspektive – Kriterien nachhaltig wirksamer Jugendstrafverfahren, in: Festschrift für Heribert Ostendorf zum 70. Geburtstag, hrsg. v. Thomas Rotsch, Janique Brüning und Jan Schady, Baden-Baden 2015, S. 669–686.

Polligkeit, Wilhelm: Die Tätigkeit des Frankfurter Jugendrichters, in: Das Jugendgericht in Frankfurt a.M., hrsg. v. Berthold Freudenthal, Berlin 1912, S. 35–86.

Pommerening, Roswitha: Pädagogisch relevante Dimensionen des Selbstbildes von Jugendrichtern, Eine empirische Untersuchung in der Bundesrepublik Deutschland, Frankfurt am Main 1982.

Potrykus, Gerhard: Zum Berliner Entwurf über die Ausdehnung des JGG auf sog. Halberwachsene, in: Unsere Jugend 1950, S. 189–191.

Potrykus, Gerhard: Polizeiliche und gerichtliche Strafverfügungen gegen Jugendliche, in: Unsere Jugend 1951, S. 112–114.

Potrykus, Gerhard: Ein neues sowjetzonales Jugendgerichtsgesetz, in: Unsere Jugend 1952, S. 332–335.

Potrykus, Gerhard: Kommentar zum Jugendgerichtsgesetz, mit ergänzenden Vorschriften, Verordnungen und Verwaltungsvorschriften auf dem Gebiete des Jugendstrafrechts, der Jugendpflege und des strafrechtlichen Jugendschutzes, 2. Auflage, Nürnberg/Düsseldorf 1952.

Potrykus, Gerhard: Der Jugendrichter und die Anforderungen an seine Vorbildung, in: Recht der Jugend 1955, S. 361–362.

Potrykus, Gerhard: Kommentar zum Jugendgerichtsgesetz, mit ergänzenden Gesetzen, Verordnungen und Verwaltungsvorschriften auf dem Gebiete des Jugendstrafrechts, der Jugendhilfe und des strafrechtlichen Jugendschutzes, 4. Auflage, Darmstadt u.a. 1955.

Potrykus, Gerhard: Weitere interessante Streitfragen zum JGG 1953, in: Recht der Jugend 1956, 209–212.

Potrykus, Gerhard: Zur Frage, ob im Jugendstrafverfahren die Mitwirkung eines Verteidigers notwendig ist, in: Recht der Jugend 1956, 202–203.

Potrykus, Gerhard: Kleine Strafprozeßreform und Jugendstrafverfahren, in: Recht der Jugend 1963, 177–179.

Potrykus, Gerhard: Pflichtverteidiger im vereinfachten Jugendverfahren?, in: Neue Juristische Wochenschrift 1965, S. 1950.

Potrykus, Gerhard: Die Verteidigerbestellung in Jugendstrafsachen, in: Recht der Jugend 1967, S. 241–243.

Potrykus: Das neue Jugendgerichtsgesetz, in: Neue Juristische Wochenschrift 1953, S. 1452–1455.

Potrykus: Die neuen Richtlinien zum Jugendgerichtsgesetz, in: Juristische Rundschau 1955, S. 212–214.

Potrykus: Die tragenden Gedanken des Jugendstrafrechts, in: Bekämpfung der Jugendkriminalität, Arbeitstagung im Bundeskriminalamt Wiesbaden vom 1.–6. November 1954 über die Kriminalität der Jugendlichen und Heranwachsenden, hrsg. v. Bundeskriminalamt Wiesbaden, Wiesbaden 1955, S. 139–145.

Radbruch, Gustav: Jugendgerichtsgesetz vom 16. Februar 1923, Mit Erläuterungen von Reichsjustizminister a.D. Dr. Gustav Radbruch, abgedruckt in: Zentralblatt für Vormundschaftswesen, Jugendgerichte und Fürsorgeerziehung, 14. Jahrgang 1922/23, S. 249–264.

Rau, Kurt: Augsburger Kinderhexenprozesse, 1625–1730, Zürich 2005.

Redaktion des Zentralblatts: Die praktische Bewährung des Jugendgerichtsgesetzes, Eine Umfrage, in: Zentralblatt für Vormundschaftswesen, Jugendgerichte und Fürsorgeerziehung, 15. Jahrgang 1923/24, S. 125–128.

Reichs-Justizministerium: Entwürfe zu einem deutschen Strafgesetzbuch, Band 3, Denkschrift zum Entwurf von 1919, Berlin 1921.

Reitberger, L.: Nochmals: Die Besetzung der Jugendgerichte, in: Juristenzeitung 1952, 106–107.

Riedel, H.: Zur Reform des Jugendgerichtsgesetzes, in: Zentralblatt für Jugendrecht und Jugendwohlfahrt, 45. Jahrgang 1958, S. 25–37.

Riehe, Hans-Werner: Diversionstage, Teen Courts und Co: Kriminalpolitik mit, ohne oder gegen das JGG, in: Fördern, Fordern, Fallenlassen, Dokumentation des 27. Deutschen Jugendgerichtstages vom 15.–18. September 2007 in Freiburg, hrsg. v.d. DVJJ, Mönchengladbach 2008, S. 502–511.

Riekenbrauk, Klaus: Haus des Jugendrechts und Sozialdatenschutz, in: Zeitschrift für Jugendkriminalrecht und Jugendhilfe 2011, S. 74–83.

RIEKENBRAUK, Klaus: „Haben Sie mich verstanden?!" … oder über die Pflicht, sich im Jugendstrafverfahren verständlich zu machen, in: Zeitschrift für Jugendkriminalrecht und Jugendhilfe 2014, S. 200–205.

RIEß, P.: Der Verteidiger als Garant verfahrensrechtlicher Garantien gegenüber dem Erziehungsauftrag des Jugendstrafverfahrens, in: Verteidigung in Jugendstrafsachen, Symposium an der Kriminologischen Forschungsstelle der Universität zu Köln, 26.–29. März 1987, hrsg. v. BMJ, 1. Auflage, Bonn 1987, S. 40–46.

RIß: Das Jugendgericht im Vorverfahren, in: Verhandlungen des ersten deutschen Jugendgerichtstages, hrsg. v.d. DZfJ, Berlin/Leipzig 1909, S. 14–23.

ROBRA, Rainer: Jugend im sozialen Rechtsstaat – Für ein neues Jugendgerichtsgesetz, in: Jugend im sozialen Rechtsstaat, Für ein neues Jugendgerichtsgesetz, Dokumentation des 22. Deutschen Jugendgerichtstages, hrsg. v. der DVJJ, Bonn 1996, S. 56–65.

ROESTEL, Günther: Vom Schweigen jugendlicher Delinquenten, in: Unsere Jugend 1966, S. 351–354.

ROESTEL, Günther: Kann das Jugendgerichtsverfahren zugleich beschleunigt und erzieherisch wirksam gestaltet werden?, in: Zentralblatt für Jugendrecht und Jugendwohlfahrt, 60. Jahrgang 1973, S. 77–82.

ROSE, Frank Guido: Wenn die (Jugend-)Strafe der Tat nicht auf dem Fuße folgt: Die Auswirkung von Verfahrensverzögerungen im Jugendstrafverfahren, in: Neue Zeitschrift für Strafrecht 2013, S. 315–327.

ROSE, Frank: Arbeitskreis 2, Das Jugendstrafverfahren nach der Umsetzung der EU Richtlinie 2016/800 über Verfahrensgarantien in Strafverfahren für Kinder, die Verdächtige oder beschuldigte Personen in Strafverfahren sind – Erfahrungsaustausch, in: Jugend, Recht und Öffentlichkeit – Selbstbilder, Fremdbilder, Zerrbilder, Dokumentation des 31. Deutschen Jugendgerichtstages vom 16.–18. September 2021, hrsg. v.d. DVJJ, Mönchengladbach 2022, S. 605–606.

ROSENFELD, Ernst Heinrich: Der Reichs-Strafprozeß, Reprint Berlin/Boston 2021.

RÖSSNER, Dieter: Das Jugendkriminalrecht und das Opfer der Straftat, in: Das Jugendstrafrecht an der Wende zum 21. Jahrhundert, hrsg. v. Dieter Dölling, Berlin/New York 2001, S. 165–179.

RÖSSNER, Dieter: Die Jugendkriminalität und das Opfer der Straftat, in: TOA-Infodienst, Rundbrief zum Täter-Opfer-Ausgleich, Nr. 15, Dezember 2001, S. 8–13.

ROTH, Andreas: Die Entstehung eines Jugendstrafrechts, Das Problem der strafrechtlichen Behandlung von Jugendlichen in der Zeit vor dem ersten Weltkrieg, in: Zeitschrift für Neuere Rechtsgeschichte 1991, S. 17–40.

ROTHSCHILD, F.: Über Einrichtung von Jugendgerichten, in: Monatsschrift für Kriminalpsychologie und Strafrechtsreform, 4. Jahrgang 1907/08, S. 623–641.

ROUSSEAU, Jean-Jaques: Émile oder Über die Erziehung, Ausgabe Reclam Ditzingen 2019.

RUDHART, Ignaz von: Dr. Ignaz von Rudhart weiland kön. bayer. Staatsrath und kön. griech. Minister-Präsident über den Entwurf eines Gesetzbuches über das Verfahren in Strafsachen, Regensburg 1848.

RUPPRECHT: Die Jugendgerichtsgesetze Dänemarks, Frankreichs und Belgiens und der Entwurf zu einem deutschen Gesetz über das Strafverfahren gegen Jugendliche, in: Monatsschrift für Kriminalpsychologie und Strafrechtsreform, 9. Jahrgang 1912/13, S. 580–592.

RUSCHEWEYH, Herbert: Die Entwicklung des deutschen Jugendgerichts, Weimar 1918.

SACH, Joachim: Die Jugend nicht überfordern ..., in: Recht der Jugend und des Bildungswesens 1969, S. 107–109.

SACH, Joachim: Jugendrichterausbildung: Erzieherisch befähigt und in der Jugenderziehung erfahren?, in: Recht der Jugend und des Bildungswesens 1969, S. 298–301.

SAVIGNY, Friedrich Carl von: Die Prinzipienfragen in Beziehung auf eine neue Strafprozeß-Ordnung, Ausgearbeitet im Justizministerium für die Gesetzesrevision, Nachdruck der Ausgabe Berlin 1846, Frankfurt am Main (u.a.) 2011.

SCHADY, Jan: Die Praxis des Jugendstrafrechts in der Weimarer Republik, Die Umsetzung des Jugendgerichtsgesetzes von 1923 im Spiegel der Statistiken und Akten, Baden-Baden 2003.

SCHAERFF, Marcus/LOHRMANN, Leon: Der neue § 37a Abs. 2 JGG: Fallkonferenzen in Häusern des Jugendrechts auf dem Prüfstand, in: Zeitschrift für Jugendkriminalrecht und Jugendhilfe 2023, S. 196–207.

SCHAERFF, Marcus/LOHRMANN, Leon: Fallkonferenzen in Häusern des Jugendrechts, in: Zeitschrift für Jugendkriminalrecht und Jugendhilfe 2024, S. 42–48.

SCHAFFSTEIN, Friedrich/BEULKE, Werner: Jugendstrafrecht, 9. Auflage, Stuttgart/Berlin/Köln/Mainz 1987.

SCHAFFSTEIN, Friedrich/BEULKE, Werner: Jugendstrafrecht, 14. Auflage, Stuttgart 2002.

SCHAFFSTEIN, Friedrich: Die Erneuerung des Jugendstrafrechts, Berlin 1936.

SCHAFFSTEIN, Friedrich: Die strafrechtliche Behandlung der Jugendlichen, in: Zeitschrift für die gesamte Strafrechtswissenschaft, 58. Band 1939, S. 740–741.

SCHAFFSTEIN, Friedrich: Die Heranwachsenden vor den Jugendgerichten. Erfahrungen und Forderungen, in: Die Rechtsbrüche der 18 bis 21 jährigen Heranwachsenden, Bericht über die Verhandlungen des 10. Deutschen Jugendgerichtstages in Marburg/Lahn vom 11.–13. Oktober 1956, hrsg. v.d. DVJJ, Köln/Berlin 1959, S. 16–31.

SCHAFFSTEIN, Friedrich: Jugendstrafrecht, 2. Auflage, Stuttgart/Berlin/Köln/Mainz 1966.

SCHAFFSTEIN, Friedrich: Einführung, in: Weg und Aufgabe des Jugendstrafrechts, hrsg. v. Friedrich Schaffstein und Olaf Miehe, Darmstadt 1975, S. IX–XIX.

SCHAFFSTEIN, Friedrich: Die strafrechtliche Verantwortlichkeit Heranwachsender nach Herabsetzung des Volljährigkeitsalters, in: Monatsschrift für Kriminologie und Strafrechtsreform, 59. Jahrgang 1976, S. 92–107.

SCHAFFSTEIN, Friedrich: Jugendstrafrecht, 6. Auflage, Stuttgart/Berlin/Köln/Mainz 1977.

SCHAFFSTEIN, Friedrich: Das vereinfachte Jugendstrafverfahren, in: Monatsschrift für Kriminologie und Strafrechtsreform, 61. Jahrgang 1978, S. 313–323.

SCHAFFSTEIN, Friedrich: Das Jugendstrafrecht als Pionier der allgemeinen Strafrechtsreform, in: Rechtswissenschaft und Rechtsentwicklung, hrsg. v. Ulrich Immenga, Göttingen 1980, S. 247–260.

SCHAFFSTEIN, Friedrich: Zur Situation des Jugendrichters, in: Neue Zeitschrift für Strafrecht 1981, S. 286–293.

SCHAFFSTEIN: Verfassungsmäßigkeit jugendrichterlicher Weisung, in: Neue Zeitschrift für Strafrecht 1987, S. 502–503.

SCHAFHEUTLE: Die Vereinfachung der Strafrechtspflege im Kriege, in: Deutsche Justiz 1939, 2. Halbjahr, S. 1510–1515.

SCHATZ, Holger: Der Beschleunigungsgrundsatz im Jugendstrafrecht, in: Festschrift für Heribert Ostendorf zum 70. Geburtstag, hrsg. v. Thomas Rotsch, Janique Brüning und Jan Schady, Baden-Baden 2015, S. 797–815.

Scheerer, Sebastian: Die abolitionistische Perspektive, in: Kriminologisches Journal 1984, S. 90–111.

Scheffler, Uwe: Legitimation und Funktion des Beschleunigungsprinzips im Jugendstrafrecht, in: Recht der Jugend und des Bildungswesens 1981, S. 451–464.

Scherpner, Hans: Geschichte der Jugendfürsorge, 2. Auflage, Göttingen 1979.

Schieber, Johann Baptist: Bemerkungen über den Entwurf eines peinlichen Gesetzbuches für die kurpfalzbaierischen Staaten, in: Materialien zur peinlichen Gesetzgebung in Baiern, Erster Theil, München 1802, S. 1–95.

Schild, Wolfgang: Folter, Pranger, Scheiterhaufen, Rechtsprechung im Mittelalter, München 2010.

Schirach, Baldur von: Jugend vor dem Richter, in: Das Junge Deutschland 1939, S. 153–160.

Schlotheim von: Der Laier im Richteramt, in: Monatsschrift für Kriminologie und Strafrechtsreform, 49. Jahrgang 1966, S. 374–375.

Schlüchter, Ellen: Der Erziehungsgedanke als Leitbild der Verteidigung im Jugendstrafverfahren, in: Verteidigung in Jugendstrafsachen, Symposium an der Kriminologischen Forschungsstelle der Universität zu Köln, 26.–29. März 1987, hrsg. v. BMJ, 1. Auflage, Bonn 1987, S. 29–40.

Schlüchter, Ellen: De nihilo nihil – oder: Der Erziehungsgedanke im Jugendstrafrecht in: Goltdammer's Archiv für Strafrecht 1988, S. 106–128.

Schlüchter, Ellen: Plädoyer für den Erziehungsgedanken, Berlin/New York 1994.

Schlumbohm, Jürgen: Straße und Familie, in: Das pädagogische Jahrhundert, hrsg. v. Ulrich Herrmann, Weinheim/Basel 1981, S. 127–135.

Schmidt, Andrea: Stellungnahme der Bundesarbeitsgemeinschaft der Jugendhilfe im Strafverfahren in der DVJJ zum Referentenentwurf eines Gesetzes zur Stärkung der Verfahrensrechte von Beschuldigten im Jugendstrafverfahren/EU Richtlinie 2016/800, in: Zeitschrift für Jugendkriminalrecht und Jugendhilfe 2019, S. 76–77.

Schmidt, Eberhard: Einführung in die Geschichte der deutschen Strafrechtspflege, 3. Auflage, Göttingen 1965.

Schmölder: Die verwahrlosten Kinder und die jugendlichen Verbrecher, Eine Entgegnung auf die Thesen der Internationalen criminalistischen Vereinigung (Gruppe Deutsches Reich), in: Der Gerichtssaal 1894, S. 157–201.

SCHMOLL, Annemarie/LAMPE, Dirk/HOLTHUSEN, Bernd: Neues im Jugendgerichtsgesetz – Teil 2, in: Zeitschrift für Kindschaftsrecht und Jugendhilfe 2023, Heft 3, S. 134–138.

SCHMOLL, Annemarie: Zwischen Krisenbewältigung und neuen Wegen: Jugend(hilfe) im Strafverfahren während der Covid-19-Pandemie – Eine Momentaufnahme aus 2020, in: Zeitschrift für Jugendkriminalrecht und Jugendhilfe 2021, S. 355–363.

SCHNITZERLING, Manfred: Jugendliche und Heranwachsende in Untersuchungshaft, in: Recht der Jugend 1957, S. 81–82.

SCHNITZERLING, Manfred: Zur Offenbarungs- und Schweigepflicht der Jugendgerichtshilfe, in: Recht der Jugend 1957, S. 221.

SCHÖCH, Heinz: Jugendgerichtsverhandlung am „Runden Tisch"?, in: Jugendpsychiatrie und Recht, Festschrift für Hermann Stutte zum 70. Geburtstag, hrsg. v. Helmut Remschmidt und Horst Schüler-Springorum, Köln/Berlin/Bonn/München 1979, S. 279–292.

SCHÖCH, Heinz: Dialogischer Verhandlungsstil – Erwartungen und Erfahrungen –, in: Die Jugendgerichtsverhandlung am „Runden Tisch", hrsg. v. Hans-Ludwig Schreiber, Heinz Schöch und Dieter Bönitz, Göttingen 1981, S. 19–43.

SCHÖCH, Heinz: Die Entdeckung der Verbrechensfurcht und die Erkundung der Vorstellungen und Erwartungen der Geschädigten als Forschungsgegenstand, in: Das Jugendkriminalrecht als Erfüllungsgehilfe gesellschaftlicher Erwartungen?, Symposium an der Kriminologischen Forschungsstelle der Universität zu Köln, 11. bis 13. Oktober 1994, hrsg. v. BMJ, 1. Auflage, Bonn 1995, S. 68–82.

SCHÖCH, Heinz: Ist das deutsche Jugendstrafrecht noch zeitgemäß?, in: Recht der Jugend und des Bildungswesens 2003, S. 299–308.

SCHOETENSACK: Bemerkungen über das Verfahren gegen Jugendliche im künftigen Strafprozeßrecht, in: Der Gerichtssaal 1935, S. 156–159.

SCHOLZ, Christian: Realität der und Erwartungen an die Jugendgerichtsbarkeit in Deutschland, in: DVJJ-Journal 1999, S. 232–247.

SCHÖNFELDER, Thea: Die erzieherische Wirksamkeit der Hauptverhandlung im Jugendgerichtsverfahren, in: Zeitschrift für Kinder- und Jugendpsychiatrie 1974, S. 128–140.

SCHREIBER, Hans-Ludwig/SCHÖCH, Heinz/BÖNITZ, Dieter: Die Jugendgerichtsverhandlung am „Runden Tisch", Göttingen 1981.

Schreiber, Hans-Ludwig: Die Hauptverhandlung am „Runden Tisch", in: Jugendpsychiatrie und Recht, Festschrift für Hermann Stutte zum 70. Geburtstag, hrsg. v. Helmut Remschmidt und Horst Schüler-Springorum, Köln/Berlin/Bonn/München 1979, S. 271–278.

Schreiber, Hans-Ludwig: Die Hauptverhandlung nach dem Modell „Runder Tisch" – Utopie oder realisierbare Möglichkeit?, in: Die Jugendgerichtsverhandlung am „Runden Tisch", hrsg. v. Hans-Ludwig Schreiber, Heinz Schöch und Dieter Bönitz, Göttingen 1981, S. 1–18.

Schubarth, Wilfried: Jugendgewalt als Konjunkturthema in den Medien, in: Neue Kriminalpolitik 2001, Heft 3, S. 25–29.

Schubert, Ernst: Räuber, Henker, arme Sünder, Verbrechen und Strafe im Mittelalter, Darmstadt 2007.

Schüler-Springorum, Horst/Block, Kornelia: Zur Reform des Jugendstrafrechts in der Bundesrepublik Deutschland (Erstes JGG-Änderungsgesetz), in: Drogendelinquenz, Jugendstrafrechtsreform, hrsg. v. Christel Frank und Gerhart Harrer, Berlin/Heidelberg u.a. 1991, S. 201–211.

Schüler-Springorum, Horst: Denkschrift über die Reform des Jugendgerichtsgesetzes im Rahmen der großen Strafrechtsreform, in: Monatsschrift für Kriminologie und Strafrechtsreform, 47. Jahrgang 1964, S. 1–23.

Schüler-Springorum, Horst: Die Jugendkriminalrechtspflege im Lichte der kriminologischen Forschung, in: Die Jugendkriminalrechtspflege im Lichte der kriminologischen Forschung, Bericht über die Verhandlungen des 14. Deutschen Jugendgerichtstages in Braunschweig vom 3.–5. Oktober 1968, hrsg. v.d. DVJJ, Hamburg 1969, S. 21–38.

Schüler-Springorum, Horst: Schlussreferat zu den Arbeitsergebnissen des 17. Deutschen Jugendgerichtstages, in: Junge Volljährige im Kriminalrecht, Bericht über die Verhandlungen des 17. Deutschen Jugendgerichtstages in Saarbrücken vom 27.–30. September 1977, hrsg. v.d. DVJJ, München 1978, S. 605–624.

Schüler-Springorum, Horst: Zur aktuellen Diskussion über Strafe und Erziehung in der deutschen Jugendgerichtsbarkeit, in: Festschrift für Hanns Dünnebier zum 75. Geburtstag, hrsg. v. Ernst-Walter Hanack, Peter Rieß und Günter Wendisch, Berlin/New York 1982, Reprint 2014, S. 649–660.

Schüler-Springorum, Horst: Schlussreferat zu den Ergebnissen des 19. Deutschen Jugendgerichtstages, in: Jugendgerichtsverfahren und Kriminalprävention, Bericht über die Verhandlungen des 19. Deutschen Jugendgerichtstages in Mannheim vom 3.–7. Oktober 1983, hrsg. v.d. DVJJ, München 1984, S. 558–570.

SCHÜLER-SPRINGORUM, Horst: Die Mindestgrundsätze der Vereinten Nationen für die Jugendgerichtsbarkeit, in: Zeitschrift für die gesamte Strafrechtswissenschaft, 99. Jahrgang 1987, S. 809–844.

SCHÜLER-SPRINGORUM, Horst: Und wenn es künftig weniger werden – Die Herausforderung der geburtenschwachen Jahrgänge, in: Und wenn es künftig weniger werden, Bericht über die Verhandlungen des 20. Deutschen Jugendgerichtstages in Köln vom 6.–10. Oktober 1986, hrsg. v.d. DVJJ, München 1987, S. 53–74.

SCHÜLER-SPRINGORUM, Horst: Einführung in die Vorschläge der Reformkommission, in: Jugend im sozialen Rechtsstaat, Für ein neues Jugendgerichtsgesetz, Dokumentation des 22. Deutschen Jugendgerichtstages, hrsg. v. der DVJJ, Bonn 1996, S. 47–55.

SCHÜLER-SPRINGORUM, Horst: Für ein neues Jugendgerichtsgesetz, Einleitung zum Gegenstand der vier kriminalpolitischen Foren, in: Jugend im sozialen Rechtsstaat, Für ein neues Jugendgerichtsgesetz, Dokumentation des 22. Deutschen Jugendgerichtstages, hrsg. v. der DVJJ, Bonn 1996, S. 202–210.

SCHULTZ, Anna: Der Entwurf zu einem Jugendgerichts-Notgesetz, in: Monatsschrift für Kriminalpsychologie und Strafrechtsreform, 10. Jahrgang 1913/14, S. 45–48.

SCHULTZ, Anna: Ergebnisse einer Umfrage über die deutsche Strafrechtspflege gegenüber Jugendlichen, in: Monatsschrift für Kriminalpsychologie und Strafrechtsreform, 10. Jahrgang 1913/14, S. 726–730.

SCHULTZ, Ulrike: „Was habe ich eigentlich gekriegt?“, Kommunikation mit jungen Menschen im Jugendstrafverfahren, in: Achtung (für) Jugend!, Dokumentation des 28. Deutschen Jugendgerichtstages vom 11.–14. September 2010 in Münster, hrsg. v.d. DVJJ, Mönchengladbach 2012, S. 108–123.

SCHULTZ, Ulrike: „Was habe ich eigentlich gekriegt?“, Kommunikation mit jungen Menschen im Jugendstrafverfahren, in: Zeitschrift für Jugendkriminalrecht und Jugendhilfe 2014, S. 206–212.

SCHULZ-KNAPPE, Carlos: Zur Stellung des Erziehungsberechtigten im deutschen Jugendstrafverfahren (I), in: Recht der Jugend 1967, S. 5–10.

SCHULZ-KNAPPE, Carlos: Zur Stellung des Erziehungsberechtigten im deutschen Jugendstrafverfahren (II), in: Recht der Jugend 1967, S. 37–42.

Schumann, Eva: Die DVJJ und die NS-Zeit, in: Herein-, Heraus-, Heran- – Junge Menschen wachsen lassen, Dokumentation des 30. Deutschen Jugendgerichtstages vom 14.–17. September 2017 in Berlin, hrsg. v.d. DVJJ, Mönchengladbach 2019, S. 39–90.

Schütz, Tim: „Hoffnungslose Kriminelle" und „Neigungstäter", Die Erfassung der Frühkriminalität im wissenschaftlichen Wirken von Friedrich Schaffstein (1905–2001), Berlin 2022.

Schütze, Gerd: Jugendliche und Heranwachsende in Untersuchungshaft, in: Monatsschrift für Kriminologie und Strafrechtsreform, 63. Jahrgang 1980, S. 148–152.

Schwerhoff, Gerd: Historische Kriminalitätsforschung, Frankfurt am Main 2011.

Scott, Peter D.: Juvenile Courts, The Juveniles point of view, in: The British Journal of Delinquency, 9. Jahrgang 1958/59, S. 200–211.

Seiser, Klaus-Jürgen: Untersuchungshaft als Erziehungshaft im Jugendstrafrecht?, Eine strafrechtsdogmatische Analyse unter Berücksichtigung pädagogischer und psychologischer Bezüge, München 1987.

Semrau, Michael/Kubink, Michael/Walter, Michael: Verteidigung junger Beschuldigter aus der Sicht von Rechtsanwälten, in: Monatsschrift für Kriminologie und Strafrechtsreform, 78. Jahrgang 1995, S. 34–41.

Sieveking, Ruth/Eisenberg, Ulrich/Heid, Ulrike: Politische Bestrebungen zu Lasten des Jugendstrafrechts, in: Zeitschrift für Rechtspolitik 2005, S. 188–192.

Sieverts, Rudolf: Das neue Reichsjugendgerichtsgesetz (Materieller Teil), in: Zeitschrift der Akademie für Deutsches Recht 1944, S. 5–8.

Sieverts, Rudolf: Der Entwurf eines Gesetzes zur Änderung des Jugendgerichtsgesetzes, in: Unsere Jugend 1952, S. 252–255, 290–293 und 327–332.

Sieverts, Rudolf: Das Jugendgerichtsgesetz von 1953 und die deutsche Jugendgerichtsbewegung, in: Neue Wege zur Bekämpfung der Jugendkriminalität, Wiedergabe der Verhandlungen des 9. Deutschen Jugendgerichtstages in München am 8. und 9. Oktober 1953, nebst einem kurzen Bericht über den 8. Deutschen Jugendgerichtstag in Bad Godesberg v. 20.–22. April 1950, Köln/Berlin 1955, S. 15– 31.

Sieverts, Rudolf: Die „Große Strafrechtsreform" und das materielle Jugendkriminalrecht, in: Monatsschrift für Kriminologie und Strafrechtsreform, 44. Jahrgang 1961, S. 222–229.

Simon, Helene: Das Jugendrecht, Ein soziologischer Versuch (Auszüge), in: Jugendkriminalität, Strafjustiz und Sozialpädagogik, hrsg. v. Berthold Simonsohn, 5. Auflage, Frankfurt am Main 1975, S. 62–74.

Simonsohn: Die Grundgedanken der „Denkschrift der Arbeiterwohlfahrt zur Reform des Jugendwohlfahrtsrechtes, des Jugendgerichtsgesetzes und der Vormundschaftsgerichte, in: Die Jugendkriminalrechtspflege im Lichte der kriminologischen Forschung, Bericht über die Verhandlungen des 14. Deutschen Jugendgerichtstages in Braunschweig vom 3.–5. Oktober 1968, hrsg. v.d. DVJJ, Hamburg 1969, S. 138–144.

Simonsohn, Berthold: Vom Strafrecht zur Jugendhilfe, Ein geschichtlicher Überblick, in: Jugendkriminalität, Strafjustiz und Sozialpädagogik, hrsg. v. Berthold Simonsohn, 5. Auflage, Frankfurt am Main 1975, S. 7–29.

Socher, Joseph: Bemerkungen über den Entwurf eines peinlichen Gesetzbuches für die kurpfalzbaierischen Staaten, in: Materialien zur peinlichen Gesetzgebung in Baiern, Erster Theil, München 1802, S. 99–194.

Solte, Christian: „Jugendstrafrechtsreform aus der Sicht der Praxis", in: INFO-Heft der Jahrestagung 2002 der Landesgruppe der DVJJ Baden-Württemberg, S. 85–118.

Sonnen, Bernd-Rüdeger: Diversion: Neue Wege zur Vermeidung des förmlichen Verfahrens, in: Die jugendrichterlichen Entscheidungen – Anspruch und Wirklichkeit, Bericht über die Verhandlungen des 18. Deutschen Jugendgerichtstages in Göttingen vom 29. September – 3. Oktober 1980, hrsg. v.d. DVJJ, München 1981, S. 177–190.

Sonnen, Bernd-Rüdeger: Eröffnungsreferat, in: Jugend, Gesellschaft und Recht im neuen Jahrtausend, Dokumentation des 25. Deutschen Jugendgerichtstages vom 28. September – 2. Oktober 2001 in Marburg, hrsg. v.d. DVJJ, Mönchengladbach 2003, S. 11–14.

Sonnen, Bernd-Rüdeger: Im Papierkorb der Politik, in: Recht der Jugend und des Bildungswesens 2003, S. 309–322.

Sonnen, Bernd-Rüdeger: Stand und Entwicklung des Jugendkriminalrechts, in: Recht der Jugend und des Bildungswesens 2007, S. 128–140.

Sonnen, Bernd-Rüdeger: Perspektiven nach dem Freiburger Jugendgerichtstag, in: Fördern, Fordern, Fallenlassen, Dokumentation des 27. Deutschen Jugendgerichtstages vom 15.–18. September 2007 in Freiburg, hrsg. v.d. DVJJ, Mönchengladbach 2008, S. 595–600.

SONNEN, Bernd-Rüdeger: 75 Jahre Jugendgerichtsgesetz – Ein Gesetz auch für die Zukunft? – Wiederabdruck anlässlich „100 Jahre JGG“ und Anmerkung zum Wiederabdruck, in: Zeitschrift für Jugendkriminalrecht und Jugendhilfe 2023, S. 336–341.

SPD: Thesen der SPD zur Reform des Jugendkriminalrechts, in: Zentralblatt für Jugendrecht und Jugendwohlfahrt, 69. Jahrgang 1982, S. 60–68.

SPIESS, Gerhard: Was soll (und was darf) Diversion?, Schülergerichte, Diversionstage, „Gelbe Karte“ als „bessere Diversion“?, in: Achtung (für) Jugend!, Dokumentation des 28. Deutschen Jugendgerichtstages vom 11.–14. September 2010 in Münster, hrsg. v.d. DVJJ, Mönchengladbach 2012, S. 441–476.

STÄNDIGE DEPUTATION DES DEUTSCHEN JURISTENTAGES (Hrsg.): Verhandlungen des vierundsechzigsten Deutschen Juristentages, Band 2, 1, Sitzungsberichte – Referate und Beschlüsse, Berlin 2002.

STARKE, Wilhelm G.: Jugendliche Verbrecher in der Stadt Berlin, Ein Vortrag gehalten am 24. Nov. 1880, Berlin 1880.

STEIN, Friedrich: Die akademische Gerichtsbarkeit in Deutschland, Leipzig 1891.

STEINHILPER, Gernot: Ad-hoc-Kommission zur Diversion im Jugendstrafrecht, in: Zentralblatt für Jugendrecht 1987, S. 157–158.

STEINHILPER, Monica: Untersuchungshaft bei 14- und 15-jährigen in Niedersachsen, Hannover 1985.

STENGLEIN, M.: Das Strafgesetzbuch für das Königreich Bayern vom 10. November 1861, erläutert aus den Materialien, der Rechtslehre und den Entscheidungen der Gerichte, München 1869.

STETTNER, Heinz: Um ein echtes Jugendgericht, Zur Diskussion um die Form unserer Jugendgerichte, in: Recht der Jugend 1954, S. 297–299.

STOECK, Wolfgang: Die Verurteilung jugendlicher Straftäter zu Jugendgefängnis von unbestimmter Dauer, Bonn 1953.

STOLP, Inga: Die geschichtliche Entwicklung des Jugendstrafrechts von 1923 bis heute, Baden-Baden 2015.

STOLZENBURG: Die Richtlinien für das Strafverfahren, in: Deutsche Justiz 1935, S. 738–739.

STRENG, Franz: Die Jugendstrafe wegen „schädlicher Neigungen“ (§ 17 II 1. Alt. JGG), in: Goltdammer’s Archiv für Strafrecht 1984, S. 149–166.

Streng, Franz: Der Erziehungsgedanke im Jugendstrafrecht, in: Zeitschrift für die gesamte Strafrechtswissenschaft, 106. Band 1994, S. 60–92.

Streng, Franz: Franz v. Liszt und das Jugendstrafrecht – ein Blick zurück nach vorn, in: Zeitschrift für Jugendkriminalrecht und Jugendhilfe 2017, S. 208–214.

Streng, Franz: Jugendstrafrecht, 5. Auflage, Heidelberg 2020.

Stuppi, Frank: Die Änderungen des Jugendgerichtsgesetzes durch das 2. Gesetz zur Modernisierung der Justiz, in: ZJJ 2007, Heft 1, S. 18–25.

Stutte, Hermann: Zur organisatorischen Gestaltung der Hauptverhandlung, in: Monatsschrift für Kriminologie und Strafrechtsreform, 44. Jahrgang 1961, S. 121–123.

Swoboda, Sabine: Kritische Entwicklungen im Jugendstrafrecht seit 2013, in: Zeitschrift für die gesamte Strafrechtswissenschaft, 132. Band 2020, S. 826–890.

Temme, J.D.H.: Über die Fortschritte in der Revision der Preußischen Gesetzgebung über das Strafverfahren, in: Zeitschrift für deutsches Strafverfahren einschließlich des Gefängniswesens 1844, Band 1, S. 307–330.

Temme, J.D.H.: Lehrbuch des Preußischen Strafrechts, Reprint Berlin/Boston 2021.

Tenorth, Heinz-Elmar: Geschichte der Erziehung, 5. Auflage Weinheim/München 2010.

Theek, Karl: Der Jugendverteidiger, in: Deutsche Jugendhilfe, 32. Jahrgang 1940/41, S. 222–225.

Thierack, Georg: Dem neuen Jugendstrafrecht zum Geleit, in: Deutsches Jugendrecht 1944, Heft 4, S. 5–16.

Thiesmeyer, Heinrich: Die voraussichtliche Weiterentwicklung des Jugendstrafrechts, in: Recht der Jugend und des Bildungswesens 1972, S. 339–343.

Tippelskirch v.: Beiträge zur künftigen Strafprozeß-Ordnung für Preußen, in: Archiv für preußisches Strafrecht 1856, S. 3–30.

Toprak, Ufuk: Brauchen wir eine erzieherische Mission im Jugendstrafrecht?, Hamburg 2012.

Traulsen, Monika: Das Schülerverfahren als kriminalpräventives Angebot der Jugendhilfe, in: Verbrechen – Strafe – Resozialisierung: Festschrift für Heinz Schöch zum 70. Geburtstag, Berlin/New York 2010, S. 267–281.

TRAULSEN, Monika: Das kriminalpädagogische Schülerverfahren aus der Sicht der Gremiumsschüler, in: Zeitschrift für Jugendkriminalrecht und Jugendhilfe 2013, S. 160–168.

TRENCZEK, Thomas: Ist § 38 JGG in Teilen verfassungswidrig? Zur Berichts- und Anwesenheitspflicht der Fachkräfte des Jugendamts im jugendstrafrechtlichen Verfahren, in: Zeitschrift für Jugendkriminalrecht und Jugendhilfe 2021, S. 240–247.

TRÖNDLE, Herbert: Über den Umgang des Richters mit den anderen Verfahrensbeteiligten, in: Deutsche Richterzeitung 1970, S. 213–218.

TROTHA, Trutz von: Zur Entstehung von Jugend, in: Kölner Zeitschrift für Soziologie und Sozialpsychologie 1982, Heft 1, S. 254–277.

TUCHOLSKY, Kurt: Gesamtausgabe, Band 15, Texte 1932/1933, 1. Auflage, hrsg. v. Antje Bonitz, Reinbek bei Hamburg 2011.

ULLRICH, Hans: Persönlichkeitserforschung durch die Jugendgerichtshilfe, in: Recht der Jugend 1963, S. 324–327.

ULLRICH, Hans: Das Jugendgerichtsgesetz als Personenfrage – Der Jugendgerichtshelfer; Gedanken und Erfahrung, in: Recht der Jugend 1967, S. 292–296.

ULLRICH, Hans: Zuviel Jugendarrest?, in: Recht der Jugend 1967, S. 244–246.

ULLRICH, Hans: Minderjährige Jugendschöffen?, in: Recht der Jugend und des Bildungswesens 1969, S. 303–304.

ULLRICH, Hans: Wider den Gerichtsgeher, in: Unsere Jugend 1971, S. 412–416.

ULLRICH, Hans: Gedanken zur Präsenzpflicht der Jugendgerichtshilfe, in: Zentralblatt für Jugendrecht und Jugendwohlfahrt, 60. Jahrgang 1973, S. 342–343.

ULLRICH, Hans: Der Bericht der Jugendgerichtshilfe, in: Weg und Aufgabe des Jugendstrafrechts, hrsg. v. Friedrich Schaffstein und Olaf Miehe, Darmstadt 1975, S. 455–463.

VAN DÜHREN: Die erzieherische Tätigkeit des Jugendrichters, in: Die erzieherische Beeinflussung straffälliger Jugendlicher, Referate der Tagung der Vereinigung für Jugendgerichte und Jugendgerichtshilfen am 11. und 12. Juni 1926 zu Göttingen, hrsg. v. der DVJJ, Berlin 1927, S. 17–43.

VERHANDLUNGEN DES SECHSUNDZWANZIGSTEN DEUTSCHEN JURISTENTAGES: 3. Band, Reprint Berlin/Boston 2021.

VERHANDLUNGEN DES SIEBENUNDZWANZIGSTEN DEUTSCHEN JURISTENTAGES: 4. Band, Reprint Berlin/Boston 2020.

Verrel, Torsten: § 45 JGG – Quo vadis?, in: Verbrechen – Strafe – Resozialisierung: Festschrift für Heinz Schöch zum 70. Geburtstag, Berlin/New York 2010, S. 227–244.

Viehmann, Horst: Nutzung und rechtsstaatliche Kontrolle informeller Erledigungsweisen sowie Verhinderung falscher Weichenstellung für die Hauptverhandlung, in: Verteidigung in Jugendstrafsachen, Symposium an der Kriminologischen Forschungsstelle der Universität zu Köln, 26.–29. März 1987, hrsg. v. BMJ, 1. Auflage, Bonn 1987, S. 101–112.

Viehmann, Horst: Anmerkungen zum Erziehungsgedanken aus rechtschaffender Sicht, in: Beiträge zur Erziehung im Jugendkriminalrecht, hrsg. v. Michael Walter, Köln/Berlin/Bonn/München 1989, S. 111–133.

Viehmann, Horst: Die Reform des Jugendkriminalrechts in der Bundesrepublik Deutschland, in: Familie und Recht 1991, S. 256–262.

Viehmann, Horst: Die Kriminalität der Jugendlichen in der aktuellen politischen Diskussion, in: Zentralblatt für Jugendrecht 1997, S. 437–440.

Viehmann, Horst: Reform des Jugendkriminalrechts?, in: Zeitschrift für Jugendkriminalrecht und Jugendgerichtshilfe 2003, S. 285–288.

Villmow, Bernhard/Savinsky, Alescha Lara/Woldmann, Christian: Praxis des Vollzugs der Jugenduntersuchungshaft, in: Achtung (für) Jugend!, Dokumentation des 28. Deutschen Jugendgerichtstages vom 11.–14. September 2010 in Münster, hrsg. v.d. DVJJ, Mönchengladbach 2012, S. 271–302.

Villmow, Bernhard/Savinsky, Alescha Lara: 14-/15-jährige Beschuldigte zwischen Jugenduntersuchungshaft und Untersuchungshaftvermeidung bzw. -verkürzung, Wie wirksam sind die §§ 71–72a JGG?, in: Zeitschrift für Jugendkriminalrecht und Jugendhilfe 2013, S. 388–396.

Vins, Wilhelm: Die Begegnung des Jugendlichen mit seinem Richter, in: Unsere Jugend 1953, S. 437–443.

Vins, Wilhelm: Der Jurist und der Laienrichter in der Jugendkriminalrechtspflege, in: Die Jugendkriminalrechtspflege als Personenfrage und als Aufgabe der Zusammenarbeit, Bericht über die Verhandlungen des 11. Deutschen Jugendgerichtstages in Berlin vom 22.–24. Oktober 1959, hrsg. v.d. DVJJ, Köln/Berlin/Bonn/München 1962, S. 43–50.

Vins, Wilhelm: Was erwartet der Jugendrichter von der Jugendgerichtshilfe und vom Bewährungshelfer?, in: Recht der Jugend 1963, S. 330–333.

ENGELBERG V.: Das Zusammenwirken des Jugendgerichts mit Verwaltungsbehörden und freiwilligen Fürsorgeorganisationen, in: Verhandlungen des ersten deutschen Jugendgerichtstages, hrsg. v.d. DZfJ, Berlin/Leipzig 1909, S. 56–62.

VORMBAUM, Thomas: Die Lex Emminger vom 4. Januar 1924, Vorgeschichte, Inhalt und Auswirkungen, Ein Beitrag zur deutschen Strafrechtsgeschichte des 20. Jahrhunderts, Berlin 1988.

VORMBAUM, Thomas: Einführung in die moderne Strafrechtsgeschichte, 4. Auflage, Berlin/Heidelberg 2019.

VORNEFELD, H.: Die Jugendkriminalität im Weltkrieg, in: Deutsche Justiz 1939, 2. Halbjahr, S. 1862–1864.

VORNEFELD, H.: Auf dem Wege zu einem neuen Jugendstrafrecht, in: Deutsche Justiz 1940, 2. Halbjahr, S. 1205–1209.

VOß, Michael: Einkerkerung statt Entkerkerung, Die Folgen der amerikanischen Diversionspolitik, in: Kriminologisches Journal 1981, S. 247–262.

VOß, Michael: Die ambulanten Maßnahmen auf dem Prüfstand: Mehr Hilfe oder mehr Kontrolle im Jahr 1984?, in: Jugendgerichtsverfahren und Kriminalprävention, Bericht über die Verhandlungen des 19. Deutschen Jugendgerichtstages in Mannheim vom 3.–7. Oktober 1983, hrsg. v.d. DVJJ, München 1984, S. 341–358.

VOß, Michael: Jugend ohne Rechte, Die Entwicklung des Jugendstrafrechts, Frankfurt am Main 1986.

VOß, Michael: Diversion und Rechtssicherheit – Ein Widerspruch?, in: Zentralblatt für Jugendrecht 1989, S. 8–16.

WAGLER, Kai Michael: Probleme der Verteidigung im Jugendstrafverfahren, München 1988.

WALDECK, Manfred: Der Jugendrichter, in: Recht der Jugend 1956, S. 216–217 und 232–233.

WALTER, Michael: Die ermittelnden, berichtenden und beratenden Aufgaben der Jugendgerichtshilfe, in: Zentralblatt für Jugendrecht und Jugendwohlfahrt, 60. Jahrgang 1973, S. 485–498.

WALTER, Michael: Zum Diskussionsentwurf eines Jugendhilfegesetzes, in: Zentralblatt für Jugendrecht und Jugendwohlfahrt, 61. Jahrgang 1974, S. 41–53.

WALTER, Michael: Untersuchungshaft und Erziehung bei jungen Gefangenen, in: Monatsschrift für Kriminologie und Strafrechtsreform, 61. Jahrgang 1978, S. 337–350.

Walter, Michael: Angebote der Jugendhilfe und Jugendkriminalrecht, in: Zentralblatt für Jugendrecht 1986, S. 429–436.

Walter, Michael: Der Strafverteidiger im Jugendkriminalrecht, in: Verteidigung in Jugendstrafsachen, Symposium an der Kriminologischen Forschungsstelle der Universität zu Köln, 26.–29. März 1987, hrsg. v. BMJ, 1. Auflage, Bonn 1987, S. 11–28.

Walter, Michael: Stellung und Bedeutung des Strafverteidigers im jugendkriminalrechtlichen Verfahren, in: Neue Zeitschrift für Strafrecht 1987, S. 481–486.

Walter, Michael: Über die Bedeutung des Erziehungsgedankens für das Jugendkriminalrecht, in: Beiträge zur Erziehung im Jugendkriminalrecht, hrsg. v. Michael Walter, Köln/Berlin/Bonn/München 1989, S. 59–89.

Walter, Michael: Über die Fortentwicklung des Jugendstrafrechts, in: Neue Zeitschrift für Strafrecht 1992, S. 470–477.

Walter, Michael: Zur Bedeutung gesellschaftlicher Erwartungen für die Kriminalpolitik, in: Das Jugendkriminalrecht als Erfüllungsgehilfe gesellschaftlicher Erwartungen?, Symposium an der Kriminologischen Forschungsstelle der Universität zu Köln, 11.–13. Oktober 1994, hrsg. v. BMJ, 1. Auflage, Bonn 1995, S. 10–21.

Walter, Michael: Die Verteidigung junger Menschen im Spannungsfeld zwischen rechtsstaatlichen Erfordernissen und empirischen Befunden, in: Strafverteidigung für junge Beschuldigte, hrsg. v. Michael Walter, Pfaffenweiler 1997, S. 11–36.

Walter, Michael: Entwicklung der Jugendkriminalität in Deutschland – zugleich: Zum Aussagegehalt des Kriminalitätsanstiegs –, in: Das Jugendstrafrecht an der Wende zum 21. Jahrhundert, hrsg. v. Dieter Dölling, Berlin/New York 2001, S. 37–62.

Walter, Michael: Das Jugendkriminalrecht in der öffentlichen Diskussion: Fortentwicklung oder Kursänderung zum Erwachsenenstrafrecht?, in: Goltdammer's Archiv für Strafrecht 2002, S. 431–454.

Walter, Michael: 100 Jahre Jugendgerichte und Jugendgerichtshilfe, Jugendgerichte und Jugendgerichtshilfe als Wegbereiter einer fortdauernden Kriminalrechtsreform, Festvortrag Hannover 2008.

Walter, Michael: Jugendkriminalität und Medien, in: Recht der Jugend und des Bildungswesens 2008, S. 435–446.

Webler, Heinrich: Wider das Jugendgericht, Berlin 1929.

Webler, Heinrich: Vorschläge zum Jugendstrafrecht, in: Zentralblatt für Jugendrecht und Jugendwohlfahrt, 27. Jahrgang 1935/36, S. 47–52.

Webler: Zur Neuordnung des Jugendstrafrechts, in: Deutsche Jugendhilfe, 30. Jahrgang 1938/39, S. 339–341.

Weil, Klaus/Wilde, Ricarda: Der Jugendrichter im Jugendstrafverfahren, in: Zentralblatt für Jugendrecht und Jugendwohlfahrt, 70. Jahrgang 1983, S. 497–500.

Weis, Ludwig: Das Strafgesetzbuch für das Königreich Bayern sammt dem Gesetze vom 10. November 1861 zur Einführung des Strafgesetzbuchs und des Polizeistrafgesetzbuchs, erläutert von Dr. Ludwig Weis, Nördlingen 1863.

Welker, August: Die Stellung jugendlicher Täter in älteren deutschen Strafgesetzen, in: Recht der Jugend und des Bildungswesens 1969, S. 306–309.

Wellenkamp: Das Jugendgericht im Vorverfahren, in: Verhandlungen des 1. JGT, hrsg. v.d. DZfJ, Berlin/Leipzig 1909, S. 4–14.

Wenke, Hans: Junge Menschen im Spannungsfeld von Recht und Erziehung, in: Die Jugendkriminalrechtspflege als Personenfrage und als Aufgabe der Zusammenarbeit, Bericht über die Verhandlungen des 11. Deutschen Jugendgerichtstages in Berlin vom 22.–24. Oktober 1959, hrsg. v.d. DVJJ, Köln/Berlin/Bonn/München 1962, S. 17–41.

Weyel, Frank: Was bringt uns das neue Jugendstrafrecht?, in: Zentralblatt für Jugendrecht 1990, S. 566–568.

Weyel, Frank: Im Jugendstrafrecht brauchen wir weder Erziehung noch Verschärfung, in: Zeitschrift für Jugendkriminalrecht und Jugendhilfe 2003, S. 406–409.

Wilde: Das Strafverfahren gegen jugendliche Personen im Preußischen Staate, in: Archiv für preußisches Strafrecht 1858, S. 433–444.

Wind, Tanja/Müller, Marie: Erzieherische Maßnahmen im Jugendstrafverfahren während der Coronapandemie – Ergebnisse einer Befragung von Mitarbeitenden der Jugendhilfe im Strafverfahren in Baden-Württemberg, in: Zeitschrift für Jugendkriminalrecht und Jugendhilfe 2022, S. 214–221.

Wolf, Gerhard: Strafe und Erziehung nach dem Jugendgerichtsgesetz, Marburg 1984.

Wolff, Jörg/Dörner, Christine: Jugendstrafrecht zwischen Weimar und Nationalsozialismus, in: Recht der Jugend und des Bildungswesens 1990, S. 54–66.

WOLFF, Jörg/EGELKAMP, Margreth/MULOT, Tobias: Das Jugendstrafrecht zwischen Nationalsozialismus und Demokratie, Die Rückkehr zur Normalität, 1. Auflage Baden-Baden 1997.

WOLFF, Jörg: Hitlerjugend und Jugendgerichtsbarkeit 1933–1945, in: Vierteljahreshefte für Zeitgeschichte 1985, S. 640–667.

WOLFF, Jörg: Die Entwicklung der Gesetzgebung im Jugendstrafrecht, in: Zeitschrift für Rechtssoziologie 1986, S. 123–142.

WOLFF, Jörg: Spurensuche, in: Neue Kriminalpolitik 1989, Heft 1, S. 26–30.

WOLFF, Jörg: Jugend und Strafrecht im Nationalsozialismus, in: Zeitschrift für Neuere Rechtsgeschichte 1991, S. 41–66.

WOLFF, Jörg: Jugendliche vor Gericht im Dritten Reich, Nationalsozialistische Jugendstrafrechtspolitik und Justizalltag, München 1992.

WOLFF, Jörg: Föderalismus und Exekutive im Kaiserreich – Chance oder Hemmnis für die Entstehung des Jugendstrafrechts?, in: Festschrift für Horst Schüler-Springorum zum 65. Geburtstag, hrsg. v. Peter-Alexis Albrecht u.a., Köln/München u.a. 1993, S. 279–290.

WOLFF, Jörg: Jugendstrafrecht im Dritten Reich, in: Jugend im sozialen Rechtsstaat, Für ein neues Jugendgerichtsgesetz, Dokumentation des 22. Deutschen Jugendgerichtstages vom 26.–30. September 1992 in Regensburg, hrsg. v. der DVJJ, Bonn 1996, S. 644–659.

ZAPF, Jana Christina: Opferschutz und Erziehungsgedanke im Jugendstrafverfahren, Göttingen 2012.

ZIEGER, Matthias: Verteidiger in Jugendstrafsachen – Erfahrungen und Empfehlungen, in: Strafverteidiger 1982, S. 305–312.

ZIEGER, Matthias: Zum Referentenentwurf eines ersten Gesetzes zur Änderung des Jugendgerichtsgesetzes (JGGE), in: Strafverteidiger 1988, S. 308–312.

ZIRBECK, Rainer: Die Untersuchungshaft bei Jugendlichen und Heranwachsenden, Göttingen 1973.

Quellenverzeichnis

A) Veröffentlichte Quellen

I. Deutsche Partikularstaaten

1. Quellensammlungen (alphabetische Anordnung)

Haeberlin, Carl Franz Wolff Jérôme: Sammlung der neuen deutschen Strafprocessordnungen, Mit Einschluss der französischen und belgischen so wie der Gesetze über Einführung des mündlichen und öffentlichen Strafverfahrens mit Schwurgerichten, Nachdruck der Ausgabe Greifswald 1852, Goldbach 1996.

Schubert, Werner/Regge, Jürgen: Gesetzesrevision (1825–1848), I. Abteilung, Straf- und Strafprozeßrecht, Quellen zur preußischen Gesetzgebung des 19. Jahrhunderts,

Band 1: Strafrecht (Ministerium Danckelmann, 1827–1830), Vaduz/Liechtenstein 1981;
Band 2: Straf- und Strafprozeßrecht (Ministerium Danckelmann; 1828–1830), Vaduz/Liechtenstein 1982;
Band 5: Straf- und Strafprozeßrecht, Entwurf des Strafgesetzbuchs von 1843, Revision des Entwurfs des Strafgesetzbuchs von 1843 und Revidierter Entwurf der Strafprozeßordnung von 1841 (Ministerien Kamptz und Savigny), Vaduz/Liechtenstein 1994;
Band 6: Straf- und Strafprozeßrecht, Entwurf eines Strafgesetzbuchs (1845 – 1848), Gesetz vom 17.7.1846 betreffend das Verfahren in den bei dem Kammergericht und dem Kriminalgericht zu Berlin zu führenden Untersuchungen, Teil 2, Vaduz/Liechtenstein 1996.

Sundelin, P.: Sammlung der neuern deutschen Gesetze über Gerichtsverfassung und Strafverfahren, Reprint Berlin/Boston 2018.

https://doi.org/10.1515/9783111726021-006

2. Einzelquellen (chronologische Anordnung)

a) Baden

Strafedikt von 1803, abgedruckt in: Das großherzoglich badische Straf-Edikt, Mit seinen Erläuterungen und Zusätzen, hrsg. v. Rhenanus, Mannheim 1823.

Land-Recht für das Großherzogthum Baden, nebst Handelsgesetzen, Karlsruhe 1814.

Entwurf der Strafproceßordnung für das Großherzogthum Baden, Karlsruhe 1835.

Entwurf einer Strafproceß-Ordnung für das Großherzogthum Baden, samt Motiven, abgedruckt in: Verhandlungen der Stände-Versammlung des Großherzogthums Baden in den Jahren 1843–45, Protokolle der Zweiten Kammer mit deren Beilagen, Neuntes Beilagenheft, Karlsruhe 1845, S. 45–119.

Strafproceßordnung für das Großherzogthum Baden vom 6. März 1845, abgedruckt in: *Haeberlin*, Sammlung der neuen deutschen Strafproceßordnungen, S. 370–421.

Strafgesetzbuch für das Großherzogthum Baden vom 6. März 1845, nebst dem Einführungs-Edict, Karlsruhe 1845.

Entwurf vom 13. Mai 1848 mit Begründung, abgedruckt als Beilage Nr. 3 zum Protocoll der 65. öffentlichen Sitzung vom 13. Mai 1848 in: Verhandlungen der Stände-Versammlung des Großherzogthums Baden in den Jahren 1847–48, Protokolle der Zweiten Kammer mit deren Beilagen, Siebentes Beilagenheft, Karlsruhe 1848, S. 245–258.

Commissions-Bericht über den Gesetzes-Entwurf in Betreff der theilweisen Einführung der Schwurgerichte im Großherzogthum Baden, Erstattet von dem Abgeordneten Mittermaier, abgedruckt als Beilage Nr. 2 zum Protokoll der 73. öffentlichen Sitzung vom 21. Juli 1848, in: Verhandlungen der Stände-Versammlung des Großherzogthums Baden in den Jahren 1847–48, Protokolle der Zweiten Kammer mit deren Beilagen, Siebentes Beilagenheft, Karlsruhe 1848, S. 385–410.

Fassung des Entwurfs nach den Beschlüssen der Zweiten Kammer vom 14. Oktober 1848, abgedruckt als Beilage Nr. 4 zum Protokoll der 81. Sitzung vom 14. Oktober 1848 in: Verhandlungen der Stände-Versammlung des Großherzogthums Baden in den Jahren 1847–49, Protokolle der Zweiten Kammer mit deren Beilagen, Sechstes Protokollheft, Karlsruhe 1850, S. 297–304.

Verhandlungen der Stände-Versammlung des Großherzogthums Baden in den Jahren 1847–48, Protokolle der Zweiten Kammer mit deren Beilagen, Siebentes Beilagenheft, Karlsruhe 1848.

Entwurf einer revidierten Strafprozeßordnung für das Großherzogthum Baden, abgedruckt als Beilage Nr. 3 zum Protokoll der 161. öffentlichen Sitzung vom 22. März 1849 in: Verhandlungen der Stände-Versammlung des Großherzogthums Baden in den Jahren 1847–49, Protokolle der Zweiten Kammer mit deren Beilagen, Zehntes Beilagenheft, Karlsruhe 1849, S. 1–49.

Commissions-Bericht über den Gesetzentwurf, die revidierte Strafprozeßordnung betreffend, Erstattet von dem Abgeordneten v. Stockhorn, abgedruckt als Beilage Nr. 1 zum Protokoll der 173. öffentlichen Sitzung vom 24. April 1849 in: Verhandlungen der Stände-Versammlung des Großherzogthums Baden in den Jahren 1847–49, Protokolle der Zweiten Kammer mit deren Beilagen, Zehntes Beilagenheft, Karlsruhe 1849, S. 64–69.

Verhandlungen der Stände-Versammlung des Großherzogthums Baden in den Jahren 1847–49, Protokolle der Zweiten Kammer mit deren Beilagen, Zehntes Beilagenheft, Karlsruhe 1849.

Gesetz vom 5. Februar 1851, die Einführung des Strafgesetzbuches, des neuen Strafverfahrens und die Schwurgerichte betreffend, abgedruckt in: *Haeberlin*, Sammlung der neuen deutschen Strafprocessordnungen, S. 422–446.

Entwurf einer Strafprozeß-Ordnung mit Begründung, abgedruckt in: Verhandlungen der Stände-Versammlung des Großherzogthums Baden in den Jahren 1861/63, Protokolle der Zweiten Kammer mit deren Beilagen, Viertes Beilagenheft, zweite Hälfte, Karlsruhe 1863, S. 806–936.

Strafprozeßordnung für das Großherzogthum Baden, Amtliche Ausgabe, Karlsruhe 1864.

b) Bayern

Codex Juris Bavarici Criminalis von 1751, München 1756.

Entwurf eines peinlichen Gesetzbuches für die kurpfalzbaierischen Staaten, München 1802, neu hrsg. v. Werner Schmid, Frankfurt am Main 1988.

Strafgesetzbuch für das Königreich Baiern, Zweiter Theil, Von dem Prozeß in Strafsachen, München 1813.

Anmerkungen zum Strafgesetzbuche für das Königreich Baiern, Nach den Protokollen des Königlichen Geheimen Raths, 1. Band, München 1813.

Verordnung vom 22. Mai 1814. Die Verkündung der Urtheile, und Einwendung der Rechtsmittel wider solche, abgedruckt in: Sammlung der nachträglichen Verordnungen zum Strafgesetzbuche für das Königreich Baiern, Würzburg 1817, S. 63–66.

Entwurf des Strafgesetzbuches, Nachdruck der Ausgabe München 1822, neu hrsg. v. Werner Schmid, Frankfurt am Main 1988.

Entwurf eines Gesetzbuches über das Verfahren in Strafsachen (mit Motiven), Beylage LXXX, München 1831.

Gesetz, die Abänderung einiger Bestimmungen des zweiten Theiles des Strafgesetzbuches vom Jahre 1813 betreffend, abgedruckt in: Gesetz-Blatt für das Königreich Bayern, Nr. 25 vom 23. November 1848, Sp. 233 ff.

Entwurf eines Gesetzes, die Revision des Strafprozess-Gesetzes vom 10. November 1848 betreffend, abgedruckt als Beilage LXXXVII in: Verhandlungen der Kammer der Reichsräthe des Königreichs Bayern vom Jahre 1850, Vierter Beilagen-Band, München 1850, S. 131–410.

Entwurf eines Strafprozeßgesetzbuches für das Königreich Bayern (mit Motiven), München 1870.

c) Braunschweig

Strafprocessordnung vom 22. August 1849, abgedruckt in: *Haeberlin*, Sammlung der neuen deutschen Strafprocessordnungen, S. 725–750.

d) Hannover

Strafprocessordnung für das Königreich Hannover vom 8. November 1850, abgedruckt in: *Haeberlin*, Sammlung der neuen deutschen Strafprocessordnungen, S. 279–352.

Revidierte Strafprocess-Ordnung vom 5. April 1859, abgedruckt in: *Sundelin*, Sammlung der neuern deutschen Gesetze, S. 117–187.

e) Hessen (Großherzogtum)

Gesetz vom 28. October 1848 die Einführung des mündlichen und öffentlichen Strafverfahrens mit Schwurgericht in den Provinzen Starkenburg und Oberhessen betreffend, abgedruckt in: *Haeberlin*, Sammlung der neuen deutschen Strafprocessordnungen, S. 639–705.

Gesetz vom 27. März 1852, das öffentliche und mündliche Verfahren bei den vor die Provinzial-Strafgerichte gehörigen Sachen in den Provinzen Starkenburg und Oberhessen betreffend, abgedruckt in: *Sundelin*, Sammlung der neuern deutschen Gesetze, S. 196–203.

Entwurf einer Strafprocess-Ordnung von 1860, abgedruckt in: *Sundelin*, Sammlung der neuern deutschen Gesetze, S. 204–267.

f) Kurhessen

Gesetz vom 28. Oktober 1863 das Strafverfahren betreffend, abgedruckt in: Sammlung von Gesetzen, Verordnungen, Ausschreiben und anderen allgemeinen Verfügungen für Kurhessen, Sechzehnter Band, Cassel 1863, S. 124–179.

g) Nassau

Gesetz vom 16. Juli 1853 (Competenz betreffend), abgedruckt in: *Sundelin*, Sammlung der neuern deutschen Gesetze, S. 270–275.

h) Oldenburg

Entwurf eines Gesetzes über das Schwur-Gericht nebst Beweggründen, Oldenburg 1850.

i) Österreich

Strafproceß-Ordnung vom 17. Jänner 1850, abgedruckt in: *Haeberlin*, Sammlung der neuen deutschen Strafprocessordnungen, S. 89–179.

Strafprocess-Ordnung für das Kaiserthum Österreich vom 29. Juli 1853, abgedruckt in: *Sundelin*, Sammlung der neuern deutschen Gesetze über Gerichtsverfassung und Strafverfahren, S. 3–92.

Strafproceß-Ordnung vom 23. Mai 1873, abgedruckt in: Reichsgesetzblatt für die im Reichsrathe vertretenen Königreiche und Länder, XLII. Stück, ausgegeben und versendet am 30. Juni 1873, S. 400–501.

j) Preußen

Criminal-Ordnung von 1717, Berlin 1717.

Rescript vom 25. April 1796, Untersuchungen gegen Unmündige betreffend, abgedruckt in: *Hafemann*, Handbuch des Preuß. Criminal-Processes, Berlin 1832, S. 179.

Criminal-Ordnung von 1805, abgedruckt in: Criminal-Ordnung für die Preussischen Staaten nebst der Verordnung vom 3. Januar 1849 über die Einführung des mündlichen und öffentlichen Verfahrens mit Geschworenen in Untersuchungssachen, und den dieselben ergänzenden Gesetzen, 3. Auflage, Berlin 1860, S. 69–192.

Vergehungen unmündiger und schwachsinniger Personen, Rescript des Justizministers v. Kircheisen vom 14. März 1815, abgedruckt in: Jahrbücher für die preußische Gesetzgebung, Rechtswissenschaft und Rechtsverwaltung, Im Auftrage des Königl. Justiz-Ministeriums, hrsg. v. Karl Albert v. Kamptz, Fünfter Band, Neuntes und zehntes Heft, Berlin 1815, S. 30–31.

Zuziehung der Väter oder Vormünder bei der Publication der Straferkenntnisse gegen Minderjährige, Rescript des Justizministers v. Kircheisen vom 27. April 1816, abgedruckt in: Jahrbücher für die preußische Gesetzgebung, Rechtswissenschaft und Rechtsverwaltung, Im Auftrage des Königl. Justiz-Ministeriums, hrsg. v. Karl Albert v. Kamptz, Siebenter Band, Dreizehntes und vierzehntes Heft, Berlin 1815, S. 201–202.

Verordnung „betreffend das Verfahren bei Denunciationen gegen Minderjährige in Steuer- und Polizei-Contraventions-Fällen", Vom 18. März 1817, Amts-Blatt der Königlichen Regierung zu Breslau 1817, S. 135.

Circular-Rescript des Königl. Polizei-Ministeriums an sämmtliche Königl. Regierungen das Verfahren bei polizeilicher Vernehmung der Minderjährigen betreffend vom 6. April 1817 und Erläuterungs Circular-Rescript des Königl. Polizei-Ministeriums an sämmtliche Königl. Regierungen über eben diesen Gegenstand vom 23. Juni 1817, abgedruckt in: Annalen der preußischen innern Staats-Verwaltung, hrsg. v. wirklichen Geheimen Ober-Regierungs-Rath v. Kamptz, Erster Band, Zweites Heft, Berlin 1817, S. 168–171.

Circular-Rescript des Königl. Ministeriums der Geistlichen-, Unterrichts- und Medizinal-Angelegenheiten an sämmtliche Königl. Regierungen, die Einsendung von Nachweisungen der im jugendlichen Alter begangenen Verbrechen betreffend vom 30. November 1825, abgedruckt in: Annalen der preußischen innern Staats-Verwaltung, hrsg. v. wirklichen Geheimen Ober-Regierungs-Rath v. Kamptz, Neunter Band, Viertes Heft, Berlin 1825, S. 1038–1040.

Circular-Rescript des Königl. Justiz-Ministeriums an sämmtliche Königl. Justiz-Behörden, die Mittheilungen über junge Verbrecher betreffend vom 6. März 1826, abgedruckt in: Annalen der preußischen innern Staats-Verwaltung, hrsg. v. wirklichen Geheimen Ober-Regierungs-Rath v. Kamptz, Zehnter Band, Erstes Heft, Berlin 1826, S. 95–96.

Vom Revisor vorgelegter Erster Entwurf der Straf-Prozeß-Ordnung für die Preußischen Staaten von 1828 mit Motiven, abgedruckt in: *Schubert/Regge*, Gesetzesrevision (1825–1848), Abteilung 1, Band 2, S. 553 ff.

Entwurf der Straf-Prozeß-Ordnung für die Preußischen Staaten, Berlin 1829, abgedruckt in: *Schubert/Regge*, Gesetzesrevision (1825–1848), Abteilung 1, Band 2, S. 947 ff.

Revidierter Entwurf der Strafprozeß-Ordnung für die Preußischen Staaten und Motive, Berlin 1841, abgedruckt in: *Schubert/Regge*, Gesetzesrevision (1825–1848), Abteilung 1, Band 5, S. 833 ff.

Schreiben der Minister v. Bodelschwingh und Uhden vom 22. April 1846 an den König, abgedruckt in: *Schubert/Regge*, Gesetzesrevision (1825–1848), Abteilung 1, Band 6 Teil 2, S. 1354 ff.

Das Gesetz betreffend das Verfahren in den bei dem Kammergericht und dem Kriminalgericht zu Berlin zu führenden Untersuchungen vom 17. Juli 1846, abgedruckt in: *Schubert/Regge*, Gesetzesrevision (1825–1848), Abteilung 1, Band 6 Teil 2, S. 1489–1512.

K. Preuß. Justiz-Ministerial-Verfügung, die Aufnahme jugendlicher Verbrecher in die an einigen Orten bestehenden Anstalten zur Erziehung und Besserung verwahrloster Kinder betreffend vom 20. Januar 1847, abgedruckt in: Jahrbücher der Gefängniskunde und Besserungsanstalten, Zehnter Band Frankfurt am Main 1847, S. 116–117.

Verordnung vom 3. Januar 1849 über die Einführung des mündlichen und öffentlichen Verfahrens mit Geschworenen in Untersuchungssachen und Motive, abgedruckt in: Vollständige Materialien zu der Verordnung vom 3. Januar 1849 und dem Gesetze vom 3. Mai 1852, betreffend die Einführung des mündlichen und öffentlichen Verfahrens mit Geschworenen in Untersuchungssachen (Motive, Kommissionsberichte und Kammer-Verhandlungen), Berlin 1852, S. 1–34.

Über das Untersuchungs-Verfahren gegen unmündige und schwachsinnige Personen, abgedruckt in: Justizministerialblatt für die preußische Gesetzgebung und Rechtspflege 1851, S. 37–40.

Entwurf einer Strafprozeß-Ordnung für die preußischen Staaten von 1851, abgedruckt in: Justizministerialblatt für die preußische Gesetzgebung und Rechtspflege 1851, S. 85–143.

Strafgesetzbuch für die Preußischen Staaten, vom 14. April 1851, abgedruckt in: Gesetz-Sammlung für die Königlichen Preußischen Staaten 1851, S. 101.

Kommissionsbericht der Zweiten Kammer zu §§ 92–120, abgedruckt in: Vollständige Materialien zu der Verordnung vom 3. Januar 1849 und dem Gesetze vom 3. Mai 1852, betreffend die Einführung des mündlichen und öffentlichen Verfahrens mit Geschworenen in Untersuchungssachen (Motive, Kommissionsberichte und Kammer-Verhandlungen), Berlin 1852, S. 1–34.

Gesetz vom 3. Mai 1852 betreffend die Zusätze zu der Verordnung vom 3. Januar 1849 über die Einführung des mündlichen und öffentlichen Verfahrens mit Geschworenen in Untersuchungssachen, abgedruckt in: Vollständige Materialien zu der Verordnung vom 3. Januar 1849 und dem Gesetze vom 3. Mai 1852, betreffend die Einführung des mündlichen und öffentlichen Verfahrens mit Geschworenen in Untersuchungssachen (Motive, Kommissionsberichte und Kammer-Verhandlungen), Berlin 1852, S. 879–908.

Vollständige Materialien zu der Verordnung vom 3. Januar 1849 und dem Gesetze vom 3. Mai 1852, betreffend die Einführung des mündlichen und öffentlichen Verfahrens mit Geschworenen in Untersuchungssachen (Motive, Kommissionsberichte und Kammer-Verhandlungen), Berlin 1852.

Gesetz vom 22. Mai 1852, betreffend einige Ergänzungen des Einführungsgesetzes zum Strafgesetzbuche, abgedruckt in: *Sundelin*, Sammlung der neuern deutschen Gesetze über Gerichtsverfassung und Strafverfahren, S. 104–105.

Antrag des Ober-Präsidenten von Kleist an das Herrenhaus und Bericht der Justiz-Kommission des Herrenhauses zu dem vorstehenden Antrage des Herrn von Kleist, in: Arch. f. preuß. StrafR. 1859, S. 274–287.

Entwurf einer Strafprozeß-Ordnung für den Preußischen Staat von 1865, Nebst motivierenden Anmerkungen, Berlin 1865.

Strafprozeß-Ordnung für die durch das Gesetz vom 20. September 1866 und die beiden Gesetze vom 24. Dezember 1866 mit der Monarchie vereinigten Landestheile, mit Ausschluß des vormaligen Oberamtbezirks Meisenheim und Enklave Kaulsdorf, nebst Verordnung vom 25. Juni 1867, Berlin 1867.

Gesetz über das Alter der Großjährigkeit, vom 9. Dezember 1869, abgedruckt in: Gesetzessammlung für die Königlichen Preußischen Staaten 186, S. 1177.

k) Sachsen

Entwurf einer Straf-Proceß-Ordnung für das Königreich Sachsen, Nebst Motiven und Inhaltsverzeichnissen, Dresden 1853.

Die Strafprocess-Ordnung für das Königreich Sachsen vom 11. August 1855, abgedruckt in: *Sundelin*, Sammlung der neuern deutschen Gesetze über Gerichtsverfassung und Strafverfahren, S. 637–748.

Revidierte Strafprozeßordnung für das Königreich Sachsen, abgedruckt in: Gesetz- und Verordnungsblatt für das Königreich Sachsen vom Jahre 1868, zweite Abtheilung, S. 1036 ff.

l) Württemberg

Strafprocess-Ordnung für das Königreich Württemberg vom 22. Juni 1843, abgedruckt in: *Haeberlin*, Sammlung der neuen deutschen Strafprocessordnungen, S. 525–599.

Gesetz über das Verfahren in Strafsachen, welche vor die Schwurgerichtshöfe gehören, vom 14. August 1849, abgedruckt in: *Haeberlin*, Sammlung der neuen deutschen Strafprocessordnungen, S. 600–636.

Bericht der Abtheilung der Justizgesetzgebungskommission der Kammer der Abgeordneten über Strafprozeß, betreffend den Entwurf einer Strafprozeßordnung für das Königreich Württemberg von 1867, in: Verhandlungen der Württembergischen Kammer der Abgeordneten auf dem Landtag 1866/68, Beilagenband 1, Abtheilung 1, S. 362.

Strafproceßordnung für das Königreich Württemberg, abgedruckt in: Regierungsblatt für das Königreich Württemberg, ausgegeben Stuttgart Dienstag den 26. Mai 1868, S. 205 ff.

II. Reichsjustizgesetze

1. Quellensammlungen (alphabetische Anordnung)

Hahn, Carl: Die gesammelten Materialien zu den Reichs-Justizgesetzen, Erster Band, Materialien zu dem Gerichtsverfassungs-Gesetz, Erste und Zweite Abtheilung, Berlin 1878.

Hahn, Carl: Die gesammelten Materialien zu den Reichs-Justizgesetzen, Dritter Band, Materialien zur Strafprozeßordnung, Erste Abtheilung, Berlin 1880 und Zweite Abtheilung, Berlin 1881.

Schubert, Werner/Regge, Jürgen: Entstehung und Quellen der Strafprozeßordnung von 1877, Frankfurt am Main 1989.

2. Einzelquellen (chronologische Anordnung)

Entwurf einer Strafprozeß-Ordnung für den Norddeutschen Bund, abgedruckt in: *Schubert/Regge*, Entstehung und Quellen, S. 48–110.

Entwurf einer Deutschen Strafprozeß-Ordnung 1873, abgedruckt in: *Schubert/Regge*, Entstehung und Quellen, S. 113–147.

Entwurf einer Deutschen Strafprozeßordnung, Nach den Beschlüssen der von dem Bundesrath eingesetzten Kommission (1873), abgedruckt in: *Schubert/Regge*, Entstehung und Quellen, S. 293–362.

Protokolle über die Verhandlungen des Bundesrats des Deutschen Reichs, Session 1873, Berlin.

Entwurf einer Strafprozeßordnung für das Deutsche Reich, In der Fassung der Vorlage an den Reichstag vom 29. Oktober 1874, Mit Motiven und Anlagen, abgedruckt in: *Hahn*, Materialien zur RStPO, Erste Abtheilung, S. 4 ff.

Entwurf eines Gerichtsverfassungs-Gesetzes und für das Deutsche Reich 1873, In der Fassung der Vorlage an den Reichstag vom 29. Oktober 1874, Mit Motiven und Anlagen, abgedruckt in: *Hahn*, Materialien zum GVG, Erste Abtheilung, S. 3 ff.

Gerichtsverfassungsgesetz vom 27. Januar 1877, abgedruckt in: Reichsgesetzblatt 1877, S. 41–76.

Reichsstrafprozeßordnung vom 1. Februar 1877, abgedruckt in: Reichsgesetzblatt 1877, S. 253–346.

III. Deutsches Reich und 20. Jahrhundert (chronologische Anordnung)

1. Quellensammlungen

Schubert, Werner: Protokolle der Kommission für die Reform des Strafprozesses (1903–1905), Erster Band, Erste Lesung, Frankfurt am Main 1991.

Schubert, Werner: Protokolle der Kommission für die Reform des Strafprozesses (1903–1905), Zweiter Band, Zweite Lesung und Zusammenstellung der Beschlüsse, Frankfurt am Main 1991.

Schubert, Werner: Protokolle der Reichstagsverhandlungen, Bericht der 7. Kommission des Reichstags (1910–1911), zur Beratung der Entwürfe einer Strafprozeßordnung und eines Gesetzes, betreffend Änderungen des Gerichtsverfassungsgesetzes, Frankfurt am Main 1991.

Entwürfe zu einem deutschen Strafgesetzbuch, Veröffentlicht auf Anordnung des Reichs-Justizministeriums, Band 3, Denkschrift zu dem Entwurf von 1919, Berlin 1921.

Schubert, Werner: Quellen zur Reform des Straf- und Strafprozeßrechts, Weimarer Republik (1918–1932), Abteilung I, Band 5: Entwürfe zu einem Strafvollzugsgesetz (1927–1932) und zu einem Einführungsgesetz zum Allgemeinen Deutschen Strafgesetzbuch und zum Strafvollzugsgesetz (1929–1930), Nachtrag zu Band III, 2,3 (Strafverfahrensrecht), Berlin 1999.

Schubert, Werner: Quellen zur Reform des Straf- und Strafprozeßrechts, NS-Zeit (1933–1939), Abteilung II, Band 2: Protokolle der Strafrechtskommission des Reichsjustizministeriums, Teil 4, Berlin/New York 1994.

Schubert, Werner: Akademie für Deutsches Recht 1933 – 1945, Protokolle der Ausschüsse, Band 11, Ausschuß für Jugendrecht, Arbeitsgemeinschaften für Jugendarbeitsrecht und Jugendstrafrecht (1934–1941), Frankfurt am Main (u.a.) 2001.

2. Einzelquellen

Gesetz, betreffend das Alter der Großjährigkeit, vom 17. Februar 1875, RGBl. 1875, S. 71.

Bekanntmachung des königlichen Staatsministeriums der Justiz, die Behandlung der Strafanzeigen gegen Schulpflichtige betreffend, vom 18. Mai 1894, abgedruckt in: Justizministerialblatt für das Königreich Bayern, 32. Jahrgang, München 1894, S. 97–98.

Bürgerliches Gesetzbuch vom 18. August 1896, RGBl. 1896, S. 195–603.

Einführungsgesetz zum Bürgerlichen Gesetzbuch vom 18. August 1896, RGBl. 1896, S. 604–650.

Entwurf eines Gesetzes, betreffend Änderungen des Gerichtsverfassungsgesetzes, vom 11. Mai 1904, Antrag des Abgeordneten Hagemann (u.a.) im Reichstag, abgedruckt als Anlage Nr. 429 in: Stenographische Berichte über die Verhandlungen des Reichstags, 11. Legislaturperiode, I. Session, erster Sessionsabschnitt 1903/1904, Dritter Anlageband, Nr. 262 bis 470 der amtlichen Drucksachen des Reichstags enthalten, Berlin 1904.

Bericht der 12. Kommission über den von den Abgeordneten Hagemann und Genossen beantragten Entwurf eines Gesetzes, betreffend Änderungen des Gerichtsverfassungsgesetzes, abgedruckt als Anlage Nr. 752 in: Stenographische Berichte über die Verhandlungen des Reichstags, 11. Legislaturperiode, I. Session 1903/1905, zweiter Sessionsabschnitt vom 29. November 1904 bis zum Schluss der Session am 30. Mai 1905, Achter Anlageband, Nr. 751 bis 856 der amtlichen Drucksachen des Reichstags enthalten, Berlin 1904.

Gesetz betreffend Änderungen des Gerichtsverfassungsgesetzes, vom 5. Juni 1905, RGBl. 1905, S. 533 ff.

Bekanntmachung, die Untersuchungshaft betreffend, vom 16. Juli 1907, abgedruckt in: Justizministerialblatt für das Königreich Bayern, 45. Jahrgang, München 1907, S. 201–204.

Rheinisch-Westfälische Zeitung vom 30. Oktober 1907, Nr. 1083, S. 2.

Frankfurter Zeitung vom 10. November 1907, Drittes Morgenblatt, S. 1.

Protokoll der 20. Sitzung des Preußischen Hauses der Abgeordneten am 29. Januar 1908, abgedruckt in: Stenographische Berichte über die Verhandlungen des Preußischen Hauses der Abgeordneten, 20. Legislaturperiode, 4. Session 1907/08, 1. Band, 1. Sitzung am 26. November 1907 bis 21. Sitzung am 31. Januar 1908, Berlin 1908, Sp. 1253–1328.

Allgemeine Verfügung vom 1. Juni 1908 – betreffend das Strafverfahren gegen Jugendliche, abgedruckt in: Justiz-Ministerial-Blatt für die preußische Gesetzgebung und Rechtspflege, 70. Jahrgang, Berlin 1908, S. 237 f.

Bekanntmachung, das Strafverfahren gegen Jugendliche betreffend, vom 22. Juli 1908, abgedruckt in: Justizministerialblatt für das Königreich Bayern, 46. Jahrgang, München 1908, S. 161–169.

Entwurf einer Strafprozeßordnung und Novelle zum Gerichtsverfassungsgesetze nebst Begründung, Mit der Amtlichen Ausgabe genau übereinstimmend, Sonder-Beilage für die Abonnenten der Deutschen Juristen-Zeitung, Berlin 1908.

Entwürfe eines Gesetzes, betreffend Änderungen des Gerichtsverfassungsgesetzes, einer Strafprozessordnung und eines zu beiden Gesetzen gehörenden Einführungsgesetzes, abgedruckt nebst Begründung als Anlage Nr. 7 in: Stenographische Berichte über die Verhandlungen des Reichstags, 12. Legislaturperiode, II. Session 1909/1910, Band 270, Anlagen zu den Stenographischen Berichten, Nr. 1 bis 115, Berlin 1911.

Allgemeine Verfügung vom 22. September 1909, – betreffend die weitere Ausgestaltung des Strafverfahrens gegen Jugendliche, abgedruckt in: Justiz-Ministerial-Blatt für die preußische Gesetzgebung und Rechtspflege, 71. Jahrgang, Berlin 1909, S. 335 f.

Bekanntmachung, das Strafverfahren gegen Jugendliche betreffend, vom 8. Juli 1910, abgedruckt in: Justizministerialblatt für das Königreich Bayern, 48. Jahrgang, München 1910, S. 650–659.

Entwurf nebst Begründung eines deutschen Gesetzes über das Verfahren gegen Jugendliche 1912, abgedruckt in: Mitteilungen der Internationalen Kriminalistischen Vereinigung, 19. Band, Berlin 1912, S. 672 ff.

Entwurf eines Gesetzes über das Verfahren gegen Jugendliche, wie solcher vom Bundesrate beschlossen worden ist, nebst Begründung, abgedruckt als Anlage Nr. 576 in: Stenographische Berichte über die Verhandlungen des Reichstags, 13. Legislaturperiode, I. Session 1912/1914, Band 300, Anlagen zu den Stenographischen Berichten, Nr. 534 bis 652, Berlin 1914.

Bericht der 13. Kommission über den Entwurf eines Gesetzes über das Verfahren gegen Jugendliche, abgedruckt als Anlage Nr. 1054 in: Stenographische Berichte über die Verhandlungen des Reichstags, 13. Legislaturperiode, I. Session 1912–1914, Band 302, Anlagen zu den Stenographischen Berichten, Nr. 966 bis 1170, Berlin 1914.

Gesetz über die Ermächtigung des Bundesrats zu wirtschaftlichen Maßnahmen und über die Verlängerung der Fristen des Wechsel- und Scheckrechts im Falle kriegerischer Ereignisse, vom 4. August 1914, RGBl. 1914, S. 327 f.

Bekanntmachung zur Entlastung der Strafgerichte, vom 7. Oktober 1915, RGBl. 1915, S. 631 f.

Entwurf eines Gesetzes zur Vereinfachung der Strafrechtspflege samt Begründung, abgedruckt als Anlage Nr. 658 in: Stenographische Berichte über die Verhandlungen des Reichstags, 13. Legislaturperiode, II. Session 1914–1918, Band 320, Anlagen zu den Stenographischen Berichten, Nr. 508 bis 708, Berlin 1914/18.

Mündlicher Bericht des 29. Ausschusses über den Entwurf eines Gesetzes zur Vereinfachung der Rechtspflege, abgedruckt als Anlage Nr. 1110 in: Stenographische Berichte über die Verhandlungen des Reichstags, 13. Legislaturperiode, II. Session 1914–1918, Band 322, Anlagen zu den Stenographischen Berichten, Nr. 1042 bis 1263, Berlin 1914/18.

Protokoll der zweiten Beratung des Entwurfs eines Gesetzes zur Vereinfachung der Rechtspflege, abgedruckt in: Stenographische Berichte über die Verhandlungen des Reichstags, 13. Legislaturperiode, II. Session 1914–1918, Band 311, Von der 126. Sitzung am 11. Oktober 1917 bis zur 147. Sitzung am 17. April 1918, Berlin 1918, S. 3935 f.

Gesetz, betreffend Vereinfachung der Strafrechtspflege, vom 21. Oktober 1917, RGBl. 1917, S. 957 f. (unvollständige Veröffentlichung).

Gesetz zur Vereinfachung der Strafrechtspflege, vom 21. Oktober 1917, RGBl. 1917, S. 1037 f. (vollständige Veröffentlichung).

Protokoll der 164. Sitzung des Reichstags am 13. Mai 1918, abgedruckt in: Stenographische Berichte über die Verhandlungen des Reichstags, 13. Legislaturperiode, II. Session 1914–1918, Band 312, Von der 148. Sitzung am 18. April 1918 bis zur 172. Sitzung am 11. Juni 1918, Berlin 1918, S. 5107–5130.

Protokoll der 33. Sitzung des Verfassungsausschusses, vom 30. Mai 1919, abgedruckt in: Verhandlungen der verfassungsgebenden Deutschen Nationalversammlung, Band 336, Anlagen zu den Stenographischen Berichten, Nr. 391, Berlin 1920, S. 377 ff.

Protokoll der 41. Sitzung des Verfassungsausschusses, vom 17. Juni 1919, abgedruckt in: Verhandlungen der verfassungsgebenden Deutschen Nationalversammlung, Band 336, Anlagen zu den Stenographischen Berichten, Nr. 391, Berlin 1920, S. 500 ff.

Verfassung des Deutschen Reichs, vom 11. August 1919, RGBl. 1919, S. 1383–1418.

Entwurf eines Jugendgerichtsgesetzes und Entwurf eines Gesetzes über beschränkte Auskunft aus dem Strafregister und Tilgung von Strafvermerken nebst Begründungen, Veröffentlicht auf Anordnung des Reichsjustizministeriums, Berlin 1920.

Entwurf eines Gesetzes zur Entlastung der Gerichte nebst Begründung, abgedruckt als Anlage Nr. 1353 in: Stenographische Berichte über die Verhandlungen des Reichstags, 1. Wahlperiode 1920, Band 365, Anlagen zu den Stenographischen Berichten, Nr. 1004 bis 1639, Berlin 1924.

Gesetz zur Entlastung der Gerichte, vom 11. März 1921, RGBl. 1921, S. 229 ff.

Reichsjugendwohlfahrtsgesetz vom 9. Juli 1922, RGBl. 1922, S. 633 ff.

Entwurf eines Jugendgerichtsgesetzes 1922 nebst Begründung, abgedruckt als Anlage Nr. 5171 in: Stenographische Berichte über die Verhandlungen des Reichstags, 1. Wahlperiode 1920, Band 375, Anlagen zu den Stenographischen Berichten, Nr. 4921 bis 5403, Berlin 1924.

Mündlicher Bericht des 22. (Rechts-) Ausschusses über den Entwurf eines Jugendgerichtsgesetzes, abgedruckt als Anlage Nr. 5500 in: Stenographische Berichte über die Verhandlungen des Reichstags, 1. Wahlperiode 1920, Band 376, Anlagen zu den Stenographischen Berichten, Nr. 5404 bis 5615, Berlin 1924.

Protokoll der 292. Sitzung des Reichstags am 27. Januar 1923, abgedruckt in: Stenographische Berichte über die Verhandlungen des Reichstags, 1. Wahlperiode 1920, Band 358, von der 291. Sitzung am 26. Januar 1923 bis zur 322. Sitzung am 20. März 1923, Berlin 1923, S. 9543–9553.

Protokoll der 295. Sitzung des Reichstags am 1. Februar 1923, abgedruckt in: Stenographische Berichte über die Verhandlungen des Reichstags, 1. Wahlperiode 1920, Band 358, Von der 291. Sitzung am 26. Januar 1923 bis zur 322. Sitzung am 20. März 1923, Berlin 1923, S. 9579–9585.

Jugendgerichtsgesetz, vom 16. Februar 1923, RGBl. I 1923, S. 135.

Gesetz zur Abänderung der Strafprozeßordnung, vom 27. Dezember 1926, RGBl. I 1926, S. 529 ff.

Protokoll der 348. Sitzung des Preußischen Landtags, vom 2. März 1928, abgedruckt in: Sitzungsberichte des Preußischen Landtags, 2. Wahlperiode, 1. Tagung, 17. Band, 347. bis 374. Sitzung, Berlin 1928, S. 24597 ff.

Protokoll der 349. Sitzung des Preußischen Landtags, vom 3. März 1928, abgedruckt in: Sitzungsberichte des Preußischen Landtags, 2. Wahlperiode, 1. Tagung, 17. Band, 347. bis 374. Sitzung, Berlin 1928, S. 24707 ff.

Entwurf eines Einführungsgesetzes zum Allgemeinen Deutschen Strafgesetzbuch und zum Strafvollzugsgesetze, Reichsratsvorlage, vom 11. April 1929 mit Begründung, abgedruckt bei: *Schubert*, Quellen zur Reform, Abt. I, Bd. 5, S. 207–457.

Entwurf eines Einführungsgesetzes zum Allgemeinen Deutschen Strafgesetzbuch und zum Strafvollzugsgesetze, Reichstagsvorlage, vom 20. Mai 1930 mit Anlagen A und B, abgedruckt bei: *Schubert*, Quellen zur Reform, Abt. I, Bd. 5, S. 603–727.

Verordnung des Reichspräsidenten über Maßnahmen auf dem Gebiete der Rechtspflege und Verwaltung, vom 14. Juni 1932, RGBl. I 1932, S. 285.

Verordnung der Reichsregierung über die Bildung von Sondergerichten, vom 21. März 1933, RGBl. I 1933, S. 136.

Gesetz über die Neuwahl der Schöffen, Geschworenen und Handelsrichter, vom 7. April 1933, RGBl. I 1933, S. 188–189.

Schöffen und Geschworene, Allgemein Verfügung des Reichsjustizministeriums, vom 13. November 1933, abgedruckt in: Deutsche Justiz 1933, S. 673 ff.

Zusammenarbeit zwischen Justizbehörden und Hitlerjugend, Allgemeine Verfügung des Reichsjustizministeriums vom 16. Mai 1935, abgedruckt in: Deutsche Justiz 1935, S. 766 f.

Richtlinien für das Strafverfahren, Allgemeine Verfügung des Reichsministers der Justiz, vom 13. April 1935, 2. Auflage 1936, abgedruckt in: Deutsche Justiz, Amtliche Sonderveröffentlichungen, Nr. 7.

Gesetz über die Hitlerjugend, vom 1. Dezember 1936, RGBl. I 1936, S. 993.

Verordnung über Maßnahmen auf dem Gebiete der Gerichtsverfassung und der Rechtspflege, vom 1. September 1939, RGBl. I 1939, S. 1658 ff.

Verordnung gegen Volksschädlinge, vom 5. September 1939, RGBl. I 1939, S. 1679.

Verordnung zum Schutz gegen jugendliche Schwerverbrecher, vom 4. Oktober 1939, RGBl. I 1939, S. 2000.

Verordnung gegen Gewaltverbrecher, vom 5. Dezember 1939, RGBl. I 1939, S. 2378.

Verordnung über die Zuständigkeit der Strafgerichte, die Sondergerichte und sonstige strafverfahrensrechtliche Vorschriften, vom 21. Februar 1940, RGBl. I 1940, S. 405–411.

Polizeiverordnung zum Schutze der Jugend, vom 9. März 1940, RGBl. I 1940, S. 499–500.

Verordnung zur Ergänzung des Jugendstrafrechts, vom 4. Oktober 1940, RGBl. I 1940, S. 1336.

Verordnung über die unbestimmte Verurteilung Jugendlicher, vom 10. September 1941, RGBl. I 1941, S. 567 f.

Entwurf zu einem Jugendgerichtsgesetz vom 20. September 1941 (Abteilungsentwurf des Reichsjustizministeriums), abgedruckt in: *Schubert*, Protokolle 1933–1945, Bd. XI, S. 613–628.

Erlaß des Führers über die Vereinfachung der Rechtspflege, vom 21. März 1942, RGBl. I 1942, S. 139.

Beschleunigung des Jugendstrafverfahrens, Erlaß des Chefs der Sicherheitspolizei und des SD, vom 26. Juni 1942, abgedruckt in: Deutsche Justiz 1943, 254 f.

Jugenderziehung und Jugendschutz, Allgemeine Verfügung des Reichsjustizministeriums, vom 8. Juli 1942, abgedruckt in: Deutsche Justiz 1942, S. 473 f.

Richtlinien für die Behandlung von Jugend- und Jugendschutzsachen, Allgemeine Verfügung des Reichsjustizministeriums, vom 23. Juli 1942, abgedruckt in: Deutsche Jugendhilfe, 34. Jahrgang 1942/43, S. 199 f.

Verordnung zur weiteren Vereinfachung der Strafrechtspflege, vom 13. August 1942, RGBl. I 1942, S. 508–512.

Verordnung über die Beseitigung des Eröffnungsbeschlusses im Strafverfahren, vom 13. August 1942, RGBl. I 1942, S. 512–513.

Erlaß des Führers über besondere Vollmachten des Reichsministers der Justiz, vom 20. August 1942, RGBl. I 1942, 535.

Beschleunigung des Jugendstrafverfahrens und der Vollstreckung von Jugendarrest, Allgemeine Verfügung des Reichsjustizministeriums, vom 21. April 1943, abgedruckt in: Deutsche Justiz 1943, S. 254.

Dritte Verordnung zur Vereinfachung der Strafrechtspflege, vom 29. Mai 1943, RGBl. I 1943, S. 342 ff.

Verordnung zur weiteren Kräfteersparnis in der Strafrechtspflege, vom 29. Mai 1943, RGBl. I 1943, S. 346.

Verordnung über die Vereinfachung und Vereinheitlichung des Jugendstrafrechts (Jugendstrafrechtsverordnung), vom 6. November 1943, RGBl. I 1943, S. 635 ff.

Hitler-Jugend und Jugendrechtspflege, Allgemeine Verfügung des RJM, vom 18. Dezember 1943, abgedruckt in: Deutsche Justiz 1943, S. 569 ff.

Richtlinien zum Reichsjugendgerichtsgesetz, abgedruckt in: Deutsche Justiz 1944, Amtliche Sonderveröffentlichungen, Nr. 30.

Die Behandlung der Kinder und Jugendlichen bei der Polizei, Runderlass des Reichsführers SS und Chefs der Deutschen Polizei, vom 3. Januar 1944, abgedruckt in: Ministerialblatt des Reichs- und Preußischen Ministeriums des Innern, Nr. 5 vom 2. Februar 1944, S. 81 ff.

Aufgaben des Jugendrichters und der Jugendkammer, Allgemeine Verfügung des Reichsjustizministeriums vom 14. Januar 1944, abgedruckt in: Deutsche Justiz 1944, S. 37.

Übertretungen Jugendlicher, Runderlass des Reichsministeriums der Justiz, vom 30. März 1944, abgedruckt in: Deutsche Justiz 1944, S. 154–157.

Zusammenarbeit zwischen Polizei und Hitler-Jugend bei der Bekämpfung der Jugendgefährdung und Jugendkriminalität, Allgemeine Verfügung des Reichsjustizministeriums, vom 14. April 1944, abgedruckt in: Deutsche Justiz 1944, S. 136.

Gesetz Nr. 1 der Militärregierung, Aufhebung des Nationalsozialistischen Rechts, vom 18. September 1944, Amtsblatt der Militärregierung Deutschland, Amerikanische Zone, Ausgabe A, S. 3–4.

Verordnung zur weiteren Anpassung der Strafrechtspflege an die Erfordernisse des totalen Krieges (Vierte Verordnung zur Vereinfachung der Strafrechtspflege), vom 13. Dezember 1944, RGBl. I 1944, S. 339.

Einschränkung der Mitteilungspflichten in Strafsachen gegen Minderjährige und in Jugendschutzsachen, Allgemeine Verfügung des Reichsjustizministeriums vom 18. Dezember 1944, abgedruckt in: Deutsche Justiz 1945, S. 19.

Militärregierung, Allgemeine Anweisungen an Richter Nr. 1, abgedruckt in: *Sellert/Rüping*, Studien- und Quellenbuch zur Geschichte der deutschen Strafrechtspflege, Band 2, Von der Aufklärung bis zur doppelten Staatsgründung, S. 334–336.

Proklamation Nr. 1 des Kontrollrats, Aufstellung des Kontrollrats, vom 30. August 1945, Amtsblatt des Kontrollrats in Deutschland, S. 4.

Gesetz Nr. 1 des Kontrollrats, Aufhebung von Nazi-Gesetzen, vom 20. September 1945, Amtsblatt des Kontrollrats in Deutschland, S. 6–8.

Gesetz Nr. 2 des Kontrollrats, Auflösung und Liquidierung der Naziorganisationen, vom 10. Oktober 1945, Amtsblatt des Kontrollrats in Deutschland, S. 19–21.

Kontrollratsgesetzentwurf zum Jugendgerichtsgesetz (englische Version), abgedruckt bei: *Etzel*, Aufhebung von NS-Gesetzen, S. 208–222.

Berliner Entwürfe einer Novelle zum Jugendgerichtsgesetz und eines Gesetzes über die Anwendung des Reichsjugendgerichtsgesetzes auf Jugendliche über 18 Jahre, abgedruckt in: Hauptjugendamt von Groß-Berlin (Hrsg.), Stand und Neuordnung der Jugendgerichtsbarkeit, S. 210 ff.

Gesetz zur Wiederherstellung der Rechtseinheit auf dem Gebiete der Gerichtsverfassung, der bürgerlichen Rechtspflege, des Strafverfahrens und des Kostenrechts, vom 12. September 1950, BGBl. I 1950, S. 455.

Entwurf eines Gesetzes zur Änderung des Reichsjugendgerichtsgesetzes, nebst Begründung, BT Drs. 01/3264.

Protokoll der 198. Kabinettssitzung der Bundesregierung, vom 29. Januar 1952, in: Die Kabinettsprotokolle der Bundesregierung, hrsg. für das Bundesarchiv von Hans Booms, Band 5, Boppard am Rhein 1989, S. 73–80.

Bericht über die Beratungen des Rechtsausschusses des Bundesrates, enthalten in: Plenarprotokoll Nr. 79 der Sitzung des Deutschen Bundesrates am 29. Februar 1952, S. 62 ff.

Protokoll der 205. Sitzung des 1. Deutschen Bundestages am 23. April 1952, BT Drs. 01/205.

Entwurf eines Jugendgerichtsgesetzes der DDR, vom 15. Mai 1952, enthalten in: Volkskammer der DDR 1952, Band 1,2, S. 69–77 (Drs. Nr. 77).

21. Sitzung der Volkskammer der DDR, vom 23. Mai 1952, enthalten in: Volkskammer der DDR 1952, Band 1,2, S. 597–624.

Jugendgerichtsgesetz der DDR, vom 23. Mai 1952, GBl. DDR 1952, S. 411.

Schriftlicher Bericht des Ausschusses für Rechtswesen und Verfassungsrecht (23. Ausschuß) über den Entwurf eines Gesetzes zur Änderung des Reichsjugendgerichtsgesetzes, BT Drs. 01/4437.

Protokoll der 273. Sitzung des 1. Deutschen Bundestages am 18. Juni 1953, BT Drs. 01/273.

Plenarprotokoll Nr. 112 der Sitzung des Deutschen Bundesrates am 3. Juli 1953.

Jugendgerichtsgesetz, Vom 4. August 1953, BGBl. I 1953, S. 751.

Richtlinien zum Jugendgerichtsgesetz (RiJGG 1953) vom 15. Februar 1955.

Gesetz zur Änderung und Ergänzung des Reichsjugendwohlfahrtsgesetzes, vom 11. August 1961, BGBl. I 1961, S. 1193.

Entwurf eines Strafgesetzbuches – E 1962, BT Drs. 04/650.

Zweites Gesetz zur Sicherung des Straßenverkehrs, vom 26. November 1964, BGBl. I 1964, S. 921.

Entwurf eines Gesetzes zur Änderung der Strafprozeßordnung und des Gerichtsverfassungsgesetzes (StPÄG), BT Drs. 04/178.

Gesetz zur Änderung der Strafprozeßordnung und des Gerichtsverfassungsgesetzes (StPÄG), vom 19. Dezember 1964, BGBl. I 1964, S. 1067.

Einführungsgesetz zum Gesetz über Ordnungswidrigkeiten (EGOWiG), vom 24. Mai 1968, BGBl. I 1968, S. 503.

Zweites Gesetz zur Reform des Strafrechts (2. StrRG), BGBl. I 1969, S. 717.

Gesetz zur allgemeinen Einführung eines zweiten Rechtszuges in Staatsschutz-Strafsachen, vom 8. September 1969, BGBl. I 1969, S. 1582.

Entwurf eines Einführungsgesetzes zum Strafgesetzbuch (EGStGB), BT Drs. 07/550.

Diskussionsentwurf eines Jugendhilfegesetzes, hrsg. v. Bundesminister für Jugend, Familie und Gesundheit, Bonn/Bad Godesberg 1973.

Einführungsgesetz zum Strafgesetzbuch (EGStGB), Vom 2. März 1974, BGBl. I 1974, S. 469.

Entwurf eines Gesetzes zur Neuregelung des Volljährigkeitsalters, BT Drs. 07/117.

Gesetz zur Neuregelung des Volljährigkeitsalters, Vom 31. Juli 1974, BGBl. I 1974, S. 1713.

Entwurf eines Strafverfahrensänderungsgesetzes, BT Drs. 08/976.

Entwurf eines Sozialgesetzbuches (SGB) – Jugendhilfe –, BT Drs. 08/2571.

Strafverfahrensänderungsgesetz 1979 (StVÄG 1979), vom 5. Oktober 1978, BGBl. I 1978, S. 1645.

Mindestgrundsätze der Vereinten Nationen für die Jugendgerichtsbarkeit, vom 29. November 1985, abgedruckt in: ZStW 99 (1987), 253 ff.

Polizeidienstvorschrift (PDV) 382, Gegenüberstellung der Fassungen von 1987 und 1995, in: DVJJ-Journal 1997, 5 ff.

Antrag der Fraktion der SPD, Reform des Jugendgerichtsverfahrens, BT Drs. 11/4892.

Entwurf eines Ersten Gesetzes zur Änderung des Jugendgerichtsgesetzes (1. JGGÄndG), BT Drs. 11/5829.

Plenarprotokoll Nr. 605 der Sitzung des Deutschen Bundesrates am 20. Oktober 1989.

„Kölner Richtlinien" zur notwendigen Verteidigung in Jugendstrafverfahren – Erläuterungen des geltenden Rechts, abgedruckt in: NJW 1989, 1024 ff.

Beschlußempfehlung und Bericht des Rechtsausschusses (6. Ausschuß) a) zu dem Gesetzentwurf der Bundesregierung – Drucksache 11/5829 – b) zu dem Antrag der Fraktion der SPD – Drucksache 11/4892 – vom 19. Juni 1990, BT Drs. 11/7421.

Protokoll der 216. Sitzung des 11. Deutschen Bundestages am 20. Juni 1990, BT Drs. 11/216.

Gesetz zur Neuordnung des Kinder- und Jugendhilferechts (Kinder- und Jugendhilfegesetz – KJGH), BGBl. I 1990, S. 1163.

Erstes Gesetz zur Änderung des Jugendgerichtsgesetzes (1. JGGÄndG), vom 30. August 1990, BGBl. I 1990, S. 1853.

Beschlußempfehlung und Bericht des Rechtsausschusses zum Entwurf eines Gesetzes zur Entlastung der Rechtspflege, BT Drs. 12/3832.

Gesetz zur Entlastung der Rechtspflege, vom 11. Januar 1993, BGBl. I 1993, S. 50.

Initiative der CDU/CSU-Bundestagsfraktion gegen Gewalt und Extremismus, vom 22. Juni 1993, samt Presseerklärung der Bundesjustizministerin *Leutheusser-Schnarrenberger* vom 21. Juni 1993, Zeitungsbericht und Interview mit der Bundesjugendministerin *Merkel* der Nordwest-Zeitung (Oldenburg) vom 23. Juni 1993, abgedruckt in: DVJJ-Journal 1993, S. 103–106.

Entwurf eines Gesetzes zur Änderung des Strafgesetzbuches, der Strafprozeßordnung und anderer Gesetze (Verbrechensbekämpfungsgesetz), BT Drs. 12/6853.

Gesetz zur Änderung des Strafgesetzbuches, der Strafprozeßordnung und anderer Gesetze (Verbrechensbekämpfungsgesetz), vom 28. Oktober 1994, BGBl. I 1994, S. 3186.

Entwurf eines Gesetzes zur Reform des Kindschaftsrechts (Kindschaftsrechtsreformgesetz – KindRG), BT Drs. 13/4899.

Gesetz zur Reform des Kindschaftsrechts (Kindschaftsrechtsreformgesetz – KindRG), vom 16. Dezember 1997, BGBl. I 1997, S. 2942.

IV. 21. Jahrhundert

Entwurf eines Gesetzes zur Verlängerung der Besetzungsreduktion bei Strafkammern, BT Drs. 14/3370.

Gesetz zur Verlängerung der Besetzungsreduktion bei Strafkammern, vom 19. Dezember 2000, BGBl. I 2000, S. 1756.

Referentenentwurf eines Zweiten Gesetzes zur Änderung des Jugendgerichtsgesetzes, vom 8. April 2004.

Entwurf eines Gesetzes über die Rechtsbehelfe bei Verletzung des Anspruchs auf rechtliches Gehör (Anhörungsrügengesetz), BR Drs. 663/04.

Gesetz über die Rechtsbehelfe bei Verletzung des Anspruchs auf rechtliches Gehör (Anhörungsrügengesetz), vom 9. Dezember 2004, BGBl. I 2004, S. 3220.

Entwurf eines Zweiten Gesetzes zur Modernisierung der Justiz (2. Justizmodernisierungsgesetz), BT Drs. 16/3038.

Das Parlament, Ausgabe Nr. 48 vom 27. November 2006.

Beschlussempfehlung und Bericht des Rechtsauschusses zum Entwurf eines Zweiten Gesetzes zur Modernisierung der Justiz (2. Justizmodernisierungsgesetz), BT Drs. 16/3640.

Zweites Gesetz zur Modernisierung der Justiz (2. Justizmodernisierungsgesetz), vom 30. Dezember 2006, BGBl. I 2006, S. 3416.

Entwurf eines … Gesetzes zur Änderung des Jugendgerichtsgesetzes und anderer Gesetze, BT Drs. 16/6293.

Beschlussempfehlung und Bericht des Rechtausschusses (6. Ausschuss) zu dem Entwurf eines … Gesetzes zur Änderung des Jugendgerichtsgesetzes und anderer Gesetze, BT Drs. 16/6978.

Zweites Gesetz zur Änderung des Jugendgerichtsgesetzes und anderer Gesetze, vom 13. Dezember 2007, BGBl. I 2007, S. 2894.

Entwurf eines Gesetzes zur Reform des Verfahrens in Familiensachen und in den Angelegenheiten der freiwilligen Gerichtsbarkeit (FGG-Reformgesetz – FGG-RG), BT Drs. 16/6308.

Gesetz zur Reform des Verfahrens in Familiensachen und in den Angelegenheiten der freiwilligen Gerichtsbarkeit (FGG-Reformgesetz – FGG-RG) vom 17. Dezember 2008, BGBl. I 2008, S. 2586.

Entwurf eines Gesetzes zur Änderung des Untersuchungshaftrechts, BT Drs. 16/11644.

Gesetz zur Änderung des Untersuchungshaftrechts, vom 29. Juli 2009, BGBl. I 2009, S. 2274.

Protokoll der 64. Sitzung des Rechtsausschusses des Deutschen Bundestages am 26. Oktober 2011.

Gesetz über die Besetzung der großen Straf- und Jugendkammern in der Hauptverhandlung und zur Änderung weiterer gerichtsverfassungsrechtlicher Vorschriften sowie des Bundesdisziplinargesetzes, vom 6. Dezember 2011, BGBl. I 2011, S. 2554.

Entwurf eines Gesetzes zur Erweiterung der jugendgerichtlichen Handlungsmöglichkeiten, BT Drs. 17/9389.

Gesetz zur Erweiterung der jugendgerichtlichen Handlungsmöglichkeiten, vom 4. September 2012, BGBl. I 2012, 1854.

Entwurf eines Gesetzes zur Stärkung der Rechte von Opfern sexuellen Missbrauchs (StORMG), BT Drs. 17/6261.

Beschlussempfehlung und Bericht des Rechtsausschusses (6. Ausschuss) zu dem Entwurf eines Gesetzes zur Stärkung der Rechte von Opfern sexuellen Missbrauchs (StORMG), BT Drs. 17/12735.

Gesetz zur Stärkung der Rechte von Opfern sexuellen Missbrauchs (StORMG), vom 26. Juni 2013, BGBl. I 2013, S. 1805.

Richtlinie 2013/48/EU des Europäischen Parlaments und des Rates vom 22. Oktober 2013 über das Recht auf Zugang zu einem Rechtsbeistand in Strafverfahren und in Verfahren zur Vollstreckung des Europäischen Haftbefehls sowie über das Recht auf Kommunikation mit Dritten und mit Konsularbehörden während des Freiheitsentzugs, ABl. L 294 vom 6. November 2013, S. 1.

Entwurf eines Gesetzes zur Stärkung des Rechts des Angeklagten auf Vertretung in der Berufungsverhandlung und über die Anerkennung von Abwesenheitsentscheidungen in der Rechtshilfe, BT Drs. 18/3562.

Gesetz zur Stärkung des Rechts des Angeklagten auf Vertretung in der Berufungsverhandlung und über die Anerkennung von Abwesenheitsentscheidungen in der Rechtshilfe, vom 17. Juli 2015, BGBl. I 2015, S. 1332.

Bericht der Expertenkommission zur effektiveren und praxistauglicheren Ausgestaltung des allgemeinen Strafverfahrens und des jugendgerichtlichen Verfahrens, hrsg. v. Bundesministerium für Justiz und Verbraucherschutz, Berlin 2015.

Entwurf eines Zweiten Gesetzes zur Stärkung der Verfahrensrechte von Beschuldigten im Strafverfahren und zur Änderung des Schöffenrechts, BT Drs. 18/9534.

Richtlinie (EU) 2016/800 des Europäischen Parlaments und des Rates vom 11. Mai 2016 über Verfahrensgarantien in Strafverfahren für Kinder, die Verdächtige oder beschuldigte Personen in Strafverfahren sind, ABl. L 132 vom 21. Mai 2016, S. 1.

Richtlinie (EU) 2016/1919 des Europäischen Parlaments und des Rates vom 26. Oktober 2016 über Prozesskostenhilfe für Verdächtige und beschuldigte Personen in Strafverfahren sowie für gesuchte Personen in Verfahren zur Vollstreckung eines Europäischen Haftbefehls, ABl. L 297 vom 4. November 2016, S. 1; L 91 vom 5.4.2017, S. 40.

Zweites Gesetz zur Stärkung der Verfahrensrechte von Beschuldigten im Strafverfahren und zur Änderung des Schöffenrechts, vom 27. August 2017, BGBl. I 2017, S. 3295.

Referentenentwurf des Bundesministeriums für Justiz und für Verbraucherschutz eines Gesetzes zur Stärkung der Verfahrensrechte von Beschuldigten im Jugendstrafverfahren, vom 11. Oktober 2018.

Bundeskriminalamt (Hrsg.): Polizeiliche Kriminalstatistik Bundesrepublik Deutschland, Berichtsjahr 2019, Tabelle 20.

Entwurf eines Gesetzes zur Stärkung der Verfahrensrechte von Beschuldigten im Jugendstrafverfahren, BT Drs. 19/13837.

Beschlussempfehlung und Bericht des Ausschusses für Recht und Verbraucherschutz (6. Ausschuss) zu dem Entwurf eines Gesetzes zur Modernisierung des Strafverfahrens, BT Drs. 19/15161.

Gesetz zur Modernisierung des Strafverfahrens, vom 10. Dezember 2019, BGBl. I 2019, S. 2121.

Gesetz zur Neuregelung des Rechts der notwendigen Verteidigung, vom 10. Dezember 2019, BGBl. I 2019, S. 2128.

Gesetz zur Stärkung der Verfahrensrechte von Beschuldigten im Jugendstrafverfahren, vom 9. Dezember 2019, BGBl. I 2019, S. 2146.

Entwurf eines Gesetzes zur Bekämpfung sexualisierter Gewalt gegen Kinder, BT Drs. 19/23707.

Entwurf eines Gesetzes zur Stärkung von Kindern und Jugendlichen (Kinder- und Jugendstärkungsgesetz – KJSG), BT Drs. 19/26107.

Entwurf eines Gesetzes zur Fortentwicklung der Strafprozessordnung und zur Änderung weiterer Vorschriften, BT Drs. 19/27654.

Gesetz zur Stärkung von Kindern und Jugendlichen (Kinder- und Jugendstärkungsgesetz – KJSG), vom 3. Juni 2021, BGBl. I 2021, S. 1444.

Gesetz zur Bekämpfung sexualisierter Gewalt gegen Kinder, vom 16. Juni 2021, BGBl. I 2021, S. 1810.

Gesetz zur Fortentwicklung der Strafprozessordnung und zur Änderung weiterer Vorschriften, vom 25. Juni 2021, BGBl. I 2021, S. 2099.

Bundeskriminalamt (Hrsg.): Polizeiliche Kriminalstatistik Bundesrepublik Deutschland, Berichtsjahr 2022, Tabelle 20.

Statistisches Bundesamt (Hrsg.): Strafverfolgungsstatistik 2022, Tabelle 24311-0002.

B) Internetquellen

Steinke, Ronen: Wenn Milde stärker ist als Vergeltung, https://www.sueddeutsche.de/leben/jugendstrafrecht-gustav-radbruch-fritz-bauer-silvesterkrawalle-strafen-karl-holzschuh-schokoladenrichter-1.5743417, zuletzt aufgerufen am 9. September 2024.

C) Unveröffentlichte Quellen

I. Bayerisches Staatsministerium der Justiz

Generalakte Jugendgericht und Verfahren vor den Jugendgerichten – Aktenzeichen 4212, Band 1, Heft 3

II. Bundesarchiv Berlin-Lichterfelde

1. BArch R 1401/573
2. BArch R 1401/574
3. BArch R 1401/582
4. BArch R 3001/21174
5. BArch R 3001/21175
6. BArch R 3001/21177
7. BArch R 3001/21178
8. BArch R 3001/21179

III. Bundesarchiv Koblenz

1. BArch B 141/4208
2. BArch B 141/4210
3. BArch B 141/4211
4. BArch B 141/4220
5. BArch B 141/4222
6. BArch B 141/4223
7. BArch B 141/4224
8. BArch B 141/4225
9. BArch B 141/4228
10. BArch B 141/4229
11. BArch B 141/4230
12. BArch B 141/4231
13. BArch B 141/4234
14. BArch B 141/90378
15. BArch B 141/90384
16. BArch B 141/439518
17. BArch B 141/439519
18. BArch B 141/439521
19. BArch B 141/439524
20. BArch B 141/439526
21. BArch B 141/439527
22. BArch B 141/440437
23. BArch B 141/440439
24. BArch Z 1/1266
25. BArch Z 21/862
26. BArch Z 21/863

IV. Geheimes Staatsarchiv Preußischer Kulturbesitz

1. GStA PK, I. HA Rep. 77, Tit. 343, Nr. 46, Bd. 1
2. GStA PK, I. HA Rep. 84a, Nr. 1030
3. GStA PK, I. HA Rep. 84a, Nr. 1031
4. GStA PK, I. HA Rep. 84a, Nr. 1034
5. GStA PK, I. HA Rep. 84a, Nr. 8076
6. GStA PK, I. HA Rep. 84a, Nr. 8077
7. GStA PK, I. HA Rep. 84a, Nr. 8119
8. GStA PK, I. HA Rep. 84a, Nr. 10720
9. GStA PK, I. HA Rep. 84a, Nr. 10721
10. GStA PK, I. HA Rep. 84a, Nr. 10722

V. Hauptstaatsarchiv München

1. BayHStA, MJu 13170
2. BayHStA, MJu 13171
3. BayHStA, MJu 13173
4. BayHStA, MJu 13176
5. BayHStA, MJu 16045
6. BayHStA, MJu 16995
7. BayHStA, OMGUS Legal Division 9/1357

VI. Institut für Zeitgeschichte München – Archiv

1. IfZArch OMGUS RG 260 2/101 – 1/3
2. IfZArch OMGUS RG 260 2/113 – 3/2 – 3
3. IfZArch OMGUS RG 260 2/125 – 1/8 – 10
4. IfZArch OMGUS RG 260 5/323 – 1/30
5. IfZArch OMGUS RG 260 11/35 – 3/2

VII. Staatsarchiv München

StAM, Regierung von Oberbayern (RA) 60078